NJW Praxis

Im Einvernehmen mit den Herausgebern der NJW
herausgegeben von
Rechtsanwalt Felix Busse

Band 93

Pharmarecht

von

Dr. Alexander Meier
Rechtsanwalt, Global Head Legal Tech Ops, Regulatory & Development in Basel

Peter von Czettritz
Rechtsanwalt in München

Dr. Marc Gabriel, LL.M.
Rechtsanwalt und Fachanwalt für Verwaltungsrecht in Berlin

Prof. Dr. Marcel Kaufmann, LL.M.
Rechtsanwalt in Berlin

2014

Zitierweise: Meier/von Czettritz/Gabriel/Kaufmann Pharmarecht § ... Rn. ...

www.beck.de

ISBN 978 3 406 62993 8

© 2014 Verlag C. H. Beck oHG
Wilhelmstraße 9, 80801 München
Druck: Druckhaus Nomos
In den Lissen 12, 76547 Sinzheim

Satz: Druckerei C. H. Beck Nördlingen
(Adresse wie Verlag)

Gedruckt auf säurefreiem, alterungsbeständigem Papier
(hergestellt aus chlorfrei gebleichtem Zellstoff)

Vorwort

Das Pharmarecht ist ein vielfältiges und anspruchsvolles Rechtsgebiet: Es beinhaltet Teile des öffentlichen Rechts, wie zB das Arzneimittelrecht mit den Anforderungen an die Zulassung und Verkehrsfähigkeit eines Arzneimittels oder das Medizinprodukterecht mit dem, teilweise dem Zivilrecht zugeordnetem Erfordernis einer Zertifizierung für Medizinprodukte, aber auch wettbewerbsrechtliche Fragestellungen im Bereich der Bewerbung von Arzneimitteln und Medizinprodukten, sozialrechtliche Fragestellungen von der Preisfestsetzung bis zur Erstattung von verschreibungspflichtigen Arzneimitteln, sowie vergaberechtliche Fragestellungen wie die Ausschreibung von Rabattverträgen durch Krankenkassen. Der heutige Alltag eines mit diesen Materien befassten Rechtsanwenders ist durch die mannigfaltige Verknüpfung dieser Rechtsbereiche und eine in den letzten Jahren stetig gewachsene Regelungsdichte gekennzeichnet.

Bislang existiert noch kein Lehrbuch, das einem in der Pharmabranche tätigen Juristen eine systematische, komprimierte und rechtsübergreifende Aufbereitung der pharmaspezifischen Bereiche des regulatorischen Rechts zur Verfügung stellt. Die Erarbeitung der einzelnen Rechtsbereiche für sich gestaltet sich bereits nicht immer einfach. Weitaus schwieriger ist aber, dass die Querverbindungen der einzelnen Rechtsbereiche zueinander häufig in Form eines „learning by doing" erarbeitet werden müssen. Dieser Situation ein Ende zu bereiten, war Herausforderung und Ansporn zugleich für die Erstellung dieses Lehrbuches, dem sich die Autoren mit Freude und Leidenschaft stellten.

Nach mehr als drei Jahren seit dem Entstehen dieser Idee und der Begeisterung sowohl der mitwirkenden Autoren als auch des Verlags C.H. BECK an diesem Projekt sind wir daher froh, nunmehr die erste Auflage dieses durchweg an den Bedürfnissen der Praxis orientierten Lehrbuches realisiert zu haben.

Danken möchten wir allen, die uns bei der Erstellung dieses Lehrbuches durch Rat und Tat unterstützt haben. Unser Dank gilt insbesondere unseren Familien für ihr Verständnis hierfür. Besonderer Dank gilt schließlich dem Verlag C.H. BECK für die Unterstützung des Konzepts sowie die durchweg verständnisvolle und hilfreiche Begleitung bei der Erstellung dieses Lehrbuches.

Für Anregungen, weiterführende Hinweise und Kritik sind die Autoren und der Verlag C.H. BECK dankbar.

Basel/München/Berlin, im April 2014

Alexander Meier   *Peter von Czettritz*   *Marc Gabriel*   *Marcel Kaufmann*

Bearbeiterverzeichnis
(alphabetisch)

Peter von Czettritz .... §§ 5, 6 (zs. mit *Tanja Strelow)*;
§§ 7–9 (zs. mit *Dr. Stephanie Thewes*)
Dr. Marc Gabriel .... §§ 13, 14
Prof. Dr. Marcel Kaufmann .... §§ 10–12
Dr. Alexander Meier .... §§ 1–4

Inhaltsübersicht

Vorwort	V
Bearbeiterverzeichnis	VII
Inhaltsverzeichnis	XI
Abkürzungsverzeichnis	XXV
1. Teil. Pharmarecht	1
§ 1 Grundlagen und Strukturen des Pharmarechts	1
2. Teil. Arzneimittel	15
§ 2 Grundlagen des Arzneimittelrechts	15
§ 3 Prüfung, Herstellung und Zulassung von Arzneimitteln	32
§ 4 Inverkehrbringen, Überwachung und Schutz von Arzneimitteln	120
3. Teil. Medizinprodukte	189
§ 5 Entwicklung und Zertifizierung von Medizinprodukten	189
§ 6 Inverkehrbringen und Überwachung von Medizinprodukten	215
4. Teil. Die Bewerbung von Arzneimitteln und Medizinprodukten	229
§ 7 Grundlagen und Strukturen	229
§ 8 Das Heilmittelwerbegesetz	237
§ 9 Das UWG im Heilmittelwerberecht	271
5. Teil. Arzneimittel und Medizinprodukte in der gesetzlichen und privaten Krankenkasse	275
§ 10 Grundlagen des SGB V und der privaten Krankenversicherung	276
§ 11 Preisfestsetzung und Erstattung	286
§ 12 Kollektivvertragliche Steuerungsinstrumente	345
6. Teil. Wettbewerbliche Selektivverträge für Arzneimittel und Medizinprodukte	359
§ 13 Individualvertragliche Steuerungsinstrumente	361
§ 14 Ausschreibung von Verträgen in der GKV	374
Sachregister	449

Inhaltsverzeichnis

1. Teil. Pharmarecht 1
§ 1 Grundlagen und Strukturen des Pharmarechts 1
   A. Einleitung 1
   B. Entwicklung des Pharmarechts 3
   C. Europäisierung und Globalisierung des Arzneimittelrechts 6
      I. Europäisierung 6
         1. Anwendungsvorrang des Gemeinschaftsrechts 7
         2. Bindungswirkung von Sekundärrechtsakten 7
         3. Warenverkehrsfreiheit und Parallelimport von Arzneimitteln 9
         4. Gemeinschaftsrechtskonformer Vollzug nationaler Bestimmungen ... 10
         5. Veränderungen in den arzneimittelrechtlichen Verwaltungsstrukturen und -verfahren 10
      II. Globalisierung 12

2. Teil. Arzneimittel 15
§ 2 Grundlagen des Arzneimittelrechts 15
   A. Rechtsgrundlagen 15
   B. Zweck und Funktionen des Arzneimittelrechts 18
   C. Der Arzneimittelbegriff und dessen Bedeutung im AMG 18
      I. Arzneimittelbegriff 19
         1. Stoffe und Zubereitungen aus Stoffen 19
         2. Präsentationsarzneimittel 19
         3. Funktionsarzneimittel (Absatz 1 Nr. 2 (a)) 20
         4. Diagnostika (Absatz 1 Nr. 2 (b)) 21
         5. Objektive Zweckbestimmung und Wirkung 21
      II. Geltungsarzneimittel 22
      III. Abgrenzung des Arzneimittels zu anderen Produktkategorien .. 23
         1. Lebensmittel 23
         2. Kosmetische Mittel 24
         3. Tabakerzeugnisse 24
         4. Biozid-Produkte 25
         5. Medizinprodukte und Zubehör für Medizinprodukte 25
         6. Menschliche Organe 26
      IV. Zweifelsfallregelung des § 2 Abs. 3a AMG 26
   D. Anwendungsbereich des Arzneimittelgesetzes 27
      I. Eröffnung des Anwendungsbereichs des Arzneimittelgesetzes .. 27
      II. Ausnahmen vom Anwendungsbereich 27
      III. Sondervorschriften für neuartige Therapien 27
   E. Allgemeine Anforderungen an Arzneimittel 28
      I. Verkehrsverbote 28
         1. Absolute Verkehrsverbote der §§ 5 und 6a AMG 28
         2. Relative Verkehrsverbote der §§ 6 und 7 AMG 29
      II. Täuschungsverbote 30
      III. Kennzeichnungs- und Informationspflichten 31

§ 3 Prüfung, Herstellung und Zulassung von Arzneimitteln 32
   A. Die Prüfung von Arzneimitteln am Menschen 32
      I. Rechtlicher Rahmen für die Durchführung klinischer Prüfungen .. 33
      II. Begrifflichkeiten und Abgrenzungen 33
         1. Klinische Prüfung 33
            a) Kriterien der klinischen Prüfung 34
            b) Kriterien der Awendungsbeobachtung 35

	2. Prüfpräparat		36
	3. Sponsor		36
	4. Prüfer		36
III.	Phasen klinischer Prüfungen		37
	1. Klinische Prüfungen vor Zulassungserteilung		37
	a) Phase 0		37
	b) Phase I		37
	c) Phase II		37
	d) Phase III		38
	2. Klinische Prüfungen nach Zulassungserteilung		39
IV.	Planung und Durchführung einer klinischen Prüfung		39
	1. Genehmigung der klinischen Prüfung		40
	2. Durchführung der klinischen Prüfung		41
VI.	Exkurs: Die Anwendungsbeobachtung		42
	1. Begriff und und Abgrenzung		42
	2. Prinzip der Nichtintervention		43
	3. Anzeigepflicht		43
	4. Sonstige Vorgaben für die Ausgestaltung		43
B. Herstellung von Arzneimitteln			44
I.	Die Herstellungserlaubnis		45
	1. Erforderlichkeit einer Herstellungserlaubnis		45
	2. Versagungsgründe		46
	3. Entscheidung über die Herstellungserlaubnis		47
II.	Qualitätsanforderungen an die Arzneimittelherstellung		48
C. Zulassung von Arzneimitteln			48
I.	Einleitung		48
II.	Zulassungsverfahren und Zulassungsbehörden		49
	1. Zulassungverfahren		49
	2. Zulassungsbehörden		50
III.	Antragsarten		50
	1. Vollantrag		51
	2. „Informed Consent-Antrag"		53
	3. Generikumsantrag		53
	4. Hybrid-Zulassungsantrag		54
	5. Fixkombination		54
	6. Well-established-use- bzw. Literaturzulassungsantrag		54
	7. Biosimilar-Antrag		54
	8. Parallelimportzulassung		55
	9. Antrag auf Nachzulassung		56
IV.	Zulassungspflichtige Arzneimittel		56
	1. Grundsatz der Zulassungspflicht		56
	2. Ausnahmen von der Zulassungspflicht		57
V.	Nationales Zulassungsverfahren		59
	1. Anwendungsbereich		59
	2. Verfahrensablauf und Versagungsgründe		59
	a) Antragsteller		59
	b) Validierung		59
	c) Versagungsgründe des § 25 Abs. 2 AMG		60
	d) Versagungsgründe des § 25 Abs. 3 AMG		61
	e) Mängelbescheid		61
	f) Vorprüfung		62
	g) Sonderregelungen		62
	3. Entscheidung über den Zulassungsantrag		62
	4. Änderungen der Arzneimittelzulassung		65
	a) „Tell and Do"-Änderungen		65
	b) Bezeichnungsänderung		67
	c) Zustimmungsbedürftige Änderungen		67
	d) Änderungen mit Neuzulassungserfordernis § 29 Abs. 3 AMG		68
	5. Rücknahme, Widerruf und Ruhen der Zulassung		68

	6. Erlöschen und Verlängerung der Zulassung	69
	7. Rechtsschutzfragen	70
VI.	Zentrales Europäisches Zulassungsverfahren	71
	1. Entstehungsgeschichte	71
	2. Anwendungsbereich	72
	a) „Mandatory Scope"	72
	b) „Optional Scope"	73
	3. Verfahrensablauf und Versagungsgründe	74
	a) Notifizierung der EMA und Erennung von Rapporteur und Co-Rapporteur	74
	b) Einreichung des Zulassungsantrages und Validierungsphase	74
	c) Wissenschaftliche Bewertung des CHMP	75
	d) Stellungnahme des CHMP	76
	e) Entscheidungsentwurf der Europäischen Kommision und Einbeziehung des CHMP	77
	f) Entscheidung der Europäischen Kommision	77
	4. Besondere Zulassungsarten	79
	5. Änderungen der Arzneimittelzulassung	79
	a) Klassifizierung der Änderungen	80
	b) Überwachungsmaßnahmen und -instrumente	80
	6. Rücknahme, Widerruf und Ruhen der Zulassung	82
	7. Erlöschen und Verlängerung der Zulassung	82
	8. Rechtsschutzfragen	83
VII.	Verfahren der Gegenseitigen Anerkennung und Dezentrales Zulassungsverfahren	83
	1. Verfahren der Gegenseitigen Anerkennung	83
	a) Erstellung der Zulassungsdokumentation	84
	b) Anerkennungsantrag in den betroffenen Mitgliedstaaten	84
	c) Anerkennungsverfahren	84
	d) Nationale Phase	85
	2. Dezentrales Zulassungsverfahren	86
	a) Zulassungsantrag in den betroffenen Mitgliedstaaten	86
	b) Zulassungsverfahren	86
	c) Nationale Phase	87
	3. Änderungen der Arzneimittelzulassung	88
	4. Rücknahme, Widerruf und Ruhen der Zulassung	89
	a) Einleitung zu Referral-Verfahren	89
	b) Arten von Referral-Verfahren	90
	c) Veröffentlichung von Informationen über Referral-Verfahren	91
	d) Ablauf des Referral-Verfahrens	91
	5. Erlöschen und Verlängerung der Zulassung	92
	6. Rechtsschutzfragen	92
VIII.	Widerstreitende und mehrfache Zulassungsanträge	93
IX.	Registrierung von Arzneimitteln	93
	1. Registrierung homöopathischer Arzneimittel	93
	a) Registrierungspflichtige homöopathische Arzneimittel	94
	b) Antragsunterlagen für die Registrierung	94
	c) Materielle Anforderungen	94
	d) Kennzeichnung homöopathischer Arzneimittel	95
	e) Änderungen und Gültigkeit der Registrierung	96
	2. Registrierung traditioneller pflanzlicher Arzneimittel	96
	a) Registrierung traditioneller pflanzlicher Arzneimittel	97
	b) Registrierungsunterlagen für traditionelle pflanzliche Arzneimittel	97
	c) Entscheidung über die Registrierung traditioneller pflanzlicher Arzneimittel	98
	d) Kennzeichnung der traditionellen pflanzlichen Arzneimittel	98
	e) Gültigkeit der Registrierung und sonstige Verfahrensvorschriften	99
D. Arzneimittel für seltene Leiden		99
	I. Rechtliche Grundlage	99

Inhaltsverzeichnis

II. Ausweisung als Arzneimittel für seltene Leiden	101
1. Kriterien für die Ausweisung als Arzneimittel für seltene Leiden	101
2. Verfahren zur Ausweisung als Arzneimittel für seltene Leiden	101
3. Eigenständige Zulassung	102
4. Übertragung der Ausweisung als Arzneimittel für seltene Leiden	103
5. Verfahren zur Streichung aus dem Register von Arzneimittel für seltene Leiden	103
6. Marktexklusivitätsrecht	103
E. Kinderarzneimittel	103
I. Rechtliche Grundlage	103
II. Der Pädiatrieausschuss	104
III. Durchführung von Studien gemäß einem pädiatrischen Prüfkonzept	105
1. Art. 7-PIP	105
2. Art. 8-PIP	105
3. Ausnahmen	106
4. Freigestellte Arzneimittel	106
IV. Billigung des Pädiatrischen Prüfkonzepts	107
V. Zurückstellung oder Änderung des Pädiatrischen Prüfkonzepts	107
VI. Die „Genehmigung für die Pädiatrische Verwendung" (PUMA)	108
1. Begriff der PUMA	108
2. Genehmigung der PUMA	108
3. Spezifisches Anreizsystem für PUMA	109
VII. Übereinstimmung mit dem Pädiatrischen Prüfkonzept	109
VIII. Anreize und weitere pädiatrische Verpflichtungen	110
1. Möglichkeit des zentralen Zulassungsverfahrens	110
2. Kennzeichnungsanforderungen	111
3. Spezifische Anforderungen im Anschluss an die Genehmigung	111
4. Veröffentlichung der Studienergebnisses	112
5. Bonusse und Anreize	112
F. Arzneimittel für neuartige Therapien	113
I. Einleitung	113
II. Anwendungsbereich	114
1. Begriff der Arzneimittel für neuartige Therapien	114
2. Zweifelsregelungen	115
3. Ausnahmen vom Anwendungsbereich	115
III. Die Rolle der EMA und des Committee for Advanced Therapies (CAT)	116
IV. Genehmigung für das Inverkehrbringen	116
1. Anforderungen für die Genehmigung für das Inverkehrbringen	117
2. Genehmigungsverfahren	117
V. Anforderungen an die Kennzeichnung	118
VI. Anforderungen nach erfolgter Genehmigung	118
VII. Anreize	118
§ 4 Inverkehrbringen, Überwachung und Schutz von Arzneimitteln	**120**
A. Das Inverkehrbringen von Arzneimitteln	120
I. Kennzeichnung	120
1. Umverpackung	120
a) Inhalt und Umfang der Pflichtangaben	121
b) Zulässigkeit weitere Angaben	122
c) Sonstige Vorgaben des § 10 AMG	122
2. Packungsbeilage § 11 AMG	123
3. Fachinformation § 11a AMG	123
II. Apotheken- und Verschreibungspflicht	124
1. Grundsatz der Apothekenpflicht	124
2. Ausnahmen von der Apothekenpflicht	126
3. Verschreibungspflichtige Arzneimittel	126
III. Abgabe	127
1. Vertriebswege und sonstige Abgabeformen	127
a) Vertriebswege	127

b) Sondervertriebswege	129
c) Sonstige Abgabeformen	129
2. Großhandel mit Arzneimitteln	130
3. Bereitstellung von Arzneimitteln	130
4. Informationsbeauftragter	131
5. Pharmaberater	131
IV. Haftung für Arzneimittelschäden	132
1. Gefährdungshaftung	132
a) Haftender	132
b) Haftungsobjekt	133
c) Personenschaden	133
d) Haftungsgrund	133
e) Kausalitätsvermutung	134
f) Haftungsumfang	135
2. Auskunftsanspruch § 84a AMG	137
a) Anspruchsvoraussetzungen	137
b) Anspruchsinhalt	137
c) Anspruchsausschluss	138
d) Auskunftsverpflichtete	138
3. Gerichtszuständigkeit	138
4. Weitergehende Haftung	138
5. Deckungsvorsorge	138
B. Die Arzneimittelüberwachung	139
I. Pharmakovigilanz	139
1. Pharmakovigilanz-System der zuständigen Behörden	139
2. Stufenplan	141
3. Stufenplanbeauftragter	142
4. Pharmakovigilanz-Pflichten des Zulassungsinhabers	143
5. Nichtinterventionelle Unbedenklichkeitsprüfungen	145
a) Begriff der Unbedenklichkeitsprüfung	145
b) Anzeigepflicht	146
c) Zulassungsverfahren	146
d) Unzulässigkeit der Unbedenklichkeitsprüfung	146
e) Weitere Anzeigepflichten	146
6. Tierarzneimittel	147
II. Behördliche Überwachung	147
1. Zuständige Überwachungsbehörden	147
2. Durchführung der Überwachung	148
3. Probenahme	149
4. Duldungs- und Mitwirkungspflichten	149
5. Anzeigepflichten	150
6. Datenbankgestütztes Informationssystem	151
7. Maßnahmen der zuständigen Aufsichtsbehörde	151
C. Sonderregelungen für Tierarzneimittel	153
I. Einleitung	153
II. Sondervorschriften für Tierarzneimittel	155
D. Der Schutz von Arzneimitteln	156
I. Einleitung	156
1. Gewerbliche Schutzrechte	157
2. Sonstige Schutzrechte	157
II. Patent	159
1. Rechtliche Grundlagen	159
2. Erteilungskriterien	160
3. Erteilungsverfahren	160
a) Nationale Patentanmeldung	160
b) Europäische Patentanmeldung	162
c) Patentanmeldung nach dem Zusammenarbeitsvertrag (PCT)	163
4. Wirkung und Schutzdauer des Patents	163

Inhaltsverzeichnis

III. Ergänzendes Schutzzertifikat	164
1. Rechtliche Grundlage	164
2. Erteilungskriterien	164
3. Erteilungsverfahren	165
4. Wirkung des Ergänzenden Schutzzertifikats	165
IV. Gebrauchsmuster	167
1. Rechtliche Grundlage	167
2. Schutzvoraussetzungen	167
3. Eintragungsverfahren	168
4. Wirkung und Schutzdauer des Gebrauchsmusters	168
V. Eingetragenes Design	169
1. Rechtliche Grundlage	169
2. Schutzvoraussetzungen	169
3. Eintragungsverfahren	170
4. Wirkung des eingetragenen Designs	170
VI. Marken	171
1. Rechtliche Grundlagen	171
2. Erteilungskriterien	171
3. Erteilungsverfahren	172
a) Nationale Marke	172
b) Gemeinschaftsmarke	173
c) Antrag auf Internationale Registrierung	175
VII. Exkurs: Parallelimport und Erschöpfung von Schutzrechten	176
VIII. Unterlagenschutz	176
1. Datenexklusivität und Marktexklusivität	176
2. Bestehender Unterlagenschutz für Referenzarzneimittel	177
a) Unterlagenschutz nach geltendem Recht („8+2+1-Formel")	178
b) Unterlagenschutz nach altem Recht	180
c) Relevanter Schutzzeitraum bei einem Europäischem Referenzarzneimittel	180
d) Schutzzeiträume und Globale Marktzulassung	180
3. Ein Jahr Datenexklusivität bei neuen Indikationen anerkannter Substanzen	181
4. Ein Jahr Datenexklusivität bei OTC-Switch	182
5. Rechtsschutzfragen	182
IX. Orphan Exklusivität	183
1. Schutzwirkung der Orphan Exklusivität	183
2. Abweichungen von der Orphan Exklusivität	184
X. Paediatrische Verlängerung	185
1. Anforderungen	185
2. Pädiatrische Belohnung	186
a) SPC-Verlängerung um 6 Monate für non-orphan Arzneimittel	186
b) Verlängerung der Orphan Exklusivität um 2 Jahre	187
3. Unterlagenschutz für PUMA	188

3. Teil. Medizinprodukte 189

§ 5 Entwicklung und Zertifizierung von Medizinprodukten 189

I. Gegenstand des Medizinprodukterechts	189
1. Allgemeines	189
2. Definition	190
3. Arten von Medizinprodukten	190
II. Entstehungsgeschichte des MPG	191
1. Regelungsanlass	191
2. Aktuelle Entwicklungen	192
III. Abgrenzung von anderen Produktklassen	192
1. Allgemeines	192
2. Arzneimittel	193
a) Gleiche Zweckbestimmung – andere Wirkweise	193

	b) Die Rechtsprechung von EuGH und BGH	194
	c) Definition nach 16. AMG-Novelle	196
3.	Kosmetika	196
	a) Definition	196
	b) Abgrenzungskriterien	196
4.	Lebensmittel	197
	a) Definition und Abgrenzung	197
	b) Nahrungsergänzungsmittel	198
5.	Biozide	198
IV.	Europäisches Recht	198
1.	Allgemeines	198
	a) EU-Verordnungen	199
	b) EU-Richtlinien	199
2.	Europäische Medizinprodukterichtlinien	200
	a) Allgemeines	200
	b) RL 93/42/EG	200
	c) RL 98/79/EG	201
	d) RL 90/385/EWG	201
3.	Leitlinien	201
	a) Allgemeines	201
	b) MEDDEV	201
V.	Nationales Recht	202
1.	Medizinproduktegesetz	202
2.	Verordnungen	203
VI.	Medizinprodukte-Klassen	204
1.	Allgemeines	204
2.	Klassifizierung	204
3.	Module	205
VII.	Benannte Stellen	205
VIII.	Konformitätserklärung	206
1.	Medizinprodukte der Klasse I	207
2.	Medizinprodukte der Klasse II a	207
3.	Medizinprodukte der Klasse II b	208
4.	Medizinprodukte der Klasse III	208
	a) Allgemeines	208
	b) Prüfung der Benannten Stelle	208
IX.	Entwicklung von Medizinprodukten bis zur Vermarktung	209
1.	Von der Idee bis zur Realisierung	209
2.	Einschalten einer Benannten Stelle	210
3.	Produktbeobachtung	210
4.	Klinische Studien	210
	a) Allgemeines	210
	b) Klinische Bewertung – klinische Prüfung	211
	c) Verordnung über klinische Prüfungen (MPKPV)	212
	d) MEDDEV	212
	e) Dokumentation	212
X.	Zertifizierung von Medizinprodukten	212
1.	CE-Kennzeichnung	212
2.	Zuständigkeiten	213
3.	Rechtsqualität des CE-Zeichens	213

§ 6 Inverkehrbringen und Überwachung von Medizinprodukten 215
    I. Inverkehrbringen 215
        1. Nationale und europäische Rechtsvorschriften 215
        2. Voraussetzungen des Inverkehrbringens 215
            a) Allgemeines 215
            b) Anzeigepflichten 216
        3. Verantwortlichkeiten 216
            a) Hersteller 216
            b) Vertreiber 217

        4. Dokumentationspflichten 218
           a) Allgemeines 218
           b) Medizinproduktebetreiberverordnung (MPBetreibV) 218
        5. Medizinprodukteberater 219
        6. Sicherheitsbeauftragter für Medizinprodukte 219
        7. Kennzeichnungspflichten 220
           a) Allgemeines 220
           b) CE-Kennzeichnung 221
        8. Bewerbung 222
           a) Allgemeines 222
           b) § 3 HWG 222
           c) § 11 Abs. 1 Satz 2 HWG 223
           d) Abgabe von Mustern 223
    II. Überwachung von Medizinprodukten 224
        1. Allgemeines 224
        2. Zuständige Behörden 224
           a) National 224
           b) Europäisch 225
        3. Befugnisse 225
           a) Allgemeines 225
           b) Verwaltungsvorschrift zur Durchführung des
              Medizinproduktegesetzes (MPGVwV) 226
    III. Rechtsschutz 227
        1. Allgemeines 227
        2. Rechtsweg 227

4. Teil. Die Bewerbung von Arzneimitteln und Medizinprodukten 229

§ 7 Grundlagen und Strukturen 229
    I. Entstehungsgeschichte des HWG 229
    II. Das Gemeinschaftsrecht 231
        1. Der Gemeinschaftskodex für Humanmedizin 231
        2. Weitere einschlägige Richtlinien 231
        3. Der Vorrang des Gemeinschaftsrechts 232
        4. Zum Harmonisierungsstandard der im Heilmittelwerberecht
           einschlägigen Richtlinien 232
    III. Das maßgebliche, neben dem HWG zu berücksichtigende nationale
        Recht – gesetzestechnische Einordnung des HWG 232
        1. Verfassungsrecht 232
        2. Das UWG 233
        3. Die Arzneimittelpreisverordnung 233
        4. Kodizes 234
        5. Gesetzestechnische Einordnung des HWG 234
    IV. Grundwertungen des Heilmittelwerbe- und des allgemeinen
        Wettbewerbsrechts 234
        1. Schutzhöhe und geschützte Interessen 235
        2. Grundwertungen des Heilmittelwerberechts 235
           a) Das heilmittelwerberechtliche Strengeprinzip 235
           b) Die Gesundheit als hohes Schutzgut – Vorbeugung des
              Medikamentenfehlgebrauchs 236
           c) Hohe Aktualität 236

§ 8 Das Heilmittelwerbegesetz 237
    I. Sachlicher Anwendungsbereich (§ 1 HWG) 237
        1. Die in die Regelung einbezogenen Produktgruppen 237
        2. Der Begriff der Werbung 238
        3. § 2 HWG: Definition der Fachkreise 240
    II. Der Adressatenkreis des HWG 242
    III. § 13 HWG: Werbung ausländischer Unternehmen 243
    IV. Heilmittelrechtliche Informationspflichten – § 4 HWG: Pflichtangaben . 243
        1. Grundsätzliches 243

Inhaltsverzeichnis

2. Der Pflichtangabenkatalog gemäß § 4 Abs. 1 bis 3 HWG 245
3. Die Pflichtangaben im Einzelnen 246
   a) Name oder Firma und Sitz des pharmazeutischen Unternehmers .. 246
   b) Bezeichnung des Arzneimittels 246
   c) Zusammensetzung des Arzneimittels 246
   d) Anwendungsgebiete 247
   e) Gegenanzeigen, Nebenwirkungen, Warnhinweise 247
   f) Verschreibungspflichtigkeit 248
   g) Wartezeit bei Tierarzneimitteln 248
4. Pflichtangaben in der Öffentlichkeitswerbung 248
5. Form der Pflichtangaben/Gute Lesbarkeit/Abgegrenztheit 248
6. Erinnerungswerbung 249
V. Werbung in Packungsbeilagen, § 4a Abs. 1 HWG 250
VI. Verbot der Werbung mit der Verordnungsfähigkeit eines Arzneimittels, § 4a Abs. 2 HWG 250
VII. § 5 HWG: Werbung für homöopathische Arzneimittel 251
VIII. § 6 HWG: Werbung mit Gutachten und wissenschaftlichen Veröffentlichungen 251
IX. § 8 HWG: Verbot der Werbung für den Bezug von Arzneimitteln im Wege des Teleshopping und der Einzeleinfuhr 252
X. Verbot von Werbegaben, § 7 HWG 253
  1. Einführung 253
  2. Der Tatbestand der Norm 253
     a) Werbegaben von geringem Wert, § 7 Abs. 1 S. 1 Nr. 1 HWG 254
     b) Rabatte, § 7 Abs. 1 S. 1 Nr. 2 HWG 255
     c) § 7 Abs. 1 S. 1 Nr. 3 HWG: Handelsübliches Zubehör 255
     d) § 7 Abs. 1 S. 1 Nr. 4 HWG: Auskünfte und Ratschläge 256
     e) § 7 Abs. 1 S. 1 Nr. 5 HWG: Kundenzeitschriften 256
     f) § 7 Abs. 1 S. 2 HWG: Werbegaben für Angehörige der Heilberufe . 256
XI. Publikumswerbung, §§ 10, 11 und 12 HWG 256
  1. Publikumswerbeverbot § 10 HWG 256
  2. Zulässige Formen der Publikumswerbung, § 11 HWG 257
     a) § 11 Abs. 1 HWG – weggefallene Nummern 257
     b) § 11 Abs. 1 Nr. 2 HWG: Empfehlungen 257
     c) § 11 Abs. 1 Nr. 3 HWG: Wiedergabe von Krankengeschichten ... 258
     d) § 11 Abs. 1 Nr. 5 HWG: Bildliche Darstellung 258
     e) § 11 Abs. 1 Nr. 7 HWG: Gesundheitsbeeinflussung 258
     f) § 11 Abs. 1 Nr. 8 HWG: Werbevorträge 259
     g) § 11 Abs. 1 Nr. 9 HWG: Getarnte Werbung 259
     h) § 11 Abs. 1 Nr. 11 HWG: Äußerungen Dritter 259
     i) § 11 Abs. 1 Nr. 12 HWG: Kinder unter 14 Jahren 259
     j) § 11 Abs. 1 Nr. 13 HWG: Preisausschreiben, Verlosungen 259
     k) § 11 Abs. 1 Nr. 14 und Nr. 15 AMG: Abgabe von Arzneimitteln und anderen Mitteln 260
     l) § 11 Abs. 2 HWG: Vergleichende Werbung 260
  2. § 12 HWG: Werbung für bestimmte Krankheiten oder Leiden 260
XII. Irreführende Werbung, § 3 HWG 261
  1. Bedeutung 261
  2. Irreführung 261
  3. Die Beispielstatbestände des § 3 S. 2 HWG 263
     a) § 3 S. 2 Nr. 1 HWG: Wirksamkeits- und Wirkungsangaben 263
     b) Irreführung durch falsche Erfolgsversprechen: § 3 S. 2 Nr. 2 lit. a) HWG 266
     c) Irreführung über schädliche Wirkungen, § 3 S. 2 Nr. 2 lit. b) HWG 267
     d) Irreführung über den Zweck der Werbung, § 3 S. Nr. 2 lit. c) HWG 267
     e) § 3 S. 2 Nr. 3 lit. a) HWG: Irreführung über die Zusammensetzung oder Beschaffenheit von Heilmitteln 268
     f) § 3 S. Nr. 3 lit. b) HWG: Irreführung durch Angaben über die Person des Herstellers oder Erfinders 268
XIII. Werbung für nicht zugelassene Arzneimittel, § 3a HWG 269

Inhaltsverzeichnis

§ 9 Das UWG im Heilmittelwerberecht 271
    I. Einleitung 271
    II. Sanktionierung der Vorschriften des HWG über § 4 Nr. 11 UWG 271
    III. Unmittelbare Anwendung des UWG 272
        1. Einleitung 272
        2. § 6 Abs. 2 Nr. 1 UWG: Vergleich von Waren oder Dienstleistungen für den gleichen Bedarf oder dieselbe Zweckbestimmung 272
        3. § 6 Abs. 2 Nr. 5 UWG: Herabsetzung und Verunglimpfung 272

5. Teil. Arzneimittel und Medizinprodukte in der gesetzlichen und privaten Krankenkasse 275

§ 10 Grundlagen des SGB V und der privaten Krankenversicherung 276
    A. Einführung 276
    B. System der Krankenversicherung 277
        I. System der gesetzlichen Krankenversicherung 277
        II. System der privaten Krankenversicherung 278
    C. Gesetzliche Grundlagen 278
        I. Kodifikation der GKV im SGB V 278
            1. Rechtskonkretisierungskonzept 278
            2. Anspruchskonkretisierung durch untergesetzliche Normen 279
                a) Richtlinien des Gemeinsamen Bundesausschusses (G-BA) 279
                b) Normsetzungsverträge 281
                c) Hilfsmittelverzeichnis 281
                d) Arzneimittel- und Medizinproduktegesetz 281
        II. Rechtsgrundlagen der PKV 281
            1. Rechtsbeziehungen in der privatärztlichen Versorgung 281
            2. VVG und AVB 282
    D. Leistungsrechtliche Grundprinzipien 283
        I. Grundprinzipien des Leistungsrechts im System der GKV 283
            1. Leistungserbringung in der GKV 283
            2. Sachleistungsprinzip 283
            3. Kostenerstattungsprinzip 283
            4. Wirtschaftlichkeitsgebot 284
        II. Kostenerstattung als zentrales leistungsrechtliches Prinzip der PKV 285

§ 11 Preisfestsetzung und Erstattung 286
    A. Erstattung von Arzneimitteln und Medizinprodukten durch die GKV 286
        I. Leistungsanspruch auf Versorgung mit apothekenpflichtigen Arzneimitteln 286
            1. Anspruchsvoraussetzungen 286
                a) Krankheit im krankenversicherungsrechtlichen Sinne 286
                b) Arzneimittel iSd SGB V 286
                c) Apothekenpflichtigkeit 287
                d) Arzneimittelrechtliche Zulassung 287
            2. Gesetzliche Leistungsausschlüsse nach § 34 SGB V 290
                a) Ausschluss von nicht verschreibungspflichtigen Arzneimittel 290
                b) Ausschluss von Bagatell-Arzneimitteln 291
                c) Ausschluss von Lifestyle- Präparaten 292
            3. Ausschluss unwirtschaftlicher Arzneimittel 292
            4. Einschränkung oder Ausschluss der Verordnung von Arzneimitteln durch Richtlinien des G-BA nach § 92 Abs. 1 S. 2 Nr. 6 SGB V, Therapiehinweise 292
                a) Konkretisierung des Leistungsanspruches durch Richtlinien nach § 92 SGB V 292
                b) Verordnungseinschränkungen oder -ausschlüsse 293
                c) Therapiehinweise 294
                d) Verfahren 295
                e) Rechtsschutz 295

II. Erstattung von Medizinprodukten	296
1. Einordnung von Medizinprodukten in die Leistungskategorien des SGB V	296
2. Erstattung von Medizinprodukten als Hilfsmittel	296
a) Medizinprodukte als Hilfsmittel im SGB V	296
b) Erstattungsfähigkeit von Hilfsmitteln	296
c) Hilfsmittelverzeichnis nach § 139 SGB V	300
3. Erstattung arzneimittelähnlicher Medizinprodukte	301
4. Erstattung von Medizinprodukten im Rahmen der ärztlichen Behandlung	302
5. Erstattungsfähigkeit von Medizinprodukten als Sprechstundenbedarf	302
B. Erstattung von Arzneimitteln und Medizinprodukten durch die PKV	303
I. Voraussetzungen der Leistungspflicht	303
1. Entstehen von Aufwendungen	303
2. Krankheit	304
3. Durchführung einer Heilbehandlung	304
4. Medizinische Notwendigkeit	304
II. Umfang der Leistungspflicht	305
1. Arzneimittel	305
2. Medizinprodukte	305
III. Einschränkung der Leistungspflicht	306
1. Leistungsausschlüsse, § 5 Abs. 1 MB/KK	306
2. Verbot der Übermaßvergütung, § 192 Abs. 2 VVG	306
C. Preisbildung und Preisregulierung	306
I. Grundzüge des Arzneimittelpreisrechts und der Regulierung von Arzneimittelpreisen	306
1. Arzneimittelpreisbildung nach dem Arzneimittelgesetz (AMG)	306
2. Regulierung der Arzneimittelpreise nach dem SGB V	308
II. Gesetzliche Preisabschläge	308
1. Apothekenrabatt (§ 130 SGB V)	309
2. Herstellerrabatte (§ 130a SGB V)	309
a) Allgemeiner Herstellerrabatt (§ 130a Abs. 1)	310
b) Erhöhter Herstellerabschlag (§ 130a Abs. 1a SGB V)	310
c) Preismoratorium (§ 130a Abs. 3a SGB V)	311
d) Generikaabschlag (§ 130a Abs. 3b SGB V)	311
e) Impfstoffabschlag (§ 130a Abs. 2 SGB V)	312
3. Verhältnis der gesetzlichen Rabatte	312
4. Herstellerrabatte zugunsten der PKV nach dem AMRabG	312
III. Festbeträge für Arzneimittel (§§ 31 Abs. 2, 35 SGB V)	313
1. Zweck der Festbetragsfestsetzung	313
2. Festsetzungsverfahren	314
a) Festbetragsgruppenbildung	314
b) Festbetragsfestsetzung	315
3. Rechtsschutz	316
IV. Festbeträge für Hilfsmittel (§ 36 SGB V)	317
V. Erstattungsbeträge (§§ 130b I, III SGB V)	318
1. Überblick über das Verfahren zur Bestimmung des Erstattungsbetrages	318
2. Frühe Nutzenbewertung nach § 35a SGB V	319
a) Grundlagen	319
b) Anwendungsbereich der frühen Nutzenbewertung	320
c) Herstellerdossier als Grundlage der frühen Nutzenbewertung	323
d) Bewertungsverfahren	328
e) Beschluss über die Nutzenbewertung	329
f) Rechtsschutz	330
g) Erneute Nutzenbewertung auf Antrag des Unternehmers oder durch Beschluss des G-BA	331
h) Kosten-Nutzen-Bewertung nach § 35b SGB V im Anschluss an eine frühe Nutzenbewertung	332

3. Vereinbarungen über Erstattungsbeträge nach § 130b Abs. 1 oder Abs. 3 SGB V 333
   a) Gegenstände von Vereinbarungen über Erstattungsbeträge 333
   b) Rechtsnatur und Voraussetzungen für den Vertragsschluss 333
   c) Kriterien für die Bestimmung des Erstattungsbetrages für Arzneimittel mit Zusatznutzen 333
   d) Kriterien für die Bestimmung des Erstattungsbetrages für nicht festbetragsfähige Arzneimittel ohne Zusatznutzen 336
   e) Vereinbarungsinhalte 336
   f) Kündigung 337
   g) Festsetzung des Erstattungsbetrages durch Schiedsspruch (§ 130b Abs. 4 S. 3 SGB V) 338
4. Kosten-Nutzen-Bewertung nach § 35b SGB V nach Schiedsspruch .. 341
   a) Grundlagen 341
   b) Auftragserteilung durch den G-BA an das IQWiG 341
   c) Bewertungsgrundlagen, Bewertungskriterien und Bewertungsmethodik 342
   d) Beschluss des G-BA über die Kosten-Nutzen-Bewertung als Grundlage für Vereinbarungen über Erstattungsbeträge nach § 130b SGB V 343
   e) Rechtsschutz 344

§ 12 Kollektivvertragliche Steuerungsinstrumente 345
A. Rechtsbeziehungen in der Arzneimittelversorgung 345
  I. Arzneimittelverordnung und -verkauf 345
  II. Arzneimittelabgabe 345
B. Rahmenverträge über die Arzneimittelversorgung nach § 129 Abs. 2 und 5 SGB 346
  I. Bundesrahmenvertrag nach § 129 Abs. 2 SGB V 346
    1. Rechtsnatur und Rechtswirkungen 346
    2. Inhalte und Sanktionen 347
    3. Vertragsfestsetzung durch die Schiedsstelle 348
  II. Arzneimittelliefervertäge nach § 129 Abs. 5 SGB V 348
C. Wirtschaftliche Arzneimittelversorgung durch die Rahmenverträge über die Arzneimittelversorgung 349
  I. Aut-Idem-Substitution nach § 129 Abs. 1 S. 1 Nr. 1 SGB V 349
    1. Systematik 349
    2. Abgabe preisgünstiger Arzneimittel 350
      a) Rechtlicher Hintergrund 350
      b) Voraussetzungen der Substitution 351
    3. Vorrangige Abgabe rabattbegünstigter Arzneimitteln 353
      a) Regelungszweck 353
      b) Voraussetzungen der vorrangigen Abgabe rabattbegünstigter Arzneimittel 353
      c) Wahlrecht der Versicherten 354
  II. Abgabe preisgünstiger Importarzneimittel 355
  III. Abgabe wirtschaftlicher Einzelmengen 356
  IV. Angabe des Apothekenabgabepreises 356

6. Teil. Wettbewerbliche Selektivverträge für Arzneimittel und Medizinprodukte 359

§ 13 Individualvertragliche Steuerungsinstrumente 361
A. Einführung 361
B. Die gesetzlich vorgesehenen Selektivvertragsarten im Einzelnen 362
  I. Arzneimittelrabattverträge nach § 130a Abs. 8 SGB V 363
    1. Grundsätzliche Konzeption 363
    2. Substitutionspflicht nach § 129 Abs. 1 S. 3 SGB V 363
  II. Erstattungsvereinbarungen nach § 130b SGB V und § 130c SGB V 364
  III. Impfstoffversorgungsverträge nach § 132e Abs. 2 SGB V 365
  IV. Zytostatikaversorgungsverträge nach § 129 Abs. 5 S. 3 SGB V 365
    1. Allgemeines 366
    2. Vertragsabschlusskompetenz 366

Inhaltsverzeichnis

V. Hilfsmittelversorgungsverträge nach § 127 SGB V	367
VI. Integrierte Versorgungsverträge nach §§ 140a ff. SGB V	368
C. Vertragsmodelle	368
I. Inputbezogene Vertragsmodelle	369
1. Grundtypus des Rabattvertrags	370
2. Staffelrabattvertrag	370
3. Budget-/Capitation-Vertrag	371
4. Cost-Sharing-Vertrag	372
II. Prozessbezogene Vertragsmodelle	372
III. Outcomebezogene Vertragsmodelle	373
§ 14 Ausschreibung von Verträgen in der GKV	**374**
A. Die Anwendung des Vergaberechts auf Versorgungsverträge der GKV	375
I. Systematik der vergaberechtlichen Vorschriften	375
1. Nationales Haushaltsvergaberecht	376
2. EU/GWB-Vergaberecht	376
a) Funktionale Ausrichtung	376
b) Regelungssystematik des „Kaskadensystems"	377
II. Allgemeine Grundsätze	377
1. Wettbewerbsgrundsatz	378
2. Transparenzgrundsatz	378
3. Grundsatz der Gleichbehandlung und Nichtdiskriminierung	379
III. Anwendbarkeit des Vergaberechts gemäß § 69 Abs. 2 S. 4 SGB V	379
IV. Berücksichtigung sozialrechtlicher Besonderheiten	380
B. Materielles Vergaberecht	381
I. Personeller Anwendungsbereich, § 98 GWB	382
II. Sachlicher Anwendungsbereich	382
1. Öffentlicher Auftrag	382
a) Rabattverträge gemäß § 130a Abs. 8 SGB V betreffend Generika	383
b) Rabattverträge betreffend patentgeschützte Originalpräparate	386
c) Rabattverträge gemäß § 130a Abs. 8 SGB V betreffend biologisch/biotechnologisch hergestellter Arzneimittel	390
d) Zytostatikaversorgungsverträge	393
e) Impfstoffversorgungsverträge	394
f) Hilfsmittelversorgungsverträge	397
g) Integrierte Versorgungsverträge	399
2. EU-Schwellenwerte	400
3. Ausnahmen	401
C. Überblick und Besonderheiten der Ausschreibung von GKV-Versorgungsverträgen über Arzneimittel und Medizinprodukte	402
I. Grundlagen der Ausschreibung	402
1. Öffentlicher Auftraggeber	402
2. Gegenstand der Ausschreibung	404
a) Bestimmung des Beschaffungsbedarfs	404
b) Eindeutige und erschöpfende Leistungsbeschreibung	405
c) Ausschreibungsgestaltungen	405
II. Die anzuwendende Vergabeverfahrensart	417
1. Überblick	417
2. Merkmale der einzelnen Vergabearten	418
a) Offenes Verfahren	418
b) Nicht offenes Verfahren	419
c) Verhandlungsverfahren	419
d) Wettbewerblicher Dialog	419
3. Anwendung des Verhandlungsverfahrens bei Rabattverträgen über patentgeschützte Originalpräparate (Solisten)	420
III. Aufteilung in Lose	424
IV. Bieter	424
1. Bietergemeinschaft	424
2. Nachunternehmer	426

3. Geheimwettbewerb und parallele Beteiligung konzernverbundener Unternehmen 427
V. Angebotsauswahl 428
  1. Prüfung und Wertung der Angebote 428
  2. Auswahlkriterien 430
    a) Eignungskriterien 430
    b) Zuschlagskriterien 432
  3. Angebotswertung bei Arzneimittelversorgungsverträgen in der vergaberechtlichen Rechtsprechung 433
D. Aktuelle vergaberechtliche Sonderfragen 434
  I. Rahmenvereinbarung nach § 4 EG VOL/A 434
    1. Allgemeines 434
    2. Rahmenvereinbarungen im Versorgungssystem der GKV 435
    3. Ein-Partner-Modell und Mehr-Partner-Rabattverträge 435
    4. Rangfolge der Rahmenvertragspartner bei Mehr-Partner-Rabattverträgen 436
  II. Open-House-Verträge 437
    1. Auswahlentscheidung als konstitutives Merkmal eines öffentlichen Auftrags 437
    2. Vergaberechtliche Beurteilung von Open-House-Verträgen 438
  III. Arzneimittelsortimentsverträge 440
    1. Vergaberechtliche Ausgangslage 440
    2. Rechtsänderung durch die 16. AMG-Novelle 442
      a) Sachlicher Anwendungsbereich 442
      b) Rechtsschutzmöglichkeiten 443
E. Grundzüge des vergaberechtlichen Rechtsschutzes 444
  I. Primärrechtsschutz 444
    1. Nachprüfungsverfahren und sofortige Beschwerde 444
    2. Kosten 446
  II. Sekundärrechtsschutz 447

Sachregister 449

Abkürzungsverzeichnis

aA	andere Ansicht
AAppO	Approbationsverordnung für Apotheker
ABl	Amtsblatt
Abs	Absatz
AEUV	Vertrag über die Arbeitsweise der Europäischen Union
AGG	Allgemeines Gleichbehandlungsgesetz
AKG	Arzneimittel und Kooperation im Gesundheitswesen
AMG	Arzneimittelgesetz
AMHV	Arzneimittel-Härtefall-Verordnung
AMNG/AMNOG	Gesetz zur Neuordnung des Arzneimittelrechts vom 24.8.1976
AM-NutzenV	Verordnung über die Nutzenbewertung von Arzneimitteln
AMPreisV	Arzneimittelpreisverordnung
AMRabG	Gesetz über Rabatte für Arzneimittel
AMRadV	Verordnung über radioaktive oder mit ionisierenden strahlenbehandelte Arzneimittel vom 19.1.2007
AM-RL	Arzneimittel-Richtlinie
AMVV	Arzneimittelverschreibungsverordnung vom 21.12.2005
AMWarnV	Arzneimittel-Warnhinweisverordnung vom 21.12.1984
Art	Artikel
ART	Assisted Reproduction Technologies
AVB	Allgemeine Versicherungsbedingungen
BAH	Bundesverband der Arzneimittel-Hersteller
BApO	Bundesapothekerordnung
BfArM	Bundesinstitut für Arzneimittel und Medizinprodukte
BGB	Bürgerliches Gesetzbuch
BGH	Bundesgerichtshof
BGHZ	Entscheidungen des Bundesgerichtshofs in Zivilsachen
BKostV-MPG	Medizinprodukte-Gebührenordnung
BMG	Bundesministerium für Gesundheit
BPI	Bundesverband der Pharmazeutischen Industrie
BSG	Bundessozialgericht
Buchst.	Buchstabe
BVerfG	Bundesverfassungsgericht
BVMed	Bundesverband Medizintechnologie
bzgl	bezüglich
bzw	beziehungsweise
ChemG	Chemikaliengesetz
CMDh	Co-ordination Group for Mutual Recognition and Decentralised Procedures – Human
DEKRA	Deutscher Kraftfahrzeug-Überwachungs-Verein
DesignG	Designgesetz in der Fassung der Bekanntmachung vom 24. Februar 2014
dh	das heißt
DIMDI	Deutsches Institut für medizinische Dokumentation und Information
DIMDIV	Verordnung über das datenbankgestützte Informationssystem über Medizinprodukte des Deutschen Instituts für Medizinische Dokumentation und Information
DIN	Deutsches Institut für Normung e. V.
DIN EN	Deutsches Institut für Normung e. V. Europäische Norm
EBM	Einheitlicher Bewertungsmaßstab
etc	Et cetera

EG	Europäische Gemeinschaft
Einf	Einführung
Einl	Einleitung
ELISA	Enzyme-linked Immunosorbent Assay
EMA	European Medicines Agency
Erwägungsgr	Erwägungsgrund
EU	Europäische Union
ESZ	Ergänzendes Schutzzertifikat
EWR	Vertrag über einheitlichen Wirtschaftsraum
FSA	Freiwillige Selbstkontrolle für die Arzneimittelindustrie e. V.
G-BA	Gemeinsamer Bundesausschuss
GebrMG	Gebrauchsmustergesetz in der Fassung der Bekanntmachung vom 28. August 1986
gem	gemäß
GewO	Gewerbeordnung
GKV	gesetzliche Krankenversicherung
GKV-FinG	Gesetz zur nachhaltigen und sozial ausgewogenen Finanzierung der gesetzlichen Krankenversicherung
GKV-VStG	Gesetz zur Verbesserung der Versorgungsstrukturen in der gesetzlichen Krankenversicherung
GKV-WSG	Gesetz zur Wettbewerbsstärkung der gesetzlichen Krankenkassen
GG	Grundgesetz
GMG	Gesetz zur Modernisierung der gesetzlichen Krankenversicherung
GOA	Gebührenordnung für Ärzte
GOZ	Gebührenordnung für Zahnärzte
GRUR	Gewerblicher Rechtsschutz und Urheberrecht (Jahrgang, Seite)
GRUR-RR	GRUR-Rechtsprechungs-Report (Jahr, Seite)
Hdb	Handbuch
Hdb PharmR	Handbuch des Pharmarechts (Paragraph, Randnummer)
HeilprG	Heilpraktikergesetz
Hs	Halbsatz
HWG	Heilmittelwerbegesetz
HWVO	Polizeiverordnung auf dem Gebiet des Heilwesens vom 11.7.1941
HWG	Heilmittelwerbegesetz
IFA	Informationsstelle für Arnzei-Spezialitäten GmbH
iS	im Sinne
iSv	im Sinne von
IQWiG	Institut für Qualität und Wirtschaftlichkeit im Gesundheitswesen
IVD	In-Vitro-Diagnostikum
IVF	In-Vitro-Fertilisation
iVm	In Verbindung mit
KalV	Kalkulationsverordnung
Kap	Kapitel
KFZ	Kraftfahrzeug
KKV	Krankheitskostenvollversicherung
KV HilfsmV	Verordnung über Hilfsmittelverfügungen von geringem therapeutischen Nutzen oder geringem Abgabepreis in der gesetzlichen Krankenversicherung
LFGB	Lebensmittel-, Bedarfsgegenstände und Futtermittelgesetzbuch
lit.	litera
LOT	Chargenangabe
MarkenG	Markengesetz vom 25. Oktober 1994
MB	Musterbedingungen
MDR	Medical Devices Regulations
MEDDEV	Medical Device Leitlinie

MMR	MultiMedia und Recht (Jahr, Seite)
MPBetreibV	Medizinproduktebetreiberverordnung
MPG	Medizinproduktegesetz
MPGebV	Medizinprodukte-Gebührenverordnung
MPGVwV	Medizinprodukte-Durchführungsvorschrift
MPKPV	Verordnung über klinische Prüfungen von Medizinprodukten
MPSV	Medizinprodukte-Sicherheitsplanverordnung
MPV	Medizinprodukte-Verordnung
MPVerschrV	Verordnung über die Verschreibungspflicht von Medizinprodukten
MPVertrV	Verordnung über Vertriebswege für Medizinprodukte
mwN	mit weiteren Nachweisen
NAT	Nucleic acid test, Nukleinsäure amplifizierender Test
NBOG	Notified Body Operation Group
NemV	Nahrungsergänzungsmittelverordnung
NJW	Neue Juristische Wochenschrift (Jahr, Seite)
Nr	Nummer
OTC-Produkt/OTC-Präparate	Bezeichnung für apothekenpflichtige, nicht verschreibungspflichtige Medikamente (engl.: Over-The-Counter, über die Ladentheke verkauft)
Orphan VO	Verordnung (EG) Nr. 141/2000 des Europäischen Parlaments und des Rates vom 16. Dezember 1999 über Arzneimittel für seltene Leiden
PackungsV	Packungsgrößenverordnung
Pädiatrische VO	Verordnung (EG) Nr. 1901/2006 des Europäischen Parlaments und des Rates vom 12. Dezember 2006 über Kinderarzneimittel und zur Änderung der Verordnung (EWG) Nr. 1768/92, der Richtlinien 2001/20/EG und 2001/83/EG sowie der Verordnung (EG) Nr. 726/2004
PatG	Patentgesetz in der Fassung der Bekanntmachung vom 16.12.1980
PEI	Paul-Ehrlich-Institut
PharmR	Pharmarecht (Jahr, Seite)
PIP	Poly Implant Prothèse (französischer Hersteller von Brustimplantaten)
PKV	private Krankenversicherung
ProdHaftG	Produkthaftungsgesetz
PsychThG	Psychotherapeutengesetz
rev	review
RL	Richtlinie
Rn	Randnummer
S	Satz
sh	siehe
SGB IX	Sozialgesetzbuch IX – Rehabilitation und Teilhabe behinderter Menschen
SGB V	Sozialgesetzbuch V – Gesetzliche Krankenversicherung
SGB X	Sozialgesetzbuch X – Sozialverwaltungsverfahren und Sozialdatenschutz
SGB XI	Sozialgesetzbuch XI – Soziale Pflegeversicherung
SGG	Sozialgerichtsgesetz
sog	sogenannte
Sp	Spalte
SPC	Supplementary Protection Certificate
str	strittig
TÜV	Technischer Überwachungsverein
Tz	Teilziffer
ua	unter anderem
UGP-Richtlinie	Richtlinie 2005/29/EG über unlautere Geschäftspraktiken
usw	und so weiter
UWG	Gesetz gegen den unlauteren Wettbewerb

VAG	Versicherungsaufsichtsgesetz
VerfO	Verfahrensordnung des Gemeinsamen Bundesausschusses
VfA	Verband forschender Arzneimittelhersteller
vgl	vergleiche
VO	Verordnung
VVG	Versicherungsvertragsgesetz
VwGO	Verwaltungsgesrichtsordnung
WHO	World Health Organization
WRP	Wettbewerb in Recht und Praxis (Jahr, Seite)
zB	zum Beispiel
ZESAR	Zentrale Stelle zur Abrechnung von Arzneimittelrabatten-GmbH
Ziff	Ziffer
ZLG	Zentralstelle der Länder für Gesundheitsschutz

1. Teil. Pharmarecht

Schrifttum zu Teil 1: *Dieners/Heil*, in: Dieners/Reese (Hrsg.), Hdb PharmaR, § 1; *Deutsch/Spickhoff*, Medizinrecht 4. Aufl. (2008); *Frotscher*, Wirtschaftsverfassungs- und Wirtschaftsverwaltungsrecht, 4. Aufl. (2004), § 1; *Meier*, Arzneimittelrecht im Wandel, in: Bauer u. a. (Hrsg.), Wirtschaft im offenen Verfassungsstaat (2006), S. 121 ff.; *R. Schmidt*, Öffentliches Wirtschaftsrecht, Allgemeiner Teil (1990).

§ 1 Grundlagen und Strukturen des Pharmarechts

A. Einleitung

Die pharmazeutische Industrie leistet einen signifikanten Beitrag zum europäischen und globalen Wohlstand. Der Grund hierfür ist nicht nur die Versorgung mit sicheren und wirksamen Arzneimitteln, sondern auch hohe Investitionen in die Forschung und Entwicklung von Arzneimitteln, ein kontinuierliches wirtschaftliches Wachstum und qualitativ hochwertige Arbeitsplätze. Aufgrund dieser wirtschaftlichen Bedeutung als auch der Bedeutung für die öffentliche Gesundheit betrachtet die *Europäische Kommission* die pharmazeutische Industrie als einen strategischen Sektor für die Förderung der Wettbewerbsfähigkeit der Europäischen Wirtschaft[1]. Bereits im Jahr 2007 wurde die Herstellung von Arzneimitteln mit einem Wert von € 190 Milliarden veranschlagt, die Arzneimittelexporte aus der EU mit € 210 Milliarden und die Importe in die EU mit etwa € 161 Milliarden. Auch der Bereich der Medizinprodukte stellt innerhalb der Europäischen Union einen dynamischen, innovationsgetriebenen und hochkompetitiven Bereich dar, der im Jahr 2007 bereits einen Wert von € 71 Milliarden mit einem hohen Wachstum von jährlich bis zu 6 % mit zunehmendem Potential darstellte[2]. 1

Der Pharmasektor unterliegt heutzutage einer strengen Regulierung gerade auf europäischer Ebene. Es geht zum einen um die Gewährleistung des größtmöglichen Schutzes für die öffentliche Gesundheit und bei Patienten um das Schaffen von Vertrauen für sichere, wirksame und qualitativ hochwertige Arzneimittel. Zum anderen soll die Vollendung des EU-Binnenmarkts für Arzneimittel weiter vorangetrieben werden zur Stärkung der Wettbewerbsfähigkeit und der Forschungskapazitäten der europäischen Pharmaindustrie. Die stetig steigenden Qualitäts- und Sicherheitsanforderungen werden gerade in Bezug auf biotechnologische Arzneimittel, wie insbesondere den sog. *„Arzneimitteln für neuartige Therapien"*[3] besonders sichtbar. So folgten seit Verabschiedung der ersten Gemeinschaftsrichtlinie im Jahre 1965 – der Richtlinie 65/65/EWG[4] – eine Vielzahl weiterer Gemeinschaftsvorschriften, die schließlich zur Schaffung eines zentralisierten Zulassungsverfah- 2

---

[1] S. *Europäische Kommission* unter http://ec.europa.eu/enterprise/sectors/healthcare/index_de.htm sowie unter http://ec.europa.eu/enterprise/sectors/healthcare/competitiveness/importance/index_en.htm

[2] S. *Europäische Kommission* unter http://ec.europa.eu/enterprise/sectors/healthcare/competitiveness/importance/index_en.htm

[3] Vgl. hierzu Verordnung (EG) Nr. 1394/2007 des Europäischen Parlaments und des Rates vom 13. November 2007 über Arzneimittel für neuartige Therapien und zur Änderung der Richtlinie 2001/83/EG und der Verordnung (EG) Nr. 726/2004, ABl. L 324 v. 10.12.2007, S. 121.

[4] Richtlinie 65/65/EWG v. 26. Januar 1965 zur Angleichung der Rechts- und Verwaltungsvorschriften über Arzneimittel, ABl. L 22 v. 9.2.1965, S. 369.

rens sowie der Europäischen Agentur für die Beurteilung von Arzneimitteln (EMEA[5]) führten, um einen Binnenmarkt für Arzneimittel zu verwirklichen[6].

3   Das Pharmarecht stellt allerdings keine einheitliche Regelungsmaterie dar, sondern kann aufgrund der Normierung in zahlreichen Gesetzen als Querschnittsmaterie bezeichnet werden: Es umfasst nicht mehr nur das klassische regulatorische Arzneimittelrecht, bei dem es um die klinische Erforschung, die Zulassung und das Inverkehrbringen von Arzneimitteln geht. Der zwischenzeitlich geschaffene Produktbereich der Medizinprodukte ist ebenfalls als Teil des Pharmarechts anzusehen, da diese in den 90er Jahren neu geschaffene Produktkategorie – wie Arzneimittel – ebenfalls eine therapeutische Zweckbestimmung haben. Das Spektrum des Pharmarechts erfasst zwischenzeitlich ferner zahlreiche zivilrechtliche Fragestellungen, wie die Bewerbung dieser Produkte, deren rechtlicher Rahmen primär im Heilmittelwerbegesetz verankert ist, die Preisgestaltung und die Erstattungsfähigkeit der Produkte, welche im Sozialgesetzbuch V geregelt sind, sowie die vertraglichen Kooperationen mit Kostenträgern, die eng mit der Frage verknüpft ist, wann diese dem Vergaberecht mit all seinen Konsequenzen unterliegen. Die Darstellung dieses Gesamtbereichs des regulatorischen Pharmarechts, nämlich das Arzneimittel- und das Medizinprodukterecht, das Heilmittelwerberecht, das Sozialrecht sowie das Vergaberecht ist Gegenstand dieses Lehrbuchs.

4   Dieser Bereich des regulatorischen Pharmarechts ist aufgrund seiner Charakteristika dem Öffentlichen Wirtschaftsrecht zuzuordnen[7]: In diesem Bereich geht es um die gesetzlichen Bestimmungen betreffend das Verhältnis des Staates zur Wirtschaft[8]. Dabei stehen neben den primär ökonomischen Bereichen[9] auch die traditionell dem Sicherheitsrecht zuzuordnenden Bereiche im Fokus[10]: Die Aufgaben des modernen Staates sind nicht mehr nur auf die Kontrolle der Einhaltung der sicherheitsrechtlichen Bestimmungen beschränkt, sondern erfassen zwischenzeitlich auch das Finden angemessener Lösungen zur Verteilung staatlicher und privater Wirtschaftsinteressen[11]. Der Zweck des heutigen Arzneimittel- und Medizinprodukterechts, dessen Wurzeln im *Sicherheitsrecht* mit ihrem Ursprung zum Teil in der Gewerbeordnung liegen[12], umfasst nicht mehr nur das Vorbeugen vor poten-

---

[5] European Medicines Evaluation Agency. Deren Namen wurde mit Inkrafttreten der Verordnung 726/2004 geändert in European Medicines Agency (EMA). S. hierzu ausführlich u. → § 3 Rn. 114 ff.

[6] S. *Europäische Kommission,* http://ec.europa.eu/enterprise/sectors/healthcare/index_de.htm

[7] Gleichbedeutend wird der Begriff *Wirtschaftsverwaltungsrecht* verwendet. Vgl. *R. Schmidt,* Öffentliches Wirtschaftsrecht, Allgemeiner Teil (1990), S. 58; *Frotscher,* Wirtschaftsverfassungs- und Wirtschaftsverwaltungsrecht, 4. Aufl. (2004), § 1 Rn. 5; *Meier,* Arzneimittelrecht im Wandel in Bauer ua (Hrsg.), Wirtschaft im offenen Verfassungsstaat (2006), S. 121 (122 f.).

[8] Vgl. *R. Schmid,* Öffentliches Wirtschaftsrecht, Allgemeiner Teil (1990), S. 37 ff.; *Frotscher,* Wirtschaftsverfassungs- und Wirtschaftsverwaltungsrecht, 4. Aufl. (2004), § 1 Rn. 4.

[9] Hierzu zählen ua das Subventionsrecht, das Recht der Bankwirtschaft, das Außenwirtschaftsrecht sowie das internationale Waren- und Dienstleistungsrecht; s. hierzu die Beiträge von *Haverkate,* Subventionsrecht, u. *Gramlich,* Recht der Bankwirtschaft, jeweils in R. Schmidt (Hrsg.), Öffentliches Wirtschaftsrecht, Besonderer Teil 1 (1996), § 4, S. 331 ff. u. § 5, S. 421 ff., sowie von *Bryde,* Außenwirtschaftsrecht, u. *Wolfrum,* Das internationale Recht für den Austausch von Waren und Dienstleistungen, jeweils in: R. Schmidt (Hrsg.), Öffentliches Wirtschaftsrecht, Besonderer Teil 2 (1996), § 14, S. 485 ff. u. § 15, S. 535 ff.

[10] ZB das Kommunikationswesen, der Lebensmittelbereich sowie die Abfallentsorgung; s. hierzu die Beiträge von *Hoffmann-Riem,* Öffentliches Wirtschaftsrecht der Kommunikation und der Medien in R. Schmidt (Hrsg.), Öffentliches Wirtschaftsrecht, Besonderer Teil 1 (1996), § 6, S. 563 ff., sowie *Hufen,* Lebensmittelrecht, u. *Peine,* Recht der Abfallwirtschaft, jeweils in R. Schmidt (Hrsg.), Öffentliches Wirtschaftsrecht, Besonderer Teil 2 (1996), § 12, S. 291 ff. u. § 13, S. 371 ff.

[11] So zutreffend *R. Schmidt* in ders. (Hrsg.), Öffentliches Wirtschaftsrecht, Besonderer Teil 1 (1996), S. V.

[12] Arzneimittelspezifische Regelungen waren bis dato enthalten in einer auf § 6 Abs. 2 GewO basierenden kaiserliche Verordnung aus dem Jahre 1901 (diese bestimmte, welche „Apothekerwaren" auch außerhalb der Apotheken gehandelt werden durften), der auf § 80 Abs. 1 GewO basierenden

tiellen Risiken sowie die Beseitigung von Gefährdungen im Verkehr mit Arzneimitteln und Medizinprodukten, wie dies nach wie vor zB mit den Vorschriften über die Herstellung und die Zulassung von Arzneimitteln[13] und den Bestimmungen über die Rahmenbedingungen klinischer Prüfungen[14] der Fall ist. Es geht zwischenzeitlich in weitem Umfang auch um die Verteilung staatlicher und privater Wirtschaftsinteressen, wie zB beim Import und Export von Arzneimitteln[15], insbesondere die Zulässigkeit des Versandhandels mit Arzneimitteln durch Leistungserbringer aus anderen Mitgliedstaaten der EU[16], und bei den Kooperationen zwischen Leistungserbringern und Kostenträgern, deren Rahmen mittlerweile häufig durch das Vergaberecht vorgegeben ist[17].

B. Entwicklung des Pharmarechts

Im Zentrum des „*klassischen*" deutschen Pharmarechts steht das heutige „**Gesetz über den Verkehr mit Arzneimitteln (Arzneimittelgesetz – AMG)**"[18]. Dessen Wurzeln finden sich insbesondere in der Gewerbeordnung[19], die einige wenige Bestimmungen von Bedeutung für Arzneimittel enthielt[20], sowie in einigen spezialgesetzlichen Materien[21]. Erst im Jahre 1961 wurde der bis dahin zersplitterte Bereich des Arzneimittelrechts zum Zweck der Rechtsvereinheitlichung sowie der Gesamtbereinigung des Arzneimittelrechts einem einheitlichen Rechtsregime unterworfen mit dem „Gesetz über den Verkehr mit Arzneimitteln (AMG)"[22]. Damit sollte im Interesse einer ordnungsgemäßen Arzneimittelversorgung nicht nur des Menschen, sondern auch der Tiere die Sicherheit des Verkehrs mit Arzneimitteln, insbesondere deren Qualität, Wirksamkeit und Unbedenklichkeit gewähr-

5

Deutschen Arzneitaxe (diese legte die Gewinnspannen für die in Apotheken abgegebenen Arzneimittel fest), den Apothekenbetriebsordnungen der einzelnen Länder, dem Gesetz über den Verkehr mit Betäubungsmitteln von 1929 und aus dem Jahr 1941 der Verordnung über den Verkehr mit Arzneimitteln sowie der Polizeiverordnung über die Werbung auf dem Gebiet des Heilwesens. Vgl. hierzu umfassend *Deutsch*, Medizinrecht, 4. Aufl. (1999), Rn. 679.

[13] §§ 13 ff. u. 21 ff. AMG.
[14] §§ 40–42a AMG.
[15] §§ 72–74 AMG.
[16] § 73 Abs. 1 Nr. 1a AMG. Hiernach können Arzneimittel aus dem Ausland im Wege des Versandhandels direkt an einen diese bestellenden Patienten abgegeben werden, wenn die versendende Stelle eine Apotheke eines Mitgliedstaates der EU oder anderes EWR-Vertragsstaates ist, die nach den rechtlichen Bestimmungen ihres Landes zum Versandhandel befugt ist, und wenn die Regelungen des anderen Mitgliedstaates in Bezug auf den Versandhandel den deutschen Bestimmungen entsprechen. Hierzu *Gaßner/Reich-Malter*, Europarechtliche Probleme des Arzneimittelversandhandels, PharmaR 2004, S. 342 ff.
[17] Vgl. hierzu ausführlich *Meier*, Arzneimittelrecht im Wandel in Bauer ua (Hrsg.), Wirtschaft im offenen Verfassungsstaat (2006), S. 121 (123 f.).
[18] Arzneimittelgesetz idF d. Bek. v. 12. Dezember 2005 (BGBl. I S. 3394), zuletzt geändert durch Art. 13 des Gesetzes vom 22. Dezember 2011 (BGBl. I S. 2983).
[19] Gleiches gilt für zahlreiche andere Materien des besonderen Verwaltungsrechts wie zB Bundes-Immissionsschutzgesetz, Gaststättengesetz, Handwerksordnung.
[20] So basierte die Deutsche Arzneitaxe auf § 80 Abs. 1 GewO, in welcher die Gewinnspannen für die in Apotheken abgegebenen Arzneimittel festgelegt wurden. § 6 Abs. 2 GewO war Rechtsgrundlage einer bereits im Jahre 1901 erlassenen kaiserlichen Verordnung, welche die außerhalb von Apotheken erhältlichen „Apothekerwaren" bestimmte.
[21] Zu nennen sind hier insbesondere das „*Gesetz über den Verkehr mit Betäubungsmitteln*" aus dem Jahr 1929 sowie die „*Verordnung über den Verkehr mit Arzneimitteln*" und die „*Polizeiverordnung über die Werbung auf dem Gebiet des Heilwesens*", die beide aus dem Jahre 1941 stammen. Infolgedessen kann das bis dato bestehende Rechtsregime betreffend Arzneimittel nicht nur als zersplittert, sondern auch als unvollständig qualifiziert werden. Vgl. hierzu *E. Deutsch*, Medizinrecht, Rn. 680.
[22] Gesetz über den Verkehr mit Arzneimitteln (AMG) vom 16.5.1961 (BGBl. I, S. 533).

leistet werden, wie nach wie vor § 1 AMG in seiner gültigen Fassung entnommen werden kann. Mit diesem Gesetz wurde insbesondere die Herstellung von Arzneimitteln an person- sowie sachgebundene Voraussetzungen geknüpft und unter einen grundsätzlichen Erlaubnisvorbehalt gestellt[23]. Zum Zwecke der behördlichen Überwachung sah das Gesetz darüber hinaus neben einer Registrierungs- auch eine Kennzeichnungspflicht vor, jedoch keine materielle Prüfung des Arzneimittels selbst[24].

6 Die Unzulänglichkeiten dieses Gesetzes wurden jedoch drastisch durch den sog. **Contergan-Fall** aufgezeigt. Dort traten nach dem Inverkehrbringen des Präparats Contergan im Jahre 1957 erhebliche Nebenwirkungen bei Schwangeren nach der Einnahme dieses Schlafmittels auf, insbesondere Missbildungen bei Föten[25]. Dieser Fall offenbarte, nachdem das AMG 1961 weder eine Prüfung neuer Arzneimittel noch Haftungsregelungen zugunsten von Arzneimittelgeschädigten enthielt, dass das Gesetz letztlich nicht in der Lage war, auch zukünftig derartige Zwischenfälle im Arzneimittelbereich wirkungsvoll zu begegnen, und war damit prägend für die weitere Entwicklung des Arzneimittelrechts auf nationaler und europäischer Ebene[26].

7 Das mehrfach geänderte Arzneimittelgesetz vom 16.5.1961 wurde schließlich durch das „Gesetz zur Neuordnung des Arzneimittelrechts" vom 24.8.1976[27] (sog. AMG 1976) abgelöst, dessen Art. 1 eine Neuregelung des Arzneimittelgesetzes enthielt. Verglichen mit dem AMG 1961 waren insbesondere die Gefährdungshaftung nach § 84 AMG sowie die klinischen Prüfung in den §§ 40 ff. AMG eingeführt worden, um die Schwächen des AMG 1961 auszuräumen. Das AMG 1976, Grundlage des geltenden Rechts, wurde zwischenzeitlich mehrfach geändert. Zuletzt traten am 26.10.2012 die sog. Sechzehnte AMG-Novelle[28] in Kraft, die insbesondere Änderungen in den Bereichen Pharmakovigilanz und Schutz vor Arzneimittelfälschungen beinhaltet, sowie am 13.8.2013 das Dritte Gesetz zur Änderung arzneimittelrechtlicher und anderer Vorschriften[29], mit dem u. a. eine europäische Richtlinie zur Sicherheitsüberwachung umgesetzt, bestehende Dopingvorschriften

---

[23] § 21 Abs. 1 AMG.
[24] Zu den Bestimmungen des AMG 1961 vgl. die Darstellung bei *Kloesel/Cyran*, Arzneimittelgesetz (1961), 1. Auflage (1961).
[25] Gegenstand dieses Verfahrens war das Schlafmittel Contergan mit dem Wirkstoff Thalidomid, das seit dem Jahre 1957 in Deutschland von der Firma Grünenthal in den Verkehr gebracht wurde. Bereits ab dem Jahre 1958 häuften sich Meldungen über Nebenwirkungen, insbesondere Nervenschäden. Nachdem dieses Präparat im Mai 1961 unter Rezeptpflicht gestellt wurde, kam im November 1961 der Verdacht auf, Contergan verursache Missbildungen bei Föten. Daraufhin zog die Herstellerfirma zwar alle thalidomid-haltigen Präparate aus dem Handel, allerdings meldeten sich hunderte von Müttern, deren Kinder mit schweren Missbildungen wie fehlenden Beinen, Armen, Ohren oder Zwischengliedern zur Welt kamen. Das daraufhin am 27. Mai 1968 vor der Großen Strafkammer des Landgerichts Aachen angestrengte Strafverfahren gegen sieben leitende Angestellte der Herstellerfirma hatte im wesentlichen zum Gegenstand, ob die Schädigung der Leibesfrucht eine tatbestandsmäßige Körperverletzung darstellte und ob eine Kausalität zwischen der Einnahme des Wirkstoffs Thalidomid und dem Hervorrufen von Missbildungen bestand. Das Verfahren wurde schließlich von LG Aachen mit Beschluss vom 18.12.1970 eingestellt auf Grundlage des § 153 StPO aF, da angesichts einer zivilrechtlichen Einigung zwischen den Geschädigten und der Herstellerfirma *Grünenthal* unter Mitwirkung der damaligen Regierung das öffentliche Interesse an der Strafverfolgung verneint und die Schuld der Angeklagten als gering eingestuft wurde. Vgl. hierzu LG Aachen, JZ 1971, S. 507; *Deutsch*, Medizinrecht, Rn. 681 ff.; *Dieners/Heil* in Dieners/Reese (Hrsg.), Hdb PharmaR, § 1 Rn. 21.
[26] Vgl. hierzu auch die Darstellung bei *Dieners/Heil* in Dieners/Reese (Hrsg.), Hdb PharmaR, § 1 Rn. 19 ff.
[27] Gesetz zur Neuordnung des Arzneimittelrechts vom 24.8.1976 (BGBl. I S. 2445).
[28] Zweites Gesetz zur Änderung arzneimittelrechtlicher und anderer Vorschriften vom 19.10.2012 (BGBl. I v. 25.10.2012, S. 2192).
[29] Drittes Gesetz zur Änderung arzneimittelrechtlicher und anderer Vorschriften (3. AMGuaÄndG) vom 7.8.2013 (BGBl. I S. 3108).

§ 1 Grundlagen und Strukturen des Pharmarechts

verschärft sowie Änderungen im SGB V und der Arzneimittelnutzenverordnung vorgenommen wurden.

Zwischenzeitlich geht es aber nicht mehr allein um Arzneimittel, sondern auch um die Regulierung von Medizinprodukten. In den neunziger Jahren wurde in der EU mit der Richtlinie 90/385/EWG über aktive implantierbare Medizinprodukte[30], der Richtlinie 93/42/EWG über Medizinprodukte[31] und der Richtlinie 98/79/EG über In-vitro Diagnostika[32] der derzeitige Rechtsrahmen für Medizinprodukte geschaffen[33]. Es wurde eine Notwendigkeit gesehen, die unterschiedlichen mitgliedstaatlichen Vorschriften für als Medizinprodukte zu qualifizierenden Produkte bzw. Geräte zu harmonisieren, um das Funktionieren des Binnenmarktes und ein hohes Niveau an Gesundheitsschutz und Sicherheit sicherzustellen[34]. Medizinprodukte werden nicht dem Erfordernis einer behördlichen Marktzulassung vor Inverkehrbringen unterstellt, sondern einer sog. Konformitätsbewertung, das für die Produkte der Klassen IIa, IIb und III das Hinzuziehen eines unabhängigen Dritten, der sog. Benannten Stelle erfordert. Diese Benannten Stellen, von denen es in Europa etwa 80 gibt, werden von den Mitgliedstaaten errichtet und beaufsichtigt und agieren unter der Kontrolle der national zuständigen Behörden. Die zertifizierten Medizinprodukte tragen sodann das CE-Zeichen, das den freien Warenverkehr innerhalb der EU und den EFTA Staaten Norwegen, Lichtenstein, Schweiz und Island sowie der Türkei erlaubt[35].

8

---

[30] Richtlinie 90/385/EWG des Rates vom 20. Juni 1990 zur Angleichung der Rechtsvorschriften der Mitgliedstaaten über aktive implantierbare medizinische Geräte, ABl. L 189 v. 20.7.1990, S. 17.

[31] Richtlinie 93/42/EWG des Rates vom 14. Juni 1993 über Medizinprodukte, ABl. L 169 vom 12.7.1993, S. 1. Die Medizinprodukterichtlinie teilt die Medizinprodukte in vier Klassen aus: Klasse I (kein methodisches Risiko, zB Gehhilfen, Rollstühle, Stützstrümpfe), Klasse IIa (Anwendungsrisiko, e. g. Dentalmaterialien, Desinfektionsmaterialien), Klasse IIb (erhöhtes methodisches Risiko, zB Dentalimplantate, Anästhesiegeräte, Beatmungsgeräte) und Klasse III (besonders hohes methodisches Risiko, e. g. künstliche Schulter-, Hüft- oder Kniegeräte, Brustimplantate, Herzschrittmacher). Die aktiven implantierbaren Medizinprodukte (wie zB Herzschrittmacher), welche der Richtlinie 90/385/EWG unterliegen, fallen de facto in die Risikoklasse III.

[32] Richtlinie 98/79/EG des Europäischen Parlaments und des Rates vom 27. Oktober 1998 über In-vitro-Diagnostika, ABl. L 331 vom 7.12.1998, S. 1.

[33] Insoweit gab es auch Änderungen bzw. Ergänzungen durch spätere Änderungsrichtlinien, zuletzt mit Richtlinie 2007/47/EG des Europäischen Parlaments und des Rates vom 5. September 2007 zur Änderung der Richtlinien 90/385/EWG des Rates zur Angleichung der Rechtsvorschriften der Mitgliedstaaten über aktive implantierbare medizinische Geräte und 93/42/EWG des Rates über Medizinprodukte sowie der Richtlinie 98/8/EG über das Inverkehrbringen von Biozid-Produkten, ABl. L 247 v. 21.9.2007, S. 21. Diese Änderungsrichtlinie trat zum 21. März 2010 in Kraft. S. hierzu u. → § 5 Rn. 48 f.

[34] Vgl. Erwägungsgründe zu Richtlinie 90/385/EWG. Daher handelt es sich hierbei im Wesentlichen um Produkte, die bislang keiner europaweit einheitlichen produktspezifischen Regelung unterlagen, jedoch aufgrund ihrer vorhandenen therapeutischen Zweckbestimmung und des mit ihrem Einsatz verbundenen Risikos einem spezifischen Rechtsregime unterworfen werden sollten. Dabei wird unterschieden zwischen einem „Aktiven Medizinprodukt", dessen Betrieb von einer Stromquelle oder einer anderen Energiequelle (mit Ausnahme der direkt vom menschlichen Körper oder durch die Schwerkraft erzeugten Energie) abhängig ist, und nicht-aktiven Medizinprodukten, die im Wesentlichen eine unveränderte Übertragung von Energie, Stoffen oder Parametern zum Gegenstand haben, selbst wenn diese zwischen einem aktiven Medizinprodukt und dem Patienten erfolgt.

[35] Nach Ansicht der *Europäischen Kommission* hat der bestehende Rechtsrahmen zwar seine Verdienste gezeigt, ist allerdings unter harsche Kritik geraten, insbesondere nachdem die französischen Gesundheitsbehörden herausgefunden hatten, dass ein französischer Hersteller (*Poly Implant Prothèse*, PIP) mehrere Jahre lang offensichtlich Industriesilikon anstelle medizinischen Silikons für die Herstellung von Brustimplantaten verwendet hat, entgegen der Zertifizierung durch die Benannte Stelle. Vgl. Vorschlag der Europäischen Kommission vom 26.9.2012 für eine Verordnung des Europäischen Parlaments und des Rates für Medizinprodukte zur Änderung der Richtlinie 2001/83/EG, Verordnung (EC) Nr. 178/2002 und Verordnung (EG) No 1223/2009, COM(2012) 542 final (2012/0266(COD)).

C. Europäisierung und Globalisierung des Arzneimittelrechts

9 Das Pharmarecht stellt bereits seit langem keinen isoliert national zu betrachtenden Rechtsbereich mehr dar, sondern ist ebenso wie viele andere Gebiete des Öffentlichen Wirtschaftsrechts durch einen immer stärker werdenden Entwicklungs- und Anpassungsprozess nicht nur auf europäischer, sondern auch auf globaler Ebene gekennzeichnet. Dieser durchzieht alle Bereiche des Pharmarechts. Als Beispiel kann hier die Entwicklung von biotechnologischen Arzneimitteln und der mit ihnen verbundenen teils neuen Risiken, die global erforderliche Erfassung, Meldung und Bewertung von unerwünschten Arzneimittelwirkungen sowie die Entwicklung globaler Standards für die Herstellung und Erforschung von Arzneimitteln aufgeführt werden.

I. Europäisierung

10 Der festzustellende Wandel im Pharmarecht ist zunächst geprägt durch eine zunehmende Beeinflussung, Überlagerung und Umformung des nationalen Rechts durch europäisches Rechtsdenken und -handeln: Wesentliche Veränderungen des Rechtsregimes gehen auf eine nach wie vor ungebrochene Rechtsetzungsaktivität des Europäischen Gesetzgebers zurück. Auch haben neben den nationalen Behörden neue europäische Akteure mit zunehmenden Befugnissen das Spielfeld des Arzneimittelrechts betreten. Der Einfluss des Europarechts auf die nationalen Bestimmungen des Arzneimittelrechts ist aber nicht nur am gegenständlichen und inhaltlichen Umfang der rechtsharmonisierenden und -vereinheitlichenden Bestimmungen des europäischen Sekundärrechts festzumachen, die auf Basis entsprechender Rechtsetzungskompetenzen erlassen wurden. Dieser zeigt sich auch in der Durchsetzung der nach dem EG-Vertrag primärrechtlich gewährleisteten Warenverkehrsfreiheit[36] für den Bereich des Parallelimports von Arzneimitteln sowie an den Vorgaben für einen gemeinschaftsrechtskonformen Vollzug der nationalen Bestimmungen[37].

11 Rechtsquellen des Europarechts sind

- das *Primärrecht* mit den Verträgen über die Europäische Union (EUV) und die Arbeitsweise der Europäischen Union (AEUV) als dem geschriebenen Vertragsrecht sowie den ungeschriebenen Rechtssätzen (insb. allgemeine Rechtsgrundsätze, Gewohnheitsrecht). Das Primärrecht bindet nicht nur die EU-Organe, sondern nach allgemeiner Auffassung auch mitgliedstaatliche Organe, soweit diese Unionsrecht durchführen, und gewährleistet Rechte für die Bürger der Staaten[38].
- die *völkerrechtliche Vereinbarungen* der EU auf Basis der Art. 47 EUV und Art. 216 AEUV, welche die Organe der EU (dh Kommission, Rat, Parlament usw.) bei ihren Rechtsetzungen binden, woraus die unmittelbare Verbindlichkeit für die Mitgliedstaaten der EU folgt[39].
- das *Sekundärrecht,* nämlich die auf Basis der Primärrechts erlassenen Rechtsakte Verordnungen, Richtlinien, Beschlüsse und Empfehlungen (und Stellungnahmen) der Unionsorgane gemäß Art. 288 AEUV[40].

---

[36] Vgl. Art. 28 ff. AEUV.
[37] Vgl. insgesamt *Dieners/Heil* in Dieners/Reese (Hrsg.), Hdb PharmaR, § 1 Rn. 44 ff.; *Meier*, Arzneimittelrecht im Wandel in Bauer ua (Hrsg.), Wirtschaft im offenen Verfassungsstaat (2006), S. 121 (124 ff.). S. hierzu u. → § 3 Rn. 65 ff.
[38] Vgl. *Nettesheim* in Grabitz/Hilf/ders. (Hrsg.), Das Recht der Europäischen Union (50. Ergänzungslieferung 2013), Art. 288 AEUV Rn. 27 ff.
[39] Vgl. *Vöneky/Beylage-Haarmann* in Grabitz/Hilf/Nettesheim, Das Recht der Europäischen Union (50. Ergänzungslieferung 2013), Art. 216 AEUV Rn. 25 f.
[40] Vgl. *Nettesheim* in Grabitz/Hilf/ders. (Hrsg.), Das Recht der Europäischen Union (50. Ergänzungslieferung 2013), Art. 288 AEUV Rn. 30.

1. Anwendungsvorrang des Gemeinschaftsrechts

Das europäische Recht genießt im Verhältnis zum nationalen Recht der Mitgliedstaaten nicht Geltungsvorrang, sondern Anwendungsvorrang[41]:

- Der Geltungsvorrang bezeichnet eine Reihenfolge im Sinne einer Über- und Unterordnung, in der die Rechtsnormen im Verhältnis zueinander stehen sollen. Beispielsweise ist das „höherrangige Recht" das Grundgesetz im Verhältnis zum förmlichen Gesetz oder einer Rechtsverordnung einer Ministeriums, wobei das niederrangige Recht mit dem höherrangigen zu vereinbaren sein muss.
- Der *Anwendungsvorrang* hingegen besagt, dass eine Rechtsnorm im Verhältnis zu einer anderen alleine vorrangig anzuwenden sei, ohne aber die Geltung der nicht anzuwendenden und damit verdrängten Norm zu berühren. Diejenige Rechtsvorschrift, der ein Anwendungsvorrang zukommt, verdrängt die andere Vorschrift nur hinsichtlich ihrer Anwendbarkeit, im übrigen aber gelten beide Normen innerhalb des Bereichs, für den sie wirksam in Kraft gesetzt worden sind, weiter. Dementsprechend darf ein mitgliedstaatliches Gericht eine Vorschrift des mitgliedstaatlichen Rechts, die im Widerspruch zu einer Vorschrift des Unionsrechts steht, nicht anwenden, sondern muss den Fall anhand der unionsrechtlichen Regelung entscheiden. Die mitgliedstaatliche Vorschrift wird aber nicht unwirksam, sondern bleibt innerhalb ihres Anwendungsbereichs wirksam.

12

2. Bindungswirkung von Sekundärrechtsakten

Die in Art. 288 AEUV aufgeführten Sekundärrechtsakte sind im Hinblick auf ihre Bindungswirkung wie folgt zu unterscheiden[42]:

- Eine *Verordnung* hat allgemeine Geltung, sie ist in allen ihren Teilen verbindlich und gilt unmittelbar in jedem Mitgliedstaat[43]. Dementsprechend haben sie auch eine unmittelbare Wirkung für die Bürger in der EU. Als wohl wichtigste Verordnung im Bereich des Arzneimittelrechts kann die Verordnung (EWG) Nr. 2309/93[44] angeführt werden, mit der ein Gemeinschaftsverfahren für die Genehmigung und Überwachung von Human- und Tierarzneimitteln festgelegt und die Europäische Agentur für die Beurteilung von Arzneimitteln (EMEA) errichtet wurde[45]. Diese Verordnung wurde zwischenzeitlich ersetzt durch die Verordnung (EG) Nr. 726/2004[46].
- Die *Richtlinie* richtet sich an die Mitgliedstaaten, und gibt diesen das zu erreichende Ziel verbindlich vor, überlässt jedoch den innerstaatlichen Stellen die Wahl der Form und der Mittel[47]. Derartige Richtlinien sind von den Mitgliedstaaten bis zu einem bestimmten Termin in nationales Recht umzusetzen. Sofern dem Bürger durch die Richtlinie Rechtspositionen eingeräumt werden, die ihn begünstigen, so kann der Mitgliedstaat

13

---

[41] Vgl. hierzu *Streinz*, Europarecht, Rn. 222; *Beljin* EuR 2002, 351 (353); *Ruffert* in Calliess/ders., EUV/AEUV, 4. Auflage 2011, Art. 1 [EUV und AEUV], Rn. 18 ff.; *Nettesheim* in Grabitz/Hilf/ders. (Hrsg.), Das Recht der Europäischen Union (50. Ergänzungslieferung 2013), Art. 288 AEUV Rn. 47 ff.

[42] Vgl. hierzu *Ruffert* in Calliess/ders. (Hrsg.), EUV/AEUV (4. Auflage 2011), Art. 288 AEUV Rn. 16 ff.; *Nettesheim* in Grabitz/Hilf/ders. (Hrsg.), Das Recht der Europäischen Union (50. Ergänzungslieferung 2013), Art. 288 AEUV Rn. 89 ff.

[43] Art. 288 Abs. 2 AEUV.

[44] Verordnung (EWG) Nr. 2309/93 v. 22.7.1993 zur Festlegung von Gemeinschaftsverfahren für die Genehmigung und Überwachung von Human- und Tierarzneimitteln und zur Schaffung einer Europäischen Agentur für die Beurteilung von Arzneimitteln, ABl. L 214 v. 24.8.1993, S. 1.

[45] S. hierzu u. → § 3 Rn. 114 ff.

[46] Verordnung (EG) Nr. 726/2004 v. 31.3.2004 zur Festlegung von Gemeinschaftsverfahren für die Genehmigung und Überwachung von Human- und Tierarzneimitteln und zur Errichtung einer Europäischen Arzneimittel-Agentur, ABl. L 136 v. 30.4.2004, S. 1.

[47] Vgl. Art. 288 Abs. 3 AEUV.

schadensersatzpflichtig werden bzw. ein Vertragsverletzungsverfahren gegen ihn eingeleitet werden, falls der Mitgliedstaat die Umsetzungsfrist nicht einhält[48]. Als Beispiel kann hier die Richtlinie 2001/83/EG[49] – sog. Kodex Humanarzneimittel – angeführt werden, mit der aus Gründen der Übersichtlichkeit im Jahr 2001 alle seit der Richtlinie 65/65/EWG erlassenen Richtlinien im Bereich des Arzneimittelrechts[50] in einer Richtlinie kodifiziert und zu einem einzigen Text zusammengefasst wurden[51]. Zudem wurden bestehende Unterschiede zwischen den einzelstaatlichen Vorschriften über Arzneimittel, die als eine Behinderung des Handels mit Arzneimitteln innerhalb der Gemeinschaft angesehen wurden und sich daher auf das Funktionieren des Binnenmarktes auswirkten, durch eine Angleichung der einschlägigen Rechtsvorschriften beseitigt[52]. Zwischenzeitlich wurde auch diese Richtlinie durch zahlreiche weitere Richtlinien in einigen wesentlichen Punkten geändert, insbesondere durch die Änderungs-Richtlinie 2004/27/EG[53].

- *Beschlüsse* sind Einzelentscheidungen, die in allen ihren Teilen verbindlich sind. Sofern diese nur an bestimmte Adressaten gerichtet sind, so sind sie auch nur für diese verbindlich[54]. Dementsprechend können europäische Beschlüsse mit deutschen Verwaltungsakten sowie Allgemeinverfügungen gemäß § 35 VwVfG verglichen werden. Beispielhaft kann hier die Zulassungsentscheidung der Europäischen Kommission für Arzneimittel auf Basis der Verordnung 726/2004 genannt werden, welche mithin auf Basis des sog. zentralisierten Verfahrens zugelassen werden[55].
- Schließlich gibt es noch *Empfehlungen*, die den Adressaten bestimmte Verhaltensweisen nahelegen, und *Stellungnahmen*, die meiste eine sachverständige Meinungsäußerung enthalten: Diese sind zwar weder für Mitgliedstaaten noch für die Bürger verbindlich, allerdings bedeutet dies nicht, dass diese rechtlich bedeutungslos wären, da sie zur „weichen", influenzierenden Steuerung eingesetzt werden oder auch Prozess- oder

---

[48] S. hierzu ausführlich *Ruffert* in Calliess/ders. (Hrsg.), EUV/AEUV (4. Auflage 2011), Art. 288 AEUV Rn. 47 ff.

[49] Richtlinie 2001/83/EG v. 6.11.2001 zur Schaffung eines Gemeinschaftskodexes für Humanarzneimittel, ABl. L 311 v. 28.11.2001, S. 67 ff.

[50] Den Anfang machte im Jahre 1965 die sog. Arzneimittelbasis-Richtlinie 65/65/EWG (Richtlinie 65/65/EWG v. 26.1.1965 zur Angleichung der Rechts- und Verwaltungsvorschriften über Arzneimittel, ABl. L 22 v. 9.2.1965, S. 369). Diese normierte neben Begriffsbestimmungen – ua des Arzneimittels – die Voraussetzungen für die Erteilung einer Genehmigung für das Inverkehrbringen von Arzneimitteln, deren Aussetzung und Widerruf sowie die Etikettierung von Arzneimitteln. Als nachfolgende Richtlinien sind insbesondere zu nennen die Richtlinie 75/318/EWG über die analytischen, toxikologisch-pharmakologischen und ärztlichen oder klinischen Vorschriften und Nachweise über Versuche mit Arzneispezialitäten (ABl. L 147 v. 9.6.1975, S. 1), die Richtlinie 75/319/EWG zur Angleichung der Rechts- und Verwaltungsvorschriften über Arzneispezialitäten (ABl. L 147 v. 9.6.1975, S. 13) und die Richtlinien 92/25/EWG, 92/26/EWG, 92/27/EWG und 92/28/EWG über den Großhandelsvertrieb von Humanarzneimitteln (ABl. L 113 v. 30.4.1992, S. 1), zur Einstufung bei der Abgabe von Humanarzneimitteln (ABl. L 113 v. 30.4.1992, S. 5), über die Etikettierung und die Packungsbeilage von Humanarzneimitteln (ABl. L 113 v. 30.4.1992, S. 8) sowie über die Werbung für Humanarzneimittel (ABl. L 113 v. 30.4.1992, S. 13).

[51] Erwägungsgrund 1 zur Richtlinie 2001/83/EG.

[52] Erwägungsgründe 2–5. Deren Umsetzung erfolgte in Deutschland mit dem Zwölften Gesetz zur Änderung des Arzneimittelgesetzes (12. AMG-Novelle) vom 30.7.2004, BGBl. I S. 2031, in Kraft getreten am 6.8.2004.

[53] Richtlinie 2004/27/EG v. 31.3.2004 zur Änderung der Richtlinie 2001/83/EG zur Schaffung eines Gemeinschaftskodex für Humanarzneimittel, ABl. L 136 v. 30.4.2004, S. 34. Die durch diese Richtlinie notwendigen nationalen Anpassungen wurden in Deutschland mit dem Vierzehnten Gesetz zur Änderung des Arzneimittelgesetzes vom 29.8.2005 (BGBl. I S. 2570) – der sog. 14. AMG-Novelle –, die zum 6.9.2005 in Kraft trat, in nationales Recht umgesetzt.

[54] Vgl. Art. 288 Abs. 4 AEUV.

[55] Art. 10 Abs. 2 Verordnung 726/2004. S. ausführlich hierzu u. → § 3 Rn. 142 ff.

Handlungsvoraussetzung sein können[56]. Ferner haben nach dem *EuGH* nationale Gerichte Empfehlungen zur Auslegung innerstaatlicher, Gemeinschaftsrecht durchführender Rechtsvorschriften oder zur Ergänzung verbindlicher gemeinschaftlicher Vorschriften heranzuziehen[57].

Allerdings ist die Aufzählung der Rechtsakte in Art. 288 AEUV nicht abschließend[58]. Daneben existieren noch zahlreiche unbenannte oder ungekennzeichnete Rechtsakte, zu denen alle Handlungen der Unionsorgane zusammengefasst werden, die nicht den in Art. 288 AEUV „vertypten" Rechtshandlungen zugeordnet werden können. Diese lassen sich im Wesentlichen in die folgenden vier Hauptgruppen unterteilen[59]:

- **organinterne Rechtsakte** (zB Geschäftsordnungen der Organe);
- **europarechtliche Verwaltungsvorschriften**, dh interne Anweisungen mit Rechtswirkung, Mitteilungen der Kommission, Leitlinien, Rahmen und Bekanntmachungen sowie Selbstverpflichtungen einzelner Unionsorgane (zB der Kommission auf Herausgabe von Informationen), sowie im Eigenverwaltungsrecht der EU ein unsystematischer Korpus rechtlich unverbindlicher Mitteilungen und Verhaltenskodizes („soft law"[60]); über den durch die Selbstbindung der Kommission vermittelten Vertrauensschutz hinaus entfalten sie nur begrenzt Rechtswirkungen; in diesen Bereich der europarechtlichen Verwaltungsvorschriften fallen wohl die meisten der von der *EMA* erlassenen *Guidelines* bzw. *Notes for Guidance* – Leitlinien, die *„den Standardweg"* nach dem derzeitigen Stand der Erkenntnis wiederspiegeln[61] –, *Guidances* – Interpretationshilfen[62] – sowie *Points to Consider* – Erläuterungspapiere zum richtigen Verständnis einzelner Begriffe oder zur Erläuterungen von Zulassungsvoraussetzungen[63].
- Organhandlungen mit unterschiedlichen Bezeichnungen, die unter dem Begriff **Entschließungen** zusammengefasst werden können: diese haben über ihren politisch verpflichtenden Gehalt hinaus normative Kraft, sofern sie die Pflicht aus Art. 10 konkretisieren; sowie
- eine Vielzahl nur teilweise verbindlicher Rechtshandlungen unter verschiedensten Bezeichnungen (zB Erklärungen, Kommuniqués, Memoranden, Pläne, Mitteilungen, Leitlinien, Programme), die seit EEA und EUV auch weitergehend Eingang in die Verträge gefunden haben.

3. Warenverkehrsfreiheit und Parallelimport von Arzneimitteln

Den Eckpfeiler für die Erleichterung der Ein- und Ausfuhr von Arzneimitteln zwischen den europäischen Mitgliedstaaten stellt die Rechtsprechung des *EuGH* zum Parallelimport

---

[56] Vgl. Art. 288 Abs. 5 AEUV; *Ruffert* in Calliess/ders., EUV/AEUV, 4. Auflage 2011, Art. 288 AEUV Rn. 95.
[57] Vgl. *EuGH* Rs. C-322/88, Slg. 1989, 4407, Rn. 18 (Grimaldi/Fonds des Maladies Professionnelles); Rs. C-188/91, Slg. 1993, I-363, Rn. 18 (Deutsche Shell AG).
[58] Vgl. *Ruffert* in Calliess/ders., EUV/AEUV, 4. Auflage 2011, Art. 288 AEUV Rn. 98.
[59] Vgl. *Ruffert* in Calliess/ders., EUV/AEUV, 4. Auflage 2011, Art. 288 AEUV Rn. 100–105; *Nettesheim* in Grabitz/Hilf/ders. (Hrsg.), Das Recht der Europäischen Union (50. Ergänzungslieferung 2013), Art. 288 AEUV Rn. 209 ff.
[60] Diese europarechtlichen Verwaltungsvorschriften kanalisieren die politische Steuerung durch die Kommission, sorgen für eine einheitliche Verwaltungspraxis im EU-Eigenverwaltungsrecht und verbessern die Information über die Verwaltungstätigkeit und damit die Rechtssicherheit.
[61] ZB „*Pharmacovigilance Guidelines*", „*Guideline on clinical investigation of steroid contraceptives in women*" oder „*Note for Guidance on postmenopausal osteoporosis in women*".
[62] ZB „*Guidance concerning the braille requirements for labelling and the package leaflet*", eine Interpretationshilfe zu den Anforderungen der auf der Umverpackung anzubringenden Blindenschrift nach Art. 56a RL 2004/27/EG (o. → Fußn. 31).
[63] ZB „*Points to Consider on switching between superiority and non-inferiority*".

von Arzneimitteln dar. Dieser hat nicht nur die diesbezüglichen Zulässigkeitsvoraussetzungen definiert, sondern auch die Voraussetzungen, unter denen das Inverkehrbringen von Parallelimporten unter Berufung auf die Ausnahmeregelung des Art. 36 AEUV oder durch Inhaber gewerblicher Schutzrechte[64] unter Berufung auf dieses Recht überhaupt noch untersagt werden kann. Diese Rechtsprechung des *EuGH* wurde von der *Europäischen Kommission* erstmals im Jahre 1982 zusammengefasst[65] und im Jahre 2003 – nach zahlreichen weiteren Grundsatzentscheidungen des *EuGH* – aktualisiert mit der *„Mitteilung der Kommission über Paralleleinfuhren von Arzneispezialitäten, deren Inverkehrbringen bereits genehmigt ist"*[66].

4. Gemeinschaftsrechtskonformer Vollzug nationaler Bestimmungen

16 Ein gemeinschaftsrechtskonformer Vollzug des Pharmarechts sowohl durch europäische als auch durch nationale Behörden wird insbesondere durch die nicht-verbindlichen Empfehlungen und Stellungnahmen gemäß Art. 288 Abs. 5 AEUV hergestellt[67]. Sie werden ergänzt durch zahlreiche – ebenfalls unverbindliche – Mitteilungen der *Europäischen Kommission* zu Auslegungsfragen[68].

5. Veränderungen in den arzneimittelrechtlichen Verwaltungsstrukturen und -verfahren

17 Die Bestimmungen des Europarechts haben auch zu Veränderungen von Verwaltungsstrukturen und -verfahren im nationalen Verwaltungsrecht geführt:
- Zusätzlich zu den bestehenden nationalen Arzneimittelbehörden der Mitgliedstaaten wurde mit der Verordnung (EG) Nr. 2309/93 eine eigene europäische Behörde geschaffen, die *„Europäische Agentur für die Beurteilung von Arzneimitteln"*, kurz *EMEA*[69] genannt, welche im Jahr 2004 umbenannt wurde in die *„Europäische Arzneimittel-Agentur"* (EMA[70]). Innerhalb der EMA werden zahlreiche Aufgaben, insbesondere bzgl. der Beurteilung und der Überwachung von Arzneimitteln, von Ausschüssen wahrgenommen[71]. Derzeit bestehen innerhalb der EMA folgende wissenschaftlichen Ausschüsse, welche wiederum jeweils eigene ständige und nicht ständige Arbeitsgruppen einsetzen können[72]:
  – Ausschuss für Humanarzneimittel (Committee for Medicinal Products for Human Use, CHMP)
  – Ausschuss für Tierarzneimittel (Committee for Medicinal Products for Veterinary Use, CVMP),

---

[64] Hierzu zählen vor allem Patent- und Markenrechtsinhaber.
[65] ABl. C Nr. 115 v. 6.5.1982, S. 5.
[66] Mitteilung der Europäischen Kommission über Paralleleinfuhren von Arzneispezialitäten, deren Inverkehrbringen bereits genehmigt ist, Dok. KOM(2003) 839 endg. Diese Mitteilung hat zum Ziel, eine Anleitung für die praktische Anwendung der Rechtsprechung des EuGH auf nationale Maßnahmen im Zusammenhang mit Paralleleinfuhren aus einem Mitgliedstaat in den anderen von Arzneispezialitäten zu liefern, deren Inverkehrbringen im Einfuhrmitgliedstaat bereits genehmigt ist.
[67] S. hierzu bereits o. → § 1 Rn. 13 f.
[68] ZB Mitteilung der *Kommission* zu Auslegungsfragen – Erleichterung des Marktzugangs für Waren in einem anderen Mitgliedstaat: praktische Anwendung des Prinzips der gegenseitigen Anerkennung, ABl. C 265 v. 4.11.2003, S. 2.
[69] Die EMEA wurde auf Grundlage der Art. 49 ff. Verordnung 2309/93 errichtet.
[70] Art. 1, 71 ff. Verordnung (EG) Nr. 726/2004.
[71] Die Ausschüsse werden von Repräsentanten meist der nationalen Arzneimittelbehörden aus allen EU-Ländern sowie Island, Liechtenstein und Norwegen gebildet. Die Arbeit dieser Ausschüsse wird durch das Sekretariat der EMA unterstützt und koordiniert.
[72] Vgl. auch *Meier*, Arzneimittelrecht im Wandel in Bauer ua (Hrsg.), Wirtschaft im offenen Verfassungsstaat (2006), S. 121 (130 f.).

- Ausschuss für Arzneimittel für seltene Krankheiten (Committee for Orphan Medicinal Products, COMP),
- Ausschuss für pflanzliche Arzneimittel (Committee for Herbal Medicinal Products, HMPC),
- Pädiatrieausschuss (Paediatric Committee, PDCO),
- Ausschuss für neuartige Therapien (Committee for Advanced Therapies, CAT), sowie
- Pharmakovigilanzausschuss für Risikobewertung (Pharmacovigilance Risk Assessment Committee, PRAC).

- Die Aufgaben der EMA sind in Art. 56 Abs. 1 u. 2 Verordnung 726/2004 aufgeführt, und umfassen insbesondere die Koordinierung der vorhandenen Wissenschaftsressourcen, die ihr von den zuständigen Stellen der Mitgliedstaaten zur Beurteilung, Überwachung und Pharmakovigilanz von Arzneimitteln zur Verfügung gestellt werden[73]. Ferner hat sie den Mitgliedstaaten und den Gemeinschaftsorganen den bestmöglichen wissenschaftlichen Rat zu erteilen hinsichtlich aller Fragen zur Beurteilung von Qualität, Sicherheit sowie Wirksamkeit von Arzneimitteln, die gemäß den Bestimmungen der gemeinschaftlichen Rechtsvorschriften über Arzneimittel an sie herangetragen werden[74].

18

- Ferner bestehen zwischenzeitlich auch mehrere Arten europäischer Zulassungsverfahren, um für ein Arzneimittel in mehreren oder allen europäischen Mitgliedstaaten eine Zulassung zu erhalten[75]:
Mittels des dezentralen Zulassungsverfahrens und des Verfahrens der gegenseitigen Anerkennung kann ein Antragsteller für ein Arzneimittel in mehreren oder allen ausgewählten Mitgliedstaaten jeweils nationale Zulassungen erhalten. Diese Verfahren, die sowohl nationale als auch supranationale Elemente aufweisen, sind in Art. 27 ff. RL 2001/83/EG normiert[76]. Sie unterscheiden sich dadurch, dass
- entweder für das Arzneimittel zum Zeitpunkt der Antragstellung bereits in einem Mitgliedstaat der Europäischen Union – dem sog. Reference Member State (RMS) – eine Zulassung oder Genehmigung für das Inverkehrbringen vorliegt, und daher die Anerkennung dieser Zulassung von dem/den anderen Mitgliedstaat(en), für dessen Hoheitsbereich die Zulassung begehrt wird – dem/den sog. Concerned Member State (s) (CMS) – beantragt wird (sog. *Verfahren der gegenseitigen Anerkennung*[77]),
- oder im Zeitpunkt der Antragstellung noch keine nationale Zulassung vorliegt, so dass auf der Grundlage eines Beurteilungsberichtes, der von der zuständigen Behörde des Mitgliedstaats, der als RMS fungieren soll – in Deutschland das *BfArM* bzw. das *PEI*[78] –, nach Konsultation mit den einbezogenen Mitgliedstaaten (CMS) erstellt wird,

---

[73] Art. 55 Abs. 2 Verordnung 726/2004; entspricht Art. 49 S. 2 Verordnung 2309/93.
[74] Art. 57 Abs. 1 Verordnung 726/2004 entspricht Art. 51 Verordnung 2309/93. Diese Aufgaben umfassen insb. die Koordinierung der wissenschaftlichen Beurteilung der Qualität, Sicherheit und Wirksamkeit zulassungsbedürftiger Arzneimittel (lit. a), die Übermittlung von Beurteilungsberichten, Zusammenfassungen der Produktmerkmale, Etikettierungen und Packungsbeilagen für diese Arzneimittel (lit. b) sowie die Koordinierung der Überwachung der in der EU genehmigten Arzneimittel sowie die Beratung über die erforderlichen Maßnahmen zur Sicherstellung der gefahrlosen und wirksamen Anwendung dieser Produkte, indem insb. die Nebenwirkungen dieser Produkte beurteilt und diese Informationen über Datenbanken zugänglich gemacht werden (Pharmakovigilanz) (lit. c).
[75] Vgl. hierzu *Dieners/Heil* in Dieners/Reese (Hrsg.), Hdb PharmaR, § 1 Rn. 112 ff.; *Meier,* Arzneimittelrecht im Wandel in Bauer ua (Hrsg.), Wirtschaft im offenen Verfassungsstaat (2006), S. 121 (131 ff.).
[76] Umgesetzt in nationales Rechts durch § 25b AMG.
[77] § 25b Abs. 2 AMG. Ausführlich hierzu → § 3 Rn. 168 ff.
[78] **Paul-Ehrlich-Institut.**

sodann von dem RMS als auch von jedem einzelnen CMS eine nationale Entscheidung über die Zulassungserteilung erfolgt (sog. *dezentrales Zulassungsverfahren*[79]).
- Zudem besteht für bestimmte Arzneimittel zwischenzeitlich die Möglichkeit, mittels des sog. zentralen Zulassungsverfahrens eine Arzneimittelzulassung mit Gültigkeit für alle 27 Mitgliedstaaten der Europäischen Union zu erhalten. Hierbei kommt der *Europäischen Kommission* die Rolle als Zulassungsbehörde zu[80].

19
- Hierdurch war neben einer Anpassung der nationalen Zulassungsvorschriften auch eine Änderung der Risikoverfahren und der Überwachung von Arzneimitteln verbunden. Die grenzüberschreitende Zulassung von Arzneimitteln hat im Hinblick auf Arzneimittelrisiken zu einer Anpassung der zuvor rein nationalen hin zu supranationalen Risiko- und Überwachungsverfahren geführt[81].

II. Globalisierung

20 Zusätzlich sind aufgrund der Globalisierung des Pharmamarktes Rechtsetzungsaktivtäten auch auf globaler Ebene zu verzeichnen. Hier sind zunächst völkerrechtliche Verträge zwischen Staaten bzw. Staatenverbunden zu nennen. Da innerhalb der EU nicht nur die einzelnen Mitgliedstaaten, sondern auch die Europäische Union selbst Vertragspartner eines solchen Vertrages sein kann, ist bezüglich der Bindungswirkung der geschlossenen Verträge zu unterscheiden:
- Wird die Europäische Union Vertragspartei, so binden die völkerrechtliche Vereinbarungen der EU gemäß der Art. 47 EUV und Art. 216 AEUV die Organe der EU (dh Kommission, Rat, Parlament usw.) bei ihren Rechtsetzungen. Hieraus folgt die unmittelbare Verbindlichkeit im Sinne des Anwendungsvorrangs für die Mitgliedstaaten der EU[82].
- Wird nicht die EU, sondern allein ein oder mehrere Mitgliedstaaten Vertragspartner, so richtet sich die Bindungswirkung eines völkerrechtlichen Vertrages für die Mitgliedstaaten nach deren nationalem Verfassungsrecht. Für die Bundesrepublik Deutschland ist dies in Art. 25 des Grundgesetzes festgelegt: Nach erfolgter Ratifizierung des Vertrages durch den Bundestag werden diese Bestandteil des Bundesrecht, genießen aber Vorrang vor den formellen und materiellen Gesetzen[83]. Als Beispiel können hier die „Revidierte Grundregeln der Weltgesundheitsorganisation für die Herstellung von Arzneimitteln und die Sicherung ihrer Qualität" aufgeführt werden[84].

21 Ferner gibt es aber staatenübergreifende Aktivitäten, die auf eine Harmonisierung der materiellen Zulassungsanforderungen abzielen. Als wichtigste Institution ist hier die *„International Conference on Harmonisation of Technical Requirements for Registration of Pharmaceuticals for Human Use (ICH)"* zu nennen. Die 1990 gegründete ICH bringt die wichtigsten Arzneimittelbehörden, nämlich die EMA für *Europa*, die US-amerikanische

---

[79] Art. 28 RL 2001/83/EG in der Fassung der Änderung durch Art. 1 Nr. 26 RL 2004/27/EG, in nationale Recht umgesetzt durch § 25b Abs. 3 AMG. Zum Rechtsschutz im dezentralen Zulassungsverfahren vgl. *v. Czettritz* (o. Fußn. 68), S. 202 f. Ausführlich hierzu → § 3 Rn. 174 ff.
[80] S. u. → § 3 Rn. 114 ff.
[81] Vgl. ausführlich hierzu → § 4 Rn. 73 ff.
[82] Die EU besitzt gemäß Art. 47 EUV Völkerrechtspersönlichkeit, und kann demnach als Völkerrechtssubjekt dem Völkerrecht unterliegende Übereinkünfte schließen, aber natürlich nur in den Bereichen, in denen ihr gemäß dem in Art. 5 Abs. 1 EUV niedergelegten Prinzip der begrenzten Einzelzuständigkeiten eine materielle Sachkompetenz zukommt. Vgl. hierzu *Müller-Ibold* in Lenz/Borchardt (Hrsg.), EU-Verträge, 5. Aufl. 2010, Art. 216 AEUV Rn. 1 sowie instruktiv *S. Lorenzmeier* ZJS 3/2012, S. 322.
[83] Vgl. *Jarass* in ders./Pieroth, GG, 6, Aufl. (2002), Art. 25 Rn. 11 f.
[84] BAnz. Nr. 1 vom 3.1.1978.

FDA[85] und die japanische Arzneimittelbehörde MHLW[86] zusammen, um gemeinsam mit den Arzneimittelindustrieverbänden die wissenschaftlichen und technischen Aspekte von Produktregistrierungen zu diskutieren. Ziel von ICH ist es, eine größere Harmonisierung in der Interpretation und Anwendung von technischen Guidelines und Anforderungen für Produktregistrierungen zu erreichen, um hierdurch eine Duplizierung von Tests und Berichten, die während der Erforschung und Entwicklung von neuen Arzneimitteln durchgeführt werden, zu reduzieren[87]. Diese von ICH entwickelten Guidelines für die Prüfung der Qualität (Q1-Q11), Wirksamkeit (E1-E16) und Sicherheit (S 1-S10) sowie für multidisziplinäre Fragen (M1-M8) wurden mittlerweile von der EU übernommen[88].

---

[85] US Food and Drug Administration.
[86] Ministry of Health, Labour and Welfare.
[87] Vgl. *ICH* 20th Anniversary Publication „The Value and Benefits of ICH to Drug Regulatory Authorities Advancing Harmonization for Better Health", abrufbar unter www.ich.org.
[88] ZB Guideline on Stability Testing of New Drug Substances and Products, ICH Q1A(R2), übernommen von der EMA im März 2003 unter CPMP/ICH/2736/99; Guideline on Pharmaceutical Quality System, ICH Q10, übernommen von der EMA im Juli 2008 unter CHMP/ICH/214732/04. Vgl. die entsprechenden Hinweise zu den ICH-Guidelines unter www.ich.org/products/guidelines.html.

2. Teil. Arzneimittel

Schrifttum zu Teil 2: *Brückner* (Hrsg.), Ergänzende Schutzzertifikate / Supplementary Protection Certificates, 1. Aufl. (2011); *Dieners/Reese* (Hrsg.), Handbuch des Pharmarechts (2010); *Kloesel/Cyran*, Arzneimittelrecht Kommentar (Stand: 2013); *Rehmann*, Arzneimittelgesetz: AMG, 3. Aufl. (2008); *Sander*, AMG Kommentar (Stand: Oktober 2012); *Spickhoff* (Hrsg.), Medizinrecht, (2011).

§ 2 Grundlagen des Arzneimittelrechts

A. Rechtsgrundlagen

Das *Gesetz über den Verkehr mit Arzneimitteln* (Arzneimittelgesetz – AMG[1]) beinhaltet die wesentlichen gesetzlichen Rahmenbedingungen für Arzneimittel in Deutschland, insbesondere hinsichtlich deren Erforschung, Herstellung und Vertrieb. Das AMG wurde zuletzt geändert durch das Zweite Gesetz zur Änderung arzneimittelrechtlicher und anderer Vorschriften[2] (sog. 16. AMG-Novelle), das zum 16.10.2012 in Kraft trat, sowie durch das Dritte Gesetz zur Änderung arzneimittelrechtlicher und anderer Vorschriften[3], das zum 13.8.2013 in Kraft trat. 1

In weiten Teilen basiert das deutsche Arzneimittelgesetz auf Vorgaben des europäischen Rechts. Zentral ist die Richtlinie 2001/83/EG vom 6. November 2001 zur Schaffung eines Gemeinschaftskodexes für Humanarzneimittel (sog. Humankodex[4]): Mit dieser Richtlinie erfolgte eine Vollharmonisierung des Arzneimittelrechts in den EU-Mitgliedstaaten[5]. Damit dürfen die Mitgliedstaaten nur noch in den Bereichen, zu denen die Richtlinie keine Regelung beinhaltet oder in denen den Mitgliedstaaten die Möglichkeit einer individuellen Abweichung zu strengeren Regelungen oder zu Erleichterungen gelassen wird, abweichende oder weitergehende Vorschriften erlassen. 2

Die Richtlinie 2001/83/EG wurde seit dem Jahr 2001 im Wesentlichen durch die nachfolgenden Richtlinien geändert oder ergänzt: 3
- Richtlinie 2002/98/EG[6] zu menschlichem Blut und Blutbestandteilen,

---

[1] Arzneimittelgesetz in der Fassung der Bekanntmachung vom 12. Dezember 2005 (BGBl. I S. 3394), zuletzt geändert durch Artikel 1 des Dritten Gesetzes zur Änderung arzneimittelrechtlicher und anderer Vorschriften vom 7. August 2013 (BGBl. I S. 3108).

[2] Artikel 2 des Zweiten Gesetzes zur Änderung arzneimittelrechtlicher und anderer Vorschriften vom 19. Oktober 2012 (BGBl. I S. 2192). Das 2. AMGuaÄndG trat grundsätzlich am 16.10.2012 in Kraft. Abweichende Regelungen zum Inkrafttreten einzelner Vorschriften enthält Art. 15 des 2. AMGuaÄndG.

[3] Artikel. 1 des Dritten Gesetzes zur Änderung arzneimittelrechtlicher und anderer Vorschriften vom 7. August 2013 (BGBl. I S. 3108).

[4] Richtlinie 2001/83/EG des Europäischen Parlaments und des Rates vom 6. November 2001 zur Schaffung eines Gemeinschaftskodexes für Humanarzneimittel, ABl. L 311 v. 28.11.2001, S. 67.

[5] So BGH, WRP 2008, 1209 (1210) – HMB Kapseln; WRP 2008, 1213 (1216) – L-Carnitin; *Rehmann*, AMG, § 2 Rn. 6; *Köhler* GRUR 2002, 844 (845 f.); *Rennert* NVwZ 2008, 1179 (1181); zwischenzeitlich auch EuGH, Urteil vom 8.11.2007 – C-374/06 – LMRR 2007, 75; aA *Kloesel/Cyran*, AMG, A 1.0, § 2 Anm. 11. Zum Meinungsstand vgl. *Doepner/Hüttebräuker* in Dieners/Reese (Hrsg.), Hdb PharmaR, § 2 Rn. 44 ff.

[6] Richtlinie 2002/98/EG des Europäischen Parlaments und des Rates vom 27. Januar 2003 zur Festlegung von Qualitäts- und Sicherheitsstandards für die Gewinnung, Testung, Verarbeitung, Lage-

- Richtlinie 2003/63/EG[7] zu biologischen Arzneimitteln,
- Richtlinie 2003/94/EG[8] zur Festlegung der Grundsätze und Leitlinien der Guten Herstellungspraxis für Humanarzneimittel und für zur Anwendung beim Menschen bestimmte Prüfpräparate[9],
- Richtlinie 2004/24/EG[10] zu traditionellen pflanzlichen Arzneimitteln,
- Richtlinie 2004/27/EG, mit der die ursprüngliche Richtlinie 2001/83/EG wesentlich überarbeitet wurde[11],
- Richtlinie 2008/29/EG, durch welche technische Anpassungen der Ausschussverfahren, bei denen der ständige Ausschuss beteiligt ist, vorgenommen wurden[12],
- Richtlinie 2009/53/EG, welche Änderungen der Bedingungen für Genehmigungen für das Inverkehrbringen von Arzneimitteln regelt[13],
- Richtlinie 2009/120/EG, die aufgrund des wissenschaftlichen und technischen Fortschritts bei neuartigen Therapien Anhang I der Richtlinie 2001/83/EG angepasst hat[14],
- Richtlinie 2011/62/EU, mit der das Eindringen von gefälschten Arzneimitteln in die legale Lieferkette innerhalb der EU verhindert werden soll[15], sowie
- Richtlinie 2012/26/EU betreffend Pharmakovigilanzpflichten[16].

---

rung und Verteilung von menschlichem Blut und Blutbestandteilen und zur Änderung der Richtlinie 2001/83/EG, ABl. L 33 v. 8.2.2003, S. 30.

[7] Richtlinie 2003/63/EG der Kommission vom 25. Juni 2003 zur Änderung der Richtlinie 2001/83/EG des Europäischen Parlaments und des Rates zur Schaffung eines Gemeinschaftskodexes für Humanarzneimittel, ABl L 159 v. 27.6.2003 S. 46.

[8] Richtlinie 2003/94/EG der Kommission vom 8. Oktober 2003 zur Festlegung der Grundsätze und Leitlinien der Guten Herstellungspraxis für Humanarzneimittel und für zur Anwendung beim Menschen bestimmte Prüfpräparate, ABl. L 262 v. 14.10.2003, S. 22.

[9] Die Richtlinie 1991/412/EWG der Kommission vom 23. Juli 1991 (ABl. L 228 v. 17.8.1991, S. 70) legt die Grundsätze und Leitlinien der Guten Herstellungspraxis für Tierarzneimittel fest. Beide werden konkretisiert durch den EU-GMP-Leitfaden für Human- und Tierarzneimittel, EudraLex – Volume 4 Good manufacturing practice (GMP) Guidelines, abrufbar unter http://ec.europa.eu/health/documents/eudralex/vol-4/.

[10] Richtlinie 2004/24/EG des Europäischen Parlaments und des Rates vom 31. März 2004 zur Änderung der Richtlinie 2001/83/EG zur Schaffung eines Gemeinschaftskodexes für Humanarzneimittel hinsichtlich traditioneller pflanzlicher Arzneimittel, ABl. L 136 v. 30.4.2004, S. 85.

[11] Richtlinie 2004/27/EG des Europäischen Parlaments und des Rates vom 31. März 2004 zur Änderung der Richtlinie 2001/83/EG zur Schaffung eines Gemeinschaftskodexes für Humanarzneimittel ABl. L 136 v. 30.4.2004, S. 34.

[12] Richtlinie 2008/29/EG des Europäischen Parlaments und des Rates vom 11. März 2008 zur Änderung der Richtlinie 2001/83/EG zur Schaffung eines Gemeinschaftskodexes für Humanarzneimittel im Hinblick auf die der Kommission übertragenen Durchführungsbefugnisse, ABl. L 81 v. 20.3.2008, S. 41.

[13] Richtlinie 2009/53/EG des Europäischen Parlaments und des Rates vom 18. Juni 2009 zur Änderung der Richtlinie 2001/82/EG und der Richtlinie 2001/83/EG in Bezug auf Änderungen der Bedingungen für Genehmigungen für das Inverkehrbringen von Arzneimitteln, ABl. L 168 v. 30.6.2009, S. 33.

[14] Richtlinie 2009/120/EG der Kommission vom 14. September 2009 zur Änderung der Richtlinie 2001/83/EG des Europäischen Parlaments und des Rates zur Schaffung eines Gemeinschaftskodexes für Humanarzneimittel im Hinblick auf Arzneimittel für neuartige Therapien, ABl. L 243 v. 15.9.2009, S. 3.

[15] Richtlinie 2011/62/EU des Europäischen Parlaments und des Rates vom 8. Juni 2011 zur Änderung der Richtlinie 2001/83/EG zur Schaffung eines Gemeinschaftskodexes für Humanarzneimittel hinsichtlich der Verhinderung des Eindringens von gefälschten Arzneimitteln in die legale Lieferkette, ABl. L 174 v. 1.7.2011, S. 74.

[16] Richtlinie 2012/26/EU des Europäischen Parlaments und des Rates vom 25. Oktober 2012 zur Änderung der Richtlinie 2001/83/EG hinsichtlich der Pharmakovigilanz (ABl. L 299 v. 27.10.2012, S. 1). Mit dieser Änderungs-Richtlinie werden die Art. 23a, 31, 34, 37, 63, 85a, 107i, 107j, 123 Richtlinie 2001/83/EG geändert. Die Richtlinie ist am 16.11.2012 in Kraft getreten und von den Mitgliedstaaten bis zum 28.10.2013 in nationales Recht umzusetzen (Art. 2 der RL 2012/26/EG).

§ 2 Grundlagen des Arzneimittelrechts

Zudem beinhalten auch die folgenden direkt anwendbaren EU-Verordnungen relevante Vorgaben für Arzneimittel: 4

- die Verordnung (EG) Nr. 141/2001 zu Arzneimitteln für seltene Leiden[17],
- die Verordnung (EG) Nr. 726/2004, mit welcher der derzeitige Rechtsrahmen für die zentrale Zulassung von Arzneimitteln und die Schaffung der Europäischen Arzneimittelbehörde EMA geschaffen wurde[18],
- die Verordnung (EG) Nr. 1901/2006 zu Kinderarzneimitteln[19] sowie die Verordnung (EG) Nr. 1394/2007 über neuartige Therapien[20], welche die Richtlinie 2001/83/EG sowie die Verordnung (EG) Nr. 726/2004 ergänzten und änderten, sowie
- Verordnung (EG) Nr. 469/2009 über das ergänzende Schutzzertifikat für Arzneimittel[21].

Schließlich wird für einzelne Bereiche der rechtliche Rahmen durch Rechtsverordnungen des Bundes vorgegeben, nämlich durch die 5

- Arzneimittelpreisverordnung auf Grundlage des § 78 Abs. 2 AMG, welche die preisgebundenen Arzneimittel und deren gesetzlichen Großhandels- und Apothekenzuschläge bestimmt[22], sowie
- GCP (Good Clinical Practice)-Verordnung, welche auf Basis von § 12 Abs. 1b Nr. 2 und § 42 Abs. 3 AMG[23] erlassen wurde und die Vorgaben für die Durchführung klinischer Prüfungen beinhaltet[24].

---

[17] Verordnung (EG) Nr. 141/2000 des Europäischen Parlaments und des Rates vom 16. Dezember 1999 über Arzneimittel für seltene Leiden, ABl. L 18 vom 22.1.2000, S. 1.

[18] Verordnung (EG) Nr. 726/2004 des Europäischen Parlaments und des Rates vom 31. März 2004 zur Festlegung von Gemeinschaftsverfahren für die Genehmigung und Überwachung von Human- und Tierarzneimitteln und zur Errichtung einer Europäischen Arzneimittel-Agentur, ABl. L 136 vom 30.4.2004, S. 1. Diese Verordnung ersetzte die Verordnung (EWG) Nr. 2309/93, die erstmals die Gemeinschaftsverfahren für die Genehmigung und Überwachung von Human- und Tierarzneimitteln festlegte und die Europäische Arzneimittelagentur EMEA schaffte. Auf Grundlage der Erfahrungen über die Funktionsweise der Zulassungsverfahren hatte es sich als notwendig erwiesen, die Abwicklung der Genehmigungsverfahren für das Inverkehrbringen von Arzneimitteln in der Gemeinschaft zu verbessern und Änderungen an bestimmten verwaltungstechnischen Aspekten der Europäischen Agentur für die Beurteilung von Arzneimitteln vorzunehmen, vgl. Erwägungsgründe 2 u. 3 der Verordnung 726/2004.

[19] Verordnung (EG) Nr. 1901/2006 des Europäischen Parlaments und des Rates vom 12. Dezember 2006 über Kinderarzneimittel und zur Änderung der Verordnung (EWG) Nr. 1768/92, der Richtlinien 2001/20/EG und 2001/83/EG sowie der Verordnung (EG) Nr. 726/2004, ABl. L 378 v. 27.12.2006, S. 1.

[20] Verordnung (EG) Nr. 1394/2007 des Europäischen Parlaments und des Rates vom 13. November 2007 über Arzneimittel für neuartige Therapien und zur Änderung der Richtlinie 2001/83/EG und der Verordnung (EG) Nr. 726/2004, ABl. L 324 v. 10.12.2007, S. 121.

[21] Verordnung (EG) Nr. 469/2009 des Europäischen Parlaments und des Rates vom 6. Mai 2009 über das ergänzende Schutzzertifikat für Arzneimittel, ABl. L 152 v. 16.6.2009, S. 1. Das ergänzende Schutzzertifikat wurde im Jahr 1992 in der EU geschaffen mit der Verordnung (EWG) Nr. 1768/92 des Rates vom 18. Juni 1992, ABl. L 182 v. 2.7.1992, S. 1. Zweck des ergänzenden Schutzzertifikats für Arzneimittel ist die Beseitigung der Unterschiede und Unzulänglichkeiten bei den nationalen Patentsystemen im Bereich der pharmazeutischen Forschung, und insbesondere die Entwicklung von Arzneimitteln in der Europäischen Union (EU) ausreichend zu schützen. Nachdem die Verordnung (EWG) Nr. 1768/92 mehrfach und erheblich geändert wurde, wurde diese kodifiziert mit der Verordnung (EG) Nr. 469/2009 (vgl. dort Erwägungsgrund 1).

[22] Arzneimittelpreisverordnung vom 14. November 1980 (BGBl. I S. 2147), zuletzt geändert durch Art. 1 der Verordnung vom 17. September 2012 (BGBl. I S. 2063).

[23] § 12 Abs. 1b Nr. 2 wurde durch Art. 1 Nr. 10 lit.c a des Gesetzes vom 30. Juli 2004 (BGBl. I S. 2031) eingefügt und § 42 Abs. 3 durch Art. 1 Nr. 28 des Gesetzes vom 30. Juli 2004 (BGBl. I S. 2031) neu gefasst.

[24] GCP-Verordnung vom 9. August 2004 (BGBl. I S. 2081), zuletzt geändert durch Art. 8 des Gesetzes vom 19. Oktober 2012 (BGBl. I S. 2192).

B. Zweck und Funktionen des Arzneimittelrechts

6   Das AMG bezweckt gemäß § 1 *„im Interesse einer ordnungsgemäßen Arzneimittelversorgung von Mensch und Tier für die Sicherheit im Verkehr mit Arzneimitteln, insbesondere für die Qualität, Wirksamkeit und Unbedenklichkeit der Arzneimittel nach Maßgabe der folgenden Vorschriften zu sorgen."*[25] Dieser Zweckbestimmung können die folgenden drei wesentlichen Funktionen des Arzneimittelrechts entnommen werden[26]:

- das **Vorsorgeprinzip**: Das AMG bezweckt primär, *„für die Sicherheit im Verkehr mit Arzneimitteln, insbesondere für die Qualität, Wirksamkeit und Unbedenklichkeit der Arzneimittel (...) zu sorgen."* Hierin kommt das sog. Vorsorgeprinzip zum Ausdruck, mit dem die Gewährleistung der Sicherheit von Arzneimitteln und des Schutzes der Patienten vor möglichen Schädigungen adressiert wird[27].
- das **Versorgungsprinzip**: Die Sicherstellung der *„ordnungsgemäßen Arzneimittelversorgung"* adressiert zum einen das Versorgungsprinzip, das die Heilung von Krankheiten sowie die Linderung von Leiden durch die Versorgung des Patienten mit in Bezug auf Wirksamkeit und Qualität geeigneten Arzneimitteln erfasst[28].
- das **Forschungsprinzip**: Die Sicherstellung einer *„ordnungsgemäßen Arzneimittelversorgung"* bezieht sich aber nicht nur auf bestehende Therapien, sondern auch auf neue Therapien zu bislang noch nicht heilbaren Erkrankungen. § 1 AMG adressiert somit auch das sog. Forschungsprinzip, das in den §§ 40 ff. AMG verankert ist und mit dem Erfordernis der Durchführung klinischer Prüfungen der Feststellung von Wirksamkeit und Sicherheit von Arzneimitteln dient[29].

C. Der Arzneimittelbegriff und dessen Bedeutung im AMG

7   Ob ein Erzeugnis als Arzneimittel einzustufen ist oder doch einer anderen Produktkategorie zuzuordnen ist, ist von zentraler Bedeutung: Diese Statuszuordnung entscheidet darüber, ob für dieses Erzeugnis der Anwendungsbereich des AMG eröffnet ist, und

---

[25] § 1 AMG hat lediglich deklaratorischen Charakter und enthält keine selbständige Anspruchsgrundlage. Insbesondere können aus § 1 keine Ansprüche gegen den Staat, zB auf Leistung einer staatlichen Garantie für die Sicherheit des Arzneimittelverkehrs hergeleitet werden.

[26] Vgl. *Dieners/Heil*, in Dieners/Reese (Hrsg.), Hdb PharmaR, § 1 Rn. 10 ff.; *Rehmann*, AMG, § 1 Rn. 1; *Heßhaus* in Spickhoff (Hrsg.), Medizinrecht, 10. AMG, § 1 Rn. 1.

[27] Auf diesem Gedanken basieren zB die Regelungen der §§ 5, 6a AMG mit dem Verbot, bedenkliche Arzneimittel sowie Arzneimittel zu Dopingzwecken im Sport in den Verkehr zu bringen, die Verbote zum Schutz vor Täuschungen des § 8 AMG, die §§ 13 ff. AMG mit dem Erfordernis einer Herstellungserlaubnis für die Einhaltung der Good Manufacturing Practice (GMP) als international anerkannten Prinzipien für die Herstellung von Arzneimitteln, sowie die Pharmakovigilanzregelungen der §§ 64 ff. AMG betreffend die fortlaufenden und systematischen Überwachung der Sicherheit eines Arzneimittels zur Entdeckung und Beurteilung unerwünschter Arzneimittelwirkungen sowie zur Durchführung von Risikominimierungsmaßnahmen. S. auch *Dieners/Heil,* in Dieners/Reese (Hrsg.), Hdb PharmaR, § 1 Rn. 12.

[28] Dieses Prinzip ist insbesondere in den §§ 43 ff. AMG gesetzlich verankert, wonach für Arzneimittel grundsätzlich die Apothekenpflicht gilt und die Versorgung mit Arzneimitteln über die Apotheken sichergestellt wird (vgl. § 1 Abs. 1 S. 2 ApBetrO). S. auch *Dieners/Heil* in Dieners/Reese (Hrsg.), Hdb PharmaR, § 1 Rn. 11.

[29] Damit wird das Vorsorgeprinzip bereits bei der Forschung widergespiegelt. Gleichzeitig wird hiermit auch die Förderung klinischer Prüfungen sichergestellt, da das Arzneimittelrecht auch die Entwicklung von neuen Arzneimitteln zur Heilung oder Linderung von Beschwerden neuer Erkrankungen oder in Bezug auf bestehende Arzneimittel deren stetige Rezepturverbesserung zum Ziel hat. S. auch *Dieners/Heil* in Dieners/Reese (Hrsg.), Hdb PharmaR, § 1 Rn. 13.

damit, welche Anforderungen insbesondere im Hinblick auf die Erforschung, die Herstellung, den Marktzutritt, den Vertrieb inklusive der Kennzeichnung, die Produkthaftung, die Bewerbung und die Preisfestsetzung gelten.

Der Arzneimittelbegriff ist legaldefiniert in § 2 AMG. Arzneimittel sind hiernach alle Stoffe und Zubereitungen aus Stoffen, die entweder dem Arzneimittelbegriff des § 2 Abs. 1 AMG zuzuordnen sind (1.) oder als Arzneimittel gelten gemäß § 2 Abs. 2 u. Abs. 4 AMG (sog. Geltungs- oder Fiktivarzneimittel) (2.). Die Arzneimittel sind aber von zahlreichen Stoffen sowie Produkten abzugrenzen, auf die das AMG keine Anwendung findet (3.). 8

I. Arzneimittelbegriff

Arzneimittel sind nach der Legaldefinition des § 2 Abs. 1 AMG alle **Stoffe oder Zubereitungen aus Stoffen,** 9
- die zur Anwendung im oder am menschlichen oder tierischen Körper bestimmt sind und als Mittel mit Eigenschaften zur Heilung oder Linderung oder zur Verhütung menschlicher oder tierischer Krankheiten oder krankhafter Beschwerden bestimmt sind (Nr. 1, sog. **Präsentationsarzneimittel**) oder
- die im oder am menschlichen oder tierischen Körper angewendet oder einem Menschen oder einem Tier verabreicht werden können (Nr. 2), um entweder
  a) die physiologischen Funktionen durch eine pharmakologische, immunologische oder metabolische Wirkung wiederherzustellen, zu korrigieren oder zu beeinflussen (sog. **Funktionsarzneimittel**) oder
  b) eine medizinische Diagnose zu erstellen (sog. **Diagnostika**[30]).

1. Stoffe und Zubereitungen aus Stoffen

Arzneimittel können hiernach also nur „Stoffe oder Zubereitungen aus Stoffen" sein. Der Stoffbegriff ist definiert in § 3 AMG und umfasst: 10
- chemische Elemente und chemische Verbindungen sowie deren natürlich vorkommenden Gemische und Lösungen (Nr. 1),
- Pflanzen, Pflanzenteile, Pflanzenbestandteile, Algen, Pilze und Flechten in bearbeitetem oder unbearbeitetem Zustand (Nr. 2),
- Tierkörper, auch lebender Tiere, sowie Körperteile, -bestandteile und Stoffwechselprodukte von Mensch oder Tier in bearbeitetem oder unbearbeitetem Zustand (Nr. 3), sowie
- Mikroorganismen einschließlich Viren sowie deren Bestandteile oder Stoffwechselprodukte (Nr. 4).

Der Begriff „Zubereitungen" ist zwar nicht definiert. Eine Zubereitung von Stoffen ist aber gegeben bei der Verarbeitung mehrerer Stoffe durch ihr Verbinden, Vermischen, Filtern oder sonstiger Verarbeitungsvorgänge[31]. 11

2. Präsentationsarzneimittel

Mit der Regelung des § 2 Abs. 1 Nr. 1 AMG werden die sog. **Präsentationsarzneimittel** definiert. Dies sind solche Arzneimittel, die – unabhängig von ihrer tatsächlichen Wirkungsweise – allein aufgrund ihrer vom pharmazeutischen Unternehmer bestimmten Aufmachung, äußeren Gestaltung oder Präsentation als Arzneimittel qualifiziert werden, 12

---
[30] Vgl. *Dieners/Heil* in Dieners/Reese (Hrsg.), Hdb PharmaR, § 1 Rn. 82 f. u. 90; *Rehmann*, AMG, § 2 Rn. 3.
[31] S. *Rehmann*, AMG, § 2 Rn. 8.

um sie damit dem Regime des AMG zu unterstellen[32]. Dabei gelten folgende Begriffsbestimmungen:

- Als **Krankheit** ist *„jede, also auch eine nur unerhebliche oder vorübergehende Störung der normalen Beschaffenheit oder der normalen Tätigkeit des Körpers, die geheilt, dh beseitigt oder gelindert werden kann"* zu verstehen[33]. Erscheinungen oder Funktionsschwankungen, denen jeder Körper ausgesetzt ist und die seiner Natur oder dem natürlichen Auf und Ab der Leistungsfähigkeit entsprechen, werden damit nicht erfasst[34].
- Dem Begriff der **krankhaften Beschwerden** kommt neben dem Krankheitsbegriff keine eigenständige Bedeutung zu, so dass solche Beschwerden sich ohne weiteres unter den Krankheitsbegriff subsumieren lassen[35].
- Die **Heilung** einer Krankheit meint deren Beseitigung, deren **Linderung** die Verminderung der durch die Krankheit hervorgerufenen objektiven oder subjektiven Beschwerden. Damit werden alle Erzeugnisse mit einer therapeutischen Zweckbestimmung zum Zwecke der Beseitigung oder Verminderung der Beschwerden erfasst. Das **Verhüten** einer Krankheit erfasst alle Maßnahmen der Krankheitsvorbeugung, wie zB durch Impfung[36].

3. Funktionsarzneimittel (Absatz 1 Nr. 2 (a))

13 § 2 Abs. 1 Nr. 2a) AMG bestimmt die Erzeugnisse, die aufgrund ihrer **objektiven Funktion** her als Arzneimittel zu qualifizieren sind, sofern diese dazu eingesetzt oder angewendet werden, um die physiologischen Funktionen wiederherzustellen, zu korrigieren oder zu beeinflussen. Es geht mithin darum, die ursprünglichen physiologischen Funktionen des menschlichen Körpers, die durch die Krankheit beeinträchtigt wurden, derart zu behandeln, dass diese möglichst wieder in ihren ursprünglichen Zustand zurückversetzt werden[37].

14 Der Erfolg der Anwendung oder Behandlung durch das Erzeugnis muss nach dem Wortlaut des § 2 Abs. 1 Nr. 2 lit. a AMG durch eine **pharmakologische, metabolische oder immunologische Wirkung** herbeigeführt werden. Wie diese Begriffe auszulegen sind, ist umstritten, zumal diese weder im europäischen noch im deutschen Recht definiert werden[38]. Definitionen dieser Begriffe finden sich aber in den von der *Europäischen Kommission* erlassenen sog. Borderline-Leitlinien[39], die in Zusammenarbeit mit den Behördenvertretern der Mitgliedstaaten, den Benannten Stellen, der Industrie und anderen interessierten Kreisen aus dem Medizinproduktesektor erstellt wurden. Der *EuGH* hat

---

[32] *Heßhaus* in Spickhoff (Hrsg.), Medizinrecht, 10. AMG, § 2 Rn. 4; *Dieners/Heil* in Dieners/Reese (Hrsg.), Hdb PharmaR, § 1 Rn. 83.
[33] BGH DAZ 1958, 500.
[34] Vgl. BVerwG DAZ 1973, 1363 – Dentinox; s. auch *Rehmann*, AMG, § 2 Rn. 12.
[35] Vgl. *Heßhaus* in Spickhoff (Hrsg.), Medizinrecht, 10. AMG, § 2 Rn. 5; *Rehmann*, AMG, § 2 Rn. 15.
[36] S. insgesamt hierzu *Rehmann*, AMG, § 2 Rn. 16.
[37] Vgl. *Heßhaus* in Spickhoff (Hrsg.), Medizinrecht, 10. AMG, § 2 Rn. 10 ff.; *Rehmann*, AMG, § 2 Rn. 3.
[38] Vgl. *Dieners/Heil* in Dieners/Reese (Hrsg.), Hdb PharmaR, § 1 Rn. 84 ff.
[39] *European Commission*, DG Enterprise and Industry, Directorate F, Unit F3, Cosmetics and medical devices: Guidance Document on the Demarcation between the Cosmetic Products Directive 76/768 and the Medicinal Products Directive 2001/83/EC as agreed between the Commission Services and the Competent Authorities of Member States, sowie Medical devices: Guidance document – Borderline products, drug-delivery products and medical devices incorporating, as an integral part, an ancillary medicinal substance or an ancillary human blood derivative, abrufbar unter http://ec.europa.eu/consumers/sectors/cosmetics/cosmetic-products/borderline-products/.

nunmehr in Bezug auf die Definition des Begriffs „pharmakologische Wirkung" mit Urteil vom 6.9.2012 entschieden, dass hierfür die Definition dieses Begriffs in der entsprechenden Borderline-Leitlinie (hier der Leitlinie zur Abgrenzung der Kosmetikmittelrichtlinie von der Arzneimittelrichtlinie) berücksichtigt werden kann[40]. Auf Basis dieser Leitlinien der *EU Kommission*, welche insoweit identische Definitionen enthalten, ergeben sich die folgenden Begriffsverständnisse:

- **pharmakologische Wirkung** ist eine Wechselwirkung zwischen den Molekülen der in Frage kommenden Substanzen und einem Zellbestandteil, in der Regel als Rezeptor bezeichnet, die entweder in einer direkten Reaktion resultiert oder welche die Reaktion des anderen Wirkstoffs blockiert[41]. Auch wenn dies kein vollständig verlässliches Kriterium ist, so indiziert das Vorhandensein einer Dosis-Wirkungs-Beziehung einen pharmakologischen Effekt;
- **immunologische Wirkung** ist eine Aktivität in oder am menschlichen Körper infolge einer Stimulierung und/oder Mobilisierung von Zellen und/oder Produkten, die in einer spezifischen Immunreaktion beteiligt sind[42]; und
- **metabolische Wirkung** ist eine Aktivität, die mit einer Veränderung verbunden ist, einschließlich des Beendens, Beginnens oder Veränderns der Geschwindigkeit der normalen chemischen Prozesse, die in der normalen Körperfunktion beteiligt sind oder dafür zur Verfügung stehen. Die Tatsache, dass ein Produkt *von* dem menschlichen Körper metabolisiert wird, bedeutet nicht notwendigerweise, dass die Substanz, die in dem Produkt enthalten ist, auch eine metabolische Wirkung *auf* den Körper hat[43].

4. Diagnostika (Absatz 1 Nr. 2 (b))

Mit der Regelung in Absatz 1 Nr. 2b) werden sog. **Diagnostika** als Arzneimittel erfasst, dh alle Mittel, die zu dem Zweck angewendet oder verabreicht werden, Eigenschaften und Funktionen des Körpers oder der seelischen Zustände erkennbar zu machen. Nicht erfasst werden somit in-vitro Diagnostika, mit denen Analysen im Labor und damit außerhalb des menschlichen Körpers angewendet werden. Hierunter fallen zB Röntgenkontrastmittel oder radioaktiv markierte Stoffe[44].

5. Objektive Zweckbestimmung und Wirkung

Ist fraglich, ob ein Stoff oder eine Zubereitung aus Stoffen als Arzneimittel einzustufen ist, ist die **Zweckbestimmung** entscheidend. Mit der 15. AMG-Novelle, die am 23.7.2009 in Kraft getreten ist[45], hat der Gesetzgeber die Legaldefinition des § 2 Abs. 1 AMG geändert und nahezu wortgetreu die europäische Arzneimitteldefinition des Art. 1 (2)

---

[40] EuGH Urteil vom 6.9.2012 – C-308/11 (Chemische Fabrik Kreussler vs. Sunstar), abrufbar unter curia.europa.eu. S. hierzu u. → § 5 Rn. 21.
[41] *Pharmacological Action:* „interaction between the molecules of the substance in question and a cellular constituent, usually referred to as a receptor, which either results in a direct response, or which blocks the response to another agent. Although not a completely reliable criterion, the presence of a dose-response correlation is indicative of a pharmacological effect".
[42] *Immunological Action:* „action in or on the body by stimulation and/or mobilisation of cells and/or products involved in a specific immune reaction".
[43] *Metabolic action:* „action which involves an alteration, including stopping, starting or changing the speed of the normal chemical processes participating in, and available for, normal body function. The fact that a product is metabolised *by* the human body does not necessarily mean that the substance contained in the product has a metabolic action *upon* the body".
[44] Vgl. *Rehmann* AMG, § 2 Rn. 17.
[45] Gesetz zur Änderung arzneimittelrechtlicher und anderer Vorschriften (sog. 15. AMG-Novelle) vom 17.7.2009 (BGBl. I S. 1990, 3578).

Richtlinie 2001/83/EG übernommen[46]. Damit hat nun auch der deutsche Gesetzgeber endgültig Klarheit geschaffen, dass es auf die objektive Zweckbestimmung ankommt und nicht auf die subjektive Zweckbestimmung, die der jeweilige Hersteller oder pharmazeutische Unternehmer seinem Produkt beimisst[47]: Es ist nämlich entscheidend, ob das Erzeugnis angewendet oder verabreicht wird, um die physiologischen Funktionen **„durch eine pharmakologische, immunologische oder metabolische Wirkung** wiederherzustellen, zu korrigieren oder zu beeinflussen". Weist daher ein Erzeugnis derartige objektive Eigenschaften auf, ist es als Arzneimittel einzustufen.

II. Geltungsarzneimittel

17 Gemäß § 2 Abs. 2 AMG gelten zahlreiche Gegenstände oder Erzeugnisse als Arzneimittel. Mithin kommt es bei diesen Erzeugnissen nicht darauf an, ob diese die Tatbestandsvoraussetzungen des Arzneimittelbegriffs erfüllen oder nicht – sie gelten per Gesetz als Arzneimittel, auf welche die Vorschriften des AMG somit Anwendung finden[48].

- Auf Humanarzneimittel bezieht sich lediglich die Nr. 1, nämlich auf Gegenstände, die ein Arzneimittel enthalten oder auf die ein Arzneimittel aufgebracht ist und die dazu bestimmt sind, dauernd oder vorübergehend mit dem Körper in Berührung gebracht zu werden, wobei die bestimmungsgemäße Hauptwirkung durch den Arzneimittelbestandteil hervorgerufen werden muss. Hierunter fallen insbesondere sog. Kombinationsprodukte, bei denen das Arzneimittel mit dem Medizinprodukte fest miteinander verbunden sind[49].
- Die Nrn. 1a, 2, 3 und 4 von § 2 Abs. 2 AMG umfassen Erzeugnisse und Gegenstände, die für die Anwendung bei Tieren bestimmt sind, nämlich
  - bestimmte tierärztliche Instrumente (Nr. 1a[50]),
  - Gegenstände, die, ohne Gegenstände nach Nummer 1 oder 1a zu sein, dazu bestimmt sind, zu therapeutischen Zwecken in den tierischen Körper dauernd oder vorübergehend eingebracht zu werden (Nr. 2),
  - Verbandstoffe und chirurgische Nahtmaterialien, soweit sie zur Anwendung am oder im tierischen Körper bestimmt und nicht unter die Nrn. 1, 1a oder 2 fallen (Nr. 3), sowie
  - bestimmte Stoffe und Zubereitungen aus Stoffen, die dazu bestimmt sind, ohne am oder im tierischen Körper angewendet zu werden, die Beschaffenheit, den Zustand

---

[46] Die Legaldefinition des Art. 1 Abs. 2 RL 2001/83/EG für den Begriff „Arzneimittel" wurde mit Art. 1 Abs. 1 lit. b RL 2004/27/EG in die jetzige Fassung geändert und lautet: „a) Alle Stoffe oder Stoffzusammensetzungen, die als Mittel mit Eigenschaften zur Heilung oder zur Verhütung menschlicher Krankheiten bestimmt sind, oder b) alle Stoffe oder Stoffzusammensetzungen, die im oder am menschlichen Körper verwendet oder einem Menschen verabreicht werden können, um entweder die menschlichen physiologischen Funktionen durch eine pharmakologische, immunologische oder metabolische Wirkung wiederherzustellen, zu korrigieren oder zu beeinflussen oder eine medizinische Diagnose zu erstellen."
[47] So bereits zum früheren Arzneimittelbegriff BGH Urteil vom 30.3.2006, WRP 2006, 736; Urteil vom 11.7.2002, PharmR 2002, 400 f. – Muskelaufbaupräparate; Urteil vom 10.2.2000, PharmR 2000, 184; so auch *Kloesel/Cyran*, AMG, A 1.0, § 2 Anm. 1 f.; *Rehmann*, AMG, § 2 Rn. 2.
[48] Ausführlich zu den einzelnen Tatbeständen *Doepner/Hüttebräuker* in Dieners/Reese (Hrsg.), Hdb PharmaR, § 3 Rn. 94 ff.; *Rehmann*, AMG, Rn. 21 ff.
[49] Dies ist zB bei transdermalen Pflastern, die ein Arzneimittel enthalten oder damit beschichtet sind, bei Inhalationspräparate (wie zB Nasensprays) sowie bei Fertigspritzen der Fall. Dient demgegenüber das Arzneimittel lediglich der Unterstützung der vom Medizinprodukt selbst ausgehenden Wirkung, so ist das Kombinationspräparat insgesamt als Medizinprodukt zu qualifizieren.
[50] Nämlich nur, soweit sie zur einmaligen Anwendung bestimmt sind und aus der Kennzeichnung hervorgeht, dass sie einem Verfahren zur Verminderung der Keimzahl unterzogen worden sind.

oder die Funktion des tierischen Körpers erkennen zu lassen oder der Erkennung von Krankheitserregern bei Tieren zu dienen (Nr. 4).

Ferner bestimmt § 2 Abs. 4 S. 1 AMG zu Zwecken der **Rechtssicherheit,** dass ein Mittel als Arzneimittel gilt, solange es nach dem AMG *„als Arzneimittel zugelassen oder registriert oder durch Rechtsverordnung von der Zulassung oder Registrierung freigestellt ist".* Diese Bindungswirkung für zugelassene oder registrierte Arzneimittel gilt unabhängig davon, ob das Produkte tatsächlich die Eigenschaften aufweist, um nach § 2 Abs. 1 AMG als Arzneimittel eingestuft zu werden. Eine entsprechende Entscheidung der Zulassungsbehörde ist verbindlich und von anderen Behörden bei allen Entscheidungen zugrunde zu legen. Deren Bindungswirkung endet mit Widerruf oder Rücknahme, nicht aber mit dem Ruhen der Zulassung. Eine entsprechende Bindungswirkung gilt auch für den umgekehrten Fall, dass die zuständige Bundesoberbehörde die Zulassung oder Registrierung eines Mittels mit der Begründung abgelehnt hat, dass es sich um kein Arzneimittel handeln würde – in diesem Fall gilt es dann nicht als Arzneimittel (Abs. 4 S. 2[51]). 18

III. Abgrenzung des Arzneimittels zu anderen Produktkategorien

In der Regelung des § 2 Abs. 3 AMG wird die erforderliche Abgrenzung des Arzneimittels zu anderen Produktgruppen vorgenommen, und damit gleichzeitig die Anwendbarkeit der entsprechenden Produktgesetze anstelle des AMG. Im Wesentlichen ist das Arzneimittel von folgenden Produktkategorien abzugrenzen, die nicht Arzneimittel sind: 19

1. Lebensmittel

Gemäß § 2 Abs. 3 Nr. 1 AMG sind die Lebensmittel von den Arzneimitteln abzugrenzen. Nach der nunmehr geltenden Definition gemäß § 2 Abs. 2 LFGB iVm Art. 2 UAbs. 1 VO 178/2002 (sog. Lebensmittel-Basis-Verordnung[52]) sind **Lebensmittel** *„alle Stoffe oder Erzeugnisse, die dazu bestimmt sind oder von denen nach vernünftigem Ermessen erwartet werden kann, dass sie in verarbeitetem, teilweise verarbeitetem oder unverarbeitetem Zustand von Menschen **aufgenommen** werden".* Nicht zu den Lebensmitteln gehören nach Art. 2 UAbs. 3 lit. d VO 178/08 ausdrücklich die Arzneimittel. Obwohl entgegen der früheren Gesetzesbestimmung der Ernährungszweck nicht mehr Gegenstand der Lebensmitteldefinition ist, so ist nach zutreffender Ansicht bei der Abgrenzung zwischen Arzneimittel und Lebensmittel nach wie vor im Hinblick auf die objektive Zweckbestimmung eines Erzeugnisses oder Gegenstands entscheidend, ob dies überwiegend zu **Ernährungszwecken** oder zu einem überwiegenden **therapeutischen Zweck** im Sinne des § 2 Abs. 1 AMG eingenommen, verabreicht oder angewendet wird[53]. 20

Wie bereits dargestellt, werden mit der Begriffsbestimmung des § 2 Abs. 1 Nr. 1 AMG die sog. Präsentationsarzneimittel erfasst. Dies bedeutet gleichzeitig, dass Erzeugnisse, die aufgrund ihrer objektiven Wirkweise und Zweckbestimmung als Lebensmittel einzustufen 21

---

[51] Vgl. insgesamt zur Regelung des § 2 Abs. 4 AMG *Heßhaus* in Spickhoff (Hrsg.), Medizinrecht, 10. AMG, § 2 Rn. 21; *Kloesel/Cyran,* AMG, A 1.0, § 2 Anm. 167; *Rehmann,* AMG, § 2 Rn. 36.
[52] Verordnung (EG) Nr. 178/2002 des Europäischen Parlaments und des Rates vom 28. Januar 2002 zur Festlegung der allgemeinen Grundsätze und Anforderungen des Lebensmittelrechts, zur Errichtung der Europäischen Behörde für Lebensmittelsicherheit und zur Festlegung von Verfahren zur Lebensmittelsicherheit, ABl. L 31 v. 1.2.2002, S. 1. Zum vorherigen europäischen Begriffsverständnis vgl. Art 1 RL 76/768/EWG des Rates vom 27. Juli 1976 zur Angleichung der Rechtsvorschriften der Mitgliedstaaten über kosmetische Mittel, ABl. L 262 v. 27.9.1976, S. 169.
[53] Vgl. *Dieners/Heil* in Dieners/Reese (Hrsg.), Hdb PharmaR, § 1 Rn. 96 ff.; *Rehmann,* AMG, § 2 Rn. 6, 29; *Heßhaus* in Spickhoff (Hrsg.), Medizinrecht, 10. AMG, § 2 Rn. 18.

wären – hierunter fallen auch Nahrungsergänzungsmittel oder diätetische Lebensmittel -, allerdings aufgrund ihrer Aufmachung unter die Begriffsbestimmung des Präsentationsarzneimittels fallen, als solche auch einzustufen sind[54].

2. Kosmetische Mittel

22   Kosmetische Mittel (Nr. 2) sind gemäß der Legaldefinition des § 2 Abs. 5 LFGB alle Stoffe und Gemische aus Stoffen, die ausschließlich oder überwiegend dazu bestimmt sind, äußerlich am Körper des Menschen oder in seiner Mundhöhle zur Reinigung, zum Schutz, zur Erhaltung eines guten Zustandes, zur Parfümierung, zur Veränderung des Aussehens oder dazu angewendet zu werden, den Körpergeruch zu beeinflussen. Sind die Mittel aber überwiegend dazu bestimmt, Krankheiten zu behandeln, so sind diese als Arzneimittel einzustufen[55]. Entscheidend ist der objektive Gesamteindruck und die insofern bestehende Verkehrsanschauung[56]. Ferner gelten Stoffe oder Gemische aus Stoffen, die zur Beeinflussung der Körperformen bestimmt sind, ausdrücklich nicht als kosmetische Mittel[57].

3. Tabakerzeugnisse

23   Ferner sind **Tabakerzeugnisse** im Sinne des § 3 des Vorläufigen Tabakgesetzes[58] keine Arzneimittel gemäß § 2 Abs. 3 Nr. 3 AMG. Dies sind aus Rohtabak oder unter Verwendung von Rohtabak hergestellte Erzeugnisse sowie alle diesen Erzeugnissen ähnliche Waren, die zum Rauchen, Kauen oder anderweitigen oralen Gebrauch oder zum Schnupfen bestimmt sind. Allerdings gelten Erzeugnisse zur Linderung von Asthmabeschwerden ausdrücklich nicht als Tabakerzeugnisse, sondern sind damit als Arzneimittel einzustufen.

24   Umstritten ist, wie die sog. **E-Zigarette** (elektrische oder elektronische Zigarette) einzustufen ist, bei der verdampfte Flüssigkeit (sog. Liquid) anstelle von Zigarettenrauch inhaliert wird. Zwar ähnelt der Dampf in Konsistenz und sensorischer Wirkung dem Tabakrauch, allerdings erfolgt hier keine Verbrennung. Das Liquid, bestehend aus Propylenglykol, Glycerin, künstlichen Lebensmittelaromen und Wasser, wird teilweise auch Nikotin hinzugefügt. Das *OVG NRW* hat die sog. E-Zigarette zu Recht nicht als Arzneimittel eingestuft, da die objektive Zweckbestimmung nicht der Anwendung im menschlichen Körper zu arzneilichen Zwecken dient: Weder steht die Entwöhnung vom Nikotinkonsum noch die Linderung einer Nikotinabhängigkeit im Vordergrund, noch hat die E-Zigarette nebst Zubehör – auch wenn das darin enthaltene nikotinhaltige Liquid pharmakologisch wirkt – keine für ein Arzneimittel erforderliche therapeutische oder prophylaktische Zweckbestimmung. Die E-Zigarette dient allein dazu, das Verlangen des Verwender nach Nikotin zu befriedigen[59].

---

[54] So auch *Dieners/Heil* in Dieners/Reese (Hrsg.), Hdb PharmaR, § 1 Rn. 99; *Rehmann*, AMG, § 2 Rn. 6.

[55] Dies ist zB bei Haarwuchsmitteln oder Cremes gegen Akne der Fall. Vgl. *Rehmann*, AMG, § 2 Rn. 30.

[56] Vgl. *Doepner/Hüttebräuker* in Dieners/Reese (Hrsg.), Hdb PharmaR, § 3 Rn. 81; *Rehmann*, AMG, § 2 Rn. 30; Burgard, PharmR 1981, 276.

[57] Dementsprechend sind nach der Nr. 4 auch Tierkosmetika keine Arzneimittel, sofern sie aufgrund ihrer objektiven Zweckbestimmung vorwiegend zur Reinigung und Pflege eingesetzt werden. Vgl. OVG NRW PharmR 2005, 331 f. – Pferdesalbe; *Rehmann*, AMG, § 2 Rn. 32.

[58] Vorläufiges Tabakgesetz idFd Bek v. 9. September 1997 (BGBl. I S. 2296), geändert durch Art. 1 des Gesetzes v. 22. Mai 2013 (BGBl. I S. 1318).

[59] OVG NRW Beschluss vom 23.4.2012 – 13 B 127/12.

4. Biozid-Produkte

Biozid-Produkte sind nach Nr. 5 ebenfalls keine Arzneimittel. Gemäß der in § 3b ChemG enthaltenen Definition muss es sich dabei zunächst um einen **Biozid-Wirkstoff** oder ein Gemisch, das einen oder mehrere Biozid-Wirkstoffe enthält, handeln. Biozid-Wirkstoffe sind dabei Stoffe mit allgemeiner oder spezifischer Wirkung auf oder gegen Schadorganismen, die zur Verwendung als Wirkstoff in Biozid-Produkten bestimmt sind; als derartige Stoffe gelten auch Mikroorganismen einschließlich Viren oder Pilze mit entsprechender Wirkung und Zweckbestimmung.

Ein Biozid muss dazu bestimmt sein, auf chemischem oder biologischem Wege **Schadorganismen** zu zerstören, abzuschrecken, unschädlich zu machen, Schädigungen durch sie zu verhindern oder sie in anderer Weise zu bekämpfen. Schließlich muss dies einer **Produktart** zugehören, die in Anhang V der Richtlinie 98/8/EG[60] aufgeführt ist, und dürfen auch nicht einem der dort in Artikel 1 Abs. 2 aufgeführten Ausnahmebereiche unterfallen. Als derartige Biozid-Produkte können beispielhaft Milbensprays oder sonstige Schädlingsbekämpfungsmittel genannt werden.

5. Medizinprodukte und Zubehör für Medizinprodukte

Ferner sind nach § 2 Abs. 3 Nr. 7 AMG die Arzneimittel abzugrenzen von **Medizinprodukten** und **Zubehör für Medizinprodukte**, für die das Medizinproduktegesetz (MPG) gilt[61]. Medizinprodukte sind nach der Begriffsdefinition § 3 Abs. 1 MPG alle

- einzeln oder miteinander verbunden verwendeten Instrumente, Apparate, Vorrichtungen, Stoffe und Zubereitungen aus Stoffen oder andere Gegenstände einschließlich der für ein einwandfreies Funktionieren des Medizinproduktes eingesetzten Software,
- die vom Hersteller zur Anwendung für Menschen mittels ihrer Funktionen zu einem bestimmten therapeutischen Zweck zu dienen bestimmt sind[62], und
- deren bestimmungsgemäße Hauptwirkung im oder am menschlichen Körper weder durch pharmakologisch oder immunologisch wirkende Mittel noch durch Metabolismus erreicht wird, deren Wirkungsweise aber durch solche Mittel unterstützt werden kann.

Demgemäß unterscheiden sich Arzneimittel und Medizinprodukte nicht durch ihre Zweckbestimmung, sondern durch die **bestimmungsgemäße Hauptwirkung** des Erzeugnisses: bei einem Arzneimittel wird diese durch eine pharmakologische, metabolische oder immunologische Wirkung erzielt, bei einem Medizinprodukt hingegen nicht auf eine solche Weise, sondern zumeist auf mechanisch-physikalischer Art. Wie bereits oben dargestellt, kann bzgl. der Begriffsbestimmungen auf die sog. Borderline-Leitlinien der *Europäischen Kommission* zurückgegriffen werden[63]. Ferner sollen nach dem *BGH* bei der im jeweiligen Einzelfall zu treffenden Entscheidung, ob ein Erzeugnis ein (Funktions-)Arzneimittel oder ein Medizinprodukt ist, neben seinen unmittelbaren Wirkungen auch dessen mittelbaren Wirkungen[64] zu berücksichtigen sein: sofern diese auf immunologischem, metabolischem oder pharmakologischem Gebiet liegen, führen diese zu seiner Einordnung

---

[60] Richtlinie 98/8/EG des Europäischen Parlaments und des Rates vom 16. Februar 1998 über das Inverkehrbringen von Biozid-Produkten, ABl. L 123 v. 24.4.1998, S. 1.
[61] S. hierzu → § 5 Rn. 17 ff.
[62] Dies sind (a) Erkennung, Verhütung, Überwachung, Behandlung oder Linderung von Krankheiten, (b) Erkennung, Überwachung, oder Behandlung, Linderung oder Kompensierung von Verletzungen oder Behinderungen, (c) Untersuchung, Ersetzung oder Veränderung des anatomischen Aufbaus oder eines physiologischen Vorgangs oder (d) Empfängnisregelung.
[63] S. o. → § 2 Rn. 14.
[64] Diese wurden im Urteil als „*Neben- und Folgewirkungen*" bezeichnet. Der Begriff „*Nebenwirkung*" ist legaldefiniert in § 4 Abs. 13 AMG und meint die beim bestimmungsgemäßen Gebrauch

als Arzneimittel[65]. Steht hingegen fest, dass ein Mittel seine bestimmungsgemäße Hauptwirkung auf osmotischem und physikalischem Weg erreicht, so ist dies ein Medizinprodukt und nicht ein Arzneimittel[66].

29 Die für die Abgrenzung von Arzneimittel und Medizinprodukt im 2. Halbsatz von § 2 Abs. 3 Nr. 7 AMG enthaltene **Zweifelsfallregelung** (*„es sei denn, es handelt sich um Arzneimittel im Sinne des § 2 Abs. 1 Nr. 2 AMG"*) besagt nur, dass dann, wenn das Erzeugnis sowohl unter die Begriffsbestimmung als Medizinprodukt bzw. Zubehör für Medizinprodukt und als Arzneimittel im Sinnes des § 2 Abs. 1 Nr. 2 AMG fällt, das Erzeugnis sodann als Arzneimittel einzustufen ist[67].

6. Menschliche Organe

30 Schließlich sind gemäß Nr. 8 des § 2 Abs. 3 AMG **menschliche Organe** im Sinne des § 1a Nr. 1 des Transplantationsgesetzes[68] keine Arzneimittel, sofern sie zur Übertragung auf menschliche Empfänger bestimmt sind. Der Organbegriff umfasst alle aus verschiedenen Geweben bestehenden, differenzierten Teile des menschlichen Körpers, die in Bezug auf Struktur, Blutgefäßversorgung und Fähigkeit zum Vollzug physiologischer Funktionen eine funktionale Einheit bilden, einschließlich der Organteile und einzelnen Gewebe eines Organs, die unter Aufrechterhaltung der Anforderungen an Struktur und Blutgefäßversorgung zum gleichen Zweck wie das ganze Organ im menschlichen Körper verwendet werden können.

31 Damit unterfallen aber **Organteile** und **einzelne Gewebe** eines Organs, die nicht zum gleichen Zweck wie das ganze Organ im menschlichen Körper verwendet werden können, nicht dem Transplantationsgesetz, sondern als Arzneimittel dem AMG – wie zB Knochen- und Hautpräparationen, Herzklappen und Gefäße. Ausgenommen werden ferner die menschliche Haut – damit auch die Augenhornhaut – und solche Gewebe, die zur Herstellung von Arzneimitteln für neuartige Therapien im Sinne des § 4 Abs. 9 AMG bestimmt sind. Diese unterfallen damit nicht dem Organbegriff, selbst wenn sie medizinisch als Organ angesehen werden, sondern sind als Arzneimittel anzusehen bei entsprechender arzneilicher Zweckbestimmung[69].

IV. Zweifelsfallregelung des § 2 Abs. 3a AMG

32 Nach § 2 Abs. 3a AMG sind Arzneimittel auch *„Erzeugnisse, die Stoffe oder Zubereitungen aus Stoffen sind oder enthalten, die unter Berücksichtigung aller Eigenschaften des Erzeugnisses unter eine Begriffsbestimmung des Absatzes 1 fallen und zugleich unter die Begriffsbestimmung eines Erzeugnisses nach Absatz 3 fallen können"*. Diese **Zweifelsfallregelung** besagt nicht, dass ein Grenzprodukt „im Zweifel" als Arzneimittel zu werten ist, sofern es einer bestimmten Produktkategorie nicht zugeordnet werden kann, sondern einzig und allein, dass das AMG nur in den Fällen einschlägig ist, in denen das Produkt die Arzneimitteldefinition tatsächlich erfüllt, selbst wenn es auch unter eine andere Begriffsbestimmung fällt[70]. Es muss mithin die Erfüllung der Voraussetzungen als Arznei-

---

eines Arzneimittels auftretenden schädlichen *unbeabsichtigten* Reaktionen. Aufgrund des Gesamtkontexts waren aber wohl nur die *beabsichtigten* mittelbaren Wirkungen gemeint. S. u. → § 5 Rn. 25 f.

[65] BGH Urteil vom 24.6.2010 – I ZR 166/08 – photodynamische Therapie.
[66] BGH Urteil vom 10.12.2009 – I ZR 189/07 – Golly Telly.
[67] Damit kommt dieser Bestimmung keine über die Regelung des Abs. 3a hinausgehende Bedeutung zu.
[68] Gesetz über die Spende, Entnahme und Übertragung von Organen und Geweben (Transplantationsgesetz – TPG) idFd Bek vom 4. September 2007, BGBl. I S. 2206, zuletzt geändert durch Artikel 2a des Gesetzes vom 19. Oktober 2012, BGBl. I S. 2192.
[69] So auch *Rehmann*, AMG, § 2 Rn. 35.
[70] So auch zutreffend OVG NRW Beschluss vom 23.4.2012 – 13 B 127/12.

mittel gegeben sein – nur dann findet diese Regelung Anwendung. Allein dieses Verständnis steht auch im Einklang mit der europäischen Vorgabe des Art 2 Abs. 2 der Richtlinie 2001/83/EG[71].

D. Anwendungsbereich des Arzneimittelgesetzes

I. Eröffnung des Anwendungsbereichs des Arzneimittelgesetzes

Wie bereits dargestellt, bezweckt das AMG, im Interesse einer ordnungsgemäßen Arzneimittelversorgung für die Sicherheit im Arzneimittelverkehr zu sorgen. Demgemäß findet das AMG Anwendung auf alle Arzneimittel gemäß § 2 AMG[72] sowohl für human- als auch für veterinärmedizinische Zwecke[73]. Ausgenommen vom Anwendungsbereich des AMG werden jedoch die in § 4a AMG aufgeführten Produkte. Ferner gelten Sondervorschriften für Arzneimittel für neuartige Therapien (§ 4b AMG).

33

II. Ausnahmen vom Anwendungsbereich

Gemäß § 4a AMG findet das AMG keine Anwendung auf

34

- Arzneimittel, die unter Verwendung von Krankheitserregern oder auf biotechnischem Wege hergestellt werden und zur Verhütung, Erkennung oder Heilung von Tierseuchen bestimmt sind (Nr. 1[74]). Solche Arzneimittel, insbesondere Sera, Impfstoffe und Antigene, unterfallen in Deutschland dem Tierseuchengesetz (TierSG) und dürfen gemäß § 17c Abs. 1 TierSG grundsätzlich nur nach Zulassung durch das Friedrich Loeffler-Institut (FLI) – Bundesforschungsinstitut für Tiergesundheit – abgegeben oder angewendet werden.
- die Gewinnung und das Inverkehrbringen von Keimzellen zur künstlichen Befruchtung bei Tieren (Nr. 2): Hierfür gelten die Regelungen des Tierzuchtgesetzes[75].
- Gewebe, die innerhalb eines Behandlungsvorgangs einer Person entnommen werden, um auf diese ohne Änderung ihrer stofflichen Beschaffenheit rückübertragen zu werden. Diese Vorgänge unterfallen mit Inkrafttreten des Gewebegesetzes zum 1.8.2007 dem Transplantationsgesetz[76].

III. Sondervorschriften für neuartige Therapien

§ 4b AMG sieht Sondervorschriften für bestimmte Arzneimittel für neuartige Therapien vor. Für deren Inverkehrbringen wurde mit der Verordnung (EG) Nr. 1394/2007 ausdrücklich geregelt, dass es einer zentralen Genehmigung durch die Europäische Kommission nach der Verordnung 726/2004 bedarf, sofern diese auf Basis eines standardisierten Prozesses hergestellt werden[77].

35

---

[71] Art. 2 Abs. 2 RL 2001/83/EG lautet: *„In Zweifelsfällen, in denen ein Erzeugnis unter Berücksichtigung aller seiner Eigenschaften sowohl unter die Definition des Begriffs ‚Arzneimittel' als auch unter die Definition eines Erzeugnisses fallen kann, das durch andere gemeinschaftliche Rechtsvorschriften geregelt ist, gilt diese Richtlinie".*
[72] S. o. → § 2 Rn. 7 ff.
[73] Dies ergibt sich aus einer Gesamtschau der §§ 1, 2, 4a AMG.
[74] Zwar soll das AMG hierauf – mit Ausnahme des § 55 AMG (s. Satz 2) – unanwendbar sein. Dennoch gilt bei der Auslegung des § 4a Nr. 1 AMG auch der Arzneimittelbegriff des § 2 Abs. 1 AMG. Vgl. *Rehmann*, AMG, § 4 Rn. 2; *Kloesel/Cyran*, AMG, A 1.0, § 80 Anm. 1.
[75] Zu § 4a Nrn. 1 u. 2 AMG vgl. auch *Rehmann*, AMG, § 4a Rn. 2 f.; *Heßhaus* in Spickhoff (Hrsg.), Medizinrecht, 10. AMG, § 4a Rn. 2.
[76] Gesetz über Qualität und Sicherheit von menschlichen Geweben und Zellen (Gewebegesetz – GewebeG) v. 20.7.2007 (BGBl. I S. 157). Dieses Gesetz trat zum 1.8.2007 in Kraft.
[77] Vgl. hierzu ausführlich u. → § 3 Rn. 275 ff.

36 Arzneimittel für neuartige Therapien bedürfen allerdings gemäß § 4b Abs. 3 AMG lediglich einer Genehmigung durch das Paul-Ehrlich-Institut als zuständige Bundesoberbehörde[78], sofern sie im Geltungsbereich des AMG
- als individuelle Zubereitung für einen einzelnen Patienten ärztlich verschrieben,
- nach spezifischen Qualitätsnormen nicht routinemäßig hergestellt[79] und
- in einer spezialisierten Einrichtung der Krankenversorgung[80] unter der fachlichen Verantwortung eines Arztes angewendet werden.

37 Diese Genehmigung kann jedoch befristet werden[81].

E. Allgemeine Anforderungen an Arzneimittel

38 Die Regelungen der §§ 5–12 AMG beinhalten generelle Vorschriften zur Arzneimittelsicherheit. Diese dienen unmittelbar dem Schutz der beteiligten Verkehrskreise und sind damit Schutzgesetze im Sinne des § 823 Abs. 2 BGB[82]. Sie beinhalten absolute (dh keine Ausnahmen zulassende) und relative (dh Ausnahmen zulassende) Verkehrs- und Täuschungsverbote sowie Informations- und Kennzeichnungspflichten.

I. Verkehrsverbote

1. Absolute Verkehrsverbote der §§ 5 und 6a AMG

39 Nach § 5 Abs. 1 AMG ist es verboten, bedenkliche Arzneimittel in den Verkehr zu bringen oder sie gar bei einem Menschen anzuwenden. Nach der in Abs. 2 enthaltenen Legaldefinition sind *„bedenklich"* in diesem Sinne alle Arzneimittel, *„bei denen nach dem jeweiligen Stand der wissenschaftlichen Erkenntnisse der begründete Verdacht besteht, dass sie bei bestimmungsgemäßem Gebrauch schädliche Wirkungen haben, die über ein nach den Erkenntnissen der medizinischen Wissenschaft vertretbares Maß hinausgehen"*. Damit verbietet § 5 AMG das Inverkehrbringen von bedenklichen Arzneimitteln generell und unabhängig davon, ob diese zugelassen sind[83]. Voraussetzungen sind
- ein durch wissenschaftliche Erkenntnisse oder Erfahrungen begründeter und nicht widerlegter **Schädlichkeitsverdacht**, dass ein Zusammenhang zwischen der bestimmungsgemäßen Arzneimittelanwendung[84] und schädlicher Wirkung wissenschaftlich plausibel ist, und

---

[78] Hierfür gelten die Regelungen des § 21a Abs. 2–8 AMG über die Genehmigung von Gewebezubereitungen entsprechend. Demgemäß bestimmt § 4b Abs. 1 AMG, dass für diese nicht-routinemäßig hergestellten Arzneimittel die Zulassungsregelungen der §§ 21–37 (mit Ausnahme des § 33) und die §§ 43–53 AMG betreffend die Abgabe der Arzneimittel keine Anwendung finden, im übrigen gelten die sonstigen Bestimmungen des AMG entsprechend.

[79] Nicht routinemäßig hergestellt in diesem Sinne werden gemäß Abs. 2 insbesondere Arzneimittel, die (1) in geringem Umfang hergestellt werden, und bei denen auf der Grundlage einer routinemäßigen Herstellung Abweichungen im Verfahren vorgenommen werden, die für einen einzelnen Patienten medizinisch begründet sind, oder (2) noch nicht in ausreichender Anzahl hergestellt worden sind, so dass die notwendigen Erkenntnisse für ihre umfassende Beurteilung noch nicht vorliegen.

[80] Eine Legaldefinition des Begriffs „Einrichtung der Krankenversorgung" findet sich in § 14 Abs. 2 S. 2 Transfusionsgesetz und umfasst staatliche und kommunale Krankenhäuser sowie private Kliniken und bestimmte Arzpraxen. Vgl. *Heßhaus* in Spickhoff (Hrsg.), Medizinrecht, 10. AMG, § 4b Rn. 4.

[81] § 4b Abs. 3 S. 4–7 AMG enthält weitere Vorgaben zum Umfang der vom Antragsteller vorzulegenden Unterlagen sowie zu weiteren Befugnissen der Genehmigungsbehörde.

[82] Vgl. *Rehmann*, AMG, Vor §§ 5–12 Rn. 1.

[83] *Dieners/Heil* in Dieners/Reese (Hrsg.), Hdb PharmaR, § 1 Rn. 129 f.

[84] Der bestimmungsgemäße Gebrauch richtet sich nach der zugelassenen Indikation, Dosierung, Art und Häufigkeit der Anwendung, etc. wie in Fach- und Gebrauchsinformation widergegeben.

- die vorzunehmende **Nutzen/Risiko-Abwägung** ergibt, dass das durch die Häufigkeit und Schwere der Nebenwirkungen zu bestimmende Risiko im Verhältnis zu dem therapeutischen Nutzen des entsprechenden Arzneimittels nicht mehr vertretbar ist[85].

Die Anforderungen an die Eintrittswahrscheinlichkeit sind umso geringer je größer die drohende Gefahr ist[86]. 40

§ 6a AMG beinhaltet ein absolutes Verbot von **Arzneimitteln zu Dopingzwecken im Sport** sowie ergänzende Hinweispflichten. Hiernach ist es verboten, Arzneimittel zu Dopingzwecken im Sport *in den Verkehr zu bringen*, zu *verschreiben* oder bei anderen *anzuwenden*, sofern ein Doping bei Menschen erfolgt oder erfolgen soll. Dies sind nur solche Arzneimittel, die Stoffe oder Wirkstoffe enthalten, welche in dem Anhang des Übereinkommens gegen Doping[87] aufgeführten Gruppen von verbotenen Wirkstoffen oder Stoffe gelistet und zur Verwendung bei den dort aufgeführten verbotenen Methoden bestimmt sind[88]. Zur Umsetzung dieses Verbots ist in der Packungsbeilage und in der Fachinformation dieser Arzneimittel folgender Warnhinweis anzugeben: „*Die Anwendung des Arzneimittels [Bezeichnung des Arzneimittels einsetzen] kann bei Dopingkontrollen zu positiven Ergebnissen führen.*"[89] Sofern aus dem Fehlgebrauch des Arzneimittels zu Dopingzwecken eine Gesundheitsgefährdung folgen kann, so ist dies zusätzlich anzugeben[90]. 41

Ergänzt wird dieses Verbot durch das Verbot, Arzneimittel und Wirkstoffe, welche die im Anhang zum AMG aufgeführten Stoffe sind oder enthalten, *in nicht geringen Mengen zu Dopingzwecken im Sport zu erwerben* oder zu *besitzen*, sofern das Doping bei Menschen erfolgen soll[91]. Die nicht geringe Menge dieser Stoffe ist geregelt in der Doping-Mengen-Verordnung (DMV[92]). 42

2. Relative Verkehrsverbote der §§ 6 und 7 AMG

Nach § 7 AMG ist es verboten, **radioaktive Arzneimittel** oder **Arzneimittel, bei deren Herstellung ionisierende Strahlen verwendet** wurden, in den Verkehr zu bringen. Allerdings hat das Bundesministerium der Justiz auf Basis des in Abs. 2 eingeräumten Erlaubnisvorbehalts mit der Verordnung über radioaktive oder mit ionisierenden Strahlen behandelte Arzneimittel[93] Ausnahmen von diesem Verbot zugelassen, indem eine Zulassungspflicht für bestimmte derartiger Arzneimittel bestimmt wurde[94]. 43

---

[85] Der Maßstab der vorzunehmenden Nutzen-Risikoabwägung ist bei dem Verkehrsverbote des § 5 Abs. 2 AMG und dem Zulassungsversagungsgrund des § 25 Abs. 2 Nr. 5 AMG identisch. Vgl. *Rehmann*, AMG, § 5 Rn. 2 m. w. Nachw.
[86] So OVG Berlin Beschluss vom 26.11.1987, VersR 1989, 70; *Rehmann*, AMG, § 5 Rn. 2.
[87] Gesetz vom 2. März 1994 zu dem Übereinkommen vom 16. November 1989 gegen Doping (BGBl. 1994 II S. 334).
[88] § 6a Abs. 1 AMG.
[89] Diese Regelung des § 6a Abs. 2 S. 2 AMG findet keine Anwendung auf homöopathische Arzneimittel (S. 4).
[90] § 6a Abs. 2 S. 3 AMG.
[91] § 6a Abs. 2a AMG. Die Erweiterung auf den Erwerb (neben dem Besitz) wurde eingefügt mit dem Dritten Gesetz zur Änderung arzneimittelrechtlicher und anderer Vorschriften vom 7. August 2013 (BGBl. I S. 3108).
[92] Dopingmittel-Mengen-Verordnung vom 29. November 2010, BGBl. I 2010, 1754–1757.
[93] Verordnung über radioaktive oder mit ionisierenden Strahlen behandelte Arzneimittel (AMRadV) in der Fassung der Bekanntmachung vom 19. Januar 2007, BGBl. I S. 48.
[94] Damit wurde die Änderungs-Richtlinie 89/343/EWG des Rates vom 3. Mai 1989 zur Erweiterung des Anwendungsbereichs der Richtlinien 65/65/EWG und 75/319/EWG zur Festlegung zusätzlicher Vorschriften für radioaktive Arzneimittel (ABl. L 142 vom 25.5.1989, S. 16) umgesetzt. Die Zulassungsvorschriften der §§ 21 ff. AMG gelten für diese Präparate entsprechend. Vgl. hierzu *Rehmann*, AMG, § 7 Rn. 2.

44 Die Regelungen der §§ 5 und 7 AMG werden ergänzt durch die Vorschrift des § 6 AMG. Hiernach kann das Bundesgesundheitsministerium mittels Rechtsverordnung die Verwendung von Stoffen, Zubereitungen von Stoffen oder Gegenständen vorschreiben, beschränkten oder verbieten, unabhängig davon, ob diese *„bedenklich"* im Sinne des § 5 Abs. 2 AMG sind oder nicht. Allerdings ist dies nur möglich, soweit dies *„zur Risikovorsorge oder zur Abwehr einer unmittelbaren oder mittelbaren Gefährdung der Gesundheit (....) geboten ist"* (Abs. 1 S. 1 a. E.). Hiervon hat der Verordnungsgeber mehrfach Gebrauch gemacht, zB durch die Arzneimittelfarbstoff-Verordnung[95] oder die Arzneimittel-TSE-Verordnung[96].

II. Täuschungsverbote

45 Zum Zwecke des Verbraucherschutzes verbietet § 8 AMG,
- Arzneimittel oder Wirkstoffe herzustellen oder in den Verkehr zu bringen, die durch Abweichung von den anerkannten pharmazeutischen Regeln in ihrer Qualität nicht unerheblich gemindert sind (Abs. 1 Nr. 1) – die *„anerkannten pharmazeutischen Regeln"* ergeben sich aus dem Arzneibuch gemäß § 55 AMG sowie aus den GMP-Richtlinien –,
- Arzneimittel oder Wirkstoffe herzustellen oder in den Verkehr zu bringen, die mit einer irreführenden Bezeichnung, Angabe oder Aufmachung versehen sind (Abs. 1 Nr. 2[97]); diese Regelung steht in Ergänzung zu anderen Vorschriften, die eine Täuschung oder Irreführung der angesprochenen Verkehrskreise verbieten, wie zB dies zB bei dem Irreführungsverbot des § 3 HWG der Fall ist[98],
- gefälschte Arzneimittel oder gefälschte Wirkstoffe herzustellen, in den Verkehr zu bringen oder sonst mit ihnen Handel zu treiben (Abs. 2[99]), sowie
- Arzneimittel, deren Verfalldatum abgelaufen ist, in den Verkehr zu bringen (Abs. 3[100]).

---

[95] Arzneimittelfarbstoffverordnung vom 17. Oktober 2005, BGBl. I S. 3031, geändert durch Artikel 8 des Gesetzes vom 17. Juli 2009, BGBl. I S. 1990.

[96] Arzneimittel-TSE-Verordnung vom 9. Mai 2001, BGBl. I S. 856, geändert durch Artikel 11 des Gesetzes vom 17. Juli 2009, BGBl. I S. 1990.

[97] § 8 Abs. 1 Nr. 2 AMG führt dabei folgende Fallbeispiele auf: (1.) wenn Arzneimitteln eine therapeutische Wirksamkeit oder Wirkungen oder Wirkstoffen eine Aktivität beigelegt werden, die sie nicht haben, (2.) wenn fälschlich der Eindruck erweckt wird, dass ein Erfolg mit Sicherheit erwartet werden kann oder dass nach bestimmungsgemäßem oder längerem Gebrauch keine schädlichen Wirkungen eintreten, oder (3.) zur Täuschung über die Qualität geeignete Bezeichnungen, Angaben oder Aufmachungen verwendet werden, die für die Bewertung des Arzneimittels oder Wirkstoffs mitbestimmend sind. So hat das OVG NRW kürzlich mit Urteil v. 17.6.2013 („Fenistil" – Az. 13 A 1113/11) entschieden, dass die Verwendung einer „Dachmarke" in der Bezeichnung eines Arzneimittels regelmäßig irreführend gemäß § 8 Abs. 1 Nr. 2 S. 1 AMG ist, wenn das Arzneimittel einen anderen Wirkstoff enthält, als die unter der „Dachmarke" bereits vermarkteten Arzneimittel.

[98] S. → § 8 Rn. 98 ff.

[99] § 8 Abs. 2 AMG wurde mit Art. 1 des Zweiten Gesetzes zur Änderung Arzneimittelrechtlicher und anderer Vorschriften vom 19.10.2012 (BGBl. I S. 2192 – sog. 16. AMG-Novelle) neugefasst sowie die Begriff *„gefälschte Arznbeimittel"* und *„gefälschte Wirkstoffe"* definiert in § 4 Abs. 40 u. 41 AMG. Hiernach ist ein gefälschtes Arzneimittel ein Arzneimittel mit falschen Angaben über (1.) die Identität, einschließlich seiner Verpackung, seiner Kennzeichnung, seiner Bezeichnung oder seiner Zusammensetzung in Bezug auf einen oder mehrere seiner Bestandteile, einschließlich der Hilfsstoffe und des Gehalts dieser Bestandteile, (2.) die Herkunft, einschließlich des Herstellers, das Herstellungsland, das Herkunftsland und den Inhaber der Genehmigung für das Inverkehrbringen oder den Inhaber der Zulassung oder (3.) den in Aufzeichnungen und Dokumenten beschriebenen Vertriebsweg. Ein gefälschter Wirkstoff ist ein Wirkstoff, dessen Kennzeichnung auf dem Behältnis nicht den tatsächlichen Inhalt angibt oder dessen Begleitdokumentation nicht alle beteiligten Hersteller oder nicht den tatsächlichen Vertriebsweg widerspiegelt.

[100] Diese gelten per Gesetz als minderwertig. Ob tatsächlich eine Qualitätsbeeinträchtigung vorliegt, ist ohne Relevanz. Vgl. *Rehmann,* AMG, § 8 Rn. 6.

III. Kennzeichnungs- und Informationspflichten

Nach § 9 Abs. 1 AMG ist der **pharmazeutische Unternehmer** für das Inverkehrbringen eines Arzneimittels verantwortlich. Dies ist gemäß der Legaldefinition des § 4 Abs. 18 AMG

- bei zulassungspflichten Arzneimitteln der *Zulassungsinhaber* und
- *jeder, der Arzneimittel unter seinem Namen in den Verkehr bringt.*

Diese treffen damit auch die Kennzeichnungs- und Informationspflichten nach dem AMG, die eine sachgerechte Information der angesprochenen Verkehrskreise sicherstellen sollen[101]. Konkret sieht das AMG in den §§ 10, 11 und 11a zwingend einzuhaltende Kennzeichnungsregelungen für die *Umverpackung*, die *Packungsbeilage* sowie die *Fachinformation* von Arzneimitteln vor. Allerdings betreffen diese nur solche Arzneimittel im Sinne des § 2 Abs. 1 AMG, die als Fertigarzneimittel in Verkehr gebracht werden[102]. Fertigarzneimittel wiederum sind nach der Legaldefinition des § 4 Abs. 1 AMG aber nur

- diejenigen Arzneimittel, die im Voraus hergestellt sind und in einer zur Abgabe an den Verbraucher bestimmten Packung in den Verkehr gebracht werden, oder
- andere zur Abgabe an Verbraucher bestimmte Arzneimittel, bei deren Zubereitung in sonstiger Weise ein industrielles Verfahren zur Anwendung kommt oder die, ausgenommen in Apotheken, gewerblich hergestellt werden.

Ausgenommen werden aber ausdrücklich Zwischenprodukte, die für eine weitere Verarbeitung durch einen Hersteller bestimmt sind. Damit werden zB der reine Wirkstoff oder sog. **Bulkware** – dh Arzneimittel, die sich noch in Behältnissen zum Abpacken oder Umfüllen befinden[103] – von dieser Kennzeichnungsregelung noch nicht erfasst. Der Grund ist, dass diese eben Vorstufen darstellen, die noch weiter verarbeitet werden, bevor sie an den Verbraucher abgegeben werden. Daher bedürfen diese Produkte noch nicht der entsprechenden, dem Schutz der Verbraucher dienenden Vorschriften wie insb. die Kennzeichnung[104].

---

[101] Vgl. *Rehmann*, AMG, Vor §§ 5–12 Rn. 4.
[102] S. hierzu u. → § 4 Rn. 3 ff.
[103] Vgl. *Rehmann*, AMG, § 4 Rn. 1.
[104] Die Regelungen der §§ 10, 11 und 11a AMG werden in → § 4 Rn. 3 ff. vertieft behandelt.

§ 3 Prüfung, Herstellung und Zulassung von Arzneimitteln

A. Die Prüfung von Arzneimitteln am Menschen

1   Das Inverkehrbringen eines Arzneimittels für die Anwendung am Menschen bedarf der vorherigen Zulassung durch die zuständige Arzneimittelbehörde und hierfür des Nachweises der Wirksamkeit, Sicherheit und Unbedenklichkeit[105]. Der Entwicklungsprozess erfolgt in mehreren Stufen:

2   Am Beginn des Prozesses steht die Identifizierung eines geeigneten Wirkstoffs. Diese **Wirkstoffsuche** erfolgt zwischenzeitlich häufig in einem systematischen, mehrstufigen Verfahren, indem mit Hilfe der Molekularbiologie versucht wird, die relevanten Krankheitsfaktoren sowie ihr Zusammenwirkungen zu verstehen und potentielle Zielmoleküle zu identifizieren, an denen sodann geeignete Arzneistoffe ansetzen können, um den Krankheitsverlauf zu beeinflussen (sog. **personalized medicines**[106]).

3   Nachdem ein geeigneter Wirkstoff identifiziert wurde, ist dieser zunächst in zahlreichen **prä-klinischen Prüfungen** im Labor zu testen und sodann eine Testung in geeigneten Tierversuchen erforderlich, insbesondere auf dessen Toxizität, um soweit wie möglich Vorhersagen über die Reaktion von Menschen auf den neuen Wirkstoff zu machen[107]. Die Durchführung von Tierversuchen bedarf nach den geltenden Tierschutzgesetzen einer vorherigen Anmeldung oder Genehmigung[108].

Erst wenn auf Basis dieser nicht-klinischen Prüfungen hinreichend Informationen vorliegen, die eine sichere Anwendung am Menschen unterstützen, kann und darf dieser Wirkstoff in geeigneten **klinischen Studien** auf Unbedenklichkeit und Wirksamkeit am Menschen geprüft werden[109].

4   Nach Beendigung all dieser vorgeschriebenen präklinischen und klinischen Studien und dem Erbringen eines Nachweises für die Wirksamkeit, Qualität und Unbedenklichkeit des Arzneimittel, kann erfolgreich ein Antrag bei den Zulassungsbehörden auf Zulassung zur Vermarktung gestellt werden. Aber auch nach erfolgter Zulassung müssen für zahlreiche Änderungen, wie weitere Stärken, Darreichungsformen, Verabreichungswege, Verabreichungsformen oder Anwendungsgebiete des zugelassenen Arzneimittels zunächst die jeweils vorgeschriebenen Studien durchlaufen werden, um sodann auf Basis der gewonnenen Daten für die Vermarktung zugelassen zu werden[110].

---

[105] Vgl. Art. 6 Abs. 1 UAbs. 1 RL 2001/83/EG sowie § 21 Abs. 1 AMG: Es gilt ein sog. präventives Verbot mit Erlaubnisvorbehalt, wonach erst nach erfolgter positiver Zulassungsentscheidung der zuständigen Behörde das Arzneimittel für die Anwendung am Menschen in Verkehr gebracht werden darf.

[106] Vgl. umfassend Bericht des Ausschusses für Bildung, Forschung und Technikfolgenabschätzung (18. Ausschuss), Zukunftsreport Individualisierte Medizin und Gesundheitssystem, BT-Drs. 16/12000 v. 17.2.2009.

[107] Vgl. hierzu EMA, ICH guideline M3(R2) on non-clinical safety studies for the conduct of human clinical trials and marketing authorisation for pharmaceuticals, December 2009 (EMA/CPMP/ICH/286/1995), Step 5, verfügbar unter http://www.ema.europa.eu/docs/en_GB/document_library/Scientific_guideline/2009/09/WC500002720.pdf; EMA, Toxicokinetics: A Guidance for Assessing Systemic Exposure in Toxicology Studies (ICH S 3A), June 1995 (CPMP/ICH/384/95), verfügbar unter http://www.ema.europa.eu/docs/en_GB/document_library/Scientific_guideline/2009/09/WC500002770.pdf.

[108] Vgl. §§ 7–9 Tierschutzgesetz.

[109] So EMA, Note for Guidance on General Considerations for Clinical Trials (CPMP/ICH/291/95 – ICH E8: *General Considerations for Clinical Trials*), Ziff. 3.1.1.1. Vgl. hierzu *Heil/Lützeler* in Dieners/Reese (Hrsg.), Hdb PharmaR, § 4 Rn. 100 ff.

[110] So Art. 6 Abs. 1 UAbs. 2 S. 1 RL 2001/83/EG.

I. Rechtlicher Rahmen für die Durchführung klinischer Prüfungen

Die Ergebnisse der durchgeführten klinischen Prüfungen von Arzneimitteln bilden den elementaren Bestandteil der für die Zulassung eines Arzneimittels erforderlichen Antragsunterlagen[111]. Den rechtlichen Rahmen für die Planung und Durchführung klinischer Prüfungen in Deutschland bildet der sechste Abschnitt des AMG (**§§ 40–42b AMG**), der ausweislich seines Titels den *„Schutz des Menschen bei der klinischen Prüfung"* zum Gegenstand hat. Die Bestimmungen des AMG werden ergänzt durch die auf Basis des § 42 Abs. 3 AMG erlassene *„Verordnung über die Anwendung der Guten Klinischen Praxis"* (sog. **Good-Clinical-Practice-Verordnung** – GCP-V[112]) sowie die auf Basis des § 26 AMG erlassenen **Arzneimittelprüfrichtlinien**, welche inhaltliche Vorgaben für die Durchführung von klinischen Prüfungen beinhalten, die von den pharmazeutischen Unternehmern und den Prüfärzten zu beachten sind.

Diese Regelungen des AMG beruhen weitgehend auf **europarechtliche Vorgaben**, insbesondere auf

- die **Richtlinie 2001/20/EG**[113] über die Anwendung der guten klinischen Praxis bei der Durchführung von klinischen Prüfungen mit Humanarzneimitteln,
- die **Richtlinie 2003/94/EG**[114] über die Festlegung der Grundsätze und Leitlinien der Guten Herstellungspraxis für Humanarzneimittelund für zu Anwendung beim Menschen bestimmte Prüfpräparate,
- die **Richtlinie 2005/28/EG**[115], in der die Grundsätze und ausführlichen Leitlinien der guten klinischen Praxis für zur Anwendung beim Menschen bestimmte Prüfpräparate sowie die Anforderungen für die Erteilung einer Genehmigung zur Herstellung oder Einfuhr solcher Produkte festgelegt werden, sowie
- die **„Guidelines on Good Clinical Practice"**[116], in der internationale ethische und wissenschaftliche Qualitätsstandard für Gestaltung, Durchführung, Erfassung und Auswertung von klinischen Prüfungen festgelegt wird.

II. Begrifflichkeiten und Abgrenzungen

1. Klinische Prüfung

Der Begriff der **klinischen Prüfung** ist definiert in § 4 Abs. 23 S. 1 AMG als *„jede am Menschen durchgeführte Untersuchung, die dazu bestimmt ist, klinische oder pharmako-*

---

[111] Vgl. Art. 8 Abs. 3 lit. i RL 2001/83/EG *„Ergebnisse von (…) klinischen Versuchen;"* sowie § 22 Abs. 2 Nr. 3 AMG: *„die Ergebnisse der klinischen Prüfungen"*.

[112] Verordnung über die Anwendung der Guten Klinische Praxis bei der Durchführung von klinischen Prüfungen mit Arzneimitteln zur Anwendung am Menschen (GCP-V) vom 9. August 2004, BGBl. I S. 2081, zuletzt geändert durch Artikel 8 des Gesetzes vom 19. Oktober 2012, BGBl. I S. 2192.

[113] Richtlinie 2001/20/EG des Europäischen Parlaments und des Rates vom 4. April 2001 zur Angleichung der Rechts- und Verwaltungsvorschriften der Mitgliedstaaten über die Anwendung der guten klinischen Praxis bei der Durchführung von klinischen Prüfungen mit Humanarzneimitteln, ABl. L 121 vom 1.5.2001, S. 34.

[114] Richtlinie 2003/94/EG der Kommission vom 8. Oktober 2003 über die Festlegung der Grundsätze und Leitlinien der Guten Herstellungspraxis für Humanarzneimittel und für zur Anwendung beim Menschen bestimmte Prüfpräparate, ABl. L 262 vom 14.10.2003, S. 22.

[115] Richtlinie 2005/28/EG der Kommission vom 8. April 2005 zur Festlegung von Grundsätzen und ausführlichen Leitlinien der guten klinischen Praxis für zur Anwendung beim Menschen bestimmte Prüfpräparate sowie von Anforderungen für die Erteilung einer Genehmigung zur Herstellung oder Einfuhr solcher Produkte, ABl. L 91 vom 9.4.2005, S. 13.

[116] *EMA*, Guidelines on Good Clinical Practice (ICH E6: *Good Clinical Practice: Consolidated guideline*), CPMP/ICH/135/95.

logische Wirkungen von Arzneimitteln zu erforschen oder nachzuweisen oder Nebenwirkungen festzustellen oder die Resorption, die Verteilung, den Stoffwechsel oder die Ausscheidung zu untersuchen, mit dem Ziel, sich von der Unbedenklichkeit oder Wirksamkeit der Arzneimittel zu überzeugen"[117]. Die klinische Prüfung ist insbesondere zu differenzieren von der sog. **nichtinterventionelle Prüfung.** Diese ist definiert in § 4 Abs. 23 S. 3 AMG als „*eine Untersuchung, in deren Rahmen Erkenntnisse aus der Behandlung von Personen mit Arzneimitteln anhand epidemiologischer Methoden analysiert werden; dabei folgt die Behandlung einschließlich der Diagnose und Überwachung nicht einem vorab festgelegten Prüfplan, sondern ausschließlich der ärztlichen Praxis; soweit es sich um ein zulassungspflichtiges oder nach § 21a Absatz 1 genehmigungspflichtiges Arzneimittel handelt, erfolgt dies ferner gemäß den in der Zulassung oder der Genehmigung festgelegten Angaben für seine Anwendung*"[118]. Abzugrenzen ist die klinische Prüfung ferner vom sog. **Heilversuch**[119] sowie von Fällen des **Off-Label-Use**[120] und des **Compassionate Use**[121].

8   Aus der Gesamtschau ergeben sich somit die folgenden **Begriffsmerkmale** der klinischen Prüfung, die diese gleichzeitig von der nicht-interventionellen Prüfung abgrenzen:

9   **a) Kriterien der klinischen Prüfung.** Die **klinische Prüfung** ist eine „*interventionelle*" Studie, bei der auf Basis eines vorher definierten und exakt einzuhaltenden Prüfplans (sog. Studienprotokoll) das Prüfpräparat zu verabreichen ist, zu einem der in § 4 Abs. 23 S. 1 AMG aufgeführten Zwecke[122].

10 Die Anforderungen an das Studienprotokoll sind in Ziff. 4.6 GCP-Guideline aufgeführt. Hiernach müssen in dem Protokoll insbesondere folgende Punkte aufgeführt werden:

- die konkreten **Zielparameter der Studie,** nämlich die zu überprüfende Hypothese (sog. primäre Endpunkt, an dem die Studie zum Erhalt eines signifiknten Ergebnisses statistisch ausgerichtet ist) und weitere Zielparameter, sofern vorhanden (sog. sekundäre Endpunkte[123]),
- das Design der Studie, dh[124]
  – ob es sich um eine **kontrollierte Studie** handelt, die dem Nachweis der Überlegenheit, Nicht-Unterlegenheit oder Äquivalenz des Prüfpräparats zu einem oder mehreren

---

[117] Diese Definition basiert auf Art. 2 lit. a RL 2001/21/EG.
[118] Vgl. hierzu *Rehmann*, AMG, 3. Aufl. (2009), § 4 Rn. 25 sowie umfassend *Heil/Lützeler* in Dieners/Reese (Hrsg.), Hdb PharmaR, § 4 Rn. 23 ff.
[119] Ein Heilversuch liegt vor bei der Anwendung eines – zugelassenen oder nicht zugelassenen – Arzneimittels in einem Anwendungsgebiet, das jedenfalls nicht von der Zulassung umfasst ist auf Basis einer individuellen Therapieentscheidung nebst Nutzen-Risiko-Abwägung durch den behandelnden Artz. Vgl. hierzu *Heil/Lützeler* in Dieners/Reese (Hrsg.), Hdb PharmaR, § 4 Rn. 29.
[120] Ein sog. Off-Label-Use ist bei einer zulassungsüberschreitenden Anwendung eines zugelassenen Arzneimittels gegeben, dh wenn dies ausserhalb des zugelassenen Gebrauchs verordnet und angewendet wird, zB in einem anderen Anwendungsgebiet, in einer anderen Dosierung oder einer anderen Behandlungsdauer. Dies ist insbesondere in der Kinderheilkunde sowie in der Onkologie verbreitet. Vgl. hierzu *Heil/Lützeler* in Dieners/Reese (Hrsg.), Hdb PharmaR, § 4 Rn. 30 u. 199.
[121] Ein Compassionate Use liegt vor bei der Zurverfügungstellung eines (noch) nicht zugelassenen Arzneimittels bei schwerwiegenden, lebensbedrohlichen Erkrankungen, die mit regulär zugelassenen Arzneimitteln nicht oder nicht ausreichend behandelt werden können, vgl. Art. 83 VO 726/2004. In Deutschland ist in solchen Fällen dann zulässig, wenn für das Arzneimittel bereits ein Zulassungsantrag gestellt wurde oder es in klinischen Prüfung verwendet wird, § 21 Abs. 2 Nr. 6 AMG. Vgl. hierzu auch *Heil/Lützeler* in Dieners/Reese (Hrsg.), Hdb PharmaR, § 4 Rn. 31.
[122] Vgl. auch *Heil/Lützeler* in Dieners/Reese (Hrsg.), Hdb PharmaR, § 4 Rn. 23; *Rehmann*, AMG, 3. Aufl. (2008), § 4 Rn. 25.
[123] Vgl. hierzu ausführlich EMA, Note for Guidance on Statistical Principles for Clinical Trials (CPMP/ICH/363/96 – ICH E 9) (September 1998),
[124] Vgl. hierzu *Heil/Lützeler* in Dieners/Reese (Hrsg.), Hdb PharmaR, § 4 Rn. 118 ff.

Kontrollpräparaten dienen: hier gibt es eine sog. **Verumgruppe** (die Gruppe, welche das zu prüfende Arzneimittel erhält) und eine oder mehrere **Kontrollgruppen,** die eine alternative Behandlung oder **Placebo** (ein Scheinpräparat, welches in einer vergleichbaren Darreichungsform hergestellt wird, jedoch keine arzneilich wirksamen Inhaltsstoffe enthält) erhalten; die Ergebnisse aller Gruppen werden sodann verglichen im Hinblick auf die aufgestellte Studienhypothese[125];

– sofern es sich um eine solche *kontrollierte* Studie handelt:
  - nach welchem Zufallsmechanismus die Studienteilnehmer den jeweiligen Gruppen zugeordnet werden (sog. **Randomisierung**); hierdurch sollen personengebundene Störgrößen möglichst gleichmäßig auf die Gruppen verteilt werden, um Alternativerklärungen auszuschließen und die Wahrscheinlichkeit zu verringer, dass der nachgewiesene Effekt auf einer systematischen Verzerrung (sog. **Bias**) beruht[126]; und
  - ob die Studie **verblindet** ist, dh ob Patient und eventuell auch dem Prüfarzt nicht bekannt ist, welches Präparat (Verum, aktives Kontrollpräparat, Placebo) der Patient bekommt. Bei einer **Doppelblindstudie** weiss also der Patient nicht, welches Präparat er bekommt, und dem Prüfarzt ist nicht bekannt, welcher Therapiegruppe der Patient zugewiesen wurde. Grund für eine Verblindung ist, bewussten und auch unbewussten Einflüssen auf das Studienergebnis vorzubeugen, um die Aussagekraft der Studie zu erhöhen[127];

- das/die zu verabreichenden **Medikament(e)** nebst Dosierung, Verabreichungsintervall, etc.,
- **Ein- und Ausschlusskriterien** für die Patienten,
- die für die Führung des Nachweises zu erhebenden **Messwerte** (zB Blutwerte, Leberwerte, spezielle Messwerte von Biomarkern) und die Zeitpunkte, an denen diese zu erheben sind, sowie
- Kriterien für den **Abbruch der Studienteilnahme** durch einen Patienten und den **Abbruch der Studie** insgesamt.

Die Ergebnisse müssen sodann anhand einer anerkannten wissenschaftlichen Methode ausgewertet werden.

b) Kriterien der Awendungsbeobachtung. Bei der **nicht-interventionellen Prüfung** hingegen dürfen dem Prüfarzt keinerlei Vorgaben für die Verabreichung des Arzneimittels gemacht werden. Behandlung, Diagnose und Überwachung des Patienten mit dem Arzneimittel folgen ausschließlich der ärztlichen Praxis auf Basis der Fachinformation. Zweck ist, *„Erkenntnisse aus der Behandlung von Personen mit Arzneimitteln"* zu erhalten – dies umfasst jegliche Arten von Erkenntnissen wie Verträglichkeit, Nebenwirkungen, Compliance, etc. Die gewonnenen Ergebnisse werden sodann anhand epidemiologischer Methoden analysiert[128]. Um eine nicht-interventionelle Prüfung handelt es sich inbesondere bei der in § 67 Abs. 6 AMG geregelten sog. **Anwendungsbeobachtung,** bei der es um Untersuchungen geht mit dem Zweck, Erkenntnisse bei der Anwendung zugelassener oder registrierte Arzneimittel zu sammeln[129].

---

[125] Kontrollierte Studien sind in der Regel zum Wirkungsnachweis erforderlich. Ausnahmen sind aber möglich, zB wenn eine Kontrollgruppe ethisch nicht vertretbar ist, da kein hinreichend wirksames Kontrollpräparat zur Verfügung steht, oder wenn es sich um eine seltene Krankheit handelt. Vgl. hierzu insbesondere *Kloesel/Cyran*, AMG, A 1.0, § 40 Anm. 19; *Sander*, AMG, Erl. § 40 AMG Anm 6c; *Heil/Lützeler* in Dieners/Reese (Hrsg.), Hdb PharmaR, § 4 Rn. 118.
[126] Vgl. auch *Heil/Lützeler* in Dieners/Reese (Hrsg.), Hdb PharmaR, § 4 Rn. 119.
[127] S. hierzu auch *Heil/Lützeler* in Dieners/Reese (Hrsg.), Hdb PharmaR, § 4 Rn. 122.
[128] Vgl. hierzu auch *Heil/Lützeler* in Dieners/Reese (Hrsg.), Hdb PharmaR, § 4 Rn. 25.
[129] S. hierzu u. → § 3 Rn. 30 ff.

2. Prüfpräparat

13 Prüfpräparate sind legaldefiniert in § 3 Abs. 3 GCP-V als Darreichungsformen eines Wirkstoffen oder Placebos, die in einer klinischen Prüfung am Menschen getestet oder als Kontrollsubstanz verwendet oder zum Erzeugen bestimmter Reaktionen am Menschen eingesetzt werden. Dies können sowohl noch nicht zugelassene Arzneimittel sein, als auch zugelassene Arzneimittel, wenn diese im Rahmen einer klinischen Prüfung am Menschen in einer anderen als der zugelassenen Darreichungsform oder für ein nicht zugelassenes Anwendungsgebiet oder zum Erhalt zusätzlicher Informationen über das zugelassene Arzneimittel eingesetzt werden[130]. Prüfpräparate sind konsequenterweise von der Zulassungspflicht ausgenommen (§ 21 Abs. 2 Nr. 2 AMG), daher besonders zu kennzeichnen, insbesondere mit der Angabe „*zur klinischen Prüfung bestimmt*"[131].

3. Sponsor

14 Bei jeder klinischen Prüfung gibt es eine Person oder Stelle, die nicht nur für den organisatorischen Ablauf und die Finanzierung der klinischen Prüfung verantwortlich ist, sondern die Gesamtverantwortung hierfür übernommen hat[132]. Dies ist der sog. **Sponsor** einer klinischen Prüfung, definiert in § 4 Abs. 24 AMG als „*eine natürliche oder juristische Person, die die Verantwortung für die Veranlassung, Organisation und Finanzierung einer klinischen Prüfung bei Menschen übernimmt*". Sponsor einer klinischen Prüfung ist meist die pharmazeutische Industrie. Aber auch Universitätsinstitute oder sonstige Forschungseinrichtungen, sogar der Prüfarzt einer Studie selbst können Sponsor einer Studie sein. Dies ist insbesondere bei den sog. **Investigator Initiated Trials** (IITs) der Fall, bei denen ein Arzt oder ein Klinikum eine klinische Prüfung mit Arzneimitteln in alleiniger Verantwortung plant und durchführt[133].

4. Prüfer

15 Der **Prüfer** einer klinischen Studie ist gemäß der Legaldefinition in § 4 Abs. 25 AMG die für die Durchführung der klinischen Prüfung *verantwortliche Person*, in der Regel ein verantwortlicher Arzt in der Prüfstelle. Wird eine klinische Prüfung in einer Prüfstelle von einer Gruppe von Personen durchgeführt, so ist der Prüfer der für die Durchführung verantwortliche Leiter dieser Gruppe, wird eine Prüfung in mehreren Prüfstellen durchgeführt (sog. **multizentrische Prüfungen**), so ist vom Sponsor einer der Prüfer als ein Leiter der Klinischen Prüfung (LKP) zu benennen. Diese Bestimmungen des § 4 Abs. 25 S. 2 u. 3 AMG sorgen für eine klare Zuweisung der Verantwortungsbereiche[134].

---

[130] Ausführlich hierzu *Heil/Lützeler* in Dieners/Reese (Hrsg.), Hdb PharmaR, § 4 Rn. 150 ff.

[131] §§ 10 Abs. 10 AMG, 5 GCP-V. Im Einzelnen hierzu *Heil/Lützeler* in Dieners/Reese (Hrsg.), Hdb PharmaR, § 4 Rn. 156 f.

[132] Vgl. *Heil/Lützeler* in Dieners/Reese (Hrsg.), Hdb PharmaR, § 4 Rn. 129.

[133] Vgl. *European Commission*, Notice to Applicants Volume 10, Quenstions & Answers – Clinical Trial Documents, April 2006, Question 3; erläuternd *Heil/Lützeler* in Dieners/Reese (Hrsg.), Hdb PharmaR, § 4 Rn. 131. Um bei IITs nicht in die Rolle des Sponsors zu kommen, darf das pharmazeutische Unternehmen nur in beschränktem Umfang durch Geldleistung oder durch die Bereitstellung der Prüfpräparate unterstützen. Eine weitergehende Einflussnahme hat zu unterbleiben.

[134] So auch *Heil/Lützeler* in Dieners/Reese (Hrsg.), Hdb PharmaR, § 4 Rn. 137.

III. Phasen klinischer Prüfungen

1. Klinische Prüfungen *vor* Zulassungserteilung

Ein neues Arzneimittel muss klinische Studien der Phasen I, II und III erfolgreich durchlaufen haben, um von den zuständigen Behörden zugelassen zu werden[135]. Dabei wird die Genehmigung zu einer klinischen Prüfung der nächsthöheren Phase von der zuständigen Aufsichtsbehörde in der Regel nur nach erfolgreichem Abschluss der vorangegangenen Studienphase erteilt. Seit kurzem werden teilweise auch sog. Phase 0 Studien durchgeführt, die aber nicht vorgeschrieben sind[136]. 16

a) **Phase 0.** Bei **Phase-0-Studien** werden geringste, erheblich unter der Schwelle für einen pharmakologischen Effekt liegende Dosen des Arzneimittels an gesunden Personen (sog. Probanden) getestet (in der Regel 10–15 Personen für eine Zeitdauer von bis zu 7 Tagen). Mittels Massenspektrometrie werden sodann die Wirkstoffverteilung, der Wirkstoffabbau und einzelne Abbauprodukte analysiert. Hierdurch wird eine Erhöhung der Erfolgsrate bei den nachfolgenden klinischen Studien erhofft[137]. 17

b) **Phase I.** In den **Phase I-Studien** erfolgt klassischerweise die erste Anwendung eines neuen Arzneimittels beim Menschen, und zwar in der Regel an gesunden Probanden. Hier geht es darum, initial die Verträglichkeit und Sicherheit, die Pharmakokinetik (Aufnahme, Verteilung und Ausscheidung des Arzneistoffes) sowie die Pharmakodynamik (Wirkung im Organismus) des Arzneimittels zu testen. Hierzu muss zunächst der gefundene Wirkstoff in eine geeignete Darreichungsform und damit zu einem Arzneimittel, dem sog. **Prüfpräparat**, verarbeitet werden[138]. Aufgrund der zu diesem Zeitpunkt noch bestehenden Unsicherheit über die Wirkung des Arzneimittels am Menschen sind eine niedrige Anfangsdosis und eine sequenzielle Anwendung an den Probanden als Vorsichtsmaßnahmen geboten, wobei diese Studien typischerweise sowohl einfache als auch mehrfache Verabreichung umfassen. Auch werden alle während der Studie auftretenden Ereignisse auf einen möglichen Kausalzusammenhang mit dem Arzneimittel hin untersucht, um erste Hinweise auf Nebenwirkungen beim Menschen zu erhalten. Phase I-Studien werden daher an einer geringen Anzahl an gesunden Probanden (etwa 10–50) durchgeführt. Bei onkologischen Wirkstoffen erfolgt allerdings bereits bereits in der Phase I eine Anwendung am Patienten, da die Gabe eines zytotoxischen Arzneimittels an Probanden als ethisch nicht vertretbar anzusehen ist[139]. 18

c) **Phase II.** In der Phase II geht es zunächst um die Überprüfung des **Therapiekonzepts** (sog. *Proof of Concept* – PoC; Phase IIa), nämlich um die Erforschung der therapeutischen Wirksamkeit bei Patienten. Ziel ist es, positive Effekte bei der Behandlung zu beobachten, damit zur Wirksamkeit und auch zur Verträglichkeit des Arzneimittels. Dem- 19

---

[135] Ausnahmsweise kann in der EU eine sog. *Conditional Marketing Authorisation* erteilt werden, obwohl noch nicht alle Studienphasen abgeschlossen wurden. S. hierzu u. → § 3 Rn. 148.

[136] Vgl. hierzu EMA, Position Paper on non-clinical safety studies to support clinical trials with a single microdose, June 2004, verfübar unter http://www.tga.gov.au/pdf/euguide/swp259902r1en.pdf.

[137] Vgl. hierzu US FDA (CDER), Guidance for Industry, Investigators, and Reviewers-Exploratory IND Studies, January 2006, verfügbar unter: http://www.fda.gov/downloads/Drugs/GuidanceComplianceRegulatoryInformation/Guidances/ucm078933.pdf; *Gupta et al.*, Phase 0 clinical trials in oncology new drug development, Perspect Clin Res. 2011 Jan-Mar; 2(1): 13–22.

[138] In der EU sind die Prüfpräparate für klinische Studien nach den Regeln der Good Manufacturing Practice herzustellen.

[139] Grundlegend *EMA,* Note for Guidance on General Considerations for Clinical Trials (CPMP/ICH/291/95 – ICH E8: *General Considerations for Clinical Trials*), Ziff. 3.1.3.1. Ergänzend hierzu vgl. *Heil/Lützeler* in Dieners/Reese (Hrsg.), Hdb PharmaR, § 4 Rn. 100 ff.; *Sander,* AMG, Erl. § 40 Anm. 6b

entsprechend werden Phase-II-Studien an Patienten und nicht an gesunden Probanden durchgeführt, die mit vergleichsweise engen Kriterien ausgewählt und streng überwacht werden. Meist werden höchstens wenige hundert Patienten behandelt. Die Behandlungsdauer beschränkt sich in der Regel auf wenige Monate[140].

20   Ein weiteres wichtiges Ziel ist in dieser Phase auch die Findung der geeigneten **Therapiedosis** für den Patienten (sog. Phase IIb). Häufig werden in Phase-IIb-Studien mehrere Dosierungen gleichzeitig und parallel in mehreren Armen überprüft, um die optimale therapeutische Dosis zu finden, welche dann in den Phase-III-Studien verwendet wird[141].

21   d) Phase III. In der Phase III werden schließlich die Studien zur Ermittlung der für die Zulassung erforderlichenen und entscheidenden Daten zum Nachweis der Wirksamkeit und Sicherheit des Arzneimittels in den vorgesehenen Indikationen sowie der Zielgruppe durchgeführt (sog. Pivotal Studies). Zum Nachweis der für die Zulassung erforderlichen positiven Risiko-Nutzen-Bewertung müssen selbstverständlich in den Phase-III-Studien durchgängig an allen Patienten Daten zur Arzneimittelsicherheit erhoben werden. Das Studiendesign ist in der Regel eine kontrollierte und randomisierte Doppelblindstudie, wobei abhängig von der Verfügbarkeit für die Studienindikation als Vergleichspräparat ein Placebo oder ein bereits zugelassenes Arzneimittel mit nachgewiesenem therapeutischen Wert heranzuziehen ist[142]. Auch können in der Phase III bereits weitere Untersuchungen durchgeführt werden, die zB der Langzeitbeobachtung dienen[143].

22   Nach erfolgreicher Beendigung der Phasen I – III wird auf Basis der gewonnenen Ergebnisse sodann ein umfassendes Zulassungsdossier erstellt, das sog. Common Technical Document (CTD[144]), das bei der zuständigen Zulassungsbehörde einzureichen ist und damit die Grundlage für die behördliche Entscheidung über die Zulassungserteilung ist. In diesem werden alle Daten und Ergebnisse zur pharmazeutischen Qualität (Herstellung, Prüfung, Haltbarkeit) sowie zur präklinischen und klinischen Phase dargestellt, zusammengefasst und bewertet[145].

---

[140] Grundlegend *EMA*, Note for Guidance on General Considerations for Clinical Trials (CPMP/ICH/291/95 – ICH E8: *General Considerations for Clinical Trials*), Ziff. 3.1.3.2. Vgl. ergänzend hierzu *Heil/Lützeler* in Dieners/Reese (Hrsg.), Hdb PharmaR; § 4 Rn. 105 ff.

[141] Vgl. EMA, Note for Guidance on General Considerations for Clinical Trials (CPMP/ICH/291/95 – ICH E8: *General Considerations for Clinical Trials*), Ziff. 3.1.3.2. Zeigt sich, dass zB die niedrigste Dosierung unwirksam ist, so ist dieser Studienarm abzubrechen. Sollte sich zeigen, dass ein Wechsel der Darreichungsform oder Formulierung des Arzneimittels notwendig ist, so müssten für diese neue Darreichungsform entsprechende Phase-I-Studien zur Pharmakokinetik erneut durchgeführt werden, sofern eine pharmakologische Vergleichbarkeite der beiden Darreichungsformen oder Formulierungen nicht nachgewiesen werden konnte. Ergänzend hierzu vgl. *Heil/Lützeler* in Dieners/Reese (Hrsg.), Hdb PharmaR, § 4 Rn. 109.

[142] Gegenüber Placebos ist in jedem Falle Überlegenheit zu demonstrieren, gegenüber anderen Arzneimitteln kann der Nachweis einer vergleichbaren Wirksamkeit ausreichend sein. Ausführlich hierzu *EMA*, Note for Guidance on Choice of Control Group in Clinical Trials (CPMP/ICH/364/96 – ICH Topic E 10: *Choice of Control Group in Clinical Trials*), Ziff. 1.4.

[143] Vgl. Teil 1 Ziff. 5.2.5 von Anhang I zur Richtlinie 2001/83/EG; EMA, Note for Guidance on General Considerations for Clinical Trials (CPMP/ICH/291/95 – ICH E8: *General Considerations for Clinical Trials*), Ziff. 3.1.3.3; *Heil/Lützeler* in Dieners/Reese (Hrsg.), Hdb PharmaR, § 4 Rn. 108, 110; *Rehmann*, AMG, Vor §§ 40–42a Rn. 4. Phase-III-Studien, die über die vor Zulassungserteilung begonnen haben und nach Zulassungserteilung noch andauern oder weiterlaufen, werden teilweise Phase-IIIb-Studien genannt. Ersichtlich bestehen im Hinblick auf die Anzahl der eingeschlossenen Patienten und die Dauer der Studie keine Beschränkungen.

[144] Dies erfolgt zwischenzeitlich meist in elektronischer Form, daher „eCTD" genannt.

[145] Das CTD is in die folgenden fünf Module untergliedert: Modul 1: Regionale Information, Modul 2: Inhaltsverzeichnis, Überblick und Zusammenfassungen, Modul 3: Pharmazeutische Qualität, Modul 4: Präklinische Studienberichte, Modul 5: Klinische Studienberichte. Vgl. European Commission, Notice to Applicants Volume 2B: Incorporating the Common Technical Document (CTD)

2. Klinische Prüfungen *nach* Zulassungserteilung

Mit dem Begriff *Phase-IV-Studien* werden alle klinischen Studien bezeichnet, die nach erfolgter Markteinführung mit dem sodann zugelassenen Arzneimittel in der zugelassenen Indikation durchgeführt werden, sei es aufgrund einer entsprechenden behördlichen Auflage, sei es aufgrund eines eigenständigen Entschlusses des Zulassungsinhabers[146]. Diese zielen auf eine Erweiterung der Erkenntnisse zu dem nunmehr zugelassenen Arzneimittel ab, und haben zum Gegenstand

- als sog. **Post Authorisation Safety Study (PASS)** den Erhalt weiterer Daten zur Sicherheit, zB durch die Erfassung seltener, aber relevanter Nebenwirkungen an bestimmten Patientenpopulationen[147], oder
- als sog. **Post Authorisation Efficacy Study (PAES)** den Erhalt weiterer Daten zur Wirksamkeit[148].

Als Phase-IV-Studien müssen diese als interventionelle klinische Prüfung geplant und durchgeführt werden, und unterliegen den §§ 40 ff. AMG. Allerdings können PASS und PAES auch *nicht-interventionell* durchgeführt werden, in Deutschland daher in Form von Anwendungsbeobachtungen. In diesem Fall unterfallen sie nicht den §§ 40 ff. AMG, sondern dem § 67 Abs. 6 AMG[149].

IV. Planung und Durchführung einer klinischen Prüfung

Planung und Durchführung einer klinischen Prüfung sehen in der Regel wie folgt aus[150]:

- Zu Beginn wird meist ein umfassendes **Studienprogramm** für das zu untersuchende Arzneimittel festgelegt, in dem auch die Zielrichtung der einzelnen Studien und der grobe Ablauf der nacheinander zu erfolgenden Studien geplant wird.
- Sodann hat eine **Detailplanung der einzelnen Studie** innerhalb dieses Studienprogrammes zu erfolgen, indem das Prüfprotokoll für die einzelnen Studien aufgestellt wird mit den o. → Rn. 10 dargestelltem wesentlichen Inhalt.
- Daran anschließend sind in den Ländern, in denen die Studie durchgeführt werden soll, die hierfür erforderlichen **Behördengenehmigungen** einzuholen[151].
- Nach erfolgter Genehmigung erfolgt die **Probanden- bzw. Patientenrekrutierung.** Zur Feststellung, ob der einzelne Kandidat die Einschlusskriterien erfüllt und keine Ausschlusskriterien vorliegen, erfolgt nicht nur ein Screening der demografischen Werte wie Geschlecht, Alter, Gewicht etc., sondern es werden auch erforderliche Laborwerte erhoben.
- Steht fest, dass ein Kandidat die Einschlusskriterien erfüllt und keine Ausschlusskriterien vorliegen, ist dessen Zustimmung zur Studienteilnahme einzuholen (sog. **informed**

(May 2008), verfügbar unter http://ec.europa.eu/health/files/eudralex/vol-2/b/update_200805/ctd_05–2008_en.pdf, sowie Anhang I Teil 1 der Richtlinie 2001/83/EG.

[146] Vgl. *Heil/Lützeler* in Dieners/Reese (Hrsg.), Hdb PharmaR, § 4 Rn. 112; *Rehmann*, AMG, Vor §§ 40–42a Rn. 4.

[147] Art. 1 Abs. 15 RL 2001/83/EG. Vgl. hierzu EMA/HMA, Guideline on good pharmacovigilance practices (GVP): Module VIII – Post-authorisation safety studies (Rev 1) v. 19. April 2013 (EMA/813938/2011 Rev 1).

[148] Art. 9 Abs. 4 lit. cc, Art. 10a Abs. 1 VO 726/2004 sowie Art. 21a, 22a Abs. 1 RL 2004/83/EG. Instruktiv hierzu das Konsultationspapier der European Commission, Delegated Act on Post-Authorisation Efficacy Studies (Art. 10b of Regulation (EC) No 726/2004 and Article 22b of Directive 2001/83/EC) – Post-Authorisation Efficacy Studies vom 18 February 2013, verfügbar unter http://ec.europa.eu/health/files/pharmacovigilance/2012_11_28_pc_paes.pdf.

[149] S. zu Anwendungsbeobachtungen ausführlich unten → § 3 Rn. 30 ff.

[150] Vgl. insgesamt hierzu *Heil/Lützeler* in Dieners/Reese (Hrsg.), Hdb PharmaR, § 4 Rn. 40 ff.; *Rehmann*, AMG, Vor §§ 40–42a Rn. 6.

[151] S. hierzu nachfolgend für Deutschland → § 3 Rn. 26 f.

consent). Erst nachdem diese in *schriftlicher* Form vorliegt, darf der Kandidat in die Studie aufgenommen werden.
- Die klinischen Prüfungen werden entweder von den Pharmafirmen selbst oder von spezialisierten Dienstleistern, den sog. **CROs (Contract Research Organisations)** durchgeführt, und die erhobenen Daten sodann meist elektronisch erfasst[152].
- Schließlich werden die geplanten statistischen Analysen anhand der festgelegten Methoden durchgeführt und entsprechende Berichte (sog **Study Reports**) erzeugt. Bei Zulassungsstudien ist dieser Studienbericht sodann Bestandteil des Zulassungsdossiers, der ferner auch die Grundlage der entsprechenden Studienveröffentlichungen ist.

1. Genehmigung der klinischen Prüfung

26   Die klinische Prüfung eines Arzneimittels darf in Deutschland gemäß § 40 Abs. 1 S. 2 AMG vom Sponsor erst begonnen werden, nachdem
- die zuständige **Ethik-Kommission** diese nach Maßgabe des § 42 Abs. 1 AMG **zustimmend bewertet** und
- die **zuständige Bundesoberbehörde** diese nach Maßgabe des § 42 Abs. 2 AMG **genehmigt** hat.

27   Der **Ablauf des Bewertungs- und Genehmigungsverfahrens** stellt sich wie folgt dar:
- Zunächst muss der Antragsteller für die klinische Prüfung eine sog. **EudraCT-Nummer** haben[153]. Diese ist bei der Europäischen Arzneimittelagentur (EMA) zu beantragen, indem der Antragsteller die klinische Prüfung bei der EMA mittels eines entsprechenden Web-Formulars registriert. Daraufhin erhält der Antragsteller die EudraCT-Nummer per E-Mail[154].
- Sodann ist bei der zuständigen **Bundesoberbehörde** – dies sind in Deutschland das BfArM oder das Paul-Ehrlich-Institut (PEI) – ein schriftlicher und begründeter **Antrag auf Genehmigung** der klinischen Prüfung zu stellen nach Maßgabe des § 42 Abs. 2 AMG. Da die Bundesoberbehörde insbesondere Qualität und Sicherheit des Arzneimittels prüft, hat der Antragsteller vor allem pharmakologisch-toxikologische und analytische Unterlagen sowie klinische Daten zum Prüfpräparat einzureichen und den Prüfplan vorzulegen[155]. Sollte innerhalb von 30 Tage nach Eingang der Antragsunterlagen keine Mitteilung der zuständigen Bundesoberbehörde erfolgen, so gilt die Studie als genehmigt[156].
- Gleichzeitig zu dem Genehmigungsantrag bei der Bundesoberbehörde ist ein schriftlicher **Antrag auf zustimmende Bewertung** der klinischen Prüfung bei der nach Lan-

---

[152] Ausführlich zur Rolle und Verantwortlichkeiten von CROs *Heil/Lützeler* in Dieners/Reese (Hrsg.), Hdb PharmaR, § 4 Rn. 142 f.;

[153] EudraCT bedeutet „European Union Drug Regulating Authorities Clinical Trials" und ist ein Register für klinische Studien, die seit dem Jahr 2004 mit Humanarzneimitteln in der EU durchgeführt werden. Die EudraCT wird von der Europäischen Arzneimittelagentur (EMA) betrieben und von den Arzneimittelbehörden der EU Mitgliedstaaten bei der Genehmigung und Überwachung klinischer Studien genutzt.

[154] Vgl. insgesamt hierzu die Erläuterungen unter https://eudract.ema.europa.eu.

[155] Für Deutschland sind die formalen und inhaltlichen Anforderungen an die Unterlagen, die mit dem Antrag auf Genehmigung einer klinischen Prüfung von Humanarzneimitteln durch die zuständige Bundesoberbehörde nach § 42 Abs. 2 Arzneimittelgesetz (AMG) sowie § 7 Abs. 1, 2, 4, 5, 6 u. 7 der GCP-Verordnung (GCP-V) bei dieser vorzulegen sind, sowie die Anforderungen nach § 10 Abs. 1 und 3 (nachträgliche Änderungen) und nach § 13 Abs. 8 (Anzeige der Beendigung der klinischen Prüfung) und 9 (Zusammenfassung eines Abschlussberichts) der GCPV niedergelegt in der 3. Bekanntmachung zur klinischen Prüfung des BfArM und des PEI vom 10.8.2006.

[156] § 42 Abs. 2 S. 4 AMG. Detailliert zum Genehmigungsverfahren vgl. § 9 GCP-V.

desrecht für den Prüfer zuständigen **Ethik-Kommission**[157] zu stellen nach Maßgabe des
§ 40 Abs. 1 Satz 2 AMG[158]. Den Eingang des Antrags hat die zuständige Ethik-Kommission dem Sponsor innerhalb von 10 Tagen zu bestätigen (§ 8 Abs. 1 GCP-V). Die
Ethik-Kommission prüft die klinische Prüfung insbesondere im Hinblick auf ethische
Gesichtspunkten und den Schutz der Prüfungsteilnehmer. Innerhalb von höchstens
60 Tagen nach Eingang des Antrags übermittelt die zuständige Ethik-Kommission dem
Sponsor und der zuständigen Bundesoberbehörde ihre mit Gründen versehene Bewertung[159].
- Nach Vorliegen sowohl der Genehmigung der zuständigen Bundesoberbehörde als
auch der zustimmenden Bewertung der zuständigen Ethik-Kommission ist die klinische
Prüfung noch bei der gemäß Landesrecht festgelegten zuständigen Behörde (zB Gesundheitsamt eines Landkreises) **anzuzeigen,** bevor schließlich mit der Studie begonnen
werden kann[160].

2. Durchführung der klinischen Prüfung

Bei der Durchführung der klinischen Prüfung eines Arzneimittels haben sodann nicht 28
nur der Sponsor, sondern auch der Prüfer und alle weiteren an der klinischen Prüfung
beteiligten Personen die GCP-Anforderungen der Guten Klinischen Praxis gemäß der
Richtlinie 2001/20/EG zu beachten. Diese wurden durch die §§ 40–42b AMG sowie die
GCP-V in nationales Recht umgesetzt[161].

Die klinische Prüfung eines Arzneimittels darf gemäß § 40 Abs. 1 S. 3 AMG nur durch- 29
geführt werden, wenn und solange

- ein Sponsor vorhanden ist, der seinen **Sitz in der EU oder im EWR** hat; Firmen, die
ihren Sitz außerhalb der EU haben, müssen einen gesetzlichen Vertreter mit Sitz in der
EU oder im EWR benennen (Nr. 1);
- die für die Studienteilnehmer mit der Durchführung der Prüfung verbundenen Risiken
im Vergleich zu dem Nutzen **ärztlich vertretbar** sind (Nr. 2): Diese Güterabwägung ist
vor Beginn der Prüfung vorzunehmen und im Verlauf der Prüfung aufgrund Abschnitt 20 der Deklaration von Helsiki fortlaufend zu überprüfen auf Basis der weiteren
Erkenntnisse[162];
- bei Arzneimitteln, die aus einem gentechnisch veränderten Organismus oder einer
Kombination solcher Organismen bestehen oder solche enthalten, nach dem Stand der
Wissenschaft zum Zweck der klinischen Prüfung eines Arzneimittel unvertretbare
schädliche Auswirkungen auf die Gesundheit Dritte und die Umwelt nicht zu
erwarten sind (Nr. 2a);
- eine hinreichende **Aufklärung der Studienteilnehmer** gemäß dem Studienprotokoll
nach Maßgabe von § 40 Abs. 2 und 2a AMG gewährleistet ist und auf dieser Basis eine

---

[157] Wird die klinische Prüfung von mehreren Prüfern durchgeführt, so ist der Antrag bei der für
den Hauptprüfer oder Leiter der klinischen Prüfung (LKP) zuständigen lokalen Ethik-Kommission zu
stellen. Die für diesen verantwortliche Ethik-Kommission wird sodann federführend für die Bewertung der klinischen Prüfung, welches im Benehmen mit den weiteren beteiligten (lokalen) Ethik-Kommissionen erfolgt.

[158] Die Einzelheiten über die notwendigen Antragsunterlagen sind in § 7 Abs. 2 und 3 GCP-V
aufgeführt.

[159] Die beteiligten (lokalen) Ethik-Kommissionen prüfen die Qualifikation der Prüfer und die
Geeignetheit der Prüfstellen in ihrem Zuständigkeitsbereich. Die Bewertung der lokalen Ethik-Kommissionen muss der zuständigen Ethik-Kommission innerhalb von 30 Tagen nach Antragseingang
vorliegen. Zu den Einzelheiten vgl. § 42 Abs. 1 AMG sowie § 8 GCP-V.

[160] § 67 Abs. 1 S. 5 AMG.

[161] S. o. → § 3 Rn. 5 ff.

[162] Vgl. *Heil/Lützeler* in Dieners/Reese (Hrsg.), Hdb PharmaR, § 4 Rn. 74 ff.

wirksame Einwilligung des Studienteilnehmers (sog. informed consent) vor Beginn der klinischen Prüfung vorliegt sowie während des gesamten Prüfzeitraums fortbesteht (Nr. 3); ohne eine solche wirksame Einwilligung würde eine dennoch erfolgende Teilnahme nach ständiger Rechtsprechung eine rechtswidrige Körperverletzung darstellen[163];

- **keine Unterbringung in einer Anstalt** der betroffenen Person auf gerichtliche oder behördliche Anordnung gegeben ist (Nr. 4);
- die Leitung der klinischen Prüfung durch einen **geeigneten und qualifizierten Prüfer** erfolgt (Nr. 5);
- eine dem jeweiligen Stand der wissenschaftlichen Erkenntnisse entsprechende **pharmakologisch-toxikologische Prüfung des Arzneimittels** durchgeführt worden ist (Nr. 6);
- jeder Prüfer durch einen für die pharmakologisch-toxikologische Prüfung verantwortlichen Wissenschaftler über deren Ergebnisse und die voraussichtlich mit der klinischen Prüfung verbundenen **Risiken informiert** worden ist (Nr. 7);
- eine Probandenversicherung abgeschlossen ist, welche den Vorgaben des § 42 Abs. 3 AMG genügt (Nr. 8 iVm Abs. 3);
- die **medizinische Versorgung** des Studienteilnehmers durch einen geeigneten Arzt sichergestellt ist (Nr. 9);
- die **zustimmende Bewertung durch zuständige Ethikkommission** (§ 42 Abs. 1) als auch die **Genehmigung durch die zuständige Bundesoberbehörde** (§ 42 Abs. 2) bestehen und nicht gemäß § 42a AMG zurückgenommen, widerrufen oder zum Ruhen gebracht wurden; sowie
- die **besonderen Voraussetzungen der klinischen Prüfung** nach § 41 AMG eingehalten sind, wonach aus ethischen Gründen Sonderregelungen für die klinische Prüfung an Kranken in Abhängigkeit davon bestehen, ob der Studienteilnehmer eine volljähriger Patient (Abs. 1), ein Minderjähriger Patient (Abs. 2) oder ein Volljähriger, nicht einwilligungsfähiger Patient (Abs. 3) ist[164].

VI. Exkurs: Die Anwendungsbeobachtung

1. Begriff und und Abgrenzung

30   **Anwendungsbeobachtungen** (AWBs) sind in § 67 Abs. 6 AMG definiert als „*Untersuchungen, die dazu bestimmt sind, Erkenntnisse bei der Anwendung zugelassener oder registrierter Arzneimittel zu sammeln*". Bei der Anwendungsbeobachtung handelt es sich nicht um eine klinische Prüfung, sondern um eine sog. nicht-interventionelle Prüfung im Sinne von § 4 Abs. 23 S. 3 AMG[165]. Diese wissenschaftliche Untersuchung erfolgt mit einem bereits zugelassenen oder registrierten Arzneimittel, das als Handelsware verabreicht wird – bei verschreibungspflichtigen Arzneimitteln auf Basis einer entsprechenden ärztlichen Verordnung –, und dient der Sammlung sowie der Analyse von Erkenntnissen bei dessen Anwendung in der therapeutischen Praxis, dh „*es wird dem Arzt lediglich über die Schulter gesehen*"[166].

---

[163] Erforderlich sind (1) eine Einwilligungsfähigkeit des Studienteilnehmers, um Wesen, Bedeutung und Tragweite der Einwilligung zur Teilnahme an einer klinischen Prüfung beurteilen zu können, (2) eine Aufklärung über alle entscheidungserheblichen Umstände, (3) die Aushändigung einer allgemein verständlichen schriftlichen Aufklärungsunterlage sowie (4) ein hinreichende Aufklärungs- und Beratungsgespräch durch einen Arzt. Vgl. ICH GCP Guideline (E6), Ziff. 4.8. *Heil/Lützeler* in Dieners/Reese (Hrsg.), Hdb PharmaR, § 4 Rn. 77 ff.

[164] Die Einzelheiten können den jeweiligen Absätzen des § 41 AMG entnommen werden. Vgl. hierzu auch *Heil/Lützeler* in Dieners/Reese (Hrsg.), Hdb PharmaR, § 4 Rn. 200 ff.

[165] S. o. → § 3 Rn. 7.

[166] Vgl. hierzu Empfehlungen des BfArM und des PEI zur Planung, Durchführung und Auswertung von Anwendungsbeobachtungen vom 7. Juli 2010, Ziff. 1.1, verfügbar unter http://www.

2. Prinzip der Nichtintervention

Entscheidendes Kennzeichen der Anwendungsbeobachtung ist damit das sog. **Prinzip** 31
der Nichtintervention, wonach keine Beeinträchtigung der Verordnungsfreiheit des Arztes erfolgen darf[167]: Die Entscheidung eines Arztes über die Einbeziehung eines Patienten in eine AWB darf nicht zusammenhängen mit seiner Entscheidung über die Verordnung oder Anwendung eines Arzneimittels bei dem betroffenen Patienten. Auch darf keine unangemessene Vergütung des Arztes für seine Beteiligung erfolgen, da ihn dies in seiner Entscheidungsfreiheit beeinflussen könnte. Insoweit schreibt zwischenzeitlich § 67 Abs. 6 S. 3 AMG ausdrücklich fest, dass derartige Vergütungen „*nach ihrer Art und Höhe so zu bemessen [sind], dass kein Anreiz für eine bevorzugte Verschreibung oder Empfehlung bestimmter Arzneimittel entsteht*". Als angemessen wird eine aufwandsabhängige Vergütung von € 75,- pro Stunde Aufwand angesehen, eine Vergütung von € 150,- pro Stunde Aufwand wird als unangemessen eingestuft[168].

3. Anzeigepflicht

AWBs sind der zuständigen Bundesoberbehörde – dies ist bei Impfstoffen das PEI und 32
im übrigen das BfArM[169] –, der Kassenärztlichen Bundesvereinigung (KBV), dem Spitzenverband Bund der Krankenkassen (GKV-Spitzenverband) und dem Verband der Privaten Krankenversicherung e. V. (PKV) unverzüglich **anzuzeigen** (§ 67 Abs. 6 S. 1 AMG[170]). Dabei sind Ort, Zeit, Ziel und Beobachtungsplan der Anwendungsbeobachtung anzugeben sowie gegenüber der Kassenärztlichen Bundesvereinigung und dem Spitzenverband Bund der Krankenkassen die beteiligten Ärzte namentlich mit Angabe der lebenslangen Arztnummer zu benennen (S. 2). Sofern beteiligte Ärzte Leistungen zu Lasten der GKV erbringen, sind bei der vorzunehmenden Anzeige gegenüber der KBV, dem GKV-Spitzenverband und der PKV auch die Art und die Höhe der an sie geleisteten Vergütung anzugeben und jeweils eine Ausfertigung der mit den Ärzten geschlossenen Verträge zu übermitteln nebst einer Darstellung des Aufwandes für die beteiligten Ärzte und eine Begründung für die Angemessenheit der Entschädigung[171].

4. Sonstige Vorgaben für die Ausgestaltung

Weitere gesetzliche Vorgaben für die Ausgestaltung und Durchführung einer Awen- 33
dungsbeobachtung bestehen nicht. Allerdings haben das BfArM und das PEI gemeinsam

---

bfarm.de/DE/Arzneimittel/1_vorDerZul/klinPr/nichtInterventPruef/nichtInterventPruef-home.html; *A. Meier,* Die Anwendungsbeobachtung in der wettbewerbsrechtlichen Auseinandersetzung, Arzneimittel&Recht 2005, S. 155 (156), m. z.Nachw.

[167] Vgl. Empfehlungen des BfArM und des PEI zur Planung, Durchführung und Auswertung von Anwendungsbeobachtungen vom 7. Juli 2010, Ziff. 1.2; *A. Meier,* Die Anwendungsbeobachtung in der wettbewerbsrechtlichen Auseinandersetzung, Arzneimittel&Recht 2005, S. 155 (157); *Sander,* AMG, Erl. § 40 Anm. 2; OLG Hamburg Urteil v. 3.6.2004 – Az. 3 U 143/03 –, Arzneimittel&Recht 2005, S. 169.

[168] Vgl. *A. Meier,* Die Anwendungsbeobachtung in der wettbewerbsrechtlichen Auseinandersetzung, Arzneimittel&Recht 2005, S. 155 (158); Schiedsstelle des FSA, Beschluss vom 9.2.2009 – Az.: FS II 5/08/2007.12-217 –.

[169] § 77 Abs. 1 u. 2 AMG.

[170] Für Arzneimittel, die zur Anwendung bei Tieren bestimmt sind, besteht eine Anzeigepflicht nur gegenüber der zuständigen Bundesoberbehörde (Satz 5). Für Unbedenklichkeitsprüfungen nach § 63 f. AMG besteht überhaupt keine Anzeigeverpflichtung nach § 67 Abs. 6 AMG.

[171] § 67 Abs. 6 S. 4 AMG. Die Sätze 5–6 enthalten weitere Übermittlungsverpflichtungen, die jedoch nith für Anzeigen gegenüber der zuständigen Bundesoberbehörde gelten (§ 67 Abs. 6 S. 12 AMG).

Empfehlungen zur Durchführung, Planung und Auswertung von Anwendungsbeobachtungen erarbeitet[172]. Diese sehen im Wesentlichen folgendes vor:

- Die AWB sollte einem nicht-interventionellen **Beobachtungs- und Auswertungsplan** folgen, der am aktuellen Stand der medizinischen, epidemiologischen und biometrischen Wissenschaft sowie am routinemäßigen Vorgehen auszurichten ist und eine strukturierte, systematische Beobachtung ermöglichen soll.
- Als „**Generelle Anforderungen**" werden aufgestellt, dass
  - AWBs eine medizinisch wissenschaftliche Zielsetzung verfolgen müssen, die als präzise Fragestellung vorab formuliert sein muss, und
  - das gewählte Design (Basis eines Vergleichs, zeitlicher Umfang und Beobachtungsumfang beim einzelnen Patienten, Patientenzahl) sowie die geplanten Methoden (Datenerhebung und Auswertung) zur Beantwortung dieser Frage geeignet sein müssen.
- Als mögliche Ziele von Anwendungsbeobachtungen werden angesehen
  - das Gewinnen von Erkenntnissen über Verordnungsverhalten und Verschreibungsgewohnheiten, Beachtung der Fach- und Gebrauchsinformationen, Akzeptanz und Compliance, Praktikabilität, Beachtung von Zulassungsauflagen etc.;
  - das Vertiefen von Erkenntnissen zu bekannten unerwünschten Arzneimittelwirkungen (UAW) unter routinemäßiger Anwendung[173], das Gewinnen von Erkenntnissen zu bisher unbekannten UAWs und Wechselwirkungen unter routinemäßiger Anwendung sowie Untersuchungen zu besonderen Populationen innerhalb der zugelassenen Indikation;
  - das Erweitern von Erkenntnissen zum Therapieverlauf innerhalb der zugelassenen Indikation unter den Bedingungen der routinemäßigen Anwendung.
- Zum Zweck der **Qualitätssicherung** müssen auch AWBs an den für epidemiologische Studien üblichen Qualitätsanforderungen ausgerichtet werden.
- In Bezug auf die **Therapieentscheidung** wird eine über die übliche ärztliche Aufklärungspflicht hinausgehende Information des Patienten als nicht notwendig angesehen[174].
- Eine **Beratung durch eine Ethikkommission** wird empfohlen, aber nicht als zwingend angesehen.
- Schließlich sollte innerhalb einer eines Jahres nach Abschluss der Beobachtungsphase ein **Abschlussbericht** erstellt werden, der eine geeignete biometrische Auswertung und eine Bewertung aus medizinischer Sicht enthält.

B. Herstellung von Arzneimitteln

34 Im Interesse eines umfassenden Verbraucherschutzes sieht das europäische Arzneimittelrecht für die Herstellung von Arzneimitteln nicht nur eine Erlaubnispflicht vor, sondern

---

[172] Empfehlungen des Bundesinstituts für Arzneimittel und Medizinprodukte und des Paul-Ehrlich-Instituts zur Planung, Durchführung und Auswertung von Anwendungsbeobachtungen vom 7. Juli 2010, verfügbar unter http://www.bfarm.de/DE/Arzneimittel/1_vorDerZul/klinPr/nichtInterventPruef/nichtInterventPruef-home.html.
[173] ZB Bewertung von Schweregraden, Häufigkeitsabschätzungen, Wechselwirkungen.
[174] Allerdings kann ergänzender Aufklärungsbedarf bestehen bzgl. des Umgangs mit Patientendaten sowie bzgl. zusätzlicher Vorgaben in der Beobachtung. In diesem Falle wird auch das Einholen der Einwilligung des Patienten als erforderlich betrachtet, insbesondere wenn erhobene Daten an den Auftraggeber pseudonymisiert weitergegeben bzw. von diesem Quelldaten anhand einer Einsichtnahme in Patientendaten überprüft werden sollen. Hierbei müssen auch alle Vorgaben des Datenschutzes berücksichtigt werden.

setzt auch qualitative Anforderungen. Hierdurch wird sichergestellt, dass alle Arzneimittel, die zum einen für das Inverkehrbringen in den Gemeinschaftsmarkt zugelassen werden – unabhängig davon, ob sie innerhalb oder außerhalb der EU hergestellt wurden –, zum anderen auch alle Arzneimittel, die innerhalb der EU hergestellt werden – unabhängig davon, ob sie sodann innerhalb oder außerhalb der EU in den Verkehr gebracht werden – nur von entsprechend autorisierten Herstellern in einer zu gewährleistenden Qualität hergestellt werden[175].

Den europarechtlichen Rahmen hierfür setzen die Art. 40 ff. RL 2001/83/EG sowie die Prinzipien und Leitlinien der Guten Herstellungspraxis (sog. Guidelines of Good Manufacturing Practice, GMP), die für Humanarzneimittel in der Richtlinie 2003/94/EG[176] und für Tierarzneimittel in der Richtlinie 91/412/EG[177] enthalten sind. In Übereinstimmung mit diesen GMP-Prinzipien hat die Europäische Kommission weitere detaillierte Leitlinien erlassen, die bei Anträgen auf Erteilung einer Herstellerlaubnis geprüft und als Grundlage für die Inspektion von Arzneimttelherstellern verwendet werden[178]. Diese GMP-Prinzipien sowie die detaillierten Leitlinien finden Anwendung auf alle Herstellvorgänge, die erlaubnispflichtig sind gemäß Art. 40 RL 2001/83/EG für Humanarzneimittel, Art 44 RL 2001/82 für Tierarzneimittel und Art. 13 RL 2001/20/EG für Prüfpräparate. Sie finden aber auch Anwendung auf pharmazeutische Herstellvorgänge, die in Krankenhäusern ausgeführt werden[179]. 35

In Deutschland wurden die europäischen Vorgaben betreffend den Hersteller umgesetzt in den §§ 13–20d AMG, sowie die rechtlichen Vorgaben für die Arzneimittel- und Wirkstoffherstellung in den §§ 54–55a AMG sowie der Arzneimittel- und Wirkstoffherstellungsverordnung (AMWHV[180]). 36

I. Die Herstellungserlaubnis

1. Erforderlichkeit einer Herstellungserlaubnis

Gemäß § 13 Abs. 1 AMG bedarf jeder, der 37

- Arzneimittel im Sinne des § 2 Abs. 1 oder Abs. 2 Nr. 1 AMG[181], 38
- Testsera oder Testantigene,
- Wirkstoffe, die menschlicher, tierischer oder mikrobieller Herkunft sind oder die auf gentechnischem Wege hergestellt werden, oder

---

[175] Vgl. *Dieners/Heil* in Dieners/Reese (Hrsg.), Hdb PharmaR, § 1 Rn. 146 f.; *Rehmann*, AMG, Vor §§ 13–20, Rn. 1.
[176] Richtlinie 2003/94/EG der Kommission vom 8. Oktober 2003 zur Festlegung der Grundsätze und Leitlinien der Guten Herstellungspraxis für Humanarzneimittel und für zur Anwendung beim Menschen bestimmte Prüfpräparate, ABl. L 262 v. 14.10.2003, S. 22.
[177] Richtlinie 91/412/EWG der Kommission vom 23. Juli 1991 zur Festlegung der Grundsätze und Leitlinien der Guten Herstellungspraxis für Tierarzneimittel, ABl. L 228 v. 17.8.1991, S. 70.
[178] Veröffentlicht in EU Guidelines to Good Manufacturing Practice – Medicinal Products for Human and Veterinary Use (EudraLex – Volume 4 Good manufacturing practice (GMP) Guidelines), verfügbar unter http://ec.europa.eu/health/documents/eudralex/vol-4/index_en.htm.
[179] Vgl. Introduction zu EU Guidelines to Good Manufacturing Practice – Medicinal Products for Human and Veterinary Use (EudraLex – Volume 4 Good manufacturing practice (GMP) Guidelines), verfügbar unter http://ec.europa.eu/health/documents/eudralex/vol-4/index_en.htm.
[180] Verordnung über die Anwendung der Guten Herstellungspraxis bei der Herstellung von Arzneimitteln und Wirkstoffen und über die Anwendung der Guten fachlichen Praxis bei der Herstellung von Produkten menschlicher Herkunft vom 3. November 2006, BGBl. I S. 2523, zuletzt geändert durch Artikel 10 des Gesetzes vom 19. Oktober 2012, BGBl. I S. 2192.
[181] S. hierzu o. → § 2 Rn. 7 ff.

- andere zur Arzneimittelherstellung bestimmte Stoffe menschlicher Herkunft gewerbs- oder berufsmäßig herstellt, einer **Erlaubnis der zuständigen Landesbehörde**[182].

39 Der Begriff des **Herstellens** ist definiert in § 4 Abs. 14 AMG als *„das Gewinnen, das Anfertigen, das Zubereiten, das Be- oder Verarbeiten, das Umfüllen einschließlich Abfüllen, das Abpacken, das Kennzeichnen und die Freigabe"*[183]. Der Herstellungsbegriff und damit die Erlaubnispflicht erfasst alle Vorgänge, die zur Herstellung eines Arzneimittels sowie der weiter in § 13 Abs. 1 AMG aufgeführten Produkte erforderlich sind inklusive der Endfreigabe des Produkts, die durch die sachkundige Person nach § 14 AMG erfolgt[184]. Ob dies zum Zwecke der Abgabe an andere erfolgt, ist für die Frage der Herstellung ohne Relevanz.

40 Erfasst wird nur das **gewerbs- oder berufsmäßige Herstellen**[185]:
- Gewerbsmäßig ist jede auf die Erzielung dauernder Einnahmen gerichtete Tätigkeit.
- Berufsmäßig erfolgt die Herstellung von Arzneimitteln durch Angehörige der freien Berufe, dh insbesondere Apotheker und Ärzte.

41 Ferner sind in den Absätzen 1a, 2, 2b u. 2c des § 13 AMG **Ausnahmetatbestände** von der Erlaubnispflicht geregelt. Hiernach bedürfen einer Erlaubnis insbesondere nicht
- der Inhaber einer Apotheke für die Herstellung von Arzneimitteln im Rahmen des üblichen Apothekenbetriebs (Abs. 2 Nr. 1),
- Krankenhausapotheken (Abs. 2 Nr. 2),
- der Apothekeninhaber und Krankenhausapotheken für die Rekonstitution oder das Abpacken einschließlich eder Kennzeichnung von Arzneimitteln, die zur klinischen Prüfung bestimmt sind, sofern dies dem Prüfplan entspricht (Abs. 2 Nrn. 1 u. 2),
- Großhändler für das Umfüllen, Abpacken oder Kennzeichnen von Arzneimitteln, sofern diese hierdurch nicht verändert werden und keine Packungen zur Abgabe an den Endverbraucher hergestellt werden (Abs. 2 Nr. 4),
- der Hersteller von Wirkstoffen, die für die Herstellung von homöopathischen Arzneimitteln bestimmt sind, sofern diese nach einer im Homöopathischen Teil des Arzneibuchs beschriebenen Verfahrenstechnik hergestellt werden (Abs. 2 Nr. 6[186]), sowie
- Ärzte oder sonst zur Ausübung der Heilkunde bei Menschen, soweit die Arzneimittel unter ihrer unmittelbaren fachlichen Verantwortung zum Zwecke der persönlichen Anwendung bei einem bestimmten Patienten hergestellt werden (Abs. 2b S. 1[187]).

2. Versagungsgründe

42 Es besteht ein Rechtsanspruch auf die Erteilung der Erlaubnis, sofern keiner der in § 14 Abs. 1 AMG abschließend aufgeführten Versagungsgründe vorliegt[188]. Hiernach darf die Erlaubnis nur versagt werden, wenn

---

[182] Die Erlaubnis wird von der zuständigen Behörde des Landes erteilt, in dem die Betriebsstätte liegt oder liegen soll, § 13 Abs. 4 S. 1 AMG. Bei bestimmten Produkten hat diese im Benehmen mit dem PEI als zuständige Bundesoberbehörde zu erfolgen, § 13 Abs. 4 S. 2 AMG.

[183] Ausdrücklich nicht als Herstellen gilt das Mischen von Fertigarzneimitteln mit Futtermitteln durch den Tierhalter zur unmittelbaren Verabreichung an die von ihm gehaltenen Tiere, § 4 Abs. 14 HS 2 AMG.

[184] Vgl. auch *Rehmann*, AMG, § 4 Rn. 13.

[185] Vgl. hierzu *Rehmann*, AMG, § 13 Rn. 2.

[186] Insoweit wird vertreten, dass dies in gleicher Weise für Wirkstoffe gelten muss, die für Arzneimittel bestimmt sind, die nach einem in einer anderen offiziellen Pharmakopöe beschriebenen homöopathischen Herstellverfahren gefertigt werden. Vgl. *Kloesel/Cyran*, AMG, A 1.0, § 13 Anm. 64.

[187] Dies wiederum gilt nicht für (1) Arzneimittel für neuartige Therapien und xenogene Arzneimittel sowie (2) Arzneimittel, die zur klinischen Prüfung bestimmt sind, soweit es sich nicht nur um eine Rekonstitution handelt (Abs. 2b S. 2).

[188] Vgl. *Rehmann*, AMG, § 14 Rn. 1.

- die nach den Nrn. 1–5c erforderliche **personelle Ausstattung** eines ordnungsgemäßen Herstellungsbetriebes nicht nachgewiesen ist. Insbesondere ist die sog. sachkundige Person nach § 14 Abs. 1 Nr. 1 iVm § 15 AMG erforderlich[189], welche für die Freigabe der Arzneimittel für die Vermarktung nach Maßgabe des § 19 AMG verantwortlich ist;
- **geeignete Räume und Einrichtungen** für die beabsichtigte Herstellung, Prüfung und Lagerung der Arzneimittel nicht vorhanden sind (Nr. 6). Die Eignung der Räume und Einrichtungen hängt von der Art der konkreten Herstellungstätigkeiten ab am Maßstab der AMWHV sowie der anerkannten Richtlinien wie die GMP. Die zuständige Behörde hat diese vor Erteilung der Herstellerlaubnis zu inspizieren, um sich von der tatsächlichen Geeignetheit der Räume zu überzeugen[190]; oder
- der Hersteller nicht gewährleisten kann, dass die **Herstellung und Prüfung** der Arzneimittel nach dem Stand von Wissenschaft und Technik vorgenommen wird (Nr. 6a). Daher sind im Antrag auf Erteilung der Herstellungserlaubnis die Methoden zur Herstellung und Prüfung zu beschreiben, so dass die zuständige Behörde diese entsprechend überprüfen kann. Der „Stand von Wissenschaft und Technik" wird konkretisiert durch die AMWHV, der GMP sowie den weiteren öffentlichen Leitlinien inklusive der Arzneimittelprüfrichtlinien[191].

3. Entscheidung über die Herstellungserlaubnis

Über einen Antrag auf Erteilung einer Herstellungserlaubnis hat die zuständige Behörde innerhalb einer Frist von drei Monaten zu entscheiden (§ 17 Abs. 1 AMG). Im Falle von Beanstandungen der vorgelegten Unterlagen hat die zuständige Behörde dem Antragsteller allerdings zunächst Gelegenheit zu geben, den Mängeln innerhalb einer angemessenen Frist abzuhelfen. In diesem Fall werden die Fristen bis zur Behebung der Mängel oder bis zum Ablauf der gesetzten Frist gehemmt (§ 17 Abs. 3 S. 1 u. 2 AMG). Erfolgt keine Abhilfe, ist die Erlaubniserteilung zu versagen (§ 14 Abs. 5 AMG). 43

Inhaltlich und auch räumlich ist die dem Hersteller erteilte Erlaubnis beschränkt, da sie gemäß § 16 AMG nur für eine **bestimmte Betriebsstätte**, für **bestimmte Arzneimittel** und für **bestimmte Darreichungsformen** dieser Arzneimittel erteilt wird. Daher sind im Antrag die Betriebsstätte sowie die Arzneimittel und Darreichungsformen, die Gegenstand der Herstellungserlaubnis sein sollen, genau zu bezeichnen. Im Fall der Auftragsprüfung wird die Erlaubnis auch für eine bestimmte Betriebsstätte des beauftragten oder anderen Betriebes, der nach § 14 Abs. 4 S. 1 Nr. 3 AMG eingeschaltet wird, erteilt. 44

Die Herstellungserlaubnis ist damit betriebsbezogen, so dass bei einer Veräußerung oder Umwandlung des Betriebs die Erlaubnis mit übertragen wird und entsprechend auf den neuen Inhaber umgeschrieben werden kann, sofern zwischenzeitlich keine Versagungsgründe vorliegen[192]. 45

Bevor aber die Herstellung von Arzneimitteln in einer zugelassenen Betriebsstätte begonnen werden kann, ist dies der zuständigen Landesbehörde anzuzeigen (§ 67 Abs. 1 AMG). 46

---

[189] Die Anforderungen an die Sachkunde der sachkundigen Person sind detailliert geregelt in § 15 AMG.

[190] Nach Maßgabe des Abs. 4 können gewisse Tätigkeiten *außerhalb* der Betriebsstätte des Arzneimittelherstellers in entsprechend geeigneten Räumen vorgenommen werden, ohne dass diese einer Erlaubnis bedürfen. Insbesondere ist dies möglich für die Herstellung von Prüfpräparaten in einer beauftragten Apotheke (Nr. 1) sowie die Prüfung der Arzneimittel in beauftragten Betrieben (Nr. 3).

[191] Vgl. *Rehmann*, AMG, § 14 Rn. 10.

[192] So auch *Rehmann*, AMG, § 16 Rn. 3.

II. Qualitätsanforderungen an die Arzneimittelherstellung

47 Die auf Basis des § 54 AMG erlassenen Betriebsverordnungen geben einen einheitlichen Standard nicht nur für die Entwicklung, sondern auch für die Herstellung, Prüfung, Lagerung und Verpackung von Arzneimitteln und Wirkstoffen vor. Mit diesen erfolgt die Umsetzung der internationalen und europarechtlich vorgegebenen Standards wie den Grundsätzen der guten Laborpraxis (GLP) und den Grundsätzen der guten Herstellungspraxis (GMP[193]).

48 Zusätzlich hierzu gibt es das Arzneibuch, das „*eine Sammlung anerkannter pharmazeutischer Regeln über die Qualität, Prüfung, Lagerung, Abgabe und Bezeichnung von Arzneimitteln ist sowie den bei ihrer Herstellung verwendeten Stoffen*" (§ 55 Abs. 1 S. 1 AMG). Im Arzneibuch ist somit die pharmazeutische Qualität für einzelne in Monographien beschriebene Arzneimittel sowie für Arzneimittelgruppen festgelegt, und es enthält eine Beschreibung der Prüfmethoden zur Qualitätsbestimmung, der Lagerungsregeln sowie Angaben zur Arzneimittelbezeichnung. Derzeit existieren zwei Arzneibücher, nämlich das **Deutsche Arzneibuch**, in welches das **Europäische Arzneibuch** integriert ist, und das **Homöopathische Arzneibuch**[194]. Da der Inhalt des Arzneibuchs vom Bundesministerium für Gesundheit lediglich veröffentlicht wird, ohne deren Geltung in Form einer Rechtsverordnung vorzuschreiben, sind dessen Regeln nicht rechtlich bindend. Ihnen kommt allerdings die Qualität eines Sachverständigengutachtens zu, das den jeweils allgemein anerkannten Stand der Erkenntnisse über die pharmazeutischen Grundregeln wiederspiegelt und damit einen Standard vorgibt. Daher sind diese nach § 55 Abs. 8 AMG bei der Herstellung von Arzneimitteln und deren Inverkehrbringen zu beachten[195].

C. Zulassung von Arzneimitteln

I. Einleitung

49 Für das Inverkehrbringen von Fertigarzneimitteln besteht ein sog. **präventives Verbot mit Erlaubnisvorbehalt:** Nach der Richtlinie 2001/83/EG darf ein Fertigarzneimittel in einem Mitgliedstaat der Europäischen Union in der Regel erst dann in den Verkehr gebracht werden, wenn für das Inverkehrbringen entweder eine Genehmigung durch die zuständige Behörde dieses Mitgliedstaats oder durch die Europäische Kommission mittels einer europaweit gültigen zentralen Genehmigung nach der VO 726/2004[196] erteilt wurde[197]. Dies gilt nicht nur für die Erstgenehmigung, sondern auch für alle weiteren Stärken, Darreichungsformen, Verabreichungswege und Verabreichungsformen sowie alle Änderungen und Erweiterungen[198]. Bei Nichtvorliegen der gesetzlich geregelten Versagungs-

---

[193] Vgl. *Rehmann*, AMG, § 54 Rn. 1.
[194] Die darin enthaltenen Regeln werden von der Deutschen oder der Europäischen Arzneibuch-Kommission ausgearbeitet, beschlossen und laufend fortgeschrieben. Die Deutsche Arzneibuch-Kommission ist eine beim BfArM gebildete Kommission.
[195] Vgl. hierzu *Rehmann,* AMG, § 55 Rn. 1, 5.
[196] Dies gilt in Verbindung mit der Verordnung (EG) Nr. 1901/2006 über Kinderarzneimittel und der Verordnung (EG) Nr. 1394/2007 über neuartige Therapien.
[197] So explizit Art. 6 Abs. 1 UAbs. 1 RL 2001/83/EG. Eine solche Genehmigung ist auch für Radionuklidgeneratoren, Radionuklidkits, Kits von radioaktiven Arzneimitteln und industriell zubereitete radioaktive Arzneimittel erforderlich (§ 6 Abs. 2 RL 2001/83/EG). Vgl. hierzu *Rehmann,* AMG, Vor § 21 Rn. 3; *Heßhaus*, in Spickhoff, Medizinrecht, 10. AMG, § 21 Rn. 1.
[198] All diese Genehmigungen für das Inverkehrbringen werden nach dem Prinzip der sog „*Global Marketing Authorisation*" als Bestandteil derselben umfassenden Genehmigung für das Inverkehrbringen dieses Fertigarzneimittels angesehen (Art. 6 Abs. 1 UAbs. 2 RL 2001/83/EG). S. ausführlich hierzu u. → § 4 Rn. 198 ff.

gründe besteht für den Antragsteller ein **Rechtsanspruch** auf Erteilung der Genehmigung[199]. Für das Inverkehrbringen des Arzneimittels ist und bleibt der Inhaber der Genehmigung verantwortlich, die Bestellung eines Vertreters entbindet diesen nicht von seiner bestehenden rechtlichen Verantwortung[200].

II. Zulassungsverfahren und Zulassungsbehörden

1. Zulassungverfahren

Seit Einführung des Arzneimittelrechts in seiner heutigen Form besteht die Möglichkeit, auf Basis des jeweiligen **nationalen Zulassungsverfahrens** – in Deutschland sind dies die §§ 22 ff. AMG[201] – die Zulassung zum Inverkehrbringen eines Arzneimittels für Deutschland zu erhalten. 50

Zwischenzeitlich hat der pharmazeutische Unternehmer aber auch die Möglichkeit, teilweise sogar die Verpflichtung, sein zulassungspflichtiges Fertigarzneimittel für *mehrere oder alle weiteren Mitgliedstaaten* der Europäischen Union zugelassen zu bekommen. Hierbei sind zu unterscheiden: 51

- das **zentrale Zulassungsverfahren** auf Basis der VO 726/2004, an dessen Ende eine europaweit gültige Zulassungsentscheidung der Europäischen Kommission steht[202]: Bei diesem Verfahren wird das Dossier direkt bei der Europäischen Arzneimittelagentur EMA eingereicht, und nach erfolgreicher Prüfung und Konsultation der Mitgliedsstaaten erteilt die Europäische Kommission eine europaweite Zulassung; dieses Verfahren ist für bestimmte Arzneimittel, insbesondere gentechnisch hergestellte, verpflichtend, darüber hinaus aber auch nur für bestimmte Arzneimittel optional[203];
- *pan-europäische* Zulassungsverfahren, die mit Zulassungsentscheidungen durch die jeweils zuständigen nationalen Zulassungsbehörden auf Basis der Art. 6 Abs. 1 RL 2001/83/EG mit Geltungsbereich für den jeweiligen Mitgliedstaat enden; dies sind
  - das **Verfahren der gegenseitigen Anerkennung** (§ 25b Abs. 2 AMG, sog. Mutual Recognition Procedure – MRP): hier wird der Zulassungsantrag in einem Mitgliedstaat eingereicht, und nach erfolgter Zulassung in diesem Staat wird beantragt, diese Zulassung des Referenzstaates – dem sog. Reference Member State (RMS) – durch die Arzneimittelbehörden der eingebundenen Länder – der sog. Concerned Member States (CMS) – anzuerkennen, wobei als Basis für die Anerkennung die durch die RMS-Behörde bereits erteilte nationale Zulassung dient[204]; sowie
  - das **dezentrale Zulassungsverfahren** (§ 25b Abs. 3 AMG, sog. Decentralised Procedure – DCP): hier gibt es noch keine nationale Zulassung, die von anderen Mitgliedstaaten anerkannt werden soll, sondern es erfolgt die gemeinsame Anerkennung der positivien Bewertung eines Zulassungs*antrags*, erstellt durch den RMS, durch die involvierten CMS, wobei als Basis für die Anerkennung der durch die RMS-Behörde erstellte Beurteilungsbericht (assessment report) dient. Das dezentrale Verfahren ver-

---

[199] Dies ergibt sich aus Wortlaut und Systematik des Art. 26 Richtlinie 2001/83/EG, der für sowohl für nationale als auch für zentrale Zulassungen gleichermaßen gilt. Vgl. ferner zur rein nationalen Zulassung *Rehmann*, AMG, § 21 Rn. 3; *Dieners/Heil* in Dieners/Reese (Hrsg.), Hdb PharmaR, § 1 Rn. 123; *Wagner* in Dieners/Reese (Hrsg.), Hdb PharmaR, § 6 Rn. 101; für die zentrale europäische Zulassung bestätigt dies auch der Wortlaut des Art. 12 VO 726/2004.
[200] So ausdrücklich Art. 6 Abs. 1a RL 2001/83/EG.
[201] S. hierzu ausführlich u. → § 3 Rn. 77 ff.
[202] Vgl. Art. 13 Abs. 1 S. 1 UAbs. 1 VO 726/2004, geändert durch Art. 27 Abs. 1 VO 1394/2007: „Unbeschadet des Artikels 4 Absätze 4 und 5 der Richtlinie 2001/83/EG ist eine Genehmigung für das Inverkehrbringen, die nach der vorliegenden Verordnung erteilt worden ist, für die gesamte Gemeinschaft gültig."
[203] S. hierzu ausführlich u. → § 3 Rn. 114 ff.
[204] S. hierzu ausführlich u. → § 3 Rn. 168 ff.

läuft also ähnlich wie das MRP, allerdings wird hier der Zulassungsantrag gleichzeitig in allen gewünschten Mitgliedsstaaten eingereicht[205].

2. Zulassungsbehörden

52 In Deutschland können Fertigarzneimittel in den Verkehr gebracht werden
- entweder auf Basis einer Zulassungsentscheidung der **Europäische Kommission**[206]: diese Zulassung beansprucht ohne weitere Umsetzungsmaßnahme Gültigkeit für alle Länder der EU[207], in den EWR-Staaten Island, Liechtenstein und Norwegen, die auch Beteiligte des zentralen Zulassungsverfahrens, bedarf die Zulassungsentscheidung allerdings noch einer separaten Umsetzung in eine rechtlich bindende Entscheidung[208];
- auf Basis der in Deutschland zuständigen Bundesoberbehörden[209], nämlich
  – dem **Bundesinstitut für Arzneimittel und Medizinprodukte** (BfArM) für die Zulassung und Überwachung von niedermolekularen Arzneimitteln und Medizinprodukten,
  – dem **Bundesinstitut für Impfstoffe und biomedizinische Arzneimittel** (Paul Ehrlich Institut – PEI) für die Zulassung und Überwachung von Sera und Impfstoffen, sowie
  – dem Bundesinstitut für gesundheitlichen Verbraucherschutz und Veterinärmedizin (BgVV) für die Zulassung und Überwachung von Tierarzneimitteln.

III. Antragsarten

53 Für die Zulassung eines Fertigarzneimittels bestehen mehrere Antragsarten. Diese haben ihre Grundlage in der Richtlinie 2001/83/EG und finden Anwendung auf alle Verfahrensarten – also nicht nur auf nationale Zulassungsverfahren, das dezentrale Verfahren und das Verfahren der gegenseitigen Anerkennung, sondern aufgrund der Verweisung von Art. 6 Abs. 1 VO 726/2004 auf die Regelungen der Art. 10, 10a, 10b oder 11 sowie Anhang I Richtlinie 2001/83/EG auch auf das zentrale Zulassungsverfahren[210]. Im Wesentlichen hängen die Antragsarten davon ab, ob es sich um die Erstzulassung oder die Nachfolgezulassung eines Präparates handelt, und damit ob und ggf. in welchem Umfang eigene Daten vorgelegt werden müssen oder auf Unterlagen Dritter Bezug genommen werden kann[211].

---

[205] S. hierzu ausführlich u. → § 3 Rn. 174 ff.
[206] Der Bereich Arzneimittel ist fachlich bei der Generaldirektion Gesundheit und Verbraucher angesiedelt.
[207] Die Europäische Kommission wird dabei unterstützt wird durch die Europäische Arzneimittelbehörde EMA (European Medicines Agency), die eine koordinierende Funktion einnimmt. Innerhalb der EMA gibt es verschiedene Ausschüsse, die mit Mitarbeitern nationaler Behörden besetzt sind und insbesondere Gutachten erstellen, welche die Europäische Kommission bei ihrer Entscheidung heranzieht. Dies sind der Humanarzneimittelausschuss CHMP (Committee for Human Medicinal Products), der Tierarzneimittelausschuss CVMP (Committee for Veterinary Medicinal Products) sowie der Ausschuss für neuartige Therapien CAT (Committee for Advanced Therapies). Auf europäischer Ebene arbeiten die nationalen Arzneimittelbehörden der EU-Mitgliedsstaaten als „Heads of Medicines Agencies" zusammen.
[208] Sobald Arzneimittelzulassungsentscheidungen von der Europäischen Union getroffen wurden, werden gemäß der Entscheidung Nr. 74/1999 des EEA Joint Committee Island, Liechtenstein und Norwegen entsprechende Entscheidungen für ihr Hoheitsgebiet erlassen.
[209] Die Zuständigkeitsabgrenzung ist geregelt in § 77 AMG.
[210] Vgl. European Commission, Notice to Applicants Volume 2A – Procedures for marketing authorisation, Chapter 1 Marketing Authorisation (Revision 4, June 2013), Ziff. 5.
[211] Da die Antragsarten für alle Verfahren gelten (dh nationales, DCP, MRP und zentrales Verfahren), werden die Antragsarten nachfolgend auf Basis der Bestimmungen der Richtlinie 2001/83/EG dargestellt.

1. Vollantrag

Für die Zulassung eines Arzneimittels ist grundsätzlich ein sog. **Vollantrag** gemäß den Vorgaben des Art. 8 Abs. 3 RL 2001/83/EG einzureichen. Dieser Antrag wird auch „Stand alone application", „Full application" oder **„Art. 8(3)-Antrag"** genannt[212]. 54

Gemäß Art. 8 Abs. 3 RL 2001/83/EG in Verbindung mit dessen Anhang I muss der Antrag mit den folgenden Angaben und Unterlagen eingereicht werden, die ggf. auf den neuesten Stand zu bringen sind[213]: 55

- Name oder Firma und Anschrift des Antragstellers und ggf. des Herstellers;
- Name des Arzneimittels;
- Zusammensetzung nach Art und Menge aller Bestandteile des Arzneimittels, einschließlich der Nennung des von der Weltgesundheitsorganisation empfohlenen internationalen Freinamens (INN), falls ein INN für das Arzneimittel besteht, oder des einschlägigen chemischen Namens;
- Bewertung der möglichen Umweltrisiken des Arzneimittels[214];
- Angaben über die Herstellungsweise;
- Heilanzeigen, Gegenanzeigen und Nebenwirkungen;
- Dosierung, Darreichungsform, Art und Form der Anwendung und mutmaßliche Dauer der Haltbarkeit;
- Gründe für etwaige Vorsichts- und Sicherheitsmaßnahmen bei der Lagerung des Arzneimittels, seiner Verabreichung an Patienten und der Beseitigung der Abfallprodukte, zusammen mit einer Angabe potenzieller Risiken, die das Arzneimittel für die Umwelt darstellt;
- Beschreibung der vom Hersteller angewandten Kontrollmethoden;
- Eine schriftliche Bestätigung darüber, dass der Hersteller des Arzneimittels durch Audits gemäß Art. 46 lit. f RL 2001/83/EG die Einhaltung der Grundsätze und Leitlinien der guten Herstellungspraxis durch den Hersteller des Wirkstoffs nachgeprüft hat. Die schriftliche Bestätigung muss einen Hinweis auf das Datum der Audits und eine Erklärung enthalten, wonach das Ergebnis der Audits bestätigt, dass die Herstellung den Grundsätzen und Leitlinien der guten Herstellungspraxis genügt;
- Ergebnisse von:
  – pharmazeutischen (physikalisch-chemischen, biologischen oder mikrobiologischen) Versuchen,
  – vorklinischen (toxikologischen und pharmakologischen) Versuchen,
  – klinischen Versuchen[215];
- Zusammenfassung des Pharmakovigilanz-Systems des Antragstellers, die Folgendes umfassen muss:
  – Nachweis, dass der Antragsteller über eine qualifizierte Person verfügt, die für die Pharmakovigilanz verantwortlich ist,
  – Angabe der Mitgliedstaaten, in denen diese Person ansässig und tätig ist,
  – die Kontaktangaben zu dieser qualifizierten Person,
  – vom Antragsteller unterzeichnete Erklärung, dass er über die notwendigen Mittel verfügt, um den in Titel IX aufgeführten Aufgaben und Pflichten nachzukommen,
  – Angabe des Ortes, an dem die Pharmakovigilanz-Stammdokumentation für das betreffende Arzneimittel geführt wird.

---

[212] Diese Vorgaben wurde in das deutsche Arzneimittelrecht umgesetzt in § 22 Abs. 1 u. 2 AMG.
[213] Zusätzliche Erfordernisse bestehen für Radionuklidengeneratoren gemäß Art. 9 RL 2001/83/EG.
[214] Diese Auswirkungen sind zu prüfen; im Einzelfall sind Sonderbestimmungen zu ihrer Begrenzung vorzusehen.
[215] S. hierzu → o. § 3 Rn. 5 ff.

- Risikomanagement-Plan, mit einer Beschreibung des Risikomanagementsystems, das der Antragsteller für das betreffende Arzneimittel einführen wird, verbunden mit einer Zusammenfassung[216];
- Erklärung dahingehend, dass die klinischen Versuche, die außerhalb der Europäischen Union durchgeführt wurden, den ethischen Anforderungen der Richtlinie 2001/20/EG entsprechen;
- Eine Zusammenfassung der Merkmale des Arzneimittels nach Art. 11, ein Modell der äußeren Umhüllung mit den Angaben des Art. 54, der Primärverpackung des Arzneimittels mit den Angaben des Art. 55 sowie die Packungsbeilage gemäß Art. 59;
- Ein Nachweis darüber, dass der Hersteller in seinem Land die Genehmigung zur Herstellung von Arzneimittel besitzt;
- Kopien von:
  – allen in einem anderen Mitgliedstaat oder einem Drittland erteilten Genehmigungen für das Inverkehrbringen des betreffenden Arzneimittels, einer Zusammenfassung der Unbedenklichkeitsdaten einschließlich der Daten aus den regelmäßigen aktualisierten Unbedenklichkeitsberichten, soweit verfügbar, und den Berichten über vermutete Nebenwirkungen, zusammen mit einer Liste der Mitgliedstaaten, in denen ein nach dieser Richtlinie gestellter Antrag auf Genehmigung geprüft wird;
  – der vom Antragsteller gemäß Art. 11 vorgeschlagenen oder durch die zuständigen Behörden des Mitgliedstaats gemäß Art. 21 genehmigten Zusammenfassung der Merkmale des Arzneimittels und der gemäß Art. 59 vorgeschlagenen oder durch die zuständigen Behörden des Mitgliedstaats gemäß Art. 61 genehmigten Packungsbeilage;
  – Einzelheiten aller Entscheidungen zur Versagung der Genehmigung, ob in der Union oder in einem Drittland, und der Gründe für diese Entscheidung;
- Eine Kopie jeder Ausweisung des Arzneimittels als Arzneimittel für seltene Leiden gemäß der VO 141/2000 zusammen mit einer Kopie der entsprechenden Stellungnahme der EMA.

56 Gemäß Art. 8 Abs. 3 UAbs. 2 RL 2001/83/EG iVm Anhang I Teil I Ziff. 1.4 müssen die Sachverständigen ihre Anmerkungen zu den Angaben und Unterlagen, aus denen der Antrag besteht, insbesondere zu den Modulen 3, 4 und 5 (chemische, pharmazeutische und biologische Dokumentation, präklinische Dokumentation bzw. klinische Dokumentation) in ausführlichen Berichten vorlegen. Dabei wird von den Sachverständigen verlangt, dass sie sich mit den kritischen Fragen hinsichtlich der Qualität des Arzneimittels und der an Tieren und Menschen durchgeführten Untersuchungen befassen und alle Daten aufzeigen, die für die Bewertung sachdienlich sind. Um diesen Auflagen gerecht zu werden, sind eine Zusammenfassung der pharmazeutischen Qualität, ein präklinischer Überblick (Daten aus Untersuchungen an Tieren) und ein klinischer Überblick vorzulegen, die in Modul 2 des Antrags enthalten sein müssen. In Modul 1 muss eine von den Sachverständigen unterzeichnete Erklärung enthalten sein, in der ihr Ausbildungsprofil und ihre Berufserfahrung knapp beschrieben sind. Die Sachverständigen müssen über die geeignete fachliche oder berufliche Befähigung verfügen, die in einem kurzen Lebenslauf dargestellt werden[217].

---

[216] Das Risikomanagement-System muss in einem angemessenen Verhältnis zu den ermittelten und den potenziellen Risiken des Arzneimittels und dem Bedarf an Daten über die Unbedenklichkeit nach der Genehmigung stehen (Art. 8 Abs. 3 UAbs. 3 RL 2001/83/EG).
[217] Diese Personen müssen auch jede Verwendung wissenschaftlicher bibliografischer Unterlagen nach Artikel 10a gemäß den Bedingungen des Anhangs I begründen (Art. 12 Abs. 2). Abs. 3 bestätigt schließlich, dass die detaillierten Zusammenfassungen Teil der Unterlagen sind, die der Antragsteller den zuständigen Behörden vorlegt. Diese Vorgaben des Art. 8 Abs. 3 UAbs. 2, Art. 12 sowie Anhang I

2. „Informed Consent-Antrag"

Nach Art. 10c Richtlinie 2001/83/EG[218] besteht für einen Antragsteller die Möglichkeit, mit Zustimmung („Consent") des Inhabers einer Arzneimittelzulassung (dem sog. Vorantragsteller) auf bestimmte Unterlagen, die in dem Dossier des bereits zugelassenen Arzneimittels enthalten sind, Bezug zu nehmen – nämlich auf die die pharmazeutischen, vorklinischen und klinischen Unterlagen[219].

3. Generikumsantrag

Für die Zulassungs eines Generikums besteht die Möglichkeit, abweichend von Art. 8 Abs. 3 lit. i Richtlinie 2001/83/EG und unbeschadet des Rechts über den Schutz des gewerblichen und kommerziellen Eigentums, nach Ablauf des bestehenden Unterlagenschutzes auf die die Ergebnisse der vorklinischen und klinischen Versuche des zugelassenen Arzneimittels eines Vorantragstellers (dem sog. Referenzarzneimittel) **ohne dessen Zustimmung** Bezug zu nehmen (sog. „10(1)-Antrag"[220]).

Ein **Generikum** ist nach der in Art. 10 Abs. 2 lit. b) Richtlinie 2001/83/EG enthaltenen Definition ein Arzneimittel, das die gleiche qualitative und quantitative Zusammensetzung aus Wirkstoffen und die gleiche Darreichungsform wie das Referenzarzneimittel aufweist und dessen Bioäquivalenz mit dem Referenzarzneimittel durch geeignete Bioverfügbarkeitsstudien nachgewiesen wurde. Dabei gelten die verschiedenen Salze, Ester, Ether, Isomerer, Mischungen von Isomeren, Komplee oder Derivate eines Wirkstoffes als ein und derselbe Wirkstoff, es sei denn, ihre Eigenschaften unterscheiden sich erheblich hinsichtlich der Unbedenklichkeit oder der Wirksamkeit. In diesem Fall müssen vom Antragsteller ergänzende Unterlagen vorgelegt werden, die die Unbedenklichkeit oder Wirksamkeit der verschiedenen Salze, Ester, Ether, Isomere, Mischungen von Isomeren, Komplexe oder Derivate des Wirkstoffes belegen. Dabei gelten die verschiedenen oralen Darreichungsformen mit sofortiger Wirkstofffreigabe als ein und dieselbe Darreichungsform[221].

Voraussetzung für die Zulässigkeit eines entsprechenden Antrages ist – wie bereits angemerkt –, dass der Unterlagenschutz für das Referenzarzneimittel abgelaufen ist, mithin das Referenzarzneimittel vor mindestens acht Jahren zugelassen wurde (sog. **Datenexklusivität**). Da dies auch für eine Zulassung in einem anderen EU-Mitgliedstaat gilt, ist mithin für diesen Unterlagenschutz auf die erste innerhalb der EU erteilte Zulassung abzustellen. Ein hiernach zugelassenes Generium darf allerdings frühestens nach Ablauf von zehn Jahren nach Erteilung der ersten Zulassung für das Referenzarzneimittel in den Verkehr gebracht werden (sog. **Marktschutz**). Dieser Zeitraum kann um ein weiteres Jahr auf 11 Jahre verlängert werden, wenn der Zulassungsinhaber des Referenzarzneimittels für dieses ein neues Anwendungsgebiet zugelassen bekommt, das bei der wissenschaftlichen Bewertung vor der Zulassung durch die zuständige Behörde als von bedeutendem klinischem Nutzen im Vergleich zu bestehenden Therapien beurteilt wird[222].

Teil I Ziff. 1.4 RL 2001/83/EG wurden im AMG durch die Regelungen des § 24 Abs. 1–3 AMG umgesetzt.

[218] Die Umsetzung in das nationale Arzneimittelrecht erfolgte mit § 24a AMG.
[219] Gemäß § 24a AMG hat der Antragsteller auch die Bestätigung vorzulegen, dass die Unterlagen, auf die Bezug genommen wird, die Anforderungen der Arzneimittelprüfrichtlinien nach § 26 AMG erfüllen.
[220] Die Umsetzung in das nationale Arzneimittelrecht erfolgte mit § 24b AMG.
[221] Dem Antragsteller können die Bioverfügbarkeitsstudien erlassen werden, wenn er nachweisen kann, dass das Generikum die relevanten Kriterien erfüllt, die in den entsprechenden ausführlichen Leitlinien festgelegt sind (Art. 10 Abs. 2 lit. b S. 5 RL 2001/83/EG).
[222] Vgl. Art. 14 Abs. 11 VO 726/2004, Art. 10 Abs. 1 RL 2001/83/EG sowie § 24 Abs. 1 S. 1 AMG. S. ausführlich hierzu unten → § 4 Rn. 186 ff.

4. Hybrid-Zulassungsantrag

61 Bei einem Zulassungsantrag für ein Arzneimittel, das nicht die Anforderungen eines Generikums erfüllt – also nicht bioäquivalent zum Referenzarzneimittel ist – oder in denen die Bioäquivalenz nicht durch entsprechende Studien nachgewiesen werden kann, sind gemäß Art. 10 Abs. 3 Richtlinie 2001/83/EG die Ergebnisse der geeigneten vorklinischen oder klinischen Versuche vorzulegen (daher auch „10(3)-Antrag" genannt). Die gleichen Anforderungen gelten bei einer Änderung des Wirkstoffes, des Anwendungsgebietes, der Stärke, der Darreichungsform oder des Verabreichungsweges gegenüber dem Referenzarzneimittel[223].

5. Fixkombination

62 Die Regelung des Art. 10b Richtlinie 2001/83/EG beinhaltet eine Sonderregelung für feste Kombinationen aus bereits zugelassenen Wirkstoffen. Enthalten nämlich Arzneimittel Wirkstoffe, die Bestandteil bereits genehmigter Arzneimittel sind, bisher jedoch zu therapeutischen Zwecken noch nicht fest miteinander kombiniert wurden, so sind gemäß Art. 10b nur die Ergebnisse neuer vorklinischer oder neuer klinischer Versuche zu dieser Kombination gemäß Art. 8 Abs. 3 lit. i RL 2001/83/EG vorzulegen, ohne dass aber zu jedem einzelnen Wirkstoff wissenschaftliche Referenzen angegeben werden müssen. Beinhaltet die Festkombination aber einen noch nicht zugelassenen Wirkstoff, so ist ein Vollantrag nach Art. 8 Abs. 3 RL 2001/83/EG einzureichen, der auch die erforderlichen wissenschaftlichen Referenzen zu den einzelnen Wirkstoffen enthalten muss[224].

6. Well-established-use- bzw. Literaturzulassungsantrag

63 Bei einem Arzneimittel, dessen Wirkstoffe seit mindestens zehn Jahren in der Europäischen Union allgemein medizinisch verwendet wurden, eine anerkannte Wirksamkeit sowie einen annehmbaren Grad an Sicherheit gemäß den Bedingungen des Anhangs I zur RL 2001/83/EG aufweisen, ist der Antragsteller abweichend von Art. 8 Abs. 3 lit. i) RL 2001/83/EG und unbeschadet des Rechts über den Schutz des gewerblichen und kommerziellen Eigentums nicht verpflichtet, die Ergebnisse der vorklinischen oder klinischen Versuche vorzulegen. In diesem Fall hat er die Ergebnisse dieser Versuche durch einschlägige wissenschaftliche Dokumentation (insbesondere Literaturdaten) zu ersetzen (auch **„Well-established-use-Antrag"** oder **„10a-Antrag"** genannt[225]). Nach Ansicht der *Europäischen Kommission* bedeutet die „allgemeine medizinische Verwendung" nicht zwingend eine entsprechende Verwendung als zugelassenes Arzneimittel. Allerdings reichen für den Nachweis der notwendigen umfassenden allgemeinen medizinischen Verwendung Daten aus klinischen Studien allein – selbst wenn diese Studien sehr umfangreich waren – nicht aus, um eine derartige allgemeine Verwendung zu rechtfertigen[226].

7. Biosimilar-Antrag

64 Zwischenzeitlich gibt es mit Art. 10 Abs. 4 RL 2001/83/EG eine besondere Rechtsgrundlage für die Zulassung von Nachfolgeprodukten zu biotechnologischen Referenz-

---

[223] Die Umsetzung in das nationale Arzneimittelrecht erfolgte mit § 24b Abs. 2 S. 6 AMG.
[224] Vgl. EMA, Guideline on Clinical Development of Fixed Combination Medicinal Products (CHMP/EWP/240/95 Rev. 1) v. 19. Februar 2009, Ziff. 4.
[225] Die Umsetzung in das nationale Arzneimittelrecht erfolgte mit § 22 Abs. 3 Nr. 1 AMG.
[226] Vgl. Europäische Kommission, Pharmaceutical Committee – Human, Summary Record des 65. Meeting v. 16.3.2009 (PHARM 572); Notice to Applicants, Volume 2A, Procedures for marketing authorisation, Chapter 1, Marketing Authorisation (June 2013), S. 33 ff.

arzneimitteln (sog. **Biosimilars**[227]): Erfüllt ein biologisches Arzneimittel, das einem zugelassenen biologischen Referenzarzneimittel ähnlich ist, die für Generika geltenden Anforderungen nach Art. 10 Abs. 1 RL 2001/83/EG nicht, weil insbesondere die Rohstoffe oder der Herstellungsprozess des biologischen Arzneimittels sich von dem des biologischen Referenzarzneimittels unterscheiden, so sind die Ergebnisse geeigneter vorklinischer oder klinischer Versuche hinsichtlich dieser Abweichungen vorzulegen. Dabei müssen die Art und Anzahl der vorzulegenden zusätzlichen Unterlagen den nach dem Stand der Wissenschaft relevanten Kriterien des Anhangs I zur RL 2001/83/EG und den diesbezüglichen Leitlinien entsprechen. Die Ergebnisse anderer Versuche aus dem Dossier des Referenzarzneimittels sind aber ausdrücklich nicht vorzulegen[228].

8. Parallelimportzulassung

Parallelimport-Arzneimittel sind in EU-/EWR-Mitgliedstaaten *national* zugelassene Arzneimittel, die ein vom Zulassungsinhaber unabhängiger Dritter dort erwirbt und in ein anderes EU-/EWR-Mitgliedstaat importiert, um sie dort – „parallel" zum ursprünglichen pharmazeutischen Unternehmer – in den Verkehr zu bringen. Für Parallelimportarzneimittel gilt die Regelung des Art. 6 Abs. 1 RL 2001/83/EG über die Zulassungspflicht von Fertigarzneimitteln gleichermaßen, so dass diese in den Mitgliedstaaten zugelassen werden, *bevor* sie vom Importeur in den Verkehr gebracht werden dürfen. Mit **Parallelvertrieb** wird demgegenüber der Import von *zentral* von der Europäischen Kommission zugelassenen Arzneimitteln bezeichnet. Beim Parallelvertrieb bedarf es keiner separaten Zulassung, da das Arzneimittel bereits gemeinschaftlich zugelassen ist. Es ist lediglich die EMA einmal jährlich von Änderungen in der Kennzeichnung oder der Packungsbeilage zu informieren, es sei denn, es handelt sich um Sicherheits- oder Qualitätsprobleme[229].

Ein besonderes Zulassungsverfahren für Parallelimportarzneimittel ist zwar weder in der Richtlinie 2001/83/EG noch im AMG geregelt. Nach der Rechtsprechung des *EuGH* müssen allerdings Parallelimport-Arzneimittel nur ein sog. **vereinfachtes Zulassungsverfahren** durchlaufen[230]: Art. 28 EG schreibt den freien Warenverkehr innerhalb der EU bzw. des EWR vor. Die Arzneimittelzulassungsverfahren – und damit die jeweiligen Anforderungen an Nachweis der Qualität, Wirksamkeit und Unbedenklichkeit – sind aufgrund der harmonisierenden Richtlinien zwischenzeitlich für alle EU-/EWR Mitgliedstaaten vergleichbar. Ein Parallelimporteur, der lediglich ein Fertigarzneimittel erwirbt, das in einem anderen Mitgliedstaat auf Basis einer Zulassung bereits in den Verkehr gebracht wird, ist nicht im Besitz des „Zulassungsdossiers" des ursprünglichen Herstellers im EU-Exportstaat zum Nachweis seiner Qualität, Wirksamkeit und Unbedenklichkeit. Deshalb

---

[227] Biotechnologische Arzneimittel sind Arzneimittel, die aus einer biologischen Quelle (wie zB einem Bakterium oder Hefe) hergestellt werden oder von einer solchen Quelle stammen. Diese können aus vergleichsweise kleinen Molekülen bestehen (wie zB menschliches Insulin oder Erythropoetin), oder komplexe Moleküle sein (wie zB monklonale Antikörper). Vgl. EMA, Questions and answers on biosimilar medicines (similar biological medicinal products) (EMA/837805/2011) v. 27.9.2012, dort auf S. 1 unter „*What is a biological medicine?*".
[228] Die Umsetzung in das nationale Arzneimittelrecht erfolgte mit § 24b Abs. 5 AMG.
[229] Vgl. insgesamt hierzu Mitteilung der Kommission über Paralleleinfuhren von Arzneispezialitäten, deren Inverkehrbringen bereits genehmigt ist (KOM(2003) 839 endg.) vom 30.12.2003, dort Ziff. 2.; BfArM, Informationen zum Parallelimport von Arzneimitteln (Stand: 19.3.2009), abrufbar unter http://www.bfarm.de; EMA, Guidance on centrally authorised products requiring a notification of a change for update of annexes (EMA/478821/2013) v. 6.8.2013; *Wagner* in Dieners/Reese (Hrsg.), Hdb PharmaR, § 6 Rn. 254.
[230] EuGH Urteil vom 25.5.1976 – Rs. C-104/75 (de Peijper) –, Slg. 1976, 613 ff.

kann und braucht er im EU-Importstaat nur einen geringen Teil der gesetzlich geforderten Unterlagen vorzulegen[231].

67 Auf Basis dieser *EuGH*-Rechtsprechung ist die Zulassung für Parallelimport-Arzneimittel zu erteilen, sofern die folgenden Voraussetzungen erfüllt sind[232]:

68 • das Parallelimport-Arzneimittel wurde in dem jeweiligen EU-Staat, in dem es erworben wird, regulär geprüft und zugelassen, und wird dort auf Basis dieser Genehmigung in Verkehr gebracht; und

69 • das eingeführte Erzeugnis gleicht im Wesentlichen (*„is essential similar to"*) einem Erzeugnis, für das im Einfuhrmitgliedstaat bereits eine Genehmigung vorliegt (Bezugsarzneimittel), auf dessen Unterlagen der Parallelimporteur zum Nachweis der Wirksamkeit und Unbedenklichkeit der Parallelimporteur Bezug genommen hat. Das Parallelimport-Arzneimittel muss daher nicht in allen Punkten identisch sein mit dem Bezugsarzneimittel, sondern es reicht aus, wenn es bzgl. Art und Menge des arzneilich wirksamen Bestandteils sowie Darreichungsform und Art der Anwendung mit diesem vergleichbar ist[233].

70 Die Genehmigung für Paralleleinfuhren ist schließlich nicht mit der Wirksamkeit der Bezugszulassung gekoppelt. Vielmehr ist ein automatisches Erlöschen nur dann gerechtfertigt, wenn die Bezugszulassung aus Gründen des Schutzes der öffentlichen Gesundheit erloschen ist[234].

9. Antrag auf Nachzulassung

71 Für Fertigarzneimittel, die sich mit Inkrafttreten des AMG am 1. Januar 1978 im Verkehr befanden, gelten die Übergangsvorschriften des § 105 AMG für Altarzneimittel und der §§ 109, 109a AMG für traditionelle Arzneimittel. Diese galten als zugelassen, wenn sie sich bereits am 1. September 1976 im Verkehr befanden oder auf Grund eines bis zu diesem Zeitpunkt gestellten Antrags in das Spezialitätenregister nach dem AMG 1961 eingetragen wurden. Sie mussten sodann innerhalb von 6 Monaten nach dem 1. Januar 1978 der zuständigen Bundesoberbehörde angezeigt werden. Diese sog. **Nachzulassung** erlosch mit Wirkung zum 30.4.1990, es sei denn, es wurden fristgemäß entsprechende Verlängerungsanträge gestellt oder das Arzneimittel von der Zulassung oder Registrierung freigestellt[235].

IV. Zulassungspflichtige Arzneimittel

1. Grundsatz der Zulassungspflicht

72 Auf Basis des Art. 6 Abs. 1 RL 2001/83/EG besteht in Deutschland der Grundsatz, dass ein Fertigarzneimittel, das Arzneimittel im Sinne des § 2 Abs. 1 oder Abs. 2 Nr. 1 AMG ist[236], nur dann in den Verkehr gebracht werden darf, wenn es zuvor durch die zuständige Behörde zugelassen wurde (§ 21 Abs. 1 AMG[237]).

---

[231] Vgl. ausführlich hierzu, insbesondere zu den wegweisenden Entscheidungen des EuGH *Wagner* in Dieners/Reese (Hrsg.), Hdb PharmaR, § 6 Rn. 255 ff.; *Bauroth* in Fuhrmann/Klein/Fleischfresser (Hrsg.), Arzneimittelrecht, § 23 Rn. 8 ff.
[232] Vgl. *Wagner* in Dieners/Reese (Hrsg.), Hdb PharmaR, § 6 Rn. 257.
[233] Vgl. EuGH Rs. C-94/9u8 (Rhône-Poulenc Rorer), Rn. 628 f.
[234] EuGH Rs. C-172/00 (Ferring), Rn. 35. Vgl. hierzu auch *Wagner* in Dieners/Reese (Hrsg.), Hdb PharmaR, § 6 Rn. 259.
[235] Vgl. insgesamt hierzu *Kloesel/Cyran*, AMG, A 1.0, § 105 Anm. 1 ff.
[236] S. hierzu o. → § 2 Rn. 7 ff. u. 47 f.
[237] S. hierzu o. → § 3 Rn. 49 ff.

2. Ausnahmen von der Zulassungspflicht

Allerdings sieht zum einen § 21 Abs. 2 AMG zahlreiche Ausnahmen von der Zulassungspflicht vor[238]. Einer Zulassung bedarf es hiernach nicht in folgenden Fällen:

- Humanarzneimittel, die auf Grund nachweislich häufiger ärztlicher oder zahnärztlicher Verschreibung in den wesentlichen Herstellungsschritten in einer Apotheke in einer Menge bis zu hundert abgabefertigen Packungen an einem Tag im Rahmen des üblichen Apothekenbetriebs hergestellt werden und zur Abgabe im Rahmen der bestehenden Apothekenbetriebserlaubnis bestimmt sind (Nr. 1, sog. **„Hunderterregelung"**[239]);
- Arzneimittel, bei deren Herstellung Stoffe menschlicher Herkunft eingesetzt werden und die entweder zur autologen oder gerichteten, für eine bestimmte Person vorgesehene Anwendung bestimmt sind oder auf Grund einer Rezeptur für einzelne Personen hergestellt werden, es sei denn, es handelt sich um Arzneimittel im Sinne von § 4 Abs. 4 (1a) AMG;
- Arzneimittel, die andere als die zuvor in Nummer 1a genannten Arzneimittel sind und für Apotheken, denen für einen Patienten eine Verschreibung vorliegt, aus im Geltungsbereich dieses Gesetzes zugelassenen Arzneimitteln
  a) als Zytostatikazubereitung oder für die parenterale Ernährung sowie in anderen medizinisch begründeten besonderen Bedarfsfällen, sofern es für die ausreichende Versorgung des Patienten erforderlich ist und kein zugelassenes Arzneimittel zur Verfügung steht, hergestellt werden oder
  b) als Blister aus unveränderten Arzneimitteln hergestellt werden oder
  c) in unveränderter Form abgefüllt werden[240];
- Humanarzneimittel, die antivirale oder antibakterielle Wirksamkeit haben und zur Behandlung einer bedrohlichen übertragbaren Krankheit, deren Ausbreitung eine sofortige und das übliche Maß erheblich überschreitende Bereitstellung von spezifischen Arzneimitteln erforderlich macht, aus Wirkstoffen hergestellt werden, die von den Gesundheitsbehörden des Bundes oder der Länder oder von diesen benannten Stellen für diese Zwecke bevorratet wurden, soweit ihre Herstellung in einer Apotheke zur Abgabe im Rahmen der bestehenden Apothekenbetriebserlaubnis oder zur Abgabe an andere Apotheken erfolgt (Nr. 1c);
- Arzneimittel, die Gewebezubereitungen sind und der Pflicht zur Genehmigung nach den Vorschriften des § 21a Abs. 1 unterliegen (Nr. 1d);
- Arzneimittel, die Heilwässer, Bademoore oder andere Peloide sind, aber nicht im Voraus hergestellt und nicht in einer zur Abgabe an den Verbraucher bestimmten Packung in den Verkehr gebracht werden, oder die ausschließlich zur äußeren Anwendung oder zur Inhalation vor Ort bestimmt sind (Nr. 1e);

---

[238] Die europarechtliche Grundlagen hierzu finden sich in Art. 3 u. 5 Richtline 2001/83/EG.

[239] Diese Regelung findet sich im AMG seit der 8. AMG-Novelle im Jahr 1998. Nach den Vorgaben des Art. 3 Abs. 1 u. 2 RL 2001/83/EG sind Ausnahmen für Apotheken allerdings nur noch zulässig für Arzneimittel, die (1) in einer Apotheke nach ärztlicher Verschreibung für einen bestimmten Patienten zubereitet werden (sog. formula magistralis), oder (2) in einer Apotheke nach Vorschrift einer Pharmakopöe zubereitet wurden, und die für die unmittelbare Abgabe an die Patienten bestimmt sind, die Kunden dieser Apotheke sind (sog. formula officinalis). Die Regelung des § 21 Abs. 2 Nr. 1 AMG ist aber weder auf eine Herstellung gemäß den Vorgaben der Pharmakopöe noch auf die Zubereitung für einen bestimmten Patienten begrenzt, sondern erlaubt sogar **generell** die Herstellung „im Rahmen des üblichen Apothekenbetriebs" bis zu 100 abgabefertige Packungen pro Tag. Demgemäß ist der Anwendungsbereich der Nr. 1 europarechtskonform auf die Ausnahmetatbestände des Art. 3 Abs. 1 u. 2 RL 2001/83/EG zu reduzieren, ansonsten wäre diese Norm europarechtswidrig.

[240] Nach der Entscheidung des EuGH vom 11.4.2013 – Rs. C-535/11 (Novartis Pharma GmbH vs Apozyt) sind diese Ausnahmeregelungen mit der europarechtlichen Vorgabe des Art. 5 Abs. 1 RL 2001/83/EG mE nicht vereinbar.

- Arzneimittel, die medizinische Gase sind und die für einzelne Personen aus im Geltungsbereich dieses Gesetzes zugelassenen Arzneimitteln durch Abfüllen und Kennzeichnen in Unternehmen, die nach § 50 zum Einzelhandel mit Arzneimitteln außerhalb von Apotheken befugt sind, hergestellt werden (Nr. 1f);
- als Therapieallergene für einzelne Patienten auf Grund einer Rezeptur hergestellt werden (Nr. 1g);
- zur klinischen Prüfung bei Menschen bestimmt sind (Nr. 2);
- Fütterungsarzneimittel, die bestimmungsgemäß aus Arzneimittel-Vormischungen hergestellt sind, für die eine Zulassung nach § 25 erteilt ist (Nr 3):
- Arzneimittel, die für Einzeltiere oder Tiere eines bestimmten Bestandes in Apotheken oder in tierärztlichen Hausapotheken unter den Voraussetzungen des Absatzes 2a hergestellt werden (Nr. 4[241]);
- Arzneimittel, die zur klinischen Prüfung bei Tieren oder zur Rückstandsprüfung bestimmt sind (Nr. 5); oder
- Arzneimittel, die unter den in Art. 83 VO 726/2004 genannten Voraussetzungen[242] *kostenlos* für eine Anwendung bei Patienten zur Verfügung gestellt werden, die an einer zu einer schweren Behinderung führenden Erkrankung leiden oder deren Krankheit lebensbedrohend ist, und die mit einem zugelassenen Arzneimittel nicht zufrieden stellend behandelt werden können (Nr. 6[243]).

---

[241] Gemäß Abs. 2a dürfen solche Arzneimittel, die für den Verkehr außerhalb von Apotheken nicht freigegebene Stoffe und Zubereitungen aus Stoffen enthalten, nur hergestellt werden (zum Begriff des Herstellens insoweit s. Satz 4), wenn für die Behandlung ein zugelassenes Arzneimittel für die betreffende Tierart oder das betreffende Anwendungsgebiet nicht zur Verfügung steht, die notwendige arzneiliche Versorgung der Tiere sonst ernstlich gefährdet wäre und eine unmittelbare oder mittelbare Gefährdung der Gesundheit von Mensch und Tier nicht zu befürchten ist. Eine solche Herstellung von Arzneimitteln ist nur in Apotheken zulässig. Dies gilt allerdings nicht für das Zubereiten von Arzneimitteln aus einem Fertigarzneimittel und arzneilich nicht wirksamen Bestandteilen sowie für das Mischen von Fertigarzneimitteln zum Zwecke der Immobilisation von Zoo-, Wild- und Gehegetieren. Diese Regelungen des Abs. 2a Sätze 1 bis 4 gelten nicht für registrierte oder von der Registrierung freigestellte homöopathische Arzneimittel, die, soweit sie zur Anwendung bei Tieren bestimmt sind, der Gewinnung von Lebensmitteln dienen, ausschließlich Wirkstoffe enthalten, die im Anhang der Verordnung (EU) Nr. 37/2010 als Stoffe aufgeführt sind, für die eine Festlegung von Höchstmengen nicht erforderlich ist.

[242] Gemäß Art. 83 VO 726/2004 können die Mitgliedstaaten abweichend von Art. 6 RL 2001/83/EG „ein Humanarzneimittel, das zu den Kategorien im Sinne des Artikels 3 Absätze 1 und 2 dieser Verordnung gehört, für einen „compassionate use" zur Verfügung stellen". Dabei bedeutet „compassionate use", dass ein den Kategorien des Art. 3 Abs. 1 o. 2 VO 726/2004 zugehöriges Arzneimittel aus humanen Erwägungen einer Gruppe von Patienten zur Verfügung gestellt wird, die an einer zu Invalidität führenden chronischen oder schweren Krankheit leiden oder deren Krankheit als lebensbedrohend gilt und die mit einem genehmigten Arzneimittel nicht zufrieden stellend behandelt werden können. Das betreffende Arzneimittel muss entweder Gegenstand eines Antrags auf Erteilung einer Genehmigung für das Inverkehrbringen nach Art. 6 dieser Verordnung oder Gegenstand einer noch nicht abgeschlossenen klinischen Prüfung sein.

[243] Diese Normierung des sog. „Compassionate Use" (sog. Härtefallprogramm) erfolgte mit der 14. AMG-Novelle mit Wirkung zum vom 17. Juli 2009. Obwohl Art. 83 VO 726/2004 nur Arzneimittel erfasst, die zentral zugelassen werden können oder müssen, wird in der Ausnahmeregelung der Nr. 6 ausdrücklich normiert, dass diese Möglichkeit des Compassionate Use auch für Arzneimittel gilt, die nicht den Kategorien des Art. 3 Abs. 1 o. 2 VO 726/2004 zugehören; mit Wirkung zum 22. Juli 2010 ist sodann die sog. Arzneimittel-Härtefall-Verordnung (AMHV). vom 14. Juli 2010 (BGBl. I S. 935) in Kraft getreten: durch diese ist das Verfahren zur bestätigten Anzeige eines Arzneimittel-Härtefallprogramms durch die Bundesoberbehörden (BfArM und PEI) eingeführt und geregelt worden. Allerdings gilt die AMHV nur für Arzneimittel-Härtefall*programme*, dh Programme, die zur Behandlung von Gruppen von Patienten intendiert sind. Die Behandlung eines indiviuellen Einzelfalls ist nicht Gegenstand der Arzneimittel-Härtefall-Verordnung und des damit verbundenen Anzeigeverfahrens bei den Bundesoberbehörden.

Ist fraglich, ob ein Arzneimittel unter die Zulassungspflicht fällt, so kann die zuständige   74
Bundesoberbehörde über die Zulassungspflicht eines Arzneimittels oder die Genehmigungspflicht einer Gewebezubereitung auf Antrag der zuständigen Landesbehörde entscheiden. Dem Antrag hat die zuständige Landesbehörde eine begründete Stellungnahme zur Einstufung des Arzneimittels oder der klinischen Prüfung beizufügen (Abs. 3).

Ferner besteht für das Bundesministerium für Gesundheit die Möglichkeit, auf Basis   75
des § 36 AMG bestimmte Arzneimittel oder Arzneimittelgruppen oder Arzneimittel in bestimmten Abgabeformen von der Zulassungspflicht freizustellen, soweit eine unmittelbare oder mittelbare Gefährdung der Gesundheit von Mensch oder Tier nicht zu befürchten ist, weil die Anforderungen an die erforderliche Qualität, Wirksamkeit und Unbedenklichkeit erwiesen sind. Durch die auf dieser Rechtsgrundlage erlassenen Verordnungen über Standardzulassungen vom 3.12.1982[244] und nachfolgenden Änderungsverordnungen[245] wurden bereits zahlreiche Fertigarzneimittel von der Pflicht zur Einzelzulassung freigestellt[246].

Schließlich gibt es Ausnahmen zur Zulassung dergestalt, dass bestimmte Arzneimittel   76
allein einer Pflicht zur Registrierung unterliegen. Dies gilt für homöopathische Arzneimitteln nach den §§ 38 f. AMG sowie traditionelle pflanzliche Arzneimittel nach den §§ 39a ff. AMG[247].

V. Nationales Zulassungsverfahren

1. Anwendungsbereich

Eine Zulassung durch die zuständige Bundesoberbehörde kommt nur für solche zu-   77
lassungspflichtigen Fertigarzneimittel in Betracht, die nicht unter die Pflicht zur zentralen Zulassung nach Art 3 Abs. 1 VO 726/2004 fallen[248].

2. Verfahrensablauf und Versagungsgründe

a) **Antragsteller.** § 21 Abs. 3 AMG regelt, wer die Zulassung bei der zuständigen   78
Bundesoberbehörde zu beantragen hat. Dies ist bei zulassungs- oder registrierungspflichtigen Arzneimitteln der künftige Inhaber der Zulassung oder Registrierung, der sog. **pharmazeutische Unternehmer**[249]. Für ein Fertigarzneimittel, das in Apotheken oder sonstigen Einzelhandelsbetrieben auf Grund einheitlicher Vorschriften hergestellt und unter einer einheitlichen Bezeichnung an Verbraucher abgegeben wird, ist die Zulassung vom **Herausgeber der Herstellungsvorschrift** zu beantragen. Wird ein Fertigarzneimittel für mehrere Apotheken oder sonstige Einzelhandelsbetriebe hergestellt und soll es unter deren Namen und unter einer einheitlichen Bezeichnung an Verbraucher abgegeben werden, so hat der **Hersteller** die Zulassung zu beantragen.

b) **Validierung.** Nach Einreichung des Zulassungsantrages nebst allen erforderlichen   79
Anlagen und Unterlagen[250] bei der zuständigen Bundesoberbehörde[251] erfolgt zunächst

---

[244] BGBl. I S. 1601.
[245] Vgl. hierzu die Auflistung bei *Kloesel/Cyran*, AMG, A 1.0, § 36 Anm. 15.
[246] Vgl. hierzu die Übersicht des BfArM, verfügbar unter http://www.bfarm.de/DE/Arzneimittel/2_zulassung/verfahren/stdZul/stdzul-node.html.
[247] S. hierzu u. → § 3 Rn. 201 ff.
[248] S. ausführlich hierzu u. → § 3 Rn. 118 ff.
[249] § 4 Abs. 18 AMG.
[250] S. hierzu o. → § 3 Rn. 54 ff.
[251] Dies ist für Humanarzneimittel das BfArM, für Sera, Impfstoffe, Testallergene, Testsera und Testantigene sowie für Blutzubereitungen das Paul-Ehrlich-Institut (PEI), und für Tierarzneimittel das Bundesamt für Verbraucherschutz und Lebensmittelsicherheit. S. hierzu o. → § 3 Rn. 52.

eine formale Prüfung auf Vollständigkeit (sog. Validierung[252]). Ist diese positiv, so erfolgt die inhaltliche Prüfung und Bewertung des Zulassungsantrags. Da die Erteilung einer Zulassung nur bei Vorliegen eines der in § 25 Abs. 2 u. 3 AMG abschließend aufgeführten **Versagungsgründe** versagt werden kann, ist demgemäß die Prüfung und Bewertung auch auf diese beschränkt.

80 c) **Versagungsgründe des § 25 Abs. 2 AMG.** Gemäß § 25 Abs. 2 AMG darf die Zulassungserteilung nur versagt werden, wenn
- die vorgelegten Unterlagen unvollständig sind (Nr. 1[253]),
- das Arzneimittel nicht nach dem jeweils gesicherten Stand der wissenschaftlichen Erkenntnisse ausreichend geprüft wurde oder das andere wissenschaftliche Erkenntnismaterial nach § 22 Abs. 3 AMG nicht dem jeweils gesicherten Stand der wissenschaftlichen Erkenntnis entspricht (Nr. 2[254]),
- das Arzneimittel nicht nach den anerkannten pharmazeutischen Regeln hergestellt wird oder nicht die angemessene Qualität aufweist (Nr. 3[255]),
- dem Arzneimittel die vom Antragsteller angegebene therapeutische Wirksamkeit fehlt oder diese nach dem jeweils gesicherten Stand der wissenschaftlichen Erkenntnisse vom Antragsteller unzureichend begründet ist (Nr. 4[256]),
- das Nutzen-Risiko-Verhältnis – das eine Bewertung der positiven therapeutischen Wirkungen des Arzneimittels im Verhältnis zu seinem Risiko umfasst[257] – ungünstig ist (Nr. 5[258]),
- bei einem Kombinationsarzneimittel, das mehr als einen Wirkstoff enthält, eine ausreichende Begründung fehlt, dass jeder Wirkstoff einen Beitrag zur positiven Beurteilung des Arzneimittels leistet, wobei die Besonderheiten der jeweiligen Arzneimittel in einer risikogestuften Bewertung zu berücksichtigen sind (Nr. 5a[259]),

---

[252] Bei der Antragstellung sind die von der zuständigen Bundesoberbehörde herausgegebenen Antragsformulare zu verwenden, die auch im Bundesanzeiger bekanntgemacht sind. Gemäß der AMG-Einreichungsverordnung vom 21.12.2000 (BGBl. I Nr. 60, S. 2063) sind die Entwürfe der Texte nach §§ 10, 11 und 11a AMG (Modul 1.3.1) sowie die Sachverständigengutachten nach § 24 AMG (Modul 2) elektronisch per E-Mail einzureichen.

[253] Zuvor ist dem Antragsteller Gelegenheit zur Ergänzung zu geben gemäß § 25a AMG, so dass nur dann, wenn der Mangel der Vollständigkeit nicht behoben wurde, zur Zulassungsversagung führt. Vgl. *Rehmann*, AMG, § 25 Rn. 4.

[254] Entscheidend ist der Stand der eingereichten Unterlagen zum Zeitpunkt des Ablaufs der durch den Mängelbescheid nach § 25 Abs. 4 gesetzten Frist. S. hierzu BVerwGE 25, 369; *Heßhaus* in Spickhoff, Medizinrecht, 10. AMG, Rn. 8 f.; *Rehmann*, AMG, § 25 Rn. 5.

[255] Qualität ist gemäß § 4 Abs. 15 AMG die Beschaffenheit eines Arzneimittels, die nach Identität, Gehalt, Reinheit, sonstigen chemischen, physikalischen, biologischen Eigenschaften oder durch das Herstellungsverfahren bestimmt wird.

[256] Die therapeutische Wirksamkeit ist indikationsbezogen zu beurteilen. Es darf die Zulassung nicht bereits deshalb versagt werden, weil therapeutische Ergebnisse nur in einer beschränkten Zahl von Fällen erzielt wurden. Die therapeutische Wirksamkeit fehlt aber, wenn der Antragsteller nicht entsprechend dem jeweils gesicherten Stand der wissenschaftlichen Ergebnisse nachweist, dass sich mit dem Arzneimittel therapeutische Ergebnisse erzielen lassen. Die medizinischen Erfahrungen der jeweiligen Therapierichtung sind zu berücksichtigen (§ 25 Abs. 2 S. 2–4 AMG). Vgl. ergänzend *Rehmann*, AMG, § 25 Rn. 7; *Heßhaus* in Spickhoff, Medizinrecht, 10. AMG, § 25 Rn. 11 f.

[257] § 4 Abs. 28 AMG.

[258] Bereits aus § 5 AMG ergibt sich, dass solche bedenkliche Arzneimittel nicht zulassungsfähig sind. S. auch *Rehmann*, AMG, § 25 Rn. 8; *Heßhaus* in Spickhoff, Medizinrecht, 10. AMG, § 25 Rn. 13.

[259] Der Wirksamkeits- und Unbedenklichkeitsnachweis ist bei Kombinationspräparaten sowohl auf die Einbezstandteile wie auch auf die Einzelbestandteile zu beziehen, wobei zusätzlich jeder Wirkstoff einen Beitrag zur positiven Beurteilung des Arzneimittels leisten muss. S. auch *Rehmann*, AMG, § 25 Rn. 9; *Heßhaus*, in Spickhoff, Medizinrecht, 10. AMG, § 25 Rn. 14.

- die angegebene Wartezeit nicht ausreicht (Nr. 6[260]),
- bei Arzneimittel-Vormischungen die zum qualitativen und quantitativen Nachweis der Wirkstoffe in den Fütterungsarzneimitteln angewendeten Kontrollmethoden nicht routinemäßig durchführbar sind (Nr. 6a),
- das Arzneimittel zur Anwendung bei Tieren bestimmt ist, die der Gewinnung von Lebensmitteln dienen, und einen pharmakologisch wirksamen Bestandteil enthält, der nicht in Tabelle 1 des Anhangs der Verordnung (EU) Nr. 37/2010 enthalten ist (Nr. 6b[261]), sowie
- das Inverkehrbringen des Arzneimittels oder seine Anwendung bei Tieren gegen gesetzliche Vorschriften oder gegen eine Verordnung oder eine Richtlinie oder eine Entscheidung oder einen Beschluss der EG oder der EU verstoßen würde (Nr. 7[262]).

d) Versagungsgründe des § 25 Abs. 3 AMG. Gemäß § 25 Abs. 3 S. 1 AMG ist die Zulassung zu versagen, wenn sich das Arzneimittel von einem zugelassenen oder bereits im Verkehr befindlichen Arzneimittel **gleicher Bezeichnung** in der Art oder der Menge der Wirkstoffe unterscheidet. Die Verkehrskreise sollen im Interesse der Sicherheit des Arzneimittelverkehrs vor einer Täuschung über die Zusammensetzung eines Arzneimittels geschützt werden, das sich unter gleicher Bezeichnung, aber unterschiedlicher Zulassung in Verkehr befindet, und damit vor entsprechenden Verwechslungen[263]. Allerdings ist ein Unterschied in der Menge der Wirkstoffe unschädlich, wenn sich die Arzneimittel in der Darreichungsform unterscheiden[264]. 81

e) Mängelbescheid. Kommt die zuständige Bundesoberbehörde nach erfolger Prüfung zu dem Schluss, dass eine Zulassung auf Grund der vorgelegten Unterlagen nicht erteilt werden kann[265], so hat sie dies dem Antragsteller unter Angabe von Gründen mitzuteilen mittels des sog. **Mängelbescheids,** und ihm gleichzeitig Gelegenheit zu geben, Mängeln innerhalb einer angemessenen **Frist von höchstens sechs Monaten** abzuhelfen[266]. Wird den Mängeln innerhalb der gesetzten Frist nicht abgeholfen, so ist die Zulassung zu versagen[267]. Nach einer solchen Entscheidung über die Zulassungsversagung ist das Ein- 82

---

[260] Bei Arzneimitteln für lebensmittelliefernde Tiere ist die in § 4 Abs. 12 AMG definierte Wartezeit einzuhalten. Ist diese nicht ausreichend, so führt dies zur Zulassungsversagung. Vgl. auch *Rehmann*, AMG, § 25 Rn. 10; *Heßhaus,* in Spickhoff, Medizinrecht, 10. AMG, § 25 Rn. 15.

[261] Dabei darf gemäß § 25 Abs. 2 S. 5 AMG die Zulassung nicht deshalb versagt werden, wenn das Arzneimittel zur Behandlung einzelner Einhufer bestimmt ist, bei denen die in Artikel 6 Abs. 3 RL 2001/82/EG genannten Voraussetzungen vorliegen, und es die übrigen Voraussetzungen des Artikels 6 Abs. 3 RL 2001/82/EG erfüllt. Vgl. hierzu *Rehmann*, AMG, § 25 Rn. 11.

[262] Diese Generalklausel erfasst mithin Verstöße gegen gesetzliche Verbote, die nicht bereits in den vorstehenden Bestimmungen adressiert werden, wie zB Verstöße gegen das Betäubungsmittelrecht oder gegen die Verbote der Art. 5 u. 8 AMG. Für Tierarzneimittel sind entsprechende Verbote in der Verordnung 2377/90 enthalten.

[263] Vgl. *Rehmann,* AMG, § 25 Rn. 14; *Heßhaus* in Spickhoff, Medizinrecht, 10. AMG, § 25 Rn. 17.

[264] § 25 Abs. 3 S. 2 AMG.

[265] Hiervon zu unterscheiden ist der Fall des § 28 Abs. 3 S. 1 AMG, wonach eine Zulasungserteilung unter Auflagen möglich ist, sofern hinreichende Anhaltspunkte dafür vorliegen, dass das Arzneimittel einen hohen therapeutischen Wert haben kann und deshalb ein öffentliches Interesse an seinem unverzüglichen Inverkehrbringen besteht. Vgl. hierzu *Kloesel/Cyran,* AMG, A 1.0, § 25 Anm. 106.

[266] § 25 Abs. 4 S. 1 u. 2 AMG. Diese Begrenzung der Beseitigungsfristen auf höchstens 6 Monate dient der Beschleunigung des Zulassungsverfahrens. Wird zunächst eine kürzere Frist zur Mängelbeseitigung gewährt, so kommt aber ggf. eine Fristverlängerung in Betracht, vgl. *Meier/v. Czettritz* PharmR2003, 333; ebenso *Rehmann,* AMG, § 25 Rn. 15.

[267] § 25 Abs. 4 S. 3 AMG. Die gesetzliche Höchstfrist von 6 Monaten ist eine Notfrist und kann demgemäß nicht verlängert werden. S. auch *Rehmann,* AMG, § 25 Rdrn.

reichen von Unterlagen zur Mängelbeseitigung ausgeschlossen – und damit auch ein Nachreichen von Unterlagen erst im Rechtsmittelverfahren[268].

83 **f) Vorprüfung.** Die Zulassungsbehörde hat gemäß § 25a Abs. 1 AMG die Möglichkeit, den Zulassungsantrag durch unabhängige Sachverständige nicht nur auf Vollständigkeit, sondern auch daraufhin prüfen zu lassen, ob das Arzneimittel nach dem jeweils gesicherten Stand der wissenschaftlichen Erkenntnisse ausreichend geprüft worden ist. Bei Beanstandungen auf dieser Grundlage hat der Sachverständige dem Antragsteller Gelegenheit zu geben, Mängeln innerhalb von drei Monaten abzuhelfen (Abs. 2). Ist der Zulassungsantrag nach Ablauf der Frist unter Zugrundelegung der abschließenden Stellungnahme des Sachverständigen weiterhin unvollständig oder mangelhaft im Sinne des § 25 Abs. 2 Nr. 2 AMG, so ist die Zulassung zu versagen (Abs. 3 AMG[269]).

84 Gemäß § 25a Abs. 4 u. 5 AMG hat die Zulassungsbehörde in diesem Verfahrensstadium zu prüfen, ob bereits in einem anderen EU-Mitgliedstaat ein gleichlautender Zulassungsantrag anhängig ist oder für dieses Arzneimittel dem Antragsteller bereits eine Zulassung erteilt wurde. Wurde der Zulassungsantrag nicht im Rahmen eines entsprechenden DCP- oder MRP-Verfahrens gestellt, so führt dies zur Zulassungsversagung[270].

85 **g) Sonderregelungen.** Sonderregelungen bestehen zum einen für Arzneimittel, die den Therapierichtungen Phytotherapie, Homöopathie oder Anthroposophie zuzurechnen sind und der Verschreibungspflicht nach § 48 Abs. 2 Nr. 1 AMG[271] unterliegen: Hier ist vor der Entscheidung über die Zulassung eine **Anhörung der Zulassungskommission** erforderlich[272]. Zum anderen werden für in der Nachzulassung befindliche Arzneimittel, die *nicht* der Verschreibungspflicht nach § 48 Abs. 2 Nr. 1 AMG unterliegen, bei der Zulassungsbehörde Kommissionen für bestimmte Anwendungsgebiete oder Therapierichtungen gebildet (sog. **Aufbereitungskommissionen**), welche das Erkenntnismaterial aufbereiten. Soweit die Bundesoberbehörde bei der Entscheidung die Stellungnahme der Kommission nicht berücksichtigt, hat sie die Gründe darzulegen[273].

3. Entscheidung über den Zulassungsantrag

86 Kommt die Zulassungsbehörde nach erfolgter Prüfung der eingereichten Unterlagen, inklusive der als Antwort auf den Mängelbescheid eingereichten Unterlagen, und auf der Grundlage der ggf. eingeholten Sachverständigengutachten[274] zu dem Ergebnis, dass kein

---

[268] Präklusionsregelung des § 25 Abs. 4 S. 4 AMG. Der Antragsteller kann lediglich geltend machen, dass abweichend von der Bewertung durch die Zulassungsbehörde die Unterlagen zur Begründung des Zulassungsantrages ausreichen. Vgl. *Kloesel/Cyran*, AMG, A 1.0, § 25 Anm. 107 f.; *Rehmann*, AMG, § 25 Rn. 15 a. E.

[269] Das Vorprüfungsverfahren nach § 25a AMG ist – wenn es gewählt wird – ein eigenständiges Verfahren, auf das die Regelungen des § 25 Abs. 4 u. 6 AMG keine Anwendung finden. Daher ist die Dreimonatsfrist des § 25a AMG auch nicht auf die Mängelbeseitigungsfrist des § 25 Abs. 4 AMG anzurechnen, zumal die Mängelrüge des § 25 Abs. 4 AMG durch die Zulassungsbehörde erfolgt, die Beanstandung der Zulassungsunterlagen gemäß § 25a AMG hingegen durch die beauftragten Sachverständigen. Vgl. auch *Rehmann*, AMG, § 25a AMG Rn. 1.

[270] Vgl. hierzu auch *Rehmann*, AMG, § 25a Rn. 2; *Heßhaus* in Spickhoff, Medizinrecht, 10. AMG, § 25a Rn. 2. Ausführlich zu widerstreitenden Zulassungsanträgen → § 3 Rn. 198 ff.

[271] S. hierzu → § 4 Rn. 26 ff.

[272] S. hierzu detailliert die Bestimmung des § 25 Abs. 6 AMG sowie erläuternd *Rehmann*, AMG, § 25 Rn. 20; *Kloesel/Cyran*, AMG, A 1.0, § 25 Anm. 148 ff.

[273] S. hierzu detailliert die Bestimmung des § 25 Abs. 7 AMG sowie erläuternd *Rehmann*, AMG, § 25 Rn. 21; *Kloesel/Cyran*, AMG, A 1.0, § 25 Anm. 165 ff.

[274] § 25 Abs. 5 AMG. Vgl. *Rehmann*, AMG, § 25 Rn. 16; ausführlich *Kloesel/Cyran*, AMG, A 1.0, § 25 Anm. 134 ff.

§ 3 Prüfung, Herstellung und Zulassung von Arzneimitteln

Versagungsgrund vorliegt, so hat sie die Zulassung zu erteilen. Die Zulassungserteilung wird sodann im Bundesanzeiger bekanntgemacht (§ 34 Abs. 1 Nr. 1 AMG[275]).

Auf die Erteilung der Zulassung hat der Antragsteller bei Nichtvorliegen von Versagungsgründen einen **Rechtsanspruch**[276]. Gemäß § 25 Abs. 1 AMG erteilt die Zulassungsbehörde die Zulassung schriftlich unter Zuteilung einer Zulassungsnummer für das im Zulassungsbescheid aufgeführte Arzneimittel[277]. Werden dabei verschiedene Stärken, Darreichungsformen, Verabreichungswege oder Ausbietungen eines Arzneimittels beantragt, so können diese auf Antrag des Antragstellers Gegenstand einer einheitlichen umfassenden Zulassung sein; dies gilt auch für nachträgliche Änderungen und Erweiterungen[278]. 87

Die zuständige Bundesoberbehörde erstellt sodann einen Beurteilungsbericht über die eingereichten Unterlagen zur Qualität, Unbedenklichkeit und Wirksamkeit (sog. Assessment Report) und gibt darin eine Stellungnahme hinsichtlich der Ergebnisse von pharmazeutischen und vorklinischen Versuchen sowie klinischen Prüfungen ab, bei Humanarzneimitteln auch zum Risikomanagement- und zum Pharmakovigilanz-System. Der Beurteilungsbericht ist zu aktualisieren, wenn hierzu neue Informationen verfügbar werden (vgl. § 25 Abs. 5a AMG[279]). 88

§ 27 AMG bestimmt die **Fristen für die Erteilung einer Arzneimittelzulassung:** 89

- Hiernach hat die Zulassungsbehörde eine Entscheidung über den Zulassungsantrag innerhalb einer Regelfrist von sieben Monaten nach Antragstellung zu treffen[280].
- Für den Fall, dass die Zulassungsbehörde dem Antragsteller nach § 25 Abs. 4 AMG die Gelegenheit gibt, Mängeln abzuhelfen, so werden die Fristen bis zur Behebung der Mängel oder bis zum Ablauf der nach § 25 Abs. 4 gesetzten Frist gehemmt. Die Hemmung beginnt mit dem Tage, an dem dem Antragsteller die Aufforderung zur Behebung der Mängel zugestellt wird. Das Gleiche gilt für die Frist, die dem Antragsteller auf sein Verlangen hin eingeräumt wird, auch unter Beiziehung von Sachverständigen, Stellung zu nehmen[281].

Die Arzneimittelzulassung gewährt dem Zulassungsinhaber das Recht, das zugelassene Arzneimittel in den zugelassenen Stärken, Darreichungsformen, Verabreichungswege und Verabreichungsformen für die zugelassenen Anwendungsgebiete in Deutschland in den Verkehr zu bringen[282]. Nach zutreffender Ansicht stellt die Arzneimittelzulassung ein 90

---

[275] Bei Sera, Impfstoffen, Blutzubereitungen, Gewebezubereitungen, Allergenen, xenogenen Arzneimitteln, die keine Arzneimittel nach § 4 Absatz 9 sind, erteilt die zuständige Bundesoberbehörde die Zulassung entweder auf Grund der Prüfung der eingereichten Unterlagen oder auf Grund eigener Untersuchungen oder auf Grund der Beobachtung der Prüfungen des Herstellers (§ 25 Abs. 8 AMG). Vgl. ergänzend *Rehmann*, AMG, § 25 Rn. 23.
[276] S. o. → § 3 Rn. 49.
[277] Bei Arzneimitteln, die nach einer homöopathischen Verfahrenstechnik hergestellt sind, wird die Zulassung auch für die in einem nach § 25 Abs. 7 Satz 1 AMG genannten und im Zulassungsbescheid aufgeführten Verdünnungsgrade erteilt.
[278] Dabei ist die einheitliche Zulassungsnummer zu verwenden, der weitere Kennzeichen zur Unterscheidung der Darreichungsformen oder Konzentrationen hinzugefügt werden müssen.
[279] Gemäß § 25 Abs. 5b AMG findet dies keine Anwendung auf Arzneimittel, die nach einer homöopathischen Verfahrenstechnik hergestellt werden, sofern diese Arzneimittel dem Artikel 16 Abs. 2 RL 2001/83/EG oder dem Artikel 19 Abs. 2 RL 2001/82/EG unterliegen.
[280] Es ist strittig, ob eine Überschreitung dieser Regelfrist immer dann rechtswidrig ist, wenn sie nicht gemäß § 27 Abs. 2 AMG gehemmt wurde (so *BVerwG*, PharmaR 1991, 327; zustimmend *Rehmann*, AMG, § 27 Rn. 2) oder auch nicht in § 27 AMG erwähnte Gründe die Rechtswidrigkeit entfallen lassen, sofern diese zu einer objektiven Unmöglichkeit einer fristgemäßen Entscheidung durch die Behörde führen, und ob hierunter bereits auch eine nicht ausreichende Ausstattung der Zulassungsbehörden fällt (so *Kloesel/Cyran*, AMG, A 1.0, § 27 Anm. 5).
[281] § 27 Abs. 2 AMG. Vgl. ergänzend *Rehmann*, AMG, § 27 Rn. 3;
[282] Dies ergibt sich aus Art. 6 Abs. 1 UAbs. 2 RL 2001/83/EG.

produktbezogenes Recht dar[283], das als kommerzielles Eigentum vermarktet werden kann. Diese kann daher nicht nur vom Zulassungsinhaber gebraucht, sondern auch an Dritte übertragen oder dem Dritten ein sog. Mitvertriebsrecht an der Zulassung eingeräumt werden[284]. Allerdings versetzt die Zulassung allein den Dritten noch nicht in die Lage, das Arzneimittel in Verkehr zu bringen: Er benötigt auch Rechte an dem Produkt selbst, um es entweder selbst herzustellen oder von dem Hersteller zu beziehen, also die Arzneimittelrezeptur bzw. eine Herstellungslizenz oder ein Vertriebsrecht[285].

91 Die Zulassungsbehörde kann gemäß § 28 AMG die Zulassung nicht nur bei deren Erteilung mit **Auflagen verbinden,** sondern diese auch **nachträglich anordnen.** Auflagen sind in diesem Zusammenhang Nebenbestimmungen zum Zulassungsbescheid, durch die dem Zulassungsinhaber ein weiteres Tun, Dulden oder Unterlassen vorgeschrieben wird[286]. Gemäß Abs. 2 können Auflagen angeordnet werden, um sicherzustellen, dass

- die Kennzeichnung der Behältnisse und äußeren Umhüllungen den Vorschriften des § 10 entspricht (Nr. 1[287]);
- die Packungsbeilage den Vorschriften des § 11 entspricht (Nr. 2[288]);
- die Fachinformation den Vorschriften des § 11a entspricht (Nr. 2a[289]);
- die Angaben nach den §§ 10, 11 und 11a den für die Zulassung eingereichten Unterlagen entsprechen und dabei einheitliche und allgemein verständliche Begriffe und ein einheitlicher Wortlaut, auch entsprechend den Empfehlungen und Stellungnahmen der Ausschüsse der EMA verwendet werden, wobei die Angabe weiterer Gegenanzeigen, Nebenwirkungen und Wechselwirkungen zulässig bleibt (Nr. 3[290]);
- das Arzneimittel in Packungsgrößen in den Verkehr gebracht wird, die den Anwendungsgebieten und der vorgesehenen Dauer der Anwendung angemessen sind (Nr. 4), sowie
- das Arzneimittel in einem Behältnis mit bestimmter Form, bestimmtem Verschluss oder sonstiger Sicherheitsvorkehrung in den Verkehr gebracht wird, soweit es geboten ist,

---

[283] So auch *Rehmann*, AMG, § 21 Rn. 39. Vgl. zum Meinungsstreit *Ehle/Schütze* in Dieners/Reese (Hrsg.), Hdb PharmaR, § 10 Rn. 87 ff.

[284] Bei einem Mitvertrieb räumt der Zulassungsinhaber einem Dritten durch privatrechtliche Vereinbarung das Recht ein, das zugelassene Arzneimittel unter eigener Firma zu vermarkten. In diesem Fall ist neben dem Mitvertreiber auch der Zulassungsinhaber auf der äußeren Umverpackung anzugeben, so BVerwG NVwZ-RR 2004, 179. Allgemein zum Mitvertrieb *von Czettritz/Meier* PharmR 2001, 147 ff.; *Wagner* in Dieners/Reese (Hrsg.), Hdb PharmaR, § 6 Rn. 125.

[285] Vgl. bloß *Ehle/Schütze* in Dieners/Reese (Hrsg.), Hdb PharmaR, § 10 Rn. 3 f.

[286] Vgl. allgemein die Legaldefinition in § 36 Abs. 2 Nr. 4 VwVfG.

[287] Dabei kann angeordnet werden, dass angegeben werden müssen (a) Hinweise oder Warnhinweise, soweit sie erforderlich sind, um bei der Anwendung des Arzneimittels eine unmittelbare oder mittelbare Gefährdung der Gesundheit von Mensch oder Tier zu verhüten, sowie (b) Aufbewahrungshinweise für den Verbraucher und Lagerhinweise für die Fachkreise, soweit sie geboten sind, um die erforderliche Qualität des Arzneimittels zu erhalten.

[288] Dabei kann angeordnet werden, dass angegeben werden müssen (a) die in der Nummer 1 Buchstabe a genannten Hinweise oder Warnhinweise, sowie (b) die Aufbewahrungshinweise für den Verbraucher, soweit sie geboten sind, um die erforderliche Qualität des Arzneimittels zu erhalten.

[289] Dabei kann angeordnet werden, dass angegeben werden müssen (a) die in Nummer 1 Buchstabe a genannten Hinweise oder Warnhinweise, (b) besondere Lager- und Aufbewahrungshinweise, soweit sie geboten sind, um die erforderliche Qualität des Arzneimittels zu erhalten, sowie (c) Hinweise auf Auflagen nach Absatz 3. Ein solcher Aufbewahrungshinweis ist zB *„Nach Gebrauch gut verschließen"* oder *„Im Kühlschrank bei 2 bis 8 °C lagern"*.

[290] Von dieser Befugnis kann die zuständige Bundesoberbehörde allgemein aus Gründen der Arzneimittelsicherheit, der Transparenz oder der rationellen Arbeitsweise Gebrauch machen; dabei kann angeordnet werden, dass bei verschreibungspflichtigen Arzneimitteln bestimmte Anwendungsgebiete entfallen, wenn zu befürchten ist, dass durch deren Angabe der therapeutische Zweck gefährdet wird. Erläuternd hierzu *Wagner* in Dieners/Reese (Hrsg.), Hdb PharmaR, § 6 Rn. 92 f.

um die Einhaltung der Dosierungsanleitung zu gewährleisten oder um die Gefahr des Missbrauchs durch Kinder zu verhüten (Nr. 5).

Daneben besteht für die Zulassungsbehörde auch die Möglichkeit, durch Auflagen anzuordnen, 92

- dass weitere analytische, pharmakologisch-toxikologische oder klinische Prüfungen durchgeführt werden und über die Ergebnisse berichtet wird, wenn hinreichende Anhaltspunkte dafür vorliegen, dass das Arzneimittel einen großen therapeutischen Wert haben kann und deshalb ein öffentliches Interesse an seinem unverzüglichen Inverkehrbringen besteht, jedoch für die umfassende Beurteilung des Arzneimittels weitere wichtige Angaben erforderlich sind (Abs. 3), sowie
- dass im Interesse der Arzneimittelsicherheit bestimmte im Risikomanagement-System enthaltene Maßnahmen zur Gewährleistung der sicheren Anwendung des Arzneimittels zu ergreifen sind (Abs. 3a Nr. 1), Unbedenklichkeitsprüfungen durchzuführen sind (Abs. 3a Nr. 2), Verpflichtungen im Hinblick auf die Erfassung oder Meldung von Verdachtsfällen von Nebenwirkungen, die über jene des Zehnten Abschnitts hinausgehen, einzuhalten sind (Abs. 3a Nr. 3), sonstige erforderliche Maßnahmen hinsichtlich der sicheren und wirksamen Anwendung des Arzneimittels zu ergreifen sind (Abs. 3a Nr. 4), ein angemessenes Pharmakovigilanz-System einzuführen ist (Abs. 3a Nr. 5), und soweit Bedenken bezüglich einzelner Aspekte der Wirksamkeit des Arzneimittels bestehen, die erst nach seinem Inverkehrbringen beseitigt werden können, Wirksamkeitsprüfungen nach der Zulassung durchzuführen sind, die den Vorgaben in Art. 21a S. 1 lit. f RL 2001/83/EG entsprechen (Abs. 3a Nr. 6).

Weitere Auflagenbefugnisse für Humanarzneimittel sind in den Absätzen 3b-3h normiert. Soll die Zulassung mit einer Auflage verbunden werden, so wird die in § 27 Abs. 1 AMG vorgesehene Frist zur Zulassungserteilung von 7 Monaten bis zum Ablauf einer dem Antragsteller gewährten Frist zur Stellungnahme gehemmt (§ 28 Abs. 4 AMG). 93

4. Änderungen der Arzneimittelzulassung

Sollen nach erteilter Zulassung eines Arzneimittels Änderungen vorgenommen werden, so ist in Abhängigkeit von Inhalt und Schwere der Änderung zu unterscheiden, ob eine solche Änderung lediglich anzuzeigen ist oder vor deren Umsetzung die Änderung einer positiven Genehmigung bedarf, wobei bestimmte Änderungen sogar eine Neuzulassung des geänderten Arzneimittels erfordern. Im Einzelnen gilt folgendes: 94

a) **„Tell and Do"-Änderungen.** Ergeben sich Änderungen in den Angaben und Unterlagen nach den §§ 22 bis 24a und 25b AMG, so hat Antragsteller der zuständigen Bundesoberbehörde unter Beifügung entsprechender Unterlagen unverzüglich Anzeige zu erstatten[291]. Dies betrifft damit insbesondere Änderungen in der Person oder Identität des Zulassungsinhabers sowie in den Texten von Fach- und Gebrauchsinformation des Arzneimittels. Hierunter fällt auch die Einräumung des Mitvertriebsrechts an einen Dritten, wonach ein Dritter das Recht erhält, zusammen mit oder anstelle des Zulassungsinhabers das Arzneimittel in Deutschland zu vermarkten[292]. 95

Ferner hat der Zulassungsinhaber die Verpflichtung, der Zulassungsbehörde 96
- unverzüglich alle Verbote oder Beschränkungen durch die zuständigen Behörden jedes Landes, in dem das betreffende Arzneimittel in Verkehr gebracht wird, sowie alle anderen neuen Informationen mitzuteilen, die die Beurteilung des Nutzens

---

[291] § 29 Abs. 1 AMG.
[292] Vgl. lediglich *Ehle/Schütze* in Dieners/Reese (Hrsg.), Hdb PharmR, § 10 Rn. 87 ff.; *Rehmann*, AMG, § 29 Rn. 5; speziell zum Mitvertrieb von *Czettritz/Meier* PharmR 2001, 147 ff.

und der Risiken des betreffenden Arzneimittels beeinflussen könnten (§ 29 Abs. 1a[293]),
- den Zeitpunkt für das Inverkehrbringen des Arzneimittels unter Berücksichtigung der unterschiedlichen zugelassenen Darreichungsformen und Stärken unverzüglich mitzuteilen (§ 29 Abs. 1b),
- das vorübergehende oder endgültige Einstellen des Inverkehrbringens des Arzneimittels vorü spätestens zwei Monate zuvor anzuzeigen, es sei denn, es liegen Umstände vor, die der Inhaber der Zulassung nicht zu vertreten hat (§ 29 Abs. 1c).
- alle Daten im Zusammenhang mit der Absatzmenge des Arzneimittels sowie alle ihm vorliegenden Daten im Zusammenhang mit dem Verschreibungsvolumen mitzuteilen, sofern dies aus Gründen der Arzneimittelsicherheit gefordert wird (§ 29 Abs. 1d), sowie
- die in dem Verfahren nach Artikel 107c Absatz 4, 5 oder 6 der Richtlinie 2001/83/EG geänderten Stichtage oder Intervalle für die Vorlage von regelmäßigen aktualisierten Unbedenklichkeitsberichten anzuzeigen[294].

97 Schließlich ist der Zulassungsinhaber verpflichtet, bei Humanarzneimitteln die zuständige Bundesoberbehörde und die EMA zu informieren, falls neue oder veränderte Risiken bestehen oder sich das Nutzen-Risiko-Verhältnis von Arzneimitteln geändert hat[295], sowie die zuständige Bundesoberbehörde unverzüglich die Gründe für ein vorübergehendes oder endgültiges Einstellen des Inverkehrbringens, einen Rückruf, einen Zulassungsverzicht oder die Nichtbeantragung der Verlängerung der Zulassung mitzuteilen, selbst wenn die Maßnahme in einem Drittland getroffen wird[296].

98 Seit Inkrafttreten der 16. AMG-Novelle[297] besteht nunmehr auch die Möglichkeit gemäß § 29 Abs. 2b AMG, bestimmte Änderungsanzeigen zu sammeln und diese innerhalb von zwölf Monaten nach ihrer Einführung der Zulassungsbehörde erst anzuzeigen. Dies betrifft
- den Wegfall eines Standortes für die Herstellung des Arzneimittels oder seines Wirkstoffs oder für die Verpackung oder die Chargenfreigabe (Nr. 1),
- eine geringfügige Änderung eines genehmigten physikalisch-chemischen Prüfverfahrens, wenn durch entsprechende Validierungsstudien nachgewiesen werden kann, dass das aktualisierte Prüfverfahren mindestens gleichwertig ist (Nr. 2),
- eine Änderung der Spezifikation eines Wirkstoffs oder anderen Stoffs zur Arzneimittelherstellung zwecks Anpassung an eine Monografie des Arzneibuchs, wenn die Änderung ausschließlich zur Übereinstimmung mit dem Arzneibuch vorgenommen wird

---

[293] Zu diesen Informationen gehören bei Humanarzneimitteln positive als auch negative Ergebnisse von klinischen Prüfungen oder anderen Studien, die sich nicht nur auf die in der Zulassung genannten, sondern auf alle Indikationen und Bevölkerungsgruppen beziehen können, sowie Angaben über eine Anwendung des Arzneimittels, die über die Bestimmungen der Zulassung hinausgeht. Er hat auf Verlangen der zuständigen Bundesoberbehörde auch alle Angaben und Unterlagen vorzulegen, die belegen, dass das Nutzen-Risiko-Verhältnis weiterhin günstig zu bewerten ist. Die zuständige Bundesoberbehörde kann bei Humanarzneimitteln jederzeit die Vorlage einer Kopie der Pharmakovigilanz-Stammdokumentation verlangen. Diese hat der Zulassungsinhaber spätestens sieben Tage nach Zugang der Aufforderung vorzulegen. Die Verpflichtungen nach § 29 Abs. 1a S. 1–3 AMG gelten nicht für den Parallelimporteur.
[294] § 29 Abs. 1e S. 1 AMG. Etwaige Änderungen des in der Zulassung angegebenen Stichtags oder des hiernach bestehenden Intervalls werden sechs Monate nach ihrer Veröffentlichung über das europäische Internetportal wirksam.
[295] § 29 Abs. 1f AMG.
[296] S. § 29 Abs. 1g AMG, eingefügt durch das Dritte Gesetzt zur Änderung arzneimittelrechtlicher und anderer Vorschriften.
[297] Zweite Gesetz zur Änderung arzneimittelrechtlicher und anderer Vorschriften vom 19.10.2012 (BGBl. I S. 2192 – sog. „16. AMG-Novelle").

und die Spezifikationen in Bezug auf produktspezifische Eigenschaften unverändert bleiben (Nr. 3),
- eine Änderung des Verpackungsmaterials, wenn dieses mit dem Arzneimittel nicht in Berührung kommt und die Abgabe, Verabreichung, Unbedenklichkeit oder Haltbarkeit des Arzneimittels nachweislich nicht beeinträchtigt wird (Nr. 4), sowie
- eine Änderung im Zusammenhang mit der Verschärfung der Spezifikationsgrenzwerte, wenn die Änderung nicht Folge einer Verpflichtung auf Grund früherer Beurteilungen zur Überprüfung der Spezifikationsgrenzwerte ist und nicht auf unerwartete Ereignisse im Verlauf der Herstellung zurückgeht (Nr. 5).

b) Bezeichnungsänderung. Gemäß § 29 Abs. 2 AMG ist bei einer Änderung der Bezeichnung des Arzneimittels der Zulassungsbescheid entsprechend zu ändern, und diese ist im Bundesanzeiger gemäß § 34 Abs. 1 S. 1 Nr. 7 AMG bekannt zu machen. Aufgrund dieser Regelungen war streitig, ob eine entsprechende Änderung des Zulassungsbescheids abzuwarten ist, bevor die Änderung der Bezeichnung wirksam wird[298], oder ob bereits mit Einreichung des Änderungsantrages das Arzneimittel unter der neuen Bezeichnung verkehrsfähig ist[299]. Das BfArM hatte sich mit Wirkung ab dem 1.8.2010 der erstgenannten Meinung angeschlossen: Eingehende Anzeigen zur Änderung der Bezeichnung eines Arzneimittels werden mit einem Änderungsbescheid zum Zulassungsbescheid abgeschlossen, bei Unzulässigkeit der angezeigten Änderung der Bezeichnung ergeht ein entsprechender Feststellungsbescheid. Die Bearbeitung von Bezeichnungsänderungen erfolgt innerhalb von 30 Tagen nach Validierung der Änderungsanzeige beim BfArM.[300] Seit Inkrafttreten der Verordnung 712/2012 ab dem 4.8.2013 greift auch für diese die Verordnung 1234/2008 ein mit der Folge, dass diese als Type IB-Variation Zustimmungsbedürftig ist.[301]

99

c) Zustimmungsbedürftige Änderungen. Einer vorherigen Zustimmung durch die Zulassungsbehörde bedürfen gemäß § 29 Abs. 2a AMG eine Änderung
- der Angaben nach den §§ 10, 11 und 11a AMG über die Dosierung, die Art oder die Dauer der Anwendung, die Anwendungsgebiete, soweit es sich nicht um die Zufügung einer oder Veränderung in eine Indikation handelt, die einem anderen Therapiegebiet zuzuordnen ist, eine Einschränkung der Gegenanzeigen, Nebenwirkungen oder Wechselwirkungen mit anderen Mitteln (Nr. 1[302]),
- der wirksamen Bestandteile, ausgenommen der arzneilich wirksamen Bestandteile (Nr. 2),
- in eine mit der zugelassenen vergleichbaren Darreichungsform (Nr. 3),
- in der Behandlung mit ionisierenden Strahlen (Nr. 3a),
- im Zusammenhang mit erheblichen Änderungen von Herstellungsverfahren, Darreichungsform, Spezifikation oder Verunreinigungsprofil des Wirkstoffs oder des Arzneimittels, die sich deutlich auf die Qualität, Unbedenklichkeit oder Wirksamkeit des Arzneimittels auswirken können, sowie jede Änderung gentechnologischer Herstellungsverfahren (Nr. 4[303]),

100

---

[298] So *Kloesel/Cyran*, AMG, A 1.0, § 25 Anm. 12; *Wagner* in Dieners/Reese (Hrsg.), Hdb PharmaR, § 6 Rn. 134.
[299] So *Sander*, AMG, § 29 Anm. 4; zum Meinungsstreit übersichtlich *Rehmann*, AMG, § 29 Rn. 10; v. *Czettritz*, Patienten- u. PflegeR 2011, 77.
[300] Bekanntmachung zur Änderung der Verwaltungspraxis bei der Bearbeitung von nationalen Anzeigen zur Änderung der Arzneimittelbezeichnung nach § 29 Absatz 2 AMG vom 1.8.2010, abrufbar unter http://www.bfarm.de.
[301] Vgl. u. → § 3 Rn. 182.
[302] Dies gilt auch für eine Erweiterung der Zieltierarten bei Arzneimitteln, die nicht zur Anwendung bei Tieren bestimmt sind, die der Gewinnung von Lebensmitteln dienen (S. 2).
[303] Bei Sera, Impfstoffen, Blutzubereitungen, Allergenen, Testsera und Testantigenen bedarf jede Änderung des Herstellungs- oder Prüfverfahrens oder die Angabe einer längeren Haltbarkeitsdauer einer vorherigen Zustimmung (Nr. 4 HS 2).

- der Packungsgröße (Nr. 5) und
- der Wartezeit eines zur Anwendung bei Tieren bestimmten Arzneimittels (Nr. 6).

101 Dabei gilt die Zustimmung für diesen abschließenden Katalog zustimmungsbedürftiger Änderungsanzeigen als erteilt, wenn die Zulassungsbehörde der Änderung nicht innerhalb einer Frist von drei Monaten widersprochen hat[304].

102 **d) Änderungen mit Neuzulassungserfordernis § 29 Abs. 3 AMG.** Bestimmte Änderungen bedürfen gemäß § 29 Abs. 3 AMG einer **Neuzulassung** durch die zuständige Bundesoberbehörde. Dies ist der Fall
- bei einer Änderung der Zusammensetzung der Wirkstoffe nach Art oder Menge (Nr. 1[305]),
- bei einer Änderung der Darreichungsform, soweit es sich nicht um eine Änderung nach Absatz 2a Nr. 3 handelt (Nr. 2),
- bei einer Erweiterung der Anwendungsgebiete, soweit es sich nicht um eine Änderung nach Absatz 2a Nr. 1 handelt (Nr. 3), und
- bei der Einführung gentechnologischer Herstellungsverfahren (Nr. 3a[306]).

5. Rücknahme, Widerruf und Ruhen der Zulassung

103 Die Zulassung *ist* gemäß § 30 Abs. 1 u. 1a AMG **zurückzunehmen** oder zu **widerrufen**, wenn
- nachträglich bekannt wird, dass einer der Versagungsgründe des § 25 Abs. 2 Nr. 2, 3, 5, 5a, 6 oder 7 AMG bereits bei der Erteilung vorgelegen hat, oder einer dieser Gründe nachträglich eingetreten ist; in diesen Fällen kann auch das **befristete Ruhen der Zulassung** angeordnet werden (Abs. 1 S. 4);
- wenn sich herausstellt, dass dem Arzneimittel die therapeutische Wirksamkeit fehlt[307],
- wenn in den Fällen des § 28 Abs. 3 AMG die therapeutische Wirksamkeit nach dem jeweiligen Stand der wissenschaftlichen Erkenntnisse unzureichend begründet ist, oder
- soweit dies erforderlich ist, um einer Entscheidung oder einem Beschluss der Europäischen Gemeinschaft oder der Europäischen Union nach Art. 34 RL 2001/83/EG oder nach Art. 38 RL 2001/82/EG zu entsprechen.

104 In diesen Fällen ist die Zulassung lediglich zu ändern, wenn dadurch der betreffende Versagungsgrund entfällt bzw. im letztgenannten Fall der genannten Entscheidung entsprochen wird.

---

[304] § 29 Abs. 2a S. 3 AMG; Fristbeginn ist der Eingang der Änderungsanzeige bei der Zulassungsbehörde. Vgl. insgesamt hierzu *Rehmann*, AMG, § 29 Rn. 11; *Wagner* in Dieners/Reese (Hrsg.), Hdb PharmaR, § 6 Rn. 131 f.

[305] Unter eine solche Änderung der Zusammensetzung der Wirkstoffe nach Art und Menge fallen entsprechend Anhang I der VO 1234/2008 wohl auch das Ersetzen eines chemischen Wirkstoffs durch einen anderen Salz/Ester-Komplex oder ein anderes Salz/Ester-Derivat mit derselben Wirkungskomponente bei nicht signifikant unterschiedlichen Wirksamkeits-/Unbedenklichkeitsmerkmalen, das Ersetzen durch ein anderes Isomer oder eine andere Isomermischung bzw. Ersetzen einer Mischung durch ein isoliertes Isomer (zB Ersetzen eines Razemats durch ein einzelnes Enantiomer) bei nicht signifikant unterschiedlichen Wirksamkeits-/Unbedenklichkeitsmerkmalen sowie Ersetzen eines biologischen Wirkstoffs durch einen Wirkstoff mit einer geringfügig anderen Molekularstruktur bei nicht signifikant unterschiedlichen Wirksamkeits-/Unbedenklichkeitsmerkmalen. Änderungen der Hilfsstoffe bedürfen aufgrund des klaren Wortlauts von § 29 Abs. 3 Nr. 1 AMG keiner Neuzulassung, so zutreffend *Rehmann*, AMG § 29 Rn. 13; vgl. auch *Kloesel/Cyran*, AMG, A 1.0, § 29 Anm. 46 ff.

[306] Auch diese Aufzählung ist abschließend, vgl. *Rehmann*, AMG, § 29 Rn. 12; *Wagner* in Dieners/Reese (Hrsg.), Hdb PharmaR, § 6 Rn. 133.

[307] Die therapeutische Wirksamkeit fehlt, wenn feststeht, dass sich mit dem Arzneimittel keine therapeutischen Ergebnisse erzielen lassen, § 30 Abs. 1 S. 3 AMG.

§ 3 Prüfung, Herstellung und Zulassung von Arzneimitteln

Ferner *kann* die zuständige Bundesoberbehörde die Zulassung nach § 30 Abs. 2 Nrn. 1–4 AMG 105

- **zurücknehmen,** wenn in den Unterlagen nach den §§ 22, 23 oder 24 AMG unrichtige oder unvollständige Angaben gemacht wurden oder wenn einer der Versagungsgründe des § 25 Abs. 2 Nr. 6a oder 6b AMG bei der Erteilung vorgelegen hat,
- **widerrufen,** wenn einer der Versagungsgründe des § 25 Abs. 2 Nr. 2, 6a oder 6b AMG nachträglich eingetreten ist oder wenn eine der nach § 28 angeordneten Auflagen nicht eingehalten und diesem Mangel nicht innerhalb einer von der zuständigen Bundesoberbehörde zu setzenden angemessenen Frist abgeholfen worden ist[308], sowie
- im Benehmen mit der zuständigen Behörde **widerrufen,** wenn die für das Arzneimittel vorgeschriebenen Prüfungen der Qualität nicht oder nicht ausreichend durchgeführt wurden, oder sich herausstellt, dass das Arzneimittel nicht nach den anerkannten pharmazeutischen Regeln hergestellt wurde.

In diesen Fällen kann auch das befristete Ruhen der Zulassung angeordnet werden 106 (Abs. 2 S. 2) oder die Zulassung allein durch eine Auflage geändert werden, wenn dies ausreichend ist, um den Belangen der Arzneimittelsicherheit zu entsprechen (Abs. 2a S. 2).

Vor einer Entscheidung nach den Absätzen 1 bis 2a muss der Inhaber der Zulassung 107 gehört werden, es sei denn, dass Gefahr im Verzuge ist[309]. In den Fällen des § 25 Abs. 2 Nr. 5 AMG ist die Entscheidung sofort vollziehbar, so dass Widerspruch und Anfechtungsklage keine aufschiebende Wirkung haben.

Ist die Zulassung für ein Arzneimittel zurückgenommen oder widerrufen oder ruht die 108 Zulassung, so darf es weder in den Verkehr gebracht noch in den Geltungsbereich dieses Gesetzes verbracht werden (§ 30 Abs. 4 AMG). Die Rückgabe des Arzneimittels an den pharmazeutischen Unternehmer ist unter entsprechender Kenntlichmachung nicht nur zulässig, sondern kann von der zuständigen Behörde auch angeordnet werden[310].

6. Erlöschen und Verlängerung der Zulassung

Nach der in § 31 Abs. 1 AMG enthaltenen Regelung erlischt die Zulassung, 109

- wenn das zugelassene Arzneimittel innerhalb von drei Jahren nach Erteilung der Zulassung nicht in den Verkehr gebracht wird oder wenn sich das zugelassene Arzneimittel, das nach der Zulassung in den Verkehr gebracht wurde, in drei aufeinander folgenden Jahren nicht mehr im Verkehr befindet (Nr. 1) – sog. Sunset-Clause[311],
- durch schriftlichen Verzicht (Nr. 2),
- nach Ablauf von fünf Jahren seit ihrer Erteilung, es sei denn, dass rechtzeitig ein Verlängerungsantrag gestellt wird[312], nämlich bei Humanarzneimitteln spätestens neun

---

[308] Auflagen nach § 28 Abs. 3 und 3a AMG sind jährlich zu überprüfen, § 30 Abs. 2 Nr. 2 HS 2 AMG.
[309] Das gilt auch, wenn eine Entscheidung der Zulassungsbehörde über die Änderung der Zulassung, Auflagen zur Zulassung, den Widerruf, die Rücknahme oder das Ruhen der Zulassung auf einer Einigung der Koordinierungsgruppe nach Artikel 107g, 107k oder Artikel 107q RL 2001/83/EG beruht. Allerdings findet in diesen Fällen ein Vorverfahren nach § 68 VwGO nicht statt.
[310] Vgl. *Rehmann,* AMG, § 30 Rn. 11.
[311] In diesen Fällen kann allerdings die Zulassungsbehörde Ausnahmen gestatten, sofern dies aus Gründen des Gesundheitsschutzes für Mensch oder Tier erforderlich ist (§ 31 Abs. 1 S. 2 AMG).
[312] Der Antrag auf Verlängerung ist gemäß § 31 Abs. 2 AMG durch einen Bericht zu ergänzen, der Angaben darüber enthält, ob und in welchem Umfang sich die Beurteilungsmerkmale für das Arzneimittel innerhalb der letzten fünf Jahre geändert haben. Der Inhaber der Zulassung hat der zuständigen Bundesoberbehörde dazu eine überarbeitete Fassung der Unterlagen in Bezug auf die Qualität, Unbedenklichkeit und Wirksamkeit vorzulegen, in der alle seit der Erteilung der Zulassung vorgenommenen Änderungen berücksichtigt sind. Für Tierarzneimittel enthalten § 31 Abs. 2 S. 3 und 4 AMG weitere Sonderregelungen.

Monate, bei Tierarzneimitteln spätestens sechs Monate vor Ablauf der Frist (Nr. 3); bei dieser Frist handelt es sich um eine sog. **Notfrist**, so dass bei Fristversäumnis eine Wiedereinsetzung in den vorherigen Stand nicht möglich ist[313], sowie
- wenn die Verlängerung der Zulassung versagt wird (Nr. 4).

110 Nach erfolgter Zulassungsverlängerung gilt die Zulassung gemäß § 31 Abs. 1a AMG ohne zeitliche Begrenzung, es sei denn, dass die zuständige Bundesoberbehörde bei der Verlängerung eine weitere, lediglich befristete Verlängerung um fünf Jahre auch unter Berücksichtigung einer zu geringen Anzahl von Patienten, bei denen das betreffende Humanrzneimittel angewendet wurde, als erforderlich ansieht und angeordnet hat, um das sichere Inverkehrbringen des Arzneimittels weiterhin zu gewährleisten[314].

111 Sofern die Zulassung durch Verzicht oder dadurch erlischt, dass sie nicht verlängert wurde, so darf das Arzneimittel noch zwei Jahre, beginnend mit dem auf die Bekanntmachung des Erlöschens nach § 34 folgenden 1. Januar oder 1. Juli, in den Verkehr gebracht werden[315]. Das gilt allerdings nicht, wenn die zuständige Bundesoberbehörde feststellt, dass eine Voraussetzung für die Rücknahme oder den Widerruf nach § 30 vorgelegen hat. In diesem Fall findet die Regelung des § 30 Abs. 4 AMG Anwendung, so dass das Arzneimittel weder in den Verkehr gebracht noch in den Geltungsbereich dieses Gesetzes verbracht werden darf[316].

7. Rechtsschutzfragen

112 Die **Zulassungserteilung bzw. -versagung** stellt einen Verwaltungsakt dar. Dementsprechend stehen dem Antragsteller gegen die Versagung der Zulassung die generellen verwaltungsrechtlichen Rechtsbehelfe zu. Dies bedeutet, der Antragsteller hat zunächst ein entsprechender Widerspruchsverfahren durchzuführen (§ 68 Abs. 1 VwGO), und kann, sofern dies erfolglos verlief, Verpflichtungsklage beim zuständigen Verwaltungsgericht erheben[317]. Bei Überschreiten der gesetzlichen vorgesehenen Erteilungsfrist von 7 Monaten hat der Antragseteller das Recht, **Untätigkeitsklage** gemäß § 75 VwGO zu erheben[318].

113 Die Erteilung von **Auflagen** kann der Antragsteller separat mittels Anfechtungswiderspruch und sodann -klage angreifen, sofern diese eine selbständig erzwingbare hoheitliche Handlung beinhaltet. Dies ist zB regelmäßig der Fall bei zusätzlichen Kennzeichnungsanordnungen betreffend die Umverpackung oder die Gebrauchs- bzw. Fachinformation. Einem solchen Anfechtungswiderspruch bzw. -klage kommt aufschiebende Wirkung in Bezug auf diese Auflage zu, so dass das Arzneimittel ohne Beachtung dieser Auflage in Verkehr gebracht werden kann. Handelt es sich jedoch um eine sog. **modifizierende Auflage**, dh eine integrative mit der Zulassungsentscheidungen verbundenen Regelung, die derart wesentlich ist, dass ohne diese die Zulassung nicht erteilt worden wäre – wie dies zB bei einer Einschränkung des Anwendungsgebietes oder des Anwenderkreises der Fall ist –, so kann diese nur zusammen mit der Zulassung selbst angegriffen werden, mithin mittels Verpflichtungswiderspruch und sodann -klage, denen jedoch keine aufschiebende Wirkung zukommt[319].

---

[313] So OVG Berlin OVGE BE 19, 18–20; Eine Wiedereinsetzung in den vorigen Stand ist aber möglich in Bezug auf die Antragsfrist, sofern die 5-Jahres-Frist noch nicht abgelaufen ist. So auch *Wagner* in Dieners/Reese (Hrsg.), Hdb PharmaR, § 6 Rn. 137; *Rehmann*, AMG, § 31 Rn. 6.
[314] In welchen Fällen die Zulassung zu verlängern ist, bestimmt § 31 Abs. 2 AMG.
[315] § 31 Abs. 4 S. 1 AMG.
[316] § 31 Abs. 4 S. 2 AMG.
[317] Vgl. hierzu *Wagner* in Dieners/Reese (Hrsg.), Hdb PharmaR, § 6 Rn. 85; *Rehmann*, AMG, Vor § 21 Rn. 20; *Heßhaus* in Spickhoff, Medizinrecht, 10. AMG, § 25 Rn. 5.
[318] So BVerwG NJW 1992, 453. Vgl. *Heßhaus* in Spickhoff, Medizinrecht, 10. AMG, § 27 Rn. 2.
[319] Vgl. insgesamt hierzu *von Czettritz/Meier* PharmR 2006, 101 ff.; *Wagner* in Dieners/Reese (Hrsg.), Hdb PharmaR, § 6 Rn. 100.

VI. Zentrales Europäisches Zulassungsverfahren
1. Entstehungsgeschichte

Mit der Verordnung 2309/93 vom 22. Juli 1993 wurde erstmals der rechtliche Rahmen für die Einführung eines sog. zentralen Zulassungsverfahrens geschaffen und gleichzeitig für die Errichtung der „*Europäischen Agentur für die Beurteilung von Arzneimitteln*"[320]. Ein konzertiertes Vorgehen der Gemeinschaft vor einer nationalen Entscheidung bezüglich eines technologisch hochwertigen Arzneimittels mit Blick auf die Herbeiführung einheitlicher Entscheidungen in der Gemeinschaft wurde bereits mit der Richtlinie 87/22/EWG geschaffen, mit der einzelstaatliche Maßnahmen betreffend das Inverkehrbringen technologisch hochwertiger Arzneimittel, insbesondere aus der Biotechnologie, angeglichen wurden[321]. Dieser Weg wurde fortgeführt, um insbesondere das reibungslose Funktionieren des Binnenmarktes im Arzneimittelsektor sicherzustellen, zumal die aufgrund der Richtlinie 87/22/EWG gewonnenen Erfahrungen aus Sicht des Unionsgesetzgebers gezeigt haben, daß die Einrichtung eines zentralisierten Gemeinschaftsgenehmigungsverfahrens für technologisch hochwertige Arzneimittel, insbesondere aus der Biotechnologie, erforderlich sei[322].

114

Auf Grundlage des Berichts über die Erfahrungen mit der Funktionsweise insbesondere des zentralen Zulassungsverfahrens[323] hat es sich sodann aber „*als notwendig erwiesen, die Abwicklung der Genehmigungsverfahren für das Inverkehrbringen von Arzneimitteln in der Gemeinschaft zu verbessern und Änderungen an bestimmten verwaltungstechnischen Aspekten der Europäischen Agentur für die Beurteilung von Arzneimitteln vorzunehmen*", sowie den Namen der Agentur zu vereinfachen in „*Europäische Arzneimittel-Agentur*"[324]. Dementsprechend wurde im Jahr 2004 die Verordnung 2309/93 durch eine neue Verordnung ersetzt, nämlich durch die Verordnung 726/2004 vom 31. März 2004[325].

115

Wie sich dem Titel sowie Art. 1 VO 726/2004 entnehmen lässt, ist Inhalt dieser Verordnung zum einen die Festlegung von Gemeinschaftsverfahren für die Genehmigung, Überwachung und Pharmakovigilanz im Bereich Human- und Tierarzneimittel. Dieses Gemeinschaftsverfahren ermöglicht einem Antragsteller, mit einem einzigen Antrag die

116

---

[320] Verordnung (EWG) Nr. 2309/93 des Rates vom 22. Juli 1993 zur Festlegung von Gemeinschaftsverfahren fuer die Genehmigung und Überwachung von Human- und Tierarzneimitteln und zur Schaffung einer Europäischen Agentur für die Beurteilung von Arzneimitteln, ABl. L 214 vom 24.8.1993, S. 1.

[321] Richtlinie 87/22/EWG des Rates vom 22. Dezember 1986 zur Angleichung der einzelstaatlichen Maßnahmen betreffend das Inverkehrbringen technologisch hochwertiger Arzneimittel, insbesondere aus der Biotechnologie, ABl. L 15 vom 17.1.1987, S. 38. Zum Konzertierungsverfahren auf Basis der Richtlinie 87/22/EWG vgl. *Friese* in Dieners/Reese (Hrsg.), Hdb PharmaR, § 5 Rn. 26.

[322] Ferner wurde es im Interesse der öffentlichen Gesundheit auch als erforderlich angesehen, daß Entscheidungen über die Genehmigung solcher Arzneimittel allein auf den objektiven wissenschaftlichen Kriterien der Qualität, der Sicherheit und der Wirksamkeit des betreffenden Arzneimittels basieren, demnach wirtschaftliche oder sonstige Überlegungen ausgeschlossen werden sollten. Vgl. insgesamt Erwägungsgründe 1–3 der VO 2309/93.

[323] Dieser war gemäß Art. 71 VO 2309/93 innerhalb von 6 Jahren nach Inkrafttreten der VO 2309/93 vorgesehen.

[324] Vgl. Erwägungsgründe 1 u. 2 der VO 2309/93. Nachdem auch die Richtlinie 2001/83/EG zur Schaffung eines Gemeinschaftskodexes für Humanarzneimittel und die Richtlinie 2001/82/EG zur Schaffung eines Gemeinschaftskodexes für Tierarzneimittel angenommen wurden, bestand zudem Anlass, die Verweise auf die kodifizierten Richtlinien in der VO 2309/93 zu aktualisieren, vgl. Erwägungsgrund 4 der VO 2309/93.

[325] Verordnung (EG) Nr. 726/2004 des Europäischen Parlaments und des Rates vom 31. März 2004 zur Festlegung von Gemeinschaftsverfahren für die Genehmigung und Überwachung von Human- und Tierarzneimitteln und zur Errichtung einer Europäischen Arzneimittel-Agentur, ABl. L 136 vom 30.4.2004, S. 1.

Zulassung für ein Arzneimittel in allen Mitgliedsstaaten nicht nur der Europäischen Union, sondern des europäischen Wirtschaftsraums (dh inklusive Island und Norwegen) zu erhalten mittels der sog. zentralen Genehmigung durch die *Europäische Kommission*. Grundvoraussetzung ist, dass der Antragsteller und zukünftige Inhaber der Genehmigung für das Inverkehrbringen des zentral zugelassenen Arzneimittels in der Gemeinschaft niedergelassen ist. Er ist für das Inverkehrbringen dieser Arzneimittel verantwortlich, unabhängig davon, ob das Inverkehrbringen durch ihn selbst oder durch eine oder mehrere von ihm benannte Personen erfolgt[326]. Zum anderen wurde die Agentur umbenannt in **Europäische Arzneimittel-Agentur ("European Medicines Agency" – EMA**[327]**).** Als Teil der EMA werden Ausschüsse eingerichtet, insbesondere der Ausschuss für Humanarzneimittel **(Committee for Human Medicinal Products – CHMP)**, der aus ernannten Vertretern der Zulassungsbehörden der Mitgliedstaaten besteht. Gemäß Art. 5 VO 726/2004 ist der CHMP, der monatlich in der EMA tagt, ua zuständig für die Erstellung von Gutachten der EMA zu allen Fragen bezüglich der Zulässigkeit der nach dem zentralisierten Verfahren eingereichten Dossiers, der Erteilung, Änderung, Aussetzung oder des Widerrufs einer zentralen Genehmigung für das Inverkehrbringen eines Humanarzneimittels durch die Europäische Kommission[328]. Für die Anwendung der VO 726/2004 gelten gemäß Art. 2 die Begriffsbestimmungen des Art. 1 RL 2001/83/EG entsprechend.

117　Ausdrücklich lässt die Verordnung die Zuständigkeiten der Behörden der Mitgliedstaaten im Bereich der Preisfestsetzung für Arzneimittel sowie in Bezug auf die Einbeziehung von Arzneimitteln in die nationalen Krankenversicherungs- oder Sozialversicherungssysteme aufgrund von gesundheitlichen, wirtschaftlichen und sozialen Bedingungen unberührt. Die Mitgliedstaaten können insbesondere aus den Angaben in der Genehmigung für das Inverkehrbringen diejenigen therapeutischen Indikationen und Packungsgrößen auswählen, die von ihren Sozialversicherungsträgern abgedeckt werden[329].

2. Anwendungsbereich

118　Das zentrale europäische Zulassungsverfahren steht nicht allen Arzneimitteln zur Verfügung, sondern nur solchen, die entweder zwingend zentral zugelassen werden müssen, oder solchen, für die der Antragsteller die von der VO 726/2004 eingeräumte Wahlmöglichkeit hat:

119　a) „**Mandatory Scope**". Die Arzneimittel, die *zwingend* nur auf Basis einer zentralen Genehmigung der Europäischen Kommission innerhalb der EU in den Verkehr gebracht werden dürfen, sind in dem Anhang zur VO 726/2004 aufgeführt (Art. 3 Abs. 1 VO 726/2004). Dies sind:

120　(1) Arzneimittel, die mit Hilfe von bestimmten biotechnologischen Verfahren hergestellt werden (zB mit Hilfe rekombinierter DNS, monoklonale Antikörper),

121　(2) Tierarzneimittel, die vorwiegend zur Anwendung als Leistungssteigerungsmittel zur Förderung des Wachstums oder zur Erhöhung der Ertragsleistung von behandelten Tieren vorgesehen sind,

---

[326] Art. 2 UAbs. 2 VO 726/2004.
[327] Vgl. Art. 55 ff. VO 726/2004.
[328] Auf Antrag formuliert bei entsprechendem Auftrag des Verwaltungsdirektors der EMA oder des Kommissionsvertreters das CHMP Gutachten zu wissenschaftlichen Fragen im Zusammenhang mit der Beurteilung von Humanarzneimitteln und gibt Gutachten ab im Falle von Meinungsverschiedenheiten bei der Beurteilung von Arzneimitteln im Rahmen des Verfahrens der gegenseitigen Anerkennung.
[329] Art. 1 UAbs. 2 VO 726/2004.

(3) Humanarzneimittel, die einen neuen Wirkstoff[330] enthalten, der bei Inkrafttreten   122
dieser Verordnung noch nicht in der Gemeinschaft genehmigt war und dessen therapeutische Indikation die Behandlung der folgenden Erkrankungen ist:
- erworbenes Immundefizienz-Syndrom,
- Krebs,
- neurodegenerative Erkrankungen,
- Diabetes,
- und mit Wirkung vom 20. Mai 2008 Autoimmunerkrankungen und andere Immunschwächen sowie Viruserkrankungen, sowie

(4) Arzneimittel, die als Arzneimittel für seltene Leiden gemäß der VO 141/2000 ausgewiesen sind.   123

b) „Optional Scope". Für ein nicht unter den Anhang fallendes Arzneimittel *kann*   124
gemäß Art. 3 Abs. 2 VO 726/2004 eine zentrale Genehmigung für das Inverkehrbringen erteilt werden, wenn
- das Arzneimittel einen neuen Wirkstoff enthält, der bei Inkrafttreten dieser Verordnung nicht in der Gemeinschaft genehmigt war (lit. a[331]), oder
- der Antragsteller nachweist, dass das Arzneimittel eine bedeutende Innovation in therapeutischer, wissenschaftlicher oder technischer Hinsicht darstellt oder dass die Erteilung einer Genehmigung gemäß dieser Verordnung auf Gemeinschaftsebene im Interesse der Patienten oder der Tiergesundheit ist (lit. b).

In diesen Fällen hat also der Antragsteller eine Wahlmöglichkeit, ob er sein Präparat   125
zentral oder national zulässt[332].

Auch Generika zu zentral zugelassenen Referenzarzneimitteln fallen unter den „*op-*   126
tional scope": Diese können entweder von der Europäischen Kommission auf Basis eines entsprechenden zentralen Zulassungsverfahren zentral oder aber von den zuständigen Behörden der Mitgliedstaaten auf Basis eines nationalen, dezentralen oder gegenseitigen Anerkennungs-Verfahrens national genehmigt werden, letzteres allerdings nur, wenn
- der Genehmigungsantrag auf Genehmigung gemäß Art. 10 RL 2001/83/EG oder gemäß Art. 13 RL 2001/82/EG eingereicht wird,
- die Fachinformation in allen einschlägigen Punkten der des zentral genehmigten Arzneimittels entspricht, außer bei jenen Teilen der Zusammenfassung der Produktmerkmale, die sich auf Indikationen oder Dosierungen beziehen, die zum Zeitpunkt des Inverkehrbringens des Generikums noch unter das Patentrecht fielen, und
- das Generikum in allen Mitgliedstaaten, in denen der Antrag gestellt wurde, unter demselben Namen genehmigt wird[333].

Das Generikaunternehmen muss sich aber für eine Zulassungsart entscheiden, da in   127
Bezug auf das gleiche Arzneimittel unterschiedliche Beurteilungsberichte durch verschie-

---

[330] Vgl. hierzu European Commission, Notice to Applicants, Volume 2A, Procedures for marketing authorisation, Chapter 4, Centralised Procedure (Stand: April 2006), S. 3 f.
[331] Auf dieses Basis könnten alle Wirkstoffe, die zum Zeitpunkt des Inkraftetens der VO 726/2004 (20.5.2004) in der EU noch nicht zugelassen waren, auf jeden Fall fakultativ zentral zugelassen werden, sofern sie nicht bereits unter den obligatorischen Anwendungsbereich der VO 726/2004 nach Art. 3 Abs. 1 VO 726/2004 fallen auf Basis der Ziff. 3 des Anhangs zur VO 726/2004.
[332] Gemäß den Empfehlungen der EMA sollte der Antrag auf fakultative Anwendung des zentralisierten Verfahrens frühestens 18 Monate und mindestens 7 Monate vor der geplanten Einreichung des Zulassungantrages bei der EMA eingereicht werden. Vgl. EMA, pre-authorisation procedural advice for users of the centralised procedure, August 2013 (EMA/339324/2007), S. 11.
[333] Art. 3 Abs. 3 VO 726/2004.

dene Zulassungsbehörden vermieden werden sollen – es gilt der generelle Grundsatz „no co-existence of central and national authorisation"[334].

3. Verfahrensablauf und Versagungsgründe

128 **a) Notifizierung der EMA und Ernennung von Rapporteur und Co-Rapporteur.** Zuständig für die Durchführung des zentralen Zulassungsverfahrens ist die EMA. Diese ist spätestens 7 Monate vor Einreichung des Zulassungsantrags von dem Vorhaben zu notifizieren. Daraufhin erfolgt insbesondere die Ernennung des sog. Rapporteurs und Co-Rapporteurs: dies sind die Vertreter von 2 Mitgliedsländern der EU, die bei dem Genehmigungsantrag als Rapporteur bzw. Co-Rapporteur die Federführung übernehmen und als zentrale Kontaktpersonen fungieren[335].

129 **b) Einreichung des Zulassungsantrages und Validierungsphase.** Der Antrag auf zentrale Zulassung ist bei der EMA einzureichen[336]. Diesem Antrag sind die in Art. 8 Abs. 3, Art. 10, 10a, 10b oder 11 sowie Anhang I der RL 2001/83/EG genannten Angaben und Unterlagen vollständig beizufügen nebst der zu entrichtenden Gebühr[337], wobei grundsätzlich die Verwendung einer einheitlichen Arzneimittelbezeichnung vorzusehen ist[338].

130 Nach erfolgter Einreichung des Zulassungsdossiers (sog. **Submission**) erfolgt sodann zunächst die **Validierung** des Zulassungsantrags durch die EMA, indem sie die Zulässigkeit des Antrags, insbesondere die Einhaltung der formellen Anforderungen an das Zulassungsdossier und die Vollständigkeit der eingereichten Daten und Unterlagen prüft[339]. Dabei kann der Antragsteller aufgefordert werden, innerhalb bestimmter Fristen Daten und Unterlagen nachzuliefern[340]. Die Validierung ist bis zum offiziellen Verfahrensbeginn durch die EMA abzuschließen.

---

[334] Vgl. Commission Communication on the Community marketing authorisation procedures for medicinal products (98/C 229/03) v. 22.7.1998; European Commission, Note to the attention of the Heads of Medicines Agencies and the Pharmaceutical Committee v. 24.2.2009, S. 3ff, verfügbar unter http://ec.europa.eu/health/files/pharmacos/docs/doc2009/2009_05/d1049_en.pdf.

[335] Vgl. hierzu Vgl. EMA, pre-authorisation procedural advice for users of the centralised procedure, August 2013 (EMA/339324/2007), S. 11; European Commission, Notice to Applicants – Volume 2A Procedures for marketing authorisation, Chapter 4, Centralised Procedure (April 2006), S. 12; EMA, Committee for Medicinal Products for Human Use – Rules of Procedure (EMEA/45110/2007, EMEA/MB/87146/2007), Article 6.

[336] Art. 4 VO 726/2004.

[337] Sofern klinische Versucher außerhalb der EU durchgeführt wurden, müssen die Unterlagen eine Bestätigung darüber enthalten, dass diese den ethischen Anforderungen der RL 2001/20/EG entsprechen (Art. 6 Abs. 1 S. 2 VO 726/2004).

[338] Art. 6 Abs. 1 VO 726/2004. Für bestimmte Länder kann hiervon dann eine Ausnahme erteilt werden, wenn die Verwendung der einheitlichen Arzneimittelbezeichnung in diesen Ländern aus markenrechtlichen Gründen von Dritten in Frage gestellt wird, vgl. EMA, Guideline on the Acceptability of Names for Human Medicinal Products processed through the Centralised Procedure (CPMP/328/98), Revision 5 v. 5.2.2007, Ziff. 1. Art. 6 Abs. 2 VO 726/2004 bestimmt sodann die Unterlagen, die einem Antrag auf Genehmigung eines Humanarzneimittels beizufügen sind, das *genetisch veränderte Organismen* im Sinne des Art. 2 RL 2001/18/EG enthält oder aus solchen besteht.

[339] Vor Zulassungserteilung ist ggf. auch die Durchführung von GMP-, GMP und GLP-Inspektionen erforderlich, die von der EMA angeordnet und innerhalb der 210 Tage Verfahrensdauer auch durchgeführt werden müssen. Insoweit hat der Antragsteller im Zulassungsantrag bereits zu versichern, dass die zu inspizierenden Standorte (Herstellungs- oder Qualitätskontrollstandorteund/oder nicht-klinische Standorte oder klinische Studien Standorte) ab dem Zeitpunkt der Einreichung des Zulassungsantrags bereit sind für eine Inspektion. Die Einreichung von Produktmustern zum Testen des entsprechenden Arzneimittels ist zum Zeitpunkt der Antragseinreichung nicht erforderlich.

[340] Ausführlich hierzu European Commission, Notice to Applicants, Volume 2A, Procedures for marketing authorisation, Chapter 4, Centralised Procedure (April 2006), S. 19.

§ 3 Prüfung, Herstellung und Zulassung von Arzneimitteln

- Im Falle eines *positiven* Validierungsergebnisses informiert die EMA den Antragsteller schriftlich über den erfolgreichen Abschluss der Validierung nebst einem Zeitplan für die weitere Beurteilung durch den CHMP[341].
- Sofern die erforderlichen Daten, Unterlagen oder Klarstellungen nicht (oder nicht rechtzeitig) eingereicht werden, wird der Antragsteller über das *negative* Ergebnis der Validierung ebenfalls schriftlich informiert und aufgefordert mitzuteilen, ob er das Zulassungsdossier zurückzuerhalten möchte oder dies von der EMA vernichtet werden soll. Sofern der Antragsteller in der Zukunft einen erneuten Antrag starten möchte, muss der Antragsteller ein neues Dossier bei der EMA einreichen.

c) **Wissenschaftliche Bewertung des CHMP.** Nach erfolgter Validierung und Beginn des Verfahrens[342] nimmt das CHMP[343] eine wissenschaftliche Bewertung der Antragsunterlagen zur Qualität, Wirksamkeit und Unbedenklichkeit des Arzneimittels einschließlich der Umweltverträglichkeit vor. Über den CHMP sind Wissenschaftler aus allen europäischen Zulassungsbehörden – damit auch des BfArM – an der Bearbeitung und Bewertung der Zulassungsanträge beteiligt. Die Federführung liegt dabei bei Rapporteur sowie Co-Rapporteur, die einen Bewertungsbericht als Basis für die weitere Abstimmung erstellen. Dabei stellt die EMA sicher, dass das CHMP-Gutachten innerhalb von 210 Tagen nach Eingang des gültigen Antrags abgegeben wird[344].

131

Zur Erstellung seines Gutachtens *muss* das CHMP prüfen, ob die vorgelegten Angaben und Unterlagen den Anforderungen der Richtlinie 2001/83/EG entsprechen, und ob die Bedingungen für die Erteilung einer Genehmigung für das Inverkehrbringen erfüllt sind. Zusätzlich hierzu *kann* das CHMP verlangen, dass ein amtliches Arzneimittelkontrolllabor das Humanarzneimittel, dessen Ausgangsstoffe und ggf. dessen Zwischenprodukte oder sonstige Bestandteile prüft, um sicherzustellen, dass die vom Hersteller angewandten und in den Antragsunterlagen beschriebenen Kontrollmethoden ausreichend sind, und ggf. den Antragsteller auffordern, die mit dem Antrag vorgelegten Unterlagen innerhalb einer bestimmten Frist zu vervollständigen[345]. Macht der CHMP von dieser Möglichkeit Gebrauch, so wird die in Art. 6 Abs. 3 UAbs. 1 VO 726/2004 festgelegte Frist unter-

132

---

[341] Nach erfolgter Validierung werden die Produktdetails in das Tracking System der EMA (SIAMED) eingetragen. Dieses Numerierungssystem erlaubt eine klare Identifizierung eines jeden Antrags auf Erteilung, Änderung, Erweiterung, Übertragung oder Erneuerung einer zentralen Zulassung für jedes Produkt und für jede Darreichungsform währen des gesamten Lebenszyklus. Primär werden bei der EMA Zulassungsanträge nach dem Namen und dem aktiven Wirkstoff des Produkts identifiziert. Aus Verwaltungsgründen wird jedem Antrag auch eine Antragsnummer erteilt (EMA/H/C/....), wobei „H" für „Human" steht und C für „centralised procedure" gefolgt von einer fortlaufenden sechsstelligen Nummer des Antrags. Der Antragsteller wird über die Prozessnummer in der Validierungsmitteilung informiert. Diese Nummer sollte sodann in jeder weiteren Korrespondenz mit der EMA verwendet werden. Vgl. EMA, pre-authorisation procedural advice for users of the centralised procedure (EMA/339324/2007), August 2013, Q&A No. 32.
[342] Die EMA veröffentlicht zwischenzeitlich auf ihrer Website eine Liste der *„Medicines under evaluation"*, bei denen also das Validierungsverfahren einen positiven Ausgang genommen hat.
[343] Allgemein zu CHMP s. o. → § 1 Rn. 17.
[344] Vgl. zu den entsprechenden Timelines die Regelung des Art. 6 Abs. 3 VO 726/2004.
[345] Hierzu sieht Art 8 Abs. 1 VO 726/2004 vor, dass auf entsprechende schriftliche Aufforderung des Ausschusses für Humanarzneimittel ein Mitgliedstaat Informationen vorlegen muss, aus denen hervorgeht, dass der Hersteller eines Arzneimittels oder der Importeur aus einem Drittland in der Lage ist, das betreffende Arzneimittel in Übereinstimmung mit den gemäß Artikel 6 vorgelegten Angaben und Unterlagen herzustellen bzw. die notwendigen Kontrollen durchzuführen. Auch kann der CHMP vom Antragsteller verlangen, einer speziellen Inspektion des Herstellungsbetriebs des betreffenden Arzneimittels zuzustimmen. Solche Inspektionen können unangemeldet erfolgen. Die Inspektion wird innerhalb der in Artikel 6 Absatz 3 Unterabsatz 1 festgelegten Frist durch entsprechend qualifizierte Inspektoren aus dem Mitgliedstaat durchgeführt, die von einem vom Ausschuss benannten Berichterstatter oder Sachverständigen begleitet werden können.

Meier

brochen, bis die angeforderten zusätzlichen Informationen vorliegen. In gleicher Weise wird diese Frist für den Zeitraum unterbrochen, der dem Antragsteller zur Abgabe mündlicher oder schriftlicher Erklärungen eingeräumt wird[346].

133   d) **Stellungnahme des CHMP.** Das von Rapporteur und Co-Rapporteur erstellte wissenschaftliche Gutachten wird sodann von den übrigen Mitgliedsländern kommentiert und danach im CHMP diskutiert und verabschiedet. Das finale Gutachten gibt eine positive oder negative Empfehlung zur Zulassung ab[347].
Diese Empfehlung bildet damit gleichzeitig die – unverbindliche – Basis für die finale Entscheidung der Europäischen Kommission über den Zulassungsantrag.

134   Kommt das CHMP-Gutachten zu dem für den Antragsteller *negativen* Ergebnis, dass
- der Antrag die in der VO 726/2004 festgelegten Genehmigungskriterien nicht erfüllt,
- die vom Antragsteller vorgeschlagene Zusammenfassung der Merkmale des Arzneimittels geändert werden muss,
- die Etikettierung bzw. die Packungsbeilage des Produkts nicht den Regelungen des Titel V (Art. 54–69) RL 2001/83/EG entspricht, oder
- die Genehmigung vorbehaltlich der in Art. 14 Abs. 7 u. 8 VO 726/2004 vorgesehenen Bedingungen zu erteilen ist,

135   hat die EMA den Antragsteller hiervon unverzüglich zu unterrichten[348]. Sodann hat der Antragsteller die Möglichkeit, bei der EMA innerhalb von 15 Tagen nach Erhalt dieses Gutachtens um Überprüfung des Gutachtens zu ersuchen und dieses Gesuch binnen 60 Tagen nach Erhalt des Gutachtens ausführlich zu begründen. Sodann überprüft der CHMP innerhalb von weiteren 60 Tagen nach Erhalt der Gesuchsbegründung sein Gutachten gemäß den in Art. 62 Abs. 1 UAbs. 4 VO 726/2004 genannten Bedingungen. Die Gründe für die erzielten Schlussfolgerungen werden sodann dem endgültigen Gutachten beigefügt[349].

136   Im Falle eines *positiven* Gutachtens auf Erteilung einer Genehmigung für das Inverkehrbringen des betreffenden Arzneimittels sind dem Gutachten gemäß Art. 9 Abs. 4 VO 726/2004 folgende Unterlagen beizufügen:
- der Entwurf der Zusammenfassung der Merkmale des Arzneimittels gemäß Art. 11 RL 2001/83/EG;
- Einzelheiten etwaiger Bedingungen oder Einschränkungen, die für die Lieferung oder Verwendung des betreffenden Arzneimittels gelten sollten, einschließlich der Bedingungen, unter denen das Arzneimittel Patienten zugänglich gemacht werden darf, und zwar im Einklang mit den in Titel VI der RL 2001/83/EG festgelegten Kriterien;
- Einzelheiten etwaiger empfohlener Bedingungen oder Einschränkungen hinsichtlich der sicheren und wirksamen Anwendung des Arzneimittels;
- der Textentwurf für die vom Antragsteller vorgeschlagene Etikettierung und Packungsbeilage gemäß Titel V der RL 2001/83/EG, sowie
- der Beurteilungsbericht.

137   Die EMA übermittelt das endgültige Gutachten des CHMP innerhalb von 15 Tagen nach seiner Verabschiedung der Europäischen Kommission, den Mitgliedstaaten und dem Antragsteller, zusammen mit einem Bericht, der die Beurteilung des Arzneimittels durch den Ausschuss enthält und die Gründe für seine Schlussfolgerungen angibt[350]. Gemäß Art. 14 Abs. 10 VO 726/2004 schließt der CHMP in sein Gutachten einen Vorschlag über die Kriterien der Verschreibung und der Verwendung des Arzneimittels ein.

---

[346] Art. 7 VO 726/2004.
[347] Vgl. ausführlich hierzu European Commission, Notice to Applicants, Volume 2A, Procedures for marketing authorisation, Chapter 4, Centralised Procedure (April 2006), S. 30 ff.
[348] Art. 9 Abs. 1 VO 726/2004.
[349] Art. 9 Abs. 2 VO 726/2004.
[350] Art. 9 Abs. 3 VO 726/2004.

e) Entscheidungsentwurf der Europäischen Kommision und Einbeziehung des CHMP.
Innerhalb von 15 Tagen nach Erhalt des CHMP-Gutachtens erstellt die Kommission den Entwurf einer Entscheidung über den Antrag:

- Sieht der Entscheidungsentwurf die Erteilung einer Genehmigung für das Inverkehrbringen vor, so enthält er die in Art. 9 Abs. 4 lit. a, b, c u. d VO 726/2004 genannten Unterlagen oder nimmt darauf Bezug.
- Entspricht der Entscheidungsentwurf nicht dem Gutachten der EMA, so fügt die Kommission eine eingehende Begründung für die Abweichung bei. Der Entscheidungsentwurf wird den Mitgliedstaaten und dem Antragsteller mitgeteilt.

Die Kommission erlässt eine endgültige Entscheidung nach dem in Art. 87 Abs. 3 VO 726/2004 genannten Verfahren innerhalb von 15 Tagen nach Abschluss dieses Verfahrens[351].

Die Kommission wird dabei weiter durch den CHMP unterstützt. Hierbei hat die Stellungnahme des CHMP innerhalb eines Monats sowie im Wege des schriftlichen Verfahrens zu ergehen. Im Rahmen des Verfahrens nach Art. 87 Abs. 3 VO 726/2004 steht den Mitgliedstaaten das Recht zu, innerhalb einer Frist von 22 Tagen der Kommission ihre schriftlichen Bemerkungen zum Entscheidungsentwurf zu übermitteln. In Fällen, in denen die Beschlussfassung Dringlichkeitscharakter hat, kann der Vorsitzende jedoch je nach Dringlichkeit eine kürzere Frist festlegen. Diese Frist darf nicht weniger als 5 Tage betragen, es sei denn, es liegen außergewöhnliche Umstände vor. Ferner können die Mitgliedstaaten unter ausführlicher Darlegung ihrer Gründe schriftlich beantragen, dass der in Art. 10 Abs. 1 VO 726/2004 genannte Entscheidungsentwurf von dem CHMP im Plenum erörtert wird[352].

Sollten sich nach Auffassung der Kommission aus den schriftlichen Bemerkungen eines Mitgliedstaats wichtige neue Fragen wissenschaftlicher oder technischer Art ergeben, die in dem von der EMA abgegebenen Gutachten nicht behandelt wurden, setzt der Vorsitzende das Verfahren aus, und der Antrag wird zur weiteren Prüfung an die EMA zurückverwiesen[353].

f) Entscheidung der Europäischen Kommission.
Erfolgt eine Versagung der Gemeinschaftsgenehmigung für das Inverkehrbringen, so stellt dies ein Verbot für das Inverkehrbringen des betreffenden Arzneimittels in der gesamten EU dar[354]. Allerdings darf die Kommission die Genehmigung für das Inverkehrbrinen gemäß Art. 12 Abs. 1 VO 726/2004 nur versagen,

- wenn sich nach Prüfung der gemäß Art. 6 vorgelegten Angaben und Unterlagen ergibt, dass der Antragsteller die Qualität, die Sicherheit oder die Wirksamkeit des Arzneimittels nicht angemessen oder ausreichend nachgewiesen hat,
- wenn vom Antragsteller gemäß Art. 6 vorgelegte Angaben oder Unterlagen unrichtig sind, oder
- wenn die vom Antragsteller vorgeschlagene Etikettierung und Packungsbeilage nicht Titel V der RL 2001/83/EG entsprechen.

Die Informationen über jede Versagung einer Genehmigung und die Gründe hierfür werden öffentlich zugänglich gemacht[355].

---

[351] Art. 10 Abs. 1 u. 2 VO 726/2004.
[352] Vgl. hierzu Art. 10 Abs. 3 VO 726/2004.
[353] Art. 10 Abs. 4 VO 726/2004.
[354] So ausdrücklich Art. 12 Abs. 2 VO 726/2004. Die EMA hat sodann auch einen entsprechenden „Refusal EPAR" zu veröffentlichen, vgl. European Commission, Notice to Applicants, Volume 2A, Procedures for marketing authorisation, Chapter 4, Centralised Procedure (April 2006), S. 37.
[355] Art. 12 Abs. 3 VO 726/2004.

144 Entscheidet die Europäische Kommission hingegen, die Gemeinschaftsgenehmigung zu erteilen, so ist diese Genehmigung für die gesamte Gemeinschaft gültig. Sie umfasst die gleichen Rechte und Pflichten in jedem einzelnen Mitgliedstaat wie eine nationale Genehmigung[356]. Die genehmigten Humanarzneimittel werden in das Arzneimittelregister der Gemeinschaft aufgenommen, und ihnen wird eine Nummer zugeteilt, die auf der Verpackung anzugeben ist[357].

145 Ferner veröffentlicht die EMA – nach Streichung aller vertraulichen Angaben geschäftlicher Art – umgehend den vom Ausschuss für Humanarzneimittel erstellten Bericht über die Beurteilung des Humanarzneimittels und die Gründe für das Gutachten zugunsten der Erteilung einer Genehmigung. Dieser **Europäische Öffentliche Beurteilungsbericht** (European **P**ublic **A**ssessment **R**eport – **EPAR**) enthält eine allgemein verständliche Zusammenfassung, insbesondere einen Abschnitt über die Verwendungsbedingungen des Arzneimittels[358].

146 Der Zulassungsinhaber hat die EMA über die Termine für das tatsächliche Inverkehrbringen des Humanarzneimittels in den Mitgliedstaaten unter Berücksichtigung der unterschiedlichen genehmigten Verabreichungsformen zu unterrichten. Auch hat er der EMA zu melden, wenn das Inverkehrbringen dieses Arzneimittels vorübergehend oder endgültig eingestellt wird. Diese Meldung hat spätestens zwei Monate vor der Einstellung des Inverkehrbringens zu erfolgen, sofern keine außergewöhnlichen Umstände vorliegen[359].

147 Übersicht: Verfahrensablauf beim zentralen Zulassungsverfahren

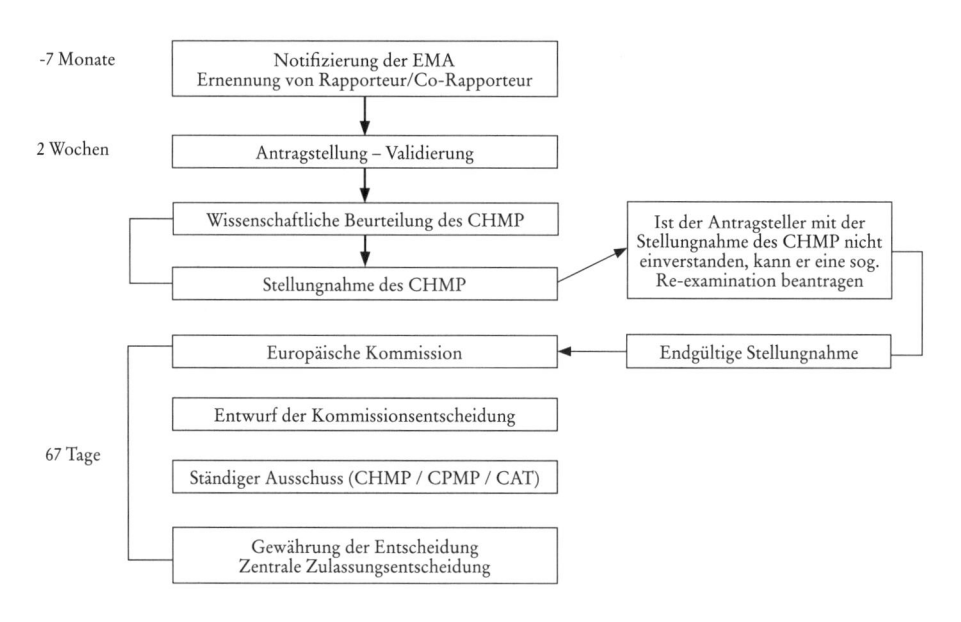

-7 Monate	Notifizierung der EMA / Ernennung von Rapporteur/Co-Rapporteur
2 Wochen	Antragstellung – Validierung
	Wissenschaftliche Beurteilung des CHMP
	Stellungnahme des CHMP → Ist der Antragsteller mit der Stellungnahme des CHMP nicht einverstanden, kann er eine sog. Re-examination beantragen
	Europäische Kommission ← Endgültige Stellungnahme
	Entwurf der Kommissionsentscheidung
67 Tage	Ständiger Ausschuss (CHMP / CPMP / CAT)
	Gewährung der Entscheidung / Zentrale Zulassungsentscheidung

---

[356] European Commission, Notice to Applicants, Volume 2A, Procedures for marketing authorisation, Chapter 1, Marketing Authorisation (June 2013), S. 8.
[357] Vgl. Art. 13 Abs. 1 S. 1–3 VO 726/2004. Die Mitteilungen über die Genehmigungen für das Inverkehrbringen werden insbesondere unter Angabe des Genehmigungsdatums und der Registriernummer des Europäischen Arzneimittelregisters sowie des internationalen Freinamens (INN) des Wirkstoffes des Arzneimittels, seiner Darreichungsform und des anatomisch-therapeutisch-chemischen Codes (ATCCode) im Amtsblatt der Europäischen Union veröffentlicht (Art. 13 Abs. 2 VO 726/2004).
[358] Art. 13 Abs. 3 VO 726/2004. Vgl. hierzu *European Commission,* Notice to Applicants, Volume 2A, Procedures for marketing authorisation, Chapter 4, Centralised Procedure (April 2006), S. 36 f.
[359] Art 13 Abs. 4 VO 726/2004. Vgl. auch *European Commission,* Notice to Applicants, Volume 2A, Procedures for marketing authorisation, Chapter 4, Centralised Procedure (April 2006), S. 37.

4. Besondere Zulassungsarten

Art. 14 Abs. 7 VO 726/2004 sieht die Möglichkeit einer bedingten Genehmigung vor (sog. **Conditional Approval**): Hiernach kann nach entsprechender Konsultation des Antragstellers eine Genehmigung vorbehaltlich besonderer Bedingungen erteilt werden, die jährlich von der EMA neu zu beurteilen sind, und hat damit grundsätzlich nur eine Geltungsdauer von einem Jahr. Die Liste dieser Bedingungen wird öffentlich zugänglich gemacht[360].

148

Ferner besteht die Möglichkeit, in Ausnahmefällen und nach Konsultation des Antragstellers eine **Genehmigung unter Vorbehalt** zu erteilen, nämlich vorbehaltlich der Verpflichtung des Antragstellers, besondere Verfahren zu schaffen, die insbesondere die Sicherheit des Arzneimittels, die Information der zuständigen Behörden über alle Zwischenfälle im Zusammenhang mit seiner Verwendung und die zu ergreifenden Maßnahmen betreffen[361]. Diese Genehmigung kann nur aus objektiven und nachprüfbaren Gründen erteilt werden und muss auf einem der in Anhang I der RL 2001/83/EG genannten Motive beruhen. Die Genehmigung unter Vorbehalt ist zwar fünf Jahre gültig, ihre Aufrechterhaltung ist aber von der jährlichen Neubeurteilung der ausgesprochenen Bedingungen abhängig[362].

149

Schließlich kann der Antragsteller für Humanarzneimittel, die für die öffentliche Gesundheit und insbesondere unter dem Gesichtspunkt der therapeutischen Innovation von erheblichem Interesse sind, bei Einreichen des Antrags auf Erteilung der Genehmigung für das Inverkehrbringen ein **beschleunigtes Beurteilungsverfahren** („Accelerated Procedure") beantragen. Dieser Antrag ist hinreichend zu begründen. Kommt der CHMP diesem Antrag nach, so verkürzt sich die in Art. 6 Abs. 3 UAbs. 1 VO 726/2004 vorgesehene Frist auf 150 Tage[363].

150

5. Änderungen der Arzneimittelzulassung

Die Verordnung 1234/2008[364] beinhaltet den gemeinschaftlichen Rechtsrahmen sowohl für Änderungen von Arzneimittelzulassungen, die auf Basis des dezentralen Verfahrens sowie des Verfahrens der gegenseitigen Anerkennung erlassen wurden, als auch für Änderungen von zentralen Arzneimittelgenehmigungen, die auf Basis der VO 726/2004 von der Europäischen Kommission erlassen wurden (Art. 1 Abs. 1[365]). Allerdings gilt diese Verordnung nicht für die Übertragung einer Zulassung von einem Zulassungsinhaber auf einen anderen (Art. 1 Abs. 2[366]).

151

---

[360] Für die Anwendung dieser Vorschrift hat die Europäische Kommission eine Durchführungsverordnung erlassen, nämlich die Verordnung (EG) Nr. 507/2006/EG über die bedingte Zulassung von Humanarzneimitteln, die unter den Geltungsbereich der Verordnung (EG) Nr. 726/2004 fallen (ABl. L 92 v. 30.3.2006). Instruktiv hierzu *Friese* in Dieners/Reese (Hrsg.), Hdb PharmaR, § 5 Rn. 126 f. Vgl. auch EMA, Guideline on procedures for the granting of a marketing authorisation under exceptional circumstances v. 15.12.2005 (EMEA/357981/2005),

[361] Art. 14 Abs. 8 VO 726/2004.

[362] Instruktiv hierzu *Friese* in Dieners/Reese (Hrsg.), Hdb PharmaR, § 5 Rn. 128 f.

[363] Art. 14 Abs. 9 VO 726/2004. Zu den Einzelheiten des Verfahrens vgl. EMA, Guideline on the procedure for accelarated assessment pursuant to Article 14(9) of Regulation (EC) No. 726/2004 (EMEA/419127/05). Instruktiv hierzu *Friese* in Dieners/Reese (Hrsg.), Hdb PharmaR, § 5 Rn. 103.

[364] Verordnung (EG) Nr. 1234/2008 der Kommission vom 24. November 2008 über die Prüfung von Änderungen der Zulassungen von Human- und Tierarzneimitteln, ABl. L 334 v. 12.12.2008, S. 7, geändert durch die Verordnung (EU) Nr. 712/2012 des Kommission vom 3. August 2012, ABl. L 209 v. 4.8.2012, S. 4.

[365] Die Art 1–7 beinhalten die Allgemeinen Bestimmungen, die Art. 8–13 betreffen die Änderung dezentraler und MRP-Zulassungen, die Art. 14–18 betreffen die Änderung zentraler Zulassungen, die Art. 19–24 beinhalten Sonderverfahren, und die Art. 25–28 die Schlussbestimmungen.

[366] Die Übertragung einer zentralen Zulassung ist geregelt in der Verordnung (EG) Nr. 2141/96 der Kommission vom 7. November 1996 über die Prüfung eines Antrags auf Übertragung einer Zulassung

152 Die Änderungen von Arzneimittelzulassungen werden in Abhängigkeit von dem Grad des Risikos für die öffentliche Gesundheit und dem Umfang der Auswirkungen auf Qualität, Unbedenklichkeit und Wirksamkeit des betreffenden Arzneimittels in unterschiedliche Kategorien eingeteilt, welche wiederum unterschiedlichen Überwachungsinstrumenten zugeordnet werden. Auch wird festgelegt, dass zwar prinzipiell jede Änderung getrennt eingereicht werden soll. Allerdings wird für bestimmte Fällen die Möglichkeit eröffnet, Änderungen derselben Gruppe zusammenzufassen, um die Überprüfung der Änderungen zu vereinfachen und den Verwaltungsaufwand zu reduzieren[367].

153 a) **Klassifizierung der Änderungen.** Die Änderungen werden klassifiziert wie folgt[368]:
154 • **geringfügige Änderung des Typs IA:** eine Änderung, die gar keine oder nur minimale Folgen für die Qualität, Unbedenklichkeit oder Wirksamkeit des betreffenden Arzneimittels hat;
155 • **geringfügige Änderung des Typs IB:** eine Änderung, bei der es sich weder um eine geringfügige Änderung des Typs IA noch um eine größere Änderung des Typs II oder um eine Erweiterung handelt;
156 • **größere Änderung des Typs II:** eine Änderung, bei der es sich nicht um eine Erweiterung handelt und die umfangreiche Folgen für die Qualität, Unbedenklichkeit oder Wirksam keit des betreffenden Arzneimittels haben kann;
157 • **Zulassungserweiterung:** eine Änderung, die in Anhang I zur VO 1234/2008 aufgeführt ist und die dort festgelegten Voraussetzungen erfüllt.

158 Dabei gilt für jede Änderung, bei der es sich nicht um eine Erweiterung handelt, die Einstufung gemäß Anhang II (Art. 3 Abs. 1). Eine Änderung, bei der es sich nicht um eine Erweiterung handelt und deren Einstufung auch nach Anwendung der Vorschriften dieser Verordnung, insb. des Anhangs II, unklar ist, gilt standardmäßig als geringfügige Änderung des Typs IB (Art. 3 Abs. 2). Allerdings gilt abweichend hiervon nach Art. 3 Abs. 3 eine Änderung, bei der es sich nicht um eine Erweiterung handelt und deren Einstufung auch nach Anwendung der Vorschriften der VO 1234/2008 unklar bleibt, dann als größere Änderung des Typs II,
• wenn der Inhaber bei Einreichung der Änderung darum ersucht, oder
• wenn die EMA zu dem Ergebnis gelangt, dass die Änderung umfangreiche Folgen für die Qualität, Unbedenklichkeit oder Wirksamkeit des betreffenden Arzneimittels haben kann.

159 b) **Überwachungsmaßnahmen und -instrumente.** Es gelten folgende Maßnahmen:
• Für geringfügige Änderungen des Typs IA gilt das **Mitteilungsverfahren des Art. 14 VO 1234/2008:** Hiernach ist grundsätzlich innerhalb von 12 Monaten[369] nach Durchführung der Änderung diese allen maßgeblichen Behörden gleichzeitig mitzuteilen

---

für ein in den Geltungsbereich der Verordnung (EWG) Nr. 2309/93 des Rates fallendes Arzneimittel, ABl. L 286 v. 8.11.1996, S. 6.
[367] Erwägungsgründe 6 u. 7 der VO 1234/2008.
[368] Vgl. Art. 2 Nrn. 2–5 VO 1234/2008 sowie *European Commission*, Guidelines of 16.5.2013 on the details of the various categories of variations, on the operation of the procedures laid down in Chapters II, IIa, III and IV of Commission Regulation (EC) No 1234/2008 of 24 November 2008 concerning the examination of variations to the terms of marketing authorisations for medicinal products for human use and veterinary medicinal products and on the documentation to be submitted pursuant to those procedures v. 16.5.2013 (C (2013) 2804).
[369] Die Mitteilung ist jedoch unverzüglich nach Durchführung der Änderung einzureichen, wenn es sich um geringfügige Änderungen handelt, die zur ständigen Überwachung des betreffenden Arzneimittels eine unverzügliche Mitteilung erfordern (Art. 8 Abs. 1 S. 3).

Meier

unter Einreichung der in Anhang IV aufgeführten Unterlagen. Innerhalb von 30 Tagen nach Erhalt der Mitteilung werden sodann die Maßnahmen nach Art. 17 ergriffen.
- Für geringfügige Änderungen des Typs IB gilt das **Mitteilungsverfahren des Art. 15 VO 1234/2008:** Hiernach hat der Zulassungsinhaber bei der EMA eine Mitteilung einzureichen, die die in Anhang IV aufgeführten Unterlagen enthält[370]. Sofern die EMA dem Zulassungsinhaber nicht innerhalb von 30 Tagen nach Bestätigung des Erhalts einer gültigen Mitteilung ein negatives Gutachten übermittelt, darf der Zulassungsinhaber von einem positiven Gutachten ausgehen, so dass die Maßnahmen nach Art. 17 ergriffen werden (Art. 15 Abs. 2). Ist allerdings die EMA der Ansicht, dass die Mitteilung nicht akzeptiert werden kann, teilt sie dies dem Zulassungsinhaber unter Angabe der Gründe für dieses negative Gutachten mit. Sodann hat der Inhaber das Recht, innerhalb von 30 Tagen eine geänderte Mitteilung bei der EMA einzureichen, um die in dem Bescheid geäußerten Einwände angemessen zu berücksichtigen.
  – Werden keine Änderungen an der Mitteilung vorgenommen, gilt die Mitteilung als abgelehnt, so dass die Maßnahmen nach Art. 17 eingeleitet werden (Art. 15 Abs. 3).
  – Wird hingegen eine geänderte Mitteilung eingereicht, wird sie von der EMA innerhalb von 30 Tagen nach ihrem Eingang bewertet und die Maßnahmen nach Art. 17 eingeleitet (Art. 15 Abs. 5).
- Für größere Änderungen des Typs II gilt das **Verfahren der „Vorabgenehmigung" nach Art. 16 VO 1234/2008**[371]: Auch hier hat der Zulassungsinhaber bei der EMA einen entsprechenden Antrag unter Beifügung der in Anhang IV ausgeführten Unterlagen einzureichen. Bei Einreichung eines solchen gültigen Antrags bestätigt die EMA den Empfang eines gültigen Antrags (Art. 16 Abs. 1). Innerhalb von 60 Tagen[372] hat sodann die EMA ein Gutachten über den Antrag abzugeben. Die EMA kann diese Frist verkürzen, um die Dringlichkeit einer Frage zu berücksichtigen, oder auf 90 Tage verlängern, wenn es sich um Änderungen handelt, die in Anhang V Teil 1 aufgeführt sind (Art. 16 Abs. 2 S. 2). Innerhalb der gültigen Frist kann die EMA vom Zulassungsinhaber verlangen, dass er innerhalb einer festgelegten Frist zusätzliche Informationen vorlegt. In diesem Fall wird das Verfahren so lange ausgesetzt, bis diese zusätzlichen Informatione vorgelegt wurden (Art. 16 Abs. 3 S. 1 u. 2). Für das Gutachten zu dem gültigen Antrag gelten Art. 9 Abs. 1 u. 2 sowie Art. 34 Abs. 1 u. 2 VO 726/2004. Innerhalb von 15 Tagen nach der Verabschiedung des endgültigen Gutachtens über den gültigen Antrag werden die Maßnahmen nach Art. 17 ergriffen (Art. 16 Abs. 4).

Zum Abschluss der Verfahren nach den Art. 14 bis 16 hat der RMS schließlich die in Art. 17 VO 1234/2008 aufgeführten Maßnahmen zu ergreifen: **160**
a) Die EMA teilt dem Zulassungsinhaber und der Kommission mit, ob ihr Gutachten positiv oder negative ausgefallen ist.
b) Fällt ihr Gutachten über die Änderung negativ aus, teilt sie dem Inhaber und der Kommission die Begründung dafür mit.
c) Die EMA unterrichtet den Zulassungsinhaber und die Kommission davon, ob die Änderung erfordert, dass die Entscheidung über die Erteilung der Zulassung geändert wird.

---

[370] Erfüllt die Mitteilung die Bedingungen gemäß Unterabsatz 1, bestätigt die zuständige Behörde des RMS nach Anhörung der CMS den Erhalt einer gültigen Mitteilung (Art. 9 Abs. 1 S. 2).
[371] Abweichend von Artikel 10 ist bei der Prüfung von Änderungen aufgrund von Wirkstoffänderungen zwecks jährlicher Aktualisierung eines Grippeimpfstoffs für den Menschen das Verfahren nach den Art. 12 Abs. 2 bis 6 anzuwenden (Art. 12 Abs. 1).
[372] Die zuständige Behörde des RMS kann die in Unterabsatz 1 genannte Frist verkürzen, um die Dringlichkeit der Angelegenheit zu berücksichtigen, oder auf 90 Tage verlängern, wenn es sich um Änderungen handelt, die in Anhang V Teil 1 aufgeführt sind (Art. 10 Abs. 2 S. 1)

161 Neben den Regelungen der VO 1234/2008 gelten für solche Änderungen, die ihrer Natur nach nicht von der VO 1234/2008 erfasst werden, die Regelungen des § 29 Abs. 1 bis 2 AMG. Dies ergibt sich als Umkehrschluss aus der Regelung des § 29 Abs. 4 AMG, wonach die Absätze 2a bis 3 keine Anwendung finden für Arzneimittel, die der VO 1234/2008 unterliegen – mithin finden die übrigen Absätze des § 29 AMG auf zentrale Zulassungen Anwendung. Dementsprechend ist zB die Anbringung weiterer Angaben auf der Umverpackung oder der Packungsbeilage in Deutschland mittels einer Änderungsanzeige nach § 29 Abs. 1 AMG beim BfArM anzuzeigen.

6. Rücknahme, Widerruf und Ruhen der Zulassung

162 Zunächst hat der Antragsteller das Recht, seinen Genehmigungsantrag zurückzunehmen. Tut er dies vor der Abgabe eines Gutachtens, so hat er der Agentur seine Gründe hierfür mitzuteilen[373]. Die Agentur macht diese Information öffentlich zugänglich und veröffentlicht ggf. den Beurteilungsbericht nach Streichung aller vertraulichen Angaben geschäftlicher Art.

163 Daneben hat die Europäische Kommission die Befugnis, Maßnahmen in Bezug auf die Zulassung zu treffen (zB diese zurückzunehmen, zu widerrufen, auszusetzen), sofern dies das Ergebnis des in Art. 20 VO 726/2004 geregelten Referral-Verfahrens ist. Sofern die Mitgliedstaaten oder die Europäische Kommission der Auffassung sind, dass eine der in den Titeln IX betreffend Pharmakovigilanz[374] und XI der Richtlinie 2001/83/EG betreffend Überwachung und Sanktionen[375] vorgesehenen Maßnahmen in Bezug auf das betreffende Arzneimittel angewendet werden sollte, ist eine Entscheidung der Kommission unter wissenschaftlicher Unterstützung durch die EMA und den CHMP gemäß dem in Art. 20 VO 726/2004 geregelten sog. Referral-Verfahren herbeizuführen[376].

164 Nur dann, wenn eine Maßnahme zum Schutz der menschlichen Gesundheit oder der Umwelt dringend erforderlich ist, so kann ein Mitgliedstaat von sich aus oder auf Ersuchen der Kommission die Verwendung eines gemäß dieser Verordnung genehmigten Humanarzneimittels in seinem Hoheitsgebiet aussetzen. Handelt der Mitgliedstaat von sich aus, so unterrichtet er die Kommission und die Agentur spätestens an dem auf die Aussetzung folgenden Arbeitstag über die Gründe dieser Maßnahme. Diese Aussetzungsmaßnahmen können aber nur solange in Kraft bleiben, bis eine endgültige Entscheidung der Kommission nach dem in Art. 87 Abs. 3 VO 726/2004 genannten Verfahren ergangen ist[377].

7. Erlöschen und Verlängerung der Zulassung

165 Auch zentrale Genehmigungen für das Inverkehrbringen eines Arzneimittels sind initial nur **fünf Jahre gültig**[378]. Diese können auf der Grundlage einer von der EMA vorgenommenen Neubeurteilung des Nutzen-Risiko-Verhältnisses verlängert werden. Hierzu hat der Genehmigungsinhaber der EMA spätestens sechs Monate vor Ablauf der 5-Jahres-

---

[373] Art. 11 VO 726/2004.
[374] Art. 101 ff. RL 2001/83/EG.
[375] Art. 111 ff. RL 2001/83/EG.
[376] Instruktiv hierzu *Friese* in Diener/Reese, HdB PharmaR, § 5 Rn. 150 f. Zur Beweislast bei Aussetzung, Rücknahme oder Widerrufe einer zentralen Zulassung hat das Europäische Gericht erster Instanz entschieden, dass diese die zuständige Behörde habe, vgl. EuG, verb. RS T-74/00, T-76/00 ua, Rn. 191 f. sowie kommentierend *Friese* in Diener/Reese, HdB PharmaR, § 5 Rn. 152.
[377] Zu den Einzelheiten vgl. die Bestimmung des Art. 20 VO 726/2004 sowie *Friese* in Diener/Reese, HdB PharmaR, § 5 Rn. 154. Für das Verfahren gelten gemäß Art. 87 Abs. 3 VO 726/2004 die Art. 4 und 7 des Beschlusses 1999/468/EG unter Beachtung von dessen Art. 8. Dabei wird der Zeitraum nach Art. 4 Abs. 3 des Beschlusses 1999/468/EG auf einen Monat festgesetzt.
[378] Art. 14 Abs. 1 VO 726/2004.

Frist eine konsolidierte Fassung der Unterlagen in Bezug auf Qualität, Sicherheit und Wirksamkeit des Arzneimittels vorzulegen, in der alle seit der Erteilung der Genehmigung für das Inverkehrbringen vorgenommenen Änderungen berücksichtigt sind. Wird die Genehmigung für das Inverkehrbringen verlängert, so gilt diese verlängerte Genehmigung ohne zeitliche Begrenzung, es sei denn, die Kommission beschließt in begründeten Fällen im Zusammenhang mit der Pharmakovigilanz eine zusätzliche Verlängerung um fünf Jahre gemäß Art. 14 Abs. 2 VO 726/2004[379].

Ausnahmen von diesem Grundsatz der initialen 5-Jahres-Gültigkeit einer Arzneimittelgenehmigung beinhalten die in den Absätzen 4, 5 und 7 des Art. 14 geregelten Fälle: 166
- Die Arzneimittelgenehmigung wird ungültig, wenn ein genehmigtes Humanarzneimittel innerhalb von drei Jahren nach Genehmigungserteilung *nicht* tatsächlich in der Gemeinschaft in Verkehr gebracht wird (Abs. 4) oder sich ein genehmigtes Arzneimittel, das zuvor in Verkehr gebracht wurde, drei aufeinander folgende Jahre *nicht mehr* tatsächlich auf dem Markt gebracht wird (Abs. 5). Allerdings kann in Ausnahmefällen die Europäische Kommission aus Gründen des Gesundheitsschutzes wiederum gebührend begründete Rückausnahmen hiervon vorsehen (Abs. 6).
- Ferner stellt die sog. bedingte Zulassung (Conditional Approval, Abs. 7) eine entsprechende Ausnahme dar, da diese nur ein Jahr gültig ist und jährlich verlängert werden muss[380].

8. Rechtsschutzfragen

Gegen die Versagung einer beantragten Gemeinschaftsgenehmigung[381] hat der Antragsteller gemäß Art. 230 EGV das Recht, binnen 2 Monaten ab Bekanntgabe der Enscheidung im Zulassungsverfahren Klage beim Europäischen Gericht erster Instanz[382] gegen die Europäische Kommission zu erheben[383]. Ein Rechtsschutz gegen ein negatives CHMP-Gutachten besteht nicht, da diesem keine unmittelbare Wirkung gegenüber dem Antragsteller zukommt, zumal die Europäische Kommission an diese Stellungnahme bei ihrer Entscheidung nicht gebunden ist, sondern bedarf zu einer entsprechenden Außenwirkung eine Kommissions- bzw. Ratsentscheidung[384]. 167

VII. Verfahren der Gegenseitigen Anerkennung und Dezentrales Zulassungsverfahren

1. Verfahren der Gegenseitigen Anerkennung

Das Verfahren der Gegenseitigen Anerkennung findet Anwendung, sofern der Antragsteller bereits eine nationale Zulassung für das Inverkehrbringen seines Arzneimittels in einem Mitgliedstaat hat, und nunmehr eine Zulassung für dieses Arzneimittel auch in anderen – von ihm zu bestimmenden – Mitgliedstaaten haben möchte. In diesem Fall hat der Antragsteller um Anerkennung der bereits vorliegenden nationalen Zulassung zu ersuchen. Den Rechtsrahmen setzen auf europäischer Ebene Art. 28 Abs. 1 RL 2001/83/EG sowie national § 25b AMG[385]. 168

---

[379] Instruktiv *Friese* in Diener/Reese, HdB PharmaR, § 5 Rn. 121 f.
[380] S. hierzu o. → § 3 Rn. 148.
[381] Gemäß Art. 12 Abs. 2 VO 726/2004 stellt die Versagung einer Gemeinschaftsgenehmigung ein Verbot dar, das entsprechende Arzneimittel in der EU in Verkehr zu bringen.
[382] Die Zuständigkeit des Gerichts erster Instanz ergibt sich aus Art. 225 EGV iVm Art. 3 Abs. 1 lit. c des Beschlusses des Rates zur Errichtung eines Gerichtes erster Instanz der Europäischen Gemeinschaften vom 24.10.1988, geändert durch Beschluss vom 8.6.1993 (93/350/EWG, Euratom).
[383] Vgl. hierzu auch *Rehmann*, AMG, Vor § 21 Rn. 10;
[384] Ebenso *Friese* in Dieners/Reese (Hrsg.), Hdb PharmaR, § 5 Rn. 110.

169 **a) Erstellung der Zulassungsdokumentation.** Zunächst hat der Inhaber der Genehmigung für das Inverkehrbringen – im weiteren „Antragsteller" genannt – den Mitgliedstaat, der die nationale Zulassung für das Inverkehrbringen erteilt hat – den sog. **Referenzmitgliedstaat (Referenz Member States – RMS) –**, zu ersuchen, *entweder* einen bereits bestehenden Beurteilungsbericht über das Arzneimittel zu aktualisieren *oder* einen solchen zu erstellen, wofür eine Frist von maximal 90 Tagen besteht[386]. Der Ablauf dieser 90-Tage-Frist kennzeichnet zugleich den offiziellen Beginn des Verfahrens der gegenseitigen Anerkennung, den sog. „Tag 0". Ferner hat der Antragsteller die Zuteilung einer Prozessnummer zu beantragen[387].

170 **b) Anerkennungsantrag in den betroffenen Mitgliedstaaten.** Etwa 14 Tage vor Tag 0 reicht der Antragsteller sowohl im RMS als auch in den Mitgliedstaaten, in denen er diese Zulassung anerkannt haben möchte – den sog. **betroffenen Mitgliedstaaten (Concerned Member States – CMS) –** einen auf einem identischen Dossier beruhenden Antrag auf Anerkennung der bereits erteilten nationale Zulassung ein. Das Dossier enthält – abhängig von der Antragsart – die in den Artikeln 8, 10, 10a, 10b, 10c und 11 RL 2001/83/EG genannten Informationen und Unterlagen inklusive einer Liste der Mitgliedstaaten, auf die sich der Antrag bezieht[388]. Zeitgleich übersendet der RMS den (aktualisierten) Beurteilungsbericht und die gebilligte Zusammenfassung der Merkmale des Arzneimittels sowie die Etikettierung und Packungsbeilage an die CMSs und den Antragsteller[389]. Nach der daraufhin erfolgten Validierung des Antrags (und damit offiziellem Eingang der Unterlagen) in den CMSs beginnt das MRP-Verfahren mit dem Tag 0[390].

171 **c) Anerkennungsverfahren.** Die Art. 28 Abs. 4 RL 2001/83/EG sieht eine weitere Frist von 90 Tagen nach Eingang dieser Unterlagen vor, innerhalb der die CMSs den Beurteilungsbericht, die Zusammenfassung der Merkmale des Arzneimittels sowie dessen Etikettierung und Packungsbeilage billigen und den RMS davon in Kenntnis setzen sollen.

- Wird innerhalb dieser Frist eine Einigung zwischen CMSs und RMS erzielt, wird der RMS daraufhin das Einverständnis aller Parteien feststellen, das Verfahren schließen und den Antragsteller hierüber informieren[391].
- Ein Mitgliedstaat hat jedoch das Recht, (allein) aus Gründen einer potenziellen schwerwiegenden Gefahr für die öffentliche Gesundheit[392] den Beurteilungsbericht, die Zusammenfassung der Merkmale des Arzneimittels sowie die Etikettierung und die Packungsbeilage nicht zu genehmigen. In diesem Fall hat dieser Mitgliedstaat dem RMS, den übrigen CMSs sowie dem Antragsteller eine ausführliche Begründung zu übermitteln, und die Angelegenheit wird eskaliert an die **Koordinierungsgruppe (Coordination Group for Mutual Recognition and Decentralised Procedures – Human, CMDh).**
- – Können die Mitgliedstaaten innerhalb von 60 Tagen nach Mitteilung der Punkte, über die unterschiedliche Auffassungen bestehen, eine Einigung erzielen, so stellt der

---

[385] S. hierzu bereits o. → § 3 Rn. 51.
[386] Art. 28 Abs. 2 S. 2 u. 3 RL 2001/83/EG.
[387] S. *CMDh*, Best Practice Guide for Decentralised and Mutual Recognition Procedures v. April 2013 (CMDh/068/1996/Rev.10), Ziff. 2; CMDh, Flow Chart for the Mutual Recognition Procedure v. November 2011 (CMDh/081/2007, Rev1).
[388] Art. 28 Abs. 1 RL 2001/83/EG.
[389] Art. 28 Abs. 2 S. 4 RL 2001/83/EG.
[390] Vgl. CMDh, Flow Chart for the Mutual Recognition Procedure v. November 2011 (CMDh/081/2007, Rev1).
[391] Art. 28 Abs. 4 S. 2 RL 2001/83/EG.
[392] Vgl. European Commission, Guideline on the definition of a potential serious risk to public health in the context of Article 29(1) and (2) of Directive 2001/83/EC, ABl. C 133 vom 8.6.2006, S. 5.

Referenzmitgliedstaat das Einverständnis fest, schließt das Verfahren ab und setzt den Antragsteller davon in Kenntnis[393].
– Haben die Mitgliedstaaten innerhalb dieser 60-Tage-Frist keine Einigung erzielt, so wird die EMA im Hinblick auf die Anwendung des Verfahrens nach den Art. 32, 33 und 34 unverzüglich informiert[394]. In diesem Fall können die Mitgliedstaaten, die dem Beurteilungsbericht, der Zusammenfassung der Merkmale des Arzneimittels, der Etikettierung und der Packungsbeilage des Referenzmitgliedstaats zugestimmt haben, auf Antrag des Antragstellers das Inverkehrbringen des Arzneimittels genehmigen, ohne den Ausgang des Verfahrens nach Art. 32 abzuwarten[395].

Der Zeitplan sieht auf Basis der entsprechenden CMDh-Guideline wie folgt aus[396]:

- Tag 50: die CMSs senden ihre Anmerkungen an den RMS sowie den Antragsteller.
- Tag 60: der Antragsteller sendet sein Antwortdokument an den RMS sowie die CMSs.
- Tag 68: der RMS übermittelt seine Beurteilung der Antwortdokumente an die CMSs.
- Tag 75: die CMSs senden ihre verbleibenden Kommentare an den RMS und den Antragsteller. Eine sog. Break-out-Session kann zwischen Tag 71 und 80 organisiert werden.
- Tag 85: die CMSs senden eventuell noch verbleibende Kommentare an den RMS und den Antragsteller.
- Tag 90: die CMSs notifizieren den RMS und den Antragsteller über die abschließende Position (und im Falle einer negativen Stellungnahme auch das Sekretariat des CMD bei der EMA).
  – Falls eine Einigung erzielt wird, schließt der RMS das Verfahren.
  – Falls keine Einigung erzielt wird, werden die Punkte, zu denen auf Basis entsprechender Eingaben der CMSs keine Übereinstimmung erzielt wurde, innerhalb von 7 Tagen nach Tag 90 von dem RMS an den CMDh weitergeleitet
- Tag 150: Für Verfahren, die an den CMDh weitergeleitet wurden, gilt:
  – Falls Einigung auf der Ebene des CMDh erzielt wurde, schließt der RMS das Verfahren.
  – Falls keine Einigung auf der Ebene des CMDh erzielt wurde, leitet der RMS die Angelegenheit an das CHMP zum Schiedsspruch weiter.

d) Nationale Phase. Nach Schließung des Verfahrens durch den RMS infolge der Feststellung des Einverständnisses der involvierten Mitgliedstaaten zu Tag 90/150 und damit positivem Abschluss des Anerkennungsverfahrens haben der RMS sowie alle CMSs innerhalb von weiteren 30 Tagen die Zulassung in Übereinstimmung mit dem Beurteilungsbericht, der Zusammenfassung der Merkmale des Arzneimittels, der Etikettierung und der Packungsbeilage in ihrer genehmigten Form zu erteilen. Dabei hat der Antragsteller innerhalb von 5 Tagen nach Schließung des Verfahrens nationale Übersetzungen der Zusam-

---

[393] Art. 29 Abs. 1 u. 3 RL 2001/83/EG. In der Koordinierungsgruppe haben sich alle betroffenen Mitgliedstaaten nach Kräften zu bemühen, eine Einigung über die zu treffenden Maßnahmen zu erzielen. Dem Antragsteller ist dabei die Möglichkeit zu geben, seine Ansicht mündlich oder schriftlich vorzutragen (Art. 29 Abs. 3 S. 1 u. 2 RL 2001/83/EG).
[394] Dabei werden der EMA eine detaillierte Darstellung der Punkte, über die keine Einigung erzielt werden konnte, sowie die Gründe für die unterschiedlichen Auffassungen übermittelt, wovon der Antragsteller eine Kopie erhält.
[395] Art. 29 Abs. 6 RL 2001/83/EG.
[396] Vgl. CMDh, Flow Chart for the Mutual Recognition Procedure v. November 2011 (CMDh/081/2007, Rev 1).

menfassung der Arzneimittelmerkmale, derPackungsbeilage sowie der Etikettierung den CMSs und dem RMS zu übersenden[397].

2. Dezentrales Zulassungsverfahren

174 Das Dezentrale Zulassungsverfahren findet Anwendung, sofern der Antragsteller für ein bestimmtes Arzneimittel in mehreren Mitgliedstaaten der Europäischen Union eine Zulassung für das Inverkehrbringen erhalten möchte, ohne dass er für dieses Arzneimittel bereits eine nationale Zulassung für das Inverkehrbringen in einem Mitgliedstaat der Europäischen Union hat. Den Rechtsrahmen für dieses Verfahren setzen Art. 28 Abs. 3 RL 2001/83/EG auf europäischer Ebenso sowie national § 25b AMG[398].

175 a) **Zulassungsantrag in den betroffenen Mitgliedstaaten.** Zunächst ersucht der Antragsteller einen Mitgliedstaat, als Referenzmitgliedstaat (**RMS**) zu fungieren, der im Laufe des Verfahrens einen finalen Beurteilungsbericht über das Arzneimittel zu erstellen hat[399]. Das Verfahren wird sodann dadurch eingeleitet, dass der Antragsteller im RMS sowie in den von ihm weiter ausgesuchten und damit betroffenen Mitgliedstaaten – den sog. **Concerned Member States (CMSs)** – einen auf einem identischen Dossier beruhenden Antrag einreicht. Das Dossier enthält – abhängig von der Antragsart – die in den Artikeln 8, 10, 10a, 10b, 10c und 11 RL 2001/83/EG genannten Informationen und Unterlagen inklusive einer Liste der Mitgliedstaaten, auf die sich der Antrag bezieht[400]. Nach der daraufhin erfolgten Validierung des Antrags (und damit offiziellem Eingang der Unterlagen) im RMS und in den CMSs startet der RMS das Verfahren mit dem Tag 0[401].

176 b) **Zulassungsverfahren.** Der RMS hat aufgrund des Zulassungsantrags einen Entwurf des Beurteilungsberichts, einen Entwurf der Zusammenfassung der Merkmale des Arzneimittels und einen Entwurf der Etikettierung sowie der Packungsbeilage zu erstellen. Die Entwürfe dieser Unterlagen hat der RMS innerhalb von 120 Tagen nach Erhalt eines gültigen Antrags auszuarbeiten und diese den CMSs sowie dem Antragsteller zu übermitteln[402]. Nach Eingang dieser Unterlagen haben die CMSs innerhalb eines Zeitraums von 90 Tagen den Beurteilungsbericht, die Zusammenfassung der Merkmale des Arzneimittels sowie die Etikettierung und die Packungsbeilage zu billigen und hiervon den Referenzmitgliedstaat in Kenntnis zu setzen. Stellt der RMS das Einverständnis aller Parteien fest, schließt er das Verfahren und informiert den Antragsteller hierüber[403].

177 Konkret sieht der Zeitplan auf Basis der entsprechenden CMDh-Guideline[404] wie folgt aus:

178 **Erste Beurteilungsstufe:**
- Tage 0: RMS startet das Verfahren.
- Tag 70: RMS übermittelt den vorläufigen Beurteilungsbericht über das Zulassungsdossier an die CMSs und den Antragsteller einschließlich Kommentare bzgl. Zusammenfassung der Arzneimittelmerkmale, Etikettierung und Packungsbeilage.

---

[397] Vgl. Art. 28 Abs. 5 RL 2001/83/EG; *CMDh*, Flow Chart for the Mutual Recognition Procedure v. November 2011 (CMDh/081/2007,Rev1).

[398] S. hierzu → § 3 Rn. 51.

[399] Es ist erforderlich, im Vorfeld mit dem RMS die Durchführung des DCP-Verfahrens zu planen. Hinsichtlich des Zeitplans hat der CMDh entsprechende Hinweise veröffentlicht, abrufbar unter http://www.hma.eu/92.html

[400] Art. 28 Abs. 1 RL 2001/83/EG.

[401] Vgl. CMDh, Flow Chart of the Decentralised Procedure (CMDh/080/2005/Rev2, March 2013); CMDh, Decentralised Procedure Member States' Standard Operating Procedure (CMDh/078/2005/Rev4, March 2013).

[402] Art. 28 Abs. 3 RL 2001/83/EG.

[403] Art. 28 Abs. 4 RL 2001/83/EG.

[404] S. CMDh, Flow Chart of the Decentralised Procedure (CMDh/080/2005/Rev2, March 2013).

- Bis Tag 100: CMSs senden ihre Kommentare an den RMS, den Antragsteller und die anderen CMSs.
- Bis Tag 105: Konsultation zwischen RMS, CMSs und Antragsteller. Falls eine Einigung nicht erzielt wird, hält der RMS das Verfahren an und gibt dem Antragsteller die Möglichkeit, das Zulassungsdossier zu ergänzen und den Fragen zu beantworten. Während dieser sog. „Clock-stop period" kann der Antragsteller zunächst Entwürfe seiner Antworten an den RMS senden und mit dem RMS das Datum der finalen Antwort vereinbaren. Der Antragsteller hat das finale Antwortdokument an den RMS und die CMSs innerhalb eines Zeitraums von 3 Monaten zu senden, wobei dieser Zeitraum um weitere drei Monate verlängert werden kann.
- Tag 106: Nach Erhalt einer validen Antwort setzt der RMS das Verfahren wieder in Gang oder er beendet dieses „Clock-stop period", falls er eine Antwort nicht erhalten hat.

Zweite Beurteilungsstufe: 179

- Tag 120 (Tag 0): RMS sendet die Entwürfe von Beurteilungsbericht, Zusammenfassung der Arzneimittelmerkmale, Etikettierung und Packungsbeilage an die CMSs und den Antragsteller.
- Tag 145 (Tag 25): CMSs senden ihre Kommentare an den RMS, den Antragsteller und die weiteren CMSs.
- Tag 150 (Tag 30): RMS kann das Verfahren schließen falls Einigung erzielt wurde. In diesem Fall geht das Verfahren mit der 30-tägigen nationalen Phase und der Gewährung der Arzneimittelzulassung weiter.
- Bis Tag 180 (Tag 60): Falls bis Tag 150 keine Einigung erzielt wurde, teilt der RMS die offenen Punkte dem Antragsteller mit, erhält jegliche weitere Klarstellung, bereitet einen kurzen Bericht vor und leitet diesen an die CMSs und den Antragsteller weiter.
- Tag 195 (spätestens): Eine sog. „Break-out Session" (BOS) kann bei der EMA mit den involvierten Mitgliedstaaten abgehalten werden, um eine Einigung über die wesentlichen noch ausstehenden Punkte zu erreichen.
- Zwischen Tag 195 und Tag 210: RMS bespricht sich mit den CMSs und dem Antragsteller, um die verbleibenden, zwischenzeitlich erhobenen Daten zu diskutieren.
- Tag 210 (Tag 90): Falls eine Einigung erzielt wird, schließt der RMS das Verfahren inklusive der Genehmigung des Beurteilungsberichts, Zusammenfassung der Arzneimittelmerkmale, Etikettierung und Packungsbeilage durch die CMSs. Es geht sodann mit der 30-tägigen nationalen Phase und der Gewährung der Arzneimittelzulassung weiter.
- Tag 210 (spätestens): Falls keine Einigung zum Tage 210 erzielt wurde, werden die Punkte, über Uneinigkeit herrscht, an den CMDh eskaliert, um die Angelegenheit zu lösen.
- Tag 270 (spätestens): Für den Fall, dass weiterhin Uneinigkeit besteht und hierzu keine Lösung gefunden wurde, wird eine finale Position vom CMDh angenommen mit einer Eskalierung der Angelegenheit zum CHMP zum Erhalt eines Schiedsgerichtsspruchs.

c) **Nationale Phase.** Nach Schließung des Verfahrens durch den RMS infolge der   180
Feststellung des Einverständnisses der involvierten Mitgliedstaaten zu Tag 150/210/270 und damit positivem Abschluss des Anerkennungsverfahrens hat jeder Mitgliedstaat, in dem ein entsprechender Antrag gestellt wurde, innerhalb von weiteren 30 Tagen die Zulassung in Übereinstimmung mit dem Beurteilungsbericht, der Zusammenfassung der Merkmale des Arzneimittels, der Etikettierung und der Packungsbeilage in ihrer genehmigten Form zu erteilen. Dabei hat der Antragsteller innerhalb von 5 Tagen nach

3. Änderungen der Arzneimittelzulassung

181 Die VO 1234/2008, geändert durch die Verordnung Nr. 712/2012, enthält, wie bereits dargestellt, den gemeinschaftsrechtlichen Rahmen nicht nur für Änderungen zentraler Arzneimittelzulassungen, sondern auch von Arzneimittelzulassungen, die auf Basis des dezentralen Verfahrens sowie des Verfahrens der gegenseitigen Anerkennung erteilt werden, nebst denselben Klassifizierungen der Änderungen in solche des Typs IA, IB und II[406]. Bei Unklarheiten gilt diese dann als größere Änderung des Typs II, (a) wenn der Inhaber bei Einreichung der Änderung darum ersucht, oder (b) wenn die zuständige Behörde des RMS nach Anhörung der übrigen betroffenen Mitgliedstaaten zu dem Ergebnis gelangt, dass die Änderung umfangreiche Folgen für die Qualität, Unbedenklichkeit oder Wirksamkeit des betreffenden Arzneimittels haben kann[407].

182 Es gelten folgende Überwachungsmaßnahmen und -instrumente, geregelt in Art. 8–13 VO 1234/2008, die vergleichbar sind zu denen betreffend zentrale Zulassungen:

- Für geringfügige Änderungen des Typs IA gilt das **Mitteilungsverfahren des Art. 8 VO 1234/2008**: Hiernach ist die Änderung innerhalb von 12 Monaten[408] nach ihrer Durchführung allen maßgeblichen Behörden gleichzeitig mitzuteilen unter Einreichung der in Anhang IV aufgeführten Unterlagen. Innerhalb von 30 Tagen nach Erhalt der Mitteilung werden sodann die Maßnahmen nach Artikel 11 ergriffen.
- Für geringfügige Änderungen des Typs IB gilt das **Mitteilungsverfahren des Art. 9 VO 1234/2008**: Hiernach hat der Zulassungsinhaber bei allen maßgeblichen Behörden gleichzeitig eine Mitteilung einzureichen, die die in Anhang IV aufgeführten Unterlagen enthält[409]. Sofern der RMS dem Zulassungsinhaber nicht innerhalb von 30 Tagen nach Bestätigung des Erhalts einer gültigen Mitteilung einen negativen Bescheid übermittelt, darf der Zulassungsinhaber davon ausgehen, dass die Mitteilung von allen maßgeblichen Behörden angenommen wurde. Ist allerdings der RMS der Ansicht, dass die Mitteilung nicht akzeptiert werden kann, teilt er dem Inhaber und den übrigen maßgeblichen Behörden diesen Bescheid unter Angabe der Gründe für den negativen Bescheid mit. Sodann hat der Inhaber das Recht, innerhalb von 30 Tagen eine geänderte Mitteilung bei allen maßgeblichen Behörden einzureichen, um die in dem Bescheid geäußerten Einwände angemessen zu berücksichtigen. Nimmt der Zulassungsinhaber keine Änderungen an der Mitteilung vor, gilt die Mitteilung als von allen maßgeblichen Behörden abgelehnt. Wird hingegen eine geänderte Mitteilung eingereicht, wird sie vom RMS innerhalb von 30 Tagen nach ihrem Eingang bewertet. Akzeptiert der RMS die Mitteilung, werden die Maßnahmen nach Art. 11 ergriffen[410].

---

[405] Art. 29 Abs. 5 RL 2001/83/EG sowie CMDh, Flow Chart of the Decentralised Procedure (CMDh/080/2005/Rev2, March 2013); CMDh, Decentralised Procedure Member States' Standard Operating Procedure (CMDh/078/2005/Rev4, March 2013), S. 8 f.
[406] S. o. → § 3 Rn. 94 ff.
[407] Art. 3 Abs. 3 VO 1234/2008.
[408] Die Mitteilung ist jedoch unverzüglich nach Durchführung der Änderung einzureichen, wenn es sich um geringfügige Änderungen handelt, die zur ständigen Überwachung des betreffenden Arzneimittels eine unverzügliche Mitteilung erfordern (Art. 8 Abs. 1 S. 3 VO 1234/2008).
[409] Erfüllt die Mitteilung die Bedingungen gemäß Unterabsatz 1, bestätigt die zuständige Behörde des RMS nach Anhörung der CMS den Erhalt einer gültigen Mitteilung (Art. 9 Abs. 1 S. 2 VO 1234/2008).
[410] Vgl. Art. 9 Abs. 2–5 VO 1234/2008.

- Für größere Änderungen des Typs II gilt das **Verfahren der „Vorabgenehmigung"** nach Art. 10 VO 1234/2008[411]: Auch hier hat der Zulassungsinhaber bei allen maßgeblichen Behörden einen entsprechenden Antrag unter Beifügung der in Anhang IV ausgeführten Unterlagen einzureichen. Bei Eingang eines solchen gültigen Antrags bestätigt die zuständige Behörde des RMS den Empfang eines gültigen Antrags und unterrichtet den Zulassungsinhaber sowie die CMSs, dass das Verfahren mit dem Datum dieser Empfangsbestätigung beginnt. Innerhalb von 60 Tagen[412] hat sodann die zuständige Behörde des RMS einen Beurteilungsbericht und eine Entscheidung über den Antrag zu erstellen, die den CMSs übermittelt werden. Die Frist beträgt jedoch 90 Tage bei Änderungen, die in Anhang V Teil 2 aufgeführt sind. Innerhalb der gültigen Frist kann die zuständige Behörde des RMS verlangen, dass er innerhalb einer festgelegten Frist zusätzliche Informationen vorlegt. Ist dies der Fall, (a) unterrichtet der RMS die CMSs darüber, dass er zusätzliche Informationen verlangt hat, (b) wird das Verfahren so lange ausgesetzt, bis diese zusätzlichen Informationen vorgelegt werden, und (c) kann der RMS die gesetzte Frist verlängern. Innerhalb von 30 Tagen nach Erhalt der Entscheidung und des Beurteilungsberichts des RMS erkennen die CMSs die Entscheidung an und unterrichten die zuständige Behörde des RMS darüber. Hat eine maßgebliche Behörde innerhalb der in Unterabsatz 1 genannten Frist nicht mitgeteilt, dass sie aus in Art. 13 genannten Gründen anderer Meinung ist, gilt die Entscheidung als von dieser maßgeblichen Behörde anerkannt[413]. Wurde die in Absatz 2 genannte Entscheidung von allen CMS gemäß Abs. 4 anerkannt, werden die Maßnahmen nach Art. 11 ergriffen[414].

Um die Verfahren nach den Art. 8 bis 10 VO 1234/2008 abzuschließen, hat der RMS die in Art. 11 VO 1234/2008 aufgeführten Maßnahmen zu ergreifen: **183**

a) Der RMS unterrichtet den Zulassungsinhaber und die CMSs davon, ob die Änderung akzeptiert oder abgelehnt wird.
b) Wird die Änderung abgelehnt, unterrichtet der RMS den Inhaber und die übrigen maßgeblichen Behörden über die Gründe für die Ablehnung.
c) Der RMS unterrichtet den Zulassungsinhaber und die CMSs davon, ob die Änderung erfordert, dass die Entscheidung über die Erteilung der Zulassung geändert wird.

Auch hier gelten die Regelungen des § 29 Abs. 1 bis 2 AMG ergänzend[415]. **184**

4. Rücknahme, Widerruf und Ruhen der Zulassung

a) Einleitung zu Referral-Verfahren. Probleme hinsichtlich bestimmter DCP-/MRP-Arzneimittel, etwa ihre Sicherheit oder ihr Nutzen-Risiko-Verhältnis betreffend, oder **185**

---

[411] Abweichend von Art. 10 VO 1234/2008 ist bei der Prüfung von Änderungen aufgrund von Wirkstoffänderungen zwecks jährlicher Aktualisierung eines Grippeimpfstoffs für den Menschen das Verfahren nach den Art. 12 Abs. 2 bis 6 anzuwenden (Art. 12 Abs. 1 VO 1234/2008).

[412] Die zuständige Behörde des RMS kann die in Unterabsatz 1 genannte Frist verkürzen, um die Dringlichkeit der Angelegenheit zu berücksichtigen, oder auf 90 Tage verlängern, wenn es sich um Änderungen handelt, die in Anhang V Teil 1 aufgeführt sind (Art. 10 Abs. 2 S. 1 VO 1234/2008)

[413] Ist die Anerkennung einer Entscheidung gemäß Art. 10 Abs. 4 aufgrund einer potenziellen schwerwiegenden Gefahr für die öffentliche Gesundheit oder im Fall von Tierarzneimitteln aufgrund einer potenziellen schwerwiegenden Gefahr für die Gesundheit von Mensch oder Tier oder für die Umwelt nicht möglich, beantragt eine maßgebliche Behörde, dass die Koordinierungsgruppe unverzüglich mit der strittigen Angelegenheit befasst wird. Vgl. hierzu im einzelnen die Regelung des Art. 13.

[414] Art. 10 Abs. 1–5 VO 1234/2008.

[415] S. o. → § 3 Rn. 94 ff. Dementsprechend ist zB die Übertragung oder Auslizenzierung der MRP-/DCP-Zulassung an einen Dritten für Deutschland lediglich anzeigepflichtig nach § 29 Abs. 1 AMG beim BfArM.

sogar in Bezug auf eine ganze Arzneimittelklasse werden mittels sog. **Referral-Verfahren** addressiert und gelöst. In einem solchen Referral-Verfahren wird die Angelegenheit an die EMA „*verwiesen*" („*referred*"), um eine wissenschaftliche Beurteilung des spezifischen Arzneimittels oder der Arzneimittelklasse vorzunehmen und eine Empfehlung für ein harmonisiertes europaweites Vorgehen zu machen[416].

186 Es gibt zahlreiche Gründe, weshalb ein solches Referral-Verfahren gestartet werden kann, das von Meinungsverschiedenheiten zwischen Mitgliedstaaten über die richtige Verwendung eines Arzneimittels bis hin zu Sicherheitsbedenken in Bezug auf eine gesamte Arzneimittelklasse gehen kann:

- **sicherheitsbezogene Referrals** werden zunächst von dem Pharmacovigilance Risk Assessment Committee (PRAC[417]) und sodann abhängig von der Art der Zulassung entweder vom CHMP bei zentralen Zulassungen oder bei national zugelassenen Arzneimitteln auf Basis eines DCP-/MRP-Verfahrens vom CMDh bewertet[418].
- alle **anderen Referrals** werden allein vom CHMP bewertet.

187 Referral-Verfahren können von der Europäischen Kommission, jedem Mitgliedstaat der Europäischen Union oder von dem Zulassungsinhaber eingeleitet werden[419]. Für die meisten Referrals erlässt die Europäische Kommission gemäß dem in Art. 32–34 Richtlinie 2001/83/EG niedergelegten Verfahren auf Basis einer CHMP-Empfehlung eine Entscheidung an alle Mitgliedstaaten, welche die in den jeweiligen Mitgliedstaaten zu erlassenden Maßnahmen enthält und innerhalb von 30 Tagen umzusetzen sind[420].

188 **b) Arten von Referral-Verfahren.** Die Referral-Verfahren werden basierend auf den jeweiligen Richtlinien- bzw. Verordnungsbestimmungen benannt, die sie beschreiben, und legen auch fest, wie die Arzneimittel zugelassen und beobachtet werden. Die Dauer eines Referral-Verfahrens beträgt grundsätzlich 60 Tage, kann aber im Einzelfall und verfahrensabhängig bis zu 150 Tage dauern.

189 aa) Das **Artikel 107i Verfahren** findet Anwendung, wenn ein Mitgliedstaat oder die Europäische Kommission aufgrund eines **Sicherheitsproblems** eine **eilbedürftige Maßnahme** in Bezug auf ein Arzneimittel oder eine Arzneimittelklasse für notwendig hält[421]. Hierunter fallen insbesondere Erwägungen zur Aussetzung oder Widerruf der Marktzulassug für ein Arzneimittel, zum Lieferstopp eines Arzneimittels oder wesentliche Änderungen der Zulassung, wie zB die Streichung von Indikationen, die Verringerung der empfohlenen Dosierung oder die Aufnahme neuer Gegenanzeigen.

---

[416] Vgl. *EMA*, Questions and Answers on Referrals v. 7.11.2012 (EMA/571011/2012), S. 3 f., abrufbar unter http://www.ema.europa.eu.
[417] Das Pharmacovigilance Risk Assessment Committee (PRAC) ist das Komitee innerhalb der EMA, das für die Bewertung und Überwachung von sicherheitsrelevanten Angelegenheiten bei Humanarzneimitteln verantwortlich ist. Die Empfehlungen des PRAC werden vom CHMP in Betracht gezogen wenn es Stellungnahmen abgibt in Bezug auf zentral zugelassene Arzneimittel und Referral Verfahren und von dem CMDh wenn dieser Empfehlungen abgibt hinsichtlich des Gebrauchs eines Arzneimittels in den Mitgliedstaaten. Das PRAC besteht aus einem Präsidenten und einem Vizepräsidenten, gewählt von den PRAC Mitgliedern, einem Mitglied und einem stellvertretenden Mitglied, die von jedem der 27 Mitgliedstaaten nominiert werden, einem Mitglied sowie einem stellvertretenden Mitglied von Island und Norwegen, sechs unabhängigen wissenschaftlichen Experten die von der Europäischen Kommission nominiert werden, sowie je einem Mitglied und einem stellvertretenden Mitglied, die die Europäischen Kommission nach Anhörung des Europäischen Parlaments als Vertreter der medizinischen Berufsgruppen sowie als Vertreter der Patientenverbände benennt.
[418] Vgl. Art. 107i RL 2001/83/EG. Dieses Verfahren bleibt bei der weiteren Darstellung ausser Betracht.
[419] Vgl. Art. 29 Abs. 1 sowie Art. 31 Abs. 1 RL 2001/83/EG.
[420] Art. 34 Abs. 3 RL 2001/83/EG.
[421] Art. 107i RL 2001/83/EG.

§ 3 Prüfung, Herstellung und Zulassung von Arzneimitteln 91

bb) Bei Problemen betreffend die **Sicherheit, Qualität, Herstellung oder Wirksamkeit** 190
eines Arzneimittels gilt
- das **Artikel 20-Verfahren** für zentral zugelassene Arzneimittel[422], sowie
- das **Artikel 31-Verfahren,** wenn in Bezug auf ein Arzneimittel oder eine Klasse von Arzneimitteln das Gemeinschaftsinteresse betroffen ist aufgrund Bedenken betreffend die Qualität, Sicherheit oder Wirksamkeit eines Arzneimittels oder einer Arzneimittelklasse[423].

cc) In Bezug auf **pädiatrische Arzneimittel** kann der Zulassungsinhaber das sog. **Ar-** 191
tikel 29-Verfahren eröffnen, wenn er für ein auf Basis der Richtlinie 2001/83/EG zugelassenes nationales oder DCP-/MRP-Arzneimittels die Zulassung einer neuen Indikation, neuen Darreichungsform oder eines neuen Verabreichungswegs beantragt[424].

dd) Betreffend die **Harmonisierung von nationalen sowie für MRP- und DCP-Arz-** 192
neimittel gibt es folgende Verfahren:
- Das **Artikel 29(4)-Referral** wird veranlasst, wenn Meinungsverschiedenheiten zwischen den Mitgliedstaaten in Bezug auf ein während eines MRP- oder DCP-Verfahrens zur Bewertung anstehendes Arzneimittel bestehen wegen eines **potentiellen ernsten Risikos für die öffentliche Gesundheit**[425].
- Das **Artikel 13-Referral** wird veranlasst, wenn in Bezug auf ein MRP- oder DCP-Arzneimittel Meinungsverschiedenheiten zwischen den Mitgliedstaaten in Bezug auf eine sog. **Type-II-Variation** bestehen[426].
- Das **Artikel 30-Referral** wird veranlasst wenn Mitgliedstaaten über die Jahre hinweg **unterschiedliche Entscheidungen for bestimmte Arzneimittel** getroffen haben (zB unterschiedliche Anwendungsgebiete, Gegenanzeichen oder Dosierung) und eine Erforderlichkeit zur europaweiten Harmonisierung gesehen wird[427].

c) **Veröffentlichung von Informationen über Referral-Verfahren.** Informationen 193
über Referral-Verfahren werden auf der EMA-Website unter „*Referrals*" veröffentlicht.
Die Anwender können die Datenbank gemäß der Arzneimittelbezeichnung und der Art
des Referrals durchsuchen[428].

d) **Ablauf des Referral-Verfahrens.** Referral-Verfahren werden abhängig vom Verfah- 194
ren *entweder* von einem Mitgliedstaat oder der Europäischen Kommission *oder* von dem Antragsteller bzw. Zulassungsinhaber eingeleitet mittels entsprechender Notifizierung des CHMP/EMA-Sekretariats. Daraufhin hat der CHMP innerhalb von 60 Tagen, nachdem er mit der Angelegenheit befasst wurde, ein begründetes Gutachten abzugeben[429]. Die konkrete Ausgestaltung des Verfahrens hängt davon ab, ob dies (1) von den Mitglied-

---

[422] Art. 20 VO 726/2004.
[423] Art. 31 RL 2001/83/EG.
[424] Art. 29 VO 1901/2006.
[425] Art. 29 Abs. 4 RL 2001/83/EG.
[426] Art. 13 VO 1234/2004.
[427] Art. 30 RL 2001/83/EG.
[428] Abrufbar unter http://www.ema.europa.eu. Zusätzlich gibt die EMA bei sicherheitsbezogenen Referrals den Start des Referral-Verfahrens in den PRAC Meeting Highlights bekannt und sodann nach erfolgter Beurteilung die Empfehlung des PRAC an den CHMP oder den CMDh. In Bezug auf alle anderen Referrals gibt die EMA den Start des Verfahrens in den CHMP Meeting Highlights bekannt. Für alle Referrals veröffentlicht die EMA ihre Schlussfolgerung in den CHMP Meeting Highlights oder in den CMDh Meeting Highlights.
[429] Art. 32 Abs. 1 UAbs. 1 RL 2001/83/EG. Diese Frist kann der CHMP im Fall der Art. 30 u. 31 Referrals unter Berücksichtigung der Standpunkte der Antragsteller oder der Inhaber der Genehmigung für das Inverkehrbringen um bis zu 90 Tage verlängern, allerdings kann in Notfällen der CHMP auf Vorschlag seines Vorsitzenden auch eine kürzere Frist festsetzen; vgl. Art. 32 Abs. 1 UAbs. 2 u. 3 RL 2001/83/EG.

staaten bzw. der Europäischen Kommission oder (2) von dem Antragsteller bzw. Zulassungsinhaber eingeleitet wurde[430]. Nach erfolgter Abklärung offener Fragen, die den jeweiligen Verfahrensbeteiligten nebst Zeitschiene zur Beantwortung zugeleitet werden, hat der CHMP schließlich ein endgültiges Gutachten mit einer Empfehlung der zu ergreifenden Maßnahmen abzugeben, auf dessen Basis die Europäische Kommission eine Entscheidung trifft[431].

5. Erlöschen und Verlängerung der Zulassung

195   Auch DCP-/MRP-Zulassungen sind – wie rein nationale oder zentrale Arzneimittelzulassungen – initial fünf Jahre gültig[432]. Auch diese kann auf der Grundlage einer von der zuständigen Behörde des die Genehmigung erteilenden Mitgliedstaats vorgenommenen Neubeurteilung des Nutzen-Risiko-Verhältnisses verlängert werden, sofern der Zulassungsinhaber der zuständigen nationalen Behörde spätestens neun Monate vor Ablauf der 5-Jahres-Frist eine konsolidierte Fassung der Unterlagen in Bezug auf die Qualität, Sicherheit und Wirksamkeit vorgelegt wird. Eine Genehmigung für das Inverkehrbringen, die verlängert wird, gilt ohne zeitliche Begrenzung, es sei denn, die zuständige nationale Behörde beschließt in begründeten Fällen im Zusammenhang mit der Pharmakovigilanz, einschließlich einer zu geringen Anzahl an Patienten, bei denen das betreffende Arzneimittel angewandt wird, die Genehmigung erneut um fünf Jahre zu verlängern[433].

196   Ausnahmen hiervon gelten nach den Abs. 4 u. 5 des Art. 24 RL 2001/83/EG für die Fälle, dass das genehmigte Arzneimittel innerhalb von drei Jahren nach Erteilung der Genehmigung in dem jeweiligen Mitgliedstaat nicht in den Verkehr gebracht wurde oder, falls dieses zunächst in Verkehr gebracht wurde, drei aufeinanderfolgende Jahre lang dort nicht mehr in Verkehr bracht wurde: in beiden Fällen erlischt sodann die Genehmigung für den entsprechenden Mitgliedstaat[434]. Allerdings lässt Art. 24 Abs. 6 RL 2001/83/EG hiervon wiederum die Möglichkeit von Rückausnahmen zu für *„aus Gründen des Gesundheitsschutzes gebührend begründete Ausnahmen"*[435].

6. Rechtsschutzfragen

197   Der Rechtsschutz in Bezug auf nationale Zulassungen, die auf Grundlage eines DCP- oder MRP-Verfahrens erteilt werden, richtet sich nach nationalem Recht, da es sich eben um Rechtsakte von nationalen Behörden handelt. Sofern daher ein positiver Beurteilungsbericht des RMS vorliegt, die Zulassung aber trotz Ablauf der 30-Tagesfrist nicht erteilt wird, so kann gegen die Versagung der Zulassungserteilung Verpflichtungsklage nach vorheriger Durchführung eines Widerspruchsverfahrens eingelegt werden.

---

[430] Vgl. hierzu ausführlich EMA, Questions and Answers on Referrals v. 7.11.2012 (EMA/571011/2012), S. 6 ff., abrufbar unter http://www.ema.europa.eu.

[431] Vgl. die Bestimmungen der Art. 32–34 Richtlinie 2001/83/EG sowie *EMA*, Questions and Answers on Referrals v. 7.11.2012 (EMA/571011/2012), S. 13 ff., abrufbar unter http://www.ema.europa.eu.

[432] Art. 24 Abs. 1 RL 2001/83/EG.

[433] Art. 24 Abs. 2 u. 3 RL 2001/83/EG.

[434] Die Anwendung dieser *„sunset clause"* gilt für jeden Mitgliedstaat eines DCP/MRP-Verfahrens separat, da es sich um jeweils unabhängige nationale Zulassungen handelt.

[435] Dies könnte zB bei in einem Mitgliedstaat zu befürchtenden Versorgungsengpässen in Betracht kommen. Vgl. ausführlich hierzu CMDh, Agreement on Sunset Clause and its Application to Marketing Authorisations Granted in more than one Member State, December 2006. Instruktiv *Friese* in Diener/Reese, HdB PharmaR, § 5 Rn. 194 ff.

VIII. Widerstreitende und mehrfache Zulassungsanträge

Sofern die Zulassungsbehörde feststellen sollte, dass ein gleich lautender Zulassungsantrag in einem anderen Mitgliedstaat der Europäischen Union geprüft wird, hat sie den Antrag abzulehnen und den Antragsteller davon in Kenntnis zu setzen, dass ein DCP-Verfahren nach § 25b AMG Anwendung findet[436]. Wird die zuständige Bundesoberbehörde davon unterrichtet, dass sich ein Antrag auf ein in einem anderen Mitgliedstaat der Europäischen Union bereits zugelassenes Arzneimittel bezieht, hat sie den Antrag ebenfalls abzulehen, es sei denn, dieser wurde als Teil eines MRP-Verfahrens nach § 25b AMG eingereicht[437].

Aufgrund des Grundsatzes *„no co-existence of central and national authorisation"* in Bezug auf das gleiche Arzneimittel kann ein Antragsteller für das gleiche Arzneimittel nicht sowohl einen zentralen als auch einen dezentralen Zulassungsantrag stellen, um unterschiedliche Beurteilungsberichte durch verschiedene Zulassungsbehörden zu vermeiden[438]. Hier gilt: Wurde eine zentrale Zulassung bereits erteilt, so können keine nationalen Zulassungen mehr erteilt werden; nationale Behörde haben demgemäß anhängige Zulassungsanträge zurückzuweisen oder bereits erteilte Zulassungen zu widerrufen. Wurde eine zentrale Zulassung noch nicht erteilt, so hat der Antragsteller sich für eine Zulassungsart zu entscheiden[439].

Schließlich beinhaltet Art. 82 Abs. 1 VO 726/2004 eine Beschränkung dahingehend, dass in Bezug auf zentrale Zulassungen ein Antragsteller – dies umfasst nach Ansicht der Europäischen Kommission alle Unternehmen, die zu derselben Unternehmensgruppe gehören – für ein bestimmtes Arzneimittel (dh dieselbe qualitative und quantitative Darreichungsform) grundsätzlich nur eine einzige Zulassung beantragen kann. Ausnahmen gelten allerdings für den Fall, dass objektive nachvollziehbare Gründe der öffentlichen Gesundheit im Hinblick auf die Verfügbarkeit des Arzneimittels dies erfordern, oder dies für eine gemeinsame Vermarktung erforderlich ist[440].

IX. Registrierung von Arzneimitteln

1. Registrierung homöopathischer Arzneimittel

Nach den §§ 38, 39 AMG bedürfen homöopathische Arzneimittel, die nicht der Verschreibungspflicht unterliegen[441], keiner Zulassung, sondern für ihre Verkehrsfähigkeit eine Registrierung in dem vom BfArM geführten Register für homöopathische Arzneimittel ausreichend ist[442]. Ein **homöopathisches Arzneimittel** ist nach der Legaldefinition des § 4 Abs. 26 AMG ein Arzneimittel, das nach einem im Europäischen Arzneibuch oder, in Ermangelung dessen, nach einem in den offiziell gebräuchlichen Pharmakopöen

---

[436] § 25a Abs. 4 AMG.
[437] § 25a Abs. 5 AMG.
[438] Dies ist natürlich nur möglich, sofern das Arzneimittel unter den sog. optional scope des Art. 3 Abs. 2 VO 726/2004 fällt oder es sich um einen Antrag für ein Generikum in Bezug auf ein zentral zugelassenes Originalarzneimittel handelt.
[439] Vgl. im Detail hierzu Commission Communication on the Community marketing authorisation procedures for medicinal products (98/C 229/03) v. 22.7.1998; *European Commission,* Note to the attention of the Heads of Medicines Agencies and the Pharmaceutical Committee v. 24.2.2009, S. 3 ff., verfügbar unter http://ec.europa.eu/health/files/pharmacos/docs/doc2009/2009_05/d1049_en.pdf.
[440] Ausführlich hierzu European Commission, Handling of Duplicate Marketing Authorisation Applications, October 2011 (Update 1).
[441] Nach § 39 Abs. 2 Nr. 6 AMG können verschreibungspflichtige Arzneimittel nämlich nicht gemäß den §§ 38, 39 AMG registriert werden.
[442] Vgl. *Rehmann,* AMG, § 38 Rn. 1; *Heßhaus* in Spickhoff (Hrsg.), Medizinrecht, 10. AMG, § 38 Rn. 1.

(Arzneibüchern) der Mitgliedstaaten der Europäischen Union beschriebenen *homöopathischen Zubereitungsverfahren* hergestellt worden ist. Dabei kann ein homöopathisches Arzneimittel auch mehrere Wirkstoffe enthalten[443].

202 **a) Registrierungspflichtige homöopathische Arzneimittel.** Nach § 38 Abs. 1 S. 1 AMG dürfen Fertigarzneimittel, die Arzneimittel im Sinne des § 2 Abs. 1 oder Abs. 2 Nr. 1 sind, als homöopathische Arzneimittel in Deutschland nur in den Verkehr gebracht werden, wenn sie in ein beim BfArM als zuständiger Bundesoberbehörde zu führendes Register für homöopathische Arzneimittel eingetragen sind **(Registrierung)**. Mithin bedürfen diese keiner Zulassung, sondern lediglich einer Registrierung, um sodann in den Verkehr gebracht werden zu können[444]. Die Registrierungspflicht gilt auch für homöopathische Tierarzneimittel, selbst wenn diese keine Fertigarzneimittel sind[445]. Dabei bedarf jede Darreichungsform einer gesonderten Registrierung, die Registrierung gilt gemäß § 39 Abs. 1 S. 2 AMG dann aber für alle Verdünnungsgrade[446]. Einer Registrierung bedarf es allerdings nicht für homöopathische Arzneimittel, die nach Maßgabe des § 38 Abs. 1 S. 3 AMG in geringen Mengen in Verkehr gebracht werden[447].

203 **b) Antragsunterlagen für die Registrierung.** Den Antrag zur Registrierung hat entsprechend § 21 Abs. 3 AMG derjenige zu stellen, der das homöopathische Arzneimittel in Verkehr bringen möchte[448]. Inhaltlich sind dem Antrag auf Registrierung grundsätzlich alle in den §§ 22 bis 24 AMG bezeichneten Angaben, Unterlagen und Gutachten beizufügen[449] mit Ausnahme der Angaben über die Wirkungen und Anwendungsgebiete, der Unterlagen und Gutachten über die klinische Prüfung sowie der Angaben nach § 22 Abs. 2 Nrn. 5 u. 5a sowie Abs. 7 S. 2 AMG[450]. Die Unterlagen über die pharmakologisch-toxikologische Prüfung sind vorzulegen, soweit sich die Unbedenklichkeit des Arzneimittels nicht anderweitig, insbesondere durch einen angemessen hohen Verdünnungsgrad ergibt[451].

204 **c) Materielle Anforderungen.** Sofern keiner der in § 39 Abs. 2 AMG abschließend aufgeführten Versagungsgründe vorliegt[452], ist das homöopathische Arzneimittel gemäß

---

[443] Vgl. Art. 1 Abs. 5 RL 2001/83/EG.
[444] S. *Rehmann*, AMG, § 38 Rn. 1; *Heßhaus* in Spickhoff (Hrsg.), Medizinrecht, 10. AMG, § 38 Rn. 1.
[445] § 38 Abs. 1 S. 2 AMG iVm § 21 Abs. 1 S. 2 AMG. Vgl. *Rehmann*, AMG, § 39 Rn. 1 aE.
[446] S. auch *Rehmann*, AMG, § 38 Rn. 1 aE.
[447] Hiernach gilt die Registrierungspflicht nicht für homöopatische Arzneimittel, die von einem pharmazeutischen Unternehmer in Mengen bis zu 1.000 Packungen in einem Jahr in den Verkehr gebracht werden, es sei denn, es handelt sich um Arzneimittel, die Zubereitungen aus Stoffen gemäß § 3 Nr. 3 oder 4 enthalten (Nr. 1), die mehr als den hundertsten Teil der in nicht homöopathischen, der Verschreibungspflicht nach § 48 unterliegenden Arzneimitteln verwendeten kleinsten Dosis enthalten (Nr. 2), oder bei denen die Ausnahmetatbestände des § 39 Abs. 2 Nr. 3, 4, 5, 6, 7 oder 9 vorliegen (Nr. 3). Vgl. hierzu *Heßhaus* in Spickhoff (Hrsg.), Medizinrecht, 10. AMG, § 38 Rn. 3; *Rehmann*, AMG, § 38 Rn. 3.
[448] Vgl. § 38 Abs. 1 S. 2 AMG.
[449] Der Antrag kann sowohl schriftlich als auch elektronische beim BfArM eingereicht werden. Bis das BfArM ein neues Antragsformular für homöopathische Arzneimittel erarbeitet hat, das sodann auf der BfArM-Website veröffentlicht wird, ist das europäische Formular Notice to Applicants, Vol. 2 B, Module 1: Administrative Information (verfügbar unter http://ec.europa.eu/health/documents/eudralex/vol-2/index_en.htm) zu verwenden.
[450] Vgl. § 38 Abs. 2 AMG. Vgl. hierzu *Rehmann*, AMG, § 38 Rn. 4.
[451] Ferner gilt die Regelung des § 22 Abs. 1a AMG entsprechend, wonach die Angaben nach § 22 Abs. 1 Nr. 1 bis 10 AMG sowie die Angaben, die für die Kennzeichnung, die Packungsbeilage oder die Fachinformation verwendet werden, in deutscher, die übrigen Angaben in deutscher oder in englischer Sprache beigefügt werden müssen.
[452] Nach dem Katalog des § 39 Abs. 2 AMG ist die Registrierung insbesondere zu versagen, wenn die vorgelegten Unterlagen unvollständig sind (Nr. 1), das Arzneimittel nicht nach dem jeweils gesi-

§ 39 Abs. 1 S. 1 AMG vom BfArM zu registrieren und dem Antragsteller die Registrierungsnummer schriftlich mitzuteilen. Sofern das BfArM der Auffassung ist, eine Registrierung auf Grund der vorgelegten Unterlagen nicht erteilen zu können, so hat das BfArM dies dem Antragsteller entsprechend § 25 Abs. 4 AMG mitzuteilen und ihm eine Frist zur Abhilfe zu geben[453]. Eine erfolgte Registrierung gilt nur für das im Bescheid aufgeführte homöopathische Arzneimittel und seine Verdünnungsgrade[454].

Wurde das homöopathische Arzneimittel bereits in einem anderen Mitgliedstaat der Europäischen Union oder in einem anderen Vertragsstaat des Abkommens über den Europäischen Wirtschaftsraum registriert, ist die Registrierung auf der Grundlage dieser Entscheidung zu erteilen, es sei denn, dass ein Versagungsgrund nach Absatz 2 vorliegt[455]. 205

d) Kennzeichnung homöopathischer Arzneimittel. Für die Kennzeichnung von registrierten homöopathischen Arzneimitteln wurden mit der 14. AMG-Novelle Sondervorschriften in den Kennzeichnungsregelungen der §§ 10 und 11 AMG aufgenommen[456]. 206

In Bezug auf die Kennzeichnung der **Umverpackung** regelt § 10 Abs. 4 S. 1 AMG, dass an Stelle der Angaben nach Abs. 1 S. 1 Nr. 1 bis 14 und außer dem deutlich erkennbaren Hinweis *„Homöopathisches Arzneimittel"* die in den Nrn. 1–12 speziell auf homöopathische Arzneimittel zugeschnittenen Angaben zu machen sind, insbesondere 207

- die Ursubstanzen nach Art und Menge und der Verdünnungsgrad[457],
- der Hinweis, dass Arzneimittel unzugänglich für Kinder aufbewahrt werden sollen, weitere besondere Vorsichtsmaßnahmen für die Aufbewahrung und Warnhinweise, soweit diese für eine sichere Anwendung erforderlich oder vorgeschrieben sind[458], sowie

---

cherten Stand der wissenschaftlichen Erkenntnisse ausreichend analytisch geprüft worden ist (Nr. 2), das Arzneimittel nicht die nach den anerkannten pharmazeutischen Regeln angemessene Qualität aufweist (Nr. 3), bei dem Arzneimittel der begründete Verdacht besteht, dass es bei bestimmungsgemäßem Gebrauch unvertretbare schädliche Wirkungen hat (Nr. 4), das Arzneimittel, sofern es zur Anwendung bei Menschen bestimmt ist, nicht zur Einnahme und nicht zur äußerlichen Anwendung bestimmt ist (Nr. 5a), das Arzneimittel der Verschreibungspflicht unterliegt, es sei denn, dass es ausschließlich Stoffe enthält, die im Anhang der Verordnung (EU) Nr. 37/2010 als Stoffe aufgeführt sind, für die eine Festlegung von Höchstmengen nicht erforderlich ist (Nr. 6), das Arzneimittel nicht nach einer im Homöopathischen Teil des Arzneibuches beschriebenen Verfahrenstechnik hergestellt ist (Nr. 7), wenn die Anwendung der einzelnen Wirkstoffe als homöopathisches oder anthroposophisches Arzneimittel nicht allgemein bekannt ist (Nr. 7a), für das Arzneimittel eine Zulassung erteilt ist (Nr. 8), oder das Inverkehrbringen des Arzneimittels oder seine Anwendung bei Tieren gegen gesetzliche Vorschriften verstoßen würde (Nr. 9). Ausführlich zu den Ausnahmetatbeständen *Kloesel/Cyran*, AMG, A 1.0, § 39 Anm. 5 ff.; *Rehmann*, AMG, § 39 Rn. 2 ff.

[453] Vgl. o. → § 3 Rn. 82. Werden die Unterlagen nicht rechtzeitig beigebracht, ist die Registrierung zu versagen. Ferner gilt die Regelung des § 25 Abs. 5 S. 5 AMG entsprechend, wonach das BfArM die Beurteilung der Unterlagen durch unabhängige Gegensachverständige durchführen lassen kann, welches deren Beurteilung zugrund gelegt werden kann.

[454] Das BfArM kann den Bescheid über die Registrierung mit Auflagen verbinden oder auch nachträglich Auflagen anordnen, § 28 Abs. 2 und 4 AMG finden entsprechende Anwendung (§ 39 Abs. 1 S. 4–6 AMG).

[455] Das Anerkennungsverfahren richtet sich nach den in § 39 Abs. 2a S. 2 AMG verwiesenen Bestimmungen der Richtlinie 2001/83/EG für Humanarzneimittel bzw. der Richtlinie 2001/82/EG für Tierarzneimittel.

[456] Vierzehntes Gesetz zur Änderung des Arzneimittelgesetzes vom 29. August 2005, BGBl. I v. 5.9.2005, S. 2570, dort Art. 1.

[457] Dabei sind die Symbole aus den offiziell gebräuchlichen Pharmakopöen zu verwenden. Die wissenschaftliche Bezeichnung der Ursubstanz kann durch einen Phantasienamen ergänzt werden.

[458] § 10 Abs. 2 AMG. Hierunter fallen auch Angaben zur Dosierung, zu Nebenwirkungen, Gegenanzeigen, Wechselwirkungen und zur Dauer der Anwendung, da dies Angaben sind, die für eine sichere Anwendung des Arzneimittels erforderlich sind.

- der Hinweis an den Anwender, bei während der Anwendung des Arzneimittels fortdauernden Krankheitssymptomen medizinischen Rat einzuholen.

208 Gemäß § 10 Abs. 4 S. 2 AMG gelten diese Kennzeichnungsanforderungen entsprechend für solche homöopathische Arzneimittel, die nach § 38 Abs. 1 S. 3 AMG von der Registrierung freigestellt sind. Da § 10 Abs. 4 S. 1 AMG allein Ausnahmeregelungen zu Satz 1 von § 10 Abs. 1 AMG enthält, ist es demnach auch für homöopathische Arzneimittel möglich, sog. **weitere Angaben** nach § 10 Abs. 1 S. 5 AMG zu machen[459].

209 Die **Packungsbeilage** ist gemäß § 11 Abs. 3 AMG entsprechend den Regelungen des § 10 Abs. 4 AMG zu kennzeichnen, ausgenommen die Angabe der Chargenbezeichnung, des Verfalldatums und des bei Mustern vorgeschriebenen Hinweises. Ferner sind Name und Anschrift des Herstellers anzugeben, der das Fertigarzneimittel für das Inverkehrbringen freigegeben hat, soweit es sich dabei nicht um den pharmazeutischen Unternehmer handelt. Auch diese Kennzeichnungsregelung gilt entsprechend für Arzneimittel, die nach § 38 Abs. 1 Satz 3 AMG von der Registrierung freigestellt sind.

210 **e) Änderungen und Gültigkeit der Registrierung.** Ergeben sich Änderungen in den Angaben und Unterlagen nach § 38 Abs. 2 S. 1 AMG, so hat diese der Antragsteller – und nach Erteilung der Registrierung der Inhaber der Registrierung – dem BfArM unter Beifügung entsprechender Unterlagen unverzüglich anzuzeigen[460]. In den folgenden Fällen ist nach § 39 Abs. 2b S. 4 AMG eine neue Registrierung zu beantragen:

- bei einer Änderung der Zusammensetzung der Wirkstoffe nach Art oder Menge, einschließlich einer Änderung der Potenzstufe, oder
- bei einer Änderung der Darreichungsform, soweit es sich nicht um eine Änderung nach § 29 Abs. 2a S. 1 Nr. 3 AMG handelt.

211 Die Registrierung erlischt nach Ablauf von fünf Jahren seit ihrer Erteilung, es sei denn, dass spätestens neun Monate vor Ablauf der Frist ein Antrag auf Verlängerung gestellt wird. Für das Erlöschen und die Verlängerung der Registrierung gilt § 31 entsprechend mit der Maßgabe, dass die Versagungsgründe nach § 39 Abs. 2 Nr. 3 bis 9 Anwendung finden[461].

2. Registrierung traditioneller pflanzlicher Arzneimittel

212 Pflanzliche Arzneimittel können nicht nur auf normalen Wege zugelassen werden. Alternativ besteht seit Inkrafttreten der 14. AMG-Novelle im September 2005 die Möglichkeit, ein pflanzliches Arzneimittel für seine Verkehrsfähigkeit auf vereinfachtem Wege registrieren zu lassen, sofern es als *„traditionelles"* pflanzliches Arzneimittel eingestuft werden kann[462]. Die entsprechenden Regelungen finden sich in den §§ 39a–d AMG[463].

---

[459] Da homöopathische Arzneimittel aufgrund der Ausnahmeregelung des § 11a Abs. 1 S. 7 AMG ohne Fachinformation in den Verkehr gebracht werden dürfen, treten an die Stelle der Fachinformation die Antragsunterlagen. Eine Rückausnahme gilt für solche homöopathischen Arzneimittel, die im Rahmen der europäischen Verfahren registriert wurden, da den hierfür einzureichenden Unterlagen eine SmPC beizufügen ist.

[460] § 39 Abs. 2b AMG. Die Bestimmungen des § 29 Absatz 1a, 1e, 1f und 2 bis 2b AMG gelten entsprechend, s. hierzu o. → § 3 Rn. 94 ff.

[461] § 39 Abs. 2c AMG. Für Rücknahme, Widerruf und Ruhen der Registrierung gilt § 30 Absatz 1 Satz 1, Absatz 2, 2a, 3 und 4 entsprechend mit der Maßgabe, dass die Versagungsgründe nach Absatz 2 Nummer 2 bis 9 Anwendung finden 8§ 39 Abs. 2d AMG).

[462] Vierzehntes Gesetz zur Änderung des Arzneimittelgesetzes vom 29. August 2005, BGBl. I v. 5.9.2005, S. 2570.

[463] Die §§ 39a–d AMG dienen der Umsetzung der Richtlinie 2004/24/EG des Europäischen Parlaments und des Rates vom 31. März 2004 zur Änderung der Richtlinie 2001/83/EG zur Schaffung eines Gemeinschaftskodexes für Humanarzneimittel hinsichtlich traditioneller pflanzlicher Arzneimittel, ABl. Nr. L 136 v. 30.4.2004, S. 85. Die Richtlinie über pflanzliche Arzneimittel sah eine außerge-

Nach den Überleitungsvorschriften des § 141 Abs. 14 AMG erlosch die Zulassung eines 213
traditionellen pflanzlichen Arzneimittels, die nach § 105 in Verbindung mit § 109a AMG
verlängert wurde, am 30.4.2011, es sei denn, dass vor dem 1.1.2009 ein Antrag auf
Zulassung oder Registrierung gestellt wurde. Damit konnten pflanzliche § 109a-Arznei-
mittel in eine Zulassung („well-established medicinal use") oder eine Registrierung überführt werden, soweit die entsprechenden Voraussetzungen hierfür vorlagen[464].

a) **Registrierung traditioneller pflanzlicher Arzneimittel.** Ausweislich des § 39a 214
AMG besteht die Möglichkeit einer Registrierung als *„traditionelles pflanzliches Arzneimittel"* nicht nur für Fertigarzneimittel, die pflanzliche Arzneimittel und Arzneimittel im
Sinne des § 2 Abs. 1 AMG sind[465], sondern ausdrücklich auch für pflanzliche Arzneimittel, die Vitamine oder Mineralstoffe enthalten, sofern die Vitamine oder Mineralstoffe
die Wirkung der traditionellen pflanzlichen Arzneimittel im Hinblick auf das Anwendungsgebiet oder die Anwendungsgebiete ergänzen. *„Pflanzliche Arzneimittel"* sind dabei
nach § 4 Abs. 29 AMG definiert als Arzneimittel, die als Wirkstoff ausschließlich einen
oder mehrere pflanzliche Stoffe oder eine oder mehrere pflanzliche Zubereitungen oder
eine oder mehrere solcher pflanzlichen Stoffe in Kombination mit einer oder mehreren
solcher pflanzlichen Zubereitungen enthalten.

b) **Registrierungsunterlagen für traditionelle pflanzliche Arzneimittel.** Dem Antrag 215
auf Registrierung müssen vom Antragsteller gemäß § 39b Abs. 1 AMG folgende Angaben
und Unterlagen beigefügt werden[466]:
- die in § 22 Abs. 1, 3c, 4, 5 und 7 und § 24 Abs. 1 Nr. 1 AMG genannten Angaben und
  Unterlagen (Nr. 1),
- die in § 22 Abs. 2 Satz 1 Nr. 1 AMG genannten Ergebnisse der analytischen Prüfung
  (Nr. 2),
- die Zusammenfassung der Merkmale des Arzneimittels mit den in § 11a Abs. 1 genannten Angaben unter Berücksichtigung, dass es sich um ein traditionelles pflanzliches
  Arzneimittel handelt (Nr. 3),
- bibliographische Angaben über die traditionelle Anwendung oder Berichte von Sachverständigen, aus denen hervorgeht, dass entweder das betreffende oder ein entsprechendes Arzneimittel[467] zum Zeitpunkt der Antragstellung seit mindestens 30 Jahren,
  davon mindestens 15 Jahre in der Europäischen Union, medizinisch oder tiermedizi-
  nisch verwendet wird, das Arzneimittel unter den angegebenen Anwendungsbedingun-
  gen unschädlich ist und dass die pharmakologischen Wirkungen oder die Wirksamkeit
  des Arzneimittels auf Grund langjähriger Anwendung und Erfahrung plausibel sind
  (Nr. 4[468]),

---

wöhnlich lange Übergangsfrist von 7 Jahren vor, damit die Hersteller ihre traditionellen pflanzlichen Arzneimittel registrieren lassen konnten, die bereits auf dem EU-Markt waren, als die Richtlinie in Kraft trat.

[464] *Heßhaus* in Spickhoff (Hrsg.), Medizinrecht, 10. AMG, § 141 Rn. 1; *Rehmann*, AMG, § 141 Rn. 10.

[465] S. hierzu o. → § 2 Rn. 9 ff.

[466] Vgl. hierzu ausführlich *Rehmann*, AMG, § 39b Rn. 2 ff.; *Kloesel/Cyran*, AMG, A 1.0, § 39b Anm. 4 ff.

[467] Gemäß § 39b Abs. 1 S. 3 AMG ist ein Arzneimittel ein entsprechendes Arzneimittel in diesem Sinne, wenn es ungeachtet der verwendeten Hilfsstoffe dieselben oder vergleichbare Wirkstoffe, denselben oder einen ähnlichen Verwendungszweck, eine äquivalente Stärke und Dosierung und denselben oder einen ähnlichen Verabreichungsweg wie das Arzneimittel hat, für das der Antrag auf Registrierung gestellt wird.

[468] Der Nachweis der Verwendung über einen Zeitraum von 30 Jahren gemäß Satz 1 Nr. 4 kann gemäß § 39b S. 2 AMG auch dann erbracht werden, wenn für das Inverkehrbringen keine spezielle Genehmigung für ein Arzneimittel erteilt wurde. Er ist auch dann erbracht, wenn die Anzahl oder

- ein bibliographischer Überblick betreffend die Angaben zur Unbedenklichkeit zusammen mit einem Sachverständigengutachten gemäß § 24 AMG und, soweit zur Beurteilung der Unbedenklichkeit des Arzneimittels erforderlich, die dazu notwendigen weiteren Angaben und Unterlagen (Nr. 5), sowie
- Registrierungen oder Zulassungen, die der Antragsteller in einem anderen Mitgliedstaat oder in einem Drittland für das Inverkehrbringen des Arzneimittels erhalten hat, sowie Einzelheiten etwaiger ablehnender Entscheidungen über eine Registrierung oder Zulassung und die Gründe für diese Entscheidungen.

216 Wie bei homöopathischen Arzneimitteln, so müssen auch hier die Angaben nach § 22 Abs. 1 S. 1 Nr. 1 bis 10 AMG sowie Angaben, die für die Kennzeichnung der Umverpackung, die Packungsbeilage oder die Fachinformation verwendet werden, in deutscher, die übrigen Angaben in deutscher oder englischer Sprache beigefügt werden. Ferner kann anstelle der Vorlage der Angaben und Unterlagen nach Abs. 1 Satz 1 Nr. 4 u. 5 bei Humanarzneimitteln auch Bezug genommen werden auf eine gemeinschaftliche oder unionsrechtliche Pflanzenmonographie nach Art. 16h Abs. 3 RL 2001/83/EG oder eine Listenposition nach Art. 16f RL 2001/83/EG, welche vom Herbal Medicinal Products Committee (HMPC) erstellt werden[469]. Enthält das Arzneimittel mehr als einen pflanzlichen Wirkstoff oder Stoff nach § 39a S. 2 AMG, sind die in Abs. 1 S. 1 Nr. 4 genannten Angaben für die Kombination vorzulegen; sind die einzelnen Wirkstoffe nicht hinreichend bekannt, so sind auch Angaben zu den einzelnen Wirkstoffen zu machen[470].

217 **c) Entscheidung über die Registrierung traditioneller pflanzlicher Arzneimittel.** Ebenfalls entsprechend der Regelung zu homöopathischen Arzneimitteln, hat gemäß § 39c Abs. 1 AMG das BfArM die zuständige Bundesoberbehörde das traditionelle pflanzliche Arzneimittel zu registrieren und dem Antragsteller die Registrierungsnummer schriftlich mitzuteilen, sofern nicht ein Versagungsgrund gemäß § 39c Abs. 2 AMG vorliegt[471]. Auch hier finden § 25 Abs. 4 über die Möglichkeit einer Mängelabhilfe sowie Abs. 5 S. 5 AMG über die Möglichkeit der Begutachtung der Antragsunterlagen durch unabhängige Sachverständige entsprechende Anwendung. Eine erfolgte Registrierung gilt nur für das im Bescheid aufgeführte traditionelle pflanzliche Arzneimittel. Die zuständige Bundesoberbehörde kann den Bescheid über die Registrierung ebenfalls mit Auflagen verbinden oder Auflagen nachträglich angeordnet; § 28 Abs. 2 und 4 AMG findet entsprechende Anwendung[472].

218 **d) Kennzeichnung der traditionellen pflanzlichen Arzneimittel.** Mit der 14. AMG-Novelle wurden auch in Bezug auf traditionelle pflanzliche Arzneimittel Sondervorschriften für die Kennzeichnung in den §§ 10 u. 11 AMG aufgenommen. Nach § 10 Abs. 4a AMG müssen bei der **Umverpackung** von traditionellen pflanzlichen Arzneimitteln zusätzlich zu den Pflichtangaben des Abs. 1 die Hinweise aufgenommen werden, dass

---

Menge der Wirkstoffe des Arzneimittels während dieses Zeitraums herabgesetzt wurde (sog. „Minusvarianten").

[469] § 39b Abs. 2 AMG.
[470] § 39b Abs. 3 AMG.
[471] Gemäß § 39c Abs. 2 AMG hat das BfArM die Registrierung insbesondere zu versagen, wenn der Antrag nicht die in § 39b vorgeschriebenen Angaben und Unterlagen enthält oder die qualitative oder quantitative Zusammensetzung nicht den Angaben nach § 39b Abs. 1 AMG entspricht oder sonst die pharmazeutische Qualität nicht angemessen ist (Nr. 1), das Arzneimittel bei bestimmungsgemäßem Gebrauch schädlich sein kann (Nr. 3), die Unbedenklichkeit von Vitaminen oder Mineralstoffen, die in dem Arzneimittel enthalten sind, nicht nachgewiesen ist (Nr. 4), oder die Angaben über die traditionelle Anwendung unzureichend sind, insbesondere die pharmakologischen Wirkungen oder die Wirksamkeit auf der Grundlage der langjährigen Anwendung und Erfahrung nicht plausibel sind (Nr. 5). Für traditionelle pflanzliche Arzneimittel, die zur Anwendung bei Tieren bestimmt sind, gilt diese Regelung des § 39c Abs. 2 S. 1 AMG entsprechend (S. 2).
[472] § 39c Abs. 1 S. 6 AMG.

- das Arzneimittel ein traditionelles Arzneimittel ist, das ausschließlich auf Grund langjähriger Anwendung für das Anwendungsgebiet registriert ist, und
- der Anwender bei fortdauernden Krankheitssymptomen oder beim Auftreten anderer als der in der Packungsbeilage erwähnten Nebenwirkungen einen Arzt oder eine andere in einem Heilberuf tätige qualifizierte Person konsultieren sollte[473].

In Bezug auf die **Packungsbeilage** bestimmt § 11 Abs. 3b AMG, dass bei traditionellen pflanzlichen Arzneimitteln die Regelung des Abs. 1 entsprechend anzuwenden ist mit der Maßgabe, dass bei der Angabe des Anwendungsgebietes nach Abs. 1 S. 1 Nr. 2 anzugeben ist, dass das Arzneimittel ein traditionelles Arzneimittel ist, das ausschließlich auf Grund langjähriger Anwendung für das Anwendungsgebiet registriert ist[474].

e) **Gültigkeit der Registrierung und sonstige Verfahrensvorschriften.** Eine erfolgte Registrierung erlischt nach Ablauf von fünf Jahren seit ihrer Erteilung, es sei denn, dass spätestens neun Monate vor Ablauf der Frist ein Antrag auf Verlängerung gestellt wird. Für das Erlöschen und die Verlängerung der Registrierung gilt § 31 entsprechend mit der Maßgabe, dass die Versagungsgründe nach Absatz 2 Anwendung finden[475].

Schließlich enthält § 39d AMG weitere Verfahrensvorschriften. So hat gemäß § 39d Abs. 1 AMG das BfArM dem Antragsteller, sowie bei Humanarzneimitteln der Europäischen Kommission und der zuständigen Behörde eines Mitgliedstaates der Europäischen Union auf Anforderung eine von ihr getroffene ablehnende Entscheidung über die Registrierung als traditionelles Arzneimittel und die Gründe hierfür mitzuteilen. Ferner hat der Antragsteller, nach Erteilung der Registrierung der Inhaber der Regisrierung, gemäß Abs. 7 hat dem BfArM unter Beifügung entsprechender Unterlagen unverzüglich Anzeige zu erstatten, wenn sich Änderungen in den Angaben und Unterlagen nach § 39b Abs. 1 S. 1 iVm Abs. 2 AMG ergeben[476].

Eine neue Registrierung ist gemäß § 39d Abs. 7 S. 4 AMG in folgenden Fällen zu beantragen:
- bei einer Änderung der Anwendungsgebiete, soweit es sich nicht um eine Änderung nach § 29 Abs. 2a S. 1 Nr. 1 AMG handelt,
- bei einer Änderung der Zusammensetzung der Wirkstoffe nach Art oder Menge, sowie
- bei einer Änderung der Darreichungsform, soweit es sich nicht um eine Änderung nach § 29 Abs. 2a S. 1 Nr. 3 handelt.

Für Rücknahme, Widerruf und Ruhen der Registrierung gilt § 30 Abs. 1 S. 1, Abs. 2, 2a, 3 und 4 AMG entsprechend mit der Maßgabe, dass die Versagungsgründe nach § 39c Abs. 2 Anwendung finden (§ 39d Abs. 8 AMG).

D. Arzneimittel für seltene Leiden

I. Rechtliche Grundlage

Die Europäische Union hat mit der Verordnung 141/2000[477] (Orphan Verordnung – Orphan VO) den rechtlichen Rahmen zur Förderung der Entwicklung und des Inverkehr-

---

[473] Ferner tritt an die Stelle der Angabe nach Abs. 1 S. 1 Nr. 3 die Registrierungsnummer mit der Abkürzung „Reg.-Nr.". Vgl. insgesamt hierzu *Rehmann*, AMG, § 10 Rn. 24; *Kloesel/Cyran*, AMG, A 1.0, § 10 Anm. 86.

[474] Zusätzlich ist in die Packungsbeilage der Hinweis nach § 10 Abs. 4a Satz 1 Nr. 2 aufzunehmen.

[475] § 39c Abs. 3 AMG.

[476] Ferner gelten hier die Regelungen des § 29 Absatz 1a, 1e, 1f und 2 bis 2b AMG entsprechend, vgl. § 39d Abs. 7 S. 1–3 AMG.

[477] Verordnung (EG) Nr. 141/2000 des Europäischen Parlaments und des Rates vom 16. Dezember 1999 über Arzneimittel für seltene Leiden, ABl. L 18 vom 22.1.2000, S. 1.

bringens von Arzneimitteln für die Diagnose, Verhütung oder Behandlung von sehr selten auftretenden Leiden – den sog. „orphan medicinal products"[478] – geschaffen. In dieser Orphan VO wurden ein Gemeinschaftsverfahren für die Ausweisung von Arzneimitteln als Arzneimittel für seltene Leiden festgelegt und gleichzeitig Anreize für die Erforschung, Entwicklung und das Inverkehrbringen für Arzneimittel für seltene Leiden geschaffen[479]. Die Orphan VO ist mit Verkündung und Wirksamwerden der Durchführungsverordnung 847/2000[480] am 28. April 2000 in Kraft getreten, so dass ab diesem Tage Anträge auf Ausweisung eines Arzneimittels als Arzneimittel für seltene Leiden gestellt werden konnten[481].

225 Die Orphan VO sieht insbesondere folgende Maßnahmen für die Förderung von Arzneimitteln für seltene Leiden vor:
- Es wird innerhalb der EMA ein spezieller **Ausschuß für Arzneimittel für seltene Leiden (" Committee for Orphan Medicinal Products" – COMP)** eingesetzt[482]. Dem COMP kommt insbesondere die Aufgabe zu, die Anträge auf Ausweisung von Arzneimitteln als Arzneimittel für seltene Leiden zu prüfen[483].
- Es werden eindeutige Kriterien aufgestellt, unter denen Arzneimittel als Arzneimittel für seltene Leiden mit den entsprechenden Anreizen ausgewiesen werden können, und hierfür wird ein offenes und transparentes Gemeinschaftsverfahren eingeführt[484].
- Schließlich wurde ein umfangreiches Anreizsystem für Investoren geschaffen, insbesondere
  – Zugang zum zentralen Zulassungsverfahren[485],
  – Gebührenverzicht[486],
  – Unterstützung bei der Erstellung des Prüfplan sowie wissenschaftliche Unterstützung beim Forschungs- und Entwicklungsprogramm[487], sowie
  – ein besonderes 10-jähriges Marktexklusivitätsrecht für Arzneimittel für seltene Leiden[488].

---

[478] Wörtlich übersetzt sind dies die „Waisenkinder" unter den Arzneimitteln.
[479] Vgl. Erwägungsgrund 1 und Art. 1 der Orphan VO. In den USA bestehen bereits seit 1983 und in Japan seit 1993 Anreize für die Entwicklung von Arzneimitteln für seltene Leiden, vgl. Erwägungsgrund 2 der Orphan VO.
[480] Verordnung (EG) Nr. 847/2000 der Kommission vom 27. April 2000 zur Festlegung von Bestimmungen für die Anwendung der Kriterien für die Ausweisung eines Arzneimittels als Arzneimittel für seltene Leiden und von Definitionen für die Begriffe „ähnliches Arzneimittel" und „klinische Überlegenheit", ABl. L 103 vom 28.4.2000, S. 5. Diese Durchführungsverordnung wurde erlassen auf Basis von Art. 3 Abs. 2 u. 8 Abs. 4 Orphan VO.
[481] Art. 11 UAbs. 2 Orphan VO.
[482] Der COMP besteht aus Sachverständigen, die von den Mitgliedstaaten benannt werden, von drei von der Kommission benannte Vertreter von Patientenorganisationen und von drei weiteren, ebenfalls von der Kommission auf Empfehlung der EMA benannte Personen. Diese werden für 3 Jahre gewählt und können sich wiederum von Sachverständigen begleiten lassen.
[483] Vgl. Erwägungsgrund 6 sowie im Einzelnen die Bestimmung des Art. 4 Orphan VO.
[484] Vgl. Erwägungsgrund 4 der Orphan VO.
[485] So Art. 7 (1) Orphan VO, wonach der Sponsor beantragen kann, daß die Genehmigung für das Inverkehrbringen des betreffenden Arzneimittels dem zentralen Zulassungsverfahren nach der VO 726/2004 unterliegt, ohne daß er nachweisen muß, daß das Arzneimittel den Bedingungen des Anhangs jener Verordnung entspricht. Diese Regelung ist zwischenzeitlich durch Art. 3 Abs. 1 iVm Nr. 4 des Anhangs zur VO 726/2004 überholt, da hiernach ein bereits als Arzneimittel für seltene Leiden ausgewiesenes Arzneimittel zwingend dem zentralen Genehmigungsverfahren unterfällt. S. hierzu auch → § 3 Rn. 123.
[486] Art. 7 (2) Orphan VO.
[487] Art. 6 sowie Art. 9 (1) Orphan VO.
[488] Art. 8 (1) Orphan VO. S. hierzu ausführlich → § 4 Rn. 206 ff.

II. Ausweisung als Arzneimittel für seltene Leiden

1. Kriterien für die Ausweisung als Arzneimittel für seltene Leiden

Die Kriterien, anhand derer beurteilt wird, ob ein Arzneimittel als Arzneimittel für seltene Leiden ausgewiesen werden kann, sind in Art. 3 Abs. 1 Orphan VO abschließend aufgeführt. Hiernach hat der Investor[489] den Nachweis zu führen über

226

- eine **spezifische Zweckbestimmung** des Arzneimittels, nämlich
  - für die Diagnose, Verhütung oder Behandlung eines Leidens, das lebensbedrohend ist oder eine chronische Invalidität nach sich zieht und von dem zum Zeitpunkt der Antragstellung in der Gemeinschaft nicht mehr als fünf von zehntausend Personen betroffen sind, *oder*
  - für die Diagnose, Verhütung oder Behandlung eines lebensbedrohenden Leidens, eines zu schwerer Invalidität führenden oder eines schweren und chronischen Leidens in der Gemeinschaft, und das Inverkehrbringen des Arzneimittels würde in der Gemeinschaft ohne Anreize vermutlich nicht genügend Gewinn bringen, um die notwendigen Investitionen zu rechtfertigen,

und

- einen **spezifischen klinischen Nutzen,** nämlich dass
  - in der Gemeinschaft **noch keine zufriedenstellende Methode** für die Diagnose, Verhütung oder Behandlung des betreffenden Leidens zugelassen ist *oder*
  - das betreffende Arzneimittel – sofern eine solche Methode besteht – für diejenigen, die von diesem Leiden betroffen sind, von **erheblichem Nutzen** sein wird.

In Art. 2 der DurchführungsVO 847/2000 hat die Kommission im einzelnen die Kriterien für die Ausweisung eines Arzneimittels als Arzneimittel für seltene Leiden festgelegt.

227

2. Verfahren zur Ausweisung als Arzneimittel für seltene Leiden

Art. 5 Orphan VO regelt das Verfahren zur Ausweisung eines Arzneimittels als Arzneimittel für seltene Leiden. Dies sieht im Wesentlichen wie folgt aus:

228

a) Das Verfahren wird eingeleitet durch einen **Antrag** des Sponsors **auf Ausweisung eines Arzneimittels als Arzneimittel für seltene Leiden.** Diesem bei der EMA einzureichenden Antrag sind die in Art. 5 Abs. 2 Orphan VO aufgeführten, für die Bewertung des Antrags erforderlichen Angaben und Unterlagen beizufügen, nämlich

229

- Name oder Firma und ständige Anschrift des Investors,
- Wirkstoffe des Arzneimittels,
- vorgeschlagenes therapeutisches Anwendungsgebiet,
- Begründung, daß die Kriterien des Art. 3 Abs. 1 VO 141/2000 erfüllt sind und Darstellung des Entwicklungsstandes einschließlich der erwarteten Anwendungsgebiete[490].

Hinsichtlich des Zeitpunkts ist zu beachten, dass aufgrund des Wortlauts des Art. 5 Abs. 1 Orphan VO ein solcher Antrag zwar in einem beliebigen Stadium der Entwicklung eines Arzneimittels, allerdings *vor* Stellung des Antrags auf Genehmigung für das Inverkehrbringen gestellt werden muss. Nach erfolgter Einreichung eines Zulassungsantrags für das Arzneimittel kann demnach ein solcher Antrag nicht mehr wirksam eingereicht

230

---

[489] Dies ist nach Art. 2 lit. c) Orphan VO „*eine in der Gemeinschaft niedergelassene juristische oder natürliche Person, die beantragt, daß ein Arzneimittel als Arzneimittel für seltene Leiden ausgewiesen wird, oder diese Ausweisung bereits erhalten hat*".

[490] Die *Europäische Kommission* hat auf Basis des Art. 5 Abs. 3 Orphan VO ausführliche Leitlinien für Form und Inhalt der Anträge auf Ausweisung von Arzneimitteln als Arzneimittel für seltene Leiden erstellt, die der Antragsteller zu nutzen hat. Diese sind abrufbar unter http://www.ema.europa.eu.

werden. Das gleiche gilt gemäß Art. 5 Abs. 12 (a) Orphan VO, wenn der Zulassungsinhaber das Arzneimittel aus dem Register für Arzneimittel für seltene Leiden genommen hat: Eine solche Maßnahme führt nach der EMA zum Verlust der Ausweisung des Arzneimittels als Arzneimittel für seltene Leiden. Um eine entsprechende Ausweisung wieder zu erhalten, müsste ein neuer Antrag eingereicht werden – dies ist aber aufgrund der in Art. 5 Abs. 1 Orphan VO enthaltenen Regelung nicht möglich[491].

231 b) Daran schließt sich das **Prüfungsverfahren** der EU-Kommission in Konsultation mit der EMA und dem COMP an. Der Ablauf ist im Wesentlichen wie folgt[492]:

- Die EMA prüft zunächst die Gültigkeit des Antrags und legt dem COMP die Ergebnisse in Form eines Kurzberichts vor. Sie kann den Investor erforderlichenfalls auffordern, zusätzliche Angaben und Unterlagen einzureichen.
- Die EMA stellt sodann sicher, daß der COMP innerhalb von 90 Tagen nach Erhalt eines gültigen Antrags ein Gutachten abgibt.
- Der COMP bemüht sich bei der Erstellung seines Gutachtens darum, einen Konsens zu erzielen. Gelingt dies nicht, wird das Gutachten mit Zweidrittelmehrheit der Mitglieder des Ausschusses angenommen.
- Kommt das Gutachten des COMP zu dem Schluss, dass der Antrag nicht die Kriterien für die Ausweisung des Arzneimittels als Arzneimittel für seltene Leiden nach Art. 3 Abs. 1 Orphan VO erfüllt, so teilt die EMA dies dem Investor unverzüglich mit. Der Investor kann innerhalb von 90 Tagen nach Erhalt des Gutachtens unter Angabe ausführlicher Gründe einen Widerspruch einlegen, den die EMA an den COMP weiterleitet. Der COMP prüft auf seiner nächsten Sitzung eine etwaige Revision seines Gutachtens.
- Das endgültige Gutachten des COMP wird sodann von der EMA unverzüglich der Europäischen Kommission übermittelt, die innerhalb von 30 Tagen nach Erhalt des Gutachtens eine Entscheidung anzunehmen hat. Steht der Entscheidungsentwurf ausnahmsweise nicht im Einklang mit dem Gutachten des Ausschusses, so wird die endgültige Entscheidung nach dem in Art. 10a Abs. 2 genannten Regelungsverfahren angenommen. Die Entscheidung wird dem Investor sowie der EMA und den zuständigen Behörden der Mitgliedstaaten mitgeteilt.

232 c) Ein als Arzneimittel für seltene Leiden ausgewiesenes Arzneimittel wird sodann in das **Gemeinschaftsregister für Arzneimittel für seltene Leiden** (Community Register for Orphan Medicinal Products) eingetragen[493]. Der Investor hat jährlich der EMA einen Bericht über den Entwicklungsstand des ausgewiesenen Arzneimittels zu übermitteln[494].

3. Eigenständige Zulassung

233 Es ist zu beachten, dass eine für ein Arzneimittel für seltene Leiden erteilte Genehmigung für das Inverkehrbringen ausschließlich für solche therapeutische Anwendungsgebiete gilt, die den Kriterien des Art. 3 Orphan VO entspricht. Sofern daher der Zulassungsinhaber für ein Arzneimittel mit demselben Wirkstoff sowie der gleichen Darreichungsform eine Zulassung für Anwendungsgebiete erhalten möchte, die nicht die Kriterien für die Ausweisung als Arzneimittel für seltene Leiden erfüllen, so bedarf er hierfür einer eigenständigen Zulassung mit einer unterschiedlichen Arzneimittelbezeichnung[495].

---

[491] Vgl. Gericht der Europäischen Union, Urteil vom 9. September 2010 (Rs T-264/07 – CSL Behring vs European Commission ua), Slg. 2010 II-04469.
[492] Vgl. Art. 5 Abs. 4–8 Orphan VO.
[493] Art. 5 Abs. 9 Orphan VO. Das Gemeinschaftsregister ist zugänglich unter http://ec.europa.eu/health/documents/community-register/html/alforphreg.htm.
[494] Art. 5 Abs. 10 Orphan VO.
[495] Vgl. Art. 7 Abs. 3 Orphan VO.

4. Übertragung der Ausweisung als Arzneimittel für seltene Leiden

Die Ausweisung als Arzneimittel für seltene Leiden kann auch auf einen anderen 234
Investor übertragen werden. Hierfür hat der Inhaber der Ausweisung bei der EMA einen
entsprechenden Antrag einzureichen, über den die Europäische Kommission sodann entscheidet[496].

5. Verfahren zur Streichung aus dem Register von Arzneimittel für seltene Leiden

Ein als Arzneimittel für seltene Leiden ausgewiesenes Arzneimittel wird aus dem 235
Gemeinschaftsregister für Arzneimittel für seltene Leiden gestrichen in den in Art. 5
Abs. 12 Orphan VO aufgeführten Fällen, nämlich

- auf Antrag des Investors – dieser bedarf keiner Begründung und kann jederzeit nach wirksam erfolgter Ausweisung als Arzneimittel für seltene Leiden gestellt werden,
- wenn vor Erteilung der Genehmigung für das Inverkehrbringen festgestellt wird, daß für dieses Arzneimittel die Kriterien des Art. 3 Orphan VO nicht mehr erfüllt sind, sowie
- am Ende des in Art. 8 Orphan VO vorgesehenen Zeitraums des Marktexklusivitätsrechts.

6. Marktexklusivitätsrecht

Der für pharmazeutischen Unternehmen wohl wichtigste Anreiz für die Erforschung 236
und Zulassung von Arzneimittel für seltene Leiden ist die in Art 8 Orphan VO normierte
„Marktexklusivität". Wurde eine Zulassung für ein als Arzneimittel für seltene Leiden
ausgewiesenes Arzneimittel erteilt, so ist es der Europäischen Kommission sowie den
zuständigen Behörden in den Mitgliedstaaten untersagt, während eines Zeitraums von
zehn Jahre, beginnend mit der Zulassungserteilung, einen anderen Antrag auf Genehmigung für das Inverkehrbringen eines ähnlichen Arzneimittels für dasselbe therapeutische
Anwendungsgebiet anzunehmen oder eine entsprechende Genehmigung zu erteilen order
einem Antrag auf Erweiterung einer bestehenden Genehmigung stattgeben[497].

E. Kinderarzneimittel

I. Rechtliche Grundlage

Über lange Zeit wurden Zulassungsstudien für Humanarzneimittel nicht auch für die 237
Verwendung bei der pädiatrischen Bevölkerungsgruppe durchgeführt, so dass viele der in
der Kinderheilkunde verwendeten Arzneimittel für eine solche Verwendung nicht untersucht und damit auch nicht zugelassen werden konnten. Das Fehlen von speziell an die
pädiatrische Bevölkerungsgruppe angepassten Arzneimitteln ist aber mit zahlreichen Problemen verbunden: Inadäquate Dosierungsinformationen erhöhen bei zu hoher Dosierung
das Risiko von Nebenwirkungen oder führen bei zu niedriger Dosierung dazu, dass die
Behandlung unwirksam ist. Ferner werden therapeutische Fortschritte für die pädiatrische
Bevölkerungsgruppe nicht erschlossen, stehen kindgerechte Zubereitungen und Verabrei-

---

[496] Der entsprechende Antrag muss an orphandrugs@ema.europa.eu gestellt werden, zusammen mit den erforderlichen Unterlagen. Die EMA wird sodann innerhalb von 30 Tagen eine Empfehlung abgeben und diese senden an (1) den bestehenden Sponsor, (2) den Sponsor, auf den die Ausweisung übertragen werden soll, und (3) der Europäischen Kommission. Wenn die Europäische Kommission mit der Übertragung einverstanden ist, wird sie die ursprüngliche Entscheidung über die Erteilung der Ausweisung entsprechend abändern.
[497] Hierzu ausführlich → § 4 Rn. 206 ff.

chungswege nicht zur Verfügung, und können auf ärztliche Verschreibung hin zubereitete Arzneimittel (formula magistralis sowie formula officinalis[498]) zur Behandlung der pädiatrischen Bevölkerungsgruppe von mangelhafter Qualität sein.

238 Die Europäische Union hat demnach die Marktkräfte alleine als nicht hinreichend angesehen, um adäquate Forschungsarbeiten, die Entwicklung sowie die Genehmigung für das Inverkehrbringen von Kinderarzneimitteln anzuregen, und als Reaktion hierauf mit der Verordnung (EG) Nr. 1901/2006 über Kinderarzneimittel[499] (sog. Pädiatrische Verordnung – Pädiatrische VO) den Rechtsrahmen geschaffen, um die Entwicklung und die Zugänglichkeit von Arzneimitteln zur Verwendung bei der pädiatrischen Bevölkerungsgruppe zu erleichtern[500]. Diese ist am 26.1.2007 in Kraft getreten[501]. Mit der Pädiatrischen VO soll gewährleistet werden, dass die zur Behandlung der pädiatrischen Bevölkerungsgruppe verwendeten Arzneimittel eigens für die pädiatrische Verwendung genehmigt und die über die Verwendung von Arzneimitteln bei den verschiedenen pädiatrischen Bevölkerungsgruppen verfügbaren Informationen verbessert werden[502]. Um diesen Zweck zu erreichen, werden mit der Pädiatrischen VO die Pharmazeutischen Unternehmen gezwungen, pädiatrische Studien als einen integrierten Teil der normalen Produktentwicklung durchzuführen, um pädiatrische Daten zu generieren, und die Ergebnisse dieser Studien offenzulegen (sog. pädiatrische Verpflichtung). Im Gegenzug hierfür wurde den pharmazeutischen Unternehmern eine Erweiterung des Patentschutzes bzw. der Orphan Marktexklusivität bei Erfüllung spezifischer Voraussetzungen in Aussicht gestellt (pädiatrische Belohnung[503]).

II. Der Pädiatrieausschuss

239 Zur Durchführung der Pädiatrischen Verordnung wurde innerhalb der EMA ein Pädiatrieausschuss eingerichtet (sog. PDCO – Paediatric Committee[504]). Die Aufgaben des Pädiatrieausschusses umfassen gemäß Art. 6 Pädiatrische VO insbesondere:

---

[498] Normiert in Art. 3 Nrn. 1 u. 2 RL 2001/83/EG.
[499] Verordnung (EG) Nr. 1901/2006 des Europäischen Parlaments und des Rates vom 12. Dezember 2006 über Kinderarzneimittel und zur Änderung der Verordnung (EWG) Nr. 1768/92, der Richtlinien 2001/20/EG und 2001/83/EG sowie der Verordnung (EG) Nr. 726/2004, ABl. L 378 vom 27.12.2006, S. 1, geändert durch die Verordnung (EG) Nr. 1902/2006 des Europäischen Parlaments und des Rates vom 20. Dezember 2006 zur Änderung der Verordnung 1901/2006 über Kinderarzneimittel, ABl. L 378 vom 27.12.2006, S. 20.
[500] Zur Geschichte der Pädiatrischen VO s. EMA, The European paediatric initiative: History of the Paediatric Regulation (EMEA/17967/04 Rev 1) v. 11. Juli 2007, abrufbar unter www.ema.europa.eu ; *von Czettritz/Brückner* in Brückner, ESZ/SPC (2011), Pädiatrische Laufzeitverlängerung Rn. 4 ff.
[501] Allerdings beanspruchen Art. 7, 31 und 32 Pädiatrische VO erst ab dem 26.7.2008 und Art. 8 Pädiatrische VO erst ab dem 26.1.2009 Geltung, vgl. Art. 57 Pädiatrische VO. Mithin gilt die VO 1901/2006 erst mit Wirkung ab dem 26.1.2009 für alle Arzneimittel..
[502] Vgl. Erwägungsgründe 1–4 der Pädiatrischen VO.
[503] Die Europäische Kommission veröffentlichte am 24.6.2013 einen Erfahrungsbericht nach 5 Jahren Pädiatrische VO, der einige Verbesserungen in dem Bereich der pädiatrischen Arzneimitteln auswies, gleichzeitig aber das PUMA-Konzept als Enttäuschung bezeichnete, vgl. EU Commission, Better Medicines for Children. From Concept to Reality. Progress Report on the Paediatric Regulation (EC) No 1901/2006, COM(2013)443 FINAL.
[504] Der Pädiatrieausschuss setzt sich gemäß Art. 4 Abs. 1 Pädiatrische VO zusammen aus (1) fünf Mitgliedern des Ausschusses für Humanarzneimittel, (2) jeweils einem Mitglied und einem stellvertretenden Mitglied, die von denjenigen Mitgliedstaaten benannt werden, deren zuständige Behörde nicht durch die vom Ausschuss für Humanarzneimittel benannten Mitglieder vertreten ist, sowie (3) je drei Mitgliedern und drei stellvertretenden Mitgliedern, die die Kommission auf der Grundlage eines öffentlichen Aufrufs zur Interessensbekundung nach Anhörung des Europäischen Parlaments als Vertreter der medizinischen Berufsgruppen sowie als Vertreter der Patientenverbände benennt. Die stellvertretenden Mitglieder vertreten die Mitglieder in ihrer Abwesenheit und stimmen für sie ab. Die

- die Beurteilung des Inhalts eines pädiatrischen Prüfkonzepts (Paediatric Investigational Plan – sog. PIP) für ein Arzneimittel, das ihm nach dieser Verordnung vorgelegt wird, und die Formulierung einer entsprechenden Stellungnahme;
- die Beurteilung von Freistellungen sowie Zurückstellungen von PIPs und die Formulierung einer entsprechenden Stellungnahme;
- auf Ersuchen des CHMP, einer zuständigen Behörde oder des Antragstellers die Bewertung der Übereinstimmung des Genehmigungsantrags mit dem dazugehörigen gebilligten pädiatrischen Prüfkonzept und die Formulierung einer entsprechenden Stellungnahme; sowie
- auf Ersuchen des CHMP oder einer zuständigen Behörde die Bewertung von Daten, die gemäß einem gebilligten pädiatrischen Prüfkonzept erarbeitet wurden, und die Formulierung einer Stellungnahme zu Qualität, Sicherheit und Wirksamkeit des Arzneimittels für die Verwendung in der pädiatrischen Bevölkerungsgruppe.

Bei der Ausführung seiner Aufgaben wägt der Pädiatrieausschuss ab, ob von einer vorgeschlagenen Studie zu erwarten ist, dass sie von signifikanten therapeutischen Nutzen für die pädiatrische Bevölkerungsgruppe ist sowie einem Therapiebedarf dieser Gruppe entspricht. Dabei berücksichtigt der Pädiatrieausschuss sämtliche ihm vorliegende Informationen, einschließlich Stellungnahmen, Beschlüsse oder Empfehlungen der zuständigen Behörden von Drittländern[505]. 240

III. Durchführung von Studien gemäß einem pädiatrischen Prüfkonzept

Bezüglich der pädiatrischen Verpflichtungen bei der Zulassung von Humanarzneimitteln ist danach zu unterscheiden, ob es sich um eine Neuzulassung handelt oder ob das Arzneimittel für das Inverkehrbringen in der Europäischen Union bereits genehmigt ist. 241

1. Art. 7-PIP

Gemäß Art 7 Pädiatrische VO ist ein Zulassungsantrag für ein Arzneimittel, das zum Zeitpunkt des Inkrafttretens dieser Regelung – dh zum 26.7.2008 – noch nicht zugelassen war, nur dann zulässig, wenn dieser 242

- entweder die Ergebnisse aller Studien sowie Einzelheiten zu sämtlichen Informationen, die in Übereinstimmung mit einem gebilligten pädiatrischen Prüfkonzept (PIP) durchgeführt bzw. zusammengetragen wurden, enthält, nebst Beifügung der Entscheidung der EMA über die Billigung des pädiatrischen Prüfkonzepts (lit. a) oder
- eine Entscheidung der EMA über die Gewährung einer arzneimittelspezifischen Freistellung nach Art. 11 (lit. b – sog. product-specific waiver), einer Gruppenfreistellung nach Art. 11 (lit. c – sog. class waiver) oder einer Zurückstellung nach Art. 20 (lit. d – sog. deferral) Pädiatrische VO.

Ein Antrag auf Neuzulassung eines Arzneimittels bedarf daher eines PIPs, für den entsprechend frühzeitig von der EMA die Zustimmung einzuholen ist. 243

2. Art. 8-PIP

Für bereits zugelassene Arzneimittel, die entweder noch durch ein ergänzendes Schutzzertifikat oder durch ein Patent, für das die Verlängerung durch ein ergänzendes Schutzzertifikat in Frage kommt, geschützt sind, gilt bei Einreichung von Zulassungsanträgen die 244

Mitglieder des Pädiatrieausschusses werden für eine Amtszeit von drei Jahren benannt, die verlängert werden kann. Auf den Sitzungen des Pädiatrieausschusses können sie sich von Experten begleiten lassen (Art. 4 Abs. 2 Pädiatrische VO).

[505] Art. 6 Abs. 2 Pädiatrische VO; *v. Czettritz* in Brückner, ESZ/SPC (2011), Pädiatrische Laufzeitverlängerung, Rn. 16.

Regelung des Art. 8 Pädiatrische VO ab dem Zeitpunkt seines Inkrafttretens – mithin ab dem 26.1.2009. Hiernach gelten die Anforderungen des Art. 7 auch für jeden Antrag auf die Zulassung neuer Indikationen (inkl. Pädiatrischer Indikationen), neuer Darreichungsformen oder neuer Verabreichungswege, so dass diese nur dann zulässig sind, wenn entsprechende paediatrische Daten eingereicht oder eine Freistellung bzw. Zurückstellung erfolgte. Nicht erfasst ist damit insbesondere die Zulassung neuer Dosisstärken. Diese Anforderung des Art. 8 gilt nicht nur für zentral zugelassene Arzneimittel, sondern auch für dezentral oder rein national zugelassene Arzneimittel.

3. Ausnahmen

245   Ausgenommen von den Anforderungen der Art. 7 u. 8 Pädiatrische VO sind die in Art. 9 Pädiatrische VO aufgeführten Fälle. Ausgenommen werden Arzneimittel, die zugelassen werden
- auf Basis des Art. 10 RL 2001/83/EG, mithin als Generika (Abs. 1), als Biosimilar (Abs. 4), oder mittels Hybrid-Zulassungsantrag (Abs. 3),
- mittels eines well-established-use Zulassungsantrags[506], und
- als homöopathische sowie als traditionelle pflanzliche Arzneimittel[507].

246   Im Umkehrschluss hieraus ergibt sich, dass von der Ausnahme nicht erfasst sind
- Zulassungen für Fixkombinationen auf Basis des Art. 10b RL 2001/83/EG,
- sog informed consent-Zulassungen auf Basis des Art. 10c RL 2001/83/EG, sowie
- gemischte Zulassungsanträge (die zB sowohl auf bibliographische als auch auf eigene Daten basieren).

247   Diese Zulassungsanträge fallen demnach unter die Verpflichtungen der Art. 7 u. 8 Pädiatrische VO, es sei denn, es greift ein Freistellungtatbestand des Art. 11 Pädiatrische VO ein[508].

4. Freigestellte Arzneimittel

248   Art. 11 Pädiatrische VO stellt spezifische Arzneimittel oder Arzneimittelgruppen von der Verpflichtung zur Durchführung eines pädiatrischen Prüfkonzepts dann frei, wenn es Hinweise darauf gibt, dass
- das spezifische Arzneimittel oder die Arzneimittelgruppe in Teilen oder in der Gesamtheit der pädiatrischen Bevölkerungsgruppe wahrscheinlich unwirksam oder bedenklich ist (lit. a);
- die Krankheit oder der Zustand, für den das betreffende Arzneimittel oder die betreffende Arzneimittelgruppe vorgesehen ist, lediglich bei Erwachsenen auftritt (lit. b); nach dem *EuG* ist die Zweckbestimmung eines Arzneimittels objektiv allein anhand seiner Wirkeigenschaften zu beurteilen und nicht subjektiv danach, ob sie der vom Sponsor dieses Arzneimittels definierten diagnostischen Indikation entspricht[509]; oder
- das fragliche Arzneimittel gegenüber bestehenden pädiatrischen Behandlungen keinen signifikanten therapeutischen Nutzen bietet (lit. c).

249   Eine solche Freistellung kann in Bezug auf entweder eine oder mehrere spezifische Untergruppen der pädiatrischen Bevölkerungsgruppe oder auf eine oder mehrere spezi-

---

[506] Art. 10a RL 2001/83/EG.
[507] Vgl. Art. 13 bis 16 sowie 16a bis 16i RL 2001/83/EG.
[508] Vgl. hierzu EMA, Questions and answers: Paediatric-investigation-plan guidance, Q&As Nr. 17–21, abrufbar unter www.europa.eu.int.
[509] *EuG*, Urteil vom 14.12.2011 (Rs. T-52/09 – Nycomed Danmark ApS vs. EMA), Slg. 2011 II-08133.

IV. Billigung des Pädiatrischen Prüfkonzepts

Wird beabsichtigt, einen Antrag gemäß Art. 7 Abs. 1 lit. a oder d, Art. 8 oder ein Antrag auf eine sog. PUMA nach Art. 30[510] Pädiatrische VO zu stellen, so ist bei der EMA der Entwurf eines pädiatrischen Prüfkonzepts zusammen mit einem entsprechenden Antrag auf Billigung vorzulegen[511]. Das pädiatrische Prüfkonzept enthält Einzelheiten zum Zeitplan und zu den Maßnahmen, durch welche die Qualität, Sicherheit und Wirksamkeit des Arzneimittels in allen ggf. betroffenen Untergruppen der pädiatrischen Bevölkerungsgruppe nachgewiesen werden sollen. Darüber hinaus werden darin alle Maßnahmen beschrieben, durch die die Zubereitung des Arzneimittels so angepasst werden soll, dass seine Verwendung für verschiedene pädiatrische Untergruppen annehmbarer, einfacher, sicherer oder wirksamer wird[512].

250

Das pädiatrische Prüfkonzept oder der Antrag auf Freistellung ist zusammen mit dem Antrag auf Billigung in der Regel spätestens bei Abschluss der pharmakokinetischen Studien an Erwachsenen vorzulegen, so dass zum Zeitpunkt der Bewertung des entsprechenden Genehmigungsantrags oder sonstigen Antrags eine Stellungnahme zur Verwendung des betreffenden Arzneimittels in der pädiatrischen Bevölkerungsgruppe abgegeben werden kann[513]. Nach Eingang des Antrags prüft die EMA innerhalb von 30 Tagen dessen Zulässigkeit und erstellt einen zusammenfassenden Bericht für den Pädiatrieausschuss[514]. Nachdem ein den Anforderungen des Art. 15 Abs. 2 Pädiatrische VO genügendes pädiatrisches Prüfkonzept beim Pädiatrieausschuss eingegangen ist, gibt dieser sodann innerhalb einer Frist von 60 Tagen eine Stellungnahme dazu ab, ob durch die vorgeschlagenen Studien die Erarbeitung der Daten sichergestellt wird, die für die Festlegung der Verwendungsmöglichkeiten des Arzneimittels zur Behandlung der pädiatrischen Bevölkerungsgruppe oder deren Untergruppen erforderlich sind, sowie dazu, ob der zu erwartende therapeutische Nutzen die vorgeschlagenen Studien rechtfertigt. Sobald der Pädiatrieausschuss eine befürwortende oder ablehnende[515] Stellungnahme abgegeben hat – ggf. nach Vorlage weiterer Unterlagen durch den Antragsteller –, trifft die EMA auf Basis des in Art. 25 Pädiatrische VO niedergelegten Verfahrens eine Entscheidung über die Billigung des pädiatrischen Prüfkonzepts.

251

V. Zurückstellung oder Änderung des Pädiatrischen Prüfkonzepts

Auf Basis der Art. 20 u. 21 Pädiatrische VO kann bereits gleichzeitig mit der Vorlage des pädiatrischen Prüfkonzepts bei der EMA ein Antrag auf **Zurückstellung** („Deferral") der Einleitung oder des Abschlusses einiger oder sogar aller Maßnahmen des Konzepts gestellt werden, sofern hierfür wissenschaftliche oder technische Gründen oder Gründe der öffentlichen Gesundheit vorliegen. Eine solche Zurückstellung wird auf jeden Fall gewährt, wenn Studien an Erwachsenen vor Einleitung der Studien in der pädiatrischen

252

---

[510] S. hierzu ausführlich u. → § 3 Rn. 254 ff.
[511] Art. 15 Abs. 1 Pädiatrische VO.
[512] Art. 15 Abs. 2 Pädiatrische VO.
[513] Art. 16 Abs. 1 Pädiatrische VO.
[514] Gegebenenfalls kann die EMA die Vorlage zusätzlicher Angaben und Unterlagen fordern; in diesem Fall wird die 30-Tage-Frist so lange ausgesetzt, bis die geforderten ergänzenden Informationen bereitgestellt wurden, Art. 16 Abs. 2 u. 3 Pädiatrische VO.
[515] Vgl. hierzu Art. 19 Pädiatrische VO – in diesem Fall gibt der Pädiatrisausschuss eine Stellungnahme zugunsten einer Freistellung ab.

Bevölkerungsgruppe angezeigt sind oder wenn Studien in der pädiatrischen Bevölkerungsgruppe länger dauern als Studien an Erwachsenen.

253 Ergeben sich nach der Entscheidung der EMA zur Billigung des pädiatrischen Prüfkonzepts Probleme bei der Umsetzung, die das Konzept undurchführbar oder nicht mehr geeignet machen (zB in Bezug auf die Dauer des Prüfplans oder die Anzahl der einzuschließenden pädiatrischen Patienten), so kann der Antragsteller auf Basis des Art. 22 Pädiatrische VO auch dann noch eine **Änderung** *("Modification")* bzw. eine Zurückstellung *("Deferral")* oder sogar eine Freistellung *("Waiver")* beantragen[516].

VI. Die „Genehmigung für die Pädiatrische Verwendung" (PUMA)

254 Es besteht für bereits zugelassene Arzneimittel die Möglichkeit, für die Anwendung desselben Wirkstoffs allein in einer pädiatrischen Verwendung unter bestimmten Voraussetzungen eine besondere, eigenständige Zulassung zu erhalten, mithin nicht nur eine Erweiterung der bestehenden Zulassung durch eine weitere pädiatrische Indikation. Diese sog. *„Genehmigung für die Pädiatrische Verwendung"* – auch PUMA genannt aufgrund des englischen Begriffs „**P**aediatric-**U**se **M**arketing **A**uthorisation" – ist geregelt in den Art. 30 u. 31 Pädiatrische VO. Die PUMA wurde eingeführt, um die pädiatrische Entwicklung von bereits zugelassenen Arzneimitteln voranzutreiben, welche nicht mehr von einem ergänzenden Schutzzertifikat (SPC) oder einem Patent, das für die Verlängerung durch ein SPC nach der Verordnung 469/2009 in Frage kommt, geschützt sind[517].

1. Begriff der PUMA

255 Gemäß Art. 30 Pädiatrische VO ist die PUMA eine spezielle Genehmigung für ein Arzneimittel zur ausschließlichen Verwendung in der pädiatrischen Bevölkerung – oder Teilbereiche davon – mit einer, sofern notwendig, altersgemäßen Darreichungsform hierfür. Auch hier muss die Entwicklung des Arzneimittels für Kinder einem pädiatrischen Prüfkonzept folgen und alle erforderlichen pädiatrischen Aspekte diskutieren, wie dies der entsprechenden EMA-Entscheidung nebst Stellungnahme des PDCO entnommen werden kann.

256 Eine PUMA kann demnach für Arzneimittel beantragt werden, die
- bereits für den Gebrauch in anderen Indikationen zugelassen sind,
- nicht mehr von einem ergänzenden Schutzzertifikat oder einem Patent, das für eine Verlängerung durch ein ergänzendes Schutzzertifikat in Frage kommt, geschützt sind, und
- exklusiv für die Verwendung bei Kindern entwickelt werden.

2. Genehmigung der PUMA

257 Für die Genehmigung einer PUMA stehen dem Antragsteller alle Zulassungsverfahren zur Verfügung, dh er hat die Auswahl zwischen dem nationalen, dem MRP, dem DCP sowie dem zentralen Verfahren. Ein Genehmigungsantrag auf eine PUMA hat nämlich automatischen Zugang zum zentralen Verfahren, wenn der Antragsteller diese Verfahrens-

---

[516] Vgl. hierzu Communication from the Commission – Guideline on the format and content of applications for agreement or modification of a paediatric investigation plan and requests for waivers or deferrals and concerning the operation of the compliance check and on criteria for assessing significant studies (2008/C 243/01), ABl. C 243 v. 24.9.2008, S. 1.

[517] Zum ergänzenden Schutzzertifikat vgl. → § 4 Rn. 141 ff. Bis heute wurde erst eine PUMA gewährt, was für die EU-Kommission als enttäuschend angesehen wurde, s. EU Commission, Better Medicines for Children. From Concept to Reality. Progress Report on the Paediatric Regulation (EC) No 1901/2006, COM (2013) 443 (FINAL), No. 5.2.

art wählen möchte, selbst wenn die Voraussetzungen des Art. 3 Abs. 2 VO 726/2004 nicht erfüllt sind, wie der Regelung des Art. 31 Pädiatrische VO zu entnehmen ist[518].

Dem PUMA-Antrag sind gemäß Art. 32 Abs. 2 Pädiatrische VO alle Angaben und Unterlagen beizufügen, die zur Feststellung von Qualität, Sicherheit und Wirksamkeit bei der pädiatrischen Bevölkerungsgruppe erforderlich sind, insbesondere spezifische Daten als Grundlage für eine adäquate Stärke und Darreichungsform und einen adäquaten Verabreichungsweg des Arzneimittels in Übereinstimmung mit dem gebilligten pädiatrischen Prüfkonzept und die Entscheidung der EMA über die Billigung des betreffenden pädiatrischen Prüfkonzepts[519]. Dabei können PUMA-Anträge auf relevante Zulassungsunterlagen eines zugelassenen Arzneimittels Bezug nehmen, sofern dies aufgrund der Unterlagenschutzrechte zulässig ist[520]. 258

3. Spezifisches Anreizsystem für PUMA

Für die PUMA besteht ein spezifisches Anreizsystem, nämlich: 259
- PUMA-Zulassungsanträge haben „automatischen Zugang" zum zentralen Verfahren[521];
- für die PUMA-Zulassung besteht ein eigenständiges 10-jähriges Unterlagenschutzrecht von 8 Jahren Datenexklusivität und zusätzlichen 2 Jahren Marktexklusivität[522];
- für die PUMA-Zulassung besteht ein Wahlrecht in Bezug auf die Arzneimittelbezeichnung, dh es kann der Name des Arzneimittels mit demselben Wirkstoff beibehalten werden, für das demselben Genehmigungsinhaber eine Genehmigung für die Verwendung bei Erwachsenen erteilt wurde[523];
- PUMA-Anträge, die im zentralen Verfahren eingereicht werden, profitieren von einer teilweisen Ausnahme von der Zahlung von Verfahrensgebühren nach der Verordnung 297/95. Diese Teilausnahme gilt für die Einreichung des PUMA-Zulassungsantrags und einige Aktivitäten, die während dem ersten Jahr nach Zulassungserteilung durchzuführen sind.

VII. Übereinstimmung mit dem Pädiatrischen Prüfkonzept

Die zuständige Genehmigungsbehörde prüft, ob ein Genehmigungs- oder Änderungsantrag die Anforderungen der Art. 7 u. 8 Pädiatrische VO erfüllt und ob ein PUMA-Antrag nach Art. 30 Pädiatrische VO das gebilligte pädiatrische Prüfkonzept einhält[524]. Dabei kann gemäß Art. 23 Abs. 2 Pädiatrische VO auch der PDCO kann um Stellung- 260

---

[518] Bevor ein PUMA-Antrag im zentralen Verfahren gestellt werden kann, ist auch hier eine entsprechende Eignungsbestätigung der EMA erforderlich, zu beantragen vom Antragsteller mittels eines sog. „Pre-submission request" bei CPeligibility@ema.europa.eu.
[519] Nach Art. 34 Pädiatrische VO, sind in einem Risk-Management Plan (RMP) der zusammen mit dem PUMA-Antrag einzureichen ist, die Maßnahmen im einzelnen zu beschreiben, die eine Nachverfolgung der Wirksamkeit und möglicher Nebenwirkungen bei der pädiatrischen Verwendung des Arzneimittels sicherstellen sollen.
[520] Art. 30 Abs. 3 Pädiatrische VO. Details enthält die Communication from the Commission – Guideline on the format and content of applications for agreement or modification of a paediatric investigation plan and requests for waivers or deferrals and concerning the operation of the compliance check and on criteria for assessing significant studies (2008/C 243/01), ABl. C 243 v. 24.9.2008, S. 1.
[521] S. hierzu o. → § 3 Rn. 257.
[522] Art. 38 Pädiatrische VO.
[523] Art. 20 Abs. 4 Pädiatrische VO.
[524] Wird ein Antrag nach dem Verfahren der Artikel 27 bis 39 RL 2001/83/EG gestellt, so wird die Übereinstimmungskontrolle gegebenenfalls einschließlich der Einholung einer Stellungnahme des Pädiatrieausschusses nach Absatz 2 Buchstaben b und c des vorliegenden Artikels vom Referenzmitgliedstaat vorgenommen. Vgl. Art. 23 Abs. 1 Pädiatrische VO.

nahme dazu ersucht werden, ob die vom Antragsteller durchgeführten Studien mit dem gebilligten pädiatrischen Prüfkonzept übereinstimmen, und zwar

- durch den **Antragsteller** vor der Stellung eines Antrags auf Genehmigung für das Inverkehrbringen oder Änderung nach den Art. 7, 8 oder 30 Pädiatrische VO (lit. a[525]);
- durch die **EMA oder die zuständige nationale Behörde** bei der Bewertung der Zulässigkeit eines Antrags nach Buchstabe a, dem keine Stellungnahme zur Übereinstimmung beiliegt, die infolge eines Antrags nach Buchstabe a abgegeben wurde (lit. b); oder
- durch den **Ausschuss für Humanarzneimittel (CHMP) oder die zuständige nationale Behörde** bei der Prüfung eines Antrags nach Buchstabe a, wenn Zweifel an der Übereinstimmung bestehen und noch keine Stellungnahme infolge eines Antrags nach Buchstabe a oder b abgegeben wurde (lit. c).

261 Wird der Pädiatrieausschuss um eine entsprechende Stellungnahme gebeten, so hat er diese innerhalb von 60 Tagen nach Eingang des Antrags abzugeben. Diese ist sodann von den Mitgliedstaaten zu berücksichtigen[526]. Gelangt die zuständige Behörde im Verlauf der wissenschaftlichen Bewertung eines zulässigen Genehmigungsantrags zu dem Schluss, dass die Studien nicht mit dem gebilligten pädiatrischen Prüfkonzept übereinstimmen, so kann das Arzneimittel keinen Bonus und keinen Anreiz nach den Art. 36, 37 u. 38 Pädiatrische VO erhalten[527].

VIII. Anreize und weitere pädiatrische Verpflichtungen

1. Möglichkeit des zentralen Zulassungsverfahrens

262 Für eine Genehmigung nach Art. 7 Abs. 1 Pädiatrische VO, die eine oder mehrere pädiatrische Indikationen auf der Grundlage von in Übereinstimmung mit einem gebilligten pädiatrischen Prüfkonzept durchgeführten Studien beinhaltet, können Anträge nach dem zentralen Verfahren gemäß Art. 5 bis 15 VO 726/2004 gestellt werden. Wird die Genehmigung erteilt, so werden die Ergebnisse aller derartigen Studien in die Fachinformation und ggf. in die Packungsbeilage des Arzneimittels aufgenommen, sofern die Informationen von der zuständigen Behörde als nützlich für den Patienten erachtet werden, und zwar unabhängig davon, ob sämtliche betroffenen pädiatrischen Indikationen von der zuständigen Behörde zugelassen wurden[528]. Gleiches gilt für die gewährten Freistellungen oder Zurückstellungen bei Genehmigungserteilung oder -änderung[529]. Auch hat in diesem Fall die zuständige Behörde eine Erklärung in die Genehmigung aufzunehmen, aus der hervorgeht, dass der Antrag mit dem gebilligten und ausgeführten pädiatrischen Prüfkonzept übereinstimmt[530].

263 Für national sowie auf Basis von MRP/DCP-Verfahren zugelassene Arzneimittel kann nach dem Verfahren der Art. 32, 33 u. 34 RL 2001/83/EG ein Antrag auf Genehmigung neuer Indikationen, einschließlich der Erweiterung der Genehmigung für die Verwendung in der pädiatrischen Bevölkerungsgruppe, einer neue Darreichungsform oder eines neuen Verabreichungswegs gemäß Art. 8 Pädiatrische VO gestellt werden. Allerdings beschränkt

---

[525] In diesem Fall stellt der Antragsteller seinen Antrag erst, wenn der Pädiatrieausschuss seine Stellungnahme abgegeben hat; eine Kopie dieser Stellungnahme ist dem Antrag beizufügen (Art. 23 Abs. 2 S. 2 Pädiatrische VO).
[526] Art. 23 Abs. 3 Pädiatrische VO.
[527] Art. 24 Pädiatrische VO. Vgl. auch Communication from the Commission – Guideline on the format and content of applications for agreement or modification of a paediatric investigation plan and requests for waivers or deferrals and concerning the operation of the compliance check and on criteria for assessing significant studies (2008/C 243/01), ABl. C 243 v. 24.9.2008, S. 1
[528] Art. 28 Abs. 1 Pädiatrische VO.
[529] Art. 28 Abs. 2 Pädiatrische VO.
[530] Art. 28 Abs. 3 Pädiatrische VO.

sich das Verfahren auf die Bewertung der spezifischen Abschnitte der Zusammenfassung der Merkmale des Arzneimittels, die geändert werden sollen[531].

2. Kennzeichnungsanforderungen

Bei Arzneimitteln, die für eine pädiatrische Indikation zugelassen werden, ist an sich gemäß Art. 32 Pädiatrische VO auf dem Etikett ein spezielles, von der Europäischen Kommission gewähltes Symbol hinzuzufügen, dessen Bedeutung sodann auch in der Packungsbeilage zu erläutern ist[532]. Ein solches Symbol ist aber immer noch nicht ausgewählt: der PDCO hatte der Kommission davon abgeraten, ein solches zu verwenden, da die konkrete Bedeutung des Symbols von den Eltern oder Kostenträgern missverstanden werden könnte. Daraufhin hatte die Kommission bereits im Jahr 2008 darüber informiert, dass sie sich nicht in der Lage fühlt, ein Symbol auszuwählen, und dies ist bis heute unverändert der Fall[533].

264

3. Spezifische Anforderungen im Anschluss an die Genehmigung

Wenn ein Arzneimittel, das mit einer pädiatrischen Indikation entsprechend einem gebilligten und ausgeführten pädiatrischen Prüfkonzept zugelassen wurde, *bereits vorher* mit anderen Indikationen in den Verkehr gebracht worden war, hat der Genehmigungsinhaber innerhalb von zwei Jahren nach dem Zeitpunkt der Genehmigung der pädiatrischen Indikation dieses Arzneimittel mit der pädiatrischen Indikation versehen in den Verkehr zu bringen[534].

265

Ferner hat der Antragsteller bei Anträgen auf Genehmigung, die eine pädiatrische Indikation einschließen, auf Aufnahme einer pädiatrischen Indikation in eine bestehende Genehmigung sowie auf Genehmigung für die pädiatrische Verwendung die Maßnahmen anzugeben, mit denen die Nachkontrolle der Wirksamkeit sowie etwaiger Nebenwirkungen der pädiatrischen Verwendung des Arzneimittels gewährleistet wird. Dies umfasst ggf. die Einrichtung eines Riskomanagementsystems oder die Durchführung spezifischer Studien im Anschluss an das Inverkehrbringen. Im Falle einer Zurückstellung hat der Genehmigungsinhaber der EMA einen jährlichen Bericht mit einem aktualisierten Fortschrittsbericht über die pädiatrischen Studien entsprechend der Entscheidung der EMA über das gebilligte pädiatrische Prüfkonzept und die gewährte Zurückstellung vorzulegen[535].

266

Ist ein Arzneimittel für eine pädiatrische Indikation zugelassen und plant der Genehmigungsinhaber, nachdem er in den Genuss der Bonusse oder Anreize nach den Art. 36, 37 oder 38 Pädiatrische VO gekommen ist und diese Schutzzeiträume abgelaufen sind[536], das Inverkehrbringen des Arzneimittels einzustellen, so hat er gemäß Art. 35 Pädiatrische VO die Genehmigung zu übertragen oder einem Dritten, der seine Absicht bekundet hat, das Arzneimittel weiterhin in Verkehr zu bringen, auf der Grundlage von Art. 10c Richtlinie 2001/83/EG den Rückgriff auf die pharmazeutischen, vorklinischen und klinischen Unter-

267

---

[531] Art. 29 Pädiatrische VO.
[532] Dies gilt grundsätzlich auch für Arzneimittel, die vor Inkrafttreten der VO 1901/2006 zugelassen wurden, sowie für Arzneimittel, die nach Inkrafttreten dieser Verordnung, aber vor Veröffentlichung des Symbols zugelassen wurden, sofern sie für pädiatrische Indikationen zugelassen sind. In diesem Fall sind das Symbol und die Erläuterung nach Absatz 1 spätestens zwei Jahre nach Veröffentlichung des Symbols in das Etikett und die Packungsbeilage der betreffenden Arzneimittel aufzunehmen.
[533] Vgl. zuletzt Report from the Commission to the European Parliament and the Council „*Better Medicines for Children – From Concept to Reality*" vom 24.6.2013 (COM(2013) 443 final), S. 5.
[534] Art. 33 Pädiatrische VO. Diese Fristen werden von der EMA in einem öffentlich zugänglichen Register angegeben, verfübar unter http://www.ema.europa.eu/docs/en_GB/document_library/Other/2013/03/WC500139602.pdf.
[535] Art. 34 Abs. 1, 3 u. 4 Pädiatrische VO.
[536] S. hierzu ausführlich → § 4 Rn. 215 ff.

lagen, die in dem Dossier des Arzneimittels enthalten sind, zu gestatten. Insoweit hat der Genehmigungsinhaber die EMA mindestens sechs Monate im Voraus von seiner Absicht zu unterrichten, das Arzneimittel nicht länger in den Verkehr zu bringen.

4. Veröffentlichung der Studienergebnisses

268 Pädiatrische Studien, die bereits *vor* dem Inkrafttreten der Pädiatrischen VO abgeschlossen wurden und in der Gemeinschaft zugelassene Arzneimittel betreffen, mussten der zuständigen Behörde vom Genehmigungsinhaber bis zum 26. Januar 2008 zur Bewertung vorgelegt werden, und diese konnte die Zusammenfassung der Merkmale des Arzneimittels und der Packungsbeilage aktualisieren und die Genehmigung entsprechend ändern[537].

269 Alle anderen von einem Genehmigungsinhaber gesponserte Studien, die die Verwendung eines zugelassenen Arzneimittels in der pädiatrischen Bevölkerungsgruppe zum Inhalt haben, sind unabhängig davon, ob sie entsprechend einem gebilligten pädiatrischen Prüfkonzept durchgeführt wurden, der zuständigen Behörde innerhalb von sechs Monaten nach Abschluss der betreffenden Studien vorzulegen – und zwar unabhängig davon, ob der Genehmigungsinhaber eine pädiatrische Indikation zu beantragen gedenkt[538]. Auch hier kann die zuständige Behörde die Zusammenfassung der Merkmale des Arzneimittels und der Packungsbeilage aktualisieren und die Genehmigung entsprechend ändern[539].

5. Bonusse und Anreize

270 Sofern ein Genehmigungsantrag nach Art. 7 oder 8 Pädiatrische VO die Ergebnisse sämtlicher Studien beinhaltet, die gemäß einem gebilligten pädiatrischen Prüfkonzept durchgeführt wurden, so wird

- bei Arzneimitteln, die als Arzneimittel für seltene Leiden ausgewiesen sind, die zehnjährige Exklusivitätsfrist nach Art. 8 Abs. 1 Orphan VO um 2 Jahre auf zwölf Jahre verlängert[540], und
- bei allen anderen (sog. „non-orphan") Arzneimitteln dem Inhaber des Patents oder des ergänzenden Schutzzertifikats (SPC) eine sechsmonatige Verlängerung des SPCs gewährt[541].

271 Dies gilt auch, wenn die Ausführung des gebilligten pädiatrischen Prüfkonzept nicht zur Genehmigung einer pädiatrischen Indikation führt, die Studienergebnisse aber in der Fachinformation und ggf. in der Packungsbeilage des betreffenden Arzneimittels wiedergegeben werden[542].

272 Bei Erteilung einer Genehmigung für die pädiatrische Verwendung (PUMA) gelten für die Daten und das Inverkehrbringen die Unterlagenschutzfristen nach Art. 14 Abs. 11 VO 726/2004 für zentral zugelassene Arzneimittel und nach Art. 10 Abs. 1 RL 2001/83/EG für nationale/MRP/DCP-Arzneimittel, mithin die 8+2+1 Regel[543].

---

[537] Art. 45 Abs. 1 Pädiatrische VO.
[538] Art. 46 Abs. 1 u. 2. Pädiatrische VO.
[539] Art. 46 Abs. 3 Pädiatrische VO. Die EMA veröffentlicht jährlich eine Liste mit den unter Art. 45 und Art. 46 Pädiatrische VO fallenden Arzneimittel, deren Genehmigung entsprechend abgeändert wurde. Für das Jahr 2012 vgl. Annex 4 u. 5 des *Report to the European Commission* on companies and products that have benefited from any of the rewards and incentives in the Paediatric Regulation and on the companies that have failed to comply with any of the obligations in this Regulation (EMA/328413/2013 CORR) v. 30. April 2013.
[540] Art. 37 Abs. 1 Pädiatrische VO.
[541] Art. 36 Abs. 1 Pädiatrische VO; *v. Czettritz* in Brückner, ESZ/SPC (2011), Pädiatrische Laufzeitverlängerung, Rn. 24 ff.
[542] Ausführlich zu den Regelungen der Art. 36 u. 37 Pädiatrische VO unter → § 4 Rn. 215 ff.
[543] Vgl. Art. 38 Pädiatrische VO.

Darüber hinaus besteht für die Europäische Union sowie den Mitgliedstaaten die 273
Möglichkeit, weitere Anreize zur Unterstützung von Erforschung, Entwicklung und Verfügbarkeit von Arzneimitteln für die pädiatrische Verwendung bereitzustellen[544].

Schließlich stellt die Europäische Union im Gemeinschaftshaushalt Mittel für die Er- 274
forschung von Arzneimitteln für die pädiatrische Bevölkerungsgruppe bereit, um Studien im Zusammenhang mit Arzneimitteln oder Wirkstoffen, die nicht durch ein Patent oder ein ergänzendes Schutzzertifikat geschützt sind, zu unterstützen. Diese Gemeinschaftsmittel werden im Rahmen der Rahmenprogramme der Gemeinschaft für Forschung, technologische Entwicklung und Demonstration oder anderer Gemeinschaftsinitiativen für die Forschungsförderung bereitgestellt[545].

F. Arzneimittel für neuartige Therapien

I. Einleitung

Im Bereich der Biomedizin haben in den letzten Jahren die wissenschaftlichen Fort- 275
schritte in der Zell- und Molekularbiotechnologie zur Entwicklung neuartiger Therapien geführt, insbesondere der Gentherapie, der somatischen Zelltherapie und der biotechnologischen Gewebebearbeitung (Tissue-Engineering), die neue Möglichkeiten für die Behandlung von Krankheiten und Funktionsstörungen des menschlichen Körpers beinhalten. Soweit solchen neuartigen Therapeutika bei Menschen Krankheiten heilende oder verhütende Eigenschaften zugeschrieben werden oder wenn sie im oder am menschlichen Körper zur Wiederherstellung, Korrektur oder Beeinflussung der menschlichen physiologischen Funktionen hauptsächlich durch eine pharmakologische, immunologische oder metabolische Wirkung verwendet werden können, sind sie als **biologische Arzneimittel** einzustufen. Aufgrund der Neuheit, Komplexität und technischen Besonderheit von solchen Arzneimitteln für neuartige Therapien wurden aber eigens auf sie zugeschnittene harmonisierte Vorschriften als erforderlich erachtet, damit der freie Verkehr dieser Arzneimittel innerhalb der Gemeinschaft und das wirksame Funktionieren des Binnenmarktes im Biotechnologiesektor gewährleistet werden können[546]. Dies erfolgte mit der Verordnung 1394/2007[547] über Arzneimittel für neuartige Therapien, die am 30. Dezember 2008 in Kraft trat[548]. Darin werden die Arzneimittel für neuartige Therapien definiert und spezielle Vorschriften für die Genehmigung, Überwachung und Pharmakovigilanz von Arzneimitteln für neuartige Therapien festgelegt, um Sicherheit und Wirksamkeit dieser Arzneimittel sicherzustellen[549]. In systematischer Hinsicht ist die Verordnung 1394/2007 eine „lex specialis", durch die Richtlinie 2001/83/EG ergänzt und das zentrale Zulassungsverfahren auch für Arzneimittel für neuartige Therapien zwingend vorgeschrieben wird[550]. Bereits im Jahr 2009 wurde die Richtlinie 2001/83/EG durch die Richtlinie 2009/120/EG[551] erneut geändert, insbesondere wurden einige Begriffsbestimmungen neu gefasst.

---

[544] Vgl. Art. 39 Pädiatrische VO. Hiervon wurde bislang allerdings nur von wenigen Mitgliedstaaten Gebrauch gemacht.
[545] Vgl. Art. 40 Pädiatrische VO.
[546] Erwägungsgründe 1, 2 u. 5 VO 1394/2007.
[547] Verordnung (EG) Nr. 1394/2007 des Europäischen Parlaments und des Rates vom 13. November 2007 über Arzneimittel für neuartige Therapien und zur Änderung der Richtlinie 2001/83/EG und der Verordnung (EG) Nr. 726/2004, ABl. L 324 v. 10.12.2007, S. 121.
[548] Vgl. Art. 29 Abs. 1 sowie Art. 30 VO 1394/2007.
[549] Vgl. Art. 1 VO 1394/2007.
[550] So Erwägungsgründe 6 u. 9 der VO 1394/2007.
[551] Richtlinie 2009/120/EG der Kommission vom 14. September 2009 zur Änderung der Richtlinie 2001/83/EG des Europäischen Parlaments und des Rates zur Schaffung eines Gemeinschaftskodexes für Humanarzneimittel im Hinblick auf Arzneimittel für neuartige Therapien, ABl. L 242 v. 15.9.2009,

II. Anwendungsbereich

276 Die VO 1394/2007 findet Anwendung auf Arzneimittel für neuartige Therapien, die für das Inverkehrbringen in Mitgliedstaaten bestimmt sind und die aufgrund der Regelung des Art. 2 RL 2001/83/EG entweder industriell zubereitet werden oder bei deren Herstellung ein industrielles Verfahren zur Anwendung kommt.

1. Begriff der Arzneimittel für neuartige Therapien

277 Arzneimittel für neuartige Therapien unterscheiden sich stark von konventionellen Arzneimitteln, die aus chemischen Substanzen oder Proteinen hergestellt werden. Die vier Hauptgruppen von Arzneimitteln für neuartige Therapien sind gemäß Art. 2 Abs. 1 VO 1394/2007 die folgenden Humanarzneimittel:

- **Gentherapeutika:** Ein Gentherapeutikum enthält einen Wirkstoff, der eine rekombinante Nukleinsäure[552] enthält oder daraus besteht, und der im Menschen verwendet oder ihm verabreicht wird, um eine Nukleinsäuresequenz zu regulieren, zu reparieren, zu ersetzen, hinzuzufügen oder zu entfernen. Seine therapeutische, prophylaktische oder diagnostische Wirkung steht in unmittelbarem Zusammenhang mit der rekombinanten Nukleinsäuresequenz, die es enthält, oder mit dem Produkt, das aus der Expression dieser Sequenz resultiert. Impfstoffe gegen Infektionskrankheiten gelten nicht als Gentherapeutika[553].
- **Somatische Zelltherapeutika:** Ein somatisches Zelltherapeutikum besteht entweder (1) aus Zellen oder Geweben, die **substanziell bearbeitet** wurden[554], so dass biologische Merkmale, physiologische Funktionen oder strukturelle Eigenschaften, die für die beabsichtigte klinische Verwendung relevant sind, verändert wurden, oder (2) aus Zellen oder Geweben, die im Empfänger im Wesentlichen nicht denselbe(n) Funktion(en) dienen sollen wie im Spender, oder es enthält derartige Zellen oder Gewebe (sog. **nicht gleichwertige Verwendung – non-homologous use**). Den somatischen Zelltherapeutika werden Eigenschaften zur Behandlung, Vorbeugung oder Diagnose von Krankheiten durch pharmakologische, immunologische oder metabolische Wirkungen der enthaltenen Zellen oder Gewebe zugeschrieben und sie werden zu diesem Zweck im Menschen verwendet oder ihm verabreicht.
- **Biotechnologisch bearbeitete Gewebeprodukte:** Ein „biotechnologisch bearbeitetes Gewebeprodukt" ist ein Produkt, das biotechnologisch bearbeitete[555] Zellen oder Ge-

---

S. 3. Gemäß Erwägungsgrund 3) sollte Anhang I der Richtlinie 2001/83/EG angepasst werden, um die Definitionen und die ausführlichen wissenschaftlichen und technischen Anforderungen an Gentherapeutika und somatische Zelltherapeutika zu aktualisieren und um ausführliche wissenschaftliche und technische Anforderungen sowohl für biotechnologisch bearbeitete Gewebeprodukte, als auch für Arzneimittel für neuartige Therapien, die Medizinprodukte enthalten, und für kombinierte Arzneimittel für neuartige Therapien festzulegen.

[552] Eine rekombinante Nukleinsäure ist ein künstliches DNA-Molekül, das in einem Labor in vitro mittels gentechnischer Methoden neu zusammengesetzt wurde, und die DNA von unterschiedlichen Quellen zusammenbringt.

[553] Ziff. 2.1 von Anhang I Teil IV der Richtlinie 2001/83/EG, zuletzt geändert durch Art. 1 RL 2009/120/EG.

[554] Die in Anhang I der VO 1394/2007 aufgeführten Bearbeitungsverfahren gelten dabei **nicht** als"substanzielle Bearbeitung" im Sinne von Buchstabe a dieser Definition. Demnach liegt keine „substanzielle Bearbeitung" in den folgenden Fällen vor: Schneiden, Zerreiben, Formen, Zentrifugieren, Einlegen in antibiotische oder antimikrobielle Lösungen, Sterilisieren, Bestrahlen, Separieren, Konzentrieren oder Reinigen von Zellen, Filtern, Lyophilisieren, Einfrieren, Kryopräservieren sowie Verglasen. Vgl. Ziff. 2.2 von Anhang I Teil IV RL 2001/83/EG, zuletzt geändert durch Art. 1 RL 2009/120/EG.

[555] Gemäß Art. 2 Abs. 1 lit. c VO 1394/2007 gelten Zellen oder Gewebe dann als „biotechnologisch bearbeitet", wenn sie wenigstens eine der folgenden Bedingungen erfüllen: (1) Die Zellen oder Gewebe wurden substanziell bearbeitet, so dass biologische Merkmale, physiologische Funktionen oder struk-

webe enthält oder aus ihnen besteht[556] und dem Eigenschaften zur Regeneration, Wiederherstellung oder zum Ersatz menschlichen Gewebes zugeschrieben werden oder das zu diesem Zweck verwendet oder Menschen verabreicht wird[557]. Allerdings fallen Produkte, die ausschließlich nicht lebensfähige menschliche oder tierische Zellen und/oder Gewebe enthalten oder aus solchen bestehen und die keine lebensfähigen Zellen oder Gewebe enthalten und nicht hauptsächlich pharmakologisch, immunologisch oder metabolisch wirken, nicht unter diese Begriffsbestimmung (S. 5).

- **Kombinierte Arzneimittel für neuartige Therapien:** Dies ist ein Arzneimittel für neuartige Therapien, das folgende Voraussetzungen erfüllt: (1) es enthält als festen Bestandteil eines oder mehrere Medizinprodukte im Sinne des Art. 1 Abs. 2 lit. a RL 93/42/EWG oder eines oder mehrere aktive implantierbare medizinische Geräte im Sinne des Art. 1 Abs. 2 lit. c RL 90/385/EWG, und (2) sein Zell- oder Gewebeanteil enthält entweder lebensfähige Zellen oder Gewebe, oder für den Fall, dass sein Zell- oder Gewebeanteil nicht lebensfähige Zellen oder Gewebe enthält, dieser auf eine Weise auf den menschlichen Körper einwirkt, die im Vergleich zu den genannten Produkten und Geräten als Hauptwirkungsweise betrachtet werden kann[558].

2. Zweifelsregelungen

In Ergänzung hierzu sieht die VO 1394/2007 in Art. 2 Abs. 2–5 folgende Zweifelsregelungen vor: 278

- Enthält ein Produkt lebensfähige Zellen oder Gewebe, so gilt die pharmakologische, immunologische und metabolische Wirkung dieser Zellen oder Gewebe als die Hauptwirkungsweise dieses Produkts.
- Ein Arzneimittel für neuartige Therapien, das sowohl autologe (dh vom Patienten selbst stammende) als auch allogene (dh von anderen Personen stammende) Zellen oder Gewebe enthält, gilt als Arzneimittel zur allogenen Verwendung.
- Ein Produkt, auf das die Definition für „biotechnologisch bearbeitetes Gewebeprodukt" und die Definition für somatische Zelltherapeutika zutreffen, gilt als biotechnologisch bearbeitetes Gewebeprodukt.
- Ein Produkt, das sowohl unter die Definition „somatisches Zelltherapeutikum" oder „biotechnologisch bearbeitetes Gewebeprodukt" als auch „Gentherapeutikum" fallen kann, gilt als Gentherapeutikum.

3. Ausnahmen vom Anwendungsbereich

Gemäß Art. 28 Abs. 2 VO 1394/2007 wurde der Katalog der Ausnahmetatbestände des Art. 3 RL 2001/83/EG um eine neue Ziff. 7 erweitert. Hierdurch werden vom Anwendungsbereich der Richtlinie 2001/83/EG – und damit von der Verordnung 1394/2007 – ausgenommen solche Arzneimittel für neuartige Therapien, die nicht routinemäßig nach spezifischen Qualitätsnormen hergestellt und in einem Krankenhaus in demselben Mitgliedstaat unter der ausschließlichen fachlichen Verantwortung eines Arztes auf individuel- 279

---

turelle Eigenschaften, die für die beabsichtigte Regeneration, Wiederherstellung oder den Ersatz relevant sind, erzielt werden. Nicht als substanzielle Bearbeitungsverfahren gelten insbesondere die in Anhang I aufgeführten Bearbeitungsverfahren; oder (2) die Zellen oder Gewebe sind nicht dazu bestimmt, im Empfänger im Wesentlichen dieselbe(n) Funktion(en) auszuüben wie im Spender.

[556] Gemäß S. 2 von lit. b kann ein biotechnologisch bearbeitetes Gewebeprodukt Zellen oder Gewebe menschlichen oder tierischen Ursprungs enthalten. Die Zellen oder Gewebe können lebensfähig oder nicht lebensfähig sein. Es kann außerdem weitere Stoffe enthalten wie Zellprodukte, Biomoleküle, Biomaterial, chemische Stoffe und Zellträger wie Gerüst- oder Bindesubstanzen.

[557] Art. 2 Abs. 1 lit. b VO 1394/2007.

[558] Art. 2 Abs. 1 lit. d) VO 1394/2007.

le ärztliche Verschreibung eines eigens für einen einzelnen Patienten angefertigten Arzneimittels verwendet werden[559]. Derartige individuelle Arzneimittel für neuartige Therapien sind aber nicht vollkommen ungeregelt, sondern deren Herstellung ist ausdrücklich durch die zuständige Behörde des Mitgliedstaats zu genehmigen[560]. Die Mitgliedstaaten haben ferner sicherzustellen, dass die einzelstaatlichen Rückverfolgbarkeits- und Pharmakovigilanzanforderungen sowie die spezifischen Qualitätsnormen denen entsprechen, die auf Gemeinschaftsebene für Arzneimittel für neuartige Therapien gelten, für die eine Genehmigung gemäß der VO 726/2004 erforderlich ist[561].

III. Die Rolle der EMA und des Committee for Advanced Therapies (CAT)

280 Die EMA führt für die Arzneimittel für neuartige Therapien das zentrale Zulassungsverfahren durch, so dass diese von einer einzigen wissenschaftlichen Bewertung und einem zentralen Zulassungsverfahren profitieren, und ist auch zuständig für die Überwachung von Sicherheit und Wirksamkeit dieser Arzneimittel, sobald sie in Verkehr gebracht wurden. Ferner gibt die EMA Unternehmen wissenschaftliche Unterstützung für die Entwicklung geeigneter Systeme zur Überwachung der Sicherheit dieser Arzneimittel.

281 Innerhalb der EMA ist der **Ausschuss für neuartige Therapien (Committee for Advanced Therapies – CAT**[562]**)** angesiedelt. Dieser nimmt eine zentrale Rolle in der wissenschaftlichen Bewertung von Arzneimitteln für neuartige Therapien ein[563]. Im Rahmen des Zulassungsverfahrens ist Aufgabe des CAT insbesondere die Ausarbeitung des Entwurfs eines Gutachtens über die Qualität, Unbedenklichkeit und Wirksamkeit des zu beurteilenden Arzneimittels für neuartige Therapien, der sodann an das CHMP zur endgültigen Annahme gesandt wird[564]. Auf Grundlage dieser Stellungnahme des CAT erlässt das CHMP eine Empfehlung an die Europäische Kommission, das auf dieser Grundlage sodann die Marktzulassung gewährt oder zurückweist. Ferner berät das CAT auch darüber, ob ein Produkt als ein Arzneimittel für neuartige Therapien zu qualifizieren ist[565], und verfasst hierzu eine entsprechende Stellungnahme[566].

IV. Genehmigung für das Inverkehrbringen

282 Arzneimittel für neuartige Therapien unterfallen als **biologische Arzneimittel**[567] dem zentralen Zulassungsverfahren: gemäß Art. 27 Abs. 3 lit. a VO 1394/2007 wurde der

---

[559] Vgl. hierzu auch Erwägungsgrund 6 der VO 1394/2007.
[560] So Satz 2 des neuen Art. 3 Abs. 7 RL 2001/83/EG.
[561] Art. 3 Abs. 7 S. 3 RL 2001/83/EG.
[562] Vgl. Art. 20 Abs. 1 VO 1394/2007.
[563] Die Zusammensetzung des CAT ist in Art. 21 VO 1394/2007 geregelt. Art. 22 VO 1394/2007 beinhaltet die Regelungen über Interessenkonflikte, wonach die Mitglieder und die stellvertretenden Mitglieder des CAT keine finanziellen oder sonstigen Interessen in der Biotechnologie- und Medizinproduktebranche haben dürfen, die ihre Unparteilichkeit beeinträchtigen könnten.
[564] Vgl. Art. 23 lit. a VO 1394/2007.
[565] Art. 17 VO 1394/2007.
[566] Darüber hinaus ist das CAT auch zuständig für die Durchsicht der Herstellungs- und Testdaten von Arzneimitteln, die in kleinen Unternehmen entwickelt werden, für die Unterstützung der wissenschaftlichen Empfehlung für Arzneimittel für neuartige Therapien, sowie auf Ersuchen der Europäischen Kommission für die Bereitstellung von wissenschaftlichem Fachwissen und Beratung bei Gemeinschaftsinitiativen, die mit der Entwicklung innovativer Arzneimittel und Therapien in Verbindung stehen, welche Fachwissen in einem der in Art. 21 Abs. 2 VO 1394/2007 genannten wissenschaftlichen Sachgebiete erfordern.
[567] Vgl. Art. 2 Abs. 1 VO 1394/2007 iVm Ziff. 2 von Anhang I Teil IV der RL 2001/83/EG, zuletzt geändert durch Art. 1 RL 2009/120/EG.

§ 3 Prüfung, Herstellung und Zulassung von Arzneimitteln

Anhang zu Art. 3 Abs. 1 VO 726/2004, in dem die zwingend zentral zuzulassenden Arzneimittel aufgeführt sind, explizit ergänzt um eine Nummer 1a „Arzneimittel für neuartige Therapien gemäß Artikel 2 VO 1394/2007 des Europäischen Parlaments und des Rates vom 13. November 2007 über Arzneimittel für neuartige Therapien". Aufgrund ihrer Besonderheiten wurden aber in den Regelungen der Art. 3–7 VO 1394/2007 besondere Anforderungen an die Genehmigung für das Inverkehrbringen von Arzneimitteln für neuartige Therapien als auch an das Genehmigungsverfahren selbst normiert.

1. Anforderungen für die Genehmigung für das Inverkehrbringen

Nach Art. 3 VO 1394/2007 müssen Spende, Beschaffung und Testung für ein Arzneimittel für neuartige Therapien, das menschliche Zellen oder Gewebe enthält, gemäß der RL 2004/23/EG erfolgen. 283

Art. 4 VO 1394/2007 normiert die Anforderungen an klinische Prüfungen. Gemäß Abs. 1 gelten die in Art. 6 Abs. 7 und Art. 9 Abs. 4 u. 6 RL 2001/20/EG für Gentherapeutika und somatische Zelltherapeutika festgelegten Regeln auch für biotechnologisch bearbeitete Gewebeprodukte. Gemß Abs. 2 erstellt die Europäische Kommission nach Anhörung der Agentur eigene ausführliche Leitlinien zur guten klinischen Praxis für Arzneimittel für neuartige Therapien. 284

Gemäß Art. 5 erstellt die Europäische Kommission nach Anhörung der EMA eigene ausführliche Leitlinien für Arzneimittel für neuartige Therapien in Übereinstimmung mit der guten Herstellungspraxis (GMP). 285

Artikel 6 normiert **besondere Regelungen für Medizinprodukte.** Hiernach gilt: 286

- Ein Medizinprodukt, das Bestandteil eines kombinierten Arzneimittels für neuartige Therapien ist, muss die grundlegenden Anforderungen des Anhangs I der Richtlinie 93/42/EWG erfüllen (Abs. 1).
- Ein aktives implantierbares medizinisches Gerät, das Bestandteil eines kombinierten Arzneimittels für neuartige Therapien ist, muss die grundlegenden Anforderungen des Anhangs 1 der Richtlinie 90/385/EWG erfüllen (Abs. 2).

Schließlich normiert die Regelung des Art. 7 VO 1394/2007 **besondere Anforderungen an Medizinprodukte, die Arzneimittel für neuartige Therapien enthalten.** Hiernach umfassen ergänzend zu den Anforderungen des Art. 6 Abs. 1 VO 726/2004 Anträge auf Genehmigung eines Arzneimittels für neuartige Therapien, das Medizinprodukte, Biomaterial oder Zellträger wie Gerüst- oder Bindesubstanzen enthält, eine Beschreibung der physikalischen Eigenschaften und Leistungsmerkmale des Arzneimittels sowie eine Beschreibung der Entwicklungsmethoden gemäß Anhang I der Richtlinie 2001/83/EG. 287

2. Genehmigungsverfahren

Gemäß Art. 8 Abs. 1 VO 1394/2007 hat der CHMP den CAT für die wissenschaftliche Beurteilung von Arzneimitteln für neuartige Therapien zu konsultieren, die zur Erstellung von wissenschaftlichen Gutachten gemäß Art. 5 Abs. 2 u. 3 VO 726/2004 erforderlich ist. Der CAT wird auch im Falle einer Überprüfung des Gutachtens nach Art. 9 Abs. 2 VO 726/2004 konsultiert[568]. 288

Sonderregelungen enthält schließlich Art. 9 VO 1394/2007 für kombinierte Arzneimittel für neuartige Therapien: Insoweit wird klargestellt, dass das gesamte Arzneimittel einer endgültigen Bewertung durch die EMA zu unterziehen ist. Ferner hat der Antrag auf Genehmigung für das Inverkehrbringen eines kombinierten Arzneimittels für neuartige Therapien einen Nachweis über die Konformität mit den in Art. 6 VO 1394/2007 genann- 289

---

[568] Die Einzelheiten der Zusammenarbeit von CHMP und CAT sind in den Abs. 2–5 des Art. 8 geregelt.

V. Anforderungen an die Kennzeichnung

290 Die Regelungen der Art. 10–13 VO 1394/2007 enthalten Sondervorschriften die Kennzeichnung von Arzneimitteln für neuartige Therapien:
- Abweichend von Art. 11 RL 2001/83/EG enthält die **Zusammenfassung der Merkmale des Arzneimittels** von Arzneimitteln für neuartige Therapien die in Anhang II der Verordnung 1394/2007 aufgeführten Informationen in der darin angegebenen Reihenfolge.
- Abweichend von den Art. 54 u. 55 Abs. 1 RL 2001/83/EG werden die in Anhang III der vorliegenden Verordnung aufgeführten Angaben auf der **äußeren Umhüllung** von Arzneimitteln für neuartige Therapien oder, sofern keine äußere Umhüllung vorhanden ist, auf der **Primärverpackung** aufgeführt. Ferner sind auch die folgenden Angaben auf der Primärverpackung von Arzneimitteln für neuartige Therapien aufgeführt:
  – die einheitlichen Spende- und Produktcodes gemäß Art. 8 Abs. 2 RL 2004/23/EG,
  – im Falle von Arzneimitteln für neuartige Therapien zur autologen Verwendung die persönliche Patienten-Kennnummer und der Vermerk „Nur zur autologen Verwendung".
- Schließlich wird abweichend von Art. 59 Abs. 1 RL 2001/83/EG die **Packungsbeilage** eines Arzneimittels für neuartige Therapien in Übereinstimmung mit der Zusammenfassung der Merkmale des Arzneimittels erstellt und enthält die in Anhang IV der vorliegenden Verordnung aufgeführten Informationen in der darin angegebenen Reihenfolge. Diese hat auch die Ergebnisse der Befragung von Patientenzielgruppen widerzuspiegeln, um sicherzustellen, dass sie verständlich, klar und benutzerfreundlich ist.

VI. Anforderungen nach erfolgter Genehmigung

291 Das Kapitel 5 der VO 1394/2007 enthält in den Art. 14 u. 15 Vorschriften, die nach erfolgter Genehmigung der Arzneimittel für neuartige Therpien gelten. Art. 14 VO 1394/2007 beinhaltet dabei Sonderregelungen zu den Pflichten zur Beobachtung der Wirksamkeit und der Nebenwirkung von Arzneimittel für neuartige Therapien sowie in Bezug auf das Risikomanagemeht nach erfolgter Genehmigung. Gemäß Art. 15 VO 1394/2007 hat nicht nur der Genehmigungsinhaber, sondern auch das Krankenhaus, die Einrichtung oder die private Praxis, in dem/der das Arzneimittel für neuartige Therapien verwendet wird, ein System zur Sicherstellung der Rückverfolgbarkeit jedes einzelnen Arzneimittels für neuartige Therapien sowie dessen Ausgangs- und Rohstoffen zu erstellen und zu betreiben.

VII. Anreize

292 Die VO 1394/2007 stellt zahlreiche Anreize zur Verfügung, um Forschung und Entwicklung in dem Bereich der neuartigen Therapien zu fördern. Dies umfasst[569]
- eine Kostenreduktion für die wissenschaftlichen Beratung mittels einer Ermäßigung von 90 % für kleine und mittlere Unternehmen sowie für andere Antragsteller mittels einer Ermäßigung von 65 %;

---

[569] Vgl. Art. 16–19 VO 1394/2007.

- das Recht des Antragstellers, für ein Produkt auf der Grundlage von Genen, Zellen oder Geweben bei der EMA um eine wissenschaftliche Empfehlung zur Einstufung als ein „Arzneimittel für neuartige Therapien" zu ersuchen;
- für kleine und mittlere Unternehmen das Recht, für ein Arzneimittel für neuartige Therapien zum Zwecke der Zertifizierung der EMA alle relevanten qualitätsbezogenen und, soweit verfügbar, nichtklinische Daten vorzulegen, sowie der EMA alle relevanten qualitätsbezogenen und, soweit verfügbar, nichtklinischen Daten vorzulegen, die gemäß den Modulen 3 und 4 des Anhangs I der Richtlinie 2001/83/EG für die wissenschaftliche Beurteilung und Zertifizierung erforderlich sind; und
- eine Verringerung der Genehmigungsgebühr um 50 %, wenn der Antragsteller ein Krankenhaus oder ein kleines oder mittleres Unternehmen ist und nachweisen kann, dass innerhalb der Gemeinschaft ein besonderes Interesse in Bezug auf die öffentliche Gesundheit an dem betroffenen Arzneimittel für neuartige Therapien besteht.

§ 4 Inverkehrbringen, Überwachung und Schutz von Arzneimitteln

A. Das Inverkehrbringen von Arzneimitteln

1   An das Inverkehrbringen von Arzneimitteln, das der vorherigen Zulassung bedarf[570], knüpft das AMG zahlreiche Pflichten: Zum einen bestehen *produktbezogene* Regelungen mit den Vorgaben für die Kennzeichnung von Arzneimitteln in den §§ 10, 11 und 11a AMG (nachfolgend I.) und den Regelungen über die Apotheken- sowie Verschreibungspflicht bestimmter Arzneimittel in den §§ 43–46 und 48 AMG (nachfolgend II.). Zum anderen bestehen aber auch *personbezogene* Regelungen dazu, wer an wen zur Abgabe von Arzneimitteln berechtigt ist und welche organisatorische Verpflichtungen diese treffen (§§ 47, 49–53, 74a–76 AMG) (nachfolgend III.), sowie wer in welchem Umfang für Schäden, die infolge der Anwendung eines Arzneimittels entstanden sind, haftet (§§ 84–94a AMG) (nachfolgend IV.)

2   Inverkehrbringen ist dabei definiert als *„das Vorrätighalten zum Verkauf oder zu sonstiger Abgabe, das Feilhalten, das Feilbieten und die Abgabe an andere"* (§ 4 Abs. 17 AMG). Das Inverkehrbringen umfasst daher nicht nur die tatsächliche Abgabe von Arzneimitteln an andere, sondern auch Vorbereitungshandlungen hierzu wie das bloße Vorrätighalten zum Verkauf oder zur Abgabe (dh die Lagerung mit der Absicht, die Arzneimittel sodann im Geltungsbereich des AMG in Verkehr zu bringen), das Feilhalten (nach außen erkennbares Vorrätighalten zum Verkauf) und das Feilbieten (Hinweis auf feilgehaltene Ware[571]).

I. Kennzeichnung

1. Umverpackung

3   Die nach § 10 AMG bestehende Kennzeichnungspflicht für die Umverpackung von Arzneimitteln – dh deren Behältnisse und äußere Umhüllungen, sofern diese verwendet werden – gilt nicht für alle Arzneimittel, sondern nur für solche,
- die Arzneimittel im Sinne des § 2 Abs. 1 oder Abs. 2 Nr. 1 AMG sind[572],
- die *nicht* zur klinischen Prüfung bei Menschen bestimmt und die *nicht* von der Zulassungspflicht gemäß § 21 Abs. 2 Nrn. 1a, 1b o. 6 AMG freigestellt sind[573], und
- die **Fertigarzneimittel** im Sinne des § 4 Abs. 1 AMG sind[574].

4   Für diese der Kennzeichnungspflicht nach § 10 AMG unterliegenden Fertigarzneimittel sind die in Abs. 1 S. 1 in dem Katalog der Nrn. 1–14 aufgeführten Pflichtangaben anzubringen
- **auf den Behältnissen und (sofern verwendet) den äußeren Umhüllungen:**
  - **Behältnisse** sind die Primärverpackung des Arzneimittels, also zB Dosen, Flaschen, Tuben, Ampullen, Fertigspritzen und andere Einheiten, die das Arzneimittel umschließen und dessen Aufbewahrung dienen; Durchdrückpackungen (sog. Blister) sind keine Behältnisse, sondern Bestandteil des Arzneimittels und unterliegen der Sonderregelung des Abs. 8[575];

---

[570] S. o. → § 3 Rn. 72 ff.
[571] Ausführlich hierzu *Kloesel/Cyran*, AMG, A 1.0, § 4 Anm. 52 ff.; *Rehmann*, AMG, § 4 Rn. 16 ff.; vgl. auch *Heßhaus*, in Spickhoff, Medizinrecht, 10. AMG, § 4 Rn. 14.
[572] S. ausführlich hierzu o. → § 2 Rn. 9 ff.
[573] S. ausführlich hierzu bereits o. → § 3 Rn. 73 ff.
[574] Ausführlich hierzu bereits o. → § 2 Rn. 47 f.
[575] So auch *Kloesel/Cyran*, AMG, A 1.0, § 10 Anm. 18a; *Rehmann*, AMG, § 10 Rn. 2.

§ 4 Inverkehrbringen, Überwachung und Schutz von Arzneimitteln

- **äußere Umhüllungen** sind die Verpackungen, in die die Primärverpackung enthalten ist (sog. Sekundärverpackung), zB Schachteln.
- **in gut lesbarer Schrift:** die ausreichende Lesbarkeit richtet sich nicht allein nach der Schriftgröße, sondern auch nach der Gestaltung der Umhüllung (wie zB Farbgebung, Kontrast der Schrift zum Hintergrund). In der Regel sollte aber die Schrift mindestens die Schriftgröße 6 Punkt haben, um die Anforderungen an die DIN 1450 an die Schriftleserlichkeit zu erfüllen[576].
- **allgemein verständlich in deutscher Sprache:** Fremdwörter dürfen dann verwendet werden, wenn sie zum deutschen Wortschatz zählen. Zudem ist nunmehr eine Mehrsprachigkeit erlaubt, wie sich aus Satz 2 ergibt – entscheidend ist allein, dass diese Angaben weiterhin ebenfalls in deutscher Sprache gemacht werden[577]; und
- **auf dauerhafte Weise und in Übereinstimmung mit Angaben nach § 11a AMG:** die europarechtliche Vorgabe des Art 56 RL 2001/83/EG fordert eine Unauslöschlichkeit, was letztendlich bedeutet, dass keine zerstörungsfreie Ablösung vom Untergrund möglich sein darf[578]. Ferner müssen die Angaben auf der Umverpackung mit den Angaben der Fachinformation nach § 11a AMG übereinstimmen.

a) Inhalt und Umfang der Pflichtangaben. Zu den Pflichtangaben des § 10 Abs. 1 AMG gehören 5

- Name oder Firma und Anschrift des pharmazeutischen Unternehmers und, soweit vorhanden, der Name des von ihm benannten örtlichen Vertreters (Nr. 1),
- die Bezeichnung des Arzneimittels[579], gefolgt von der Angabe der Stärke und der Darreichungsform, und, soweit zutreffend, dem Hinweis, dass es zur Anwendung für Säuglinge, Kinder oder Erwachsene bestimmt ist, es sei denn, dass diese Angaben bereits in der Bezeichnung enthalten sind (Nr. 2),
- die Zulassungsnummer mit der Abkürzung „Zul.-Nr." (Nr. 3),
- die Chargenbezeichnung: soweit das Arzneimittel in Chargen in den Verkehr gebracht wird, mit der Abkürzung „Ch.-B.", soweit es nicht in Chargen in den Verkehr gebracht werden kann, das Herstellungsdatum (Nr. 4),
- die Darreichungsform (Nr. 5),
- der Inhalt nach Gewicht, Rauminhalt oder Stückzahl (6.),
- die Art der Anwendung (7.),
- die Wirkstoffe nach Art und Menge und sonstige Bestandteile nach der Art, soweit dies durch Auflage der zuständigen Bundesoberbehörde nach § 28 Abs. 2 Nr. 1 angeordnet oder durch Rechtsverordnung nach § 12 Abs. 1 Nr. 4, auch in Verbindung mit Abs. 2, oder nach § 36 Abs. 1 vorgeschrieben ist[580]; bei Arzneimitteln zur parenteralen oder zur topischen Anwendung, einschließlich der Anwendung am Auge, alle Bestandteile nach der Art (Nr. 8),
- bei gentechnologisch gewonnenen Arzneimitteln der Wirkstoff und die Bezeichnung des bei der Herstellung verwendeten gentechnisch veränderten Mikroorganismus oder die Zellinie (Nr. 8a),

---

[576] Vgl. *Kloesel/Cyran*, AMG, A 1.0, § 10 Anm. 20 ff.; *Heßhaus* in Spickhoff, Medizinrecht, 10. AMG, § 10 Rn. 6.
[577] Ausführlich hierzu *Kloesel/Cyran*, AMG, A 1.0, § 10 Anm. 25; *Rehmann*, AMG, § 10 Rn. 3.
[578] So OLG Düsseldorf PharmR 1995, 280. Vgl. hierzu *Kloesel/Cyran*, AMG, A 1.0, § 10 Anm. 24; *Rehmann*, AMG, § 10 Rn. 4.
[579] Enthält das Arzneimittel bis zu drei Wirkstoffe, muss der internationale Freiname (INN) oder, falls dieser nicht existiert, die gebräuchliche Bezeichnung aufgeführt werden; dies gilt nicht, wenn in der Bezeichnung die Wirkstoffbezeichnung nach Nummer 8 enthalten ist.
[580] Für die Bezeichnung der Bestandteile gelten die in Absatz 6 normierten Anforderungen.

- das Verfalldatum mit dem Hinweis „*verwendbar bis*" (9.), das mit Monat und Jahr anzugeben ist (Abs. 7),
- bei Arzneimitteln, die nur auf ärztliche, zahnärztliche oder tierärztliche Verschreibung abgegeben werden dürfen, der Hinweis „*Verschreibungspflichtig*", bei sonstigen Arzneimitteln, die nur in Apotheken an Verbraucher abgegeben werden dürfen, der Hinweis „*Apothekenpflichtig*" (10.),
- bei Mustern der Hinweis „*Unverkäufliches Muster*" (11.),
- der Hinweis, dass Arzneimittel unzugänglich für Kinder aufbewahrt werden sollen, es sei denn, es handelt sich um Heilwässer (12.),
- soweit erforderlich besondere Vorsichtsmaßnahmen für die Beseitigung von nicht verwendeten Arzneimitteln oder sonstige besondere Vorsichtsmaßnahmen, um Gefahren für die Umwelt zu vermeiden (Nr. 13), und schließlich
- bei nicht verschreibungspflichtigen Arzneimitteln der Verwendungszweck (Nr. 14).

6   Werden die Pflichtangaben zusätzlich in einer anderen Sprache wiedergegeben, müssen in dieser Sprache die gleichen Angaben gemacht werden (Abs. 1 S. 2). Auch ist auf der Umverpackung „*Raum für die Angabe der verschriebenen Dosierung*" vorzusehen (Abs. 1 S. 3), mithin ist entweder schlicht ausreichend Platz auf der Umverpackung hierfür zu lassen oder ein speziell hierfür vorgesehener Bereich, der auch schon vorstrukturiert sein kann (zB durch eine „Morgens/Mittags/Abends"-Tabelle, in der der Apotheker sodann die ärztlichen Einnahmevorgaben eintragen kann[581]). Homöopathische Arzneimittel sind zusätzlich mit einem Hinweis auf die homöopathische Beschaffenheit zu kennzeichnen (Abs. 1 S. 4[582]). Arzneimittel, die zur klinischen Prüfung bestimmt sind, sind mit dem Hinweis „*Zur klinischen Prüfung bestimmt*" zu versehen (Abs. 10).

7   **b) Zulässigkeit weitere Angaben.** Darüber hinaus gehende, sog. „*weitere Angaben*" sind nach Abs. 1 S. 5 zulässig,
- wenn sie durch eine europäische Verordnung vorgeschrieben oder nach einer solchen Verordnung zulässig sind, oder
- soweit sie mit der Anwendung des Arzneimittels in Zusammenhang stehen, für die gesundheitliche Aufklärung des Patienten wichtig sind und den Angaben der Fachinformation nach § 11a AMG nicht widersprechen: dies ist zB für die Beschreibung des Verwendungsgebietes auf der Umverpackung bei verschreibungspflichtigen Arzneimitteln der Fall (zB „*Antibiotikum*").

8   Bei Humanarzneimitteln ist auch die Bezeichnung des Arzneimittels auf den äußeren Umhüllungen in **Blindenschrift** anzugeben, es sei denn, das Arzneimittel ist zur ausschließlichen Anwendung durch Angehörige der Heilberufe bestimmt oder in sehr kleinen Behältnissen von nicht mehr als 20 ml Rauminhalt oder 20g Gewicht enthalten[583].

9   **c) Sonstige Vorgaben des § 10 AMG.** Im übrigen sieht § 10 AMG noch folgende Angaben vor:
- die Angabe von **Warnhinweisen,** für die Verbraucher bestimmte **Aufbewahrungshinweise** und für die Fachkreise bestimmte **Lagerhinweise,** sofern dies nach Maßgabe des Abs. 2 erforderlich ist,
- zusätzliche Angaben für **Sera** und **Virusimpfstoffe** (Abs. 3),
- abweichende Pflichtangaben für **homöopathische Arzneimittel** nach Maßgabe des Abs. 4 und für **Tierarzneimittel** nach Maßgabe des Abs. 5,

---

[581] Diese Verpflichtung gilt aber nicht für kleine Behältnisse und Ampullen im Sinne des § 10 Abs. 8 S. 2 AMG sowie für Arzneimittel, die ausschließlich zur Anwendung durch Angehörige der Heilberufe bestimmt sind (HS 2).
[582] Vgl. hierzu ausführlich → § 3 Rn. 201 ff.
[583] § 10 Abs. 1b AMG.

- Sonderregelungen für **Durchdrückpackungen** und **kleine Behältnisse** (Abs. 8), **Frischplasmazubereitungen** und **Zubereitungen aus Blutzellen** (Abs. 8a) und **Gewebezubereitungen** (Abs. 8b),
- die Möglichkeit der Verwendung von üblichen **Abkürzungen** für alle Pflichtangaben nach den Absätzen 1–5 (Abs. 9),
- weitere Sonderregelungen für **Tierarzneimittel** und Arzneimittel, die zur klinischen Prüfung oder zur Rückstandsprüfung bestimmt sind (Abs. 10), sowie
- besondere Kennzeichnungsvorschriften für Teilmengen, die aus Fertigarzneimitteln entnommen werden (Abs. 11).

2. Packungsbeilage § 11 AMG

Die Fertigarzneimittel, die der Kennzeichnungspflicht nach § 10 AMG unterliegen, unterfallen auch der Kennzeichnungsregelung des § 11 AMG. Sie dürfen daher in Deutschland nur mit einer **Packungsbeilage** in Verkehr gebracht werden, die

- die **Überschrift** „*Gebrauchsinformation*" trägt sowie
- die in Abs. 1 S. 1 aufgeführten **Pflichtangaben** in der dargestellten Reihenfolge allgemein verständlich in deutscher Sprache, in gut lesbarer Schrift und in Übereinstimmung mit den Angaben der Fachinformation nach § 11a AMG enthält.

Können vorgeschriebene Angaben nach Abs. 1 S. 2 Nr. c a) u. c) sowie Nr. 5 nicht gemacht werden, so ist der Hinweis „*keine bekannt*" zu verwenden[584].

Mit der 16. AMG-Novelle wurde in den neu eingefügten Sätzen 2 und 3 geregelt, dass bei Humanarzneimitteln, die gemäß Art. 23 VO 726/2004 gelistet sind und einer zusätzlichen Überwachung unterliegen, die Erklärung „*Dieses Arzneimittel unterliegt einer zusätzlichen Überwachung*" aufgenommen wird, dem ein schwarzes Symbol vorangesteht und dem ein geeigneter standardisierter erläuternder Text nach Art. 23 Abs. 5 VO 726/2004 folgt[585].

Weiter sieht § 11 AMG die Zulässigkeit von sog **erläuternden Angaben** zu den Pflichtangaben vor (Abs. 1 S. 4) sowie entsprechend der für die Kennzeichnung der Umverpackung bestehenden Regelungen nach § 10 AMG auch die Zulässigkeit sog. **weiterer Angaben** (Abs. 1 S. 7). Diese müssen allerdings von den übrigen Angaben deutlich abgesetzt und abgegrenzt sein (Abs. 5 S. 2). Dies erfolgt in der Praxis meist durch eine Trennung mit einem schwarzen durchgezogenen Strich am Ende der Pflichtangaben.

Der Zulassungsbehörde ist unverzüglich ein Muster der Packungsbeilage und geänderter Fassungen zu übersenden (Abs. 1a). Ferner hat der Zulassungsinhaber dafür zu sorgen, dass die Packungsbeilage bei Ersuchen von Patientenorganisationen bei Humanarzneimitteln in Formaten verfügbar ist, die für blinde und sehbinderte Personen geeignet sind (Abs. 3c).

Ferner enthält § 11 AMG ebenfalls zahlreiche Sondervorschriften für radioaktive Arzneimittel (Abs. 2a), homöopathische Arzneimittel (Abs. 3), Sera, Virusimpfstoffe und Arzneimittel aus humanem Blutplasma (Abs. 3a), für traditionelle pflanzliche Arzneimittel (Abs. 3b), für Heilwässer (Abs. 3d), für Tierarzneimittel (Abs. 4) sowie für aus Humanarzneimitteln entnommene Teilmengen (Abs. 7).

3. Fachinformation § 11a AMG

Der pharmazeutische Unternehmer muss für die Arzneimittel, die der Pflicht zur Kennzeichnung nach § 10 AMG und zum Beifügen einer Gebrauchsinformation nach § 11

---

[584] § 11 Abs. 5 S. 1 AMG.
[585] Hierzu ausführlich EMA, Guideline on good pharmacovigilance practices (GVP), Module X – Additional monitoring, v. 19.4.2013 (EMA/16546/2012), S. 7 ff.

AMG unterliegen, auf Anforderung eine Gebrauchsinformation für Fachkreise, die sog. Fachinformation, zur Verfügung stellen (§ 11a Abs. 1 S. 1 AMG). Diese muss die **Überschrift *„Fachinformation"*** tragen und die in Abs. 1 S. 2 aufgeführten **Pflichtangaben** in gut lesbarer Schrift und in Übereinstimmung der Arzneimittelzulassung in der entsprechend definierten Reihenfolge enthalten[586]. Daher kann die Fachinformation auch als Spiegelbild der Zulassung bezeichnet werden. Auch in der Fachinformation muss aufgrund der 16. AMG-Novelle bei Humanarzneimitteln, die gemäß § 23 VO 726/2004 gelistet sind und einer **zusätzlichen Überwachung** unterliegen, die Erklärung über die zusätzliche Überwachung nebst Symbol und standardisiertem Erläuterungstext aufgenommen werden[587]. Sog. **weitere Angaben** sind entsprechend der Regelung für die Gebrauchsinformation auch bei der Fachinformation zulässig, sofern sie von den Pflichtangaben deutlich abgesetzt und abgegrenzt sind[588].

17   Wie bei der Gebrauchsinformation, so ist auch ein Muster der Fachinformation und geänderter Fassung unverzüglich der zuständigen Bundesoberbehörde zu übersenden (Abs. 3).

18   Änderungen der Fachinformation, die für die Therapie von Relevanz sind, hat der Zulassungsinhaber den Fachkreisen in geeigneter Form zugänglich zu machen. Dies geschieht in der Praxis durch entsprechende Veröffentlichungen in der Fachpresse oder bei Eilbedürftigkeit durch die sog. *„Rote Hand"*-Briefe[589]. Sofern erforderlich kann die zuständige Bundesoberbehörde auch durch Auflage anordnen, in welcher Form die Änderungen den Fachkreisen zugänglich zu machen ist (Abs. 2).

19   Bei Arzneimitteln, die ausschließlich von Angehörigen der Heilberufe verabreicht werden, kann die Verpflichtung zur Bereitstellung einer Fachinformation auch durch Aufnahme der Pflichtangaben in die Packungsbeilage erfüllt werden, die dann allerdings die Überschrift *„Gebrauchsinformation und Fachinformation"* tragen muss (Abs. 4). Eine Pflicht zur Fachinformation besteht nicht bei Arzneimitteln, die nach § 21 Abs. 2 AMG von der Zulassungspflicht ausgenommen sind[590], sowie bei homöopathischen Arzneimitteln (Abs. 1 S. 7).

20   Ferner enthält auch § 11a AMG Sonderregelungen für Sera, Virusimpfstoffe und Arzneimittel aus humanem Blutplasma (Abs. 1a), radioaktive Arzneimittel (Abs. 1b), Tierarzneimittel (Abs. 1c), für verschreibungspflichtige und apothekenpflichtige Arzneimittel sowie für Betäubungsmittel (Abs. 1d) und Generikazulassungen (Abs. 1e).

II. Apotheken- und Verschreibungspflicht

1. Grundsatz der Apothekenpflicht

21   Die Abgabe von Arzneimitteln im Sinne des § 2 Abs. 1 oder Abs. 2 Nr. 1 AMG darf gemäß § 43 Abs. 1 AMG nur über die Apotheke erfolgen – sie sind damit **apothekenpflichtig** –, es sei denn, das Arzneimittel ist entweder nach § 44 AMG oder nach einer auf Basis des § 45 AMG erlassenen Rechtsverordnung[591] für den Verkehr außerhalb der Apotheken freigegeben, so dass es freiverkäuflich ist. Das hierdurch geschaffene **Apothekenmonopol** wurde vom Bundesverfassungsgericht als **verfassungsrechtlich zulässig** er-

---

[586] § 11a Abs. 1 S. 2 AMG.
[587] S. hierzu bereits o. → § 4 Rn. 12.
[588] § 11a Abs. 1 S. 6 AMG.
[589] Vgl. hierzu EMA und HMA, Guideline on good pharmacovigilance practices (GVP), Module XV – Safety communication v. 22. Januar 2013 (EMA/118465/2012), dort unter B.6.1. „*Direct healthcare professional communication (DHPC)*"; *Rehmann*, AMG, § 11a Rn. 13.
[590] S. hierzu o. → § 3 Rn. 73.
[591] Auf Grundlage des § 45 AMG wurde die Verordnung über apothekenpflichtige und freiverkäufliche Arzneimittel in der Fassung vom 24.10.2005 (BGBl. I S. 1671) erlassen.

§ 4 Inverkehrbringen, Überwachung und Schutz von Arzneimitteln

achtet[592]. Auch aus europarechtlicher Sicht unterliegt das Apothekenmonopol keinen Bedenken, da es schützenswerten Interessen des Gemeinwohls dient[593]. Privatpersonen dürfen jedoch nicht darin beschränkt werden, solche Arzneimittel einzuführen, da das Apothekenmonopol und die Beachtung der Apothekenpflicht auch bei Abgabe des Arzneimittels in einer Apotheke eines anderen EU-Mitgliedstaates gewahrt sind[594].

Für diese **apothekenpflichtigen Arzneimittel** gilt gemäß § 43 AMG: 22

- Sie dürfen außer in den Fällen des § 47 AMG berufs- oder gewerbsmäßig *für den Endverbrauch* nur in Apotheken und im Wege des Versandes nur auf Basis einer entsprechenden behördlichen Erlaubnis[595] in den Verkehr gebracht werden (Abs. 1 S. 1). Erfasst von diesem Verbot wird allein eine auf die unmittelbare Versorgung des Endverbrauchers gerichtete berufs- oder gewerbsmäßige Tätigkeit[596]. Nicht erfasst werden somit Lieferungen von pharmazeutischen Unternehmern an Großhändler oder Apotheken, oder von Großhändlern an Apotheken. Ferner liegt ein Inverkehrbringen nicht vor bei einem Verbrauch des Arzneimittels, und daher bei einer Verabreichung des Arzneimittels in der Arztpraxis[597].
- Mit ihnen darf – außer in den Fällen des Absatzes 4[598] und des § 47 Abs. 1 AMG – außerhalb der Apotheken kein Handel getrieben werden[599].
- § 43 Abs. 2 AMG untersagt juristischen Personen, nicht rechtsfähigen Vereinen und Gesellschaften des bürgerlichen Rechts und des Handelsrechts, apothekenpflichtige Arzneimittel an ihre Mitglieder abzugeben. Hiermit wird unterbunden, dass diese Rechtspersonen Arzneimittel im Direktbezug beziehen und sodann an ihre Mitglieder abgeben.
- Auf Verschreibung dürfen jegliche Arzneimittel im Sinne des § 2 Abs. 1 oder Abs. 2 Nr. 1 AMG – unabhängig davon ob sie apothekenpflichtig sind oder nicht – nur von Apotheken abgegeben werden[600].
- Apothekenpflichtige Tierarzneimittel dürfen gemäß § 43 Abs. 5 S. 1 AMG an den Tierhalter oder an andere in § 47 Abs. 1 AMG nicht genannte Personen grundsätzlich nur in der Apotheke oder tierärztlichen Hausapotheke oder durch den Tierarzt ausgehändigt werden[601].
- Schließlich dürfen Arzneimittel im Rahmen der Übergabe einer tierärztlichen Praxis an den Nachfolger im Betrieb der tierärztlichen Hausapotheke abgegeben werden (Abs. 6).

---

[592] BVerfG Urteil vom 11.6.1958, BVerfGE 7, 377 = NJW 1958, 1035 sowie Urteil vom 7.1.1958; BVerfGE 9, 73 ff. = NJW 1959, 667. Vgl. hierzu *Heßhaus* in Spickhoff, Medizinrecht, 10. AMG, § 43 Rn. 2.

[593] S. EuGH Urteil v. 21.3.1989 (Rs. C-60/89 – Monteil/Samanni), Rn. 41 f.; *Rehmann*, AMG, § 43 Rn. 1; ausführlich *Kloesel/Cyran*, AMG, A 1.0, § 43 Anm. 4.

[594] So EuGH NJW 1989, 2185 – Schumacher; PharmR 1992, 29 – Kommission/Deutschland.

[595] Die Angaben über die Ausstellung oder Änderung einer Erlaubnis zum Versand von Arzneimitteln sind in die Datenbank nach § 67a einzugeben, § 43 Abs. 1 S. 3 AMG.

[596] BayObLG NJW 1974, 2060; 1977 1501.

[597] Vgl. *Rehmann*, AMG, § 43 Rn. 2.

[598] § 43 Abs. 4 AMG besagt, dass Arzneimittel im Rahmen des Betriebes einer tierärztlichen Hausapotheke durch Tierärzte an Halter der von ihnen behandelten Tiere abgegeben und zu diesem Zweck vorrätig gehalten werden. Dies gilt auch für die Abgabe von Arzneimitteln zur Durchführung tierärztlich gebotener und tierärztlich kontrollierter krankheitsvorbeugender Maßnahmen bei Tieren, wobei der Umfang der Abgabe den auf Grund tierärztlicher Indikation festgestellten Bedarf nicht überschreiten darf. Auch dürfen hiernach Arzneimittel, die zur Durchführung tierseuchenrechtlicher Maßnahmen bestimmt und nicht verschreibungspflichtig sind, in der jeweils erforderlichen Menge durch Veterinärbehörden an Tierhalter abgegeben werden. Mit der Abgabe ist dem Tierhalter eine schriftliche Anweisung über Art, Zeitpunkt und Dauer der Anwendung auszuhändigen.

[599] § 43 Abs. 1 S. 2 AMG.

[600] § 43 Abs. 3 AMG. Für Fütterungsarzneimittel gilt die Sonderregelung des § 56 Abs. 1 AMG.

[601] Ausnahmen von diesem Grundsatz enthalten die nachfolgenden Sätze des § 43 Abs. 5 AMG.

2. Ausnahmen von der Apothekenpflicht

23 § 44 Abs. 1 AMG enthält einen **generellen Befreiungstatbestand**, wonach Arzneimittel, die von dem pharmazeutischen Unternehmer *ausschließlich* zu anderen Zwecken als zur Beseitigung oder Linderung von Krankheiten, Leiden, Körperschäden oder krankhaften Beschwerden zu dienen bestimmt sind, für den Verkehr außerhalb der Apotheken freigegeben sind. Freigestellt werden somit die sog. **Vorbeugemittel**. Diese müssen aber *ausschließlich* den Zweck der Vorbeugung vor Krankheiten, Leiden, etc. haben[602].

24 Ferner sind nach dem in § 44 Abs. 2 AMG aufgeführten abschließenden Katalog folgende Arzneimittel von der Apothekenpflicht freigestellt:
- natürliche Heilwässer und auch künstliche Heilwässer, sofern sie in ihrer Zusammensetzung natürlichen Heilwässern entsprechen[603];
- Heilerde, Bademoore und andere Peloide, Zubereitungen zur Herstellung von Bädern, Seifen zum äußeren Gebrauch,
- bestimmte Pflanzen und Pflanzenteile, Mischungen daraus, aus ihnen gewonnene Destillate oder Presssäfte,
- Pflaster, sowie
- ausschließlich oder überwiegend zum äußeren Gebrauch bestimmte Desinfektionsmittel sowie Mund- und Rachendesinfektionsmittel[604].

25 Allerdings gelten gemäß § 44 Abs. 3 AMG diese Ausnahmetatbestände der Absätze 1 und 2 nicht für verschreibungspflichtige Arzneimittel sowie Arzneimittel, die durch entsprechende Rechtsverordnung nach § 46 AMG vom Verkehr außerhalb der Apotheken ausgeschlossen sind[605].

3. Verschreibungspflichtige Arzneimittel

26 § 48 AMG bestimmt, welche – im Regelfall apothekenpflichtigen – Arzneimittel nur auf Basis einer ärztlichen Verschreibung an Verbraucher abgegeben werden dürfen. Grund für die Unterstellung bestimmter Arzneimittel unter eine Verschreibungspflicht ist die Arzneimittelsicherheit, da auch der Apotheker bestimmte Arzneimittel, die ein Gefährdungspotential in sich bergen, nicht an den Endverbraucher abgeben sollen, ohne dass die medizinische Indikation zuvor von dem behandelnden Arzt mit der Verschreibung schriftlich niedergelegt wurde. Da der Apotheker von der Verschreibung von sich aus auch nicht abweichen darf, ist sichergestellt, dass nur das verordnete Arzneimittel in der verordneten Form an den Verbraucher abgegeben wird[606].

27 Nach dessen Absatz 1 S. 1 sind verschreibungspflichtig
- alle Arzneimittel, die in der gemäß Absatz 2 erlassenen **Arzneimittelverschreibungsverordnung (AMVV)** [607] als solche bestimmt sind (Nr. 1[608]),

---

[602] Bei Angabe *auch* einer Heilindikation oder der Werbung mit einer auch therapeutischen oder lindernden Wirkung gilt die Ausnahmeregelung des § 44 Abs. 1 AMG nicht, vgl. BVerwG PharmZ 1972, 804; *Kloesel/Cyran*, AMG, A 1.0, § 44 Anm. 2 mwN; *v. Czettritz* in Fuhrmann/Klein/Fleischfresser, Arzneimittelrecht, § 24 Rn. 16 ff.

[603] Das gleiche gilt für deren Salze, auch als Tabletten oder Pastillen.

[604] Vgl. weitergehend hierzu *Rehmann*, AMG, § 44 Rn. 2–8.

[605] Vgl. weitergehend hierzu *Rehmann*, AMG, § 46 Rn. 1–3.

[606] Vgl. *Heßhaus* in Spickhoff, Medizinrecht, 10. AMG, § 48 Rn. 1; *Deutsch/Lippert*, AMG (3. Aufl.), § 48 Rn. 4.

[607] Verordnung über die Verschreibungspflicht von Arzneimitteln (Arzneimittelverschreibungsverordnung – AMVV) v. 21.12.2005 (BGBl. I S. 3632), zuletzt geändert durch Art. 1 der Verordnung v. 22.5.2012 (BGBl. I S. 1205).

[608] Inhalt und Umfang der Verordnungsermächtigung sind in den Absätzen 2–4 geregelt. Bei radioaktiven Arzneimitteln sowie Arzneimitteln, bei deren Herstellung ionisierender Stahlen verwendet

- von dieser Rechtsverordnung nicht erfasste Arzneimittel, sofern sie zur **Anwendung bei Tieren** bestimmt sind, welche der Gewinnung von Lebensmitteln dienen (Nr. 2), sowie
- alle Arzneimittel im Sinne des § 2 Absatz 1 oder Absatz 2 Nummer 1, die Stoffe mit in der medizinischen Wissenschaft nicht allgemein bekannten Wirkungen oder Zubereitungen solcher Stoffe enthalten (sog. **automatische Verschreibungspflicht für neue Stoffe**) (Nr. 3[609]). Diese automatische Verschreibungspflicht nach Abs. 1 S. 1 Nr. 3 gilt nach S. 3 auch für Arzneimittel, die Zubereitungen aus in ihren Wirkungen allgemein bekannten Stoffen sind, wenn die Wirkungen dieser Zubereitungen in der medizinischen Wissenschaft nicht allgemein bekannt sind, es sei denn, dass die Wirkungen nach Zusammensetzung, Dosierung, Darreichungsform oder Anwendungsgebiet der Zubereitung bestimmbar sind. Die automatische Verschreibungspflicht gilt jedoch nicht für freiverkäufliche Arzneimittel, die Zubereitungen aus Stoffen bekannter Wirkungen sind (Satz 4). Wird das Arzneimittel oder die Zubereitung sodann zu einem späteren Zeitpunkt in die AMVV aufgenommen, so ersetzt dies mit dem Zeitpunkt der Aufnahme die Verschreibungspflicht nach Satz 1 Nummer 3 (Satz 5).

Die **Aufhebung einer Verschreibungspflicht auf Basis der AMVV** erfolgt wie ihre Anordnung gemäß § 48 Abs. 2 Nr. 3 AMG durch entsprechende Rechtsverordnung, nämlich wenn auf Grund der bei der Anwendung des Arzneimittels gemachten Erfahrungen die Voraussetzungen für die Verschreibungspflicht nicht oder nicht mehr vorliegen. Allerdings kann dies frühestens nach Ablauf eines Beobachtungszeitraums von drei Jahren nach deren Aufnahme in die AMVV erfolgen[610]. 28

III. Abgabe

1. Vertriebswege und sonstige Abgabeformen

a) **Vertriebswege.** Der Vertriebsweg für Arzneimittel ist in § 47 AMG geregelt und steht in Ergänzung zu § 43 AMG: § 43 AMG bestimmt die Arzneimittel, welche nur über die Apotheken an den Endverbraucher abgegeben werden[611]. § 47 AMG bestätigt, dass pharmazeutische Unternehmer und Großhändler solche apothekenpflichtigen Arzneimittel grundsätzlich auch nur an Apotheken liefern dürfen, bestimmt aber gleichzeitig die Ausnahmen von diesem Grundsatz und die Fälle einer zulässigen **Direktbelieferung**[612]. 29

Nach § 47 Abs. 1 AMG dürfen pharmazeutische Unternehmer und Großhändler apothekenpflichtige Arzneimittel neben Apotheken nur abgeben an: 30
- andere pharmazeutische Unternehmer und Großhändler (Nr. 1),
- Krankenhäuser und Ärzte, sofern es sich um die in den Nr. 2 lit. a)–i) aufgeführten Arzneimittel handelt (zB bestimmte Blutzubereitungen und Infusionslösungen, Gewe-

---

werden, hat die Rechtsverordnung im Einvernehmen mit dem Bundesumweltministerium zu ergehen (Abs. 5).

[609] Nachdem die früher in § 49 aF enthaltene automatische Verschreibungspflicht für alle Arzneimittel mit neuen Stoffen oder neue Zubereitungen bekannter Stoffe, deren Wirkung noch nicht hinreichend bekannt ist, mit der 14. AMG-Novelle zunächst abgeschafft wurde, wurde mit der 15. AMG-Novelle eine automatische Verschreibungspflicht für alle „neuen Stoffe" mit der Regelung von Satz 1 Nr. 3 wieder eingefügt, um zur Vermeidung einer Regelungslücke diese bereits mit Zulassung oder Genehmigung für das Inverkehrbringen wieder der Verschreibungspflicht zu unterstellen.

[610] Vgl. hierzu *v. Czettritz* in Fuhrmann/Klein/Fleischfresser, Arzneimittelrecht, § 25 Rn. 14.

[611] Lediglich in den Fällen des § 44 AMG sowie der gemäß § 45 Abs. 1 AMG erlassenen Rechtsverordnungen dürfen Arzneimittel auch an andere Abgabestellen vertrieben werden.

[612] Vgl. auch *Heßhaus* in Spickhoff, Medizinrecht, 10. AMG, § 47 Rn. 1; *Rehmann*, AMG, § 47 Rn. 1.

bezubereitungen, radioaktive Arzneimittel sowie für die Verwendung zur klinischen Prüfung bestimmte und entsprechend gekennzeichnete Arzneimittel),
- Krankenhäuser, Gesundheitsämter und Ärzte, soweit es sich um Impfstoffe handelt, die zu einer empfohlenen Schutzimpfung oder Abwendung einer Seuchen- oder Lebensgefahr angewendet werden (Nr. 3),
- anerkannte Impfzentren, soweit es sich um Gelbfieberimpfstoff handelt (Nr. 3a),
- Krankenhäuser und Gesundheitsämter, soweit es sich um Arzneimittel mit antibakterieller oder antiviraler Wirkung handelt, die zur spezifischen Prophylaxe gegen übertragbare Krankheiten bestimmt sind (Nr. 3b),
- Gesundheitsbehörden des Bundes oder der Länder oder von diesen im Einzelfall benannte Stellen zur Bevorratung mit bestimmten Arzneimitteln für den Fall einer bedrohlichen übertragbaren Krankheit (Nr. 3c),
- Veterinärbehörden, soweit es sich um Arzneimittel handelt, die zur Durchführung öffentlich-rechtlicher Maßnahmen bestimmt sind (Nr. 4),
- anerkannte zentrale Beschaffungsstellen für Arzneimittel (Nr. 5[613]),
- Tierärzte im Rahmen des Betriebes einer tierärztlichen Hausapotheke, wenn es sich um Fertigarzneimittel zur Anwendung an den von ihnen behandelten Tieren und zur Abgabe an deren Halter handelt (Nr. 6),
- Zahnärzte und Dentisten, wenn es sich um Fertigarzneimittel handelt, die ausschließlich in der Zahnheilkunde verwendet und bei der Behandlung am Patienten angewendet werden (Nr. 7),
- Einrichtungen von Forschung und Wissenschaft, die auf Basis einer Erlaubnis nach § 3 des Betäubungsmittelgesetzes entsprechende Arzneimittels erwerben dürfen (Nr. 8), sowie
- Hochschulen, soweit es sich um Arzneimittel handelt, die für die Ausbildung der Studierenden der Pharmazie und der Veterinärmedizin benötigt werden (Nr. 9).

31 Die in § 47 Abs. 1 Nr. 5 bis 9 AMG bezeichneten Empfänger dürfen die Arzneimittel allerdings nur für den eigenen Bedarf im Rahmen der Erfüllung ihrer Aufgaben beziehen[614].

32 Für die **Musterabgabe** bestehen besondere Regelungen in § 47 Abs. 3 u. 4 AMG:
- **Muster** sind Fertigarzneimittel (also nicht Bulkware), die den Hinweis gemäß § 10 Abs. 1 Nr. 11 AMG *"Unverkäufliches Muster"* enthalten müssen[615]. Das Muster dient insbesondere der Information des Arztes über den Gegenstand des Arzneimittels und nicht etwa der unentgeltlichen Praxisausstattung des Arztes[616].
- Nach § 47 Abs. 3 AMG dürfen pharmazeutische Unternehmer unentgeltlich Muster eines Fertigarzneimittels[617] nur abgeben oder abgeben lassen an
  – Ärzte, Zahnärzte oder Tierärzte (Nr. 1),

---

[613] Die zentralen Beschaffungsstellen dürfen nach Abs. 2 S. 2 nur anerkannt werden, wenn nachgewiesen wird, dass sie unter fachlicher Leitung eines Apothekers oder, soweit es sich um zur Anwendung bei Tieren bestimmte Arzneimittel handelt, eines Tierarztes stehen und geeignete Räume und Einrichtungen zur Prüfung, Kontrolle und Lagerung der Arzneimittel vorhanden sind.

[614] § 47 Abs. 2 S. 1 AMG. Nach Abs. 1a darf eine Abgabe von Tierarzneimitteln, die zur Anwendung bei Tieren bestimmt sind, an die in Absatz 1 Nr. 1 oder 6 bezeichneten Empfänger erst erfolgen, wenn diesen eine Bescheinigung der zuständigen Behörde vorliegt, dass sie ihrer Anzeigepflicht nach § 67 AMG nachgekommen sind.

[615] Von Mustern abzugrenzen sind Arzneimittelproben: dies sind Fertigarzneimittel, die durch Apotheken oder Einzelhändler (§ 50 AMG) zum Zwecke der Werbung unentgeltlich an den Endverbraucher abgegeben werden. Ausführlich hierzu *Kloesel/Cyran*, AMG, A 1.0, § 47 Anm. 53; s. auch *Rehmann*, AMG, § 47 Rn. 16.

[616] S. auch *Kloesel/Cyran*, AMG, A 1.0, § 47 Anm. 51.

[617] Muster dürfen keine Stoffe oder Zubereitungen (1.) im Sinne des § 2 des Betäubungsmittelgesetzes (BtMG), die als solche in Anlage II oder III des BtMG aufgeführt sind, oder (2.) die nach § 48

§ 4 Inverkehrbringen, Überwachung und Schutz von Arzneimitteln

– andere Personen, die die Heilkunde oder Zahnheilkunde berufsmäßig ausüben, soweit es sich nicht um verschreibungspflichtige Arzneimittel handelt (Nr. 2), sowie
– Ausbildungsstätten für die Heilberufe (Nr. 3), dies allerdings nur mengenmäßig begrenzt in einem dem Zweck der Ausbildung angemessenen Umfang,
dies allerdings nur
– auf jeweilige schriftliche Anforderung,
– in der kleinsten Packungsgröße und
– in einem Jahr von einem Fertigarzneimittel nicht mehr als zwei Muster[618].

Ferner ist mit den Mustern eine gemäß § 11a AMG vorgeschriebene Fachinformation zu übersenden. Über die Empfänger von Mustern sowie über Art, Umfang und Zeitpunkt der Abgabe von Mustern sind gesondert für jeden Empfänger Nachweise zu führen und auf Verlangen der zuständigen Behörde vorzulegen[619]. 33

b) Sondervertriebswege. Die §§ 47a und 47b AMG sehen Sondervertriebswege für bestimmte Produkte vor: 34

- für Arzneimittel, die zur Vornahme eines **Schwangerschaftsabbruchs** bestimmt und zugelassen sind, bestimmt § 47a AMG, dass diese nur von pharmazeutischen Unternehmen, nur an bestimmte Einrichtungen und nur auf Verschreibung eines dort behandelnden Arztes abgegeben werden dürfen. Ergänzend hierzu bestehen besondere Kennzeichnungsvorschriften sowie Aufbewahrungs- und Dokumentationspflichten der beteiligten Personen, um die Einhaltung des Vertriebswegs sicherzustellen und eine entsprechende Kontrolle zu ermöglichen;
- **diamorphinhaltige Fertigarzneimittel**, die zur substitutionsgestützten Behandlung zugelassen sind, dürfen gemäß § 47b AMG allein von pharmazeutischen Unternehmen und dies auch nur an anerkannte Einrichtungen im Sinne des § 13 Abs. 3 S. 2 Nr. 2a des Betäubungsmittelgesetzes sowie auf Verschreibung eines dort behandelnden Arztes abgegeben werden.

c) Sonstige Abgabeformen. Der **Einzelhandel** mit freiverkäuflichen Arzneimitteln darf nach § 50 Abs. 1 AMG außerhalb von Apotheken nur betrieben werden, wenn der Unternehmer, der gesetzliche Vertreter (Vorstand, Geschäftsführer, etc.) oder die mit der Leitung des Unternehmens oder mit dem Verkauf von Waren im Unternehmen beauftragte Person die nach Maßgabe der Absätze 2 und 3 erforderliche Sachkenntnis besitzt. 35

Nach § 51 AMG ist Feilbieten sowie das Aufsuchen von Bestellungen von Arzneimitteln im **Reisegewerbe** verboten, es sei denn, einer der dort aufgeführten Ausnahmebestände greift ein. Reisegewerbe meint dabei eine gewerbsmäßige Tätigkeit ohne vorhergehende Bestellung außerhalb der gewerblichen Niederlassung. 36

§ 52 AMG normiert schließlich ein **Selbstbedienungsverbot**, wonach Arzneimittel nicht durch Automaten und auch nicht durch andere Formen der Selbstbedienung in den Verkehr gebracht werden dürfen. Die Absätze 2 und 3 enthalten Ausnahmetatbestände hierzu[620]. 37

Abs. 2 S. 3 AMG nur auf Sonderrezept verschrieben werden dürfen, enthalten (§ 47 Abs. 2 S. 2 AMG).
[618] Zu dem empfangsberechtigten Personenkreis sowie den weiteren Beschränkungen der Musterabgabe vgl. die Kommentierungen von *Kloesel/Cyran*, AMG, A 1.0, § 47 Anm. 54 ff.; *Rehmann*, AMG, § 47 Rn. 16 f.
[619] § 47 Abs. 4 S. 2 u. 4 AMG.
[620] Vgl. hierzu *Kloesel/Cyran*, AMG, A 1.0, § 52 Anm. 3 ff.; *Rehmann*, AMG, § 52 Rn. 2.

2. Großhandel mit Arzneimitteln

38 Nach § 52a Abs. 1 S. 1 AMG besteht eine **Erlaubnispflicht** für den Großhandel mit Humanarzneimitteln nach § 2 Abs. 1 und Abs. 2 Nr. 1 AMG sowie Testsera oder Testantigene. **Großhandel** ist legaldefiniert in § 4 Abs. 22 AMG als *„jede berufs- oder gewerbsmäßige zum Zwecke des Handeltreibens ausgeübte Tätigkeit, die in der Beschaffung, der Lagerung, der Abgabe oder Ausfuhr von Arzneimitteln besteht, mit Ausnahme der Abgabe von Arzneimitteln an andere Verbraucher als Ärzte, Zahnärzte, Tierärzte oder Krankenhäuser"*. Erlaubnispflichtig sind damit alle Handlungen, die der Vorbereitung oder Durchführung des Handeltreibens mit Arzneimitteln dienen[621].

39 **Keine Erlaubnispflicht** bedarf allerdings der Großhandel mit den in § 51 Abs. 1 Nr. 2 AMG genannten freiverkäuflichen Fertigarzneimitteln (Abs. 1 S. 2) sowie die Tätigkeit der Apotheken im Rahmen des üblichen Apothekenbetriebs (Abs. 7). Ferner bedarf der Hersteller von Arzneimittel für den Vertrieb der von ihm auf Grundlage der ihm erteilten **Herstellerlaubnis** nach § 13 AMG keine Großhandelserlaubnis, da die Herstellerlaubnis für die darin aufgeführten Produkte die Erlaubnis zum Großhandel mit diesen Arzneimitteln umfasst. Gleiches gilt für die Einfuhrerlaubnis nach § 72 AMG (Abs. 6).

40 Dem **Antrag** auf Erteilung der Großhandelserlaubnis sind die in Abs. 2 aufgeführten Nachweise und Erklärungen beizufügen, insbesondere ist ein **Großhandelsbeauftragter** zu benennen als verantwortliche Person, die die zur Ausübung der Großhandelstätigkeit erforderliche Sachkenntnis besitzt (Nr. 3). Die Entscheidung über die Erlaubniserteilung trifft die zuständige Behörde des Landes, in dem die Betriebsstätte liegt oder liegen soll, und ist innerhalb einer Frist von drei Monaten ab Eingang des Antrags zu treffen (Abs. 3 S. 1 u. 2). Eine Versagung der Erlaubnis ist dabei nur aus den in Abs. 4 aufgeführten Gründen zulässig.

41 Schließlich normiert Abs. 8 **Anzeigepflichten** bei Änderungen der eingereichten Antragsunterlagen, die Gegenstand der behördlichen Prüfung bei der Entscheidung über den Antrag waren, sowie bei einer wesentlichen Änderung der Großhandelstätigkeit.

3. Bereitstellung von Arzneimitteln

42 Mit der 15. AMG-Novelle wurden pharmazeutische Unternehmer und Betreiber von Arzneimittelgroßhandlungen, die im Geltungsbereich des AMG ein in Verkehr gebrachtes und zugelassenes Humanarzneimittel vertreiben, dazu verpflichtet, *„eine angemessene und kontinuierliche Bereitstellung des Arzneimittels"* sicherzustellen, um den entsprechenden Patientenbedarf zu decken[622].

43 Gemäß § 52b Abs. 2 AMG haben pharmazeutische Unternehmer im Rahmen ihrer Verantwortlichkeit eine **bedarfsgerechte und kontinuierliche Belieferung vollversorgender Arzneimittelgroßhandlungen**[623] zu gewährleisten. Dies gilt allerdings nicht für Arzneimittel, die dem Vertriebsweg des § 47 Abs. 1 S. 1 Nr. 2 bis 9 oder des § 47a AMG unterliegen oder die aus anderen rechtlichen oder tatsächlichen Gründen nicht über den Großhandel ausgeliefert werden können.

44 Die vollversorgenden Arzneimittelgroßhandlungen wiederum müssen im Rahmen ihrer Verantwortlichkeit eine bedarfsgerechte und kontinuierliche Belieferung der mit ihnen in

---

[621] Vgl. hierzu ausführlich *Kloesel/Cyran*, AMG, A 1.0, § 52a Anm. 2 f.
[622] § 52b Abs. 1 AMG.
[623] Vollversorgende Arzneimittelgroßhandlungen sind nach Abs. 2 S. 2 alle *„Großhandlungen, die ein vollständiges, herstellerneutral gestaltetes Sortiment an apothekenpflichtigen Arzneimitteln unterhalten, das nach Breite und Tiefe so beschaffen ist, dass damit der Bedarf von Patienten von den mit der Großhandlung in Geschäftsbeziehung stehenden Apotheken werktäglich innerhalb angemessener Zeit gedeckt werden kann"*, wobei die vorzuhaltenden Arzneimittel mindestens dem durchschnittlichen Bedarf für zwei Wochen entsprechen müssen.

4. Informationsbeauftragter

Gemäß § 74a Abs. 1 S. 1 AMG muss jeder, der als pharmazeutischer Unternehmer Fertigarzneimittel in den Verkehr bringt, die Arzneimittel im Sinne des § 2 Abs. 1 oder Abs. 2 Nr. 1 sind, einen **Informationsbeauftragen** bestellen. Dies ist *„eine Person mit der erforderlichen Sachkenntnis und der zur Ausübung ihrer Tätigkeit erforderlichen Zuverlässigkeit (...), die Aufgabe der wissenschaftlichen Information über die Arzneimittel verantwortlich wahrzunehmen"*. Diese Verpflichtung gilt aber nicht für Personen, die nach § 13 Abs. 2 Satz 1 Nr. 1, 2, 3 oder 5 AMG keiner Herstellungserlaubnis bedürfen[624]. Der Informationsbeauftragte kann gemäß § 74a Abs. 2 S. 2 AMG auch gleichzeitig Stufenplanbeauftragter nach § 63a AMG sein.

Der Verantwortlichkeitsbereich des Informationsbeauftragten umfasst gemäß § 74a Abs. 1 S. 2 AMG insbesondere die Sicherstellung, dass
- das Verbot des § 8 Abs. 1 Nr. 2 AMG betreffend die Herstellung und das Inverkehrbringen von Arzneimitteln oder Wirkstoffen, die mit einer irreführenden Bezeichnung, Angabe oder Aufmachung versehen sind, beachtet wird, und
- die Kennzeichnung, die Packungsbeilage, die Fachinformation und die Werbung mit dem Inhalt der Zulassung oder der Registrierung übereinstimmen.

Der pharmazeutische Unternehmer hat den Informationsbeauftragten sowie jeden Wechsel der zuständigen Behörde vorher mitzuteilen. Bei einem unvorhergesehenen Wechsel des Informationsbeauftragten hat die Mitteilung unverzüglich zu erfolgen[625].

5. Pharmaberater

Nach § 75 Abs. 1 S. 1 AMG dürfen pharmazeutische Unternehmer nur *„Personen, die die in Abs. 2 bezeichnete Sachkenntnis besitzen"*, dazu beauftragen, hauptberuflich Angehörige von Heilberufen aufzusuchen, um diese über Arzneimittel im Sinne des § 2 Abs. 1 oder Abs. 2 Nr. 1 fachlich zu informieren (sog. **Pharmaberater**[626]).

Diese geforderte **Sachkenntnis** besitzen gemäß Abs. 2 Nrn. 1–3 nur
- Apotheker oder Personen mit einem Zeugnis über eine nach abgeschlossenem Hochschulstudium der Pharmazie, Chemie, Biologie, Human- oder Veterinärmedizin abgelegte Prüfung,
- Apothekerassistenten sowie Personen mit einer abgeschlossenen Ausbildung als technische Assistenten in Pharmazie, Chemie, Biologie, Human- oder Veterinärmedizin, sowie
- Pharmareferenten[627].

Bei einer fachlichen Information von Angehörigen der Heilberufe über einzelne Arzneimittel hat der Pharmaberater die Fachinformation nach § 11a vorzulegen. Erhält er dabei Mitteilungen über Nebenwirkungen und Gegenanzeigen oder sonstige Risiken bei Arz-

---

[624] § 74a Abs. 1 S. 3 AMG. Dies gilt auch für eine fernmündliche Information (S. 2).
[625] § 74a Abs. 3 AMG. Vgl. hierzu *Kloesel/Cyran*, AMG, A 1.0, § 74a Anm. 9.
[626] Andere Personen als in Satz 1 bezeichnet dürfen eine Tätigkeit als Pharmaberater nicht ausüben (Abs. 1 S. 3).
[627] Die zuständige Behörde kann dabei eine andere abgelegte Prüfung oder abgeschlossene Ausbildung als ausreichend anerkennen, sofern diese einer der in Abs. 2 aufgeführten Ausbildungen mindestens gleichwertig ist (§ 75 Abs. 3 AMG).

neimitteln, so hat er diese schriftlich aufzuzeichnen und dem Auftraggeber schriftlich mitzuteilen[628].

51 Soweit der Pharmaberater vom pharmazeutischen Unternehmer auch beauftragt wurde, Arzneimittelmuster nach § 47 AMG abzugeben, hat er über die Empfänger von Mustern sowie über Art, Umfang und Zeitpunkt der Abgabe von Mustern Nachweise zu führen und auf Verlangen der zuständigen Behörde vorzulegen – dies dient der Sicherstellung der Anforderung des § 47 Abs. 4 S. 4 AMG[629].

IV. Haftung für Arzneimittelschäden

52 Die Vorschriften des 16. Abschnitts des AMG (§§ 84 ff.) enthalten Sonderregelungen für die Haftung von durch Arzneimittel verursachte Schäden, insbesondere eine verschuldensunabhängige Gefährdungshaftung für den pharmazeutischen Unternehmer sowie einen Auskunftsanspruch des Geschädigten gegen diesen. Diese Regelungen gehen den Bestimmungen des Produkthaftungsgesetzes vor[630], die allgemeinen Haftungstatbestände des Deliktrechts (§§ 823 ff. BGB) bleiben hingegen konkurrierend anwendbar[631]. Eine Ersatzpflicht nach den §§ 84 ff. AMG ist nicht abdingbar, sie kann im Voraus weder ausgeschlossen noch beschränkt werden[632].

1. Gefährdungshaftung

53 Nach § 84 Abs. 1 S. 1 AMG ist der pharmazeutische Unternehmer zum Ersatz des entstandenen Schadens verpflichtet, wenn infolge der Anwendung eines Humanarzneimittels, das im Geltungsbereich des AMG an Verbraucher abgegeben wurde und entweder zulassungspflichtig ist oder durch Rechtsverordnung von der Zulassung befreit wurde, ein Mensch getötet oder Körper oder Gesundheit eines Menschen nicht unerheblich verletzt wird. Die Ersatzpflicht besteht aber nur in den in Satz 2 geregelten Fällen. Für diese Fälle sieht Absatz 2 eine Kausalitätsvermutung vor. Der Umfang der Haftung wird in den §§ 85, 86, 87, 88, 89 AMG genau geregelt.

54 **a) Haftender.** Verantwortlich für den Ersatz des entstandenen Schadens ist hiernach der **pharmazeutische Unternehmer**, mithin bei zulassungs- oder registrierungspflichtigen Arzneimitteln der Zulassungs- oder Registrierungsinhaber, daneben aber auch, wer Arzneimittel unter seinem Namen in den Verkehr bringt[633]. Ob der pharmazeutische Unternehmer das Arzneimittel selbst entwickelt oder hergestellt hat, ist insoweit ohne Relevanz[634], die Kennzeichnung mit seinem Namen ist ausreichend[635]. Bei mehreren pharmazeutischen Unternehmern – wie dies bei zentral zugelassenen Arzneimitteln häufig der Fall ist, da auf der Packung sowohl der Zulassungsinhaber als auch meist mehrere per-

---

[628] § 76 Abs. 1 AMG.
[629] Vgl. § 76 Abs. 2 AMG sowie *Kloesel/Cyran*, AMG, A 1.0, § 76 Anm. 7 ff.
[630] Die Anwendbarkeit der Vorschriften des Produkthaftungsgesetzes ist für Arzneimittel ausgeschlossen, § 15 Abs. 1 ProdHaftG.
[631] § 91 AMG.
[632] § 92 AMG.
[633] Vgl. § 4 Abs. 18 AMG sowie o. → § 2 Rn. 46.
[634] Vgl. hierzu ausführlich *Jänisch* PharmR 2004, 107 f.
[635] Dies können auch Apotheker oder Importeure sein. *Im Außenverhältnis* können auch Entwickler und Hersteller des Arzneimittels nach den allgemeinen Haftungstatbeständen des Deliktsrechts (§§ 823 ff. BGB) haften, jedoch können im Innenverhältnis Freistellungsansprüche bestehen. Häufig stellt der pharmazeutische Unternehmer vertraglich einen von ihm beauftragten Lohnhersteller in weitem Umfang von der Haftung frei.

sonenverschiedene örtliche Verantwortliche angegeben sind -, haften diese im Außenverhältnis als Gesamtschuldner nach § 93 AMG[636].

b) Haftungsobjekt. Die Gefährdungshaftung des § 84 AMG greift nicht für alle Arzneimittel ein, sondern ist gemäß dem Wortlaut des Abs. 1 S. 1 in mehrfacher Hinsicht beschränkt: 55

- Zunächst gilt diese nur für Schäden durch **Humanarzneimittel,** und damit nicht für Tierarzneimittel – insoweit gelten die Bestimmungen des BGB sowie des Produkthaftungsgesetzes.
- Ferner muss das Humanarzneimittel entweder **zulassungspflichtig** sein oder **von der Zulassungspflicht durch Rechtsverordnung befreit** worden sein. Letzteres ist für homöopathische Arzneimittel nicht der Fall, da diese weder zulassungspflichtig noch durch Rechtsverordnung von der Pflicht zur Zulassung befreit sind, sondern *per Gesetz* lediglich registrierungspflichtig nach § 38 AMG sind[637].
- Schließlich müssen die Arzneimittel vom pharmazeutischen Unternehmer „*im Geltungsbereich dieses Gesetzes*" an den Verbraucher abgegeben worden sein. Damit gilt § 84 AMG nicht für Arzneimittel, die von einem Importeur nach § 73 Abs. 2 Nr. 6, 6a AMG eingeführt oder nach § 73 Abs. 3 AMG über eine inländische Apotheke bestellt und im Inland abgegeben werden[638]. Bei zentral zugelassenen Arzneimitteln ist demnach auch erforderlich, dass sie für den entsprechenden Verkehr in Deutschland entsprechend gekennzeichnet sind – dazu gehört nicht nur die Kennzeichnung in deutscher Sprache, sondern auch, dass die Umverpackung die für den Vertrieb in Deutschland erforderlichen Angaben in der sog. blue box enthält[639].

c) Personenschaden. Für eine Haftung nach § 84 AMG muss schließlich ein **Personenschaden** vorliegen, dh es muss ein Mensch getötet oder der Körper oder die Gesundheit eines Menschen nicht unerheblich verletzt sein worden. Nach überwiegender Meinung erfasst dies nicht nur unmittelbar Geschädigte, sondern auch sog. Sekundärgeschädigte, dh die durch ein Verhalten des unmittelbar Geschädigten verletzt wurden[640]. 56

d) Haftungsgrund. Der Gefährdungshaftungstatbestand des § 84 Abs. 1 S. 1 AMG greift nur ein, wenn einer der in Abs. 1 S. 2 AMG aufgeführten Haftungsgründe vorliegt. Diese sind: 57

(1) das Arzneimittel hat bei bestimmungsgemäßem Gebrauch schädliche Wirkungen, die über ein nach den Erkenntnissen der medizinischen Wissenschaft vertretbares Maß hinausgehen (Nr. 1): Wie sich aus der Gesamtschau mit Absatz 3 ergibt[641], geht es um Arzneimittel, die **fehlerhaft entwickelt oder hergestellt** wurden, und dies der Grund für die schädlichen Wirkungen ist. Für die Frage, ob die Wirkungen über ein nach den Erkenntnissen der Wissenschaft vertretbares Maß hinausgehen, ist eine **Nutzen-/ Risikoabwägung** entscheidend. Insoweit ist zu Recht nicht auf den Zeitpunkt der 58

---

[636] S. insgesamt hierzu *Heßhaus* in Spickhoff, Medizinrecht, 10. AMG, § 84 Rn. 15; *Kloesel/Cyran*, AMG, A 1.0, § 84 Anm. 4; *Rehmann*, AMG, § 84 Rn. 2.
[637] Da auch Arzneimittel zur klinischen Prüfung nicht der Zulassungspflicht unterliegen, werden diese nicht von der Gefährdungshaftung des § 84 AMG erfasst. S. hierzu auch *Kloesel/Cyran*, AMG, A 1.0, § 84 Anm. 10 f.; *Rehmann*, AMG, § 84 Rn. 3.
[638] S. auch *Heßhaus* in Spickhoff, Medizinrecht, 10. AMG, § 84 Rn. 7 ff.; *Kloesel/Cyran*, AMG, A 1.0, Anm. 9 u. 15; § 84 Anm. *Rehmann*, AMG, § 84 Rn. 3.
[639] A. A. *Rehmann*, AMG, § 84 Rn. 3.
[640] Vgl. hierzu *Kloesel/Cyran*, AMG, A 1.0, Anm. 16; *Rehmann*, AMG, § 84 Rn. 4; *Heßhaus* in Spickhoff, Medizinrecht, 10. AMG, § 84 Rn. 4 f.
[641] Hiernach ist die Ersatzpflicht des pharmazeutischen Unternehmers nach Absatz 1 Satz 2 Nr. 1 ausgeschlossen, „*wenn nach den Umständen davon auszugehen ist, dass die schädlichen Wirkungen des Arzneimittels ihre Ursache nicht im Bereich der Entwicklung und Herstellung haben*".

Meier

Entwicklung, der Zulassung oder den Zeitpunkt der Geltendmachung des Anspruches abzustellen, sondern retrospektiv zu fragen, ob die schädlichen Wirkungen in der medizinischen Situation hätten in Kauf genommen werden dürfen, wenn diese zur Zeit des Verkehrbringens bekannt gewesen wären[642]. Eine Haftung für Unwirksamkeit fällt nicht unter § 84 Abs. 2 Nr. 1 AMG[643]; oder

(2) der Schaden ist infolge einer nicht den Erkenntnissen der medizinischen Wissenschaft entsprechenden **Kennzeichnung, Fachinformation oder Gebrauchsinformation** eingetreten (Nr. 2): Hierbei geht es um die Haftung für **Instruktionsfehler** durch falsche oder unzureichende Angaben in diesen Unterlagen, nicht aber um Angaben in anderen Unterlagen. Damit besteht eine Haftung für Gesundheitsschäden, wenn der pharmazeutische Unternehmer gebotene Hinweise auf Nebenwirkungen, Wechselwirkungen, oder mögliche Folgen einer missbräuchlichen Anwendung unterlässt[644]. Die Hinweise haben nach dem jeweils aktuellen Stand medizinischer Erkenntnisse so zu erfolgen, dass bei ihrer Beachtung keine unvertretbare Beeinträchtigung des Gesundheitszustandes von Patienten zum jeweiligen Zeitpunkt des Inverkehrbringens erfolgen kann[645].

59 e) **Kausalitätsvermutung.** Sofern das angewendete Arzneimittel nach den Umständen des Einzelfalls geeignet ist, den Schaden zu verursachen, wird nach § 84 Abs. 2 S. 1 AMG vermutet, dass der Schaden durch dieses Arzneimittel verursacht ist. Ausreichend ist der Nachweis der Möglichkeit der Schadensverursachung durch das konkrete Arzneimimttel, ein Vollbeweis ist also nicht erforderlich[646]. Diese Eignung beurteilt sich auf Grundlage der konkreten Umstände im Einzelfall, insbesondere nach Zusammensetzung und Dosierung des angewendeten Arzneimittels, nach Art und Dauer seiner bestimmungsgemäßen Anwendung, nach dem zeitlichen Zusammenhang mit dem Schadenseintritt, nach dem Schadensbild und dem gesundheitlichen Zustand des Geschädigten im Zeitpunkt der Anwendung sowie allen sonstigen Gegebenheiten, die im Einzelfall für oder gegen die Schadensverursachung sprechen[647].

60 Diese Kausalitätsvermutung gilt allerdings nicht, wenn der pharmazeutische Unternehmer darlegt und beweist, dass auch ein anderer Umstand nach den Gegebenheiten des Einzelfalls geeignet ist, den Schaden zu verursachen (Abs. 2 S. 3). Erforderlich ist hierfür ein Vollbeweis des pharmazeutischen Unternehmers, dass im konkreten Fall auch ein anderer Umstand geeignet ist, den Schaden herbeizuführen, oder diesem sogar der Nachweis gelingt, dass der Schaden nicht auf das Arzneimittel zurückzuführen ist[648].

61 Dies bedeutet für die beiden Fallgruppen des § 84 Abs. 1 S. 2 AMG:
- Der pharmazeutische Unternehmer müsste den Entlastungsbeweis führen, dass nach den Umständen nicht von einem Entwicklungs- oder Herstellungsfehler auszugehen ist,

---

[642] So auch *Heßhaus* in Spickhoff, Medizinrecht, 10. AMG, § 84 Rn. 18 m. w. Nachw. A. A. ua *Kloesel/Cyran,* AMG, A 1.0, § 84 Anm. 26, sowie *Rehmann,* AMG, § 84 Rn. 5, die auf den Zeitpunkt der letzten mündlichen Verhandlung abstellen.

[643] Vgl. *Kloesel/Cyran,* AMG, A 1.0, Anm. 19; *Heßhaus* in Spickhoff, Medizinrecht, 10. AMG, § 84 Rn. 19.

[644] Vgl. BGH NJW 1989, 1542.

[645] HM, vgl. *Deutsch,* Medizinrecht, Rn. 902; *Kloesel/Cyran,* AMG, A 1.0, § 84 Anm. 27 f.; *Sander,* § 40 Anm. 17; *Rehmann,* § 84 AMG Rn. 6.

[646] Eine bloße Vermutung auf Grundlage einer ungesicherten Hypothese ist nicht ausreichend; OLG Frankfurt NJW-RR 2003, 1177. Vgl. auch *Rehmann,* AMG, § 84 Rn. 8; *Kloesel/Cyran,* AMG, A 1.0, § 84 Anm. 32; *Heßhaus* in Spickhoff, Medizinrecht, 10. AMG, § 84 Rn. 26 f.

[647] § 84 Abs. 2 S. 2 AMG.

[648] S. *Wagner* NJW 2002, 2049; *Rehmann,* AMG, § 84 Rn. 9; *Kloesel/Cyran,* AMG, A 1.0, § 84 Anm. 40.

§ 4 Inverkehrbringen, Überwachung und Schutz von Arzneimitteln

wobei eine überwiegende Wahrscheinlichkeit ausreicht[649]. Bei Vorliegen eines **Entwicklungsfehlers** hätte das Arzneimittel nicht zugelassen werden dürfen, damit haftet dieser Mangel dem Produkt prinzipiell an. Ein **Herstellungsfehler** beruht entweder auf einem fehlerhaften Herstellungsprozess oder auf der Verwendung mangelhafter Rohstoffe, und bezieht sich damit nur auf bestimmte Chargen eines Arzneimittels. Ist ein Arzneimittel wirkungslos, so fällt dies nicht unter den Gefährdungshaftungstatbestand des § 84 AMG[650].

- Ist die fehlerhafte Information geeignet, den Schadenseintritt herbeizuführen, so wird auch hier vermutet, dass die Verletzung der Instruktionsverpflichtung **kausal** für den Schadenseintritt ist, mithin ein Ursachenzusammenhang zwischen fehlerhafter Information und Schadenseintritt besteht. Demnach führen falsche Angaben in diesen Unterlagen immer dazu, dass der Haftungstatbestand des § 84 Abs. 1 AMG erfüllt ist. Dies ist aber nicht der Fall, wenn zB auch bei zutreffendem Hinweis das Präparat verwendet worden wäre. Auch hier hat der pharmazeutische Unternehmer aber den vollen Entlastungsbeweis zu führen[651].

Auch kann sich der pharmazeutische Unternehmer nicht damit verteidigen, dass noch weitere Arzneimittel bei dem Geschädigten angewendet wurden, die nach den Gegebenheiten des Einzelfalls geeignet sind, den Schaden zu verursachen, es sei denn, dass wegen der Anwendung dieser Arzneimittel Ansprüche des Geschädigten nach § 84 AMG aus anderen Gründen als der fehlenden Ursächlichkeit für den Schaden nicht gegeben sind (Abs. 2 S. 4). Pharmazeutische Unternehmer sollen damit nicht dadurch der Kausalitätsvermutung entgehen, dass sie sich wechselseitig die Verantwortung zuschieben[652]. 62

f) Haftungsumfang. Sofern hiernach eine Gefährdungshaftung des pharmazeutischen Unternehmers dem Grunde nach gegeben ist, beurteilen sich Umfang und Höhe seiner Einstandspflicht nach den folgenden weiteren Regelungen des 16. Abschnitts des AMG: 63

(1) Liegt ein **Mitverschulden des Geschädigten** bei der Schadensentstehung vor, so gilt die Regelung des § 254 BGB (§ 85 AMG). Ist also ein Fehlverhalten des Geschädigten mitursächlich für den Eintritt des Schadens, führt dies zu einer Verringerung der Einstandspflicht des pharmazeutischen Unternehmers. Wäre der Schaden ohnehin eingetreten, greift § 254 BGB nicht ein. Wird ein Arzneimittel von dem Geschädigten nicht bestimmungsgemäß verwendet und kommt es dadurch zu dem Schaden, so fehlt es bereits an dem Anspruchsgrund des § 84 Abs. 1 Nr. 2 AMG[653]. Folglich hängt die Schadensersatzverpflichtung des pharmazeutischen Unternehmers – sowohl dem Grunde als auch der Höhe nach – davon ab, ob der Schaden vorwiegend auf einen von § 84 AMG erfassten Produktfehler oder auf ein Verhalten des Geschädigten zurückzuführen ist, indem dieser die ihm in eigenen Angelegenheiten obliegende Sorgfalt verletzt hat. Dabei trägt der pharmazeutische Unternehmer die Beweislast für ein behauptetes Mitverschulden des Geschädigten[654]. 64

(2) Den **Umfang der Ersatzpflicht** des pharmazeutischen Unternehmers nach § 84 AMG regeln die §§ 86–89 AMG:

---

[649] Vgl. *Rehmann*, AMG, § 84 Rn. 5.
[650] Vgl. *Deutsch* VersR 1979, 685; *Rehmann*, AMG, § 84 Rn. 5; *Kullmann*, Produzentenhaftung Band I, 33.
[651] Vgl. *Rehmann*, AMG, § 84 Rn. 6; *Heßhaus* in Spickhoff, Medizinrecht, 10. AMG, § 84 Rn. 20 ff.
[652] S. *Kloesel/Cyran*, AMG, A 1.0, § 84 Anm. 41.
[653] Vgl. hierzu *Kloesel/Cyran*, AMG, A 1.0, § 85 Anm. 2 f.; *Rehmann*, AMG, § 85 AMG Rn. 1.
[654] BGH NJW-RR 1986, 1083.

(a) § 86 BGB bestimmt dem Umfang der Ersatzpflicht im Falle der **Tötung des Geschädigten**[655]. Hiernach sind zunächst die **Kosten einer versuchten Heilbehandlung** zu erstatten. Dies sind die Kosten der Behandlung, welche durch den Arzneimittel- oder Instruktionsfehler entstanden sind, nicht aber die Kosten der Krankheitstherapie insgesamt[656]. Ferner ist ein **Verdienstausfall** des Getöteten zu erstatten, der dadurch entstanden ist, dass während der durch den Arzneimittel- oder Instruktionsfehler hervorgerufenen Krankheit die Erwerbstätigkeit des Getöteten aufgehoben oder gemindert wurde, sowie ein Vermögensnachteil infolge von Aufwendungen wegen einer Vermehrung der Bedürfnisse (zB Kosten für Pflegepersonal, Hilfsmittel, Kuren, etc[657]). Auch sind die **Kosten einer standesgemäßen Beerdigung** zu erstatten.
Schließlich hat der pharmazeutische Unternehmer für **gesetzliche Unterhaltspflichten**[658] aufzukommen, sofern die Bedürftigkeit des Unterhaltsberechtigten gegeben ist und dem Dritten infolge der Tötung das Recht auf Unterhalt entzogen wurde (Abs. 2 S. 1). Dieser Anspruch steht auch dem Ungeborenen, im Zeitpunkt des Schadensereignisses noch nicht Rechtsfähigen zu (Abs. 2 S. 2). Der Schadensersatz ist in Form einer **Geldrente** entsprechend dem tatsächlichen Ausfall zu leisten[659].
(b) Für den Fall der **Körper- oder Gesundheitsverletzung** bestimmt § 87 AMG den Umfang der Ersatzpflicht. Hiernach sind die Kosten der durch den Arzneimittel- oder Instruktionsfehler hervorgerufenen **Heilbehandlung**, erlittene **Verdienstausfall** sowie Kosten, die durch eine **Vermehrung der Bedürfnisse** eingetreten sind, zu ersetzen[660]. Zusätzlich kann der Geschädigte seit dem 2. Schadensrechtsänderungsgesetz[661] auch **Schmerzensgeld** in angemessener Höhe verlangen.
(c) Die Haftung des pharmazeutischen Unternehmers ist dem Umfang nach begrenzt auf die in § 88 AMG aufgeführten **Höchstbeträge**, soweit sich die Haftung aus § 84 BGB ergibt. Demnach gelten diese Höchstbeträge nicht für eine Haftung nach Deliktsrecht (§§ 823 ff. BGB), da diese nach § 91 AMG hiervon unberührt bleibt. Die Haftungsbegrenzung bezieht sich immer auf das jeweilige Schadensereignis, dh den durch das bestimmte Arzneimittel im konkreten Fall herbeigeführten Schaden. Haben daher mehrere Arzneimittel unabhängig voneinander bei einer Person zu einem Schaden geführt, so gelten die Haftungshöchstgrenzen jeweils gesondert. Haben mehrere Arzneimittel von unterschiedlichen pharmazeutischen Unternehmern zu den Schaden geführt, haften diese als Gesamtschuldner (§ 93 AMG), wobei von diesen die Leistung innerhalb der Haftungshöchstgrenze nur einmal gefordert werden kann[662].
(d) Nach § 89 Abs. 1 AMG ist ein Schadensersatz wegen verminderter Erwerbsfähigkeit oder wegen Vermehrung der Bedürfnisse **für die Zukunft,** also wenn diese

---

[655] Anspruchsinhaber sind die Erben, es sei denn, die Ansprüche sind auf andere Personen übergegangen, indem diese Leistungen für den Getöteten erbrachten (wie dies zB bei Versicherungsleistungen gemäß § 116 SGB V der Fall ist).
[656] Vgl. *Heßhaus* in Spickhoff, Medizinrecht, 10. AMG, § 86 Rn. 1; *Rehmann*, AMG, § 86 Rn. 1.
[657] S. Palandt/*Thomas* § 843 BGB Rn. 3.
[658] Diese ergeben sich aus den §§ 1360 ff., 1570 ff., 1601 ff., 1615a ff., 1736 ff., 1739, 1754 f. BGB.
[659] Ausführlich Palandt/*Thomas* § 844 Rn. 13; *Heßhaus* in Spickhoff, Medizinrecht, 10. AMG, § 86 Rn. 2.
[660] Vgl. hierzu *Heßhaus* in Spickhoff, Medizinrecht, 10. AMG, § 86 Rn. 1; *Rehmann*, AMG, § 87 Rn. 1.
[661] 2. Gesetz zu Änderung schadensrechtlicher Vorschriften vom 19.7.2002, BGBl. I S. 2674. Dies ist mit Wirkung zum 1.8.2002 in Kraft getreten.
[662] Insgesamt hierzu *Heßhaus* in Spickhoff, Medizinrecht, 10. AMG, § 88 Rn. 2 f.; *Rehmann*, AMG, § 88 Rn. 1.

§ 4 Inverkehrbringen, Überwachung und Schutz von Arzneimitteln

Nachteile andauern, durch **Geldrente** zu entrichten. In Bezug auf die Anspruchsregulierung gilt § 843 Abs. 2–4 BGB (Abs. 2[663]).

(e) **Mehrere Ersatzpflichtige,** deren Haftung aufgrund eines einheitlichen Lebenssachverhaltes entstanden ist, haften gemäß § 93 S. 1 AMG **im Außenverhältnis als Gesamtschuldner** im Sinne des § 421 BGB. Daher kann der Ersatzberechtigte den Ersatz des Schadens ganz oder teilweise nach seinem Belieben von jedem fordern[664].

Der Umfang der **Haftung im Innenverhältnis** hängt gemäß Satz 2 – abweichend von § 426 BGB – davon ab, „inwieweit der Schaden vorwiegend von dem einen oder dem anderen Teil verursacht worden ist". Abweichende vertragliche Absprachen im Innenverhältnis sind allerdings vorrangig zu beachten. Erfolgt eine Schadensregulierung durch einen Ersatzpflichtigen, stehen ihm im Innenverhältnis Ausgleichsansprüche gegen die weiteren Ersatzpflichtigen zu (vgl. § 426 Abs. 2 BGB[665]).

2. Auskunftsanspruch § 84a AMG

Mit dem 2. Schadensrechtsänderungsgesetz[666] ist mit Wirkung ab dem 1.8.2002 dem Geschädigten ein **Auskunftsanspruch** sowohl gegen den pharmazeutischen Unternehmer als auch gegenüber den Zulassungs- und Überwachungsbehörden eingeräumt worden. Hiermit soll dem Geschädigten ermöglicht werden, die für die Anspruchsdurchsetzung erforderlichen Tatsachen in Erfahrung zu bringen[667]. 65

a) **Anspruchsvoraussetzungen.** Es müssen Tatschen vorliegen, welche die Annahme begründen, dass ein Arzneimittel einen Schaden verursacht hat. § 84a AMG erlaubt demnach nicht die Ausforschung, auch ein unbestimmter Verdacht genügt nicht. Hinreichend ist aber ein schlüssiger Tatsachenvortrag zu einem begründeten Schadensverdacht, der eine entsprechende Plausibilitätsprüfung ermöglicht[668]. 66

b) **Anspruchsinhalt.** Der Auskunftsanspruch richtet sich auf dem pharmazeutischen Unternehmer bekannte Wirkungen, Nebenwirkungen und Wechselwirkungen, ihm bekannt gewordene Verdachtsfälle von Neben- und Wechselwirkungen sowie sämtliche weiteren Erkenntnisse, die für die Bewertung der Vertretbarkeit schädlicher Wirkungen von Bedeutung sein können (Abs. 1 S. 2). Ggf. ist die Richtigkeit und Vollständigkeit der gemachten Auskünfte eidesstattlich zu versichern (§ 259 BGB). Ob darüber hinaus auch eine Verpflichtung zur Vorlage von Belegen besteht, ist strittig[669]. 67

---

[663] Hiernach ist die Rente für drei Monate im Voraus zu entrichten, und unter Umständen auch entsprechende Sicherheit. Diese kann auch nachträglich angeordnet oder erhöht werden. Ferner kann eine **Kapitalabfindung** bei Vorliegen eines wichtigen Grundes verlangt werden. Vgl. hierzu ausführlich Palandt/*Thomas* § 843 Rn. 5 ff. Für die Vollstreckbarkeit eines auf Rentenzahlungen gerichteten Urteils gilt hiernach § 708 Nr. 8 ZPO.
[664] Vgl. hierzu Palandt/*Thomas* § 840 BGB Rn. 4; *Heßhaus* in Spickhoff, Medizinrecht, 10. AMG, § 93 Rn. 1.
[665] Vgl. *Heßhaus* in Spickhoff, Medizinrecht, 10. AMG, § 93 Rn. 2; *Rehmann*, AMG, § 93 Rn. 2.
[666] 2. Gesetz zur Änderung schadensrechtlicher Vorschriften v.19.7.2002 (BGBl. I 2674), in Kraft getreten zum 1. August 2002.
[667] Vgl. *Wagner* NJW 2002, 2052.
[668] Vgl. *Kloesel/Cyran*, AMG, A 1.0, § 84a Anm. 5; *Heßhaus* in Spickhoff, Medizinrecht, 10. AMG, § 84a Rn. 1; *Hieke* PharmR 2005, 35 f.
[669] Bejahend *Rehmann*, AMG, § 84a Rn. 1; *Heßhaus* in Spickhoff, Medizinrecht, 10. AMG, § 84a Rn. 4; aA *Rehmann*, AMG, § 84a Rn. 1; *Hieke* PharmR 2005, 44.

68 c) **Anspruchsausschluss.** Kein Auskunftsanspruch besteht, wenn dies zur Feststellung des Bestehens eines Anspruchs auf Schadensersatz nach § 84 AMG nicht erforderlich ist (Abs. 1 S. 1, 2. HS). Ferner besteht ein Auskunftsanspruch nicht, soweit die Angaben aufgrund gesetzlicher Vorschriften geheim zu halten sind oder wenn der pharmazeutische Unternehmer ein überwiegendes Interesse an ihrer Geheimhaltung geltend macht, wie dies bei Produktions- oder Betriebsgeheimnissen der Fall sein kann[670].

69 d) **Auskunftsverpflichtete.** Ein Auskunftsanspruch besteht unter den dargestellten Voraussetzungen nicht nur gegenüber dem pharmazeutischen Unternehmer (Abs. 1), sondern auch gegenüber den Arzneimittelzulassungs- und überwachungsbehörden (Abs. 2). Die Behörden sind zur Erteilung der Auskunft aber nicht verpflichtet, soweit Angaben auf Grund gesetzlicher Vorschriften geheim zu halten sind oder die Geheimhaltung einem überwiegenden Interesse des pharmazeutischen Unternehmers oder eines Dritten entspricht[671].

3. Gerichtszuständigkeit

70 Für Klagen, die auf Grund von § 84 oder § 84a Abs. 1 AMG gegen den pharmazeutischen Unternehmer erhoben werden, gestattet § 94a AMG dem Anspruchsteller – in Abweichung vom prozessualen Grundsatz, dass die Klage am Sitz des Beklagten erhoben werden muss – die Klage auch an seinem Wohnsitz zu erheben. Sofern daneben auch andere Ansprüche geltend gemacht werden, wie zB Ansprüche aus allgemeinem Deliktsrecht nach §§ 823 ff. BGB, so gelten für diese die allgemeinen Zuständigkeitsregelungen der ZPO, insbesondere der Gerichtsstand, an dem die unerlaubte Handlung begangen ist (§ 32 ZPO). Da Begehungsort in diesem Sinne auch der Ort ist, an dem das bestimmte Arzneimittel in Verkehr gebracht worden ist, fällt hierunter im Regelfall auch der Wohnsitz des Klägers[672].

4. Weitergehende Haftung

71 Nach § 91 AMG bleibt eine weitergehende Haftung nach anderen gesetzlichen Vorschriften, insbesondere nach den §§ 823 ff. BGB, unberührt. Hintergrund ist, dass die verschuldensunabhängige Haftung der Höhe nach begrenzt ist, die verschuldensabhängige Haftung hingegen ist unbegrenzt und schließt auch die Bezahlung von Schmerzensgeld (§ 847 BGB) mit ein. Auch sollen Staatshaftungsansprüche wegen einer Amtspflichtverletzung gegen die zuständigen Arzneimittelbehörden gemäß § 839 BGB, Art. 34 GG nicht ausgeschlossen sein[673].

5. Deckungsvorsorge

72 Die Regelung des § 94 AMG verpflichtet jeden pharmazeutischen Unternehmer, eine hinreichende Deckungsvorsorge sicherzustellen, so dass er die ihn nach §§ 84 ff. BGB treffenden Ansprüche auf Schadensersatz erfüllen kann. Diese Deckungsvorsorge muss in Höhe der in § 88 S. 1 AMG genannten Beträge erbracht werden, und zwar entweder durch eine Haftpflichtversicherung bei einem in Deutschland zum Geschäftsbetrieb befug-

---

[670] § 84 Abs. 1 S. 4 AMG. Dementsprechend wird der Auskunftsanspruchbegrenzt durch die Bestimmungen des Daten- und Geheimhaltungsschutzes, vgl. *Heßhaus*, in Spickhoff, Medizinrecht, 10. AMG, § 84a Rn. 5.
[671] Ansprüche nach dem Informationsfreiheitsgesetz bleiben unberührt, § 84a Abs. 2 S. 2 AMG, und bestehen demgemäß in Ergänzung hierzu.
[672] Vgl. *Heßhaus* in Spickhoff, Medizinrecht, 10. AMG, § 94a Rn. 1 f.; *Rehmann*, AMG, § 94a Rn. 1.
[673] Vgl. *Heßhaus* in Spickhoff, Medizinrecht, 10. AMG, § 91 Rn. 2; *Rehmann*, AMG, § 91 Rn. 1.

B. Die Arzneimittelüberwachung

Die Überwachung des Arzneimittelverkehrs besteht aus einer Kombination von Eigen- und Fremdüberwachung: Im Bereich der Pharmakovigilanzvorschriften bestehen zum einen für den Zulassungsinhaber zahlreiche – auch organisatorische – Verpflichtungen zur Erfassung, Bewertung und Übermittlung von Nebenwirkungsmeldungen von Arzneimitteln, zum anderen wurden auch eine Vielzahl von Befugnissen der zuständigen Behörden normiert.

I. Pharmakovigilanz

Mit der 16. AMG-Novelle, die zum 26.10.2012 in Kraft trat, wurde der zehnte Abschnitt des AMG (§§ 62–63j AMG) mit der neuen Überschrift *„Pharmakovigilanz"* an die umzusetzenden europäischen Vorgaben, insbesondere der Richtlinie 2010/84/EG[674], angepasst und zum Teil erheblich geändert. Der Begriff **Pharmakovigilanz**[675] steht für die systematische und laufende Überwachung der Sicherheit eines Fertigarzneimittels, um unerwünschte Nebenwirkungen zu beobachten, zu entdecken, auszuwerten und zu verstehen, und um sodann auf dieser Basis entsprechende Maßnahmen zur Risikominimierung ergreifen zu können. Dahinter steht die Erkenntnis, dass diese Risiken in sich bergen können, die zum Zeitpunkt der Zulassung noch nicht bekannt waren, weil sie zB erst bei der Anwendung an einer großen Patientenzahl auftreten, oder weil neue wissenschaftliche Erkenntnisse Hinweise auf Risiken geben. Um Arzneimittelrisiken daher wirksam vermeiden oder abwehren zu können, ist eine kontinuierliche Überwachung jedes im Verkehr befindlichen Arzneimittels und die ständige Anpassung der zu diesem Arzneimittel verfügbaren Informationen an den Stand des Wissens erforderlich[676].

Bei *Humanarzneimitteln* sind **Nebenwirkungen** nach der in § 4 Abs. 13 AMG enthaltenen Legaldefinition *„schädliche und unbeabsichtigte Reaktionen auf das Arzneimittel"*. Insoweit wurde mit der 16. AMG-Novelle der bisherige Zusatz *„bei bestimmungsgemäßem Gebrauch"* gestrichen, so dass nunmehr auch die Fälle erfasst werden, bei denen eine Anwendung außerhalb des bestimmungsgemäßen Gebrauchs (sog. off-label-use) vorliegt[677].

1. Pharmakovigilanz-System der zuständigen Behörden

§ 62 Abs. 1 AMG erteilt den zuständigen Bundesoberbehörden[678] den Auftrag, die bei der Anwendung von Arzneimitteln auftretenden Risiken, insbesondere Nebenwirkungen,

---

[674] Richtlinie 2010/84/EU des Europäischen Parlaments und des Rates vom 15. Dezember 2010 zur Änderung der Richtlinie 2001/83/EG zur Schaffung eines Gemeinschaftskodexes für Humanarzneimittel hinsichtlich der Pharmakovigilanz, ABl. L 348 vom 31.12.2010, S. 74.
[675] Der Begriff Pharmakovigilanz setzt sich zusammen aus dem griechischen Begriff *„pharmakon"* (Heilmittel) und dem lateinischen Begriff *„vigilantia"* (Wachheit, Schlauheit).
[676] Vgl. *Kloesel/Cyran*, AMG, A 1.0, § 62 Anm. 1; *Rehmann*, AMG, Vor § 62 Rn. 1; *Heßhaus* in Spickhoff, Medizinrecht, 10. AMG, § 62 Rn. 1 f. Die Regelungen des Zehnten Abschnitts finden keine Anwendung auf Arzneimittel, die im Rahmen einer klinischen Prüfung als Prüfpräparate eingesetzt werden (§ 63j Abs. 1 AMG).
[677] Bei *Tierarzneimitteln* sind Nebenwirkungen hingegen nach wie vor nur die schädlichen und unbeabsichtigten Reaktionen *„bei bestimmungsgemäßem Gebrauch"*.
[678] Zuständige Bundesoberbehörden sind das Paul-Ehrlich-Institut (PEI), zuständig für Sera, Impfstoffe, Testallergene, Testsera, Testantigene und Blutprodukte und andererseits um das Bundesamt für

Wechselwirkungen mit anderen Mitteln, Verfälschungen sowie potenzielle Risiken für die Umwelt auf Grund der Anwendung eines Tierarzneimittels, zentral zu erfassen, auszuwerten und die nach diesem Gesetz zu ergreifenden Maßnahmen zu koordinieren[679]. Hierzu werden die Bundesoberbehörden verpflichtet, ein **Pharmakovigilanz-System** zu betreiben. Der Begriff Pharmakovigilanz-System ist in § 4 Abs. 38 AMG legaldefiniert als ein System, das sowohl der Zulassungsinhaber als auch die zuständige Bundesoberbehörde anwenden, um insbesondere den in den §§ 62 ff. AMG aufgeführten Aufgaben und Pflichten nachzukommen, und das der Überwachung der Sicherheit zugelassener Arzneimittel und der Entdeckung sämtlicher Änderungen des Nutzen-Risiko-Verhältnisses dient[680]. Dies besteht insbesondere aus folgenden Maßnahmen:

- Die zuständige Bundesoberbehörde hat alle Verdachtsfälle von Nebenwirkungen zu **erfassen**, von denen sie Kenntnis erlangt. Dabei können Meldungen von Patienten und Angehörigen der Gesundheitsberufe in jeder Form, auch elektronisch, erfolgen. Die Meldungen von Zulassungsinhabern nach § 63c AMG müssen jedoch nunmehr elektronisch erfolgen[681].
- Bei Humanarzneimitteln hat die zuständige Bundesoberbehörde jeden ihr gemeldeten und im Inland aufgetretenen Verdachtsfall einer *schwerwiegenden* Nebenwirkung[682] innerhalb von 15 Tagen und jeden ihr gemeldeten und im Inland aufgetretenen Verdachtsfall einer *nicht schwerwiegenden* Nebenwirkung innerhalb von 90 Tagen elektronisch an die Datenbank nach Art. 24 VO 726/2004 (sog. **EudraVigilance-Datenbank**) und erforderlichenfalls an den Zulassungsinhaber zu **übermitteln**[683].
- Bei Humanarzneimitteln hat die zuständige Bundesoberbehörde ferner in Zusammenarbeit mit der Europäischen Arzneimittel-Agentur EMA gemäß § 62 Abs. 5 AMG insbesondere:
  – die Ergebnisse von Maßnahmen zur Risikominimierung, die Teil von Risikomanagement-Plänen sind, und die Auflagen nach § 28 Abs. 3, 3a u. 3b AMG zu überwachen,
  – Aktualisierungen des Risikomanagement-Systems zu beurteilen, und
  – Daten in der EudraVigilance-Datenbank auszuwerten, um zu ermitteln, ob es neue oder veränderte Risiken gibt und diese das Nutzen-Risiko-Verhältnis von Arzneimitteln beeinflussen.
- Auch kann die zuständige Bundesoberbehörde in Betrieben und Einrichtungen, die Arzneimittel herstellen oder in den Verkehr bringen oder klinisch prüfen, sowie von diesen hierzu beauftragte Unternehmen die Sammlung und Auswertung von Arzneimittelrisiken und die Koordinierung notwendiger Maßnahmen überprüfen. Zu diesem Zweck können Beauftragte der zuständigen Bundesoberbehörde im Benehmen mit der

---

Verbraucherschutz und Lebensmittelsicherheit (BVL), zuständig für Tierarzneimittel sowie das Bundesinstitut für Arzneimittel und Medizinprodukte (BfArM), zuständig für sonstige Arzneimittel und Medizinprodukte.

[679] Sie wirkt dabei mit den Dienststellen der Weltgesundheitsorganisation, der Europäischen Arzneimittel-Agentur, den Arzneimittelbehörden anderer Länder, den Gesundheits- und Veterinärbehörden der Bundesländer, den Arzneimittelkommissionen der Kammern der Heilberufe, nationalen Pharmakovigilanzzentren sowie mit anderen Stellen zusammen, die bei der Durchführung ihrer Aufgaben Arzneimittelrisiken erfassen.

[680] Für den Bereich der Humanarzneimittel haben die pharmazeutischen Unternehmer regelmäßig Audits ihres Pharmakovigilanz-Systems durchzuführen und der Europäischen Kommission alle zwei Jahre Bericht zu erstatten, erstmals zum 21. September 2013.

[681] § 62 Abs. 2 AMG.

[682] Schwerwiegende Nebenwirkungen sind Nebenwirkungen, die tödlich oder lebensbedrohlich sind, eine stationäre Behandlung oder Verlängerung einer stationären Behandlung erforderlich machen, zu bleibender oder schwerwiegender Behinderung, Invalidität, kongenitalen Anomalien oder Geburtsfehlern führen. Für Tierarzneimittel sind schwerwiegend auch Nebenwirkungen, die ständig auftretende oder lang anhaltende Symptome hervorrufen.

[683] § 62 Abs. 3 S. 1 AMG.

§ 4 Inverkehrbringen, Überwachung und Schutz von Arzneimitteln

zuständigen Behörde Betriebs- und Geschäftsräume zu den üblichen Geschäftszeiten betreten, Unterlagen einschließlich der Pharmakovigilanz-Stammdokumentation einsehen sowie Auskünfte verlangen[684].

- Zudem hat die zuständige Bundesoberbehörde in den Fällen, in denen nach Artikel 107i RL 2001/83/EG aufgrund der Bewertung von Daten aus Pharmakovigilanz-Tätigkeiten ein dringendes Handeln für notwendig erachtet wird, die dort vorgesehenen Maßnahmen zu ergreifen, wobei für das Verfahren die Artikel 107i bis 107k RL 2001/83/EG gelten [685].
- Schließlich ist die zuständige Bundesoberbehörde jederzeit berechtigt, die Öffentlichkeit über Arzneimittelrisiken und beabsichtigte Maßnahmen zu informieren[686].

2. Stufenplan

Auf Basis des § 63 AMG hat die Bundesregierung die „*Allgemeine Verwaltungsvorschrift zur Beobachtung, Sammlung und Auswertung von Arzneimittelrisiken*", den sog. **Stufenplan**, erlassen (Verwaltungsvorschrift Stufenplan[687]). In diesem werden die Zusammenarbeit der beteiligten Behörden und Stellen auf den verschiedenen Gefahrenstufen, die Einschaltung der pharmazeutischen Unternehmer sowie die Beteiligung der oder des Beauftragten der Bundesregierung für die Belange der Patientinnen und Patienten näher geregelt und die jeweils nach dem AMG zu ergreifenden Maßnahmen bestimmt. Als Verwaltungsvorschrift hat dieser unmittelbar bindende Wirkung nur gegenüber den zuständigen Behörden, damit nicht gegenüber Dritten wie zB dem pharmazeutischen Unternehmer[688]. Dabei können Stufenplanverfahren aus unterschiedlichen Gründen eingeleitet werden, so zB aufgrund neuer Erkenntnisse toxikologischer Untersuchungen oder klinischer Prüfungen, oder wenn eine Häufung von Meldungen über unerwünschte Arzneimittelwirkungen oder auch Literaturberichte über derartige Zwischenfälle vorliegen, die eine erneute Nutzen-Risiko-Abwägung erforderlich machen[689].

77

Der Grund für die Bezeichnung Stufenplan liegt in der Unterteilung in **zwei Gefahrenstufen**, die der Verhältnismäßigkeit der Mittel Rechnung tragen sollen:

78

- Die **Gefahrenstufe I** kann bereits bei Hinweisen auf die *Möglichkeit* von Arzneimittelrisiken, also u. U. bereits bei einem assoziationsweisen Bezug zwischen einer bestimmten Beobachtung und der Gabe eines Arzneimittels, eingeleitet werden[690]. In diesem Fall tritt das BfArM mit den betroffenen pharmazeutischen Unternehmen in einen **Informationsaustausch** ein, der sich insbesondere auf die Häufigkeit der vermuteten Arzneimittelrisiken, ihre möglichen Ursachen und den Grad der Gefährdung erstreckt[691].
- Die **Gefahrenstufe II** wird erst bei einem **begründeten Verdacht auf ein gesundheitliches Risiko** eingeleitet, also wenn konkrete Maßnahmen zur Begrenzung des Risikos für erforderlich gehalten werden. Diese Gefahrenstufe ist erreicht, sofern der Informa-

---

[684] § 62 Abs. 6 AMG.
[685] § 63e AMG.
[686] § 62 Abs. 1 S. 3 AMG.
[687] Allgemeine Verwaltungsvorschrift zur Beobachtung, Sammlung und Auswertung von Arzneimittelrisiken (Stufenplan) nach § 63 des Arzneimittelgesetzes (AMG) v. 9. Februar 2005.
[688] S. auch *Kloesel/Cyran*, AMG, A 1.0, § 63 Anm. 1; *Rehmann*, AMG, § 63 Anm. 1.
[689] Vgl. Ziff. 3 Verwaltungsvorschrift Stufenplan; *Kloesel/Cyran*, AMG, A 1.0, § 63 Anm. 1; *Rehmann*, AMG, § 63 Anm. 2.
[690] Als solche Risiken kommen insbesondere Nebenwirkungen (dh bei bestimmungsgemäßem Gebrauch eines Arzneimittels auftretende unerwünschte Wirkungen), Gegenanzeigen, Qualitätsmängel etc. in Betracht.
[691] Ziff. 5.1 UAbs. 1 Verwaltungsvorschrift Stufenplan. Vgl. hierzu auch *Kloesel/Cyran*, AMG, A 1.0, § 63 Anm. 4; *Rehmann*, AMG, § 63 Rn. 2.

tionsaustausch in Gefahrenstufe I oder die Meldungen und sonstigen Informationen einen begründeten Verdacht auf ein gesundheitliches Risiko ergeben und der pharmazeutische Unternehmer keine geeigneten Maßnahmen getroffen hat. Der pharmazeutische Unternehmer wird zu vorgesehenen risikomindernden Maßnahmen angehört. Allerdings verbleiben die Verpflichtungen der zuständigen Behörde unberührt, unverzüglich die zur Gefahrenabwehr notwendigen Maßnahmen zu treffen[692].
- Nach Auswertung der in der Anhörung dargelegten Argumentation und Unterlagen, ggf. unter Berücksichtigung von Ergebnissen und Stellungnahmen der zuständigen Kommissionen, werden die zuständigen Bundesbehörden sowie die zuständigen Überwachungsbehörden der Länder über die geeigneten und erforderlichen **Maßnahmen** entscheiden und diese einleiten[693]. Diese werden dem pharmazeutischen Unternehmer einschließlich Fristsetzung für die Umsetzung bekannt gegeben. Dies geschieht in der Regel gegenüber den betroffenen pharmazeutischen Unternehmern per Brief oder Telefax in Form eines rechtsmittelfähigen Bescheides, der den Stufenplanbeteiligten nachrichtlich zugestellt und bei aktuellen Problemen der Öffentlichkeit über die Presse zugänglich gemacht[694]. Allerdings kann das Verfahren jederzeit dadurch beendet werden, dass der pharmazeutische Unternehmer im Rahmen seiner Eigenverantwortung von sich aus hinreichende eigenverantwortliche Maßnahmen durchführt[695].

3. Stufenplanbeauftragter

79 Wer als pharmazeutischer Unternehmer zulassungspflichtige Fertigarzneimittel in den Verkehr bringt, hat gemäß § 63a Abs. 1 AMG *„eine in einem Mitgliedstaat der Europäischen Union ansässige qualifizierte Person mit der erforderlichen Sachkenntnis und der zur Ausübung ihrer Tätigkeit erforderlichen Zuverlässigkeit"* (sog. **Stufenplanbeauftragter**) zu benennen[696]. Der pharmazeutische Unternehmer hat aufgrund der ihm insoweit obliegenden Organisationspflicht dafür zu sorgen, dass der Stufenplanbeauftragte – sei es als Angestellter oder als freier Mitarbeiter – in die Organisationsstruktur des pharmazeutischen Unternehmers eingebunden ist und ihm aufgrund der Art und Weise seiner Anstellung die Wahrnehmung seiner Aufgaben tatsächlich möglich ist; hierfür hat er die erforderlichen organisatorischen, personellen und sachlichen Voraussetzungen zu schaffen[697]. Der Stufenplanbeauftragte kann dabei gleichzeitig sachkundige Person nach § 14 oder verantwortliche Person nach § 20c AMG sein[698]. Ausgenommen von der Verpflichtung zur Bestellung eines Stufenplanbeauftragten sind die Apothekeninhaber, die Arzneimittel für ihren üblichen Apothekenbetrieb herstellen, Krankenhausträger, soweit sie nach

---

[692] Ziff. 5.1 UAbs. 3 Verwaltungsvorschrift Stufenplan. Vgl. hierzu auch *Kloesel/Cyran*, AMG, A 1.0, § 63 Anm. 4; *Rehmann*, AMG, § 63 Rn. 2.
[693] Zu den Befugnissen vgl. → § 4 Rn. 111 ff.
[694] Für die Behörden besteht die Möglichkeit, sofern mehr als 50 pharmazeutische Unternehmer betroffen sind, die getroffenen Anordnungen in Form einer Veröffentlichung im Bundesanzeiger bekanntzumachen. Diese gelten dann zwei Wochen nach Veröffentlichung als bekanntgegeben, sofern kein anderer Termin bestimmt wurde, § 33 Abs. 2 AMG.
[695] Diese sind aufgeführt in Ziff. 6 Verwaltungsvorschrift Stufenplan. Sofern die betroffenen Arzneimittel im Rahmen der gegenseitigen Anerkennung oder im zentralen Verfahren zugelassen wurden oder bei ihnen ein Schiedsverfahren gemäß den Art. 31 oder 36 RL 2001/83/EG oder Art. 35 oder 36 RL 2001/82/EG anhängig ist oder durchgeführt wurde, gilt die Regelung des § 69 Abs. 1a AMG.
[696] Gemäß § 12 Abs. 2 AMWHV wird diese Verpflichtung auch auf andere Arzneimittel erstreckt. Allerdings hat diese verantwortliche Person nicht die Qualifikationsnachweise nach § 63a AMG zu erbringen.
[697] Hierzu ausführlich *Kloesel/Cyran*, AMG, A 1.0, § 63a Anm. 14 ff.; *Rehmann*, AMG, § 63a Rn. 2.
[698] § 63a Abs. 2 AMG.

dem ApothekenG Arzneimittel abgeben dürfen, die Tierärzte und die in § 13 Abs. 2 Nr. 5 AMG bezeichneten Einzelhändler[699].

Der Stufenplanbeauftragte hat die Verpflichtung, ein Pharmakovigilanzsystem einzurichten, zu führen und bekannt gewordene Meldungen über Arzneimittelrisiken zu sammeln, zu bewerten und die notwendigen Maßnahmen zu koordinieren. Ferner ist der Stufenplanbeauftragte für die Erfüllung von Anzeigepflichten verantwortlich, soweit sie Arzneimittelrisiken betreffen. Er hat auch sicherzustellen, dass auf Verlangen der zuständigen Bundesoberbehörde weitere Informationen für die Beurteilung des Nutzen-Risiko-Verhältnisses eines Arzneimittels, einschließlich eigener Bewertungen, unverzüglich und vollständig übermittelt werden nach Maßgabe der AMWHV[700]. 80

Gemäß § 63a Abs. 3 AMG hat der pharmazeutische Unternehmer der zuständigen Behörde und der zuständigen Bundesoberbehörde den Stufenplanbeauftragten und jeden Wechsel vorher mitzuteilen. Bei einem unvorhergesehenen Wechsel des Stufenplanbeauftragten hat die Mitteilung unverzüglich zu erfolgen. 81

4. Pharmakovigilanz-Pflichten des Zulassungsinhabers

§ 63b normiert die **allgemeinen Pharmakovigilanz-Pflichten** des Zulassungsinhabers, nämlich 82

- ein Pharmakovigilanz-System einzurichten und zu betreiben (Abs. 1);
- bei Humanarzneimitteln anhand seines Pharmakovigilanz-Systems sämtliche Informationen wissenschaftlich auszuwerten, Möglichkeiten der Risikominimierung und -vermeidung zu prüfen und erforderlichenfalls unverzüglich Maßnahmen zur Risikominimierung und -vermeidung zu ergreifen (Abs. 2 Nr. 1);
- sein Pharmakovigilanz-System regelmäßig in angemessenen Intervallen Audits zu unterziehen; dabei hat er die wichtigsten Ergebnisse in seiner Pharmakovigilanz-Stammdokumentation zu vermerken und sicherzustellen, dass Maßnahmen zur Mängelbeseitigung ergriffen werden; wenn die Maßnahmen zur Mängelbeseitigung vollständig durchgeführt sind, kann der Vermerk gelöscht werden (Abs. 2 Nr. 2);
- eine Pharmakovigilanz-Stammdokumentation zu führen und diese auf Anfrage zur Verfügung zu stellen (Abs. 2 Nr. 3): Dies ist nach § 4 Abs. 39 AMG eine detaillierte Beschreibung des Pharmakovigilanz- Systems, das der Inhaber der Zulassung auf eines oder mehrere zugelassene Arzneimittel anwendet.
- ein Risikomanagement-System für jedes einzelne Arzneimittel zu betreiben, das nach dem 26. Oktober 2012 zugelassen worden ist oder für das eine Auflage nach § 28 Abs. 3b S. 1 Nr. 1 erteilt worden ist (Abs. 2 Nr. 4): Das Risikomanagement-System umfasst Tätigkeiten im Bereich der Pharmakovigilanz und Maßnahmen, durch die Risiken im Zusammenhang mit einem Arzneimittel ermittelt, beschrieben, vermieden oder minimiert werden sollen; dazu gehört auch die Bewertung der Wirksamkeit derartiger Tätigkeiten und Maßnahmen (§ 4 Abs. 36 AMG);
- die Ergebnisse von Maßnahmen zur Risikominimierung zu überwachen, die Teil des Risikomanagement-Plans sind oder die als Auflagen nach § 28 Abs. 3, 3a bis 3c genannt worden sind (Abs. 2 Nr. 5), und
- das Risikomanagement-System zu aktualisieren und Pharmakovigilanz-Daten zu überwachen, um zu ermitteln, ob es neue Risiken gibt, sich bestehende Risiken verändert haben oder sich das Nutzen-Risiko-Verhältnis von Arzneimitteln geändert hat (Abs. 2 Nr. 6).

---

[699] Dies sind die „*Personen, soweit sie nach § 13 Absatz 2 Satz 1 Nummer 1, 2, 3, 5 oder Absatz 2b keiner Herstellungserlaubnis bedürfen*" im Sinne des § 63a Abs. 1 S. 2 AMG.

[700] § 63a Abs. 1 S. 1, 3 u. 4 AMG.

83 Gemäß § 63b Abs. 3 AMG darf der Zulassungsinhaber im Zusammenhang mit dem zugelassenen Arzneimittel keine die Pharmakovigilanz betreffenden Informationen ohne vorherige oder gleichzeitige Mitteilung an die zuständige Bundesoberbehörde sowie bei Humanarzneimitteln auch an die EMA und die Europäische Kommission öffentlich bekannt machen. Er hat sicherzustellen, dass solche Informationen in objektiver und nicht irreführender Weise dargelegt werden.

84 In § 63c AMG werden sodann umfassende **Dokumentations- und Meldepflichten** des Zulassungsinhabers von Humanarzneimitteln für Verdachtsfälle von Nebenwirkungen festgelegt[701]. Hiernach hat der Zulassungsinhaber

- Unterlagen über alle Verdachtsfälle von Nebenwirkungen sowie Angaben über abgegebene Mengen zu führen (Abs. 1),
- jeden ihm bekannt gewordenen Verdachtsfall einer schwerwiegenden Nebenwirkung, der im Inland aufgetreten ist, zu erfassen und der zuständigen Bundesoberbehörde unverzüglich, spätestens aber innerhalb von 15 Tagen nach Bekanntwerden zu melden (Abs. 2 Nr. 1),
- jeden ihm bekannt gewordenen Verdachtsfall einer schwerwiegenden Nebenwirkung, der in einem Drittland aufgetreten ist, zu erfassen und der zuständigen Bundesoberbehörde sowie der Europäischen Arzneimittel-Agentur unverzüglich, spätestens aber innerhalb von 15 Tagen nach Bekanntwerden elektronisch anzuzeigen (Abs. 2 Nr. 2[702]), und
- zu gewährleisten, dass alle Verdachtsmeldungen von Nebenwirkungen bei Arzneimitteln, die zur Anwendung bei Menschen bestimmt sind, bei einer zentralen Stelle im Unternehmen in der Europäischen Union verfügbar sind (Abs. 3).

85 Diese Verpflichtungen nach den Absätzen 1–3 gelten unabhängig davon, ob sich das Arzneimittel noch im Verkehr befindet oder die Zulassung oder die Registrierung noch besteht. Die Erfüllung dieser Verpflichtungen kann durch schriftliche Vereinbarung zwischen dem Inhaber der Zulassung und dem pharmazeutischen Unternehmer, der nicht Inhaber der Zulassung ist, ganz oder teilweise auf den Inhaber der Zulassung übertragen werden (Abs. 4 S. 3 u. 4).

86 Diese Verpflichtungen des § 63c Abs. 1 bis 4 AMG finden nach § 63c Abs. 5 AMG keine Anwendung auf Arzneimittel, für die von der Europäischen Gemeinschaft oder der Europäischen Union eine zentrale Genehmigung für das Inverkehrbringen erteilt worden ist[703]. Bei Arzneimitteln, bei denen eine Zulassung der zuständigen Bundesoberbehörde Grundlage der gegenseitigen Anerkennung ist oder bei denen eine Bundesoberbehörde Berichterstatter in einem Schiedsverfahren nach Art. 32 RL 2001/83/EG ist, übernimmt die zuständige Bundesoberbehörde die Verantwortung für die Analyse und Überwachung aller Verdachtsfälle schwerwiegender Nebenwirkungen, die in der Europäischen Union

---

[701] Die Regelungen des § 63c Abs. 1 bis 3, § 62 Abs. 6 und § 63b AMG gelten entsprechend (1.) für den Inhaber einer Registrierung nach § 38 AMG für homöopathische Arzneimittel sowie § 39a für traditionelle pflanzliche Arzneimittel, und (2.) für einen pharmazeutischen Unternehmer, der nicht Inhaber der Zulassung oder Inhaber der Registrierung nach § 38 AMG bzw. § 39a AMG ist und der ein zulassungspflichtiges oder ein von der Pflicht zur Zulassung freigestelltes oder ein traditionelles pflanzliches bzw. homöopathisches Arzneimittel in den Verkehr bringt, in Bezug auf homöopathische Arzneimittel für den Antragsteller auch vor Erteilung der Zulassung (§ 63c Abs. 4 AMG).

[702] Die zuständige Bundesoberbehörde kann vom Inhaber der Zulassung verlangen, auch Verdachtsfälle von nicht schwerwiegenden Nebenwirkungen, die im Inland aufgetreten sind, zu erfassen und ihr unverzüglich, spätestens aber innerhalb von 90 Tagen nach Bekanntwerden, elektronisch anzuzeigen.

[703] Für diese Arzneimittel gelten die Verpflichtungen des pharmazeutischen Unternehmers nach der Verordnung 726/2004 in der jeweils geltenden Fassung mit der Maßgabe, dass im Geltungsbereich des Gesetzes die Verpflichtung zur Mitteilung an die Mitgliedstaaten oder zur Unterrichtung der Mitgliedstaaten gegenüber der jeweils zuständigen Bundesoberbehörde besteht.

§ 4 Inverkehrbringen, Überwachung und Schutz von Arzneimitteln

auftreten; dies gilt auch für Arzneimittel, die im dezentralisierten Verfahren zugelassen worden sind.

Ferner bestimmt § 63d AMG die Verpflichtung des Zulassungsinhabers, **regelmäßige aktualisierte Unbedenklichkeitsberichte** elektronisch an die zuständige Bundesoberbehörde zu übermitteln[704]. Deren Inhalt ist detailliert in Absatz 1 definiert[705]. Vorlageintervall- und termine für solche regelmäßigen aktualisierten Unbedenklichkeitsberichte sind dabei entweder in der Zulassung anzugeben, zu berechnen ab dem Datum der Erteilung der Zulassung, oder Vorlageintervall und -termine werden nach dem Verfahren nach Art. 107c Abs. 4 RL 2001/83/EG festgelegt[706]. Für Arzneimittel, die vor Inkrafttreten der 16. AMG-Novelle, also vor dem 26.10.2012, oder die nur im Inland zugelassen sind und für die Vorlageintervall und -termine weder in der Zulassung noch nach Art. 107c Abs. 4, 5 o. 6 RL 2001/83/EG festgelegt sind, übermittelt der Inhaber der Zulassung die regelmäßigen aktualisierten Unbedenklichkeitsberichte *unverzüglich nach Aufforderung* oder *nach Maßgabe des § 63d Abs. 3 Nrn. 1 u. 2 AMG*. 87

§ 63i AMG schließlich regelt die Dokumentations- und Meldepflichten bei Blut- und Gewebezubereitungen und Gewebe. 88

5. Nichtinterventionelle Unbedenklichkeitsprüfungen

In den §§ 63f und 63g AMG werden nunmehr die Voraussetzungen für nichtinterventionelle Unbedenklichkeitsprüfungen geregelt. 89

a) Begriff der Unbedenklichkeitsprüfung. Der Begriff der **Unbedenklichkeitsprüfung**, definiert in § 4 Abs. 34 u. 35 AMG, umfasst 90

- bei Humanarzneimitteln jede Prüfung zu einem zugelassenen Arzneimittel, die durchgeführt wird, um ein Sicherheitsrisiko zu ermitteln, zu beschreiben oder zu quantifizieren, das Sicherheitsprofil eines Arzneimittels zu bestätigen oder die Effizienz von Risikomanagement-Maßnahmen zu messen;
- bei einem Tierarzneimittel eine pharmakoepidemiologische Studie oder klinische Prüfung entsprechend den Bedingungen der Zulassung mit dem Ziel, eine Gesundheitsgefahr im Zusammenhang mit einem zugelassenen Tierarzneimittel festzustellen und zu beschreiben.

---

[704] Für Arzneimittel, die nach § 22 Absatz 3 oder nach § 24b Absatz 2 zugelassen sind, werden regelmäßige aktualisierte Unbedenklichkeitsberichte nur in den in § 63d Abs. 4 AMG aufgeführten Fällen übermittelt, nämlich (1) wenn eine Auflage nach § 28 Absatz 3 oder 3a erteilt worden ist, (2) wenn sie von der zuständigen Bundesoberbehörde für einen Wirkstoff nach Erteilung der Zulassung wegen Bedenken im Zusammenhang mit Pharmakovigilanz-Daten oder wegen Bedenken auf Grund nicht ausreichend vorliegender regelmäßiger aktualisierter Unbedenklichkeitsberichte angefordert werden, oder (3) wenn Intervall und Termine für die Vorlage regelmäßiger aktualisierter Unbedenklichkeitsberichte gemäß Artikel 107c Absatz 4 RL 2001/83/EG in der Zulassung bestimmt worden sind.

[705] Die Unbedenklichkeitsberichte müssen enthalten: (1) Zusammenfassungen von Daten, die für die Beurteilung des Nutzens und der Risiken eines Arzneimittels von Interesse sind, einschließlich der Ergebnisse aller Prüfungen, die Auswirkungen auf die Zulassung haben können, (2.) eine wissenschaftliche Bewertung des Nutzen-Risiko-Verhältnisses des Arzneimittels, die auf sämtlichen verfügbaren Daten beruht, auch auf Daten aus klinischen Prüfungen für Indikationen und Bevölkerungsgruppen, die nicht der Zulassung entsprechen, und (3.) alle Daten im Zusammenhang mit der Absatzmenge des Arzneimittels sowie alle ihm vorliegenden Daten im Zusammenhang mit dem Verschreibungsvolumen, einschließlich einer Schätzung der Anzahl der Personen, die das Arzneimittel anwenden.

[706] Der Zulassungsinhaber kann beim CHMP oder bei der Koordinierungsgruppe nach Art. 27 RL 2001/83/EG beantragen, dass ein *einheitlicher Stichtag* nach Artikel 107c Abs, 6 RL 2001/83/EG in der Europäischen Union festgelegt oder das *Vorlageintervall* regelmäßiger aktualisierter Unbedenklichkeitsberichte *geändert* wird.

91 **b) Anzeigepflicht.** Nichtinterventionelle Unbedenklichkeitsprüfungen, die vom Zulassungsinhaber auf *eigene Veranlassung* durchgeführt werden, sind der zuständigen Bundesoberbehörde **anzuzeigen**. Diese kann vom Zulassungsinhaber das Protokoll und die Fortschrittsberichte anfordern. Innerhalb eines Jahres nach Abschluss der Datenerfassung hat der Zulassungsinhaber der zuständigen Bundesoberbehörde sodann den Abschlussbericht zu übermitteln[707].

92 **c) Zulassungsverfahren.** Für nichtinterventionelle Unbedenklichkeitsprüfungen, die vom Zulassungsinhaber *auf Grund einer Auflage* nach § 28 Abs. 3, 3a o. 3b AMG durchgeführt werden[708], gilt das in § 63g AMG festgelegte Verfahren wie folgt:

(1) Der Zulassungsinhaber hat den Entwurf des Prüfungsprotokolls vor Durchführung vorzulegen, und zwar
   - der zuständigen Bundesoberbehörde, wenn es sich um eine Prüfung handelt, die nur im Inland durchgeführt wird,
   - dem Ausschuss für Risikobewertung im Bereich der Pharmakovigilanz, wenn die Prüfung in mehreren Mitgliedstaaten der Europäischen Union durchgeführt wird.

(2) Diese nichtinterventionelle Unbedenklichkeitsprüfung darf nur begonnen werden, wenn der Protokollentwurf bei Prüfungen, die nur im Inland durchgeführt werden, durch die zuständige Bundesoberbehörde genehmigt wurde, oder bei Prüfungen, die in mehreren Mitgliedstaaten durchgeführt werden, durch den Ausschuss für Risikobewertung im Bereich der Pharmakovigilanz genehmigt wurde und der Protokollentwurf der zuständigen Bundesoberbehörde vorliegt[709].

(3) Nach Beginn einer Prüfung nach Absatz 1 sind wesentliche Änderungen des Protokolls vor deren Umsetzung, von der zuständigen Behörde (Bundesoberbehörde oder Ausschuss für Risikobewertung im Bereich der Pharmakovigilanz) zu genehmigen.

(4) Nach Abschluss der Prüfung ist der abschließende Prüfungsbericht an die zuständige Bundesoberbehörde bzw. dem Ausschuss für Risikobewertung im Bereich der Pharmakovigilanz innerhalb von zwölf Monaten nach Abschluss der Datenerfassung vorzulegen, wenn nicht auf die Vorlage verzichtet worden ist. Der Abschlussbericht ist zusammen mit einer Kurzdarstellung der Prüfungsergebnisse elektronisch zu übermitteln.

93 **d) Unzulässigkeit der Unbedenklichkeitsprüfung.** Die Durchführung einer Unbedenklichkeitsprüfung ist gemäß § 63f Abs. 3 AMG nicht zulässig, wenn durch sie die Anwendung eines Arzneimittels gefördert werden soll, sich Vergütungen für die Beteiligung von Angehörigen der Gesundheitsberufe an solchen Prüfungen nach ihrer Art und Höhe nicht auf den Zeitaufwand und die angefallenen Kosten beschränken oder ein Anreiz für eine bevorzugte Verschreibung oder Empfehlung bestimmter Arzneimittel entsteht.

94 **e) Weitere Anzeigepflichten.** Schließlich hat der Zulassungsinhaber die Unbedenklichkeitsprüfung – entsprechend der zu Anwendungsbeobachtungen in § 67 Abs. 6 AMG geltenden Regelung – auch der Kassenärztlichen Bundesvereinigung, dem Spitzenverband Bund der Krankenkassen und dem Verband der Privaten Krankenversicherung e. V. unverzüglich anzuzeigen unter Angabe von Ort, Zeit, Ziel und Protokoll der Prüfung sowie

---

[707] § 63f Abs. 1 AMG.
[708] S. hierzu o. → § 3 Rn. 91 ff.
[709] Die zuständige Bundesoberbehörde hat nach Vorlage des Protokollentwurfs innerhalb von 60 Tagen über die Genehmigung der Prüfung zu entscheiden. Eine Genehmigung ist zu versagen, wenn die Anwendung des Arzneimittels gefördert werden soll, die Ziele mit dem Prüfungsdesign nicht erreicht werden können oder es sich um eine klinische Prüfung nach § 4 Absatz 23 Satz 1 handelt.

Meier

Name und lebenslange Arztnummer der beteiligten Ärzte[710]. Sofern beteiligte Ärzte Leistungen zu Lasten der gesetzlichen Krankenversicherung erbringen, sind bei diesen Anzeigen auch die Art und die Höhe der an sie geleisteten Entschädigungen anzugeben und jeweils eine Ausfertigung der mit ihnen geschlossenen Verträge nebst einer Darstellung des Aufwandes für die beteiligten Ärzte und eine Begründung für die Angemessenheit der Entschädigung zu übermitteln[711].

6. Tierarzneimittel

§ 63h AME regelt die Dokumentations- und Meldepflichten für Tierarzneimittel. Ferner bestimmt § 63j Abs. 2 AMG, dass die Regelungen des § 63b – mit Ausnahme der Absätze 1 und 3 – sowie der §§ 63d, 63e, 63f und 63g AMG keine Anwendung finden auf Tierarzneimittel.

II. Behördliche Überwachung

1. Zuständige Überwachungsbehörden

Die behördliche Überwachung ist im 11. Abschnitt des AMG in den §§ 64–69a geregelt. Zuständig für die Wahrnehmung der darin definierten Aufgaben ist jeweils die zuständige Überwachungsbehörde des Bundeslandes, in dem der überwachungspflichtige Betrieb oder die der Überwachung unterliegende Person ihren Sitz haben. Darüber hinaus nehmen die Landesüberwachungsbehörden auch die weiteren ihnen durch die Allgemeine Verwaltungsvorschrift zur Durchführung des Arzneimittelgesetzes (AMGVwV) zugewiesenen Aufgaben wahr[712].

Die Zuständigkeit der nationalen Behörden für die Durchführung des AMG richtet sich daher nach dem Gegenstand der zu treffenden Maßnahmen:

- Das **Bundesministerium für Gesundheit** als oberste Bundesbehörde ist zuständig für *stoffbezogene* Maßnahmen im Rahmen von Rechtsverordnungen, wie zB Erlass eines Herstellungsverbots für bestimmte Stoffe, Unterstellung unter die Verschreibungspflicht.
- Die **Bundesoberbehörden** sind zuständig für den Erlass von Maßnahmen in Bezug auf die *Arzneimittelzulassung,* wie zB der Widerruf, die Rücknahme oder das Ruhen der Zulassung sowie Auflagen (zB die Änderung oder Ergänzung des Worlauts der äußeren Umhüllung oder die Anordnung /Ergänzung des Wortlautes der Gebrauchs- und Fachinformaton).
- Die **Landesüberwachungsbehörden** sind für den Erlass von Maßnahmen in Bezug auf *Einzelarzneimittel* bzw. *bestimmte Chargen* zuständig, wie zB Untersagung des Inverkehrbringens, Sicherstellung, Anordnung des Rückrufes (also zB bei produktionsbezogenen Chargenproblemen).

Zur Sicherstellung einer schnellen und reibungslosen Zusammenarbeit der Überwachungsbehörden sind diese gemäß § 68 AMG über die bereits bestehende Verpflichtung zur Unterstützung im Wege der Amtshilfe hinaus zur aktiven gegenseitigen Unterstützung

---

[710] § 63f Abs. 4 S. 1 u. 2 AMG.
[711] § 63f Abs. 4 S. 3 AMG. Die Sätze 4–6 enthalten weitere Übermittlungsverpflichtungen.
[712] Gemäß Art. 83 GG ist die Durchführung des Bundesgesetzte – wie damit auch des AMG – eigene Angelegenheit der Bundesländer. Ausgenommen sind solche Vorschriften, deren Durchführung den Bundesoberbehörden vorbehalten sind, wie alle Maßnahmen betreffend die Zulassung von Arzneimitteln. Vgl. hierzu § 1 Allgemeine Verwaltungsvorschrift zur Durchführung des Arzneimittelgesetzes (AMGVwV) v. 29. März 2006; *Kloesel/Cyran,* AMG, A 1.0, § 64 Anr. 1 f.; *Rehmann,* AMG, § 64 Anm. 1.

und Zusammenarbeit bei der Wahrnehmung ihrer Aufgaben verpflichtet, ohne dass ein Ersuchen einer anderen Behörde vorliegt[713]. Insbesondere haben diese sich bei Zuwiderhandlungen und bei Verdacht auf Zuwiderhandlungen gegen Vorschriften des Arzneimittelrechts, Heilmittelwerberechts oder Apothekenrechts für den jeweiligen Zuständigkeitsbereich unverzüglich zu unterrichten und bei der Ermittlungstätigkeit gegenseitig zu unterstützen. Ferner erteilen sie der zuständigen Behörde eines anderen Mitgliedstaates der EU oder bei Humanarzneimitteln der EMA auf begründetes Ersuchen Auskünfte und übermitteln die erforderlichen Urkunden und Schriftstücke, soweit dies für die Überwachung der Einhaltung der arzneimittelrechtlichen, heilmittelwerberechtlichen und apothekenrechtlichen Vorschriften oder zur Verhütung oder zur Abwehr von Arzneimittelrisiken erforderlich ist. Auch überprüfen sie alle von der ersuchenden Behörde eines anderen Mitgliedstaates mitgeteilten Sachverhalte und teilen ihr das Ergebnis der Prüfung mit[714].

2. Durchführung der Überwachung

99 Der Arzneimittelüberwachung unterliegen alle Betriebe sowie alle Betriebe und Einrichtungen, in denen **Arzneimittel** hergestellt, geprüft, gelagert, verpackt oder in den Verkehr gebracht werden oder in denen sonst mit ihnen Handel getrieben wird und die Arzneimittel entwickeln, klinisch prüfen, einer Rückstandsprüfung unterziehen oder Arzneimittel nach § 47a Abs. 1 Satz 1 AMG oder zur Anwendung bei Tieren bestimmte Arzneimittel erwerben oder anwenden. Auch die Entwicklung, Herstellung, Prüfung, Lagerung, Verpackung und das Inverkehrbringen bestimmter **Wirkstoffe** und anderer zur Arzneimittelherstellung bestimmten Stoffen und von Gewebe sowie der sonstige Handel mit diesen Wirkstoffen und Stoffen unterliegt der Überwachung, soweit sie durch eine Rechtsverordnung nach § 54 AMG, nach § 12 des Transfusionsgesetzes oder nach § 16a des Transplantationsgesetzes geregelt sind[715].

100 Zur sorgfältigen Wahrnehmung der Überwachungsaufgaben ist eine bestimmte **sachliche und personelle Ausstattung** der Behörden erforderlich. Daher bestimmt § 64 Abs. 2 AMG, dass die mit der Überwachung beauftragten Personen diese Tätigkeit hauptberuflich ausüben müssen, ggf. unter Beiziehung von Sachverständigen. Eine erforderliche Sachkenntnis wird von § 8 AMGVwV gefordert, die in der Regel durch die Approbation als Apotheker erbracht wird[716].

101 Die zuständige Landesbehörde hat dabei einen **umfassenden Überwachungsauftrag,** da sie sich davon zu überzeugen hat, dass nicht nur die Vorschriften des AMG, sondern auch Vorschriften über Wirkstoffe und andere zur Arzneimittelherstellung bestimmte Stoffe, über die Werbung auf dem Gebiete des Heilwesens, des Zweiten Abschnitts des Transfusionsgesetzes, der Abschnitte 2, 3 und 3a des Transplantationsgesetzes und über

---

[713] Gemäß Art. 35 Abs. 1 GG sind alle Bundes- und Landesbehörden bereits zur gegenseitigen Rechts- und Amtshilfe verpflichtet. Dies ist in § 4 VwVfG nochmals gesetzlich niedergelegt, und ist daher im AMG nicht nochmals zu wiederholen. S. *Kloesel/Cyran,* AMG, A 1.0, § 68 Anm. 1.

[714] Die einzelnen Maßnahmen der Zusammenarbeit sind ausführlich in den Absätzen 2–6 des § 68 AMG beschrieben. Vgl. insgesamt hierzu die Kommentierung in *Kloesel/Cyran,* AMG, A 1.0, § 68 Anm. 8 ff.; *Rehmann,* AMG, § 68 Rn. 1–4.

[715] § 64 Abs. 1 S. 1 u. 2 AMG. Als Maßstab des Standes von Wissenschaft und Technik für die Betriebsüberwachung bestehen einheitliche Richtlinie der Europäischen Kommission sowie der Pharmazeutischen Inspektions-Convention, insb. der gemeinsame Leifaden mti den Details zu GMP-Richtlinien 2003/94/EG und 91/412/EWG. Ferner hat die Europäische Kommission (DG Sanco) zur Unterstützung einer einheitlichen Durchführung von Inspektionen für bestimmte Arzneimittel das Verfahrenshandbuch „Inspektion der Beschaffung von Gewebe und Zellen und von Gewebeeinrichtungen" erlassen. Ausführlich hierzu *Kloesel/Cyran,* AMG, A 1.0, § 64 Anm. 5 f.

[716] Vgl. hierzu *Kloesel/Cyran,* AMG, A 1.0, § 64 Anm. 28 f.; *Heßhaus* in Spickhoff, Medizinrecht, 10. AMG, § 64 Rn. 4.

§ 4 Inverkehrbringen, Überwachung und Schutz von Arzneimitteln

das Apothekenwesen beachtet werden[717]. Die Überwachung selbst erfolgt insbesondere durch regelmäßige, ggf. unangemeldete Inspektionen und Folgemaßnahmen sowie durch die Entnahme von Arzneimittelproben zur amtlichen Untersuchung[718]. Bestimmte erlaubnispflichtige Betriebe und Einrichtungen (insbesondere Herstellbetriebe nach § 13 AMG) sollten alle zwei Jahre überprüft werden, wobei die Erlaubnis überhaupt erst nach erfolgter positiv verlaufender Inspektion erteilt werden darf[719]. Detaillierte Vorgaben zur Durchführung der Inspektionen enthalten die Absätze 3b-3h des § 64 AMG.

Die **Befugnisse der mit der Überwachung beauftragten Personen** sind in § 64 Abs. 4 AMG niedergelegt, und umfassen das Recht, 102

- Grundstücke, Geschäftsräume, Betriebsräume, Beförderungsmittel und zur Verhütung dringender Gefahr für die öffentliche Sicherheit und Ordnung auch Wohnräume zu den üblichen Geschäftszeiten zu betreten, zu besichtigen sowie in Geschäftsräumen, Betriebsräumen und Beförderungsmitteln zur Dokumentation Bildaufzeichnungen anzufertigen,
- Unterlagen über Entwicklung, Herstellung, Prüfung, klinische Prüfung oder Rückstandsprüfung, Erwerb, Lagerung, Verpackung, Inverkehrbringen und sonstigen Verbleib der Arzneimittel sowie über das im Verkehr befindliche Werbematerial und über die nach § 94 erforderliche Deckungsvorsorge einzusehen,
- Abschriften oder Ablichtungen solcher Unterlagen oder Ausdrucke oder Kopien von Datenträgern, auf denen solche Unterlagen gespeichert sind, anzufertigen oder zu verlangen, soweit es sich nicht um personenbezogene Daten von Patienten handelt,
- Auskünfte zu verlangen, sowie
- vorläufige Anordnungen, auch über die Schließung des Betriebes oder der Einrichtung zu treffen, soweit es zur Verhütung dringender Gefahren für die öffentliche Sicherheit und Ordnung geboten ist.

3. Probenahme

§ 65 AMG berechtigt die mit der Überwachung beauftragte Person, **Proben** bei den der Überwachung nach § 64 AMG unterliegenden Personen, Betrieben und Einrichtungen zu nehmen. Hierbei kann es sich um planmäßige Proben (**Planproben**) oder außerplanmäßige Proben (**Verdachtsproben**) handeln[720]. 103

4. Duldungs- und Mitwirkungspflichten

Die der Überwachung nach § 64 Abs. 1 AMG unterliegenden Personen, Betriebe und Einrichtungen sind verpflichtet, die Maßnahmen nach den §§ 64 und 65 AMG zu **dulden** und die in der Überwachung tätigen Personen bei der Erfüllung ihrer Aufgaben zu **unterstützen**, insbesondere ihnen auf Verlangen die Räume und Beförderungsmittel zu 104

---

[717] Zur Sicherstellung einer einheitlichen Überwachung durch die Bundesländer, gerade auch im internationalen Vergleich, wurde eine zentrale Koordinierung der Überwachung durch die Bundesländer vereinbart, indem das Abkommen über die Zentralsteller der Länder für Gesundheitsschutz (ZLG) auch auf Arzneimittel erweitert wurde. Ausführlich hierzu *Kloesel/Cyran*, AMG, A 1.0, § 64 Anm. 7 f.
[718] § 65 AMG ermächtigt zur Ziehung von Proben, Details zur Probenahme regelt § 5 AMGVwV.
[719] § 64 Abs. 3a AMG.
[720] Dabei sind zurückzulassende Proben amtlich zu verschließen oder zu versiegeln, und mit dem Datum der Probenahme und dem Datum des Tages zu versehen, nach dessen Ablauf der Verschluss oder die Versiegelung als aufgehoben gelten (Abs. 2). Für Proben, die nicht bei dem pharmazeutischen Unternehmer entnommen werden, hat der pharmazeutische Unternehmer eine angemessene Entschädigung zu leisten, es sei denn, hierauf wird ausdrücklich verzichtet (Abs. 3). Das nähere hierzu regelt § 5 AMGVwV.

bezeichnen, Räume, Behälter und Behältnisse zu öffnen, Auskünfte zu erteilen und die Entnahme der Proben zu ermöglichen (§ 66 Abs. 1 S. 1[721]). Diese Duldungs- und Mitwirkungspflichten gelten auch in Bezug auf Maßnahmen der Bundesoberbehörden nach § 25 Abs. 5 S. 4, Abs. 8 S. 2 u. 3 oder § 62 Abs. 6 AMG.

5. Anzeigepflichten

105   Alle Betriebe und Einrichtungen, die eine der in § 67 Abs. 1 S. 1 AMG aufgeführten Tätigkeiten ausüben – dies sind alle, die Arzneimittel entwickeln, herstellen, klinisch prüfen oder einer Rückstandsprüfung unterziehen, prüfen, lagern, verpacken, in den Verkehr bringen oder sonst mit ihnen Handel treiben –, haben dies *vor* der Aufnahme der Tätigkeiten der zuständigen Behörde, bei einer klinischen Prüfung bei Menschen auch der zuständigen Bundesoberbehörde, **anzuzeigen**[722]. In der Anzeige sind die Art der Tätigkeit und die Betriebsstätte anzugeben; werden Arzneimittel gesammelt, so ist das Nähere über die Art der Sammlung und über die Lagerstätte anzugeben[723]. Bei der Herstellung von Arzneimitteln, für die es einer Erlaubnis nach § 13 AMG nicht bedarf, sind nach § 67 Abs. 2 AMG die Arzneimittel mit ihrer Bezeichnung und Zusammensetzung anzuzeigen. Auch sind **nachträgliche Änderungen** anzuzeigen. Bei Betrieben und Einrichtungen, die Wirkstoffe herstellen, einführen oder sonst mit ihnen Handel treiben, genügt jährlich eine Anzeige, sofern die Änderungen keine Auswirkungen auf die Qualität oder Sicherheit der Wirkstoffe haben können[724].

106   Freigestellt von diesen Anzeigeverpflichtungen sind Apotheken, Arzneimittelhersteller nach § 13 AMG, Einrichtungen nach §§ 20b u. 20c AMG, Großhändler nach § 52a AMG sowie Arzneimittelimporteure nach § 72 AMG. Der Grund für diese Freistellung ist, dass sie mit der Beantragung der jeweils für ihre Tätigkeit erforderlichen Erlaubnis der Überwachungsbehörde bereits die erforderlichen Informationen übermitteln[725].

107   Ferner hat der pharmazeutische Unternehmer, der von der Zulassungspflicht freigestellte Arzneimittel in den Verkehr bringt, dies *zuvor* der zuständigen Bundesoberbehörde und der zuständigen Behörde anzuzeigen. Darin sind der Hersteller, die verwendete Bezeichnung, die verwendeten nicht wirksamen Bestandteile, soweit sie nicht in der Verordnung nach § 36 Abs. 1 AMG festgelegt sind, sowie die tatsächliche Zusammensetzung des Arzneimittels anzugeben. Anzuzeigen sind auch *jede Änderung der Angaben* und die

---

[721] Die gleiche Verpflichtung besteht nach § 66 Abs. 1 S. 2 AMG für die sachkundige Person nach § 14, die verantwortliche Person nach § 20c, den Stufenplanbeauftragten, Informationsbeauftragten, die verantwortliche Person nach § 52a und den Leiter der klinischen Prüfung sowie deren Vertreter, auch im Hinblick auf Anfragen der zuständigen Bundesoberbehörde.

[722] Die Anzeigeverpflichtung gilt auch (1) für Einrichtungen, die Gewebe gewinnen, die die für die Gewinnung erforderliche Laboruntersuchung durchführen, Gewebe be- oder verarbeiten, konservieren, prüfen, lagern oder in Verkehr bringen, (2) für Personen, die diese Tätigkeiten selbständig und berufsmäßig ausüben, sowie für Personen oder Personenvereinigungen, die Arzneimittel für andere sammeln (S. 4) und für Betriebe und Einrichtungen, die Wirkstoffe oder andere zur Arzneimittelherstellung bestimmte Stoffe herstellen, prüfen, lagern, verpacken, in den Verkehr bringen oder sonst mit ihnen Handel treiben, soweit diese Tätigkeiten durch eine Rechtsverordnung nach § 54 geregelt sind (§ 67 Abs. 1 S. 2, 4 u. 6).

[723] Ist eine klinische Prüfung bei Menschen anzuzeigen, so sind der zuständigen Behörde auch deren Sponsor, sofern vorhanden dessen Vertreter nach § 40 Abs. 1 S. 3 Nr. 1 sowie der Prüfer und sein Stellvertreter, ggf. auch mit Angabe der Stellung als Leiter der klinischen Prüfung, namentlich zu benennen (§ 67 Abs. 1 S. 4). Ferner sind deren Verlauf, Beendigung und Ergebnisse der zuständigen Bundesoberbehörde mitzuteilen; das Nähere wird in der Rechtsverordnung nach § 42 AMG bestimmt (Abs. 3a).

[724] § 67 Abs. 3 AMG.

[725] § 67 Abs. 4 AMG. S. auch *Kloesel/Cyran*, AMG, A 1.0, § 67 Anm. 15 ff.; *Rehmann*, AMG, § 67 Rn. 4.

Beendigung des Inverkehrbringens. Schließlich ist nach Abs. 6 die Anwendungsbeobachtung (AWB) anzeigepflichtig[726].

Nach § 67 Abs. 7 AMG hat jeder, der beabsichtigt, gewerbs- oder berufsmäßig Arzneimittel, die in einem anderen Mitgliedstaat der EU zum Inverkehrbringen durch einen anderen pharmazeutischen Unternehmer zugelassen sind, erstmalig aus diesem Mitgliedstaat nach Deutschland zu verbringen (sog. Parallelimport), dies dem Inhaber der Zulassung vor der Aufnahme der Tätigkeit anzuzeigen. Für zentral zugelassene Arzneimittel ist in diesem Fall (sog. Parallelvertrieb) die Anzeige dem Zulassungsinhaber und der EMA zu übermitteln. Diese Anzeige nach § 67 Abs. 7 AMG ersetzt nicht eine Zulassung für das Inverkehrbringen nach § 21 AMG. Allerdings ist beim Parallelvertrieb von zentral zugelassenen Arzneimitteln keine weitere Zulassung durch die zuständige Bundesoberbehörde erforderlich, sondern in diesen Fällen lediglich ein Notifizierungsverfahren bei der EMA durchzuführen. Diese prüft sodann, ob das Arzneimittel den Bedingungen für das Inverkehrbringen entspricht, die für den jeweiligen Mitgliedstaat in der zentralen Genehmigung festgelegt wurden[727].

108

6. Datenbankgestütztes Informationssystem

Zur Erleichterung des Datenaustausches der zuständigen Bundesoberbehörden, Länderbehörden und europäischen Behörden ist auf Basis des § 67a AMG ein gemeinsam nutzbares **zentrales Informationssystem über Arzneimittel, Wirkstoffe und Gewebe** sowie deren Hersteller oder Einführer errichtet worden, das die für die Erfüllung der jeweiligen Aufgaben behördenübergreifend notwendigen Informationen zusammenfasst. Das **Deutsche Institut für Medizinische Dokumentation und Information (DIMDI)** hat dieses Informationssystem auf der Grundlage der von den zuständigen Behörden oder Bundesoberbehörden nach der Rechtsverordnung nach Absatz 3 zur Verfügung gestellten Daten errichtet und stellt dessen laufenden Betrieb sicher. Daten aus dem Informationssystem werden an die zuständigen Behörden und Bundesoberbehörden zur Erfüllung ihrer im Gesetz geregelten Aufgaben sowie an die Europäische Arzneimittel-Agentur übermittelt. Die zuständigen Behörden und Bundesoberbehörden erhalten darüber hinaus für ihre im Gesetz geregelten Aufgaben Zugriff auf die aktuellen Daten aus dem Informationssystem. Eine Übermittlung an andere Stellen ist zulässig, soweit dies die Rechtsverordnung nach Absatz 3 vorsieht.

109

Das DIMDI stellt darüber hinaus allgemein verfügbare Datenbanken mit Informationen zu Arzneimitteln über ein Internetportal bereit. Das Internetportal wird mit dem von der EMA eingerichteten europäischen Internetportal nach Art. 26 VO Nr. 726/2004 für Arzneimittel verbunden. Darüber hinaus stellt das DIMDI Informationen zum Versandhandel mit Arzneimitteln, die zur Anwendung bei Menschen bestimmt sind, über ein allgemein zugängliches Internetportal zur Verfügung. Dieses Internetportal wird verbunden mit dem von der EMA betriebenen Internetportal, das Informationen zum Versandhandel und zum gemeinsamen Versandhandelslogo enthält (Abs. 2). Das DIMDI hat sicherzustellen, dass die Daten nur den dazu befugten Personen übermittelt werden und nur diese Zugang zu diesen Daten erhalten (Abs. 5).

110

7. Maßnahmen der zuständigen Aufsichtsbehörde

§ 69 AMG ermächtigt die zuständigen Landesbehörden, alle zur Beseitigung festgestellter Verstöße und die zur Verhütung künftiger Verstöße notwendigen Anordnungen zu

111

---

[726] S. hierzu o. → § 3 Rn. 32.
[727] Ausführlich hierzu EMA, Frequently asked questions about parallel distribution, abrufbar unter http://www.ema.europa.eu.

treffen. Insbesondere können sie das Inverkehrbringen von Arzneimitteln oder Wirkstoffen untersagen, deren Rückruf anordnen und diese sicherstellen, sofern einer der in Abs. 1 S. 2 genannten Tatbestände erfüllt ist – nur in diesem Fall dürfen Maßnahmen ergriffen werden. Eine solche Befugnis ist hiernach gegeben, wenn
- die erforderliche Zulassung oder Registrierung für das Arzneimittel nicht vorliegt oder deren Ruhen angeordnet ist[728],
- das Arzneimittel oder der Wirkstoff nicht nach den anerkannten pharmazeutischen Regeln hergestellt ist oder nicht die hiernach angemessene Qualität aufweist,
- dem Arzneimittel die therapeutische Wirksamkeit fehlt,
- der begründete Verdacht besteht, dass das Arzneimittel schädliche Wirkungen hat, die über ein nach den Erkenntnissen der medizinischen Wissenschaft vertretbares Maß hinausgehen[729],
- die vorgeschriebenen Qualitätskontrollen nicht durchgeführt sind,
- die erforderliche Erlaubnis für das Herstellen des Arzneimittels oder des Wirkstoffes oder das Verbringen nach Deutschland nicht vorliegt oder ein Grund zur Rücknahme oder zum Widerruf der Erlaubnis nach § 18 Abs. 1 gegeben ist, oder
- die erforderliche Erlaubnis zum Betreiben eines Großhandels nach § 52a AMG nicht vorliegt oder ein Grund für die Rücknahme oder den Widerruf der Erlaubnis nach § 52a Abs. 5 AMG gegeben ist.

112 Hierbei kommt der zuständigen Landesbehörde nicht nur ein **Beurteilungsspielraum** dahingehend zu, ob die Tatbestandsvoraussetzungen gegeben sind, sondern auch ein **Auswahlermessen**, welche Maßnahme sie bei Vorliegen aller gesetzlichen Voraussetzungen trifft. Die Behörde kann damit nicht nur die in Satz 2 aufgeführten Maßnahmen treffen, sondern auch andere Maßnahmen, sofern diese zur Beseitigung der festgestellten Verstöße erforderlich sind[730].

113 Im Falle von wesentlichen Qualitätsmängeln oder unvertretbaren Nebenwirkungen kann die zuständige Bundesoberbehörde auch den **Rückruf** eines Arzneimittels anordnen, sofern ihr Tätigwerden im Zusammenhang mit Maßnahmen nach § 28, § 30, § 31 Abs. 4 S. 2 oder § 32 Abs. 5 AMG zur Abwehr von Gefahren für die Gesundheit von Mensch oder Tier durch Arzneimittel geboten ist. Eine solche Entscheidung ist sofort vollziehbar[731]. Auch kann hier eine öffentliche Warnung erfolgen[732].

114 Bei Arzneimitteln, die zentral, im MRP- oder DCP-Verfahren oder auf Grund eines Gutachtens des Ausschusses gemäß Art. 4 RL 87/22/EWG zugelassen wurden, hat die zuständige Bundesoberbehörde den Ausschuss für Humanarzneimittel (CHMP) oder den Ausschuss für Tierarzneimittel (CVMP) über festgestellte Verstöße gegen arzneimittelrechtliche Vorschriften nach Maßgabe der in den genannten Rechtsakten vorgesehenen Verfahren unter Angabe einer eingehenden Begründung und des vorgeschlagenen Vorgehens, zu unterrichten[733]. Bei diesen Arzneimitteln können die zuständigen Landesbehörden vor der Unterrichtung des zuständigen Ausschusses die zur Beseitigung festgestellter und zur Verhütung künftiger Verstöße notwendigen Anordnungen nur dann treffen, wenn diese zum Schutz der Gesundheit von Mensch oder Tier oder zum Schutz der Umwelt *dringend erforderlich* sind. Bei unvertretbaren Nebenwirkungen kann auch die zuständige Bundesoberbehörde das Ruhen der Zulassung anordnen oder den Rückruf eines Arznei-

---

[728] Vgl. § 30 Abs. 2 S. 2 AMG.
[729] Soweit es sich hierbei um Tierarzneimitteln handelt, beschränkt sich die Anwendung auf den bestimmungsgemäßen Gebrauch (Abs. 1 S. 4).
[730] Ausführlich hierzu *Kloesel/Cyran*, AMG, A 1.0, § 69 Rn. 8; *Heßhaus* in Spickhoff, Medizinrecht, 10. AMG, § 69 Rn. 2; *Rehmann*, AMG, § 69 Rn. 2.
[731] Vgl. § 69 Abs. 1 S. 3 u. 4 AMG.
[732] § 69 Abs. 4 AMG.
[733] § 69 Abs. 1a S. 1 AMG.

Meier

§ 4 Inverkehrbringen, Überwachung und Schutz von Arzneimitteln 153

mittels anordnen, sofern ihr Tätigwerden zum Schutz der in Satz 2 genannten Rechtsgüter dringend erforderlich ist[734].

Allerdings hat die zuständige Behörde im Benehmen mit der zuständigen Bundesoberbehörde das Recht, bei einem Humanarzneimittel, dessen Abgabe aus bestimmten Gründen untersagt wurde bzw. das aus dem Verkehr gezogen wurde, in Ausnahmefällen seine Abgabe an Patienten, die bereits mit diesem Arzneimittel behandelt werden, während einer Übergangszeit zu gestatten, wenn dies medizinisch vertretbar und für die betroffene Person angezeigt ist[735]. 115

Falls eine sachgerechte Lagerung der Arzneimittel nicht gewährleistet ist oder wenn der begründete Verdacht besteht, dass die gesammelten Arzneimittel mißbräuchlich verwendet werden, können die zuständigen Landesbehörden nicht nur das Sammeln von Arzneimitteln untersagen, sondern gesammelte Arzneimittel auch sichergestellt werden, falls durch unzureichende Lagerung oder durch ihre Abgabe die Gesundheit von Mensch und Tier gefährdet wird[736]. Ferner räumt das Gesetz den zuständigen Landesbehörden in § 69 Abs. 2a und 3 AMG noch die Befugnis zur Sicherstellung von bestimmten Tierarzneimitteln sowie von Werbematerial ein. 116

Schließlich regeln § 69a AMG die Überwachung von Stoffen, die als Tierarzneimittel verwendet werden, und § 69b AMG die Verwendung bestimmte Daten Vieh haltender Betriebe. 117

C. Sonderregelungen für Tierarzneimittel

I. Einleitung

Auch der Bereich der Tierarzneimittel ist in weiten Teilen europaweit harmonisiert auf Basis der Richtlinie 2001/82/EG[737]. Daher gelten für Tierarzneimittel folgende vergleichbare Grundsätze und Regelungen wie für Humanarzneimittel: 118

- Die **Einstufung** von Tierarzneimitteln erfolgt nach denselben Grundsätzen wie bei Humanarzneimitteln auf Basis der Begriffsbestimmung des § 2 AMG[738]. Von praktischer Relevanz ist insbesondere die Abgrenzung zu den Bioziden gemäß Richtlinie 98/8/EG[739].

---

[734] § 69 Abs 1a S. 4 AMG.
[735] § 69 Abs. 5 AMG, eingefügt durch die 16. AMG-Novelle.
[736] § 69 Abs. 2 AMG.
[737] Richtlinie 2001/82/EG des Europäischen Parlaments und des Rates vom 6. November 2001 zur Schaffung eines Gemeinschaftskodexes für Tierarzneimittel, ABl. L 311 v. 28.11.2001, S. 1, zuletzt geändert durch Verordnung (EG) Nr. 596/2009 des Europäischen Parlaments und des Rates vom 18. Juni 2009, L 188 v. 18.7.2009, S. 14.
[738] Ob es sich bei einem bestimmten Präparat um ein zulassungspflichtiges Arzneimittel handelt oder nicht, klärt die Landesbehörde des Bundeslandes, in dem der Auskunftsuchende ansässig ist. Gemäß § 21 Abs. 4 AMG kann die Landesbehörde jedoch in Zweifelsfällen ihre Entscheidung vom Bundesamt für Verbraucherschutz und Lebensmittelsicherheit (BVL) absichern lassen. Hat der pharmazeutische Unternehmer seinen Sitz in der EU bzw. des EWR, beantwortet das BVL Anfragen zur Zulassungs- oder Registrierpflicht eines Tierarzneimittels.
[739] Richtlinie 98/8/EG des Europäischen Parlaments und des Rates vom 16. Februar 1998 über das Inverkehrbringen von Biozid-Produkten, ABl. L 123 v. 24.4.1998, S. 1. Für die Einstufung als Tierarzneimittel mit der Folge einer entsprechenden Zulassungspflicht ist entscheidend, dass dem Produkt eine entsprechende pharmakologische, metabolische oder immunologische Wirkung beikommt sowie der Inverkehrbringer eine medizinische Indikation (zB Vorbeugung von Erkrankungen) beansprucht. Haben hiernach die enthaltenen Wirkstoffe ausschließlich letale Wirkung oder wird eine solche Indikation in Anspruch genommen, ist das Produkt als Tierarzneimittel einzustufen. Ist dies nicht der Fall, ist das Produkt als Biozid einzustufen, für dessen Registrierung bzw. Zulassung auf Antrag die Bundesanstalt für Arbeitsschutz und Arbeitsmedizin (BAuA) zuständig ist.

- Auch Tierarzneimittel, die in Deutschland vermarktet werden sollen, bedürfen gemäß § 21 Abs. 1 AMG hierzu grundsätzlich einer vorherigen behördlichen Genehmigung, und zwar
  - in Form einer **nationalen Zulassung**, die erteilt wird durch das Bundesamt für Verbraucherschutz und Lebensmittelsicherheit (BVL[740]), das Paul-Ehrlich-Institut (PEI[741]), oder das Friedrich-Loeffler-Institut (FLI[742]), oder
  - einer **zentralen Zulassung** durch die Europäische Kommission, koordiniert durch die EMA und unterstützt durch den Veterinärausschuss CVMP (Committee for Veterinary Medicinal Products)
- Für die Zulassung von Tierarzneimitteln stehen – abhängig von dem Arzneimittel selbst und davon, in welchen Ländern der EU bzw. des EWR die Vermarktung erfolgen soll – ebenfalls das nationale, das MRP-, das DCP- sowie das zentrale **Zulassungsverfahren** zur Verfügung[743]. § 23 AMG fordert allerdings für die Zulassung von Arzneimitteln, die zur Anwendung bei Tieren bestimmt sind, die der Gewinnung von Lebensmitteln dienen, die Vorlage weiterer besonderer Unterlagen.
- Eine von der Europäischen Kommission bzw. von den Mitgliedstaaten erteilte Zulassung hat eine **initiale Gültigkeit von fünf Jahren**. Nach diesen fünf Jahren findet eine erneute Bewertung des Nutzen-Risiko-Verhältnisses des Tierarzneimittels statt, wobei der Zulassungsinhaber hierzu sechs Monate vor Ablauf der Gültigkeitsfrist einen Antrag auf Zulassungsverlängerung bei der zuständigen Zulassungsbehörde stellen muss. Bei nicht fristgerechter Einreichung des Antrages erlischt die Zulassung automatisch, nach Erteilung einer Verlängerung gilt die Zulassung in der Regel ohne zeitliche Begrenzung[744].
- Auch für zentral zugelassene Arzneimittel erlischt die Zulassung, wenn das betreffende Tierarzneimittel drei Jahre lang nicht tatsächlich auf den Markt gebracht wurde (**sunset clause**[745]). Allerdings sind Ausnahmen hiervon möglich aus Gründen des Schutzes der Gesundheit bzw. aufgrund rechtlicher Vorschriften zu Maßnahmen der Bekämpfung spezifischer Tierseuchen[746].

---

[740] Die Zulassung von Tierarzneimitteln obliegt grundsätzlich dem BVL. Das BVL ist aber nicht zuständig für Tierarzneimittel, die unter Verwendung von Krankheitserregern oder auf biotechnischem Wege hergestellt werden und zur Verhütung, Erkennung oder Heilung von Tierseuchen bestimmt sind (§ 4a Satz 1 Nr. 1 AMG). Die Zulassung dieser Tierarzneimittel hat ihre gesetzliche Grundlage im Tierseuchengesetz (TierSG) und in der Verordnung über Sera, Impfstoffe und Antigene nach dem Tierseuchengesetz (Tierimpfstoff-VO). In § 2 Abs. 2 Tierimpfstoff-VO ist die Zuständigkeit von PEI und FLI als Zulassungsstellen geregelt.

[741] Nach § 2 Abs. 2 Tierimpfstoff-VO ist das PEI zuständig für die Zulassung von folgenden immunologischen Tierarzneimitteln, die zur Anwendung am Tier bestimmt sind und die nach § 1 Nr. 1 Tierimpfstoff-VO als Mittel bezeichnet werden: Sera, Impfstoffe, Immunmodulatoren, Tuberkuline, sowie weiter Tierarzneimittel.

[742] Ebenfalls nach § 2 Abs. 2 Tierimpfstoff-VO ist das FLI zuständig für die Zulassung von Mitteln, die nicht zur Anwendung am Tier bestimmt sind (Diagnostika).

[743] Zwingend nach dem zentralisierten Verfahren von der Europäischen Kommission zuzulassen sind gemäß Art. 3 Abs. 1 VO 726/2004 die unter den Anhang hierzu fallenden Arzneimittel. Hierbei werden nach Ziff. 2 insbesondere solche Tierarzneimittel erfasst, die vorwiegend zur Anwendung als Leistungssteigerungsmittel zur Förderung des Wachstums oder zur Erhöhung der Ertragsleistung von behandelten Tieren vorgesehen sind. Gemäß Art. 3 Abs. 2 VO 726/2004 kann für Tierarzneimittel, die einen neuen Wirkstoff enthalten, sowie innovative neue Tierarzneimittel das zentralisierte Zulassungsverfahren fakultativ gewählt werden. Alle übrigen Tierarzneimittel, die nicht unter diese Verordnung fallen, können nur von den nationalen Behörden der EU-/EWR-Mitgliedstaaten im nationalen, DCP- oder MRP-Verfahren zugelassen werden.

[744] Art. 39 Abs. 1–3 VO 726/2004 sowie § 31 AMG.

[745] Art. 39 Abs. 4 u. 5 VO 726/2004.

[746] Art. 39 Abs. 6 VO 726/2004. Beispielhaft können hier die Schweinepest oder die Maul- und Klauenseuche genannt werden.

Meier

§ 4 Inverkehrbringen, Überwachung und Schutz von Arzneimitteln

- Für Tierarzneimittel gelten die **Kennzeichnungsvorschriften** der §§ 10, 11 und 11a AMG im Wesentlichen entsprechend[747]. Immunologische Tierarzneimittel, die in Deutschland vermarktet werden sollen, sind gemäß §§ 35 u. 36 Tierimpfstoff-VO in deutscher Sprache, in deutlich lesbarer Schrift und in dauerhafter Weise zu kennzeichnen unter Beifügung einer Packungsbeilage (Gebrauchsinformation).
- Bei Vornahme von Änderungen einer Zulassung und sich hierdurch ergebender Änderungen an den zum Zulassungsantrag eingereichten Unterlagen sind diese der für die Zulassung zuständigen Behörde **anzuzeigen**. Abhängig davon, wie erheblich diese Änderungen sind, stehen sie unter dem Vorbehalt der Zustimmung bzw. Genehmigung durch die Zulassungsbehörde[748].
- Auch bei Tierarzneimitteln ist der Zulassungsinhaber zur Sammlung und Auswertung von Meldungen zu **unerwünschten Wirkungen** von Tierarzneimitteln verpflichtet und hat diese – je nach Schweregrad des jeweiligen Ereignisses – unverzüglich oder in bestimmten Zeitintervallen als Sammelmeldung den Behörden mitzuteilen[749].

II. Sondervorschriften für Tierarzneimittel

Daneben enthält das AMG im Neunten Abschnitt in den §§ 56–61 AMG im wesentlichen folgende Sonderregelungen für Tierarzneimittel:

- Nach § 56 AMG dürfen Fütterungsarzneimittel[750] vom Hersteller abweichend von § 47 Abs. 1 AMG nur unmittelbar an Tierhalter abgegeben werden, allerdings auch nur auf **Verschreibung eines Tierarztes**; dies gilt unter bestimmten Voraussetzungen auch für Fütterungsarzneimittel, die in einem anderen Mitgliedstaat der Europäischen Union oder in einem anderen Vertragsstaat des EWR unter Verwendung in Deutschland zugelassener Arzneimittel-Vormischungen oder solcher Arzneimittel-Vormischungen hergestellt werden. Die Absätze 2–5 des § 56 AMG enthalten besondere Vorschriften betreffend Herstellung, Kennzeichnung und Verschreibung von Fütterungsarzneimitteln.
- § 56a AMG normiert die Voraussetzungen für die **Verschreibung, Abgabe und Anwendung von Arzneimitteln durch Tierärzte**, und § 56b AMG die Möglichkeit des Bundesministeriums für Ernährung, Landwirtschaft und Verbraucherschutz, Ausnahmen hiervon zuzulassen, soweit die notwendige arzneiliche Versorgung der Tiere ansonsten ernstlich gefährdet wäre.
- § 57 AMG regelt den **Erwerb und den Besitz von Tierarzneimitteln** durch Tierhalter sowie die hierfür erforderlichen Nachweise. Insbesondere darf der Tierhalter apothekenpflichtige Tierarzneimittel nur in Apotheken, bei dem den Tierbestand behandelnden Tierarzt oder in den Fällen des § 56 Abs. 1 AMG direkt bei den Herstellern erwerben. Andere nicht in § 47 Abs. 1 AMG aufgeführte Personen dürfen solche

119

---

[747] Vgl. §§ 10 Abs. 5 u. Abs. 10, 11 Abs. 4 und 11a Abs. 1c u. 1d AMG.

[748] Auch bei Tierarzneimitteln wird gemäß Verordnung 1234/2008 unterschieden zwischen geringfügigen Änderungen des Typs IA und des Typs IB-Änderungen sowie größeren Änderungen des Typs II. Dies gilt auch für immunologische Arzneimittel nach § 29 Tierimpfstoff-Verordnung.

[749] Vgl. §§ 62 ff. AMG. Bei immunologischen Tierarzneimitteln hat der Zulassungsinhaber bei Verdacht auf schwerwiegende Nebenwirkungen oder Verdachts der Nebenwirkung beim Menschen diesen Verdachtsfall innerhalb von 15 Tagen nach Bekanntwerden dem PEI anzuzeigen. Eine Nebenwirkung ist als schwerwiegend einzustufen, wenn diese tödlich oder lebensbedrohlich ist, zu signifikanter Behinderung führt oder bei den behandelten Tieren ständig auftretende bzw. lang anhaltende Symptome hervorruft.

[750] Fütterungsarzneimittel sind nach § 4 Abs. 10 AMG. Für Arzneimittel in verfütterungsfertiger Form, die aus Arzneimittel-Vormischungen und Mischfuttermitteln hergestellt werden und die dazu bestimmt sind, zur Anwendung bei Tieren in den Verkehr gebracht zu werden.

Arzneimittel nur in Apotheken erwerben[751]. Ergänzend bestimmt die auf Basis des § 57 Abs. 2 AMG erlassene Rechtsverordnung Nachweispflichten über den Erwerb, die Aufbewahrung und den Verbleib der Arzneimittel und die Führung eines Registers bzw. von Nachweisen über die Anwendung der Arzneimittel[752].
- Eine **Anwendung** von verschreibungspflichten Arzneimitteln bei Tieren darf **durch Tierhalter** und andere Personen, die nicht Tierärzte sind, nur dann erfolgen, soweit die Arzneimittel von dem Tierarzt verschrieben oder abgegeben wurden, bei dem sich die Tiere in Behandlung befinden[753].
- Für die **Anwendung** von Tierarzneimitteln bei Tieren, die der Gewinnung von Lebensmitteln dienen, bestimmt § 58 Abs. 1 AMG ferner, dass Tierhalter und andere Personen, die nicht Tierärzte sind, verschreibungspflichtige Arzneimittel oder andere vom Tierarzt verschriebene oder erworbene Arzneimittel nur nach einer tierärztlichen Behandlungsanweisung für den betreffenden Fall anwenden dürfen. Nicht verschreibungspflichtige Arzneimittel, die nicht für den Verkehr außerhalb der Apotheken freigegeben sind und deren Anwendung nicht auf Grund einer tierärztlichen Behandlungsanweisung erfolgt, dürfen ebenfalls nur unter engen, in § 58 Abs. 2 aufgeführten Voraussetzungen angewendet werden.
- § 59 AMG enthält Sondervorschriften in Bezug auf die **klinische Prüfung** und die **Rückstandsprüfung** bei Tieren, die der Lebensmittelgewinnung dienen.
- Die §§ 59a–d AMG sehen Sondervorschriften für die **Herstellung** und den **Verkehr** von Tierarzneimitteln mit bestimmten Stoffen und Zubereitungen aus Stoffen vor.
- Gemäß § 60 AMG finden die Regelungen der §§ 21 bis 39d und 50 AMG über die Zulassungspflicht von Tierarzneimitteln für das Inverkehrbringen keine Anwendung für Arzneimittel, die ausschließlich zur Anwendung bei Zierfischen, Zier- oder Singvögeln, Brieftauben, Terrarientieren, Kleinnagern, Frettchen oder nicht der Gewinnung von Lebensmitteln dienenden Kaninchen bestimmt und für den Verkehr außerhalb der Apotheken zugelassen sind. Allerdings gelten die Vorschriften über die Herstellung von Arzneimitteln mit der Maßgabe, dass der Nachweis einer zweijährigen praktischen Tätigkeit nach § 15 Abs. 1 AMG entfällt.

D. Der Schutz von Arzneimitteln

I. Einleitung

120   Die Forschung im pharmazeutischen Bereich trägt entscheidend zur ständigen Verbesserung der Volksgesundheit bei. Gerade Arzneimittel, die das Ergebnis einer langen und kostspieligen Forschungstätigkeit sind, werden nur weiterentwickelt, wenn der rechtliche Rahmen einen ausreichenden Schutz zur Förderung einer solchen Forschung vorsieht[754]. Im Bereich der Entwicklung neuer Arzneimittel nimmt daher der Schutz von Arzneimitteln einen besonders hohen Stellenwert ein: Von 5.000–10.000 untersuchten Substanzen erlangt etwa nur eine einzige Substanz die behördliche Zulassung in Form eines neuen Medikaments, wobei bis zur Arzneimittelzulassung durchschnittlich 12 Jahre vergehen.

---

[751] Ausnahmen hiervon regelt § 57 Abs. 1 S. 3 u. S. 4 AMG insbesondere für Tierarzneimittel, die ausschließlich zur Anwendung bei Tieren, die nicht der Gewinnung von Lebensmitteln dienen, zugelassen sind.

[752] Verordnung über Nachweispflichten der Tierhalter für Arzneimittel, die zur Anwendung bei Tieren bestimmt sind (Tierhalter-Arzneimittel-Nachweisverordnung), Artikel 2 der Verordnung vom 20. Dezember 2006 (BGBl. I S. 3450, 3453).

[753] § 57a AMG.

[754] S. Erwägungsgrund 1 zur Verordnung (EWG) Nr. 1768/92 des Rates vom 18. Juni 1992 über die Schaffung eines ergänzenden Schutzzertifikats für Arzneimittel (ABl. L 182 vom 2.7.1992, S. 1).

Daher wird die Entwicklung eines modernen Arzneimittels heute mit durchschnittlichen Investitionskosten von rund 800 Millionen Dollar veranschlagt, wobei der größte Anteil auf die klinische Entwicklung entfällt[755].

Da wirtschaftlich erfolgreiche Ideen und Erfindungen häufig nachgeahmt werden, sind aus Sicht der forschenden Arzneimittelhersteller effektive Schutzrechte unerlässlich, um derart hohe finanzielle Investitionen für die Entwicklung neuer Arzneimittel tätigen und das damit verbundene Risiko eingehen zu können: nur eine exklusive Marktstellung für einen bestimmten Zeitraum ermöglicht es, die Entwicklungskosten am Markt zu erwirtschaften[756]. Der Schutz von Arzneimitteln wird dabei nicht nur durch **gewerbliche Schutzrechte** gewährt, sondern auch durch **sonstige Schutzrechte,** die nicht dem Bereich der gewerblichen Schutzrechte zuzuordnen sind. 121

1. Gewerbliche Schutzrechte

Geistige und gewerbliche Leistungen, die einem Sonderrechtsschutz zugänglich sind, werden unter dem Oberbegriff „Gewerbliche Schutzrechte" zusammengefasst. Die gewerblichen Schutzrechte sind als absolute Rechte (sog. Immaterialgüterrechte) ausgestaltet und genießen daher den **Eigentumsschutz nach Art. 14 GG**[757]. 122

Die gewerblichen Schutzrechte wiederum lassen sich unterteilen in 123

- **technische Schutzrechte:** für den Bereich der Arzneimittel sind bedeutsam die **Patente** und die **Gebrauchsmuster**[758]; hierbei besteht die Möglichkeit, eine Verlängerung des Patentschutzes eines Arzneimittels durch die sog. **ergänzende Schutzzertifikat** zu erhalten, welches wiederum durch die sog. **Pädiatrische Exklusivität** verlängert werden kann[759],
- **ästhetische Schutzrechte:** dies umfasst **das eingetragene Design** und typographische Schriftzeichen[760], sowie
- **Kennzeichnungsrechte,** die nach dem Markengesetz gewährt werden: dies sind die **Marken,** geschäftliche Bezeichnungen sowie geografische Herkunftsangaben[761].

2. Sonstige Schutzrechte

Nicht zum gewerblichen Rechtsschutz zählen insbesondere das Urheberrecht, das Know-How, der ergänzende wettbewerbsrechtliche Leistungsschutz sowie im Bereich des Arzneimittelrechts auch der sog. Unterlagenschutz und die sog. Orphan Exklusivität: 124

---

[755] Vgl. VfA, Patentschutz – Garant für therapeutischen Fortschritt, 5.11.2012, abrufbar unter www.vfa.de.

[756] Die Exklusivität der wirtschaftlichen Nutzung einer Erfindung für einen zeitlich befristeten Zeitraum gibt dem Patentinhaber die Möglichkeit, zum einen die Kosten für seine Erforschung und Entwicklung zurückzuverdienen und zum anderen zukünftige Forschungsarbeiten zu finanzieren. Vgl. VfA, Patentschutz – Garant für therapeutischen Fortschritt, 5.11.2012, abrufbar unter www.vfa.de.

[757] Gabler Verlag (Herausgeber), Gabler Wirtschaftslexikon, Stichwort: gewerbliche Schutzrechte, online im Internet: http://wirtschaftslexikon.gabler.de/Archiv/1448/gewerbliche-schutzrechte-v6.html

[758] Die ebenfalls zu den technischen Schutzrechten zählenden Sortenschutzrechte sind vorliegend ohne Belang.

[759] Vgl. ausführlich zu den Patenten nachfolgend → Rn. 125 ff., zum Ergänzenden Schutzzertifikat nachfolgend → Rn. 141 ff., zur Paediatric Extension nachfolgend → Rn. 215 ff., sowie zu den Gebrauchsmustern nachfolgend → Rn. 148 ff.

[760] Vgl. ausführlich zum eingetragenen Design nachfolgend → Rn. 155 ff. Typographische Schriftzeichen werden nach Maßgabe des § 61 Designgesetz geschützt, sofern diese nach Artikel 2 des Schriftzeichengesetzes in der bis zum Ablauf des 1. Juni 2004 geltenden Fassung angemeldet wurden.

[761] Vgl. ausführlich zum Markenschutz nachfolgend → Rn. 162 ff.

Meier

- Das **Urheberrecht** schützt das Recht des Urhebers an seinen Werken. Dem Schutz des deutschen Urheberrechts unterfallen Werke der Literatur, Wissenschaft und Kunst[762], sofern diese persönliche geistige Schöpfungen darstellen[763]. Dies setzt voraus ein persönliches Schaffen, eine wahrnehmbare Formgestaltung, einen geistigen Gehalt sowie eine eigenpersönliche Prägung[764]. Damit ist zugleich die Abgrenzung gegenüber technisch-naturwissenschaftlichen Erfindungen gegeben, für die der gewerbliche Rechtsschutz Schutz bietet: Das Recht des gewerblichen Rechtsschutzes schützt die Ergebnisse geistigen Schaffens (sog. Immaterialgüter) auf gewerblichem Gebiet, während dessen das deutsche Urheberrecht solche auf kulturellem Gebiet schützt[765].
- Beim **Know-how** handelt es sich um Fähigkeiten und Wissen über prozedurale Vorgänge, wie zB Lösungswege und -prozesse zu den verschiedensten Problemen, wie zB in der Technik. Sofern Know-how einzeln oder in Kombination wertvoll, selten, dauerhaft und schwer imitierbar bzw. substituierbar ist, kann es als immaterielle Ressource einen Vermögensgegenstand darstellen[766]. Auch wenn Know-how nicht Gegenstand einer rechtlichen Verfügung sein und nicht übertragen, sondern nur mitgeteilt werden kann, so kann Know-how – in gleicher Weise wie gewerbliche Schutzrechte – Gegenstand eines schuldrechtlichen Lizenzvertrages sein[767].
- Der **ergänzende wettbewerbsrechtliche Leistungsschutz** gibt einem Unternehmen das Recht, sich gegen eine unlautere Ausbeutung der Leistungen oder des Rufes des Unternehmens durch ein anderes Unternehmen zu wehren. In Deutschland ist dies durch das Gesetz gegen unlauteren Wettbewerb (UWG[768]) geregelt. Dieser wettbewerbsrechtliche Leistungsschutz steht in Ergänzung zum gewerblichen Rechtsschutz, da das UWG Rechtsverletzungen beschreibt, gegen die auf der Grundlage von Spezialgesetzen – wie denen des Markenrechts oder des Urheberrechts – nicht vorgegangen werden kann[769]:
  – Spezialgesetze im Immaterialgüterrecht wie das Patentgesetz oder das Markengesetz regeln grundsätzlich abschließend den Rechtsschutz, der durch die gewährten Ausschließlichkeitsrechte entsteht.
  – Das Gesetz gegen den unlauteren Wettbewerb regelt im Unterschied dazu das Marktverhalten zwischen den Mitbewerbern und das Verhältnis zur Marktgegenseite. Insoweit gilt der Grundsatz der Nachahmungsfreiheit, wonach Nachahmungen grundsätzlich frei sind und die Schranken nur durch das Urheberrecht, Markenrecht etc. gezogen werden – außerhalb dieser Schranken darf eine Leistung nachgeahmt werden. Dieser Grundsatz wird nur ausnahmsweise durchbrochen, wenn die Leistung eine wettbewerbliche Eigenart besitzt und spezielle Verhältnisse hinzutreten, die das Nachahmen als unlauter erscheinen lassen.
- Ein besonderer Schutz wird im Arzneimittelrecht durch den sog. **Unterlagenschutz** (engl. „**Regulatory Data Protection**" – **RDP**[770]) gewährt: Hiernach werden für eine gewisse Dauer die Unterlagen des Vorantragstellers, insbesondere die klinischen Stu-

---

[762] § 1 UrhG. Hierzu gehören insbesondere Sprachwerke, wie Schriftwerke, Reden und Computerprogramme, Werke der Musik, pantomimische Werke, Werke der bildenden Künste, Lichtbildwerke, Filmwerke, sowie Darstellungen wissenschaftlicher oder technischer Art, wie Zeichnungen, Pläne, Karten, Skizzen, Tabellen und plastische Darstellungen, vgl. § 2 Abs. 1 UrhG.
[763] § 2 Abs. 2 UrhG.
[764] Vgl. hierzu ausführlich *Lutz*, Grundriss des Urheberrechts, Heidelberg 2009, Rn. 37–86d.
[765] Vgl. §§ 1, 2 UrhG sowie *Schütze/Vormann* in Dieners/Reese (Hrsg.), Hdb PharmR, § 19 Rn. 87, und *Kirchhof* in Münchener Kommentar zum Anfechtungsgesetz (1. Aufl. 2012), § 1 Rn. 88 f.
[766] Im Unternehmenswert drückt sich das Know-how im Goodwill aus.
[767] S. hierzu *Schütze/Vormann* in Dieners/Reese (Hrsg.), Hdb PharmR, § 19 Rn. 98 ff.
[768] Vgl. § 4 UrhG.
[769] S. *Köhler* in ders./Bornkamm, UWG (31. Aufl. 2012), § 4 UWG Rn. 9.3 m. z. w.Nachw.
[770] Einen solchen Unterlagenschutz gibt es daneben nur im Pflanzenschutzrecht, in dem es ebenfalls um eine Einzelzulassung von Pflanzenschutzmitteln geht, und das mit §§ 13 ff. Pflanzenschutzgesetz

diendaten, die Teil des Zulassungsdossiers sind, vor einer Bezugnahme durch einen anderen Antragsteller geschützt[771].
- Eine weitere besondere Form einer Marktexklusivität wird schließlich gewährt im Bereich der als solche ausgewiesenen Arzneimittel für seltene Leiden (sog. Orphan Drugs) durch die sog. **Orphan Exklusivität**. Wie ein ergänzendes Schutzzertifikat, so kann auch die Orphan Exklusivität mittels der **Pädiatrischen Exklusivität** verlängert werden[772].

II. Patent

1. Rechtliche Grundlagen

Das Patent als das wohl bekannteste Schutzrecht soll bedeutsame Erfindungen sowie innovative Produkte und Verfahren vor unerwünschter Nachahmung schützen, indem es seinem Anmelder ein zeitlich befristetes und räumlich begrenztes Nutzungsmonopol einräumt. Das Patent entfaltet Wirkung allein für das Hoheitsgebiet des Landes, für das es wirksam angemeldet wurde, und stellt damit – jedenfalls bislang – ein nationales Schutzrecht dar[773]. Es besteht aber die Möglichkeit, ein für das Gebiet der Bundesrepublik Deutschland wirksames Patent nicht nur national beim Deutschen Patent- und Markenamt (DPMA) anzumelden, sondern auch mittels einer europäischen oder internationalen Anmeldung einen Patentschutz für mehrere europäische Länder mit zu erlangen. Demgemäß finden sich die rechtlichen Grundlagen im deutschen Patentgesetz (PatG[774]), im Europäischen Patentübereinkommen (EPÜ[775]) sowie im Patentzusammenarbeitsvertrag (PCT[776]), wobei die Kriterien und Anforderungen für die jeweiligen nationalen Patente identisch sind.

125

---

ebenfalls eine Bestimmung enthält, die mit dem arzneimittelrechtlichen Institut des Unterlagenschutzes verwandt ist.

[771] S. European Commission, Notice to Applicants, Volume 2A, Procedures for marketing authorisation, Chapter 1, Marketing Authorisation (June 2013, Revision 4), S. 39 ff.; *Rehmann*, AMG, § 24b Rn. 10. Ausführlich zum Unterlagenschutz → Rn. 186 ff.

[772] Ausführlich zur Orphan Exclusivität → Rn. 206 ff. sowie zur Pädiatrischen Verlängerung → Rn. 215 ff.

[773] Die Mitgliedsstaaten und das Europäische Parlament haben im Jahr 2012 dem sog. „Patent-Paket" zugestimmt – einer Gesetzesinitiative, bestehend aus zwei Verordnungen und einem internationalen Abkommen, die den Grundstein für die Einführung des einheitlichen Patentschutzes in der EU legt. Dies sind: Verordnung (EU) Nr. 1257/2012 des Europäischen Parlaments und des Rates v. 17. Dezember 2012 über die Umsetzung der Verstärkten Zusammenarbeit im Bereich der Schaffung eines einheitlichen Patentschutzes, ABl. L 361 v. 31.12.2012, S. 1; Verordnung (EU) Nr. 1260/2012 des Rates v. 17. Dezember 2012 über die Umsetzung der verstärkten Zusammenarbeit im Bereich der Schaffung eines einheitlichen Patentschutzes im Hinblick auf die anzuwendenden Übersetzungsregelungen, ABl. L 361 v. 31.12.2012, S. 89, sowie Entwurf eines Übereinkommens über ein Einheitliches Patentgericht. Das Patent-Paket wird im Wege der verstärkten Zusammenarbeit zwischen 25 der 27 Mitgliedstaaten umgesetzt (außer Italien und Spanien). Mit Inkrafttreten des Abkommens und der Verordnungen wird es möglich sein, ein Europäisches Patent mit einheitlicher Wirkung zu erhalten, das den einheitlichen Schutz einer Erfindung über 25 Mitgliedstaaten auf der Grundlage eines „one-stop shop" ermöglichen wird, verbunden mit Kostenvorteilen und einer Reduzierung der administrativen Hürden. Vgl. *Europäische Kommission*, unter http://ec.europa.eu/internal_market/indprop/patent/index_de.htm.

[774] Patentgesetz in der Fassung der Bekanntmachung vom 16.12.1980 (BGBl. 1981 I S. 1), zuletzt geändert durch Art. 13 des Gesetzes v. 24.11.2011 (BGBl. I S. 2302).

[775] Übereinkommen über die Erteilung europäischer Patente (Europäisches Patentübereinkommen), 14. Aufl. 2010, abrufbar unter http://www.epo.org/law-practice/legal-texts/epc_de.html.

[776] Vertrag über die internationale Zusammenarbeit auf dem Gebiet des Patentwesens (Patentzusammenarbeitsvertrag), unterzeichnet in Washington am 19. Juni 1970 (BGBl. Teil II/1970, S. 649, 664).

2. Erteilungskriterien

126 Patente werden für eine *Erfindung* erteilt, die *neu* ist, auf einer *erfinderischen Tätigkeit* beruht und *gewerblich anwendbar* ist[777].

- **Erfindungen** in diesem Sinne sind technische Lehren zum planmäßigen Handeln, die einen kausal übersehbaren Erfolg unter Einsatz beherrschbarer Naturkräfte ohne Zwischenschaltung verstandesmäßiger Tätigkeiten reproduzierbar herbeiführen[778]. Abzugrenzen sind Erfindungen von **Entdeckungen** (zB Erkenntnisse, wie etwas funktioniert, oder Entdeckungen von Pflanzensorten und Tierarten): diese werden vom Gesetz nicht als technische Erfindungen angesehen und sind daher nicht patentierbar[779]. Auch sind wissenschaftliche Theorien, ästhetische Formschöpfungen, Pläne, Regeln und Verfahren für gedankliche Tätigkeiten, für Spiele oder für geschäftliche Tätigkeiten sowie Programme für Datenverarbeitungsanlagen und die Wiedergabe von Informationen als solche nicht patentierbar[780].
- Die **Neuheit** einer Erfindung ist gegeben, wenn sie nicht zum Stand der Technik gehört. Der Stand der Technik umfasst dabei alle Kenntnisse, die vor dem für den Zeitrang der Anmeldung maßgeblichen Tag durch schriftliche oder mündliche Beschreibung, durch Benutzung oder in sonstiger Weise der Öffentlichkeit zugänglich gemacht worden sind[781].
- Eine Erfindung gilt als auf einer **erfinderischen Tätigkeit** beruhend, wenn sie sich für den Fachmann nicht in naheliegender Weise aus dem Stand der Technik ergibt (sog. **Erfindungshöhe**[782]).
- Eine Erfindung gilt als **gewerblich anwendbar,** wenn ihr Gegenstand auf irgendeinem gewerblichen Gebiet einschließlich der Landwirtschaft hergestellt oder benutzt werden kann[783].

127 Patente werden für Erfindungen auch dann erteilt, wenn sie ein Erzeugnis, das aus biologischem Material besteht oder dieses enthält, oder wenn sie ein Verfahren, mit dem biologisches Material hergestellt oder bearbeitet wird oder bei dem es verwendet wird, zum Gegenstand haben[784].

3. Erteilungsverfahren

128 a) **Nationale Patentanmeldung. aa) Einreichung eines formwirksamen Antrags:** Der Antrag auf Erteilung eines Patents in Deutschland ist beim **Deutschen Patent- und Markenamt (DPMA)** zu stellen. Die formellen Erfordernisse an den Patentantrag, der schriftlich oder zwischenzeitlich auch elektronisch beim DPMA eingereicht werden kann, sind der Patentverordnung (PatV[785]) zu entnehmen[786].

---

[777] § 1 Abs. 1 PatG.
[778] Vgl. *Mes*, PatG/GebrMG, § 1 Rn. 7 ff.
[779] Allerdings ist eine planmäßige Nutzung einer Entdeckung (zB Extraktion eines Wirkstoffes aus einer Pflanze) patentfähig, wenn der Wirkstoff bekannt, jedoch die Wirkung (das heißt die planmäßige Nutzung) bislang unbekannt war.
[780] Vgl. § 1 Abs. 2 und 3 PatG und Art. 52 Abs. 2 und 3 EPÜ.
[781] § 3 Abs. 1 PatG, Art. 54 EPÜ.
[782] § 4 S. 1 PatG, Art. 56 Satz 1 EPÜ
[783] § 5 Abs. 1 PatG, Art. 57 EPÜ.
[784] § 1 Abs. 1 S. 2 PatG.
[785] Verordnung zum Verfahren in Patentsachen vor dem Deutschen Patent- und Markenamt (Patentverordnung – PatV) v. 1. September 2003 (BGBl. I S. 1702), zuletzt geändert durch Art. 3 der Verordnung vom 10. Dezember 2012 (BGBl. I S. 2630).
[786] S. § 3 PatV.

§ 4 Inverkehrbringen, Überwachung und Schutz von Arzneimitteln   161

- Insbesondere hat hiernach der Antragsteller seine Erfindung in den Anmeldeunterlagen so deutlich und vollständig zu offenbaren, dass ein Fachmann sie ohne weiteres ausführen kann; das bloße Ausfüllen des Anmeldeformblatts ist nicht ausreichend[787]. Daher sind als weitere Bestandteile der Patentanmeldung erforderlich: eine Technische Beschreibung der Erfindung, ggf. mit Bezugszeichenliste, eine präzise Formulierung der Patentansprüche zur Darstellung aller unter Schutz zu stellenden technischen Merkmale, ggf. erforderliche Zeichnungen, eine Zusammenfassung sowie die Erfinderbenennung.
- Mit Einreichen der Anmeldung ist die Erfindung auch so deutlich und vollständig zu offenbaren, dass ein Fachmann sie ausführen kann. Eine nachträgliche Erweiterung der technischen Information ist nicht zulässig[788].
- Die Unterlagen sind in deutscher Sprache vorzulegen; bei Einreichung der Anmeldung in einer Fremdsprache muss die Übersetzung innerhalb von drei Monaten nachgereicht werden[789].
- Schließlich ist die Anmeldegebühr innerhalb von drei Monaten nach dem Anmeldetag zu zahlen, da ansonsten die Anmeldung als zurückgenommen gilt[790].

Der Tag, an dem die Anmeldung beim Patentamt bzw. bei einem Patentinformationszentrum eingegangen ist, gilt als der sog. **Anmeldetag**[791]. Dieser bestimmt ua, dass später eingereichte Anmeldungen der gleichen oder einer ähnlichen Erfindung von Mitbewerbern nicht mehr zu einem Patent führen können. Gleichzeitig ist der Anmeldetag das **Prioritätsdatum** des zukünftigen Patents, und damit bedeutsam für Nachanmeldungen und einem Patentschutz im Ausland[792].   129

bb) Prüfungsverfahren: Im Prüfungsverfahren werden vom Patentprüfer des DPMA sodann die für eine Patenterteilung erforderliche Erfüllung der Kriterien (Neuheit, gewerbliche Anwendbarkeit, erfinderische Tätigkeit, und technische Erfindung) geprüft[793]. Das Prüfungsverfahren läuft im Wesentlichen wie folgt ab[794]:   130

- Zunächst erfolgt eine **Vorprüfung der Anmeldung:** Mit Einreichung der Patentunterlagen und der Überweisung der Anmeldegebühren wurde der Zeitrang der Anmeldung gesichert. Daraufhin wird die Anmeldung vorgeprüft, dh die Unterlagen auf Einhaltung der Formvorschriften und daraufhin analysiert, ob offensichtliche Patentierungshindernisse vorliegen[795].
- Sodann ist vom Antragsteller ein **Prüfungsantrag zu stellen** (hierfür besteht eine Frist von 7 Jahren ab Patentanmeldung) und die Prüfungsgebühr in Höhe von € 350,00 zu bezahlen, erst dann führt das Amt die für die Patenterteilung notwendige Prüfung der Anmeldung durch[796].
- Die Patentanmeldung bleibt zunächst 18 Monate lang geheim, erst danach erfolgt eine Offenlegung der Patentanmeldung mittels Veröffentlichung, der sog. **Offenlegungsschrift**[797]. Diese kann ab dem ersten Publikationstag in der Datenbank des DPMA

---

[787] §§ 5 ff. PatV.
[788] S. § 34 Abs. 4 PatG sowie *Mes,* PatG/GebrMG, § 34 Rn. 57 ff.
[789] § 35 Abs. 1 PatG.
[790] S. §§ 1 Abs. 1, 2 Abs. 1 PatKostG sowie § 6 Abs. 1 S. 2, Abs. 2 PatKostG sowie *Mes,* PatG/GebrMG, § 34 Rn. 91.
[791] § 35 Abs. 2 PatG.
[792] S. §§ 40, 41 PatG.
[793] § 44 Abs. 1 PatG.
[794] Vgl. hierzu insgesamt § 44 PatG sowie *Mes,* PatG/GebrMG, § 44 Rn. 1 ff.
[795] Ferner erfolgt eine Einordnung der Erfindung nach ihrem sachlichen Gehalt in ein international geltendes, fein unterteiltes Klassifikationsschema (Internationale Patentklassifikation), § 44 Abs. 1 PatG; *Mes,* PatG/GebrMG, § 44 Rn. 25.
[796] § 44 Abs. 2 PatG.
[797] §§ 31 Abs. 2 Nr. 2, 32 Abs. 1 Nr. 1, Abs. 2 PatG. Die Offenlegungsschrift enthält die nach § 31 Abs. 2 PatG jedermann zur Einsicht freistehenden Unterlagen der Anmeldung und die Zusammenfas-

eingesehen werden, so dass sich die Öffentlichkeit über den Stand der Technik informieren kann.
- Nach Stellung des Prüfungsantrags gemäß § 44 PatG wird ermittelt und überprüft, ob der Gegenstand der Anmeldung nach den §§ 1 bis 5 PatG patentfähig ist, insbesondere der für die angemeldete Erfindung relevante **Stand der Technik**. Wird festgestellt, dass die Erfindung neu ist, auf erfinderischer Tätigkeit beruht und gewerblich anwendbar ist und die Anmeldung auch alle sonstigen formalen Voraussetzungen erfüllt, wird das Patent erteilt. Sofern jedoch die Erfindung diesen Erfordernissen nicht genügt oder die Anmeldung sonstige Mängel aufweist, erfolgt eine entsprechende Mitteilung in einem **Prüfungsbescheid**[798]. Hier besteht sodann die Möglichkeit zu Äußerung und Mängelbeseitigung innerhalb der im Prüfungsbescheid festgesetzten Frist.
- Nach der erfolgreichen Prüfung der Patentanmeldung kann eine **Erteilung** des Patents erfolgen. Auch die Bekanntmachung der Patenterteilung erfolgt im entsprechenden Teil des Patentblattes und ist in den Datenbanken DEPATISnet und DPMAregister recherchierbar.

131   cc) **Einspruch:** Jedermann hat das Recht, gegen die Patenterteilung innerhalb von drei Monaten nach Veröffentlichung der Patentschrift **Einspruch** beim Deutschen Patent- und Markenamt einzulegen[799]. Ansonsten ist das Patent nach Ablauf der Einspruchsfrist rechtskräftig.

132   Im **Einspruchsverfahren** können nur die Gründe angeführt werden, die gegen eine rechtmäßige Erteilung des Patents sprechen. Nach erfolgter Prüfung des Einspruchs dahingehend, ob die erforderlichen Kriterien für die Erteilung bzw. Aufrechterhaltung des Patents erfüllt sind, kann das Patent widerrufen, teilwiderrufen (bzw. beschränkt aufrechterhalten) oder aufrechterhalten werden[800]. Gegen den daraufhin erlassenen Einspruchsbeschluss ist eine **Beschwerde** beim Bundespatentgericht möglich[801]. Allerdings kann selbst nach Ablauf der Einspruchsfrist ein rechtskräftig bestehendes Patent noch im Rahmen einer **Nichtigkeitsklage** vor dem Bundespatentgericht angegriffen werden[802].

133   b) **Europäische Patentanmeldung.** Es besteht auch die Möglichkeit, ein sog. **Europäisches Patent** zu erhalten gemäß dem Übereinkommen über die Erteilung europäischer Patente (Europäisches Patentübereinkommen[803]). Nach einem zentralisierten Verfahren werden europäische Patente mit Wirkung für die benannten Vertrags- und Erstreckungsstaaten erteilt. Inhaltlich entsprechen diese einem Bündel nationaler Patente und sind diesen grundsätzlich gleichgestellt[804]. Der Antrag auf Erteilung eines solchen Europäischen Patents ist beim **Europäischen Patentamt** einzureichen[805].

134   Gegen die Erteilung eines solchen Europäischen Patents kann innerhalb von neun Monaten nach Veröffentlichung des Hinweises auf die Patenterteilung von jedermann beim Europäischen Patentamt **Einspruch** einlegen. Auch hier kann erfolgter Prüfung des

sung (§ 36 PatG) in der ursprünglich eingereichten oder vom Patentamt zur Veröffentlichung zugelassenen geänderten Form, § 32 Abs. 2 S. 1 PatG. Mit dem Zeitraum der Geheimhaltung von 18 Monaten wird dem Erfinder die Möglichkeit geben, die Anmeldung weiterzuverfolgen oder noch vor Erscheinen der Offenlegungsschrift zurückzuziehen. Vgl. insgesamt hierzu *Mes,* PatG/GebrMG, § 32 Rn. 5 ff.
[798] § 45 Abs. 1 PatG. Vgl. *Mes,* PatG/GebrMG, § 45 Rn. 3 ff.
[799] § 59 PatG; *Mes,* PatG/GebrMG, § 59 Rn. 32.
[800] § 61 PatG.
[801] § 65 PatG.
[802] § 81 PatG.
[803] Das Europäische Patentübereinkommen ist in der 14. Auflage (August) abrufbar unter http://www.epo.org.
[804] S. Art. 2 Abs. 2, Art. 64 Europäisches Patentübereinkommen. Daher fällt die Entscheidung über die Verletzung oder die Nichtigkeit eines europäischen Patents unter die nationale Gerichtsbarkeit.
[805] Art. 75 Europäisches Patentübereinkommen.

c) Patentanmeldung nach dem Zusammenarbeitsvertrag (PCT). Beim Deutschen 135
sowie beim Europäischen Patentamt kann auch eine internationale Patentanmeldung nach
dem Zusammenarbeitsvertrag (PCT – Patent Cooperation Treaty) [807] eingereicht werden.
In dieser sog. PCT-Anmeldung können derzeit 142 Staaten benannt werden, in denen die
Anmeldung gültig sein soll. Erst nach 30 Monaten ab dem Prioritätstag müssen dann die
einzelnen nationalen Anmeldungen vor den einzelnen nationalen Ämtern fortgeführt
werden, das heißt, die nationalen Phasen (Übersetzung in die jeweilige Landessprache,
Vertretung durch Patentanwalt vor Ort) eingeleitet werden.

4. Wirkung und Schutzdauer des Patents

Nach dem deutschen Patentrecht beträgt die Patentlaufzeit **20 Jahre ab Patentanmel-** 136
dung[808]. Während dieser Patentlaufzeit gibt ein Patent dem Patentinhaber das Recht,
anderen die Nutzung und wirtschaftliche Verwertung der durch das Patent geschützten
Erfindung für gewerbliche Zwecke zu untersagen, oder Dritten die wirtschaftliche
Nutzung der Erfindung zu gestatten und dafür eine Vergütung in Form einer Lizenz-
gebühr zu verlangen[809]. Diese Exklusivitätswirkung eines Patents ist daher auch von
dem Patentinhaber durchzusetzen und nicht Angelegenheit des zuständigen Patentamts.
Erst nach Ablauf der Patentlaufzeit kann die Erfindung von jedermann genutzt werden[810].

Ob allerdings der Patentinhaber seine Erfindung auch tatsächlich nutzen kann und darf, 137
wird durch die Gewährung des Patentes nicht entschieden, sondern durch andere Gesetze
geregelt – wie zB das Arzneimittelgesetz. So muss ein durch ein Wirkstoffpatent patentier-
ter Stoff zunächst eine Zulassung durch die zuständige(n) Behörde(n) erhalten, bevor
dieser als Arzneimittel auf den Markt gebracht werden darf[811].

Auch wird dem Patentinhaber durch das Patent **keine absolute Monopolstellung** der- 138
gestalt gewährt, dass er keinerlei Wettbewerb zu fürchten hat: Zwar erhält der Erfinder
eine zeitlich befristete Marktexklusivität für den durch sein Patent geschützten Erfin-
dungsgegenstand. Allerdings tritt der Patentinhaber auch während dieser Patentlaufzeit in
Wettbewerb zu Produkten und Verfahren von Konkurrenten. Demgemäß konkurrieren
auch patentgeschützte Arzneimittel mit bereits auf dem Markt befindlichen Arzneimitteln
sowie anderen innovativen Arzneimitteln und therapeutischen Verfahren in den betreffenden Indikationen.

Da der Patentschutz in der EU allein die wirtschaftliche Verwertung der Erfindung 139
schützt, verbietet ein bestehender Patentschutz Generikaunternehmen nicht, während der
Patentlaufzeit generische Zulassungen für das patentgeschütztes Arzneimittel zu erhalten:
Innerhalb der EU besteht keine sog. Patent-Linkage, und damit stellt die Beantragung
oder der Erhalt der Arzneimittelzulassung für sich genommen noch keine patentverletzen-

---

[806] Art. 99 ff. Europäisches Patentübereinkommen.
[807] Vertrag über die internationale Zusammenarbeit auf dem Gebiet des Patentwesens (PCT-Ver-
trag), unterzeichnet in Washington am 19. Juni 1970, geändert am 28. September 1979, am 3. Februar
1984 und am 3. Oktober 2001, verfügbar unter http://www.wipo.int/export/sites/www/pct/de/texts/
pdf/pct.pdf.
[808] § 16 PatG.
[809] § 9 PatG.
[810] §§ 9 ff., 16 PatG.
[811] Gleiches gilt für Patente, die für ein bestimmtes Herstellungsverfahren (sog. Verfahrenspatent),
für eine bestimmte Arzneimittelformulierung (sog. Formulierungspatent), für die Anwendung des
Arzneimittels in einer bestimmten Indikation (sog. Indikationspatent), etc. gewährt werden.

de Handlung dar[812]. Der Erhalt einer Zulassung kann allein durch einen bestehenden Unterlagenschutz untersagt werden[813]. Allerdings darf das Generikaunternehmen trotz bestehender Arzneimittelzulassung während der Laufzeit eines validen Patents kein patentverletzendes Produkt in Deutschland in Verkehr bringen, wobei bereits die Anmeldung eines Preises zur Lauer-Taxe als patentverletzend angesehen wird[814].

140 Als **Gegenleistung** für den Patentschutz wird die Erfindung der Öffentlichkeit offenbart, so dass für die Fachwelt die Chance zu weiteren Entdeckungen und Erfindungen besteht. Ohne Patente würden die neuen Erkenntnisse möglichst lange geheim gehalten, damit andere die Erfindung nicht einfach nachahmen können.

III. Ergänzendes Schutzzertifikat

1. Rechtliche Grundlage

141 Wie bereits dargestellt, vergehen innerhalb der EU bei neu entwickelten Arzneimitteln von der Patentanmeldung des Wirkstoffes bis zur Marktzulassung des fertigen Arzneimittels aufgrund der umfangreichen erforderlichen Tests und klinischen Prüfungen durchschnittlich 12 Jahre mit einer durchschnittlichen Patentverwertungszeit von damit verbleibenden 8 Jahren[815]. Daher wurde für die EU der tatsächliche Patentschutz auf eine Laufzeit verringert, die für die Amortisierung der in der Forschung vorgenommenen Investitionen als unzureichend angesehen wurde[816].

142 Zur Ermöglichung eines Ausgleichs des mit dem aufwendigen Arzneimittelgenehmigungsverfahren verbundenen Zeitverlusts wurde mit der Verordnung 1768/92[817] das sog. **Ergänzende Schutzzertifikat** (engl.: Supplementary Protection Certificate – SPC) eingeführt, mit dem der Inhaber eines nationalen oder europäischen Patents unter bestimmten Voraussetzungen eine Verlängerung (*„Ergänzung"*) des Patentschutzes um maximal fünf Jahre erhalten kann[818]. Die Verordnung 1768/92 wurde aufgrund mehrfacher, erheblicher Änderungen und aus Gründen der Übersichtlichkeit und Klarheit durch die Verordnung 469/2009[819] ersetzt und neu kodifiziert[820].

2. Erteilungskriterien

143 Art. 3 VO 469/2009 normiert die Kriterien für die Erteilung des Zertifikats. Hiernach wird das Zertifikat erteilt, wenn in dem Mitgliedstaat, in dem die Anmeldung des Zertifikats nach Art. 7 VO 469/2009 eingereicht wird, zum Zeitpunkt dieser Anmeldung

---

[812] Vgl. Art. 10 Abs. 1 RL 2001/83/EG. Dies hat die Europäische Kommission zuletzt im Jahr 2012 gegenüber Italien deutlich gemacht, vgl. *European Commission* – Press Release, Pharmaceuticals: Commission calls on Italy to comply with EU rules on marketing authorisation of generic drug (IP/12/48) v. 26: Januar 2012, verfügbar unter http://europa.eu/rapid/press-release_IP-12-48_en.htm?locale=en.
[813] Vgl. European Commission, Notice to Applicants, Volume 2A, Procedures for marketing authorisation, Chapter 1, Marketing Authorisation, June 2013, S. 39 ff.
[814] Vgl. zB LG Düsseldorf Urteil v. 8.3.2011 – Az. 4b O 287/10.
[815] S. o. → § 4 Rn. 120.
[816] S. Erwägungsgrund der Verordnung 1768/92.
[817] Verordnung (EWG) Nr. 1768/92 des Rates vom 18. Juni 1992 über die Schaffung eines ergänzenden Schutzzertifikats für Arzneimittel, ABl. L Nr. 182 v. 2.7.1992, S. 1. Ausführlich zur Historie der Verordnung 1768/92 s. *Brückner/v. Czettritz* in Brückner, ESZ/SPC, Einleitung Rn. 4 ff.
[818] Vgl. Erwägungsgrund der Verordnung 1768/92.
[819] Verordnung (EG) Nr. 469/2009 des Europäischen Parlaments und des Rates vom 6. Mai 2009 über das ergänzende Schutzzertifikat für Arzneimittel, ABl. L Nr. 152 v. 16.6.2009, S. 1.
[820] Erwägungsgrund 1 der Verordnung 469/2009.

- das Erzeugnis durch ein in Kraft befindliches Grundpatent geschützt ist (lit. a): dies ist nach Art. 1 lit. c VO 469/2009 jedes Patent, *„das ein Erzeugnis als solches, ein Verfahren zur Herstellung eines Erzeugnisses oder eine Verwendung eines Erzeugnisses schützt und das von seinem Inhaber für das Verfahren zur Erteilung eines Zertifikats bestimmt ist"*, mithin Stoff-, Verwendungs- oder Verfahrenspatente[821];
- für das Erzeugnis als Arzneimittel eine gültige Genehmigung für das Inverkehrbringen gemäß der Richtlinie 2001/83/EG erteilt wurde (lit. b);
- für das Erzeugnis nicht bereits ein Zertifikat erteilt wurde (lit. c); und
- die unter lit. b erwähnte Genehmigung die erste Genehmigung für das Inverkehrbringen dieses Erzeugnisses als Arzneimittel ist (lit. d).

3. Erteilungsverfahren

Das Recht auf das Zertifikat steht dem Inhaber des Grundpatents oder seinem Rechtsnachfolger zu[822]. Daher können auch nur diese ein Ergänzendes Schutzzertifikat beantragen. Der Antrag ist in jedem Mitgliedstaat bei den national zuständigen Patentämtern innerhalb von 6 Monaten nach Erteilung der Genehmigung für das Inverkehrbringen bzw. falls diese davor eintritt, innerhalb von 6 Monaten nach dem Zeitpunkt der Erteilung des Grundpatentes zu stellen[823]. Die zuständigen Patentämter erteilen sodann nach eingehender Prüfung die Ergänzenden Schutzzertifikate, und bestimmen insbesondere auch die Laufzeit des Ergänzenden Schutzzertifikates[824].

144

4. Wirkung des Ergänzenden Schutzzertifikats

Gemäß Art. 13 Abs. 1 VO 469/2009 gilt das Zertifikat *„ab Ablauf der gesetzlichen Laufzeit des Grundpatents für eine Dauer, die dem Zeitraum zwischen der Einreichung der Anmeldung für das Grundpatent und dem Zeitpunkt der ersten Genehmigung für das Inverkehrbringen in der Gemeinschaft entspricht, abzüglich eines Zeitraums von fünf Jahren"*. Jedoch beträgt *„Ungeachtet des Absatzes 1 (…) die Laufzeit des Zertifikats höchstens fünf Jahre vom Zeitpunkt seines Wirksamwerdens an"*[825]. Mit anderen Worten: Es erfolgt eine Verlängerung der Dauer des Patentschutzes

145

- um den Zeitraum, der zwischen Patentanmeldung und der ersten Arzneimittelzulassung in der EU vergangen ist, abzüglich von 5 Jahren[826],
- allerdings um höchstens 5 Jahre.

Dies sei verdeutlicht anhand der drei nachfolgenden Szenarien:

146

---

[821] Ausführlich hierzu *Brückner* in ders., ESZ/SPC, Art. 1 Rn. 223 ff.
[822] Art. 6 VO 469/2009.
[823] Art. 7 Abs. 1 u. 2, Art. 9 Abs. 1 VO 469/2009. Der erforderliche Inhalt der Zertifikatsanmeldung ist in Art. 8 Verordnung 469/2009 geregelt. Nach Art. 9 Abs. 2 VO 469/2009 wird die Zertifikatsanmeldung öffentlich bekannt gemacht.
[824] Vgl. Art. 10, 13 VO 469/2009.
[825] Art. 13 Abs. 2 VO 469/2009.
[826] Als erste arzneimittelrechtliche Genehmigung in diesem Sinne ist auf alle Staaten des EWR-Abkommen abzustellen, dh inclusive Island, Norwegen und Liechtenstein. Dies umfasst auch eine arzneimittelrechtliche Genehmigung, die von der schweizerischen Zulassungsbehörde SwissMedic erteilt und vom Fürstentum Liechtenstein automatisch anerkannt wurde. S. EuGH Urt. v. 21.4.2005 (C-207/03 u. C-252/03), GRUR Int. 2005, 581; zuletzt Urt. v. 14.11.2013 (C-617/12). Vgl. auch *Brückner* in ders., ESZ/SPC, Art. 13 Rn. 12 ff.

- **Szenario 1:** Anmeldung des Grundpatents 1990 und Zulassungserteilung 2003: SPC Ablauf in 2015

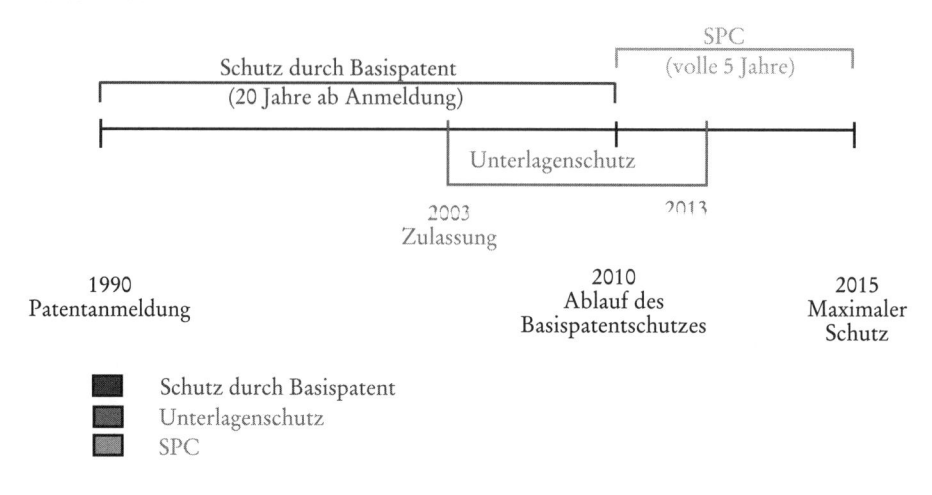

```
                                            SPC
              Schutz durch Basispatent   (volle 5 Jahre)
              (20 Jahre ab Anmeldung)
                         Unterlagenschutz
                    2003              2013
                 Zulassung

1990                       2010                    2015
Patentanmeldung         Ablauf des              Maximaler
                     Basispatentschutzes          Schutz
```

■ Schutz durch Basispatent
■ Unterlagenschutz
□ SPC

- **Szenario 2:** Anmeldung des Grundpatents 1990 und Zulassungserteilung 1998: SPC-Ablauf in 2013

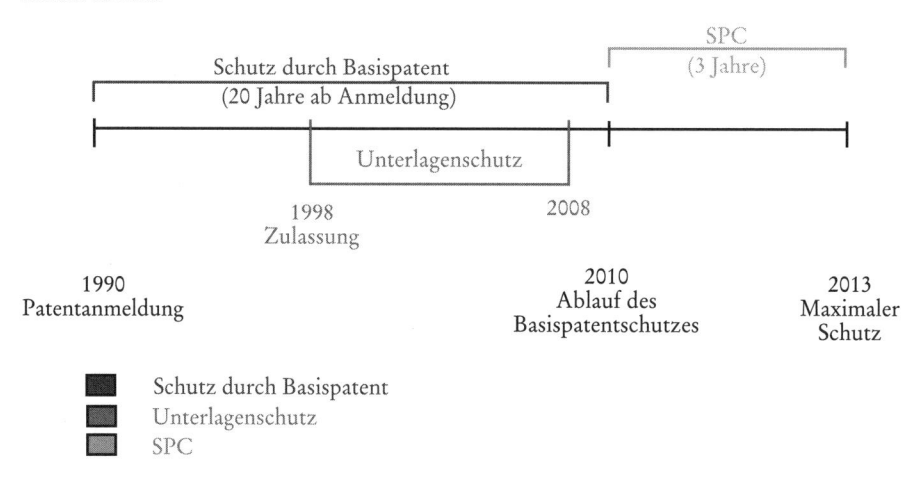

```
                                            SPC
              Schutz durch Basispatent    (3 Jahre)
              (20 Jahre ab Anmeldung)
                    Unterlagenschutz
              1998              2008
           Zulassung

1990                       2010                    2013
Patentanmeldung         Ablauf des              Maximaler
                     Basispatentschutzes          Schutz
```

■ Schutz durch Basispatent
■ Unterlagenschutz
□ SPC

147 Grundsätzlich gewährt das Schutzzertifikat dieselben Rechte wie das nationale Grundpatent und unterliegt auch denselben Beschränkungen und Verpflichtungen[827]. Inhaltlich ist somit der durch das Ergänzende Schutzzertifikat gewährte Schutz

- beschränkt auf den durch das Grundpatent gewährten Schutz: das Zertifikat ist keine Erweiterung eines Patentes, sondern gewährt Schutz für ein Erzeugnis innerhalb des Schutzbereiches des Grundpatentes[828], beispielsweise ein Wirkstoff oder eine Wirkstoffkombination, für das eine erste Genehmigung für das Inverkehrbringen (Zulassung) vorliegt. Die Laufzeit des Grundpatentes und die vom Grundpatent ausgehende „Monopolstellung" wird so hinsichtlich des zugelassenen Erzeugnisses um bis zu maximal fünf Jahre verlängert (ergänzt); und

---

[827] Art. 5, 4 VO 469/2009.
[828] S. hierzu *Brückner* in ders., ESZ/SPC, Art. 5 Rn. 2 ff.

§ 4 Inverkehrbringen, Überwachung und Schutz von Arzneimitteln

• allein bezogen auf das Erzeugnis, das von der Genehmigung für das Inverkehrbringen des entsprechenden Arzneimittels erfasst wird, und zwar in Bezug auf diejenigen Verwendungen des Erzeugnisses als Arzneimittel, die vor Ablauf des Zertifikats genehmigt wurden[829].

IV. Gebrauchsmuster

1. Rechtliche Grundlage

Das Gebrauchsmuster[830] ist geregelt im Gebrauchsmustergesetz (GebrMG[831]). Inhaltlich ist dies dem Patent sehr ähnlich, allerdings kennen viele Länder keinen Gebrauchsmusterschutz[832]. **148**

2. Schutzvoraussetzungen

Die Schutzvoraussetzungen für das Gebrauchsmuster sind denen für das Patent ähnlich, da nach § 1 Abs. 1 GebrMG als Gebrauchsmuster ebenfalls solche *Erfindungen* geschützt werden können, die *neu* sind, auf einem *erfinderischen Schritt* beruhen und *gewerblich anwendbar* sind. In Bezug auf die Kriterien „*Erfinderischer Schritt*" und „*gewerbliche Anwendbarkeit*" sind die Anforderungen mit den patentrechtlichen Kriterien „*Erfinderische Tätigkeit*" und „*gewerbliche Anwendbarkeit*" vergleichbar[833]. Unterschiede zeigen sich jedoch bei der Anforderung der „*Neuheit*" im Vergleich zu den Patentanforderungen: **149**

- Gemäß § 3 Abs. 1 GebrMG gilt der Gegenstand eines Gebrauchsmusters als neu, wenn er – zum Zeitpunkt der Anmeldung des Gebrauchsmusters – nicht zum Stand der Technik gehört. Der Stand der Technik umfasst dabei alle Kenntnisse, die *„vor dem für den Zeitrang der Anmeldung maßgeblichen Tag durch schriftliche Beschreibung oder durch eine im Geltungsbereich dieses Gesetzes erfolgte Benutzung der Öffentlichkeit zugänglich gemacht worden sind"*. Dabei bleibt eine innerhalb von sechs Monaten vor dem für den Zeitrang der Anmeldung maßgeblichen Tag erfolgte Beschreibung oder Benutzung außer Betracht, wenn sie auf der Ausarbeitung des Anmelders oder seines Rechtsvorgängers beruht.

- Im Gegensatz zum PatG in diesem Sinne gilt somit nur das als bekannt, was *schriftlich* vorbeschrieben ist oder bereits *im Inland* vorbenutzt wurde. Darüber hinaus bleiben auch Veröffentlichungen bei der Prüfung der Neuheit unberücksichtigt, die durch den Erfinder oder seinen Rechtsnachfolger bis zu 6 Monaten vor der Anmeldung erfolgt sind (sog. **Neuheitsschonfrist**[834]).

---

[829] Art. 4 VO 469/2009. S. hierzu *Brückner* in ders., ESZ/SPC, Art. 4 Rn. 23 ff.

[830] In Deutschland hat sich der Begriff „*Deutsches Bundes-Gebrauchs-Muster*" mit der Abkürzung DBGM eingebürgert. Der englische Begriff ist „*utility model*".

[831] Gebrauchsmustergesetz in der Fassung der Bekanntmachung vom 28.8.1986 (BGBl. I S. 1455), zuletzt geändert durch Art. 14 des Gesetzes vom 24. November 2011 (BGBl. I S. 2302).

[832] So ist in Österreich, Spanien, Frankreich, Belgien, Ungarn ein Gebrauchsmusterschutz bzw. ein dem Gebrauchsmuster entsprechendes Institut bekannt – mit mehr oder weniger starken Abweichungen zum deutschen Gebrauchsmusterschutz -, in der Schweiz hingegen nicht.

[833] Seit der Entscheidung des BGH „*Demonstrationsschrank*" (BGHZ 168, 142; GRUR 2006, 842) ist davon auszugehen, dass die Anforderungen an den **erfinderischen Schritt** mit denen an die erfinderische Tätigkeit (Erfindungshöhe) im Patentrecht vergleichbar sind. Demgemäß kann die frühere Meinung nicht weiter aufrecht erhalten werden, wonach eine Erfindung, die nicht ganz „patentwürdig" sei, eventuell gebrauchsmusterfähig sei (so *Mes*, PatG/GebrMG, § 3 GebrMG Rn. 16). In Bezug auf die **gewerbliche Anwendbarkeit** sind die Voraussetzungen denen des Patents gleich und in Europa weitestgehend vereinheitlicht. Lediglich bei medizinischen Heilverfahren ist gewerbliche Anwendbarkeit oft nicht gegeben, da das Handeln des Arztes während seiner Berufsausübung als nicht gewerblich angesehen wird. Vgl. (hierzu *Mes*, PatG/GebrMG, § 5 PatG Rn. 5 ff.

[834] Außerdem kann der Anmelder für eine Anmeldung innerhalb von sechs Monaten nach einer Ausstellung auf einer anerkannten Messe (im Bundesgesetzblatt veröffentlicht) eine sog. **Ausstellungs-**

150   Ausgeschlossen vom Schutz durch Gebrauchsmuster sind zwischenzeitlich – im Gegensatz zum Patentrecht – biotechnologische Erfindungen[835] sowie Verfahren[836].

3. Eintragungsverfahren

151   Bei einem Gebrauchsmuster handelt es sich im Gegensatz zu einem Patent nicht um ein geprüftes Schutzrecht, sondern um ein reines **Registrierungsrecht**: Die Eintragung erfolgt ohne Prüfung der sachlichen Schutzvoraussetzungen durch das Patentamt. Liegen die formellen Kriterien für eine Eintragung vor (dh Einreichung eines formwirksamen Antrags bei der zuständigen Behörde gemäß in deutscher Sprache gemäß §§ 4, 4a GebrMG), so wird das Gebrauchsmuster in der Regel in das Gebrauchsmusterregister eingetragen, da eine Prüfung des Gegenstands der Anmeldung auf Neuheit, erfinderischen Schritt und gewerbliche Anwendbarkeit nicht stattfindet[837]. Demgemäß erfolgt lediglich bei offensichtlich nicht dem Gebrauchsmusterschutz zugänglichen Gegenständen, wie zB Verfahren, keine Eintragung. Mit dem damit schnellen Eintragungsverfahren wird der Inhaber eines Gebrauchsmusters in die Lage versetzt, sehr schnell Rechte geltend machen zu können, ohne ein evtl. langwieriges Patenterteilungsverfahren abwarten zu müssen[838].

152   Die sachlichen Kriterien werden erst im Löschungsverfahren von dem DPMA bzw. Bundespatentgericht oder im Rahmen eines Verletzungsverfahrens durch das Zivilgericht geprüft, so dass gegen ein Gebrauchsmuster im Gegensatz zum Patent eine doppelte Verteidigungsmöglichkeit besteht:

- Das **Löschungsverfahren** kann von jedermann durch einen entsprechenden Antrag auf Löschung eines Gebrauchsmusters beim DPMA eingeleitet werden[839].
- Das **Verletzungsverfahren** findet vor den zuständigen Kammern an den Landgerichten (Patentstreitkammern) statt. Hier kann der vom Gebrauchsmusterinhaber wegen Verletzung auf Unterlassung, Schadensersatz oder Auskunft in Anspruch genommene (sog. Verletzer) einwenden, dass das Gebrauchsmuster mangels Neuheit oder erfinderischem Schritt nicht rechtsbeständig ist. Da für eine Eintragung des Gebrauchsmusters die Schutzvoraussetzungen inhaltlich nicht geprüft werden, ist das Risiko, dass sich das Gebrauchsmuster im Streitfall mit einem Verletzer als nicht rechtsbeständig erweist, relevant höher als beim Patent. Dieses Risiko trägt der Gebrauchsmusterinhaber, so dass sich für ihn eine Schadenersatzpflicht gegenüber dem Verletzer ergeben kann, falls sich das Gebrauchsmuster als nicht rechtsbeständig erweist[840].

4. Wirkung und Schutzdauer des Gebrauchsmusters

153   Die Schutzwirkung eines Gebrauchsmusters gemäß § 11 GebrMG ist im Wesentlichen die gleiche wie beim Patent[841]. Dies bedeutet, nur der Inhaber ist berechtigt, den Gegenstand des Gebrauchsmusters zu benutzen, so dass er Dritten verbieten kann, ohne seine Zustimmung ein Erzeugnis, das Gegenstand des Gebrauchsmusters ist, herzustellen, an-

---

priorität in Anspruch nehmen, so dass bei der Beurteilung der Schutzfähigkeit des Gebrauchsmusters alle Veröffentlichungen, die am Tag der Ausstellungspriorität oder danach erfolgten, außer Betracht bleiben (§ 6a Abs. 1 GebrMG)

[835] § 1 Abs. 2 Nr. 5 GebrMG.
[836] § 2 Nr. 3 GebrMG. Allerdings wurde in den letzten Jahren der Begriff des Verfahrens durch die Rechtsprechung einengend ausgelegt. Vgl. hierzu (*Mes*, PatG/GebrMG, § 2 GebrMG Rn. 4 f.
[837] § 8 GebrMG.
[838] Eine Gebrauchsmusteranmeldung ist in der Regel innerhalb von ca. 3 Monaten in das Gebrauchsmusterregister eingetragen. Demgegenüber vergehen ab bei einer Patentanmeldung bis zur Erteilung des Patents in der Regel mindestens 18 Monate.
[839] Das Löschungsverfahren ist geregelt in den §§ 15 ff. GebrMG.
[840] §§ 24 ff. GebrMG.
[841] S. o. → § 4 Rn. 125 ff.

Meier

§ 4 Inverkehrbringen, Überwachung und Schutz von Arzneimitteln

zubieten, in Verkehr zu bringen oder zu gebrauchen oder zu den genannten Zwecken einzuführen oder zu besitzen.

Die Schutzdauer eines eingetragenen Gebrauchsmusters beginnt mit dem Anmeldetag und beträgt initial 3 Jahre. Diese kann durch Zahlung der entsprechenden Aufrechterhaltungsgebühren auf bis zu höchstens zehn Jahre verlängert werden[842]. **154**

V. Eingetragenes Design

Das Produktdesign spielt heute als emotionales Element bei der Kaufentscheidung eine erhebliche Rolle. Nachdem funktionale Unterschiede zwischen Produkten seltener und Lebenszyklen kürzer geworden sind, ist die Aufmachung häufig das einzige für den Verbraucher noch wahrnehmbare Unterscheidungsmerkmal. Daher können Kunden mit einer attraktiven Form- und Farbgebung emotional angesprochen und gebunden werden. Dies ist zum Teil auch in Bezug auf Arzneimittel von Relevanz, sofern es um das Design zB einer Tablette, eines Pflasters, etc. geht. **155**

1. Rechtliche Grundlage

Ästhetische Gestaltungen sind zwar vom Schutz durch Patente und Gebrauchsmuster ausgenommen, können aber ggf. als Eingetragenes Design ebenfalls gegen Nachahmung geschützt werden. Ein Design kann zum einen national geschützt werden – die entsprechenden Regelungen für Deutschland finden sich im Designgesetz (DesignG)[843], das mit Wirkung vom 1. Januar 2014 das alte **Geschmacksmustergesetz (GeschmMG**[844]**)** ablöste. Zum anderen besteht seit Inkrafttreten der Verordnung[845] 6/2002 das **Gemeinschaftsgeschmacksmuster.** Nach dieser Verordnung wird neben dem eingetragenen Gemeinschaftsgeschmacksmuster (GGM) als wesentliche Neuerung auch das nicht eingetragene Gemeinschaftsgeschmacksmuster geschützt. Dieses nichtregistrierte Designrecht bietet zwar lediglich einen reinen Nachahmungsschutz für drei Jahre, entsteht aber automatisch mit der öffentlichen Zugänglichmachung des Musters in der EU[846]. **156**

2. Schutzvoraussetzungen

Gemäß § 2 Abs. 1 DesignG wird als eingetragenes Design ein Design geschützt, das *neu* ist und *Eigenart* hat. Bedingungen für die Rechtswirksamkeit eines eingetragenen Designs sind daher: **157**

- Das Vorliegen eines **Designs**: dies ist die zweidimensionale oder dreidimensionale Erscheinungsform eines ganzen Erzeugnisses oder eines Teils davon, die sich insbesondere aus den Merkmalen der Linien, Konturen, Farben, der Gestalt, Oberflächenstruktur oder der Werkstoffe des Erzeugnisses selbst oder seiner Verzierung ergibt[847].

---

[842] Vgl. § 23 Abs. 1, 2 GebrMG.
[843] Gesetz über den rechtlichen Schutz von Design vom 12. März 2004 (BGBl. I S. 390), geändert durch Art. 6 des Gesetzes vom 19. Oktober 2013 (BGBl. I S. 3830).
[844] Geschmacksmustergesetz vom 12. März 2004 (BGBl. I S. 390), zuletzt geändert durch Art. 18 des Gesetzes vom 24.11.2011 (BGBl. I S. 2302).
[845] Verordnung (EG) Nr. 6/2002 des Rates vom 12. Dezember 2001 über das Gemeinschaftsgeschmacksmuster, ABl. L 3 v. 5.1.2002, S. 1.
[846] Zum Gemeinschaftsgeschmacksmuster s. ausführlich Webseite des Harmonisierungsamts für den Binnenmarkt (Marken, Muster und Modelle), dort „Häufig gestellte Fragen" zu Marken, abrufbar unter http://oami.europa.eu/ows/rw/pages/CTM/FAQ/FAQ.de.do.
[847] § 1 Abs. 1 DesignG.

Meier

- Ein solches Design muss **neu** sein. Dies ist der Fall, wenn vor dem Anmeldetag kein identisches Muster offenbart wurde. Dabei gelten Muster als identisch, wenn sich ihre Merkmale nur in unwesentlichen Einzelheiten unterscheiden[848].
- Die schließlich erforderliche **Eigenart** des Designs ist gegeben, wenn sich der Gesamteindruck, den das Design beim informierten Benutzer hervorruft, von dem Gesamteindruck unterscheidet, den ein anderes Design bei diesem Benutzer macht[849].

158 Es gibt nach § 6 S. 1 DesignG eine Neuheitsschonfrist von 12 Monaten, wonach eine Offenbarung in Bezug auf Neuheit sowie Eigenart eines Designs unberücksichtigt bleibt, wenn ein Design während der zwölf Monate vor dem Anmeldetag durch den Entwerfer, seinen Rechtsnachfolger oder durch einen Dritten als Folge von Informationen oder Handlungen des Entwerfers oder seines Rechtsnachfolgers der Öffentlichkeit zugänglich gemacht wurde[850].

3. Eintragungsverfahren

159 Ein eingetragenes Design ist – wie das Gebrauchsmuster – ein sog. **ungeprüftes Schutzrecht**, dessen Voraussetzungen der Neuheit und Eigenart im Eintragungsverfahren ebenfalls nicht vom DPMA überprüft werden. Das DPMA prüft nur die formalen Voraussetzungen der Eintragung[851]. Führt der Inhaber eines eingetragenen Designs einen Rechtsstreit über Ansprüche aus dem angemeldeten Design, so steht seinem Prozessgegner daher der Einwand offen, das Design sei unwirksam, weil ihm die Neuheit bzw. Eigenart fehle. Daneben steht auch jedermann das Recht zu, das Löschungsverfahren zur Feststellung der Nichtigkeit des eingetragenen Designs zu betreiben[852].

4. Wirkung des eingetragenen Designs

160 Der Schutz des eingetragenen Designs entsteht mit der Eintragung in das Register, und dessen Schutzdauer beträgt 25 Jahre ab dem Anmeldetag[853]. Werden die ab dem 6. Schutzjahr zu zahlenden Aufrechterhaltungsgebühren nicht entrichtet, erlischt der Schutz bereits früher[854].

161 Ein eingetragenes Design verleiht seinem Inhaber die ausschließliche Befugnis zur Benutzung einer ästhetischen Gestaltungsform (Design, Farbe, Form[855]). Geschützt ist die eingetragene zwei- oder dreidimensionale Erscheinungsform eines ganzen Erzeugnisses oder eines Teils davon. Das eingetragene Design verleiht dem Inhaber das ausschließliche Recht, das Design zu benutzen, so dass er Dritten verbieten kann, dieses Design oder ein Design, das beim informierten Benutzer keinen anderen Gesamteindruck wie das eingetragene Geschmacksmuster erweckt, bei der Herstellung, Veräußerung oder Ein- und Ausfuhr von Produkten zu verwenden[856].

---

[848] § 2 Abs. 2 DesignG.
[849] Bei der Beurteilung der Eigenart wird der Grad der Gestaltungsfreiheit des Entwerfers bei der Entwicklung des Musters berücksichtigt. Vgl. § 2 Abs. 3 DesignG.
[850] Dasselbe gilt, wenn das Muster als Folge einer missbräuchlichen Handlung gegen den Entwerfer oder seinen Rechtsnachfolger offenbart wurde, § 6 S. 2 DesignG.
[851] Vgl. §§ 11 ff., insb. § 16 DesignG.
[852] Das Löschungsverfahren ist geregelt in den §§ 33 ff. DesignG.
[853] § 27 Abs. 1 u. 2 DesignG.
[854] § 28 DesignG.
[855] § 38 Abs. 1 S. 1 DesignG.
[856] Vgl. § 38 Abs. 1 S. 2 DesignG.

VI. Marken

1. Rechtliche Grundlagen

Das Markenrecht schützt Kennzeichnungen von Waren und Dienstleistungen im geschäftlichen Verkehr durch ein Unternehmen, um Herkunft sowie Urheberschaft des Produkts zu dokumentieren und damit diese von Waren/Dienstleistungen Dritter zu unterscheiden. Markenrechte können auf nationaler, europäischer und internationaler Ebene bestehen. Für **nationale Marken** in Deutschland findet das Markengesetz (MarkenG[857]) Anwendung[858], für die **Erstreckung einer nationalen Marke auf andere Länder** das Madrider Abkommen über die internationale Registrierung von Marken (MMA[859]), und für die zwischenzeitlich eingeführte sog. **Gemeinschaftsmarke** die Verordnung 40/94[860].

162

2. Erteilungskriterien

Alle Zeichen, die geeignet sind, Waren oder Dienstleistungen eines Unternehmens von denjenigen anderer Unternehmen zu unterscheiden, können als Marke geschützt werden[861]. Dementsprechend können Marken aus Wörtern, Buchstaben, Zahlen, Abbildungen, dreidimensionalen Gegenständen und aus akustischen Signalen bestehen, weshalb insbesondere folgende Arten von Marken unterschieden werden[862]:

163

- **Wortmarken** bestehen aus Wörtern, Buchstaben, Zahlen oder sonstigen Schriftzeichen, die sich mit der vom DPMA verwendeten üblichen Druckschrift darstellen lassen (zB der geschriebene Name eines Arzneimittels).
- **Bildmarken** sind Bilder, Bildelemente oder Abbildungen ohne Wortbestandteile (zB ein Logo).
- Gemischte **Wort-/Bildmarken** bestehen aus einer Kombination von Wort- und Bildbestandteilen, oder aus Wörtern, die grafisch gestaltet sind.
- **Farbmarken** sind Zeichen, bei denen eine Farbe oder Farbkombination als solche konturlos Schutzgegenstand ist.

---

[857] Gesetz über den Schutz von Marken und sonstigen Kennzeichen (Markengesetz – MarkenG) vom 25.10.1994 (BGBl. I S. 3082; 1995 I S. 156; 1996 I S. 682), zuletzt geändert durch Art. 15 des Gesetzes vom 24. November 2011 (BGBl. I S. 2302).

[858] Ergänzend für die im Markengesetz geregelten Verfahren vor dem DPMA gilt die Verordnung zur Ausführung des Markengesetzes (Markenverordnung – MarkenV) v. 11. Mai 2004 (BGBl. I S. 872), zuletzt geändert durch Art. 1 der Verordnung vom 10. Dezember 2012 (BGBl. I S 2630).

[859] Madrider Abkommen über die internationale Registrierung von Marken (MMA) v. 14. April 1891. Deutschland ist diesem Abkommen am 1. Dezember 1922 beigetreten. Das Abkommen wurde zuletzt im Jahre 1967 in Stockholm revidiert mit weiteren Änderungen im Jahr 1979. Im Jahr 1989 wurde hierzu ein Zusatzprotokoll geschlossen, das rechtlich selbständig neben dem MMA besteht. Hiernach müssen Staaten, auch wenn sie schon Mitgliedstaaten des MMA sind, dem Protokoll gesondert beitreten. Zwischenzeitlich ist auch die Europäische Gemeinschaft dem Protokoll beigetreten, wodurch das Protokoll die international registrierte Marke mit dem System der EG-Marke verbindet. Vorteile sind ua, dass die Registrierung der IR-Marke erleichtert wird, indem zB die internationale Anmeldung schon mit Stellung des nationalen Markenantrages eingereicht werden kann und nicht bis zur Eintragung der nationalen Marke gewartet werden muss, dass über eine IR Marke eine Gemeinschaftsmarke geschaffen werden kann, sowie dass die Fristen und Schutzdauer länger sind. S. Protokoll zum Madrider Abkommen über die internationale Registrierung von Marken, angenommen am 27. Juni 1989, ABl. L 296 v. 14.11.2003, S. 22. Die Implementierung in das deutsche Recht erfolgt in den §§ 107 ff. MarkenG.

[860] Verordnung (EG) Nr. 40/94 des Rates vom 20.12.1993 über die Gemeinschaftsmarke, ABl. L 11 v. 14.1.1994, S. 1.

[861] Vgl. § 3 Abs. 1 MarkenG.

[862] Vgl. hierzu ausführlich *Ingerl/Rohnke*, MarkenG, § 14 Rn. 863 ff.; *Fezer*, Markenrecht, § 3 Rn. 504 ff.

- Eine **dreidimensionale Marke (3D-Marke)** ist eine gegenständliche Marke, die aus einer dreidimensionalen Gestaltung besteht.
- **Hörmarken** sind akustische, hörbare Marken, die somit aus Töne, Tonfolgen, Melodien oder sonstige Klänge und Geräusche bestehen.

3. Erteilungsverfahren

164 a) **Nationale Marke.** Der nationale Schutz einer Marke in Deutschland kann entstehen[863]
- durch Registrierung (sog. **Registermarke**[864]),
- durch umfangreiche Benutzung und Erlangung der Verkehrsgeltung (sog. **Benutzungsmarke**[865]), oder
- durch notorische Bekanntheit (sog. **Notoritätsmarke**[866]), deren Stärke sich nach dem Zeitrang und der Kennzeichnungskraft der Marke richtet[867].

165 Die Anmeldung einer nationalen Marke ist beim DPMA einzureichen[868]. Damit der Markenanmelder in seinen künftigen Aktivitäten mit der Marke optimal abgesichert ist, ist die Markenanmeldung auf die Bedürfnisse des künftigen Markeninhabers zuzuschneiden, sowohl betreffend die Auswahl und Gestaltung der Marke selbst als auch deren korrekte Klassifizierung anhand der Klasseneinteilung der Waren und Dienstleistungen nach der Nizzaer Klassifikation.

166 Das DPMA überprüft sodann, ob die Markenanmeldung gegen **absolute Schutzhindernisse** verstößt, da in diesem Fall die Marke nicht eingetragen werden kann[869]. Diese sind in § 8 MarkenG geregelt und umfassen insbesondere
- fehlende graphische Darstellungsmöglichkeit der Marke[870]
- fehlende Unterscheidungskraft[871],
- für die allgemeine Benutzung freizuhaltende beschreibende Angaben, die damit von Wettbewerbern zur Beschreibung ihrer Waren und Dienstleistungen benötigt werden[872],
- ersichtliche Irreführungsgefahr[873],
- Verstoß gegen die öffentliche Ordnung oder die guten Sitten [874], sowie
- in der Marke enthaltenes Hoheitszeichen[875].

167 Den Verstoß gegen **relative Schutzhindernisse**, dh die Verletzung von Schutzrechten Dritter, prüft das DPMA nicht[876]. Ferner wird die Marke nur eingetragen, wenn die erforderlichen Gebühren für die Anmeldung beim DPMA bezahlt wurden[877].

---

[863] Vgl. § 4 MarkenG.
[864] Die Voraussetzungen für den Schutz von Marken durch Eintragung nach § 4 Nr. 1 MarkenG sind geregelt in §§ 7 ff. MarkenG.
[865] §§ 4 Nr. 2, 5 MarkenG.
[866] § 4 Nr. 3 MarkenG.
[867] Der weitaus überwiegende Teil der Marken sind die Registermarken, da die Voraussetzungen sehr hoch sind, um eine Marke wirklich im gesamten Geltungsbereich durch Benutzung zu erlangen.
[868] § 32 Abs. 1 S. 1 MarkenG.
[869] § 37 Abs. 1 MarkenG.
[870] S. § 8 Abs. 1 MarkenG
[871] § 8 Abs. 2 Nr. 1 MarkenG.
[872] § 8 Abs. 2 Nr. 2 MarkenG.
[873] § 8 Abs. 2 Nr. 4 MarkenG.
[874] § 8 Abs. 2 Nr. 5 MarkenG.
[875] § 8 Abs. 2 Nr. 6 MarkenG.
[876] Daher ist zu empfehlen, mittels einer Markenrecherche in den einschlägigen Markenregistern der in Betracht kommenden Länder festzustellen, ob bereits ältere Rechte bestehen, die einem neuen Markenschutz entgegenstehen könnten.
[877] § 36 Abs. 1 Nr. 3 MarkenG. Die Kosten für die Anmeldung einer Marke für bis zu drei Klassen betragen € 300,- bzw. € 290,- bei elektronischer Anmeldung. Mit jeder weiteren Klasse erhöht sich die Gebühr um weitere € 100,-.

Bei erfolgreichem Abschluss des Anmeldungsverfahrens erfolgt die Eintragung der **168** Marke in das Markenregister, womit der Markenschutz entsteht. Die Eintragung wird sodann veröffentlicht[878] und der Markeninhaber bekommt hierüber eine Urkunde[879].

Innerhalb einer Frist von drei Monaten nach dem Tag der Veröffentlichung der Ein- **169** tragung der Marke kann gegen die Eintragung der Marke **Widerspruch** erhoben werden von dem Inhaber einer Marke oder einer geschäftlichen Bezeichnung mit älterem Zeitrang[880]. Ist kein fristgemäßer Widerspruch eingelegt worden, so wird die Marke formell bestandskräftig und kann damit im Geschäftsverkehr verwendet werden unter Anfügung des ®-Zeichens beim Markennamen[881].

Mit der formell bestandskräftigen Marke erwirbt der Markeninhaber das alleinige und **170** ausschließliche Recht, die Marke für die geschützten Waren und/oder Dienstleistungen zu benutzen, und kann gegen die Verwendung identischer sowie ähnlicher Zeichen Unterlassungs- sowie Schadenersatzansprüche geltend machen[882]. Ferner können Marken gekauft und verkauft oder Dritten ein Nutzungsrecht an seiner Marke eingeräumt werden (sog. Markenlizenz[883]).

Nach Ablauf des initialen Markenschutzes (nach 10 Jahren) hat der Markeninhaber das **171** Recht, den Markenschutz jeweils gegen eine Verlängerungsgebühr von € 750,- (für bis zu drei Klassen) um den Zeitraum von jeweils weiteren 10 Jahren zu verlängern. Ansonsten wird die Marke gelöscht[884]. Sofern die Marke nach erfolgter Eintragung innerhalb eines Zeitraums von fünf Jahren nicht benutzt wurde, kann die Marke auf Antrag oder Klage wegen Verfalls ebenfalls gelöscht werden[885].

b) Gemeinschaftsmarke. Die auf Basis der Verordnung 40/94 eingeführte sog. **Gemein- 172 schaftsmarke** ermöglicht es, mit einer einzigen Anmeldung einen einheitlichen Schutz der entsprechenden Marke mit Wirkung für alle Mitgliedstaaten der EU zu erhalten. Zuständig für die Eintragung ist das **Harmonisierungsamt für den Binnenmarkt (HABM)** in Alicante (Spanien[886]).

aa) Anmeldungsverfahren: Anmeldungen einer Gemeinschaftsmarke können entweder **173** direkt bei dem HABM oder bei einer der Zentralbehörden für den gewerblichen Rechtsschutz der 27 Mitgliedstaaten der Gemeinschaft – dies sind die nationalen Patent- und Markenämter – eingereicht werden[887].

Nach Eingang der Anmeldung sendet das HABM eine Empfangsbestätigung zu und **174** beginnt mit dem Prüfungsverfahren, das folgende **Verfahrensschritte** umfasst:
- die Zuweisung eines Anmeldetags, sofern die Anmeldung die Mindestanforderungen erfüllt (Name und Anschrift des Anmelders, eine Wiedergabe der Marke, ein Verzeichnis der Waren und Dienstleistungen sowie die Zahlung der Gebühr[888]),
- die Überprüfung der Klassifizierung der Waren bzw. Dienstleistungen[889],

---

[878] §§ 4 Nr. 1, 41 MarkenG.
[879] § 26 Markenverordnung.
[880] Vgl. §§ 42 f. MarkenG.
[881] Das ®-Zeichen (für „registered") darf zur Kennzeichnung der Eintragung einer Marke verwendet werden, es besteht jedoch keine Pflicht, eingetragene Marken mit diesem Zeichen zu versehen.
[882] Vgl. § 14 MarkenG.
[883] Vgl. *Ingerl/Rohnke*, MarkenG, § 30 Rn. 10 ff.; *Fezer*, Markenrecht, § 30 Rn. 1 ff.
[884] § 47 MarkenG.
[885] § 49 MarkenG.
[886] Vgl. Art. 2, 111 ff. VO 40/94.
[887] Wird hier innerhalb von zwei Monaten die Anmeldung an das HABM weitergeleitet, so wird ein Anmeldetag auf gleiche Weise zuerkannt, wie wenn diese direkt beim HABM eingereicht worden wäre. Vgl. Art. 25 VO 40/94. In Deutschland ist dieses Verfahren geregelt in den §§ 125a ff. MarkenG.
[888] Art. 26 VO 40/94.
[889] Vgl. Art. 28 VO 40/94.

- die Prüfung der formellen Voraussetzungen (insb. Prüfung der Unterschrift, Sprachen, der Kontaktangaben des Inhabers und/oder dessen Vertreters, und der Prioritäts- und/oder Senioritätsansprüche[890]), sowie
- Zulassung oder Zurückweisung des Zeichens als Marke (Überprüfung auf absolute Eintragungshindernisse[891]).

175 Bei Feststellung eines Mangels erhält der Anmelder ein Beanstandungsschreiben mit der Aufforderung, den Mangel binnen zwei Monaten zu beheben. Wird der Mangel nicht behoben, wird die Anmeldung vorläufig zurückgewiesen. Betrifft der Mangel Prioritäts- oder Senioritätsansprüche, so wird der Anspruch zurückgewiesen[892]. Werden bei der Prüfung keine Probleme festgestellt bzw. wird etwaigen Beanstandungen abgeholfen, wird die Marke in Teil A des Blatts für Gemeinschaftsmarken veröffentlicht[893].

176 Mit der Veröffentlichung der Anmeldung in Teil A des Blatts für Gemeinschaftsmarken beginnt zugleich die dreimonatige Frist für die Einlegung eines Widerspruchs: Hiernach können Dritte Bemerkungen dazu einreichen, die sich auf das Vorliegen absoluter Eintragungshindernisse beziehen. Bei Verstreichen der Dreimonatsfrist oder Zurückweisung des Widerspruchs Dritter, erfolgt sodann die Eintragung der Marke in das Register für Gemeinschaftsmarken[894].

177 **bb) Wirkung der Gemeinschaftsmarke:** Eine Gemeinschaftsmarke gewährt ihrem Inhaber dieselben Rechte wie eine nationale Marke, nämlich ein ausschließliches Recht, die Marke zu benutzen und Dritten zu untersagen, dieselbe oder eine ähnliche Marke ohne Zustimmung des Inhabers für gleiche oder ähnliche Waren und/oder Dienstleistungen wie diejenigen, für welche die Gemeinschaftsmarke geschützt ist, zu benutzen[895]. Der Markeninhaber kann gegen derartige Verletzungen die ausdrücklich in der GMV vorgesehenen Maßnahmen ergreifen, die für Streitigkeiten über die Verletzung und Gültigkeit von Gemeinschaftsmarken gelten[896], insbesondere:
- Verfahren vor den gemäß der GMV eingerichteten Gemeinschaftsmarkengerichten;
- Anträge an die EU-Zollbehörden mit der Aufforderung, bestimmte Waren, bezüglich derer der Verdacht der Fälschung besteht, zu beschlagnahmen.

178 Eine Gemeinschaftsmarke gilt **zehn Jahre** und kann danach unbeschränkt jeweils um weitere Zeiträume von zehn Jahren verlängert werden[897].

179 **cc) Aufrechterhaltung der Gemeinschaftsmarke:** Gemeinschaftsmarken müssen binnen fünf Jahren nach ihrer Eintragung ernsthaft in der Gemeinschaft benutzt werden[898]. Eine ernsthafte Benutzung liegt schon vor, wenn die Marke nur in einem Teil der Gemeinschaft, etwa nur in einem Mitgliedstaat oder nur in einem Teil eines Mitgliedstaats, benutzt wurde[899].

---

[890] Art. 36 VO 40/94.
[891] Art. 38 VO 40/94.
[892] Vgl. Art. 36 Abs. 2–5 sowie Art. 38 Abs. 2 u. 3 VO 40/94. Gegen eine Zurückweisung kann der Anmelder Beschwerde bei den Beschwerdekammern des HABM einlegen. Das Beschwerdeverfahren ist geregelt in den Art. 57 ff. VO 40/94.
[893] Art. 45 VO 40/94. Die Veröffentlichung erfolgt, sobald die Recherchenberichte der nationalen Ämter und des HABM dem Anmelder zugesendet wurden.
[894] Art. 41 ff. VO 40/94.
[895] S. hierzu ausführlich die Regelung des Art. 9 VO 40/94.
[896] Vgl. Art. 90 ff. VO 40/94.
[897] Art. 47 VO 40/94. Im Falle einer künftigen Erweiterung der Europäischen Union erstrecken sich alle eingetragenen oder angemeldeten Gemeinschaftsmarken automatisch auf die neuen Mitgliedstaaten, ohne dass weitere Formalitäten oder Gebührenzahlungen erforderlich wären.
[898] Art. 15 VO 40/94.
[899] Jede juristische oder natürliche Person kann ihre eingetragene Gemeinschaftsmarke vor dem Verfall mangels Benutzung auch dadurch schützen, dass diese *nach* Ablauf der ersten Fünfjahresfrist

§ 4 Inverkehrbringen, Überwachung und Schutz von Arzneimitteln

dd) Antrag auf Erklärung des Verfalls oder der Nichtigkeit: Dritte können einen 180
Antrag auf Erklärung des Verfalls stellen und damit beantragen, die Rechte des Inhabers
einer Gemeinschaftsmarke für verfallen zu erklären, wenn die Marke
- über einen Zeitraum von fünf Jahren nach der Eintragung oder von fünf aufeinander folgenden Jahren nicht ernsthaft benutzt wurde und keine berechtigten Gründe für die Nichtbenutzung vorliegen,
- infolge des Verhaltens oder der Untätigkeit ihres Inhabers im geschäftlichen Verkehr zur gebräuchlichen Bezeichnung einer Ware oder Dienstleistung geworden ist, für die sie eingetragen ist, oder
- infolge ihrer Benutzung durch den Inhaber geeignet ist, das Publikum irrezuführen[900].

Dritte können auch einen Antrag auf Nichtigerklärung stellen und diesen begründen[901] 181
(1) mit dem Vorliegen *absoluter* Eintragungshindernisse wie folgt[902]:
- wenn die Gemeinschaftsmarke trotz Vorliegens absoluter Eintragungshindernisse im Sinne von Artikel 7 GMV eingetragen wurde; oder
- wenn der Anmelder bei der Anmeldung bösgläubig war. Dies betrifft vorwiegend Fälle, in denen der Anmelder mit der Markenanmeldung verbotene Ziele verfolgte.

(2) mit dem Vorliegen *relativer* Eintragungshindernisse für wie folgt[903]:
- soweit dieselben relativen Eintragungshindernisse wie in Artikel 8 GMV geltend gemacht werden können (zB dieselben Gründe, auf die ein Widerspruch gestützt werden kann); oder
- soweit in einem Mitgliedstaat ein älteres Recht besteht, das zum Verbot der Benutzung der betreffenden Marke berechtigt. Dies betrifft insbesondere Rechte an Namen, Rechte an der eigenen Abbildung, Urheberrechte und gewerbliche Schutzrechte.

c) Antrag auf Internationale Registrierung. Nach dem **Madrider Markenabkommen** 182
(MMA) und dem **Protokoll zum Madrider Markenabkommen (PMMA)** ist es möglich,
eine Marke in ein internationales Register eintragen zu lassen. Der Antrag auf Internationale Registrierung ist über das Deutsche Patent- und Markenamt an die **Weltorganisation für Geistiges Eigentum (WIPO)** zu stellen.

Nach Bearbeitung und Weiterleitung des Antrages an die WIPO prüft diese den Antrag, 183
trägt, wenn alle Voraussetzungen erfüllt sind, die Marke in das internationale Register ein
und veröffentlicht die Registrierung in der *„Gazette des marques internationales"*. Die
Marke ist damit in jedem der benannten Länder als Schutzgesuch hinterlegt. Die betroffenen Vertragsparteien haben innerhalb eines Jahres (unter dem PMMA im Einzelfall auch
innerhalb von 18 Monaten) die Möglichkeit, nach ihren nationalen Gesetzen den Schutz
zu verweigern. Wird der Schutz gewährt, hat der IR-Markeninhaber die vollen Rechte
eines nationalen Markeninhabers. Wird in einem der Länder die Marke zurückgewiesen,
so bleibt der Markenschutz in den anderen gewählten Ländern bestehen. Die Schutzdauer
der IR-Marke beträgt nach dem MMA 20 Jahre, nach dem PMMA 10 Jahre, sie kann
beliebig oft verlängert werden[904].

---

nach der Eintragung ernsthaft benutzt wird oder falls berechtigte Gründe für die Nichtbenutzung
vorliegen.
[900] Art. 50 VO 40/94.
[901] Vgl. Art. 51 ff. VO 40/94.
[902] Art. 51 VO 40/94.
[903] Art. 52 VO 40/94.
[904] Vgl. hierzu Art. 6, 7 PMMA.

VII. Exkurs: Parallelimport und Erschöpfung von Schutzrechten

184 Die sog. **Erschöpfung von Schutzrechten** besagt, dass sich ein Schutzrechtsinhaber (zB eines Patents, eines Gebrauchsmusters, oder einer Marke) bezüglich eines konkreten Produkts nicht mehr auf sein Schutzrecht berufen kann, sobald das Produkt mit seinem Einverständnis erstmals in Verkehr gebracht wurde[905]: Das Schutzrecht soll sicherstellen, dass der Schutzrechtsinhaber die Monopolerlöse aus dem Verkauf des geschützten Gegenstandes erhält. Sobald der Rechteinhaber den Gegenstand gegen Entgelt in Verkehr gebracht hat, so ist dieser Schutzzweck erreicht. Mit diesem Zeitpunkt sind seine weiteren Befugnisse an der konkreten Sache damit erschöpft.

185 Dies ist im Arzneimittelrecht insbesondere in Bezug auf Re- sowie Parallelimporte von Bedeutung: um sich der Einfuhr eines von ihm oder mit seiner Einwilligung auf dem Markt eines anderen Mitgliedstaats rechtmäßig vertriebenen Erzeugnisses zu widersetzen, darf der Schutzrechtsinhaber **nicht** von den Rechtsvorschriften über geschütztes gewerbliches und kommerzielles Eigentumsrecht Gebrauch machen[906]. Auch darf der Markeninhaber von seinem Recht nicht Gebrauch machen, das Umpacken eines parallel eingeführten Erzeugnisses zu unterbinden, wenn[907]:

- der Gebrauch des Markenrechts durch den Inhaber, unter Berücksichtigung des von ihm angewandten Vermarktungsverfahrens, zur künstlichen Abschottung der Märkte zwischen den Mitgliedstaaten beiträgt;
- das Umpacken den Originalzustand der Ware nicht beeinträchtigen kann;
- auf der neuen Verpackung angegeben ist, von wem das Erzeugnis umgepackt worden ist;
- das umgepackte Arzneimittel nicht so aufgemacht ist, dass dadurch der Ruf der Marke und ihres Inhabers geschädigt werden kann; und
- der Markeninhaber unterrichtet wird, bevor das umgepackte Arzneimittel zum Kauf angeboten wird.

VIII. Unterlagenschutz

1. Datenexklusivität und Marktexklusivität

186 Im Arzneimittelrecht wird eine exklusive Marktstellung nicht nur durch den Schutz von Erfindungen mittels Patenten und anderen gewerblichen Schutzrechten gewährt, sondern auch durch den sog. **Unterlagenschutz**[908]: Hier geht es im Gegensatz zum Patent nicht um eine Belohnung für die Offenlegung einer Erfindung, sondern darum, den Inhaber einer Arzneimittelzulassung (sog. Vorantragsteller) für die Durchführung von klinischen Studien und die Veröffentlichung der entsprechenden Studiendaten durch einen **Schutz der generierten Daten** zu belohnen. Dabei werden im Wesentlichen zwei Arten von Unterlagenschutz unterschieden[909]:

---

[905] Bzgl. Patenten vgl. *Mes*, PatG/GebrMG, § 9 PatG Rn. 73 ff.; vgl. Marken vgl. *Ingerl/Rohnke*, MarkenG, § 24 Rn. 1 ff. Wird zB ein patentgeschützter Gegenstand vom Patentinhaber an einen Dritten willentlich verkauft, so darf der Dritte den patentierten Gegenstand sowohl privat als auch geschäftlich weiterverkaufen, ohne dass ihm dies der Patentinhaber gemäß §§ 139 ff. PatG iVm § 9 PatG verbieten kann.

[906] Ausführlich zur Parallelimport-Zulassung → § 3 Rn. 65 ff.

[907] Ausführlich hierzu Europäische Kommission, Mitteilung der Kommission über Paralleleinfuhren von Arzneispezialitäten, deren Inverkehrbringen bereits genehmigt ist, v. 30.12.2003 (KOM(2003) 839 endg.), S. 10 ff.

[908] Der englische Begriff hierfür ist **Regulatory Data Protection** (RDP).

[909] Vgl. European Commission, Notice to Applicants, Volume 2A, Procedures for marketing authorisation, Chapter 1, Marketing Authorisation (June 2013, Revision 4), S. 39 f.

§ 4 Inverkehrbringen, Überwachung und Schutz von Arzneimitteln

- Zum einen kann Dritten untersagt sein, für den Erhalt einer Marktzulassung für ein Nachfolgepräparat während eines bestimmten Zeitraums auf die Unterlagen des Vorantragstellers Bezug zu nehmen und ein solcher Zulassungsantrag wird von der Behörde auch nicht akzeptiert und/oder die Erteilung einer Marktzulassung auf Basis eines solchen bezugnehmenden Zulassungsantrags wird abgelehnt (sog. **Datenexklusivität**).
- Zum anderen kann Dritten untersagt sein, ein Arzneimittel, dessen Zulassung auf Grundlage eines derart bezugnehmenden Zulassungsantrags erteilt wurde, während eines bestimmten Zeitraums zu vermarkten (sog. **Marktschutz**).

2. Bestehender Unterlagenschutz für Referenzarzneimittel

Mit der Richtlinie 2004/27/EG, welche die Richtlinie 2001/83/EG geändert hat, und der Verordnung 726/2004 wurden für Humanarzneimittel neue Regelungen über die Schutzzeiträume eingeführt, während denen die Antragsteller von generischen Produktzulassungen (sog. Generika[910]) nicht auf die präklinischen und klinischen Studiendaten des Referenzarzneimittels Bezug nehmen dürfen, um einen Zulassungsantrag zu stellen, eine Zulassung zu erhalten oder das auf einer solchen Zulassung basierende Arzneimittel in Verkehr zu bringen[911]. Damit wurden die Bestimmungen zum Unterlagenschutz europaweit harmonisiert und zwar gleichermaßen für zentrale, DCP-, MRP- und nationale Zulassungen. 187

Der Schutzzeitraum beginnt mit der ersten Marktzulassung des Referenzarzneimittels in der EU[912]. Dies ist bei zentral zugelassenen Arzneimitteln das Datum der zentralen Zulassungserteilung, bei national oder dezentral zugelassenen Arzneimitteln ist auf das Datum der ersten Zulassung des Produktes in einem Mitgliedstaat der EU abzustellen. Insoweit nimmt Liechtenstein eine Sonderstellung ein, indem dort ein duales System besteht: Zunächst kann für ein Arzneimittel eine Zulassung mit Wirkung für Liechtenstein nicht mehr nur mittels des zentralen Zulassungsverfahrens erteilt werden[913], sondern auch indem im Rahmen eines MRP- oder DCP-Verfahrens die automatische Anerkennung einer für Österreich erteilten Zulassung mit Wirkung auch für Lichtenstein als weiteren CMS beantragt wird[914]. Parallel dazu erlaubt Liechtenstein auf Grundlage eines entsprechenden Staatsvertrages mit der Schweiz auf seinem Markt automatisch die vom Schweizerischen Heilmittelinstitut Swissmedic zugelassenen Arzneimittel, allerdings mit der Aus- 188

---

[910] Ein Generikum ist nach Art. 10 Abs. 2 lit. b RL 2001/83/EG „ein Arzneimittel, das die gleiche qualitative und quantitative Zusammensetzung aus Wirkstoffen und die gleiche Darreichungsform wie das Referenzarzneimittel aufweist und dessen Bioäquivalenz mit dem Referenzarzneimittel durch geeignete Bioverfügbarkeitsstudien nachgewiesen wurde". Dabei gelten die verschiedenen Salze, Ester, Ether, Isomere, Mischungen von Isomeren, Komplexe oder Derivate eines Wirkstoffs als ein und derselbe Wirkstoff, es sei denn, ihre Eigenschaften unterscheiden sich erheblich hinsichtlich der Sicherheit und/oder Wirksamkeit. Ferner gelten die verschiedenen oralen Darreichungsformen mit sofortiger Wirkstofffreigabe als ein und dieselbe Darreichungsform. Ferner können dem Antragsteller die Bioverfügbarkeitsstudien erlassen werden, wenn er nachweisen kann, dass das Generikum die relevanten Kriterien erfüllt, die in den entsprechenden ausführlichen Leitlinien festgelegt sind.
[911] Für Tierarzneimittel wurde der Unterlagenschutz harmonisiert durch die Richtlinie 2004/28/EG zur Änderung der Richtlinie 2001/82/EG sowie in Bezug auf zentrale Arzneimittel ebenfalls durch die Verordnung 726/2004.
[912] Ein Referenzarzneimittel ist nach Art. 10 Abs. 2 lit. a RL 2001/83/EG jedes gemäß Art. 6 in Übereinstimmung mit Art. 8 RL 2001/83/EG genehmigtes Arzneimittel.
[913] Grund hierfür ist, dass Lichtenstein ein EFTA-Mitgliedstaat ist. Gleiches gilt für die weiteren EFTA-Staaten Norwegen und Lichtenstein.
[914] Abkommen zwischen der Österreichischen Bundesregierung und der Regierung des Fürstentums Liechtenstein betreffend die automatische Anerkennung von in Österreich zugelassenen bzw. registrierten Human- und Tierarzneimitteln in Liechtenstein (BGBl. III Nr. 126/2010).

nahme, dass seit dem 1. Juni 2005 Swissmedic-Zulassungen von Arzneimitteln mit *neuen* Wirkstoffen nicht mehr automatisch in Liechtenstein anerkannt werden, sondern die Anerkennung erst mit einer zeitlichen Verzögerung von in der Regel 12 Monaten erfolgt[915]. Da die Zulassung in der Schweiz nicht auf Basis des harmonisierten europäischen Rechts erfolgt, kann diese keine Wirkung für die EU haben, und mithin auch nicht den Lauf des Unterlagenschutzes in Gang setzen[916].

189 a) **Unterlagenschutz nach geltendem Recht („8+2+1-Formel").** aa) **8 Jahre Daten- und 10 Jahre Marktschutz:** Die europarechtlichen Vorgaben zum Unterlagenschutz finden sich in Art. 10 Abs. 1 RL 2001/83/EG[917] sowie Art. 14 Abs. 11 VO 726/2004. Hiernach besteht für jedes Arzneimittel – unabhängig davon, ob es national im Wege eines nationalen, dezentralen oder Verfahrens der Gegenseitigen Anerkennung oder zentral zugelassen wurde – ab dem Zeitpunkt der ersten erteilten Zulassung innerhalb der EU

- ein Zeitraum von **8 Jahren Datenexklusivität**, während dem ein generischer Antragsteller nicht ohne Zustimmung des Zulassungsinhabers auf präklinischen und klinischen Studiendaten des Zulassungsdossiers Bezug nehmen darf, sowie
- ein Zeitraum von **10 Jahren Marktschutz**, während dem ein Arzneimittel, dessen Zulassung durch eine solche Bezugnahme beantragt und erteilt wurde, nicht in den Verkehr gebracht werden darf[918].

190 Mithin können generische Zulassungsanträge erst nach dem Ablauf der 8 Jahre Datenexklusivität des Referenzarzneimittels bei den Behörden eingereicht werden, und unabhängig davon, wann die entsprechende generische Zulassung erteilt wird, besteht ein weiterer 2-jähriger Vermarktungsschutz[919]. Er gilt gleichermaßen für neue Kombinationsprodukte – und zwar unabhängig davon, ob diese aus bereits zugelassenen Wirkstoffen bestehen und der Zulassungsantrag auf Art. 10b RL 2001/83/EG beruht, oder zum Teil oder vollständig aus noch nicht zugelassenen Wirkstoffen und der Zulassungsantrag auf Art. 8 Abs. 3 RL 2001/83/EG beruht[920].

191 bb) **Verlängerung des Marktschutzes bei Zulassung einer neuen Indikation:** Gemäß Art. 10 Abs. 1 UAbs. 4 RL 2001/83 besteht für Humanarzneimittel die Möglichkeit einer Verlängerung des 10-jährigen Marktschutzzeitraums um ein weiteres Jahr[921], sofern

- innerhalb der ersten 8 Jahre ab Erstzulassung die Erweiterung der Zulassung des Arzneimittels um eines oder mehrere neue therapeutische Anwendungsgebiete erwirkt wurde, und

---

[915] Vgl. Ergänzungsvereinbarung zwischen der Schweiz und Liechtenstein, LGBl. 2005 Nr. 82.
[916] S. hierzu European Commission, Notice to Applicants, Volume 2A, Procedures for marketing authorisation, Chapter 1, Marketing Authorisation (June 2013, Revision 4), S. 6; Webseite der Landesverwaltung des Fürstentums Liechtenstein unter http://www.llv.li/amtsstellen/llv-ag-heilmittel-2/llv-ag-arzneimittel-2/llv-ag-arzneimittel-zugelassene_arzneimittel.htm.
[917] Die neuen Regelungen wurden eingeführt durch die Änderungsrichtlinie 2004/27/EG.
[918] Dieser Zeitraum der 10-jährigen Marktexklusivität kann durch die Erwirkung neuer Indikationen unter bestimmten Voraussetzungen um 1 weiteres Jahr auf insgesat 11-Jahre verlängert werden.
[919] Im AMG wurde dieser Unterlagenschutz in Bezug auf national zugelassene Arzneimittel via nationalem, DCP- und MRP-Verfahren in § 24b Abs. 1 S. 1 u. 2 AMG umgesetzt. Vgl. hierzu *Heßhaus* in Spickhoff, Medizinrecht, 10. AMG, § 24b Rn. 1; *Rehmann*, AMG, § 24b Rn. 11.
[920] S. hierzu o. → § 3 Rn. 62.
[921] Dies ist in nationales Recht umgesetzt in § 24b Abs. 1 S. 3 AMG, wonach der Zeitraum der Marktexklusivität auf höchstens elf Jahre verlängert wird, wenn der Inhaber der Zulassung innerhalb von acht Jahren seit der Zulassung die Erweiterung der Zulassung um eines oder mehrere neue Anwendungsgebiete erwirkt, die bei der wissenschaftlichen Bewertung vor ihrer Zulassung durch die zuständige Bundesoberbehörde als von bedeutendem klinischem Nutzen im Vergleich zu bestehenden Therapien beurteilt werden.

§ 4 Inverkehrbringen, Überwachung und Schutz von Arzneimitteln

- diese Zulassungserweiterung einen bedeutsamen klinischen Nutzen im Vergleich zu bestehenden Therapien mit sich bringt[922].

Das zusätzliche Jahr an Marktschutz gilt für die Globale Marktzulassung des Referenzarzneimittels, so dass generische Arzneimittel – mit oder ohne das neue Anwendungsgebiet – nicht in Verkehr gebracht werden dürfen bis zum Ablauf des elften Jahres. Da der Schutzzeitraum insgesamt elf Jahre nicht überschreiten kann, kann diese Regelung auch nur einmal pro „*Globale Marktzulassung*" verwendet werden[923].

Die Möglichkeit einer Verlängerung des Unterlagenschutzes um 1 Jahr (+1) gilt nur für die Referenzarzneimittel, die unter dem neuen Rechtsregimes der Richtlinie 2004/27/EG sowie der Verordnung 726/2004 zugelassen wurden[924]. Insgesamt wird hier von der „*8+2+1-Formel*" gesprochen.

8 Jahre Datenexklusivität	zusätzlich 2 Jahre Marktschutz	zusätzlich 1 weiteres Jahr Marktschutz *sofern* Zulassung eines neuen therapeutischen Anwendungsgebietes mit bedeutsamen klinischen Nutzen innerhalb der ersten 8 Jahre erfolgt
• *Keine* Einreichung eines bezugnehmenden Zulassungsantrages • *Kein Inverkehrbringen*	• Einreichung eines bezugnehmenden Zulassungsantrages • *Kein Inverkehrbringen*	• Einreichung eines bezugnehmenden Zulassungsantrages • *Kein Inverkehrbringen*

Der hiernach gewährte Unterlagenschutz besteht ausdrücklich „*unbeschadet des Rechts über den Schutz gewerblichen und kommerziellen Eigentums*", und gibt den Zulassungsinhabern einen eigenständigen und unabhängig von einem eventuellen Patentschutz bestehenden Schutz[925].

---

[922] Bei Generika, die zur Anwendung bei Tieren bestimmt sind, gilt folgende Regelung: Die 10-jährige Marktexklusivität verlängert sich (1) bei Arzneimitteln, die zur Anwendung bei Fischen oder Bienen bestimmt sind, auf dreizehn Jahre, und (2) bei Arzneimitteln, die zur Anwendung bei einer oder mehreren Tierarten, die der Gewinnung von Lebensmitteln dienen, bestimmt sind und die einen neuen Wirkstoff enthalten, der am 30. April 2004 noch nicht in der Gemeinschaft zugelassen war, bei jeder Erweiterung der Zulassung auf eine weitere Tierart, die der Gewinnung von Lebensmitteln dient, die innerhalb von fünf Jahren seit der Zulassung erteilt worden ist, um ein Jahr. Dieser Zeitraum darf jedoch bei einer Zulassung für vier oder mehr Tierarten, die der Gewinnung von Lebensmitteln dienen, insgesamt dreizehn Jahre nicht übersteigen. Allerdings erfolgt die Verlängerung des Zehnjahreszeitraums für ein Arzneimittel für eine Tierart, die der Lebensmittelgewinnung dient, auf elf, zwölf oder dreizehn Jahre unter der Voraussetzung, dass der Inhaber der Zulassung ursprünglich auch die Festsetzung der Rückstandshöchstmengen für die von der Zulassung betroffenen Tierarten beantragt hat. Vgl. Art. 13 Abs. 1 UAbs. 3, Abs. 5 und § 24b Abs. 7 u. 8 AMG.
[923] Jeder Zulassungsantrag für ein neues Anwendungsgebiet muss von der zuständigen Behörde daraufhin geprüft werden, ob dieses einen bedeutsamen klinischen Nutzen in Vergleich zu bestehenden Therapien mit sich bringt. Bei zentral zugelassenen Arzneimitteln beinhaltet die Entscheidung der EU Kommission betreffend das neue therapeutische Anwendungsgebiet eine Feststellung hierzu. Bei Arzneimitteln, die im DCP- oder MRP-Verfahren zugelassen wurden, hat der Beurteilungsbericht des RMS eine entsprechende Feststellung zu enthalten.
[924] Art. 2 RL 2004/27 sowie Art. 89 VO 726/2004.
[925] Für Tierarzneimittel gilt ebenfalls ein initialer Unterlagenschutz von 8 Jahren Datenexklusivität und 10 Jahren Marktschutz (vgl. Art. 13 Abs. 1 UAbs. 1 RL 2004/28/EG sowie Art. 39 Abs. 10 Verordnung 726/2004, der auf die Regelungen des Art. 13 u. 13a RL 2004/28/EG verweist).

195 **b) Unterlagenschutz nach altem Recht.** Diese neuen Unterlagenschutzbestimmungen gelten nicht für Referenzarzneimittel, die

- national zugelassen wurden[926] und deren erster Zulassungsantrag innerhalb der EU vor dem 30.10.2005 eingereicht wurde[927], sowie
- zentral zugelassen wurden mit Einreichung des Zulassungsantrags vor dem 20.11.2005[928].

196 Arzneimittel, für die die erste Einreichung[929] eines Zulassungsantrages vor diesen Stichtagen erfolgte, profitieren weiterhin von den zuvor bestehenden Schutzzeiträumen, welche waren:

- 6 oder 10 Jahre Datenexklusivität für nationale Zulassungen, abhängig davon, von welchem Mitgliedstaat diese gewährt wurden – in Deutschland galt ein 10-jähriger Unterlagenschutz[930];
- 10 Jahre für alle Arzneimittel, die mittels des zentralisierten Verfahrens zugelassen wurden[931]; sowie
- 10 Jahre für alle Arzneimittel, die auf Basis einer Stellungnahme des CPMP gemäß Art. 4 RL 87/22/EWG (ex-concertation Verfahren) zugelassen wurden[932].

197 **c) Relevanter Schutzzeitraum bei einem Europäischem Referenzarzneimittel.** Art. 10 Abs. 1 UAbs. 1 RL 2001/83/EG erlaubt die Einreichung eines generischen Zulassungsantrages nur, wenn das Referenzarzneimittel für einen bestimmten Zeitraum bereits zugelassen war. Dabei ist ein generischer Zulassungsantrag auch dann möglich, wenn das Referenzarzneimittel nicht in dem Mitgliedstaat genehmigt wurde, in dem der Antrag für das Generikum eingereicht wird: in diesem Fall hat der Antragsteller im Antragsformular schlicht den Namen des Mitgliedstaats anzugeben, in dem das Referenzarzneimittel genehmigt wurde[933]. Allerdings kann auch in diesem Fall ein generischer Zulassungsantrag nur eingereicht werden, wenn die Datenexklusivität in diesem Mitgliedstaat nicht mehr besteht.

198 **d) Schutzzeiträume und Globale Marktzulassung.** Art. 6 Abs. 1 UAbs. 2 RL 2001/83/EG beinhaltet das Prinzip der **Globalen Marktzulassung:** Wurde für ein Arzneimittel eine Erstgenehmigung für das Inverkehrbringen erteilt, so müssen auch alle weiteren Stärken, Darreichungsformen, Verabreichungswege und Verabreichungsformen sowie alle Änderungen und Erweiterungen genehmigt oder in die Erstgenehmigung für das Inver-

---

[926] Dies gilt unabhängig davon, ob die nationale Zulassung im Wege eines rein nationalen Verfahren, eines DCP-Verahren oder eines MRP-Verfahrens erteilt wurde.
[927] Vgl. Art. 2 u. 3 RL 2004/27/EG.
[928] Vgl. Art. 89 VO 726/2004.
[929] Aufgrund des Wortlauts der Bestimmungen ist für die Übergangsregelung der Zeitpunkt der „Einreichung" des Zulassungsantrags entscheidend, und damit wohl der Zeitpunkt des tatsächlichen Zugangs des Zulassungsantrages und nicht des Datums der Validierung eines Zulassungsantrages.
[930] Gemäß Art. 10 Abs. 1 lit. a (iii) RL 2001/83/EG in der Fassung vor der Änderung durch Richtlinie 2004/27/EG gewährte den Mitgliedstaaten die Möglichkeit, zwischen einem 6-jährigen und einem 10-jährigen Unterlagenschutz in Form von Datenexklusivität zu wählen. Auf Basis der jeweiligen nationalen Bestimmungen gilt ein Unterlagenschutz von 10 Jahren für nationale Zulassungen, die von den folgenden Mitgliedstaaten gewährt wurden: Belgien, Deutschland, Frankreich, Italien, Niederlande, Schweden, England, Luxemburg; sowie ein Unterlagenschutz von 6 Jahren für nationale Zulassungen, die von den folgenden Mitgliedstaaten gewährt wurden: Österreich, Dänemark, Finnland, Irland, Portugal, Spanien, Griechenland, Polen, Tschechische Republik, Ungarn, Litauen, Lettland, Slowenien, Slowakei, Malta, Estland, Zypern sowie Norwegen, Liechtenstein und Island;
[931] Art. 13 Abs. 4 VO 2309/93.
[932] Vgl. insgesamt hierzu European Commission, Notice to Applicants, Volume 2A, Procedures for marketing authorisation, Chapter 1, Marketing Authorisation (June 2013, Revision 4), S. 40.
[933] Art. 10 Abs. 1 UAbs. 3 RL 2001/83/EG.

kehrbringen einbezogen werden. All diese Genehmigungen werden als Bestandteil derselben umfassenden Genehmigung für das Inverkehrbringen angesehen, insbesondere für den Zweck der Anwendung des Art. 10 Abs. 1 RL 2001/83/EG, welcher sich auf das Zulassungsverfahren für generische Produkte bezieht und die Regelungen für die Daten- sowie Marktexklusivität sowie des sog. Europäischen Referenzarzneimittels beinhaltet.

Daher beinhaltet die Globale Marktzulassung die erste erteilte Zulassung, alle Änderungen und Erweiterungen hierzu, sowie alle weiteren Stärken, Darreichungsformen, Verabreichungswege und Verabreichungsformen, die durch separate Verfahren zugelassen und dem Inhaber der ersten Zulassung erteilt wurden. In den Fällen, in denen das Arzneimittel zunächst national zugelassen wird und sodann später eine zusätzliche Stärke, Darreichungsform, Verabreichungsweg oder Verabreichungsform mittels dem zentralen Verfahren zugelassen wurde, so ist auch dies Teil der selben globalen Marktzulassung.

Aufgrund dieser Regelung in Art. 6 Abs. 1 RL 2001/83/EG gelten all diese Aufmachungen eines bestimmten Produktes als Teil derselben Marktzulassung, wenn es um die Anwendung der Bestimmungen zum Unterlagenschutz geht. Dementsprechend ist der Beginn der Daten- und Marktexklusivitätszeiträume eines Referenzarzneimittels das Datum, an dem die erste Marktzulassung innerhalb der Europäischen Union erteilt wurde. Neue zusätzliche Stärken, Darreichungsformen, Verabreichungswege oder Verabreichungsformen sowie jegliche Änderungen oder Erweiterungen führen nicht dazu, dass dieser Zeitraum neu startet oder verlängert wird – alle haben denselben Zeitpunkt für das Ende der Daten- sowie Marktexklusivität, nämlich 8 bzw. 10 Jahre, nachdem die erste Marktzulassung erteilt wurde. Nach Ansicht der Europäischen Kommission gilt dies selbst für den Fall, dass die neue Präsentation des Arzneimittels demselben Zulassungsinhaber durch ein separates zentrales Verfahren und als eigenständige Zulassung mit einer unterschiedlichen Arzneimittelbezeichnung gewährt wurde[934]. Fraglich ist, ob bereits vor Inkrafttreten der Richtlinie 2004/27/EG und der Normierung des Prinzips der Globalen Marktzulasungs in Art. 6 RL 2001/83/EG dieses Prinzip Geltung beanspruchte[935].

3. Ein Jahr Datenexklusivität bei neuen Indikationen anerkannter Substanzen

Nach Art. 10 Abs. 5 RL 2001/83/EG wird zusätzlich zu den Bestimmungen des Art. 10 Abs. 1 RL 2001/83/EG bei Zulassung einer neuen Indikation für einen bereits gut etablierten Wirkstoff eine nicht kumulierbare Ausschließlichkeitsfrist von einem Jahr für die entsprechenden Daten gewährt, sofern bedeutende vorklinische oder klinische Studien im Zusammenhang mit der neuen Indikation durchgeführt wurden[936]. Diese Regelung findet nicht nur Anwendung für Arzneimittel, die Unterlagenschutz nach dem neuen Rechtsregime beanspruchen, sondern für alle zugelassene Arzneimittel[937].

Es muss ein „*gut etablierter Wirkstoff*" vorliegen (engl.: „well established substance"). In Einklang mit Art. 10a RL 2001/83/EG ist dies ein in dem zugelassenen Arzneimittel enthaltener Wirkstoff, der seit mindestens zehn Jahren in der EU in der therapeutischen Praxis auf Basis einer entsprechenden Zulassung allgemein medizinisch verwendet

---

[934] Dies ist umstritten. Nach anderer Ansicht kommt nachfolgenden eigenständigen zentralen Zulassungen desselben Wirkstoffs in einem anderen therapeutischen Gebiet ein eigenständiger Unterlagenschutz zu (teilweise auch „Independent Development Principle" genannt), da eigenständige Zulassungen insbesondere keine Zulassungsänderungen oder -erweiterungen im Sinne des Art. 6 Abs. 1 RL 2001/83/EG darstellen gemäß den Vorgaben der Variations-Verordnung 1234/2008. Zur Klärung dieser Frage sind zwischenzeitlich zwei Gerichtsverfahren anhängig beim europäischen Gericht (Rechtssachen T-472/12 sowie T-67/13 – Aclasta).

[935] Vgl. hierzu European Commission, Notice to Applicants, Volume 2A, Procedures for marketing authorisation, Chapter 1, Marketing Authorisation (June 2013, Revision 4), S. 42, dort insb. Fußn. 28.

[936] Diese Bestimmung wurde in nationales Recht umgesetzt durch § 10 Abs. 6 AMG.

[937] S. Übergangsregelung des Art. 2 RL 2004/27/EG.

wird[938]. Dies bedeutet folglich nicht, dass das betroffene Arzneimittel auch gemäß Art. 10a RL 2001/83/EG als „well-established use"-Arzneimittel[939] zugelassen werden musste.

203 Voraussetzung ist ferner, dass für diesen gut etablierten Wirkstoff die Zulassung eines neuen weiteren Anwendungsgebietes erfolgt, die auf Daten von bedeutenden vorklinischen oder klinischen Studien im Zusammenhang mit dem neuen Anwendungsgebiet beruht. Auch hier hat bei zentral zugelassenen Arzneimitteln die Kommissionsentscheidung bzw. bei DCP- sowie MRP-Zulassungen der Beurteilungsbericht des RMS eine entsprechende Stellungnahme zu enthalten, ob die neue Indikation auf bedeutende präklinische oder klinische Studien basiert[940]. Der sodann gewährte eigenständige einjährige Zeitraum einer Datenexklusivität für die entsprechenden Studiendaten ist nicht kumulierbar mit anderen Schutzzeiträumen, da er sich ausschließlich auf die Daten für die neue Indikation bezieht[941].

4. Ein Jahr Datenexklusivität bei OTC-Switch

204 Art. 74a RL 2001/83/EG bestimmt: „*Wurde eine Änderung der Einstufung eines Arzneimittels aufgrund signifikanter vorklinischer oder klinischer Versuche genehmigt, so nimmt die zuständige Behörde bei der Prüfung eines Antrags eines anderen Antragstellers oder Inhabers der Genehmigung für das Inverkehrbringen auf Änderung der Einstufung desselben Stoffs während eines Zeitraums von einem Jahr nach Genehmigung der ersten Änderung nicht Bezug auf die Ergebnisse dieser Versuche*"[942]. Hiernach wird ein Zeitraum von 1 Jahr Datenexklusivität gewährt für die Daten von bedeutenden präklinischen oder klinischen Studien, die durchgefüht wurden, um eine Änderung der Einstufung des Wirkstoffs – mithin von verschreibungspflichtig zu verschreibungsfrei (OTC) – erfolgreich zu erhalten. Wird eine solche Entscheidung getroffen, hat die zuständige Behörde (dh EU-Kommission oder RMS) zu beurteilen, ob die Änderung der Einstufung des Arzneimittels auf signifikanten präklinischen oder klinischen Studien beruht[943].

5. Rechtsschutzfragen

205 Da in Europa Unterlagen- und Patentschutz unabhängig voneinander bestehen, wird die Frage des Schutzes vor einer unzulässigen Bezugnahme auf Unterlagen eines Vorantragstellers insbesondere dann von praktischer Relevanz, wenn der Patentschutz des Arzneimittels, insbesondere das Wirkstoffpatent, zuvor endete. Die Durchsetzung des Unterlagenschutzes erfolgt aber nicht durch den pharmazeutischen Unternehmer oder den Eigentümer der Daten, sondern hat durch den zuständigen Zulassungsbehörden zu erfolgen, sofern es sich um die Durchsetzung der Datenexklusivität handelt. Die Geltendmachung einer unzulässigen Bezugnahme auf geschützte Daten ist für den Zulassungs-

---

[938] Teil II Ziff. 1 (a) des Annex der RL 2001/83/EG nach Änderung durch RL 2003/63/EG. Die Verwendung eines Wirkstoffs in einer Zulassungsstudie – selbst wenn es sich um eine umfangreiche Studie handelte – wird demgemäß als nicht ausreichend angesehen, um eine gut etablierte Verwendung begründen zu können.

[939] Die entsprechende Regelung im deutschen Recht ist § 10 Abs. 6 AMG.

[940] Vgl. hierzu European Commission, Notice to Applicants, Volume 2A, Procedures for marketing authorisation, Chapter 1, Marketing Authorisation (June 2013, Revision 4), S. 43 f.

[941] Ausführlich hierzu European Commission, Guidance on a New Therapeutic Indication for a Well-Established Substance (November 2007), verfügbar unter http://ec.europa.eu/health/files/eudralex/vol-2/c/10 %20_5_%20guideline_11–2007_en. pdf.

[942] Diese Bestimmung wurde in nationales Recht umgesetzt durch § 48 Abs. 3 AMG.

[943] Details hierzu s. European Commission, A Guideline on Changing the Classification for the Supply of a Medicinal Product for Human Use (Januar 2006), verfügbar unter http://ec.europa.eu/health/files/eudralex/vol-2/c/switchguide_160106_en. pdf.

§ 4 Inverkehrbringen, Überwachung und Schutz von Arzneimitteln

inhaber auch drittschützend[944]. Dementsprechend steht dem Zulassungsinhaber das Recht zu, bei einer Verletzung des Unterlagenschutzes mittels Gewährung einer bezugnehmenden Arzneimittelzulassung an einen Dritten diese vor Gericht anzugreifen. Zuständig ist bei einer zentralen Arzneimittelzulassung das Allgemeine Europäische Gericht, bei nationalen Zulassungen das jeweils zuständige nationale Gericht, in Deutschland nach Durchführung eines Widerspruchsverfahrens nach § 68 VwGO das für den Sitz der Zulassungsbehörde zuständige Verwaltungsgericht.

IX. Orphan Exklusivität

1. Schutzwirkung der Orphan Exklusivität

Ein Arzneimittel, das als Arzneimittel für seltene Leiden ausgewiesen ist, profitiert von dem in Art. 8 Abs. 1 VO 141/2000 (Orphan VO[945]) geregelten Exklusivitätsrecht („Orphan Exklusivität"[946]): Gemäß Art. 8 Abs. 1 Orphan VO gilt für Arzneimittel, die als Arzneimittel für seltene Leiden ausgewiesen sind und für die entweder eine zentrale Zulassung oder in allen Mitgliedstaaten eine nationale Zulassung erteilt wurde[947], dass „*die Gemeinschaft und die Mitgliedstaaten während der nächsten zehn Jahre weder einen anderen Antrag auf Genehmigung für das Inverkehrbringen eines ähnlichen Arzneimittels für dasselbe therapeutische Anwendungsgebiet annehmen noch eine entsprechende Genehmigung erteilen noch einem Antrag auf Erweiterung einer bestehenden Genehmigung stattgeben*" werden.

206

Dies bedeutet:

207

- Der Schutz eines Arzneimittels für seltene Leiden bezieht sich nicht nur auf Arzneimittel mit demselben Wirkstoff, sondern erstreckt sich auf alle „**ähnlichen Arzneimittel**".
  – Der Begriff „ähnliche Arzneimittel" ist definiert in Art. 3 Abs. 3 lit. b der Durchführungsverordnung 847/2000[948] als ein Arzneimittel, das einen oder mehrere **ähnliche Wirkstoffe** (dh Stoffe mit physiologischer oder pharmakologischer Wirkung, lit. a) enthält wie ein derzeit zugelassenes Arzneimittel für seltene Leiden, das für dasselbe therapeutische Anwendungsgebiet bestimmt ist;
  – Ein „ähnlicher Wirkstoff" wiederum ist ein **identischer Wirkstoff** oder ein Wirkstoff mit **denselben Hauptmerkmalen der Molekülstruktur** (dies betrifft jedoch nicht notwendigerweise alle Strukturmerkmale) mit **demselben Wirkungsmechanismus**[949];

---

[944] So OVG Berlin Urteil v. 18.4.1996, PharmaR 1997, S. 14 ff., sowie VG Köln Urteil v. 21.12.2000, PharmaR 2001, S. 68 ff., jeweils zu § 24a AMG aF, entspricht § 24b AMG nF; zur Anordnung der sofortigen Vollziehung insoweit OVG NRW Beschluss v. 26.9.2008 (13 B 1202/08), PharmaR 2008, S. 603 ff.; zum Drittschutz gegen die Zulassung eines Tierarzneimittels im Verfahren der gegenseitigen Anerkennung vgl. zuletzt OVG Lüneburg Urteil vom 7.6.2012 (13 LB 56/10).

[945] Verordnung (EG) Nr. 141/2000 des Europäischen Parlaments und des Rates vom 16. Dezember 1999 über Arzneimittel für seltene Leiden, ABl. L 18 vom 22.1.2000, S. 1.

[946] Die Orphan VO bezeichnet das Exklusivitätsrecht des Art. 8 als „Marktexklusivität". Dieser Begriff ist jedoch bereits im Rahmen des Unterlagenschutzes mit einer anderen Bedeutung belegt als das in Art. 8 Orphan VO verwendete Begriffsverständnis, dies geht punktuell weiter. Daher wird nachfolgend zur Unterscheidung der Begriff „Orphan Exklusivität" verwendet.

[947] Unter dem Regime der Verordnung 2309/93 waren Arzneimittel für seltene Leiden nicht zwingend zentral zuzulassen. Dies ist erst seit Inkrafttreten der Verordnung 726/2004 der Fall, Art. 3 Abs. 1 iVm Ziff. 4 des Anhangs zur VO 726/2004.

[948] Verordnung (EG) Nr. 847/2000 der Kommission vom 27. April 2000 zur Festlegung von Bestimmungen für die Anwendung der Kriterien für die Ausweisung eines Arzneimittels als Arzneimittel für seltene Leiden und von Definitionen für die Begriffe „ähnliches Arzneimittel" und „klinische Überlegenheit"ABl. L 103 v. 28.4.2000, S. 5.

[949] Genannt werden hier beispielhaft (1.) Isomere, Isomergemische, Komplexe, Ester, Salze und nicht-kovalente Derivate des ursprünglichen Wirkstoffs oder eines Wirkstoffs, der sich von dem

- Ferner bezieht sich der Schutz auch nicht nur auf dasselbe zugelassene Anwendungsgebiet, sondern ist weiter auf dasselbe **therapeutische Anwendungsgebiet** bezogen.
- Nach erfolgter Zulassung eines Arzneimittels für seltene Leiden, werden die Gemeinschaft und die Mitgliedstaaten während eines Zeitraums von zehn Jahren ab Zulassung in Bezug auf solche ähnlichen Arzneimittel für dasselbe therapeutische Anwendungsgebiet
  – weder einen anderen Antrag auf Genehmigung annehmen
  – noch eine entsprechende Genehmigung erteilen
  – noch einem Antrag auf Erweiterung einer bestehenden Genehmigung stattgeben.

208 Damit schützt die Orphan Exklusivität während des 10-Jahreszeitraums, dass bereits ein Zulassungsantrag für ein ähnliches Arzneimittel für dasselbe therapeutische Anwendungsgebiet gestellt werden kann. Mithin wird nicht nur eine Marktexklusivität vermittelt, wie die Überschrift zu Art. 8 Orphan VO missverständlich vermittelt, sondern ein darüber hinausgehender Schutz, indem jegliche Antragstellung während dieses 10-Jahres-Zeitraums untersagt wird.

209 Es gilt zu beachten, dass diese Orphan Exklusivität sich nicht auf den Wirkstoff bezieht, sondern auf das jeweils zugelassene Anwendungsgebiet. Sofern daher für ein Arzneimittel nach und nach mehrere Anwendungsgebiete zugelassen werden, die jeweils als Indikation für seltene Leiden ausgewiesen sind, so wird jede dieser Indikationen separat durch den 10-jähriger Exklusivitätszeitraum gemäß Art. 8 Abs. 1 Orphan VO geschützt[950].

210 Dieser 10-Jahres-Zeitraum des Art. 8 Abs. 1 Orphan VO kann auf sechs Jahre verkürzt werden, wenn am Ende des fünften Jahres in Bezug auf das betreffende Arzneimittel feststeht, daß die Kriterien für eine Ausweisung als Arzneimittel für seltene Leiden nicht mehr erfüllt sind. Dies kann zB der Fall sein, wenn nachgewiesen wird, daß die Rentabilität des Arzneimittels so ausreichend ist, daß die Aufrechterhaltung des Marktexklusivitätsrechts nicht gerechtfertigt ist. Nur ein Mitgliedstaat, damit etwa nicht Konkurrenzunternehmen, kann eine solche Überprüfung einleiten durch eine entsprechende Mitteilung an die EMA. Die EMA leitet daraufhin das Überprüfungsverfahren nach Art. 5 Orphan VO ein[951].

2. Abweichungen von der Orphan Exklusivität

211 Die Regelung des Art. 8 Abs. 3 Orphan VO führt die Ausnahmefälle auf, in denen abweichend von Art. 8 Abs. 1 Orphan VO für ein ähnliches Arzneimittel mit demselben therapeutischen Anwendungsgebiet eine Genehmigung für das Inverkehrbringen gewährt werden kann[952]. Dies ist der Fall, wenn

ursprünglichen Wirkstoff nur durch kleine Änderungen der Molekülstruktur, wie ein Strukturanalogon, unterscheidet, oder (2.) dasselbe Makromolekül oder ein Makromolekül, das sich von dem ursprünglichen Makromolekül nur durch kleinere Änderungen der Molekülstruktur unterscheidet, oder (3.) derselbe radiopharmazeutische Wirkstoff oder ein Wirkstoff, der sich von dem ursprünglichen Wirkstoff durch Radionuklid, Ligand, Markierungsort oder Molekül- Radionuklid-Kopplungsmechanismus, der das Molekül und das Radionuklid verbindet, unterscheidet, sofern der Wirkungsmechanismus derselbe ist.

[950] Vgl. EMA, Questions & Answers: Orphan Applications, dort Q&A 4, abrufbar unter: http://www.ema.europa.eu/ema/index.jsp?curl=pages/regulation/q_and_a/q_and_a_detail_000014.jsp&mid=WC0b01ac058061ecb9.

[951] Vgl. Art. 8 Abs. 2 Orphan VO. Ausführlich hierzu Communication from the Commission, Guideline on aspects of the application of Article 8(2) of Regulation (EC) No 141/2000: Review of the period of market exclusivity of orphan medicinal products v. 17.9.2008, C(2008) 4051 final.

[952] S. hierzu insbesondere European Commission, Guideline on aspects of the application of Article 8(1) and (3) of Regulation (EC) No 141/2000: Assessing similarity of medicinal products versus authorised orphan medicinal products benefiting from market exclusivity and applying derogations from that market exclusivity, ABl. L 242 v. 23.9.2008, S. 12.

- der Inhaber der Genehmigung für das Inverkehrbringen des zuerst als Arzneimittel für seltene Leiden ausgewiesenen Arzneimittels dem zweiten Antragsteller seine **Zustimmung** gegeben hat (lit. a),
- der Inhaber der Genehmigung für das Inverkehrbringen des zuerst als Arzneimittel für seltene Leiden ausgewiesenen Arzneimittels das Arzneimittel **nicht in ausreichender Menge liefern** kann (lit. b), oder
- der zweite Antragsteller in seinem Antrag nachweisen kann, daß das zweite Arzneimittel, obwohl es dem bereits zugelassenen und als Arzneimittel für seltene Leiden ausgewiesenen Arzneimittel ähnlich ist, **sicherer, wirksamer** oder unter anderen Aspekten **klinisch überlegen** ist (lit. c). „*Klinisch überlegen*" bedeutet dabei, dass ein Arzneimittel nachweislich einen bedeutenden therapeutischen oder diagnostischen Vorteil im Vergleich zu einem zugelassenen Arzneimittel in einem oder mehreren des nachfolgenden Aspekte hat[953]:
  – **größere Wirksamkeit** als ein zugelassenes Arzneimittel für seltene Leiden, das durch einen entsprechenden Effekt auf einen klinisch bedeutsamen Endpunkt mittels adäquaten und gut kontrollierten klinischen Studien nachgewiesen wird,
  – **größere Sicherheit** in einem bedeutenden Anteil der Zielbevölkerung, oder
  – *in Ausnahmefällen* ein Nachweis, dass das Arzneimittel im Hinblick auf einen anderen Parameter einen **wichtigen Beitrag zu Diagnostik oder Patientensicherheit** liefert.

X. Paediatrische Verlängerung

Sofern ein Genehmigungsantrag nach Art. 7 oder 8 Verordnung 1901/2006[954] (Pädiatrische VO) die Ergebnisse sämtlicher Studien beinhaltet, die gemäß einem gebilligten pädiatrischen Prüfkonzept durchgeführt wurden, so kann der Zulassungsinhaber hierfür bei Erfüllung aller Voraussetzungen eine pädiatrische Belohnung in Form einer Exklusivitätsverlängerung bzw. eines eigenständigen Unterlagenschutzes erhalten[955]. Die Art der Belohnung hängt davon ab, ob es sich um ein Arzneimittel für seltene Leiden oder um ein „non-orphan" Arzneimittel handelt, sowie davon ob das Arzneimittel unter SPC-Schutz steht bzw. von diesem profitieren kann. 212

1. Anforderungen

Die Entscheidung der EMA über einen PIP, die mit der ersten regulatorischen Einreichung verbunden ist, welche einen PIP ausgelöst hat (im Gegensatz zu einer Freistellung), ist diejenige, die für die pädiatrische Belohnung qualifiziert[956]. Voraussetzungen 213

---

[953] S. hierzu insbesondere European Commission, Guideline on aspects of the application of Article 8(1) and (3) of Regulation (EC) No 141/2000: Assessing similarity of medicinal products versus authorised orphan medicinal products benefiting from market exclusivity and applying derogations from that market exclusivity, ABl. C 242 v. 23.9.2008, S. 12.
[954] Verordnung (EG) Nr. 1901/2006 des Europäischen Parlaments und des Rates vom 12. Dezember 2006 über Kinderarzneimittel und zur Änderung der Verordnung (EWG) Nr. 1768/92, der Richtlinien 2001/20/EG und 2001/83/EG sowie der Verordnung (EG) Nr. 726/2004, ABl. L 378 vom 27.12.2006, S. 1, geändert durch die Verordnung (EG) Nr. 1902/2006 des Europäischen Parlaments und des Rates vom 20. Dezember 2006 zur Änderung der Verordnung 1901/2006 über Kinderarzneimittel, ABl. L 378 vom 27.12.2006, S. 20.
[955] Zu Kinderarzneimitteln vgl. bereits o. → § 3 Rn. 237 ff.
[956] S. *Paolo Tomasi*, After the PIP Decision: Modification of the agreed PIP, validation, compliance check, DIA Euromeeting Geneva March 2011, dort insb. S. 4, verfügbar unter http://www.ema.europa.eu/docs/en_GB/document_library/Presentation/2011/06/WC500108075.pdf.

für die Erteilung dieser Belohnung ist natürlich, dass alle diesbezüglichen Voraussetzungen erfüllt werden – und im Fall einer ersten Marktzulassung, dass der Zulassungsantrag auch erfolgreich ist. Daher ist der *„PIP, der zu der Belohnung führt"*, nicht immer identisch mit dem ersten PIP, der mit der EMA vereinbart wurde.

- Im Falle einer Neuzulassung und damit eines sog. Art. 7-PIP wird daher eine einzelne EMA-Entscheidung alle Krankheiten aufführen, die die beantragten Anwendungsgebiete abdecken.
- Für zugelassene Arzneimittel erfordert die Bestimmung des Art. 8 Pädiatrische VO ausdrücklich, dass „sich die in Artikel 7 Absatz 1 genannten Unterlagen sowohl auf bestehende als auch neue Indikationen, Darreichungsformen und Verabreichungswege" erstrecken. In diesem Fall wird daher ebenfalls eine einzelne EMA-Entscheidung die verschiedenen Krankheiten (aber nicht auch die Anwendungsgebiete, die unter die Krankheiten fallen), Darreichungsformen und Verabreichungswege aufführen.
- Allerdings muss sowohl im Fall eines Art. 7- als auch eines Art. 8-PIPs die Entscheidung der EMA nicht Krankheiten einschließen, die noch nicht zugelassen sind oder den PIP auf Anwendungsgebiete, Darreichungsformen und Verabreichungswege erstrecken, für die der Zulassungsinhaber erst später, dh in einer separaten regulatorischen Einreichung einen Antrag stellen möchte.

2. Pädiatrische Belohnung

214   **a) SPC-Verlängerung um 6 Monate für non-orphan Arzneimittel. aa) Voraussetzungen:** Beinhaltet ein Zulassungsantrag nach Art. 7 oder 8 Pädiatrische VO die Ergebnisse sämtlicher Studien, die entsprechend einem gebilligten pädiatrischen Prüfkonzept durchgeführt wurden, so wird dem Inhaber des Patents oder des ergänzenden Schutzzertifikats eine Verlängerung des Ergänzenden Schutzzertifikats um 6 Monate gewährt[957]. Diese Belohnung gilt also nur für Arzneimittel, die noch unter einem entsprechenden Patentschutz bzw. Schutz durch ein SPC stehen[958]. Insoweit hat der *EuGH* in seinem Urteil vom 8.12.2011[959] klargestellt, dass für Arzneimittel ein ergänzendes Schutzzertifikat auch dann ausgestellt werden kann, wenn der Zeitraum zwischen der Einreichung der Anmeldung für das Grundpatent und dem Zeitpunkt der ersten Genehmigung für das Inverkehrbringen in der Europäischen Union kürzer ist als fünf Jahre – und demnach eine negative SPC-Verlängerung ausgesprochen werden muss. In diesem Fall beginnt die in der Pädiatrischen VO vorgesehene Frist für die Verlängerung für pädiatrische Zwecke ab dem Zeitpunkt zu laufen, der dadurch bestimmt wird, dass vom Zeitpunkt des Ablaufs des Patents die Differenz zwischen fünf Jahren und dem Zeitraum, der zwischen der Einreichung der Patentanmeldung und der Erteilung der ersten Genehmigung für das Inverkehrbringen vergangen ist, abgezogen wird. Faktisch besteht in solchen Fällen dann die Möglichkeit einer SPC-Verlängerung um 6 Monate, wenn der Zeitpunkt der ersten Genehmigung für das Inverkehrbringen in der EU zwischen 4½ und 5 Jahren nach Einreichung der Anmeldung für das Grundpatent liegt.

215   Eine solche 6-monatige SPC-Verlängerung wird auch dann gewährt, wenn die Ausführung des gebilligten pädiatrischen Prüfkonzept nicht zu der Genehmigung einer pädiatrischen Indikation führt, jedoch die Ergebnisse der pädiatrischen Studien in der Zusammenfassung der Merkmale des Arzneimittels und ggf. in der Packungsbeilage des

---

[957] Art. 36 Abs. 1 UAbs. 1 Pädiatrische VO.
[958] Vgl. auch Art. 36 Abs. 3 S. 1 Pädiatrische VO.
[959] EuGH Urteil vom 8. Dezember 2011, Merck & Co. Inc. v Deutsches Patent- und Markenamt (Case C-125/10 – noch nicht veröffentlicht), abrufbar unter http://curia.europa.eu/juris/liste.jsf?language=de&num=C-125/10.

§ 4 Inverkehrbringen, Überwachung und Schutz von Arzneimitteln

betreffenden Arzneimittels wiedergegeben werden[960]. Wird das Compliance-Statement[961] in eine Arzneimittelgenehmigung aufgenommen, so bestimmt Art. 36 Abs. 2 Pädiatrische VO ausdrücklich, dass dies der oben dargestellten Anwendung von Abs. 1 dient.

Voraussetzung für den Erhalt einer 6-monatigen SPC-Verlängerung ist ferner, dass das Arzneimittel in allen Mitgliedstaaten der EU zugelassen ist[962]. Dies bedeutet, dass 216
- entweder eine zentrale Zulassung vorliegen muss
- oder im Falle eines DCP-/MRP-Zulassungsverfahrens eine entsprechende nationale Zulassung in allen EU-Mitgliedstaaten gewährt wurde.

Diese Möglichkeit einer 6-monatigen SPC-Verlängerung besteht ausdrücklich nicht für Arzneimittel, die nach der Orphan VO als Arzneimittel für seltene Leiden ausgewiesen sind – für diese gilt die Regelung des Art. 37 Pädiatrische VO[963]. 217

Zu beachten ist, dass nach Art. 36 Abs. 5 Pädiatrische VO in Bezug auf ein zugelassenes Arzneimittel die Ergebnisse einer pädiatrischen Studie nicht sowohl zu einer SPC-Verlängerung als auch zu einer Verlängerung des Unterlagenschutzes führen können: Führt ein Antrag nach Art. 8 Pädiatrische VO zur Genehmigung einer neuen pädiatrischen Indikation, so besteht die Möglichkeit einer 6-monatigen SPC-Verlängerung nach Art. 36 Abs. 1–3 Pädiatrische VO nicht, wenn der Antragsteller eine einjährige Verlängerung des Unterlagenschutzes für das betreffende Arzneimittel beantragt und erhält, weil diese von bedeutendem klinischen Nutzen im Vergleich zu den bestehenden Therapien ist. 218

Schließlich bedarf es zur Erteilung einer 6-monatigen SPC-Verlängerung der Einhaltung zahlreicher weiterer formeller Voraussetzungen[964]. Insbesondere ist der nach Art. 7 Abs. 4 VO 469/2009 der Antrag auf Verlängerung spätestens zwei Jahre vor Ablauf des Zertifikats zu stellen[965], und zwar bei für den gewerblichen Rechtsschutz zuständigen Behörde eines jeden Mitgliedstaats, für den die SPC-Verlängerung erteilt werden soll[966]. 219

bb) Wirkung: Die Wirkung einer SPC-Verlängerung bezieht sich auch hier auf das jeweilige nationale Grundpatent, da das Zertifikat keine Erweiterung eines Patentes ist, sondern gewährt innerhalb des Schutzbereiches des Grundpatentes Schutz für ein Erzeugnis, beispielsweise ein Wirkstoff oder eine Wirkstoffkombination, für das eine erste Genehmigung für das Inverkehrbringen (Zulassung) vorliegt. 220

b) Verlängerung der Orphan Exklusivität um 2 Jahre. Für Arzneimittel, die als Arzneimittel für seltene Leiden ausgewiesen sind, ist in der Regelung des Art. 37 Pädiatrische VO die entsprechende Belohnung enthalten: Werden in Bezug auf diese Arzneimittel die Anforderungen des PIP erfüllt, die Ergebnisse aller Studien, die entsprechend dem vereinbarten PIP durchgeführt wurden, vorgelegt und das Compliance-Statement anschließend in die gewährte Genehmigung aufgenommen, so erfolgt eine Verlängerung der zehnjährigen Orphan Exklusivität um 2 zusätzliche Jahre auf insgesamt 12 Jahre. Dies gilt auch, wenn die Ausführung des gebilligten pädiatrischen Prüfkonzepts nicht zur Genehmigung einer pädiatrischen Indikation führt, die Studienergebnisse jedoch in der Zusammenfassung der Merkmale des Arzneimittels und gegebenenfalls in der Packungsbeilage des betreffenden Arzneimittels wiedergegeben werden. 221

---

[960] Art. 36 Abs. 1 UAbs. 1 Pädiatrische VO.
[961] So wird die Erklärung nach Art. 28 Abs. 3 Pädiatrische VO bezeichnet.
[962] Vgl. Art. 36 Abs. 3 Pädiatrische VO.
[963] S. hierzu nachfolgend → Rn. 224.
[964] Ausführlich zu den formellen Voraussetzungen einer Pädiatrischen Laufzeitverlängerung vgl. *von Czettritz/Brückner* in Brückner, ESZ/SPC (2011), Pädiatrische Laufzeitverlängerung Rn. 24 ff.
[965] Bis 27.1.2012 galt als Übergangsregelung noch, dass der Antrag auf Verlängerung der Laufzeit eines bereits erteilten Zertifikats spätestens sechs Monate vor Ablauf des Zertifikats zu stellen ist (Art. 7 Abs. 5 VO 469/2009).
[966] Vgl. ausführlich hierzu *von Czettritz/Brückner* in Brückner, ESZ/SPC (2011), Pädiatrische Laufzeitverlängerung Rn. 26 ff.

3. Unterlagenschutz für PUMA

222 Im Falle einer eigenständigen Genehmigung für die Pädiatrische Verwendung (sog. PUMA) unterliegen die entsprechenden Daten des Zulassungsdossiers einem selbständigen Unterlagenschutz nach der 8+2+1-Formel, und zwar unabhängig davon, ob eine Zulassung mittels zentralem oder mittels DCP/MRP/nationalem Zulassungsverfahren erfolgte[967].

---

[967] Art. 38 Pädiatrische VO.

3. Teil. Medizinprodukte[1]

§ 5 Entwicklung und Zertifizierung von Medizinprodukten

Schrifttum: *Anhalt/Dieners*, Handbuch des Medizinprodukterechts 2003; *Anhalt/Lücker/Wimmer*, Abgrenzung Arzneimittel-Medizinprodukt: Pharmakologisches ist nicht biochemisch, PharmR 2007, 45; *von Czettritz/Strelow*, Das VG Köln, die Zweifelsfallregelung und die Abgrenzung von Medizinprodukten zu Arzneimitteln, MPR 2010, 1; *Dauses*, EU-Wirtschaftsrecht, 34. Ergänzungslieferung, Oktober 2013; *Dieners/Povel*, Vorschläge der Kommission für eine Verordnung über Medizinprodukte, MPR 2012, 145; *Dieners/Reese*, Handbuch des Pharmarechts, 2010; *Frenz*, Handbuch Europarecht, Band 5 Wirkungen und Rechtsschutz, 2010; *Fuhrmann/Klein/Fleischfresser*, Arneimittelrecht, Handbuch für die pharmazeutische Rechtspraxis, 2. Aufl. 2014; *Hill/Schmitt*, WiKo Medizinprodukterechtkommentar, 13. Lieferung, Dezember 2013; *Jäkel*, Rechtliche Einstufung von Desinfektionsmitteln im Gesundheitswesen – ein Update, PharmR 2013, 261; *Kahl/Hillbert*, Die Rechtsprechung des BGH zur Abgrenzung von Funktionsarzneimitteln und Medizinprodukten auf dem Prüfstand des Unionsrechts, PharmR 2012, 177; *Keßler/Zindel*, Sind nur Produkte mit medizinischer Zweckbestimmung Medizinprodukte?, MPR 2012, 186; *Körner/Patzak/Vollkommer*, Betäubungsmittelgesetz, 7. Auflage 2012; *Kügel/Müller/Hofmann*, Arzneimittelgesetz 2012; *Martinek/Semler/Habermeier/Flohr*, Handbuch des Vertriebsrechts, 3. Auflage, 2010; *Meyer/Streinz*, LFGB-BasisVO, 2. Auflage 2012; *Nöthlichs*, Sicherheitsvorschriften für Medizinprodukte, 34. Lieferung, März 2014; *Rehmann/Wagner*, Medizinproduktegesetzkommentar, 2. Auflage 2010; *Schorn*, Medizinprodukterecht, 27. Ergänzungslieferung, März 2013; *Spickhoff*, Medizinrecht 2011; *Streinz*, Lebensmittelrechts-Handbuch, Lebensmittel und Futtermittelgesetzbuch, 34. Ergänzungslieferung, 2013.

I. Gegenstand des Medizinprodukterechts

1. Allgemeines

Das Medizinprodukterecht regelt sämtliche Fragestellungen rund um die Produktgruppe der „Medizinprodukte." Hierzu sind auf europäischer Ebene zahlreiche Richtlinien vom Rat der Europäischen Union und weitergehende Leitlinien von der Europäischen Kommission erlassen worden. **1**

Auf nationaler Ebene regelt das Gesetz über Medizinprodukte (MPG) – mit derzeit 9 dazu erlassenen Rechtsverordnungen[2] – den Verkehr mit Medizinprodukten in Deutschland. Geregelt ist insbesondere, was Medizinprodukte sind, wie sie zu kennzeichnen sind und wie sie in den Verkehr gebracht und überwacht werden. **2**

Innerhalb der Europäischen Union dürfen Medizinprodukte nur in Verkehr gebracht werden, wenn sie eine CE-Kennzeichnung tragen. Diese darf auf Medizinprodukten nur angebracht werden, wenn ein entsprechendes Konformitätsbewertungsverfahren vom Verantwortlichen alleine bzw. zusammen mit einer Benannten Stelle durchgeführt worden ist, wobei sich die Einzelheiten des Verfahrens und der Anforderungen vor allem nach der Risikoklasse des Medizinproduktes richten. **3**

---

[1] Unter Mitarbeit von *Tanja Strelow*, Rechtsanwältin, Dipl.-Biol. in München.
[2] Medizinprodukte-Verordnung (MPV), Medizinprodukte-Sicherheitsplanverordnung (MPSV), Medizinprodukte-Betreiberverordnung (MPBetreibV), DIMDI-Verordnung (DIMDIV), Verordnung über die Verschreibungspflicht von Medizinprodukten (MPVerschrV), Verordnung über Vertriebswege für Medizinprodukte (MPVertrV), Medizinprodukte-Gebührenverordnung (BKostV-MPG), Allgemeine Verwaltungsvorschrift zur Durchführung des Medizinproduktegesetzes (MPGVwV), Verordnung über klinische Prüfungen von Medizinprodukten (MPKPV).

2. Definition

4   Was Medizinprodukte sind, richtet sich in der überwiegenden Zahl der Fälle nach der grundlegenden Begriffsbestimmung gemäß § 3 Nr. 1 MPG. Danach sind Medizinprodukte alle einzeln oder miteinander verbunden verwendeten Instrumente, Apparate, Vorrichtungen, Software, Stoffe und Zubereitungen aus Stoffen oder andere Gegenstände einschließlich der vom Hersteller speziell zur Anwendung für diagnostische oder therapeutische Zwecke bestimmten und für ein einwandfreies Funktionieren des Medizinproduktes eingesetzten Software, die vom Hersteller zur Anwendung für Menschen mittels ihrer Funktionen zum Zwecke

a) der Erkennung, Verhütung, Überwachung, Behandlung oder Linderung von Krankheiten,

b) der Erkennung, Überwachung, Behandlung, Linderung oder Kompensierung von Verletzungen oder Behinderungen,

c) der Untersuchung, der Ersetzung oder der Veränderung des anatomischen Aufbaues oder eines physiologischen Vorgangs oder

d) der Empfängnisregelung

zu dienen bestimmt sind und deren bestimmungsgemäße Hauptwirkung im oder am menschlichen Körper weder durch pharmakologisch oder immunologisch wirkende Mittel noch durch Metabolismus erreicht wird, deren Wirkungsweise aber durch solche Mittel unterstützt werden kann.

3. Arten von Medizinprodukten

5   Es gibt in der Produktklasse der Medizinprodukte ganz unterschiedliche Arten von Medizinprodukten, die sich in ihrer Funktionsweise erheblich unterscheiden. Schließlich umfasst die Produktgruppe der Medizinprodukte weit mehr als 400.000 unterschiedliche Produkte, vom einfachen hölzernen Mundspatel, wie ihn Kinder schon vom Kinderarzt kennen, bis hin zu hochkomplexen lebenswichtigen Geräten, wie zB Herzschrittmachern oder Lungenfunktionsmaschinen[3].

6   Zu den Medizinprodukten gehören Produkte aus Stoffen oder Zubereitungen von Stoffen, wie Nasensprays und Augentropfen[4], ebenso wie elektromedizinische Geräte, wie Beatmungsgeräte oder Hörgeräte, medizinisch-technische Instrumente und Produkte wie Skalpelle oder Brillen, die Dentalprodukte, ferner In-Vitro-Diagnostika und Diagnostikageräte, Produkte zur Empfängnisregelung, sowie Medizinprodukte, die als Bestandteil Derivate aus menschlichem Blut oder Blutplasma enthalten[5].

7   Selbstverständlich bedürfen diese verschiedenen Produkte nicht unterschiedslos der gleichen Prüfung vor ihrer Inverkehrbringung. Aus diesem Grund hat der europäische Gesetzgeber zum einen 3 Richtlinien für die unterschiedlichen Arten von Medizinprodukten erlassen und zum anderen ein ausdifferenziertes System von vier Risiko-Klassen (I, IIa, IIb, III) aufgestellt. Zur Konformitätsbewertung kann der Hersteller nach vorgegebenen Kriterien aus 8 Modulen gezielt abgestimmt auf sein Produkt auswählen[6].

8   Bei den drei Richtlinien handelt es sich um die RL 90/385/EWG vom 20.6.1990 über aktive implantierbare medizinische Geräte, die RL 93/42/EG vom 14.6.1993 über Medizinprodukte und die RL 98/79/EG vom 27.10.1998 über In-Vitro-Diagnostika. Die Richtlinie

---

[3] vgl. *Nöthlichs*, § 1 MPG, Erl. 2.1
[4] vgl. *Hill/Schmitt*, WiKo Medizinprodukterecht, § 3 MPG Rn. 5.
[5] *Hill/Schmitt*, WiKo Medizinprodukterecht, Einl. Rn. 2; *Anhalt/Dieners* in Anhalt/Dieners, Handbuch des Medizinprodukterechts, § 2 Rn. 4, § 4 Rn. 24 ff.
[6] *Anhalt/Dieners* in Anhalt/Dieners, Handbuch des Medizinprodukterechts, § 2 Rn. 14; *Hill/ Schmitt*, WiKo Medizinprodukterecht, Einl. Rn. 59; *Hill/Schmitt*, WiKo Medizinprodukterecht, MPG, § 13 Rn. 5.

über aktive implantierbare medizinische Geräte erfasst alle Medizinprodukte mit einer elektrischen oder einer anderen Energiequelle, wie beispielsweise Herzschrittmacher und Defibrillatoren. Die Richtlinie über In-Vitro-Diagnostika erfasst alle Produkte zur In-Vitro-Untersuchung von aus menschlichem Körper stammenden Proben, wie beispielsweise Blutzuckerteststreifen, Blutzuckermessgeräte, ELISA-Tests zum Nachweis von Antikörpern oder NAT-Tests zum Nachweis von Virusnukleinsäure in Blutspenden. Die weitaus bedeutendste Richtlinie ist die RL 93/42/EWG über Medizinprodukte, die alle übrigen Medizinprodukte erfasst, vom einfachen Mundspatel über Hüftgelenke und Brustimplantate, bis hin zu Augentropfen und Nasensprays sowie Kathetern und Kanülen.

Innerhalb der Medizinproduktearten wird grundsätzlich zwischen aktiven und nicht aktiven Medizinprodukten unterschieden. Aktive Medizinprodukte sind alle elektrisch oder sonst energetisch betriebenen Geräte, wie Defibrillatoren oder Herzschrittmacher, während alle anderen Medizinprodukte nicht aktive medizinische Produkte sind, einschließlich Implantaten oder Operationsmaterialien.

II. Entstehungsgeschichte des MPG

1. Regelungsanlass

Während das Arzneimittelgesetz in der heutigen Fassung seinen Ursprung in dem Contergan-Fall hatte, entwickelte sich das Medizinproduktegesetz maßgeblich aus der unbefriedigenden Situation, dass die heute zu den Medizinprodukten zählenden Erzeugnisse – angefangen bei den sogenannten „Medical-Produkten" bis hin zu fiktiven Arzneimitteln – einer Vielzahl unterschiedlichster gesetzlicher Regelungen unterworfen waren. Dies führte nicht nur zu Schwierigkeiten bei der Abgrenzung zu den Arzneimitteln, sondern hatte auch aufgrund verschiedener Zuordnung unterschiedliche Anforderungen an die Qualität und Sicherheit innerhalb Europas zur Folge. So wurden manche der Medical-Produkte den Arzneimitteln zugeordnet oder aber als fiktive Arzneimittel behandelt, während andere Produkte wiederum dem Gerätesicherheitsgesetz, den Verordnungen zum Atomgesetz, den eich- und messrechtlichen Vorschriften oder aber dem Lebensmittel- und Bedarfsgegenständegesetz unterlagen[7].

Bereits in den 80er-Jahren gab es daher eine Initiative der Bundesvereinigung Verbandmittel und Medical-Produkte (heutiger Bundesverband Medizintechnologie -BVMed), die zur Erarbeitung eines Entwurfes für ein „Medical-Produkte-Gesetz" des ehemaligen Bundesministerium für Jugend, Familie, Frauen und Gesundheit führte[8]. Dieser Entwurf wurde jedoch vor seiner öffentlichen Bekanntgabe zurückgezogen, da sich die EG-Kommission zeitgleich mit der „Entschließung des Rates vom 7.5.1985 über eine neue Konzeption auf dem Gebiet der technischen Harmonisierung und Normung zum Abbau technischer Handelshemmnisse innerhalb der EG"[9], vom 4.6.1985 zu einer europaweiten Harmonisierung des Medizinprodukterechts entschlossen hatte[10]. Die Kommission erließ zuerst die Richtlinie über aktive implantierbare medizinische Geräte, sodann im Jahr 1993 die dem Medizinproduktegesetz zugrundeliegende RL 93/42/EWG des Rates über Medizinprodukte und schließlich die Richtlinie über In-Vitro-Diagnostika, die alle zusammen auch „Harmonisierungsrichtlinien" genannt werden[11]. In Umsetzung dieser Richtlinien entstand sodann das Medizinproduktegesetz (MPG) vom 2.8.1994.

---

[7] *Anhalt/Dieners* in Anhalt/Dieners, Handbuch des Medizinprodukterechts, § 2 Rn. 6.
[8] *Hill/Schmitt,* WiKo Medizinprodukterecht, Einl. Rn. 3.
[9] ABl.EGNr.C136.
[10] *Dieners/Lützeler* in Anhalt/Dieners, Handbuch des Medizinprodukterechts, § 1 Rn. 41 ff.; *Hill/Schmitt,* WiKo Medizinprodukterecht, Einl. 3.
[11] *Hill/Schmitt,* WiKo Medizinprodukterecht, Einl. Rn. 4 ff.; *Anhalt*/Dieners in Anhalt/Dieners, Handbuch des Medizinprodukterechts, § 2 Rn. 7 ff.

2. Aktuelle Entwicklungen

12   Die aktuellen Entwicklungen im Medizinprodukterecht sind Konsequenzen einer seit Dezember 2011 geführten Diskussion über die Sicherheit von Medizinprodukten, die durch den Skandal um fehlerhafte Brustimplantate der Firma PIP ausgelöst worden war. Ende 2011 war bekanntgeworden, dass ein französisches Unternehmen minderwertiges Silikon-Gel für Brustimplantate verwendet hatte, was mit erheblichen Risiken für die Gesundheit der betroffenen Patientinnen verbunden war. Als Folge dieses PIP-Brustimplantate-Skandals wurde in Deutschland die allgemeine Verwaltungsvorschrift zur Durchführung des Medizinproduktegesetzes (MPGVwV) beschlossen, die zum 1.1.2013 in Kraft getreten ist und für mehr Sicherheit bei Medizinprodukten sorgen soll. Mit ihr soll insbesondere Vollzugsdefiziten begegnet werden. So erfolgte eine Stärkung der Zentralstelle der Länder für Gesundheitsschutz bei Arzneimitteln und Medizinprodukten (ZLG), in dem diese zentrale Koordinierungsstelle mit entsprechenden Aufgaben und Kompetenzen ausgestattet worden ist, in der Hoffnung, dass dadurch eine effektivere Kooperation der Landesbehörden und eine einheitlichere Überwachung des Medizinproduktemarktes ermöglicht wird. Das bestehende Instrument der Durchführung von Inspektionen soll durch diese Verwaltungsvorschrift verstärkt und verschärft werden. Insbesondere ist ausdrücklich festgehalten, dass unangekündigte Kontrollen vor Ort durchgeführt werden können. Da dies grundsätzlich bislang ebenfalls schon möglich war, bleibt abzuwarten, inwieweit durch die neue Verwaltungsvorschrift Fortschritte erzielt werden. Nach der hier vertretenen Ansicht wäre weitaus effizienter und würde viele Probleme in der Praxis lösen, wenn den Benannten Stellen der Status eines Beliehenen zuerkannt würde[12].

13   Auf europäischer Ebene gibt es Stand 26.9.2012 den Vorschlag für eine Verordnung des Europäischen Parlaments und des Rates über Medizinprodukte[13]. Am 25.9.2013 hat der zuständige ENVI-Ausschuss des EU-Parlaments (Committee on the environment, public health and food safety) über den Entwurf der Berichterstatterin und weitere Änderungsanträge abgestimmt und dies in einem Report vom 8.10.2013 (A 7–0324/2013) veröffentlicht. Danach werden die Anforderungen für den Marktzugang von Hochrisikoprodukten der Klasse III und II b) angehoben („Scrutiny-Verfahren") und künftig sollen nur noch bestimmte besonders kompetente Benannte Stellen diese Produkte bewerten dürfen. Als eine Sofortmaßnahme im Zusammenhang mit den Benannten Stellen wurde eine Durchführungsverordnung über die Benennung und Beaufsichtigung Benannter Stellen erlassen und hierzu ist eine Empfehlung der Kommission zu den Audits und Bewertungen, die von Benannten Stellen im Bereich der Medizinprodukte durchgeführt werden, veröffentlicht worden[14].

III. Abgrenzung von anderen Produktklassen

1. Allgemeines

14   Medizinprodukte sind anhand ihrer subjektiven und objektiven Zweckbestimmung insbesondere von den Produktklassen der Arzneimittel, Kosmetika, Lebensmittel und Bio-

---

[12] *v. Czettritz* in Anhalt/Dieners, Handbuch des Medizinprodukterechts, 1. Aufl. § 15; s. a. § 6, A. VII., 3., S. 11.

[13] COM (2012) 542 final; *Dieners/Povel* MPR 2012, 145.

[14] Durchführungsverordnung EU Nr. 920/2013 der Kommission vom 24.9.2013 über die Benennung und Beaufsichtigung Benannter Stellen gemäß der Richtlinie 90/358/EWG des Rates über aktive implantierbare medizinische Geräte und der Richtlinie 93/42/EWG des Rates über Medizinprodukte, Amtsblatt der Europäischen Union L 253/8, 25.9.2013 und Empfehlung der Kommission vom 24.9.2013 zu den Audits und Bewertungen die von Benannten Stellen im Bereich der Medizinprodukte durchgeführt werden, Amtsblatt der Europäischen Union L253/27 vom 25.9.2013.

zide abzugrenzen. Am schwierigsten ist, aufgrund der im wesentlichen gleichen Zweckbestimmung, die Abgrenzung zu den Arzneimitteln, bei denen der entscheidende Unterschied in der Art und Weise liegt, wie die Wirkung erreicht wird. Bei Kosmetika hingegen, ebenso wie bei Lebensmitteln, ist bereits die Zweckbestimmung eine ganz andere, so dass hier die Abgrenzung leichter fällt, auch wenn es bei diesen Produktgruppen aufgrund der immer neuen Entwicklung von Grenzprodukten im Einzelfall dann doch Schwierigkeiten gibt[15].

Auslegungshilfen bei der Abgrenzung geben die Leitlinien der europäischen Kommission, insbesondere die MEDDEV 2.1/3 rev. 3 zu Grenzprodukten. 15

Auf Antrag des Herstellers oder einer zuständigen Aufsichtsbehörde entscheidet das Bundesinstitut für Arzneimittel und Medizinprodukte gemäß § 32 Abs. 1 Ziffer 4 MPG iVm § 13 Abs. 3 MPG über die Abgrenzung von Medizinprodukten zu anderen Produkten. Hierdurch soll eine einheitliche Handhabung innerhalb Deutschlands sichergestellt und eine unterschiedliche Einstufung in den einzelnen Bundesländern vermieden werden[16]. Antragsteller kann nach der ausdrücklichen Regelung außer einer Aufsichtsbehörde der Länder nur der Hersteller des betroffenen Produktes sein, so dass es nicht möglich ist, dass beispielsweise ein Mitbewerber einen entsprechenden Antrag stellt[17]. 16

2. Arzneimittel

Entscheidender Unterschied zum Arzneimittelrecht ist die vorrangig subjektive Zweckbestimmung durch den Hersteller selbst[18], im Gegensatz zur vorrangig objektiven Zweckbestimmung im Arzneimittelrecht. Allerdings genügt die subjektive Zweckbestimmung alleine nicht, sondern muss zudem in objektiv nachvollziehbarer Weise vom Hersteller schlüssig dargelegt werden können. 17

a) **Gleiche Zweckbestimmung – andere Wirkweise.** Medizinprodukte und Arzneimittel besitzen definitionsgemäß eine gleiche Zweckbestimmung Beide dienen dem Ziel der Erkennung, Verhütung, Überwachung, Behandlung oder Linderung von Krankheiten. Der maßgebliche Unterschied liegt darin, dass Medizinprodukte gemäß § 3 Nr. 1 MPG ihre **bestimmungsgemäße Hauptwirkung** weder durch pharmakologisch oder immunologisch wirkende Mittel, noch durch Metabolismus erreichen dürfen, während gemäß § 2 Abs 1 Nr. 2a AMG diese Wirkweise das entscheidende Kriterium für ein Arzneimittel ist (s. § 2 Rn. 28). Arzneimittel erreichen ihre Wirkung eben gerade durch pharmakologisch oder immunologisch wirkende Stoffe oder aber durch Metabolismus. Medizinprodukte hingegen zeichnen sich durch eine mechanische, physikalische oder physiko-chemische Wirkung aus. Diese Abgrenzung über die Wirkweise ist oft nicht leicht und hat schon mehrfach die nationalen Gerichte über alle Instanzen beschäftigt[19]. 18

---

[15] *Hill/Schmitt,* WiKo Medizinprodukterecht, MPG, § 3 Rn. 5 mit Beispielen zur Rechtsprechung; *Nöthlichs,* § 3 MPG, Erl. 2.1.1
[16] vgl. *Hill/Schmitt,* WiKo, Medizinprodukterecht, § 32 MPG Rn. 6, § 13 MPG Rn. 9.
[17] vgl. *Hill/Schmitt,* WiKo Medizinprodukterecht, § 13 Rn. 9; *Lücker* in Spickhoff, Medizinrecht, § 13 MPG Rn. 6.7.
[18] vgl. *Hill/Schmitt,* WiKo, § 3 MPG Rn. 53.
[19] EuGH „Mundspüllösung" – C-308/11, Urt. v. 6.9.2012; OVG NRW; BGH „Mundspüllösung", Az. I ZR 90/08, Urt. v. 5.10.2010; Az. 13 A 2941/11, Beschluss v. 28.8.2012 – Campherhaltige Salbe -; BGH „Darmreinigungspräparat", Az. I ZR 204/09, Urt. v. 24.11.2010, PharmR 2011, 299; BGH „CE-Kennzeichnung", Az. I ZR 193/06, Urt. v. 9.7.2009; Verwaltungsgerichtshof Baden-Württemberg, Az. 10S3090/08, Urt. v. 11.3.2010; OVG NRW, Az. 13 A 622/10, Beschluss v. 23.4.2010, PharmR 2010, 342; OVG NRW, Az. 13 A 2612/09, Beschluss v. 15.3.2010; PharmR 2010, 289; VG Köln Az. 24 K 4394/08, Urt. v. 14.10.2009, PharmR 2010, 35; Bundesverwaltungsgericht Az. 3 C 5/09, Urt. v. 26.5.2009, „Red Rice", PharmR 2009, 397; BGH „Photodynamische Therapie", Az. 1 ZR 166/08, Urt. v. 24.6.2010, PharmR 2010, 638; vgl. auch EuGH, C-109/12 „Laboratoires Lyocentre", MPR 2013.

19 In der Abgrenzungsleitlinie MEDDEV 2.1/3 rev. 3 wird die pharmakologische Wirkweise wie folgt definiert:

„an interaction between the molecules of the substance in question and a cellular constituent, usually referred to as a receptor, which either results in a direct response, or which blocks the response to another agent. Although not a completely reliable criterion, the presence of a dose – response correlation is indicative of a pharmacological effect."

20 Danach ist die pharmakologische Wirkweise gekennzeichnet durch eine Wechselwirkung zwischen den Molekülen des maßgeblichen Wirkstoffes und einem zellulären Bestandteil, was in der Regel ein Rezeptor ist. Dementsprechend ist eine pharmakologische Wirkung dann gegeben, wenn eine Pharmakon-Rezeptor-Wechselwirkung stattfindet[20], so dass eine pharmakologische Wirkung eine spezifische Interaktion zwischen den Substanzmolekülen und einem Rezeptor nach dem sog. Schlüssel-Schloss-Prinzip voraussetzt[21].

21 Wie die MEDDEV-Leitlinie in ihrem Vorwort ausdrücklich selbst festhält, ist sie rechtlich unverbindlich, da nur der EuGH eine verbindliche Auslegung des Unionsrechts vornehmen kann. Ihr Stellenwert für die Auslegung der von ihr definierten Begriffe ist mittlerweile durch den EuGH geklärt[22]. Danach ist die vorstehend wiedergegebene Definition der MEDDEV 2.1/3 rev. 3 bei der Abgrenzung von Arzneimitteln zu Medizinprodukten heranzuziehen. Nach der hier vertreten Auffassung kann der MEDDEV somit die Stellung von antizipierten Sachverständigengutachten oder normkonkretisierenden Verwaltungsvorschriften zukommen. So macht das ganze System eines harmonisierten Rechtsgebietes mit den dazu gebildeten europäischen Expertengruppen auch einen Sinn. Mit Hilfe der MEDDEV kann somit auch jederzeit eine flexible Anpassung an den sich ständig im Fluss befindlichen Stand der Wissenschaft ermöglicht werden.

22 Zur engen Definition der pharmakologischen Wirkung in der MEDDEV hat der EuGH mit Urteil vom 6.9.2012 darüberhinaus ausdrücklich festgestellt, dass eine pharmakologische Wirkung nicht erfordert, dass eine Wechselwirkung zwischen einem zellulären Bestandteil des menschlichen Körpers und einem Wirkstoff gegeben ist, sondern auch eine Wechselwirkung zwischen dieser Substanz und einem beliebigen im menschlichen Körper vorhandenen zellulären Bestandteil genügt[23].

23 **b) Die Rechtsprechung von EuGH und BGH.** Soweit sich der EuGH bisher zum unionsrechtlichen Arzneimittelbegriff geäußert hat, geschah dies in erster Linie zu der Abgrenzung von Arzneimitteln zu Lebensmitteln und hier insbesondere Nahrungsergänzungsmitteln[24], sowie zu Kosmetika und Arzneimitteln[25]. Mit Urteil vom 3.10.2013 hat der EuGH in der Rechtsache C-109/12 eine grundlegende Entscheidung im Zusammenhang mit der Abgrenzung von Arzneimitteln und Medizinprodukten getroffen. Gegenstand des Verfahrens war die Frage der Einstufung vaginaler Kapseln mit lebenden

---

[20] *Anhalt/Lücker/Wimmer*, Abgrenzung Arzneimittel-Medizinprodukt: pharmakologisch ist nicht biochemisch, PharmR 2007, 45 ff.

[21] *Volkmer* in Körner, Betäubungsmittelgesetz, Vorb. zum AMG, Rn. 76; *Stephan* in Fuhrmann/Klein/Fleischfresser, Arzneimittelrecht, § 2 Rn. 32; *Tolle* in Fuhrmann/Klein/Fleischfresser, Arzneimittelrecht, § 2 Rn. 131; OVG Münster Urt. v. 19.5.2010 – 13 A 156/06 – Natriumfluoridhaltige Dentalprodukte zur lokalen Anwendung sind keine Funktionsarzneimittel = PharmR 2010, 471 ff. mit Anmerkung *v. Czettritz*.

[22] EuGH Urt. v. 6.9.2012 – C-308/11, PharmR 2012, 442; vgl. *Kahl/Hilbert*, „Die Rechtsprechung des BGH zur Abgrenzung von Funktionsarzneimitteln und Medizinprodukten auf dem Prüfstand des Unionsrechts", PharmR 2012, 177, 178.

[23] EuGH Urt. v. 6.9.2012 – C-308/11, PharmR 2012, 442.

[24] EuGH Slg. 2004 I-3751, Kommission/Deutschland; Slg. 2005, I-5141, HLH und Ortica; Slg. 2007, I-9811, Kommission gegen Deutschland (Knoblauch-Kapseln), Slg. 2009, I-41, Hecht-Pharma; siehe auch *v. Czettritz/Strelow*, PharmR 2012, 177 ff.

[25] EuGH Urt. v. 6.9.2012 – C-308/11, PharmR 2012, 442; vgl. § 2 Rn. 14.

Lactobazillen. Nach Auffassung des EuGH soll die in einem Mitgliedsstaat gemäß der Richtlinie 93/42/EG vorgenommene Einstufung eines Produktes als mit einer CE-Kennzeichnung versehenes Medizinprodukt nicht ausschließen, dass die zuständigen Behörden eines anderen Mitgliedsstaates dieses Präparat aufgrund seiner pharmakologischen, immunologischen oder metabolischen Wirkungen als Arzneimittel einstufen. Dies begründet der EuGH damit, dass nach dem gegenwärtigen Stand des Unionsrechts noch keine vollständige Harmonisierung gegeben sei, so dass von den zuständigen Behörden der Mitgliedsstaaten unterschiedliche Entscheidungen aufgrund unterschiedlicher Bewertungen der Gefahren für die menschliche Gesundheit oder der wissenschaftlichen Informationen getroffen werden könnten. In einem solchen Fall müssten jedoch die zuständigen Behörden das Verfahren nach Art. 18 der Richtlinie 93/42/EWG bei unrechtmäßiger Anbringung der CE-Kennzeichnung oder das Schutzklauselverfahren nach Art. 8 der Richtlinie 93/42/EWG einleiten[26].

In jüngerer Zeit hat der BGH eine eigene Rechtsprechung zur Abgrenzung von Funktionsarzneimitteln und Medizinprodukten entwickelt[27], die nach der hier vertretenen Auffassung nicht mit der bisherigen Rechtsprechung des EuGH zum Funktionsarzneimittel in Einklang steht[28] und in jedem Fall einer Vorlage zum EuGH bedurft hätte. Stattdessen hat der BGH in einem Verfahren zu einem Produkt, das zur Untersuchung eines physiologischen Vorgangs bestimmt war und dessen nichtmedizinischer Gebrauch vom Hersteller eindeutig vorgegeben war, ein Vorabentscheidungsersuchen an den EuGH gerichtet, mit der Frage, ob dieses Produkt ohne für einen medizinischen Zweck bestimmt zu sein, dennoch unter den Begriff „Medizinprodukt" fällt. Wie nicht weiter überraschend, hat der EuGH festgestellt, dass sich die Richtlinie 93/42/EWG, wie sich bereits aus ihrem Titel ergibt, auf Medizinprodukte bezieht und dementsprechend der zur Beurteilung anstehende Gegenstand für einen medizinischen Zweck bestimmt sein muss[29]. 24

Im Einklang mit der Definition des EuGH vom Funktionsarzneimittel geht auch der BGH bei der Abgrenzung zunächst von der Feststellung aus, dass für die Abgrenzung von Medizinprodukten und Arzneimitteln die Feststellung maßgeblich ist, ob die bestimmungsgemäße Hauptwirkung eines Produktes eine pharmakologische bzw. eine immunologische oder metabolische Wirkung ist. Allerdings ist der BGH sodann der Ansicht, dass die „bestimmungsgemäße Hauptwirkung" eines Medizinproduktes nicht nur in der unmittelbaren, primären Wirkung des Mittels liegen müsse, sondern auch in Neben- oder Folgewirkungen gesehen werden könne. Der BGH versteht somit den Begriff der „pharmakologischen Wirkung" weit, entgegen der Definition der Expertengruppe der Europäischen Kommission in der MEDDEV 2.1/3 rev. 3 und sieht eine pharmakologische Wirkung bereits dann als gegeben an, wenn eine erhebliche Einwirkung auf physiologische Vorgänge stattfindet, wie sie über die Aufnahme von Nahrungsmitteln nicht ausgelöst werden kann[30]. 25

Nach der hier vertretenen Auffassung steht dies nicht nur im Gegensatz zu der vom EuGH bislang jedenfalls hinsichtlich Lebensmittel, Nahrungsergänzungsmitteln und Kosmetika vertretenen Definition eines Funktionsarzneimittels, sowie der engen Definition der pharmakologischen Wirkung in der MEDDEV 2.1/3 rev. 3, sondern führt letztlich 26

---

[26] EuGH Urteil vom 10.10.2013, Rechtsache C-109/12 Laboratoires Lyocentre, MPR 2013 u. PharmR 2013, 485; vgl. EuGH, Schlussantrag der Generalanwältin Sharpston vom 31.5.2013; C-109/12, PharmR 2013, 325
[27] BGH „Photodynamische Therapie", PharmR 2010, 638 ff.; BGH „Mundspüllösung", PharmR 2010, 641 ff. und BGH „Darmreinigungspräparat", PharmR 2011, 299 ff.
[28] Siehe v. Czettritz/Strelow PharmR 2012, 177 ff.; EuGH Urt. v. 6.9.2012 – C-308/11, PharmR 2012, 442.
[29] EuGH Urteil vom 22.11.2012, C-219/11, PharmR 2013, 30; Keßler/Zindel MPR 2012, 186.
[30] BGH „Photodynamische Therapie", aaO; BGH „Darmreinigungspräparat", aaO; s. hierzu § 2 Rn. 28.

auch dazu, dass die Produktklasse der stofflichen Medizinprodukte mit einer vergleichbaren Zweckbestimmung wie Arzneimittel weitestgehend, entgegen der vom Gesetzgeber gewollten Einstufung, obsolet wird, mit der Folge, dass diese Produkte somit über die Rechtsprechung wieder den Arzneimitteln zugeordnet werden. Daher ist der vom BGH vertretene weite Begriff der pharmakologischen Wirkung abzulehnen, ganz abgesehen davon, dass sich den Urteilen des BGH nicht wirklich entnehmen lässt, worin denn nun bei dem jeweiligen Produkt die pharmakologische Wirkung liegen soll.

27   c) **Definition nach 16. AMG-Novelle.** Ein Abgrenzungsproblem ist durch die 16. AMG-Novelle gelöst worden, indem § 2 Abs. 5 Nr. 1 MPG neu gefasst worden ist. Bis dahin lautete § 2 Abs. 5 Nr. 1 MPG wie folgt:
„Dieses Gesetz gilt nicht für
1. Arzneimittel im Sinne des § 2 Abs. 1 Nr. 2 des Arzneimittelgesetzes …"

28   Danach waren nur Funktionsarzneimittel ausdrücklich vom Anwendungsbereich des Medizinproduktegesetzes ausgenommen. In der Folge kam es zu Gerichtsentscheidungen bei denen nicht die Wirkweise eines als Medizinprodukt in Verkehr gebrachten Produktes durch Sachverständigenbeweis geklärt wurde, sondern die Einstufung als Arzneimittel mit der Argumentation erfolgte, es handele sich um ein Präsentationsarzneimittel[31].

29   Mit der 16. AMG-Novelle wurde daher der Anwendungsbereich in § 2 Abs. 5 Nr. 1 MPG wie folgt neu gefasst, um diese Art der Rechtsprechung zu verhindern:
„Dieses Gesetz gilt nicht für
1. Arzneimittel im Sinne des § 2 des Arzneimittelgesetzes; die Entscheidung darüber, ob ein Produkt ein Arzneimittel oder ein Medizinprodukt ist, erfolgt insbesondere unter Berücksichtigung der hauptsächlichen Wirkungsweise des Produkts, es sei denn, es handelt sich um ein Arzneimittel im Sinne des § 2 Abs. 1 Nr. 2b des Arzneimittelgesetzes, …"

30   In der Gesetzesbegründung hierzu heißt es ua wie folgt:
Durch die Änderung wird klargestellt, dass die Abgrenzung von Medizinprodukten zu Arzneimitteln in erster Linie anhand der hauptsächlichen Wirkungsweise erfolgt, sofern es sich nicht um In-Vitro-Diagnostika handelt[32].

3. Kosmetika

31   a) **Definition.** Kosmetika sind gemäß der Definition in § 2 Abs. 5 Lebensmittel-, Bedarfsgegenstände- und Futtermittelgesetzbuch (LFGB) „Stoffe oder Gemische aus Stoffen, die ausschließlich oder überwiegend dazu bestimmt sind, äußerlich am Körper des Menschen oder in seiner Mundhöhle zur Reinigung, zum Schutz, zur Erhaltung eines guten Zustandes, zur Parfümierung, zur Veränderung des Aussehens oder dazu angewendet werden, den Körpergeruch zu beeinflussen. Als kosmetische Mittel gelten nicht Stoffe oder Gemische aus Stoffen, die zur Beeinflussung der Körperformen bestimmt sind."[33]

32   b) **Abgrenzungskriterien.** Gemäß § 2 Abs. 5 Nr. 2 MPG stehen auch kosmetische Mittel und Medizinprodukte in einem Ausschließlichkeitsverhältnis zueinander.

33   Maßgeblich für die Abgrenzung zu den Kosmetika ist wiederum das Kriterium der überwiegenden Zweckbestimmung[34]. Kosmetika dienen überwiegend dem Zweck der

---

[31] VG Köln, Az. 24 K 4394/08, Urt. v. 14.10.2009, PharmR 2010, 35; siehe auch v. Czettritz/Strelow MPR 2010, 1 ff.; OVG NRW Az. 13 A 2612/09, Beschluss v. 15.3.2010, PharmR 2010, 289; OVG NRW Az. 13 A 622/10, Beschluss v. 23.4.2010, PharmR 2010, 342.
[32] Bundesratdrucksache 91/12 vom 17.2.2012, S. 129.
[33] Vgl. Art. 2 Abs. 1a) Verordnung (EG) Nr. 1223/2009; s. § 2 Rn. 22.
[34] *Raum* in Kügel/Müller/Hofmann, AMG, § 95 Rn. 8, § 2 Rn. 190; *Meyer* in Meyer/Streinz, LFBG – Basis VO, LFGB, § 2 Rn. 133.

Reinigung, dem Schutz der Körperoberfläche vor nachteiligen Einwirkungen sowie insbesondere der Pflege und der Erhaltung des guten Zustandes. Auch Mittel zur Beeinflussung des Körpergeruchs und Produkte zur Parfümierung sind Kosmetika. Das zweite Hauptmerkmal, das kumulativ zu dieser Zweckbestimmung vorliegen muss, ist der begrenzte Anwendungsort. Kosmetika wirken ausschließlich auf das Körperäußere oder die Mundhöhle ein[35].

Keine kosmetischen Mittel sind gemäß § 2 Abs. 5 S. 2 LFGB „Stoffe oder Gemische aus Stoffen, die zur Beeinflussung der Körperformen bestimmt sind" wegen ihrer Beeinflussung der physiologischen Funktionen, wie beispielsweise Schlankheits- und Muskelaufbaucremes[36], welche als Arzneimittel nach § 2 Abs. 1 Nr. 2 Buchstabe a) AMG zu qualifizieren sind. Für ein Zahnbleichmittel hat der Verwaltungsgerichtshof Baden-Württemberg letztlich unter Berücksichtigung aller Faktoren, die aus Sicht eines durchschnittlich informierten Verbrauchers relevant seien, eine überwiegend kosmetische Zweckbestimmung verneint und das Vorliegen eines Medizinproduktes bejaht[37].

Diese Einstufung ist umstritten. Je nach Sichtweise überwiegt hier die medizinische Zweckbestimmung, bzw. die medizinische Zweckdienlichkeit, indem die wahrnehmbaren Zahnverfärbungen als krankhaft eingestuft und damit dem weiten Krankheitsbegriff unterfallend angesehen werden, während andere Meinungen den Standpunkt vertreten, derartige Erzeugnisse seien Kosmetika, weil sie von außen auf die Zähne aufgetragen werden mit dem Ziel, das Aussehen zu verändern. Zuletzt gibt es noch die differenzierende Betrachtungsweise, wonach ein Medizinprodukt anzunehmen ist, wenn das Zahnbleichmittel zur Aufhellung von avitalen Zähnen bestimmt ist und eingespritzt werden muss, während von Kosmetika auszugehen ist, wenn das Mittel äußerlich auf vitale Zähne aufgetragen wird, um das Aussehen zu verändern[38].

Wie an diesem Beispiel ersichtlich, ist auch die Abgrenzung der Kosmetika zu den Medizinprodukten somit vereinzelt nicht immer einfach.

4. Lebensmittel

a) Definition und Abgrenzung. Lebensmittel sind gemäß § 2 Abs. 2 LFGB iVm Art. 2 der VO (EG) Nr. 178/2002 alle Stoffe oder Erzeugnisse, die dazu bestimmt sind oder von denen nach vernünftigem Ermessen erwartet werden kann, dass sie in verarbeitetem, teilweise verarbeitetem oder unverarbeitetem Zustand von Menschen aufgenommen werden. Auch hier gibt es wiederum einen Negativkatalog, was gemäß Art. 2 S. 4 Basis-VO keine Lebensmittel sind und damit anderen Produktkategorien unterfallen. Abgrenzungsprobleme können sich hier am ehesten bei Produkten zur Anwendung in der Mundhöhle und der Ermittlung der vorliegenden überwiegenden Zweckbestimmung ergeben[39]. Darüber hinaus ist bei Grenzprodukten vorrangig die Frage, ob die Schwelle zu einer pharmakologischen Wirkung erreicht wird, so dass kein Lebensmittel, sondern ein Arzneimittel vorliegt[40].

---

[35] *Müller* in Kügel/Müller/Hofmann, AMG, § 2 Rn. 184 und 188.
[36] *Müller* in Kügel/Müller/Hofmann, AMG, § 2 Rn. 189.
[37] *Wagner* in Martinek/Semler/Habermeier/Flohr, Vertriebsrecht, § 51 Rn. 9; VG Baden-Württemberg Urt. v. 2.1.2008, Az. 9 S 2089/06.
[38] *Meyer* in Meyer/Streinz, LFBG – Basis VO, LFGB, § 2 Rn. 139; *Doepner/Hüttebräuker* in Dieners/Reese, Handbuch des Pharmarechts, § 3 Rn. 84.
[39] *Meyer* in Meyer/Streinz, LFBG – Basis VO, LFGB, § 2 Rn. 142 f.
[40] EuGH Urt. v. 15.11.2007 – C-319/05 – Knoblauch-Kapseln; EuGH Urt. v. 15.1.2009 – C-140/07 – Red Rice; s. § 2 Rn. 20.

38 **b) Nahrungsergänzungsmittel.** Nahrungsergänzungsmittel gehören zur Gruppe der Lebensmittel und sind dazu bestimmt, die allgemeine Ernährung zu ergänzen (§ 1 Abs. 1 Nahrungsergänzungsmittelverordnung, NemV).

39 § 1 Abs. 1 NemV geht auf Art. 2 Buchstabe a der RL 2002/46/EG zurück. Danach sind Nahrungsergänzungsmittel Lebensmittel, welche die allgemeine Ernährung ergänzen, ein Konzentrat von bestimmten Nährstoffen darstellen und in speziell dosierter Form in den Verkehr gebracht werden[41]. Die Abgrenzung zu den Arzneimitteln erfolgt über die drei Hauptmerkmale und hier insbesondere über die Frage nach der überwiegend pharmakologischen oder ernährungsphysiologischen Wirkung[42]. Abgrenzungsprobleme stofflicher Medizinprodukte zu Nahrungsergänzungsmitteln sind bisher nicht bekannt geworden.

5. Biozide

40 Biozidprodukte (§ 3 ChemG) sind gemäß der RL 98/8/EG vom 16.2.1998 Stoffe mit allgemeiner oder spezifischer Wirkung auf oder gegen Schadorganismen sowie Zubereitungen, die einen oder mehrere Biozid-Wirkstoffe enthalten und die dazu bestimmt sind[43], auf chemischem oder biologischem Wege Schadorganismen zu zerstören, abzuschrecken, unschädlich zu machen oder in anderer Weise zu bekämpfen. Zudem müssen diese Stoffe einer Produktart zugehören, die in Anhang V der Richtlinie aufgeführt ist (s. § 2 Rn. 25, 26).

41 Biozide sind insbesondere Desinfektionsmittel, Schutzmittel, Schädlingsbekämpfungsmittel und sonstige Biozidprodukte, wie beispielsweise Schutzmittel für Lebens- und Futtermittel[44]. Abgrenzungsschwierigkeiten dürfte es überwiegend zu den Arzneimitteln geben. So hat das Landgericht Köln den Vertrieb eines Händedesinfektionsmittels untersagt, weil dieses in einer Aufmachung und mit einem Produktblatt in den Verkehr gebracht wurde, das diesem als Biozid vermarkteten Produkt den Anschein eines Arzneimittels gab, so dass es jedenfalls gemäß § 2 Abs. 1 Nr. 1 AMG als Präsentationsarzneimittel anzusehen war. Mangels arzneimittelrechtlicher Zulassung sah das Landgericht Köln dieses Produkt daher in der konkreten Aufmachung und Bewerbung nicht als vertriebsfähig an[45].

IV. Europäisches Recht

1. Allgemeines

42 In den europäischen Verträgen haben die einzelnen Mitgliedsstaaten der EU unter Beschränkung ihrer eigenen Souveränitätsrechte in bestimmten Bereichen ihre Hoheitsgewalt auf die europäische Ebene übertragen. Dies ist in Deutschland durch Art. 23, 24 GG geschehen[46]. Durch diese Übertragung bildet das europäische Recht eine eigene

---

[41] *Müller* in Kügel/Müller/Hofmann, Arzneimittelgesetz, § 2 Rn. 159; *Meyer* in Meyer/Streinz, LFBG – Basis VO, LFGB, § 2 Rn. 20; *Rützler* in Streinz, Lebensmittelrechts-Handbuch, Lebensmittel- und Futtermittelgesetzbuch (LFGB), Rn. 23b.

[42] *Müller* in Kügel/Müller/Hofmann, Arzneimittelgesetz, § 2 Rn. 163 ff.; Bundesverwaltungsgericht Urt. v. 26.5.2009 – 3 C 5.09 – Abgrenzung Lebensmittel/Nahrungsergänzungsmittel/Funktionsarzneimittel (Red Rice) = LmuR 2009, 126 ff.; EuGH Urt. v. 15.1.2009 – C-140/07 – Red Rice = PharmRecht 2009, 122 ff.

[43] Zur europarechtskonformen Auslegung der Biozid-Definition siehe EuGH Urt. v. 1.3.2012 – C-420/10.

[44] *Meyer* in Meyer/Streinz, LFBG – Basis VO, LFGB, § 2 Rn. 158; *Doepner/Hüttebräuker* in Dieners/Reese, Handbuch des Pharmarechts, § 2 Rn. 115 ff.; *Hill/Schmitt*, WiKo Medizinprodukterecht, § 3 MPG Rn. 6.3.

[45] Landgericht Köln Urt. v. 18.1.2011, Az. 33 O 334/10, PharmR 2011, 108; informative Darstellung *Jäkel* PharmR 2013, 261.

[46] *Frenz*, Handbuch Europarecht, Band 5 Wirkungen und Rechtsschutz, Teil 1, Kapitel 1, § 1 Rn. 1.

Rechtsordnung, die über den Rechtsordnungen der einzelnen Mitgliedsstaaten steht. Die unterschiedlichen Rechtsakte der Europäischen Union entfalten eine unterschiedliche Wirkung.

a) **EU-Verordnungen.** Verordnungen nach Art. 288 Abs. 2 AEUV haben eine unmittelbare Wirkung direkt in den einzelnen Mitgliedsstaaten, ebenso besteht eine unmittelbare Wirkung für die Adressaten von Beschlüssen nach Art. 288 Abs. 4 AEUV. Dies wird im Bereich der Medizinprodukte zukünftig eine Rolle spielen, da derzeit auf europäischer Ebene beabsichtigt ist, die geplanten Änderungen der RL 90/385/EWG und RL 93/42/EWG in einer gemeinsamen EU-Verordnung „Medical Device Regulation" (MDR) zusammenzufassen und auch die Revision der RL 98/79/EG soll in Form einer EU-Verordnung erfolgen. Der erste Vorschlag hierzu wurde als Dokument COM (2012) 542 final am 26.9.2012 veröffentlicht[47]. 43

b) **EU-Richtlinien.** Richtlinien hingegen haben in Abgrenzung zu Verordnungen und Beschlüssen in der Regel keine unmittelbare Wirkung, sondern richten sich an die einzelnen Mitgliedsstaaten, mit der Verpflichtung, das durch die Richtlinie verbindlich vorgegebene Ziel innerhalb einer bestimmten Frist in nationales Recht umzusetzen[48]. 44

Eine Richtlinie richtet sich zwingend an alle Mitgliedsstaaten und wird in der Regel als Mittel der Rechtsangleichung eingesetzt, wenn die Harmonisierung der Rechtsakte der Mitgliedsstaaten angestrebt wird[49]. Je nachdem wie die Richtlinien ausgestaltet sind, verbleibt den einzelnen Mitgliedsstaaten ein mehr oder weniger großer Spielraum für die Umsetzung in nationales Recht. Die umzusetzenden Inhalte sind verbindlich vorgegeben, doch ist den innerstaatlichen Stellen in der Regel die Wahl der Form und Mittel überlassen, damit die Möglichkeit der Anpassung in ihre innerstaatlichen Regelungsstrukturen besteht[50]. Häufig finden sich jedoch in den Richtlinien, wie vorliegend auch im Medizinprodukterecht, zahlreiche Detailregelungen, so dass der den Mitgliedsstaaten verbleibende inhaltliche Spielraum sehr gering ist[51]. 45

So finden sich in den drei Medizinprodukterichtlinien bereits zahlreiche detaillierte Vorgaben, zudem sind in dem Beschluss 90/683/EWG des Rates vom 13.12.1990 und dem Beschluss 93/465/EWG des Rates vom 22.7.1993 über die in den technischen Harmonisierungsrichtlinien zu verwendenden Module für die verschiedenen Phasen der Konformitätsbewertungsverfahren und die Regeln für die Anbringung der Verwendung der CE-Konformitätskennzeichen die Rahmenbedingungen für das Inverkehrbringen von Medizinprodukten konkret ausgestaltet[52]. 46

Nach Art. 288 Abs. 3 AEUV ist die Übernahme der vorgegebenen Inhalte einer Richtlinie verbindlich. Zudem fordert der EuGH auch eine weitgehend strukturelle Deckungsgleichheit der nationalen Umsetzung mit den Vorgaben der Richtlinie. Es genügt nicht, dass das verwirklichte Schutzniveau dem der Richtlinie entspricht, vielmehr muss die Konzeption der nationalen Regelung und selbst ihre instrumentelle Ausgestaltung deckungsgleich zu derjenigen der europäischen Richtlinie sein, weil die angestrebten Inhalte 47

---

[47] http://eur-lex.europa.eu/LexUriServ/LexUriServ.do?uri=COM:2012:0542:FIN:DE:PDF; BVMed Vorschlag für eine EU-Medizinprodukteverordnung.
[48] *Frenz*, Handbuch Europarecht, Band 5 Wirkungen und Rechtsschutz, Teil 1, Kapitel 8, § 1 Rn. 893ff; *Anhalt/Dieners* in Anhalt/Dieners, Handbuch des Medizinprodukterechts, § 2 Rn. 15.
[49] *Frenz*, Handbuch Europarecht, Band 5 Wirkungen und Rechtsschutz, Teil 1, Kapitel 8, § 1 Rn. 896.
[50] *Frenz*, Handbuch Europarecht, Band 5 Wirkungen und Rechtsschutz, Teil 1, Kapitel 8, § 1 Rn. 899 ff.
[51] *Frenz*, Handbuch Europarecht, Band 5 Wirkungen und Rechtsschutz, Teil 1, Kapitel 8, § 1 Rn. 904 ff.
[52] *Anhalt/Dieners* in Anhalt/Dieners, Handbuch des Medizinprodukterechts, § 2 Rn. 11.

2. Europäische Medizinprodukterichtlinien

48 a) **Allgemeines.** Basierend auf den beiden Beschlüssen zum neuen Konzept und zum modularen Konzept[54] hat der europäische Gesetzgeber die drei Harmonisierungsrichtlinien erlassen, welche die grundlegenden Anforderungen festlegen, denen Medizinprodukte genügen müssen, damit sie in der europäischen Gemeinschaft vertrieben werden können, ebenso wie die Vorgabe technischer Spezifikationen für die Herstellung und das Inverkehrbringen von Medizinprodukten. Die drei Harmonisierungsrichtlinien, die die europarechtlichen Vorgaben für das deutsche Medizinproduktegesetz beinhalten, sind nach drei Produktkategorien unterschieden. Die RL 93/42/EWG des Rates vom 14.6.1993 über Medizinprodukte[55] regelt allgemein die unterschiedlichen Gruppen von Medizinprodukten, welche nicht gezielt in den anderen beiden Richtlinien, der Richtlinie über aktive implantierbare Geräte und der Richtlinie über In-Vitro-Diagnostika, geregelt sind.

49 Anders als mit der RL 65/65/EWG zur Angleichung der Rechts- und Verwaltungsvorschriften über Arzneispezialitäten bzw. der nachfolgenden RL 2001/83/EG zur Schaffung eines Gemeinschaftskodexes für Humanarzneimittel, die sich durch detaillierte Regelungen und eine Vereinheitlichung auszeichnen, beruht die neue Konzeption für Medizinprodukte auf dem Gedanken der gegenseitigen Anerkennung durch die Mitgliedstaaten und einer technischen Harmonisierung. Ziel der neuen Konzeption ist es, eine Gleichwertigkeit der nationalen Vorschriften für das zu gewährleistende Schutzniveau zu erreichen.

50 Bei diesem Konzept trägt der Hersteller die Hauptverantwortung und muss hierzu nachweisen, dass sein Produkt mit den harmonisierten Normen übereinstimmt und den grundlegenden Anforderungen entspricht, die in den jeweiligen Anhängen der Richtlinie niedergelegt sind. Mit dem modularen Konzept sind die Konformitätsbewertungsverfahren zwingend vorgegeben, die ihrerseits aus vom europäischen Gesetzgeber vorgegebenen „Modulen" aufgebaut sind. Ebenso vorgegeben sind die Regelungen betreffend der „CE-Kennzeichnung".

51 Ziel der drei Richtlinien ist es, einen höchstmöglichen Schutz für Patienten und Anwender von Medizinprodukten zu gewährleisten und gleichzeitig einen freien Warenverkehr der Medizinprodukte innerhalb der gesamten EU sicherzustellen.

52 b) **RL 93/42/EG.** Die für die Mehrzahl der Medizinprodukte maßgebliche RL 93/42/EWG[56] beinhaltet abgestuft nach dem Gefährdungspotenzial der unterschiedlichsten Medizinprodukte ein Klassifizierungssystem, das im Anhang IX geregelt ist. Dort sind insgesamt 18 Regeln festgelegt, mit deren Anwendung jedes einzelne Medizinprodukt einer der vier Risikoklassen (Risikoklasse I, IIa, IIb und III) zuzuordnen ist. Für jede dieser Klassen ist wiederum ein bestimmtes Konformitätsbewertungsverfahren festgelegt, um die Eignung und Sicherheit des Medizinproduktes nachweisen zu können. Mit der vierstufigen Klassifizierung und den 18 Klassifizierungsregeln kann so die Fülle der Medizinprodukte, die von der RL 93/42/EWG erfasst sind, flexibel und auf sinnvolle Art und Weise

---

[53] *Frenz*, Handbuch Europarecht, Band 5 Wirkungen und Rechtsschutz, Teil 1, Kapitel 8, § 2 Rn. 919 ff. und 923 ff.
[54] *Dieners/Lützeler* in Anhalt/Dieners, Handbuch des Medizinprodukterechts, § 1 Rn. 41 ff. und 53 ff.; *Hill/Schmitt*, Wiko, Medizinprodukterecht, Einleitung Rn. 50 ff. und 56 ff.
[55] ABl.EG Nr. L169/1 v. 12.7.1993.
[56] Veröffentlicht im Amtsblatt EG Nr. L169/1 v. 12.7.1993.

gehandhabt werden. Mit der geplanten EU-Verordnung (MDR) sollen die Anforderungen für Klasse III Produkte angehoben werden.

c) RL 98/79/EG. Die RL 98/79/EG des Europäischen Parlamentes und des Rates vom 27.10.1998 über In-Vitro-Diagnostika[57] gilt gemäß Art. 1 der Richtlinie für alle In-Vitro-Diagnostika und ihr Zubehör. Was ein In-Vitro-Diagnostikum ist, wird in Art. 1 Abs. 2 lit b) der RL 98/79/EG definiert, eine Definition die sich sinngemäß in § 3 Nr. 4 MPG wieder findet. Danach sind In-Vitro-Diagnostika Medizinprodukte, die nach der vom Hersteller festgelegten Zweckbestimmung zur In-Vitro-Untersuchung von aus dem menschlichen Körper stammenden Proben, einschließlich Blut- und Gewebespenden, bestimmt sind, und dazu dienen, Informationen zu liefern. Dies sind beispielsweise Reagenzien, Reagenzprodukte, Kalibriermaterial, Kontrollmaterial oder auch Schwangerschaftstests. Die In-Vitro-Diagnostika werden in vier unterschiedliche Gruppen unterteilt, die wiederum unterschiedliche Anforderungen entsprechend ihres Gefährdungspotenzials an die Konformitätsbewertung stellen. 53

Allen In-Vitro-Diagnostika ist gemeinsam, dass sie bestimmungsgemäß nicht mit dem Patienten, sondern nur den ihm entnommenen Körpersubstanzen in Berührung kommen sollen. Sie werden in erster Linie vom Fachpersonal zur Untersuchung der zuvor dem Patienten entnommenen Körpersubstanzen (Blut, Urin etc.) eingesetzt. Einige In-Vitro-Diagnostika sind zur Eigenanwendung bestimmt. Dies sind Tests, die der Patient bzw. Laie selber anwendet, wie Schwangerschafts- oder Blutzuckertests[58]. 54

d) RL 90/385/EWG. Die RL 90/385/EWG vom 20.6.1990 zur Angleichung der Rechtsvorschriften der Mitgliedsstaaten über aktive implantierbare medizinische Geräte[59] erfasst die Produktgruppe der aktiven implantierbaren medizinischen Geräte. Die Anforderungen an die von dieser Richtlinie erfassten Produkte entsprechen derjenigen, die an die Klasse III-Produkte der RL 93/42/EWG gestellt werden. Diese Medizinprodukte unterliegen alle dem höchsten Gefährdungsgrad, so dass hier keine Differenzierung und keine Einteilung in unterschiedliche Gefährdungsklassen erfolgt. 55

3. Leitlinien

a) Allgemeines. Leitlinien sind grundsätzlich rechtlich unverbindlich[60]. Sie dienen jedoch den Gesetzesanwendern und den Gerichten als Auslegungshilfe, wie die gesetzlichen Vorgaben anzuwenden und zu interpretieren sind, insbesondere im Hinblick auf eine europarechtlich einheitliche Handhabung. Sie bieten eine Interpretationshilfe für den Regelfall, von dem unter bestimmten begründeten Ausnahmen im Einzelfall jederzeit abgewichen werden kann. Hierfür ist dann jedoch eine Begründung erforderlich[61]. 56

b) MEDDEV. Die maßgeblichen Leitlinien im Medizinprodukterecht sind die von der Medical Devices Experts Group (MDEG), einer Arbeitsgruppe der Kommission, veröffentlichten Dokumente zu Medizinprodukten, die Guidance MEDDEV'S (MEDDEV steht hierbei für **Medical Device**). Sie sind auf der Homepage der Europäischen Kommis- 57

---

[57] Veröffentlicht im Amtsblatt ABl.EG Nr. L331/1 v. 7.12.1998.
[58] vgl. *Hill/Schmitt*, WiKo Medizinprodukterecht, § 3 MPG Rn. 32.1 und 36.
[59] Veröffentlicht im ABl.EG Nr. L189/17 v. 20.7.1990.
[60] *Frenz:* Handbuch Europarecht, Band 5, Wirkungen und Rechtsschutz, Kap. 10, Rn. 1554 f.; Vorwort der jeweiligen MEDDEV: „The present MEDDEV is part of a set of Guidlines relating to questions of application of EU directives on Medical Devices. They are not legally binding. Only the European Court of Justice can give an authoritative interpretation of Community Law ... it is for the national competent authorities and national courts to take legally binding decisions on a case-by-case basis ...".
[61] *v. Danwitz* in *Dauses*, EU-Wirtschaftsrecht, BII Rechtsetzung und Rechtsangleichung, Rn. 63.

sion[62] veröffentlicht. Insgesamt sind auf der Homepage der Europäischen Kommission mit Stand 20.12.2013 einunddreißig MEDDEV-Guidelines veröffentlicht, die aktuellsten vom Januar 2012 zu „CE-Marking of Blood based In-Vitro-Diagnostik Medical Devices for vCJD based on detection of abnormal PrP", die „Guideline for Authorised Representatives", die Guideline „Conformity assessment of In Vitro Fertilisation (IVF) and Assisted Reproduction Technologies (ART) products" sowie die Guideline „Qualification and Classification of stand alone software"[63] und vom Januar 2013 „Medical Devices Vigilance System".

58 Diese Dokumente beziehen sich allesamt auf die Medizinprodukterichtlinien und enthalten Definitionen, Erläuterungen und Beispiele um eine einheitliche Handhabung zu gewährleisten. Sie spiegeln den jeweiligen Stand von Wissenschaft und Technik wieder[64]. Ein großer Vorteil dieser Leitlinien ist die flexible und schnelle Handhabung, wenn sich ein Auslegungs- oder Handlungsbedarf zeigt. Während ein Gesetzgebungsverfahren eher langwierig und umständlich ist, kann die Arbeitsgruppe eine Anpassung ihrer Leitlinien relativ zügig und zeitgemäß handhaben. Damit steht grundsätzlich ein flexibles und aktuelles Instrumentarium zur Anpassung an aktuelle Geschehnisse zur Verfügung. Ein Beispiel einer solchen wiederholt angepassten Leitlinie ist die MEDDEV 2.1.3 rev. 3 zu „Borderline Products, Drug-Delivery Products and Medicinal Devices incorporating, as integral part, an Ancillary Medicinal Substance or an Ancillary Human Blood Derivative".

59 In dieser Leitlinie kann beispielsweise zeitnah eine Handlungsempfehlung eingearbeitet werden, wenn die Industrie neue Produkte auf den Markt bringt, deren Einordnung in die richtige Produktgruppe – Arzneimittel, Medizinprodukt, Lebensmittel, Kosmetikum oder Biozid – Schwierigkeiten und damit Vollzugshemmnisse mit sich bringt.

V. Nationales Recht

1. Medizinproduktegesetz

60 In Deutschland regelt das Gesetz über Medizinprodukte (Medizinproduktegesetz-MPG) vom 2.8.1994 in Umsetzung der drei europäischen Richtlinien den Verkehr mit Medizinprodukten.

61 Dabei erfolgte die Umsetzung der europarechtlichen Vorgaben zum Teil auch dadurch, dass das MPG auf bestimmte Vorschriften in den europäischen Richtlinien zurückverweist und diese so in nationales Recht umsetzt.

62 An dieser Stelle sei auch darauf hingewiesen, dass die anlässlich des PIP-Skandals geführte Diskussion um eventuelle nationale Änderungen an den Regelungen des Medizinprodukterechts teilweise außer Acht ließ, dass solche Änderungen nur begrenzt im nationalen Alleingang möglich sind. Der europäische Gesetzgeber hat sich seinerzeit bewusst für dieses europäische Harmonisierungskonzept zum Abbau von Handelshemmnissen und gegen nationale Zulassungssysteme wie bei den Arzneimitteln entschlossen. Grundsätzliche Änderungen würden daher eine Regelung des europäischen Gesetzgebers erfordern. Kriminelle Energie und schwarze Schafe wird es jedoch immer wieder geben, so dass derartige Vorkommnisse kein Grund sind, das Konzept und Regelungssystem als solches in Frage zu stellen. Überdies liegen die Regelungen zum Vollzug des Medizinprodukterechts ohnehin maßgeblich in der Hand des nationalen Gesetzgebers und hier ist mit dem Erlass der MPGVwV, die zum 1.1.2013 in Kraft getreten ist, der erste Schritt getan.

63 Allerdings wird sich nach der hier vertretenen Ansicht so lange nichts maßgeblich ändern, so lange die Benannten Stellen nicht als Beliehene hoheitliche Aufgaben wahrnehmen. Die Ausgestaltung der Benannten Stellen als Beliehene oder als nur privatrecht-

---

[62] http://ec.europa.eu/health/medical-devices/documents/guidelines/index_en.htm.
[63] http://ec.europa.eu/health/medical-devices/documents/guidelines/index_en.htm.
[64] vgl. *Hill/Schmitt*, WiKo Medizinprodukterecht, Kap. III 4 Rn. 2.

lich tätige Dienstleister obliegt der Entscheidung der einzelnen Mitgliedstaaten. Hier besteht somit weitergehender nationaler Handlungsspielraum und nach hiesiger Auffassung auch Handlungsbedarf.

2. Verordnungen

Aufgrund der Ermächtigungsgrundlagen im Medizinproduktegesetz sind zahlreiche Verordnungen (derzeit 9) erlassen worden die weitergehende Regelungen für die Inverkehrbringung und den Umgang mit Medizinprodukten treffen. 64

Dies ist zum einen die Verordnung über Medizinprodukte (Medizinprodukte-Verordnung – MPV), die insbesondere die Durchführung der Konformitätsbewertungsverfahren für die verschiedenen Arten von Medizinprodukten regelt. 65

Die Verordnung über das Errichten, Betreiben, Anwenden und Instandhalten von Medizinprodukten (Medizinprodukte-Betreiberverordnung-MPBetreibV) regelt, wie der Name besagt, das Errichten, Betreiben und Anwenden bestimmter Medizinprodukte, insbesondere aktiver Geräte oder Messgeräte[65]. Sie findet allerdings keine Anwendung auf Medizinprodukte zur klinischen Prüfung und In-Vitro-Diagnostika für Leistungsbewertungszwecke. 66

Die Verordnung über die Verschreibungspflicht von Medizinprodukten (MPVerschrV) bestimmt, welche Medizinprodukte der Verschreibungspflicht unterliegen und die Verordnung über Vertriebswege für Medizinprodukte (MPVetrV) regelt, welche Medizinprodukte der Apothekenpflicht unterliegen. 67

Die Verordnung über die Erfassung, Bewertung und Abwehr von Risiken bei Medizinprodukten (Medizinprodukte-Sicherheitsplanverordnung-MPSV) regelt die Verfahren zur Erfassung, Bewertung und Abwehr von Risiken im Verkehr oder in Betrieb befindlicher Medizinprodukte[66]. 68

Eine jüngere Verordnung ist die Verordnung über klinische Prüfungen von Medizinprodukten (MPKPV), die für alle klinischen Prüfungen und genehmigungspflichtigen Leistungsbewertungsprüfungen gemäß §§ 20–24 MPG gilt und Einzelheiten zur Kennzeichnung der Prüfprodukte, zur Antragstellung, Bewertung und Genehmigung der klinischen Prüfungen enthält. 69

Die Gebührenverordnung zum Medizinproduktegesetz und den zu seiner Ausführung ergangenen Rechtsverordnungen (Medizinprodukte-Gebührenverordnung – BKostV-MPG) regelt die Gebühren und Auslagen, welche die zuständige Bundesoberbehörde (BfArM) für ihre Amtshandlungen nach dem Medizinproduktegesetz erhebt. Dies sind Entscheidungen über die Zulassung, Verlängerung und Änderung der Zulassung in den Fällen des § 11 Abs. 1 MPG, Gebühren für eine Entscheidung zur Klassifizierung von Medizinprodukten oder ihrer Abgrenzung von anderen Produkten, Gebühren im Konsultationsverfahren bei aktiven implantierbaren Medizinprodukten oder Amtshandlungen im Rahmen klinischer Prüfungen, die Gebühr für die Beratung von Benannten Stellen und sonstige Gebühren allgemein und in besonderen Fällen. 70

Die Verordnung über das datenbankgestützte Informationssystem über Medizinprodukte des Deutschen Instituts für medizinische Dokumentation und Information (DIMDI-Verordnung-DIMDIV) regelt alles Erforderliche für die Erhebung der für das datenbankgestützte Informationssystem über Medizinprodukte benötigten Daten sowie ihre Übermittlung an das Deutsche Institut für medizinischen Dokumentation und Information (DIMDI), ebenso wie die Verwendung der in diesem Informationssystem gespeicherten Daten. 71

---

[65] vgl. Erläuterung bei *Nöthlichs* zur MPBetrV, Kennzahl 9604–9638 u. bei *Hill/Schmitt*, WiKo, Medizinprodukterecht, Kap. II. 3.
[66] vgl. Erläuterungen bei *Nöthlichs* zur MPSV Kennzahl 9210.

72 Die neueste Verordnung auf dem Gebiet der Medizinprodukte ist die „Allgemeine Verwaltungsvorschrift zur Durchführung des Medizinproduktegesetzes (Medizinprodukte-Durchführungsvorschrift – MPGVwV) vom 18. Mai 2012, die zum 1. Januar 2013 in Kraft getreten ist.

VI. Medizinprodukte-Klassen

1. Allgemeines

73 Gemäß § 6 Abs. 1 MPG dürfen Medizinprodukte (mit Ausnahme von Sonderanfertigungen, Medizinprodukten aus Eigenherstellung, Medizinprodukten zur klinischen Prüfung oder aber In-Vitro-Diagnostika) nur in Verkehr gebracht oder in Betrieb genommen werden, wenn sie mit einer CE-Kennzeichnung entsprechend § 9 MPG versehen sind[67]. Die CE-Kennzeichnung darf auf Medizinprodukten nur angebracht werden, wenn diese die Grundlegenden Anforderungen des Medizinprodukterechtes erfüllen, insbesondere ein für das jeweilige Medizinprodukt vorgeschriebenes Konformitätsbewertungsverfahren durchgeführt worden ist[68]. In diesem Konformitätsbewertungsverfahren wird die gemäß § 1 MPG erforderliche Sicherheit, Eignung und Leistung des Medizinproduktes bestätigt. Wie das Konformitätsbewertungsverfahren durchzuführen ist, insbesondere ob und in welchem Umfang eine Benannte Stelle bei der Prüfung beteiligt werden muss, oder aber der Hersteller die Prüfung eigenverantwortlich vornimmt und nach eigener Prüfung das CE-Kennzeichen rechtmäßig aufbringt, ist abhängig von der jeweiligen Klasse des Medizinproduktes.

2. Klassifizierung

74 Die Klassifizierung von Medizinprodukten erfolgt gemäß § 13 Abs. 1 MPG iVm Anhang IX der RL 93/42/EWG. Nach ihrem Gefährdungspotenzial werden die Medizinprodukte in die Klassen I, II a, II b und III eingestuft[69]. Maßgeblich für die Zuordnung zu den verschiedenen Risikoklassen sind die beiden Faktoren Kontaktort und Kontaktdauer des Medizinproduktes. In Abschnitt I des Anhangs IX finden sich hierzu die maßgeblichen Definitionen und daran anschließend in Abschnitt II einige Anwendungsregeln. Sodann wird im Abschnitt III der Klassifizierungskriterien systematisch zwischen nicht invasiven (Regeln 1 – 4) und invasiven Produkten (Regeln 5 – 8) unterschieden. Innerhalb dieser beiden Gruppen wird wiederum danach differenziert, ob die Medizinprodukte im Zusammenhang mit Körperöffnungen zur Anwendung kommen oder ob es sich um chirurgisch-invasive Medizinprodukte (Regel 6–8) handelt. Ein wesentliches Klassifizierungsmerkmal ist die Dauer der Anwendung, wobei zwischen vorübergehend (weniger als 60 Minuten), kurzzeitig (bis zu 30 Tagen) und langzeitig (mehr als 30 Tage) unterschieden wird.

75 Sodann gibt es noch einige zusätzliche Regeln für aktive Produkte (Regeln 9–12) und besondere Regeln für dort im einzelnen aufgeführte Produkte (Regeln 13–18).

76 Die Klassifizierung eines Medizinproduktes wird durch den Hersteller durchgeführt und dokumentiert, und dient der Festlegung, in welche Gefährdungsklasse das Produkt einzuordnen ist, um den Grad der Überwachung, dem ein Hersteller unterliegt, zu bestimmen.

77 Zu den 18 Klassifizierungsregeln und den Definitionen sowie Anwendungsregeln des Anhang IX der RL 93/42/EWG hat die Kommission ebenfalls einen Leitfaden zur

---

[67] vgl. *Hill/Schmitt*, WiKo, Medizinprodukte, § 6 MPG Rn. 1.
[68] vgl. *Nöthlichs*, § 9 MPG, Erl. 3.
[69] *Frankenberger* in Anhalt/Dieners, Handbuch des Medizinprodukterechts, § 4 Rn. 21 ff.

Klassifizierung von Medizinprodukten, das Dokument MEDDEV 2.4/1 rev. 9 „Classification of Medicinal Devices" erstellt[70].

Für den Fall, dass zwischen dem Hersteller und der von ihm eingeschalteten Benannten Stelle keine Einigkeit über die zutreffende Klassifizierung eines zu bewertenden Medizinproduktes herbeigeführt werden kann, hat die Benannte Stelle gemäß § 13 Abs. 2 MPG die Angelegenheit der zuständigen Behörde zur Entscheidung vorzulegen. Dies ist gemäß § 32 Abs. 1 Nr. 4 MPG das Bundesinstitut für Arzneimittel und Medizinprodukte, es sei denn es handelt sich um In-Vitro-Diagnostika, dann ist gemäß § 32 Abs. 2 MPG das Paul-Ehrlich-Institut zuständig[71]. Außerdem kann eine Klassifizierungsentscheidung auf Antrag einer zuständigen Länderbehörde oder des Herstellers durch das Bundesinstitut für Arzneimittel und Medizinprodukte bzw. das Paul-Ehrlich-Institut für In-Vitro-Diagnostika herbeigeführt werden (§ 13 Abs. 3 MPG[72]). 78

3. Module

Je nach dem Gefährdungspotenzial eines Medizinproduktes hat der Hersteller innerhalb des soweit vorgegebenen Rahmens die Wahl zwischen mehreren Modulen, die er zur Konformitätsbewertung heranziehen kann. Dies sind Modul A, die interne Fertigungskontrolle, Modul B, die EG-Baumusterprüfung, Modul C, die Konformität mit der Bauart, Modul D, die Qualitätssicherung Produktion, Modul E, die Qualitätssicherung Produkt, Modul F, die Prüfung der Produkte, Modul G, die Einzelprüfung und Modul H, die umfassende Qualitätssicherung[73]. 79

VII. Benannte Stellen

Der Begriff der „Benannten Stelle" (Notified Bodies) kommt aus der rechtlichen Vorgabe, dass jeder europäische Staat der Europäischen Kommission die in seinem Staatsgebiet ansässigen Überwachungsstellen zu benennen hat. Benannte Stellen sind unabhängige Stellen, die europäischen Vorgaben entsprechen müssen. Sie sind in Deutschland privatrechtlich organisiert[74]. 80

In § 3 Nr. 20 MPG findet sich eine Definition der Benannten Stelle. Danach ist eine Benannte Stelle eine für die Durchführung von Prüfungen und Erteilung von Bescheinigungen im Zusammenhang mit Konformitätsbewertungsverfahren nach Maßgabe der Rechtsverordnung gemäß § 37 Abs. 1 MPG vorgesehene Stelle, die der Europäischen Kommission und den Vertragsstaaten des Abkommens über den europäischen Wirtschaftsraum von einem Vertragsstaat des Abkommens über den europäischen Wirtschaftsraum benannt worden ist. Diese Definition ist eine eigenständige deutsche Erfindung, da sich nichts vergleichbares in der RL 93/42/EWG findet. Gleichwohl gibt es in allen europäischen Mitgliedsstaaten solche benannten Stellen, die in Art. 16 der RL 93/42/EWG geregelt sind. Entsprechende Regelungen finden sich in § 15 ff. MPG. Grundsätzlich kann der Verantwortliche für ein Medizinprodukt frei wählen, mit welcher Benannten Stelle, egal welchen Mitgliedstaates, er zusammenarbeiten möchte. Hier entscheiden vor allem praktische Erwägungen, der Ruf einer Benannten Stelle und Erfahrungswerte in der 81

---

[70] siehe auch Übersicht der Klassifizierungsliste des BVMed bei *Hill/Schmitt*, WiKo Medizinprodukterecht, MPG, § 13 Rn. 6, http://ec.europa.eu/health/medical-devices/files/meddev/2_4_1_rev_9_classification_en.pdf.
[71] *Hill/Schmitt*, WiKo, Medizinprodukterecht, § 32, Rn. 6, 9
[72] *Hill/Schmitt*, WiKo, Medizinrpodukterecht, § 13 Rn. 8
[73] Einen Überblick über das Zusammenspiel der einzelnen Module findet sich bei *Dieners/Lützeler* in Anhalt/Dieners, Handbuch des Medizinprodukterechts, § 1 Rn. 57, Abb. 2.
[74] *Lücker* in Spickhoff, Medizinrecht § 15a Rn. 1–4; *Hill/Schmitt*, Wiko Medizinprodukterecht Kommentar, § 3 Rn. 89 f.

Zusammenarbeit. Gelistet sind die nationalen und europäischen Benannten Stellen auf der Homepage des Deutschen Institutes für Medizinische Dokumentation und Information (DIMDI[75]).

82 Den Benannten Stellen kommt in dem dem Medizinprodukterecht zugrundeliegenden Konzept eine zentrale Bedeutung zu[76]. Je nach Risikoklasse des Medizinproduktes ist das notwendige Konformitätsverfahren mit einer Benannten Stelle durchzuführen, wobei die Prüftiefe von der Klasse des jeweiligen Medizinproduktes abhängt[77].

83 Die Benennung und Überwachung der Benannten Stellen obliegt dem jeweiligen EU-Mitgliedsstaat, in dem die Stelle ihren Sitz hat. Für die Benennung im Vollzug der EG-Richtlinien sind nach dem GG der Bundesrepublik Deutschland die Länder zuständig.

84 Daher obliegt die Benennung und die Überwachung der Benannten Stellen der Zentralstelle der Länder für Gesundheitsschutz bei Arzneimitteln und Medizinprodukten (ZLG) in Bonn. Die ZLG ist die zuständige Behörde, die auf Antrag einer zu benennenden Stelle in einem Benennungsverfahren die Benennung ausspricht[78]. Für die Benennung hat die ZLG ein Regelwerk aufgestellt, das auf der Homepage der ZLG abgerufen werden kann. Hierdurch ist sichergestellt, dass die Benennung in Deutschland einheitlich erfolgt[79].

85 In Folge des PIP-Skandals gibt es seit September 2013 eine Durchführungsverordnung der Kommission über die Benennung und Beaufsichtigung Benannter Stellen, die sowohl Kriterien zum Verfahren der Benennung als auch zur Kontrolle und Überwachung und Untersuchung der Kompetenz der Benannten Stellen enthält[80].

86 Auf europäischer Ebene gibt es eine Notified Body Operation Group (NBOG), die mit der Erarbeitung einheitlicher Kriterien für die Arbeit der europäischen Benannten Stellen für Medizinprodukte sowie der diese überwachenden Behörden befasst ist. Auf ihrer Website[81] finden sich für jeden Mitgliedsstaat die Adresse der national zuständigen Stelle für die Benennung und Überwachung der Benannten Stellen[82].

VIII. Konformitätserklärung

87 Wie in Anhang VII der RL 93/42/EWG in Ziffer 1 festgehalten, handelt es sich bei der EG-Konformitätserklärung um das Verfahren, mit dem der Hersteller oder sein Bevollmächtigter den entsprechenden Verpflichtungen hinsichtlich eines Medizinproduktes nachkommt und gewährleistet und erklärt, dass die betreffenden Produkte den einschlägigen Bestimmungen dieser Richtlinie entsprechen. Hierfür stellt der Hersteller die in Abschnitt 3 des Anhangs VII beschriebene technische Dokumentation zusammen, welche die Bewertung der Konformität des Produktes mit den Anforderungen der Richtlinie ermöglichen muss. Bestandteil der Konformitätserklärung ist neben einer Produktbeschreibung und dem Namen des Herstellers auch eine Auflistung der eingehaltenen Normen und technischen Spezifikationen.

---

[75] vgl. Liste in Deutschland gem. § 15 Abs. 1 MPG, Benannten Stelle sind mit Kennnummern bei *Nöthlichs,* Kennziffer 9424, aufgelistet.
[76] *Soltau* in Anhalt/Dieners, Handbuch des Medizinprodukterechts, § 12 Rn. 3.
[77] *Hill/Schmitt,* WiKo Medizinprodukterecht MPG, § 3 Rn. 89; *Lücker* in Spickhoff Medizinrecht § 15a Rn. 1–4.
[78] *Hill/Schmitt,* WiKo Medizinprodukterecht, MPG, § 15 Rn. 3; *v. Czettritz* in Anhalt/Dieners, Handbuch Medizinprodukterecht, § 15 Rn. 39.
[79] siehe Darstellung bei *Soltau* in Anhalt/Dieners, Handbuch des Medizinprodukterechts, § 12 Rn. 16 ff.; *Hill/Schmitt,* WiKo Medizinprodukterecht MPG, § 15 Rn. 3 ff.
[80] Durchführungsverordnung (EU) Nr. 920/2013 der Kommission vom 24.9.2013 über die Benennung und Beaufsichtigung Benannter Stellen gemäß Richtlinie 90/385/EWG und Richtlinie 93/42/EWG, Amtsblatt der Europäischen Union L 253/8 vom 25.9.2013
[81] http://www.nbog.eu.
[82] *Hill/Schmitt,* WiKo Medizinprodukterecht MPG, § 15 Rn. 6.

Art. 9 Abs. 1 der RL 93/42/EWG legt fest, dass die Produkte in die Klassen I, II a, II b 88
und III eingestuft werden und die Klassifizierung nach den Regeln gemäß Anhang IX
erfolgt. Die Zuordnung eines Medizinproduktes in eine der vier Risikoklassen ist Voraussetzung für die Wahl des Konformitätsbewertungsverfahrens. Für Medizinprodukte der
Klasse I ist keine Beteiligung einer Benannten Stelle erforderlich. Vielmehr stellt in diesem
Fall der Hersteller selbst die EG-Konformitätsbescheinigung aus. Zur Klasse I gehören
beispielsweise Gehhilfen, Rollstühle, Patientenbetten oder ähnliches. Bei Medizinprodukten der Klasse Is, II a, II b und Klasse III ist stets eine Konformitätsprüfung durch eine
Benannte Stelle, allerdings mit unterschiedlicher Prüftiefe, erforderlich.

1. Medizinprodukte der Klasse I

In die Klasse I werden alle Medizinprodukte eingeordnet, die dem niedrigsten Gefähr- 89
dungsgrad unterliegen. Sie erfordern auch nur die geringste Kontrolle, so dass keine
Konformitätsbewertung durch eine Benannte Stelle erfolgt. Dies sind beispielsweise OP-
Bekleidung, Krankenpflegeartikel oder Fixierbinden[83]. Der Hersteller, der gemäß § 5
MPG verantwortlich ist für die Inverkehrbringung seines Medizinproduktes, hat bei
Medizinprodukten der Klasse I das Bewertungsverfahren, mit dem Sicherheit und Eignung seines Medizinproduktes geprüft wird, gemäß § 7 Abs. 4 MPV nach Anhang VII der
RL 93/42/EWG alleine durchzuführen. Im Anschluss hieran stellt sich der Hersteller die
EG-Konformitätserklärung selbst aus.

In der technischen Dokumentation muss der Hersteller die Produktbeschreibung, die 90
Konstruktions- und Fertigungsunterlagen, Zeichnungen, seine Risikoanalyse, seine Prüfberichte, klinische Datenkennzeichnung und Gebrauchsanweisung usw. festhalten, ein
sogenanntes „Post-Marketing-Service" Verfahren einrichten. Diese gesamte Dokumentation muss er mindestens 5 Jahre lang zur Einsichtnahme durch die zuständigen Behörden
bereithalten. Nur wenn alle diese Voraussetzungen erfüllt sind, darf die CE-Kennzeichnung angebracht werden. In diesem Fall allerdings ohne Kennnummer einer Benannten
Stelle, da bei der Prüfung der Klasse I Produkte keine Benannte Stelle beteiligt ist.

2. Medizinprodukte der Klasse II a

In diese Medizinprodukteklasse fallen alle Produkte mit einem mittleren Risikopoten- 91
zial wie beispielsweise Katheter und invasive Produkte[84]. So werden gemäß Regel 5 des
Anhang IX der RL 93/42/EWG alle invasiven Produkte zur Klasse II a gezählt, wenn sie
zur kurzzeitigen Anwendung, dh nur für eine ununterbrochene Anwendung über einen
Zeitraum von bis zu 30 Tagen, bestimmt sind. Wenn die Produkte zur langzeitigen
Anwendung, dh unter normalen Bedingungen für eine ununterbrochene Anwendung über
einen Zeitraum von mehr als 30 Tagen bestimmt sind, gehören sie zur Klasse II b.
Medizinprodukte der Klasse II a unterliegen lediglich in der Fertigungsphase der Überwachung durch eine Benannte Stelle, während ein Hersteller von Medizinprodukten der
Klasse II b sowohl in der Entwicklungs- als auch der Fertigungsphase der Überwachung
durch eine Benannte Stelle unterliegt[85].

Die Dauer der ununterbrochenen Anwendung eines Medizinproduktes gibt dem Her- 92
steller im Rahmen der von ihm vorzunehmenden Zweckbestimmung einen möglichen
Spielraum hinsichtlich der Einstufung in die Klasse II a oder II b, mit der Folge einer
unterschiedlich tiefen Überwachung durch die Benannte Stelle. Dies birgt vereinzelt die

---

[83] *Hill/Schmitt,* Wiko Medizinprodukterecht, MPG, § 13 Rn. 5.
[84] *Hill/Schnitt,* WiKo Medizinprodukterecht, § 13, Rn. 5; *Frankenberger* in Anhalt/Dieners, Handbuch des Medizinprodukterechts, § 4 Rn. 11 ff.
[85] *Edelhäuser* in Anhalt/Dieners, Handbuch des Medizinprodukterechts, § 5 Rn. 30 mit Abb. einer Übersicht des Konformitätsbewertungsverfahrens.

Gefahr des Missbrauchs in sich, wenn beispielsweise eine Klassifizierung in die geringere Risikoklasse durch eine sinnlose Anwendungsunterbrechung des Medizinproduktes vorgenommen wird.

3. Medizinprodukte der Klasse II b

93 In diese Klasse fallen außer den Produkten zur Langzeitanwendung Produkte mit einem erhöhten Risikopotential wie beispielsweise chirurgisch-invasive Einmalprodukte, Implantate, Blutbeutel oder Produkte zur Empfängnisverhütung[86]. Hier ist die Einbeziehung der Benannten Stelle bereits auf der Stufe der Produktauslegung erforderlich, wobei der Hersteller wählen kann, ob eine detaillierte Überprüfung des vollständigen Qualitätssicherungssystems nach Anhang II erfolgt, oder ob ein repräsentatives Exemplar des Produktes einer EG-Baumusterprüfung gemäß Anhang III unterzogen wird[87].

4. Medizinprodukte der Klasse III

94 a) *Allgemeines.* In die Klasse III gehören alle Produkte, die in die höchste Risikoklasse eingestuft werden. Hier ist eine Prüfung der Produktauslegung durch eine Benannte Stelle zwingend vorgeschrieben[88].

95 Da in der Öffentlichkeit immer wieder eine ungenügende Prüfung von Medizinprodukten im Vergleich zum Arzneimittelrecht diskutiert wird, wird nachfolgend am Beispiel eines Klasse III Medizinproduktes exemplarisch dargestellt, welchen Umfang eine Auslegungsprüfung durch eine Benannte Stelle hat.

96 § 19 Abs. 1 MPG fordert, dass die Eignung von Medizinprodukten für den vorgesehenen Verwendungszweck durch eine klinische Bewertung anhand von klinischen Daten zu belegen ist, soweit nicht in begründeten Ausnahmefällen andere Daten ausreichend sind.

97 Somit müssen entweder eigene klinische Daten vorgelegt werden, oder aber es erfolgt eine Prüfung von klinischen Bewertungen auf Literaturbasis, wie dies gemäß § 22 Abs. 3 AMG bei der Arzneimittelzulassung ebenfalls möglich ist. Die Anforderungen für die klinische Bewertung sind detailliert festgelegt. Zum einen ist der Begriff der klinischen Daten in § 3 Nr. 25 MPG umfassend definiert, zum anderen ist in Anhang I der Richtlinie 93/42/EWG unter I. 6a) geregelt: „Der Nachweis der Übereinstimmung mit den Grundlegenden Anforderungen muss eine klinische Bewertung gemäß Anhang X umfassen."

98 Im Anhang X „Klinische Bewertung" der Richtlinie sind die Anforderungen an die notwendige klinische Bewertung detailliert aufgeführt. Weitergehende Anforderungen sind in der MEDDEV-Leitlinie 2.7.1/rev. 3 und dort in Abschnitt 10.1.1 beschrieben.

99 b) *Prüfung der Benannten Stelle.* Bei einem Medizinprodukt der Klasse III gelangen die strengsten Anforderungen bei der Durchführung eines Konformitätsbewertungsverfahrens zur Anwendung und die Benannte Stelle prüft umfangreich die Produktauslegung gemäß Anhang II.4 der Richtlinie 93/42/EWG. Auch der Umfang der Prüfung durch die Benannte Stelle ist in der Richtlinie ausdrücklich und ausführlich beschrieben. Nicht nur muss sie sämtliche vorgelegte Unterlagen, ebenso wie die Arzneimittelzulassungsbehörde, prüfen, sie kann zudem verlangen, dass zusätzliche Tests oder Prüfungen durchgeführt werden, wenn ihrer Meinung nach die Übereinstimmung mit den Anforderungen der Richtlinie nicht gegeben ist.

---

[86] *Hill/Schmitt,* WiKo Medizinprodukterecht, MPG, § 13 Rn. 5.
[87] vgl. *Edelhäuser* in Anhalt/Dieners, Handbuch des Medizinprodukterechts, § 5 Rn. 32 mit Übersichtsabbildung.
[88] *Edelhäuser* in Anhalt/Dieners, Handbuch des Medizinprodukterechts, § 5 Rn. 33 ff. mit Abb. des Konformitätsbewertungsverfahrens für Produkte der Klasse III.

Bei der klinischen Bewertung gemäß Anhang X besteht die Möglichkeit (Ziffer I 1.1.1), ebenso wie im Arzneimittelrecht eine klinische Bewertung auf der Grundlage von publizierten Daten aus der Literatur zu erstellen.

Weiter ist der genaue Umfang einer Prüfung von klinischen Bewertungen auf Literaturbasis in der Leitlinie MEDDEV 2.7.1/rev. 3 im Abschnitt 10.1.1 beschrieben. Hier ist zwingend vorgegeben, dass durch die vom Hersteller vorgelegte Literatur dargelegt werden muss, dass das Medizinprodukt demselben Zweck dient, dem in der Literatur verwendeten Medizinprodukt gleichwertig ist und in der vorgelegten Literatur sämtliche maßgeblichen grundlegenden Anforderungen auch tatsächlich angesprochen sind.

Im Rahmen dieser Auslegungsprüfung wird bei einer Literaturbewertung durch die Benannte Stelle die Auswahl und Bearbeitung der Literatur auf Aktualität und Vollständigkeit des wissenschaftlichen Standes geprüft und die Vergleichbarkeit zu dem zu bewertenden Medizinprodukt festgestellt. Nur wenn nach der aktuellen und vollständigen Literatur eine Vergleichbarkeit gegeben ist und aus den Daten die Wirksamkeit und Sicherheit des zu bewertenden Medizinproduktes abgeleitet werden kann, die klinische Relevanz des festgestellten Nutzens gegeben ist und sämtliche Sicherheitsaspekte in der Abwägung ergeben, dass der Nutzen in einem angemessen Verhältnis zu den Anwendungsrisiken steht, erteilt die Benannte Stelle ihre Konformitätsbescheinigung.

Erst wenn die Benannte Stelle somit zur Überzeugung gelangt, dass das Medizinprodukt sämtliche grundlegenden Anforderungen einschließlich der klinischen Bewertung gemäß Anhang X erfüllt, stellt die Benannte Stelle die Konformitätsbescheinigung aus, die Voraussetzung dafür ist, dass das CE-Kennzeichen angebracht werden darf und das Medizinprodukt überhaupt verkehrsfähig ist.

IX. Entwicklung von Medizinprodukten bis zur Vermarktung

1. Von der Idee bis zur Realisierung

Wie bei jeder neuen Produktentwicklung steht auch bei den Medizinprodukten am Anfang jedes Produktentwicklungsprozesses eine Idee. Aus der Idee wird eine Produktvision, die zu einem Konzept weiterentwickelt wird. Sobald hierbei feststeht, dass das zu entwickelnde Produkt in Abgrenzung zu anderen Produktklassen tatsächlich als Medizinprodukt einzustufen sein wird und als solches entwickelt und vermarktet werden soll, liegt der weitere Prozessablauf wiederum in der Hand des Medizinprodukteherstellers – jedenfalls insoweit als er bezogen auf den Zweck des Medizinproduktes bei der Einstufung in die unterschiedlichen Klassen möglicherweise einen Gestaltungsspielraum hat. Wie dargelegt, gehören beispielsweise Produkte die zur kurzzeitigen Anwendung bestimmt sind zur Klasse II a, während solche, die zur langzeitigen Anwendung, somit über 30 Tagen bestimmt sind, in die Klasse II b einzuordnen sind, mit der Folge einer unterschiedlichen Prüfungsdichte und Einschaltung einer Benannten Stelle.

Weder durch die EU-Richtlinie noch durch nationale Gesetzgebung ist eine Zuordnung von Medizinprodukten zu festen Risikoklassen vorgenommen, da jeweils im Einzelfall und vom Hersteller bezugnehmend auf den bestimmungsgemäßen Gebrauch – „Intended Use" – die Klassifizierung durchzuführen ist. Als Hilfe für die Klassifizierung der Medizinprodukte dient dem Hersteller unter anderem die MEDDEV 2.4/1 rev. 9, Stand Juni 2010.

Sobald die Produktplanung soweit fortgeschritten ist, dass feststeht, dass es sich bei dem zu realisierenden Produkt um ein Medizinprodukt handelt und entsprechend der gewählten Zweckbestimmung die Zuordnung zu einer Klasse durch die Klassifizierungsregeln eindeutig vom Hersteller festgelegt ist, kann das Projekt in die Realisierungsphase eintreten[89]. Sofern eine Benannte Stelle einzuschalten ist, muss die Wahl getroffen werden, mit welcher Stelle der Hersteller zusammenarbeiten möchte. Grundsätzlich hat er hierbei die freie Wahl der Benannten Stelle innerhalb der gesamten EU. Die Entscheidung wird in der Regel nach Praktikabilität, möglicherweise bereits längerfristiger Zusammenarbeit mit einer Benannten Stelle und damit Kenntnis der Ansprechpartner und des Umgangs, sowie dem Ruf, den eine Benannte Stelle hat, erfolgen.

2. Einschalten einer Benannten Stelle

107   Sodann hat bei den einzelnen Medizinprodukteklassen der Hersteller teilweise noch die Wahl, welche Prüfung er durch die Benannte Stelle vornehmen lässt. So kann beispielsweise für ein Medizinprodukt der Klasse II a gemäß Art. 11 Abs. 2 der RL 93/42/EG die Konformitätsbewertung nach Anhang VII entweder iVm Anhang IV, V oder VI durch die Benannte Stelle durchgeführt werden. Alternativ kann auch ein Verfahren nach Anhang II 3. der Richtlinie durchlaufen werden. Dies liegt in der Entscheidung des Herstellers[90]. Sobald die Benannte Stelle ihre Prüfung beendet hat, erteilt sie ihr Prüfzertifikat. Dieses dient zusammen mit der gesamten Dokumentation des Herstellers als Beleg für die Erfüllung sämtlicher rechtlich geforderter Anforderungen und ist die Basis dafür, dass der Hersteller in Eigenverantwortung das CE-Zeichen auf seinem Medizinprodukt aufbringen darf.

108   Das von der Benannten Stelle erteilte Zertifikat hat eine Gültigkeit von 5 Jahren, so dass alle 5 Jahre eine Rezertifizierung erforderlich ist, sofern das Produkt weiter vermarktet werden soll (vgl. § 17 MPG[91]). Ein Medizinprodukt, das rechtmäßig die CE-Kennzeichnung trägt, darf sodann grundsätzlich innerhalb der gesamten EU in Verkehr gebracht werden.

3. Produktbeobachtung

109   Wenn ein Medizinprodukt in Verkehr gebracht wird, trifft den Hersteller fortlaufend eine Produktbeobachtungspflicht. Die nähere Ausgestaltung hierzu obliegt den einzelnen Mitgliedsstaaten. In Deutschland gilt insoweit die Medizinprodukte-Sicherheitsplanverordnung (MPSV) neben den grundsätzlichen Regelungen im Medizinproduktegesetz und der Medizinprodukteverordnung. Zudem gibt es als Auslegungshilfe wiederum eine europäische Leitlinie zum Medizinprodukte-Beobachtungs- und Meldesystem (MEDDEV 2.12/1 rev. 8). Grundsätzlich ist der Medizinproduktehersteller nach § 5 MPG für das Inverkehrbringen selbst verantwortlich. Wenn die vom Hersteller getroffenen Maßnahmen nach Auffassung der Überwachungsbehörden nicht ausreichend sind, sind weitergehende behördliche Maßnahmen gegenüber dem verantwortlichen Hersteller oder aber gegenüber Betreibern und Anwendern entsprechend den Regelungen der MPSV möglich. Die sehr umfassenden Unterrichtungspflichten und Vorschriften zum Austausch von Informationen zwischen dem Hersteller und den unterschiedlichen Behörden sind anschaulich abgebildet in Anhalt/Dieners, Handbuch des Medizinprodukterechts, § 11, Abb. 10, Rn. 80.

4. Klinische Studien

110   **a) Allgemeines.** Im vierten Abschnitt des Medizinproduktegesetzes ist in den §§ 19–24 die klinische Bewertung, Leistungsbewertung, klinische Prüfung und Leistungsbewer-

---

[89] Der lange Weg eines Medizinprodukts von der Idee bis zur Anwendung am Patienten, Hintergrundartikel BVMed 6.1.2014.
[90] vgl. zu den unterschiedlichen Wahlmöglichkeiten *Edelhäuser* in Anhalt/Dieners, Handbuch des Medizinprodukterechts, § 5 Rn. 22 ff.
[91] vgl. *Nöthlichs*, § 17 MPG, Erl. 1 u. 2.; *Hill/Schmitt*, WiKo, Medizinprodukterecht, § 17 Rn. 4 ff.; *Rehmann/Wagner*, § 17 MPG, Rn. 1 ff.

tungsprüfung von Medizinprodukten geregelt. Dieser Abschnitt dient zum einen der Umsetzung der Europäischen Medizinprodukterichtlinie (dort sind klinische Prüfungen in Art. 15 und Anhang X geregelt) und gleichzeitig sind zum anderen zusätzliche nationale Anforderungen an die Durchführung klinischer Prüfungen für Medizinprodukte festgelegt[92].

§ 20 MPG regelt die allgemeinen Voraussetzungen für die klinische Prüfung an gesunden und kranken Menschen[93]. Zusätzliche Voraussetzungen für klinische Prüfungen an kranken Menschen sind in § 21 MPG erfasst und die weiteren Anforderungen an die Durchführung der klinischen Prüfung in den §§ 22–23a MPG geregelt, während § 23b MPG Ausnahmen zur klinischen Prüfung vorsieht. § 19 MPG regelt die klinische Bewertung und Leistungsbewertung, während in § 24 MPG die Leistungsbewertungsprüfung geregelt ist.

111

Die Entscheidung des Medizinprodukteherstellers, ob für seine klinische Bewertung der Literaturweg über die Auswertung von vorhandenen Daten ausreicht oder aber eine klinische Prüfung mit dem betreffenden Medizinprodukt durchgeführt werden sollte, muss der Hersteller eigenverantwortlich treffen, da hierzu weder vom deutschen noch vom europäischen Gesetzgeber eine ausdrückliche Antwort erfolgt. Hierfür dienen die in den MEDDEV erarbeiteten Abgrenzungskriterien, wonach eine klinische Prüfung insbesondere immer dann durchzuführen ist, wenn ein Medizinprodukt neuartig ist, somit seine Bestandteile und Eigenschaften oder Wirkweise bislang unbekannt sind, eine neue Indikation vorgesehen ist oder es beispielsweise für eine signifikant längere Zeit verwendet werden soll[94]. Im Zweifel empfiehlt sich hier eine Absprache mit der vom Hersteller für dieses Medizinprodukt gewählten Benannten Stelle, bei der die spätere Konformitätsprüfung vorgenommen werden soll.

112

b) Klinische Bewertung – klinische Prüfung. Gemäß § 19 Abs. 1 MPG und Anhang X Abs. 1 der EU-Richtlinie 93/42/EWG muss die Eignung eines Medizinproduktes für seinen vorgesehenen Verwendungszweck unter Berücksichtigung der vorgegebenen Leistungsmerkmale sowie Risiken durch eine klinische Bewertung belegt werden. Die klinische Bewertung erfolgt entweder durch eine Auswertung der verfügbaren Literatur und der Ergebnisse durchgeführter klinischer Studien oder durch eine klinische Prüfung für das zur Bewertung anstehende Medizinprodukt. Die klinische Bewertung muss auch eine Beurteilung der unerwünschten Nebenwirkungen und eine Nutzen-Risiko-Abwägung umfassen[95]. Bei implantierbaren Produkten und bei Produkten der Klasse III sind gemäß Anhang X, Abschnitt 1.1a der Richtlinie in der Regel klinische Prüfungen durchzuführen, es sei denn die Verwendung bereits bestehender klinischer Daten ist ausreichend gerechtfertigt.

113

Mit der 4. MPG-Novelle ist der Bereich der klinischen Prüfung von Medizinprodukten weitgehend an die Regelungen aus dem AMG angeglichen worden[96], auch wenn dies aufgrund der Unterschiedlichkeit von Medizinprodukten und Arzneimitteln und gerade im Hinblick auf die Vielzahl der vorhandenen Medizinprodukte schwierig ist. Was „klinische Daten" sind, ist seitdem in § 3 Nr. 25 MPG legal definiert[97]. Grundsätzlich dürfen klinische Prüfungen nicht durchgeführt werden, wenn die Risiken ärztlich nicht vertretbar sind.

114

---

[92] *Hill/Schmitt*, WiKo Medizinprodukterecht, vor §§ 19–24 Rn. 2.
[93] vgl. *Nöthlichs*, § 20 MPG, Erl. 1 ff.
[94] MEDDEV 2.7/4 „Guidelines on clinical investigation: a guide for manufacturers and notified bodies".
[95] *Hill/Schmitt*, WiKo, Medizinprodukterecht, § 19 Rn. 3.
[96] *Hill/Schmitt*, WiKo Medizinprodukterecht, vor §§ 19–24 Rn. 3.
[97] *Hill/Schmitt*, WiKo, Medizinprodukterecht, § 3 MPG, Rn. 110; *Rehmann/Wagner*, § 3 MPG, Rn. 31

115 Wie auch bei Arzneimitteln muss vor Beginn einer klinischen Prüfung die Genehmigung der zuständigen Bundesoberbehörde sowie eine zustimmende Stellungnahme der zuständigen Ethikkommission vorliegen. Der Sponsor oder ein Vertreter des Sponsors muss seinen Sitz im europäischen Wirtschaftsraum haben und das Produkt muss die grundlegenden Anforderungen erfüllen. Die Prüfer müssen über die Ergebnisse der Sicherheitsprüfungen und Risiken informiert sein und es muss ein Prüfplan entsprechend dem Stand der wissenschaftlichen Erkenntnisse vorliegen. Schließlich muss für jeden Probanden der teilnimmt eine Versicherung abgeschlossen worden sein und sein schriftliches Einverständnis vorliegen[98].

116 **c) Verordnung über klinische Prüfungen (MPKPV).** Weitere Einzelheiten enthält die Verordnung über klinische Prüfungen von Medizinprodukten (MPKPV) vom 10.5.2010, die für klinische Prüfungen und genehmigungspflichtige Leistungs-Bewertungsprüfungen gemäß §§ 20–24 des MPG gilt. Dort sind weitergehende Anforderungen hinsichtlich klinischer Prüfungen spezifiziert, wie die Kennzeichnung der zur Prüfung vorgesehenen Medizinprodukte, das Antragstellungsverfahren, Bewertungsverfahren und Genehmigungsverfahren sowie Anforderungen an Prüfer und die Durchführung an sich, sowie ihre Überwachung.

117 **d) MEDDEV.** Um ein harmonisiertes Vorgehen innerhalb der Europäischen Union zu erreichen gibt es für klinische Untersuchungen und klinische Prüfungen die MEDDEV 2.7/4 „Guidelines on clinical investigations: a guide for manufacturers and notified bodies" mit Stand Dezember 2010. Zudem existieren die MEDDEV 2.7/1 bis 3, die Leitlinien für die zuständigen Behörden über die Meldung von Nebenwirkungen und insgesamt für Benannte Stellen und Hersteller für die klinische Bewertung enthalten.

118 **e) Dokumentation.** Die Anträge und Anzeigen gemäß §§ 22 Abs. 1 S. 1, 22a Abs. 1 S. 1 MPG zu klinischen Prüfungen und Leistungsbewertungsprüfungen sind gemäß § 3 MPKPV über das internetbasierte Erfassungssystem des DIMDI zu stellen. Nach Freigabe des Sponsors wird automatisch die zuständige Bundesoberbehörde und die Ethikkommission per E-Mail informiert, werden die Anträge bearbeitet und in den Datenbestand freigegeben. Abschließend werden automatisch die zuständigen Landesbehörden der Prüfeinrichtungen per E-Mail über die Entscheidung der Bundesbehörde bzw. der Ethikkommission informiert[99].

X. Zertifizierung von Medizinprodukten

1. CE-Kennzeichnung

119 Medizinprodukte dürfen gemäß § 6 Abs. 1 MPG nur in Verkehr gebracht werden, wenn sie mit einer CE-Kennzeichnung nach Maßgabe des § 6 Abs. 2 S. 1 und des Abs. 3 S. 1 MPG versehen sind[100]. Gemäß § 6 Abs. 2 und 3 dürfen Medizinprodukte nur mit einer CE-Kennzeichnung versehen werden, wenn sie die grundlegenden Anforderungen nach § 7 MPG erfüllen bzw. speziell für dieses Medizinprodukt geltende weitergehende Rechtsvorschriften erfüllt sind. Dementsprechend dürfen gemäß § 7 MPG Medizinprodukte nur dann mit der CE-Kennzeichnung versehen werden, wenn sie zuvor das entsprechend ihrer Klassifizierung erforderliche Konformitätsverfahren durchlaufen haben.

---

[98] *Hill/Schmitt*, WiKo Medizinprodukterecht, § 20 Rn. 2.
[99] „Klinische Prüfungen und Leistungsbewertungsprüfungen" auf der Homepage des DIMDI www.dimdi.de/static/de/mpg/ismp/kplp/index.htm.
[100] *Hill/Schmitt*, WiKo Medizinprodukterecht, § 6 MPG, Rn. 3, 4; *Nöthlichs*, § 6 MPG, Rn. 2; *Schorn*, § 6 MPG, Rn. 4 ff.

2. Zuständigkeiten

Bei Klasse I Medizinprodukten ist der Hersteller für die Durchführung des Konformitätsbewertungsverfahrens und die Ausstellung der EG-Konformitätserklärung allein zuständig. Die gesamte Dokumentation muss er mindestens 5 Jahre vorrätig halten und gegebenenfalls den für ihn zuständigen Überwachungsbehörden vorlegen können. 120

Für die Medizinprodukte der Klassen II a, II b und III ist eine Benannte Stelle zu beteiligen, die sodann die EG-Konformitätserklärung ausstellt. Dieser ist zu entnehmen, in welchem Umfang die Prüfung durch die Benannte Stelle erfolgt ist. Gemäß § 3 Abs. 5 MPV ist die Entscheidung der Benannten Stelle auf höchstens 5 Jahre zu befristen, was der Vorgabe in der RL 93/42/EWG in Art. 11 Abs. 11 entspricht. Gemäß § 17 Abs. 1 S. 1 MPV kann sie um jeweils weitere 5 Jahre auf Antrag verlängert werden, wobei der Verlängerungsantrag rechtzeitig vor Ablauf zu stellen ist[101]. Die CE-Kennzeichnung wiederum bringt der Hersteller nach Erhalt des Zertifikates selbst an und erklärt damit, dass sein Produkt den maßgeblichen rechtlichen Anforderungen entspricht und damit rechtmäßig in Verkehr gebracht wird. 121

3. Rechtsqualität des CE-Zeichens

Die CE-Kennzeichnung gemäß § 9 MPG ist die maßgebliche Voraussetzung, damit ein Medizinprodukt in Verkehr gebracht werden darf. Entsprechend dem 29. Erwägungsgrund des Beschlusses Nr. 768/2008/EG des Europäischen Parlamentes und des Rates vom 9.7.2009[102] bringt die CE-Kennzeichnung die Konformität eines Produktes zum Ausdruck und ist die sichtbare Folge eines ganzen Prozesses, der die Konformitätsbewertung im weiteren Sinne umfasst"[103]. 122

Rechtlich gilt das CE-Zeichen damit als ein „Verwaltungszeichen", das zum Ausdruck bringt, dass dieses Produkt sämtliche rechtlich vorgesehenen Anforderungen, gegebenenfalls überprüft durch die hierfür zuständigen Stellen, erfüllt, und damit die Verkehrsfähigkeit des Produktes im europäischen Wirtschaftsraum anzeigt[104]. Teilweise wird das CE-Zeichen auch als Gütezeichen verstanden[105]. 123

In der Verordnung (EG) Nr. 765/2008 vom 9.7.2008 über die Vorschriften für die Akkreditierung und Marktüberwachung im Zusammenhang mit der Vermarktung von Produkten und zur Aufhebung der Verordnung (EWG) Nr. 339/93 ist in Art. 30 Abs. 3 und 4 als allgemeiner Grundsatz der CE-Kennzeichnung festgehalten: 124

(3) „Indem er [der Hersteller] die CE-Kennzeichnung anbringt oder anbringen lässt, gibt der Hersteller an, dass er die Verantwortung für die Konformität des Produktes mit allen in den einschlägigen Harmonisierungsrechtsvorschriften der Gemeinschaft enthaltenen für deren Anbringung geltenden Anforderungen übernimmt."

(4) „Die CE-Kennzeichnung ist die einzige Kennzeichnung, die die Konformität des Produktes mit den geltenden Anforderungen der einschlägigen Harmonisierungsrechtsvorschriften der Gemeinschaft, die ihre Anbringung vorschreiben, bescheinigt."

Nach der hier vertretenen Auffassung, die allerdings eine Mindermeinung darstellt, ist das Erteilen der Konformitätsbescheinigung durch eine Benannte Stelle nach Prüfung der vom Hersteller eingereichten Unterlagen entsprechend der gesetzlichen Vorgaben bzw. die Einschränkung, Aussetzung oder Zurückziehung von derartigen Bescheinigungen gemäß § 18 MPG vergleichbar mit der Erteilung oder Versagung der Prüfplakette durch den 125

---

[101] *Rehmann/Wagner,* § 17 MPG, Rn. 3 ff.
[102] ABl. Nr. L218/82 vom 13.8.2008.
[103] *Hill/Schmitt,* WiKo Medizinprodukterecht, Einl., Rn. 78.
[104] *Hill/Schmitt,* WiKo Medizinprodukterecht, Einl., Rn. 79.
[105] *Hill/Schmitt,* WiKo Medizinprodukterecht, Einl., Rn. 80.

TÜV bei Kraftfahrzeugen. So wie das Tätigwerden des TÜV bei KFZ als Beliehener zu beurteilen ist, mit der Folge, dass Entscheidungen Verwaltungsaktqualität haben, sind nach der hier vertretenen Auffassung auch die Benannten Stellen nach deutschem Recht als Beliehene zu qualifizieren, da die Tätigkeiten des TÜV oder der DEKRA als Benannte Stelle quasi deckungsgleich mit der Tätigkeit des TÜV oder der DEKRA als Beliehener im Kraftfahrzeugbereich ist, da insoweit staatliche Aufgaben wahrgenommen werden und die Benennung der Benannten Stelle einer Beleihung gleichzusetzen ist[106].

126 Allerdings handelt es sich nach der ganz herrschenden Auffassung bei dem Tätigwerden der Benannten Stelle um ein rein privatrechtliches Handeln aufgrund eines zwischen dem Hersteller und der Benannten Stelle geschlossenen zivilrechtlichen Vertrages, so dass bei Rechtsstreitigkeiten auch nur der Zivilrechtsweg gegeben ist[107].

---

[106] siehe detailliert hierzu v. Czettritz in Anhalt/Dieners, Handbuch des Medizinprodukterechts, § 15 Rn. 4 ff.
[107] *Hill/Schmitt*, WiKo, Medizinprodukterecht, § 3 MPG, Rn. 90; *Rehmann/Wagner*, Einführung Rn. 28; *Schorn*, § 3 MPG, Rn. 76; *Nöthlichs*, § 18 MPG, Erl. 1.3

§ 6 Inverkehrbringen und Überwachung von Medizinprodukten

Schrifttum: *Anhalt/Dieners,* Handbuch des Medizinprodukterechts 2003; *v.Czettritz,* Rechtsschutz im Fall des Widerrufs der Akkreditierung der Benannten Stelle gemäß § 21 MPG und im Fall des Widerrufs des erteilten CE-Zeichens durch die Benannte Stelle, PharmR 2000, 321; *Gassner,* Werbung für Medizinprodukte, Augsburger Schriften zum Arzneimittel und Medizinprodukterecht, 2012; *Hill/ Schmitt,* WiKo, Medizinprodukterechtkommentar, 13. Lieferung, Dezember 2013; *Nöthlichs,* Sicherheitsvorschriften für Medizinprodukte, 34. Lieferung, März 2014; Reese, Änderungen des Heilmittelwerbegesetzes durch die 16. AMG-Novelle; *Rehmann/Wagner,* Medizinproduktegesetzkommentar, 2. Auflage 2010; *Scheel,* Benannte Stellen: Beliehene als Instrument für die Verwirklichung des Binnenmarktes, DVBl, 1999, 442; *Schorn,* Medizinprodukterecht, 27. Ergänzungslieferung, März 2013; *Spickhoff,* Medizinrecht 2011.

I. Inverkehrbringen

1. Nationale und europäische Rechtsvorschriften

Der Begriff des Inverkehrbringens eines Medizinproduktes ist in § 3 Nr. 11 MPG definiert. Danach ist Inverkehrbringen, anders als im Gemeinschaftsrecht, jede entgeltliche oder unentgeltliche Abgabe von Medizinprodukten an andere, nicht jedoch, wenn Medizinprodukte für einen Anderen aufbereitet und an diesen zurückgegeben werden. Erstmaliges Inverkehrbringen ist definiert als die erste Abgabe von neuen oder als neu aufbereiteten Medizinprodukten an andere im europäischen Wirtschaftsraum. Mit dieser speziell deutschen Regelung hat der deutsche Gesetzgeber versucht, eine eindeutige Zuordnung der Verantwortlichkeiten zu erreichen, so dass ein Weiterverwender oder Zwischenhändler nicht für die Konformitätsbestimmung und CE-Kennzeichnung verantwortlich ist[108]. 1

Demgegenüber ist mit dem Begriff des Inverkehrbringens von Medizinprodukten in den europäischen Richtlinien – Artikel 1 Abs. 2 Buchstabe h) der RL 90/385/EWG und 93/42/EWG sowie Artikel 1 Abs. 2 Buchstabe i) der RL 98/79/EG – lediglich das erste entgeltliche oder unentgeltliche Überlassen eines Produktes erfasst. 2

Nach § 3 Nr. 11 MPG gilt nicht als Inverkehrbringen die Abgabe von Medizinprodukten zum Zwecke der klinischen Prüfung (a), die Abgabe von In-Vitro-Diagnostika für Leistungsbewertungsprüfungen (b) oder die erneute Abgabe eines Medizinproduktes nach seiner Inbetriebnahme an andere, es sei denn, dass es neu aufbereitet oder wesentlich verändert worden ist (c). 3

Damit unterscheidet sich die Legaldefinition des Inverkehrbringens eines Medizinproduktes nach § 3 Nr. 11 MPG von der des Inverkehrbringens eines Arzneimittels gemäß § 4 Abs. 17 AMG. Entgegen der gesetzlichen Regelung im AMG ist das Inverkehrbringen von Medizinprodukten lediglich die Abgabe, nicht bereits das Vorrätig halten zum Verkauf oder zur Abgabe, das Feilhalten oder das Feilbieten[109]. 4

2. Voraussetzungen des Inverkehrbringens

a) Allgemeines. Die grundlegenden Voraussetzungen für das Inverkehrbringen von Medizinprodukten sind in § 6 und § 7 MPG geregelt. Medizinprodukte dürfen nur in Verkehr gebracht werden, wenn sie rechtmäßig ein CE-Kennzeichen tragen. Rechtmäßig 5

---

[108] vgl. *Lücker* in Spickhoff, Medizinrecht, § 3 MPG Rn. 15; *Hill/Schmitt,* WiKo, § 3 MPG Rn. 56; *Schorn,* § 3 MPG Rn. 47.
[109] *Hill/Schmitt,* WiKo Medizinprodukterecht, § 3 MPG Rn. 56.

darf ein Medizinprodukt gem. § 6 Abs. 2 MPG mit einem CE-Kennzeichen nur versehen werden, wenn dieses Produkt die Grundlegenden Anforderungen des Medizinprodukterechts gem. § 7 MPG an Sicherheit, Leistungsfähigkeit und gesundheitliche Unbedenklichkeit erfüllt und dies im Rahmen des jeweils vorgesehenen Konformitätsbewertungsverfahrens schriftlich dokumentiert ist[110]. Wie das Konformitätsbewertungsverfahren gestaltet sein muss, richtet sich nach dem Medizinprodukt und der Risikoklasse, in die es fällt.

6   In Übereinstimmung mit den Richtlinien 93/42/EWG, 90/385/EWG und 98/79/EG kann grundsätzlich jedes Medizinprodukt, für das ein solches Konformitätsbewertungsverfahren rechtmäßig durchgeführt wurde und das somit rechtmäßig ein CE-Kennzeichen trägt, in Deutschland und innerhalb der Europäischen Union in den Verkehr gebracht oder in Betrieb genommen werden.

7   **b) Anzeigepflichten.** Beim erstmaligen Inverkehrbringen in Deutschland sind bestimmte Anzeigepflichten zu erfüllen. So muss das erstmalige Inverkehrbringen vom hierfür Verantwortlichen der für seinen Sitz zuständigen Behörde des betreffenden Bundeslandes gemäß § 25 MPG angezeigt werden[111]. Auch muss ein Sicherheitsbeauftragter für Medizinprodukte gemäß § 30 Abs. 1 MPG bestimmt und gemäß § 30 Abs. 2 MPG der zuständigen Landesbehörde angezeigt werden. Diese Anzeigen sind im Wege der Datenübertragung bei dem Deutschen Institut für Medizinische Dokumentation und Information (DIMDI), zu erstatten[112]. Auf dessen Homepage (www.dimdi.de) finden sich auch alle maßgeblichen Informationen hierzu – zB die zuständigen Behörden für das erstmalige Inverkehrbringen von Medizinprodukten in den einzelnen Bundesländern, unterteilt nach aktiven Medizinprodukten, nicht aktiven Medizinprodukten, Medizinprodukten mit Messfunktion, In-Vitro-Diagnostika (IVD) aktiv und nicht aktiv, unter Auflistung der Anschrift sowie Telefon, Fax und E-Mail Kontaktdaten. Die Homepage des DIMDI ist für Hersteller aus anderen europäischen Ländern vollständig auf englisch vorhanden.

8   Rechtsgrundlage für das Tätigwerden des DIMDI ist § 33 MPG. Darauf gestützt hat das DIMDI seit 1995 ein datenbankgestütztes Informationssystem für Medizinprodukte aufgebaut. Aufgenommen sind in ihm sämtliche Informationen über Anzeigen bezüglich des erstmaligen Inverkehrbringens, über die klinische Prüfung und Leistungsbewertungsprüfung, Meldungen über Vorkommnisse, Anzeigen über Sicherheitsbeauftragte sowie Mitteilungen über Bescheinigungen, die von den Benannten Stellen ausgestellt wurden. Das nähere zur Gewährleistung einer ordnungsgemäßen Erhebung, Verarbeitung und Nutzung der Daten ist in der DIMDI–Verordnung (DIMDIV) geregelt.

3. Verantwortlichkeiten

9   **a) Hersteller.** Nach § 5 MPG ist der Hersteller oder sein Bevollmächtigter verantwortlich für das erstmalige Inverkehrbringen von Medizinprodukten[113]. Sofern Medizinprodukte nicht unter der Verantwortung eines Bevollmächtigten in den europäischen Wirtschaftsraum eingeführt werden, ist der jeweilige Einführer der Verantwortliche[114].

10 Hersteller ist gemäß der Legaldefinition in § 3 Nr. 15 MPG jede natürliche oder juristische Person, die für die Auslegung, Herstellung, Verpackung und Kennzeichnung eines Medizinproduktes verantwortlich ist. Als Hersteller gilt auch derjenige, der fremdge-

---

[110] *Schorn*, § 6 MPG, Rn. 4; *Nöthlichs*, § 6 MPG, Rn. 2; *Hill/Schmitt*, WiKo, § 6 MPG, Rn. 4.
[111] *Nöthlichs*, § 25 MPG, Rn. 1.1; *Rehmann/Wagner* § 25 MPG, Rn. 2; *Schorn*, § 25 MPG, Rn. 3; *Hill/Schmitt*, WiKo, § 25 MPG, Rn. 3.1.
[112] *Hill/Schmitt*, WiKo, § 30 MPG, Rn. 7 ff.; aA *Schorn*, § 30 MPG, Rn. 7; *Nöthlichs*, § 30 MPG, Rn. 8.
[113] *Schorn*, § 5 MPG, Rn. 3.
[114] *Hill/Schmitt*, WiKo, § 5 MPG, Rn. 7.

fertigte Produkte unter eigenem Namen vertreibt[115]. Bevollmächtigter ist gemäß der Legaldefinition in § 3 Nr. 16 MPG die im europäischen Wirtschaftsraum niedergelassene natürliche oder juristische Person, die vom Hersteller ausdrücklich dazu bestimmt wurde, im Hinblick auf seine Verpflichtungen nach diesem Gesetz in seinem Namen zu handeln und den Behörden und zuständigen Stellen zur Verfügung zu stehen.

Der Einführer, als dritter der in § 5 MPG genannten Personen, die für das erstmalige Inverkehrbringen von Medizinprodukten verantwortlich sein können, ist gemäß Legaldefinition in § 3 Nr. 26 MPG jede in der Europäischen Union ansässige natürliche oder juristische Person, die ein Medizinprodukt aus einem Drittstaat, dh von Herstellern außerhalb des europäischen Wirtschaftsraumes, in die Europäische Union einführt und in Verkehr bringt. 11

b) Vertreiber. Dem Vertreiber von Medizinprodukten kommt insbesondere eine Verantwortlichkeit zur Mitwirkung innerhalb des Medizinprodukte-Beobachtungs- und Meldesystems zu (vgl. § 6 MPSV). Damit die Behörden ihre Überwachungsverpflichtungen und Befugnisse im Einzelnen sachgerecht ausüben können, ist vom europäischen und nationalen Gesetzgeber ein Medizinprodukte-Beobachtungs- und -Meldesystem vorgesehen, das insbesondere die systematische Produktbeobachtung im Markt, die Meldung schwerwiegender Probleme und sonstiger relevanter Informationen bzw. die Durchführung von korrektiven Maßnahmen betrifft[116]. 12

Innerhalb dieses Systems ist die zuständige Bundesoberbehörde gemäß § 29 Abs. 3 MPG gehalten, mit anderen Behörden und Stellen, die mit Medizinprodukten befasst sind, ebenso wie mit Herstellern und auch Vertreibern zusammenzuarbeiten, um ihren Aufgaben nach § 29 Abs. 1 MPG, nämlich die zentrale Erfassung, Auswertung und Bewertung sämtlicher Nebenwirkungen, wechselseitiger Beeinflussungen mit anderen Stoffen oder Produkten, Gegenanzeigen, Verfälschungen, Funktionsfehlern, Fehlfunktionen und technischen Mängeln, zur Verhütung einer Gefährdung der Gesundheit oder der Sicherheit von Patienten, Anwendern oder Dritten, nachzukommen[117]. Hierzu ist in § 3 Abs. 3 der Verordnung über die Erfassung, Bewertung und Abwehr von Risiken bei Medizinprodukten (Medizinprodukte-Sicherheitsplanverordnung, MPSV) spiegelbildlich eine eigenständige Meldepflicht für den Vertreiber statuiert, wonach er verpflichtet ist, ihm mitgeteilte Vorkommnisse der zuständigen Bundesoberbehörde zu melden[118]. 13

Zudem sieht § 6 MPSV vor, dass die den Verantwortlichen nach § 5 MPG betreffenden Vorschriften der §§ 3 – 5 MPSV entsprechend gelten, soweit der in Deutschland ansässige Vertreiber im Auftrag des Verantwortlichen nach § 5 MPG Meldungen erstattet[119]. Somit gehen in diesem Fall die Meldepflichten entsprechend § 3 MPSV auf den Vertreiber über. Ebenso kann gemäß § 14 Abs. 5 MPSV der Vertreiber der Verantwortliche für korrektive Maßnahmen im Auftrag des Verantwortlichen nach § 5 MPG sein. Zudem verbleibt nach dem Produkthaftungsgesetz (§ 4 ProdHaftG) eine hilfsweise Haftung des Vertreibers, wenn ein anderer erstrangig verantwortlicher Hersteller (bzw. Lieferant oder Importeur) nicht festgestellt werden kann[120]. 14

---

[115] *Hill/Schmitt,* WiKo, § 3 MPG, Rn. 74; *Schorn,* § 3 MPG, Rn. 60 ff.; *Hill/Schmitt,* WiKo, § 5 MPG, Rn. 7.
[116] *Will* in Anhalt/Dieners, Handbuch des Medizinprodukterechts, § 11 Rn. 8.
[117] *Hill/Schmitt,* WiKo, § 29 MPG, Rn. 19.
[118] *Nöthlichs,* § 3 MPSV, Rn. 3.
[119] *Nöthlichs,* § 6 MPSV.
[120] *Heil* in Anhalt/Dieners, Handbuch des Medizinprodukterechts, § 22 Rn. 80 ff.; OLG Düsseldorf, MPR 2012, 50.

4. Dokumentationspflichten

15 a) **Allgemeines.** Unabhängig davon, ob ein Hersteller ein Medizinprodukt der Klasse I, II a, II b oder III in Verkehr bringt, muss er eine technische Dokumentation als Voraussetzung für die Konformitätserklärung erstellt haben, mit der die jeweils anwendbaren Grundlegenden Anforderungen gemäß Anhang I der Richtlinie 93/42/EWG erfüllt werden. Diese technische Dokumentation verbleibt beim Hersteller und ist zur Einsichtnahme der Behörde verfügbar zu halten[121]. Die Erstellung dieser technischen Dokumentation ist eine der grundlegendsten Pflichten, die einem Medizinproduktehersteller obliegt. Diese Unterlagen müssen für den Zeitraum der Lebensdauer des Produktes, jedoch mindestens fünf Jahre lang nach der Herstellung des letzten Produktes, zur Einsichtnahme durch die Überwachungsbehörden bereitgehalten werden.

16 Weitergehende Anforderungen an die Dokumentation für Produkte für besondere Zwecke finden sich in Anhang VIII der Richtlinie 93/42/EWG. Hierunter fallen Sonderanfertigungen und Produkte, die für klinische Prüfungen bestimmt sind. Diese Dokumentation unterliegt einer mindestens fünfjährigen Aufbewahrungsfrist.

17 b) **Medizinproduktebetreiberverordnung (MPBetreibV).** Für die Betreiber von allen aktiven nichtimplantierbaren Medizinprodukten (Anlage 1 Nr. 1 der MPBetreibV) bestehen spezielle Dokumentationspflichten, die in der Medizinproduktebetreiberverordnung (MPBetreibV) festgelegt sind. Nach § 8 MPBetreibV muss für diese Medizinprodukte ein Bestandsverzeichnis geführt werden. Diese Unterlagen sind stets zu aktualisieren bzw. neu anzulegen[122]. In das Bestandsverzeichnis sind die sogenannten Stammdaten des Medizinproduktes aufzunehmen, wie beispielsweise seine Bezeichnung, Art und Typ des Medizinproduktes, der Loscode oder die Seriennummer sowie das Anschaffungsjahr, Name und Firma und Anschrift des Verantwortlichen nach § 5 MPG, die Kennnummer der Benannten Stelle, die betriebliche Identifikationsnummer sowie die Fristen für sicherheitstechnische Kontrollen[123]. In begründeten Fällen ist es gemäß § 8 Abs. 3 MPBetreibV möglich, dass die zuständige Behörde den Betreiber von der Pflicht zur Führung eines Bestandsverzeichnisses befreien kann[124].

18 Zudem ist für alle in den Anlagen 1 und 2 der MPBetreibV aufgeführte, nicht implantierbare aktive Medizinprodukte mit besonderem Gefährdungspotential, die einer erhöhten sicherheitstechnischen Aufmerksamkeit bedürfen, bzw. medizinische Messgeräte, die früher der Eichordnung unterlagen, ein Medizinproduktebuch zu führen. Dieses ist eine das Bestandsverzeichnis gemäß § 8 MPBetreibV ergänzende Dokumentation, in der die sogenannten Bewegungsdaten aufzuführen sind[125]. In § 7 Abs. 2 Ziff. 1 – 7 MPBetreibV sind die Mindestangaben, die im Medizinproduktebuch zu dokumentieren sind, aufgelistet. Dies sind die Bezeichnung und sonstige Angaben zur Identifikation des Medizinproduktes, der Beleg über die Funktionsprüfung und Einweisung nach § 5 Abs. 1 MPBetreibV, der Name des Beauftragten, der Zeitpunkt und Name des Eingewiesenen, Fristen und Daten der Durchführung, sowie die Ergebnisse von vorgeschriebenen Kontrollen, etwaige Verträge mit anderen Personen oder Institutionen, sowie Daten, Art und Folgen von Funktionsstörungen oder Bedienungsfehlern und Meldungen von Vorkommnissen an Behörden und Hersteller. Die Einzelheiten der Meldepflichten von Vorkommnissen sind in der MPSV geregelt.

---

[121] *Hill/Schmitt*, WiKo, Medizinprodukterecht, § 25 MPG, Rn. 20.
[122] *Böckmann* in Anhalt/Dieners, Handbuch des Medizinprodukterechts, § 9 Rn. 138.
[123] *Nöthlichs*, § 8 MPBetreibV, Rn. 3 ff.
[124] *Böckmann* in Anhalt/Dieners, Handbuch des Medizinprodukterechts, § 9 Rn. 160 ff.
[125] *Böckmann* in Anhalt/Dieners, Handbuch des Medizinprodukterechts, § 9 Rn. 166.

5. Medizinprodukteberater

Zur Information der Fachkreise über die Medizinprodukte und zur vorgeschriebenen 19
Einweisung der Anwender benötigen Medizinprodukteunternehmen Medizinprodukteberater. Die Anforderungen an die Qualifikation für die Tätigkeit des Medizinprodukteberaters sind in § 31 MPG geregelt. Diese rein deutsche Vorschrift orientiert sich weitgehend an § 75 AMG für Pharmaberater.

Der Medizinprodukteberater informiert berufsmäßig Fachkreise in fachlicher Hinsicht 20
und weist diese in die sachgerechte Handhabung der Medizinprodukte ein. Ausüben darf diese Tätigkeit nur, wer die in § 31 MPG festgelegte erforderliche Sachkenntnis und Erfahrung besitzt[126]. Nach Abs. 2 besitzt diese Sachkenntnisse, wer eine Ausbildung in einem naturwissenschaftlichen, medizinischen oder technischen Beruf erfolgreich abgeschlossen hat und auf die jeweilgen Medizinprodukte bezogen geschult wurde oder aber jedenfalls eine mindestens einjährige Tätigkeit im Bereich der jeweiligen Medizinprodukte ausgeübt hat. Der Medizinprodukteberater muss auf Grund seiner Ausbildung in der Lage sein, die Fachkreise in die Handhabung der jeweiligen Medizinprodukte einzuweisen und erforderliche Informationen zu erteilen. Für den Medizinprodukteberater besteht eine Pflicht zur Fortbildung und sein Auftraggeber hat die Pflicht zur regelmäßigen Schulung des Beraters.

Gemäß § 31 Abs. 4 MPG hat der Medizinprodukteberater außerdem die Aufgabe, 21
sämtliche Mitteilungen der Fachkreise über Nebenwirkungen, wechselseitige Beeinflussungen, Fehlfunktionen, technische Mängel, Gegenanzeigen, Verfälschungen oder sonstige Risiken bei Medizinprodukten aufzuzeichnen und unverzüglich dem Verantwortlichen nach § 5 MPG oder dessen Sicherheitsbeauftragten gemäß § 30 MPG schriftlich zu übermitteln[127]. Ihm kommt somit eine maßgebliche Funktion im Medizinprodukte-Beobachtungs- und Meldesystem zu. In der Regel wird vom Medizinprodukteberater ein Formblatt für die schriftliche Meldung an den Verantwortlichen ausgefüllt, in dem sämtliche meldepflichtigen Details, wie Name des Herstellers des Medizinproduktes, Art der Vorkommnisse etc. aufgelistet sind[128].

Im Hinblick auf die wichtige Funktion im Überwachungs- und Meldesystem stellt das 22
Ausüben einer Tätigkeit als Medizinprodukteberater ohne die erforderliche Sachkenntnis und Erfahrung ebenso wie das Unterlassen von Nebenwirkungsmeldungen gemäß § 42 Abs. 2 Nr. 14 und 15 MPG eine Ordnungswidrigkeit dar, die entsprechend geahndet werden kann[129].

6. Sicherheitsbeauftragter für Medizinprodukte

Nach § 30 MPG benötigt jede Firma, die ihren Sitz in Deutschland hat und für die 23
erstmalige Inverkehrbringung von Medizinprodukten verantwortlich ist, einen Sicherheitsbeauftragten. Diesem obliegt die Risikobewertung der bekannt gewordenen Meldungen über Risiken der in Verkehr gebrachten Medizinprodukte. Wenn es sich dabei um Vorkommnisse im Sinne von § 2 Nr. 1 MPSV handelt, besteht für den Sicherheitsbeauftragten eine Meldepflicht gegenüber den zuständigen Behörden. Wegen der herausragenden Bedeutung dieser Aufgabe bestimmt § 30 Abs. 5 MPG ausdrücklich, dass der Sicherheitsbeauftragte wegen der Erfüllung der ihm übertragenen Aufgaben nicht benachteiligt werden darf[130].

---

[126] *Nöthlichs,* § 31 MPG, Rn. 5; *Hill/Schmitt,* WiKo, § 31 MPG Rn. 10; *Schorn,* § 31 MPG Rn. 5.
[127] *Hill/Schmitt,* WiKo, § 31 MPG, Rn. 14; *Rehmann/Wagner,* § 31 MPG Rn. 6 ff.; aA *Nöthlichs,* § 31 MPG Rn. 4.
[128] *Hill/Schmitt,* WiKo, Medizinprodukterecht, § 31 Rn. 14.
[129] *Hill/Schmitt,* WiKo, § 31 MPG, Rn. 15.
[130] *Schorn,* § 30 MPG, Rn. 9; *Hill/Schmitt,* WiKo, § 30 MPG Rn. 22.

24   Um seinen Aufgaben nachkommen zu können benötigt der Sicherheitsbeauftragte bestimmte Sachkenntnisse, die gegenüber der zuständigen Aufsichtsbehörde nachzuweisen sind. Der Nachweis kann gemäß § 30 Abs. 3 MPG entweder durch ein abgeschlossenes naturwissenschaftliches, medizinisches oder technisches Hochschulstudium oder eine andere Ausbildung, die zur Durchführung der Aufgaben des Medizinprodukteberaters befähigt, geführt werden. Welche Ausbildung dieses Kriterium erfüllt, kann nur im Einzelfall unter Berücksichtigung der von der jeweiligen Firma in Verkehr gebrachten Medizinprodukte beantwortet werden. Zusätzlich muss der Sicherheitsbeauftragte über eine mindestens zweijährige Berufserfahrung im Medizinproduktebereich verfügen[131].

7. Kennzeichnungspflichten

25   **a) Allgemeines.** Die Kennzeichnung von Medizinprodukten ist einer der Bereiche des Medizinprodukterechts, der am weitestgehenden harmonisiert ist, so dass Medizinprodukte überall in Europa einheitlich gekennzeichnet sind[132]. Im Hinblick auf die Sprachenproblematik der zahlreichen Mitgliedstaaten der Europäischen Union wurde dies durch die Einführung von einheitlichen Symbolen gewährleistet. Diese sind für Medizinprodukte insbesondere in den technischen Normen DIN EN 1041 und DIN EN 980 geregelt. Vor allem die Norm DIN EN 980 wurde für alle Medizinprodukte erstellt, wenngleich sie auch festhält, dass nicht alle enthaltenen Symbole für alle Arten von Medizinprodukten geeignet sind[133]. Das Symbol der „Eieruhr" wird einheitlich im europäischen Raum als Symbol für „verwendbar bis" verwendet. Die Chargenbezeichnung wird mit der Buchstabenkombination „LOT" gekennzeichnet. Für das Herstellungsdatum wird das Fabriksymbol mit einer Zahlenangabe verwendet und für die Information, dass ein Medizinprodukt nicht zur Wiederverwendung geeignet ist, wurde die durchgestrichene Zwei gewählt[134].

26   Geregelt ist die Kennzeichnung im nationalen Recht durch eine direkte Verweisung auf die entsprechenden Regelungen in den drei Medizinprodukterichtlinien. Demzufolge gibt es keine nationalen Abweichungen durch die Umsetzung ins nationale Recht[135].

27   Dementsprechend ergibt sich die Kennzeichnung über § 7 MPG, der auf die Grundlegenden Anforderungen für Medizinprodukte der Anhänge 1 bzw. I der jeweiligen Richtlinien verweist. § 7 MPG iVm Richtlinie 93/42/EWG, Anhang I, Ziff. 13 regelt die Grundlegenden Anforderungen an die Kennzeichnung von Medizinprodukten unter der Überschrift „Bereitstellung von Informationen durch den Hersteller". Dort finden sich zum einen allgemeine Verpflichtungen dahingehend, dass jedem Produkt Informationen beizugeben sind, die unter Berücksichtigung des Ausbildungs- und Kenntnisstandes des vorgesehenen Anwenderkreises die sichere Anwendung des Produkts und die Ermittlung des Herstellers möglich machen. Diese Informationen, welche aus Angaben auf der Kennzeichnung und solchen in der Gebrauchsanweisung bestehen, gewähren dem Hersteller einen gewissen Spielraum.

28   Zudem sind dort verpflichtende Informationen festgelegt, die zwingend, teilweise alternativ, teilweise kumulativ, in der Kennzeichnung auf dem Produkt, der Verpackung und/oder in der Gebrauchsanweisung enthalten sein müssen.

29   Weiterhin sind dort Informationen aufgeführt, die „gegebenenfalls" bereitgestellt werden müssen. Ferner ist geregelt, dass jedem Produkt in seiner Verpackung eine Gebrauchs-

---

[131] *Lücker* in Spickhoff, § 30 MPG Rn. 5; *Hill/Schmitt*, WiKo, § 31 MPG Rn. 10.
[132] *Christmann* in Anhalt/Dieners, Handbuch des Medizinprodukterechts, § 7 Rn. 1–4 und Rn. 94.
[133] *Christmann* in Anhalt/Dieners, Handbuch des Medizinprodukterechts, § 7 Rn. 82 sowie 73 ff.
[134] *Christmann* in Anhalt/Dieners, Handbuch des Medizinprodukterechts, § 7 Rn. 83 ff.; *Hill/Schmitt*, WiKo, § 11 MPG Rn. 8.
[135] *Christmann* in Anhalt/Dieners, Handbuch des Medizinprodukterechts, § 7 Rn. 11.

anweisung beigegeben sein muss. Diese ist lediglich für Produkte der Klasse I und der Klasse II a dann entbehrlich, wenn die vollständig sichere Anwendung des Produktes auch ohne Gebrauchsanweisung gewährleistet ist[136].

Durch § 11 Abs. 2 MPG ist sichergestellt, dass die für den Anwender wesentlichen Informationen in deutscher Sprache anzugeben sind[137]. Dementsprechend bedarf ein in Deutschland in den Verkehr gebrachtes Medizinprodukt sowohl einer deutschen Kennzeichnung als auch einer deutschen Gebrauchsanweisung. 30

b) CE-Kennzeichnung. Die Anbringung und die Art und Weise der CE-Kennzeichnung, ohne die Medizinprodukte nicht in Verkehr gebracht werden dürfen, ist in § 9 MPG und durch Verweisung auf die drei europäischen Richtlinien geregelt. In den drei europäischen Medizinprodukterichtlinien ist jeweils im letzten Anhang die exakte grafische Darstellung der CE-Kennzeichnung festgelegt. Nach § 9 Abs. 1 MPG dürfen keine Zeichen oder Aufschriften verwendet werden, die geeignet sind, Dritte bezüglich der Bedeutung oder der grafischen Gestaltung der CE-Kennzeichnung in die Irre zu führen[138]. Zudem dürfen sonstige Zeichen nur angebracht werden, sofern sie die Sichtbarkeit und Lesbarkeit der CE-Kennzeichnung nicht beeinträchtigen. Ferner ist in § 9 Abs. 2 MPG geregelt, dass die CE-Kennzeichnung verpflichtend von der Person angebracht werden muss, die in den Vorschriften zu den Konformitätsbewertungsverfahren gemäß der hierzu erlassenen Rechtsverordnung nach § 37 Abs. 1 MPG dazu bestimmt ist. Dies ist in der Regel der Hersteller gemäß § 3 Abs. 1 S. 1 MPV oder sein Bevollmächtigter gemäß § 3 Abs. 1 S. 2 MPV[139]. 31

§ 9 Abs. 3 MPG bestimmt, dass die CE-Kennzeichnung deutlich sichtbar, gut lesbar und dauerhaft auf dem Medizinprodukt bzw. der Handelspackung sowie auf der Gebrauchsanweisung angebracht wird und zudem die Kennnummer der Benannten Stelle hinzugefügt werden muss, die an der Durchführung des Konformitätsbewertungsverfahrens beteiligt war. Auf der Homepage des DIMDI sind die Benannten Stellen, sortiert nach Kennnummer, einzusehen[140]. 32

Wer ein Medizinprodukt entgegen § 6 Abs. 1 S. 1 MPG ohne CE-Kennzeichnung in Verkehr bringt, begeht gemäß § 41 Nr. 2 MPG eine Straftat. Das gleiche gilt gemäß § 41 Nr. 3 MPG, wenn eine CE-Kennzeichnung entgegen § 6 Abs. 2 S. 1 MPG fälschlicherweise angegeben wird, dh ein CE-Zeichen wird angebracht, obgleich das Medizinprodukt nicht die Grundlegenden Anforderungen erfüllt und das Konformitätsbewertungsverfahren nicht entsprechend der gesetzlichen Anforderungen durchgeführt wurde. 33

Das nicht richtige oder nicht in der vorgeschriebenen Weise Anbringen der CE-Kennzeichnung wird als Ordnungswidrigkeit gemäß § 42 Abs. 2 Nr. 2 MPG geahndet. Wer ein Medizinprodukt ohne CE-Kennzeichnung in den Verkehr bringt oder fälschlicherweise eine CE-Kennzeichnung anbringt, begeht eine Straftat gemäß § 41 Nr. 1 bzw. Nr. 2 MPG[141]. 34

8. Bewerbung

a) Allgemeines. Auch für Medizinprodukte ist der Anwendungsbereich des Heilmittelwerbegesetzes (HWG) gemäß § 1 Abs. 1 Nr. 1a HWG eröffnet und findet Anwendung, 35

---

[136] siehe detaillierter *Christmann* in Anhalt/Dieners, Handbuch des Medizinprodukterechts, § 7 Rn. 10 ff.
[137] *Hill/Schmitt*, WiKo, § 11 MPG, Rn. 4; *Schorn*, § 11 MPG Rn. 6.
[138] *Schorn*, § 9 MPG Rn. 11; *Hill/Schmitt*, WiKo, § 9 MPG Rn. 7.
[139] *Hill/Schmitt*, WiKo, Medizinprodukterecht, § 9 Rn. 1.
[140] www.dimdi.de/static/de/mpg/adress/benannte-stellen/bs-kennnr.htm
[141] *Hill/Schmitt*, § 9 MPG.

soweit die einzelnen Paragraphen des HWG Medizinprodukte ausdrücklich nennen, wie in § 3 HWG, bzw. eine entsprechende Anwendung geregelt ist, wie durch § 11 Abs. 1 Satz 2 HWG oder wenn Regelungen ganz allgemein gehalten sind, wie beispielsweise zum Teil in § 7 HWG[142].

36   b) § 3 HWG. Nach § 3 HWG ist es vor allem unzulässig, irreführende Werbung für Medizinprodukte zu betreiben. Dies ist insbesondere dann der Fall, wenn Medizinprodukten eine therapeutische Wirksamkeit oder Wirkung beigelegt wird, die sie nicht haben, wenn fälschlich der Eindruck erweckt wird, dass ein Erfolg mit Sicherheit erwartet werden kann oder bei bestimmungsgemäßem oder längerem Gebrauch keine schädlichen Wirkungen eintreten bzw. die Werbung nicht zu Zwecken des Wettbewerbs veranstaltet wird, sowie wenn unwahre oder zur Täuschung geeignete Angaben über Medizinprodukte gemacht werden.

37   aa) Beleg der Wirkaussagen. Nach der Rechtsprechung des Landgerichts Hamburg[143] sind auf Aussagen über die Wirkung eines Medizinproduktes ebenso wie für Arzneimittel die strengen Voraussetzungen der gesundheitsbezogenen Werbung anzuwenden und werbende Anpreisungen auf diesem Gebiet grundsätzlich nur dann zulässig, wenn sie gesicherter wissenschaftlicher Erkenntnis entsprechen, was nach Auffassung des Landgerichts Hamburg erfordert, dass als Beleg der Aussagen klinische Studien nach Goldstandard vorhanden sein müssen. Studien, die die Wirksamkeit eines Medizinproduktes belegen sollen, bedürften danach grundsätzlich einer nach allgemein anerkannten wissenschaftlichen Grundsätzen erstellten, gegebenenfalls in der Fachliteratur veröffentlichten, randomisierten und placebokontrollierten Doppelblindstudie. Zudem ist das Landgericht Hamburg aktuell der Auffassung, dass auch Studien, die mit vergleichbaren Medizinprodukten durchgeführt wurden, als Beleg nicht geeignet sind, wenn diese Äquivalenz nicht wiederum durch entsprechende Studien belegt ist. Als Begründung hierfür wird angeführt, dass § 3 Nr. 25 lit b) und lit. c) MPG, die erlauben, dass klinische Daten auch aus Studien oder Berichten über sonstige klinische Erfahrungen über ein ähnliches Produkt stammen können, den Nachweis der Gleichartigkeit verlange[144]. Der Nachweis der Gleichartigkeit muss nach Auffassung des Landgerichts Hamburg allerdings wiederum durch klinische Studien, die den Goldstandard erfüllen, erbracht werden[145]. Anderenfalls seien die Aussagen über das Medizinprodukt irreführend. Diese Forderung erscheint überzogen und widerspricht jedenfalls den Vorgaben der einschlägigen MEDDEV's.

38   In § 19 Abs. 1 MPG ist ausdrücklich geregelt, dass die Eignung von Medizinprodukten für den vorgesehenen Verwendungszweck durch eine klinische Bewertung anhand von klinischen Daten nach § 3 Nr. 25 MPG zu belegen ist, soweit nicht in begründeten Ausnahmefällen andere Daten ausreichend sind.

39   Es ist bei Medizinprodukten vom Gesetzgeber somit ausdrücklich vorgesehen, dass Studien mit einem ähnlichen Produkt vollumfänglich genügen, wenn dessen Gleichartigkeit nachgewiesen werden kann, was auch in anderer Form als durch Studien erfolgen kann.

40   Diese Regelung entspricht der europäischen Regelung der RL 93/42/EWG in Anhang X Ziffer 1, die Allgemeine Bestimmungen zur klinischen Bewertung enthält. Auch hier ist ausdrücklich vom europäischen Gesetzgeber vorgesehen, dass klinische Daten nicht mit dem betroffenen Medizinprodukt erhoben werden müssen, sondern klinische Daten mit gleichartigen Produkten übertragbar sind. Gleiches ergibt sich aus den die Richtlinie interpretierenden Leitlinien der Europäischen Kommission, den Guidelines on

---

[142] LG Hamburg MPR 2012, 63.
[143] Landgericht Hamburg Urt. v. 21.4.2009, Az. 312 O 136/09; Landgericht Hamburg Urt. v. 15.11.2012, Az. 327 O 389/12 und Landgericht Hamburg Urt. v. 15.11.2012, Az. 327 O 351/12.
[144] Landgericht Hamburg Urt. v. 15.11.2012, Az. 327 O 351/12.
[145] Landgericht Hamburg Urt. v. 15.11.2012, Az. 327 O 351/12.

Medical Devices, hier MEDDEV 2.7.1 rev. 3 Guidelines on Medical Devices: „Clinical Evaluation: A Guide for Manufacturers and Notified Bodies" und MEDDEV 2.7/4 Guidelines on Clinical Investigation: „A Guide for Manufacturers and Notified Bodies."

bb) **Zweckbestimmung des Medizinproduktes.** Bei der Wiedergabe der Zweckbestimmung des Medizinproduktes in der Werbung oder der Gebrauchsanweisung hat der Umstand, dass diese von der Benannten Stelle im Konformitätsbewertungsverfahren geprüft wurde, nach Auffassung des Landgerichts Hamburg keine Legitimationswirkung, da die Zweckbestimmung vom Hersteller der Benannten Stelle vorgegeben werde. Sie sei somit nicht das Ergebnis einer selbständigen Prüfung durch die Benannte Stelle und sei daher auch nicht zur Legalisierung der betroffenen Angaben in der Werbung geeignet – dies erfolge alleine durch einen wissenschaftlichen Nachweis[146]. Diese Auffassung wird jedoch der Aufgabe und Tätigkeit der Benannten Stelle nicht gerecht. Diese unbefriedigende Situation könnte aufgelöst werden, wenn der Benannten Stelle der Status eines Beliehenen zukäme (sh. § 5 Rn. 125). 41

c) **§ 11 Abs. 1 Satz 2 HWG.** Nach § 11 Abs. 1 Satz 2 HWG darf für Medizinprodukte außerhalb der Fachkreise nicht geworben werden mit Werbeaussagen, die nahelegen, dass die Gesundheit durch die Nichtverwendung des Medizinprodukts beeinträchtigt bzw. durch die Verwendung verbessert werden könnte (§ 11 Abs. 1 Nr. 7 HWG), durch Werbevorträge, mit denen ein Feilbieten oder eine Entgegennahme von Anschriften verbunden ist (§ 11 Abs. 1 Nr. 8 HWG), sowie mit Veröffentlichungen, deren Werbezweck missverständlich oder nicht deutlich erkennbar ist (§ 11 Abs. 1 Nr. 9 HWG). Ferner ist eine Werbung mit Äußerungen Dritter unzulässig, insbesondere mit Dank-, Anerkennungs- oder Empfehlungsschreiben, oder mit Hinweisen auf solche Äußerungen, sofern diese in missbräuchlicher, abstoßender oder irreführender Weise erfolgen (§ 11 Abs. 1 Nr. 11 HWG), sowie Werbemaßnahmen, die sich ausschließlich oder überwiegend an Kinder unter 14 Jahren richten (§ 11 Abs. 1 Nr. 12 HWG)[147]. 42

d) **Abgabe von Mustern.** Die Musterabgabe von Medizinprodukten stellt auch eine Art der Werbung dar. Anders als bei den Arzneimitteln (§ 47 AMG) ist die Musterabgabe von Medizinprodukten weder im MPG noch in den Medizinprodukterichtlinien geregelt. Auch im HWG findet sich weder in § 7 noch in § 11 Abs. 1 Satz 1 Nr. 14 und Nr. 15 HWG eine Regelung zu den Medizinprodukten. § 11 Abs. 1 Satz 1 Nr. 14 HWG bestimmt, dass eine Abgabe von Arzneimittelmustern außerhalb der Fachkreise unzulässig ist und in § 11 Abs. 1 Satz 1 Nr. 15 HWG findet sich eine entsprechende Regelung für andere Mittel oder Gegenstände, worunter die in § 1 Abs. 1 Nr. 2 HWG aufgeführten Mittel und Gegenstände fallen, nicht jedoch die in § 1 Abs. 1 Nr. 1a HWG genannten Medizinprodukte. Der Gesetzgeber hat seinerzeit bewusst davon abgesehen, die Abgabe von Medizinproduktemustern zu regeln. Daher erscheint eine analoge Anwendung des § 7 Abs. 1 Satz 3 HWG angebracht, da eine grundsätzliche Vergleichbarkeit mit der Abgabe von Arzneimittelmustern gegeben ist[148]. Es ist auch kein Grund ersichtlich, warum eine Abgabe von Medizinproduktemustern an Laien zulässig ist, an die Fachkreise jedoch unzulässig sein sollte. 43

---

[146] Landgericht Hamburg Urt. v. 15.11.2012, Az. 327 O 351/12.
[147] *Reese,* MPR 2012, 165.
[148] vgl. *Dieners* in Hill/Schmitt, WiKo, Medizinprodukterecht, § 7 HWG Rn. 11 und *v. Czettritz* in Gassner, Werbung für Medizinprodukte, Augsburger Schriften zum Arzneimittel- und Medizinprodukterecht 2012, S. 15 (17).

II. Überwachung von Medizinprodukten

1. Allgemeines

44 Nach ihrer Markteinführung werden Medizinprodukte durch die örtlich zuständigen Landesbehörden überwacht. Zur Gewährleistung eines hohen Niveaus in Bezug auf den Schutz öffentlicher Interessen und zur Gewährleistung des freien Warenverkehrs hat das Parlament und der Rat am 9.7.2008 die Verordnung (EG) Nr. 765/2008 über die Vorschriften für die Akkreditierung und Marktüberwachung im Zusammenhang mit der Vermarktung von Produkten erlassen. Mit ihr soll die Organisation und Durchführung der Benennung von Konformitätsbewertungsstellen sowie der Rahmen für die Marktüberwachung von Produkten und die allgemeinen Grundsätze zur CE-Kennzeichnung festgelegt werden. Bereits diese Verordnung hat deutlich gemacht, welche zentrale Bedeutung einer funktionierenden Marktüberwachung bei der Umsetzung der neuen Konzeption nach der Entschließung des Rates vom 7.5.1985 zukommt[149]. Art. 16 dieser Verordnung regelt die allgemeinen Anforderungen an die Marktüberwachung, welche die Mitgliedsstaaten gemäß Absatz 1 selbst organisieren und durchführen. In den Art. 16–26 der Verordnung sind diese Anforderungen in abstrakter Form näher dargelegt – wie beispielsweise das Schaffen geeigneter Mechanismen für die Kommunikation und die Koordination zwischen den einzelnen Marktüberwachungsbehörden, Informationspflichten und Marktüberwachungsmaßnahmen in Form von stichprobenartiger Kontrolle auf geeignete Art und Weise in angemessenem Umfang.

45 Entsprechend dem in Deutschland herrschenden Föderalismus sind die einzelnen Länder für die Marktüberwachung zuständig. Im Rahmen des Brust-Implantat-Skandals sind vermeintliche Defizite in der Marktüberwachung in den Europäischen Mitgliedsstaaten zu Tage getreten, denen die Bundesregierung mit der allgemeinen Verwaltungsvorschrift zur Durchführung des Medizinproduktegesetzes (Medizinprodukte-Durchführungsvorschrift – MPGVwV) vom 18.5.2012 Rechnung getragen hat, vor allem durch die Sicherstellung einer bundeseinheitlichen, qualitätsgesicherten Überwachung durch Koordinierung der Marktüberwachung der einzelnen Länder, insbesondere durch die ZLG als gemeinsame zentrale Koordinierungsstelle. Außer verstärkten routinemäßigen Kontrollen und Laborprüfungen sollen bei Verdachts- oder Gefährdungsfällen anlassbezogene Überprüfungen stattfinden. Neu ist auch, dass die zuständigen Länderbehörden gemäß § 26 Abs. 2 S. 1 MPG in der Fassung vom 19.10.2012 die Einhaltung des HWG bei der Werbung für Medizinprodukte überwachen sollen.

2. Zuständige Behörden

46 **a) National.** Im 5. Abschnitt des MPG sind die Überwachung und der Schutz vor Risiken geregelt. § 25 MPG regelt allgemeine Anzeigepflichten und § 26 MPG die Durchführung der Überwachung. Beide Vorschriften dienen mittelbar der Umsetzung der jeweiligen Art. 2 zur Inverkehrbringung und Inbetriebnahme von Medizinprodukten der Richtlinien 90/385/EWG, 93/42/EWG und 98/79/EG. In Anlehnung an das Arzneimittelrecht deckt sich der Wortlaut des § 26 MPG teilweise mit dem des § 64 AMG, der die Durchführung der Überwachung für Arzneimittel regelt. Die Aufgabe der Überwachung von Medizinprodukten nach ihrem Inverkehrbringen obliegt gemäß § 26 Abs. 1 Satz 1 MPG den Bundesländern als eigene Angelegenheit nach Art. 83 GG. Die zuständigen Landesbehörden sind dieselben, die für die Entgegennahme der Anzeigen nach § 25 MPG

---

[149] Bundesratdrucksache 863/11 vom 21.12.2011 zur „allgemeine Verwaltungsvorschrift zur Durchführung des Medizinproduktegesetzes (Medizinprodukte-Durchführungsvorschrift – MPGVwV)", A „Problem und Ziel".

sachlich zuständig sind[150]. Entsprechend den Regelungen in den einzelnen Bundesländern sind die sachlichen und örtlichen Zuständigkeiten verteilt. Eine Übersicht über alle in Deutschland für den Bereich der Medizinprodukte zuständigen Behörden, bei denen es sich meist um die Bezirksregierung bzw. Regierungspräsidien handelt, findet sich auf der Website des DIMDI[151].

Durch die am 1. Januar 2013 in Kraft getretene allgemeine Verwaltungsvorschrift zur Durchführung des Medizinproduktegesetzes (MPGVwV) soll eine bundeseinheitliche und qualitätsgesicherte Überwachung durch die Länder mit konkreteren Vorgaben sichergestellt werden. Die in § 4 MPGVwV vorgesehene zentrale Koordinierungsstelle ist die Zentralstelle der Länder für Gesundheitsschutz bei Arzneimitteln und Medizinprodukten (ZLG), die bisher schon für die Benennung und Überwachung der Benannten Stellen zuständig war. 47

b) Europäisch. Die jeweils in den einzelnen Mitgliedsstaaten der Europäischen Union zuständigen Behörden werden in Form einer Liste mit Adress- und Kontaktdaten sowie einem direkten Link zur entsprechenden Homepage durch die Generaldirektion Enterprise bei der Europäischen Kommission zur Verfügung gestellt[152]. In Deutschland sind dies das Bundesministerium für Gesundheit (BMG), die Zentralstelle der Länder für Gesundheitsschutz bei Arzneimitteln und Medizinprodukten (ZLG), das Bundesinstitut für Arzneimittel und Medizinprodukte (BfArM) sowie das Paul-Ehrlich-Institut (PEI) für In-Vitro-Diagnostika. 48

3. Befugnisse

a) Allgemeines. Die zuständigen Behörden haben die Aufgabe, Betriebe und Einrichtungen, die Medizinprodukte herstellen, prüfen, betreiben oder in Verkehr bringen, zu überwachen und sicherzustellen, dass weder Patienten noch Anwendern oder Dritten durch die Medizinprodukte eine Gesundheitsgefahr droht. Dieser allgemeine Überwachungsauftrag ist in § 26 Abs. 1 MPG verankert, wobei weitergehende konkrete Maßnahmen zum Schutz der Gesundheit und der Sicherheit von Patienten, Anwendern und Dritten in Absatz 2 und die hierzu gegebenen Befugnisse der Überwachungsbehörden in Absatz 3 statuiert sind[153]. § 27 MPG regelt die Verfahren bei unrechtmäßiger und unzulässiger Anbringung der CE-Kennzeichnungen, wobei als erstes versucht werden soll, die Voraussetzungen für ein rechtmäßiges Anbringen nachzuholen[154]. § 28 MPG regelt die Verfahren zum Schutze vor Risiken, um den Behörden zu ermöglichen, Medizinprodukte, die eine Gefahr für die Gesundheit oder das Leben von Patienten, Anwendern oder Dritten darstellen, vom Markt zu nehmen[155]. 49

Gemäß § 26 Abs. 2 Satz 2 MPG prüfen die zuständigen Landesbehörden in angemessenem Umfang, unter besonderer Berücksichtigung möglicher Risiken, ob die Betriebe und die sich auf dem Markt befindlichen Medizinprodukte den gesetzlichen Anforderungen entsprechen. Hierzu gibt es grundsätzlich die systematische Regelüberwachung, aber ebenso Stichprobenprüfungen bestimmter Betriebe und Produktfamilien[156]. 50

---

[150] *Hill/Schmitt*, WiKo, Medizinprodukterecht, § 26 MPG, Rn. 1 und 2.
[151] http://www.dimdi.de/static/de/mpg/adress/behoerden/index.htm; *Hill/Schmitt*, WiKo, Medizinprodukterecht, § 25 Rn. 18 ff.
[152] „List of contact points within the national competent authorities" – ec.europa.eu/health/medical-devices/links/contact_points_en.htm.
[153] *Schorn*, § 26 MPG, Rn. 6; *Hill/Schmitt*, WiKo, § 26 Rn. 11.
[154] *Hill/Schmitt*, § 27 MPG, Rn. 2.
[155] *Anhalt/Dieners*, Handbuch des Medizinprodukterechts, § 10 Rz. 78 ff.; *Hill/Schmitt*, WiKo, Medizinprodukterecht, § 28 Rn. 7 ff.; *Schorn*, § 28 MPG, Rn. 6 ff.
[156] *Hill/Schmitt*, WiKo, Medizinprodukterecht, § 26 MPG, Rn. 5 ff.; *Attenberger* in Anhalt/Dieners, § 10 Rn. 82 ff.

51 **b) Verwaltungsvorschrift zur Durchführung des Medizinproduktegesetzes (MPGVwV).** Mit der zum 1.1.2013 in Kraft getretenen allgemeinen Verwaltungsvorschrift zur Durchführung des Medizinproduktegesetzes (MPGVwV) vom 18.5.2012 wurden zentrale Befugnisse konkretisiert und vor allen Dingen bundesweit koordiniert. So ist gemäß § 3 MPGVwV festgelegt, dass die zuständigen obersten Landesbehörden ein gemeinsames Rahmenüberwachungsprogramm festlegen, um die Marktüberwachung entsprechend dem Kapitel III der VO (EG) 765/2008 zu gewährleisten. § 4 MPGVwV bestimmt die Festlegung einer zentralen Koordinierungsstelle und ein Verfahren zum effektiven Informationsaustausch innerhalb der Europäischen Kommission.

52 Die bereits bisher bestehenden Befugnisse der Behörden werden konkret ausgeführt. So regelt § 5 MPGVwV in vier Absätzen die Durchführung von Inspektionen und hält fest, dass diese sowohl angekündigt, als auch unangekündigt, durchgeführt werden können. Im Einzelnen wird zwischen routinemäßigen Inspektionen und anlassbezogenen Inspektionen unterschieden.

53 § 6 MPGVwV regelt die Entnahme von Proben, § 7 MPGVwV die Überprüfungen von Medizinprodukten und unterscheidet auch hier wieder routinemäßige und anlassbezogene Überprüfungen. § 8 MPGVwV gibt den Obersten Landesbehörden eine Ermächtigungsgrundlage zur Festlegung des Verfahrens bei festgestellten Mängeln. In § 11 MPGVwV ist die Zusammenarbeit der zuständigen Behörden festgehalten. Insbesondere ist eine unverzügliche Unterrichtung und Unterstützung sämtlicher zuständigen Behörden des Bundes und der Länder vorgesehen, ebenso wie eine Zusammenarbeit mit den für die Kontrolle der Außengrenze zuständigen Behörden, um einen effektiven Vollzug hinsichtlich festgestellter Mängel zu gewährleisten. Neuartig ist, dass § 12 MPGVwV Vorgaben für die Sachkenntnis der Überwachungsbeamten macht.

54 Je nach Schwere der festgestellten Mängel und gesundheitlichen Risiken kann die Behörde auf die Ermächtigungen zum Einschreiten nach § 27 MPG und/oder § 28 MPG zurückgreifen. Die Möglichkeiten bei unrechtmäßiger oder unzulässiger Anbringung der CE-Kennzeichnung sind in § 27 MPG geregelt und ermöglichen der Behörde im Rahmen des Verhältnismäßigkeitsgrundsatzes die Maßnahmen zu ergreifen, die zur ordnungsgemäßen Erfüllung der gesetzlichen Voraussetzungen für das ordnungsgemäße Anbringen des CE-Kennzeichens erforderlich sind. Dies umfasst auch Maßnahmen wie beispielsweise die Einschränkung des Inverkehrbringens eines Medizinproduktes, die Erteilung von Auflagen, die Untersagung des Inverkehrbringens und die Veranlassung der Marktrücknahme[157].

55 Die weitestgehende Kompetenz vermittelt § 28 MPG „Verfahren zum Schutze vor Risiken". Gemäß § 28 Abs. 1 MPG kann die Behörde alle erforderlichen Maßnahmen entsprechend ihres Ermessens anordnen und zwar ohne dass eine konkrete Gefährdung vorliegt[158]. Hier ist der Behörde eine Eingriffsermächtigung zur Gefahrenabwehr mit konkret benannten Maßnahmen in Absatz 2 an die Hand gegeben[159]. Umfasst ist die Schließung von Betrieben und Einrichtungen, die Untersagung des Inverkehrbringens, der Inbetriebnahme, des Betreibens und/oder der Anwendung von bestimmten Medizinprodukten sowie der Rückruf oder die Sicherstellung bzw. in Bezug auf klinische Prüfungen oder Leistungsbewertungsprüfungen die Untersagung derselben sowie Beschränkungen oder Auflagen hinsichtlich der Durchführung[160].

56 Ob es in ferner Zukunft ein einheitliches europäisches Überwachungssystem geben wird[161] bleibt abzuwarten. Bislang verbleibt es bei der nationalen Zuständigkeit der einzelnen Mitgliedsstaaten.

---

[157] *Hill/Schmitt*, WiKo, Medizinprodukterecht, § 27 MPG, Rn. 5.
[158] *Hill/Schmitt*, WiKo, Medizinprodukterecht, § 28 Rn. 1.
[159] *Nöthlichs*, § 28 MPG, Rn. 1.3.
[160] *Hill/Schmitt*, WiKo, Medizinprodukterecht, § 28 Rn. 8.
[161] *Anhalt/Dieners*, Handbuch des Medizinprodukterechts, § 10 Rn. 111.

III. Rechtsschutz

1. Allgemeines

Die Maßnahmen der Behörden im Bereich der Überwachung von Medizinprodukten 57
sind allesamt dem öffentlichen Recht zuzuordnen, bei dem die Beteiligten in einem Über- und Unterordnungsverhältnis zueinander stehen. Die Maßnahmen, die die Behörden in diesem Bereich ergreifen, sind in der Regel Verwaltungsakte, die wichtigste Handlungsform des Staates gegenüber dem Bürger durch seine Verwaltung. Die klassische Rechtschutzmöglichkeit gegen Verwaltungsakte ist in der Regel die Durchführung eines Vorverfahrens gemäß § 68 VwGO, somit die Erhebung eines Widerspruches binnen einer Frist von einem Monat nach Zugang des Bescheides[162]. Dieses Vorverfahren stellt in der Regel eine zwingende Prozessvoraussetzung bei Anfechtungs- oder Verpflichtungsklagen dar, die die zulässige Klageart bei Verwaltungsakten sind.

2. Rechtsweg

Anfechtungs- oder Verpflichtungsklagen sind vor den zuständigen Verwaltungsgerich- 58
ten zu erheben[163]. Gegen Verwaltungsakte der zuständigen Aufsichtsbehörden ist somit der Rechtsweg zu den für die Behörden zuständigen Verwaltungsgerichten gegeben.

Hingegen sind Rechtsstreitigkeiten mit der Benannten Stelle dem Zivilrecht zugeordnet, 59
weil nach herrschender Meinung die Benannte Stelle aufgrund eines zivilrechtlichen Vertrages mit dem Hersteller tätig wird und nicht als Beliehener hoheitliche Aufgaben wahrnimmt. Dementsprechend ist daher der Rechtschutz gegen Tätigkeiten der Benannten Stelle, wie beispielsweise der Widerruf des CE-Zeichens, auf dem Zivilrechtsweg gegeben, was allerdings nach der hier vertretenen Auffassung wenig zufriedenstellend und durchaus diskussionswürdig ist[164].

Konsequenz der herrschenden Meinung ist beispielsweise im Falle eines Widerrufs des 60
CE-Kennzeichens, dass diese Maßnahme aufgrund der Zugrundelegung einer zivilrechtlichen Rechtsbeziehung zwischen Medizinproduktehersteller und Benannter Stelle, somit ohne weiteres mit Zugang an den Medizinproduktehersteller wirksam ist. Dieser muss daher, wenn er während des Rechtsstreits mit der Benannten Stelle das betroffene Medizinprodukt weiter in den Verkehr bringen will, versuchen, bei dem zuständigen Zivilgericht den Widerruf des CE-Kennzeichens mit Hilfe einer einstweiligen Verfügung außer Kraft zu setzen. Die Erfolgsaussichten hierfür dürften allerdings in Anbetracht der für Zivilgerichte nicht alltäglichen Rechtsmaterie nicht besonders groß sein[165].

---

[162] *Nöthlichs,* § 28 MPG, Rn. 1.4.7.
[163] *v. Czettritz* in Anhalt/Dieners, Handbuch des Medizinprodukterechts, § 15 Rn. 8 ff.
[164] siehe ausführlich: *v. Czettritz* in Anhalt/Dieners, Handbuch des Medizinprodukterechts, § 15 Rn. 19 ff.; *Hill/Schmitt,* § 3 MPG, Rn. 90; *Schorn,* § 3 MPG, Rn. 76; *Rehmann/Wagner,* Einführung, Rn. 28; Lücker in *Spickhoff,* § 3 MPG, Rn. 24; *Nöthlichs,* § 18 MPG, Rn. 1.3; *Scheel* DVBl, 1999, 442; *v. Czettritz,* PharmR 2000, 321.
[165] *v. Czettritz* in Anhalt/Dieners, Handbuch des Medizinprodukterechts, § 15 Rn. 18 ff.

4. Teil. Die Bewerbung von Arzneimitteln und Medizinprodukten[1]

§ 7 Grundlagen und Strukturen

Schrifttum: *Bülow/Ring/Artz/Brixius*, Heilmittelwerbegesetz, 4. Auflage 2012; *Dieners/Reese*, Handbuch des Pharmarechts 2010; *von Czettritz*, Werbegrenzen der Pharmaindustrie, WRP 1993, 461; *von Czettritz*, FSA-Kodex: Verstoß gegen Verbandsregeln, Anmerkung zu BGH Urteil vom 9.9.2010, Az.: I ZR 157/08, PharmR 2011, 139; *Doepner*, Heilmittelwerbegesetz, 2. Auflage 2000; *Doepner-Thiele*, Reform des Heilmittelrechts: Ein Überblick, GRUR-Prax 2012, 293; *Erbs/Kohlhaas*, Strafrechtliche Nebengesetze 195. Auflage, 2013; *Fuhrmann/Klein/Fleischfresser*, Arzneimittelrecht, Handbuch für die pharmazeutische Rechtspraxis, 2. Aufl. 2014; *Gröning*, Heilmittelwerberecht, 4. Ergänzungslieferung, Stand Juni 2011; *Höpker*, Die Selbstkontrolle der Heilmittelwerbung, WRP 1975, 330; Juri Pharmaceutico, Festschrift für Sander, 2008; *Kleist/Albrecht/Hoffmann*, Heilmittelwerbegesetz, 6. Ergänzungslieferung, September 1998; *Köhler/Bornkamm*, Gesetz gegen den unlauteren Wettbewerb, 32. Auflage 2014; *Menebröker*, Öffentlichkeitswerbung nach der Reform des HWG, GRUR-Prax 2012, 297; *Piper/Ohly/Sosnitza*, Gesetz gegen den unlauteren Wettbewerb, 5. Auflage 2010; *Hofmann*, Das Heilmittelwerbegesetz – Etappen eines Verbraucherschutzgesetzes, Sonderheft PharmaR zum 50-jährigen Jubiläum von Integritas, 2011; *Reese*, Zur Bedeutung des Verbraucherleitbildes für das nationale und europäische Heilmittelwerberecht, PharmR 2002, 237; *Spickhoff*, Medizinrecht 2011; *Stallberg*, Die Zugänglichmachung der Gebrauchsinformationen verschreibungspflichtiger Arzneimittel im Internet, WRP 2010, 56; *Ullmann*, juris Praxiskommentar UWG, 3. Auflage 2013.

I. Entstehungsgeschichte des HWG

Das Gesetz über die Werbung auf dem Gebiete des Heilwesens, das heutige HWG, ist das Ergebnis eines mittlerweile über hundertjährigen Regelungsprozesses. Erstmals Ende des 19. Jahrhunderts wurden in einzelnen Bundesstaaten wegen der zunehmenden, häufig überaus marktschreierischen Anpreisung von Arzneimitteln mit unbekannter Zusammensetzung „Verordnungen über den Verkehr mit Geheimmitteln und ähnlichen Arzneimitteln" erlassen. Diese Verordnungen verboten für alle in sog. „Geheimmittellisten" aufgeführten Mittel jegliche Publikumswerbung und unterstellten zahlreiche weitere Arzneimittel der ärztlichen Verschreibungspflicht[2]. Nach dem 1. Weltkrieg wurden diese Verordnungen in den Ländern durch sog. „Ministerialerlasse", ergänzt, die die Werbung für alle Arzneimittel sowie für Gegenstände, Vorrichtungen und Methoden zur Verhütung, Linderung oder Heilung von Krankheiten bei Mensch und Tier regelten[3]. 1

Nach der Machtergreifung der Nationalsozialisten wurde der Werberat der deutschen Wirtschaft, der aufgrund des Gesetzes über Wirtschaftswerbung vom 12.9.1933[4] die Reichsaufsicht über das Werbewesen ausübte, ermächtigt, die Heilmittelwerbung neu zu regeln. Mit der 17. Bekanntmachung des Werberats, der sog. „Heilmittel-Bekanntmachung" aus dem Jahr 1936 wurde die die Heilmittelwerbung erstmals reichseinheitlich und umfassend geregelt, da die einzelnen Länder gleich lautende Polizeiverordnungen erließen[5]. 2

---

[1] Unter Mitarbeit von *Dr. Stephanie Thewes*, Rechtsanwältin in München.
[2] *Gröning*, Heilmittelwerberecht, Einl. Rn. 3; *Doepner*, Heilmittelwerbegesetz, Einl. Rn. 1; *Zimmermann* in Fuhrmann/Klein/Fleischfresser, Arzneimittelrecht, § 28 Rn. 3.
[3] *Gröning*, Heilmittelwerberecht, Einl. Rn. 5; *Doepner*, Heilmittelwerbegesetz, Einl. Rn. 1.; *Kleist/Albrecht/Hoffmann*, Heilmittelwerbegesetz, Einf. Rn. 2.
[4] RGBl. I S. 625.
[5] *Doepner*, Heilmittelwerbegesetz, Einl. Rn. 3; vgl. *Zimmermann* in Fuhrmann/Klein/Fleischfresser, Arzneimittelrecht, § 28 Rn. 4.

3   Am 29.9.1941 erließ der Reichswirtschaftsminister des Inneren die HWVO, die Polizeiverordnung über die Werbung auf dem Gebiet des Heilwesens[6], mit deren Inkrafttreten die Polizeiverordnungen über die Werbung auf dem Gebiete des Heilwesens in den Ländern aufgehoben wurden[7].

4   In den 50iger Jahren wurden erste Beratungen zur Neuregelung des Heilmittelwerberechts aufgenommen, um den (teilweise aus den Vereinigten Staaten übernommenen) neuen Werbemethoden sowie der Verbreitung von audiovisuellen Multiplikationsmedien und der Fortentwicklung der medizinischen und pharmazeutischen Wissenschaft Rechnung tragen zu können[8]. Da der Gesetzgeber einen Ausgleich zwischen den (häufig entgegengesetzten) Interessen aller beteiligten Kreise – dem Interesse der Pharmawirtschaft an einer Bewerbung ihrer in oft langjährigen Forschungen entwickelten Medikamente, dem Interesse des Verbrauchers an hinreichender Information sowie seinem Recht auf Selbstmedikation, sowie dem Interesse des Staates an einer Aufrechterhaltung der Volksgesundheit – schaffen musste, zogen sich die Beratungen über Jahre hin[9].

5   Am 15.7.1965 trat dann schließlich, beruhend auf einem Gesetzesentwurf aus dem Jahr 1963[10], das HWG in Kraft. Im Gegensatz zu früheren Entwürfen enthielt es keine Listen mit bestimmten Krankheiten, Arzneimittelgruppen oder Stoffen, für die besondere Publikumswerbeverbote gelten sollten. Ansonsten wurden die Regelungen der HWVO in weiten Teilen beibehalten[11].

6   Seit seinem Inkrafttreten hat das HWG zahlreiche Änderungen erfahren. So wurde etwa mit dem AMNG aus dem Jahr 1976 § 3a (heute: § 4) eingeführt, der das Gebot der Angabe von Pflichtangaben in jeder Arzneimittelwerbung vorsah. Der ebenfalls neu eingefügte § 3b (der heutige § 5) postulierte ein Verbot der Werbung mit Anwendungsgebieten für registrierte homöopathische Arzneimittel, § 5 enthielt eine verschärfte Regelung der Werbegaben.

7   Durch die 2. AMG-Novelle[12] wurde die Regelung zu den Pflichtangaben verschärft. Ausreichend ist seither nicht mehr deren „Erkennbarkeit"; ausdrücklich vorgeschrieben ist vielmehr ihre „gute Lesbarkeit"[13]. Die 4. AMG-Novelle vom 11.4.1990 führte ua anstelle der umfangreichen Pflichtangaben den standardisierten Aufklärungshinweis „Zu Risiken und Nebenwirkungen lesen Sie die Packungsbeilage und fragen Sie Ihren Arzt oder Apotheker" für die Werbung in audiovisuellen Medien ein[14]. Weitere Novellierungen des HWG wurden maßgeblich durch den Erlass von EG-Richtlinien veranlasst. So dienten etwa die 5. und 8. AMG-Novelle der Umsetzung der Richtlinie 92/28/EWG[15] über die Werbung von Humanarzneimitteln. Die 16. AMG-Novelle[16] wurde ua zur Umsetzung der Richtlinie 2001/83/EG erforderlich[17].

---

[6] RGBl. I S. 587.
[7] *Doepner,* Heilmittelwerbegesetz, Einl. Rn. 2; *Kleist/Albrecht/Hoffmann,* Heilmittelwerbegesetz, Einf. Rn. 2.
[8] *Gröning,* Heilmittelwerberecht, Einl. Rn. 9; *Doepner,* Heilmittelwerbegesetz, Einl. Rn. 4; *Zimmermann* in Fuhrmann/Klein/Fleischfresser, Arzneimittelrecht, § 28 Rn. 5; *Pelchen/Anders* in Erbs/Kohlhaas, Strafrechtliche Nebengesetze, HWG, Vorb. Rn. 1.
[9] *Pelchen/Anders* in Erbs/Kohlhaas, Strafrechtliche Nebengesetze, Vorb. Rn. 1 f.
[10] ReGE 1963, BT-Drucks. IV/1867, Anlage 1, zitiert nach *Gröning,* Heilmittelwerberecht, Einl. Rn. 10; ferner *Hofmann,* PharmR, Sonderheft 2012, 1.
[11] *Gröning,* Heilmittelwerberecht, Einl. Rn. 8; *Doepner,* Heilmittelwerbegesetz, Einl. Rn. 3.
[12] BGBl. I S. 1296.
[13] § 4 Abs. 4 HWG.
[14] *Doepner,* Heilmittelwerbegesetz, Einl. Rn. 16 f.; *Gröning,* Heilmittelwerberecht, Rn. 19 f.
[15] *Reese/Holtorf* in Dieners/Reese, Handbuch des Pharmarechts, § 11 Rn. 17, 23.
[16] BT-Drucks. 17/9341.
[17] vgl. Stellungnahme des GRUR-Fachausschusses für Arzneimittel- und Lebensmittelrecht zur Frage der Reformbedürftigkeit des Heilmittelwerbegesetzes, GRUR 2012, 361 ff.; ferner *Menebröker* GRUR-Prax 2012, 297 ff.; *Doepner-Thiele* GRUR-Prax 2012, 293 ff.

II. Das Gemeinschaftsrecht

1. Der Gemeinschaftskodex für Humanmedizin

Nachdem in den letzten Jahrzehnten zahlreiche Richtlinien erlassen, überarbeitet und fortgeschrieben wurden, die das Recht der Humanarzneimittel regelten, hielt es der Gemeinschaftsgesetzgeber für angezeigt, eine einheitliche Gesamtregelung des Humanarzneimittelrechts zu schaffen. Gleichzeitig sollten die bestehenden Unterschiede zwischen den bisherigen einzelstaatlichen Vorschriften nivelliert werden. Ergebnis dieser Regelungsbemühungen auf europäischer Ebene war die Richtlinie 2001/83/EG des Europäischen Parlamentes und des Rates vom 6.11.2001 zur Schaffung eines Gemeinschaftskodexes für Humanarzneimittel[18], in dessen Art. 86 bis 100 sowie den Erwägungsgründen 42 bis 53 die für den Bereich der Heilmittelwerbung bis dahin maßgebliche Richtlinie 92/28/EWG des Rates vom 31.3.1992 über die Werbung von Humanarzneimitteln aufging[19].

Mittlerweile hat der Gemeinschaftskodex wiederholt Änderungen erfahren. Für den Bereich der Arzneimittelwerbung brachte die Richtlinie 2004/27/EG eine Reihe von Modifizierungen:

- Art. 88 wurde neu gefasst und der bisherige Unterabsatz 2, der Werbung für bestimmte Krankheiten wie Tuberkulose, schwere Infektionskrankheiten oder Krebs untersagte, aufgehoben;
- Die in Art. 94 Abs. 2 niedergelegte Regelung über den Repräsentationsaufwand bei Veranstaltungen zur Verkaufsförderung wurde verschärft, und
- Art. 100, der die Werbung für homöopathische Arzneimittel regelt, wurde modifiziert[20].
- Darüber hinaus wurde Art. 88a eingefügt, der die Kommission verpflichtete, binnen 3 Jahren einen Bericht über die Gefahren und Vorteile der gegenwärtigen Praktiken im Informationsbereich, insbesondere über im Internet verbreitete Informationen, vorzulegen. Diesen Bericht hat die Kommission am 20.12.2007 veröffentlicht. Die Bedeutung des Internets für die Patienteninformation wurde herausgehoben, das in den einzelnen Ländern bereitgestellte Informationsangebot aber als sehr unterschiedlich bewertet[21]. Im Jahr 2008 legte die Kommission daraufhin einen Vorschlag zur Änderung des Gemeinschaftskodexes vor[22], den sie in den Jahren 2011 und 2012 noch einmal abänderte. Die Gespräche im Rat zeigten, dass keine Einigung zu erzielen war, so dass der Vorschlag vom 22.10.2013 endgültig zurückgezogen wurde[23].

2. Weitere einschlägige Richtlinien

Neben dem Gemeinschaftskodex kommen im Heilmittelwerbebereich im Wesentlichen noch folgende weitere Richtlinien zum Tragen:

- die Richtlinie 2005/29/EG des Europäischen Parlaments und des Rates über unlautere Geschäftspraktiken vom 11.3.2005[24], die Geschäftspraktiken von Unternehmern gegenüber Verbrauchern regelt[25],

---

[18] ABl. EG 2001 L 311 (67 ff.), im folgenden: „Gemeinschaftskodex".
[19] *Gröning*, Heilmittelwerberecht, Einl. Rn. 18a und 18g.
[20] *Gröning*, Heilmittelwerberecht, Einl. Rn. 18f.
[21] Der Bericht ist abrufbar unter http://eur-lex.europa.eu/LexUriServ/LexUriServ.do?uri=COM:2007:0862:FIN:DE:HTML; ferner *Stallberg* WRP 2010, 56 (63).
[22] vgl. KOM (2008) 663, geändert durch KOM (2011) 633 u. COM (2012) 48.
[23] vgl. COM (2013) 739 final.
[24] ABl. EG 2005 L 149 (22).
[25] sog. B2C-Bereich.

232   *4. Teil. Die Bewerbung von Arzneimitteln und Medizinprodukten*

- sowie die Richtlinie 2006/114/EG des Europäischen Parlaments und des Rates vom 12.12.2006 über irreführende und vergleichende Werbung[26], die dem Schutz gewerblicher Marktteilnehmer dient[27].

3. Der Vorrang des Gemeinschaftsrechts[28]

11 Diese Richtlinien gelten im Heilmittelwerberecht nicht unmittelbar wie die Verordnungen der Gemeinschaft (Art. 288 Abs. 2 AEUV), sondern bedürfen einer nationalen Umsetzung (Art. 288 Abs. 3 AEUV). Allerdings ist bestehendes nationales Recht aufgrund des Grundsatzes vom Vorrang des Gemeinschaftsrechts richtlinienkonform auszulegen. Die Auslegungsmethoden entsprechen dabei weitgehend denen des deutschen Rechts. Die Deutungshoheit des Gemeinschaftsrechts liegt beim Europäischen Gerichtshof; nationale Gerichte sind gehalten, in Zweifelsfällen ein Vorabersuchen an den EuGH zu richten (Art. 267 AEUV).

4. Zum Harmonisierungsstandard der im Heilmittelwerberecht einschlägigen Richtlinien

12 Die im Heilmittelwerberecht einschlägigen Richtlinien setzen jeweils unterschiedliche Schutzstandards. Der – nur den Bereich der Arzneimittelwerbung, nicht jedoch die Werbung für Medizinprodukte betreffende[29] – Gemeinschaftskodex bezweckt – soweit nicht in den Art. 88 Abs. 3, 89 Abs. 1 lit. b) und Abs. 2, Art. 91 Abs. 1 S. 2, Art. 96 Abs. 2 sowie Art. 5 Abs. 1 und 2 Ausnahmen zugelassen werden[30] – eine Vollharmonisierung im Bereich der Arzneimittelwerbung[31]. Den Mitgliedsstaaten ist es somit grundsätzlich verwehrt, vom Schutzstandard des Gemeinschaftskodex nach oben oder unten abzuweichen. Gleiches gilt für die Richtlinie 2005/29/EG über unlautere Geschäftspraktiken[32]. Die Richtlinie 2006/114/EG über irreführende und vergleichende Werbung bezweckt dagegen gemäß ihrem Art. 8 Abs. 1 eine Vollharmonisierung nur im Bereich der vergleichenden Werbung; in allen anderen Regelungsbereichen setzt sie lediglich einen Mindeststandard.

III. Das maßgebliche, neben dem HWG zu berücksichtigende nationale Recht – gesetzestechnische Einordnung des HWG

1. Verfassungsrecht

13 Die im Heilmittelwerberecht hauptsächlich zum Tragen kommenden verfassungsrechtlichen Vorschriften sind die Berufsfreiheit nach Art. 12 GG und die Meinungs- und Informationsfreiheit des Art. 5 GG. Gemäß Art. 5 Abs. 2 GG wird die Meinungs- und Informationsfreiheit allerdings durch die allgemeinen Gesetze beschränkt, zu denen nach der ständigen Rechtsprechung des Bundesverfassungsgerichts auch die Vorschriften des HWG zählen[33]. Diese allgemeinen Gesetze sind jedoch wiederum im Lichte des Art. 5

---

[26] ABl. EG 2006 L 376 (21 f.).
[27] sog. B2B-Bereich.
[28] vgl. hierzu die Ausführungen unter § 5 Rn. 42.
[29] BGH GRUR 2009, 1082, (1085) Tz. 23 – DeguSmiles&more.
[30] str. noch in Bezug auf Art. 86 Abs. 2 des Gemeinschaftskodex, vgl. hierzu *Reese/Holtorf* in Dieners/Reese, Handbuch des Pharmarechts, § 11 Rn. 23, § 28 Rn. 40; *Ring* in Bülow/Ring/Artz/Brixius, Heilmittelwerbegesetz, § 2 Rn. 5 f.; *Doepner,* Heilmittelwerbegesetz, § 2 Rn. 6 f.
[31] EuGH GRUR 2008, 267 (268) Tz. 20, 39 – Gintec; jurisPK/*Ullmann* Einl. Rn. 43; PharmR 2012, 285.
[32] vgl. Erwägungsgrd. 5 und Art. 3 Abs. 5 der RL 2005/29/EG; ferner *Köhler* in Köhler/Bornkamm, Gesetz gegen den unlauteren Wettbewerb, Einl. Rn. 3.56.
[33] *Reese/Holtorf* in Dieners/Reese, Handbuch des Pharmarechts, § 11 Rn. 34 mwN.

Abs. 1 GG auszulegen – und damit insbesondere einer Verhältnismäßigkeitsprüfung zu unterziehen.

Ausfluss dieser Verhältnismäßigkeitskontrolle ist einmal, dass Heilmittelwerbung aus der Sicht eines verständigen Empfängers unter Berücksichtigung aller für ihn wahrnehmbaren, den Sinn der Äußerung mitbestimmenden Umstände zu beurteilen ist[34]. Diese Sichtweise entspricht der des allgemeinen Wettbewerbsrechts, bei der ebenfalls auf die Sichtweise des verständigen Durchschnittsverbrauchers abgehoben wird.   14

Darüber hinaus ist ein Verbot einer Werbung auf der Grundlage des HWG nur bei Vorliegen einer mittelbaren Gesundheitsgefährdung möglich[35]. Mit Einführung dieses ungeschriebenen Tatbestandsmerkmals[36] soll einer unverhältnismäßigen Ausdehnung des Anwendungsbereichs des HWG begegnet werden. Rechtsdogmatisch sind danach die Tatbestände des HWG nicht mehr als abstrakte Gefährdungsdelikte aufzufassen, bei denen die Rechtsfolge lediglich an die Erfüllung aller Tatbestandsmerkmale geknüpft ist. Geprüft werden muss vielmehr zusätzlich, ob aufgrund einer aus der fraglichen Werbemaßnahme resultierenden unsachlichen Beeinflussung eine Gesundheitsgefährdung des Umworbenen befürchtet werden muss[37].   15

2. Das UWG

Gemäß § 17 HWG bleibt das Gesetz gegen den unlauteren Wettbewerb unberührt. Arzneimittelwerbung unterliegt damit nicht nur den speziellen arznei- und heilmittelwerberechtlichen Regelungen, deren Einhaltung über § 4 Nr. 11 UWG von Mitbewerbern erzwungen werden kann[38], sondern muss sich auch an den Normen des UWG selbst messen lassen. Relevant wird dies insbesondere im Bereich der Image- und vergleichenden Werbung, da insoweit keine eigene heilmittelwerberechtliche Regelung existiert[39].   16

3. Die Arzneimittelpreisverordnung

Relevant werden in heilmittelwerberechtlichen Fällen zudem häufiger die Vorschriften der Arzneimittelpreisverordnung (AMPreisV), deren Einhaltung über § 4 Nr. 11 UWG auch durch Mitbewerber erzwungen werden kann. Hierbei sind allerdings die Wertungen des HWG bei der Anwendung dieser Vorschriften mit zu berücksichtigen. So hat der Bundesgerichtshof unlängst entschieden, dass ein Verstoß gegen die AMPreisV auch vorliegen kann, wenn für das preisgebundene Arzneimittel zwar der korrekte Preis angesetzt, dem Kunden aber auf andere Weise ein Vorteil gewährt werde. Im konkreten Fall war der Vorteil jedoch nicht geeignet, den Wettbewerb spürbar iS des § 3 Abs. 1 UWG zu beeinträchtigen, da es sich dabei um geringwertige Kleinigkeiten iSv § 7 Abs. 1 S. 1 Nr. 1 Fall 2 HWG handelte[40].   17

---

[34] BVerfG NJW 2003, 1303 (1304) – Benetton II.
[35] BVerfG GRUR 2004, 797ff – Botox-Faltenbehandlung; BGH GRUR 2007, 809ff. – TCM-Zentrum; GRUR 2004, 799 (800) – Lebertrankapseln; eingehend: *Zimmermann* in Fuhrmann/Klein/Fleischfresser, Arzneimittelrecht, § 28 Rn. 17 ff.; *Bülow* in Bülow/Ring/Artz/Brixius, Heilmittelwerbegesetz, Einf. Rn. 19 ff.
[36] *Zimmermann* in Fuhrmann/Klein/Fleischfresser, Arzneimittelrecht, § 28 Rn. 18.
[37] BGH GRUR 2007, 809 ff. Tz. 19 – TCM-Zentrum; *Zimmermann* in Fuhrmann/Klein/Fleischfresser, Arzneimittelrecht, § 28 Rn. 18.
[38] *Köhler* in Köhler/Bornkamm, Gesetz gegen den unlauteren Wettbewerb.
[39] BGH GRUR 2009, 1082 ff. – DeguSmiles & more.
[40] BGH GRUR-RR 2011, 39 ff. – E-Taler; GRUR 2009, 1082 ff. – DeguSmiles & more; ferner *Spickhoff,* Medizinrecht, § 3 AMPreisV Rn. 8.

4. Kodizes

18 Von (allerdings begrenzter) Bedeutung sind im Heilmittelwerberecht zuletzt die von verschiedenen Verbänden der Pharma- und Medizinprodukteindustrie beschlossenen Kodizes[41]. Diese haben keinen Gesetzesrang und entfalten eine unmittelbare vertragliche Bindungswirkung nur für die jeweiligen Verbandsmitglieder[42]. Sie können jedoch unter Umständen als Indiz dafür herangezogen werden, was die beteiligten Verkehrskreise selbst als unlauteres Verhalten werten[43], und zudem die Anforderungen an die berufliche Sorgfalt in dieser Branche beschreiben[44]. Allerdings besteht insoweit weder eine Bindungswirkung für die Zivilgerichtsbarkeit, noch können die Kodizes eine Prüfung des jeweiligen Einzelfalls anhand der wettbewerbsrechtlichen Normen ersetzen[45].

5. Gesetzestechnische Einordnung des HWG

19 Gesetzestechnisch ist das HWG – die Straf- und Ordnungswidrigkeitentatbestände der §§ 14 bis 16 machen es deutlich – zum Nebenstrafrecht zu zählen. Allerdings erfolgt die Rechtsverfolgung ganz überwiegend auf zivilrechtlichem Weg über die Vorschrift des § 4 Nr. 11 UWG: Statistiken aus den Jahren 1966 und 1973 weisen 84 % Zivilgerichts- gegenüber 3 % Verwaltungsgerichtsentscheidungen und 13 % Strafurteilen aus – Tendenz zugunsten des Zivilrechtswegs deutlich steigend[46]. Für Medizinprodukte bestimmt § 26 Abs. 2 S. 1 seit der 16. AMG-Novelle, dass die zuständige Behörde die Beachtung der Vorschriften des HWG zu überwachen hat[47].

IV. Grundwertungen des Heilmittelwerbe- und des allgemeinen Wettbewerbsrechts

20 Aufgrund der Vielzahl der generalklauselartig formulierten Tatbestände ist das Wettbewerbs- und Heilmittelwerberecht stärker durch die Rechtsprechung bestimmt als die meisten anderen Rechtsgebiete. Die Zahl der Einzelentscheidungen ist fast unübersehbar. Letztlich lassen sich diese Entscheidungen jedoch fast durchweg auf einige wenige Grundwertungen zurückführen, die bei der Beurteilung eines Falles im Vorfeld einer gerichtlichen Klärung als Orientierungshilfe dienen können.

---

[41] vgl. den Kodex der Mitglieder des Bundesverbandes der Pharmazeutischen Industrie e. V., Stand November 2001 (novelliert und abgelöst durch den AKG Verhaltenskodex), die FSA-Kodizes „Patientenorganisationen" und „Fachkreise" vom 13.6.2008 und 27.11.2009, der Kodex Medizinprodukte vom Mai 1997, sowie den „AKG Verhaltenskodex" und der „AKG-Kodex Patientenorganisationen" der Mitglieder des „Arzneimittel und Kooperation im Gesundheitswesen e. V." vom 21.4.2009 und 29.7.2009, die sämtlich im Internet zur Verfügung stehen.

[42] BGH GRUR 1994, 219 (220) – Warnhinweis I; vgl. ferner die Legaldefinition in § 2 Abs. 1 Nr. 5 UWG; BGH PharmR 2011, 138 mit Anmerkung *v. Czettritz*; *v. Czettritz* in Festschrift für Sander, 387, 388.

[43] BGHZ 166, 154 (162) Tz. 19 = GRUR 2006, 773 (774) – Probeabonnement; *Gröning*, Heilmittelwerberecht, Einl. Rn. 32 ff.

[44] vgl. Erwägungsgr. 20 der RL 2005/29/EG; *Reese/Holtorf* in Dieners/Reese, Handbuch des Pharmarechts, § 11 Rn. 40.

[45] BGH GRUR 2011, 431 ff. – FSA-Kodex; BeckRS 2011, 17762 – FSA – Kodex II; ferner JurisPK-UWG/*Ullmann* Einl. Rn. 3; *Bülow* in Bülow/Ring/Artz/Brixius, Heilmittelwerbegesetz, Einf. Rn. 59, *v. Czettritz* PharmR 2011, 139.

[46] *v. Czettritz* WRP 1993, 461; WRP 1975, 330 (331); *Doepner*, Heilmittelwerbegesetz, Einl. Rn. 56.

[47] Art. 11 d. Gesetzes v. 19.10.2012 (BGBL. I S. 2192).

1. Schutzhöhe und geschützte Interessen

Vorrangiges Ziel des Wettbewerbs- wie des Heilmittelwerberechts ist es einerseits, dem Wettbewerb Ordnung und Rahmen zu geben, und andererseits die Wettbewerbsfreiheit des einzelnen nur dort zu beschränken, wo Eingriffe in die Belange der Mitbewerber, der Verbraucher oder der Allgemeinheit der Lauterkeit im Wettbewerb widersprechen[48]. 21

Gleichzeitig ist das Wettbewerbs- und Heilmittelwerberecht ein Spiegel der Gesellschaft und des in ihr geltenden Menschenbilds. Während früher der Staat „seine Hand schützend über den Bürger hielt" und etwa eine Irreführung schon dann bejahte, wenn ein nicht völlig unbeachtlicher Teil der Verkehrskreise, an die sich eine Werbung richtete, bei ungezwungener Betrachtung in die Irre geführt wurde[49], kommt es heute – nicht zuletzt aufgrund des Einflusses des Gemeinschaftsrechts – auf die Auffassung eines informierten und verständigen Durchschnittsverbrauchers an[50]. 22

Die Unternehmer wiederum haben dafür zu sorgen, dass der Verbraucher seine geschäftliche Entscheidung auf der Grundlage richtiger und pflichtgemäßer Information treffen kann[51]. Der Verkehr soll weder über das Angebot getäuscht noch unsachlich beeinflusst werden. Allerdings kommt auch hier das geänderte Verbraucherleitbild zum Tragen: Der Verbraucher von heute ist besser informiert und steht Werbung allgemein skeptischer gegenüber als früher. Aus diesem Grund wird in der Rechtsprechung die Tendenz sichtbar, eine Irreführung oder unsachliche Beeinflussung seltener anzunehmen als noch vor 10 Jahren[52]. 23

Unter besonderem Schutz stehen allerdings einzelne Bevölkerungsgruppen wie Kinder, alte Menschen oder Kranke. Hier ist aufgrund des Alters oder der besonderen Lebenssituation, in der sich diese Menschen befinden und die sie für Beeinflussung jeglicher Art leichter empfänglich machen, ein erhöhtes Schutzniveau erforderlich[53]. Daher wird bei Werbung, die sich speziell an diese Bevölkerungsgruppen richtet, ein Wettbewerbsverstoß eher bejaht. 24

2. Grundwertungen des Heilmittelwerberechts

a) Das heilmittelwerberechtliche Strengeprinzip. Diesem letztgenannten Gedanken, dass nämlich Menschen in besonderen Lebenssituationen eines besonderen Schutzes bedürfen, trägt auch das heilmittelwerberechtliche Strengeprinzip Rechnung. Es besagt, dass an die Richtigkeit, Eindeutigkeit und Klarheit gesundheitsbezogener Werbeaussagen besonders strenge Anforderungen zu stellen sind[54]. Dies rechtfertigt sich daraus, dass die eigene Gesundheit in der Wertschätzung des Verbrauchers einen hohen Stellenwert hat, der Verkehr im Falle einer Krankheit generell verunsichert ist, und sich deshalb an die Gesundheit anknüpfende Werbemaßnahmen erfahrungsgemäß als besonders wirksam erweisen. 25

---

[48] *Ohly* in Piper/Ohly/Sosnitza, Gesetz gegen den unlauteren Wettbewerb, Einf. A Rn. 55.
[49] vgl. *Baumbach/Hefermehl*, Wettbewerbsrecht, 18. Aufl. 1995, § 3 UWG (aF) Rn. 27; *Reese* PharmR 2002, 237 f.
[50] statt vieler *Sosnitza* in Piper/Ohly/Sosnitza, Gesetz gegen den unlauteren Wettbewerb, § 5 Rn. 120, § 2 Rn. 91 f.
[51] *Köhler* in Köhler/Bornkamm, Gesetz gegen den unlauteren Wettbewerb; *Reese* PharmR 2002, 237 (239).
[52] ebenso: *Reese* PharmR 2002, 237 (243).
[53] vgl. § 3 Abs. 2 S. 3 UWG.
[54] BGH GRUR 2002, 182 (185) – Das Beste jeden Morgen; OLG Hamburg PharmR 2009, 629 ff. Tz. 38; Magazindienst 2008, 792 ff., Tz. 48; ferner *Reese/Holtorf* in Dieners/Reese, Handbuch des Pharmarechts, § 11 Rn. 140.

26 **b) Die Gesundheit als hohes Schutzgut – Vorbeugung des Medikamentenfehlgebrauchs.** Daneben rechtfertigt sich die strengere Beurteilung gesundheitsbezogener Werbeaussagen auch aus dem Umstand, dass mit irreführenden gesundheitsbezogenen Werbeangaben erhebliche Gefahren für das hohe Schutzgut der Gesundheit des Einzelnen und der Bevölkerung verbunden sein können[55]. Ein durch Werbung motivierter Medikamentenfehlgebrauch kann dabei ebenso negative Auswirkungen auf die Volksgesundheit haben wie eine ärztlich nicht abgesicherte Selbstmedikation. Deshalb ist auch an die Neutralität der in der Heilmittelwerbung enthaltenen Informationen ein strenger Maßstab anzulegen.

27 **c) Hohe Aktualität.** Darüber hinaus müssen die in der Werbung verwendeten Informationen von größtmöglicher Aktualität sein. Die medizinischen Erkenntnisse unterliegen einer stetigen Veränderung und haben erheblichen Einfluss auf die Erkennung und Behandlung von Krankheiten. Werbetreibende haben daher die von ihnen bereitgestellten Informationen stets auf neuestem Stand zu halten, um dem Verbraucher eine rationale Entscheidung zu ermöglichen[56].

---

[55] BGH GRUR 2002, 182 (185) – Das Beste jeden Morgen; OLG Hamburg Magazindienst 2008, 792 ff., Tz. 48.

[56] vgl. hierzu Erwägungsgr. 12 sowie Art. 100b des Kommissionsvorschlags zur Änderung der Richtlinie 2001/83/EG.

§ 8 Das Heilmittelwerbegesetz

Schrifttum: Beuthien/Schmölz, Die Geltung des Heilmittelwerbegesetzes für arzneimittelrechtliche Informationen, GRUR 1999, 297; *Bülow/Ring/Artz/Brixius,* Heilmittelwerbegesetz, 4. Auflage 2012; *Burk,* Die neuen Publikumswerbeverbote des § 11 HWG auf dem Prüfstand von Verfassungs- und Europarecht, GRUR 2012, 1097; *von Czettritz,* Pflichtangaben im Internet „über einen Klick", GRUR-Prax 2013, 548; *von Czettritz,* Pharma-Online-rechtliche Probleme der Pharmawerbung im Internet, PharmR 1997, 88; *von Czettritz,* Pflichtangaben in modernen Medien, PharmR 2003, 331; *von Czettritz/Thewes,* Pflichtangaben in Adwords-Anzeigen?, PharmR 2012, 56; *von Czettritz,* Wiedergabe der Pflichtangaben durch Link, Anmerkung zum Urteil des Kammergerichts Berlin vom 24.10.2003, PharmR 2004, 22; *Dieners/Reese,* Handbuch des Pharmarechts, 2010; *Doepner,* Heilmittelwerbegesetz, 2. Auflage 2000; *Feddersen,* Wissenschaftliche Absicherung von Wirkungsangaben im Heilmittelwerbeprozess, GRUR 2013, 127; *Fuhrmann/Klein/Fleischfresser,* Arzneimittelrecht, Handbuch für die pharmazeutische Rechtspraxis, 2. Aufl. 2014; *Hill/Schmitt,* WiKo Kommentar zum Medizinprodukterecht, 12. Lieferung, März 2013; *Knauer/Kellermann,* Arzneimittelwerbung mit wissenschaftlichen Studien, PharmR 2013, 311; *Köhler/Bornkamm,* Gesetz gegen den Unlauteren Wettbewerb, 32. Auflage 2014; *Mand,* Online-Werbung für Arzneimittel im Europäischen Binnenmarkt, WRP 2013, 192; *Meeser,* Endverbraucherinformationen über verschreibungspflichtige Arzneimittel, PharmR 2011, 349; *Prütting,* Fachanwaltskommentar Medizinrecht, 2. Auflage 2011; *Reese,* Änderungen des HWG durch die 16. AMG-Novelle, MPR 2012, 165; *Riegger,* Heilmittelwerberecht, Werbung im Gesundheitssektor 2009; *Schmidt,* Heilmittelwerberecht: Vorstellung der Reform des Heilmittelwerbegesetzes, PharmR 2012, 285; *Spickhoff,* Medizinrecht 2011; *Weidner,* Richtlinienkonforme Reformierung des § 10 Abs. 2 HWG mit dem 2. Gesetz zur Änderung arzneimittelrechtlicher und anderer Vorschriften, Sonderheft PharmaR zum 50-jährigem Jubiläum von Integritas, 2012, 6; *Weimer,* Das HWG und das Internet – Der Internetauftritt eines Pharmaunternehmens, PharmR 2003, 231; *Winnands,* Quo vadis § 7 HWG?, Sonderheft PharmaR zum 50-jährigem Jubiläum von Integritas, 2012, 4.

I. Sachlicher Anwendungsbereich (§ 1 HWG)

1. Die in die Regelung einbezogenen Produktgruppen

Nach der Legaldefinition des § 1 HWG finden die heilmittelwerberechtlichen Vorschriften Anwendung auf die Werbung für 1

- Arzneimittel im Sinne des § 2 AMG (§ 1 Abs. 1 Nr. 1 HWG; zur Begriffs-Definition s. § 2 Rn. 9 ff.),
- für Medizinprodukte im Sinne des § 3 MPG (§ 1 Abs. 1 Nr. 1a HWG; zur Begriffs-Definition s. § 5 Rn. 4), soweit die einzelnen Paragraphen Medizinprodukte ausdrücklich nennen oder durch § 11 Abs. 1 S. 2 HWG für anwendbar erklärt werden,
- auf Werbung für alle in § 1 Abs. 1 Nr. 2 und Abs. 2 HWG aufgeführten Mittel, dh Kosmetika im Sinne von § 2 Abs. 5 S. 1 LFGB (s. § 2 Rn. 22), Verfahren, Behandlungen und Gegenstände, dh Bedarfsgegenstände zur Körperpflege im Sinne von § 2 Abs. 6 Nr. 4 LFGB, die sich auf die Erkennung, Beseitigung oder Linderung von Krankheiten beziehen,
- sowie operative plastisch-chirurgische Eingriffe, soweit sich die Werbeaussagen auf die Veränderung des menschlichen Körpers ohne medizinische Notwendigkeit beziehen.

Vom Anwendungsbereich des HWG ausdrücklich ausgenommen sind gemäß § 1 Abs. 4 HWG alle Gegenstände zur Verhütung von Unfallschäden wie etwa Sicherheitsgurte, Sturzhelme etc[57].

Da der Gemeinschaftskodex gemäß Art. 1 Nr. 2 sowie Art. 2 nur im Bereich der Arzneimittelwerbung, nicht aber für Werbung der anderen im HWG genannten Produktgruppen 2

---

[57] *Zimmermann* in Fuhrmann/Klein/Fleischfresser, Arzneimittelrecht, § 28 Rn. 28.

… 4. Teil. Die Bewerbung von Arzneimitteln und Medizinprodukten

gilt, ist eine richtlinienkonforme Auslegung der heilmittelwerberechtlichen Vorschriften auch nur im Bereich der Arzneimittelwerbung geboten[58]. Die für den Bereich der Medizinprodukte ergangenen gemeinschaftsrechtlichen Bestimmungen sehen bis auf verschiedene Kennzeichnungsvorschriften keine besonderen Regelungen für die Werbung vor.

2. Der Begriff der Werbung

3   Das HWG selbst enthält keine Legaldefinition des Begriffs der Werbung. Klargestellt wird in § 1 Abs. 3 HWG lediglich, dass das Ankündigen oder Anbieten von Werbeaussagen, etwa in Form eines Hinweises auf eine Werbung[59], selbst ebenfalls „Werbung" ist. Eine Definition des Begriffs „Werbung" findet sich allerdings in Art. 86 Abs. 1 Hs. 1 des Gemeinschaftskodexes, der aufgrund der damit einhergehenden Vollharmonisierung des geregelten Bereichs auch für die Begriffsbestimmung nach dem HWG maßgeblich ist[60]. Danach sind unter Werbung für Arzneimittel „alle Maßnahmen zur Information, zur Marktuntersuchung und zur Schaffung von Anreizen mit dem Ziel, die Verschreibung, die Abgabe, den Verkauf oder den Verbrauch von Arzneimitteln zu fördern" zu verstehen. Diese Definition deckt sich mit dem allgemeinen Verständnis von Wirtschaftswerbung, deren spezifische Zweckbestimmung in dem subjektiven Ziel liegt, die Aufmerksamkeit der angesprochenen Verkehrskreise zu erregen, deren Interesse zu wecken und damit den Absatz von Waren oder Leistungen zu fördern[61].

4   Mit diesem direkten Bezug des § 1 Abs. 1 HWG auf Werbung für bestimmte Produktkategorien ist klargestellt, dass reine Imagewerbung vom Anwendungsbereich des HWG nicht umfasst ist[62]. Hintergrund der Regelung ist, dass die Gefahr der medikamentösen Selbstbehandlung nur besteht, wenn konkrete Arzneimittel angepriesen werden[63].

5   Die Abgrenzung zwischen Produkt- und Imagewerbung ist danach vorzunehmen, ob nach dem Gesamterscheinungsbild der Werbung die Darstellung des Unternehmens oder bestimmter, zumindest aber individualisierbarer Waren im Vordergrund steht[64]. Von Bedeutung sind dabei namentlich die Gestaltung der Werbung als solche, der Zusammenhang, in dem sie steht, der Name des werbenden Unternehmens, inhaltliche Hinweise sowie der Sinn verwendeter Begriffe[65]. Die ausdrückliche Nennung einer Arzneimittelbezeichnung indiziert dabei regelmäßig das Vorliegen von Absatzwerbung[66]. Ausreichend ist aber auch eine mittelbare Bezugnahme, wenn die beteiligten Verkehrskreise aufgrund ihrer Kenntnis der Marktverhältnisse, zB der Angabe des Indikationsgebiets oder des Wirkstoffes entnehmen können, es solle für ein oder mehrere bestimmte Arzneimittel geworben werden, obwohl deren Bezeichnung nicht ausdrücklich genannt ist[67]. Maßgeblich ist dabei aufgrund des im Lauterkeitsrecht allgemein geänderten Verbraucherleitbilds die Auffassung des informierten und verständigen Durchschnittsverbrauchers[68].

---

[58] BGH GRUR 2009, 1082 (1085) Tz. 23 – DeguSmiles&more mwN.
[59] *Zimmermann* in Fuhrmann/Klein/Fleischfresser, Arzneimittelrecht, § 28 Rn. 30.
[60] BGH NVwZ 2008, 1270 (1271) Tz. 21, 26 – Amlodipin; *Meeser* PharmR 2011, 349 (352).
[61] BGH NJW 1995, 3054 – Sauerstoff-Mehrschnitt-Therapie. Vgl. auch GRUR 1999, 297 (298).
[62] BGH NJW 1992, 2964 – Pharma-Werbespot; *Zimmermann* in Fuhrmann/Klein/Fleischfresser, Arzneimittelrecht, § 28 Rn. 32; *Reese/Holtorf* in Dieners/Reese, Handbuch des Pharmarechts, § 11 Rn. 140; *v. Czettritz* PharmR 1997, 88 (91); *Doepner,* Heilmittelwerbegesetz, § 1 Rn. 12, § 4 Rn. 12.
[63] BGH NJW 1992, 2964 (2965) – Pharma-Werbespot; *Reese/Holtorf* in Dieners/Reese, Handbuch des Pharmarechts, § 11 Rn. 105.
[64] *Weimer,* PharmR 2003, 231 (233).
[65] BGH NJW 1992, 2964 (2965) – Pharma-Werbespot; *Zimmermann* in Fuhrmann/Klein/Fleischfresser, Arzneimittelrecht, § 28 Rn. 33, mwN.
[66] BGH GRUR 1992, 871 (872) – Femovan.
[67] BGH GRUR 1992, 871 (872) – Femovan.
[68] Anders *Reese/Holtorf* in Dieners/Reese, Handbuch des Pharmarechts, § 11 Rn. 106, unter Hinweis auf die „Novodigal/temagin"-Entscheidung des BGH, abgedr. in GRUR 1983, 393 (394).

§ 8 Das Heilmittelwerbegesetz

In der Literatur wurde jüngst die Frage diskutiert, ob – analog zu der nach dem UWG 2004 im Rahmen des Tatbestandsmerkmals der „Wettbewerbshandlung" erforderlichen Wettbewerbsförderungsabsicht – auch im Heilmittelwerberecht nur dann von „Werbung" auszugehen sei, wenn diese in der Absicht der eigenen oder fremden Absatzförderung erfolgt. Während etwa *Reese/Holtorf* in Dieners/Reese[69] unter Hinweis auf die Regelungen der UGP-Richtlinie eine Wettbewerbsabsicht für entbehrlich halten und das Ziel der Absatzförderung funktional in dem Sinne verstehen, dass die Maßnahme objektiv darauf gerichtet sein muss, die Entscheidungen der Werbeadressaten zu beeinflussen, ohne dass es auf die subjektiven Vorstellungen des Handelnden ankäme, sieht *Zimmermann* in Fuhrmann/Klein/Fleischfresser[70] eine subjektive Absatzförderungsabsicht als dem Werbebegriff immanent an. Vorzugswürdig erscheint das Erfordernis einer Absatzförderungsabsicht. 6

Die Rechtsprechung geht schon seit längerem vom Erfordernis eines Absatzförderungswillens aus. Der Bundesgerichtshof vertrat in der „Amlodipin"-Entscheidung[71] die Auffassung, dass eine Packungsbeilage dann als Werbung einzustufen sei, wenn sie „zu Werbezwecken verwendet" werde. Der EuGH legte in seinem Urteil vom 5.5.2011[72] dar, aus dem Wortlaut von Art. 86 Abs. 1 des Gemeinschaftskodexes gehe hervor, dass das Ziel der Botschaft das grundlegende Definitionsmerkmal der Werbung und das entscheidende Kriterium für die Unterscheidung der Werbung von der einfachen Information darstelle[73]. Sofern die Botschaft zum Ziel habe, die Verschreibung, die Abgabe, den Verkauf oder den Verbrauch von Arzneimitteln zu fördern, was im Rahmen einer konkreten Prüfung aller maßgeblichen Umstände festzustellen sei, handele es sich um Werbung im Sinne der Richtlinie. Hingegen falle eine rein informatorische Angabe ohne Werbeabsicht nicht unter die Richtlinie[74]. 7

Letzteres gilt insbesondere für alle Angaben, die arzneimittelrechtlich für die Kennzeichnung der Packung und die Packungsbeilage (Gebrauchsinformation) vorgeschrieben oder aber explizit gestattet sind[75]. Enthalten solche Informationsmittel jedoch werbliche Elemente, verstößt dies einmal gegen Art. 62 des Gemeinschaftskodexes sowie die §§ 10 Abs. 1 S. 5, 11 Abs. 1 S. 7 AMG und eventuell § 4a Abs. 1 HWG, der verbietet, in der Packungsbeilage eines Arzneimittels für andere Arzneimittel zu werben. Die als Werbung einzustufenden Aussagen sind sodann an den Vorschriften des HWG zu messen[76]. Wenn der Text der Packungsbeilage ohne Hinzutreten werblicher Elemente im Internet zum Abruf bereit gestellt wird, ist dies zulässig, da – insbesondere mit Blick auf Art. 5 Abs. 1 GG – kein Grund dafür ersichtlich ist, dem interessierten Verbraucher, der sich durch eine aktive Suche im Internet selbst um die in der Packungsbeilage enthaltenen Informationen bemüht, diese vorzuenthalten[77]. Besteht die Internetdarstellung allein aus sachlicher Information, liegt nach Auffassung des EuGH keine „Werbung" iSd Art. 86 Abs. 1 des Gemeinschaftskodexes vor[78]. Anders wäre lediglich dann zu entscheiden, wenn der Verbrau- 8

---

[69] *Reese/Holtorf* in Dieners/Reese, Handbuch des Pharmarechts, § 11 Rn. 99.
[70] *Zimmermann* in Fuhrmann/Klein/Fleischfresser, Arzneimittelrecht, § 28 Rn. 34 ff.
[71] BGH NVwZ 2008, 1270 (1271) Tz. 21.
[72] EuGH 5.5.2011 – C-316/09 = GRUR 2011, 1160 ff. – MSD/Merckle GmbH.
[73] vgl. Tz. 31 der Entscheidung.
[74] vgl. Tz. 32 ff. der Entscheidung.
[75] EuGH 5.5.2011 – C-316/09, Tz. 43; dazu die Anmerkung von *Meeser* PharmR 2011, 349 ff.; ferner BGH PharmR 2001, 19 (21) – Angaben in Packungsbeilagen; *Schmidt* PharmR 2012, 285/286.
[76] EuGH 5.5.2011 – C-316/09, Tz. 48; BGH NVwZ 2008, 1270 (1271) Tz. 21 – Amlodipin.
[77] EuGH 5.5.2011 – C-316/09, Tz. 47 f.; ferner LG München PharmR 2004, 114 ff.; OLG München PharmR 2004, 308 f.; mit Anm. v. Czettritz, PharmR 2004, 308; aA OLG Hamburg Magazindienst 2007, 1200 ff. Die Vorlageentscheidung des BGH ist abgedruckt in GRUR 2009, 988 ff. – Arzneimittelpräsentation im Internet.
[78] EuGH GRUR 2011, 1160 ff., Tz. 27 ff. – MSD/Merckle GmbH.

cher mit den Informationen durch so genannte „Pop-up-Fenster" unaufgefordert konfrontiert wird. Denn dann besteht eine starke Vermutung für einen Werbecharakter[79]. Seit der 16. AMG-Novelle ist die Rechtsprechung des EuGH in § 1 Abs. 8 HWG umgesetzt.

9   Keine Werbung stellen gemäß § 1 Abs. 5 HWG Schriftwechsel und Unterlagen dar, die keinem Werbezweck dienen und die zur Beantwortung einer konkreten Anfrage zu einem bestimmten Arzneimittel erforderlich sind. Zum Schriftwechsel zählt dabei auch der elektronische Schriftverkehr[80]. Anfragen von Patienten können daher vom pharmazeutischen Unternehmer immer in sachlicher Form beantwortet werden. Nach § 1 Abs. 6 HWG finden die heilmittelwerberechtlichen Vorschriften ebenfalls keine Anwendung auf Bestellformulare und die dort aufgeführten Angaben, soweit diese für eine ordnungsgemäße Bestellung im elektronischen Handel erforderlich sind. Bei dieser als Ausnahmevorschrift eng auszulegenden Bestimmung handelt es sich um eine Folgeänderung der Ermöglichung des elektronischen Handels mit Arzneimitteln. Erfasst wird danach nur diejenige Seite, auf welcher der Käufer die Bestellung letztlich auslöst, nicht dagegen die Seiten, auf denen die Artikel beworben und im Einzelnen beschrieben werden[81].

10 Der im Rahmen der 16. AMG-Novelle an § 1 HWG angefügte Absatz 7, der Verkaufskataloge und Preislisten, so lange sie nur die zur Bestimmung der Arzneimittel notwendigen Angaben enthalten, vom Anwendungsbereich ausnimmt, dient der Klarstellung im Hinblick auf die Ausnahmeregelung des Art. 86 Abs. 2 dritter Gedankenstrich des Gemeinschaftskodexes. Mit Anfügung von § 1 Abs. 8 HWG hat der Gesetzgeber auf das Urteil „MSD/Merckle GmbH" des EuGH[82] reagiert. Dieser hatte auf eine Vorlage des Bundesgerichtshofs[83] hin klargestellt, dass sog. Pull-Informationen, dh Informationen, um die sich der Internetnutzer aktiv bemühen muss, und die ausschließlich in der getreuen Wiedergabe der Umverpackung des Arzneimittels nach Art. 62 des Gemeinschaftskodexes (§ 10 AMG) sowie in der wörtlichen und vollständigen Wiedergabe der Packungsbeilage bestehen, keine Werbung im Sinne des Art. 88 Abs. 1 Buchst. a des Gemeinschaftskodexes darstellen.

3. § 2 HWG: Definition der Fachkreise

11 Das HWG unterscheidet generell zwischen Werbung gegenüber Fachkreisen und sog. Publikums- oder Öffentlichkeitswerbung. Grund für diese Differenzierung ist das unterschiedliche Informationsbedürfnis und Irreführungsrisiko dieser beiden Verkehrskreise[84]. Öffentlichkeitswerbung unterliegt daher weit stärkeren Beschränkungen als Werbung, die sich an Fachkreise richtet: Dementsprechend sind die §§ 4 Abs. 3, 4a, 10 Abs. 2, 11 und 12 HWG nur auf die Publikumswerbung anwendbar.

12 Welche Personengruppen zu den Fachkreisen zu zählen sind, ist in § 2 HWG legaldefiniert. Danach gehören zu diesem Personenkreis Angehörige der Heilberufe oder des Heilgewerbes, Einrichtungen, die der Gesundheit von Mensch oder Tier dienen, sowie alle Personen, die mit Arzneimitteln, Medizinprodukten, Verfahren, Behandlungen, Gegenständen oder anderen Mitteln erlaubterweise Handel treiben oder sie in Ausübung ihres Berufes anwenden. Zu den beiden erstgenannten Personengruppen, zwischen denen eine Abgrenzung entbehrlich ist, zählen etwa Ärzte und Zahn- sowie Tierärzte, Apotheker, Hebammen, Krankenschwestern, medizinisch-technische und pharmazeutisch-technische Assistenten, Krankengymnasten, Masseure, Heilpraktiker (§ 1 HeilprG), Psychotherapeuten (§ 1 Abs. 1

---

[79] EuGH GRUR 2011, 1160 ff., Tz. 47 – MSD/Merckle GmbH.
[80] *Reese/Holtorf* in Dieners/Reese, Handbuch des Pharmarechts, § 11 Rn. 118.
[81] OLG Naumburg MMR 2006, 467 ff. – Pflichtangaben auf Bestellformular einer Internetapotheke.
[82] GRUR 2011, 1160 ff.
[83] GRUR 2009, 988 ff. – Arzneimittelpräsentation im Internet.
[84] *Fritzsche* in Spickhoff, Medizinrecht, § 2 HWG Rn. 2; *Doepner*, Heilmittelwerbegesetz, § 2 Rn. 5.

PsychThG), medizinische Bademeister und Apothekerassistenten, Studenten der Ausbildungsstätten für Heilberufe iSd § 47 Abs. 3 AMG, Krankenpfleger und Optiker[85].

„Einrichtungen, die der Gesundheit von Mensch und Tier dienen" sind beispielsweise Krankenhäuser, Sanatorien, Gesundheits- und Veterinärämter sowie Chemische und Medizinische Untersuchungsanstalten. Darüber hinaus werden hiervon die gemäß § 47 Abs. 1 Nr. 5, Abs. 2 S. 2 AMG handelnden und von der zuständigen Behörde anerkannten zentralen Beschaffungsstellen für Arzneimittel erfasst, ebenso die Ausbildungsstätten für Heilberufe im Sinne des § 47 Abs. 3 AMG. Kurhotels, Kurheime und Kurstätten, die keine Konzession im Sinne des § 30 GewO benötigen, sind dagegen nicht zu den Fachkreisen im Sinne des § 2 HWG zu zählen[86]. 13

„Sonstige Personen, soweit sie mit Arzneimitteln, Medizinprodukten (…) erlaubterweise Handel treiben oder sie in Ausübung ihres Berufes anwenden" sind beispielsweise pharmazeutische Unternehmen und Großhändler (§ 47 Abs. 1 Nr. 1 AMG), Drogisten, Reformhäuser und sonstige Einzelhändler, soweit sie erlaubterweise mit nicht apothekenpflichtigen Arzneimitteln Handel treiben[87]. 14

Die Abgrenzung zwischen Fachkreis- und Publikumswerbung erfolgt anhand der Zielrichtung des Werbemediums[88]. Die Beurteilung erfolgt anhand einer Gesamtschau aller Umstände des Einzelfalls wie beispielsweise Adressaten, Inhalt und Gestaltung, Anlass der Kommunikation usw[89] – und zwar sowohl nach subjektiver, als auch nach objektiver Zielgerichtetheit des Werbemediums. Herrscht beispielsweise der objektiv erkennbare Wille vor, eine bestimmte Werbung nur gegenüber Fachkreisen zu betreiben, indem sie etwa in einer Ärztezeitschrift geschaltet wird, steht die jederzeit verbleibende Kenntnisnahmemöglichkeit durch Laien einer Einordnung als Fachwerbung nicht entgegen. Umgekehrt ist etwa eine Werbung zu beurteilen, die in Fachzeitschriften mit erkennbar nichtfachlichem „Zweitnutzen", zB einem ausgiebigen Fernsehprogramm, erfolgt, da dann damit zu rechnen ist, dass sie auch von einem nicht-fachlichen Publikum zur Kenntnis genommen wird[90]. Werbung in Massenmedien wie Radio oder Fernsehen kann wegen der objektiv gegebenen Ausrichtung auf das Laien-Publikum nicht als Fachwerbung gelten. Gleiches gilt für Internetwerbung, sofern sie nicht – etwa durch einen kontrollierten Passwortschutz – nur Fachkreisen zugänglich ist[91]. 15

Verstärkt diskutiert wurde in der jüngeren Literatur die Frage, inwieweit die in § 2 HWG enthaltene Definition des Begriffs der Fachkreise mit der in Artikel 86 Abs. 1, zweiter Gedankenstrich des Gemeinschaftskodexes enthaltenen Definition übereinstimmt[92]. Denn nach dem Gemeinschaftskodex umfasst der Kreis der fachkundigen Per- 16

---

[85] vgl. die Aufzählungen bei *Reese/Holtorf* in Dieners/Reese, Handbuch des Pharmarechts, § 11 Rn. 122; *Zimmermann* in Fuhrmann/Klein/Fleischfresser, Arzneimittelrecht, § 28 Rn. 39 ff., mwN; *Doepner*, Heilmittelwerbegesetz, § 2 Rn. 6 f., 11.

[86] *Reese/Holtorf* in Dieners/Reese, Handbuch des Pharmarechts, § 11 Rn. 125; *Zimmermann* in Fuhrmann/Klein/Fleischfresser, Arzneimittelrecht, § 28 Rn. 40; *Ring* in Bülow/Ring/Artz/Brixius, Heilmittelwerbegesetz, § 2 Rn. 11; *Doepner*, Heilmittelwerbegesetz, § 2 Rn. 8.

[87] *Zimmermann* in Fuhrmann/Klein/Fleischfresser, Arzneimittelrecht, § 28 Rn. 40; *Reese/Holtorf* in Dieners/Reese, Handbuch des Pharmarechts, § 11 Rn. 126; *Doepner*, Heilmittelwerbegesetz, § 2 Rn. 9.

[88] *Reese/Holtorf* in Dieners/Reese, Handbuch des Pharmarechts, § 11 Rn. 128; *Doepner*, Heilmittelwerbegesetz, § 2 Rn. 14; *Zimmermann* in Fuhrmann/Klein/Fleischfresser, Arzneimittelrecht, § 28 Rn. 41; *Gröning*, Heilmittelwerberecht, § 2 Rn. 7 ff..

[89] *Doepner*, Heilmittelwerbegesetz, § 2 Rn. 14; *Zimmermann* in Fuhrmann/Klein/Fleischfresser, Arzneimittelrecht, § 28 Rn. 41.

[90] *Doepner*, Heilmittelwerbegesetz, § 2 Rn. 14.

[91] *Doepner*, Heilmittelwerbegesetz, § 2 Rn. 15; *v. Czettritz* PharmR 1997, 88 (89).

[92] *Reese/Holtorf* in Dieners/Reese, Handbuch des Pharmarechts, § 11 Rn. 135; *Zimmermann* in Fuhrmann/Klein/Fleischfresser, Arzneimittelrecht, § 28 Rn. 40; *Fritzsche* in Spickhoff/Fritzsche, Medizinrecht, § 2 HWG Rn. 3; *Doepner*, Heilmittelwerbegesetz, § 2 Rn. 17.

sonen nur diejenigen, „die zur Verschreibung oder zur Abgabe von Arzneimitteln befugt sind". Die Definition der Fachkreise in § 2 HWG ist, wie dargestellt, deutlich weiter. Allerdings bezieht sich der Gemeinschaftskodex nur auf Arzneimittelwerbung, nicht aber auf Werbung etwa für Medizinprodukte. Für den Bereich der Arzneimittelwerbung wäre bei Zugrundelegung der Definition der Fachkreise durch den Gemeinschaftskodex der Anwendungsbereich der Fachkreiswerbung enger als nach der Definition des HWG – und umgekehrt der deutlich strenger regulierte Bereich der Publikumswerbung weiter. Insoweit stellt sich die Frage, ob es Sinn macht, § 2 HWG richtlinienkonform, das heißt einschränkend, auszulegen.

17 Während *Reese/Holtorf* in Dieners/Reese[93], *Doepner*[94] und *Fritzsche* in Spickhoff[95] eine einschränkende Auslegung des Begriffs der Fachkreise ablehnen, stehen *Zimmermann* in Fuhrmann/Klein/Fleischfresser und *Gröning*[96] einer gemeinschaftsrechtskonformen Reduzierung des Fachkreisbegriffs aus § 2 HWG aufgeschlossen gegenüber[97]. Der erstgenannten Auffassung ist zuzustimmen, da in Bezug auf Arzneimittelwerbung gegenüber anderen Teilen der Fachkreise der eindeutige Wortlaut des § 2 HWG einer richtlinienkonformen Auslegung entgegensteht und auch nicht ersichtlich ist, warum beispielsweise gegenüber Hebammen oder Krankenschwestern nicht mit fachlichen Empfehlungen oder der Wiedergabe von Krankengeschichten geworben werden soll. Im Anwendungsbereich des § 10 HWG, der die Werbung für verschreibungspflichtige Arzneimittel nur gegenüber den in seinem Abs. 1 genannten Personen, den sog. qualifizierten Fachkreisen, gestattet, bestehen zu der Regelung des Gemeinschaftskodexes keine Diskrepanzen.

II. Der Adressatenkreis des HWG

18 Der Adressatenkreis des HWG ist im Gesetz selbst nicht ausdrücklich beschrieben. Das Gesetz richtet sich aber an jeden Werbungstreibenden, dh an alle natürlichen oder juristischen Personen, die an der Verbreitung einer als Werbung im Sinne des HWG einzustufenden Aussage beteiligt bzw. hierfür verantwortlich sind[98]. Unerheblich ist insoweit, ob ein eigenes Interesse an dem durch die Werbung angestrebten wirtschaftlichen Erfolg besteht oder ob nur der Erfolg eines anderen gefördert wird[99]. Als Werbungstreibende sind danach etwa pharmazeutische Unternehmer, Hersteller, Vertreiber, Importeure, Großhändler, Einzelhändler, Apotheker, Ärzte, Pharmaberater und Werbeagenturen anzusehen. Medien, Verleger, verantwortliche Redakteure und Anzeigenleiter, dh die Presse, können nur insoweit in Anspruch genommen werden, als ihnen Prüfpflichten hinsichtlich des Werbeinhaltes obliegen[100].

19 Da insoweit keine gesetzliche Ausnahme besteht und die Interessenlage dieselbe ist, sind auch Versandapotheken zum Adressatenkreis des HWG zu zählen. Deren Werbung unterliegt daher im örtlichen Anwendungsbereich des HWG ebenfalls dessen Beschränkungen.

20 An der Werbung „Beteiligte", die keinerlei Verantwortung für den Inhalt der Werbung oder kein Interesse an deren Verbreitung haben, sondern stattdessen nur unselbständig an

---

[93] *Reese/Holtorf* in Dieners/Reese, Heilmittelwerbegesetz, § 11 Rn. 135.
[94] *Doepner*, Heilmittelwerbegesetz, § 2 Rn. 17.
[95] *Fritzsche* in Spickhoff/Fritzsche, Medizinrecht, § 2 HWG Rn. 3.
[96] *Gröning*, Heilmittelwerberecht, Bd. II, Vor Art. 6 bis 11 Rn. 8 (zur RL 92/28/EWG).
[97] *Zimmermann* in Fuhrmann/Klein/Fleischfresser, Arzneimittelrecht, § 28 Rn. 40 aE.
[98] *Zimmermann* in Fuhrmann/Klein/Fleischfresser, Arzneimittelrecht, § 28 Rn. 42; *Doepner*, Heilmittelwerbegesetz, § 1 Rn. 13.
[99] *Gröning*, Heilmittelwerberecht, § 1 Rn. 75.
[100] *Ring* in Bülow/Ring/Artz/Brixius, Heilmittelwerbegesetz, § 13 Rn. 5; *Zimmermann* in Fuhrmann/Klein/Fleischfresser, Arzneimittelrecht, § 28 Rn. 42, 148, *Doepner*, Heilmittelwerbegesetz, § 1 Rn. 13.

deren Verbreitung mitwirken, wie beispielsweise Plakatkleber oder Prospektverteiler, sind dagegen selbstverständlich nicht als Werbungstreibende anzusehen[101].

III. § 13 HWG: Werbung ausländischer Unternehmen

Dem Heilmittelwerbegesetz unterfällt jegliche Werbung, die in Deutschland durchgeführt wird. § 13 HWG soll verhindern, dass für eine Werbung in Deutschland kein Verantwortlicher in Anspruch genommen werden kann[102]. Sinn und Zweck dieser Vorschrift ist es, Verstöße gegen das Heilmittelwerbegesetz, die von Unternehmen mit einem Sitz außerhalb der Bundesrepublik begangen werden, auch im Inland ahnden zu können[103]. Werbung eines ausländischen Unternehmens, die in den sachlichen Anwendungsbereich des HWG fällt, ist danach generell unzulässig, sofern nicht ein Unternehmen oder eine natürliche Person mit Sitz oder gewöhnlichem Aufenthalt im Geltungsbereich des HWG oder in einem anderen Mitgliedsstaat der EU ausdrücklich damit betraut ist, die sich aus dem HWG ergebenden Pflichten zu übernehmen. Dies bedeutet, dass auch dieser Verantwortliche in der Werbung zu benennen ist, denn sonst macht die Vorschrift keinen Sinn. Dementsprechend hat die Presse bei Anzeigen ausländischer Unternehmen außerhalb der EU auch die Prüfpflicht, dass ein inländischer oder europäischer Verantwortlicher vorhanden und in der Anzeige genannt ist[104]. 21

IV. Heilmittelrechtliche Informationspflichten – § 4 HWG: Pflichtangaben

1. Grundsätzliches

§ 4 HWG legt dem Werbenden in Form von Geboten zahlreiche Informationspflichten auf. Hierdurch unterscheidet sich § 4 HWG von den übrigen Vorschriften des HWG, die Verbote enthalten[105]. Der auf eine Aufklärung der Werbeadressaten und Versachlichung der Heilmittelwerbung abzielende § 4 HWG enthält in seinen Absätzen 1 und 1a eine Aufzählung all derjenigen Angaben (Pflichtangaben), die jeder Werbung für Arzneimittel im Sinne des § 2 Abs. 1 oder Abs. 2 Nr. 1 AMG beigefügt werden müssen. Für Medizinprodukte (§ 1 Abs. 1 Nr. 1a) und andere Mittel, Verfahren, Behandlungen und Gegenstände (§ 1 Abs. 1 Nr. 2 HWG) besteht diese Pflichtangabenverpflichtung nicht. Die Adressaten der Arzneimittelwerbung sollen in die Lage versetzt werden, sich aufgrund der Werbung ein Bild über den Wert eines Arzneimittels zu machen, um danach eine möglichst rationale Entscheidung darüber treffen zu können, ob das beworbene Arzneimittel den gesundheitlichen Bedürfnissen entspricht und ob dessen Verwendung wirtschaftlich sinnvoll erscheint[106]. 22

Die Regelung des § 4 HWG ist nach herrschender Auffassung europarechtskonform[107]. Wie der EuGH[108] mit der „Gintec"-Entscheidung zum Ausdruck gebracht hat, ist mit 23

---

[101] *Zimmermann* in Fuhrmann/Klein/Fleischfresser, Arzneimittelrecht, § 28 Rn. 42; *Doepner*, Heilmittelwerbegesetz, vor §§ 14, 15 Rn. 57.
[102] *Zimmermann* in Fuhrmann/Klein/Fleischfresser, Arzneimittelrecht, § 28 Rn. 45; *Ring* in Bülow/Ring/Artz/Brixius, Heilmittelwerbegesetz, § 13 Rn. 6.
[103] *Ring* in Bülow/Ring/Artz/Brixius, Heilmittelwerbegesetz, § 13 Rn. 1; *Zimmermann* in Fuhrmann/Klein/Fleischfresser, Arzneimittelrecht, § 28 Rn. 44 f.
[104] *Doepner*, Heilmittelwerbegesetz, § 13 Rn. 5.
[105] *Riegger*, Heilmittelwerberecht, 4. Kap., Rn. 1, S. 79.
[106] *Reese/Holtorf* in Dieners/Reese, Handbuch des Pharmarechts, § 11 Rn. 197; *Doepner*, Heilmittelwerbegesetz, § 4 Rn. 9.
[107] BGH NJW-RR 2009, 620 (621) Tz. 13 – Schoenenberger Artischockensaft; *Zimmermann* in Fuhrmann/Klein/Fleischfresser, Arzneimittelrecht, § 28 Rn. 59; *Brixius* in Bülow/Ring/Artz/Brixius, Heilmittelwerbegesetz, § 4 Rn. 6, mwN.
[108] EuGH 8.11.2007 – C-374/05 = GRUR 2008, 267 ff.

dem Gemeinschaftskodex eine vollständige Harmonisierung des Bereichs der Arzneimittelwerbung erfolgt, wobei die Fälle, in denen die Mitgliedsstaaten befugt sind, Bestimmungen zu erlassen, die von der in dieser Richtlinie getroffenen Regelung abweichen, ausdrücklich aufgeführt sind. Da Art. 89 Abs. 1 lit. b) des Gemeinschaftskodexes lediglich bestimmt, dass jede Öffentlichkeitswerbung für Arzneimittel „mindestens" die im Folgenden ausdrücklich aufgeführten Angaben enthalten muss, ist der nationale Gesetzgeber nicht gehindert, darüber hinausgehende Angaben zu fordern, wie dies in § 4 Abs. 1 HWG geschehen ist[109]. Nach Auffassung von *Mand* gilt dies allerdings nur im Hinblick auf Art und Umfang der notwendigen Angaben. Soweit sich insbesondere Art. 89 Abs. 1 lit. b) Sp. 3 des Gemeinschaftskodex mit der formellen Gestaltung der Angaben befasse, sei diese Regelung abschließend. Die Angabe „mindestens" lasse es zwar zu, der Regelung gleichsam weitere Spiegelstriche hinzuzufügen. Die innerhalb der einzelnen Spiegelstriche genannten Fallkonstellationen seien aber abschließend geregelt[110].

24   Für diese Auffassung spricht, dass gerade im Internet immer wieder neue Werbeformen kreiert werden, bei denen die Einhaltung der in § 4 HWG genannten formellen Anforderungen technisch nicht möglich ist oder den Gegebenheiten dieses Mediums zuwiderläuft. Deutlich wird dies etwa bei den sogenannten AdWords, dh kleinstformatigen Anzeigen, die am Rand der Suchergebnisseite von google erscheinen, wenn der Nutzer in die Suchmaschine bestimmte Keywords eingibt. Aufgrund der technisch vorgegebenen (geringen) Zeichenzahl können AdWords weder die Pflichtangaben des § 4 Abs. 1 HWG noch den in § 4 Abs. 3 S. 1 HWG niedergelegten Pflichttext „Zu Risiken und Nebenwirkungen lesen Sie die Packungsbeilage und fragen Sie Ihren Arzt oder Apotheker" enthalten. Während die nationale Regelung die wortlautgetreue Wiedergabe dieses Hinweises in der Werbung verlangt, sieht Art. 89 Abs. 1 lit. b) dritter Gedankenstrich des Gemeinschaftskodexes lediglich vor, dass „eine ausdrückliche und gut erkennbare Aufforderung *je nach Fall*, die Hinweise auf der Packungsbeilage oder auf der äußeren Verpackung aufmerksam zu lesen", erfolgen muss. Will man, wie dies Erwägungsgrund 3 des Gemeinschaftskodexes ausdrücklich vorschreibt, die Entwicklung der pharmazeutischen Industrie und des Handels mit Arzneimitteln innerhalb der Gemeinschaft nicht hemmen, ist § 4 Abs. 3 S. 1 HWG entweder einzelfallbezogen auszulegen, oder aber – wegen des abschließend gewählten Wortlautes – durch den nationalen Gesetzgeber zu reformieren[111].

25   Am einfachsten lässt sich das Problem jedoch lösen, wenn man die Wiedergabe der Pflichtangaben in Form eines direkten Links auf die Pflichtangaben vornimmt, was der BGH mittlerweile zugelassen hat[112].

26   Die Verfassungskonformität von § 4 HWG begegnet seit der Abschwächung der Anforderungen an die Pflichtangaben im Bereich der Publikumswerbung aufgrund des 8. Gesetzes zur Änderung des AMG vom 7.9.1998[113] keinen grundsätzlichen Bedenken mehr[114].

27   Konkurrenzen zu arzneimittelrechtlichen Vorgaben bestehen nicht. Wie der EuGH in der Rechtssache MSD/Merckle GmbH[115] dargelegt hat, dürfen die äußere Umhüllung und

---

[109] BGH NJW-RR 2009, 620 (621) Tz. 13 – Schoenenberger Artischockensaft; *Zimmermann* in Fuhrmann/Klein/Fleischfresser, Arzneimittelrecht, § 28 Rn. 59; *Brixius* in Bülow/Ring/Artz/Brixius, Heilmittelwerbegesetz, § 4 Rn. 6, mwN.

[110] *Mand* in Prütting, Fachanwaltskommentar Medizinrecht, § 4 Rn. 48, 54.

[111] *v. Czettritz/Thewes* PharmR 2012, 56 ff.; *Prütting/Mand*, Fachanwaltskommentar Medizinrecht, § 4 Rn. 48, 54; *v. Czettritz* PharmR 1997, 88 (89).

[112] BGH, Urteil v. 6.6.2013 – I ZR 2/12 – Pflichtangaben im Internet; vgl. *v. Czettritz*, GRUR-Prax 2013, 548; *Müllen* PharmR 2014, 8.

[113] BGBl. I, 2649.

[114] Im Einzelnen: BGH NJW-RR 2009, 620 (621) Tz. 15 – Schoenenberger Artischockensaft, mwN.

[115] GRUR 2011, 1160 ff. unter Tz. 42 ff.

die Packungsbeilage gemäß Art. 62 des Gemeinschaftskodexes keine Angaben mit Werbecharakter enthalten. Solange die Umverpackung oder die Packungsbeilage eines Arzneimittels keine zusätzlichen Elemente aufweisen, die für eine Einordnung als Werbung sprechen, kommt beiden kein Werbecharakter zu[116]. Enthalten Umverpackung oder Packungsbeilage eines Arzneimittels dagegen werbliche Elemente, oder werden erkennbar im werblichen Kontext verwandt, so sind die heilmittelwerberechtlichen Vorschriften neben den §§ 10-12 AMG anwendbar[117].

Für den Fall einer möglichen Kollision zwischen § 4 Abs. 1 Nr. 4 HWG und § 12 HWG, nach dem sich Laienwerbung nicht auf bestimmte Krankheiten beziehen darf, hat der Bundesgerichtshof entschieden, dass § 4 Abs. 1 Nr. 4 HWG nicht dahingehend zu verstehen ist, dass grundsätzlich in jeder Werbung für ein Arzneimittel alle Anwendungsgebiete genannt werden müssten. Die mit § 4 Abs. 1 HWG bezweckte vollständige Unterrichtung des Verbrauchers hinsichtlich der Zusammensetzung, Wirkungsweise und sonstigen Bedeutung des Arzneimittels erfordere es nicht, in einer Werbung, die allein auf eine oder mehrere bestimmte Indikationen abgestellt ist, auch andere, in der Werbung im übrigen überhaupt nicht angesprochene Anwendungsgebiete mit aufzuführen[118]. Insoweit ist § 12 HWG gegenüber § 4 HWG vorrangig. 28

2. Der Pflichtangabenkatalog gemäß § 4 Abs. 1 bis 3 HWG

Wie bereits dargelegt, dienen die in § 4 Abs. 1 bis 3 HWG aufgezählten Pflichtangaben der Information und Versachlichung der Arzneimittelwerbung. Welche Pflichtangaben im Einzelfall zu machen sind, bestimmt sich nach der Art des beworbenen Arzneimittels und der jeweiligen Werbemaßnahme; darüber hinaus bestehen unterschiedliche Anforderungen für die Öffentlichkeits- und die Fachkreiswerbung. Am ausführlichsten und umfangreichsten sind die Pflichtangaben gegenüber den Fachkreisen, da diese aufgrund ihrer Stellung als Verschreiber der Arzneimittel mit jeder Werbung alle wesentlichen Informationen über das Arzneimittel erhalten sollen. Etwas weniger umfangreich sind die Pflichtangaben gegenüber dem Laien-Publikum. 29

In jede Arzneimittelwerbung zwingend aufzunehmen sind Angaben über die Bezeichnung des Arzneimittels (§ 4 Abs. 1 Nr. 2 HWG) und die Anwendungsgebiete (§ 4 Abs. 1 Nr. 4 HWG). 30

Abhängig von der Art des beworbenen Arzneimittels können die Pflichtangaben in Bezug auf Warnhinweise (§ 4 Abs. 1 Nr. 7 HWG) und die Wartezeit bei Tierarzneimitteln (§ 4 Abs. 1 Nr. 8 HWG) entfallen. 31

Anders als in der Öffentlichkeitswerbung, bei der die nachfolgenden Angaben entfallen können, sind bei der Fachkreiswerbung Angaben zu machen über den pharmazeutischen Unternehmer (§ 4 Abs. 1 Nr. 1 HWG), die Zusammensetzung (§ 4 Abs. 1 Nr. 3 HWG), die Gegenanzeigen (§ 4 Abs. 1 Nr. 5 HWG) und die Nebenwirkungen (§ 4 Abs. 1 Nr. 6 HWG). Außerdem hat Fachkreiswerbung Angaben über die Verschreibungspflicht (§ 4 Abs. 1 Nr. 7a HWG) zu enthalten, wobei für verschreibungspflichtige Arzneimittel ohnehin nur gegenüber den Fachkreisen geworben werden darf (§ 10 Abs. 1 HWG). 32

Werbung für registrierte traditionelle pflanzliche Arzneimittel muss darüber hinaus zusätzlich den Hinweis enthalten: „Traditionelles pflanzliches Arzneimittel zur Anwendung bei ... (spezifiziertes Anwendungsgebiet/spezifizierte Anwendungsgebiete) aus- 33

---

[116] Ebenso *Zimmermann* in Fuhrmann/Klein/Fleischfresser, Arzneimittelrecht, § 28 Rn. 37; *Doepner*, Heilmittelwerbegesetz, § 4 Rn. 14.
[117] *Brixius* in Bülow/Ring/Artz/Brixius, Heilmittelwerbegesetz, § 4 Rn. 14 f.; *Zimmermann* in Fuhrmann/Klein/Fleischfresser, Arzneimittelrecht, § 28 Rn. 58.
[118] BGH NJW 1983, 2087 (2088) – Grippewerbung II; *Brixius* in Bülow/Ring/Artz/Brixius, Heilmittelwerbegesetz, § 4 Rn. 18–20.

schließlich aufgrund langjähriger Anwendung" (§ 4 Abs. 1 S. 2 HWG). Bei Arzneimitteln, die nur einen arzneilich wirksamen Bestandteil (Monopräparate) enthalten, muss der Angabe nach § 4 Abs. 1 Nr. 2 HWG die Bezeichnung des Wirkstoffes mit dem Hinweis: „Wirkstoff" folgen, sofern diese Angabe nicht bereits in der Bezeichnung des Arzneimittels selbst enthalten ist, wie dies bei Generika regelmäßig der Fall ist (§ 4 Abs. 1a HWG). Darüber hinaus müssen die Angaben gemäß § 4 Abs. 1 und 1a HWG mit denjenigen übereinstimmen, die nach § 11 oder § 12 AMG für die Packungsbeilage vorgeschrieben sind. Eine wörtliche Übereinstimmung ist dabei nicht erforderlich; vielmehr wird das Ziel einer hinreichenden Aufklärung der Verkehrskreise in der Werbung häufig sogar besser mit Angaben erreicht, die mit denen in der Packungsbeilage nur sinngemäß übereinstimmen[119].

3. Die Pflichtangaben im Einzelnen

34 **a) Name oder Firma und Sitz des pharmazeutischen Unternehmers.** Gemäß § 4 Abs. 1 S. 1 Nr. 1 HWG sind der Name (§ 12 BGB) oder die Firma (§ 17 HWG) und der Sitz des pharmazeutischen Unternehmers anzugeben. Dabei kann die Firma nach herrschender Literaturmeinung analog § 10 Abs. 9 S. 2 AMG abgekürzt werden[120]. Wer pharmazeutischer Unternehmer ist, bemisst sich nach § 4 Abs. 18 AMG. Danach ist pharmazeutischer Unternehmer, wer Zulassungsinhaber ist oder das Arzneimittel unter seinem Namen in den Verkehr bringt (s. § 2 Rn. 46).

35 **b) Bezeichnung des Arzneimittels.** Gemäß § 4 Abs. 1 S. 1 Nr. 2 HWG ist die Bezeichnung des Arzneimittels im Sinne der §§ 11 Abs. 1 S. 1 Nr. 1 lit. a), 10 Abs. 1 S. 1 Nr. 2 AMG anzugeben. Sofern bei Monopräparaten die Wirkstoffbezeichnung nicht in der Arzneimittelbezeichnung enthalten ist, ist gemäß § 4 Abs. 1a HWG nach der Bezeichnung des Arzneimittels die Bezeichnung des Wirkstoffs aufzuführen. In der Wahl der Arzneimittelbezeichnung unterliegen die pharmazeutischen Unternehmer grundsätzlich keinen Beschränkungen, soweit die gewählte Bezeichnung nicht mit einer gebräuchlichen, zB im Deutschen Arzneibuch oder von der WHO verwendeten Bezeichnung verwechselt werden kann[121]. Außerdem sind die arzneimittel-, heilmittel- und wettbewerbsrechtlichen Irreführungsverbote (§ 8 Abs. 1 Nr. 2 AMG, § 3 HWG, 5 UWG) zu berücksichtigen[122]. Einschränkungen können sich ferner aus dem Markenrecht (§ 14 MarkenG) sowie aus dem Gebot der Verwendung einer einheitlichen Marke in allen EU-Staaten bei im zentralen Verfahren erteilten Zulassungen ergeben[123].

36 **c) Zusammensetzung des Arzneimittels.** Gemäß § 4 Abs. 1 Nr. 3 HWG ist die Zusammensetzung des Arzneimittels nach § 11 Abs. 1 S. 1 Nr. 6 lit. d) AMG anzugeben. Dies erfordert die Angabe der vollständigen qualitativen Zusammensetzung nach Wirkstoffen und sonstigen Bestandteilen sowie der quantitativen Zusammensetzung nach Wirkstoffen unter Verwendung der von der WHO empfohlenen Kurzbezeichnungen (INN) oder sonstiger gebräuchlicher Bezeichnungen für jede Darreichungsform des Arzneimit-

---

[119] BGH GRUR 1994, 839 (840) – Kontraindikationen; *Brixius* in Bülow/Ring/Artz/Brixius, Heilmittelwerbegesetz, § 4 Rn. 36 ff.
[120] *Zimmermann* in Fuhrmann/Klein/Fleischfresser, Arzneimittelrecht, § 28 Rn. 60; *Brixius* in Bülow/Ring/Artz/Brixius, Heilmittelwerbegesetz, § 4 Rn. 44; *Gröning*, Heilmittelwerberecht, § 4 Rn. 42; *Doepner*, Heilmittelwerbegesetz, § 4 Rn. 27.
[121] vgl. auch Leitlinie des BfArM und des PEI zur Bezeichnung von Arzneimitteln vom 19.3.2013.
[122] vgl. OLG München, PharmR 2010, 233 f. bzgl. des Bestandteils „akut".
[123] *Reese/Holtorf* in Dieners/Reese, Handbuch des Pharmarechts, § 11 Rn. 202; *Gröning*, Heilmittelwerberecht, § 4 Rn. 46.

tels[124]. Die Mengenangaben müssen für jeden Wirkstoff gesondert erfolgen und auf eine bestimmte Einheit bezogen werden.

d) Anwendungsgebiete. Gemäß § 4 Abs. 1 S. 1 Nr. 4 HWG sind ferner die Anwendungsgebiete (Indikationen) anzugeben, für die das beworbene Arzneimittel die Zulassung erhalten hat (§ 22 Abs. 1 Nr. 6 AMG) oder registriert worden ist. Die Angabe anderer oder weitergehender Indikationen ist nicht zulässig. Anders, als der Wortlaut („die Anwendungsgebiete") dies vermuten lässt, müssen in einer nur auf einzelne Indikationen beschränkten Werbung für ein Mehrzweckpräparat die weiteren Anwendungsgebiete nicht mit aufgeführt werden[125]. Bei homöopathischen Arzneimitteln, die nicht zugelassen, sondern nur gem. § 38 AMG registriert worden sind, ist die Angabe von Anwendungsgebieten in der Werbung nicht zulässig (§ 5 HWG).

37

e) Gegenanzeigen, Nebenwirkungen, Warnhinweise. Gemäß § 4 Abs. 1 S. 1 Nr. 5 HWG sind die Gegenanzeigen im Sinne von § 11 Abs. 1 S. 1 Nr. 3 lit. a), S. 6 AMG anzugeben. Zu möglichen Kontraindikationen zählen körperliche oder seelische Umstände aufgrund derer ein Arzneimittel nicht, nur eingeschränkt oder nur unter weiteren Voraussetzungen zur Anwendung kommen darf, wie etwa bestimmte Krankheiten, das Alter des Patienten, eine bestehende Schwangerschaft o.ä.[126].

38

Gemäß § 4 Abs. 1 S. 1 Nr. 6 HWG sind die Nebenwirkungen im Sinne der §§ 4 Abs. 13, 11 Abs. 1 S. 1 Nr. 5 AMG anzugeben. Nebenwirkungen sind nach der mit der 16. AMG-Novelle erfolgten Neudefinition in § 4 Abs. 13 AMG alle schädlichen und unbeabsichtigten Reaktionen auf das Arzneimittel. Umfasst sind danach bei Humanarzneimitteln nicht nur alle Reaktionen, die beim bestimmungsgemäßen Gebrauch auftreten, sondern auch Reaktionen infolge von Überdosierung, Fehlgebrauch, Missbrauch und Medikationsfehler, sowie Nebenwirkungen, die mit beruflicher Exposition verbunden sind[127].

39

Sind keine Gegenanzeigen oder Nebenwirkungen bekannt, können entsprechende Angaben gemäß § 4 Abs. 2 S. 2 HWG entfallen. Unzulässig ist in einem solchen Fall allerdings auch die Angabe, es gäbe keine Gegenanzeigen oder Nebenwirkungen, da Wissenschaft und Forschung ständig fortschreiten und jederzeit neue Erkenntnisse gewonnen werden können. Zulässig ist aber die Angabe „keine Gegenanzeigen bekannt." Werden nach Zulassung des Arzneimittels Gegenanzeigen bekannt, müssen diese in die Werbung aufgenommen[128] und per Änderungsanzeige dem Bundesinstitut für Arzneimittel und Medizinprodukte angezeigt werden.

40

Nach § 4 Abs. 1 S. 1 Nr. 7 HWG sind in der Werbung die Warnhinweise anzugeben, die gemäß § 10 Abs. 2 AMG für die Kennzeichnung der Behältnisse und äußeren Umhüllungen vorgeschrieben sind. Hierbei handelt es sich beispielsweise um Angaben zur Einschränkung der Verkehrstüchtigkeit und die in § 2 AMWarnV oder die in der AMRadV aufgeführten Hinweise[129].

41

---

[124] *Reese/Holtorf* in Dieners/Reese, Handbuch des Pharmarechts, § 11 Rn. 204; *Zimmermann* in Fuhrmann/Klein/Fleischfresser, Arzneimittelrecht, § 28 Rn. 62; *Doepner*, Heilmittelwerbegesetz, § 4 Rn. 33.
[125] BGH GRUR 1983, 333 (334 f.) – Grippewerbung II.
[126] BGH GRUR 1994, 839 (840) – Kontraindikationen; *Reese/Holtorf* in Dieners/Reese, Handbuch des Pharmarechts, § 11 Rn. 209.
[127] Referentenentwurf vom 2.12.2011, abrufbar unter www.bmg.bund.de/fileadmin/dateien/ Downloads/Gesetze_und_Verordnungen/Laufende_Verfahren/A/AMGuaAEndG/Zweites_Gesetz_zur_AEnderung_arzneimittelrechtlicher_und_anderer_Vorschriften_111202.pdf.
[128] *Reese/Holtorf* in Dieners/Reese, Handbuch des Pharmarechts, § 11 Rn. 210; *Brixius* in Bülow/ Ring/Artz/Brixius, Heilmittelwerbegesetz, § 4 Rn. 68, 71, 73.
[129] *Brixius* in Bülow/Ring/Artz/Brixius, Heilmittelwerbegesetz, § 4 Rn. 75 ff.

42 **f) Verschreibungspflichtigkeit.** Arzneimittel, die nur auf ärztliche, zahnärztliche oder tierärztliche Verschreibung abgegeben werden dürfen, sind gemäß § 4 Abs. 1 S. 1 Nr. 7a HWG mit der Angabe „verschreibungspflichtig" zu kennzeichnen. Diese Vorschrift wird nur bei Werbung gegenüber den in § 10 Abs. 1 HWG genannten Fachkreisen, die nicht alle in § 2 HWG genannten Fachkreise umfassen, relevant. Welche Arzneimittel verschreibungspflichtig sind, bestimmt sich nach § 48 AMG und der dazu erlassenen Verordnung über die Verschreibungspflicht von Arzneimitteln (AMVV[130]).

43 **g) Wartezeit bei Tierarzneimitteln.** Gemäß § 4 Abs. 1 S. 1 Nr. 8 HWG ist bei Werbung für Arzneimittel, die bei Tieren, die zur Gewinnung von Lebensmitteln dienen, angewendet werden sollen, die Wartezeit nach § 4 Abs. 12 AMG anzugeben, die nach Anwendung des Arzneimittels aufgrund der Gefahr von Rückständen eingehalten werden muss, ehe mit der Gewinnung von Lebensmitteln von dem behandelten Tier begonnen wird.

4. Pflichtangaben in der Öffentlichkeitswerbung

44 § 4 Abs. 3 HWG sieht vor, dass die Angaben nach § 4 Abs. 1 Nr. 1, 3, 5 und 6 HWG in der Publikumswerbung entfallen können. Anzugeben sind in der Laienwerbung demnach nur die Bezeichnung des Arzneimittels sowie dessen Anwendungsgebiete (§ 4 Abs. 1 Nr. 2 und 4 HWG). Anstelle der übrigen Angaben ist gemäß § 4 Abs. 3 S. 1 HWG der Pflichthinweis „Zu Risiken und Nebenwirkungen lesen Sie die Packungsbeilage und fragen Sie Ihren Arzt oder Apotheker" gut lesbar und von den übrigen Werbeaussagen deutlich abgesetzt und abgegrenzt anzugeben.

5. Form der Pflichtangaben/Gute Lesbarkeit/Abgegrenztheit

45 Gemäß § 4 Abs. 4 HWG müssen die nach § 4 Abs. 1 HWG vorgeschriebenen Angaben von den übrigen Werbeaussagen deutlich abgesetzt, abgegrenzt und gut lesbar sein. Die Mindestschriftgröße entspricht der 6-Punkt-Schrift[131]. Darüber hinaus ist die gute Lesbarkeit auch mit Blick auf andere Parameter, wie etwa die verwendete Farbe, Drucktype, das Papier oder das Verhältnis der Buchstabengröße von Pflichtangaben zu anderen Werbeaussagen zu gewährleisten[132]. Gut abgesetzt ist der Pflichthinweis, wenn er gegenüber anderen Werbeangaben etwa durch Trennstriche, Absätze, Umrahmungen oder eine andere farbliche Gestaltung getrennt ist. Bei Werbebroschüren, in denen für mehrere Präparate oder das ganze Sortiment eines pharmazeutischen Unternehmens geworben wird, werden die Pflichtangaben in der Regel am Ende der Broschüre wiedergegeben. Dies soll jedoch nach einer Entscheidung des OLG Frankfurt nicht ausreichend sein[133]. Tatsächlich sind es jedoch die Fachkreise und auch die Verbraucher gewohnt, dass die Pflichtangaben zusammengefasst am Ende wiedergegeben werden, wenn bei jeder Werbung darauf verwiesen wird.

46 In Bezug auf eine Werbung im Internet besteht Einigkeit, dass insoweit dieselben Anforderungen wie bei der Printwerbung zu erfüllen[134], dh insbesondere die Pflichtangaben vollständig wiederzugeben sind.

47 Mit Blick auf neue Werbeformen im Internet wurde jedoch in letzter Zeit erneut diskutiert, wo der Pflichthinweis anzubringen ist. Einige unterinstanzliche Gerichte

---

[130] v. *Czettritz* in Fuhrmann/Klein/Fleischfresser, Arzneimittelrecht, § 25 Rn. 11 ff.
[131] BGH NJW 1988, 766 (767) – 6-Punkt-Schrift; *Brixius* in Bülow/Ring/Artz/Brixius, Heilmittelwerbegesetz, § 4 Rn. 132 mwN aus der Rechtsprechung.
[132] BGH NJW 1988, 766 (767) – 6-Punkt-Schrift.
[133] OLG Frankfurt WRP 2001, 1111.
[134] *v. Czettritz* PharmR 1997, 88; *v. Czettritz* PharmR 2003, 301.

meinen, dass der Pflichthinweis bei Internetwerbung stets in der Werbeanzeige selbst enthalten sein müsse[135]. Demgegenüber wird in der Literatur fast durchgängig die Auffassung vertreten, dass der Pflichthinweis bei Internetwerbung auch auf einer mit nur einem Klick direkt damit verlinkten Seite wiedergegeben werden kann[136]. Diese Auffassung folgt einer Reihe von Entscheidungen der Oberlandesgerichte München und Hamburg[137] sowie des Kammergerichts Berlin[138] zur Fachkreiswerbung. Gestützt wird diese Auffassung durch neuere Entscheidungen des Bundesgerichtshofs, in denen das Suchverhalten des Durchschnittsverbrauchers im Internet thematisiert wird. Nach Ansicht des BGH lädt eine AdWords-Werbung, die als erkennbar unvollständige Kurzangabe aufgefasst werde, dazu ein, die ausführliche und präzise Information zur Kenntnis zu nehmen, auf die der Link verweise[139]. Bereits im Jahr 2007 stellte der Bundesgerichtshof fest, dass der durchschnittliche Nutzer an die Besonderheiten des Internets gewöhnt sei, und wies darauf hin, dass Informationen zu angebotenen Waren auf mehreren Seiten verteilt sein könnten, die untereinander durch elektronische Verweise („Links") verbunden seien[140]. Mittlerweile steht fest, dass der Pflichthinweis gemäß § 4 Abs. 3 S. 1 HWG auch auf einer einfach verlinkten Seite enthalten sein darf, wenn keine weiteren Zwischenschritte erforderlich sind. Dies hat der BGH mit Urteil vom 6.6.2013 ausdrücklich für Google-AdWords-Anzeigen für Arzneimittel festgestellt und damit auch die ältere Rechtsprechung zur Erreichbarkeit der Pflichtangaben über einen Link bestätigt.[141]

Bei Werbung in audiovisuellen Medien ist nur der nach § 4 Abs. 3 S. 1 oder 2 HWG vorgeschriebene Text vor neutralem Hintergrund gut lesbar einzublenden und gleichzeitig zu sprechen. Soweit es sich um Werbung für Arzneimittel handelt, die für den Verkehr außerhalb der Apotheken freigegeben sind und in deren Packungsbeilage oder Behältnis keine Nebenwirkungen oder sonstigen Risiken angegeben sind, kann dieser Text entfallen (§ 4 Abs. 3 S. 4, Abs. 5 S. 1, letzter Hs. HWG). Bei Arzneimittelwerbung im Rundfunk ist der Text gemäß § 4 Abs. 3 S. 1 HWG zu sprechen.

48

6. Erinnerungswerbung

Gemäß § 4 Abs. 6 S. 1 HWG können bei Erinnerungswerbung die in den Absätzen 1, 1a, 3 und 5 der Norm vorgesehenen Angaben entfallen. Nach der Legaldefinition des § 4 Abs. 6 S. 2 HWG liegt Erinnerungswerbung immer dann vor, wenn ausschließlich mit der Bezeichnung eines Arzneimittels oder zusätzlich mit dem Namen, der Firma, der Marke des pharmazeutischen Unternehmers oder dem Hinweis: „Wirkstoff:" geworben wird. Grund für diese Privilegierung ist der Umstand, dass eine Werbung, die ausschließlich aus der Bezeichnung des Arzneimittels und des Namens, der Firma oder des Warenzeichens des Anbieters besteht und keinerlei medizinisch-relevante Angaben enthält, weitgehend nur diejenigen anspricht, die das beworbene Arzneimittel bereits kennen und daher keiner Unterrichtung durch die Pflichtangaben mehr bedürfen[142]. Über die genannten Elemente hinaus darf Erinnerungswerbung nach der Rechtsprechung weitere Angaben enthalten,

49

---

[135] LG Köln Magazindienst 2012, 248 ff.; LG Mannheim BeckRS 2011, 02841.
[136] *v. Czettritz/Thewes* PharmR 2012, 56 ff.; *Brixius* in Bülow/Ring/Artz/Brixius, Heilmittelwerbegesetz, § 4 Rn. 139; *Gröning*, Heilmittelwerberecht, § 4 Rn. 103.
[137] OLG München PharmR 2002, 254 (256); *v. Czettritz* PharmR 2003, 301 (302); OLG Hamburg GRUR-RR 2003, 121 (122).
[138] PharmR 2004, 23 ff. mit Anmerkung *v. Czettritz* PharmR 2004, 22.
[139] BGH GRUR 2012, 81 (82), Tz. 15 – Innerhalb 24 Stunden.
[140] BGH GRUR 2008, 84 ff. Tz. 30 – Versandkosten.
[141] BGH GRUR 2014, 94 – Pflichtangaben im Internet; *v. Czettritz*, GRUR-Prax 2013, 548; *Müllen* PharmR 2014, 8.
[142] BGH NJW 1983, 2636 (2637) – Kneipp Pflanzensaft.

soweit diese sich nicht – wie etwa die Angabe „gesund und schön"[143] – zu den gesundheitlichen Aspekten des beworbenen Arzneimittels verhalten oder medizinisch relevante Angaben, zB zu den Anwendungsgebieten enthalten. Unschädlich sind daher beispielsweise bloße Mengen- und Preisangaben oder Hinweise wie „preisgünstig" oder ähnliches[144]. Bei qualitätsbezogenen Angaben ist zwischen rein unternehmensbezogenen und produktbezogenen Angaben zu unterscheiden. Erstere stehen dem Charakter einer Erinnerungswerbung nicht entgegen. Angaben wie „seit Jahren bewährt" oder „erstklassig" sprengen den Rahmen einer Erinnerungswerbung, da sie einen unmittelbaren Produktbezug aufweisen[145].

V. Werbung in Packungsbeilagen, § 4a Abs. 1 HWG

50 Gemäß § 4a Abs. 1 HWG ist es unzulässig, in der Packungsbeilage eines Arzneimittels für andere Arzneimittel oder andere Mittel, dh Kosmetika (§ 1 Abs. 1 Nr. 2 HWG iVm § 1 Abs. 2 HWG), zu werben. Sinn und Zweck des § 4a Abs. 1 HWG ist es zu verhindern, dass die Informationsfunktion der Packungsbeilage beeinträchtigt wird, indem die teils abschreckende Wirkung der in den Packungsbeilagen genannten Gegenanzeigen, Nebenwirkungen, Wechselwirkungen, Vorsichtsmaßnahmen und Warnhinweise durch Werbeangaben in Bezug auf andere Produkte ab- oder umgelenkt wird[146]. Zulässig sind nur solche Angaben, die sich auf das betreffende Arzneimittel selbst beziehen und nach § 11 Abs. 1 S. 7 AMG zulässig sind, dh keinen Werbecharakter haben. Dies ist dann der Fall, wenn ein Zusammenhang mit der Verwendung des Arzneimittels besteht, die Angaben für die gesundheitliche Aufklärung wesentlich sind und der Fachinformation gemäß § 11a AMG nicht widersprechen.

51 Eine Werbung für Verfahren, Behandlungen und Gegenstände, die in § 1 Abs. 1 HWG ebenfalls genannt sind, sowie für Medizinprodukte hingegen ist zulässig, soweit nicht die allemeinen Grundsätze des § 11 Abs. 1 S. 7 AMG dagegen stehen[147].

52 Zu beachten ist, dass sich § 4a Abs. 1 HWG nur auf die Packungsbeilage für Arzneimittel bezieht, so dass in der Gebrauchsanweisung eines Medizinproduktes sowohl für Arzneimittel als auch andere Medizinprodukte geworben werden darf.

VI. Verbot der Werbung mit der Verordnungsfähigkeit eines Arzneimittels, § 4a Abs. 2 HWG

53 Da § 10 Abs. 1 HWG ein allgemeines Öffentlichkeitswerbeverbot für verschreibungspflichtige Arzneimittel statuiert, kommt § 4a Abs. 2 HWG nur in Bezug auf nach § 34 Abs. 1 S. 2 SGB V verordnungsfähige, nicht verschreibungspflichtige Arzneimittel Bedeutung zu, soweit diese vom Gemeinsamen Bundesausschuss als Therapiestandard für die Behandlung schwerwiegender Erkrankungen anerkannt werden[148]. Da § 4 Abs. 2 HWG nur die Werbung **mit der Verordnungsfähigkeit** untersagt, ist der Verbotsbereich kleiner als der des Art. 88 Abs. 3 des Gemeinschaftskodexes, wonach die Öffentlichkeitswerbung für erstattungsfähige Arzneimittel insgesamt untersagt werden kann. Allerdings ist diese

---

[143] OLG Frankfurt WRP 1981, 321 (322); ferner *Brixius* in Bülow/Ring/Artz/Brixius, Heilmittelwerbegesetz, § 4 Rn. 151.
[144] *Reese/Holtorf* in Dieners/Reese, Handbuch des Pharmarechts, § 11 Rn. 225 mwN; *Brixius* in Bülow/Ring/Artz/Brixius, Heilmittelwerbegesetz, § 4 Rn. 150.
[145] *Reese/Holtorf* in Dieners/Reese, Handbuch des Pharmarechts, § 11 Rn. 227 mwN aus der Rechtsprechung.
[146] *Reese/Holtorf* in Dieners/Reese, Handbuch des Pharmarechts, § 11 Rn. 28; *Artz* in Bülow/Ring/Artz/Brixius, Heilmittelwerbegesetz, § 4a Rn. 1.
[147] aA *Artz* in Bülow/Ring/Artz/Brixius, Heilmittelwerbegesetz, § 4a Rn. 9.
[148] *Reese/Holtorf* in Dieners/Reese, Handbuch des Pharmarechts, § 11 Rn. 231.

VII. § 5 HWG: Werbung für homöopathische Arzneimittel

Für homöopathische Arzneimittel, die nach dem Arzneimittelgesetz registriert oder von der Registrierung freigestellt sind, darf nicht mit der Angabe von Anwendungsgebieten geworben werden. Bekanntlich besteht bei homöopathischen Arzneimitteln die Möglichkeit, entweder ein Zulassungsverfahren nach § 21 AMG unter Vorlage sämtlicher nach § 22 AMG erforderlichen Unterlagen zu durchlaufen oder nach § 38 AMG in ein beim Bundesinstitut für Arzneimittel und Medizinprodukte geführtes Register für homöopathische Arzneimittel eingetragen zu werden, sofern nicht die Voraussetzungen für eine Befreiung von der Registrierungspflicht vorliegen (vgl. § 3 Rn. 201 ff.). Da für eine Registrierung gemäß § 38 Abs. 2 S. 2 AMG keine Unterlagen über die Wirkungen und Anwendungsgebiete bzw. zur klinischen Prüfung vorzulegen sind, dürfen dementsprechend für diese registrierten oder von der Registrierung freigestellten homöopathischen Arzneimittel in der Werbung auch keine Aussagen zu den Anwendungsgebieten, dh der Wirkung des homöopathischen Arzneimittels, getroffen werden. Dies gilt auch für Werbung gegenüber Fachkreisen[149]. Auf diese Weise wird der Besonderheit homöopathischer Arzneimittel nicht nur im AMG, sondern auch im HWG Rechnung getragen.

54

VIII. § 6 HWG: Werbung mit Gutachten und wissenschaftlichen Veröffentlichungen

Gemäß § 6 HWG ist Heilmittelwerbung mit Veröffentlichungen, die per se eine fachliche Kompetenz des Urhebers suggerieren, wie etwa Gutachten, Zeugnisse oder sonstige wissenschaftliche bzw. fachliche Veröffentlichungen, untersagt, es sei denn, ihre Nachprüfbarkeit ist gesichert. Grundgedanke von § 6 HWG ist es, sowohl Fachkreise als auch das Laien-Publikum vor einer Irreführung durch eine mindere Qualität der vom ihm erfassten Veröffentlichungen, denen grundsätzlich ein qualitativ hochwertiger Informationswert beigemessen wird, zu schützen. Bis zur 16. AMG-Novelle hatte § 6 HWG nur im Bereich der Fachkreiswerbung praktische Relevanz, da die Werbung mit Gutachten und wissenschaftlichen Veröffentlichungen gegenüber dem Laien-Publikum gemäß § 11 Abs. 1 Nr. 1 HWG aF generell verboten war[150]. Mit der 16. AMG-Novelle wurde diese Vorschrift gestrichen, da sie im Gemeinschaftskodex keine Entsprechung fand. Seither darf auch gegenüber den Laien mit Gutachten, Zeugnissen und Veröffentlichungen geworben werden.

55

Zum Ausgleich für die erhöhte Glaubwürdigkeit, die Gutachten oder Zeugnissen zukommt, sieht § 6 Nr. 1 HWG für Gutachtenwerbung bestimmte formale Voraussetzungen vor: Zunächst müssen Gutachten oder Zeugnisse von wissenschaftlich oder fachlich hierzu berufenen Personen erstattet sein. Um dies überprüfen zu können, müssen in der betreffenden Werbung Name, Beruf und Wohnort des Gutachters sowie der Zeitpunkt der Erstellung des Gutachtens angegeben werden. Als Gutachten sind dabei alle auf wissenschaftlicher Grundlage gewonnenen und in wissenschaftlicher Weise dargestellten Stellungnahmen eines Verfassers zu einem bestimmten Untersuchungsgegenstand anzusehen[151]. Ebenfalls unter diesen Begriff fallen Studien, klinische Prüfungen, Feldstudien oder Compliancestudien"[152].

56

---

[149] BGH GRUR 2012, 647, 649 – INJECTIO.
[150] *Reese/Holtorf* in Dieners/Reese, Handbuch des Pharmarechts, § 11 Rn. 235.
[151] BayOLG NJW 1963, 402; *Zimmermann* in Fuhrmann/Klein/Fleischfresser, Arzneimittelrecht, § 28 Rn. 81.
[152] OLG Hamburg GRUR-RR 2002, 365; *Zimmermann* in Fuhrmann/Klein/Fleischfresser, Arzneimittelrecht, § 28 Rn. 81.

57   Eine „Veröffentlichung" liegt bei einer wörtlichen, auch auszugsweisen, Wiedergabe des Gutachtens vor, eine „Erwähnung" lässt eine Bezugnahme auf dessen Inhalt genügen[153]. Nach § 6 Nr. 2 HWG ist es bei einer Bezugnahme auf wissenschaftliche, fachliche oder sonstige Veröffentlichungen erforderlich, dass deutlich gemacht wird, ob die Veröffentlichung das Arzneimittel, das Verfahren, die Behandlung, den Gegenstand oder ein anderes Mittel als dasjenige betrifft, für das geworben wird. Wenn beispielsweise die Studie, die Gegenstand der Veröffentlichung ist, mit einem anderen Präparat als dem beworbenen durchgeführt worden ist, muss dies in der Werbung deutlich gemacht werden. Darüber hinaus müssen der Name des Verfassers, der Zeitpunkt der Veröffentlichung und die Fundstelle genannt werden. Diese Angaben müssen so beschaffen sein, dass damit die Veröffentlichung ohne weiteres aufgefunden und besorgt werden kann.

58   Gemäß § 6 Nr. 3 HWG dürfen in der Heilmittelwerbung Zitate, Tabellen oder sonstige Darstellungen aus der Fachliteratur nur wortgetreu, das heißt ohne Auslassungen, inhaltliche Änderungen oder Ergänzungen erfolgen[154]. Eine Änderung des Maßstabes von Tabellen oder Grafiken wird allerdings als zulässig angesehen[155]. Ebenso ist es zulässig, die Ergebnisse einer Studie, zB in Form einer in der Originalarbeit nicht enthaltenen Grafik, aufzubereiten. Hierauf muss jedoch in geeigneter Weise hingewiesen werden, etwa durch die Angabe „modifiziert nach".

IX. § 8 HWG: Verbot der Werbung für den Bezug von Arzneimitteln im Wege des Teleshopping und der Einzeleinfuhr

59   § 8 HWG verbietet die Werbung für bestimmte Vertriebsformen und Bezugsmöglichkeiten. Unter Teleshopping versteht man Fernsehwerbesendungen im Sinne der Richtlinie 89/552/EWG, bei denen die angebotenen Produkte sogleich telefonisch bestellt werden können. In derartigen Werbesendungen darf für Arzneimittel grundsätzlich nicht geworben werden, völlig unabhängig davon, ob die beworbenen Arzneimittel frei verkäuflich oder apothekenpflichtig sind.

60   Grundsätzlich dürfen Arzneimittel aus dem Ausland nur eingeführt werden, wenn sie für das Inverkehrbringen in Deutschland zugelassen oder registriert sind. Hiervon macht § 73 AMG einige Ausnahmen, wobei nach § 8 HWG für die Einzeleinfuhr gemäß § 73 Abs. 2 Nr. 6a und § 73 Abs. 3 AMG nicht geworben werden darf. § 73 Abs. 2 Nr. 6a AMG betrifft den Bezug von in anderen Mitgliedstaaten der EU oder des EWR zugelassenen Arzneimitteln zum persönlichen Bedarf. § 73 Abs. 3 AMG gestattet den Bezug von im Herkunftsland zugelassenen Arzneimitteln, wenn diese von Apotheken in geringen Mengen und auf Bestellung einzelner Personen bezogen werden, wobei weiterhin erforderlich ist, dass hinsichtlich des Wirkstoffs identische und hinsichtlich der Wirkstärke vergleichbare Arzneimittel für das betreffende Anwendungsgebiet in Deutschland nicht zugelassen sind. Für diese beiden Bezugsmöglichkeiten darf nach § 8 HWG keine Werbung betrieben werden, da dies zu einer systematischen Ausweitung dieser Ausnahme-Bezugsmöglichkeiten bzw. zu einer Umgehung der grundsätzlichen Zulassungspflicht in Deutschland führen könnte.

61   Mit der 16. AMG-Novelle ist dieses totale Werbeverbot gegenüber Apotheken und Betreibern tierärztlicher Hausapotheken insofern aufgelockert worden, als die Übersendung von Listen von Arzneimitteln, die auf diesem Wege bezogen werden können,

---

[153] *Ring* in Bülow/Ring/Artz/Brixius, Heilmittelwerbegesetz, § 6 Rn. 12 f.; *Riegger*, Heilmittelwerberecht, 6. Kap., Rn. 10, 11, S. 113 ff.
[154] *Reese/Holtorf* in Dieners/Reese, Handbuch des Pharmarechts, § 11 Rn. 247.
[155] OLG Hamburg GRUR-RR 2001, 115 (116, 118); *Reese/Holtorf* in Dieners/Reese, Handbuch des Pharmarechts, § 11 Rn. 248.

X. Verbot von Werbegaben, § 7 HWG

1. Einführung

§ 7 HWG, der mit zahlreichen Ausnahmen und Rückausnahmen versehen ist, untersagt im Grundsatz die Werbung mit Werbegaben. Sinn und Zweck der Norm war ursprünglich der Schutz der Bevölkerung vor unsachlicher Beeinflussung, die Aufrechterhaltung der Markttransparenz sowie die Ermöglichung von Preisvergleichen. Mittlerweile wird das Zuwendungsverbot des § 7 HWG, das trotz Abschaffung von Rabattgesetz und Zugabeverordnung aufrechterhalten wurde, mit anderen Erwägungen wie der Transparenz des Gesundheitswesens und der Erschließung von Wirtschaftlichkeitspotenzialen gerechtfertigt[156]. 62

Erhebliche Zweifel bestehen allerdings an der Europarechtskonformität der Norm, soweit sie Wertreklame auch gegenüber dem Laien-Publikum untersagt. Gemäß Art. 94 und 95 des Gemeinschaftskodexes ist Wertreklame für Arzneimittel nur gegenüber den zu ihrer Verschreibung oder Abgabe berechtigten Personen verboten. Ausweislich der Erwägungsgründe sah der Gemeinschaftsgesetzgeber in einer unsachlichen Fachkreiswerbung die deutlich höheren Risiken für die Gesundheit der Bevölkerung, da nur Angehörige der Fachkreise verschreibungspflichtige Medikamente verordnen können und es sich hierbei in aller Regel – anders als bei nichtverschreibungspflichtigen Arzneimitteln – um Präparate zur Therapie schwerwiegender Erkrankungen handelt. Die Risiken, die mit einem Nicht- oder Fehlgebrauch eines verschreibungspflichtigen Arzneimittels einhergehen, sind ungleich größer. Da mit dem Gemeinschaftskodex eine Vollharmonisierung im Bereich der Arzneimittelwerbung erzielt werden sollte, besteht insoweit ein Umsetzungsdefizit[157], das auch durch die 16. AMG-Novelle nicht bereinigt wurde. 63

2. Der Tatbestand der Norm

Gemäß § 7 Abs. 1 S. 1 HWG ist es grundsätzlich unzulässig, Zuwendungen und sonstige Werbegaben (Waren oder Leistungen) anzubieten, anzukündigen oder zu gewähren oder als Angehöriger der Fachkreise anzunehmen. Betroffen hiervon ist ausschließlich produktbezogene Werbung; Imagewerbung für pharmazeutische Unternehmen als solches wird von § 7 Abs. 1 S. 1 HWG nicht erfasst. 64

Eine Werbegabe ist eine unentgeltliche geldwerte Vergünstigung zum Zwecke der Absatzförderung, die vom Leistungsempfänger in einen Zusammenhang mit einem oder mehreren bestimmten Arzneimitteln gebracht und dessen Hersteller zugerechnet wird[158]. Aus dem Begriff der „Zuwendung" folgt, dass § 7 HWG nicht nur auf körperliche Werbegaben anwendbar ist[159]. Vielmehr fallen auch Preisnachlässe, Einkaufsgutscheine oder Prämien für die Werbung zusätzlicher Kunden in den Anwendungsbereich dieser 65

---

[156] *Reese/Holtorf* in Dieners/Reese, Handbuch des Pharmarechts, § 11 Rn. 249; instruktiv auch die Ausarbeitung der Deutschen Vereinigung für gewerblichen Rechtsschutz und Urheberrecht, GRUR 2008, 592 (593); BGH GRUR 1990, 1041 (1042) – Fortbildungskassetten.
[157] *Brixius* in Bülow/Ring/Artz/Brixius, Heilmittelwerbegesetz, § 7 Rn. 48ff; *Riegger*, Heilmittelwerberecht, 7. Kap., Rn. 4, S. 126f.; *Reese/Holtorf* in Dieners/Reese, Handbuch des Pharmarechts, § 11 Rn. 270; *Doepner*, Heilmittelwerbegesetz, § 7 Rn. 75; aA: *Zimmermann* in Fuhrmann/Klein/Fleischfresser, Arzneimittelrecht, § 28 Rn. 88; *Gröning*, Heilmittelwerberecht, § 7 Rn. 15.
[158] BGH GRUR 1990, 1041 (1042) – Fortbildungskassetten; GRUR 2012, 1279 (1281) – DAS GROSSE RÄTSELHEFT.
[159] *Reese/Holtorf* in Dieners/Reese, Handbuch des Pharmarechts, § 11 Rn. 252.

Norm[160]. Gemäß § 7 Abs. 1 Nr. 2 HWG sind ferner Rabatte als Werbegaben anzusehen.

66 § 7 Abs. 1 HWG untersagt das Anbieten, Ankündigen, Gewähren und Annehmen von Zuwendungen. Das Anbieten setzt dabei die erkennbare und ernste Absicht voraus, eine Werbegabe zu gewähren[161]. Die Ankündigung ist dagegen eine öffentliche Bekanntmachung oder eine mindestens für eine Vielzahl von Personen bestimmte Mitteilung[162]. Das Gewähren ist die tatsächliche Zuwendung einer Werbegabe. Unter Annehmen wird die auch konkludent geäußerte Akzeptanz der Gewährung der Werbegabe verstanden[163].

67 a) **Werbegaben von geringem Wert, § 7 Abs. 1 S. 1 Nr. 1 HWG.** Vom Werbegabenverbot ausgenommen sind zunächst unentgeltliche Vergünstigungen in Form geringwertiger Kleinigkeiten, dh Waren oder Dienstleistungen, die von niemandem als wirtschaftlich interessant angesehen werden und damit unter keinen Umständen geeignet sind, eine Kaufentscheidung zu beeinflussen[164]. In den 80er und 90er Jahren wurden bereits Werbegaben im Wert von ca. 1,00 DM nicht mehr als geringwertige Kleinigkeiten angesehen[165]. Mittlerweile hat sich diese Wertgrenze, wenn auch geringfügig, nach oben verschoben. In mehreren Entscheidungen aus dem Jahr 2010 prüfte der BGH entlang des Art. 86 Abs. 1 Gedankenstrich 5 des Gemeinschaftskodexes, wonach Werbung immer dann vorliegt, wenn Anreize geschaffen werden „zur Verschreibung oder Abgabe von Arzneimitteln durch das Gewähren, Anbieten oder Versprechen von finanziellen oder materiellen Vorteilen, sofern diese nicht von geringem Wert sind", ob die ausgelobten finanziellen Vorteile diese Wertgrenze überstiegen. Dies sah er bei einem finanziellen Vorteil in Höhe von € 1,00 noch nicht, bei einem Vorteil von € 5,00 jedoch ohne Zweifel als erfüllt an[166], wobei man sicherlich auch unterscheiden muss, ob es sich um Laien- oder Fachkreiswerbung handelt. Im Bereich der Fachkreiswerbung sollten Werbegaben, die nach § 7 Abs. 1 S. 2 HWG zur Verwendung in der ärztlichen oder pharmazeutischen Praxis bestimmt sein müssen, in einer Größenordnung von € 5,00 zulässig sein.

68 Generell handelt es sich bei geringwertigen Kleinigkeiten um kleinere Zugaben, die als Ausdruck allgemeiner Kundenfreundlichkeit zu interpretieren sind[167]. Dabei ist auf den Gesamtwert aller überlassenen Zugaben abzustellen[168]. Die Erstattung der Arzneimittelzuzahlung ist nicht mehr als geringwertige Kleinigkeit einzustufen[169], ebenso wie die Erstattung der Praxisgebühr[170].

69 Bei der ersten Tatbestandsalternative des § 7 Abs. 1 S. 1 Nr. 1 HWG, den sog. geringwertigen Reklamegegenständen, handelt es sich um Waren, deren Verkehrswert über dem Schwellenwert für geringwertige Kleinigkeiten liegt. Allerdings wird deren Wert in den

---

[160] LG München I WRP 2008, 681; OLG Naumburg GRUR-RR 2007, 159; BGH GRUR 2006, 949 – Kunden werben Kunden; *Reese/Holtorf* in Dieners/Reese, Handbuch des Pharmarechts, § 11 Rn. 252.
[161] *Doepner*, Heilmittelwerbegesetz, § 7 Rn. 29.
[162] OLG Schleswig GRUR 1979, 487 (488) – Knüller 78.
[163] *Reese/Holtorf* in Dieners/Reese, Handbuch des Pharmarechts, § 11 Rn. 254.
[164] BGH GRUR 1994, 656 (657) – Stofftragetaschen.
[165] BGH GRUR 1994, 656 – Stofftragetaschen; OLG Stuttgart NJW-RR 1997, 359 (360); OLG Bremen WRP 1995, 835 (837).
[166] GRUR 2010, 1136 ff. – Unser Dankeschön für Sie!; GRUR 2010, 1130 ff. – Sparen Sie beim Medikamentengebrauch!; GRUR 2010, 1133 ff. – Bonuspunkte. Ebenso jetzt BGH GRUR 2013, 1262 (1263) – Rezept-Prämie; GRUR 2013, 1264 (1266) – RezeptBonus. Vgl. auch *Winnands* PharmR Sonderheft 2012, 4 (5).
[167] BGH GRUR 2010, 1133 (1135) Tz. 22 – Bonuspunkte; Mand in *Prütting*, Fachanwaltskommentar Medizinrecht, § 7 Rn. 62.
[168] BGH GRUR 2012, 1279 (1281) – DAS GROSSE RÄTSELHEFT.
[169] Mand in *Prütting*, Fachanwaltskommentar Medizinrecht, § 7 Rn. 62.
[170] OLG Stuttgart NJW 2005, 227.

Augen der Verbraucher dadurch gemindert, dass ein nicht entfernbarer Hinweis auf den Werbenden oder dessen Produkt erfolgt[171].

Seit dem 3. Gesetz zur Änderung arzneimittelrechtlicher und anderer Vorschriften vom 12.8.2013 findet sich bei § 7 Abs. 1 Satz 1 Nr. 1 HWG ebenso wie bisher schon bei Nummer 2 ein klarstellender Hinweis zur Geltung der Preisvorschriften des Arzneimittelrechts[172]. Hintergrund dieser Klarstellung war die Feststellung des BGH in zahlreichen wettbewerbsrechtlichen Verfahren zB zu Boni und Rabattaktionen von Apotheken, dass Zuwendungen und sonstige Werbegaben, die den für zulässige Wertreklame vorgegebenen Rahmen nicht überschreiten, heilmittelwerberechtlich zulässig seien, selbst wenn sie entgegen den Preisvorschriften gewährt würden, die aufgrund des Arzneimittelgesetzes gelten[173].

b) Rabatte, § 7 Abs. 1 S. 1 Nr. 2 HWG. Gemäß § 7 Abs. 1 S. 1 Nr. 2 HWG sind Geld- und Naturalrabatte zulässig, soweit bestimmte Voraussetzungen erfüllt sind. Die Norm gilt für alle Handelsstufen und damit auch im Verhältnis zwischen Apothekern und Endverbrauchern.

Gemeinsame Zulässigkeitsvoraussetzung für Geld- und Naturalrabatte ist, dass der Rabatt bezüglich des Betrages bzw. der Menge bestimmt oder auf bestimmte Art zu berechnen sein muss. Anzugeben sind daher bei Geldrabatten entweder ein Betrag, ein Prozentsatz oder eine Berechnungsformel. Darüber hinaus beschränkt sich ein zulässiger Naturalrabatt auf „gleiche Waren", was in der Rechtsprechung im Sinne einer Gattungs- und Qualitätsidentität ausgelegt wird[174].

§ 7 Abs. 1 S. 2 Nr. 2, Hs. 2 und 3 HWG statuiert bestimmte Rückausnahmen. So sind Zuwendungen nach Buchstabe a) nur zulässig, soweit sie im Einklang mit den Preisvorschriften der AMPreisV sowie § 78 AMG stehen; Rabatte für verschreibungspflichtige Arzneimittel sind damit nur im Rahmen der nach der AMPreisV möglichen Handelsspannen zulässig. Gemäß § 7 Abs. 1 S. 1 Nr. 2b) Hs. 3 HWG sind Naturalrabatte zulässig, sofern es sich hierbei um Mengenrabatte für nicht apothekenpflichtige Arzneimittel handelt. Weshalb hier zwischen Geld- und Naturalrabatten differenziert wird, erschließt sich allerdings nicht. Wirtschaftlich handelt es sich in beiden Fällen um im Kern vergleichbare Vorgänge[175], tatbestandlich sind sie nur schwer voneinander abzugrenzen. Wird etwa ein Preisnachlass von 50 % auf 100 Packungen eines OTC-Produktes gewährt, so ist dies nicht anders zu qualifizieren als die Draufgabe von 50 zusätzlichen Packungen bei Abnahme von 50 Packungen zum nicht rabattierten Preis. Ein Geldrabatt von 100 % ist nichts anderes als ein Naturalrabatt. Letztlich soll mit dieser Regelung zumindest gegenüber dem Endverbraucher einem erhöhten Arzneimittelkonsum vorgebeugt werden.

c) § 7 Abs. 1 S. 1 Nr. 3 HWG: Handelsübliches Zubehör. Gemäß § 7 Abs. 1 S. 1 Nr. 3 HWG sind ferner Zuwendungen oder Werbegaben zulässig, die nur in handelsüblichem Zubehör zur Ware oder in handelsüblichen Nebenleistungen bestehen. Zubehör im Sinne der Vorschrift ist damit nicht ein Teil der vertraglichen Hauptleistung. Allerdings muss das Zubehör die Hauptleistung mindestens fördern[176]. Nebenleistung kann etwa die Zustellung der Arzneimittel an den Patienten sein[177].

---

[171] *Reese/Holtorf* in Dieners/Reese, Handbuch des Pharmarechts, § 11 Rn. 255.
[172] 3. Gesetz zur Änderung arzneimittelrechtlicher und anderer Vorschriften, Bundesgesetzblatt 2013, Teil 1, Seite 3108; Bundestagsdrucksache 17/13770.
[173] vgl. BGH GRUR 2013, 1262 – Rezept-Prämie; GRUR 2013, 1264 – RezeptBonus.
[174] BGH GRUR 1978, 547 (548) – Automatentruhe.
[175] Zu dem Vorstehenden vgl. Stellungnahme des Fachausschusses für Arzneimittel- und Lebensmittelrecht zur Regelung von Zuwendungen im Gesundheitswesen nach § 7 HWG, GRUR 2008, 592 (593); *Reese/Holtorf* in Dieners/Reese, Handbuch des Pharmarechts, § 11 Rn. 260.
[176] BGH NJW 1994, 388 (389) – Euroscheck- Differenzzahlung.
[177] *Reese/Holtorf* in Dieners/Reese, Handbuch des Pharmarechts, § 11 Rn. 262; *Brixius* in Bülow/Ring/Artz/Brixius, Heilmittelwerbegesetz, § 7 Rn. 101.

75 Von Handelsüblichkeit ist immer dann auszugehen, wenn sich das Zubehör oder die Nebenleistung „nach allgemeiner Auffassung der beteiligten Verkehrskreise im Rahmen vernünftiger kaufmännischer Gepflogenheiten hält"[178]. Als konkretes Beispiel einer handelsüblichen Nebenleistung wird in § 7 Abs. 1 S. 1 Nr. 3, Abs. 2 HWG ausdrücklich die Übernahme von Fahrtkosten für Verkehrsmittel des öffentlichen Nahverkehrs genannt. Allerdings gibt es auch hierfür eine wertmäßige Beschränkung: Angemessen ist nach Auffassung des BGH eine Fahrtkostenerstattung in Höhe von bis zu 3 % des Einkaufswertes[179].

76 **d) § 7 Abs. 1 S. 1 Nr. 4 HWG: Auskünfte und Ratschläge.** Gemäß § 7 Abs. 1 S. 1 Nr. 4 HWG ist es zulässig, wenn zum Zwecke der Heilmittelwerbung Auskünfte oder Ratschläge erteilt werden. Voraussetzung ist allerdings, dass die Auskunft nicht ohnehin bereits zum geschuldeten Leistungsumfang gehört, wie dies im Rahmen der beruflichen Tätigkeit von Apothekern und Ärzten vielfach der Fall sein dürfte[180]. Andererseits ist jedoch erforderlich, dass zwischen der erteilten Auskunft und der Hauptware oder -leistung ein funktionaler Zusammenhang besteht[181].

77 **e) § 7 Abs. 1 S. 1 Nr. 5 HWG: Kundenzeitschriften.** Zulässig sind gemäß § 7 Abs. 1 S. 1 Nr. 5 HWG schließlich unentgeltliche Zeitschriften für Verbraucher. Voraussetzung ist allerdings, dass deren Werbecharakter durch einen entsprechenden Aufdruck auf der Titelseite erkennbar gemacht wird und die Herstellungskosten der Zeitschriften geringwertig sind. Von einer Erkennbarkeit des Werbezwecks ist dabei immer dann auszugehen, wenn der belehrende oder unterhaltende, redaktionelle Teil der Zeitschrift den werbenden Teil nicht vollständig in den Hintergrund treten lässt[182].

78 **f) § 7 Abs. 1 S. 2 HWG: Werbegaben für Angehörige der Heilberufe.** Gemäß § 7 Abs. 1 S. 2 HWG sind Werbegaben für Angehörige der Heilberufe unbeschadet des § 7 Abs. 1 S. 1 HWG nur zulässig, wenn sie zur Verwendung in der ärztlichen, tierärztlichen und pharmazeutischen Praxis bestimmt sind. Maßgeblich ist dabei der funktionale Bezug zur Berufsausübung[183]. Die weiteren Voraussetzungen für die Zulässigkeit von Werbegaben (geringer Wert, Werbebezeichnung, geringwertige Kleinigkeit) müssen ebenfalls eingehalten werden. Der Begriff der „Angehörigen der Heilberufe" ist in § 2 HWG legaldefiniert.

79 § 7 Abs. 1 S. 3 HWG nimmt zur Klarstellung ausdrücklich die Abgabe von Arzneimittelmustern gem. § 47 Abs. 3 AMG von der Beschränkung des S. 2 aus.

XI. Publikumswerbung, §§ 10, 11 und 12 HWG

1. Publikumswerbeverbot § 10 HWG

80 § 10 Abs. 1 HWG spricht für verschreibungspflichtige Arzneimittel ein Verbot der Publikumswerbung aus. Die Verschreibungspflicht ist in § 48 AMG und der dazu erlasse-

---

[178] BGH NJW-RR 1991, 1191 – Rückfahrkarte.
[179] BGH GRUR 1995, 163 (164) – Fahrtkostenerstattung; GRUR 1995, 616 – Fahrtkostenerstattung II; ferner *Reese/Holtorf* in Dieners/Reese, Handbuch des Pharmarechts, § 11 Rn. 262.
[180] *Riegger*, Heilmittelwerbegesetz, 7. Kap, Rn. 35, S. 143; *Reese/Holtorf* in Dieners/Reese, Handbuch des Pharmarechts, § 11 Rn. 263.
[181] *Riegger*, Heilmittelwerbegesetz, 7. Kap., Rn. 34 S. 143; *Doepner*, Heilmittelwerbegesetz, § 7 Rn. 54.
[182] BGH GRUR 1966, 338 (340) – Drogisten-Illustrierte; OLG Düsseldorf WRP 1997, 968 ff.; *Zimmermann* in Fuhrmann/Klein/Fleischfresser, Arzneimittelrecht, § 28 Rn. 93; *Reese/Holtorf* in Dieners/Reese, Handbuch des Pharmarechts, § 11 Rn. 264.
[183] *Reese/Holtorf* in Dieners/Reese, Handbuch des Pharmarechts, § 11 Rn. 265; *Doepner*, Heilmittelwerbegesetz, § 7 Rn. 57, mwN.

nen AMVV geregelt[184]. Dies bedeutet, dass für alle Arzneimittel, die nur bei Vorliegen einer ärztlichen, zahnärztlichen oder tierärztlichen Verschreibung, dh auf Rezept, an Verbraucher abgegeben werden dürfen, gegenüber dem Laien-Publikum nicht geworben werden darf. Begründet wird dieses Publikumswerbeverbot in der Regel damit, dass nicht von außen auf das zwischen Arzt und Patient bestehende Vertrauensverhältnis eingewirkt werden soll, was allerdings mit dem Leitbild des mündigen Patienten schwer in Einklang zu bringen ist.

Eine Werbung für verschreibungspflichtige Arzneimittel ist nach der Regelung des § 10 Abs. 1 HWG nicht ausnahmslos gegenüber allen Angehörigen der Fachkreise zulässig, sondern nur gegenüber den in der Vorschrift ausdrücklich genannten Ärzten, Zahnärzten, Tierärzten, Apothekern und Personen, die mit diesen Arzneimitteln erlaubterweise Handel treiben. Gegenüber Heilpraktikern, Hebammen, Pflegepersonal etc. darf daher für verschreibungspflichtige Arzneimittel keine Werbung betrieben werden. Gegenüber diesen Verkehrskreisen und dem Laien-Publikum darf daher nur für nicht verschreibungspflichtige Arzneimittel (OTC-Präparate) geworben werden. 81

§ 10 Abs. 2 HWG enthält ein indikations- und präparatebezogenes Werbeverbot, außerhalb der Fachkreise, unabhängig vom Verschreibungsstatus der Arzneimittel. Erfasst werden Präparate zur Beseitigung der Schlaflosigkeit oder von psychischen Störungen sowie Präparate zur Beeinflussung der Stimmungslage, wobei zusätzliche Voraussetzung ist, dass die Arzneimittel psychotrope Wirkstoffe enthalten, die geeignet sind, eine Abhängigkeit zu schaffen. Ursprünglich sollte mit der 16. AMG-Novelle § 10 Abs. 2 HWG insgesamt aufgehoben werden. Da Art. 88 Abs. 1 lit. b) der RL 2001/83/EG jedoch ein Verbot der Öffentlichkeitswerbung für Arzneimittel, die psychotrope Substanzen enthalten, vorsieht, ist Absatz 2 in der jetzigen Fassung verabschiedet worden. Die praktische Relevanz dieser Vorschrift dürfte jedoch gering sein, da psychotrope Wirkstoffe aufgrund der von ihnen ausgehenden Gefahr der Abhängigkeit in der Regel verschreibungspflichtig sind und somit eine Werbung hierfür schon gemäß § 10 Abs. 1 HWG verboten ist. Denkbar ist die Anwendung nur noch für Antihistaminika mit den Wirkstoffen Diphenhydramin und Doxylamin, die üblicherweise zur Behandlung von Allergien eingesetzt werden[185]. 82

2. Zulässige Formen der Publikumswerbung, § 11 HWG

§ 11 Abs. 1 HWG enthält für die Publikumswerbung zahlreiche Werbeverbote, da die Verbraucher – anders als die Fachkreise – von bestimmten Werbeformen leichter beeinflusst oder zu falschen Schlüssen veranlasst werden können, und die Gefahr eines Arzneimittelfehlgebrauchs oder -missbrauchs sowie einer eventuellen Gesundheitsgefährdung deutlich größer ist. 83

a) § 11 Abs. 1 HWG – weggefallene Nummern. Die weggefallenen Nummern 1 (Gutachten), 4 (bildliche Darstellung in Berufskleidung), 6 (fremd- oder fachsprachliche Bezeichnungen) und 10 (Anleitung zur Selbstbehandlung) sind mit der 16. AMG-Novelle aufgehoben worden, da im Gemeinschaftskodex keine entsprechenden Regelungen vorgesehen sind[186]. 84

b) § 11 Abs. 1 Nr. 2 HWG: Empfehlungen. Nach dieser Vorschrift dürfen in der Laien-Werbung keine Angaben oder Darstellungen enthalten sein, die als fachliche Empfehlung aufgefasst werden können. Empfehlungen von Ärzten, Tierärzten und anderen im 85

---

[184] *v. Czettritz* in Fuhrmann/Klein/Fleischfresser, Arzneimittelrecht, § 25 Rn. 8 ff.
[185] *Weidner* PharmR Sonderheft 2012, 6 (7).
[186] BT-Drucks. 17/9341, S. 70; *Schmidt*, PharmR 2012, 285 (288); *Burk* GRUR 2012, 1097 (1098); *Reese*, MPR 2012, 165, 166.

Gesundheitswesen tätigen Personen und Wissenschaftlern, denen aufgrund ihrer Ausbildung von den Laien eine besondere Autorität zugeschrieben wird, sind insgesamt unzulässig. Ebenfalls unzulässig[187] sind Empfehlungen von bekannten Persönlichkeiten, da man annimmt, dass diese aufgrund ihrer Bekanntheit zum Arzneimittelverbrauch anregen könnten. Davon zu unterscheiden ist, wenn etwa ein bekannter Schauspieler erkennbar nur seinem Beruf als Schauspieler nachgeht und sich in einer gestellten Situation als Werbeträger verdingt[188].

86   **c) § 11 Abs. 1 Nr. 3 HWG: Wiedergabe von Krankengeschichten.** Seit der 16. AMG-Novelle ist die Wiedergabe von Krankengeschichten in Umsetzung der korrespondierenden Vorschrift des Artikel 90 lit. i) und lit. j) des Gemeinschaftskodex nur noch unzulässig, wenn diese in missbräuchlicher, abstoßender oder irreführender Weise erfolgt oder durch die Art und Weise der Darstellung die Gefahr einer falschen Selbstdiagnose besteht. Unter Krankengeschichte im Sinne dieser Vorschrift ist nicht nur die Dokumentation eines behandelnden Arztes gemeint, sondern die Darstellung eines Krankheitsverlaufs aus Laien-Sicht[189]. Da die Anleitung zur Selbstmedikation früher in der mit der 16. AMG-Novelle aufgehobenen Nr. 10 enthalten war, kann die Rechtsprechung und Literatur zu dieser Vorschrift zur Auslegung des Begriffs „Selbstmedikation" herangezogen werden, wobei zu beachten ist, dass nach der geltenden Vorschrift nur noch Anleitungen unzulässig sind, die zu einer falschen Selbstdiagnose verleiten können. Sind das Krankheitsbild und die Schilderung so eindeutig, dass nur eine richtige Selbstdiagnose gestellt werden kann, ist die Werbung zulässig.

87   **d) § 11 Abs. 1 Nr. 5 HWG: Bildliche Darstellung.** Durch diese Vorschrift werden bestimmte bildliche Darstellungen verboten, wobei das bis zu 16. AMG-Novelle grundsätzlich bestehende Verbot jetzt nur noch gilt, wenn die Darstellung in missbräulicher, abstoßender oder irreführender Weise erfolgt. Verboten sind danach sowohl bildliche Darstellungen von krankheitsbedingten Veränderungen des menschlichen Körpers als auch Darstellungen des Wirkvorgangs eines Arzneimittels im menschlichen Körper, insbesondere durch grafische und schematische Darstellungen der Wirkung im Körperinneren[190]. Bildliche Darstellungen, die zB die Wirkung eines Arzneimittels anhand eines Modells außerhalb des menschlichen Körpers darstellen, fallen nicht unter das Verbot. Nach § 11 Abs. 1 Nr. 5 lit. b) HWG aF war eine vergleichende Darstellung in Form von Vorher-Nachher-Abbildungen verboten. Dieses grundsätzliche Verbot besteht nun nicht mehr[191]. Jedoch ist zu beachten, dass in einigen Fällen eine Vorher-Nachher-Darstellung durchaus missbräuchlich oder abstoßend sein kann und dann nach wie vor verboten ist.

88   **e) § 11 Abs. 1 Nr. 7 HWG: Gesundheitsbeeinflussung.** Nach dieser Vorschrift sind Werbeaussagen verboten, wonach die Gesundheit durch die Nichtanwendung des Arzneimittels beeinträchtigt, dh verschlechtert, oder durch die Anwendung verbessert werden könnte. Bis zur 16. AMG-Novelle lautete diese Vorschrift dahingehend, dass es verboten war, Angstgefühle hervorzurufen oder auszunutzen. Die jetzige Gesetzesfassung ist im Vergleich dazu weitergehender, denn das Verbot greift nun früher. Diese Vorschrift gilt gemäß § 11 Abs. 1 S. 2 HWG auch ausdrücklich für Medizinprodukte.

---

[187] in BGH GRUR 2012, 1058 ff. – Euminz „moderne Medizin" unzutreffend als Empfehlung angenommen.

[188] OLG München, ZUM-RD 1999, 324 (325) – Arzneimittelempfehlung durch Darstellerin in einem Werbespot.

[189] *Doepner*, Heilmittelwerbegesetz, § 11 Nr. 3 Rn. 11; *Riegger*, Heilmittelwerberecht, 11. Kap, Rn. 23, S. 190.

[190] vgl. *Doepner*, Heilmittelwerbegesetz, § 11 Nr. 5c Rn. 7; *Riegger*, Heilmittelwerberecht, 11. Kap., Rn. 48, S. 200.

[191] *Reese*, MPR 2012, 165, 167.

f) § 11 Abs. 1 Nr. 8 HWG: Werbevorträge. Nach dieser Regelung sind Werbevorträge 89
unzulässig, mit denen ein Feilbieten, dh anbieten der beworbenen Produkte erfolgt, oder
bei denen Name und Adresse der Teilnehmer gesammelt werden. Derartige Werbeveranstaltungen sind für die hierfür ohnehin nur in Frage kommenden nichtverschreibungspflichtigen OTC-Präparate kaum vorstellbar, da ein Großteil der OTC-Präparate apothekenpflichtig ist, so dass ein Feilbieten außerhalb einer Apotheke von vorneherein ausscheidet. Diese Vorschrift gilt gemäß § 11 Abs. 1 S. 2 HWG auch für Medizinprodukte, was schon mehr Sinn macht, da eine Vielzahl von Medizinprodukten weder verschreibungspflichtig noch apothekenpflichtig ist.

g) § 11 Abs. 1 Nr. 9 HWG: Getarnte Werbung. Nach dieser Vorschrift sind Veröffent- 90
lichungen deren Werbzweck missverständlich oder nicht deutlich erkennbar ist unzulässig. Das Verbot bezieht sich ausdrücklich auf Veröffentlichungen, dh Druckerzeugnisse in Form von Zeitungen, Zeitschriften und Broschüren. Werbemaßnahmen in den audiovisuellen Medien und im Internet sind hiervon nicht erfasst. Diese Medien unterliegen jedoch der allgemeinen Vorschrift des § 3 lit. 2c) HWG, wonach eine Werbung irreführend ist, wenn sie den Eindruck erweckt, als erfolge die Werbung nicht zu Zwecken des Wettbewerbs. Der klassische Fall von § 11 Abs. 1 Nr. 9 HWG sind Anzeigen, die als redaktionelle Beiträge getarnt sind. Diese müssen daher mit „Anzeige" gekennzeichnet werden[192]. Diese Vorschrift gilt gemäß § 11 Abs. 1 S. 2 HWG gleichermaßen für Medizinprodukte.

h) § 11 Abs. 1 Nr. 11 HWG: Äußerungen Dritter. Nach dieser Vorschrift darf mit 91
Äußerungen Dritter, insbesondere Dank-, Anerkennungs- und Empfehlungsschreiben, oder mit Hinweisen hierauf seit der 16. AMG-Novelle erstmals geworben werden, es sei denn, dies erfolgt in missbräuchlicher, abstoßender oder irreführender Weise. Bei dieser nunmehr zulässigen Werbeform handelt es sich insbesondere um Erfahrungsberichte von Anwendern[193]. Diese Vorschrift gilt gemäß § 11 Abs. 1 S. 2 HWG ebenfalls für Medizinprodukte. Wenn eine Zeitschrift erkennbar eine Werbemaßnahme eines Pharmaunternehmens ist, dann muss nicht jede Präparateempfehlung des Unternehmens als Anzeige gekennzeichnet werden, denn dann tritt der Werbzweck insgesamt erkennbar zu Tage.

i) § 11 Abs. 1 Nr. 12 HWG: Kinder unter 14 Jahren. Das Verbot des § 11 Abs. 1 92
Nr. 12 HWG, das gleichermaßen für Medizinprodukte gilt, untersagt Werbemaßnahmen, die ausschließlich oder überwiegend an Kinder unter 14 Jahren gerichtet sind. Erfasst werden hiervon in erster Linie Anzeigen in Kinder- und Jugendzeitschriften oder TV-Werbespots während des nachmittäglichen Kinderprogramms oder in speziellen Kindersendern wie KIKA. Durch diese Vorschrift soll verhindert werden, dass Kinder aufgrund von Werbesendungen einen Druck auf ihre Eltern ausüben, bestimmte Arzneimittel oder Medizinprodukte zu erwerben[194].

j) § 11 Abs. 1 Nr. 13 HWG: Preisausschreiben, Verlosungen. Nach der 16. AMG- 93
Novelle ist es nunmehr in Umsetzung der Rechtsprechung des EuGH zulässig, für Arzneimittel gegenüber dem Laien-Publikum mit Preisausschreiben, Verlosungen oder anderen vom Zufall abhängigen Verfahren zu werben, sofern durch diese Art der Werbung nicht einer unzweckmäßigen oder übermäßigen Verwendung von Arzneimitteln Vorschub geleistet wird[195]. Bei Preisausschreiben erbringt der Teilnehmer in der Regel eine Leistung,

---

[192] *Doepner,* Heilmittelwerbegesetz, § 11 Nr. 9 Rn. 10; *Riegger,* Heilmittelwerberecht, 11. Kap., Rn. 68, S. 208.
[193] *Schmidt* PharmR 2012, 285 (289).
[194] *Bülow/Ring/Artz/Brixius,* Heilmittelwerbegesetz, § 11 Nr. 12 Rn. 13; *Riegger,* Heilmittelwerberecht, 11. Kap. Rn. 94, S. 218.
[195] GRUR 2008, 267 (268) Tz. 36 – Gintec; *Reese,* MPR 2012, 165, 168.

indem er eine Preisfrage beantwortet. Bei einer Verlosung macht der Teilnehmer zumeist nichts anderes, als teilzunehmen und seine Adresse anzugeben. Wenn der Preis in dem beworbenen Arzneimittel selbst bestehen würde, könnte die Werbemaßnahme einer unzweckmäßigen oder übermäßigen Verwendung des Arzneimittels Vorschub leisten.

94 Andere Konstellationen, in denen sich das Verbot konkretisiert, sind auf den ersten Blick schwer vorstellbar. Da § 11 Abs. 1 S. 2 HWG die Nr. 13 für Medizinprodukte nicht für anwendbar erklärt, sind für diese Preisausschreiben ohne die für Arzneimittel geltende Einschränkung der unzweckmäßigen oder übermäßigen Verwendung zulässig, wofür eigentlich keine Rechtfertigung gegeben ist. Auch wenn Medizinprodukte nicht pharmakologisch, sondern physikalisch oder physiko-chemisch wirken, so sollte doch auch hier eine unzweckmäßige oder übermäßige Verwendung verhindert werden.

95 **k) § 11 Abs. 1 Nr. 14 und Nr. 15 AMG: Abgabe von Arzneimitteln und anderen Mitteln.** Mit der 16. AMG-Novelle ist die Verbotsnorm des § 11 Abs. 1 Nr. 14 HWG an den Wortlaut des Art. 88 Abs. 6 und Art. 96 des Gemeinschaftskodex angepasst worden. Seitdem ist klar gestellt, dass gegenüber dem Laien-Publikum nicht nur die Abgabe von Mustern oder Proben von Arzneimitteln unzulässig ist, sondern auch die Abgabe des Arzneimittels als solches in der zugelassenen Packungsgröße. Nach § 11 Abs. 1 Nr. 15 HWG ist gleichermaßen die Abgabe von Mustern oder Proben von anderen Mitteln oder Gegenständen im Sinne von § 1 Abs. 1 Nr. 2 HWG unzulässig. Dies bedeutet, dass die Abgabe von Mustern oder Proben von Medizinprodukten zulässig ist, da diese nicht unter andere Mittel und Gegenstände gemäß § 1 Abs. 1 Nr. 2 HWG fallen, sofern nicht in der konkreten Konstellation § 7 HWG dagegen spricht[196].

96 **l) § 11 Abs. 2 HWG: Vergleichende Werbung.** Durch diese Vorschrift wird praktisch die im allgemeinen Wettbewerbsrecht zulässige vergleichende Werbung für Arzneimittel gegenüber Laien eingeschränkt. Nach § 11 Abs. 2 HWG sind Angaben, die nahelegen, dass die Wirkung des beworbenen Arzneimittels einem anderen Arzneimittel entspricht oder überlegen ist, verboten. Da das wesentliche Merkmal einer vergleichenden Werbung in der Regel die Aussage ist, das eigene Produkt sei einem anderen überlegen oder diesem zumindest gleichwertig, ist somit in der Laien-Werbung mit Ausnahme des Preisvergleiches praktisch keine vergleichende Werbung zulässig, denn genau genommen beinhaltet jeder Vergleich zu einem anderen Arzneimittel in gewisser Weise zumindest die Behauptung einer therapeutischen Äquivalenz, denn sonst würde man sein Präparat nicht im Vergleich zu einem anderen Präparat benennen.

2. § 12 HWG: Werbung für bestimmte Krankheiten oder Leiden

97 § 12 Abs. 1 HWG enthält ein Werbeverbot für die in der Anlage zu dieser Vorschrift aufgeführten Krankheiten, wobei hier nur die Krankenheiten und Leiden beim Menschen im Abschnitt A der Anlage näher betrachtet werden. Zum einen handelt es sich hierbei um die in Nr. 1 genannten meldepflichtigen Krankheiten nach dem Infektionsschutzgesetz wie Cholera, Diphtherie, Masern oder Tollwut oder durch meldepflichtige Krankheitserreger verursachte Infektionen wie die echte Virusgrippe[197]. Nach Nr. 2 fallen unter das Werbeverbot bösartige Neubildungen, worunter in erster Linie sämtliche Krebsarten zu verstehen sind. Aus nicht ganz nachvollziehbaren Gründen findet dieses Werbeverbot der Nr. 2 gemäß § 12 Abs. 1 S. 2 HWG keine Anwendung auf die Werbung für Medizinprodukte. Schließlich darf gemäß Ziffer 3 des Abschnitts A der Anlage zum HWG nicht für Arzneimittel gegen Suchtkrankheiten mit Ausnahme der Nikotinabhängigkeit und

---

[196] *Hill/Schmitt*, WiKo – Kommentar zum Medizinprodukterecht, Kap. II. 2., § 7 HWG Rn. 11.
[197] *Zimmermann* in Fuhrmann/Klein/Fleischfresser, § 28 Rn. 135; *Riegger*, Heilmittelwerberecht 12. Kap. Rn. 15.

§ 8 Das Heilmittelwerbegesetz

gemäß Nr. 4 nicht für krankhafte Komplikationen der Schwangerschaft oder des Wochenbetts geworben werden.

XII. Irreführende Werbung, § 3 HWG

1. Bedeutung

Zentrale Norm des Heilmittelwerberechts, an der jede Heilmittelwerbung zu messen ist, ist § 3 HWG, der irreführende Werbung grundsätzlich für unzulässig erklärt. Unterstrichen wird die Bedeutung der Norm durch den Umstand, dass Verstöße gegen das Verbot der irreführenden Werbung gem. § 14 HWG mit Geld- oder Freiheitsstrafe bedroht und damit schärfer sanktioniert sind als alle anderen heilmittelwerberechtlichen Normverstöße, die gemäß § 15 HWG nur als Ordnungswidrigkeiten gelten[198]. 98

Sinn und Zweck des § 3 HWG ist vornehmlich der Schutz der Gesundheitsinteressen der Allgemeinheit sowie jedes einzelnen Verbrauchers. Eine irreführende Werbung für Heilmittel ist geeignet, den Arzt zur Verschreibung eines nicht geeigneten Präparats und den Patienten zu einem nicht angezeigten Arzneimittelkauf zu veranlassen. In beiden Fällen besteht die Gefahr, dass gesundheitliche Schäden eintreten oder die Anwendung geeigneter Mittel und Heilverfahren unterbleibt oder verspätet erfolgt und dadurch eine effektive Behandlung der Krankheit verzögert oder gar unmöglich wird[199]. In zweiter Linie schützt § 3 HWG die Verbraucher vor einer wirtschaftlichen Übervorteilung. 99

Das generelle Irreführungsverbot des § 3 S. 1 HWG erfasst – über die in § 3 S. 2 HWG aufgeführten Beispieltatbestände hinaus – eine Reihe für den Verbraucher relevanter Werbehandlungen, wie zB eine Irreführung über die betriebliche Herkunft, die Preisbemessung oder die Bezugsquelle sowie über sonstige geschäftliche Verhältnisse, die im Zusammenhang mit dem Vertrieb von Arzneimitteln oder Medizinprodukten und den übrigen von § 1 HWG erfassten Mitteln und Leistungen relevant sein können[200]. 100

In der Regel ist bei der Prüfung des Verkehrsverständnisses einer Werbeaussage auf deren Gesamteindruck abzustellen. Etwas anderes gilt im Bereich der so genannten „Blickfangwerbung", das heißt bei Werbeaussagen, die von den übrigen Angaben durch Fettdruck, größere Schrifttype oder optisch stark hervorgehobene Elemente deutlich abgesetzt und herausgestellt sind. Blickfangwerbung muss für sich allein zutreffend sein; die Irreführung wird nicht dadurch ausgeräumt, dass eine unzutreffende Blickfang-Aussage durch außerhalb des Blickfangs liegende Angaben richtig gestellt wird[201]. Ist die Blickfangangabe unvollständig, muss für den Werbeadressat klar erkennbar – etwa durch einen Sternchenhinweis im Blickfang – auf die für das rechtliche Verständnis der Werbeaussage unerlässlichen Angaben hingewiesen werden[202]. 101

2. Irreführung

Grundsätzlich liegt ein Verstoß gegen das Verbot irreführender Werbung dann vor, wenn die betreffende Werbeangabe geeignet ist, beim Adressaten einen falschen Eindruck 102

---

[198] *Doepner*, Heilmittelwerbegesetz, § 3 Rn. 7.
[199] *Doepner*, Heilmittelwerbegesetz, § 3 Rn. 7.
[200] *Doepner*, Heilmittelwerbegesetz, § 3 Rn. 119; *Artz* in Bülow/Ring/Artz/Brixius, Heilmittelwerbegesetz, § 3 Rn. 2; aA *Reese/Holtorf* in Dieners/Reese, Handbuch des Pharmarechts, § 11 Rn. 136; *Gröning*, Heilmittelwerberecht, § 3 Rn. 8. Für die Praxis ist dieser Streit allerdings von untergeordneter Bedeutung, da der Begriff der Irreführung mit Blick auf Art. 6 UGP-Richtlinie sowie Art. 2 der RL 2006/114/EG über irreführende und vergleichende Werbung in gleicher Weise richtlinienkonform auszulegen ist wie § 5 UWG; vgl. ferner *Artz* in Bülow/Ring/Artz/Brixius, Heilmittelwerbegesetz, § 3 Rn. 4; *Zimmermann* in Fuhrmann/Klein/Fleischfresser, Arzneimittelrecht, § 28 Rn. 49.
[201] *Riegger*, Heilmittelwerberecht, 3. Kap., Rn. 12, S. 32.
[202] BGH GRUR 1999, 264 ff. – Handy für 0,00 DM; GRUR 2004, 343 ff. – Playstation.

zu erwecken und infolge dessen seine Entscheidung (zur Verordnung bzw. zum Kauf eines bestimmten Präparats) zu beeinflussen. Ein Nachweis, dass die betreffende Werbung tatsächlich die Entscheidung der angesprochenen Adressaten beeinflusst hat, ist insoweit nicht erforderlich.

103 Die Prüfung einer möglichen irreführenden Werbung verläuft in 3 Schritten[203]:
- Zunächst ist zu klären, welche Verkehrskreise von der Werbung angesprochen werden. Denn eine Werbung mit Gesundheitsbezug kann sich entweder speziell an fachkundige Adressaten wie zB Ärzte, Klinikpersonal, dh die Fachkreise, oder an Patienten zB mit schwerwiegenden Erkrankungen wenden, die im Lauf der Zeit ebenfalls vertiefte Kenntnisse über ihre Krankheit erwerben. Heilmittelwerbung für nicht verschreibungspflichtige Arzneimittel kann sich aber auch in Form von Zeitungsinseraten, Patientenbroschüren, TV-Spots oder für jedermann abrufbaren Internetpublikationen an das allgemeine Publikum richten. Die Bestimmung der maßgeblichen Verkehrskreise ist von besonderer Bedeutung, da von ihr unmittelbar die Beantwortung der zweiten Frage abhängt, nämlich
- welches das Verständnis der angesprochenen Werbeadressaten ist[204]. Abhängig davon, ob es sich bei den Werbeadressaten um Fachkreise oder das allgemeine Publikum handelt, kann beispielsweise eine Werbung unter Verwendung medizinischer Fachausdrücke gegenüber dem Laien-Publikum irreführend sein, während die Irreführungsgefahr bei Verwendung desselben Fachausdrucks in der Fachkreiswerbung unproblematisch verneint werden kann. Zu beachten ist auch, dass Werbeangaben von den Fachkreisen meist sorgfältiger betrachtet werden, da sie aufgrund ihrer Vorbildung den Aussagegehalt der Werbung leichter erfassen und wegen ihrer beruflichen Verantwortung zu einer genaueren Prüfung veranlasst werden[205].
- Zuletzt ist zu prüfen, ob die Angabe nach dem Verständnis der angesprochenen Verkehrskreise unzutreffend ist, dh mit den tatsächlichen Verhältnissen nicht übereinstimmt.

104 Wie bereits dargelegt, kann Werbung mit gesundheitsbezogenen Aussagen erhebliche Gefahren für die Gesundheit der Patienten nach sich ziehen. Deshalb sind – insbesondere, wenn sich Werbemaßnahmen an das Laien-Publikum richten – an die Richtigkeit, Eindeutigkeit und Klarheit gesundheitsbezogener Aussagen besonders strenge Anforderungen zu stellen (Strengeprinzip[206]). Dies führt dazu, dass auch formal wahre Werbeaussagen als irreführend eingestuft werden können, wenn sie geeignet sind, bei den Werbeadressaten falsche Erwartungen zu wecken.

105 Lässt eine Werbeaussage aus Sicht des angesprochenen Verkehrs mehrere Deutungen zu, darf grundsätzlich keine der verschiedenen Deutungsmöglichkeiten unzutreffend sein. Dies gilt allerdings nach zutreffender Auffassung des Oberlandesgerichts Hamburg[207] im Falle der Fachkreiswerbung dann nicht, wenn es sich um medizinische Fachbegriffe handelt, die auch in der Literatur teils unterschiedlich, teils gleichbedeutend verwendet werden. Denn das Fachpublikum entwickelt in einem solchen Fall nicht aus der Wortwahl allein heraus bestimmte Vorstellungen, sondern stellt maßgeblich auf den betreffenden Äußerungszusammenhang ab, in dem die jeweilige Angabe verwendet wird.

106 Darüber hinaus kann ein unzutreffender Eindruck auch durch das Vorenthalten von Informationen hervorgerufen werden (Irreführung durch Unterlassen). Allerdings folgt

---

[203] *Riegger*, Heilmittelwerberecht, 3. Kap., Rn. 5, S. 29.
[204] vgl. die Rechtsprechungsbeispiele bei *Riegger*, Heilmittelwerberecht, 3. Kap., Rn. 9, S. 35.
[205] *Bornkamm* in Köhler/Bornkamm, Gesetz gegen den unlauteren Wettbewerb, § 5 Rn. 2.80; *Riegger*, Heilmittelwerberecht, 3. Kap., Rn. 5, S. 29.
[206] BGH GRUR 2002, 182 (185) – Das Beste jeden Morgen; *Reese/Holtorf* in Dieners/Reese, Handbuch des Pharmarechts, § 11 Rn. 140; *Riegger*, Heilmittelwerberecht, 3. Kap., Rn. 7, S. 30; OLG Hamburg GRUR-RR 2010, 63, PharmR 2007, 204.
[207] OLG Hamburg Urt. v. 26.7.2001 – 3 U 237/00 = BeckRS 2001, 30196488.

hieraus nicht, dass der Werbende verpflichtet wäre, alle (dh auch die negativen) Eigenschaften seines Präparats in der Werbung darzustellen. Maßgeblich ist vielmehr, wie dies auch § 5a Abs. 1 UWG festlegt, ob die verschwiegene Tatsache nach der Verkehrsauffassung für die geschäftliche Entscheidung von Bedeutung und ob das Verschweigen konkret geeignet ist, die Entscheidung des Umworbenen zu beeinflussen[208]. Zu einer Offenlegung ist der Werbetreibende demnach nur dann verpflichtet, wenn eine dahingehende Aufklärungspflicht besteht, so etwa in Bezug auf die Gegenanzeigen, Nebenwirkungen und die für das jeweilige Präparat bestehenden Warnhinweise in Rahmen der Pflichtangaben (§ 4 HWG)[209].

Im Übrigen kommt eine Irreführung durch Unterlassen dann in Betracht, wenn die Werbeadressaten entsprechende aufklärende Hinweise erwarten dürfen. So muss etwa in der Werbung für Medizinprodukte oder medizinische Verfahren gegebenenfalls in Analogie zu den Pflichtangaben für Arzneimittel über schädliche Wirkungen aufgeklärt werden, die mit dem Einsatz des Produktes verbunden sein können, soweit eine erhebliche Gesundheitsgefahr besteht und die Wahrscheinlichkeit eines Schadenseintritts möglich ist[210]. Gleiches gilt, wenn ein Medizinprodukt beworben wird, das für das beworbene Anwendungsgebiet (Zweckbestimmung) nicht über die erforderliche CE-Kennzeichnung verfügt, da diese gemäß § 6 Abs. 1 MPG Voraussetzung für das Inverkehrbringen des Produktes ist[211]. 107

Die Feststellung der Irreführung erfolgt – wie im allgemeinen Wettbewerbsrecht – in aller Regel aufgrund der eigenen Sachkunde des Gerichts. Allerdings ist im Urteil jeweils darzulegen, aufgrund welcher Umstände das Gericht eine solche Sachkunde für sich in Anspruch nimmt. Steht eine Gesundheitswerbung zur Beurteilung, die sich an das allgemeine Publikum richtet, wird das Gericht die Verkehrsauffassung regelmäßig selbst ermitteln können. Bei Fachkreiswerbung kann das Gericht sachkundig sein, wenn es aufgrund der ständigen Befassung mit Wettbewerbssachen auf diesem Gebiet eine entsprechende Sachkunde erworben hat oder wenn die Parteien des Rechtsstreits substantiiert zum Verständnis der zur Beurteilung anstehenden Aussage durch die angesprochenen Fachkreise vorgetragen haben. Möglich ist auch die Vorlage von Privatgutachten, die dem Gericht die erforderliche Sachkunde vermitteln. Eine Beweiserhebung zur Ermittlung des Verkehrsverständnisses einer Aussage ist dann erforderlich, wenn das Gericht nach eigener Überzeugung nicht die erforderliche Sachkunde besitzt[212]. In einem solchen Fall erfolgt die Beweiserhebung durch Einholung eines Sachverständigengutachtens, das in der Regel aus einer Verkehrsbefragung und deren Auswertung besteht. 108

3. Die Beispielstatbestände des § 3 S. 2 HWG

Für die Praxis wichtiger als die Generalklausel des § 3 S. 1 HWG sind die Beispielstatbestände des § 3 S. 2 HWG, die bestimmte, häufig auftretende Fälle irreführender Werbung nennen. Liegt ein Fall des § 3 S. 2 HWG vor, muss nicht mehr auf die Generalklausel des § 3 S. 1 HWG zurückgegriffen werden. 109

a) § 3 S. 2 Nr. 1 HWG: Wirksamkeits- und Wirkungsangaben. Von herausragender Bedeutung im Rahmen der Beispielstatbestände ist § 3 S. 2 Nr. 1 HWG. Danach liegt eine Irreführung insbesondere dann vor, wenn Arzneimitteln, Medizinprodukten, Verfahren, Behandlungen, Gegenständen oder anderen Mitteln eine therapeutische Wirksamkeit oder Wirkungen beigelegt werden, die sie nicht haben. Dabei beschreibt der Begriff der „Wirkung" die Reaktionen, die aufgrund der Anwendung eines Arzneimittels eintreten oder 110

---

[208] *Riegger*, Heilmittelwerberecht, 3. Kap., Rn. 10, S. 31.
[209] *Riegger*, Heilmittelwerberecht, 3. Kap., Rn. 11, S. 31 f.; *Gröning*, Heilmittelwerberecht, § 3 Rn. 41.
[210] *Riegger*, Heilmittelwerberecht, 3. Kap., Rn. 11, S. 31 f.
[211] vgl. hierzu → § 6 Rn. 31; *Riegger*, Heilmittelwerberecht, 3. Kap., Rn. 11, S. 31 f.
[212] *Riegger*, Heilmittelwerberecht, 3. Kap., Rn. 18, S. 35.

eintreten sollen. Ausgenommen hiervon sind die Nebenwirkungen eines Präparats. Mit der „therapeutischen Wirksamkeit" wird ein therapeutischer Erfolg bezeichnet, mithin alle Wirkungen, die in Relation zu einem angestrebten Therapieziel gesetzt und aufgrund des therapeutischen Effektes bewertet werden[213].

111 Da es die Gewissheit eines Wirkungseintritts auf medizinischem Gebiet generell nicht gibt, wird eine Irreführung gemäß § 3 S. 2 Nr. 1 HWG schon dann bejaht, wenn die dem Heilmittel zugeschriebene Wirkung bzw. therapeutische Wirksamkeit nicht hinreichend nachgewiesen ist[214]. Im Grunde handelt es sich dabei um eine Umkehr des im allgemeinen Zivilrecht geltenden Grundsatzes, wonach jede Partei die ihr günstigen Umstände darlegen und im Bestreitensfall beweisen muss. Begründet wird diese Beweislastumkehr damit, dass derjenige, der mit einer unsicheren Angabe wirbt, die Verantwortung für ihre Richtigkeit trägt[215].

112 Zu beachten ist aber, dass eine Werbeaussage nicht bereits dann als umstritten oder ungesichert gilt, wenn eine einzelne Gegenstimme gegen die Richtigkeit der Werbeaussage existiert. Grund hierfür ist, dass ein gewisser Meinungspluralismus Grundlage jeder Wissenschaft ist[216]. Gibt es jedoch ernst zu nehmende Einwände gegen die jeweilige Werbeaussage, so sollte die Wirksamkeits- oder Wirkungsangabe zumindest durch einen Hinweis auf wissenschaftliche Gegenstimmen relativiert werden. Es ist auch nicht möglich, eine Wirkungsangabe in der Werbung plakativ herauszustellen und den relativierenden Hinweis unauffällig in eine Fußnote zu verbannen[217].

113 **aa) „Hinreichende Absicherung" von Wirkaussagen.** Wie bereits dargelegt, müssen Wirkaussagen in der Heilmittelwerbung hinreichend abgesichert sein, um nicht als irreführend eingestuft zu werden. Da der Gesetzgeber keine Vorgaben gemacht hat, in welcher Form die Absicherung erfolgen muss, kann auf verschiedene Erkenntnisquellen zurückgegriffen werden:

114 Angaben aus einer Arzneimittelzulassung nach § 25 AMG, etwa die im Zulassungsbescheid genannten Anwendungsgebiete des Präparats, dürfen stets verwendet werden. Dabei müssen die Anwendungsgebiete in der Werbung allerdings zutreffend beschrieben werden (vgl. auch § 3a HWG). Dies gilt allerdings nicht für homöopathische Arzneimittel, die lediglich eine Registrierung nach § 38 AMG aufweisen, für die ein Wirksamkeitsnachweis nicht erforderlich ist und für die deshalb mit der Angabe von Anwendungsgebieten grundsätzlich nicht geworben werden darf.

115 Zulässig ist darüber hinaus die Werbung mit Angaben, die der betreffenden Fach- oder Gebrauchsinformation entnommen sind. Da die pharmazeutischen Unternehmer gemäß § 11a Abs. 2 AMG verpflichtet sind, Änderungen der Fachinformation, die für die Therapie relevant sind, den Fachkreisen zugänglich zu machen, kommt den Angaben in der Fachinformation ein hoher Stellenwert zu[218]. Die Fachinformation ist von der Legitimationswirkung des Zulassungsbescheides umfasst und ist deshalb der wettbewerbsrechtlichen Prüfung unter den Aspekten des Rechtsbruchs und der Irreführung entzogen.[219]

116 **bb) Wirknachweis durch wissenschaftliche Studien.** Wird der Wirknachweis eines Präparates durch wissenschaftliche Studien geführt, ist deren Validität erforderlich. Hinrei-

---

[213] BVerwG NJW 1994, 2433.
[214] *Riegger,* Heilmittelwerberecht, 3. Kap., Rn. 23 S. 39 f.; *Doepner,* Heilmittelwerbergesetz, § 3 Rn. 71 ff.; *Reese/Holtorf* in Dieners/Reese, Handbuch des Pharmarechts, § 11 Rn. 143; *Gröning,* Heilmittelwerberecht, § 3 Rn. 12 ff.
[215] BGH GRUR 1958, 485 (486) – Odol; GRUR 1971, 153 (155) – Tampax; GRUR 1991, 848 (849) – Rheumalind II.
[216] *Reese/Holtorf* in Dieners/Reese, Handbuch des Pharmarechts, § 11 Rn. 144.
[217] *Reese/Holtorf* in Dieners/Reese, Handbuch des Pharmarechts, § 11 Rn. 144.
[218] vgl. BGH GRUR 2013, 649 – Basisinsulin mit Gewichtsvorteil; s. § 4 Rn. 16.
[219] OLG Hamburg Urteile v. 30.1.2014, 3 U 63/12, 3 U 133/12 = GRUR-Prax 2014, 191; OLG Hamburg Beschluss v. 8.4.2014, Az.: 3 W 22/14.

chende Aussagekraft kommt derartigen Studien daher nach der Rechtsprechung im Regelfall nur dann zu, wenn es sich um randomisierte, placebokontrollierte Doppelblindstudien mit einer adäquaten statistischen Auswertung handelt, die durch Veröffentlichung in den Diskussionsprozess der Fachwelt einbezogen wurden (Goldstandard)[220].

Eine placebokontrollierte Studie liegt dann vor, wenn die Wirksamkeit einer Substanz bzw. eines Verfahrens anhand einer Kontrollgruppe von Versuchspersonen überprüft wurde, denen ein Placebo verabreicht wurde. Bei einer Vergleichsstudie wird die Wirksamkeit zweier Substanzen gegeneinander getestet. 117

Von einer „Randomisierung" ist dann die Rede, wenn entsprechend vorab definierter Kriterien Versuchspersonen für die Studie rekrutiert werden, die dann unter Beachtung des Zufallsprinzips auf die Behandlungs- bzw. Kontrollgruppe verteilt werden. Voraussetzung ist außerdem, dass in beiden Studienarmen eine repräsentative Auswahl des ursprünglich zusammengestellten Patientenkollektivs enthalten ist, um eine Verzerrung des Studienergebnisses aufgrund der Bevorzugung eines Studienarms bei der Patientenzuteilung zu vermeiden. 118

Eine Doppelblindstudie liegt vor, wenn weder der behandelnde Arzt noch die Patienten wissen, ob sie mit der Studienmedikation oder mit einem Placebo bzw. der Vergleichssubstanz behandelt werden. Von einer statistischen Signifikanz des Ergebnisses ist dann auszugehen, wenn die Studie einer statistischen Auswertung unterzogen wurde und die Irrtumswahrscheinlichkeit unter 5 % liegt[221]. 119

Teilweise wird in der Rechtsprechung unter Berufung auf das heilmittelwerberechtliche Strengeprinzip jedoch ein Maßstab an den wissenschaftlichen Nachweis des Wirkprinzips angelegt, dem der pharmazeutische Unternehmer mitunter kaum mehr gerecht werden kann. Ein instruktives Beispiel hierfür bildet ein Urteil des Oberlandesgerichts Frankfurt/Main vom 22.6.2006[222]. Die Antragsgegnerin hatte nicht weniger als 10 – zum Teil umfangreiche (soweit man dies als Außenstehender beurteilen kann) – Studien oder Gutachten zum Nachweis der Wirksamkeit der streitgegenständlichen Kernspinresonanztherapie beigebracht. Keiner dieser Nachweise war in den Augen des Oberlandesgerichts Frankfurt/Main als Wirknachweis geeignet: 120

„Die Studie von Prof. SV 5 ist nicht aussagekräftig, weil der Aufsatz auf einer Untersuchung von nur 14 Patientinnen ohne Kontrollgruppe basiert und daher nicht repräsentativ ist. Demgegenüber umfassen die Untersuchungen von SV 6 et al. zwar immerhin 60 Personen, es fehlte aber an einer Kontrollgruppe, ohne die gesicherte wissenschaftliche Erkenntnisse nach Auffassung des Senates nicht zu gewinnen sind. Die Studie von SV 7 wurde zwar mit einem Behandlungsgerät der Antragsgegnerin durchgeführt. Eingeschlossen waren 62 Rehabilitationspatienten mit Low Back Pain. Das Behandlungsgerät der Antragsgegnerin wurde aber lediglich ergänzend zu einem standardisierten Physiotherapieprogramm angewandt. Dementsprechend kommt SV 7 lediglich zu dem Ergebnis, dass die MBST-Kernspinresonanztherapie ein ergänzendes Therapieverfahren für die Rehabilitation von Patienten mit Low Back Pain sei. Über die Wirksamkeit des von der Antragsgegnerin beworbenen Verfahrens als alleinige Therapieform ist damit nichts ausgesagt. Auch die beiden Gutachten SV 8 vermögen die objektive Wirksamkeit des beworbenen

---

[220] BGH GRUR 2013, 649 „Basisinsulin mit Gewichtsvorteil"; OLG Frankfurt am Main GRUR-RR 2005, 394 (395); Hanseatisches OLG GRUR-RR 2010, 67, PharmR 2007, 204; sehr übersichtlich und umfassend: *Feddersen*, Wissenschaftliche Absicherung von Wirkungsangaben in Heilmittelwerbeprozess, GRUR 2013, 127; OLG Hamburg Urteil vom 2.7.2009, 3 U 151/08, PharmR 2010, 153; OLG Hamburg Urteil vom 20.9.2012, 3 U 53/11, PharmR 2013, 77; *Knauer/Kellermann*, PharmR 2013, 311; s. § 3 Rn. 10.
[221] *Riegger*, Heilmittelwerberecht, 3. Kap., Rn. 33, S. 44 f.; *Reese/Holtorf* in Dieners/Reese, Handbuch des Pharmarechts, § 11 Rn. 147 ff.
[222] Az. 6 U 4/06 = Beck RS 2006, 12925.

Verfahrens nicht zu belegen, da sie lediglich die subjektive Zufriedenheit der Patienten dokumentieren. SV 8 selbst bezeichnet die Ursache für die subjektiv empfundene Verringerung der Schmerzintensität bei den Patienten als „noch nicht geklärt." Die Untersuchung von SV 9 et al. ist nicht aussagekräftig, da sie nur 27 Patienten umfasste und keine Kontrollgruppe hatte. Auch aus dem Gutachten von SV 10 kann die Antragsgegnerin nichts für sie Günstiges herleiten. Dort heißt es im Ergebnisteil, die Wechselbeziehungen zwischen Zelle und Kernspinresonanz seien noch ungeklärt. Das Gutachten von SV 11 befasst sich lediglich mit der Funktion des Gerätes, es trifft aber keine Aussage zur Wirksamkeit der Therapie. Ebenso wenig befasst sich die Dissertation SV 12 mit der Wirksamkeit der MBST; es werden lediglich Reagenzglasversuche unter Verwendung von Elektroden ausgewertet. Die vorgelegte Äußerung von Prof. SV 13 besagt lediglich, dass dieser nach Sichtung von etwa 50 (!) Publikationen zu dem Ergebnis gekommen sei, die Wirksamkeit der Magnetfelder in den verschiedensten Gebieten der Medizin sei nachgewiesen. Hierbei handelt es sich um eine persönliche Wertung von Prof. SV 13 aufgrund des ihm vorgelegten Materials, die ihrerseits einen Wirksamkeitsnachweis nicht zu erbringen vermag. Nichts anderes gilt für das in der Berufungsinstanz vorgelegte Gutachten des Pharmakologen Prof. SV 14."

121 Hier hätte das OLG Frankfurt/Main wenigstens in der Zusammenschau aller beigebrachten Nachweise von einer hinreichenden Absicherung der Wirkung ausgehen können, zumal es hier um ein Medizinprodukt ging, bei dem es nach § 19 Abs. 1 MPG ausreicht, die Eignung für den vorgesehenen Verwendungszweck durch eine klinische Bewertung anhand von klinischen Daten nach § 3 Nr. 25 MPG zu belegen (vgl. § 5 Rn. 96 ff.).

122 Nach § 3 Nr. 25 lit. b) und c) MPG sind dabei zB in der wissenschaftlichen Fachliteratur wiedergegebene Studien über ein ähnliches Produkt oder veröffentlichte oder unveröffentlichte Berichte über klinische Erfahrungen mit einem ähnlichen Produkt ausreichend, wenn dessen Gleichartigkeit nachgewiesen werden kann.

123 Dass die Anforderungen an den wissenschaftlichen Nachweis in der Rechtsprechung bisweilen zu hoch angesetzt werden, zeigt sich daher, wie aufgezeigt, insbesondere im Bereich der Medizinprodukte, wo dieselben Voraussetzungen wie bei Arzneimitteln[223] gelten sollen. Da das heilmittelwerberechtliche Strengeprinzip auch bei Medizinprodukten anwendbar ist, wird auch dort die Vorlage von randomisierten Doppelblindstudien verlangt und der Tätigkeit der Benannten Stelle mangels Behördenstellung kaum Bedeutung zugemessen[224].

124 **b) Irreführung durch falsche Erfolgsversprechen: § 3 S. 2 Nr. 2 lit. a) HWG.** Gemäß § 3 S. 2 Nr. 2 lit. a) HWG liegt eine Irreführung dann vor, wenn fälschlich der Eindruck erweckt wird, ein Erfolg könne mit Sicherheit erwartet werden. Hintergrund dieser Regelung ist die Erwägung, dass mit Blick auf die unterschiedlichen Erscheinungsformen von Erkrankungen sowie der individuellen Disposition jedes einzelnen über die dem Heilmittel zugeschriebenen Wirkungen keine sichere Gewissheit besteht. Eine vergleichbare Regelung enthält § 8 Abs. 1 Nr. 2b) AMG für die Inverkehrbringung von Arzneimitteln und § 4 Abs. 2 Nr. 2, Hs. 1 MPG für die Inverkehrbringung von Medizinprodukten.

125 Der Tatbestand der Irreführung ist bereits dann erfüllt, wenn unzutreffender Weise der Eindruck eines sicheren Behandlungserfolgs erweckt wird. Die ausdrückliche Behauptung, ein bestimmtes Heilmittel sei „sicher wirksam", ist insoweit nicht erforderlich. Aus diesem

---

[223] OLG München NJOZ 2002, 2282 (2284). Zur umfangreichen Kasuistik in diesem Bereich vgl. die Nachweise bei *Artz* in Bülow/Ring/Artz/Brixius, Heilmittelwerbegesetz, § 3 Rn. 57 ff.; Hanseatisches OLG GRUR-RR 2010, 63; PharmaR 2007, 204.

[224] vgl. LG Hamburg Urt. v. 21.2.2012, Az. 312 O 610/11; ferner *v. Czettritz* in Dieners/Anhalt, Handbuch des Medizinprodukterechts, § 15 Rn. 4 ff.

Grund werden auch Garantieversprechen wie „Sie werden garantiert abnehmen" oder die Ankündigung, bei mangelnder Zufriedenheit den Kaufpreis zurückzuerstatten, als implizite Erfolgsversprechen gewertet[225]. Jede Art von „Geld-zurück-Garantie" verbietet sich daher für Arzneimittel[226]. Gleiches gilt für die verallgemeinernde Anpreisung eines Heilmittels als „Allheilmittel" oder „Wundermittel", die losgelöst von etwaigen konkreten Indikationsstellungen erfolgt. Auch die persönliche Ansprache eines Werbeadressaten kann den Eindruck vermitteln, dass das beworbene Heilmittel gerade bei dem Angesprochenen – und damit bei jedermann – erfolgreich sein werde[227].

c) Irreführung über schädliche Wirkungen, § 3 S. 2 Nr. 2 lit. b) HWG. Gemäß § 3 S. 2 Nr. 2 lit. b) HWG liegt eine Irreführung vor, wenn der fälschliche Eindruck erweckt wird, dass bei bestimmungsgemäßem oder längerem Gebrauch keine schädlichen Wirkungen eintreten würden. Bei dieser Vorschrift handelt es sich um die Komplementärregelung zu § 3 S. 2 Nr. 2 lit. a) HWG, der die unzutreffende Inaussichtstellung eines positiven Erfolgs des betreffenden Heilmittels untersagt. Ein inhaltsgleiches Verbot ist in § 8 Abs. 1 Nr. 2 lit. b) AMG für die Herstellung und das Inverkehrbringen von Arzneimitteln enthalten, desgleichen in § 4 Abs. 2 Nr. 2 Hs. 2 MPG für Medizinprodukte[228].   126

§ 3 S. 2 Nr. 2 lit. a) HWG bezieht sich sowohl auf die bestimmungsgemäße, dh mit der Packungsbeilage in Einklang stehende Anwendung als auch auf den zeitlich längeren Gebrauch[229]. Als unzulässig wurden beispielsweise Anpreisungen wie „völlig unschädlich", „überlegene Verträglichkeit", „wirkt sehr schonend", „kommt mit wenig Wirkstoff aus", „frei von schädlichen Nebenwirkungen", „unbedenklich" oder „harmlos" angesehen[230]. Unterschiedlich beurteilt wird die Angabe „gut verträglich", je nachdem, was die Packungsbeilage zu den Nebenwirkungen enthält. Die blickfangmäßige Herausstellung dieser Angabe wurde vom Kammergericht als irreführend beurteilt[231]. Im Rahmen einer nicht hervorgehobenen Darstellung hielt das Kammergericht diese Angabe jedoch für zulässig[232]. Die Werbung mit fehlenden schädlichen Wirkungen bei sonstigem, nicht bestimmungsgemäßen Gebrauch unterfällt der generellen Regelung des § 3 S. 1 HWG. Insoweit war trotz der Neuregelung des Begriffs der Nebenwirkungen in § 4 Nr. 13 AMG durch die 16. AMG-Novelle eine Änderung von § 3 S. 2 Nr. 2 lit. b) HWG nicht erforderlich.   127

d) Irreführung über den Zweck der Werbung, § 3 S. Nr. 2 lit. c) HWG. Gemäß § 3 S. 2 Nr. 2 lit. c) HWG liegt eine Irreführung vor, wenn fälschlich der Eindruck erweckt wird, die Werbung werde nicht zu Zwecken des Wettbewerbs veranstaltet (sog. getarnte Werbung). Gegenstand der Irreführung ist somit die vermeintliche Motivation des Werbenden[233], denn eine Aussage zu Gunsten eines Arzneimittels oder Medizinproduktes, die   128

---

[225] *Riegger*, Heilmittelwerberecht, 3. Kap., Rn. 54, S. 55 f.; *Reese/Holtorf* in Dieners/Reese, Handbuch des Pharmarechts, § 11 Rn. 169; *Artz* in Bülow/Ring/Artz/Brixius, Heilmittelwerbegesetz, § 3 Rn. 67; *Doepner*, Heilmittelwerbegesetz, § 3 Rn. 84 ff., jeweils mit zahlreichen Nachweisen aus der Rechtsprechung; OLG München Beschluss v. 21.9.2012, Az. 29 W 1579/12.
[226] OLG München Beschluss vom 21.9.2012, Az.: 29 W 1579/12; OLG Hamburg Urteil vom 27.9.2013, Az.: 3 U 172/12, PharmR 2013, 529.
[227] *Doepner*, Heilmittelwerbegesetz, § 3 Rn. 88.
[228] *Artz* in Bülow/Ring/Artz/Brixius, Heilmittelwerbegesetz, § 3 Rn. 70.
[229] *Artz* in Bülow/Ring/Artz/Brixius, Heilmittelwerbegesetz, § 3 Rn. 73; *Riegger*, Heilmittelwerberecht, 3. Kap., Rn. 66 ff., S. 60. *Doepner*, Heilmittelwerbegesetz, § 3 Rn. 95.
[230] *Reese/Holtorf* in Dieners/Reese, Handbuch des Pharmarechts, § 11 Rn. 175; *Riegger*, Heilmittelwerberecht, 3. Kap., Rn. 69, S. 61; *Artz* in Bülow/Ring/Artz/Brixius, Heilmittelwerbegesetz, § 3 Rn. 74.
[231] KG NJW-RR 1992, 301.
[232] KG NJW-RR 1992, 301; vgl. ferner OLG Karlsruhe PharmR 1987, 293.
[233] *Riegger*, Heilmittelwerberecht, 3. Kap., Rn. 70, S. 62.

von einer vermeintlich neutralen Person stammt, wird nicht als gewöhnliche Absatzwerbung, sondern als objektives Urteil aufgefasst[234].

129 Der Anwendungsbereich von § 3 S. 2 Nr. 2 lit. c) HWG überschneidet sich teilweise mit dem des § 11 Abs. 1 Nr. 9 HWG. Beide Vorschriften zielen auf ein Verbot getarnter Werbung. Während aber § 11 Abs. 1 Nr. 9 HWG lediglich Veröffentlichungen außerhalb der Fachkreise betrifft, deren Werbezweck nicht deutlich erkennbar ist, erfasst § 3 S. 2 Nr. 2 lit. c) HWG – weitergehend – jeder Art von Werbung, dh auch getarnte Werbung gegenüber Fachkreisen sowie Werbung in anderer Form als durch Veröffentlichungen, insbesondere in Form von Werbevorträgen oder Sendebeiträgen in audiovisuellen Medien[235].

e) § 3 S. 2 Nr. 3 lit. a) HWG: Irreführung über die Zusammensetzung oder Beschaffenheit von Heilmitteln.

130 Gemäß § 3 S. 2 Nr. 3 lit. a) HWG liegt eine Irreführung dann vor, wenn unwahre oder zur Täuschung geeignete Angaben über die Zusammensetzung oder Beschaffenheit von Arzneimitteln, Medizinprodukten, Gegenständen oder anderen Mitteln oder über die Art und Weise der Verfahren oder Behandlungen gemacht werden. Dabei bezeichnet der Begriff der Beschaffenheit die Zusammenfassung aller äußeren und inneren Eigenschaften eines Heilmittels, wie zB Herstellungsweise, Haltbarkeit oder äußere Form, aber auch die Zusammensetzung aus Wirkstoffen und nicht wirksamen Hilfsstoffen gemäß § 10 Abs. 1 S. 1 Nr. 8 AMG.

131 Unzulässig ist danach etwa die Aussage „ohne Zuckerzusatz (Saccharose)" hergestellt, wenn der beworbene Kindertee sogenannten reduzierten Zucker enthält[236] oder die Angabe „aus frischem Knoblauch" für Kapseln aus Knoblauch-Ölmazerat[237]. Zulässig ist dagegen die Angabe „Thermalbad" für Badetabletten, weil dies nicht die Behauptung beinhaltet, das Produkt sei aus einer natürlichen Thermalquelle gewonnen[238]. In der Verwendung des Begriffs „medizinisches Salz" für ein kosmetisches Produkt liegt neben einem Verstoß gegen § 3 S. 2 Nr. 1 HWG auch ein Verstoß gegen § 3 S. 2 Nr. 3 lit. a) HWG, wenn die Konzentration des Salzes derart gering ist, dass keinerlei medizinische Wirkung nachgewiesen werden kann[239].

f) § 3 S. Nr. 3 lit. b) HWG: Irreführung durch Angaben über die Person des Herstellers oder Erfinders.

132 Eine Irreführung liegt gemäß § 3 S. 2 Nr. 3 lit. b) HWG schließlich immer dann vor, wenn unwahre oder zur Täuschung geeignete Angaben über die Person, Vorbildung, Befähigung oder Erfolge des Herstellers, Erfinders oder der für sie tätigen oder tätig gewesenen Personen gemacht werden. Gegenstand der Irreführung sind demnach Angaben über die Person des Herstellers/Erfinders sowie über seine Kompetenz. Hersteller ist dabei derjenige, der das beworbene Heilmittel in den Verkehr bringt. Als Erfinder wird neben dem Entwickler des Heilmittels auch derjenige bezeichnet, der sich mit der Erforschung und Entwicklung eines Inhaltsstoffes eines Arzneimittels oder auch nur mit den technischen Aspekten der Zubereitung, Herstellung oder der Anwendung befasst hat[240].

---

[234] BGH GRUR 1993, 565 (566) – Faltenglätter; GRUR 1993, 561 (562) – Produktinformation I; *Artz* in Bülow/Ring/Artz/Brixius, Heilmittelwerbegesetz, § 3 Rn. 76.
[235] *Bülow und Brixius* in Bülow/Ring/Artz/Brixius, Heilmittelwerbegesetz, § 11 Abs. 1 S. 1 Nr. 9 Rn. 3; § 3 Rn. 76; weitere Rechtsprechungsbeispiele s. *Bülow/Ring/Artz/Brixius*, Heilmittelwerbegesetz, § 3 Rn. 78.
[236] KG GRUR 1986, 258 – ohne Zuckerzusatz.
[237] KG NJW-RR 1990, 54.
[238] BGH GRUR 2003, 247 (248) – Thermalbad.
[239] Thür. OLG WRP 2000, 1423; *Artz* in Bülow/Ring/Artz/Brixius, Heilmittelwerbegesetz, § 3 Rn. 89.
[240] *Riegger*, Heilmittelwerberecht, 3. Kap., Rn. 77, S. 67; *Doepner*, Heilmittelwerbegesetz, § 3 Rn. 117.

Musterbeispiel eines Verstoßes gegen die vorgenannte Vorschrift ist etwa die Werbung 133
mit nicht vorhandenen akademischen Graden oder sonstigen Bezeichnungen aus dem
Heilmittelsektor wie „Arzt", „Facharzt", „Zahnarzt", „Tierarzt" oder „Hebamme"[241].
Zur Irreführung geeignet sind ferner Bezeichnungen wie „Privatgelehrter" oder „Preis-
träger", wenn der Preis von einer privaten Organisation ohne fachlichen Nachweis ver-
liehen wurde[242].

XIII. Werbung für nicht zugelassene Arzneimittel, § 3a HWG

Gemäß § 3a HWG ist eine Werbung für zulassungspflichtige Arzneimittel, die nicht 134
nach den arzneimittelrechtlichen Vorschriften zugelassen sind oder als zugelassen gelten,
unzulässig. Dies gilt auch, wenn die Werbung auf Anwendungsgebiete oder Darreichungsformen abhebt, die nicht von der Zulassung erfasst sind.

Zweck der Regelung ist zum einen die Vorbeugung potenzieller Gesundheitsgefahren, 135
die entstehen, wenn für nicht zugelassene (und damit noch nicht von einer unabhängigen
Behörde in Hinblick auf Wirksamkeit und Sicherheit bewertete) Arzneimittel geworben
wird. Zum anderen soll verhindert werden, dass bereits vor Markteinführung eines Präparates die Fachkreise umworben werden[243]. Mit dieser Vorschrift werden daher auch
sogenannte Premarketing-Maßnahmen für Arzneimittel verhindert[244]. Die Vorschrift ist
als abstraktes Gefährdungsdelikt ausgestaltet[245]. Systematisch stellt sich das Werbeverbot
des § 3a HWG als Ergänzung des in § 21 AMG normierten Vertriebsverbots für Arzneimittel ohne Zulassung dar[246].

Gemeinschaftsrechtliche Grundlage der Vorschrift ist Art. 87 Abs. 1 des Gemeinschafts- 136
kodexes, der für die Mitgliedsstaaten die Verpflichtung festschreibt, Werbung für nicht
zugelassene Arzneimittel zu untersagen. § 8 HWG, wonach eine Werbung für den Bezug
von Arzneimitteln im Wege des Teleshoppings oder der Einzeleinfuhr nach § 73 Abs. 2
Nr. 6 lit. a) oder Abs. 3 AMG unzulässig ist, ist zu § 3a HWG lex specialis[247].

§ 3a HWG gilt nur für die Werbung für zulassungspflichtige Arzneimittel und nicht für 137
Medizinprodukte vor Erhalt des CE-Zeichens oder ohne CE-Zeichen. Werden Medizinprodukte unter Verstoß gegen § 6 Abs. 1 MPG, das heißt ohne CE-Kennzeichen, in
Verkehr gebracht, begründet dies eine Unlauterkeit gemäß § 4 Nr. 11 UWG[248]. Hingegen
ist eine Premarketing-Werbung für Medizinprodukte grundsätzlich zulässig.

Das Verbot des § 3a HWG gilt gemäß S. 2 auch für die Bewerbung eines Indikations- 138
gebiets, für das das Arzneimittel nicht oder noch nicht zugelassen ist (Off-Label-Use[249]).

Zu beachten ist, dass § 3a HWG einen unmittelbaren Produktbezug fordert. Ein solcher 139
ist zu verneinen, wenn ein Pharmaunternehmen lediglich über den Forschungs- oder
Entwicklungsstand eines neuen Wirkstoffes berichtet, der noch nicht als Arzneimittel in

---

[241] *Artz* in Bülow/Ring/Artz/Brixius, Heilmittelwerbegesetz, § 3 Rn. 93 mwN.
[242] *Artz* in Bülow/Ring/Artz/Brixius, Heilmittelwerbegesetz, § 3 Rn. 93.
[243] *Doepner*, Heilmittelwerbegesetz, § 3a Rn. 2.
[244] *Reese/Holtorf* in Dieners/Reese, Handbuch des Pharmarechts, § 11 Rn. 193.
[245] *Riegger*, Heilmittelwerberecht, 3. Kap., Rn. 81, S. 69; *Brixius* in Bülow/Ring/Artz/Brixius, Heilmittelwerbegesetz, § 3a Rn. 1; *Reese/Holtorf* in Dieners/Reese, Handbuch des Pharmarechts, § 11
Rn. 190; *Doepner*, Heilmittelwerbegesetz, § 3a Rn. 8.
[246] *Reese/Holtorf* in Dieners/Reese, Handbuch des Pharmarechts, § 11 Rn. 189.
[247] *Mand* in Prütting, Fachanwaltskommentar Medizinrecht, § 3a HWG Rn. 11; *Reese/Holtorf* in
Dieners/Reese, Handbuch des Pharmarechts, § 11 Rn. 189; zum früheren Meinungsstreit vgl. *Mand*,
WRP 2003, 192, (193)/(194).
[248] BGH GRUR 2010, 169 Tz. 13 – CE-Kennzeichnung; *Mand* in Prütting, Fachanwaltskommentar Medizinrecht, § 3a Rn. 3; *Reese/Holtorf* in Dieners/Reese, Handbuch des Pharmarechts, § 11
Rn. 193.
[249] BGBl. I 2570, 2529.

Verkehr gebracht wird[250]. Bei wissenschaftlichen Beiträgen in Fachzeitschriften oder auf internationalen Kongressen, die sachlich, vollständig und ohne werblichen Überschuss über ein Präparat informieren, kann mangels Absatzförderungsabsicht eine produktbezogene Werbung zu verneinen sein[251].

---

[250] *Prütting/Mand,* Fachanwaltskommentar Medizinrecht, § 3a Rn. 5.
[251] *Prütting/Mand,* Fachanwaltskommentar Medizinrecht, § 3a Rn. 6; *Reese/Holtorf* in Dieners/Reese, Handbuch des Pharmarechts, § 11 Rn. 190 ff.

§ 9 Das UWG im Heilmittelwerberecht

Schrifttum: *von Czettritz*, Werbegrenzen der Pharmaindustrie, WRP 1993, 461; *Dieners/Reese*, Handbuch des Pharmarechts 2010; *Fuhrmann/Klein/Fleischfresser*, Arzneimittelrecht, Handbuch für die pharmazeutische Rechtspraxis, 2. Aufl. 2014; *Köhler/Bornkamm*, Gesetz gegen den Unlauteren Wettbewerb, 32. Auflage 2014; *Ullmann*, Das Koordinatensystem des unlauteren Wettbewerbs im Spannungsfeld von Europa und Deutschland, GRUR 2003, 817.

I. Einleitung

Das Gesetz gegen den unlauteren Wettbewerb (UWG) spielt im Heilmittelwerberecht aus zweierlei Gründen eine Rolle. Zum einen handelt es sich bei den Regelungen des HWG um gesetzliche Vorschriften, die auch dazu bestimmt sind, im Interesse der Marktteilnehmer das Marktverhalten zu regeln, so dass jeder Verstoß gegen eine Vorschrift des HWG zugleich unlauter im Sinne des § 4 Nr. 11 UWG ist[252]. Zum anderen bleibt das Gesetz gegen den unlauteren Wettbewerb gemäß § 17 HWG unberührt, so dass die Regelungen des UWG neben den Vorschriften des HWG anwendbar sind.

II. Sanktionierung der Vorschriften des HWG über § 4 Nr. 11 UWG

Werbebeschränkungen und -verbote, die sich auf bestimmte Waren und Dienstleistungen beziehen, wie dies bei den §§ 3–13 HWG der Fall ist, dienen typischerweise dem Schutz der Verbraucher und stellen daher Marktverhaltensregelungen dar[253]. Jeder Verstoß gegen eine Vorschrift des HWG ist damit zugleich ein Verstoß gegen § 4 Nr. 11 UWG. Dementsprechend kann für jeden Verstoß gegen eine Vorschrift des HWG über § 4 Nr. 11 UWG ein Unterlassungsanspruch gemäß § 8 Abs. 1 UWG geltend gemacht werden.

Dieser Unterlassungsanspruch steht gemäß § 8 Abs. 3 Nr. 1 UWG jedem Mitbewerber und gemäß § 8 Abs. 3 Nr. 2 UWG rechtsfähigen Verbänden zur Förderung gewerblicher Interessen zu.

Mitbewerber ist nach der Legaldefinition des § 2 Abs. 1 Nr. 3 UWG jeder Unternehmer, der mit einem oder mehreren Unternehmen als Anbieter oder Nachfrager von Waren oder Dienstleistungen in einem konkreten Wettbewerbsverhältnis steht. Ein konkretes Wettbewerbsverhältnis liegt immer dann vor, wenn die in Frage kommenden Unternehmen gleiche oder gleichartige Waren oder Dienstleistungen innerhalb desselben Abnehmerkreises anbieten, so dass eine beanstandete Werbemaßnahme geeignet ist, den Mitbewerber in seinem Absatz zu behindern oder zumindest zu stören[254].

Rechtsfähige Verbände, die zur Geltendmachung des Unterlassungsanspruches berechtigt sind, sind beispielsweise die Wettbewerbszentrale, der vom BAH und BPI ins Leben gerufene Verband „INTEGRITAS – Verein für lautere Heilmittelwerbung" oder der vom BPI initiierte Verein „Arzneimittel und Kooperation im Gesundheitswesen" (AKG), der vom VFA begründete Verein „Freiwillige Selbstkontrolle für die Arzneimittelindustrie" (FSA) sowie Abmahnvereine wie der Verband Sozialer Wettbewerb (VSW).

---

[252] *von Czettritz* WPR 1993, 461; *Köhler* in Köhler/Bornkamm, Gesetz gegen den unlauteren Wettbewerb, § 4 Rn. 11.133 ff.

[253] vgl. *Ullmann* GRUR 2003, 817, 823; *Köhler* in Köhler/Bornkamm, Gesetz gegen den unlauteren Wettbewerb, § 4 Rn. 11.117; *Reese/Holtorf* in Dieners/Reese, Handbuch des Pharmarechts, § 11 Rn. 83; *Zimmermann* in Fuhrmann/Klein/Fleischfresser, Arzneimittelrecht, § 28 Rn. 145.

[254] vgl. *Köhler* in Köhler/Bornkamm, Gesetz gegen den unlauteren Wettbewerb, § 2 Rn. 94 ff.

III. Unmittelbare Anwendung des UWG

1. Einleitung

6   Da gemäß § 17 HWG das Gesetz gegen den unlauteren Wettbewerb unberührt bleibt, können die Vorschriften des UWG auch bei der Werbung für Arzneimittel- und Medizinprodukte zur Anwendung gelangen. In erster Linie kommen hierfür die Vorschriften in Frage, zu denen das HWG keine spezielleren Regelungen wie beispielsweise im Bereich der Irreführung enthält.

7   Im Bereich der Arzneimittel- und Medizinproduktewerbung sind daher von den Vorschriften des UWG insbesondere einige der in § 4 UWG aufgezählten Beispiele unlauteren Wettbewerbs und § 6 UWG zur vergleichenden Werbung von Bedeutung.

8   Von den Beispieltatbeständen des § 4 UWG gelangen im Bereich der Heilmittelwerbung häufig die generalklauselartig gefassten Beispieltatbestände Nr. 7 (Herabsetzung von Mitbewerbern) und Nr. 10 (gezielte Behinderung) zur Anwendung. Eine pauschale Herabsetzung liegt dann vor, wenn die betreffende Aussage in unangemessener Weise abfällig, abwertend oder unsachlich ist[255].

9   Bei der grundsätzlich zulässigen vergleichenden Werbung, bei der die eigene Ware mit der Ware eines Mitbewerbers verglichen wird, sind von den in § 6 Abs. 2 UWG aufgezählten Fällen, unter denen eine vergleichende Werbung als unlauter im Sinne des § 3 UWG anzusehen ist, insbesondere die Nummern 1, 2 und 5 von Bedeutung.

2. § 6 Abs. 2 Nr. 1 UWG: Vergleich von Waren oder Dienstleistungen für den gleichen Bedarf oder dieselbe Zweckbestimmung

10   Die miteinander zu vergleichenden Arzneimittel oder Medizinprodukte müssen wirklich miteinander vergleichbar sein, das heißt im übertragenen Sinne, es dürfen nicht Äpfel mit Birnen verglichen werden[256]. Dies bedeutet beispielsweise, dass die miteinander zu vergleichenden Produkte in den wesentlichen Indikationen übereinstimmen müssen. Da der Prüfungsmaßstab für die Beurteilung der Zulässigkeit eines Vergleichs die mögliche Irreführung ist, ist es jedoch nicht erforderlich, dass der Werbende alle wesentlichen Eigenschaften in den Vergleich miteinbeziehen muss. Solange keine Irreführungsgefahr besteht, kann der Werbende vielmehr eine Auswahl treffen und nur die Eigenschaften herausgreifen, bei denen er besser abschneidet als der Mitbewerber[257]. Ein Korrektiv ist hierbei allerdings, dass die miteinander verglichenen Eigenschaften wesentlich sein müssen[258].

3. § 6 Abs. 2 Nr. 5 UWG: Herabsetzung und Verunglimpfung

11   Da jeder Werbevergleich in der Regel mit einer gewissen nachteiligen Wirkung für das verglichene Mitbewerberpräparat verbunden ist, müssen außer diesem Umstand besondere Umstände hinzutreten, die den konkreten Vergleich als unangemessen, abwertend oder unsachlich erscheinen lassen[259]. Wann dies der Fall ist, kann häufig unter Heranziehung der von der Literatur und Rechtsprechung herausgearbeiteten Grundsätze zur Irreführung

---

[255] BGH GRUR 1999, 1001, 1102 – Generika-Werbung; *Köhler* in Köhler/Bornkamm, Gesetz gegen den unlauteren Wettbewerb, § 4 Rn. 7.20 und Beispiele herabsetzender Werbung Rn. 7.26.

[256] vgl. *Reese/Holtorf* in Dieners/Reese, Handbuch des Pharmarechts, § 11 Rn. 73; *Zimmermann* in Fuhrmann/Klein/Fleischfresser, Arzneimittelrecht, § 28 Rn. 151.

[257] *Köhler* in Köhler/Bornkamm, Gesetz gegen den unlauteren Wettbewerb, § 6 Rn. 119; OLG Hamburg GRUR-RR 2001, 33, 36; BGH GRUR 2002, 633, 635 – Hormonersatztherapie.

[258] vgl. *Köhler/Bornkamm*, Gesetz gegen den unlauteren Wettbewerb, § 6 Rn. 129.

[259] vgl. BGH GRUR 1999, 1100, 1102 – Generikawerbung; BGH GRUR 2002, 633, 635 – Hormonersatztherapie; *Köhler* in Köhler/Bornkamm, Gesetz gegen den unlauteren Wettbewerb, § 6 Rn. 170.

und Unlauterkeit einer Werbung nach UWG ermittelt werden. Nicht aus dem Auge verloren werden darf dabei aber das heilmittelwerberechtliche Strengeprinzip. So kann im Bereich der Alltagsgüter ein bestimmter Slogan wie zB „Bezahlen Sie einfach mit Ihrem guten Namen" (American Express), „McDonalds ist einfach gut", „Einfach lossurfen" (Telekom) zulässig sein. Ein vergleichbarer Slogan wie „einfach einmal pro Woche auftragen" für Arzneimittel jedoch nicht[260], wenn für das Mittel tatsächlich mehrere Anwendungsschritte erforderlich sind.

---

[260] vgl. LG München I Urt. v. 8.8.2012, Az. 37 O 13451/12; OLG München Urteil vom 11.4.2013, Az.: 29 U 3750/12.

5. Teil. Arzneimittel und Medizinprodukte in der gesetzlichen und privaten Krankenkasse

Schrifttum zu Teil 5: *Anders,* Die Vereinbarung des Erstattungsbetrages nach § 130b SGB V, PharmR 2012, 81; *Anhalt/Dieners,* Handbuch des Medizinprodukterechts, 1. Auflage 2003; *Axer,* Nutzenbewertung nach § 35a SGB V und Erstattungsbeträge bei Arzneimitteln – Zu zentralen Neuerungen des Arzneimittelmarktneuordnungsgesetzs (AMNOG), SGb 05/11. 246; *Baierl/Kellermann,* Arzneimittelrecht, 1. Auflage 2011; *Becker/Kingreen,* SGB V, Gesetzliche Krankenversicherung, Kommentar, 3. Auflage 2012; *Bergmann/Pauge/Steinmeyer,* Gesamtes Medizinrecht, 1. Auflage 2012; *Brand,* Praxis des Sozialrechts, 2. Auflage 2011; *Brixius/Maur/Schmidt,* Wirtschaftspolitische Auswirkungen des Gesetzentwurfes zur Neuordnung des Arzneimittelmarktes in der GKV für pharmazeutische Unternehmer, PharmR 2010, 373; *Buchner/Burk,* Neue Regeln für den Preiswettbewerb in der Arzneimittelvertriebskette, WRP 2011, 1543; *Dieners/Reese,* Handbuch des Pharmarechts, 1. Auflage 2010; *Ebsen,* Zentrale Reformelemente des AMNOG, GuP 2011, 41; *Günter/Behle,* Erstattungsfähigkeit von Medizinprodukten durch die PKV, MPR 2008, 74; *Hassel/Gurgel/Otto,* Handbuch des Fachanwalts Sozialrecht, 3. Auflage 2012; *Hauck,* Ausschluss, Therapiehinweis und Kostenregelung – Vom Ineinandergreifen der verschiedenen Instrumentarien zur Regulierung der Arzneimittelversorgung, GesR 2/2011, 69; *Hänlein/Kruse/Schuler,* Sozialgesetzbuch V Lehr- und Praxiskommentar, 4. Auflage 2012; *Hess,* Die frühe Nutzenbewertung und ihre rechtliche Herausforderung, GesR 2/2011, 65; *Huster,* Rechtsfragen der frühen Nutzenbewertung?, GesR 2/2011, 76; *Igl/Welti,* Gesundheitsrecht, 1. Auflage 2012; *Kaufmann,* Neuere Entwicklungen im Arzneimittelrecht: Die frühe Nutzenbewertung nach dem Arzneimittelmarktneuordnungsgesetz, in: Perspektiven des Stoffrechts, 27. Trierer Kolloquium zum Umwelt- und Technikrecht vom 1.9. bis 2.9.2011, S. 183 ff.; *Kaufmann,* Sozialrechtliche Weichenstellungen des AMNOG, PharmR 2011, 223; *Kingreen,* Zur Neuordnung des Arzneimittelmarktes in der gesetzlichen Krankenversicherung, NZS 2011, 442; *Krauskopf,* Soziale Krankenversicherung, Pflegeversicherung Loseblatt-Kommentar, 75. Auflage 2012, Stand: 11/2011; *Kreikebohm/Spellbrink/Waltermann,* Kommentar zum Sozialrecht, 2. Auflage 2011; *Kügel/Müller/Hofmann,* Arzneimittelgesetz, 1. Auflage 2012; *Langheid/Wandt,* Münchener Kommentar VVG, 1. Auflage 2009; *Leitherer,* Kasseler Kommentar Sozialversicherungsrecht, Loseblatt-Ausgabe, 72. Auflage 2012, Stand: 12/2011; *Luthe,* Erstattungsvereinbarungen mit pharmazeutischen Unternehmen, PharmR 2011, 193; *Maasen,* Rechte und Pflichten des pharmazeutischen Unternehmers bei der frühen Nutzenbewertung, GesR 2/2011, 82; *Muckel/Ogorek,* Sozialrecht, 4. Auflage 2011; *Nitz,* Die Packungsgrößenverordnung nach dem AMNOG, PharmR 2011, 208; *Paal/Rehmann,* Arzneimittelrabattgesetz und frühe Nutzenbewertung nach dem AMNOG, A&R 2011, 51; *Prütting,* Fachanwaltskommentar Medizinrecht, 2. Auflage 2012; *Ratzel/Luxenburger,* Handbuch Medizinrecht, 2. Auflage 2011; *Rehmann,* Arzneimittelgesetz (AMG), 3. Auflage 2008; *Rolfs/Giesen/Kreikebohm/Udsching,* Beck'scher Onlinekommentar Sozialrecht SGB V Stand 1.9.2013; *Saalfrank,* Handbuch des Medizin- und Gesundheitsrechts, Loseblattwerk, Stand: 2011; *Schacks,* Schnelle Nutzenbewertung und Erstattungsbeträge als Anwendungsfälle der Transparenzrichtlinie 89/105/EWG, PharmR 2011, 305; *Schickert,* Arzneimittelschnellbewertung und ihre Folgen nach dem Regierungsentwurf zum AMNOG, PharmR 2010, 452; *Schickert/Schmitz,* Frühe Nutzenbewertung – Bewertung erster Detailfragen zu

Anwendungsbereich, Dossierpflicht und Vergleichstherapie, PharmR 2011, 217; *Schorn*, Medizinprodukte-Recht, Loseblatt-Kommentar, Stand: 2010; *Sodan*, Handbuch des Krankenversicherungsrechts, 1. Aufl. 2010; *Spickhoff*, Medizinrecht, 1. Auflage 2011; *Stallberg*, Herstellerzwangsabschläge als Rechtsproblem – Verwerfungen von GKV-Änderungsgesetz und AMNOG, PharmR 2011, 38; *Terbille*, Münchener Anwaltshandbuch Medizinrecht, 1. Auflage 2009; *Wille*, Die wichtigsten Regelungen des AMNOG, WzS 2011, 35; *Willenbruch*, Juristische Aspekte der Regulierung von Arzneimittelpreisen, Pharm 2010, 321.

§ 10 Grundlagen des SGB V und der privaten Krankenversicherung

A. Einführung

1   Das System der deutschen Krankenversicherung ist von dem **Nebeneinander von privater und gesetzlicher Krankenversicherung** geprägt[1]. **Verfassungsrechtliche Grundlage** der Krankenversicherung ist in erster Linie das in Art. 20 Abs. 1, Art. 28 Abs. 1 S. 1 GG verankerte **Sozialstaatsprinzip**. Als **Staatszielbestimmung** verpflichtet es den Gesetzgeber, für einen Ausgleich der sozialen Gegensätze und soziale Sicherheit zu sorgen[2]. Bei der Erfüllung dieses Verfassungsauftrages wird dem Gesetzgeber allerdings ein sehr weiter **Gestaltungsspielraum** zugestanden[3]. Wie der Gesetzgeber seinen Gestaltungsauftrag erfüllt, ist mangels näherer Konkretisierung des Sozialstaatsprinzips ihm selbst überlassen[4]. Angesichts seiner weiten Unbestimmtheit gewährt das Sozialstaatsprinzip regelmäßig kein Gebot, soziale Leistungen in einem bestimmten Umfang zu gewähren. Zwingend ist lediglich, dass der Staat die Mindestvoraussetzungen für ein menschenwürdiges Dasein seiner Bürger schafft[5]. Für den einzelnen Bürger ergeben sich aus dem Sozialstaatsprinzip in der Regel **keine subjektiven Rechte**[6]. Eine wesentliche aus dem Sozialstaatsprinzip abzuleitende Zielsetzung[7] ist die der **sozialen Sicherheit**. Danach verlangt das Sozialstaatsprinzip die Fürsorge für Hilfebedürftige und allgemein den Schutz der sozialen Existenz gegen die Wechselfälle des Lebens, womit der **gesetzlichen Krankenversicherung (GKV)** eine entscheidende Bedeutung zukommt[8]. Nach der Rechtsprechung des Bundesverfassungsgerichts ist der Schutz in Fällen von Krankheit in der sozialstaatlichen Ordnung des Grundgesetzes eine der Grundaufgaben des Staates. Diesem Verfassungsauftrag ist der Gesetzgeber nachgekommen, indem er durch Einführung der gesetzlichen Krankenversicherung als öffentlich-rechtlicher Pflichtversicherung für den Krankenschutz eines Großteils der Bevölkerung Sorge getragen und die Art und Weise der Durchführung dieses Schutzes geregelt hat[9]. Mit dem Gesetz zur Stärkung des Wettbewerbs in der

---

[1] *Schüffner/Franck* in Sodan HdB KrankenVersR § 43 Rn. 13; *Boetius* in MüKoVVG Vor § 192 Rn. 17.

[2] *Muckel/Ogorek* SozialR § 6 Rn. 1; BVerfGE 69, 272 (314); 22, 180 (204).

[3] *Muckel/Ogorek* SozialR § 6 Rn. 2; BVerfGE 59, 231 (263); 82, 60 (81).

[4] BVerfGE 100, 271, 284. Eine verfassungsrechtliche Grenze ist aber dann erreicht, wenn es um den sozialen Mindestschutz geht, der dem Bürger ein der Menschenwürde entsprechendes Leben ermöglicht, BVerfG Urt. v. 9.2.2010 – 1 BVL 1/09, BVerfGE 125, 175 = NJW 2010, 505.

[5] BVerfG Beschl. v. 29.5.1990 – 1 BvR 20/84, NJW 1990, 2869 (2870).

[6] BVerfGE 82, 60 (80); 27, 253 (283); *Sodan* in Sodan HdB d. KrankenVersR § 2 Rn. 50.

[7] Das Sozialstaatsprinzip ist inhaltlich hochgradig unbestimmt. Als Teilzielbestimmungen können soziale Sicherheit, soziale Gerechtigkeit und Chancengleichheit ausgemacht werden, *Sodan* in Sodan HdB d. KrankenversR § 2 Rn. 44.

[8] BVerfGE 45, 376 (387); 28, 324 (348 ff.); *Sodan* in Sodan HdB KrankenVersR § 2 Rn. 46.

[9] BVerfGE 115, 25 (43); 68, 193 (209).

gesetzlichen Krankenversicherung (GKV-Wettbewerbsstärkungsgesetz – GKV-WSG) vom 26.3.2007 dehnte der Gesetzgeber den Krankenversicherungsschutz aus. Alle Personen mit Wohnsitz in Deutschland, die bisher keinen anderweitigen Krankenversicherungsschutz hatten, sollten eine Absicherung in der gesetzlichen oder privaten Krankenversicherung erhalten. Im System der GKV wurde in Form eines Auffangtatbestandes gem. § 5 Abs. 1 Nr. 13 SGB V die Versicherungspflicht, im System der privaten Krankenversicherung (**PKV**) die Pflicht zum Abschluss eines Versicherungsvertrages angeordnet. Die neuere bundesverfassungsgerichtliche Rechtsprechung erblickt auch in den gesetzlichen Vorgaben für die **PKV eine Verwirklichung des Sozialstaatsprinzips** und bezieht diese in das Sozialstaatsprinzip ein[10]. Danach ist die gesetzgeberische Absicht, einen bezahlbaren Krankenversicherungsschutz für alle Einwohner in der gesetzlichen oder privaten Krankenversicherung zu schaffen, von dem Ziel getragen, ein allgemeines Lebensrisiko abzudecken, welches sich bei jedem und jederzeit realisieren und ihn mit unabsehbaren Kosten belasten kann. Es ist ein legitimes Konzept des zur sozialpolitischen Gestaltung berufenen Gesetzgebers, die für die Abdeckung der dadurch entstehenden Aufwendungen notwendigen Mittel auf der Grundlage einer Pflichtversicherung sicherzustellen[11].

B. System der Krankenversicherung

I. System der gesetzlichen Krankenversicherung

Die GKV ist Teil der staatlichen Sozialversicherung. Sie wird durch die gesetzlichen Krankenkassen als Körperschaften des öffentlichen Rechts in mittelbarer Selbstverwaltung betrieben (§ 4 Abs. 1 SGB V). Zur Erfüllung kassenübergreifender Aufgaben sind die Krankenkassen in kassenartspezifischen Landes- und Bundesverbänden organisiert. Eine hervorgehobene Stellung hat dabei der nach § 217a SGB V als Körperschaft des öffentlich Rechts konzipierte Spitzenverband Bund der Krankenkassen (SpiBuKK[12]). Organisation, Leistungen und Beiträge der GKV werden unmittelbar durch Gesetz geregelt und durch Satzungsrecht der öffentlich-rechtlichen Krankenkassen ergänzt[13]. Es besteht eine Versicherungs- und Beitragspflicht kraft Gesetzes. Die gesetzliche Krankenversicherung ist als Solidarversicherung konzipiert. Im Krankheitsfall hat jeder Versicherte unabhängig von der Höhe seines Beitrages grundsätzlich Anspruch auf das gleiche Leistungsspektrum[14]. Während sich der Leistungsanspruch nach der medizinischen Bedürftigkeit des Versicherten richtet, werden die Beiträge nach der individuellen wirtschaftlichen Leistungsfähigkeit der Mitglieder berechnet[15]. Bei Pflichtversicherten werden die Beiträge je zur Hälfte von Arbeitgeber und Arbeitnehmer aufgebracht, wohingegen freiwillig Versicherte einen Zuschuss vom Arbeitgeber erhalten können oder die volle Beitragslast alleine tragen müssen[16]. Die Rechtsbeziehungen zwischen den Krankenkassen und ihren Mitgliedern sind öffentlich-rechtlicher Natur und unterliegen der Sozialgerichtsbarkeit[17].

---

[10] Insbesondere den Basistarif der privaten Krankenversicherung betrachtet das Bundesverfassungsgericht als eine zulässige, sozialstaatliche Indienstnahme der privaten Krankenversicherungsunternehmen zum gemeinen Wohl, BVerfG Urt. v. 10.6.2009 – 1 BvR 706/08, BVerfGE 123, 186 (249) = NJW 2009, 2033 (2041); *Sodan* in Sodan HdB KrankenVersR § 2 Rn. 47.
[11] BVerfGE 123, 186 (242 f.) = NJW 2009, 2033 (2040).
[12] *Kallmeyer* in Brand SozR Rn. 466.
[13] *Boetius* in MüKoVVG Vor § 192 Rn. 18.
[14] *Kallmeyer* in Brand SozR Rn. 446.
[15] *Boetius* in MüKoVVG Vor § 192 Rn. 18
[16] *Von Koppenfels-Spieß* in NK-MedR Vor §§ 192 ff. VVG Rn. 6.
[17] *Boetius* in MüKoVVG Vor § 192 Rn. 18.

II. System der privaten Krankenversicherung

3 Die PKV ist Individualversicherung und Teil des privatrechtlichen Versicherungswesens. Betrieben werden kann die PKV durch Versicherungsunternehmen in der Rechtsform privatrechtlicher Kapitalgesellschaften, Versicherungsvereine auf Gegenseitigkeit oder öffentlich-rechtlicher Körperschaften. Dabei unterliegt der Betrieb des Krankenversicherungsgeschäfts der staatlichen Versicherungsaufsicht. In der PKV gilt ein kollektiv getragenes Individualprinzip. Der Beitrag wird nach dem Äquivalenzprinzip ermittelt und entspricht den aus dem gewählten Tarif zu erwartenden Leistungen unter Berücksichtigung des individuellen Risikos. Die Versicherten einer Risikogruppe tragen kollektiv das Gesamtrisiko ihrer Gruppe. Während das Sozialversicherungsrecht solche Versicherungsverhältnisse zum Gegenstand hat, die kraft Gesetzes zwischen den Versicherten und den Trägern der Sozialversicherung bestehen, regelt das Privatversicherungsrecht Versicherungsverhältnisse, die auf eine privatautonome Entscheidung des Versicherten zurückzuführen sind. Die Rechtsbeziehungen zwischen den Versicherern und ihren Versicherungsnehmern beruhen auf zivilrechtlichen Versicherungsverträgen, die der Zivilgerichtsbarkeit unterliegen[18].

C. Gesetzliche Grundlagen

I. Kodifikation der GKV im SGB V

1. Rechtskonkretisierungskonzept

4 Die gesetzliche Krankenversicherung ist im Fünften Buch des Sozialgesetzbuchs (**SGB V**) normiert[19]. Das SGB V ist die maßgebliche gesetzliche Grundlage für die Rechtsbeziehungen zwischen Krankenkassen, Versicherten und Leistungserbringern sowie für die Organisation der Krankenkassen und ihrer Verbände. Das **Leistungsrecht der gesetzlichen Krankenversicherung** ist in den §§ 20 bis 68 SGB V geregelt. Es definiert die Teilhabe des gesetzlich Krankenversicherten an den Leistungen der gesetzlichen Krankenversicherung als ein Element des gesetzlichen Sozialversicherungssystems[20]. Nach § 27 Abs. 1 SGB V haben Versicherte Anspruch auf Krankenbehandlung, wenn sie notwendig ist, um eine Krankheit zu erkennen, zu heilen, ihre Verschlimmerung zu verhüten oder Krankheitsbeschwerden zu lindern. Dabei umfasst die Krankenbehandlung nach § 27 Abs. 1 S. 2 SGB V auch die Versorgung mit Arznei-, Verband-, Heil- und Hilfsmitteln. Als Rahmenbestimmung lässt diese offene Anspruchsnorm allerdings noch keine unmittelbare Aussage zum konkreten Leistungsanspruch des Versicherten zu. Nach der Rechtsprechung des Bundessozialgerichts besteht das materielle Leistungsrecht des Versicherten als **Rahmenrecht,** das der **normativen Konkretisierung** durch untergesetzliche Normen und über das Verfahrensrecht hinausgehende Regelungen des Leistungserbringungsrechts bedarf (sog. Rechtskonkretisierungskonzept[21]). Die Konkretisierung des materiellen Leis-

---

[18] Zum Ganzen *Boetius* in MüKoVVG Vor § 192 Rn. 20; *Eichelberger/Pannke* in Spickhoff Vor VVG Rn. 7; *von Koppenfels-Spieß* in NK-MedR Vor §§ 192 ff. VVG Rn. 6.

[19] Das SGB V gilt ab dem 1.1.2012 in der Fassung, die es durch das Gesetz zur Verbesserung der Versorgungsstrukturen in der gesetzlichen Krankenversicherung (GKV-Versorgungsstrukturgesetz – GKV-VStG) vom 22.12.2011, BGBl. I S. 2983 und durch das Gesetz zur Neuordnung des Arzneimittelmarktes in der gesetzlichen Krankenversicherung (Arzneimittelmarktneuordnungsgesetz – AMNOG) vom 11.11.2010, BGBl. I S. 2262 sowie durch das Gesetz zur nachhaltigen und sozialen Finanzierung der Gesetzlichen Krankenversicherung (GKV-Finanzierungsgesetz – GKV-FinG) vom 12.11.2010, BGBl. I S. 2309 erhalten hat.

[20] *Beeretz* in Ratzel/Luxenburger HdB MedR § 6 Rn. 3.

[21] BSG SozR 3–2500 § 13 Nr. 4 S. 19.

tungsrechts erfolgt individuell und konkret durch die Behandlungsentscheidung des dazu berufenen Leistungserbringers sowie generell und abstrakt durch untergesetzliche Regelungen des Leistungsrechts, namentlich durch **Richtlinien des Gemeinsamen Bundesausschusses (G-BA)** nach § 92 Abs. 1 S. 2 SGB V, aber auch durch **Normsetzungsverträge** der Parteien der gemeinsamen Selbstverwaltung. Diese Entscheidungen konkretisieren das Leistungsrecht des Versicherten und begründen es dadurch erst als subjektives öffentliches Recht[22].

2. Anspruchskonkretisierung durch untergesetzliche Normen

a) Richtlinien des Gemeinsamen Bundesausschusses (G-BA). aa) Organisation und Rechtsstellung des G-BA. Der materielle Leistungsanspruch des Versicherten wird insbesondere durch Richtlinien des G-BA nach § 92 Abs. 2 S. 1 SGB V konkretisiert. Der G-BA ist als **zentralisierte Steuerungsinstanz** und als **Gremium der gemeinsamen Selbstverwaltung** durch das GMG[23] zum 1.1.2004 konstituiert worden[24]. Er ist weder Körperschaft des öffentlichen Rechts, noch Anstalt des öffentlichen Rechts, sondern eine eigene körperschaftlich strukturierte rechtsfähige Einrichtung des öffentlichen Rechts[25]. Nach § 91 Abs. 1 und 2 SGB V ist der G-BA mit Vertretern der Kassenärztlichen Bundesvereinigungen, der Deutschen Krankenhausgesellschaft und des Spitzenverbandes der gesetzlichen Krankenversicherung sowie einem unparteiischen Vorsitzenden besetzt. Die nichtärztlichen Leistungserbringer wie etwa die pharmazeutischen Unternehmer sind hingegen nicht vertreten. Den zur Stellungnahme berechtigten Verbänden und Institutionen wurde aber iRd Strukturreform des G-BA durch das GKV-Versorgungsstrukturgesetz[26] mit Wirkung zum 1.1.2012 das Recht eingeräumt, mündlich angehört zu werden (§ 91 Abs. 9 SGB V). Seine interne Organisation und Arbeitsweise, die Geschäftsführung, Sitzung und Beschlussfassung des Plenums sowie weitere organisatorische Fragen wie die Einsetzung von Unterausschüssen hat der G-BA in einer **Geschäftsordnung**[27] geregelt[28]. Die methodischen Anforderungen an die wissenschaftliche Bewertung des Nutzens, der Notwendigkeit und der Wirtschaftlichkeit von Leistungen und Maßnahmen durch den G-BA sowie weitere Verfahrensfragen regelt die **Verfahrensordnung**[29]. Sie regelt die Ermittlung der Entscheidungsgrundlagen und legt in ihrem allgemeinen Teil Kriterien sowie Dokumentation des Abwägungsprozesses, Einzelheiten zu Stellungnahmeverfahren und für die Zusammenarbeit mit dem IQWiG nach § 139a SGB V fest[30].

bb) **Richtlinienkompetenz des G-BA.** Dem G-BA kommt eine leistungssektorenübergreifende Zuständigkeit zur Bewertung von Leistungen der gesetzlichen Krankenversicherung zu. Der G-BA hat eine **umfassende Richtlinienkompetenz**[31] zur Regelung der

---

[22] *Baierl/Kellermann*, Arzneimittelrecht, 1. Aufl. 2011, S. 230.
[23] Gesetz zur Modernisierung der gesetzlichen Krankenversicherung (GKV-Modernisierungsgesetz – GMG) vom 14.11.2003, BGBl. I S. 2190.
[24] *Schmidt-De Caluwe* in Becker/Kingreen SGB V § 91 Rn. 4; *Barth* in Spickhoff SGB V § 91 Rn. 1.
[25] *Beeretz* in Ratzel/Luxenburger HdB MedR § 6 Rn. 78; *Schmidt-De Caluwe* in Becker/Kingreen SGB V § 91 Rn. 9 f.; *Barth* in Spickhoff SGB V § 91 Rn. 2.
[26] Gesetz zur Verbesserung der Versorgungsstrukturen in der gesetzlichen Krankenversicherung (GKV-Versorgungsstrukturgesetz – GKV-VStG) vom 22.12.2011, BGBl. I, S. 2983.
[27] In der Fassung vom 17.7.2008 (BAnz. 2008 S. 3256) und zuletzt geändert am 17.12.2009 (BAnz. 2010 S. 1149). Aktuelle Fassung abrufbar unter www.g-ba.de.
[28] *Barth* in Spickhoff SGB V § 91 Rn. 7.
[29] In der Fassung vom 18.12.2008 (BAnz. 2009 S. 2050), zuletzt geändert durch Beschlüsse des G-BA vom 20.1.2011 und nach der Genehmigung durch das Bundesministerium für Gesundheit am 22.1.2011 in Kraft getreten. Aktuelle Fassung abrufbar unter www.g-ba.de.
[30] *Barth* in Spickhoff SGB V § 91 Rn. 7.
[31] *Baierl/Kellermann*, Arzneimittelrecht, 1. Aufl. 2011, S. 248.

Qualitätssicherung sowohl in der vertragsärztlichen Versorgung als auch in der Krankenhausbehandlung und eine sektorübergreifende Empfehlungskompetenz für eine an einheitlichen Grundsätzen ausgerichtete sektoren- und berufsgruppenübergreifende Qualitätssicherung[32]. Der G-BA beschließt in Richtlinien, ob für bestimmte Leistungen der diagnostische oder therapeutische Nutzen, die medizinische Notwendigkeit oder die Wirtschaftlichkeit nach dem allgemeinen Stand der medizinischen Erkenntnisse nachgewiesen sind (§ 92 SGB V). Damit entscheidet der G-BA auch über die generelle **Reichweite der Leistungsansprüche** der Versicherten[33]. Als untergesetzlichem Normgeber steht dem G-BA hierbei ein **Gestaltungsspielraum** zu[34]. Die Beschlussfassung durch den G-BA unterliegt dabei nach § 91 Abs. 8 SGB V der Rechtsaufsicht durch das Bundesministerium für Gesundheit. Die Richtlinien des G-BA entfalten gem. § 91 Abs. 6 SGB V Bindungswirkung[35] für Versicherte und Leistungserbringer und unterliegen als **untergesetzliche Normen** der Kontrolle durch die Sozialgerichte[36]. Inhalt und Umfang der Versorgung gesetzlich Versicherter mit Arzneimitteln werden maßgeblich durch die **Arzneimittel-Richtlinien (AM-RL**[37]**)** gem. § 92 Abs. 1 S. 2 Nr. 6 SGB V und weitere Steuerungsinstrumente geregelt. Neben allgemeinen Regelungen zur notwendigen, ausreichenden, zweckmäßigen und wirtschaftlichen Verordnungsweise normieren die AM-RL und ihre Anlagen insbes. **Leistungseinschränkungen und -ausschlüsse,** soweit sie sich aus Gesetzen und Rechtsverordnungen ergeben. Zudem sind Bestimmungen aufgrund von Beschlüssen des G-BA zur ausnahmsweisen Verordnungsfähigkeit von nicht verschreibungspflichtigen Arzneimitteln, von **Medizinprodukten,** der sogenannten enteralen Ernährung, von Arzneimitteln in nicht zugelassenen Anwendungsgebieten bei zulassungsüberschreitender Anwendung sowie weitere Regelungen zur wirtschaftlichen Arzneimittelversorgung aufgeführt. Als weitere Steuerungsinstrumente zur Realisierung einer hochwertigen und wirtschaftlichen Arzneimittelversorgung stehen dem G-BA insbesondere zur Verfügung die Bildung von Festbetragsgruppen, die Erstellung von Therapiehinweisen zur wirtschaftlichen Verordnungsweise, Verordnungseinschränkungen und -ausschlüsse, die Nutzen- und Kostenbewertung durch das IQWiG, Hinweise zur Austauschbarkeit von Darreichungsformen und die Konkretisierung des Ausschlusses von Arzneimitteln für bestimmte Indikationen[38].

7   cc) **Institut für Qualität und Wirtschaftlichkeit im Gesundheitswesen (IQWiG).** Bei der Erfüllung seiner Aufgaben wird der G-BA durch das Institut für Qualität und Wirtschaftlichkeit im Gesundheitswesen (IQWiG) unterstützt, das gem. § 139a Abs. 1 SGB V als **fachlich unabhängiges, rechtsfähiges Institut** in der Rechtsform einer Stiftung des privaten Rechts vom G-BA gegründet worden ist. Das IQWiG nimmt die ihm nach § 139a Abs. 3 SGB V gesetzlich zugewiesenen Aufgaben im Auftrag des G-BA war (§ 139b Abs. 1 S. 1 SGB V). Eine wesentliche Aufgabe des IQWiG ist die Durchführung der Bewertung des Nutzens von Arzneimitteln (§ 139a Abs. 3 Nr. 5 SGB V). Weitere Auf-

---

[32] Das GKV-WSG vom 26.3.2007, BGBl. I S. 378 hat mit Wirkung zum 1.7.2008 die innere Organisationsstruktur des G-BA gestrafft und in § 91 Abs. 5 S. 7 SGB V die Verpflichtung zur sektorübergreifenden Arbeitsweise und Qualitätssicherung verstärkt, *Barth* in Spickhoff SGB V § 91 Rn. 1.

[33] BSG SozR 4–2500 § 116b Nr. 2 Rn. 16; *Ihle* in NK-MedR SGB V § 92 Rn. 3.

[34] BSG SozR 4–2500 § 92 Nr. 5 Rn. 68; BSG SozR 3–2500 § 92 Nr. 7 S. 60; *Ihle* in NK-MedR SGB V § 92 Rn. 3.

[35] Zur Frage der demokratischen Legitimation des G-BA *Barth* in Spickhoff SGB V § 91 Rn. 11; *Ihle* in NK-MedR SGB V § 91 Rn. 17; *Schmidt-De Caluwe* in Becker/Kingreen SGB V § 91 Rn. 48.

[36] BVerfG NJW 2006, 891 (894); BSG GesR 2009, 581 (588).

[37] Richtlinie des Gemeinsamen Bundesausschusses über die Verordnung von Arzneimitteln in der vertragsärztlichen Versorgung (Arzneimittel-Richtlinie – AM-RL) in der Fassung vom 22.12.2008 (BAnz. 2009, Nr. 49a), zuletzt geändert am 24.11.2011 (BAnz. 2012 Nr. 6: S. 133), in Kraft getreten am 12.1.2012, abrufbar im Internet unter http://www.g-ba.de/downloads/62-492-594/AM-RL-2011-11-24_2012-01-12.pdf.

[38] *Baierl/Kellermann*, Arzneimittelrecht, S. 250.

gaben des IQWiG sind ua die Evidenzbewertung diagnostischer und therapeutischer Verfahren bei ausgewählten Krankheiten (§ 139a Abs. 3 Nr. 1 SGB V), die Evaluierung medizinischer Leitlinien und die Bereitstellung von Patienteninformationen zur Qualität und Effizienz in der Gesundheitsversorgung (§ 139a Abs. 3 Nr. 3 bzw. 6 SGB V). An die Empfehlung des IQWiG ist der G-BA nicht gebunden. Jedoch hat er sie gem. § 139a Abs. 5 S. 2 SGB V im Rahmen seiner Aufgabenstellung zu berücksichtigen.

b) Normsetzungsverträge. Das materielle Leistungsrecht wird zudem durch Normsetzungsverträge nach § 2 Abs. 2 S. 3 SGB V konkretisiert, die die Krankenkassen mit den Leistungserbringern zu schließen haben[39]. So stellen etwa die gesetzlichen Krankenkassen die für die für die Versorgung der Patienten mit Arzneimitteln notwendigen beschaffungsrechtlichen Strukturen durch **kollektivvertragliche Vereinbarungen über die Arzneimittelversorgung** mit den Apotheken sicher[40]. Die Apotheken sind durch **Rahmenverträge nach § 129 SGB V** in die Arzneimittelversorgung eingebunden und sind nach Maßgabe dieser Verträge gegenüber den Krankenkassen verpflichtet, Arzneimittel an die Versicherten der GKV abzugeben (→ § 12 Rn. 3 ff.). 8

c) Hilfsmittelverzeichnis. Der Spitzenverband Bund der Krankenkassen erstellt nach § 139 SGB V ein systematisch strukturiertes Verzeichnis von Hilfsmitteln. Das Hilfsmittelverzeichnis konkretisiert die Leistungspflicht insofern, als dass alle dort gelisteten Hilfsmittel von der Leistungspflicht umfasst sind. Mit der Listung eines Hilfsmittels im Hilfsmittelverzeichnis steht gegenüber dem Versicherten die Verordnungsfähigkeit generell fest, so dass er nur die Voraussetzungen des Leistungsanspruches auf Versorgung mit Hilfsmitteln und die wiederum zur Konkretisierung dieses Anspruches ergangenen Richtlinien des G-BA beachten muss[41]. 9

d) Arzneimittel- und Medizinproduktegesetz. Ferner ist die normative Konkretisierung von Leistungsansprüchen nicht auf die Regelungen des SGB V beschränkt. Im Arzneimittelgesetz (AMG) und im Medizinproduktegesetz (MPG) finden sich zentrale Regelungen mit den jeweils hierzu im Zusammenhang stehenden Verordnungen. So sind grundsätzlich nur zugelassene Fertigarzneimittel zu Lasten der GKV verordnungsfähig. Gleiches gilt für Hilfsmittel oder Medizinprodukte[42]. 10

II. Rechtsgrundlagen der PKV

1. Rechtsbeziehungen in der privatärztlichen Versorgung

Die Rechtsbeziehungen zwischen den in der privatärztlichen Versorgung beteiligten Parteien beruht auf **zivilrechtlichen Verträgen**. Der Versicherungsnehmer schließt als Patient einen **Behandlungsvertrag** mit dem Leistungserbringer über die medizinische Versorgung. Unabhängig davon schließt er einen **Versicherungsvertrag** mit einer privaten Krankenversicherung zur Erstattung der Behandlungskosten. Eine unmittelbare Rechtsbeziehung zwischen Arzt und Versicherungsunternehmen besteht hingegen nicht[43]. 11

---

[39] *Becker/Kingreen* in Becker/Kingreen SGB V § 69 Rn. 4 und 37.
[40] Zum Überblick über weitere Normsetzungsverträge in der gesetzlichen Krankenversicherung, die der Konkretisierung von Leistungsansprüchen der Versicherten dienen *Beeretz* in Ratzel/Luxenburger HdB MedR § 6 Rn. 110 ff.
[41] *Wabnitz* in Spickhoff SGB V § 33 Rn. 14.
[42] *Beeretz* in Ratzel/Luxenburger HdB MedR § 6 Rn. 3.
[43] Zum Ganzen *Griebau* in Saalfrank HdB MedR und GesundheitsR § 4 Rn. 3 ff.

2. VVG und AVB

12 Der Abschluss einer privaten Krankenversicherung vollzieht sich grundsätzlich nach den Vorgaben des BGB, wird aber ergänzt durch die Regelungen des **Gesetzes über den Versicherungsvertrag (Versicherungsvertragsgesetz – VVG**[44]**)** als wichtigste gesetzliche Grundlage der PKV. Das VVG regelt mit Wirkung ab dem 1.1.2009 im Kap. 8 (§§ 192–208) des VVG[45] die Rechte und Pflichten von Versicherern und Versicherungsnehmern, wobei die §§ 192 ff. VVG für den einzelnen Versicherungsvertrag jedoch nur einen rechtlichen Rahmen in Form von **Mindestanforderungen** bilden[46]. Gegenstand und Umfang der Leistungspflicht im Einzelnen ergeben sich aus den **Allgemeinen Versicherungsbedingungen (AVB**[47]**)**. AVB sind die AGB der Versicherungswirtschaft[48]. Als AGB konkretisieren die AVB den vom VVG nicht näher festgelegten Leistungsinhalt einer PKV[49]. Hierbei stellen die **Musterbedingungen (MB)** die speziell für die PKV geltenden AVB dar. Einschlägig sind derzeit die MB/KK 2009 (Krankheitskosten- und Krankenhaustagegeldversicherung), MB/KT 2009 (Krankentagegeldversicherung), MB/PV 2009 (Private Pflegekrankenversicherung), MB/EPV 2009 (Ergänzende Pflegekrankenversicherung). Neben diesen unverbindlichen Musterbedingungen des Verbandes der PKV existieren für die studentische Versicherung sowie für Standard- und Basistarif brancheneinheitliche AVB[50]. Weitere für die PKV relevante Regelungen enthalten die **Tarife** und die **Tarifbedingungen** der einzelnen Versicherer. Geltung für die Ausgestaltung der PKV haben neben den AVB zudem das **Versicherungsaufsichtsgesetz (VAG**[51]**)**, die vertragsrechtlichen Vorschriften des VVG, das **AGG**[52], die auf Grundlage des § 12c VAG erlassene **Kalkulationsverordnung (KalV**[53]**)** sowie Vorschriften im **SGB V** und **SGB XI**.

---

[44] Gesetz über den Versicherungsvertrag vom 23.11.2007 (BGBl. I, 2631), zuletzt geändert durch Gesetz vom 14.4.2010 (BGBl. I, S. 410).

[45] Der PKV in der heutigen Fassung der §§ 192–208 mit Wirkung ab dem 1.1.2009 gingen einige Änderungen voraus. Durch das Gesetz zur Stärkung des Wettbewerbs in der gesetzlichen Krankenversicherung (GKV-WSG, BGBl. I 2007 S. 378) und das Gesetz zur Reform des Versicherungsvertragsrechts (VVG-ReformG, BGBl. I 2007 S. 2631) wurden die bisherigen §§ 178a bis 178o VVG aF erheblich umgestaltet und finden sich nun im Kap. 8 (§§ 192 bis 208) des VVG. Wesentlichste Änderung ist die Einschränkung der Vertragsfreiheit in Form einer generellen Versicherungspflicht für die Bürger gem. § 193 Abs. 3 VVG, mit der ein Kontrahierungszwang auf Seiten der Versicherer einhergeht (§ 193 Abs. 5 S. 1 u. § 12 Abs. 1b S. 1 VAG).

[46] *Eichelberger/Pannke* in Spickhoff VVG Vor Rn. 11.

[47] Spezielle Vorschriften über die PKV finden sich erst seit dem Jahre 1994 im VVG. Hintergrund der späten Integration in das VVG war die geringe wirtschaftliche Bedeutung der PKV zur Zeit des Inkrafttretens des VVG im Jahr 1908. Der Gesetzgeber wurde schließlich der Bedeutung der PKV gerecht, in dem er ihre Grundzüge und den Mindeststandard für die PKV im 3. Abschnitt des VVG, den §§ 178a bis 178o VVG gesetzlich festlegte. Zuvor beruhte das Recht der privaten Krankenversicherung auf den von der Branche selbst entwickelten und von der Versicherungsaufsichtsbehörde zu genehmigenden Allgemeinen Versicherungsbedingungen (AVB). In der Praxis haben sich die Musterbedingungen über Jahrzehnte hinweg bewährt. Zwar bestand keine Verpflichtung, diese den Versicherungsverträgen zugrunde zu legen, jedoch hing die damals notwendige Genehmigung der Tarife von der Verwendung der Musterbedingungen ab. Obwohl die Genehmigungspflicht für AVB und Tarifbedingungen infolge der Realisierung des europäischen Binnenmarktes im Bereich des Versicherungswesens zum 1.7.1994 entfallen ist, halten die Versicherer ganz überwiegend an den Musterbedingungen fest, von *Koppenfels-Spies* in NK-MedR VVG Vor 192 ff. Rn. 1; *Eichelberger/Pannke* in Spickhoff VVG Vor Rn. 8.

[48] BGH VersR 2000, 1090 (1091); *von Koppenfels-Spies* in NK-MedR VVG Vor 192 ff. Rn. 1.

[49] *Igl/Welti* GesR § 29 Rn. 643.

[50] MB/PSKV 2009 (Private Studentische Krankenversicherung), MB/BT (Basistarif) und bis Ende 2008 MB/ST 2008 (Standardtarif, als Vorgänger des Basistarifs).

[51] Das VAG normiert die Versicherungsaufsicht und die Organisation der Versicherungsunternehmen.

[52] Hervorzuheben sind die §§ 19 f. AGG zu Diskriminierungsverboten.

[53] Verordnung über die versicherungsmathematischen Methoden zur Prämienkalkulation und zur Berechnung der Alterungsrückstellung in der privaten Krankenversicherung vom 18.11.1996, BGBl. I S. 1783. Zuletzt geändert durch die Zweite Verordnung zur Änderung der KalV vom 5.1.2009, BGBl. I S. 7.

D. Leistungsrechtliche Grundprinzipien

I. Grundprinzipien des Leistungsrechts im System der GKV

1. Leistungserbringung in der GKV

Die Leistungserbringung im System der GKV findet in einer **Dreiecksbeziehung** zwischen den Krankenkassen als Sozialversicherungsträgern (§§ 4, 143 ff. SGB V), Versicherten (§§ 5 ff. SGB V) und den Leistungserbringern (§§ 69 ff. SGB V) statt[54]. Sofern es sich beim Leistungserbringer um einen Vertragsarzt handelt, wird das Beziehungsgefüge der Beteiligten durch das Hinzutreten der kassenärztlichen Vereinigung (§§ 77 ff. SGB V) zu einem **Vierecksverhältnis**[55]. Hintergrund dieses Beziehungsgefüges ist, dass die gesetzlichen Krankenkassen weder die tatsächlichen, noch die rechtlichen Möglichkeiten besitzen, Behandlungsleistungen gegenüber dem Versicherten direkt zu erbringen[56]. Zur Erfüllung ihrer gegenüber den Versicherten gesetzlich geschuldeten Leistungen (§§ 2 Abs. 1 S. 1, 11 SGB V) bedienen sich die Krankenkassen der Hilfe sogenannter **Leistungserbringer**. Als Leistungserbringer werden die Personen oder Einrichtungen bezeichnet, die die erforderlichen Sach- oder Dienstleistungen tatsächlich ausführen[57]. Demnach kommen insbesondere Krankenhäuser, medizinische Versorgungszentren, Ärzte, Zahnärzte, Psychotherapeuten, Apotheken, Heil- und Hilfsmittelerbringer in Betracht. Der jeweilige Leistungserbringer erwirbt einen Anspruch auf Leistungsvergütung gegen die Krankenkasse des Versicherten, wenn er dem Versicherten eine Leistung der GKV zukommen lässt[58].

13

2. Sachleistungsprinzip

Die GKV basiert maßgeblich auf dem in § 2 Abs. 2 S. 1 SGB V festgeschriebenen Sachleistungsprinzip (synonym: Naturalleistungsprinzip[59]). Danach erbringen die Krankenkassen die Leistungen der GKV grundsätzlich als **Sach- oder Dienstleistung**. Die Versicherten erhalten die gesetzlich geschuldeten **Leistungen in Natura**. Dazu schließen die Krankenkassen Verträge mit Leistungserbringern, welche die Leistungen gegenüber den Versicherten erbringen (§§ 2 Abs. 2 S. 3, 69 ff. SGB V). Die Vergütung der Leistungen erfolgt zwischen den Leistungserbringern und Krankenkassen, wobei im vertragsärztlichen Bereich die kassenärztlichen Vereinigungen zwischengeschaltet sind. Damit stellt das Sachleistungsprinzip sicher, dass die Versicherten die Leistung in Anspruch nehmen können, ohne für deren Kosten in Vorleistung treten zu müssen[60]. Überdies garantiert es eine ordnungsgemäße und wirtschaftliche Leistungserbringung[61].

14

3. Kostenerstattungsprinzip

Dem Sachleistungsprinzip steht das Prinzip der Kostenerstattung gegenüber. Danach beschafft sich der Versicherte seine Leistung selbst, bezahlt diese gegenüber dem Leistungserbringer und erhält hierfür die angefallenen Aufwendungen von seiner Kranken-

15

---

[54] *Becker/Kingreen* in Becker/Kingreen SGB V § 69 Rn. 4.
[55] *Steinmeyer/Grötschel* in NK-MedR SGB V § 2 Rn. 20. Zu den Rechtsbeziehungen bei Zwischenschaltung der Kassenärztlichen Vereinigungen siehe *Waltermann* in KSW SGB V Sammelkommentierung §§ 95 bis 105 Rn. 1 ff.
[56] *Hornig* in HGO HdB d. Fachanwalts SozR SGB V Rn. 21.
[57] *Steinmeyer/Grötschel* in NK-MedR SGB V § 2 Rn. 20.
[58] *Steinmeyer/Grötschel* in NK-MedR SGB V § 2 Rn. 20
[59] *Scholz/Welti* in Becker/Kingreen SGB V § 2 Rn. 11 f.
[60] *Nebendahl* in Spickhoff SGB V § 2 Rn. 7; *Kallmayer* in Brand SozR Rn. 481.
[61] *Nebendahl* in Spickhoff SGB V § 2 Rn. 7; *Kallmayer* in Brand SozR Rn. 481.

versicherung erstattet⁶². Anspruch auf Kostenerstattung besteht als **Ausnahme zum Sachleistungsprinzip** jedoch nur in den ausdrücklich gesetzlich geregelten Fällen⁶³. Hierzu zählen insbesondere die in § 13 Abs. 2 und 3 SGB V genannten Fälle⁶⁴. Gem. § 13 Abs. 2 SGB V können Versicherte anstelle der Sach- oder Dienstleistung Kostenerstattung wählen. Hierdurch sollen Eigenverantwortung und Kostenbewusstsein des mündigen Patienten gestärkt werden⁶⁵. Der Anspruch auf Kostenerstattung besteht nur in Höhe der Vergütung, die die Krankenkasse bei Erbringung der Sachleistung zu tragen hätte (§ 13 Abs. 2 S. 8 SGB V). Als weitere Ausnahme vom Sachleistungsprinzip wandelt sich im Falle des **Versagens des Beschaffungssystems** der Sach- oder Dienstleistungsanspruch in einen Anspruch auf Kostenerstattung um (§ 13 Abs. 3 S. 1 SGB V). Voraussetzung hierfür ist, dass die Krankenkasse entweder eine unaufschiebbare Leistung nicht rechtzeitig erbringen kann oder eine Leistung zu unrecht abgelehnt hat.

4. Wirtschaftlichkeitsgebot

16 Zentraler Grundsatz des Leistungsrechts der GKV ist das in § 12 SGB V verankerte Wirtschaftlichkeitsgebot. Danach müssen die **Leistungen ausreichend, zweckmäßig** und **wirtschaftlich** sein und dürfen das **Maß des Notwendigen nicht überschreiten** (§ 12 Abs. 1 S. 1 SGB V). Leistungen, die nicht notwendig oder unwirtschaftlich sind, können Versicherte nicht beanspruchen, dürfen die Leistungserbringer nicht bewirken und die Krankenkassen nicht bewilligen (§ 12 Abs. 1 S. 2 SGB V). Das Wirtschaftlichkeitsgebot resultiert aus den finanziellen Grenzen, die der Leistungspflicht der GKV durch die Belastbarkeit der Beitragszahler und der Leistungsfähigkeit der Volkswirtschaft gesetzt werden⁶⁶. Es zielt darauf ab, die finanzielle Stabilität und als deren Folge die **Funktions- und Leistungsfähigkeit der Krankenkassen zu gewährleisten**⁶⁷. Unter Berücksichtigung der finanziell-wirtschaftlichen Systemgrenzen will das Wirtschaftlichkeitsgebot einen angemessenen gesundheitlichen Versorgungsstandard der Versicherten gewährleisten⁶⁸. Es stellt somit einerseits den notwendigen Leistungsstandard sicher, begrenzt diesen aber auch durch ein Verbot der Leistung im Übermaß und hat damit sowohl eine leistungsbegründende, als auch eine leistungsbegrenzende Funktion⁶⁹. Das Wirtschaftlichkeitsgebot ist **Tatbestandmerkmal jedes Leistungsanspruchs**, sofern es nicht in einzelnen Normen des Leistungsrechts konkretisiert wird⁷⁰. Jede Leistung muss alle vier Anforderungen erfüllen. **Ausreichend** ist eine Leistung, wenn sie den Grad des Genügenden weder über- noch unterschreitet, nicht qualitativ mangelhaft ist und nach Umfang und Qualität hinreichende Chancen für einen Heilerfolg bietet⁷¹. Mit dem Begriff ausreichend soll ein **Mindeststandard der Leistungserbringung** garantiert werden⁷². Eine Leistung ist **zweckmäßig**, wenn sie ex ante betrachtet objektiv medizinisch geeignet ist, das therapeutische

---

⁶² *Reese/Stallberg* in Dieners/Reese PharmaR § 17 Rn. 62.
⁶³ *Kallmayer* in Brand SozR Rn. 483.
⁶⁴ Als weitere Ausnahme vom Sachleistungsprinzip hat der Gesetzgeber die Kostenerstattung für Auslandsbehandlung (§ 18 bzw. § 13 Abs. 4 bis 6 SGB V) sowie für selbstbeschaffte häusliche Krankenpflege und Haushaltshilfe (§ 37 Abs. 4 SGB V, § 38 Abs. 4 SGB V) vorgesehen.
⁶⁵ BT-Drs. 15/1525, S. 80.
⁶⁶ *Reese/Stallberg* in Dieners/Reese PharmaR § 17 Rn. 65.
⁶⁷ *Reese/Stallberg* in Dieners/Reese PharmaR § 17 Rn. 65; *Trenk-Hinterberger* in Spickhoff SGB V § 12 Rn. 1.
⁶⁸ *Steinmeyer/Grötschel* in NK-MedR SGB V § 12 Rn. 2.
⁶⁹ *Reese/Stallberg* in Dieners/Reese PharmaR § 17 Rn. 65; *Scholz* in Becker/Kingreen SGB V § 12 Rn. 2.
⁷⁰ *Scholz* in Becker/Kingreen SGB V § 12 Rn. 3.
⁷¹ BSG SozR 2200 § 257a Nr. 10 S. 22; *Scholz* in Becker/Kingreen SGB V § 12 Rn. 7.
⁷² *Trenk-Hinterberger* in Spickhoff SGB V § 12 Rn. 4; *Waltermann* in KSW SGB V § 12 Rn. 3.

§ 10 Grundlagen des SGB V und der privaten Krankenversicherung

oder diagnostische Ziel zu erreichen[73]. **Wirtschaftlich** ist die Leistung, bei der unter allen ausreichenden und zweckmäßigen Möglichkeiten das günstigste Verhältnis zwischen Aufwand und Wirkung besteht[74]. In diese **Kosten-Nutzen-Analyse**[75] sind Art, Dauer und Nachhaltigkeit des Heilerfolges miteinzubeziehen[76]. Die **Notwendigkeit** einer Leistung ist gegeben, wenn diese im Hinblick auf den mit ihr verfolgten Zweck unentbehrlich, unvermeidbar oder unverzichtbar ist[77]. Sowohl der Oberbegriff der Wirtschaftlichkeit als auch die konkretisierenden Begriffe einer ausreichenden, zweckmäßigen und wirtschaftlichen Leistung stellen unbestimmte Rechtsbegriffe dar, die der **vollen gerichtlichen Nachprüfung** unterliegen[78]. Der Verwirklichung des Wirtschaftlichkeitsgebotes dienen ua die Richtlinien des G-BA nach § 92 SGB V[79].

II. Kostenerstattung als zentrales leistungsrechtliches Prinzip der PKV

Im Gegensatz zur GKV gilt in der PKV an Stelle des Sachleistungsprinzips das Prinzip der Kostenerstattung[80]. In der PKV verschafft sich der Patient die notwendige Krankenbehandlung selbst. Die dem Patienten gewährten Leistungen werden diesem in Rechnung gestellt, der seinerseits gegen seine PKV einen **Kostenerstattungsanspruch** hat, soweit die medizinische Leistung „notwendig" war (§ 192 Abs. 1, 2, 4 VVG). Die **Krankheitskostenversicherung** als „klassische PKV" deckt das Risiko ab, mit finanziellen Aufwendungen belastet zu werden, die ihre Ursache in medizinisch notwendigen Heilbehandlungen oder ähnlichen medizinischen Maßnahmen haben[81]. Sie ersetzt die Aufwendungen für eine medizinisch notwendige Heilbehandlung wegen Krankheit oder Unfallfolgen, ferner Aufwendungen infolge von Schwangerschaft und Entbindung sowie für ambulante Vorsorgeuntersuchungen zur Früherkennung von Krankheiten nach gesetzlich eingeführten Programmen (§ 192 Abs. 1 VVG). Die Krankheitskostenversicherung ist eine Schadensversicherung. Sie gewährt Versicherungsschutz nach den Grundsätzen der Schadensversicherung, indem sie nach dem Prinzip der konkreten Bedarfsdeckung den durch den Versicherungsfall eingetretenen Vermögensschaden ersetzt[82]. Die Krankheitskostenversicherung unterteilt sich wiederum in die **Krankheitskostenvollversicherung** (KKV) und in die **Ergänzungsversicherung**. Die Krankheitskostenvollversicherung sieht Versicherungsleistungen für die Behandlung von Krankheiten vor. Ihr Kernbereich umfasst die ambulante ärztliche Behandlung, die zahnärztliche Behandlung einschließlich die Versorgung mit Zahnersatz, die **Versorgung mit Arznei-, Heil- und Hilfsmitteln** und die Krankenhausbehandlung. Die Leistungen der Krankheitskostenvollversicherung entsprechen ihrer Art nach den Leistungen der GKV iSd SGB V. Weil sie geeignet ist, die GKV ganz oder teilweise zu ersetzen, handelt es sich bei der Krankheitskostenvollversicherung um eine sogenannte substitutive Krankenversicherung. Ergänzungsversicherungen sind hingegen solche Krankenversicherungen, die über den Versicherungsschutz aus einer Krankheitskostenvollversicherung hinausgehen. Zu den Ergänzungsversicherungen zählen ua die Krankentagegeldversicherung, die selbständige Krankenhaustagegeldversicherung sowie sonstige selbständige Teilversicherungen[83].

17

---

[73] *Scholz* in Becker/Kingreen SGB V § 12 Rn. 7; *Reese/Stallberg* in Dieners/Reese PharmaR § 17 Rn. 69.
[74] *Steinmeyer/Grötschel* in NK-MedR SGB V § 12 Rn. 11.
[75] *Scholz* in Becker/Kingreen SGB V § 12 Rn. 8; *Waltermann* in KSW SGB V § 12 Rn. 5.
[76] BSGE 52, 134, 137 ff.
[77] BSG SozR 2200 § 182b Nr. 26; *Steinmeyer/Grötschel* in NK-MedR SGB V § 12 Rn. 12.
[78] BSGE 11, 102, 117; 17, 79, 84; 19; 123, 127; *Trenk-Hinterberger* in Spickhoff SGB V § 12 Rn. 3.
[79] *Waltermann* in KSW SGB V § 12 Rn. 1.
[80] *Von Koppenfels-Spies* in NK-MedR VVG § 192 Rn. 3.
[81] *Eichelberger/Pannke* in Spickhoff VVG Vor §§ 192 ff. Rn. 6.
[82] BGH NJW 1969, 2284; *Eichelberger/Pannke* in Spickhoff VVG § 192 Rn. 5; *Von Koppenfels-Spies* in NK-MedR VVG § 192 Rn. 3.
[83] Zum Ganzen *Boetius* in MüKoVVG Vor § 192 Rn. 80 f.

§ 11 Preisfestsetzung und Erstattung

A. Erstattung von Arzneimitteln und Medizinprodukten durch die GKV

I. Leistungsanspruch auf Versorgung mit apothekenpflichtigen Arzneimitteln

1   Nach § 27 Abs. 1 SGB V haben Versicherte Anspruch auf Krankenbehandlung, wenn sie notwendig ist, um eine Krankheit zu erkennen, zu heilen, ihre Verschlimmerung zu verhüten oder Krankheitsbeschwerden zu lindern. Die Krankenbehandlung umfasst nach § 27 Abs. 1 S. 2 Nr. 3 SGB V auch die Versorgung mit Arzneimitteln. § 31 Abs. 1 SGB V konkretisiert diesen Versorgungsanspruch und bestimmt, dass Versicherte einen Anspruch auf Versorgung mit apothekenpflichtigen Arzneimitteln haben, soweit diese nicht nach § 34 SGB V oder durch Richtlinien nach § 92 Abs. 1 S. 2 Nr. 6 SGB V ausgeschlossen sind.

1. Anspruchsvoraussetzungen

2   **a) Krankheit im krankenversicherungsrechtlichen Sinne.** Zunächst setzt der Leistungsanspruch eine Krankheit im krankenversicherungsrechtlichen Sinne voraus. Hierunter ist nach der herrschenden Auffassung in Rechtsprechung und Literatur ein regelwidriger Körper- oder Geisteszustand zu verstehen, dessen Eintritt entweder allein die Notwendigkeit von Heilbehandlung oder zugleich oder ausschließlich die Arbeitsunfähigkeit zur Folge hat[84].

3   **b) Arzneimittel iSd SGB V.** Eine eigenständige Begriffsbestimmung für Arzneimittel sieht das SGB V nicht vor. Vielmehr bestimmt sich der **Arzneimittelbegriff des SGB V** nach der **Legaldefinition des § 2 AMG.** Dies ergibt sich daraus, dass gem. § 31 Abs. 1 S. 1 SGB V nur verschreibungs- und apothekenpflichtige Arzneimittel von der Leistungspflicht erfasst sind und insofern der Gesetzgeber auf die Apothekenpflicht nach §§ 43 ff. AMG sowie auf die Verschreibungspflicht nach § 48 AMG Bezug nimmt[85]. Da die Apothekenpflicht nach § 43 Abs. 1 AMG ausschließlich für diejenigen Mittel greift, die Arzneimittel iSd § 2 Abs. 1 und Abs. 2 AMG sind, wird nach allgemeiner Auffassung hieraus gefolgert, dass der Arzneimittelbegriff des AMG dem des SGB V entspricht[86]. Nach § 2 Abs. 1 AMG sind Arzneimittel Stoffe oder Zubereitungen aus Stoffen, die zur Anwendung im oder am menschlichen Körper bestimmt sind und als Mittel mit Eigenschaften zur Heilung oder Linderung oder zur Verhütung menschlicher Krankheiten oder krankhafter Beschwerden bestimmt sind oder die im oder am menschlichen Körper angewendet oder einem Menschen verabreicht werden können, um entweder die physiologischen Funktionen durch eine pharmakologische, immunologische oder metabolische Wirkung wiederherzustellen, zu korrigieren oder zu beeinflussen oder eine medizinische Diagnose zu erstellen[87].

---

[84] BSGE 26, 240, 242; 35, 10, 12; 90, 289, 290; *Lang* in Becker/Kingreen SGB V § 27 Rn. 10.
[85] *Wodarz* in Sodan HdB KrankenVersR § 27 Rn. 13; *Axer* in Becker/Kingreen SGB V § 31 Rn. 7 u. 8.
[86] *Baierl/Kellermann,* Arzneimittelrecht, 1. Aufl. 2011, S. 164.
[87] Keine Arzneimittel sind insbesondere Lebensmittel, die dazu bestimmt sind, in unverändertem, zubereitetem oder verarbeitetem Zustand vom Menschen verzehrt zu werden. Abzugrenzen sind Arzneimittel zudem von Medizinprodukten iSv § 3 MPG. Gemäß der im Zuge des Zweiten AMG-Änderungsgesetzes 2012 geänderten Abgrenzungsvorschrift nach § 2 Abs. 5 Nr. 1 MPG erfolgt die

c) Apothekenpflichtigkeit. Gem. § 31 Abs. 1 S. 1 SGB V ist der Leistungsanspruch auf 4
Versorgung mit Arzneimitteln auf **apothekenpflichtige Arzneimittel** beschränkt. Das
sind solche, die gem. § 43 ff. AMG ausschließlich über Apotheken vertrieben werden
dürfen.

**d) Arzneimittelrechtliche Zulassung. aa) Vorgreiflichkeit der arzneimittelrecht- 5
lichen Zulassung.** Das Gefahrenabwehrrecht des AMG schreibt zugunsten der Arzneimittelsicherheit für Fertigarzneimittel eine staatliche Zulassung vor, deren Erteilung den Nachweis der Qualität, Wirksamkeit und Unbedenklichkeit des Arzneimittels nach § 21 Abs. 2 AMG voraussetzt. Insofern knüpft das AMG an die Kriterien nach § 2 Abs. 1 S. 3, § 12 Abs. 1 SGB V an, die für eine Verordnung zu Lasten der Krankenversicherung maßgeblich sind. Demgegenüber verzichtet das SGB V grundsätzlich bei der Arzneimittelversorgung auf eine Wirksamkeits- und Qualitätskontrolle von Arzneimitteln im Rahmen eines eigenständigen Zulassungsverfahrens. Jedoch sind grundsätzlich nur solche Fertigarzneimittel von der Leistungspflicht der GKV umfasst, die eine **Zulassung nach § 21 AMG** für das Indikationsgebiet haben, in dem das Arzneimittel angewendet wird[88]. Generell gilt, dass ein zulassungspflichtiges Fertigarzneimittel nicht verordnet werden darf, wenn ihm nach dem AMG die Zulassung zum Verkehr versagt oder wenn diese widerrufen, zurückgenommen oder zum Ruhen gebracht worden ist[89]. Nach der Rechtsprechung des Bundessozialgerichts stellt die arzneimittelrechtliche Zulassung ein „**Mindestsicherheits- und Qualitätserfordernis**" dar[90]. Bei Vorliegen der arzneimittelrechtlichen Zulassung kann davon ausgegangen werden, dass zugleich die Mindeststandards einer wirtschaftlichen und zweckmäßigen Arzneimittelversorgung iSv § 2 Abs. 1 S. 3, § 12 Abs. 1 SGB V erfüllt sind[91]. Damit ist die arzneimittelrechtliche Zulassung für das Leistungsrecht der GKV zumindest **negativ vorgreiflich**[92]. Eine nicht vorhandene arzneimittelrechtliche Zulassung schließt einen Leistungsanspruch aus[93]. Fehlt die arzneimittelrechtliche Zulassung, fehlt es auch an der Zweckmäßigkeit und Wirtschaftlichkeit iSd §§ 2 Abs. 1, 12 Abs. 1 SGB V[94]. Umgekehrt rechtfertigt die durch Zulassung begründete arzneimittelrechtliche Verkehrsfähigkeit aber noch keinen Versorgungsanspruch auf Arzneimittel[95]. Arzneimittel ohne arzneimittelrechtliche Zulassung können gem. § 2 Abs. 1a SGB V[96] nur in Fällen lebensbedrohlicher oder regelmäßig tödlich verlaufender Krankhei-

---

Abgrenzung von Medizinprodukten zu Arzneimitteln anhand der hauptsächlichen Wirkungsweise, sofern es sich nicht um In-vivo-Diagnostika handelt. In-vivo-Diagnostika, die unter die Definition des Arzneimittels in § 2 Abs. 1 Nr. 2 lit. b AMG fallen, sind ungeachtet ihrer Wirkungsweise als Arzneimittel einzustufen. Medizinprodukte sind dadurch gekennzeichnet, dass sie ihren Zweck vorwiegend auf physikalischem Weg erreichen, während Arzneimittel auf pharmakologischem Weg wirken. Ferner sind Arzneimittel gegenüber Heil- und Hilfsmitteln abzugrenzen. Während als Heilmittel ärztlich verordnete Dienstleistungen gelten, die einem Heilzweck dienen oder einen Heilerfolg sichern und nur von entsprechend ausgebildeten Personen erbracht werden dürfen, sind Hilfsmittel alle ärztlich verordneten Sachen, die den Erfolg der Heilbehandlung sichern oder Folgen von Gesundheitsschäden mildern oder ausgleichen, zum Ganzen: *Axer* in Becker/Kingreen SGB V § 31 Rn. 9 bis 12.

[88] *Axer* in Becker/Kingreen SGB V § 31 Rn. 15; *Wodarz* in Sodan HdB KrankenVersR § 27 Rn. 14.
[89] BSG SozR 4–2500 § 31 Nr. 5; *Joussen* in KSW SGB V § 31 Rn. 5.
[90] BSG SozR 4–2500 § 31 Nr. 3 Rn. 23.
[91] *Baierl/Kellermann* in Sallfrank, HdB MedR u. GesundheitsR § 9 Rn. 251.
[92] BSG SozR, 4–2500 § 31 Nr. 3 Rn. 23, *Axer* in Becker/Kingreen SGB V § 31 Rn. 17; *Wodarz* in Sodan HdB KrankenVersR § 27 Rn. 15.
[93] BSG, Urt. v. 19.3.2002, B 1 KR 37/00 R (Sandoglobulin); BSG Urt. v. 30.6.2009, B I KR 5/09 R (Concerta Retard).
[94] BSG SozR 4–2500, § 27 Nr. 7 Rn. 22; *Wodarz* in Sodan HdB KrankenVersR § 27 Rn. 14.
[95] BSG SozR 4–2500 § 31 Nr. 3 Rn. 23; *Axer* in Becker/Kingreen SGB V § 31 Rn. 18.
[96] § 2 Abs. 1a SGB V wurde im Wege des Gesetzes zur Verbesserung der Versorgungsstrukturen in der gesetzlichen Krankenversicherung (GKV-VStG vom 22.12.2011, BGBl. Z, S. 2983) eingeführt und

ten abgegeben werden, wenn eine nicht ganz entfernt liegende Aussicht auf Heilung oder auf eine spürbare positive Einwirkung auf den Krankheitsverlauf besteht.

6 bb) **Erstattung bei Off-Label Use und Compassionate Use.** Die Zulassung eines Arzneimittels wird stets indikationsbezogen erteilt, was zur Folge hat, dass für den Einsatz außerhalb der durch die Zulassung festgelegten Anwendungsgebiete dem Arzneimittel rechtlich gesehen die Verkehrsfähigkeit und damit die Erstattungsfähigkeit fehlt[97]. Der Grundsatz, dass nur arzneimittelrechtlich zugelassene Fertigarzneimittel von der Leistungspflicht der GKV umfasst sein können, gilt jedoch nicht ausnahmslos. Solche **Ausnahmen von der arzneimittelrechtlichen Wirksamkeits- und Qualitätskontrolle** werden von der Rechtsprechung des Bundessozialgerichts allerdings nur in engen Grenzen anerkannt[98]. Anerkannte Ausnahmen sind die zulassungsüberschreitende Verordnung eines Arzneimittels (sogenannter **Off-Label Use**) und die Verordnung eines Arzneimittels aus ethischen Erwägungen (sogenannter **Compassionate Use**).

7 Zu Lasten der GKV kann ein Arzneimittel nur als **Off-Label Use** verordnet werden, wenn es sich um eine **seltene bzw. schwerwiegende Erkrankung** handelt, **keine Behandlungsalternative** zur Verfügung steht und nach dem Stand der wissenschaftlichen Erkenntnisse die berechtigte bzw. begründete Aussicht besteht, dass mit dem betreffenden Arzneimittel **kurativ oder palliativ der erwünschte Behandlungserfolg erzielt werden kann**[99]. Davon kann ausgegangen werden, wenn entweder die Erweiterung der Zulassung bereits beantragt ist und die Ergebnisse einer kontrollierten klinischen Prüfung der Phase III veröffentlicht sind und eine klinisch relevante Wirksamkeit respektive ein klinisch relevanter Nutzen bei vertretbaren Risiken belegt oder außerhalb eines Zulassungsverfahrens gewonnene Erkenntnisse veröffentlicht sind, die über Qualität und Wirksamkeit des Arzneimittels in dem neuen Anwendungsgebiet zuverlässige, wissenschaftlich nachprüfbare Aussagen zulassen und aufgrund derer in den einschlägigen Fachkreisen Konsens über einen voraussichtlichen Nutzen in dem vorgenannten Sinne besteht[100].

8 Nach den Grundsätzen des **Compassionate Use** kann in Fällen, die einer Notstandssituation gleich kommen, auch ein noch **nicht zugelassenes Arzneimittel** von der Leistungspflicht der gesetzlichen Krankenkasse erfasst sein, wenn es zur Behandlung von schwerwiegenden Krankheiten eingesetzt wird, die sich durch ihre Seltenheit vom Durchschnitt der Erkrankungen abheben und einer systematischen Erforschung entziehen[101]. Die **rechtlichen Voraussetzungen** für die Bereitstellung eines noch nicht zugelassenen Arzneimittels aus ethischen Gründen sind in § 21 Abs. 2 Nr. 6 AMG geregelt. Demnach dürfen Arzneimittel ohne arzneimittelrechtliche Zulassung für Patienten zur Verfügung gestellt werden, die an einer Erkrankung leiden, welche zu einer schweren Behinderung

---

setzt die Rechtsprechung des Bundesverfassungsgerichts zur Leistungspflicht der gesetzlichen Krankenversicherung für sog. neue Behandlungsmethoden in Fällen einer lebensbedrohlichen oder regelmäßig tödlichen Erkrankung um. Danach bestand eine Leistungspflicht der GKV zur Versorgung gesetzlich Versicherter mit lebensbedrohlichen Erkrankungen bei fehlender Therapiealternative im Hinblick auf das Grundrecht der allgemeinen Handlungsfreiheit i.V.m. dem Sozialstaatsprinzip und im Blick auf das Grundrecht auf Leben (BverfG, sog. „Nikolausbeschluss" vom 6.12.20058 – 1 BvR 347/98, BVerfGE 115, 25).

[97] BSG Urt. v. 19.3.2002, B 1 KR 37/00 R (Sandoglobulin); BSG Urt. v. 30.6.2009, B I KR 5/09 R (Concerta Retard).
[98] BSG Urt. v. 19.3.2002, B 1 KR 37/00 R (Sandoglobulin); BSG Urt. v. 4.4.2006, B 1 KR 7/05 R (Tomudex).
[99] BSG SozR 4–2500 § 31 Nr. 8; BSG SozR 4–2500 § 13 Nr. 16 Rn. 21; *Axer* in Becker/Kingreen SGB V § 31 Rn. 26; *Joussen* in KSW SGB V § 31 Rn. 7; *Diener/Heil* in Dieners/Reese PharmaR § 1 Rn. 194.
[100] *Baierl/Kellermann*, Arzneimittelrecht, 1. Aufl. 2011, S. 308.
[101] *Wodarz* in Sodan HdB KrankenVersR § 27 Rn. 16; *Diener/Heil* in Dieners/Reese PharmaR § 1 Rn. 195.

führen würde oder lebensbedrohend ist und die nicht mit einem genehmigten oder zugelassenen Arzneimittel zufriedenstellend behandelt werden kann (sogenannte Härtefälle). Neben diesen Voraussetzungen müssen die Voraussetzungen des Art. 83 der Verordnung (EG) Nr. 726/2004 vorliegen, auf die § 21 Abs. 2 Nr. 6 AMG verweist[102]. Nach Art. 83 Abs. 1 der Verordnung (EG) Nr. 726/2004 kommen für einen Compassionate Use nur solche Arzneimittel in Betracht, die unter die Kategorien des Art. 3 Abs. 1 und Abs. 2 der Verordnung fallen. Schließlich sind die Voraussetzungen der nach § 21 Abs. 2 Nr. 6 AMG iVm § 80 Abs. 1 Nr. 3a AMG vorgesehenen, konkretisierenden „**Verordnung über das Inverkehrbringen von Arzneimitteln ohne Genehmigung oder ohne Zulassung in Härtefällen**" (Arzneimittel-Härtefall-Verordnung – AMHV[103]) zu berücksichtigen, die das Verfahren zur bestätigten Anzeige eines Arzneimittel-Härtefall-Programms durch die Bundesoberbehörden regelt. Nach § 2 Abs. 1 AMHV ist ein Compassionate Use nur zulässig, wenn **ausreichende Hinweise auf die Wirksamkeit und Sicherheit** des Arzneimittels vorliegen und für dieses entweder eine **klinische Prüfung durchgeführt wird oder bereits ein Zulassungsantrag in der Europäischen Union gestellt** worden ist. § 21 Abs. 2 Nr. 6 SGB V verpflichtet den pharmazeutischen Unternehmer zur kostenlosen Abgabe von Arzneimitteln im Rahmen von Compassionate Use. Die GKV übernimmt also nicht die Kosten des Compassionate Use.

cc) Erlaubnisvorbehalt für Arzneimitteltherapien. Ein **eigenständiges krankenversicherungsrechtliches Zulassungsverfahren** zur Sicherung der Qualität der Arzneimittelversorgung besteht dann, wenn die Versorgung mit Arzneimitteln Teil eines ärztlichen Behandlungskonzeptes ist, das als **neue Untersuchungs- und Behandlungsmethode** vom G-BA in Richtlinien nach § 135 Abs. 1 SGB V anerkannt werden muss[104]. Neue Untersuchungs- und Behandlungsmethoden dürfen in der vertragsärztlichen Versorgung nur erbracht werden, wenn der G-BA Empfehlungen über den diagnostischen und therapeutischen Nutzen sowie die medizinische Notwendigkeit und Wirtschaftlichkeit abgegeben hat, es sei denn, es liegt der Ausnahmefall des Systemversagens[105] oder ein Seltenheitsfall[106] vor[107]. Das **präventive Verbot mit Erlaubnisvorbehalt nach § 135 Abs. 1 SGB V** soll gewährleisten, dass neue medizinische Verfahren nicht ohne Prüfung ihres diagnostischen bzw. therapeutischen Nutzens und etwaiger gesundheitlicher Risiken in der vertragsärzt-

9

---

[102] *Winnands* in KMH AMG § 21 Rn. 71.
[103] BGBl. I S. 935.
[104] Die Bewertung neuer Behandlungsmethoden erfolgt auf Grundlage des 2. Kap. der Verfahrensordnung des G-BA gem. § 91 Abs. 4 S. 1 Nr. 1 SGB V in der Richtlinie zu Untersuchungs- und Behandlungsmethoden der vertragsärztlichen Versorgung (Richtlinie Methoden vertragsärztliche Versorgung) gem. § 92 Abs. 1 S. 2 Nr. 5 SGB V, abrufbar im Internet unter http://www.g-ba.de/informationen/richtlinien.
[105] Systemversagen ist gegeben, wenn bei fehlender Anerkennung einer neuen Untersuchungs- oder Behandlungsmethode das Verfahren vor dem G-BA selbst überhaupt nicht, nicht zeitgerecht oder nicht ordnungsgemäß betrieben wurde und dies auf eine willkürliche oder sachfremde Untätigkeit bzw. Verfahrensverzögerung zurückzuführen ist. Neben dem Vorliegen eines Systemversagens ist erforderlich, dass Qualität und Wirtschaftlichkeit der Maßnahme zum Zeitpunkt der Anwendung dem allgemein anerkannten Stand der medizinischen Erkenntnisse entsprechen, der sich in zuverlässigen wissenschaftlichennachprüfbaren Aussagen niedergeschlagen hat, *Altmiks* in NK-MedR SGB V § 135 Rn. 11.
[106] Bei sehr seltenen Krankheiten, die sich wegen ihrer Seltenheit einer systematischen wissenschaftlichen Untersuchung entziehen, ist eine Beurteilung über Qualität und Wirtschaftlichkeit einer Methode nicht möglich. Eine Ausnahme von dem repressiven Verbot mit Erlaubnisvorbehalt kommt in Betracht, wenn eine schwerwiegende Erkrankung behandelt werden soll, für die keine andere Behandlungsalternative zur Verfügung steht und die im Zeitpunkt der Behandlung verfügbaren wissenschaftlichen Erkenntnisse die Annahme rechtfertigen, dass der voraussichtliche Nutzen der Maßnahme die möglichen Risiken überwiegen wird, *Altmiks* in NK-MedR SGB V § 135 Rn. 11.
[107] *Axer* in Becker/Kingreen SGB V § 31 Rn. 20.

lichen Versorgung angewandt werden und dient somit dem Schutz der Versichertengemeinschaft vor unwirtschaftlicher Behandlung sowie dem Schutz der Versicherten vor unerprobten Methoden[108]. Neu iSv § 135 SGB V ist eine Untersuchungs- und Behandlungsmethode, wenn sie nicht als abrechnungsfähige Leistung im Katalog des Einheitlichen Bewertungsmaßstabs (**EBM**) enthalten ist[109]. **Arzneimitteltherapien** unterliegen dem Erlaubnisvorbehalt nur dann, wenn sie keiner arzneimittelrechtlichen Zulassung nach dem AMG bedürfen, was für **Rezepturarzneimittel** gilt[110]. Für zulassungspflichtige Arzneimittel wird die Wirksamkeitsprüfung, die der G-BA für neue Untersuchungs- und Behandlungsmethoden nach § 135 SGB V vornimmt, mit Wirkung für die GKV durch die Prüfung des Bundesinstituts für Arzneimittel und Medizinprodukte (**BfArM**) im Rahmen der arzneimittelrechtlichen Zulassungsverfahren ersetzt[111]. **Fertigarzneimittel** unterfallen dem Erlaubnisvorbehalt nach § 135 Abs. 1 SGB V, wenn sie nicht bloß verabreicht werden, sondern ihre bestimmungsgemäße Anwendung bestimmte medizinische Verfahren verlangt, so dass sie selbst wegen ihres Aufwandes eine Behandlungsmethode darstellen[112]. In diesem Fall müssen die Voraussetzungen des § 135 Abs. 1 SGB V und des § 21 AMG kumulativ erfüllt sein[113].

2. Gesetzliche Leistungsausschlüsse nach § 34 SGB V

10 Der Leistungsanspruch auf Versorgung mit arzneimittelrechtlich zugelassenen, apothekenpflichtigen Arzneimitteln besteht nur insoweit, wie Arzneimittel nicht nach § 34 SGB V oder durch Richtlinien nach § 92 Abs. 1 S. 2 Nr. 6 SGB V ausgeschlossen sind.

11 a) **Ausschluss von nicht verschreibungspflichtigen Arzneimitteln.** Gemäß § 34 Abs. 1 S. 1 SGB V sind **nicht verschreibungspflichtige Arzneimittel** von der Leistungspflicht ausgeschlossen. Welche Arzneimittel verschreibungspflichtig sind, ergibt sich aus § 48 AMG iVm der Arzneimittelverschreibungsverordnung. Nicht verschreibungspflichtige Arzneimittel (sogenannte **OTC-Präparate**, dh Arzneimittel, die „over the counter" abgegeben werden) sind regelmäßig Arzneimittel im unteren Preisbereich, die bei geringfügigen Gesundheitsstörungen angewandt und vom Versicherten meist im Wege der Selbstmedikation erworben werden[114]. Der grundsätzliche gesetzliche Leistungsausschluss nicht verschreibungspflichtiger Arzneimittel verstößt weder gegen Verfassungs-, noch gegen Unionsrecht. Das Bundessozialgericht sieht darin weder einen Verstoß gegen Art. 3 Abs. 1 GG und Art. 2 Abs. 2 S. 2 GG iVm dem Sozialstaatsprinzip, noch unionsrechtlich eine Verletzung der Transparenzrichtlinie 89/105/EWG[115].

12 Von dem Grundsatz, dass nur verschreibungspflichtige Arzneimittel zu Lasten der GKV verordnet werden dürfen, enthält § 34 SGB V zwei **Ausnahmen**. Zum einen gilt nach § 34 Abs. 1 S. 5 SGB V der Leistungsausschluss für verschreibungspflichtige Arzneimittel nicht für **versicherte Kinder bis zum vollendeten 12. Lebensjahr** sowie für **versicherte Jugendliche bis zum vollendeten 18. Lebensjahr mit Entwicklungsstörungen**.

---

[108] BSG SozR 3–2500 § 135 Nr. 4 S. 14; *Altmiks* in NK-MedR SGB V § 135 Rn. 3.
[109] BSG SozR 3–2500 § 92 Nr. 7 S. 7; BSG SozR 4–2500 § 27 Nr. 10 Rn. 17, *Axer* in Becker/Kingreen SGB V § 31 Rn. 20; *Altmiks* in NK-MedR SGB V § 135 Rn. 7.
[110] BSG SozR 3–1500 § 135 Nr. 14 S. 65; *Schmidt-De Caluwe* in Becker/Kingreen SGB V § 135 Rn. 5.
[111] *Baierl/Kellermann*, Arzneimittelrecht, 1. Aufl. 2011, S. 314.
[112] *Axer* in Becker/Kingreen SGB V § 31 Rn. 20.
[113] BSG SozR 4–2500 § 27 Nr. 1 Rn. 16; *Baierl/Kellermann*, Arzneimittelrecht, 1. Aufl. 2011, S. 314; *Altmiks* in NK-MedR SGB V § 135 Rn. 7.
[114] *Axer* in Becker/Kingreen SGB V § 34 Rn. 4; *Wodarz* in Sodan HdB KrankenVersR § 27 Rn. 17.
[115] BSG NZS 2009, 624 (625 f.).

Zum anderen legt gem. § 34 Abs. 1 S. 2 SGB V der G-BA in den Arzneimittel-Richt- 13
linien nach § 92 Abs. 1 S. 2 Nr. 6 SGB V fest, welche nicht verschreibungspflichtigen
Arzneimittel, die bei der **Behandlung schwerwiegender Erkrankungen** als **Therapiestandard** gelten, ausnahmsweise bei diesen Erkrankungen mit Begründung vom Vertragsarzt zu Lasten der GKV verordnet werden können (sogenannte **OTC-Ausnahmeliste**).
Der Ermächtigung nach § 34 Abs. 1 S. 2 SGB V ist der G-BA durch die Ergänzung der
Arzneimittel-Richtlinie um einen Abschnitt F Nr. 16 nachgekommen[116]. Nach Abschnitt F § 12 AM-Richtlinie gilt eine Krankheit als schwerwiegend, wenn sie lebensbedrohlich ist oder wenn sie aufgrund der Schwere der durch sie verursachten Gesund-
heitsstörung die Lebensqualität auf Dauer nachträglich beeinträchtigt. Ein Arzneimittel
gilt als Therapiestandard, wenn der therapeutische Nutzen zur Behandlung der schwerwiegenden Erkrankung dem allgemein anerkannten Stand der medizinischen Erkenntnisse
entspricht. Bei der Entscheidung über die Listung einer Ausnahme hat der G-BA gem.
§ 34 Abs. 1 S. 3 SGB V der therapeutischen Vielfalt Rechnung zu tragen, so dass die
speziellen Wirkungsweisen der besonderen Therapierichtungen bei der Listenerstellung
durch den GB-A besonders zu beachten und zu berücksichtigen sind[117]. Nach § 34 Abs. 6
SGB V können pharmazeutische Unternehmer beim G-BA Anträge auf Aufnahme nicht
verschreibungspflichtiger Arzneimittel in die OTC-Liste nach § 34 Abs. 1 S. 2 und 4
SGB V stellen[118]. Gemäß § 34 Abs. 6 S. 2 SGB V ist ein entsprechender Antrag ausreichend zu begründen, was Unterlagen verlangt, aus denen einwandfrei, methodisch und
inhaltlich nachvollziehbar hervorgeht, dass ein Arzneimittel die erforderlichen Kriterien
zur Aufnahme erfüllt. Nach § 34 Abs. 6 S. 4 SGB V ist der G-BA verpflichtet, über
ausreichend begründete Anträge innerhalb von 90 Tagen zu bescheiden. Gegen eine
ablehnende Entscheidung kann der Hersteller Feststellungsklage bei dem zuständigen
Sozialgericht erheben.

b) Ausschluss von Bagatell-Arzneimitteln. § 34 Abs. 1 S. 6 SGB V beinhaltet einen 14
Leistungsausschluss für sogenannte **Bagatellarzneimittel.** Hierbei handelt es sich um
Arzneimittel, die üblicherweise bei **geringfügigen Gesundheitsstörungen** verordnet werden und bei denen wegen der **geringen medizinischen Bedeutung** Eigenvorsorge zumut-
bar ist[119]. Nach § 34 Abs. 1 S. 6 SGB V sind für Versicherte, die das achtzehnte Lebensjahr
vollendet haben, Arzneimittel zur Anwendung von Erkältungskrankheiten und grippalen
Infekten, Mund- und Rachentherapeutika, Abführmittel sowie Arzneimittel gegen Reise-
krankheit von der Versorgung ausgeschlossen. Die nach § 34 Abs. 2 SGB V aF bestehende
Verordnungsermächtigung zugunsten des Bundesministeriums für Gesundheit, wonach
dieses mit Zustimmung des Bundesrates Arzneimittel ausschließen konnte, die ihrer
Zweckbestimmung nach üblicherweise bei geringfügigen Gesundheitsstörungen verordnet

---

[116] Der G-BA hat als Anlage I. der Arzneimittel-Richtlinie eine Liste mit schwerwiegenden Erkrankungen und OTC-Standardtherapeutika für deren Behandlung veröffentlicht. Diese sehr restriktiv
gestaltete Liste mit 45 verordnungsfähigen OTC-Arzneimitteln enthält bspw. Acetylsalicylsäure zur
Nachsorge bei Herzinfarkten und Schlaganfällen. Die OTC-Ausnahmeliste ist im Internet abrufbar
unter www.g-ba.de.
[117] *Axer* in Becker/Kingreen SGB V § 34 Rn. 5; *Joussen* in KSW SGB V § 34 Rn. 3.
[118] Die Vorschrift wurde durch das GKV-WSG iJ 2007 in Konsequenz der Pohl-Boskamp-Ent-
scheidung des EuGH (Urt. v. 26.10.2006 Rs C-317/05 – Pohl-Boskamp, MedR 2007, 231) und in
Umsetzung der Vorgaben der Transparenzrichtlinie 89/105 eingeführt. Der EuGH hat entschieden,
dass die Transparenz-Richtlinie dahingehend auszulegen ist, dass im Falle des Ausschlusses nicht
verschreibungspflichtiger Arzneimittel von der Leistungspflicht des staatlichen Gesundheitssystems
die Verfahrensrechte nach Art. 6 Nr. 1 und 2 der Richtlinie zu gewähren sind. In § 34 Abs. 6 SGB V
übernimmt der Gesetzgeber diese Anforderungen für das Verfahren der Aufnahme auf die OTC-Liste
beinahe wörtlich.
[119] *Axer* in Becker/Kingreen SGB V § 34 Rn. 8.

werden, wurde mit dem Gesetz zur Neuordnung des Arzneimittelmarktes (**AMNOG**) aufgehoben[120].

15 c) **Ausschluss von Lifestyle- Präparaten.** Nach § 34 Abs. 1 S. 7 SGB sind Arzneimittel von der Versorgung ausgeschlossen, die primär nicht der Krankenbehandlung dienen, sondern bei denen eine **Erhöhung der Lebensqualität** im Vordergrund steht (sogenannte **Lifestyle-Präparate**). Ausgeschlossen sind nach § 34 Abs. 1 S. 8 SGB V insbesondere Arzneimittel, die überwiegend zur Behandlung der erektilen Dysfunktion, der Anreizung sowie Steigerung der sexuellen Potenz, zur Raucherentwöhnung, zur Abmagerung oder zur Zügelung des Appetits, zur Regulierung des Körpergewichts oder zur Verbesserung des Haarwuchses dienen. Hierbei handelt es sich um Regelbeispiele (dies ergibt sich aus der Formulierung „insbesondere"), bei deren Vorliegen die Voraussetzungen des § 34 Abs. 1 S. 7 SGB V immer erfüllt sind[121]. Entscheidend für die Beurteilung ist die überwiegende Zweckbestimmung des betroffenen Arzneimittels zur überwiegenden Behandlung der genannten körperlichen Störungen[122]. Näheres regelt der G-BA gem. § 34 Abs. 1 S. 9 SGB V in den Arzneimittelrichtlinien nach § 92 Abs. 1 S. 2 Nr. 6 SGB V[123].

3. Ausschluss unwirtschaftlicher Arzneimittel

16 Die nach § 34 Abs. 3 SGB V aF bestehende **Verordnungsermächtigung** zugunsten des Bundesministerium für Gesundheit zum Ausschluss von Arznei- und Hilfsmitteln für geringfügige Gesundheitsstörungen und aufgrund von Unwirtschaftlichkeit ist **durch das AMNOG aufgehoben** worden[124]. § 34 Abs. 3 SGB V enthält **nunmehr** eine **Fiktionsregelung,** wonach der bisher mögliche Ausschluss bestimmter Arzneimittel durch Rechtsverordnung in die Verordnungsausschlüsse durch die Arzneimittel-Richtlinien des G-BA überführt wird[125]. Der Ausschluss der Arzneimittel, die in Anlage 2 Nr. 2 bis 6 der Verordnung über unwirtschaftliche Arzneimittel in der GKV[126] aufgeführt sind, gilt als Verordnungsausschluss des G-BA und ist Teil der Richtlinien nach § 92 Abs. 1 S. 2 Nr. 6 SGB V. Der G-BA ist verpflichtet, die Verordnungsausschlüsse zu überprüfen und an den aktuellen Stand der medizinischen Erkenntnisse anzupassen. Wie bisher ist bei der Beurteilung der besonderen Therapierichtungen wie homöopathischen, phytotherapeutischen und anthroposophischen Arzneimitteln der besonderen Wirkungsweise dieser Arzneimittel Rechnung zu tragen[127].

4. Einschränkung oder Ausschluss der Verordnung von Arzneimitteln durch Richtlinien des G-BA nach § 92 Abs. 1 S. 2 Nr. 6 SGB V, Therapiehinweise

17 a) **Konkretisierung des Leistungsanspruches durch Richtlinien nach § 92 SGB V.** Nach § 31 Abs. 1 S. 1 SGB V besteht der Anspruch des Versicherten auf Versorgung mit zugelassenen, apothekenpflichtigen Arzneimitteln nur insoweit, wie die Arzneimittel nicht durch Richtlinien nach § 92 Abs. 1 S. 2 Nr. 6 SGB V ausgeschlossen sind. § 92 Abs. 1 SGB V ermächtigt den G-BA zur Konkretisierung des Leistungsanspruches durch den

---

[120] Art. 1 Nr. 3 AMNOG.
[121] *Barth* in Spickhoff SGB V § 34 Rn. 6.
[122] *Axer* in Becker/Kingreen SGB V § 34 Rn. 9.
[123] Die vom G-BA als nicht verordnungsfähig eingestuften Lifestyle-Präparate sind in der Anlage II zum Abschnitt F der Arzneimittel-Richtlinie aufgeführt.
[124] Art. 1 Nr. 3 AMNOG.
[125] *Joussen* in KSW SGB V § 34 Rn. 9.
[126] Verordnung über unwirtschaftliche Arzneimittel in der GKV vom 21.2.1990, BGBl. I, 301, zuletzt geändert durch Verordnung vom 9.12.2002, BGBl. I, 4554.
[127] *Joussen* in KSW SGB V § 34 Rn. 9; *Baierl/Kellermann,* Arzneimittelrecht, 1. Aufl. 2011, S. 268.

Kaufmann

Erlass von **Arzneimittelrichtlinien (AM-RL**[128]**)**, die bestimmte Wirkstoffe aus dem verordnungsfähigen Arzneimittelbereich ausnehmen. Als grundlegende Regelungsinstrumente stehen dem G-BA **Verordnungsausschlüsse oder -einschränkungen,** die für Versicherte, Ärzte, Krankenkassen und alle Leistungserbringer gelten sowie **Therapiehinweise** zur Verfügung. Nur bei Vorliegen eines medizinisch begründeten Einzelfalles kann der Vertragsarzt ausnahmsweise von den Vorgaben des G-BA abweichen und auch ein solches Arzneimittel verordnen, das von der Richtlinie ausgenommen ist (§ 31 Abs. 1 S. 4 SGB V[129]). Das **AMNOG** modifiziert das Regime der Verordnungsausschlüsse und -einschränkungen. Bisher durfte die Verordnungsfähigkeit von Arzneimitteln nicht generell durch Richtlinien des G-BA ausgeschlossen sein oder es musste eine Rückausnahme bestehen. Das AMNOG erschwert den Verordnungsausschluss, in dem es die Anforderungen für einen Ausschluss verschärft, eine formale Abgrenzung von Therapiehinweisen statuiert und einen Vorrang einer Festbetrags- oder Erstattungsbetragsregelung begründet.

b) Verordnungseinschränkungen oder -ausschlüsse. Gemäß § 92 Abs. 1 S. 1 SGB V 18
ist der G-BA ermächtigt, die Verordnungsfähigkeit von Arzneimitteln einzuschränken oder auszuschließen, wenn nach allgemein anerkanntem Stand der medizinischen Erkenntnisse der diagnostische oder therapeutische Nutzen, die medizinische Notwendigkeit oder die Wirtschaftlichkeit nicht nachgewiesen sind (§ 92 Abs. 1 S. 1 Hs. 3 SGB V), sowie wenn die Unzweckmäßigkeit erwiesen oder eine andere, wirtschaftlichere Behandlungsmöglichkeit mit vergleichbarem diagnostischen oder therapeutischen Nutzen verfügbar ist (§ 92 Abs. 1 S. 1 Hs. 4 SGB V).

aa) Nachweis der Unzweckmäßigkeit oder Unwirtschaftlichkeit durch den G-BA. 19
Bis zum Inkrafttreten des AMNOG war ein Verordnungsausschluss möglich, wenn nach allgemein anerkanntem Stand der medizinischen Erkenntnisse der diagnostische oder therapeutische Nutzen, die medizinische Notwendigkeit oder die Wirtschaftlichkeit nicht nachgewiesen waren sowie wenn insbesondere ein Arzneimittel unzweckmäßig oder eine andere, wirtschaftlichere Behandlungsmöglichkeit mit vergleichbarem diagnostischem oder therapeutischem Nutzen verfügbar war (§ 92 Abs. 1 S. 1 SGB V aF). Die mit dem **AMNOG** in § 92 Abs. 1 S. 1 Hs. 4 SGB V eingeführte **Beweislastumkehr bei Unzweckmäßigkeit** erschwert zukünftige Verordnungsausschlüsse- und Einschränkungen. Nicht wie bisher schon der mangelnde Nachweis der Notwendigkeit und Wirtschaftlichkeit, sondern erst der **Beweis der Unzweckmäßigkeit oder Unwirtschaftlichkeit durch den G-BA** erlauben es ihm, neue Verordnungsausschlüsse oder -einschränkungen zu regeln[130]. Der Nachweis der Unzweckmäßigkeit muss mit hoher Sicherheit erbracht werden. Für den Nachweis gelten die in § 35 Abs. 1b S. 4 und 5 SGB V genannten Anforderungen entsprechend[131]. Praktisch wird der Nachweis der Unzweckmäßigkeit damit nur schwer zu führen sein[132]. Jedoch wird der G-BA von dem durch das **AMNOG** eingeführten § 92 Abs. 2a SGB V ermächtigt, vom pharmazeutischen Unternehmer **versorgungsrelevante Studien** zur Bewertung der Zweckmäßigkeit eines Arzneimittels zu fordern. Kommt der pharmazeutische Unternehmer der Studienforderung nicht innerhalb einer angemessenen Frist nach, ist der G-BA nach § 92 Abs. 2a S. 4 berechtigt, das betreffende Arzneimittel von der Verordnungsfähigkeit mit Wirkung für die Zukunft auszuschließen. Bis zum Ablauf der rechtmäßig gesetzten Frist zur Vorlage der Studien bleibt es beim Fehlen eines generellen Verordnungsausschlusses[133]. Bei der Studienforderung hat sich der G-BA gem.

---
[128] Im Internet abrufbar unter www.g-ba.de.
[129] *Joussen* in KSW SGB V § 34 Rn. 6.
[130] *Hauck* GesR 2011, 69 (71); *Baierl/Kellermann*, Arzneimittelrecht, 1. Aufl. 2011, S. 270.
[131] BT-Drucks. 17/3698, S. 75; *Wille* WzS 2011, 35 (37).
[132] *Wille* WzS 2011, 35 (37).
[133] *Hauck* GesR 2011, 69 (71).

§ 92 Abs. 2a S. 1 SGB V mit der Arzneimittelkommission der deutschen Ärzteschaft und dem Bundesinstitut für Arzneimittel und Medizinprodukte oder dem Paul-Ehrlich-Institut ins Benehmen zu setzen. Den in § 92 Abs. 3a SGB V genannten Sachverständigen und Verbänden ist Gelegenheit zur Stellungnahme zu geben. Konkrete Anforderungen an die entsprechenden Studien kann der G-BA gem. § 92 Abs. 2a S. 3 SGB V in seiner Verfahrensordnung regeln. Eine gesonderte Klage gegen die Studienforderung ist gem. § 92 Abs. 2a S. 5 SGB V ausgeschlossen.

20 bb) **Kein Widerspruch zu den Beurteilungen der Zulassungsbehörde.** Gem. § 92 Abs. 2 S. 12 SGB V dürfen Verordnungseinschränkungen oder -ausschlüsse eines Arzneimittels wegen Unzweckmäßigkeit nach § 92 Abs. 1 S. 1 SGB V nicht den Feststellungen der Zulassungsbehörde über Qualität, Wirksamkeit und Unbedenklichkeit eines Arzneimittels widersprechen. Nach der Gesetzesbegründung[134] und der Rechtsprechung des Bundessozialgerichts[135] soll der **Verordnungsausschluss eines Arzneimittels wegen fehlenden Nutzennachweises ausgeschlossen** sein, da bereits iRd arzneimittelrechtlichen Zulassung die Zulassungsbehörde die Qualität, Wirksamkeit und Unbedenklichkeit geprüft habe. Der G-BA darf die Kriterien der Qualität, Wirksamkeit und medizinischen Unbedenklichkeit des Wirkstoffs unter dem Aspekt des medizinischen Nutzens nicht abweichend von der Beurteilung der für die Zulassung nach dem AMG zuständigen Behörde bewerten. Neben der zu beweisenden Unzweckmäßigkeit verbleibt dem G-BA jedoch die **Möglichkeit, den Zusatznutzen gegenüber Therapiealternativen zu bewerten,** da dieser Aspekt bei der arzneimittelrechtlichen Zulassung gerade nicht geprüft wird. Sofern sich ein Zusatznutzen des Arzneimittels nicht nachweisen lässt, es jedoch höhere Kosten verursacht, kann der G-BA **im Hinblick auf die Kosten die Verordnungsfähigkeit einschränken oder ausschließen**[136].

21 cc) **Vorrang von Festbetrags- oder Erstattungsbetragsregelungen.** Gemäß § 92 Abs. 2 S. 11 SGB V sind **Verordnungseinschränkungen oder -ausschlüsse als ultima ratio** nur dann zulässig, wenn die Wirtschaftlichkeit nicht durch einen Festbetrag nach § 35 SGB V oder durch einen Erstattungsbetrag nach § 130b SGB V hergestellt werden kann. Voraussetzung für Verordnungseinschränkungen oder -ausschlüsse durch Richtlinien nach § 92 Abs. 1 SGB V ist, dass es an der konkreten Möglichkeit fehlt, die Wirtschaftlichkeit der Arzneimittelversorgung durch einen Fest- oder Erstattungsbetrag herzustellen. Damit begründet das SGB V mit der durch das **AMNOG** eingeführten Neuregelung einen **Vorrang von Festbetrags- oder Erstattungsbetragsregelungen** gegenüber Verordnungseinschränkungen- oder -ausschlüssen durch Richtlinien nach § 92 Abs. 1 SGB V[137].

22 dd) **Formale Abgrenzung von Therapiehinweisen in den Arzneimittel-Richtlinien.** Gemäß § 92 Abs. 2 S. 10 SGB V hat der G-BA Verordnungseinschränkungen oder -ausschlüsse für Arzneimittel gesondert in Richtlinien **außerhalb von Therapiehinweisen** zu beschließen. Aus dieser im Zuge des **AMNOG** eingeführten Neuregelung erwächst die Notwendigkeit einer formalen Abgrenzung von zu erlassenden Therapiehinweisen einerseits und Verordnungseinschränkungen oder -ausschlüssen andererseits in Arzneimittel-Richtlinien des G-BA nach § 92 Abs. 1 S. 2 Nr. 6 SGB V[138].

23 c) **Therapiehinweise.** Nach § 92 Abs. 2 SGB V ist der G-BA zur Erstellung von Therapiehinweisen ermächtigt, um dem Vertragsarzt eine **wirtschaftliche und zweckmäßige**

---

[134] BT-Drs. 17/3698, S. 75.
[135] BSG SozR 4–2500 § 92 Nr. 5 Rn. 71.
[136] BT-Drucks. 17/3698, S. 75; *Ihle* in NK-MedR SGB V § 92 Rn. 4; *Baierl/Kellermann*, Arzneimittelrecht, 1. Aufl. 2011, S. 271; *Wille* WzS 2011, 35 (37).
[137] *Hauck* GesR 2011, 69 (71).
[138] *Hauck* GesR 2011, 69 (71).

Auswahl von Arzneimitteln innerhalb eines Indikationsgebietes zu ermöglichen. Durch sie soll das **Wirtschaftlichkeitsgebot** beim Einsatz meist neuer und hochpreisiger Arzneimittel in der ambulanten Versorgung konkretisiert werden. Inhaltlich informieren Therapiehinweise über Indikation, Wirkungen, Wirksamkeit sowie Risiken neuer Arzneimittel[139]. Bei der Erstellung hat der G-BA gem. § 92 Abs. 2 S. 1 SGB V die Bewertungen nach den §§ 35a und b SGB V zu berücksichtigen. Durch das **AMNOG** hat der G-BA in § 92 Abs. 2 S. 6 SGB V die Möglichkeit erhalten, in Therapiehinweisen nicht nur die Anforderungen an eine qualitätsgesicherte Anwendung von Arzneimitteln festzustellen, sondern auch die Qualifikation der Ärzte zu bestimmen, die diese Arzneimittel verordnen. Ferner kann der G-BA Patientengruppen benennen und quantifizieren, für die das Arzneimittel im Vergleich zur zweckmäßigen Vergleichstherapie besonders geeignet und wirtschaftlich ist. Nach § 92 Abs. 2 S. 8 SGB V können Therapiehinweise Empfehlungen zu den Anteilen einzelner Wirkstoffe an den Verordnungen im Indikationsgebiet vorsehen. Therapiehinweise stehen außerhalb der Regelungen über die Erstattungsfähigkeit von Arzneimitteln. Nach § 92 Abs. 2 S. 7 SGB V sind sie innerhalb und außerhalb von Zusammenstellungen von Arzneimitteln möglich[140]. Gegenüber Verordnungseinschränkungen oder -ausschlüssen von Arzneimitteln sind Therapiehinweise das mildere Mittel, weil sie den Arzt nicht unmittelbar binden, sondern lediglich **empfehlende Hinweise für eine therapie- und kostengerechte Auswahl an Arzneimitteln** ermöglichen sollen[141].

d) Verfahren. Die Auswahl des einzelnen Steuerungsinstruments unterliegt dem **Verhältnismäßigkeitsprinzip**[142]. Lässt sich im konkreten Einzelfall die Wirtschaftlichkeit der Arzneimittelverordnung durch Festsetzung eines Fest- oder Erstattungsbetrages erreichen, geht diese Möglichkeit einer Verordnungseinschränkung oder einem Verordnungsausschluss vor[143]. Lässt sich nicht nachweisen, dass ein Arzneimittel einen Zusatznutzen hat, es jedoch höhere Kosten verursacht, kann der G-BA die Verordnungsfähigkeit einschränken oder ausschließen. Das gilt auch, wenn der G-BA nachweisen kann, dass ein Arzneimittel unzweckmäßig ist[144]. Gegenüber Verordnungseinschränkungen oder -ausschlüssen sind Therapiehinweise das mildere Mittel[145]. Therapiehinweise sind zwar möglich, wenn Fest- oder Erstattungsbeträge vereinbart oder festgesetzt sind, nicht jedoch bei einem rechtmäßigen Verordnungsausschluss für das Arzneimittel[146].

24

e) Rechtsschutz. Rechtsschutz gegen die **Arzneimittel-Richtlinien** des G-BA ist wegen ihrer Qualität als **untergesetzliche Rechtsnormen**[147] regelmäßig nur als **Inzidentkontrolle** bei Klagen gegen entsprechende Entscheidungen auf der Grundlage der Arzneimittel-Richtlinien gegeben[148]. Eine Ausnahme besteht nach § 92 Abs. 3 S. 1 SGB V für Klagen gegen die **Zusammenstellung der Arzneimittel** nach § 92 Abs. 2 SGB V. Hier wird die Möglichkeit der **Anfechtungsklage** eröffnet, die allerdings keine aufschiebende Wirkung hat. Ein Suspensiveffekt kann nur durch einstweiligen Rechtsschutz erreicht werden. Gegen die in den Richtlinien enthaltenen **Therapiehinweise** ist die **Feststellungs-**

25

---

[139] *Baierl/Kellermann*, Arzneimittelrecht, 1. Aufl. 2011, S. 274.
[140] *Hauck* GesR 2011, 69 (72).
[141] *Barth* in Spickhoff SGB V § 92 Rn. 12.
[142] *Barth* in Spickhoff SGB V § 92 Rn. 12; *Baierl/Kellermann*, Arzneimittelrecht, 1. Aufl. 2011 S. 276.
[143] *Hauck* GesR 2011, 69 (76); *Baierl/Kellermann*, Arzneimittelrecht, 1. Aufl. 2011 S. 276.
[144] *Baierl/Kellermann*, Arzneimittelrecht, 1. Aufl. 2011, S. 272; BT-Drucks. 17/3698, S. 75.
[145] *Barth* in Spickhoff SGB V § 92 Rn. 12.
[146] *Hauck* GesR 2011, 69 (76).
[147] BSGE 78, 70, 78 ff.; 81, 73, 84; 82, 41, 46 ff.; 81, 240, 242; 96, 261, 265.
[148] *Schmidt/De Caluwe* in Becker/Kingreen SGB V § 92 Rn. 18; *Barth* in Spickhoff SGB V § 92 Rn. 6.

klage nach § 55 Abs. 1 Nr. 1 SGG statthafte Klageart[149]. Begehrt der Kläger nicht nur die Feststellung der ihn beeinträchtigenden Regelung, sondern auch eine **positive Änderung einer Richtlinie,** kann eine **Leistungsklage** nach § 54 Abs. 5 SGG als Normerlassklage statthaft sein[150].

II. Erstattung von Medizinprodukten

1. Einordnung von Medizinprodukten in die Leistungskategorien des SGB V

26 Medizinprodukte sind nach der Legaldefinition des § 3 Nr. 1 MPG Instrumente, Apparate, Vorrichtungen, Software, Stoffe, und Zubereitungen aus Stoffen oder andere Gegenstände, die vom Hersteller zur Anwendung für Menschen mittels ihrer Funktion zum Zwecke a) der Erkennung, Verhütung, Überwachung, Behandlung oder Linderung von Krankheiten, b) der Erkennung, Überwachung, Behandlung, Linderung oder Kompensierung von Verletzungen oder Behinderungen, c) der Untersuchung, der Ersetzung oder der Veränderung des anatomischen Aufbaus oder eines physiologischen Vorgangs oder d) der Empfängnisregelung zu dienen bestimmt sind. Die Qualifizierung als Medizinprodukt idS sagt jedoch noch nichts darüber aus, ob die GKV erstattungspflichtig ist. Das Leistungsrecht der GKV wird letztlich durch die Frage bestimmt, ob und in welchem Umfang der Versicherte Leistungen in Anspruch nehmen kann. Medizinprodukte iSd MPG können nur dann eine Leistung der GKV sein, wenn sie einer der Leistungskategorien iSd § 27 Abs. 1 S. 2 SGB V unterfallen. Allerdings sieht das SGB V Medizinprodukte **nicht als eigenständige Leistungsart** vor. Insofern sind Medizinprodukte den vom SGB V verwandten Erstattungskategorien zuzuordnen. In der GKV werden die Kosten für Medizinprodukte vor allem als Teil der **Hilfsmittelversorgung** und als Teil der **Arzneimittelversorgung** übernommen. Darüber hinaus können Medizinprodukte im Bereich der **ärztlichen Behandlung** sowie im Rahmen des **Sprechstundenbedarfs** verordnungsfähig sein[151].

2. Erstattung von Medizinprodukten als Hilfsmittel

27 a) **Medizinprodukte als Hilfsmittel im SGB V.** Die mit über 50.000 Produkten zahlenmäßig bei weitem größte Gruppe der erstattungspflichtigen Medizinprodukte sind **Hilfsmittel**[152]. Die maßgeblichen **Rechtsgrundlagen** für die Hilfsmittelversorgung in der GKV sind im **SGB V** sowie im **Hilfsmittelverzeichnis** (§ 139 SGB V) und in den **Hilfsmittel-Richtlinien des G-BA** (§ 92 Abs. 1 S. 2 Nr. 6 SGB V, Anhang I) enthalten. Gemäß § 92 Abs. 1 Nr. 6 SGB V beschließt der G-BA in Richtlinien die Voraussetzungen und den Umfang der Hilfsmittelversorgung. Hilfsmittel sind nur dann zu Lasten der GKV erstattungsfähig, wenn sie von der Leistungspflicht nach § 33 SGB V erfasst und in das Hilfsmittelverzeichnis gem. § 139 SGB V aufgenommen sind[153].

28 b) **Erstattungsfähigkeit von Hilfsmitteln. aa) Versorgungsanspruch nach § 33 Abs. 1 SGB V.** Nach § 33 Abs. 1 S. 1 SGB V haben Versicherte Anspruch auf Versorgung mit **Hörhilfen, Körperersatzstücken, orthopädischen und andere Hilfsmitteln,** die im

---

[149] BSGE 96, 261, 263.
[150] BSGE 67, 251, 252; 86, 223, 224 f.
[151] *Schorn*, MedizinprodukteR, Bd. 1, B 19.1; *Burgardt/Clausen/Wigge* in Anhalt/Dieners MedprodukteR § 23 Rn. 138.
[152] *Wabnitz* in Spickhoff SGB V § 139 Rn. 13; *Ihle* in NK-MedR SGB V § 139 Rn. 6, *Burgardt/Clausen/Wigge* in Anhalt/Dieners MedprodukteR § 23 Rn. 137.
[153] *Ratzel* in Ratzel/Luxenburger, HdB MedR, § 32 Rn. 120; *Schorn*, MedprodukteR, Bd. 1, B 19.1.2.

§ 11 Preisfestsetzung und Erstattung

Einzelfall **erforderlich** sind, um den **Erfolg der Krankenbehandlung zu sichern,** einer drohenden **Behinderung vorzubeugen** oder eine **Behinderung auszugleichen,** soweit die Hilfsmittel nicht als Gebrauchsgegenstände des täglichen Lebens anzusehen oder nach der aufgrund von § 34 Abs. 4 SGB V erlassenen Rechtsverordnung ausgeschlossen sind. Der Anspruch umfasst nach § 33 Abs. 1 S. 4 SGB V auch die notwendige Änderung, Instandsetzung und Ersatzbeschaffung von Hilfsmitteln, die Ausbildung in ihrem Gebrauch und, soweit zum Schutz der Versicherten vor unvertretbaren gesundheitlichen Risiken erforderlich, die nach dem Stand der Technik zur Erhaltung der Funktionsfähigkeit und der technischen Sicherheit notwendigen Wartungen und technischen Kontrollen.

bb) **Begriff des Hilfsmittels.** Der Begriff Hilfsmittel ist im SGB V nicht legaldefiniert. Hierbei handelt es sich um **sachliche medizinische Mittel, die durch ersetzende, unterstützende oder entlastende Wirkung den Erfolg der Krankenbehandlung sichern, eine Behinderung ausgleichen oder ihr vorbeugen**[154]. Nach der Rechtsprechung des Bundessozialgerichts können Hilfsmittel zu dem nur **bewegliche Sachen** sein, die vom Versicherten getragen oder mitgeführt werden können[155]. Hilfsmittel iSv § 33 SGB V sind zB Rollstühle, Prothesen und Orthesen, Sehhilfen, Hilfen für den hygienischen Bereich, Magnetfeldtherapie, Gehschienen, Inkontinenzartikel[156]. **Keine Hilfsmittel iSd § 33 SGB V** sind Produkte der Krankenhaus- oder Praxisausstattung, in vertragsärztlichen Praxen oder stationären Einrichtungen eingesetzte technische Produkte oder Verbandmittel iSv § 31 SGB V[157]. Abzugrenzen sind Hilfsmittel zudem von **Heilmitteln** iSd § 32 SGB V, bei denen es sich anders als bei Hilfsmitteln nicht um sächliche medizinische Mittel, sondern um ärztlich verordnete Dienstleistungen handelt[158].

cc) **Anspruchsvoraussetzungen. Hilfsmittel zur Sicherung des Erfolgs der Krankenbehandlung** iSv § 33 Abs. 1 S. 1 Alt. 1 SGB V sind solche Gegenstände, die spezifisch im Rahmen einer ärztlich verantworteten Krankenbehandlung eingesetzt werden, nicht aber solche, die eine ärztliche Behandlung überhaupt erst ermöglichen[159]. Von wesentlicher Bedeutung ist die Funktion eines Hilfsmittels, einer drohenden **Behinderung vorzubeugen** oder eine **Behinderung auszugleichen.** Eine **Behinderung** ist gem. § 2 Abs. 2 S. 1 SGB IX eine Abweichung von der für das Lebensalter typischen Funktion, geistigen Fähigkeit oder seelischen Gesundheit, die mit hoher Wahrscheinlichkeit länger als sechs Monate andauert und daher die Teilhabe am Leben in der Gesellschaft beeinträchtigt. Eine **Behinderung droht,** wenn ohne ärztliche Behandlungsmaßnahmen aus einem bestimmten Krankheitsbild bei natürlichem Verlauf in absehbarere Zeit mit einiger Wahrscheinlichkeit ein Dauerzustand in Form einer sonst nicht mehr behebbaren Funktionseinschränkung erwachsen kann[160]. Der Anspruch auf Versorgung mit Hilfsmitteln zum **Behinderungsausgleich** umfasst alle Hilfsmittel, die dem Ausgleich der **Behinderung als solcher** dienen, in dem durch sie die ausgefallene oder beeinträchtigte Funktion wieder ersetzt wird (unmittelbarer Behinderungsausgleich[161]). Darüber hinaus werden alle Hilfsmittel erfasst, die die **Folgen der Behinderung** ausgleichen, in dem sie die Wirkungen der Behinderung

---

[154] *Butzer* in Becker/Kingreen SGB V § 33 Rn. 4; *Wabnitz* in Spickhoff SGB V § 33 Rn. 2; BSG NZS 2001, 533.
[155] BSG SozR 3–2500 § 33 Nr. 30; *Knispel* in BeckOK SGB V § 33 Rn. 4.
[156] *Wabnitz* in Spickhoff SGB V § 33 Rn. 2.
[157] *Schorn,* MedprodukteR Bd 1 B 19.1.1.
[158] *Butzer* in Becker/Kingreen SGB V § 33 Rn. 4; *Joussen* in KSW SGB V § 33 Rn. 4.
[159] *Wabnitz* in Spickhoff SGB V § 33 Rn. 7; *Joussen* in KSW SGB V § 33 SGB V Rn. 5. Typische Beispiele sind orthopädische Stütz- und Halteapparate, *Knispel* in BeckOK SGB V § 33 Rn. 8.
[160] BSG GesR 2009, 640.
[161] Etwa Brillen, Hörgeräte, Prothesen, BSG SozR 3–2500 § 33 Nr. 7 S. 28; *Knispel* in BeckOK SGB V § 33 Rn. 12; *Butzer* in Becker/Kingreen SGB V § 33 Rn. 15.

Kaufmann

im gesamten täglichen Leben beseitigen oder mildern und damit ein **Grundbedürfnis des täglichen Lebens betreffen** (mittelbarer Behinderungsausgleich[162]). Hierzu zählt das Bundessozialgericht in ständiger Rechtsprechung das Gehen, Stehen, Greifen, Sehen, Hören, Nahrung aufnehmen oder Ausscheiden, Körperpflege, Erschließen eines gewissen körperlichen und geistigen Freiraums[163]. **Nicht ausgeglichen** werden können dagegen die Folgen und Auswirkungen der Behinderung, die in **über die Grundbedürfnisse hinausgehende** berufliche, gesellschaftliche oder private Bereiche hineinwirken. Bewirkt werden soll nur die Beseitigung der Funktionseinschränkung. Eine über die medizinische Rehabilitation hinausgehende berufliche oder soziale Rehabilitation ist dagegen Aufgabe andere Sozialleistungssysteme[164]. Im Rahmen des mittelbaren Behinderungsausgleichs kann der Versicherte den **Basisausgleich** der Behinderung selbst verlangen, nicht aber das vollständige Gleichziehen mit den unbegrenzten Möglichkeiten eines Gesunden[165]. **Erforderlich** ist ein Hilfsmittel, wenn sein Einsatz unter Berücksichtigung der individuellen Verhältnisse zur Erreichung des verfolgten Zwecks unentbehrlich oder unvermeidlich ist. Das ist immer dann gegeben, wenn das Hilfsmittel geeignet, notwendig und bei Vorliegen mehrerer Hilfsmittelvarianten auch wirtschaftlich ist, um entweder die Krankenbehandlung zu sichern, einer drohenden Behinderung vorzubeugen oder eine solche auszugleichen[166] Bei der Versorgung mit Hilfsmitteln ist darüber hinaus das **Wirtschaftlichkeitsgebot** zu beachten, wonach die Versorgung ausreichend, zweckmäßig und wirtschaftlich sein muss und das Maß des Notwendigen nicht übersteigen darf[167].

31   dd) Anspruchshinderungsgrund und Ausschluss. Kein Versorgungsanspruch besteht auf Hilfsmittel, die von der aufgrund § 34 Abs. 4 SGB V erlassenen Rechtsverordnung[168] wegen ihres **geringen oder umstrittenen therapeutischen Nutzens**[169] oder ihres **geringen Abgabepreises** von der Erstattung ausgeschlossen sind. Ein grundsätzlich als Hilfsmittel zu qualifizierender Gegenstand kann zudem von der Versorgung ausgeschlossen sein, wenn es sich um einen allgemeinen **Gebrauchsgegenstand des täglichen Lebens handelt.** Die GKV soll nur für gezielte Mittel einer Krankheitsbekämpfung sowie der Milderung der Krankheitsfolgen aufkommen und nicht für Mittel, die der Versicherte für seine tägliche Lebensführung benötigt[170]. Für die Unterscheidung zwischen Hilfsmittel und Gebrauchsgegenstand des täglichen Lebens ist auf die Zweckbestimmung des Gegenstandes aus Sicht der Hersteller und aus Sicht der Benutzer abzustellen. Keine Gebrauchsgegenstände des täglichen Lebens sind Geräte, die spezifisch für Bedürfnisse kranker oder behinderter Menschen entwickelt, hergestellt und ausschließlich oder überwiegend von diesen benutzt werden. Gebrauchsgegenstände des täglichen Lebens sind vielmehr solche Gegenstände, die üblicherweise in jedem Haushalt vorhanden sind und solche, die in erster

---

[162] BSG SozR 4–2500 § 33 Nr. 6 Rn. 12; *Butzer* in Becker/Kingreen SGB V § 33 Rn. 16.
[163] BSG SozR 3–2500 § 33 Nr. 31; BSG SozR 4–2500 § 33 Nr. 7.
[164] BSG SozR 3–2500 § 33 Nr. 22 S. 126; BSG SozR 4–2500 § 33 Nr. 11 Rn. 18; *Butzer* in Becker/Kingreen SGB V § 33 Rn. 17; *Knispel* in BeckOK SGB V § 33 Rn. 12; *Joussen* in KSW SGB V § 33 Rn. 7.
[165] *Wabnitz* in Spickhoff SGB V § 33 Rn. 9. Überblick über die in der Rechtsprechung anerkannten Hilfsmittel bei *Wagner* in Krauskopf SGB V § 33 Rn. 26 und *Höfler* in KassKomm SGB V § 33 Rn. 32 ff.
[166] BSG SozR 2200 § 182b Nr. 25; *Wabnitz* in Spickhoff SGB V § 33 Rn. 5; *Joussen* in KSW SGB V § 33 Rn. 8.
[167] BSG SozR 4–2500 § 33 Nr. 7.
[168] „Verordnung über Hilfsmittel von geringem therapeutischen Nutzen oder geringem Abgabepreis in der gesetzlichen Krankenversicherung" – KVHilfsmV vom 13.12.1989 (BGBl. I, 2237, geändert durch VO vom 17.1.1995, BGBl. I, 44).
[169] ZB Kompressionsstücke, Leibbinden, Applikationshilfen für Wärme und Kälte, Mundsperrer oder Rektophore gem. § 1 KVHilfsmV.
[170] *Höfler* in KassKomm SGB V § 33 Rn. 21.

Linie für Gesunde hergestellt und von diesen gekauft oder benutzt werden[171]. Soweit ein Gegenstand sowohl dem Behinderungsausgleich dient als auch im täglichen Leben gebraucht wird, verbleibt das Hilfsmittel in der Leistungspflicht der GKV, wenn die auf die Hilfsmittelfunktion entfallenden Kosten überwiegen[172].

ee) **Abgrenzung zu Ansprüchen gegen die soziale Pflegeversicherung.** Abzugrenzen ist der Hilfsmittelanspruch nach § 33 SGB V **im ambulanten Bereich (Häusliche Pflege)** von dem Anspruch auf Pflegehilfsmittel nach § 40 SGB XI. Nach § 40 SGB XI muss die soziale Pflegeversicherung solche Hilfsmittel gewähren, die zur Erleichterung der Pflege oder zur Linderung der Beschwerden des Pflegebedürftigen beitragen oder ihm eine selbständige Lebensführung ermöglichen. Die Leistungspflicht der **Pflegeversicherung ist subsidiär zu den Leistungen der GKV** (§ 40 Abs. 1 S. 1 SGB XI). In Grenzfällen, in denen Hilfsmittel zugleich medizinische Zwecke iSv § 33 SGB V erfüllen und gem. § 40 XI SGB V die Pflege erleichtern und damit sowohl eine Leistungspflicht der GKV als auch der Pflegeversicherung möglich ist, richtet sich die Abgrenzung nach dem Grundsatz der wesentlichen Bedingung[173]. Stehen Krankenbehandlung und Behinderungsausgleich im Vordergrund, besteht eine Leistungspflicht der Krankenkasse, dient das Mittel ausschließlich oder ganz überwiegend der Erleichterung der Pflege, ist die soziale Pflegeversicherung zuständig[174]. Im **stationären Bereich** ist der Anspruch nach § 33 SGB V von der Ausstattungs- und Vorhaltepflicht des Heimträgers abzugrenzen. Ist der Versicherte **vollstationär** in einer Pflegeeinrichtung nach § 71 Abs. 2 SGB XI untergebracht, hat er **unabhängig von seinem Wohn- und Aufenthaltsort** einen **Anspruch auf individuelle Versorgung mit Hilfsmitteln durch die GKV**. Jedoch endet der Anspruch des Versicherten auf individuelle Versorgung mit Hilfsmitteln gegenüber der Krankenkasse, wenn die Pflicht des Heimträgers gem. § 33 Abs. 1 S. 2 Hs. 2 SGB V auf Versorgung der Heimbewohnern mit Hilfsmitteln beginnt[175]. Die Abgrenzung zwischen der **Ausstattungs- und Vorhaltepflicht der Pflegeeinrichtung** und dem Leistungsanspruch nach § 33 Abs. 1 SGB V erfolgt einerseits anhand des sich aus den Leistungs- und Qualitätsvereinbarungen nach § 80a SGB XI ergebenden Versorgungsauftrags des Heimträgers, andererseits danach, ob noch eine Krankenbehandlung und ein Behinderungsausgleich im Sinne einer medizinischen Rehabilitation stattfindet oder aber ganz überwiegend die Pflege im Vordergrund steht[176].

ff) **Anspruch auf Versorgung mit Sehhilfen.** Vom Leistungsumfang umfasst ist nach § 33 Abs. 2 und 3 SGB V auch die **Versorgung mit Sehhilfen**. Als Sehhilfen kommen Brillengläser, Kontaktlinsen und andere vergrößernde Sehhilfen wie Lupen oder elektronisch vergrößernde Sehhilfen in Betracht[177]. Für Versicherte bis zur Vollendung des 18. Lebensjahres genügt nach § 33 Abs. 2 S. 1 SGB V, dass sie die allgemeinen Anspruchsvoraussetzungen für die allgemeine Hilfsmittelversorgung nach § 33 Abs. 1 SGB V erfül-

32

33

---

[171] BSG SozR 3–2500 § 33 Nr. 33; BSG SozR 3–2500 § 33 Nr. 42; *Wabnitz* in Spickhoff SGB V Rn. 11; *Knispel* in BeckOK SGB V § 33 Rn. 27. Als Gebrauchsgegenstände des täglichen Lebens sind bspw. folgende Hilfsmittel von der Leistungspflicht ausgeschlossen: ein normaler Autokindersitz, ein elektronisch verstellbarer Sessel oder ein Standardtelefon, BSG SozR 3–2200 § 182b Nr. 6; BSG SozR 3–2500, § 33 Nr. 5. Keine Gebrauchsgegenstände sind hingegen ein Fahrrad-Ergometer, das zur körperlichen Belastung verwendet wird, ein behindertengerecht gestaltetes Kinder- oder Krankenbett BSG SozR 2200 § 182 RVO Nr. 86; BSG SozR 3–2500, § 33 Nr. 13 S. 52.
[172] BSG SozR 3–2500 § 33 Nr. 15; *Knispel* in BeckOK SGB V § 33 Rn. 12; *Wagner* in Krauskopf SGB V § 33 Rn. 15.
[173] *Wabnitz* in Spickhoff SGB V § 33 Rn. 17; *Butzer* in Becker/Kingreen SGB V § 33 Rn. 38.
[174] *Wabnitz* in Spickhoff SGB V § 33 Rn. 17; *Butzer* in Becker/Kingreen SGB V § 33 Rn. 38.
[175] *Leitherer* in KassKomm SGB XI § 40 Rn. 14a.
[176] BSG SozR, 3–2500 § 33 Nr. 47; *Butzer* in Becker/Kingreen SGB V § 33 Rn. 39; *Wabnitz* in Spickhoff SGB V § 33 Rn. 18; *Knispel* in BeckOK SGB V § 33 Rn. 6.
[177] *Knispel*, BeckOK SGB V § 33 Rn. 37.

len. Für Versicherte nach Vollendung des 18. Lebensjahres besteht gem. § 33 Abs. 2 S. 2 SGB V der Anspruch nur dann, wenn die Sehbeeinträchtigung mindestens die Stufe 1 der von der WHO empfohlenen Klassifikation erreicht. Der Anspruch auf Versorgung mit **Kontaktlinsen** nach § 33 Abs. 3 SGB V setzt voraus, dass ein Anspruch auf Versorgung mit Sehhilfen besteht und die Versorgung medizinisch zwingend erforderlich ist. Von der Leistungspflicht nicht erfasst sind gem. § 33 Abs. 2 S. 4 SGB V Brillengestelle. Dieser Leistungsausschluss gilt uneingeschränkt für alle Arten von Brillengestellen

34   c) **Hilfsmittelverzeichnis nach § 139 SGB V.** Das vom Spitzenverband Bund der Krankenkassen gem. § 139 Abs. 1 SGB V zu erstellende Hilfsmittelverzeichnis enthält **alle Hilfsmittel, die von der Leistungspflicht der GKV umfasst sind**[178]. Der Spitzenverband Bund der Krankenkassen kann, soweit dies zur Gewährleistung einer ausreichenden, zweckmäßigen und wirtschaftlichen Versorgung erforderlich ist, Qualitätsstandards für Hilfsmittel entwickeln, die ebenfalls im Hilfsmittelverzeichnis veröffentlicht werden (§ 139 Abs. 2 SGB V). Gemäß § 139 Abs. 8 SGB V hat der Spitzenverband Bund der Krankenkassen das Hilfsmittelverzeichnis regelmäßig fortzuschreiben. Die Fortschreibung umfasst die Aufnahme neuer und die Streichung bereits gelisteter Produkte, deren Aufnahme zurückgenommen oder widerrufen wurde. Umfasst sind auch die Änderungen und Weiterentwicklung der Systematik und der Qualitätsanforderungen.

35   Die Aufnahme eines Hilfsmittel in das Hilfsmittelverzeichnis erfolgt nach § 139 Abs. 3 SGB V auf **Antrag des Herstellers.** Über die Aufnahme entscheidet der Spitzenverband Bund der Krankenkassen durch Verwaltungsakt iSd § 31 SGB X. Der Hersteller eines Hilfsmittels hat, wenn er dessen **Funktionstauglichkeit, Sicherheit, die Erfüllung der Qualitätsanforderungen nach § 139 Abs. 2 SGB V und, soweit erforderlich, den medizinischen Nutzen** nachweist, einen gebunden **Anspruch auf Aufnahme** in das Hilfsmittelverzeichnis (§ 139 Abs. 4 SGB V). Die meisten Hilfsmittel unterfallen der Begriffsbestimmung des § 3 MPG, so dass sie gem. § 6 MPG nur dann verkehrsfähig sind, wenn in einem Konformitätsbewertungsverfahren ihre Übereinstimmung mit den grundlegenden Anforderungen an ihre Sicherheit und Zuverlässigkeit geprüft wurde[179]. Soweit danach das CE-Kennzeichen erteilt worden ist, gilt für Medizinprodukte iSd § 3 MPG der **Nachweis der Funktionstauglichkeit und Sicherheit durch die CE-Kennzeichnung** grundsätzlich als erbracht (§ 139 Abs. 5 S. 1 SGB V) Die Überprüfung durch die Spitzenverbände der Krankenkassen beschränkt sich auf die formale Rechtmäßigkeit der CE-Kennzeichnung. Nur aus begründetem Anlass sowie zur Durchführung von Stichproben nach erfolgter Aufnahme ins Hilfsmittelverzeichnis dürfen sie zusätzliche Prüfungen vornehmen und hierfür erforderliche Nachweise verlangen (§ 139 Abs. 5 S. 3 und 4 SGB V). Die Aufnahme eines Hilfsmittels in das Verzeichnis ist immer dann ausgeschlossen, wenn es sich um eine **neues Hilfsmittel** handelt, das einzig im Rahmen einer iSv § 135 Abs. 1 S. 1 SGB V neuen, vom G-BA nicht oder noch nicht anerkannten Behandlungsmethode eingesetzt wird. Erst nach positiver Entscheidung des G-BA über die neue Behandlungsmethode besteht ein Aufnahmeanspruch des Herstellers, wenn er auch die übrigen Voraussetzungen gem. § 139 Abs. 4 SGB V nachweist[180]. Gegen den Bescheid über die Ablehnung der Aufnahme des Hilfsmittels in das Hilfsmittelverzeichnis ist nach Durchführung eines Widerspruchverfahrens gem. § 78 SGG die **kombinierte Anfechtungs- und Verpflichtungsklage** nach § 54 Abs. 4 SGG statthaft.

---

[178] http://www.gkv-spitzenverband.de/AktuellesHilfsmittelverzeichnis.gkvnet. Derzeit listet das Hilfsmittelverzeichnis etwa 23.000 Hilfsmittel in 33 Produktgruppen sowie sechs Gruppen von Pflegehilfsmitteln.
[179] *Ihle* in NK-MedR SGB V § 139 Rn. 6; *Knispel* in BeckOK SGB V § 33 Rn. 3.
[180] BSG SozR 4–2500 § 139 Nr. 4 u. 16; *Wabnitz* in Spickhoff SGB V § 139 Rn. 9; *Hess* in Kass-Komm SGB V § 139 Rn. 8; *Ihle* in NK-MedR SGB V § 139 Rn. 6.

Die Nichtaufnahme in das Hilfsmittelverzeichnis steht einem Leistungsanspruch auf Versorgung mit Hilfsmitteln nach § 33 SGB V jedoch nicht entgegen. Das Hilfsmittelverzeichnis versteht sich insofern nicht als Positivliste, sondern ist eine **unverbindliche Auslegungs- und Orientierungshilfe**[181]. Dem Versicherten steht unabhängig von der Listung eines Hilfsmittels im Hilfsmittelverzeichnis ein Anspruch auf Versorgung zu, wenn die Voraussetzungen gem. § 33 SGB V erfüllt sind. Allerdings konkretisiert das Hilfsmittelverzeichnis die Leistungspflicht insofern, als alle dort gelisteten Hilfsmittel von der Leistungspflicht umfasst sind. Damit steht gegenüber dem Versicherten die Verordnungsfähigkeit generell fest, so dass er nur noch die Voraussetzungen des § 33 SGB V und die zur Konkretisierung des Anspruchs ergangenen Hilfsmittelrichtlinien des GBA beachten muss[182]. 36

Zu unterscheiden ist das Hilfsmittelverzeichnis von den **Hilfsmittel-Richtlinien des G-BA**[183] nach § 92 Abs. 1 Nr. 6 SGB V, die die Verordnung von Hilfsmitteln durch Vertragsärzte regeln. Im Unterschied zum Hilfsmittelverzeichnis, das durch die Strukturierung des Hilfsmittelmarktes und der Vorgabe von Qualitätsstandards die Erhöhung der Transparenz des Hilfsmittelangebots bezweckt, zielen die Hilfsmittel-Richtlinien auf ein angemessenes Verordnungsverhalten des Arztes[184]. Die enthaltenen Regelungen sind verbindlich für Versicherte, Vertragsärzte, Krankenkassen und Leistungserbringer und beinhalten neben allgemeinen Verordnungsgrundsätzen spezifische Regelungen zu Seh- und Hörhilfen. 37

3. Erstattung arzneimittelähnlicher Medizinprodukte

Zu unterscheiden ist die Erstattung von Medizinprodukten als Hilfsmittel iSd § 33 SGB V von der Erstattung sogenannter **arzneimittelähnlicher Medizinprodukte** nach § 31 Abs. 1 S. 2 und 3 SGB V[185]. Medizinprodukte nach § 3 MPG sind dadurch gekennzeichnet, dass sie ihren Zweck vorwiegend auf physikalischem Weg erreichen, während Arzneimittel auf pharmakologischen Weg wirken. Medizinprodukte sind grundsätzlich keine Arzneimittel. Jedoch hat der Gesetzgeber mangels Vorhandensein einer eigenen Erstattungskategorie für Medizinprodukte in § 31 Abs. 1 S. 2 und 3 SGB V **Stoffe oder Zubereitungen aus Stoffen, die als Medizinprodukte nach § 3 Nr. 1 oder 2 MPG zur Anwendung am oder im menschlichen Körper bestimmt sind,** in die Arzneimittelversorgung mit einbezogen, sofern der G-BA diese in der Arzneimittel-Richtlinie nach § 92 Abs. 1 S. 2 Nr. 6 SGB V bestimmt hat[186]. Die Erstattungspflicht ergibt sich damit nicht unmittelbar aus § 31 Abs. 1 SGB V, sondern durch die **Aufnahme des arzneimittelähnlichen Medizinproduktes in die Arzneimittel-Richtlinie.** Der G-BA hat gem. § 31 Abs. 1 S. 2 SGB V in einer Positivliste festzulegen, in welchen medizinisch notwendigen Fällen Medizinprodukte in die Arzneimittelversorgung einbezogen werden und damit wie Arzneimittel zu Lasten der GKV verordnet werden. Maßgebliches Kriterium für die Aufnahme in die Liste ist die **medizinische Notwendigkeit der Verordnung.** In der Anlage V zum Abschnitt J der Arzneimittel-Richtlinie hat der G-BA festgelegt, wann ein Medizinprodukt iSv § 31 Abs. 1 S. 2 SGB V medizinisch notwendig ist[187]. Die Anlage V enthält 38

---

[181] BSG SozR 3–2500 § 33 Nr. 28; *Pannenbecker* in Terbille, Münchener AnwaltsHdB MedR, § 9 Rn. 344; *Joussen* in KSW SGB V § 33 Rn. 13; *Butzer* in Becker/Kingreen SGB V § 33 Rn. 32.
[182] *Wabnitz* in Spickhoff SGB V § 33 Rn. 5.
[183] Richtlinie des G-BA über die Verordnung von Hilfsmitteln in der vertragsärztlichen Versorgung in der Neufassung vom 16.10.2008, BAnz. 2009 S. 462, in Kraft getreten am 7.2.2009.
[184] *Schorn*, MedprodukteR Bd. 1 B 19.1.2.
[185] *Pannenbecker* in Terbille Münchener AnwaltsHdB MedR § 9 Rn. 340; *Ratzel* in Ratzel/Luxenburger, HdB MedR, § 32 Rn. 122; *Lücker* NZS 2007, 401 (401).
[186] *Axer* in Becker/Kingreen SGB V § 31 Rn. 11.
[187] ZB Mittel auf Dirneticonbasis zur Behandlung von Kopfläusen, macrogolhaltige Medizinprodukte zur Behandlung chronischer Verstopfung, Viscoelastatica u. intraokuläre Spüllösungen für Augenoperationen, Mittel zur Vorbereitung einer Darmreinigung und Durchführung einer Darmspiegelung.

5. Teil. Arzneimittel und Medizinprodukte in der ges. und priv. Krankenkasse

damit eine abschließende Übersicht der verordnungsfähigen arzneimittelähnlichen Medizinprodukte. § 31 Abs. 1 S. 2 iVm § 34 Abs. 6 SGB V ermöglicht dem Hersteller eines Medizinproduktes, beim G-BA einen **Antrag auf Aufnahme eines Medizinproduktes in die Arzneimittel- Richtlinie** zustellen. **Von der Erstattung ausgeschlossen** sind gem. § 31 Abs. 1 S. 2 iVm § 34 Abs. 1 S. 7 und 8 SGB V arzneimittelähnliche Medizinprodukte, die primär der Erhöhung der Lebensqualität dienen. Sowohl nichtverschreibungspflichtige wie verschreibungspflichtige Bagatell-Medizinprodukte sind gem. § 31 Abs. 3 iVm § 34 Abs. 1 S. 6 SGB V ebenfalls von der Erstattung ausgeschlossen.

4. Erstattung von Medizinprodukten im Rahmen der ärztlichen Behandlung

39   Zudem können Medizinprodukte iRd ärztlichen und zahnärztlichen Behandlung nach § 27 Abs. 1 S. 2 Nr. 1 und 2 SGB V zu Lasten der GKV erstattungsfähig sein. Gemäß § 73 Abs. 2 Nr. 1 und 2 SGB V ist die ärztliche Behandlung Teil der vertragsärztlichen Versorgung nach den §§ 72 ff. SGB V. Die iRd vertragsärztlichen Versorgung erstattungsfähigen Leistungen ergeben sich aus dem **Einheitlichen Bewertungsmaßstab** (EBM) nach § 87 SGB V und der Anerkennung neuer Untersuchungs- und Behandlungsmethoden durch den G-BA nach §§ 92 Abs. 1 S. 2 Nr. 5, 135 Abs. 1 SGB V. Der Einheitliche Bewertungsmaßstab wird gem. § 87 Abs. 1 S. 1 SGB V zwischen der Kassenärztlichen Bundesvereinigung und dem Spitzenverband Bund der Krankenkassen als Bestandteil der Bundesmantelverträge nach § 82 Abs. 1 SGB V vereinbart. Er bestimmt den Inhalt der abrechnungsfähigen Leistungen und ihr wertmäßiges, in Punkten ausgedrücktes Verhältnis zueinander (§ 87 Abs. 2 S. 1 Hs. 1 SGB V[188]). Neben seinen Vergütungsregelungen steuert der Einheitliche Bewertungsmaßstab grundlegend das Spektrum erbringbarer und abrechenbarer Leistungen und der Mengenentwicklung auch gegenüber den Versicherten[189]. Dieser Katalog der abrechnungsfähigen Leistungen ist abschließend[190]. Leistungen, die dort nicht gelistet sind, können grds. nicht zu Lasten der GKV abgerechnet werden. Für die Abrechnung von Medizinprodukten gelten die „**Allgemeinen Bestimmungen**"[191]. Diese legen unter „Allgemeine Bestimmungen I 7.3 und 7.4"[192] fest, welche Kosten in den Gebührenpositionen enthalten sind und welche nicht[193].

5. Erstattungsfähigkeit von Medizinprodukten als Sprechstundenbedarf

40   Sprechstundenbedarf sind solche Mittel, die ihrer Art nach bei **mehreren Patienten** angewendet werden oder die zur Notfall- bzw. Sofortbehandlung erforderlich sind. Als Medizinprodukt kommen va **Verbandmittel, Nahtmaterial sowie Mittel zur Diagnostik**

---

[188] *Burgardt/Clausen/Wigge* in Anhalt/Dieners MedprodukteR § 23 Rn. 150; *Ziermann* in Sodan HdB d. KrankenVersR § 21 Rn. 14.
[189] BSG SozR 3–2500, § 87 Nr. 5, 22, Nr. 14, 49, 73.
[190] *Scholz* in Becker/Kingreen SGB V § 87 Rn. 5.
[191] *Burgardt/Clausen/Wigge* in Anhalt/Dieners MedprodukteR § 23 Rn. 154 ff.
[192] Einheitlicher Bewertungsmaßstab in der Fassung vom 1. Januar 2012 http://www.kbv.de/8156.html.
[193] In den Gebührenordnungspositionen sind bspw. enthalten: Allgemeine Praxiskosten, Kosten, die durch die Anwendung von ärztlichen Instrumenten und Apparaturen entstanden sind, Kosten für Einmalspritzen, Einmalkanülen, Einmaltrachealtuben, Einmalabsaugkatheter, Einmalhandschuhe, Einmalrasierer, Einmalharnblasenkatheter, Einmalskalpelle, Einmalproktoskope, Einmaldarmrohre, Einmalspekula, Einmalküretten, Einmal-Abdecksets. In den Gebührenordnungspositionen sind hingegen nicht enthalten: Kosten für Arzneimittel, Verbandmittel, Materialien, Instrumente, Gegenstände und Stoffe, die nach der Anwendung verbraucht sind oder die der Kranke zur weiteren Verwendung behält, Kosten für Einmalinfusionsbestecke, Einmalinfusionskatheter, Einmalinfusionsnadeln und Einmalbiopsienadeln, Telefonkosten, die entstehen, wenn der behandelnde Arzt mit dem Krankenhaus zu einer erforderlichen stationären Behandlung Rücksprache nehmen muss.

Kaufmann

und Therapie in Betracht. Erstattungsgrundlage für Sprechstundenbedarf selbst sind die **Sprechstundenbedarfsvereinbarungen,** die mit den Krankenkassen und den kassenärztlichen Vereinigungen geschlossen werden. Diese sind Bestandteil der Gesamtverträge nach § 83 SGB V[194].

B. Erstattung von Arzneimitteln und Medizinprodukten durch die PKV

Nach § 192 Abs. 1 S. 1 VVG ist der Versicherer im Bereich der Krankheitskostenversicherung verpflichtet, im vereinbarten Umfang die Aufwendungen für medizinisch notwendige Heilbehandlungen wegen Krankheit oder für Unfallfolgen und für sonstige vereinbarte Leistungen einschließlich solcher bei Schwangerschaft und Entbindung sowie für ambulante Vorsorgeuntersuchungen zur Früherkennung von Krankheiten nach gesetzlich eingeführten Programmen zu erstatten. Als Grundnorm beschreibt § 192 VVG die **vertragstypischen Leistungen.** Gegenstand und Umfang der Leistungspflicht ergeben sich aus den Allgemeinen Versicherungsbedingungen (AVB[195]).

41

I. Voraussetzungen der Leistungspflicht

Inhaltlich weitgehend § 192 Abs. 1 S. 1 VVG entsprechend beschreibt § 1 Abs. 1 lit. a MB/KK den Gegenstand der Leistungspflicht im Bereich der Krankheitskostenversicherung. Danach erbringt der Versicherer im Versicherungsfall den Ersatz von Aufwendungen für Heilbehandlungen und sonst vereinbarte Leistungen. Unter **Versicherungsfall** als zentraler Voraussetzung der Leistungspflicht ist entsprechend § 192 Abs. 1 S. 1 VVG die medizinisch notwendige Heilbehandlung einer versicherten Person wegen Krankheit oder Unfallfolgen zu verstehen. Im Unterschied zu § 192 Abs. 1 VVG legt § 1 Abs. 2 S. 2 MB/KK Beginn und Ende des Versicherungsfalles fest. Danach beginnt der Versicherungsfall mit Aufnahme der Heilbehandlung, dh der Aufnahme ärztlicher Tätigkeit, die durch die jeweilige Krankheit verursacht worden ist und auf die Heilung oder Linderung der Krankheit abzielt[196]. Er endet, wenn nach objektivem medizinischen Befund keine Behandlungsbedürftigkeit mehr vorliegt.

42

1. Entstehen von Aufwendungen

Der Leistungsanspruch gegen den Versicherer nach § 192 Abs. 1 S. 1 VVG setzt voraus, dass dem Versicherungsnehmer Aufwendungen entstanden sind. Die Krankheitskostenversicherung ist eine Passivversicherung. Es bedarf somit eines **wirksamen und fälligen Vergütungsanspruchs** des Behandlers oder sonstigen Leistungserbringers gegen den Versicherten[197]. Ein wirksamer Vergütungsanspruch und damit eine entsprechende Leistungspflicht entsteht nur bei Beachtung der gebührenrechtlichen Bestimmungen der GOÄ und GOZ[198]. Der Vergütungsanspruch ist fällig, sobald eine den formellen Voraussetzungen des § 12 GOÄ[199] genügende Liquidation vorliegt[200].

43

---

[194] *Burgardt/Clausen/Wigge* in Anhalt/Dieners MedprodukteR § 23 Rn. 183.
[195] *Kalis* in Sodan HdB KrankenVersR § 44 Rn. 2 und 3; *von Koppenfels-Spies* in NK-MedR VVG § 192 Rn. 1.
[196] *Eichelberger/Pannke* in Spickhoff VVG § 192 Rn. 28.
[197] BGHZ 154, 154 (158) = BGH VersR 2003, 581 (582); *von Koppenfels-Spies* in NK-MedR VVG § 192 Rn. 4.
[198] *Eichelberger/Pannke* in Spickhoff VVG § 192 Rn. 19; *Kalis* in MüKoVVG § 192 Rn. 14.
[199] Bezeichnung der berechneten Leistung, Zuordnung zu einer bestimmten Gebührennummer, Datum der Leistungserbringung etc.
[200] BGH NJW-RR 2007, 494; *Eichelberger/Pannke* in Spickhoff VVG § 192 Rn. 19; *Kalis* in Sodan HdB KrankenVersR § 44 Rn. 13.

Kaufmann

2. Krankheit

44 Zweite Voraussetzung der Leistungspflicht gem. § 192 Abs. 1 S. 1 VVG ist das Bestehen einer Krankheit. Der Krankheitsbegriff des Leistungsrechts der PKV orientiert sich nicht an dem sozialrechtlichen Krankheitsbegriff. Vielmehr hat sich ein **eigenständiger Krankheitsbegriff** herausgebildet. Krankheit ist danach ein anomaler Körper- oder Geisteszustand, der eine nicht ganz unerhebliche Störung körperlicher und/oder geistiger Funktionen bewirkt[201]. Der Krankheitsbegriff ist objektiv zu bestimmen. Es kommt nicht auf die subjektive Vorstellung des Versicherungsnehmers an. Maßgebend ist die Interpretation nach dem Sprachgebrauch des täglichen Lebens auf der Grundlage allgemein bekannter Erkenntnisse der Medizin[202].

3. Durchführung einer Heilbehandlung

45 Dritte Voraussetzung der Leistungspflicht gem. § 192 Abs. 1 S. 1 VVG ist die Durchführung einer Heilbehandlung. Hierunter ist jede ärztliche Tätigkeit zu verstehen, die durch die betreffende Krankheit verursacht worden ist, sofern die Leistung des Arztes oder sonstigen Behandelnden von ihrer Art her in den Rahmen der medizinisch notwendigen Krankenpflege fällt und auf Heilung oder Linderung der Krankheit abzielt[203]. Ein vollständiger Heilungserfolg ist nicht notwendig; allerdings darf eine Linderung nicht von vornherein vollständig ausgeschlossen sein[204].

4. Medizinische Notwendigkeit

46 Vierte Voraussetzung der Leistungspflicht gem. § 192 Abs. 1 S. 1 SGB V ist die medizinische Notwendigkeit der durchgeführten Maßnahme. Dies ist dann der Fall, wenn es nach den objektiven medizinischen Erkenntnissen im Zeitpunkt der Vornahme der ärztlichen Behandlung **vertretbar** war, die Heilbehandlung als medizinisch notwendig anzusehen. Vertretbar ist die medizinische Notwendigkeit der Heilbehandlung, wenn sie sowohl in begründeter und nachvollziehbarer wie wissenschaftlich fundierter Vorgehensweise das zugrunde liegende Leiden diagnostisch hinreichend erfasst und eine ihm adäquate, geeignete Therapie anwendet[205]. Dabei ist auch im Hinblick auf die Erreichung des Behandlungsziels zu prüfen, ob die Maßnahme tatsächlich erforderlich war[206]. Die **Beweislast** für die medizinische Notwendigkeit der Behandlungsmaßnahme trägt der **Versicherungsnehmer**[207]. Die medizinische Notwendigkeit ist **objektiv zu beurteilen**. Es kommt weder auf die Auffassung des Versicherungsnehmers, noch allein auf die des behandelnden Arztes an, so dass im Streitfalle die medizinische Notwendigkeit einer Behandlungsmaßnahme grundsätzlich nur mit Hilfe eines Sachverständigengutachtens beurteilt werden kann[208].

---

[201] BGH NJW 2005, 3783; BGH NJW 1987, 703; *Kalis* in MüKoVVG § 192 Rn. 16.
[202] BGH VersR 1987, 278; *Kalis* in Sodan HdB KrankenVersR § 44 Rn. 4; ders. in MüKoVVG § 192 Rn. 16.
[203] BGHZ 133, 208, 211; BGH VersR 1996, 1224; *Eichelberger/Pannke* in Spickhoff VVG § 192 Rn. 22.
[204] *Eichelberger/Pannke* in Spickhoff VVG § 192 Rn. 23; *von Koppenfels-Spies* in NK-MedR VVG § 192 Rn. 8.
[205] BGH VersR 2003, 584; *Kalis* in MüKoVVG § 192 Rn. 18.
[206] LG Gießen VersR 2005, 777; *Kalis* in MüKoVVG § 192 Rn. 18.
[207] BGH NJW-RR 2004, 1399 ff.; *von Koppenfels-Spies* in NK-MedR VVG § 192 Rn. 8; *Eichelberger/Pannke* in Spickhoff VVG § 192 Rn. 86.
[208] BGH NJW 2005, 3784; BGH NJW 1979, 1250; *Kalis* in Sodan HdB KrankenVersR § 44 Rn. 8; *Eichelberger/Pannke* in Spickhoff VVG, § 192 Rn. 26.

Kaufmann

II. Umfang der Leistungspflicht

Liegt ein Versicherungsfall nach § 1 Abs. 2 MB/KK vor, ergeben sich **Art und Höhe** 47
der Leistungspflicht gem. § 192 Abs. 1 S. 1 VVG aus dem „vereinbarten Umfang". Sie
bestimmen sich demnach nach dem einzelnen Versicherungsvertrag und den diesem zugrunde liegenden Allgemeinen Versicherungsbedingungen (AVB) sowie den jeweiligen
Tarifbedingungen des Versicherers. Bezüglich des konkreten Umfangs der Leistungspflicht verweist § 4 Abs. 1 MB/KK auf die einzelnen Tarifbedingungen und den gewählten Tarif. Während die Tarifbedingungen unternehmenseigene Abweichungen oder Beschränkungen der MB/KK beinhalten, bezeichnen die Tarife Art und Höhe der einzelnen
Leistungen einschließlich evtl. Selbstbeteiligungen sowie typischerweise die Versicherungsprämie.[209]

1. Arzneimittel

Gemäß § 4 Abs. 3 MB/KK zählt zu den vertragstypischen Leistungen in der PKV die 48
Erstattung der Kosten für Arznei-, Verband-, Heil- und Hilfsmittel. Sie müssen allesamt
gem. § 4 Abs. 3 MB/KK von einem der in § 4 Abs. 2 MB/KK genannten Behandelnden
verordnet werden. Arzneimittel sind über eine Apotheke zu beziehen, was auch Versandapotheken einschließt, sofern diese die üblichen deutschen Qualitätsstandards einhalten[210].
Arzneimittel sind alle Stoffe oder Stoffzusammensetzungen, die im oder am menschlichen
Körper verwendet oder einem Menschen verabreicht werden können, um entweder die
menschlichen physiologischen Funktionen durch eine pharmakologische, immunologische
oder metabolische Wirkung wiederherzustellen, zu korrigieren oder zu beeinflussen oder
eine medizinische Diagnose zu erstellen[211].

2. Medizinprodukte

Eine eigenständige Erstattungskategorie „Medizinprodukte" gibt es weder in der GKV, 49
noch in der PKV oder im Beihilferecht[212]. Die Frage der Erstattungsfähigkeit von Medizinprodukten in der PKV spielt wie in der GKV überwiegend im Hilfsmittelsektor eine Rolle.
Der Begriff der Hilfsmittel iSv § 4 Abs. 3 MB/KK wird in den unternehmenseigenen
Tarifbedingungen näher erläutert. Diese beinhalten einen enumerativen, abschließenden
Katalog, der wiederum Höchstgrenzen für einzelne Hilfsmittel enthält[213]. Als Hilfsmittel
gelten demnach Bandagen, Brillengläser- und Fassungen, Gehstützen, Hörgeräte, Kompressionsstrümpfe, Krankenfahrstühle, Beatmungsgeräte etc. Danach sind Hilfsmittel
technische Geräte, die körperliche Behinderungen unmittelbar mildern oder ausgleichen
sollen[214]. Entsprechend dieser Definition sind nahezu alle denkbaren Hilfsmittel zugleich
auch Medizinprodukte iSd § 3 Nr. 1 MPG (→ Rn. 38). Unterfällt ein Medizinprodukt iSv
§ 3 Nr. 1 MPG der enumerativen, abschließende Aufzählung in den unternehmenseigenen
Tarifbedingungen, so ist es iRd Leistungsversprechens zu erstatten.

---

[209] *Eichelberger/Pannke* in Spickhoff VVG § 192 Rn. 29; *Kalis* in MüKoVVG § 192 Rn. 35.
[210] *Eichelberger/Pannke* in Spickhoff VVG § 192 Rn. 34.
[211] Art. 1 Nr. 1 lit. b der Richtlinie 2004/27/EG; BGH WRP 2006, 736 ff.; BGH NJW 2006, 2634.
[212] *Quas/Zuck* MedR § 55 Rn. 1; *Günter/Behle* MPR 2008, 77.
[213] *Igl/Welti* GesR Rn. 734; *Kalis* in MüKoVVG § 192 Rn. 48.
[214] *Igl/Welti* GesR Rn. 734.

III. Einschränkung der Leistungspflicht

1. Leistungsausschlüsse, § 5 Abs. 1 MB/KK

50 § 5 Abs. 1 MB/KK schließt bestimmte Tatbestände auch bei Vorliegen eines Versicherungsfalles von der Leistungspflicht aus[215]. Gründe können unkalkulierbare Risiken oder die Möglichkeit sein, einzelne Sachverhalte nach freier Entscheidung des Versicherungsnehmers hinzuzuversichern.

2. Verbot der Übermaßvergütung, § 192 Abs. 2 VVG

51 Nach §§ 192 Abs. 2 VVG, 5 Abs. 2 MB/KK besteht keine Leistungspflicht für Aufwendungen, die in einem auffälligen Missverhältnis zu den erbrachten Leistungen stehen (**Übermaßverbot**[216]). Der Regelungszweck der Norm liegt darin, in Fällen eines **objektiven auffälligen Missverhältnisses** den Versicherungsnehmer nicht gänzlich anspruchslos zu stellen, sondern ihm den Leistungsanspruch auf die angemessene Vergütung zu bewahren. Liegt ein auffälliges Missverhältnis zwischen Leistung und Gegenleistung vor, darf der Versicherer die Leistungen kürzen, ohne dass weitere Voraussetzungen[217] gegeben sein müssen[218]. Erforderlich ist ein Vergleich des **objektiven Wertes** der erbrachten Leistung mit der dafür geforderten Vergütung, wobei sich der objektive Wert durch einen Marktvergleich unter den übrigen Anbietern für vergleichbare Leistungen ergibt[219]. Die Beweislast für die fehlende Angemessenheit der Aufwendungen trifft den Versicherer, wobei zunächst der Hinweis auf objektive Kriterien genügt. Der Versicherungsnehmer muss im Weiteren substantiiert darlegen, warum die geforderte Leistung in seinem Fall ausnahmsweise gerechtfertigt ist[220].

C. Preisbildung und Preisregulierung

I. Grundzüge des Arzneimittelpreisrechts und der Regulierung von Arzneimittelpreisen

1. Arzneimittelpreisbildung nach dem Arzneimittelgesetz (AMG)

52 Der pharmazeutische Unternehmer kann zunächst frei den Abgabepreis für sein Arzneimittel bestimmen. Jedoch ist er nach § 78 Abs. 3 AMG dazu verpflichtet, einen **ein-**

---

[215] Nach § 5 Abs. 1 MB/KK besteht keine Leistungspflicht für Krankheiten und Unfälle als Folge von Kriegsereignissen oder Wehrdienstbeschädigung, Krankheiten und Unfälle durch vorsätzliche Herbeiführung, Entziehungsmaßnahmen einschließlich Entziehungskuren, Behandlung durch Ärzte, Zahnärzte, Heilpraktiker und in Krankenanstalten auf der schwarzen Liste der Versicherer, Kur- und Sanatoriumsbehandlung sowie Rehabilitationsmaßnahmen gesetzlicher Träger und damit zusammenhängend grds. ambulante Heilbehandlungen in einem Heilbad oder Kurort, Behandlungen durch Ehegatten, Lebenspartner, Eltern oder Kinder, durch Pflegebedürftigkeit oder Verwahrung bedingte Unterbringung.

[216] Ein allgemeines Wirtschaftlichkeitsgebot, das die Erstattungspflicht wie in der GKV noch weiter einschränkt, in dem es eine Leistungspflicht des Versicherers bei mehreren gleich geeigneten Maßnahmen nur hinsichtlich der kostengünstigeren Maßnahme beinhalten würde, ist in § 192 Abs. 2 VVG nicht verankert. Der vertraglichen Vereinbarung eines Wirtschaftlichkeitsgebotes steht dies aber nicht entgegen, da § 192 VVG dispositiv ist, BT-Drs. 16/3945, S. 110; *von Koppenfels-Spies* in NK-MedR VVG § 192 Rn. 12; *Eichelberger/Pannke* in Spickhoff VVG § 192 Rn. 52.

[217] Im Gegensatz zu § 138 Abs. 2 BGB verlangt § 192 Abs. 2 VVG keine weiteren subjektiven Voraussetzungen, wie etwa das Ausnutzen der Unerfahrenheit des Versicherungsnehmers.

[218] *von Koppenfels-Spies* in NK- MedR VVG § 192 Rn. 14; *Kalis* in Sodan HdB KrankenVersR § 44 Rn. 42.

[219] BGH NJW 2003, 1597; *Eichelberger/Pannke* in Spickhoff VVG § 192 Rn. 50.

[220] *Von Koppenfels-Spies* in NK- MedR VVG § 192 Rn. 14; *Kalis* in MüKoVVG § 192 Rn. 79.

heitlichen **Abgabepreis** zu garantieren. Er gibt seinen frei gewählten Abgabepreis gegenüber der Informationsstelle für Arzneispezialitäten GmbH (**IFA**) an. Über die IFA gelangt der Preis in die Lauer-Taxe. Die Lauer-Taxe, auch ABDA-Artikelstamm genannt, ist ein von der ABDATA Pharma-Daten-Service geführtes Verzeichnis der in Deutschland geführten Arzneimittel, mit dessen Hilfe sich Hersteller, Preise, Packungsgrößen usw. von einzelnen Arzneimitteln feststellen lassen[221]. Nach dem Inverkehrbringen durch den pharmazeutischen Unternehmer setzt auf den verschiedenen Handelsstufen die Arzneimittelpreisbildung nach dem AMG an. Gesetzliche Ermächtigung für die Preisregulierung auf dem Vertriebsweg ist **§ 78 AMG**. Zweck der Vorschrift ist es, im Bereich der **zu Lasten der GKV verordnungsfähigen verschreibungspflichtigen Arzneimittel** einen **einheitlichen Apothekenabgabepreis** zu gewährleisten und dabei die berechtigten wirtschaftlichen Interessen der Arzneimittelverbraucher, der Apotheken und des Großhandels zu berücksichtigen[222]. Durch die Gewährleistung eines einheitlichen Apothekenabgabepreises soll ein Preiswettbewerb unter Apotheken im Bereich der verschreibungspflichtigen Arzneimittel ausgeschlossen und die **Qualität der Arzneimittelversorgung** gewährleistet werden[223]. Für nicht verschreibungspflichtige Arzneimittel, die nicht zu Lasten der GKV abgegeben werden, soll hingegen kein einheitlicher Apothekenabgabepreis gelten (§ 78 Abs. 2 S. 3 AMG). § 78 Abs. 1 AMG enthält eine Verordnungsermächtigung, von der mit der **Arzneimittelpreisverordnung für apotheken- und verschreibungspflichtige Fertigarzneimittel (AMPreisV)** Gebrauch gemacht worden ist. Die AMPreisV setzt **Preisspannen in Form prozentualer Höchst- und Festzuschläge des Großhandels und der Apotheken auf den Abgabepreis des pharmazeutischen Unternehmers** fest, die im Wiederverkauf abgegeben werden. Aufgrund der durch die AMPreisV festgelegten Preisspannen für die einzelnen Handelsstufen ist der Apothekenabgabepreis für dasselbe Arzneimittel in allen Apotheken gleich. Dies gilt sowohl für Generika wie für patentgeschützte Arzneimittel[224]. Der **Apothekenabgabepreis** errechnet sich aus dem einheitlichen Abgabepreis des pharmazeutischen Unternehmers, dem nach § 2 Abs. 1 AMPreisV bestimmten Großhandelszuschlag und des nach § 3 AMPreisV bestimmten Zuschlags der Apotheke, der auf die Summe aus Abgabepreis des pharmazeutischen Unternehmers und Großhandelszuschlag erhoben wird sowie der gesetzlichen Mehrwertsteuer[225]. Maßgeblich für den Abgabepreis des pharmazeutischen Unternehmers ist die am Tag der Abgabe des Arzneimittels gültige Spezialitätentaxe (Lauer-Taxe).

Der Gesetzgeber des **AMNOG** hat die Struktur des Großhandelszuschlages nach § 2 AMPreisV grundlegend verändert. An die Stelle des bisherigen degressiv anhand des Herstellerabgabepreises gestaffelten Höchstzuschlages von maximal 72 EUR tritt seit 1. Januar 2012 ein zwingend vom pharmazeutischen Großhandel zu erhebender, preisunabhängiger Festzuschlag von 70 Cent sowie ein variabler Höchstzuschlag von 3,15 % auf den Abgabepreis des pharmazeutischen Unternehmers[226]. Im Gegensatz zur bisherigen Rechtslage ist eine vollständige Rabattierung des Großhandelszuschlages gegenüber den abnehmenden Apotheken deshalb nicht mehr möglich. Der Festzuschlag von 70 Cent muss vom pharmazeutischen Großhandel bei jeder Abgabe von Arzneimitteln, die dem Anwendungsbereich der AMPreisV unterliegen, erhoben werden und ist nicht rabatt-

53

---

[221] *Sandrock/Nawroth* in Dieners/Reese PharmaR § 9 Rn. 153.
[222] *Hofmann* in KMH AMG § 78 Rn. 10; *Igl/Welti* GesR Rn. 605; *Hesshaus* in Spickhoff AMG § 78 Rn. 1.
[223] *Hesshaus* in Spickhoff AMG § 78 Rn. 1; *Igl/Welti* GesR Rn. 605; *Hofmann* in KMH AMG § 78 Rn. 11.
[224] *Willenbruch* PharmR 2010, 321 (321).
[225] *Wodarz* in Sodan HdB KrankenVersR § 27 Rn. 25; *Rehmann* AMG § 78 Rn. 1; *Baierl/Kellermann*, Arzneimittelrecht, 1. Aufl. 2011, S. 202.
[226] § 2 Abs. 1 S. 1 AMPreisV idF von Art. 8 Nr. 1a) aa) AMNOG.

fähig[227]. Zweck der Festzuschlagsregelung ist es, die im öffentlichen Interesse liegende Sicherstellungs- und Bevorratungsfunktion des pharmazeutischen Großhandels gem. § 52 AMG unabhängig vom Preis eines Arzneimittels zu gewährleisten[228].

2. Regulierung der Arzneimittelpreise nach dem SGB V

54   Die Regulierung der Arzneimittelpreise im System der GKV zielt auf eine **Begrenzung der Kosten** der zu Lasten der GKV abgegebenen Arzneimittel, um ein **funktionsfähiges und gleichzeitig finanzierbares Gesundheitssystem** zu gewährleisten[229]. Das Recht der GKV sieht als Instrumente der Preisregulierung **Festbeträge (§ 35 SGB V)**, **Vereinbarungen über Erstattungsbeträge für nicht festbetragsfähige Arzneimittel** zwischen dem Spitzenverband Bund der Krankenkassen und dem pharmazeutischen Unternehmer (§ 130b SGB V) sowie **gesetzliche Preisabschläge in Form von Apotheken- und Herstellerrabatten zu Gunsten der GKV** (§§ 130 bzw. 130a Abs. 1, 2, 3a und 3b SGB V) vor[230]. Die Kostensteuerungsinstrumente des SGB V knüpfen an unterschiedlichen Stellen der Arzneimittelpreisbildung nach dem AMG an, wodurch das Arzneimittelpreisrecht des AMG insofern durch das Preisrecht der GKV überlagert wird. Die **gesetzlichen Herstellerabschläge** sowie die **Erstattungsbeträge** für nicht festbetragsfähige Arzneimittel **setzen am Abgabepreis des pharmazeutischen Unternehmers an,** wohingegen die **Festbeträge** und der **Apothekenrabatt am Apothekenabgabepreis ansetzen**[231]. Dabei wirken die gesetzlichen Preisabschläge und die Erstattungsbeträge für nicht festbetragsfähige Arzneimittel unmittelbar zu Lasten der Apotheker und der pharmazeutischen Unternehmer, wohingegen sich die Festbeträge unmittelbar an die Versicherten richten[232].

II. Gesetzliche Preisabschläge

55   Die §§ 130, 130a SGB V sehen mit den Apotheken- und Herstellerrabatten gesetzliche Preisabschläge auf den Arzneimittelabgabepreis und den Abgabepreis des pharmazeutischen Unternehmers zu Gunsten der GKV als größten und deshalb privilegierten Kunden von Apotheken und pharmazeutischen Unternehmen vor. Auf diese Weise werden die Apotheken und pharmazeutischen Unternehmer als Arzneimittelversorger in die Bemühungen des Gesetzgebers zur Kostendämpfung und Sicherung der finanziellen Stabilität der GKV eingebunden.

---

[227] BT-Drs. 17/2413, S. 36; BT-Drs. 17/3698, S. 60. Bereits vor ihrem Inkrafttreten hat die Neuregelung die Frage aufgeworfen, ob der Festzuschlag auch vom pharmazeutischen Unternehmer im Direktvertrieb an Apotheken zu erheben ist und ob ferner die Festzuschlagsregelung auch im Vertrieb an Apotheken angewendet werden muss, die zwar über die eine Großhandelserlaubnis verfügen, aber vorwiegend für den Eigenbedarf einkaufen. Art. 13 des Gesetzes zur Verbesserung der Versorgungsstrukturen in der gesetzlichen Krankenversicherung (GKV-VStG vom 22.12.2011, BGBl. I, S. 2983) ergänzt § 78 Abs. 1 AMG und stellt klar, dass der gesetzliche Fixzuschlag für Großhändler auch für den Fall des Direktvertriebs von pharmazeutischen Unternehmern an Apotheker gelten soll und nicht rabattiert werden darf. Allerdings gilt dies nach der Gesetzesbegründung wiederum nicht, wenn Apotheken die betr. Arzneimittel als Großhändler an weitere Apotheken liefern. Zum Ganzen *Buchner/Burk* WRP 2011, 1543 f.

[228] BT-Drs. 17/2413, S. 36.

[229] *Wodarz* in Sodan HdB KrankenVersR § 27 Rn. 26; *Sandrock/Nawroth* in Dieners/Reese PharmaR § 9 Rn. 142.

[230] *Wodarz* in Sodan HdB KrankenVersR § 27 Rn. 24; *Igl/Welti* GesR Rn. 605; *Kingreen* NZS 2011, 441 (442).

[231] *Wodarz* in Sodan HdB KrankenVersR § 27 Rn. 24 ff.

[232] *Reese/Stallberg* in Dieners/Reese PharmaR § 17 Rn. 217; *Wodarz* in Sodan HdB KrankenVersR § 27 Rn. 66.

1. Apothekenrabatt (§ 130 SGB V)

Nach § 130 SGB V haben die Apotheken die Pflicht, den Krankenkassen einen Rabatt auf den Arzneimittelabgabepreis einzuräumen. Der vom Gesetz als Abschlag bezeichnete Rabatt stellt eine **Kürzung des Vergütungsanspruches des Apothekers** gegen die Krankenkasse dar[233]. Nach § 130 Abs. 1 S. 1 SGB V erhalten die Krankenkassen von den Apotheken **für verschreibungspflichtige Fertigarzneimittel einen festen Abschlag von derzeit 2,05 EUR** je Arzneimittel und **für sonstige Arzneimittel** (Rezepturarzneimittel oder nicht verschreibungspflichtige Fertigarzneimittel, die ausnahmsweise von der Krankenkasse übernommen werden) einen Abschlag **in Höhe von 5 %** auf den für den Versicherten maßgeblichen Arzneimittelabgabepreis. Das ist der Preis nach der AMPreisV ohne Abzug von Zuzahlungen der Versicherten. Etwaige vom Versicherten geleistete Zuzahlungen muss der Apotheker von seinem Vergütungsanspruch gegen die GKV ebenfalls abziehen. Mit dem **AMNOG** wurde der Betrag von 2,05 EUR ab dem 1.1.2011 für zwei Jahre festgelegt. **Erstmalig mit Wirkung für das Kalenderjahr 2013** haben gem. § 130 Abs. 1 S. 2 SGB V der Spitzenverband Bund der Krankenkassen sowie die Spitzenorganisation der Apotheker den **Apothekenrabatt im Rahmenvertrag über die Arzneimittelversorgung nach § 129 Abs. 2 SGB V** so **angepasst,** dass die Summe der Vergütungen der Apotheken für die Abgabe verschreibungspflichtiger Arzneimittel leistungsgerecht ist unter Berücksichtigung von Art und Umfang der Leistungen und der Kosten der Apotheken bei wirtschaftlicher Betriebsführung[234]. Dabei sind nach § 130b Abs. 1 S. 3 SGB V Veränderungen der Leistungen der Apotheken auf der Grundlage einer standardisierten Beschreibung der Leistungen im Jahr 2011 zu ermitteln sowie bei Verhandlungen Einnahmen und Kosten der Apotheken durch tatsächliche Betriebsergebnisse repräsentativ ausgewählter Apotheken zu berücksichtigen. Für **Arzneimittel, für die nach § 35 oder § 35a SGB V ein Festbetrag** gilt, bemisst sich der **Abschlag nach dem Festbetrag.** Liegt der maßgebliche Arzneimittelabgabepreis unter dem Festbetrag, ist dieser für die Bemessung zu Grunde zu legen (§ 130 Abs. 2 SGB V). Nach § 130 Abs. 3 SGB V ist der **Abschlag von den Apotheken jedoch nur dann zu gewähren,** wenn die Apothekenrechnung **innerhalb von 10 Tagen** nach ihrem Eingang bei der Krankenkasse beglichen wird. Insofern ist der Apothekenabschlag ein **gesetzlich vorgegebenes Skonto**[235]. Demgegenüber erhält der Apotheker bei der Arzneimittelabgabe für einen PKV-Versicherten sofort den vollen Betrag und muss keinerlei Abschlag zahlen[236]. Der Spitzenverband Bund der Krankenkassen und die Spitzenorganisation der Apotheker haben den Apothekenabschlag nach Mediation durch den Vorsitzenden der Schiedsstelle nach § 129 Abs. 8 SGB V auf 1,80 Euro in den Jahren 2013 und 2014 sowie 1,77 Euro im Jahr 2015 festgelegt[237].

2. Herstellerrabatte (§ 130a SGB V)

Zum Abschlagsregime nach § 130a SGB V gehören vier Arten von Kostendämpfungsinstrumenten: der **allgemeine Herstellerabschlag** nach § 130a Abs. 1 SGB V, das **Preismoratorium** nach § 130a Abs. 3a SGB V, der **Generikaabschlag** nach § 130a Abs. 3b

---

[233] BSG SozR 4–2500 § 130 Nr. 1 Rn. 28; *Axer* in Becker/Kingreen SGB V § 130 Rn. 2; *Kuhlmann* in NK-MedR SGB V § 130 Rn. 1; *Dalichau* in Prütting SGB V § 130 Rn. 2. Nach anderer Auffassung handelt es sich um eine Sonderabgabe im finanzverfassungsrechtlichen Sinne, *Barth* in Spickhoff SGB V § 130 Rn. 5; *Reese/Stallberg* in Dieners/Reese PharmaR § 17 Rn. 219.
[234] Siehe Vereinbarung zum Apothekenabschlag nach § 130 SGB V vom 30. Juni 2013, die eine umfassende Regelung für die Jahre 2013 bis 2015 enthält.
[235] *Wodarz* in Sodan HdB KrankenVersR § 27 Rn. 70; *Axer* in Becker/Kingreen SGB V § 130 Rn. 8.
[236] *Barth* in Spickhoff SGB V § 130 Rn. 5.
[237] Art. 1 der Vereinbarung zum Apothekenabschlag nach § 130 SGB V vom 30.6.2013.

SGB V sowie der durch das AMNOG etablierte **Impfstoffabschlag** nach § 130a Abs. 2 SGB V. Diese zeichnen sich allesamt dadurch aus, dass den Krankenkassen ein Preisnachlass auf den von ihnen zu erstattenden Abgabepreis des pharmazeutischen Unternehmers gewährt wird. Lediglich der Abschlagstatbestand und die Abschlagshöhe divergieren.

58 a) **Allgemeiner Herstellerrabatt (§ 130a Abs. 1).** Die Grundnorm der Abschlagspflicht ist der allgemeine Herstellerabschlag nach § 130a Abs. 1 SGB V. Die pharmazeutischen Hersteller müssen den Krankenkassen für **Fertigarzneimittel**, für die **kein Festbetrag festgesetzt** ist und deren **Apothekenabgabepreis aufgrund von Preisvorschriften nach dem AMG oder aufgrund des § 129 Abs. 5a SGB V** bestimmt wird, einen Abschlag in Höhe von 6 % des Abgabepreises des pharmazeutischen Unternehmers ohne Mehrwertsteuer gewähren. Nach seiner ursprünglichen Regelungsidee findet der Herstellerabschlag ausschließlich auf **preisgebundene Arzneimittel** Anwendung. Für Arzneimittel, bei denen Preise zwischen Apotheken und Krankenkassen frei vereinbart werden können, besteht grundsätzlich keine Abschlagspflicht[238]. § 130a Abs. 1 S. 6 SGB V weitet jedoch die Abschlagspflicht auf an sich preisungebundene **Fertigarzneimittel in parenteralen Zubereitungen** (Infusionen) tatbestandlich aus. § 130a Abs. 1 S. 5 SGB V dehnt zudem die Abschlagspflicht auf **Arzneimittel** aus, **die in Krankenhausapotheken iRd ambulanten Behandlung nach § 129a SGB V abgegeben** werden. Der Herstellerabschlag erstreckt sich europarechtskonform nur auf **Fertigarzneimittel, die dem deutschen Preisrecht zuzuordnen sind**. Importarzneimittel, die von Versandhausapotheken aus dem Ausland eingeführt werden, unterliegen nicht der Rabattierung[239]. Der Abschlag wird den Krankenkassen von den Apotheken vermittelt und den Apotheken von den pharmazeutischen Unternehmern erstattet. Damit findet die **Abwicklung des Herstellerrabattes im Dreiecksverhältnis zwischen Krankenkasse, Apotheker und Herstellern** statt[240]. Die Krankenkasse erstattet Apothekern einen um den Apothekenrabatt und den Herstellerrabatt gekürzten Betrag. Der Apotheker hat einen entsprechenden **Rückforderungsanspruch** nach § 130a Abs. 1 S. 2 SGB V gegenüber dem Hersteller und kann sich auf dieses Weise den Rabatt beim Hersteller erstatten lassen. **Wirtschaftlich** handelt es sich beim gesetzlichen Abschlag aus § 130a SGB V um einen **Herstellerrabatt**, bei dem kein direktes Rechtsverhältnis zwischen pharmazeutischem Unternehmer und Krankenkasse besteht.

59 b) **Erhöhter Herstellerabschlag (§ 130a Abs. 1a SGB V).** § 130b Abs. 1a S. 1 SGB V sieht für die Zeit **vom 1.8.2010 bis 31.12.2013 eine Erhöhung des Herstellerabschlags auf 16 Prozent** für alle verschreibungspflichtigen Arzneimittel vor, die zu Lasten der GKV abgegeben werden und für die kein Festbetrag gilt. Der erhöhte Herstellerrabatt findet nach § 130a Abs. 1a S. 2 SGB V keine Anwendung auf Arzneimittel, die dem Generikaabschlag nach § 130a Abs. 3b S. 1 SGB V unterfallen. Die zeitlich befristete Abschlagserhöhung auf 16 % gilt jedoch nicht ausnahmslos. § 130a Abs. 1a S. 4 SGB V enthält einen Privilegierungstatbestand, bei dessen Vorliegen eine **Ermäßigung des Abschlags** eintritt. Demgemäß mindert eine ab dem 1.8.2010 vorgenommene **Absenkung des Abgabepreises** des pharmazeutischen Unternehmers **gegenüber dem Preis am 1.8.2009** den erhöhten Herstellerabschlag **in Höhe der jeweiligen Preissenkung.** Jedoch ist die Absenkung der Abschlagserhöhung der Höhe nach begrenzt, wonach eine Preisabsenkung den Abschlag höchstens um 10 % auf das Niveau des in § 130a Abs. 1 SGB V geregelten

---

[238] *Stallberg* PharmR 2011, 38 (40); *Axer* in Becker/Kingreen SGB V § 130a Rn. 3; *Barth* in Spickhoff SGB V § 130 Rn. 3.
[239] BSG Urt. v. 17.12.2009-B 3 KR 14/08 R, NZS 2010, 676; BSG Urt. v. 28.7.2008 – B 1 KR 4/08 R, BSGE 101, 161 = NZS 2009, 281; *Axer* in Becker/Kingreen SGB V § 130a Rn. 4; *Kuhlmann* in NK-MedR SGB V § 130a Rn. 2.
[240] *Reese/Stallberg* in Dieners/Reese PharmaR § 17 Rn. 220; *Barth* in Spickhoff SGB V § 130a Rn. 4.

§ 11 Preisfestsetzung und Erstattung

6 %-tigen Abschlags reduzieren kann. Für Arzneimittel, die **nach dem 1.8.2009** in den Markt eingeführt wurden, ist gem. § 130a Abs. 1a S. 5 SGB V der **Preis der Markteinführung** maßgeblich. Mit dieser Regelung sowie den nachfolgenden Regelungen in § 130a Abs. 1a S. 6 bis 8 SGB V soll sichergestellt werden, dass die Krankenkassen eine **Nachzahlung für Herstellerabschläge** erhalten, die ihnen in den Monaten August 2010 bis Dezember 2010 von den pharmazeutischen Unternehmern dadurch vorenthalten wurden, dass durch eine Preisabsenkung eine kurz zuvor erfolgte Preiserhöhung zurückgenommen wurde (sogenannte Preisschaukel[241]). Als Nachzahlung sieht § 130a Abs. 1a S. 6 SGB eine Erhöhung des Herstellerabschlags für die entsprechenden Arzneimittel im Jahr 2011 um 4,5 Prozentpunkte von 16 auf 20,5 % vor. Mit dieser Regelung sollen entgangene Abschläge pauschaliert ausgeglichen werden. Dieser erhöhte Abschlag von 20,5 % kann gem. § 130a Abs. 1a S. 8 SGB V durch eine Preissenkung im Vergleich zu dem am 1.8.2009 geltenden Abgabepreis des pharmazeutischen Unternehmers abgelöst werden.

c) **Preismoratorium (§ 130a Abs. 3a SGB V).** Die Gewährung von Pflichtrabatten zu Gunsten der GKV kann Anlass geben, diese durch Preiserhöhungen, die Veränderung von Packungsgrößen oder durch die Zusammensetzung von Arzneimitteln zu umgehen. Aus diesem Grund hat der Gesetzgeber Tatbestände geschaffen, die verhindern sollen, dass es zu einer **Umgehung der Rabattregelung** und zu einem Kostenanstieg zu Lasten der GKV kommt[242]. § 130a Abs. 3a S. 1 SGB V flankiert den erhöhten Herstellerrabatt nach § 130a Abs. 1a SGB V, indem **rückwirkend der Preisstand zum Stichtag 1.8.2009 bis zum 31.12.2013 eingefroren** wird und Preiserhöhungen durch die pharmazeutischen Unternehmer in vollem Umfang dem Herstellerabschlag zufließen und damit der GKV zugute kommen. Kommt es zu einer Erhöhung des Abgabepreises des pharmazeutischen Unternehmers ohne Mehrwertsteuer gegenüber dem Preisstand vom 1.8.2009, erhalten die Krankenkassen bis zum 31.12.2013 einen **Abschlag in der Höhe des Betrages der Preiserhöhung.** Auf diese Weise soll vermieden werden, dass die GKV in diesem Zeitraum durch Preiserhöhungen von Arzneimitteln zusätzlich belastet wird und die Hersteller den erhöhten Herstellerrabatt nach § 130a Abs. 1a SGB V durch Preiserhöhungen umgehen[243]. Einer **Umgehung des Preisstopps** durch Änderung der Packungsgröße oder der Wirkstärke versucht § 130a Abs. 3a S. 3 und 4 SGB V entgegenzuwirken. Ist eine Änderung gegeben, wird für das neue Arzneimittel der Preis je Mengeneinheit derjenigen bereits im Markt befindlichen Packungsgröße zugrunde gelegt, die dem neuen Arzneimittel hinsichtlich der Packungsgröße am Nächsten kommt. 60

d) **Generikaabschlag (§ 130a Abs. 3b SGB V).** § 130a Abs. 3b S. 1 SGB V enthält eine weitere Kostendämpfungsmaßnahme. Hiernach erhält die GKV für **patentfreie, wirkstoffgleiche Arzneimittel** einen **Abschlag in Höhe von 10 %** des Abgabepreises des pharmazeutischen Unternehmers. Bei Absenkungen des Abgabepreises des pharmazeutischen Unternehmers kann sich der Abschlag der Höhe der Absenkung entsprechend vermindern (§ 130b Abs. 3 S. 2 SGB V). Durch die Bezugnahme in § 130a Abs. 3b S. 5 ff. SGB V auf **Preisänderungen im Zeitraum von 36 Monaten** sollen **Preisschaukeln als Umgehungsstrategien** verhindert werden, bei denen der Preis zunächst erhöht wird und dann anschließend durch Preissenkungen der Generikaabschlag reduziert werden soll[244]. Wie beim Herstellerrabatt nach § 130a Abs. 1 SGB V erfolgt die **Abwicklung des Rabatts im Dreiecksverhältnis** zwischen Krankenkasse, Apotheker und Hersteller. Die Apotheken gewähren den Krankenkassen den Abschlag, die Apotheken haben ihrerseits einen 61

---

[241] *Kuhlmann* in NK-MedR SGB V § 130a Rn. 3; *Dalichau* in Prütting SGB V § 130a Rn. 11.
[242] *Dalichau* in Prütting SGB V § 130a Rn 80; *Axer* in Becker/Kingreen SGB V § 130a Rn. 9.
[243] BT-Drs. 17/2117, S. 36. Nach dem Koalitionsvertrag der CDU/CSU/SPD-Regierung ist eine Fortführung des Preismoratoriums mit einem Zwangsrabatt von 7 % geplant.
[244] *Axer* in Becker/Kingreen SGB V § 130a Rn. 11; *Barth* in Spickhoff SGB V § 130a Rn. 7.

Erstattungsanspruch gegen die pharmazeutischen Unternehmer. Der Generikarabatt ist grundsätzlich auch dann zu gewähren, wenn für das betroffene Arzneimittel ein Festbetrag festgesetzt ist, es sei denn, der Apothekeneinkaufspreis liegt mind. 30 % unter dem jeweils gültigen Festbetrag. (§ 130a Abs. 3b S. 3 SGB V). Nicht festbetragsgebundene Generika können aufgrund von § 130a Abs. 1 und Abs. 3b SGB V damit einem festen Rabatt in Höhe von insgesamt 16 % des Herstellerabgabepreises unterliegen.

62   e) **Impfstoffabschlag (§ 130a Abs. 2 SGB V).** § 130a Abs. 2 SGB V ist durch das **AMNOG** neu in die Vorschrift des § 130a SGB V eingefügt worden und etabliert ein spezielles Abschlagsregime für Impfstoffe. Bisher waren die Abgabepreise der pharmazeutischen Unternehmer im Vergleich zu den internationalen Referenzpreisen überdurchschnittlich hoch[245]. Durch die Neuregelung soll eine **Begrenzung der Abgabepreise der pharmazeutischen Unternehmer auf internationale Referenzpreise** gewährleistet werden, so dass keine ungerechtfertigt hohen Impfstoffpreise zu Lasten der GKV abgerechnet werden können. Damit zielt die Regelung auf die **Festlegung eines angemessene Preisniveaus** für die zu Lasten der GKV abgegebenen Impfstoffe[246]. Nach der Neuregelung sollen Krankenkassen von den Apotheken allgemein einen **Abschlag auf Impfstoffe für Schutzimpfungen** nach § 20d Abs. 1 SGB V erhalten, dessen Höhe in der Differenz des Abgabepreises zu einem geringeren durchschnittlichen Preis besteht, der aus internationalen Referenzpreisen ermittelt wird. Die Berechnung des Abschlags setzt voraus, dass der pharmazeutische Unternehmer die Höhe des Abschlags selbst ermittelt (§ 130a Abs. 2 S. 4 SGB V). Die Höhe ergibt sich gem. § 130a Abs. 2 S. 2 SGB V aus einem Durchschnittspreis auf Grundlage der **tatsächlich gültigen Abgabepreise des pharmazeutischen Unternehmers** in den vier Mitgliedsstaaten der Europäischen Union, die den deutschen Verhältnissen am nächsten kommen. Die Auswahl der Vergleichsländer soll gem. § 130a Abs. 2 S. 2 SGB V nach Maßgabe der Vergleichbarkeit mit der Wirtschaftskraft Deutschlands hinsichtlich der Höhe der Bruttonationaleinkommen und der Kaufkraft erfolgen.

3. Verhältnis der gesetzlichen Rabatte

63   Die **Herstellerrabatte** aus § 130a Abs. 1, 2, 3a und 3b SGB V stehen ebenso wie der **Apothekenrabatt** aus § 130 SGB V als selbständiges Preisregulierungsinstrument neben den Festbeträgen. Im Unterschied zum Apothekenrabatt gilt aber der Herstellerrabatt aus § 130a Abs. 1 SGB V von vornherein nicht für Arzneimittel, für die ein Festbetrag nach § 35 SGB V festgesetzt worden ist, da insoweit die Erstattungspflicht der Krankenkassen bereits durch den Festbetrag begrenzt wird (§ 130a Abs. 3 SGB V). Die Herstellerrabatte aus § 130a Abs. 3a und 3b SGB V gelten dagegen grundsätzlich auch für festbetragsgebundene Arzneimittel. Die Krankenkassen erhalten die **Herstellerrabatte** aus § 130a SGB V **zusätzlich zum Apothekenrabatt** aus § 130 SGB V[247].

4. Herstellerrabatte zugunsten der PKV nach dem AMRabG

64   Durch das AMNOG wurde die Regulierung des Arzneimittelmarktes nicht nur in der GKV weiter fortgeführt und ausgebaut, sondern überdies teilweise auf die PKV übertragen. Zum 1.1.2011 ist das Gesetz über Rabatte für Arzneimittel (AMRabG[248]) in Kraft

---

[245] BT-Drs. 17/3698, S. 78.
[246] *Stallberg* PharmR 2011, 38 (43); BT-Drs. 17/3698, S. 78.
[247] *Wodarz* in Sodan HdB KrankenVersR § 27 Rn. 71; *Kuhlmann* in NK-MedR SGB V § 130 Rn. 2; *Joussen* in BeckOK SGB V § 130a; *Axer* in Becker/Kingreen SGB V § 130a Rn. 1; *Dalichau* in Prütting SGB V § 130a Rn. 5.
[248] Art. 11a AMNOG, Gesetz über Rabatte für Arzneimittel vom 22.12.2010, BGBl. I S. 2262, 2275.

§ 11 Preisfestsetzung und Erstattung

getreten. Gemäß § 1 AMRabG haben die pharmazeutischen Hersteller **Rabatte auf den Herstellerabgabepreis** nach § 130a Abs. 1, Abs. 2, Abs. 3, Abs. 3a und 3b SGB V auch **an die Unternehmen der privaten Krankenversicherung abzuführen**. Neben PKV-Unternehmen bezieht § 1 AMRabG zudem Kostenträger nach beamtenrechtlichen Vorschriften (Beihilfe, Fürsorge) in die Zwangsrabatte der pharmazeutischen Unternehmer für verschreibungspflichtige Arzneimittel ein[249]. Bei der Ermittlung der Abschläge sind Selbst- oder Eigenbehalte, die Unternehmen der privaten Krankenversicherung mit den Versicherungsnehmern vereinbart haben oder die auf beamtenrechtlichen Vorschriften oder anderen Vorschriften beruhen, nach § 1 Satz 3 AMRabG jedoch nicht zu berücksichtigen. Bis zum Inkrafttreten des AMRabG galten die Herstellerrabatte ausschließlich zugunsten der GKV. Mit § 1 AMRabG verfolgt der Gesetzgeber das Ziel eines **kostengünstigen Krankenversicherungsschutzes für PKV-Versicherte**[250]. Zudem will der Gesetzgeber mit der Regelung den Erhalt des PKV-Geschäftsmodells zum **Erhalt des Gesamtkrankenversicherungssystems** bezwecken[251]. Der Einzug der Zwangsrabatte erfolgt über die zentrale Stelle zur Abrechnung von Arzneimittelrabatten GmbH **(ZESAR)**. Eine solche Stelle war gem. § 2 S. 1 AMRabG einzurichten. Die Pharmaverbände BAH, BPI, Deutscher Generikaverband, Pro Generika und vfa haben mit der ZESAR einen Rahmenvertrag über die Abwicklung der zu leistenden Abschläge geschlossen, der rückwirkend zum 1.1.2011 in Kraft getreten ist. Dieser beinhaltet Abrechnungsregelungen, Einzelheiten zur Rechnungsstellung und Fälligkeit, zur Sammelrechnung, Abschlagszahlungen, Berichtigungen, Datenlieferungen und Überprüfungen. Der Rahmenvertrag entfaltet nur Rechtswirkung gegenüber pharmazeutischen Unternehmern, die dem Vertrag durch Abgabe einer schriftlichen Erklärung beitreten (Anl. 1 des Rahmenvertrages). Auch ohne Beitritt zum Rahmenvertrag sind die pharmazeutischen Unternehmer verpflichtet, von der ZESAR übermittelte Rabatte zu erstatten.

III. Festbeträge für Arzneimittel (§§ 31 Abs. 2, 35 SGB V)

1. Zweck der Festbetragsfestsetzung

Zwischen **Arzneimitteln in vergleichbarer Qualität, mit vergleichbarer Wirkung und identischer Zusammensetzung** bestehen zum Teil **erhebliche Preisspannen**. Ist für eine **gleichartige Kategorie von Arzneimitteln** ein vergleichbarer **einheitlicher Festbetrag** nach § 35 SGB V festgesetzt, trägt die GKV die Kosten nur bis zur Höhe des Festbetrages (§ 31 Abs. 2 SGB V). Demnach **begrenzen** Festbeträge den **Leistungsanspruch des Versicherten der Höhe nach,** indem sie bestimmen, bis zu welchen Kosten die GKV die Kosten eines Arzneimittels erstattet. Wählt der Versicherte ein Arzneimittel, dessen Apothekenabgabepreis den Festbetrag übersteigt, muss er die Mehrkosten selbst tragen. Als Erstattungsobergrenze wirken sich die Festbeträge aber auch mittelbar auf die Preisgestaltung des pharmazeutischen Unternehmers aus[252], wenn sich dieser im Zuge des durch die Festbetragsregelung ausgelösten Preisanpassungsdrucks dazu veranlasst sieht, seinen Abgabepreis so zu bestimmen, dass sein Arzneimittel zum Festbetrag erhältlich ist[253]. Werden die Kosten eines Arzneimittels nicht in voller Höhe von der GKV übernommen, erschwert dies für den pharmazeutischen Unternehmer den Absatz seines Produktes, so dass sich die Preisgestaltung des pharmazeutischen Unternehmers an den von

65

---

[249] Zur Verfassungsmäßigkeit von § 1 AMRabG *Butzer/Soffner* NZS 2011, 841 f.; *Paal/Rehmann* A&R 2011, 51.
[250] BT-Drs. 17/3698, S. 60 f.
[251] BT-Drs. 17/3698, S. 61.
[252] BVerfGE 106, 275 (299) – Festbetrags-Urteil, wonach sich die Festbeträge im Grundsatz nur im Wege eines – wenn auch ebenso marktlenkenden – Reflexes auf die Leistungserbringer auswirken.
[253] *Hofmann* in KMH AMG § 78 Rn. 88.

der GKV übernommenen Kosten orientieren muss. Zweck der Festbetragregelung ist es somit, den Versicherten und Vertragsärzten einen Anreiz zur **Wahl kostengünstigerer Arzneimittel** zu geben und die **Arzneimittelhersteller zur Absenkung ihres Abgabepreises zu veranlassen.** Auf diese Weise soll eine qualitativ hochwertige Arzneimittelversorgung auf niedrigem Preisniveau durch **Preiswettbewerb** zwischen den Herstellern bei vergleichbaren Arzneimitteln bewirkt und damit eine Kostensenkung herbeigeführt werden. Mit über 400 Festbetragsgruppen fällt ein Großteil der **Generikaverordnungen** unter die Festbetragsregelung[254].

2. Festsetzungsverfahren

66 Die Festbeträge werden in einem **zweistufigen Verfahren** bestimmt. Der G-BA ermittelt zunächst Gruppen von Arzneimitteln (§ 35 Abs. 1 SGB V), für die anschließend Festbeträge durch den Spitzenverband Bund der Krankenkassen festgesetzt werden (§ 35 Abs. 3 SGB V).

67 a) **Festbetragsgruppenbildung.** Gemäß § 35 Abs. 1 S. 1 SGB V bestimmt der G-BA in den Arzneimittel-Richtlinien nach § 92 Abs. 1 S. 2 SGB V die Gruppen vergleichbarer Arzneimittel, für die ein einheitlicher Festbetrag festgesetzt wird. Die **Gruppenbildung** erfolgt jeweils für **Arzneimittel mit denselben Wirkstoffen** (§ 35 Abs. 1 S. 2 Nr. 1 SGB V), mit **pharmakologisch-therapeutisch vergleichbaren Wirkstoffen** (§ 35 Abs. 1 S. 2 Nr. 2 SGB V) oder für Arzneimittel mit **therapeutisch vergleichbarer Wirkung,** insbesondere Arzneimittelkombinationen (§ 35 Abs. 1 S. 2 Nr. 3 SGB V). Die drei Gruppen stehen in einem **Stufenverhältnis,** so dass vorrangig Gruppen mit denselben Wirkstoffen nach § 35 Abs. 1 S. 2 Nr. 1 SGB V zu bilden sind[255]. In dieser Gruppe sind Arzneimittel mit **chemisch identischen Wirkstoffen** sowie **Kombinationsarzneimittel mit identischer Wirkstoffkombination** zusammenzufassen[256]. Bei der Gruppenbildung nach § 35 Abs. 1 S. 2 Nr. 1 SGB V hat der G-BA klinisch relevante Bioverfügbarkeiten zu berücksichtigen. Gemeint sind die Geschwindigkeit und das Ausmaß, mit der ein chemischer Wirkstoff freigesetzt und resorbiert wird und im Körper seine Wirkung entfaltet[257]. Auf diese erste Gruppe entfallen mehr als ein Drittel der Arzneimittelausgaben der GKV[258]. In der zweiten Gruppe nach 35 Abs. 1 S. 2 Nr. 2 SGB V sind insbesondere Arzneimittel mit **chemisch verwandten Stoffen** zusammenzufassen. Erfasst sind damit Arzneimittel, die zwar einen gleichen Wirkstoff aufweisen, dieser aber unterschiedlich molekular zusammengesetzt ist[259]. Bei den Gruppenbildungen nach § 35 Abs. 1 S. 2 Nr. 2 und 3 SGB V hat der G-BA gem. § 35 Abs. 1 S. 3 SGB V zu gewährleisten, dass die Therapiemöglichkeiten für den Arzt nicht eingeschränkt werden und medizinisch notwendige Verordnungsalternativen zur Verfügung stehen.

68 **Von der Festbetragsgruppenbildung ausgenommen** sind Arzneimittel mit **patentgeschützten Wirkstoffen,** deren Wirkungsweise neuartig ist oder die eine **therapeutische Verbesserung,** auch wegen geringerer Nebenwirkungen bedeuten (§ 35 Abs. 1 S. 3 Hs. 2 SGB V). Als neuartig gilt ein Wirkstoff, solange derjenige Wirkstoff, der als erster der Festbetragsgruppe in Verkehr gebracht worden ist, unter Patentschutz steht (§ 35

---

[254] *Barth* in Spickhoff SGB V § 35 Rn. 1; *Wodarz* in Sodan HdB KrankenVersR § 27 Rn. 27; *Reese/Stallberg* in Dieners/Reese PharmaR § 17 Rn. 172; *Hess* in KassKomm SGB V § 35 Rn. 3.
[255] *Barth* in Spickhoff SGB V § 35 Rn. 3; *Reese/Stallberg* in Dieners/Reese PharmaR § 17 Rn. 172; *Hess* in KassKomm SGB V§ 35 Rn. 3
[256] *Joussen* in KSW SGB V § 35 Rn. 3; *Axer* in Becker/Kingreen SGB V § 35 Rn. 7; *Hess* in KassKomm SGB V § 35 Rn. 4; *Reese/Stallberg* in Dieners/Reese PharmaR § 17 Rn. 175.
[257] *Axer* in Becker/Kingreen SGB V § 35 Rn. 7.
[258] *Joussen* in KSW SGB V § 35 Rn. 3.
[259] *Joussen* in KSW SGB V § 35 Rn. 4; *Reese/Stallberg* in Dieners/Reese PharmaR § 17 Rn. 176.

Abs. 1 S. 4 SGB V). Auf diese Weise soll verhindert werden, dass der Patentschutz unterlaufen wird[260]. Nach der **Sonderregelung des § 35 Abs. 1a SGB V** können **patentgeschützte Arzneimittel, deren Wirkungsweise neuartig ist,** in einer Festbetragsgruppe nach § 35 Abs. 1 S. 2 Nr. 2 SGB V zusammengefasst werden, wenn die Gruppe aus mindestens drei Arzneimitteln besteht, die jeweils unter Patentschutz stehen. Auf diese Weise können trotz des bestehenden Patentschutzes neuartige Arzneimittel in eine **reine Patent-Festbetragsgruppe** einbezogen werden.[261] **Patentgeschützte Wirkstoffkombinationen** können gem. § 35 Abs. 1a S. 3 SGB V in eine reine Patent-Festbetragsgruppe einbezogen werden, wenn sie keine therapeutische Verbesserung beinhalten. Gleiches gilt, wenn die Kombinationswirkstoffe nicht mehr neuartig iSd § 35 Abs. 1 S. 4 SGB V sind. Arzneimittel mit **patentgeschützten Wirkstoffen,** die eine **therapeutische Verbesserung,** auch wegen geringerer Nebenwirkungen herbeiführen, sind gem. § 35 Abs. 1 S. 3 Hs. 2 und Abs. 1a S. 2 SGB V **stets von der Festbetragsregelung ausgenommen.** Dadurch soll der Patentschutz gewahrt bleiben und der Anreiz zur Neuentwicklung und Weiterentwicklung hinreichend geschützt werden[262]. Das **AMNOG** lässt die materiellen Voraussetzungen für eine Einbeziehung patentgeschützter Arzneimittel in die Festbetragsregelung unverändert. **Arzneimittel mit patentgeschützten Wirkstoffen, die eine therapeutische Verbesserung bedeuten,** bleiben **festbetragsfrei.** Eine therapeutische Verbesserung liegt vor, wenn das Arzneimittel einen therapierelevanten höheren Nutzen als andere Arzneimittel dieser Wirkstoffgruppe hat und deshalb als zweckmäßige Therapie regelmäßig oder auch für relevante Patientengruppen oder Indikationsbereiche den anderen Arzneimitteln dieser Gruppe vorzuziehen ist. Ein höherer Nutzen kann auch eine Verringerung der Häufigkeit oder des Schweregrades therapierelevanter Nebenwirkungen sein (§ 35 Abs. 1b S. 1 und 3 SGB V). Der **Nachweis einer therapeutischen Verbesserung** erfolgt gem. § 35 Abs. 1b S. 4 SGB V aufgrund der Fachinformationen und durch Bewertung von klinischen Studien nach methodischen Grundsätzen der evidenzbasierten Medizin, soweit diese Studien allgemein verfügbar sind oder gemacht werden und ihre Methodik internationalen Standards entspricht. Vorrangig sind klinische Studien, insbes. direkte Vergleichsstudien mit anderen Arzneimitteln dieser Wirkstoffgruppe mit patientenrelevanten Endpunkten, insbesondere Mortalität, Morbidität und Lebensqualität zu berücksichtigen. Gelingt dem pharmazeutischen Unternehmer der Nachweis einer therapeutischen Verbesserung für bestimmte Patiententypen oder Indikationen, so führt dies einerseits dazu, dass das Arzneimittel nicht in die Festbetragsfestsetzung einbezogen werden darf und zu dem vom Hersteller gebildeten Preis von der GKV zu erstatten ist. Andererseits gilt nach § 35 Abs. 1b S. 9 SGB V das von der Festbetragsregelung ausgenommene Arzneimittel **in den übrigen Anwendungsbereichen** als **unwirtschaftlich**[263].

Zur Vorbereitung der Festsetzung eines Festbetrages bedarf es über die Gruppenbildung hinaus der **Festlegung geeigneter Vergleichsgrößen.** Die Festlegung einer geeigneten Vergleichsgröße obliegt nach § 35 Abs. 1 S. 5 SGB V dem G-BA, der als Vergleichgröße die notwendigen rechnerischen mittleren Tages- oder Einzeldosen oder andere geeignete Vergleichsgrößen vorzugeben hat. Vor seiner Entscheidung über die Festbetragsgruppenbildung hat der G-BA gem. § 35 Abs. 2 SGB V die Sachverständigen der medizinischen und pharmazeutischen Wissenschaft und Praxis sowie die Arzneimittelhersteller und die Berufsvertretungen der Apotheker anzuhören und ihre Stellungnahme zu berücksichtigen.

b) Festbetragsfestsetzung. Auf Grundlage der Festbetragsgruppenbildung und der vom G-BA ermittelten Vergleichsgrößen setzt der Spitzenverband Bund der Krankenkas-

---

[260] *Joussen* in KSW SGB V § 35 Rn. 4.
[261] *Reese/Stallberg* in Dieners/Reese PharmaR § 17 Rn. 184.
[262] *Joussen* in KSW SGB V § 35 Rn. 6.
[263] *Barth* in Spickhoff SGB V § 35 Rn. 5; *Joussen* in KSW SGB V § 35 Rn. 7.

sen die konkrete Höhe der Festbeträge in Form einer **Allgemeinverfügung iSd § 31 S. 2 SGB X** einheitlich fest[264]. Der Spitzenverband Bund der Krankenkassen ist an die Festbetragsgruppenbildung durch den G-BA gebunden, sofern das BMG nach § 94 Abs. 1 SGB V die vom G-BA als Bestandteil der Arzneimittel-Richtlinien beschlossenen Festbetragsgruppen nicht beanstandet[265]. Vor der Festsetzung ist den Sachverständigen Gelegenheit zur Stellungnahme zu geben (§ 35 Abs. 3 iVm Abs. 2 SGB V). Die **Kriterien für die Höhe der Festbeträge** sind in § 35 Abs. 5 SGB V bestimmt. Die Festbeträge sind der Höhe nach so festzusetzen, dass allgemein eine **ausreichende, zweckmäßige und wirtschaftliche sowie in der Qualität gesicherte Versorgung gewährleistet** bleibt und soweit wie möglich eine für die Therapie **hinreichende Arzneimittelauswahl sichergestellt** ist. Die Festsetzung ist an möglichst **preisgünstigen Versorgungsmöglichkeiten** auszurichten, damit durch eine entsprechende Festbetragshöhe ein wirksamer **Preiswettbewerb ausgelöst** wird und die **Wirtschaftlichkeitsreserven ausgeschöpft** werden. Für die **Berechung der Höhe** bestimmt § 35 Abs. 5 S. 4 SGB V, dass der Festbetrag für die Arzneimittel den höchsten Abgabepreis des unteren Drittels des Intervalls zwischen dem niedrigsten und dem höchsten Preis einer Standardpackung nicht überschreiten soll. Bei dieser Berechnung dürfen nach § 35 Abs. 5 S. 6 SGB V hochpreisige Packungen mit einem Verordnungsanteil von weniger als 1 % nicht berücksichtigt werden, um Umgehungsstrategien der pharmazeutischen Unternehmer vorzubeugen. Die Festbeträge sind gem. § 35 Abs. 5 S. 3 SGB V mindestens einmal im Jahr zu überprüfen und in geeigneten Zeitabständen an eine veränderte Marktlage anzupassen. Bei der jährlichen Anpassung der Festbetragshöhe sollen gem. des durch das **AMNOG neugefassten § 35 Abs. 6 SGB V** auch die Zuzahlungsfreistellungsgrenzen nach Maßgabe einer von § 35 Abs. 5 SGB V abweichenden Maßzahl berücksichtigt werden. Hierdurch soll gewährleistet werden, dass auch nach einer Festbetragsanpassung zuzahlungsfreigestellte Arzneimittel verfügbar sind und auch **unterhalb der Zuzahlungsfreistellungsgrenze ein wirksamer Preiswettbewerb** ausgelöst wird[266]. Die Festbeträge sind gem. § 35 Abs. 7 S. 1 SGB V im Bundesanzeiger bekannt zu machen und nach Maßgabe von § 35 Abs. 8 SGB V im Internet zu veröffentlichen.

3. Rechtsschutz

71 Ein Vorverfahren iSd § 78 Abs. 1 Nr. 1 SGG findet gem. § 35 Abs. 7 S. 3 SGB V nicht statt. Eine gesonderte Anfechtungsklage nach § 54 Abs. 1 S. 1 Alt. 1 SGB X gegen die Festbetragsgruppenbildung, die Vergleichsgrößenbestimmung sowie gegen sonstige Zwischenschritte des Festsetzungsverfahrens sind gem. § 35 Abs. 7 S. 4 SGB V unzulässig. Eine gerichtliche Überprüfung der Festbetragsgruppenbildung sowie der Vergleichsgrößen ist nur inzident im Rahmen einer Anfechtung der Festbetragsfestsetzung möglich. Eine Anfechtungsklage gegen die Festbetragsfestsetzung hat keine aufschiebende Wirkung iSd § 86a Abs. 1 und Abs. 2 Nr. 4 SGG. Allerdings kann das zuständige Gericht der Hauptsache im Rahmen eines **Eilverfahrens nach § 86b Abs. 1 Nr. 2 SGG** die aufschiebende Wirkung einer gegen die Festsetzung gerichteten Anfechtungsklage ganz oder teilweise wieder anordnen. Vor dem Hintergrund der restriktiven bundesverfassungsgerichtlichen Rechtsprechung zur grundrechtlichen Betroffenheit des Herstellers durch die Festbeträge[267] sieht das Bundessozialgericht diesen nur dann als klagebefugt an, wenn das Arzneimittel durch eine unzutreffende Einstufung seiner Wirksamkeit im Wettbewerb

---

[264] BVerfGE 106, 275 (307 f.).
[265] *Reese/Stallberg* in Dieners/Reese PharmaR § 17 Rn. 183; *Hess* in KassKomm SGB V § 35 Rn. 26.
[266] *Beierl/Kellermann*, Arzneimittelrecht, 1. Aufl. 2011, S. 282.
[267] BVerfGE 106, 275 (298 ff.).

benachteiligt wird[268]. Dem Hersteller ist dann ein Grundrecht auf gleiche bzw. faire Teilhabe am Marktzugang aus Art. 12 Abs. 1 GG iVm Art. 3 Abs. 1 GG als subjektives Recht anzuerkennen[269]. Bei der Festsetzung der Festbeträge ist dem Spitzenverband Bund der Krankenkassen ein **Beurteilungsspielraum** zuzubilligen, der nur einer eingeschränkten sozialgerichtlichen Kontrolle unterliegt[270].

IV. Festbeträge für Hilfsmittel (§ 36 SGB V)

Anders als bei Arzneimitteln existieren speziell für Medizinprodukte keine Kostensteuerungsinstrumente. Soweit aber Medizinprodukte Hilfsmittel iSd § 33 SGB V sind, sieht § 36 SGB V die Bildung und Festsetzung von Festbeträgen auch für Hilfsmittel vor. Die Vorschrift stellt das Pendant für Hilfsmittel zur Festbetragsregelung für Arzneimittel nach § 35 SGB V dar, weist bei gleichem Regelungszweck jedoch Unterschiede im Festsetzungsverfahren auf. Wie die Festbetragsregelung für Arzneimittel zielt die Regelung des § 36 SGB V als Preisregulierungsinstrument auf den Ausgleich der erheblichen **Preisunterschiede zwischen Hilfsmitteln mit gleichartiger und gleichwertiger Wirkung** und damit auf eine **Kostensenkung**. Durch die Festsetzung von Festbeträgen für bestimmte Hilfsmittelgruppen soll den Versicherten unter Gewährleistung einer qualitativ hochwertigen Versorgung ein Anreiz für die Wahl kostengünstiger Hilfsmittel gegeben werden, was wiederum einen wirksamen **Preiswettbewerb** unter den Anbietern auslösen soll[271]. Für Hilfsmittel, für die Festbeträge festgesetzt sind, bilden diese die **Höchstgrenze der Leistungspflicht der GKV**. Nehmen die Versicherten Hilfsmittel in Anspruch, deren Kosten den Festbetrag übersteigen, haben sie die Mehrkosten selbst zu tragen (§ 33 Abs. 1 S. 5 SGB V). Dem Festbetragsfestsetzungsverfahren für Arzneimittel entsprechend werden die Festbeträge für Hilfsmittel in einem **zweistufigen Verfahren** bestimmt, bei dem zuerst festbetragsfähige Hilfsmittelbereiche ausgewählt und sodann für diese Bereiche nach Untergruppen einheitliche Festbeträge ermittelt und anschließend festgesetzt werden[272]. Abweichend von § 35 SGB V erfolgt die **Festbetragsgruppenbildung** nicht durch den G-BA, sondern gem. § 36 Abs. 1 S. 1 SGB V **durch den Spitzenverband Bund der Krankenkassen** selbst. Die Bildung von Festbetragsgruppen für Hilfsmittel orientiert sich an der Funktion der Hilfsmittel. Sie sollen in **Untergruppen funktionell gleichartiger und gleichwertiger Hilfsmittel** zusammengefasst werden. Gleichartigkeit meint die Funktionsweise des Hilfsmittels, Gleichwertigkeit die gleiche Eignung für den Zweck der Krankenbehandlung[273]. Gemäß § 36 Abs. 1 S. 2 SGB V können nur solche Hilfsmittel in Gruppen zusammengefasst werden, die die im Hilfsmittelverzeichnis festgelegten **Qualitätsstandards und Produkteigenschaften** erfüllen. Neben der Gruppenbildung sind gem. § 36 Abs. 1 S. 2 SGB V die **Einzelheiten der Versorgung** festzulegen, wodurch sichergestellt werden soll, dass alle Leistungsinhalte und Rahmendienstleistungen, die durch den Festbetrag abgedeckt werden, klar und transparent beschrieben sind[274]. Damit sind auch **sämtliche Kosten festbetragsfähig,** die im Zusammenhang mit der Bereitstellung von Hilfsmitteln entstehen[275]. Derzeit bestehen Festbetragsgruppen für Hörhilfen, Inkontinenzhilfen, Stomaartikel, Einlagen, Sehhilfen und Hilfsmittel zur Kompressionsthera-

72

---

[268] *Axer* in Becker/Kingreen SGB V § 35 Rn. 20; *Barth* in Spickhoff SGB V § 35 Rn. 8; *Baierl/Kellermann,* Arzneimittelrecht, 1. Aufl. 2011, S. 283.
[269] *Barth* in Spickhoff SGB V § 35 Rn. 8.
[270] *Axer* in Becker/Kingreen SGB V § 35 Rn. 19.
[271] *Butzer* in Becker/Kingreen SGB V § 36 Rn. 3; *Wagner* in Krauskopf SGB V § 36 Rn. 3; *Wabnitz* in Spickhoff SGB V § 36 Rn. 1; *Nolte* in KassKomm SGB V § 36 Rn. 2.
[272] *Butzer* in Becker/Kingreen SGB V § 36 Rn. 1.
[273] *Butzer* in Becker/Kingreen SGB V § 36 Rn. 6.
[274] BT-Drs. 16/3100, S. 104; *Wabnitz* in Spickhoff SGB V § 36 Rn. 1.
[275] *Butzer* in Becker/Kingreen SGB V § 36 Rn. 6; *Nolte* in KassKomm SGB V § 36 Rn. 4.

pie[276]. Die Festsetzung der Festbeträge obliegt wie die Gruppenbildung dem Spitzenverband Bund der Krankenkassen und erfolgt in Form einer Allgemeinverfügung iSv § 31 S. 2 SGB X. Die Kriterien für die Festbetragshöhe entsprechen den Vorgaben, die für die Höhe der Festbeträge für Arzneimittel gelten (§ 36 Abs. 3 iVm § 35 Abs. 5 SGB V). Sowohl bei der Bildung der Festbetragsgruppen als auch bei der Festsetzung der Festbeträge ist den Spitzenorganisationen der betroffenen Hersteller und Leistungserbringer Gelegenheit zur Stellungnahme zu geben (§ 36 Abs. 1 S. 3 und Abs. 2 S. 2 SGB V). Die Leistungserbringer und Hersteller sind nach § 36 Abs. 2 S. 3 SGB V zur **Mitwirkung verpflichtet**, wenn zur Ermittlung der Festbetragshöhe Informationen erforderlich sind, die nur von Herstellern und Leistungserbringern zur Verfügung gestellt werden können[277]. Neben den Leistungserbringern und Herstellern sind ferner die Selbsthilfeorganisationen chronisch kranker und behinderter Menschen sowie die Patientenorganisationen mitwirkungsberechtigt (§ 140f Abs. 4 SGB V). Die Festbeträge sind im Bundesanzeiger bekannt zu machen, mindestens jährlich zu überprüfen und in geeigneten Zeitabständen der Marktlage anzupassen (§ 36 Abs. 3 iVm § 35 Abs. 5 und 7 SGB V). Für den **Rechtsschutz gegen die Festsetzung des Festbetrages** gelten die selben **Voraussetzungen**, die für den Rechtsschutz gegen die Festbetragssetzung bei Arzneimitteln gelten (§ 36 Abs. 3 iVm § 35 Abs. 7 SGB V).

V. Erstattungsbeträge (§§ 130b I, III SGB V)

1. Überblick über das Verfahren zur Bestimmung des Erstattungsbetrages

73   Seit dem 1.1.2011 werden die Preise für **neu zugelassene Arzneimittel mit neuen Wirkstoffen oder hierfür neu zugelassenen Anwendungsgebieten** im Rahmen eines **Preisverhandlungsverfahrens** gebildet. Kernstück des Verfahrens sind die **frühe Nutzenbewertung nach § 35a SGB V** und die **Vereinbarung über den Erstattungsbetrag nach § 130b SGB V** zwischen dem pharmazeutischen Unternehmer und dem Spitzenverband Bund der Krankenkassen[278]. Der pharmazeutische Unternehmer kann den Preis für sein neu zugelassenes Arzneimittel nach Markteinführung zunächst frei bestimmen. Spätestens zum Zeitpunkt des erstmaligen Inverkehrbringens oder der Zulassung neuer Anwendungsgebiete des Arzneimittels muss der Hersteller in einem an den G-BA übermittelten **Dossier** den Zusatznutzen des neu zugelassenen Arzneimittels gegenüber einer vom G-BA bestimmten zweckmäßigen Vergleichstherapie nach Maßgabe des § 35a Abs. 1 S. 3 SGB V belegen. Auf der Grundlage dieses Nachweises führt der G-BA gem. § 35a Abs. 3 SGB V innerhalb von drei Monaten nach Markteinführung eine **frühe Nutzenbewertung** durch, mit der er gem. § 35a Abs. 2 S. 1 SGB V auch das IQWiG oder einen Dritten beauftragen kann. An die Veröffentlichung des Ergebnisses der Nutzenbewertung nach Maßgabe des § 35a Abs. 2 S. 3 SGB V schließt sich ein Stellungnahmeverfahren an (§ 35a Abs. 3 S. 2 S iVm § 92 Abs. 3a SGB V), bevor der G-BA über das Ergebnis der Nutzenbewertung nach spätestens weiteren drei Monaten beschließt (§ 35a Abs. 3 S. 1 SGB V).

---

[276] *Butzer* in Becker/Kingreen SGB V § 36 Rn. 2; *Wabnitz* in Spickhoff SGB V § 36 Rn. 5; *Nolte* in KassKomm SGB V § 36 Rn. 3.
[277] *Butzer* in Becker/Kingreen SGB V § 36 Rn. 8.; *Wabnitz* in Spickhoff SGB V § 36 Rn. 8.
[278] Bislang konnten pharmazeutische Unternehmer den Preis für innovative Arzneimittel frei bestimmen. War einmal die arzneimittelrechtliche Zulassung erteilt, mussten die Kosten für Arzneimittel in jedem Fall von der GKV getragen werden. Sofern es sich bei neuartigen Arzneimitteln um solche mit neuartiger Wirkungsweise handelte oder diese therapeutische Verbesserungen brachten, war allerdings die Einordnung in eine Festbetragsgruppe nicht möglich. Diese Regelungslücke sollte durch die Höchstbetragsregelung nach § 31 Abs. 2a SGB V aF geschlossen werden, indem diese nicht einem Festbetrag zuführbaren Arzneimittel nach einer Kosten-Nutzen-Bewertung einem Höchstbetrag durch die Spitzenverbände der Krankenkassen zugeführt werden sollten. Im Zuge des AMNOG wird die Höchstbetragsregelung von einem Preisverhandlungsverfahren nach §§ 35a, 130b SGB V abgelöst.

Soweit nach dem **Beschluss** für das zu bewertende Arzneimittel **kein Zusatznutzen** belegt wurde und dieses **festbetragsfähig** ist, wird es mit dem Beschluss einer bestehenden **Festbetragsgruppe** zugeordnet (§ 35a Abs. 4 S. 1 SGB V). Soweit nach dem **Beschluss** über die Nutzenbewertung ein **Zusatznutzen belegt** ist, trifft der Spitzenverband Bund der Krankenkassen eine **Vereinbarung** mit dem pharmazeutischen Unternehmer **über den Erstattungsbetrag** (§ 130b Abs. 1 S. 1 SGB V). Dabei hat sich die Preisfindung an den Vorgaben der Rahmenvereinbarung nach § 130b Abs. 9 SGB V zu orientieren. Der Erstattungsbetrag wird als **Rabatt auf den Abgabepreis** des pharmazeutischen Unternehmers vereinbart (§ 130b Abs. 1 S. 2 SGB V). Soweit ein Arzneimittel **keinen Zusatznutzen** hat und **keiner Festbetragsgruppe** zugeordnet werden kann, wird ebenfalls ein **Erstattungsbetrag** zwischen dem Spitzenverband Bund der Krankenkassen und dem pharmazeutischen Unternehmen vereinbart (§ 130b Abs. 3 S. 1 SGB V). Dieser darf gem. § 130b Abs. 3 S. 1 nicht zu höheren Jahrestherapiekosten führen als die nach § 35a Abs. 1 S. 7 SGB V bestimmte zweckmäßige Vergleichstherapie. Falls eine Vereinbarung zwischen dem Spitzenverband Bund der Krankenkassen und dem Pharmaunternehmen nicht innerhalb von sechs Monaten nach Veröffentlichung des Beschlusses über die Nutzenbewertung zustande kommt, setzt eine **Schiedsstelle** den Vertragsinhalt innerhalb von drei Monaten fest (§ 130b Abs. 4 S. 1 SGB V). Die Schiedsstelle entscheidet unter freier Würdigung aller Umstände des Einzelfalls und berücksichtigt die Besonderheiten des jeweiligen Therapiegebiets (§ 130b Abs. 4 Satz 2 SGB V). Der durch die Schiedsstelle festgesetzte Erstattungspreis gilt gem. § 130b Abs. 4 S. 3 SGB V ab dem dreizehnten Monat nach Markteinführung des Arzneimittels, so dass dem Pharmahersteller insgesamt eine **freie unternehmerische Preisfestsetzung nur für die Dauer eines Jahres** möglich ist. Sind die Verhandlungsparteien nicht mit der Erstattungsbetragsfestsetzung durch die Schiedsstelle einverstanden, so können gem. § 130b Abs. 8 S. 1 SGB V beide beim G-BA eine **Kosten-Nutzen-Bewertung nach § 35b SGB V** beantragen, auf deren Grundlage der Erstattungsbetrag neu vereinbart oder, wenn keine Einigung erfolgt, von der Schiedsstelle festgesetzt wird (§ 130b Abs. 8 S. 3 und 4 SGB V). Die vereinbarten oder festgesetzten Erstattungsbeträge gelten auch für die **private Krankenversicherung** und für die Beihilfe (§ 78 Abs. 3a AMG).

2. Frühe Nutzenbewertung nach § 35a SGB V

a) **Grundlagen.** Mit der arzneimittelrechtlichen Zulassung sind neue Arzneimittel unter den Voraussetzungen des § 31 SGB V zu Lasten der GKV verordnungsfähig. Gegenstand der arzneimittelrechtlichen Zulassung sind jedoch lediglich drei Aspekte: die medizinische Unbedenklichkeit, die therapeutische Wirksamkeit und die pharmazeutische Qualität[279]. Anders als bei anderen Leistungsarten (§§ 135–139 SGB V) verzichtete das SGB V bislang für neuartige Arzneimittel weitgehend auf eine eigenständige Qualitätsprüfung in sozialrechtlicher Hinsicht. Dies ändert sich durch die frühe Nutzenbewertung maßgeblich. Hiermit hält erstmals ein **System zur umfassenden Qualitätssicherung und Preissteuerung** Einzug in das Sozialversicherungsrecht[280]. Die frühe Nutzenbewertung neu zugelassener Arzneimittel mit neuen Wirkstoffen und neuen Anwendungsgebieten zielt auf die **Bewertung des Zusatznutzens des Arzneimittels gegenüber einer bereits zugelassenen zweckmäßigen Vergleichstherapie** ab und bildet die Grundlage für eine Vereinbarung des Spitzenverbands Bund der Krankenkassen mit dem pharmazeutischen Unternehmer über Erstattungsbeträge nach § 130b SGB V oder für die Einordnung des Arzneimittels in eine Festbetragsgruppe nach § 35 Abs. 1 SGB V[281]. Anders als die Arzneimittelzulassung ist

74

---
[279] Vgl. § 25 Abs. 2 AMG.
[280] *Kingreen* NZS 2011, 441 (442).
[281] *Kraftberger* in LPK-SGB V § 35a Rn. 3.

die frühe Nutzenbewertung nicht als Antragsverfahren ausgestaltet, das dem Hersteller den Zugang zum System der GKV eröffnen soll[282]. Der **freie Marktzugang** eines arzneimittelrechtlich neu zugelassenen Arzneimittels und die **Preisbestimmung durch den Hersteller im ersten Jahr der Markteinführung** bleiben **unberührt**[283]. Die frühe Nutzenbewertung ist rechtlich als **gutachterliche, wissenschaftliche Stellungnahme** zu bewerten, die hinsichtlich der Preisvereinbarungen nach § 130b SGB V vorbereitenden Charakter hat[284]. Als **Verfahren zur wissenschaftlichen Begutachtung** entfaltet die frühe Nutzenbewertung keine normativen Wirkungen und ist **rechtlich nicht bindend**[285].

75 Gesetzliche Grundlage für das Verfahren der frühen Nutzenbewertung ist **§ 35a SGB V**. Ausgestaltet werden die gesetzlichen Vorgaben durch die auf § 35a Abs. 1 S. 6 und 7 SGB V beruhende **Arzneimittelnutzenbewertungsverordnung (AM-NutzenV**[286]**)** des Bundesministeriums für Gesundheit, die zusammen mit der Regelung nach § 35a SGB V am 1.1.2011 in Kraft getreten ist. Auf der Grundlage dieser Rechtsverordnung hat der G-BA gem. § 35a Abs. 1 S. 8 SGB V weitere Einzelheiten zum Verfahren der Nutzenbewertung in **Kapitel 5** seiner **Verfahrensordnung (VerfO**[287]**)** geregelt. Die VerfO vervollständigt die verschiedenen Regelungen des § 35a SGB V und der AM-NutzenV, ergänzt diese und fasst die Vorschriften zu einem einheitlichen Regelungswerk zusammen, so dass darin eine Gesamtdarstellung der für die Nutzenbewertung maßgeblichen Vorschriften erfolgt.

76 **b) Anwendungsbereich der frühen Nutzenbewertung.** Der sachliche Anwendungsbereich der frühen Nutzenbewertung wird durch § 35a Abs. 1 und 6 SGB V iVm §§ 3 AM-NutzenV, 1 Abs. 2 Kap. 5 VerfO bestimmt. Vom Anwendungsbereich erfasst werden neu zugelassene Arzneimittel mit **neuen Wirkstoffen** und **neuen Wirkstoffkombinationen** oder hierfür **neu zugelassenen Anwendungsgebieten**. Darüber hinaus können auch **bereits zugelassene und im Verkehr befindliche Arzneimittel (Bestandsarzneimittel)** einer frühen Nutzenbewertung nach § 35a SGB V unterzogen werden. Dabei ist zwischen einer **vom G-BA obligatorisch durchzuführenden Nutzenbewertung** und einer **Nutzenbewertung nach Ermessen** zu differenzieren[288].

77 **aa) Neu zugelassene Arzneimittel mit neuen Wirkstoffen.** Einer obligatorischen Nutzenbewertung unterfallen gem. § 35a Abs. 1 S. 1 SGB V i.V.m §§ 3 Nr. 1 AM-NutzenV, 1 Abs. 2 Nr. 1 VerfO alle erstattungsfähigen Arzneimittel mit neuen Wirkstoffen, die ab dem 1.1.2011 erstmals in den Verkehr gebracht werden, sofern erstmals ein Arzneimittel mit diesem Wirkstoff in den Verkehr gebracht wird. Dies gilt gem. § 35a Abs. 1 S. 4 SGB V auch für Arzneimittel mit neuen Wirkstoffen, die pharmakologisch-therapeutisch vergleichbar mit Festbetragsarzneimitteln sind und daher in eine Festbetragsgruppe eingeordnet werden können. Nach §§ 2 Abs. 1 S. 1 AM-NutzenV, 2 Abs. 1 S. 1 Kap. 5 VerfO sind Arzneimittel mit neuen Wirkstoffen solche, die Wirkstoffe enthalten, deren Wirkungen bei der erstmaligen Zulassung in der medizinischen Wissen-

---

[282] Hess GesR 2011, 65 (66).
[283] *Kraftberger* in LPK-SGB V § 35a Rn. 3.
[284] BT-Drs. 17/2413, S. 22; *Hess* in KassKomm SGB V § 35a Rn. 47; *Joussen* in KSW SGB V § 35a Rn 8; *Axer* SGb 05/11, 246 (250).
[285] BT-Drucks. 17/2413, S. 22.
[286] Verordnung über die Nutzenbewertung von Arzneimitteln nach § 35a Abs. 1 SGB V für Erstattungsvereinbarungen nach § 130b SGB V vom 28.12.2010, BGBl. I, 2324.
[287] Beschluss des Gemeinsamen Bundesausschusses über die Erweiterung seiner Verfahrensordnung um ein 5. Kap. zur Bewertung des Nutzens von Arzneimitteln mit neuen Wirkstoffen nach § 35a SGB V vom 20.1.2011, http://www.g-ba.de/institution/themenschwerpunkte/arzneimittel/nutzenbewertung35a/.
[288] *Schickert* PharmR 2011, 217 (218); *Hauck* GesR 2011, 69 (72); *Kraftberger* in LPK-SGB V § 35a Rn. 4 und 31.

schaft nicht allgemein bekannt sind. Gemäß §§ 2 Abs. 1 S. 2 AM-NutzenV, 2 Abs. 1 S. 2 VerfO gilt ein Arzneimittel so lange als Arzneimittel mit einem neuen Wirkstoff, wie für das erstmalig zugelassene Arzneimittel mit dem gleichen Wirkstoff Unterlagenschutz, dh Verschreibungspflicht nach § 48 Abs. 1 S. 1 AMG und der Verordnung (EG) Nr. 726/2004, besteht[289]. Damit gilt die Neuregelung etwa nicht für Generika oder sonstige Arzneimittel mit Wirkstoffen, deren Wirkung der medizinischen Wissenschaft schon allgemein bekannt ist[290]. Erstattungsfähig sind alle Arzneimittel, die zu Lasten der GKV von der Versorgung nach § 31 SGB V erfasst sind, es sei denn, sie sind nach § 34 SGB V oder durch die Arzneimittelrichtlinie des G-BA nach § 92 Abs. 1 S. 2 Nr. 6 SGB V ausgeschlossen[291].

bb) Neu zugelassene Arzneimittel mit neuen Wirkstoffkombinationen. Einer **obligatorischen** Nutzenbewertung unterfallen gem. § 35a Abs. 1 S. 1 SGB V i.V.m §§ 3 Nr. 1 AM-NutzenV, 1 Abs. 2 Nr. 1 Kap. 5 VerfO alle erstattungsfähigen Arzneimittel mit neuen Wirkstoffkombinationen, die ab dem 1.1.2011 erstmals in den Verkehr gebracht werden, sofern erstmals ein Arzneimittel in dieser Kombination in den Verkehr gebracht wird. § 35a Abs. 1 S. 1 SGB V spricht lediglich von neuen Wirkstoffen. §§ 3 Nr. 1 AM-NutzenV, 1 Abs. 2 Nr. 1 Kap. 5 VerfO konkretisieren diesen Anwendungsbereich und beziehen auch neue Wirkstoffkombinationen ein. Die Definition „neue Wirkstoffkombinationen" ergibt sich aus der Regelung des § 2 Abs. 1 S. 3 Kap. 5 VerfO[292]. Diese nimmt in ihrem Wortlaut Bezug auf neue Wirkstoffe iSv § 35a SGB V und bestimmt, dass als solche auch fixe Kombinationen von Wirkstoffen gelten, sofern sie mindestens einen neuen Wirkstoff enthalten. Demnach setzt die Eröffnung des Anwendungsbereichs der frühen Nutzenbewertung eines Kombinationsarzneimittels voraus, dass die zu bewertende Wirkstoffkombination zumindest einen neuen Wirkstoff iSv § 35a SGB V neu kombiniert[293]. 78

cc) Zulassung neuer Anwendungsgebiete. Einer **obligatorischen** Nutzenbewertung unterfallen erstattungsfähige Arzneimittel mit neuen Wirkstoffen und neuen Wirkstoffkombinationen, die ab dem 1.1.2011 erstmals in den Verkehr gebracht worden sind und die nach dem 1.1.2011 ein neues Anwendungsgebiet erhalten, sofern der G-BA eine Nutzenbewertung für das Arzneimittel vor Zulassung des neuen Anwendungsgebietes veranlasst hat (§ 35a Abs. 1 S. 3 SGB V iVm §§ 3 Nr. 2 AM-NutzenV, 1 Abs. 2 Nr. 2 VerfO). Gleiches gilt gem. § 35a Abs. 6 S. 1 und 4 SGB V iVm §§ 3 Nr. 4 AM-NutzenV, 1 Abs. 2 Nr. 7 VerfO für erstattungsfähige Arzneimittel mit neuen Wirkstoffen und neuen Wirkstoffkombinationen, die vor dem 1.1.2011 in den Verkehr gebracht worden sind (Bestandsarzneimittel) und die nach dem 1.1.2011 ein neues Anwendungsgebiet erhalten, sofern der G-BA eine Nutzenbewertung für das Arzneimittel vor der Zulassung des neuen Anwendungsgebietes veranlasst hat. 79

Der Begriff des neuen Anwendungsgebiets ist in den §§ 2 Abs. 2 AM-NutzenV, 2 Abs. 2 Kap. 5 VerfO näher bestimmt. Demnach ist ein neues Anwendungsgebiet ein solches, für das nach § 29 Abs. 3 Nr. 3 AMG eine neue Zulassung erteilt wird oder als größere Änderung des Typs 2 nach Anhang 2 Nr. 2 lit. a der Verordnung (EG) Nr. 1234/2008 der Kommission vom 24.11.2008 über die Prüfung von Änderungen der Zulassungen von Human- und Tierarzneimitteln eingestuft wird. Ein Anwendungsgebiet ist gem. § 2 Abs. 2 S. 2 Kap. 5 VerfO im Vergleich zu dem bereits zugelassenen Anwendungsgebiet 80

---

[289] *Hess* in KassKomm SGB V § 35a Rn. 15; BT-Drs. 17/2413, S. 20.
[290] *Hauck* GesR 2011, 69 (72); *Schickert* PharmR 2011, 217 (217); *Joussen* in KSW SGB V § 35a Rn 3.
[291] *Kraftberger* in LPK-SGB V § 35a Rn. 6.
[292] *Hess* in KassKomm SGB V § 35a Rn. 15.
[293] *Schickert* PharmR 2011, 217 (220).

eines Arzneimittels insbesondere neu in den Fällen der Änderung des zugelassenen Patientenkreises, der Hinzufügung einer neuen Indikation, die einem anderen therapeutischen Bereich zuzurechnen ist oder der Verlagerung der Indikation in einen anderen therapeutischen Bereich.

81 Die obligatorische Nutzenbewertung des neuen Anwendungsgebiets eines neu zugelassenen Arzneimittels oder eines Bestandsarzneimittels setzt voraus, dass der G-BA für das Arzneimittel **vor Zulassung des neuen Anwendungsgebietes eine Nutzenbewertung für das Arzneimittel veranlasst** hat[294]. Dass neue Anwendungsgebiete nur zwingend zu bewerten sind, wenn vor der Zulassung des neuen Anwendungsgebiet eine frühe Nutzenbewertung des Arzneimittels veranlasst wurde[295] ergibt sich daraus, dass nach § 3 Nr. 2 AM-NutzenV neue Anwendungsgebiete von Arzneimitteln, die nach dem 1.1.2011 in den Verkehr gebracht wurden, zu bewerten sind. Solche Arzneimittel wurden aber bereits gem. § 3 Nr. 1 AM-NutzenV bei Inverkehrbringen zwingend bewertet[296]. Nach dem Gesetzeszweck soll nur das neue Anwendungsgebiet bewertet werden und nicht das Arzneimittel, das vor Erweiterung des Indikationsbereiches bereits bewertet wurde[297]. Wurde vor der Zulassung des Anwendungsgebiets das betreffende Arzneimittel einer frühen Nutzenbewertung unterzogen, verbleibt dem G-BA die Möglichkeit, eine fakultative Nutzenbewertung einzuleiten[298]. Die obligatorische Nutzenbewertung neuer Anwendungsgebiete hängt demnach von der Bedingung ab, dass vor der Zulassung des neuen Anwendungsgebietes eine frühe Nutzenbewertung des Arzneimittels veranlasst wurde.

82 **dd) Arzneimittel des Bestandsmarktes. Im Ermessen des G-BA** steht gem. § 35a Abs. 6 SGB V iVm §§ 3 Nr. 3 AM-NutzenV, 1 Abs. 2 Nr. 3 VerfO die Nutzenbewertung von erstattungsfähigen Arzneimitteln mit neuen Wirkstoffen und neuen Wirkstoffkombinationen, die vor dem 1. Januar 2011 erstmals in den Verkehr gebracht worden sind (Bestandsarzneimittel). Die Entscheidung über die Veranlassung der Nutzenbewertung von Bestandsarzneimitteln wird auf Antrag der Mitglieder des G-BA oder der in § 139b Abs. 1 S. 2 SGB V genannten Organisationen und Institutionen getroffen (§ 16 Kap. 5 VerfO). Vorrangig sind gem. § 35a Abs. 6 S. 2 SGB V Arzneimittel zu bewerten, die für die Versorgung von Bedeutung sind oder mit Arzneimitteln im Wettbewerb stehen, für die ein Beschluss zur Nutzenbewertung vorliegt. Für die Versorgung von Bedeutung sind Arzneimittel nach der Begründung des Gesetzgebers dann, wenn eine erhebliche Anzahl der mit diesen Arzneimitteln therapierten Patienten vorliegt, die Kosten für die gesetzliche Krankenversicherung eine nicht unerhebliche Belastung der GKV mit sich bringt und die Sicherstellung der Qualität der Versorgung betroffen ist[299]. Obwohl die Nutzenbewertung nach § 35a Abs. 6 SGB V fakultativ ist, kann sich im Einzelfall im Hinblick auf Wettbewerb und Gleichbehandlung eine rechtliche Verpflichtung zur Nutzenbewertung ergeben[300].

83 **ee) Weitere Fälle der frühen Nutzenbewertung.** Eine frühe Nutzenbewertung wird außerdem durchgeführt auf **Antrag des pharmazeutischen Unternehmers** (§ 35a Abs. 5 SGB V iVm §§ 3 Nr. 5 AM-NutzenV, 1 Abs. 2 Nr. 5, 14 VerfO), aufgrund **neuer Wissenschaftlicher Erkenntnisse** (§ 35a Abs. 1 S. 6 iVm §§ 3 Nr. 6 AM-NutzenV, 1 Abs. 2

---

[294] *Maasen* GesR 2/2011, 82 (83); *Schickert* PharmR 2011, 217 (219).
[295] *Schickert/Schmitz* PharmR 2011, 217 (218, 219); *Maasen* GesR 2011, 82 (83).
[296] *Schickert/Schmitz* PharmR 2011, 217 (218, 219).
[297] *Schickert/Schmitz* PharmR 2011, 217 (218, 219).
[298] *Schickert/Schmitz* PharmR 2011, 217 (218, 219).
[299] BT-Drs. 17/2413, S. 22.
[300] *Hess* in KassKomm SGB V § 35a Rn. 60; *Kraftberger* in LPK-SGB V § 35a Rn. 31. Nach dem Koalitionsvertrag der CDU/CSU/SPD-Regierung soll die frühe Nutzenbewertung von Arzneimitteln des Bestandsmarktes abgeschafft werden.

§ 11 Preisfestsetzung und Erstattung

Nr. 4, 13 VerfO) sowie bei **befristeten Nutzenbewertungen** (§ 35a Abs. 3 S. 4 SGB V iVm §§ 3 Nr. 7 AM-NutzenV, 1 Abs. 2 Nr. 6 VerfO).

ff) Freistellung des Pharmaherstellers vom Verfahren der frühen Nutzenbewertung. 84
Nach § 35a Abs. 1a SGB V hat auf Antrag des Pharmaunternehmers eine Freistellung von der frühen Nutzenbewertung zu erfolgen, wenn zu erwarten ist, dass der GKV nur geringfügige Ausgaben für das Arzneimittel entstehen werden. Die Ausgaben gelten gem. Kap. 5 § 15 Abs. 1 S. 3 VerfO als geringfügig, wenn der dauerhaft zu erwartende Umsatz einen Betrag in Höhe von 1 Mio. EUR innerhalb von 12 Kalendermonaten nicht überschreitet. Bei dem Freistellungsverfahren nach § 35a Abs. 1a SGB V handelt es sich um ein Verwaltungsverfahren iSd § 8 SGB X[301]. Gemäß § 35a Abs. 1a S. 4 SGB V iVm § 15 Abs. 1 S. 1 VerfO ist der Antrag auf Freistellung spätestens drei Monate vor dem Inverkehrbringen eines neuen Arzneimittels zu stellen. Der Pharmahersteller hat seinen Antrag nach Maßgabe von Kap. 5 § 15 Abs. 2 VerfO zu begründen. Die Beurteilung der Geringfügigkeit erfolgt gem. Kap. 5 § 15 Abs. 1 S. 2 VerfO auf der Grundlage von Angaben zu den den Krankenkassen voraussichtlich entstehenden Kosten iSd Kap. 5 § 9 Abs. 8 VerfO sowie dem zu erwartenden Umsatz des Arzneimittels mit der gesetzlichen Krankenversicherung. Der G-BA beschließt in Form eines Verwaltungsaktes iSd § 31 S. 1 SGB X innerhalb von 8 Wochen über den Antrag und kann die Freistellung befristen, wenn Unsicherheiten über die Zahl von Patienten und die den Krankenkassen entstehenden Ausgaben entstehen[302]. Auf die Freistellung besteht ein **Rechtsanspruch,** wenn aufgrund der Begründung des Herstellers zu erwarten ist, dass der GKV nur geringfügige Ausgaben für das Arzneimittel entstehen werden[303]. Der Freistellungsbeschluss hat zur Folge, dass für das betroffene Arzneimittel kein Erstattungsbetrag nach § 130b SGB V zu vereinbaren ist. Wird der Freistellungsantrag abgelehnt, kann der Hersteller **Verpflichtungsklage auf Freistellung** (§ 54 Abs. 1 Alt. 3 SGG) vor dem Sozialgericht erheben.

c) Herstellerdossier als Grundlage der frühen Nutzenbewertung. aa) Nachweis eines 85
Zusatznutzens gegenüber einer zweckmäßigen Vergleichstherapie. Grundlage der frühen Nutzenbewertung ist nach § 35a Abs. 1 S. 3 SGB V iVm § 9 Abs. 1 S. 1 und 3 Kap. 5 VerfO ein vom Hersteller vorzulegendes **Dossier,** mit dem er einen **Zusatznutzen** seines Arzneimittels **ggegenüber der zweckmäßigen Vergleichstherapie nachzuweisen hat.** Ein Dossier ist für jedes Arzneimittel mit neuem Wirkstoff sowie für jedes neu zugelassene Anwendungsgebiet vorzulegen[304].

Der **Zusatznutzen** eines Arzneimittels ist nach §§ 2 Abs. 4 AM-NutzenV, 3 Abs. 2 86
Kap. 5 VerfO ein Nutzen iSv §§ 2 Abs. 3 AM-NutzenV, 3 Abs. 1 Kap. 5 VerfO, der qualitativ oder quantitativ höher ist als der Nutzen, den die zweckmäßige Vergleichstherapie aufweist. Der Nutzen eines Arzneimittels iSv §§ 2 Abs. 3 AM-NutzenV, 3 Abs. 1 Kap. 5 VerfO ist der patientenrelevante therapeutische Effekt insbesondere hinsichtlich der Verbesserung des Gesundheitszustandes, der Verkürzung der Krankheitsdauer, der Verlängerung des Überlebens, der Verringerung von Nebenwirkungen oder einer Verbesserung der Lebensqualität.

Zweckmäßige Vergleichstherapie ist nach §§ 2 Abs. 5 AM-NutzenV, § 6 Abs. 1 87
Kap. 5 VerfO diejenige Therapie, deren Nutzen mit dem Nutzen eines Arzneimittels mit neuen Wirkstoffen für die Nutzenbewertung nach § 35a SGB V verglichen wird. Bestimmt wird sie vom G-BA regelhaft nach den Maßstäben, die sich aus den internationalen Standards der evidenzbasierten Medizin ergeben (§ 6 Abs. 2 Kap. 5 VerfO). Sie muss gem. § 6 Abs. 3 Kap. 5 VerfO eine nach dem allgemein anerkannten Stand der medizinischen

---

[301] *Hess* in KassKomm SGB V § 35a Rn. 40; *von Dewitz* in BeckOK SGB V § 35a Rn. 23.
[302] *Hess* in KassKomm SGB V § 35a Rn. 41.
[303] *Hess* in KassKomm SGB V § 35a Rn. 40; *von Dewitz* in BeckOK SGB V § 35a Rn. 23.
[304] *Kraftberger* in LPK-SGB V § 35a Rn. 10.

Erkenntnisse zweckmäßige Therapie im Anwendungsgebiet sein, vorzugsweise eine Therapie, für die Endpunktstudien vorliegen und die sich in der praktischen Anwendung bewährt hat, soweit nicht Richtlinien nach § 92 Abs. 1 SGB V oder das Wirtschaftlichkeitsgebot dagegen sprechen. Zu berücksichtigen sind bei der Bestimmung insbesondere die Zulassung des Arzneimittels für das Anwendungsgebiet, die Erbringbarkeit als nicht medikamentöse Behandlung im Rahmen der GKV, die Zugehörigkeit zur zweckmäßigen Therapie im Anwendungsgebiet nach dem allgemein anerkannten Stand der medizinischen Erkenntnisse. Bei mehreren Alternativen ist vorzugsweise die wirtschaftlichere Therapie zu wählen, für die ein Festbetrag gilt. Die Wahl der zweckmäßigen Vergleichstherapie hat große Auswirkungen auf die Feststellung eines Zusatznutzens: Je größer der Nutzen der Vergleichstherapie ist, desto größer muss auch der Nutzen der konkret bewerteten Therapie sein, damit ein Zusatznutzen festgestellt werden kann[305].

88 bb) **Vorzulegende Angaben, Unterlagen und Studien.** Für den Nachweis des Zusatznutzens sehen §§ 35a Abs. 1 S. 3 SGB V, 4 Abs. 1 AM-NutzenV, 9 Abs. 1 S. 4 Kap. 5 VerfO die Vorlage bestimmter Angaben vor. Das Dossier des pharmazeutischen Unternehmers muss Angaben enthalten zu den **zugelassenen Anwendungsgebieten,** dem medizinischen **Nutzen,** dem medizinischen **Zusatznutzen im Verhältnis zur zweckmäßigen Vergleichstherapie,** der Anzahl der Patienten und Patientengruppen, für die ein therapeutisch bedeutsamer Zusatznutzen besteht, den **Kosten der Therapie für die GKV** sowie zu den Anforderungen an eine **qualitätsgesicherte Anwendung** des Arzneimittels. Die Nachweise sind gem. § 35a Abs. 1 S. 3 SGB V einschließlich aller vom Hersteller durchgeführten oder in Auftrag gegebenen **klinischen Prüfungen** vorzulegen.

89 Nähere Einzelheiten für die Vorlage regeln § 4 Abs. 6 bis 8 AM-NutzenV iVm § 9 Abs. 4 bis 8 Kap. 5 VerfO. Danach hat der Hersteller für das zu bewertende Arzneimittel im Dossier den Ergebnisbericht der Zulassungsstudien einschließlich der Studienprotokolle und des Bewertungsberichtes der Zulassungsbehörde vorzulegen, sowie alle Studien, die der Zulassungsbehörde übermittelt worden sind. Darüber hinaus sind vom Hersteller alle Ergebnisse, Studienberichte und Studienprotokolle von Studien mit dem Arzneimittel zu übermitteln, für die der Hersteller Sponsor war, sowie alle verfügbaren Angaben über laufende oder abgebrochene Studien, für die der Hersteller Sponsor ist oder auf andere Weise finanziell beteiligt ist, und entsprechende Angaben über Studien von Dritten, soweit diese verfügbar sind. Für die zweckmäßige Vergleichstherapie sind im Dossier alle verfügbaren Ergebnisse von klinischen Studien einschließlich von Studienprotokollen, die geeignet sind, Feststellungen über den Zusatznutzen des zu bewertenden Arzneimittels zu treffen. Liegen keine klinischen Studien zum direkten Vergleich mit dem zu bewertenden Arzneimittel vor oder lassen diese keine ausreichenden Aussagen über den Zusatznutzen zu, können im Dossier indirekte Vergleiche vorgelegt werden.

90 Die Anforderungen für die **Angaben zu den Kosten der Therapie für die GKV** werden von §§ 4 Abs. 8 AM-NutzenV, 9 Abs. 7 Kap. 5 VerfO präzisiert. Die Kosten sind gemessen am Apothekenabgabepreis und den den Krankenkassen tatsächlich entstehenden Kosten sowohl für das zu bewertende Arzneimittel als auch für die zweckmäßige Vergleichstherapie anzugeben. Maßgeblich sind die direkten Kosten über einen bestimmten Zeitraum. Bestehen bei Anwendung der Arzneimittel entsprechend der Fach- oder Gebrauchsinformation regelhaft Unterschiede bei der notwendigen Inanspruchnahme ärztlicher Behandlung oder bei der Verordnung sonstiger Leistungen zwischen dem zu bewertenden Arzneimittel und der zweckmäßigen Vergleichstherapie, sind die damit verbundenen Kostenunterschiede für die Feststellung der den Krankenkassen tatsächlich entstehenden Kosten zu berücksichtigen.

---

[305] *Kaufmann,* Neuere Entwicklungen im Arzneimittelrecht, S. 189.

cc) **Anforderungen an den Nachweis des Zusatznutzens.** Die Anforderungen an den Nachweis des Zusatznutzens von Arzneimitteln mit neuen Wirkstoffen ergeben sich aus §§ 5 Abs. 3 bis 5 AM-NutzenV, 5 Abs. 3 bis 5 Kap. 5 VerfO. Nach dieser Regelung erfolgt der Nachweis eines Zusatznutzens indikationsspezifisch im Vergleich zu der zweckmäßigen Vergleichstherapie auf der Grundlage von Unterlagen zum Nutzen des Arzneimittels in den zugelassenen Anwendungsgebieten. Basis sind die arzneimittelrechtliche Zulassung, die behördlich genehmigten Produktinformationen sowie die Bekanntmachung von Zulassungsbehörden und die Bewertung von klinischen Studien nach den internationalen Standards der evidenzbasierten Medizin. Sofern es unmöglich oder unangemessen ist, Studien höchster Evidenzstufe durchzuführen oder zu fordern, sind mit besonderer Begründung des pharmazeutischen Unternehmers Nachweise der besten verfügbaren Evidenzstufe einzureichen. Darüber hinaus hat er darzulegen, inwieweit die von ihm als beste verfügbare eingereichte Evidenz zum Nachweis eines Zusatznutzens geeignet ist. Die Anerkennung des Zusatznutzens auf Grundlage von Unterlagen einer niedrigeren Evidenzstufe bedarf jedoch umso mehr einer Begründung, je weiter von der Evidenzstufe I abgewichen wird. 91

Der Zusatznutzen gegenüber der zweckmäßigen Vergleichstherapie wird festgestellt als Verbesserung der Beeinflussung patientenrelevanter Endpunkte zum Nutzen. Gemäß § 5 Abs. 5 AM-NutzenV iVm § 5 Abs. 5 Kap. 5 VerfO sind für den Nachweis des Zusatznutzens vorrangig **randomisierte, verblindete und kontrollierte direkte Vergleichsstudien** zu berücksichtigen, deren Methodik internationalen Standards und der evidenzbasierten Medizin entspricht und die an Populationen oder unter Bedingungen durchgeführt sind, die für die übliche Behandlungssituation repräsentativ und relevant sind sowie gegenüber einer zweckmäßigen Vergleichstherapie durchgeführt wurden. Liegen keine direkten Vergleichsstudien für das neue Arzneimittel gegenüber der zweckmäßigen Vergleichstherapie vor oder lassen diese keine Aussagen über den Zusatznutzen zu, können verfügbare klinische Studien, vorrangig randomisierte, verblindete und kontrollierte Studien, für die zweckmäßige Vergleichstherapie herangezogen werden, die sich für einen indirekten Vergleich gegenüber dem Arzneimittel mit neuen Wirkstoffen und somit für den Nachweis eines Zusatznutzens durch indirekten Vergleich eignen. Können zum Zeitpunkt der Bewertung valide Daten zu patientenrelevanten Endpunkten noch nicht vorliegen, erfolgt die Bewertung auf Grundlage der besten verfügbaren Evidenz unter Berücksichtigung der Studienqualität mit Angabe der Wahrscheinlichkeit für den Beleg eines Zusatznutzens. 92

Der pharmazeutische Unternehmer hat die **Aussagekraft der Nachweise** unter Berücksichtigung der Studienqualität, der Validität der herangezogenen Endpunkte sowie der Evidenzstufe darzulegen und zu bewerten, mit welcher Wahrscheinlichkeit und in welchem Ausmaß ein Zusatznutzen vorliegt (§ 5 Abs. 6 Kap. 5 VerfO). Die Aussagekraft der mit dem Dossier eingereichten Nachweise wird auf Grundlage verschiedener **Evidenzstufen nach § 5 Abs. 6 Kap. 5 VerfO** beurteilt. In seinem Dossier hat der Hersteller darzulegen, welchen von § 5 Abs. 6 Kap. 5 VerfO vorgegebenen Evidenzgrad er den von ihm eingereichten Nachweisen zuordnet. 93

Das **Ausmaß des Zusatznutzens** und die **therapeutische Bedeutung** des Zusatznutzens **sind** unter Berücksichtigung des Schweregrades der Erkrankung gegenüber der zweckmäßigen Vergleichstherapie nach Maßgabe des § 5 Abs. 7 Nr. 1 bis 6 Kap. 5 VerfO in den Stufen erheblich, beträchtlich, gering, nicht quantifizierbar, nicht belegt oder geringer als bei der zweckmäßigen Vergleichstherapie **zu quantifizieren.** 94

Für den **Nachweis des Zusatznutzens von erstattungsfähigen Arzneimitteln mit neuen Wirkstoffen, die mit Festbetragsarzneimitteln pharmakologisch-therapeutisch vergleichbar sind**, ist der **Nachweis der therapeutischen Verbesserung nach § 35 Abs. 1b S. 3–5 SGB V** zu erbringen. Danach liegt eine therapeutische Verbesserung vor, wenn das Arzneimittel für gemeinsame Anwendungsgebiete der Arzneimittel der Wirk- 95 stoffgruppe einen therapierelevanten höheren Nutzen einschließlich einer Verringerung der Häufigkeit oder des Schweregrades therapierelevanter Nebenwirkungen als andere Arzneimittel dieser Wirkstoffgruppe hat und deshalb als zweckmäßige Therapie regelmäßig oder für relevante Patientengruppen oder für relevante Indikationsbereiche den anderen Arzneimitteln dieser Gruppe vorzuziehen ist. Der Nachweis einer therapeutischen Verbesserung erfolgt aufgrund der **Fachinformationen und durch Bewertung von klinischen Studien nach den internationalen Standards der evidenzbasierten Medizin.** Vorrangig sind klinische Studien, insbesondere direkte Vergleichsstudien mit anderen Arzneimitteln dieser Festbetragsgruppe mit patientenrelevanten Endpunkten, insbesondere Mortalität, Morbidität und Lebensqualität zu berücksichtigen (§ 5 Abs. 2 S. 2 und 3 Kap. 5 VerfO).

96   Für **Arzneimittel, die zur Behandlung eines seltenen Leidens** nach der Verordnung (EG) Nr. 141/2000 des Europäischen Parlaments und Rates vom 16.12.1999 über Arzneimittel für seltene Leiden zugelassen sind (Orphan Drugs), ist die Nutzenfiktion nach § 35a Abs. 1 S. 10 und 11 SGB V zu beachten, wonach bis zur Erreichung eines Umsatzes des Arzneimittels mit der GKV von 50 Millionen EUR der Zusatznutzen als durch die arzneimittelrechtliche Zulassung belegt gilt[306]. Nachweise zum medizinischen Nutzen und Zusatznutzen nach § 35a Abs. 1 S. 3 Nr. 2 und 3 SGB V müssen insoweit nicht erbracht werden[307]. Jedoch sind die Nachweise nach § 35a Abs. 1 S. 3 Nr. 4 bis 6 SGB V durch den pharmazeutischen Unternehmer zu erbringen, was gem. § 12 Nr. 1 Kap. 5 VerfO den Nachweis des Ausmaßes des Zusatznutzens für die Anzahl der Patienten und Patientengruppen, für die ein therapeutisch bedeutsamer Zusatznutzen besteht, beinhaltet. Überschreitet hingegen der Umsatz des Arzneimittels mit der GKV zu Apothekenverkaufspreisen einschließlich Umsatzsteuer innerhalb eines Jahres nach der arzneimittelrechtlichen Zulassung die Umsatzgrenze von 50 Millionen EUR, hat der pharmazeutische Unternehmer innerhalb von drei Monaten nach Aufforderung durch den G-BA ein vollständiges Dossier nach Maßgabe des § 35a Abs. 1 S. 3 VerfO zu übermitteln und darin den Zusatznutzen gegenüber der zweckmäßigen Vergleichstherapie nachzuweisen[308]. Der Umsatz ist gem. Kap. 5 § 12 VerfO aufgrund der Angaben nach § 84 Abs. 5 S. 4 SGB V zu ermitteln.

97   **dd) Nachweispflicht des Herstellers, Anspruch auf Beratung durch den G-BA.** Den Nachweis des Zusatznutzens gegenüber einer verfügbaren, zweckmäßigen Vergleichstherapie hat der **pharmazeutische Unternehmer** gem. § 5 Abs. 1 S. 1 Kap. 5 VerfO von sich aus zu erbringen und er trägt hierfür die **Darlegungs- und Beweislast**[309]. Ihn trifft die **uneingeschränkte Nachweispflicht** für einen von ihm geltend gemachten Zusatznutzen gegenüber einer bereits verfügbaren zweckmäßigen Vergleichstherapie[310]. Eine Verantwortung des G-BA zur umfassenden eigenverantwortlichen Aufklärung der Sachlage iS einer Amtsermittlungspflicht besteht gem. § 5 Abs. 1 S. 2 Kap. 5 VerfO ausdrücklich nicht[311].

---

[306] Hintergrund dieser Sonderregelung ist der Umstand, dass es sich bei Orphan drugs regelmäßig um das einzige Arzneimittel mit einem neuen Wirkstoff handelt und keine therapeutisch gleichwertige Alternative existiert, die als zweckmäßige Vergleichstherapie zur Bewertung des Zusatznutzens bestimmt werden könnte, BT-Drs. 17/3698, S. 50.

[307] *Hauck* GesR 2011, 69 (73); *Maasen* GesR 2011, 82 (86); *Hess* GesR 2011, 65 (68); *Kraftberger* in LPK-SGB V § 35a Rn. 16.

[308] Hintergrund der Rückausnahme ist die Entwicklung des Arzneimittelmarktes. Für einige seltene Erkrankungen sind bereits mehrere Orphan drugs zugelassen und durch eine Ausweitung der Anwendungsgebiete haben sich einige Orphan drugs zu Blockbustern mit hohen Umsatzzahlen entwickelt.

[309] *Baierl/Kellermann*, Arzneimittelrecht, 1. Aufl. 2011, S. 293.

[310] *Hess* in KassKomm SGB V § 35a Rn. 22; *Hess* GesR 2011, 65 (66).

[311] *Joussen* in KSW SGB § 35a Rn. 2; *Baierl/Kellermann*, Arzneimittelrecht, 1. Aufl. 2011, S. 293; *Brixius* PharmR 2010, 373 (375); *Kraftberger* in LPK-SGB V § 35a Rn. 8; *Hauck* GesR 2011, 69 (74).

Nach § 35a Abs. 7 SGB V iVm § 7 Kap. 5 VerfO hat der Hersteller einen **Anspruch auf** **frühzeitige, gebührenpflichtige Beratung durch den G-BA** zu den vorzulegenden Unterlagen und Studien sowie zur Vergleichstherapie. Ziel der Beratung ist es, Unvollständigkeiten und Unrichtigkeiten des Dossiers und insbesondere eine spätere unzutreffende Auswahl der zweckmäßigen Vergleichstherapie zu vermeiden[312]. Über die Inhalte der Beratung kann der pharmazeutische Unternehmer Vereinbarungen mit dem G-BA treffen. Beratungen zum Inhalt von abgeschlossenen Verfahren sowie anhängigen Rechtsverfahren sind nach § 7 Abs. 1 Kap. 5 VerfO grundsätzlich ausgeschlossen. Es findet auch keine Vorprüfung von Daten im Hinblick auf eine zukünftige Dossiereinreichung statt. Ferner sind die Auskünfte des G-BA zu den Beratungsthemen nicht verbindlich (§ 7 Abs. 2 S. 4 Kap. 5 VerfO). Diesen Vorgaben zur Folge können Gegenstand einer Vereinbarung nur Anforderungen an die Vollständigkeit der einzureichenden Unterlagen sowie verfahrenstechnische Details sein. Eine Zusicherung im Hinblick auf den Beschluss des G-BA über die Nutzenbewertung stellt hingegen eine unzulässige Vereinbarung dar[313]. Die Beratung vor Beginn von Zulassungsstudien der Phase drei soll unter Beteiligung des BfArM oder Paul-Ehrlich-Instituts (PEI) stattfinden (§ 35a Abs. 7 S. 3 SGB V). Der Anspruch auf Beratung **erlischt** mit dem Verstreichen der Frist für die Einreichung des Dossiers oder mit der Einreichung des Dossiers[314]. 98

ee) **Fristen für die Dossiervorlage.** Die maßgeblichen Zeitpunkte für die Vorlage des Dossiers ergeben sich aus § 35a Abs. 1, 5 und 6 SGB V iVm §§ 4 Abs. 3 AM-NutzenV, 8 Kap. 5 VerfO. Für neu zugelassene Arzneimittel mit neuen Wirkstoffen ist das Dossier spätestens im **Zeitpunkt des erstmaligen Inverkehrbringens** zu übermitteln (§§ 35a Abs. 1 S. 3 SGB V, 8 Nr. 1 S. 1 Kap. 5 VerfO). Als maßgeblicher Zeitpunkt gilt die Aufnahme des Arzneimittels in die Lauer-Taxe (§ 8 Nr. 1 S. 2 Kap. 5 VerfO). Bei der Zulassung neuer Anwendungsgebiete ist, wenn für das Arzneimittel eine frühe Nutzenbewertung durchgeführt wurde, das Dossier **innerhalb von vier Wochen** nach Zulassung des neuen Anwendungsgebietes oder der Unterrichtung des Herstellers über eine Genehmigung für eine Änderung des Typs 2 nach Anhang 2 Nr. 2 lit. a der Verordnung (EG) Nr. 1234/2008 vorzulegen (§§ 35a Abs. 1 S. 3 und Abs. 6 S. 4 SGB V, 8 Nr. 2 Alt. 1 und 2 Kap. 5 VerfO). Findet eine frühe Nutzenbewertung auf Veranlassung des G-BA oder auf einen Antrag des pharmazeutischen Herstellers hin statt, ist das Dossier **innerhalb von drei Monaten** nach Anforderung durch den G-BA zu übermitteln (§ 35a Abs. 5 S. 3 und § 35a Abs. 6 S. 3 iVm § 35a Abs. 5 S. 3, § 8 Nr. 3 und 4 Kap. 5 VerfO). Die gleiche **Dreimonatsfrist** gilt, wenn der G-BA den Inhaber einer Zulassung für ein Arzneimittel für seltene Leiden bei Überschreitung der GKV-Umsatzgrenze von 50 Millionen EUR auffordert, die Nachweise zum Nutzen und Zusatznutzen vorzulegen (§§ 35a Abs. 1 S. 11, 8 Nr. 5 VerfO). Wurde eine frühe Nutzenbewertung vom G-BA befristet, ist das Dossier spätestens am **Tag des Fristablaufs** einzureichen (§ 8 Nr. 5 Kap. 5 VerfO). 99

ff) **Rechtsfolgen bei unvollständiger oder nicht fristgerechter Vorlage.** Wird vom Hersteller trotz Aufforderung durch den G-BA das Dossier nicht rechtzeitig oder unvollständig vorgelegt, so tritt die **Fiktionswirkung** des § 35a Abs. 1 SGB V ein, derzufolge ein **Zusatznutzen** in der Relation zur zweckmäßigen Vergleichstherapie **als nicht belegt gilt.** Auch ohne ein vorliegendes Dossier **besteht für den G-BA die Pflicht, einen Beschluss** über die Nutzenbewertung als Grundlage für die Vereinbarung eines Erstattungsbetrages **zu treffen**[315]. Kommt es zur Fiktionswirkung nach § 35a Abs. 1 S. 5 SGB V, gilt insofern, 100

---

[312] *Von Dewitz* in BeckOK SGB V § 35a Rn. 45.
[313] *Von Dewitz* in BeckOK SGB V § 35a Rn. 46.
[314] *Hess* in KassKomm SGB V § 35a Rn. 66.
[315] BT-Drs. 17/2413 S. 21; *Joussen* in KSW SGB V § 35a Rn. 6; *Hess* in KassKomm SGB V § 35a Rn. 19; *Kraftberger* in LPK-SGB V § 35a Rn. 13; *Brixius* PharmR 2010, 373 (375); *Luthe* PharmR 2011, 193 (198).

dass das Arzneimittel ohne Zusatznutzen in eine Festbetragsgruppe eingruppiert werden oder ein Erstattungsbetrag bis zur Höhe der Jahrestherapiekosten der Vergleichstherapie zu vereinbaren ist[316]. Die **fristgerechte Vorlage eines vollständigen Dossiers** liegt demnach **im eigenen Interesse des pharmazeutischen Unternehmers,** wenn er die Einordnung seines Arzneimittels in eine Festbetragsgruppe oder die Bindung an einen Erstattungsbetrag auf dem Kostenniveau einer Vergleichtherapie und damit eine ungünstige Vergütung verhindern möchte. Insofern **trifft den Hersteller die Obliegenheit,** von sich aus den Nachweis eines Zusatznutzens als Grundlage für die Verhandlung eines möglichst hohen Erstattungspreises zu erbringen[317].

101   **d) Bewertungsverfahren.** § 35a Abs. 1 S. 1 SGB V ermächtigt den **G-BA** zur Vornahme der frühen Nutzenbewertung. Die Durchführung des Bewertungsverfahrens erfolgt gem. § 4 Abs. 1 Kap. 5 VerfO durch den **Unterausschuss Arzneimittel** des G-BA. Gemäß § 35a Abs. 2 SGB V ist das Bewertungsverfahren **innerhalb von drei Monaten nach dem erstmaligen Inverkehrbringen** des Arzneimittels abzuschließen.

102   **aa) Prüfung des Herstellerdossiers.** Nach Eingang des Herstellerdossiers prüft der G-BA gem. § 17 Abs. 1 Kap. 5 VerfO die **fristgerechte Einreichung** und **Vollständigkeit** des vom Hersteller vorgelegten Dossiers. Hat der Hersteller das Dossier trotz Aufforderung nicht fristgerecht oder nicht vollständig vorgelegt, trifft der G-BA durch Beschluss die Feststellung, dass der Zusatznutzen des Arzneimittels als nicht belegt gilt. Maßgebend für die Beurteilung der fristgerechten Einreichung sind die in § 8 Kap. 5 VerfO bestimmten Zeitpunkte (→ Rn. 106 ff.). Diese Zeitpunkte sind auch maßgebend für die Beurteilung der Vollständigkeit, soweit nicht die Übergangsvorschrift des § 10 AM-NutzenV zur Anwendung kommt oder der G-BA die Vollständigkeit nach § 4 Abs. 5 AM-NutzenV innerhalb der Dreiwochenfrist geprüft und nicht beanstandet hat[318].

103   **bb) Entscheidung über die Durchführung der Nutzenbewertung.** Im Anschluss an die Prüfung des vorgelegten Herstellerdossiers entscheidet der G-BA, ob er die Nutzenbewertung selbst durchführt oder hiermit das **IQWiG** oder einen **Dritten** beauftragt (§ 35a Abs. 2 S. 1 SGB V). Welche Kriterien für die Entscheidung maßgebend sind, wird von der VerfO nicht näher geregelt. In der Gesetzesbegründung wird darauf hingewiesen, dass der G-BA idR das IQWiG beauftragen wird, dass für diesen Zweck von der gemeinsamen Selbstverwaltung eingerichtet ist[319]. Jedenfalls steht dem G-BA bei der Auswahlentscheidung ein weiter Beurteilungs- und Ermessensspielraum zu[320]. Soweit das IQWiG oder ein Dritter die Nutzenbewertung durchführt, ist gem. § 17 Abs. 3 Kap. 5 VerfO der Auftrag mit der Maßgabe zu versehen, dass die Nutzenbewertung unter Beachtung der in der Verfahrensordnung des G-BA festgelegten Grundsätze erfolgt. Die Durchführung der Nutzenbewertung durch das IQWiG oder Dritte ändert an der **Verantwortlichkeit des G-BA für die Verfahrensdurchführung** nichts[321].

104   **cc) Bewertungskriterien.** Die Nutzenbewertung als solche ist ein Verfahren zur wissenschaftlichen Begutachtung des Zusatznutzens eines Arzneimittels im Vergleich zur zweckmäßigen Vergleichstherapie. Als gutachterliche, wissenschaftliche Stellungnahme beschreibt sie, ob für das zu bewertende Arzneimittel ein Zusatznutzen gegenüber der zweckmäßigen Vergleichstherapie belegt ist, welcher Zusatznutzen für welche Patientengruppen in welchem Ausmaß belegt ist, wie die vorliegende Evidenz zu bewerten ist und mit welcher Wahrscheinlichkeit der Beleg jeweils erbracht wird (§ 18 Abs. 1 S. 1 Kap. 5

---

[316] *Joussen* in KSW SGB V § 35a Rn. 6.
[317] *Hess* GesR 2011, 65 (65); *Maasen* GesR 2011, 82 (85).
[318] *Hess* in KassKomm SGB V § 35a Rn. 43.
[319] BT-Drs. 17/2413, S. 21.
[320] *Von Dewitz* in BeckOK SGB V § 35a Rn. 24.
[321] *Axer* SGB 05/11, 246 (249).

§ 11 Preisfestsetzung und Erstattung

VerfO). Dies geschieht gem. § 18 Abs. 2 S. 1 Kap. 5 VerfO aufgrund einer Prüfung der Validität und Vollständigkeit der Angaben im Dossier. Dabei werden die Unterlagen hinsichtlich ihrer Planungs-, Durchführungs- und Auswertungsqualität im Hinblick auf ihre Aussagekraft für Wahrscheinlichkeit und Ausmaß des Zusatznutzens und hinsichtlich der Angaben zu den Therapiekosten bewertet (§ 18 Abs. 2 S. 2 Kap. 5 VerfO). **Maßstab für die Beurteilung ist der allgemein anerkannte Stand der medizinischen Erkenntnisse.** Grundlage sind die internationalen Standards der evidenzbasierten Medizin und der Gesundheitsökonomie (§§ 35a Abs. 1 S. 7 Nr. 2 SGB V, 18 Abs. 2 S. 4 und 5 Kap. 5 VerfO). Gemäß § 35a Abs. 2 S. 2 Kap. 5 VerfO haben der G-BA und das IQWiG einen Anspruch auf Einsicht in die Zulassungsunterlagen bei der zuständigen Bundesoberbehörde. Unerheblich ist, ob der pharmazeutische Hersteller der Zulassungsbehörde die Weitergabe der Daten erlaubt[322]. Die Nutzenbewertung enthält eine Zusammenfassung der wesentlichen Aussagen als Bewertung der Angaben im Dossier (§ 18 Abs. 2 S. 3 Kap. 5 VerfO).

dd) **Veröffentlichung und Anhörung.** Das Ergebnis der Nutzenbewertung ist im Internet zu veröffentlichen (§ 35a Abs. 2 S. 3 SGB V). Zur vorgelegten Nutzenbewertung hat der G-BA eine **Anhörung der Fachkreise,** insbesondere der medizinischen und pharmazeutischen Wissenschaft und Praxis durchzuführen. Die Anhörung ist durch § 19 Kap. 5 VerfO als zweistufiges Stellungnahmeverfahren ausgestaltet. Gemäß § 19 Abs. 1 Kap. 5 VerfO ist den in Abs. 1 S. 1 genannten Stellungnahmeberechtigten Gelegenheit zur **schriftlichen Stellungnahme innerhalb von drei Wochen** gegeben. Im Anschluss an das schriftliche Stellungnahmeverfahren haben die Stellungnahmeberechtigten Gelegenheit, zur Nutzenbewertung auch **mündlich Stellung zu nehmen.** § 19 Abs. 2 S. 3 Kap. 5 VerfO stellt klar, dass die mündliche Stellungnahme nicht das schriftliche Stellungnahmeverfahren ersetzt. Die mündliche Stellungnahme soll dazu dienen, nach Abgabe der schriftlichen Stellungnahme aufgetretene neue Gesichtspunkte einzubringen und zu den nach der AM-NutzenV und der VerfO für das betreffende Arzneimittel möglichen Entscheidungsvarianten Stellung zu nehmen. Die schriftlich und mündlich abgegebenen **Stellungnahmen werden in den Entscheidungsprozess einbezogen**[323].

105

e) **Beschluss über die Nutzenbewertung.** Innerhalb von drei Monaten nach ihrer Veröffentlichung hat der G-BA einen **Beschluss über die Nutzenbewertung** zu fassen (§ 35a Abs. 3 S. 1 SGB V). Mit diesem Beschluss wird gem. § 35a Abs. 3 S. 3 SGB V das **Bestehen oder Nichtbestehen eines Zusatznutzens** des zu bewertenden Arzneimittels **festgestellt** sowie eine **vorhandene oder fehlende Festbetragsfähigkeit.** Die für die Beschlussfassung denkbaren Entscheidungsvarianten und ihre Rechtsfolgen ergeben sich aus § 35a Abs. 3 iVm § 130b Abs. 1 und 3 SGB V und § 35a Abs. 4 und 5a SGB V sowie aus §§ 21, 22 Kap. 5 VerfO.

106

aa) **Arzneimittel mit Zusatznutzen.** Ergibt die Nutzenbewertung, dass für das Arzneimittel ein Zusatznutzen nach dem allgemein anerkannten Stand der medizinischen Erkenntnisse belegt ist, stellt der G-BA dies durch Beschluss nach § 35a Abs. 3 SGB V in der Arzneimittel-Richtlinie mit Angaben zum Ausmaß des Zusatznutzens fest (§ 22 Kap. 5 VerfO). Innerhalb von sechs Monaten nach dem Beschluss vereinbart der pharmazeutische Unternehmer mit dem Spitzenverband Bund der Krankenkassen auf der Grundlage des Beschlusses einen Erstattungsbetrag nach § 130b Abs. 1 SGB V als Rabatt auf den Abgabepreis des Herstellers.

107

bb) **Festbetragsfähige Arzneimittel ohne Zusatznutzen.** Ergibt die Nutzenbewertung, dass für das Arzneimittel mit dem neuen Wirkstoff ein therapierelevanter **Zusatz-**

108

---

[322] *Baierl/Kellermann,* Arzneimittelrecht, 1. Aufl. 2011, S. 290.
[323] *Hess* in KassKomm SGB V § 35a Rn. 51.

330   5. Teil. Arzneimittel und Medizinprodukte in der ges. und priv. Krankenkasse

nutzen nach dem allgemein anerkannten Stand der medizinischen Erkenntnisse nicht belegt ist, ist zu prüfen, ob das Arzneimittel einer Festbetragsgruppe nach § 35 Abs. 1 SGB V zugeordnet werden kann (§ 21 Kap. 5 VerfO). Wurde für ein Arzneimittel mit einem neuen Wirkstoff, das gem. § 35 Abs. 1 S. 2 Nr. 2 SGB V pharmakologisch-therapeutisch vergleichbar mit Festbetragsarzneimitteln ist, kein Zusatznutzen iS einer therapeutischen Verbesserung belegt, ist das Arzneimittel mit dem Beschluss nach § 35a Abs. 3 SGB V der Festbetragsgruppe nach § 35 Abs. 1 SGB V mit pharmakologisch-therapeutisch vergleichbaren Arzneimitteln zuzuordnen (§§ 35a Abs. 4 S. 1 SGB V, 21 Nr. 1 Kap. 5 VerfO). Ist die Einordnung des bewerteten Arzneimittels mit einem neuen Wirkstoff in eine bestehende Festbetragsgruppe nach § 35 Abs. 1 S. 2 Nr. 3 SGB V (therapeutisch vergleichbare Wirkung) möglich, stellt der G-BA dies in dem Beschluss nach § 35a Abs. 3 SGB V fest (§ 21 Nr. 2 Kap. 5 VerfO).

109   cc) **Nichtfestbetragsfähige Arzneimittel ohne Zusatznutzen.** Für ein Arzneimittel, das nach dem Beschluss des G-BA nach § 35a Abs. 3 SGB V keinen Zusatznutzen hat und keiner Festbetragsgruppe zugeordnet werden kann, ist ein Erstattungsbetrag nach § 130b Abs. 1 SGB V zu vereinbaren, der nicht zu höheren Jahrestherapiekosten führt als die nach § 35a Abs. 1 S. 7 SGB V bestimmte zweckmäßige Vergleichstherapie (§ 130b Abs. 3 SGB V). Sind mehrere Alternativen für die zweckmäßige Vergleichstherapie bestimmt, darf der Erstattungsbetrag nicht zu höheren Jahrestherapiekosten führen als die wirtschaftlichste Alternative (§ 130b Abs. 3 S. 2 SGB V).

110   dd) **Befristung, Veröffentlichung, Rechtswirkungen des Beschlusses.** Der Beschluss über die Nutzenbewertung kann in seiner Geltung befristet werden und ist im Internet zu veröffentlichen (§ 35a Abs. 3 S. 4 und 5 SGB V). Er ist Grundlage für Vereinbarungen für alle Arzneimittel mit dem Wirkstoff nach § 130b SGB V über Erstattungsbeträge und für die Bestimmung von Anforderungen an die Zweckmäßigkeit, Qualität und Wirtschaftlichkeit der Verordnung sowie für die Anerkennung als Praxisbesonderheit oder für die Zuordnung von Arzneimitteln ohne Zusatznutzen zu einer Festbetragsgruppe (§ 20 Abs. 2 Kap. 5 VerfO). Zudem ist der Beschluss gem. § 35a Abs. 3 S. 6 SGB V Teil der Richtlinien nach § 92 Abs. 1 S. 2 Nr. 6 SGB V und daher **auch für Vertragsärzte und Patienten verbindlich.** Bei seiner Entscheidung über das Bestehen oder Nichtbestehen eines Zusatznutzens gegenüber der zweckmäßigen Vergleichstherapie ist dem G-BA ein **Beurteilungsspielraum** zuzugestehen[324]. Die Überprüfung von Beschlüssen zur Nutzenbewertung beschränkt sich daher im Rahmen einer **rechtsaufsichtlichen Kontrolle durch das Bundesministerium für Gesundheit nach § 91 Abs. 8 S. 1 SGB V** auf die Beanstandung von Verfahrensfehlern und Verstößen gegen die Vorgaben des § 35a SGB V und die Festlegungen der AM-NutzenV[325].

111   f) **Rechtsschutz.** § 35a Abs. 8 S. 1 SGB V schließt ein gesondertes prozessuales Vorgehen gegen einzelne Verfahrensschritte der frühen Nutzenbewertung aus. Unzulässig sind demnach eine Klage gegen die frühe Nutzenbewertung nach § 35a Abs. 2 SGB V, den Beschluss über das Bestehen oder Nichtbestehen des Zusatznutzens nach § 35a Abs. 3 SGB V sowie gegen die Einbeziehung eines Arzneimittels in eine Festbetragsgruppe nach § 35a Abs. 4 SGB V. Ein **prozessuales Vorgehen** ist dem pharmazeutischen Unternehmer gem. § 130b Abs. 4 SGB V nur **gegen die Festsetzung des Festbetrages durch den Spitzenverband Bund der Krankenkassen nach § 35 Abs. 7 SGB V** oder **gegen den Schiedsspruch zur Festsetzung eines Erstattungsbetrages nach gescheiterter Verhandlung** möglich[326]. Eine gerichtliche Überprüfung der Beschlüsse nach § 35a Abs. 3 und 4

---

[324] *Von Dewitz* in BeckOK SGB V § 35a Rn. 29.
[325] *Kraftberger* in LPK-SGB V § 35a Rn. 26.
[326] *Hess* in KassKomm SGB V § 35a Rn. 68; *von Dewitz* in BeckOK SGB V § 35a Rn. 49; *Schacks* PharmR 2011, 305 (307).

SGB V findet gegebenenfalls inzident im Rahmen einer gerichtlichen Überprüfung des Schiedsspruches nach § 130b Abs. 4 SGB V statt[327]. Der Gesetzgeber begründet die Einschränkung des gerichtlichen Rechtsschutzes nach § 35a Abs. 8 S. 1 SGB V damit, dass es sich bei den **einzelnen Zwischenschritten der frühen Nutzenbewertung nur** um **unselbständige Vorbereitungshandlungen** für Preisvereinbarungen nach § 130b SGB V oder Festbetragsgruppenzuordnungen nach § 35 Abs. 3 SGB V handele. Zu dem bezwecke der Ausschluss von gesonderten Rechtsmitteln gegen die einzelnen Schritte der Nutzenbewertung die Beschleunigung des Abschlusses einer Vereinbarung nach § 130b Abs. 1 oder 3 SGB V bzw. die Festsetzung eines Festbetrages[328].

g) Erneute Nutzenbewertung auf Antrag des Unternehmers oder durch Beschluss des G-BA. Einer frühen Nutzenbewertung nach § 35a SGB V im Frühstadium nach der arzneimittelrechtlichen Zulassung kommt Prognosecharakter zu[329]. Zum Zeitpunkt der frühen Nutzenbewertung stehen regelmäßig nur die Unterlagen für die arzneimittelrechtliche Zulassung als Bewertungsgrundlage zur Verfügung, hingegen nicht Daten aus der Routineanwendung. Aufgrund der begrenzten Studienlage wird dem pharmazeutischen Unternehmer der Nachweis eines Zusatznutzens des zu bewertenden Arzneimittels zum Zeitpunkt der frühen Nutzenbewertung nur selten gelingen[330]. Gelingt dem Hersteller der Nachweis eines Zusatznutzens, hat er das Interesse, eine für ihn günstige Erstattungsvereinbarung zu erreichen. Jedoch ermöglichen die im Zeitpunkt der frühen Nutzenbewertung vorliegenden Zulassungsdaten nicht die Durchführung einer Nutzenbewertung auf höheren Evidenzstufen. Vor diesem Hintergrund eröffnet § 35a Abs. 5 SGB V dem pharmazeutischen Unternehmer die Möglichkeit einer **erneuten Nutzenbewertung.** Liegen **neue Erkenntnisse zum bewerteten Arzneimittel** vor, kann der Hersteller gem. § 35a Abs. 5 SGB V **frühestens ein Jahr nach Veröffentlichung des Beschlusses nach § 35a Abs. 3 SGB V** eine erneute Nutzenbewertung mit der Maßgabe beantragen, dass er die Erforderlichkeit einer erneuten Nutzenbewertung wegen neuer wissenschaftlicher Erkenntnisse nachweist. Damit besteht die Möglichkeit, auf der Grundlage von Versorgungsstudien, die nach der ersten frühen Nutzenbewertung erstellt werden, eine Nutzenbewertung auf höheren Evidenzstufen durchzuführen und eine günstigere Erstattungsvereinbarung zu erreichen[331]. Das Verfahren der erneuten Nutzenbewertung findet auf **Antrag des pharmazeutischen Unternehmers** statt und ist somit – anders als das Erstverfahren einer frühen Nutzenbewertung – ein **Verwaltungsverfahren iSv § 8 SGB X**[332]. Gemäß § 35a Abs. 5 S. 4 SGB V iVm § 35a Abs. 1 bis 4 SGB V müssen alle Verfahrensschritte des Erstverfahrens einer frühen Nutzenbewertung erneut durchgeführt werden. Die Begründung der Erforderlichkeit einer erneuten Nutzenbewertung kann der Hersteller nur auf **neu vorliegende Studien** stützen[333]. Gemäß § 35a Abs. 5 S. 2 SGB V hat der G-BA über einen entsprechenden Antrag innerhalb von drei Monaten zu entscheiden. Die Entscheidung über die Durchführung einer erneuten Nutzenbewertung ist ein Verwaltungsakt iSd § 31 S. 1 SGB X. Hält der G-BA den Antrag für begründet, fordert er den pharmazeutischen Unternehmer auf, die für die Nutzenbewertung erforderlichen Nachweise nach § 35a Abs. 1 S. 3 SGB V zu übermitteln. Das Dossier ist gem. § 14 Abs. 2 S. 3 Kap. 5 VerfO innerhalb von drei Monaten nach Zustellung des Beschlusses dem G-BA vorzulegen. Hält der G-BA einen entsprechenden Antrag für unbegründet,

112

---

[327] *von Dewitz* in BeckOK SGB V § 35a Rn. 49; *Schacks* PharmR 2011, 305 (307).
[328] BT-Drs. 17/2413, S. 23.
[329] *Von Dewitz* in BeckOK SGB V § 35a Rn. 38; *Kingreen* NZS 2011, 442 (445).
[330] *Von Dewitz* in BeckOK SGB V § 35a Rn. 38.
[331] *Kingreen* NZS 2011, 442 (446).
[332] *Hess* in KassKomm SGB V § 35a Rn. 57.
[333] *Hess* in KassKomm SGB V § 35a Rn. 57.

muss die Ablehnung einer erneuten Nutzenbewertung begründet und mit einer Rechtsbehelfsbelehrung versehen sein[334].

113 § 35a Abs. 5 S. 4 SGB V iVm § 35a Abs. 6 SGB V räumt dem **G-BA die Möglichkeit** ein, beim Auftreten neuer wissenschaftlicher Erkenntnisse frühestens ein Jahr nach dem Beschluss über die Nutzenbewertung das **Verfahren der erneuten Nutzenbewertung** unabhängig vom Pharmahersteller **einzuleiten**. Dies gilt auch im Falle einer Einschränkung des Indikationsgebietes durch die zuständige Zulassungsbehörde (§ 13 Abs. 1 S. 2 Kap. 5 VerfO). Beim Verfahren der erneuten Nutzenbewertung handelt es sich um ein **Verwaltungsverfahren iSv § 8 SGB X**[335]. Mit der Zustellung des Beschlusses über die Eröffnung des Verfahrens der erneuten Nutzenbewertung sind dem pharmazeutischen Unternehmer die Gründe für die Nutzenbewertung mitzuteilen (§ 13 Abs. 2 Kap. 5 VerfO). Innerhalb von drei Monaten nach Zustellung dieses Beschlusses sind die für die Nutzenbewertung erforderlichen Nachweise nach § 35a Abs. 1 S. 3 SGB V (Herstellerdossier) dem G-BA vorzulegen (§ 13 Abs. 1 S. 3 Kap. 5 VerfO).

114 **h) Kosten-Nutzen-Bewertung nach § 35b SGB V im Anschluss an eine frühe Nutzenbewertung.** Stellt der G-BA in seinem Beschluss über die Nutzenbewertung **keinen Zusatznutzen** – auch nicht im Sinne einer therapeutischen Verbesserung – fest, kann der **pharmazeutische Unternehmer auf seine Kosten** die Durchführung einer **Kosten-Nutzen-Bewertung nach § 35b SGB V oder nach § 139a Abs. 3 Nr. 5 SGB V verlangen**. Der G-BA hat einem solchen Verlangen stattzugeben. Die Verpflichtung des G-BA zur Festsetzung eines Festbetrages oder eines Erstattungsbetrages durch Beschluss nach § 35a Abs. 3 SGB V bleibt unberührt. Das Verfahren einer Kosten-Nutzen-Bewertung im Anschluss an die frühe Nutzenbewertung verfolgt den Zweck, das bewertete Arzneimittel einer erneuten Bewertung auf der Grundlage einer gegenüber der frühen Nutzenbewertung breiteren Datenbasis zu unterziehen, um eine günstigere Erstattungsvereinbarung oder Festbetragsgruppenzuordnung erreichen zu können[336]. **Praktische Bedeutsamkeit wird diese Option jedoch nicht erlangen,** da der pharmazeutische Unternehmer eine Preisverhandlung im Anschluss an die frühe Nutzenbewertung, die er aktiv mit gestalten kann, einem Bewertungsverfahren nach § 35b SGB V, an dem er lediglich beteiligt ist[337], vorziehen wird. Praktische Relevanz kommt dem Verfahren der Kosten-Nutzen-Bewertung nur noch in den Fällen zu, in denen die Preisverhandlungen über einen Erstattungsbetrag gescheitert sind und ein Schiedsspruch vorliegt. (Zu den Einzelheiten des Verfahrens der Kosten-Nutzen-Bewertung → Rn. 114). In diesen Fällen können sowohl der SpiBuKK als auch der pharmazeutische Unternehmer eine Kosten-Nutzen-Bewertung beantragen und damit eine Grundlage zur Vereinbarung eines Erstattungsbetrages schaffen[338]. Entscheidet sich im Anschluss an die frühe Nutzenbewertung der pharmazeutische Unternehmer für die Durchführung einer Kosten-Nutzenbewertung, ist innerhalb der sechsmonatigen Frist des § 130b Abs. 4 S. 1 SGB V auf der Grundlage des Beschlusses des G-BA zur Kosten-Nutzen-Bewertung nach § 35b Abs. 3 SGB V eine Vereinbarung über einen Erstattungsbetrag gem. § 130b Abs. 8 S. 3 und 4 iVm § Abs. 1 SGB V zu treffen[339].

---

[334] *Hess* in KassKomm SGB V § 35a Rn. 57.
[335] *Hess* in KassKomm SGB V § 35a Rn. 58.
[336] *Hauck* GesR 2011, 69 (75); *von Dewitz* in BeckOK SGB V § 35a Rn. 40.
[337] § 35b Abs. 1 S. 6 SGB V.
[338] *Kingreen* NZS 2011, 442 (445); *Brixius* Pharm 2011, 373 (376); *Joussen* in KSW SGB V § 35b Rn. 1.
[339] *von Dewitz* in BeckOK SGB V § 35a Rn. 40 und § 35b Rn. 19.

3. Vereinbarungen über Erstattungsbeträge nach § 130b Abs. 1 oder Abs. 3 SGB V

a) Gegenstand von Vereinbarungen über Erstattungsbeträge. Für **Arzneimittel, für** 115
die durch den Beschluss des G-BA über die Nutzenbewertung nach § 35a SGB V **ein**
Zusatznutzen festgestellt wurde sowie für **Arzneimittel, die** nach diesem Beschluss
keinen Zusatznutzen haben und keiner Festbetragsgruppe zugeordnet werden können,
vereinbart der pharmazeutische Unternehmer mit dem Spitzenverband Bund der Krankenkassen im Benehmen mit dem Verband der PKV innerhalb von sechs Monaten nach
dem Beschluss des G-BA einen Erstattungsbetrag als Rabatt auf den Abgabepreis des
pharmazeutischen Unternehmers mit Wirkung für alle Krankenkassen (§ 130b Abs. 1, 3
SGB V iVm § 78 Abs. 3a S. 1 AMG).

b) Rechtsnatur und Voraussetzungen für den Vertragsschluss. Entsprechend den 116
Heil- und Hilfsmittelverträgen im Recht der Leistungserbringung ist die Neuregelung des
§ 130b SGB V als **Vertragsmodell** ausgestaltet. Bei einer nach § 130b Abs. 1 oder Abs. 3
SGB V zu schließenden Vereinbarung handelt es sich um einen **öffentlich-rechtlichen**
Vertrag iSd §§ 53, 54 SGB X, so dass die §§ 53 bis 61 SGB X anwendbar sind, soweit
nicht durch § 130b SGB V besondere gesetzliche Vorgaben für den Vertragsschluss gesetzt
werden. Die Vorschriften des BGB über den Vertragsschluss finden subsidiär Anwendung,
soweit nicht durch das SGB V oder das SGB X abschließende Regelungen getroffen
wurden (§ 61 S. 2 SGB X[340]). Die Vereinbarung nach § 130b Abs. 1 oder Abs. 3 SGB V
verpflichtet neben dem pharmazeutischen Unternehmer und den Krankenkassen der GKV
auch die private Krankenversicherung und die Beihilfe (§ 78 Abs. 3a S. 1 AMG). Wegen
der **Bindungswirkung der Vereinbarung gegenüber der PKV** ist der Verband der PKV
gem. § 130b Abs. 1 SGB V vor dem Vertragsabschluss im Wege des Benehmens einzubeziehen. Rechtsbegrifflich ist das Benehmen zwischen dem Einvernehmen als Herbeiführung einer Willensübereinstimmung und der Anhörung im Sinne einer Gelegenheit zur
Stellungnahme einzuordnen[341]. Zwar bedarf die Wirksamkeit des Vertrags keiner Zustimmung durch den Verband der PKV. Jedoch soll er **Gelegenheit zur Einflussnahme auf**
das Vereinbarungsergebnis erhalten[342]. Dies verlangt die **Information** des Verbandes der
PKV über die beabsichtigten Vertragsverhandlungen und ihre Inhalte sowie die rechtzeitige Gelegenheit zur **Stellungnahme** noch vor dem Abschluss der Vereinbarung. Die
vertragsschließenden Parteien sind nicht an die Stellungnahme des Verbandes der PKV
gebunden. Vom Verband der PKV geäußerte **Einwände sind daher nicht zu befolgen,**
aber angemessen zu würdigen und, soweit es den Vertragsparteien sinnvoll erscheint, in
die Vereinbarung aufzunehmen[343]. Droht die Überschreitung des in § 130b Abs. 4 S. 1
SGB V gesetzten zeitlichen Verhandlungsrahmens durch zeitliche Verzögerungen seitens
des Verbandes der PKV, so bleiben Stellungnahmen des Verbandes unberücksichtigt.
Letztlich **entscheidungserheblich ist der Wille der vertragsschließenden Parteien** angesichts der ihnen eingeräumten Entscheidungskompetenz[344].

c) Kriterien für die Bestimmung des Erstattungsbetrages für Arzneimittel mit Zu- 117
satznutzen. aa) Beschluss des G-BA über die Nutzenbewertung. § 130b Abs. 1 S. 1
SGB V verweist zunächst auf den **Beschluss des G-BA über die Nutzenbewertung** nach
§ 35a Abs. 3 SGB V. Dies verweist ua auf die **Quantifizierung des Zusatznutzens** nach
§ 5 Abs. 7 AM-NutzenV. Hier ist eine Abstufung von erheblich über beträchtlich und

---

[340] *Luthe* PharmR 2011, 193 (197); *von Dewitz* in BeckOK SGB V § 130b Rn. 6.
[341] *Luthe* PharmR 2011, 193 (199).
[342] BT-Drs. 17/3698, S. 79; *Axer* SGb 05/11, 246 (251).
[343] *Von Dewitz* in BeckOK SGB V § 130b Rn 7; *Luthe* Pharm 2011, 193 (199).
[344] *Luthe* Pharm 2011, 193 (200).

gering bis zu einem nicht quantifizierbaren Zusatznutzen vorgesehen, an die die vertragsschließenden Parteien anknüpfen können[345].

118 **bb) Herstellerangaben zur Höhe des europäischen Referenzpreises.** § 130b Abs. 1 S. 9 SGB V sieht vor, dass der pharmazeutische Unternehmer dem Spitzenverband Bund der Krankenkassen die **Angaben zur Höhe seines tatsächlichen Abgabepreises in anderen europäischen Ländern** übermitteln soll. Allerdings ist die Berücksichtigung dieser Preise **kein verbindliches Kriterium** für eine Vereinbarung nach § 130b Abs. 1 SGB V[346]. Die Norm des § 130b Abs. 1 S. 9 SGB V ist nicht im Sinne einer zwingenden Verpflichtung anzusehen und muss restriktiv ausgelegt werden. Zunächst ist mit Blick auf den Wortlaut der Vorschrift zu bedenken, dass es sich bei dieser Regelung um eine Sollvorschrift handelt. Daraus kann die Schlussfolgerung gezogen werden, dass den Abgabepreisen in anderen europäischen Ländern keine maßgebliche Bedeutung für eine Vereinbarung nach § 130b Abs. 1 SGB V zukommt[347]. Dies bestätigt auch die Gesetzesbegründung, nach der die Feststellung des Nutzens eines Arzneimittels durch den G-BA die Grundlage der Vereinbarung bildet und die Jahrestherapiekosten in einem angemessenen Verhältnis zum festgestellten Nutzen stehen sollen. Die Beachtung der europäischen Abgabepreise sieht die Gesetzesbegründung gerade nicht vor. Im Sinne einer restriktiven Auslegung der Regelung zur Mitteilung der Referenzpreise kann sich der pharmazeutische Unternehmer vielmehr auf eine **Mitteilung der für ihn günstigen Informationen** beschränken[348].

119 **cc) Rahmenvereinbarung.** Maßgeblich für die Vereinbarung des Erstattungsbetrages sind schließlich die Kriterien der nach § 130b Abs. 9 SGB V abzuschließenden Rahmenvereinbarung zwischen dem Spitzenverband Bund der Krankenkassen und den Pharmaverbänden[349]. Die als öffentlich-rechtlicher Vertrag zu qualifizierende Rahmenvereinbarung[350] soll gem. § 130b Abs. 9 S. 2 SGB V regeln, welche Kriterien für eine Vereinbarung nach § 130b Abs. 1 SGB V neben dem Beschluss nach § 35a Abs. 3 SGB V und den Vorgaben nach § 130b Abs. 1 SGB V zu berücksichtigen sind. Zur Orientierung gibt die Gesetzesbegründung vor, dass unter Heranziehung der in der Rahmenvereinbarung festgelegten Kriterien ein Erstattungsbetrag vereinbart werden soll, der für den festgestellten Zusatznutzen angemessen ist und einen Ausgleich der Interessen der Versichertengemeinschaft mit denen des pharmazeutischen Unternehmers darstellt[351]. § 6 der Rahmenvereinbarung regelt die **Kriterien zur Vereinbarung eines Erstattungsbetrages**[352]. In Übereinstimmung mit der gesetzlichen Regelung in § 130b Abs. 1 S. 1 SGB V bestimmt zunächst § 6 Nr. 1 Rahmenvereinbarung, dass der **Beschluss des G-BA über die Nutzenbewertung** nach § 35a Abs. 3 SGB V ein Kriterium zur Vereinbarung eines Erstattungsbetrages ist. Ergänzend zum Beschluss sind gem. § 6 Nr. 2 Rahmenvereinbarung die

---

[345] *Huster* GesR 2011, 76 (81); *Luthe* Pharm 2011, 193 (198); *Kaufmann* PharmR 2011, 223 (225).

[346] *Kaufmann* PharmR 2011, 223 (225); aA *von Dewitz* in BeckOK SGB V § 130b Rn. 11; *Kingreen* NZS 2011, 441 (447); *Luthe* Pharm 2011, 193 (199).

[347] *Schickert* PharmR 2010, 452 (459).

[348] AA *von Dewitz* in BeckOK SGB V § 130b Rn. 11, wonach der Mitteilungspflicht nach § 130b Abs. 1 S. 9 SGB V nur dann nicht nachzukommen ist, wenn sie mangels einer Vermarktung des betreffenden Arzneimittels in anderen europäischen Ländern faktisch nicht erfüllt werden kann oder aufgrund gesetzlicher Geheimhaltungspflichten in diesen Ländern rechtlich nicht erfüllt werden darf.

[349] Rahmenvereinbarung nach § 130b Abs. 9 SGB V zwischen dem Spitzenverband Bund der Krankenkassen und den Spitzenorganisationen der pharmazeutischen Unternehmen (RahmenV), http://www.gkvspitzenverband.de/media/dokumente/krankenversicherung_1/arzneimittel/rahmenvertraege/pharmazeutische_unternehmer/Arzneimittel_Rahmenvereinbarung__130b_Abs9_SGB_V. pdf.

[350] *Von Dewitz* in BeckOK SGB V § 130b Rn. 51.

[351] BT-Drs. 17/2413, S. 32.

[352] Zum Ganzen *Anders* PharmR 2012, 81.

Nutzenbewertung nach § 35a Abs. 2 SGB V und das vom pharmazeutischen Unternehmer erstellte **Dossier nach § 35a Abs. 1 S. 3 SGB V** einschließlich der gem. § 4 Abs. 4 S. 2 AM-NutzenV nachgereichten und vom G-BA berücksichtigten Unterlagen als Kriterien mit zu berücksichtigen. § 6 Nr. 3 Rahmenvereinbarung sieht entsprechend § 130b Abs. 1 S. 9 SGB V als weiteres Kriterium die **tatsächlichen Abgabepreise in anderen europäischen Ländern** vor[353]. Insofern ist jedoch zu berücksichtigen, dass es sich bei der gesetzlichen Regelung zur Mitteilung der Referenzpreise gem. § 130b Abs. 1 S. 9 SGB V lediglich um eine **Soll-Vorschrift** handelt. Dem pharmazeutischen Unternehmer dürfen keine Nachteile daraus erwachsen, dass er dieser Soll-Sorschrift nicht nachkommt; insbesondere dürfen daraus keine zwingenden Nachteile für die Verhandlungsposition des pharmazeutischen Unternehmers gegenüber den Krankenkassen erwachsen. Genau dies ist aber der Fall, wenn die Rahmenvereinbarung auf die Mitteilung der europäischen Referenzpreise Bezug nimmt und dadurch die Berücksichtigung dieser Preise – entgegen der Ausgestaltung der Mitteilung als Sollvorschrift – zu einem verbindlichen Kriterium für Kollektivvereinbarungen erhöht wird. Die Mitteilungspflicht schwächt potentiell die Verhandlungsposition des pharmazeutischen Unternehmers, wodurch die grundsätzliche Wahl des Gesetzgebers zugunsten eines Vertrages als Handlungsinstrument und damit die Gleichberechtigung beider Vertragspartner konterkariert wird[354]. Wie bereits dargelegt kann sich der pharmazeutische Unternehmer vielmehr auf eine **Mitteilung der für ihn günstigen Informationen beschränken**. Als Kriterium für die Vereinbarung eines Erstattungsbetrages sind ferner gem. § 6 Nr. 4 Rahmenvereinbarung die **Jahrestherapiekosten vergleichbarer Arzneimittel** zu berücksichtigen. Diese bestimmen sich gem. § 6 Nr. 4 Rahmenvereinbarung entsprechend § 4 Abs. 8 S. 3 und 4 AM-NutzenV. Danach sind die direkten Kosten für die GKV über einen bestimmten Zeitraum maßgeblich. Bestehen bei Anwendung des zu bewertenden Arzneimittels und des Vergleichsarzneimittels entsprechend der Fach- oder Gebrauchsinformation regelhaft Unterschiede bei der notwendigen Inanspruchnahme ärztlicher Behandlung oder bei der Verordnung sonstiger Leistungen zwischen dem zu bewertenden Arzneimittel und dem Vergleichsarzneimittel, sind diese bei den tatsächlich entstehenden Kosten zu berücksichtigen. Kommt eine Rahmenvereinbarung nicht zustande, sieht § 130b Abs. 9 S. 5 SGB V die **Festsetzung der Rahmenvereinbarung durch die unparteiischen Mitglieder der Schiedsstelle** vor. Voraussetzung

---

[353] Zunächst konnte zwischen den Parteien der Rahmenvereinbarung keine Einigung zu der Frage erzielt werden, welche anderen europäischen Länder einzubeziehen sind und wo die rechtlichen Grenzen der Übermittlungspflicht liegen. Am 3.2.2012 fand dazu eine Schiedsstellenverhandlung statt, bei der die Vertragspartner aufgefordert wurden, bis zum 24.2.2012 einvernehmlich auszuwählende europäische Länder für die Mitteilungspflicht zur Höhe des tatsächlichen Abgabepreises zu bestimmen (Länderkorb). In ihrem Schiedsspruch vom 29.2.2012 legt die gemeinsame Schiedsstelle vom Spitzenverband Bund der Krankenkassen und Pharmaverbänden fest, dass der pharmazeutische Unternehmer die Höhe des tatsächlichen Abgabepreises in anderen europäischen Ländern aus einem von der Schiedsstelle festgesetzten Länderkorb mitzuteilen hat, sofern das betreffende Arzneimittel dort angeboten wird. Folgende 15 Länder sollen danach einbezogen werden: Belgien, Dänemark, Finnland, Frankreich, Griechenland, Großbritannien, Irland, Italien, Niederlande, Österreich, Portugal, Schweden, Slowakei, Spanien und Tschechien. Die Länderliste wird von den Vertragspartnern jährlich, frühestens zum 1.1.2014 einvernehmlich angepasst, soweit die von der Schiedsstelle im Schiedsspruch genannten Kriterien zu einer anderen Länderauswahl führen. Danach sind bei der Erstellung und Weiterentwicklung des Länderkorbs folgende Kriterien zu berücksichtigen: Die Auswahl der Länder beschränkt sich nicht auf die Mitgliedsstaaten des Euro-Währungsgebietes, sondern kann aus allen Staaten des europäischen Wirtschaftsraumes (EWR) erfolgen. Die ausgewählten Länder sollen einen Bevölkerungsanteil des europäischen Wirtschaftsraumes (ohne Deutschland) von rund 80 Prozent abdecken. Die Auswahl soll vorrangig solche Länder beinhalten, die eine mit Deutschland vergleichbare wirtschaftliche Leistungsfähigkeit besitzen. Kriterium dafür ist insbesondere das Bruttoinlandsprodukt pro Kopf.
[354] *Kaufmann* PharmR 2011, 223 (225).

hierfür ist ein **Antrag** einer Partei der Rahmenvereinbarung (Spitzenverband Bund der Krankenkassen bzw. Pharmaverbände). Bei diesem antragsgebundenen Festsetzungsverfahren handelt es sich um ein **Verwaltungsverfahren** iSv § 8 SGB X. Der Beschluss der Schiedsstelle stellt einen gestaltenden **Verwaltungsakt**[355] iSv § 31 S. 1 SGB X dar. Die Mitglieder der Schiedsstelle sind an den Antrag gebunden und können daher nur insoweit Festsetzungen treffen, wie der Antrag und die gesetzlichen Vorgaben nach § 130b Abs. 9 SGB V dies vorgeben[356]. Vor einer Festsetzung der Rahmenvereinbarung ist eine **Anhörung der Parteien der Rahmenvereinbarung** durchzuführen (§§ 12, 24 SGB X). Gem. § 130b Abs. 9 S. 5 SGB V hat die Festsetzung der Rahmenvereinbarung im **Benehmen mit den Verbänden** zu erfolgen. Verbände iSd Norm sind neben den Parteien der Rahmenvereinbarung nach § 130b Abs. 9 S. 1 SGB V auch der Verband der PKV, was aus der sprachlichen Unterscheidung des Wortlauts der Norm zwischen Verbänden und Vertragsparteien zu folgern ist[357]. Eine **Anfechtungsklage** gegen den Festsetzungsbeschluss nach § 54 Abs. 1 S. 1 Alt. 1 SGG hat gem. § 130b Abs. 9 S. 5 Hs. 2 SGB V **keine aufschiebende Wirkung** iSd § 86a Abs. 1 und Abs. 2 Nr. 4 SGG. Das Landessozialgericht Berlin-Brandenburg kann, als das nach § 29 Abs. 4 Nr. 3 SGG ausschließlich zuständige Gericht der Hauptsache, im Rahmen eines **Eilverfahrens nach § 86b Abs. 1 Nr. 2 SGG** die aufschiebende Wirkung ganz oder teilweise anordnen[358].

120 d) **Kriterien für die Bestimmung des Erstattungsbetrages für nicht festbetragsfähige Arzneimittel ohne Zusatznutzen.** Gemäß § 130b Abs. 3 SGB V ist für nicht festbetragsfähige Arzneimittel ohne Zusatznutzen ein Erstattungsbetrag nach § 130b Abs. 1 SGB V zu vereinbaren. Die Bezugnahme in Abs. 3 auf Abs. 1 bedeutet, dass für die Vereinbarung eines Erstattungsbetrages für nicht festbetragsfähige Arzneimittel ohne Zusatznutzen **alle in § 130b Abs. 1 SGB V normierten Anforderungen gelten**[359]. Als besondere Anforderung an eine Vereinbarung nach § 130b Abs. 3 SGB V ist die **Deckelung des Erstattungsbetrages auf das Kostenniveau der Vergleichstherapie** zu beachten. Nach § 130b Abs. 3 S. 1 SGB V darf der für ein nicht festbetragsfähiges Arzneimittel ohne Zusatznutzen zu vereinbarende Erstattungsbetrag nicht höher liegen als die Jahrestherapiekosten der vom G-BA bestimmten zweckmäßigen Vergleichstherapie[360]. **Zu berücksichtigen sind etwaige unterschiedliche Kosten der ärztlichen Behandlung und sonstiger verordneter Leistungen,** wenn diese im Regelfall bei Anwendung des Arzneimittels entsprechend der Fach- und Gebrauchsinformation entstehen[361].

121 e) **Vereinbarungsinhalte. aa) Vereinbarung als Rabatt auf den Herstellerabgabepreis.** Der Erstattungsbetrag wird als Rabatt auf den Herstellerabgabepreis vereinbart. Gemäß § 78 Abs. 3 AMG gilt der Abgabepreis des pharmazeutischen Unternehmers für alle Abnehmer grundsätzlich als einheitlicher Listenpreis. Dieser wird durch eine Vereinbarung nach § 130b Abs. 1 oder 3 SGB V nicht verändert. Nach der Gesetzesbegründung ist in der Vereinbarung **festzulegen, wie sich eine Erhöhung des Abgabepreises des pharmazeutischen Unternehmers auf den vereinbarten Rabatt auswirkt**[362]. Gem. § 130b Abs. 1 S. 7 SGB kann der vereinbarte Rabatt nach § 130b Abs. 1 SGB V den

---

[355] *Von Dewitz* in BeckOK SGB V § 130b Rn. 58; *Axer* SGb 05/11, 246 (252).
[356] *Von Dewitz* in BeckOK SGB V § 130b Rn. 57.
[357] *Von Dewitz* in BeckOK SGB V § 130b Rn. 58.
[358] Zu den Einzelheiten des Rechtsschutzes gegen den Festsetzungsbeschluss, insbes. zur Notwendigkeit der Durchführung eines Vorverfahrens iSv § 78 Abs. 1 Nr. 1 SGG vor Erhebung einer Anfechtungsklage *von Dewitz* in BeckOK SGB V § 130b Rn. 59.
[359] *Luthe* PharmR 2011, 193 (201).
[360] *Schickert* Pharm 2010, 451 (459); *Kingreen* NZS 2011, 442 (447).
[361] BT-Drs. 17/2413, S. 31.
[362] BT-Drs. 17/2413, S. 31; *von Dewitz* in BeckOK SGB V § 130b Rn. 13.

Herstellerabschlag nach § 130a Abs. 1 und 1a SGB V ganz oder teilweise ablösen, wenn die Vertragsparteien dies ausdrücklich vorsehen. Gleiches gilt für gesetzliche **Rabatte nach § 130a Abs. 3b SGB V**[363].

bb) Anforderungen an die Arzneiverordnung, Abrede zur Anerkennung als Praxisbesonderheit. Gemäß § 130b Abs. 1 S. 8 SGB V soll die Vereinbarung eines Erstattungsbetrages für Arzneimittel mit Zusatznutzen Anforderungen an die Zweckmäßigkeit, Qualität und Wirtschaftlichkeit einer Verordnung beinhalten[364]. Die zu treffenden Anforderungen dürfen nicht in Widerspruch zu den diesbezüglichen Inhalten der Beschlüsse des G-BA über die Feststellung des Nutzens nach § 35a SGB V oder des Kosten-Nutzen-Verhältnisses nach § 35b SGB V stehen[365]. Nach § 130b Abs. 2 SGB V sollen die vertragsschließenden Parteien in einer Vereinbarung nach § 130b Abs. 1 auch Regelungen zur Anerkennung des Arzneimittels als Praxisbesonderheit bei der Richtgrößenprüfung nach § 106 Abs. 5a SGB V treffen[366]. Hingegen sind gem. § 130b Abs. 3 S. 3 SGB in der Vereinbarung eines Erstattungsbetrages für nicht festbetragsfähige Arzneimittel ohne Zusatznutzen Regelungen zur Anerkennung des Arzneimittels als Praxisbesonderheit nicht zu treffen. Die vereinbarten Anforderungen an die Arzneiverordnung sind gem. § 130b Abs. 2 S. 3 SGB V in den Programmen zur Verordnung von Arzneimitteln nach § 73 Abs. 8 S. 7 SGB V zu hinterlegen. Das Nähere ist in den Verträgen nach § 82 Abs. 1 SGB V zu vereinbaren.

122

f) Kündigung. aa) Ordentliche Kündigung. Die Vereinbarung eines Erstattungsbetrages nach § 130b Abs. 1 oder Abs. 3 SGB V kann von jeder vertragsschließenden Partei frühestens ein Jahr nach der beiderseitigen Unterzeichnung der getroffenen Vereinbarung gekündigt werden (§ 130b Abs. 7 S. 1 SGB V[367]). Bei Veröffentlichung eines neuen Beschlusses zur Nutzenbewertung nach § 35a Abs. 3 SGB V oder zur Kosten-Nutzen-Bewertung nach § 35b Abs. 3 SGB V für das Arzneimittel sowie bei Vorliegen der Voraussetzungen für die Bildung einer Festbetragsgruppe nach § 35 Abs. 1 SGB V ist eine Kündigung vor Ablauf eines Jahres möglich (§ 130b Abs. 7 S. 3 Var. 1 bis 3 SGB V). Der Spitzenverband Bund der Krankenkassen hat sein Kündigungsrecht nach pflichtgemäßen Ermessen auszuüben. Das rechtlich geschützte Interesse der Versichertengemeinschaft an einer Versorgung mit wirksamen, nützlichen und wirtschaftlichen Arzneimitteln (§ 12 Abs. 1 SGB V) und das wirtschaftliche Interesse des pharmazeutischen Unternehmers (Art. 12 GG) sind bei der Ausübung des Ermessens angemessen zu berücksichtigen und durch Abwägung zu einem Ausgleich zu bringen[368]. Zu ihrer Wirksamkeit bedarf die Kündigung der **Schriftform**, § 59 Abs. 2 SGB X. Wird die Vereinbarung gekündigt, gilt sie so lange fort, bis eine neue Vereinbarung zustande gekommen ist. Nach der Kündigung der Vereinbarung ist **innerhalb von sechs Monaten**[369] **eine neue Vereinbarung** nach § 130b Abs. 1 SGB V zu treffen. **Dies gilt nicht,** wenn das Arzneimittel, für das kein Zusatznutzen festgestellt wird, jetzt einer Festbetragsgruppe zugeordnet und für die Erstattung ein Festbetrag durch den Spitzenverband Bund der Krankenkassen festgesetzt werden kann[370].

123

bb) Außerordentliche Kündigung. Der Fortschritt in der medizinischen Entwicklung eröffnet die Möglichkeit der späteren Zuordnung eines **Arzneimittels ohne Zusatznutzen**

124

---
[363] BT-Drs. 17/2413, S. 31; *von Dewitz* in BeckOK SGB V § 130b Rn. 13.
[364] Näher dazu *von Dewitz* in BeckOK SGB V § 130b Rn. 10.
[365] BT-Drs. 17/2413, S. 31.
[366] Näher dazu *von Dewitz* in BeckOK SGB V § 130b Rn. 17.
[367] *Von Dewitz* BeckOK SGB V § 130b Rn. 42.
[368] *Luthe* PharmR 2011, 193 (205); *von Dewitz* in BeckOK SGB V § 130b Rn. 44.
[369] BT-Drs. 17/2413 S. 32.
[370] *Von Dewitz* in BeckOK SGB V § 130b Rn. 46.

338   5. Teil. Arzneimittel und Medizinprodukte in der ges. und priv. Krankenkasse

zu einer Festbetragsgruppe. **Zur Festsetzung eines Festbetrages nach § 35 Abs. 3 SGB V kann der Spitzenverband Bund der Krankenkassen** gem. § 130b Abs. 3 S. 5 SGB V abweichend von § 130b Abs. 7 SGB V eine **Vereinbarung nach § 130b Abs. 3 SGB V außerordentlich kündigen,** soweit nichts anderes vereinbart wird. Außerordentlich ist die Kündigung, da sie nicht den Anforderungen an eine Kündigung nach § 130b Abs. 7 SGB V genügen muss. Die Ausübung des Kündigungsrechts liegt im **pflichtgemäßen Ermessen** des Spitzenverband Bund der Krankenkassen. In Ansehung des Wirtschaftlichkeitsgebotes nach § 12 Abs. 1 SGB V und mit Rücksicht auf die Berufsfreiheit des pharmazeutischen Herstellers nach Art. 12 GG ist die außerordentliche Kündigung nur dann als verhältnismäßig anzusehen, wenn die Voraussetzungen für die Einordnung in eine Festbetragsgruppe vorliegen, der im Anschluss an die Kündigung festzusetzende Festbetrag gegenüber dem vereinbarten Erstattungsbetrag eine Kosteneinsparung erwarten lässt und der Hersteller eine Gelegenheit zur Stellungnahme hatte[371]. Die Kündigung muss dem pharmazeutischen Unternehmer zugehen und bedarf gem. § 59 Abs. 2 S. 1 SGB X der Schriftform[372]. Der vereinbarte Erstattungsbetrag tritt mit der Festsetzung eines entsprechenden Festbetrages außer Kraft[373]. Der pharmazeutische Unternehmer kann gegen die außerordentliche Kündigung gerichtlich im Wege einer Feststellungsklage gem. § 55 Abs. 1 Nr. 1 SGG X sowie eines Antrags nach § 86b Abs. 2 S. 2 SGG auf einstweilige Anordnung des Fortbestehens der getroffenen Vereinbarung nach § 130b Abs. 3 SGB V vorgehen[374].

125   **g) Festsetzung des Erstattungsbetrages durch Schiedsspruch (§ 130b Abs. 4 S. 3 SGB V). aa) Zweck des Schiedsverfahrens, Rechtsnatur und Verfahrensgrundsätze.** Können sich die Parteien einer Vereinbarung nach § 130b Abs. 1 oder 3 SGB V nicht innerhalb von sechs Monaten nach Veröffentlichung des Beschlusses über die frühe Nutzenbewertung nach § 35a Abs. 3 SGB V oder über eine Kosten-Nutzen-Bewertung nach § 35b Abs. 3 SGB V über einen Erstattungsbetrag einigen, **setzt eine Schiedsstelle den Erstattungsbetrag** und alle sonstigen nach § 130b Abs. 1 oder 3 SGB V notwendigen Vertragsinhalte **innerhalb von drei Monaten fest** (§ 130b Abs. 4 SGB V). Sinn und Zweck des Schiedsverfahrens ist es, sicherzustellen, dass der durch Schiedsspruch festgelegte Erstattungsbetrag spätestens ein Jahr nach Markteinführung eines nicht festbetragsfähigen Arzneimittels gilt. Zudem soll das Schiedsverfahren verhindern, dass Verzögerungen in der Preisfindung zu ungerechtfertigten finanziellen Vorteilen für die Vertragspartner führen[375]. Die **Durchführung des Schiedsverfahrens** bestimmt sich nach § 130b Abs. 4 bis 6 SGB V sowie der auf § 130b Abs. 6 S. 1 SGB V beruhenden **Geschäftsordnung** und der auf § 130b Abs. 6 S. 4 und 5 iVm § 129 Abs. 10 SGB V beruhenden **Schiedsstellenverordnung**[376]. Bei dem Schiedsverfahren handelt es sich um ein **Verwaltungsverfahren** iSd § 8 SGB X, so dass die §§ 8–52 SGB X zur Anwendung kommen, soweit sie nicht durch die bereichsspezifischen Regelungen des § 130b SGB V verdrängt werden[377]. Für das Schiedsverfahren als Verwaltungsverfahren gilt der **Untersuchungsgrundsatz** nach § 20 SGB X, wonach die Schiedsstelle den Sachverhalt von

---

[371] *Von Dewitz* in BeckOK SGB V § 130b Rn. 21.
[372] *Von Dewitz* in BeckOK SGB V § 130b Rn. 22.
[373] BT-Drs. 17/2413, S. 31.
[374] Näher hierzu *von Dewitz* in BeckOK SGB V § 130b Rn. 22.
[375] BT-Drs. 17/2413, S. 31.
[376] Schiedsstellenverordnung vom 29. September 1994 (BGBl. I S. 2784), die zuletzt durch Art. 5 des Gesetzes vom 22. Dezember 2010 (BGBl. I. S. 2262) geänd. worden ist.
[377] So findet gegenüber den Regelungen des SGB X die auf § 130b Abs. 6 S. 4 und 5 iVm § 129 Abs. 10 SGB V beruhenden Schiedsstellenverordnung vorrangig Anwendung, § 37 SGB I. Zudem schließen die Beendigungstatbestände nach § 130b Abs. 7 SGB V und § 130b Abs. 8 SGB V als leges speciales die §§ 46–48 SGB X aus, *von Dewitz* in BeckOK SGB V § 130b Rn. 24.

Amts wegen zu ermitteln hat. Zudem besteht die **Pflicht zur Anhörung** der Parteien einer Vereinbarung nach § 130b SGB V (§ 24 Abs. 1 SGB X[378]).

bb) Bildung und Zusammensetzung der Schiedsstelle. Die Schiedsstelle wird **gebildet aus dem Spitzenverband Bund der Krankenkassen und den maßgeblichen Spitzenorganisationen der pharmazeutischen Unternehmer** auf Bundesebene. Maßgeblich sind Verbände, deren satzungsmäßige Zwecksetzung die Vertretung von Unternehmen ist, die potentiell Vertragspartner einer Vereinbarung über einen Erstattungsbetrag sind[379]. Maßgebliche Spitzenorganisationen sind derzeit der Verband forschender Arzneimittelhersteller **(vfa)**, der Bundesverband der Arzneimittelhersteller **(BAH)** und der Bundesverband der Pharmazeutischen Industrie **(BPI)** sowie der **proGenerika-Verband**[380]. Die Schiedsstelle besteht gem. § 130b Abs. 5 S. 2 SGB V aus einem **unparteiischen Vorsitzenden und zwei weiteren unparteiischen Mitgliedern als ständige Mitglieder** sowie aus jeweils **zwei wechselnden Vertretern des Spitzenverbandes Bund der Krankenkassen und der pharmazeutischen Unternehmer**[381]. Gemäß § 130b Abs. 5 S. 4 SGB V sollen sich der Spitzenverband Bund der Krankenkassen und die Spitzenorganisationen der pharmazeutischen Unternehmer **über den Vorsitzenden und die zwei weiteren unparteiischen Mitglieder sowie deren Stellvertreter einigen.** Kommt eine Einigung nicht zustande, findet gem. § 130b Abs. 5 S. 5 SGB V ein Losverfahren nach § 89 Abs. 3 S. 4 und 5 SGB V statt. Die **Bestellung der Mitglieder** der Schiedsstelle erfolgt gem. § 1 Abs. 4 Schiedsstellenverordnung **durch ihre Benennung gegenüber dem Bundesministerium für Gesundheit.** Die Mitglieder der Schiedsstelle führen nach § 130b Abs. 6 S. 4 iVm § 129 Abs. 9 S. 2 und 3 SGB V ihr Amt als **Ehrenamt** und sind **an Weisungen nicht gebunden.** Nach § 130b Abs. 6 S. 4 iVm § 129 Abs. 10 SGB V unterliegt die Aufsicht über die Geschäftsführung der Schiedsstelle dem Bundesministerium für Gesundheit und beschränkt sich auf die Einhaltung des Verfahrens und die Beanstandung offenkundiger Rechtsverstöße bei der Schiedsentscheidung. Aufgrund der Weisungsunabhängigkeit der Mitglieder der Schiedsstelle erstreckt sich die **Rechtsaufsicht** nicht auf den Inhalt der Entscheidung[382]. Die Schiedsstelle gibt sich eine **Geschäftsordnung,** über deren Inhalt die unparteiischen Mitglieder im Benehmen mit dem Spitzenverband Bund der Krankenkassen und den Spitzenorganisationen der pharmazeutischen Unternehmer entscheiden. Bei der Geschäftsordnung handelt es sich um Binnenrecht, das Bindungswirkung nur gegenüber Mitgliedern der Schiedsstelle entfaltet. Die Geschäftsordnung bedarf der Genehmigung des Bundesministeriums für Gesundheit (§ 130b Abs. 6 S. 1 bis 3 SGB V). § 130b Abs. 6 S. 5 SGB V ermächtigt das Bundesministerium für Gesundheit das Nähere über die Zahl und die Bestellung der Mitglieder, die Erstattung der baren Auslagen und die Entschädigung für Zeitaufwand der Mitglieder, das Verfahren sowie über die Verteilung der Kosten durch Rechtsverordnung zu regeln[383].

cc) Anforderungen an das Schiedsverfahren und die Festsetzung durch Schiedsspruch. Eingeleitet wird das Schiedsverfahren gem. § 6 Abs. 1 Schiedsstellenverordnung durch einen **Antrag** des Spitzenverbands Bund der Krankenkassen oder des pharmazeuti-

126

127

---

[378] *Von Dewitz* in BeckOK SGB V § 130b Rn. 26; *Luthe* PharmR 2011, 193 (204).
[379] BT-Drs. 17/2413, S. 32; idS *von Dewitz* in BeckOK SGB V § 130b Rn. 28, wonach die Zahl der vertretenen pharmazeutischen Unternehmen und ihre wirtschaftliche Bedeutung für den Arzneimittelmarkt ausschlaggebend sein soll; aA *Luthe* PharmR 2011, 193 (194), wonach es für die Frage der Maßgeblichkeit ausschließlich auf den Marktanteil ankomme.
[380] *Von Dewitz* in BeckOK SGB V § 130b Rn. 29.
[381] BT-Drs. 17/2413, S. 32; *Luthe* PharmR 2011, 193 (204).
[382] *Luthe* PharmR 2011, 193 (205); *Von Dewitz* in BeckOK SGB V § 130b Rn. 39.
[383] Zum Verhältnis dieser Verordnungsbefugnis u. der Verordnungsermächtigung in § 130b Abs. 6 S. 5 i. V. m § 129 Abs. 10 S. 2 SGB V *von Dewitz* in BeckOK SGB V § 130b Rn. 40.

schen Unternehmers innerhalb der sechsmonatigen Frist nach § 130b Abs. 4 S. 1 SGB V. Ist bis zum Ablauf dieser Frist kein Antrag gestellt worden, entscheidet die Schiedsstelle innerhalb der in § 130b Abs. 4 S. 1 SGB V genannten dreimonatigen Frist ohne einen solchen[384]. Dem **Verband der PKV** ist gem. § 130b Abs. 4 SGB V vor der Entscheidung **Gelegenheit zur Stellungnahme**[385] zu geben. **Vertreter der Patientenorganisationen** iSd § 140f SGB V sind gem. § 130b Abs. 5 S. 3 SGB zu den Sitzungen **zu laden** und können beratend hieran teilnehmen. Obwohl sie keine Beteiligten iSd § 12 SGB X sind und ihnen eine Antragsbefugnis und ein Stimmrecht fehlt, sind ihre Äußerungen einzuholen und bei der Entscheidungsfindung zu berücksichtigen[386].

128 Der Schiedsspruch setzt gem. § 130b Abs. 4 S. 1 SGB V den Vertragsinhalt fest und unterliegt deshalb den für die Vertragsparteien geltenden Vorgaben an Vereinbarungen über Erstattungsbeträge. Somit ist die Schiedsstelle bei ihrer Entscheidung über die Höhe des Erstattungsbetrages sowohl an die gesetzlichen **Vorgaben nach § 130b Abs. 1 und 3 SGB V** als auch an die **Kriterien der Rahmenvereinbarung** nach § 130b Abs. 9 SGB V gebunden[387]. Bei dem den Erstattungsbetrag festsetzenden Schiedsspruch handelt es sich um einen **Verwaltungsakt** iSd § 31 S. 1 SGB X, der gem. § 8 Abs. 5 Schiedsstellenverordnung schriftlich zu erlassen, zu begründen und den beteiligten Vertragsparteien zuzustellen ist. Der mit dem Schiedsspruch **festgesetzte Erstattungsbetrag gilt ab dem 13. Monat** nach dem erstmaligen Inverkehrbringen oder nach der Zulassung neuer Anwendungsgebiete des Arzneimittels. Weicht der von der Schiedsstelle festgesetzte Erstattungsbetrag vom tatsächlich gezahlten Abgabepreis ab, ist bei der Festsetzung die **Preisdifferenz zwischen dem festgesetzten Erstattungsbetrag und dem tatsächlichen Abgabepreis auszugleichen** (§ 130b Abs. 4 S. 3 SGB V). Das Nähere zum Verfahrensablauf regeln die Schiedsstellenverordnung und die Geschäftsordnung.

129 dd) **Rechtsschutz.** Ein Vorverfahren iSd § 78 Abs. 1 Nr. 1 SGG findet gem. § 130b Abs. 4 S. 6 SGB V nicht statt. Eine Anfechtungsklage nach § 54 Abs. 1 S. 1 Alt 1 SGG gegen den Schiedsspruch hat gem. § 130b Abs. 4 S. 5 SGB V keine aufschiebende Wirkung iSd § 86 Abs. 1 und Abs. 2 Nr. 4 SGG. Auf Antrag des pharmazeutischen Unternehmers oder des Spitzenverbands Bund der Krankenkassen kann das Landessozialgericht Berlin-Brandenburg als das nach § 29 Abs. 4 Nr. 3 SGG ausschließlich zuständige Gericht der Hauptsache im Rahmen eines **Eilverfahrens nach § 86b Abs. 1 Nr. 2 SGG** die aufschiebende Wirkung ganz oder teilweise wieder anordnen. Zweck des Verzichts auf ein Vorverfahren und des Ausschlusses der aufschiebenden Wirkung ist es zu verhindern, dass ein Rechtsmittel allein deshalb eingelegt wird, um die Rechtswirkung der Entscheidung zu Lasten der Wirtschaftlichkeit der Arzneimittelversorgung in der GKV zu verzögern[388]. Im Rahmen der gerichtlichen Kontrolle des Schiedsspruchs ist auch eine gerichtliche **Überprüfung der Entscheidung des G-BA über die Nutzenbewertung** nach § 35a Abs. 3 SGB V möglich. Der Schiedsstelle als paritätisch besetztem Gremium ist bei ihrer Entscheidung über den Erstattungsbetrag ein Beurteilungsspielraum zuzugestehen, was zur Folge hat, dass die gerichtliche Überprüfung der Schiedsentscheidung auf die Prüfung der rechtlichen Maßstäbe sowie der Einhaltung der Verfahrensvorschriften durch die Schiedsstelle beschränkt ist. Ebenso entziehen sich die Beschlüsse des G-BA einer vollgerichtlichen Überprüfung[389].

---

[384] *Von Dewitz* in BeckOK SGB V § 130b Rn. 25 u. 26.

[385] Rechtsbegrifflich handelt es sich um eine Anhörung, über Einwände kann sich die Schiedsstelle bei ihrer Entsch. hinwegsetzen, *Luthe* PharmR 2011, 193 (203).

[386] *Von Dewitz* in BeckOK SGB V § 130b Rn. 26.

[387] *Axer* SGB 05/2011, 246 (253); *Luthe* PharmR 2011, 193 (202); *von Dewitz* in BeckOK SGB V § 130b Rn. 27.

[388] BT-Drs. 17/2413, S. 32.

[389] *Von Dewitz* in BeckOK SGB V § 130b Rn. 28; *Luthe* PharmR 2011, 193 (203); *Dalichau* in Prütting SGB V § 130b Rn. 71.

§ 11 Preisfestsetzung und Erstattung

ee) Kündigung des Schiedsspruchs und Rechtsfolgen. Ein den Erstattungsbetrag festsetzender Schiedsspruch kann von einer Vertragspartei **unter den Voraussetzungen des § 130b Abs. 7 S. 1 und 2 SGB V** gekündigt werden[390]. Wird der Schiedsspruch gekündigt, gilt er so lange fort, bis eine neue Vereinbarung nach § 130b Abs. 1 oder Abs. 3 SGB V zustande gekommen ist (§ 130b Abs. 7 S. 2 SGB V). Nach der Kündigung des Schiedsspruches ist innerhalb der sechsmonatigen Frist des § 130b Abs. 4 SGB V **eine neue Vereinbarung über einen Erstattungsbetrag nach § 130b Abs. 1 oder Abs. 3 SGB V abzuschließen.** (Näheres zur Kündigung → Rn. 123 ff.). 130

4. Kosten-Nutzen-Bewertung nach § 35b SGB V nach Schiedsspruch

a) Grundlagen. Nach erfolglos gebliebener Vereinbarung über einen Erstattungsbetrag und nachfolgender Festsetzung des Erstattungsbetrages durch Schiedsspruch kann jede Vertragspartei beim G-BA eine **Kosten-Nutzen-Bewertung nach § 35b SGB V beantragen**[391] (§ 130b Abs. 8 S. 1 SGB V). Die Geltung des Schiedsspruches bleibt hiervon unberührt. Ungeschriebene formelle Voraussetzung für die Durchführung des Bewertungsverfahrens ist, dass der den Erstattungsbetrag festsetzende Schiedsspruch auf einem Beschluss zur frühen Nutzenbewertung nach § 35a Abs. 3 SGB V und nicht auf einem Beschluss nach § 35b Abs. 3 SGB V beruht[392]. Im **Unterschied zur frühen Nutzenbewertung,** die als medizinisch-wissenschaftliche Begutachtung zur Feststellung eines Zusatznutzens in Relation zu einer vom G-BA bestimmten, zweckmäßigen Vergleichstherapie durchgeführt wird, dient die Kosten-Nutzen-Bewertung als gesundheitsökonomische Begutachtung der **Evaluierung des therapeutischen Zusatznutzens im Verhältnis zu den Therapiekosten.** Sinn und Zweck des Verfahrens der Kosten-Nutzen-Bewertung ist es, eine **verbindliche empirische Grundlage für die Vereinbarung eines Erstattungsbetrages** zwischen dem Spitzenverband Bund der Krankenkassen und dem pharmazeutischen Unternehmer zu erhalten[393]. Als **gutachterliche Stellungnahme** ist die Kosten-Nutzen-Bewertung als solche rechtlich nicht bindend[394]. 131

b) Auftragserteilung durch den G-BA an das IQWiG. Gemäß § 35b Abs. 1 S. 1 SGB V hat der G-BA auf Grund eines Antrags nach § 130b Abs. 8 SGB V das **IQWiG** mit der Durchführung der Kosten-Nutzen-Bewertung zu beauftragen und **im Rahmen der Auftragserteilung die für das Bewertungsverfahren maßgeblichen Kriterien vorzugeben.** Der Auftrag des G-BA an das IQWiG ist auf Entscheidungen gerichtet, die neben der wissenschaftlichen Entscheidung auch Wertentscheidungen beinhalteten, die zu treffen dem IQWiG die Legitimation fehlt. Solche Entscheidungen können das Ergebnis der Bewertung maßgeblich beeinflussen. Daher ist bereits bei der Auftragserteilung durch den G-BA zu bestimmen, welche Nutzenparameter von Bedeutung sind, wie diese nachgewiesen werden und ob sie zu einem Gesamtwert für den Nutzen zusammengeführt werden müssen[395]. Im Auftrag ist gem. § 35b Abs. 1 S. 1 SGB V **insbesondere festzulegen, für welche zweckmäßigen Vergleichstherapien und Patientengruppen** die Bewertung erfolgen soll sowie welcher **Zeitraum,** welche **Art von Nutzen und Kosten** und welches **Maß für den Gesamtnutzen** bei der Bewertung zu berücksichtigen sind. Wegen der besonderen Bedeutung des Auftrags für das Ergebnis des Bewertungsverfahrens ist gem. § 35b Abs. 1 132

---

[390] Näheres zur Kündigung siehe bereits → Rn. 123 ff.
[391] Im Anschluss an einen Schiedsspruch besteht neben der Beantragung einer Kosten-Nutzen-Bewertung nach § 35b SGB V die Möglichkeit, eine erneute Nutzenbewertung nach § 35a Abs. 5 S. 1 SGB V zu beantragen, *Luthe* PharmR 2011, 193 (204); *von Dewitz* in BeckOK SGB V § 130b Rn. 47.
[392] *Von Dewitz* in BeckOK SGB V § 130b Rn. 47.
[393] BT-Drs. 17/2413, S. 23; *Joussen* in KSW SGB V § 35b Rn. 1.
[394] BT-Drs. 17/2413, S. 24.
[395] BT-Drs. 17/2413, S. 24; *Joussen* in KSW SGB V § 35b Rn. 3.

S. 2 Hs. 3 iVm § 92 Abs. 3a SGB V **vor der Auftragsvergabe eine schriftliche und mündliche Anhörung** der Beteiligten und Sachverständigen durchzuführen.

133 c) **Bewertungsgrundlagen, Bewertungskriterien und Bewertungsmethodik.** Das IQWiG ist verpflichtet, die **Bewertung auf Grundlage der Ergebnisse klinischer Studien** sowie derjenigen **Versorgungsstudien** vorzunehmen, die mit dem G-BA und dem pharmazeutischen Unternehmer vereinbart wurden oder die der G-BA auf Antrag des pharmazeutischen Unternehmers anerkennt (§ 35b Abs. S. 3 Hs. 2 SGB V). Ergebnisse klinischer Studien iSv § 35b Abs. 1 SGB V sind die Ergebnisse konfirmatorischer klinischer Prüfungen der Phasen I–III zum betreffenden Arzneimittel nach § 4 Abs. 23 S. 1 AMG. Unter Versorgungsstudien sind wissenschaftliche Untersuchungen zur Versorgung einzelner Patienten und/oder der Bevölkerung mit gesundheitsrelevanten Produkten und Dienstleistungen unter Alltagsbedingungen zu verstehen, wozu auch klinische Prüfungen der Phase IV zählen können[396].

134 Nach § 35b Abs. 2 SGB V kann der pharmazeutische Unternehmer mit dem G-BA Versorgungsstudien und die darin zu behandelnden Schwerpunkte als Grundlage für die Kosten-Nutzen-Bewertung vereinbaren. Eine solche Vereinbarung ist als **öffentlich-rechtlicher Vertrag** iSd § 53 Abs. 1 SGB X zu qualifizieren[397]. Der Zweck einer derartigen Vereinbarung ist es, neben den Ergebnissen klinischer Prüfungen der Phasen I–III auch **valide Daten aus der klinischen Routine** für die Bewertung zu gewinnen, wodurch sicher gestellt werden soll, dass die Kosten-Nutzen-Bewertung zu verlässlichen Ergebnissen führt[398]. Die zu behandelnden Schwerpunkte, über die eine Vereinbarung getroffen werden kann, beziehen sich auf die zu untersuchenden Hypothesen, die zu untersuchenden primären und sekundären Endpunkte und Messparameter. Die vereinbarten Schwerpunkte müssen erforderlich und geeignet sein, die in der Kosten-Nutzen-Bewertung zu untersuchenden Fragestellungen aufzuklären. Daher muss die jeweilige **Versorgungsstudie eine auf den primären Endpunkt bezogene Fallzahlschätzung aufweisen** und die **Behandlungsroutine im räumlichen Geltungsbereich des SGB V möglichst realitätsnah abbilden** können[399].

135 Gemäß § 35b Abs. 1 S. 3 Hs. 3 SGB V sind die Ergebnisse der klinischen Studien und Versorgungsstudien **vom pharmazeutischen Unternehmer an den G-BA zu übermitteln.** Um eine langwierige Dauer der Kosten-Nutzen-Bewertung zu vermeiden, beträgt die **maximale Frist zur Vorlage der Versorgungsstudien drei Jahre.** Die Kosten für die Durchführung der Versorgungsstudien trägt der pharmazeutische Unternehmer. Die Versorgungsstudien sind bevorzugt in Deutschland durchzuführen. Nach der Vorstellung des Gesetzgebers soll so gewährleistet werden, dass die Ergebnisse für die Versorgungs- und Kostensituation in Deutschland aussagekräftig sind[400].

136 Die **Bewertung erfolgt durch Vergleich mit anderen Arzneimitteln und Behandlungsformen unter Berücksichtigung des therapeutischen Zusatznutzens für die Patienten im Verhältnis zu den Kosten.** Im Hinblick auf den Patientennutzen sollen insbesondere die Verbesserung des Gesundheitszustandes, eine Verkürzung der Krankheitsdauer, eine Verlängerung der Lebensdauer, eine Verringerung der Nebenwirkungen sowie eine Verbesserung der Lebensqualität, angemessen berücksichtigt werden. Hierbei handelt es sich teils um in klinischen Studien und teils in Versorgungsstudien üblicherweise als primäre oder sekundäre Endpunkte ausgewählte Messparameter[401]. Die Gesundheitsöko-

---

[396] *Von Dewitz* in BeckOK SGB V § 35b Rn. 8.
[397] *Von Dewitz* in BeckOK SGB V § 35b Rn. 15.
[398] BT-Drs. 17/2413, S. 24, *von Dewitz* in BeckOK SGB V § 35b Rn. 15.
[399] BT-Drs. 17/2413, S. 24; *von Dewitz* in BeckOK SGB V § 35b Rn. 15.
[400] BT-Drs. 17/2413, S. 24.
[401] *Von Dewitz* in BeckOK SGB V § 35b Rn. 9.

nomische Bewertung soll zudem die **Angemessenheit und Zumutbarkeit einer Kostenübernahme durch die Versichertengemeinschaft**[402] zum Gegenstand haben (§ 35b Abs. 1 S. 4 Hs. 2 SGB V).

Das IQWiG hat die für die Bewertung zur Anwendung kommenden **Methoden auf der Grundlage der in den jeweiligen Fachkreisen anerkannten internationalen Standards der evidenzbasierten Medizin und der Gesundheitsökonomie** festzulegen und die jeweiligen Methoden und Kriterien im Internet zu veröffentlichen Das IQWiG hat vor dem Abschluss der Bewertung hohe Verfahrenstransparenz und eine angemessene Beteiligung der in § 35 Abs. 2 und § 139a Abs. 5 SGB V genannten Fachkreise zu gewährleisten. 137

d) Beschluss des G-BA über die Kosten-Nutzen-Bewertung als Grundlage für Vereinbarungen über Erstattungsbeträge nach § 130b SGB V. Auf Grundlage der Kosten-Nutzen-Bewertung fasst der G-BA einen Beschluss über die Kosten-Nutzen-Bewertung in Form eines Verwaltungsaktes iSd § 31 S. 1 SGB X[403] und veröffentlicht diesen im Internet. Vor der Beschlussfassung hat der G-BA gem. § 35b Abs. 3 S. 2 iVm § 92 Abs. 3a SGB V die **Stellungnahme der Sachverständigen und Verbände einzuholen** und bei der Beschlussfassung inhaltlich zu würdigen. Mit dem Beschluss werden insbesondere der **Zusatznutzen sowie die Therapiekosten bei Anwendung des jeweiligen Arzneimittels verbindlich festgestellt**. Zwar wurde bereits durch den Beschluss über die frühe Nutzenbewertung nach § 35a Abs. 3 SGB V das Bestehen oder Nichtbestehen eines Zusatznutzens im Verhältnis zu einer zweckmäßigen Vergleichstherapie verbindlich festgestellt. Jedoch kann die Kosten-Nutzen-Bewertung **in Bezug auf das Bestehen oder Nichtbestehen eines Zusatznutzens zu einem gegenüber der frühen Nutzenbewertung abweichenden Ergebnis** führen. Anders als zum Zeitpunkt der frühen Nutzenbewertung, wenn meist nur die Ergebnisse konfirmatorischer klinischer Prüfungen der Phase I–III vorliegen, können im Zeitpunkt der Kosten-Nutzen-Bewertung Daten aus Versorgungsstudien, also klinischen Prüfungen der Phase IV bei der Feststellung eines Zusatznutzens berücksichtigt werden. Gem. § 35b Abs. 1 S. 2 SGB V wird die Kosten-Nutzen-Bewertung auch in Bezug auf eine zweckmäßige Vergleichstherapie durchgeführt. Im Gegensatz zur frühen Nutzenbewertung stellt die Relation des Zusatznutzens zur zweckmäßigen Vergleichstherapie jedoch nur einen Teilaspekt der Bewertung dar. Im Zentrum der Kosten-Nutzenbewertung als gesundheitsökonomischer Betrachtung steht vielmehr die Feststellung eines Zusatznutzens im Verhältnis zu den Therapiekosten[404]. Der Beschluss über die Kosten-Nutzen-Bewertung nach § 35b Abs. 3 SGB V ist als Teil **der Richtlinie nach § 92 Abs. 1 S. 2 Nr. 6 SGB V** für die Vertragsärzte und die GKV-Versicherten rechtlich bindend und kann **Therapiehinweise nach § 92 Abs. 2 SGB V** enthalten (§ 35b Abs. 3 S. 4 SGB V). Er kann im Rahmen der allgemeinen Rechtsaufsicht durch das Bundesministerium für Gesundheit überprüft werden; eine Vorlagepflicht besteht ausdrücklich nicht, § 35b Abs. 3 S. 5 SGB V. **Auf Grundlage des Beschlusses über die Kosten-Nutzen-Bewertung** nach § 35b Abs. 3 SGB V ist eine **neue Vereinbarung über einen Erstattungsbetrag nach § 130b Abs. 1 oder Abs. 3 SGB V** nach den hierfür geltenden Vorgaben zu treffen (§ 130b Abs. 8 S. 3 und 4 SGB V iVm § 130b Abs. 1 oder 3 SGB V). Kommt es bei den erneut vorzunehmenden Preisverhandlungen innerhalb der Sechsmonatsfrist nach § 130b Abs. 8 S. 4 iVm § 130b Abs. 4 S. 1 SGB V **nicht zu einer** 138

---

[402] Str. ist, ob die Zumutbarkeit als eine im Anwendungsbereich der Kosten-Nutzen-Bewertung zu berücksichtigende Größe als notwendige, angemessene und wirtschaftliche Leistung iSd Wirtschaftlichkeitsgebots des § 12 SGB V zu verstehen ist oder ein erweiterter über den Wirtschaftlichkeitsbegriff hinausgehender Zumutbarkeitsmaßstab zugrunde zu legen ist, *von Dewitz* in BeckOK SGB V § 35b Rn. 9; *Luthe* PharmR 2011, 193 (206).
[403] *Von Dewitz* in BeckOK SGB V § 35b Rn. 4 und 7.
[404] Zum Ganzen *von Dewitz* in BeckOK SGB V § 35b Rn. 4, 7 und 22.

Einigung, entscheidet erneut die Schiedsstelle (§ 130b Abs. 8 S. 4 iVm § 130b Abs. 4 S. 1 SGB V).

139 e) **Rechtsschutz.** Gesonderte Anfechtungsklagen nach § 54 Abs. 1 S. 1 Alt. 1 SGB X gegen die Beauftragung des IQWiG durch den G-BA oder gegen die Bewertung durch das IQWiG sind gem. § 35b Abs. 4 S. 1 SGB unzulässig. Eine gesonderte **Anfechtungsklage gegen den Beschluss über die Kosten-Nutzen-Bewertung** hat nach § 35b Abs. 3 SGB V gem. § 35b Abs. 4 S. 2 SGB V **keine aufschiebende Wirkung** iSd § 86a Abs. 1 und Abs. 2 Nr. 4 SGG. Allerdings kann das Landessozialgericht Berlin-Brandenburg als das nach § 29 Abs. 1 Nr. 3 SGG ausschließlich zuständige Gericht der Hauptsache im Rahmen eines **Eilverfahrens nach § 86b Abs. 1 Nr. 2 SGG** die aufschiebende Wirkung einer gegen den Beschluss nach § 35b Abs. 3 SGB V gerichteten Anfechtungsklage ganz oder teilweise wieder anordnen (§ 86b Abs. 1 Nr. 2 SGG[405]).

---

[405] Zu den Einzelheiten des Rechtsschutzes, insbesondere zur Notwendigkeit der Durchführung eines Vorverfahrens iSv § 78 Abs. 1 Nr. 1 SGG vor Erhebung einer Anfechtungsklage *von Dewitz* in BeckOK SGB V § 35b Rn. 25.

§ 12 Kollektivvertragliche Steuerungsinstrumente

A. Rechtsbeziehungen in der Arzneimittelversorgung

I. Arzneimittelverordnung und -verkauf

Beim Arzneimittelverkauf treffen Krankenkassen und Apotheker nicht unmittelbar aufeinander, aufgrund des Sachleistungsprinzip jedoch zumindest mittelbar[406]. Der Vertragsarzt als „Schlüsselfigur der Arzneimittelversorgung"[407] handelt aufgrund seiner ihm durch das Vertragsarztrecht verliehenen Kompetenz durch die Verordnung eines Arzneimittels mit Wirkung für und gegen die Krankenkassen. Daran hat auch die dogmatische Neubestimmung der Rechtsgrundlage des Arzneimittelverkaufs durch das Bundessozialgericht nichts geändert[408]. Nach früherer Rechtsprechung wurde der Patient als Bote eingeordnet, dessen sich der Vertragsarzt durch die Verordnung eines Arzneimittels bedient und hierdurch eine Willenserklärung abgibt, die der Apotheker annimmt, indem er dem Patienten das Arzneimittel aushändigt. Aus dem so geschlossenen öffentlich-rechtlichen Kaufvertrag zwischen Krankenkasse und Apotheker gem. § 433 BGB analog[409], wurde für die Apotheke ein Anspruch auf Zahlung nach § 433 Abs. 2 BGB analog iVm § 129 SGB V und den auf dieser Grundlage vereinbarten vertraglichen Vorschriften hergeleitet[410]. Die neuere Rechtsprechung stellt demgegenüber den öffentlich-rechtlichen Charakter der Rechtsbeziehungen in den Vordergrund. Aus § 129 SGB V iVm den Verträgen nach § 129 Abs. 2 und 5 SGB V wird eine öffentlich-rechtliche Leistungsberechtigung und -verpflichtung für die Apotheker zur Abgabe von verordneten Arzneimitteln abgeleitet. Im Gegenzug erhalten diese einen Anspruch auf Vergütung gegen die Krankenkassen[411]. Obwohl § 129 SGB V eine Zahlungspflicht der Krankenkassen nicht ausdrücklich statuiert, wird diese dort nach der Rechtsprechung selbstverständlich vorausgesetzt[412]. Es bleibt aber dabei, dass die vertragsärztliche Verordnung das Rahmenrecht des Patienten auf Versorgung mit Arzneimitteln erst konkretisiert und diesem damit eine zentrale Rolle zukommt[413]. Die Krankenkasse hat gegenüber dem Zahlungsanspruch der Apotheke ein Recht zur Aufrechnung (Retaxierung), wenn die Voraussetzungen eines öffentlich-rechtlichen Erstattungsanspruchs vorliegen[414]. Der Versicherte ist selbst nicht Vertragspartner, sondern gem. § 328 BGB analog begünstigter Dritter dieses öffentlich-rechtlichen Kaufvertrages[415]. Er erhält das von der Apotheke unter der Vorlage der Verordnung erworbene Arzneimittel auf Kosten seiner Krankenkasse.

II. Arzneimittelabgabe

Die Arzneimittelversorgung der gesetzlich Versicherten erfolgt durch die Abgabe ärztlich verordneter Arzneimittel durch öffentliche Apotheken, denen der Verkauf und die

---

[406] *Joussen* in BeckOK SGB V § 129.
[407] BSG SozR 4–2500 § 129 Nr. 2 Rn. 20; *Axer* in Becker/Kingreen SGB V § 129 Rn. 10.
[408] BGH Beschl. v. 5.5.2011 – 3 StR 458/10, MPR 2011, 121, 126.
[409] *Kuhlmann* in NK-MedR SGB V § 129 Rn. 2; *Joussen* in BeckOK SGB V § 129; *Axer* in Becker/Kingreen SGB V § 129 Rn. 10 f.; *Barth* in Spickhoff SGB V § 129 Rn. 1.
[410] BSG SozR 4–2500 § 129 Nr. 2 Rn. 20; *Wodarz* in Sodan HdB KrankenVersR § 27 Rn. 63; *Axer* in Becker/Kingreen SGB V § 129 Rn. 10 f.
[411] BSG SozR 4–2500 § 129 Nr 5 Rn. 15 f.; BSG Urt. v. 28.9.2010 – B 1 KR 3/10 R Rn. 13.
[412] BSG SozR 4–2500 § 129 Nr 5 Rn. 16.
[413] BGH Beschl. v. 5.5.2011 – 3 StR 458/10, MPR 2011, 121, 126.
[414] BSG SozR 4–2500 § 129 Nr. 1 Rdn. 15 ff.; BSG SozR 4–2500 § 129 Nr. 2 Rn. 18 ff.; *Axer* in Becker/Kingreen SGB V § 129 Rn. 12; *Wodarz* in Sodan HdB KrankenVersR § 27 Rn. 34.
[415] BSG SozR 4–2500 § 129 Nr. 2 Rn. 20; *Wodarz* in Sodan HdB KrankenVersR § 27 Rn. 34;

Weitergabe von Arzneimitteln übertragen[416] ist[417]. Für die Teilnahme der Apotheken an der Arzneimittelversorgung der gesetzlich Versicherten ist kein öffentlich-rechtliches Zulassungsverfahren vorgesehen[418]. Statt dessen erfolgt die **Arzneimittelabgabe** durch die Apotheken an die gesetzlich Versicherten auf der Grundlage von **kollektivvertraglichen Vereinbarungen über die Arzneimittelversorgung zwischen den Krankenkassen und den Apotheken** nach § 129 SGB V. Die Norm regelt die Rechtsbeziehungen zwischen Krankenkassen und Apotheken auf der Grundlage von **Rahmenverträgen** über die Arzneimittelversorgung auf Bundes- und Landesebene (§ 125 Abs. 2 bzw. Abs. 5 SGB V). Durch diese Rahmenverträge erfüllen die Krankenkassen ihren öffentlich-rechtlichen Versorgungsauftrag, den gesetzlich Versicherten die ihnen zustehenden Leistungen als Sachleistung zur Verfügung zu stellen[419]. Die Apotheken sind gegenüber den Krankenkassen verpflichtet, ärztlich verordnete Arzneimittel an die gesetzlich Versicherten nach Maßgabe dieser Verträge abzugeben. So hat die Apotheke bei der Auswahl des Arzneimittels die Vorgaben des § 129 Abs. 1 SGB V und des Rahmenvertrages zu beachten. Aus § 129 Abs. 1 SGB V ergeben sich die Vorgaben für eine **wirtschaftliche Arzneimittelversorgung,** wie etwa die Verpflichtung zur Abgabe wirkstoffgleicher Arzneimittel, die gem. § 129 Abs. 1 SGB V nach Maßgabe des Rahmenvertrages über die Arzneimittelversorgung nach § 129 Abs. 2 SGB V umzusetzen sind. Der Rahmenvertrag nach § 129 Abs. 2 SGB V konkretisiert das Wirtschaftlichkeitsgebot und regelt das Nähere über die Pflichten der Apotheken bei der Abgabe verordneter Arzneimittel an Versicherte zu Lasten der GKV. Im Zusammenspiel mit den konkretisierenden rahmenvertraglichen Vereinbarungen auf Bundes- und Landesebene begründet § 129 SGB V eine öffentlich-rechtliche Leistungsberechtigung und -verpflichtung für die Apotheken zur Abgabe von ärztlich verordneten Arzneimitteln an die Versicherten[420].

B. Rahmenverträge über die Arzneimittelversorgung nach § 129 Abs. 2 und 5 SGB

I. Bundesrahmenvertrag nach § 129 Abs. 2 SGB V

1. Rechtsnatur und Rechtswirkungen

3   Gemäß § 129 Abs. 2 SGB V regeln die Spitzenverbände der Krankenkassen und die für die Wahrnehmung der wirtschaftlichen Interessen gebildeten maßgeblichen Spitzenorganisationen der Apotheker in einem gemeinsamen Rahmenvertrag das Nähere für die Abgabe verordneter Arzneimittel an Versicherte[421]. Der Abschluss eines solchen bundeseinheitlichen Rahmenvertrages über die Arzneimittelversorgung ist zwingend. Dieser ist als **öffentlich-rechtlicher Normvertrag** zu qualifizieren[422] und als **Mantelvertrag** einzuordnen, der kraft Gesetzes jede einzelne Krankenkasse bindet und für diese wirksam

---

[416] Rechtliche Grundlagen für die Übertragung sind das AMG, die BApO sowie die AAppO.
[417] *Wodarz* in Sodan HdB KrankenVersR § 27 Rn. 33.
[418] Im Rahmen des sonstigen Leistungserbringungsrechts, etwa für Heil- u. Hilfsmittelerbringer ist für die Teilnahme an der GKV-Versorgung ein öffentlich-rechtliches Zulassungsverfahren vorgesehen (vgl. §§ 108 Nr. 3, 126, 127 SGB V), *Barth* in Spickhoff SGB V § 129 Rn. 1; *Joussen* in BeckOK SGB V § 129.
[419] BSG NJW- RR 2002, 405; *Wodarz* in Sodan HdB KrankenVersR § 27 Rn. 41.
[420] BSG SGB 2010, 643; *Joussen* in BeckOK SGB V§ 129.
[421] Maßgeblich ist der Rahmenvertrag über die Arzneimittelversorgung nach § 129 Abs. 2 SGB V idF vom 15.6.2012, http://www.gkv-spitzenverband.de/media/dokumente/krankenversicherung_1/arzneimittel/rahmenvertraege/apotheken/AM_20120615_S_RVtg_129_Abs2.pdf.
[422] *Axer* in Becker/Kingreen SGB V § 129 Rn. 27; *Joussen* in BeckOK SGB V § 129; *Barth* in Spickhoff SGB V § 129 Rn. 12; *Knittel* in Krauskopf SGB V § 129 Rn. 12.

Kaufmann

ist[423]. Die Bindungswirkung des Bundesrahmenvertrages für die Apotheken ist hingegen nicht zwingend gegeben. So hat der Bundesrahmenvertrag Rechtswirkung für die Apotheke, wenn diese entweder einem Mitgliedsverband der Spitzenorganisation angehört und die Satzung des Verbandes vorsieht, dass von der Spitzenorganisation abgeschlossene Verträge dieser Art Rechtswirkung für die dem Verband angehörenden Apotheken haben (§ 129 Abs. 3 Nr. 1 SGB V) oder die nicht verbandlich organisierten Apotheken dem Rahmenvertrag beitreten (§ 129 Abs. 3 Nr. 2 SGB V). Dennoch entfaltet ein abgeschlossener Rahmenvertrag auch Rechtswirkung für die Apotheker bereits unabhängig von einer durch Mitgliedschaft oder Beitritt vermittelten Einverständniserklärung. Aus § 129 Abs. 3 Nr. 2 SGB V und § 129 Abs. 4 SGB V wird regelmäßig gefolgert, dass nur diejenigen Apotheken an der Arzneimittelversorgung der gesetzlich Versicherten zu beteiligen sind, die sich an die gesetzlichen und insbesondere an die vertraglichen Regelungen halten. Dies setzt aber voraus, dass ein geschlossenen Rahmenvertrag für den jeweiligen Apotheker Rechtswirkung hat. Demzufolge muss ein abgeschlossener Rahmenvertrag unabhängig von einer durch Mitgliedschaft oder Beitritt vermittelten Einverständniserklärung **Rechtswirkung für Apotheker** haben[424].

2. Inhalte und Sanktionen

Der **Pflichtinhalt** des Rahmenvertrages bestimmt sich unmittelbar aus § 129 Abs. 1 SGB V. Danach sind die Apotheken insbesondere zur Abgabe preisgünstiger Arzneimittel verpflichtet, wenn der verordnende Arzt ein Arzneimittel auf der Grundlage seiner Therapiefreiheit nur unter seiner Wirkstoffbezeichnung verordnet oder die Ersetzung des Arzneimittels durch ein wirkstoffgleiches Arzneimittel durch den Apotheker zugelassen hat (§ 129 Abs. 1 Nr. 1 SGB V). Ebenfalls trifft sie die Pflicht zur Abgabe preisgünstiger importierter Arzneimittel (§ 129 Abs. 1 Nr. 2 SGB V), zur Abgabe wirtschaftlicher Einzelmengen sowie zur Preisangabe auf der Packung (§ 129 Abs. 1 Nr. 3, 4 SGB V). Nach § 129 Abs. 2 SGB V erstreckt sich die **Regelungskompetenz der Vertragsparteien** darauf, das Nähere für die Abgabe verordneter Arzneimittel an Versicherte zu regeln. Damit steht den Vertragsparteien eine weitreichende Regelungskompetenz zur näheren Konkretisierung des Pflichtinhaltes des Bundesrahmenvertrages nach § 129 Abs. 1 SGB V zu[425]. Die nähere Ausgestaltung hat sich maßgeblich an dem gesetzgeberischen Ziel der **Kostendämpfung** zu orientieren[426]. Seit dem Jahre 2011 sieht der Rahmenvertrag in § 2b die **Beitrittsmöglichkeit einer ausländischen Apotheke** vor[427]. Demnach kann diese im Folgemonat nach der Beitrittserklärung Arzneimittel zulasten der Krankenkassen abrechnen, sofern sie sich den deutschen Preisvorschriften nach dem AMG und dem HWG unterwirft. Liegen die Liefervoraussetzungen nach den Preisvorschriften nicht vor, so bedarf es einer Preisabsprache mit der Krankenkasse oder einer Preisregelung der Krankenkassenverbände[428]. Mit den zum 1.4.2011 und 1.8.2012 in Kraft getretenen Neufassungen wurden die Änderungen des **AMNOG** aufgegriffen. Insbesondere wurden die Definition der Austauschbarkeit (§ 4 Abs. 1) und das Wahlrecht des Versicherten (§ 4 Abs. 4a) angepasst. Die von dem Spitzenverband Bund der Krankenkassen zu übermittelnden und für die Abrechnung maßgeblichen Daten wurden durch § 12 Abs. 5 auf Impfstoffabschläge erweitert. Zudem wurden die §§ 5, 6, 8b und 14 überarbeitet. Weiterer

4

---

[423] *Joussen* in BeckOK SGB V § 129; *Kuhlmann* in NK-MedR SGB V § 129 Rn. 7.
[424] *Axer* in Becker/Kingreen SGB V § 129 Rn. 28; *Joussen* in BeckOK SGB V § 129; *Kuhlmann* in NK-MedR SGB V § 129 Rn. 7; aA *Hess* in KassKomm SGB V § 129 Rn. 13.
[425] *Axer* in Becker/Kingreen SGB V § 129 Rn. 29.
[426] *Joussen* in BeckOK SGB V § 129.
[427] Diese Beitrittsmöglichkeit geht auf das Urteil des Bundessozialgerichts über den Beitritt einer ausländischen Versandapotheke zurück, BSG PharmR 2008, 595 – Doc Moris.
[428] *Baierl/Kellermann*, Arzneimittelrecht, 1. Aufl. 2011, S. 200.

Inhalt des Vertrages sind gem. § 129 Abs. 4 SGB V Regelungen darüber, welche **Sanktionsmaßnahmen** gegen Apotheker getroffen werden können, die ihren Pflichten nach § 129 Abs. 1, 2 und 5 SGB V nicht nachkommen. Grobe Verstöße können nach §§ 129 Abs. 4 SGB V, 11 des Rahmenvertrages bis zum Ausschluss von der Arzneimittelversorgung führen. Allerdings können im Rahmenvertrag nur Sanktionen gegen Verstöße gegen Vorgaben der Verträge vorgesehen werden, nicht hingegen Sanktionen gegen berufsrechtliche Verstöße[429].

3. Vertragsfestsetzung durch die Schiedsstelle

5   Für den Fall, dass ein Bundesrahmenvertrag nach § 129 Abs. 2 SGB V ganz oder teilweise nicht oder nicht fristgemäß zustande kommt, wird gem. § 129 Abs. 7 bis 10 SGB V der Vertragsinhalt durch eine gemeinsame Schiedsstelle des Spitzenverbands Bund der Krankenkassen und des Deutschen Apothekerverbandes e. V. festgesetzt, die der Aufsicht des Bundesministeriums für Gesundheit untersteht. Gemäß der durch das **AMNOG** neu eingeführten Regelung in § 129 Abs. 9 SGB V haben **Klagen gegen eine Vertragsfestsetzung durch die Schiedsstelle keine aufschiebende Wirkung,** wodurch sichergestellt werden soll, dass die Festsetzungen der Schiedsstelle unverzüglich umgesetzt werden können[430].

II. Arzneimittellieferverträge nach § 129 Abs. 5 SGB V

6   Neben dem verpflichtend vorgesehenen Bundesrahmenvertrag können gem. § 126 Abs. 5 SGB V die Landesverbände der Krankenkassen und die Verbände der Ersatzkrankenkassen mit der für die Wahrnehmung der wirtschaftlichen Interessen maßgeblichen Organisation der Apotheker **auf Landesebene ergänzend Rahmenverträge** abschließen (sog. **Arzneimittellieferverträge**). Der Abschluss dieser Verträge ist freiwillig. Die Rahmenverträge auf Landesebene können den unmittelbar verbindlichen Bundesrahmenvertrag nach § 129 Abs. 2 SGB V ergänzen, aber dürfen nicht in Widerspruch zu diesem stehen[431]. So kann gem. § 129 Abs. 5 S. 4 SGB V eine von dem bundeseinheitlichen Rahmenvertrag nach § 129 Abs. 2 SGB V abweichende **Zielpreisvereinbarung** getroffen werden, wonach die Apotheke die Ersetzung wirkstoffgleicher Arzneimittel so vorzunehmen hat, dass der Krankenkasse Kosten nur in Höhe eines zu vereinbarenden durchschnittlichen Betrags je Arzneimittel entstehen. Zu dem sieht § 129 Abs. 5 S. 3 SGB V vor, dass die Versorgung mit in Apotheken hergestellten parenteralen Zubereitungen aus Fertigarzneimitteln in der Onkologie zur unmittelbaren ärztlichen Anwendung bei Patienten durch Rahmenverträge auf Landesebene sichergestellt werden kann. Ferner enthalten die zahlreichen, den Bundesrahmenvertrag ergänzenden Arzneimittellieferverträge auf Landesebene vor allem Regelungen zur Rechnungslegung und -begleichung, zur Abwicklung von Zuzahlungen und Eigenbeteiligungen, zur Weiterleitung von Verordnungsblättern und zur Datenübermittlung[432]. Die Krankenkassenverbände sind nicht berechtigt, unter Umgehung der Vorgaben von § 129 SGB V mit anderen Vertragspartnern als den Apothekerverbänden Verträge über die Abgabe verordneter Arzneimittel (sogenannte add-on-Verträge) abzuschließen[433]. Für die Rechtswirkung der Arzneimittellieferverträge für die Apotheken gilt § 129 Abs. 3 SGB V entsprechend.

---

[429] *Joussen* in BeckOK SGB V § 129; *Kuhlmann* in NK-MedR SGB V § 129 Rn. 8.
[430] BT-Drs. 17/3698, S. 76.
[431] *Axer* in Becker/Kingreen SGB V § 129 Rn. 32; *Wodarz* in Sodan HdB KrankenversR § 27 Rn. 40.
[432] *Wodarz* in Sodan HdB KrankenVersR § 27 Rn. 40.
[433] LSG Rheinland Pfalz NZS 2006, 318.

C. Wirtschaftliche Arzneimittelversorgung durch die Rahmenverträge über die Arzneimittelversorgung

§ 129 Abs. 1 SGB V statuiert Abgabeverpflichtungen des Apothekers gegenüber der GKV. Hierbei handelt es sich um Wirtschaftlichkeitsmaßnahmen auf der Ebene der Abgabe von Arzneimitteln, die eine Kostendämpfung bei der Arzneimittelversorgung durch eine **wirtschaftliche Auswahl und Abgabe von Arzneimitteln** zu erzielen versuchen[434]. Die Apotheken sind insbesondere zur **Abgabe preisgünstiger, wirkstoffgleicher Arzneimittel** (Aut-Idem-Substituion, § 129 Abs. 1 Nr. 1 SGB V) verpflichtet. Ebenfalls trifft sie die Pflicht zur **Abgabe preisgünstiger Importarzneimittel** (§ 129 Abs. 1 Nr. 2 SGB V), zur **Abgabe wirtschaftlicher Einzelmengen** sowie zur **Angabe des Apothekenpreises auf der Packung** (§ 129 Abs. 1 Nr. 3 bzw. 4 SGB V). § 129 Abs. 1 Nr. 3 bis 4 SGB V gibt die wesentlichen Pflichten vor, die durch die auf Grundlage von § 129 Abs. 2 und 5 SGB V geschlossenen **Rahmenverträge** auf Bundes- und Landesebene näher ausgestaltet werden[435].

7

I. Aut-Idem-Substitution nach § 129 Abs. 1 S. 1 Nr. 1 SGB V

1. Systematik

Von besonderer Bedeutung in den Rahmenverträgen nach § 129 Abs. 2 und 5 SGB V ist die Aut-Idem-Substitution nach § 129 Abs. 1 S. 1 Nr. 1 SGB V. Die Vorschrift legt zusammen mit dem Rahmenvertrag über die Arzneimittelversorgung nach § 129 Abs. 2 SGB V fest, unter welchen Voraussetzungen die Apotheke dazu verpflichtet ist, ein ärztlich verordnetes Arzneimittel durch ein **preisgünstiges wirkstoffgleiches Arzneimittel** zu ersetzen[436]. Gemäß § 129 Abs. 1 S. 1 Nr. 1 SGB V sind die Apotheken zur Abgabe eines preisgünstigen Arzneimittels verpflichtet, wenn der verordnende Arzt ein Arzneimittel nur unter seiner Wirkstoffbezeichnung verordnet (Wirkstoffverordnung nach § 129 Abs. 1 S. 1 Nr. 1 lit. a SGB V) oder die Ersetzung des Arzneimittels durch ein wirkstoffgleiches Arzneimittel (Namensverordnung nach § 129 Abs. 1 S. 1 Nr. 1 lit. b SGB V) nicht ausgeschlossen hat. Daneben kann durch den neu eingefügten[437] § 129 Abs. 1 S. 8 SGB V in dem Rahmenvertrag vereinbart werden, in welchen Fällen Arzneimittel nicht nach Satz 1 lit. 1b ersetzt werden dürfen. In diesen Fällen ist gem. § 129 Abs. 1 S. 2 SGB V ein Arzneimittel abzugeben, das mit dem verordneten in Wirkstärke und Packungsgröße identisch ist, für ein gleiches Anwendungsgebiet zugelassen ist und die gleiche oder eine austauschbare Darreichungsform besitzt. Gemäß § 4 Abs. 4 des aktuellen Rahmenvertrages über die Arzneimittelversorgung hat der Apotheker die **freie Auswahlmöglichkeit** unter den **drei preisgünstigsten Arzneimitteln**. Im Falle einer Aut-Idem-Ersetzung nach § 129 Abs. 1 S. 1 Nr. 1 lit. b SGB V kann er auch das namentlich verordnete Arzneimittel oder nach Maßgabe von § 129 Abs. 1 S. 1 Nr. 2 SGB V ein Importarzneimittel abgeben. Die Pflicht zur Abgabe preisgünstiger Arzneimittel **gilt nicht, wenn** für den vom Arzt verordneten Wirkstoff eine **Rabattvereinbarung nach § 130a Abs. 8 SGB V** besteht. Dabei ist zu beachten, dass Rabattvereinbarungen, die nicht nach Maßgabe der Vorschriften des GWB über die Vergabe öffentlicher Aufträge abgeschlossen wurden, nach S. 8 der Vorschrift mit Ablauf des

8

---

[434] *Reese/Stallberg* in Dieners/Reese PharmaR § 17 Rn. 232.
[435] *Wodarz* in Sodan HdB KrankenVersR§ 27 Rn. 50.
[436] *Reese/Stallberg* in Dieners/Reese PharmaR § 17 Rn. 272.
[437] Eingefügt m. W. v. 26.10.2012 durch G v. 19.10.2012 (BGBl. I S. 2192).

350   5. Teil. Arzneimittel und Medizinprodukte in der ges. und priv. Krankenkasse

30. April 2013 unwirksam geworden sind[438]. Gemäß § 129 Abs. 1 S. 3 SGB V hat die Apotheke das verordnete Arzneimittel vorrangig durch ein wirkstoffgleiches Arzneimittel zu ersetzen, für das eine Rabattvereinbarung nach § 130a Abs. 8 SGB V besteht. Die **Pflicht zur vorrangigen Abgabe rabattbegünstigter Arzneimittel** besteht gem. § 4 Abs. 2 des Rahmenvertrages nur dann, wenn die Angaben zu dem rabattbegünstigten Arzneimittel vollständig sind und bis zum vereinbarten Stichtag den Apotheken mitgeteilt wurden, das rabattbegünstigte Arzneimittel zum Zeitpunkt der Vorlage der Verordnung verfügbar ist und in den ergänzenden Vereinbarungen nach § 129 Abs. 5 SGB V nichts anderes vereinbart ist. Sofern keine vorrangige Rabattvereinbarung besteht, ist ein preisgünstiges Arzneimittel nach Maßgabe des Rahmenvertrages abzugeben (§ 129 Abs. 1 S. 4 SGB V iVm § 4 Abs. 4 des Rahmenvertrages über die Arzneimittelversorgung).

2. Abgabe preisgünstiger Arzneimittel

9   **a) Rechtlicher Hintergrund.** Die Funktionsweise und Reichweite der Aut-Idem-Substitution nach § 129 Abs. 1 S. 1 Nr. 1 SGB V ergeben sich aus den einschlägigen Vorschriften des Arzneimittel- und Apothekenrechts[439]. Gem. § 48 Abs. 1 AMG dürfen verschreibungspflichtige Arzneimittel nur bei Vorliegen einer ärztlichen Verschreibung an den Verbraucher abgegeben werden. Auf diese Weise soll sichergestellt werden, dass Präparate, deren Anwendung mit besonderen Risiken verbunden sind, weil etwa die enthaltenen Wirkstoffe nicht hinreichend erforscht sind oder die auch bei bestimmungsgemäßem Gebrauch mit signifikanten Gefahren für den Patienten verbunden sind, nicht ohne vorherige ärztliche Anordnung abgegeben werden[440]. § 48 AMG dient damit dem **gesundheitlichen Verbraucherschutz**[441]. Nach der gesetzlichen Aufgabenverteilung zwischen Arzt und Apotheker im Gesundheitswesen obliegt es dem behandelnden Arzt im Rahmen seines Therapie- und Verordnungsmonopols, die für den Patienten angemessene Therapie zu bestimmen. Den Apotheken verbleibt es, die Arzneimittelversorgung sicherzustellen. Aus dieser Funktionsverteilung im Gesundheitswesen folgt das **Dispensierverbot,** wonach die Abgabe von Arzneimitteln durch den Arzt verboten ist[442]. Aus § 17 Abs. 5 S. 1 Apothekenbetriebsordnung (ApBetrO) resultiert für die Apotheke die Pflicht, auf die ärztliche Verschreibung nur das gem. § 48 Abs. 1 S. 1 AMG verschriebene Arzneimittel abzugeben (**Substitutionsverbot**). Danach müssen die vom Apotheker abgegebenen Arzneimittel der ärztlichen Verordnung entsprechen. Stünde es den Apotheken frei, sich über die Verordnung des Arztes hinwegzusetzen so würde die Aufgabenverteilung im Gesundheitssystem ins Leere laufen und das im Interesse der Patienten stehende Therapie- und Verordnungsmonopol der Ärzte konterkariert[443]. Das aus § 17 Abs. 5 S. 1 ApBetrO resultierende Substitutionsverbot erfährt jedoch durch § 129 Abs. 1 S. 1 Nr. 1 SGB V zu Gunsten des Wirtschaftlichkeitsgebotes eine Durchbrechung. Gem. § 129 Abs. 1 S. 1 Nr. 1 SGB V sind die Apotheken nach Maßgabe des Rahmenvertrages verpfichtet, statt des vom Arzt verordneten Medikaments ein **preisgünstiges Substitutionsarzneimittel** abzugeben, soweit der Arzt ein Arzneimittel nur unter seiner Wirkstoffbezeichnung verordnet (**Wirkstoffverordnung** nach § 129 Abs. 1 S. 1 Nr. 1 lit. a SGB V) oder die Ersetzung des nur unter seinem

---
[438] § 130a Abs. 8 S. 8 SGB V eingefügt m. W. v. 26.10.2012 durch G v. 19.10.2012 (BGBl. I S. 2192).
[439] *Reese/Stallberg* in Dieners/Reese PharmaR § 17 Rn. 274.
[440] *Hesshaus* in Spickhoff AMG § 48 Rn. 1.
[441] *Hofmann* in KMH AMG § 48 Rn. 6.
[442] *Dieners/Reese* in Reese/Stallberg PharmaR § 17 Rn. 275; *Baierl/Kellermann,* Arzneimittelrecht, 1. Aufl. 2011, S. 191.
[443] *Reese/Stallberg* in Dieners/Reese PharmaR § 17 Rn. 275.

Produktnamen verordneten Arzneimittels (**Namensverordnung** nach § 129 Abs. 1 S. 1 Nr. 1 lit. b SGB V) durch ein wirkstoffgleiches Arzneimittel nicht ausgeschlossen hat (**Aut-Idem-Substitution**). Damit statuiert § 129 Abs. 1 S. 1 Nr. 1 SGB V eine **sozialrechtliche Ausnahme vom arzneimittel- und apothekenrechtlich begründeten Substitutionsverbot**. Durch die Abgabe preisgünstiger, wirkstoffgleicher Arzneimittel sollen bedeutende Einsparungen im Bereich der Arzneimittelversorgung in der GKV erzielt werden[444].

b) Voraussetzungen der Substitution. aa) Kein Ausschluss der Substitution. Die aut-idem Regelung belässt dem Arzt die Entscheidung, ob und in welchem Umfang er dem Apotheker Auswahlmöglichkeiten bei der Abgabe des Arzneimittels überlassen will, so dass dessen Therapiefreiheit, aber auch dessen Verantwortung für die Verordnung bestehen bleibt. Soweit der Arzt eine Substitution nicht ausschließt, trägt die Apotheke die Verantwortung für eine ordnungsgemäße Substitution[445]. Im Falle einer reinen Wirkstoffverordnung gem. § 129 Abs. 1 S. 1 Nr. 1 lit. a SGB V überlässt der Arzt dem Apotheker die Auswahl des Herstellers. Der Apotheker tauscht hier kein verordnetes Arzneimittel aus, sondern trifft lediglich eine Auswahl innerhalb des durch die Angabe des Wirkstoffes vorgegebenen Rahmens. Die vom Apotheker getroffene Auswahl entspricht in jedem Falle der Verordnung des Arztes, so dass im Falle einer reinen Wirkstoffverordnung streng genommen keine echte Substitution vorliegt[446]. Anders verhält es sich dagegen bei der Auswahl eines bestimmten Produktnamens durch den verordnenden Arzt. Wählt der verordnende Arzt im Falle einer **Namensverordnung** gem. § 129 Abs. 1 S. 1 Nr. 1 lit. b SGB V einen bestimmten Produktnamen aus, kann der Apotheker ein verschriebenes Arzneimittel durch „das Gleiche" ersetzen. Voraussetzung hierfür ist, dass der Arzt nicht das **aut-idem-Feld auf dem Rezeptformular angekreuzt** und damit jegliche **Substitution ausgeschlossen** hat[447]. Nach § 129 Abs. 8 S. 8 SGB V kann diese Substitution auch in dem Rahmenvertrag ausgeschlossen werden[448].

bb) Wirkstoffgleichheit. Sofern die Substitution zugelassen ist, haben die Apotheken bei der Abgabe eines Arzneimittels nach § 129 Abs. 1 Nr. 1 SGB V ein Arzneimittel abzugeben, das gem. §§ 129 Abs. 1 S. 2, 4 Abs. 1 des Rahmenvertrages in **Wirkstoff, Wirkstärke und Packungsgröße identisch** ist, für **ein gleiches Anwendungsgebiet** zugelassen ist und die **gleiche oder eine austauschbare Darreichungsform** besitzt (§ 129 Abs. 1 S. 2 SGB V). Hierdurch soll die weitgehende Identität des vom Arzt verordneten mit dem vom Apotheker ausgewählten Arzneimittels hergestellt werden[449]. Wirkstoffgleich iSv § 129 SGB V meint **wirkstoffidentisch**. Das an Stelle des verschriebenen Arzneimittels abgegebene Arzneimittel muss den identischen Wirkstoff besitzen[450]. Eine lediglich chemische Verwandtschaft zwischen den Wirkstoffen ist daher für eine Substitution nicht ausreichend, so dass eine Substitution von pharmakologisch-therapeutisch vergleichbaren Wirkstoffen nach § 129 Abs. 1 S. 1 Nr. 1 SGB V nicht möglich ist. Eine Substitution nach § 129 Abs. 1 Nr. 1 SGB V ist nur möglich, wenn es **generische Produkte** zu dem verordneten Arzneimittel gibt[451]. § 4 Abs. 1 des Rahmenvertrages konkretisiert insbeson-

---

[444] *Dieners/Reese* in Reese/Stallberg PharmaR § 17 Rn. 275; *Baierl/Kellermann*, Arzneimittelrecht, 1. Aufl. 2011, S. 196.
[445] *Barth* in Spickhoff SGB V § 129 Rn. 3; *Axer* in Becker/Kingreen SGB V § 129 Rn. 20.
[446] *Dieners/Reese* in Reese/Stallberg PharmaR § 17 Rn. 272, Fn. 419; *Barth* in Spickhoff SGB V, § 129 Rn. 5; *Wodarz* in Sodan HdB KankenVersR § 27 Rn. 52.
[447] *Barth* in Spickhoff SGB V § 129 Rn. 5.
[448] Eingefügt m. W. v. 26.10.2012 durch G v. 19.10.2012 (BGBl. I S. 2192).
[449] *Barth* in Spickhoff SGB V § 129 Rn. 5.
[450] *Reese/Stallberg* in Dieners/Reese PharmaR § 17 Rdn. 279.
[451] *Barth* in Spickhoff SGB V § 129 Rn. 6; *Reese/Stallberg* in Dieners/Reese PharmaR § 17 Rn. 279.

dere gleiche Wirkstoffe[452]. Nach § 4 Abs. 1a des Rahmenvertrages können auch **biotechnologisch hergestellte Arzneimittel** als wirkstoffgleich gelten. Bei diesen Arzneimitteln ist die Vergleichbarkeit nicht wie bei chemisch definierten Präparaten gegeben und muss im Einzelfall konkret nach Zulassung und Herstellungsbetrieb bewertet werden. Zu biotechnologisch hergestellten Arzneimitteln werden vergleichbare Produkte zukünftig in einer neuen Anlage 1 zum Rahmenvertrag gelistet[453].

12   cc) **Identität der Wirkstärke und Packungsgröße.** Nach der durch das **AMNOG** eingeführten Neuregelung in § 129 Abs. 2 S. 2, 2. Hs. SGB V gelten Packungsgrößen mit dem **gleichen Packungsgrößenkennzeichen** nach der Packungsgrößenverordnung (PackungsV[454]) als identisch. Grundsätzlich dürfen alle Packungen mit demselben N-Kennzeichen gegeneinander ausgetauscht werden[455]. Seit dem 1.7.2013 orientiert sich die Bestimmung der Packungsgrößen N1, N2 und N3 nicht mehr wie zuvor an der Einteilung nach Messzahlen, sondern an der Dauer typischer **Behandlungszyklen**[456].

13   dd) **Zulassung für ein gleiches Anwendungsgebiet.** Der Gesetzgeber des **AMNOG** hat in § 129 Abs. 1 S. 2 SGB V klargestellt, dass es für die Substitution ausreichend ist, wenn das Arzneimittel nur für *ein* gleiches Anwendungsgebiet zugelassen ist. Der Begriff des Anwendungsgebietes ist synonym mit dem wissenschaftlichen Begriff der Indikation und bezeichnet die Zweckbestimmung des Arzneimittels unter Angabe seiner Eigenschaften und Wirkungsweise[457]. Durch die Regelung sollen die Voraussetzungen für die Substitutionspflicht des Apothekers präziser gefasst und – nach Angaben des Gesetzgebers – Umgehungsmöglichkeiten bei der Substitutionspflicht und von Rabattverträgen verhindert werden[458]. Aus der Perspektive der Arzneimittelsicherheit wirft die Neuregelung die Problematik auf, dass der Gesetzgeber einerseits den Informationen über das Anwendungsgebiet als Zweckbestimmung für das Arzneimittel eine wichtige Bedeutung zuschreibt, das sich sowohl in den Bestimmungen der §§ 11 Abs. 1 Nr. 2, 11a Abs. 2 Nr. 4a AMG hinsichtlich der Gebrauchs- und Fachinformationen als auch hinsichtlich der Zulassung findet (vgl. die Änderungspflicht nach § 29 Abs. 2a S. 1 Nr. 1 AMG). Andererseits soll es jedoch für die Substitutionspflicht unerheblich sein, ob die in der Fachinformation aufgeführten Anwendungsgebiete abschließend übereinstimmen[459]. Vielmehr ist das Arzneimittel bereits dann abzugeben, wenn es **einen gemeinsamen Anwendungsbereich mit dem verordneten Arzneimittel** aufweist, wobei die für das Arzneimittel angegebene Indikation nicht mit der des Patienten zwingend übereinstimmen muss. Ausweislich der Gesetzesbegründung ist diese Neuregelung jedoch gerechtfertigt, da durch die Zulassung von wirkstoffgleichen Arzneimitteln (§ 24b AMG) sichergestellt ist, dass ein tatsächlich substituierbares Arzneimittel vorliegt. In diesem Fall weist das Arzneimittel nämlich die

---

[452] Dabei gelten die verschiedenen Salze, Ester, Ether, Isomere, Mischungen von Isomeren, Komplexe und Derivate eines Wirkstoffes als ein- und derselbe Wirkstoff, es sei denn ihre Eigenschaften unterscheiden sich nach wissenschaftlichen Erkenntnissen erheblich hinsichtlich der Unbedenklichkeit und der Wirksamkeit.
[453] *Baierl/Kellermann*, Arzneimittelrecht, 1. Aufl. 2011, S. 200.
[454] Verordnung über die Bestimmung und Kennzeichnung von Packungsgrößen für Arzneimittel in der vertragsärztlichen Versorgung (Packungsgrößenverordnung-PackungsV) vom 22.6.2004 aufgrund von § 31 Abs. 4 S. 1 SGB V. Zuletzt geändert durch Art. 1 Siebte ÄndVO vom 18.6.2013 (BGBl. I S. 1610).
[455] *Kaufmann* PharmR 2011, 223 (228).
[456] Art. 12 Abs. 4 AMNOG. Die ursprüngliche Einteilung nach **Messzahlen** wurde durch das **AMNOG** zunächst nur abgeändert: Die Messzahlen stellten nicht mehr Obergrenzen dar, sondern markierten einen Korridor von Packungsgrößen, die dem entsprechenden Packungsgrößenkennzeichen zugeordnet wurden (*Nitz* PharmR 2011, 208 (208)).
[457] *Rehmann* in Rehmann AMG § 11 Rn. 6.
[458] BT-Drs. 17/2413, S. 29 f.
[459] BT-Drs. 17/2413, S. 30.

gleiche Zusammensetzung der Wirkstoffe nach Art und Menge sowie die gleiche Darreichungsform auf, die Bioäquivalenz wird durch Bioverfügbarkeitsstudien nachgewiesen[460].

ee) Gleiche oder austauschbare Darreichungsform. Unter der Darreichungsform ist die **Arzneiform** zu verstehen, in der ein oder mehrere Wirkstoffe dem menschlichen Körper verabreicht werden[461]. Gemäß § 4 Abs. 1 lit. d des Rahmenvertrages liegt die **gleiche Darreichungsform** vor, wenn die Darreichungsformen die identische Bezeichnung in der Lauer-Taxe besitzen. Für die Gleichheit der Darreichungsform sind somit die Angaben der Herstellers maßgeblich. Demnach können Filmtabletten gegen Filmtabletten, Dragees gegen Dragees etc. gegeneinander ausgetauscht werden. Zur **Austauschbarkeit von Darreichungsformen** hat der G-BA unter Berücksichtigung ihrer therapeutischen Vergleichbarkeit **Hinweise in der Anlage VII zur Arzneimittel-Richtlinie** gegeben (§ 129 Abs. 1a SGB V). Diese Vorgaben sind trotz der gesetzlichen Formulierung „Hinweise" für den Apotheker verbindlich[462]. 14

3. Vorrangige Abgabe rabattbegünstigter Arzneimitteln

a) Regelungszweck. Gem. § 129 Abs. 1 S. 3 SGB V hat die Apotheke das verordnete Arzneimittel **vorrangig durch ein wirkstoffgleiches Arzneimittel zu ersetzen, für das eine Rabattvereinbarung nach § 130a Abs. 8 SGB V besteht.** Die **Abgabepflicht für rabattbegünstigte Arzneimittel** besteht auch dann, wenn ein wirksamer Rabattvertrag für ein Originalpräparat abgeschlossen wurde, aber gleichzeitig noch andere, im Apothekenabgabepreis günstigere Arzneimittel zur Verfügung stehen[463]. Sinn der privilegierten Abgabe von rabattbegünstigten Arzneimitteln ist es, den Abschluss von Rabattverträgen zu fördern und als gestalterisches Mittel der Arzneimittelversorgung zu etablieren[464]. Die Regelung geht von der Annahme aus, dass Arzneimittel, über die eine Rabattvereinbarung nach § 130 Abs. 8a SGB V getroffen wurde, immer preisgünstig iSv § 129 SGB V sind[465]. 15

b) Voraussetzungen der vorrangigen Abgabe rabattbegünstigter Arzneimittel. Die Rechtspflicht des Apothekers zur vorrangigen Abgabe von rabattbegünstigten Arzneimitteln hat über die für eine **Substitution nach § 129 Abs. 1 S. 1 Nr. 1 SGB V** geltenden **Anforderungen**[466] hinaus zur Voraussetzung, dass die **rabattbegünstigten Arzneimittel der Krankenkassen den Apotheken bekannt** sind, die **rabattbegünstigten Arzneimittel zum Zeitpunkt der Vorlage der Verordnung verfügbar** sind und in den **ergänzenden Verträgen nach § 129 Abs. 5 S. 1 SGB V nichts anderes vereinbart** ist[467]. 16

aa) Rechtzeitige und umfassende Datenübermittlung. § 4 Abs. 2 Bundesrahmenvertrag konkretisiert die Rechtspflicht des Apothekers zur vorrangigen Abgabe von rabatt- 17

---

[460] BT-Drs. 17/2413, S. 29 f.
[461] ZB (Film-)Tablette, Kapsel, Dragee, Salbe, Gel, Zäpfchen, Tropfen, Lösung, Puder etc.; *Reese/Stallberg* in Dieners/Reese PharmaR § 17 Rn. 284.
[462] *Axer* in Becker/Kingreen SGB V § 129 Rn. 18; *Reese/Stallberg* in Dieners/Reese PharmaR § 17 Rn. 286; *Wodarz* in Sodan HdB KrankenVersR § 27 Rn. 53.
[463] *Baierl/Kellermann*, Arzneimittelrecht, 1. Aufl. 2011, S. 317; *Wodarz* in Sodan HdB KrankenVersR § 27 Rn. 58.
[464] *Reese/Stallberg* in Dieners/Reese PharmaR § 17 Rn. 288.
[465] *Wodarz* in Sodan HdB KrankenVersR § 27 Rn. 58.
[466] Danach greift die vorrangige Abgabe eines rabattbegünstigten Arzneimittels immer dann, wenn bei einem unter dem Produktnamen verordneten Arzneimittel die Substitution nicht ausgeschlossen wurde und das verordnete und das rabattbegünstigte Arzneimittel in Wirkstärke und Packungsgröße identisch sind sowie für den gleichen Indikationsbereich zugelassen sind und ferner die gleiche oder eine austauschbare Darreichungsform besitzen, → Rn. 10 ff.
[467] *Baierl/Kellermann*, Arzneimittelrecht, 1. Aufl. 2011, S. 197 und 317; *Wodarz* in Sodan HdB KrankenVersR § 27 Rn. 59; *Barth* in Spickhoff SGB V § 129 Rn. 7.

begünstigten Arzneimitteln dahingehend, dass dem Apotheker das **Bestehen eines Rabattvertrages bekannt** sein muss, was durch die allgemein verwendete Apothekensoftware garantiert ist. Die zwingende Abgabeverpflichtung des Apothekers für rabattbegünstigte Arzneimittel setzt demnach voraus, dass die Angaben zu dem rabattbegünstigten Arzneimittel vollständig und bis zum vereinbarten Stichtag über den GKV-Spitzenverband und die ABDATA Pharma-Daten-Service in der **Apothekensoftware** mitgeteilt wurden[468].

18   bb) **Verfügbarkeit.** Hat eine Krankenkasse mehrere Rabattverträge abgeschlossen und stehen dadurch mehrere austauschbare Arzneimittel zur Verfügung, kann der Apotheker **unter mehreren rabattbegünstigten Arzneimitteln frei wählen.** Insofern kann von den rabattbegünstigten Arzneimitteln auch das mit dem teuersten Herstellerpreis abgegeben werden[469]. Bei **Nichtverfügbarkeit** des rabattbegünstigten Arzneimittels zum Zeitpunkt der Vorlage der Verordnung gilt die Pflicht zur vorrangigen Abgabe rabattbegünstigter Arzneimittel nicht. In diesem Fall hat die Apotheke gem. § 4 Abs. 4 des Bundesrahmenvertrages die Wahl zwischen den **drei preisgünstigsten Arzneimitteln** und – im Falle der aut-idem Ersetzung nach § 129 Abs. 1 S. 1 Nr. 1 lit. b SGB V – dem **namentlich verordneten Arzneimittel**[470]. Die Nichtverfügbarkeit muss von der Apotheke durch Erklärung des pharmazeutischen Herstellers oder Großhändlers nachgewiesen und in der Abrechnung des Apothekers gesondert gekennzeichnet werden[471]. Für den Fall der unverzüglichen Abgabe eines Arzneimittels zur **Akutversorgung** räumt § 4 Abs. 3 des Rahmenvertrages dem Apotheker **Wahlfreiheiten** ein.

19   cc) **Keine abweichenden Regelungen in den Rahmenverträgen nach § 129 Abs. 5 SGB V.** Gem. § 129 Abs. 5 S. 4 SGB V kann in den Rahmenverträgen auf Landesebene eine **von der Abgabepflicht für rabattbegünstigte Arzneimittel abweichende Zielpreisvereinbarung** getroffen werden, wonach die Apotheke die Ersetzung wirkstoffgleicher Arzneimittel so vorzunehmen hat, dass der Krankenkasse Kosten nur in Höhe eines zu vereinbarenden durchschnittlichen Betrags je Arzneimittel entstehen. Im Rahmen einer solchen Zielpreisvereinbarung genießt der Apotheker die **Freiheit zur Auswahl des konkreten Arzneimittels**[472].

20   c) **Wahlrecht der Versicherten.** Durch die Einführung von § 129 Abs. 1 S. 5 SGB V und § 13 Abs. 2 S. 11 SGB V im Zuge des **AMNOG** haben die Versicherten die Möglichkeit, **anstelle des Rabattarzneimittels gegen Kostenerstattung ein anderes wirkstoffgleiches Arzneimittel** iRd Voraussetzungen nach § 129 Abs. 1 S. 2 SGB V zu wählen[473]. Durch die Wahl der Option Kostenerstattung sind die Versicherten nicht an diejenigen Arzneimittel gebunden, über welche ihre Krankenkasse mit dem Hersteller einen Rabattvertrag nach § 130a Abs. 8 SGB V geschlossen hat oder welche gemäß den Regelungen des Rahmenvertrages als preisgünstigeres Arzneimittel abzugeben sind[474]. Abweichend von § 13 Abs. 2 S. 2 SGB V muss der Versicherte seine Krankenkasse nicht vorab von der Ausübung seines Wahlrechts informieren und ist abweichend von § 13 Abs. 2 S. 12

---

[468] *Baierl/Kellermann*, Arzneimittelrecht, 1. Aufl. 2011, S. 197; *Wodarz* in Sodan HdB KrankenVersR § 27 Rn. 59; *Barth* in Spickhoff SGB V § 129 Rn. 7.

[469] *Reese/Stallberg* in Dieners/Reese PharmaR § 17 Rn. 289; *Wodarz* in Sodan HdB KrankenVersR § 27 Rn. 58; *Baierl/Kellermann*, Arzneimittelrecht, 1. Aufl. 2011, S. 317.

[470] *Reese/Stallberg* in Dieners/Reese PharmaR § 17 Rn. 289; *Wodarz* in Sodan HdB KrankenVersR § 27 Rn. 59; *Baierl/Kellermann*, Arzneimittelrecht, 1. Aufl. 2011, S. 197.

[471] *Barth* in Spickhoff SGB V § 129 Rn. 7.

[472] *Wodarz* in Sodan HdB KrankenVersR § 27 Rn. 61.

[473] Das gewählte Arzneimittel muss demnach mit dem verordneten in Wirkstärke, Packungsgröße identisch sowie für einen gleichen Anwendungsbereich zugelassen sein. Zu den Voraussetzungen der Substitution → Rn. 10 ff.

[474] *Ebsen* GuP 2011, 41 (44).

SGB V an seine Wahl nicht für mindestens ein Kalendervierteljahr gebunden (§ 129 Abs. 1 S. 6 SGB V). Dies ermöglicht dem Versicherten, in jedem Einzelfall in der Apotheke ad hoc zu entscheiden, ob er das nach § 129 Abs. 1 S. 3 oder 4 SGB V abzugebende wirtschaftlichste Arzneimittel nehmen möchte oder zu höheren eigenen Kosten ein teureres iSv § 129 Abs. 1 S. 2 SGB V identisches[475]. Grundsätzlich kommt der Versicherte bei der Wahl von Kostenerstattung für den Rabatt auf, während die **Kostenerstattung auf die Höhe der Vergütung begrenzt ist, die die Krankenkasse bei Erbringung der Sachleistung zu tragen hätte** (§ 13 Abs. 2 S. 11 SGB V). Angesichts der Vertraulichkeit der Höhe der Rabatte – in Rabattverträgen findet sich diesbezüglich regelmäßig eine Geheimhaltungsklausel – soll hierfür eine pauschalierte Lösung gefunden werden, die im neuen Rahmenvertrag über die Arzneimittelversorgung nach § 129 Abs. 2 SGB V zu treffen ist[476].

II. Abgabe preisgünstiger Importarzneimittel

Nach § 129 Abs. 1 Nr. 2 SGB V sind die Apotheken zur Abgabe von preisgünstigen 21 importierten Arzneimitteln verpflichtet, deren für den Versicherten maßgeblicher Arzneimittelabgabepreis unter Berücksichtigung der Abschläge nach § 130a Abs. 1, 1a, 2, 3a und 3b SGB V mindestens 15 vom Hundert oder mindestens 15 EUR niedriger ist als der Preis des Bezugsarzneimittels (**Importförderklausel**). Durch die Abgabepflicht für Importarzneimittel sollen Preisdifferenzen auf den verschiedenen europäischen Arzneimittelmärkten zugunsten der GKV nutzbar gemacht werden[477]. Von der Abgabepflicht nach § 129 Abs. 1 S. 1 Nr. 2 SGB V werden **Re- und Parallel-Importe** erfasst[478]. Re-Importarzneimittel wurden ursprünglich im Empfängerland produziert, Parallel-Importarzneimittel außerhalb des Empfängerlandes hergestellt[479]. Importarzneimittel sind bis auf Verpackung, Handelsnamen und Beipackzettel mit dem Originalpräparat identisch. Bezugsarzneimittel ist das originär für den deutschen Markt vorgesehene (Referenz-)Arzneimittel, auf das im Rahmen der Zulassung des Importarzneimittels für den deutschen Markt Bezug genommen wird[480]. **Preisgünstigkeit des Importarzneimittels** meint den Preisabstand des Importarzneimittels zum Referenzarzneimittel[481]. Der Preisunterschied, der von importierten Arzneimitteln mindestens einzuhalten ist, um im Rahmen der Importförderklausel nach § 129 Abs. 1 S. 1 Nr. 2 SGB V bevorzugt abgegeben zu werden, ist auf Basis des Apothekenabgabepreises nach Abzug der gesetzlichen Herstellerabschläge nach § 130a Abs. 1, 1a, 2, 3a und 3b SGB V zu ermitteln[482]. Gemäß § 129 Abs. 1 S. 1 Nr. 2 SGB V muss der Abgabepreis mindestens 15 % oder mindestens 15 EUR günstiger sein als der Preis des Bezugarzneimittels. Als ergänzende Regelung legt der Rahmenvertrag über die Arzneimittelversorgung nach § 129 Abs. 2 SGB V eine Importquote von 5 % pro Krankenkasse fest, die zu einer Wirtschaftlichkeitsreserve von 10 % des mit der Importquote festgelegten Umsatzes führen soll. Die Importquote bezeichnet den prozentualen Umsatzanteil abzugebender Arzneimittel am Fertigarzneimittel-Umsatz der Apotheke[483]. Auf dieser Grundlage erfolgen Gutschriften oder Abschläge von den Rechnungsanforderungen einer

---

[475] *Ebsen* GuP 2011, 41 (44).
[476] In diesem Sinn § 13 Abs. 2 S. 11, 2. Hs. SGB V: „die Abschläge sollen pauschaliert werden".
[477] *Wodarz* in Sodan HdB KrankenVersR § 27 Rn. 56; *Dalichau* in Prütting SGB V § 129 Rn. 88.
[478] *Wodarz* in Sodan HdB KrankenVersR § 27 Rn. 56; *Reese/Stallberg* in Dieners/Reese PharmaR § 17 Rn. 296.
[479] *Reese/Stallberg* in Dieners/Reese PharmaR § 17 Rn. 296.
[480] *Wodarz* in Sodan HdB KrankenVersR § 27 Rn. 56.
[481] *Barth* in Spickhoff SGB V § 129 Rn. 10.
[482] *Kuhlmann* in NK-MedR SGB V § 129 Rn. 3; *Dalichau* in Prütting SGB V § 129 Rn. 45; BT-Drs. 17/3698, S. 76.
[483] *Wodarz* in Sodan HdB KrankenVersR § 27 Rn. 56.

Apotheke. Bei der Abgabe von importierten Arzneimitteln und ihren Bezugsarzneimitteln gelten nach § 129 Abs. 2 S. 7 SGB V in der Fassung nach **AMNOG** die Grundsätze nach § 129 Abs. 2 S. 3 und 4 SGB V entsprechend. Das bedeutet, dass die **Abgabe eines Arzneimittels, für das eine Vereinbarung nach § 130 Abs. 8 SGB V besteht, Vorrang vor der Abgabe eines preisgünstigen importierten Arzneimittels** hat[484].

III. Abgabe wirtschaftlicher Einzelmengen

22   Gemäß § 129 Abs. 1 S. 1 Nr. 3 SGB V ist der Apotheker zur Abgabe wirtschaftlicher Einzelmengen verpflichtet. Jedoch wird die Pflicht zur Abgabe wirtschaftlicher Einzelmengen nur dann relevant, wenn der Arzt nicht schon eine bestimmte Abgabenmenge verordnet hat[485]. § 6 Abs. 1 des Rahmenvertrages über die Arzneimittelversorgung konkretisiert diese Abgabepflicht dahingehend, dass die **Packung mit der kleinsten Stückzahl** durch die Apotheke abzugeben ist, wenn der Vertragsarzt die verordnete Menge mit einer Kurzbezeichnung nach der Packungsgrößenverordnung (N1, N2, N3) bestimmt hat und unter dieser Kurzbezeichnung mehrere Packungen mit verschiedenen Stückzahlen im Handel sind. Bei Verordnung einer bestimmten Stückzahl des Arzneimittels dürfen gem. § 6 Abs. 2 des Rahmenvertrages mehrere Packungen nur bis zur maximal verordneten Tablettenanzahl abgegeben werden. Die Abgabe einer Teilmenge aus einer Fertigarzneimittelpackung (**Auseinzelung**) erfordert gem. § 6 Abs. 2 S. 3 des Rahmenvertrages eine ausdrückliche ärztliche Anordnung, soweit zwischen den Parteien des Rahmenvertrages nichts anderes vereinbart worden ist. **Überschreitet** die nach Stückzahl **verordnete Menge die größte Messzahl** nach der Packungsgrößenverordnung, darf gem. § 6 Abs. 3 S. 1 des Rahmenvertrages nur die größte nach den Messzahlen bestimmte Packung oder ein Vielfaches dieser Packung, jedoch nicht mehr als die verordnete Menge an den Patienten abgegeben werden. Ein Vielfaches der größten Packung darf nur abgegeben werden, soweit der Vertragsarzt durch einen besonderen Vermerk auf die Abgabe der verordneten Menge hingewiesen hat (§ 6 Abs. 3 S. 2 des Rahmenvertrages).

IV. Angabe des Apothekenabgabepreises

23   Nach § 129 Abs. 1 S. 1 Nr. 4 SGB V sind die Apotheken bei der Abgabe verordneter Arzneimittel an Versicherte zur Angabe des Apothekenabgabepreises auf der Arzneimittelpackung verpflichtet. Durch die Preisangabe auf der Arzneimittelpackung soll das **Kostenbewusstsein der Versicherten** geschärft werden[486].

---

[484] *Dalichau* in Prütting SGB V § 129 Rn. 89.
[485] *Wodarz* in Sodan HdB KrankenVersR § 27 Rn. 62; *Axer* in Becker/Kingreen SGB V § 129 Rn. 23.
[486] *Wodarz* in Sodan HdB KrankenVersR § 27 Rn. 62; *Axer* in Becker/Kingreen SGB V § 129 Rn. 23.

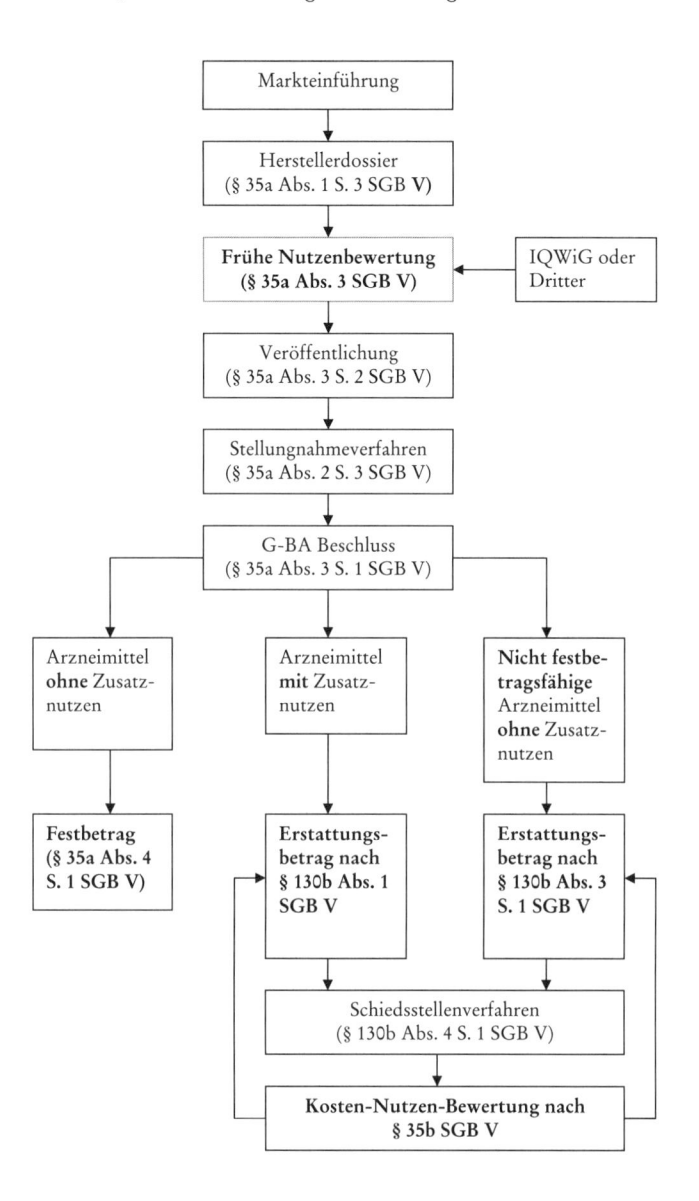

```
                    ┌──────────────────┐
                    │  Markteinführung │
                    └────────┬─────────┘
                             │
                    ┌────────▼─────────┐
                    │  Herstellerdossier│
                    │ (§ 35a Abs. 1 S. 3 SGB V)│
                    └────────┬─────────┘
                             │
                    ┌────────▼─────────┐      ┌──────────────┐
                    │ Frühe Nutzenbewertung │◄─│ IQWiG oder   │
                    │ (§ 35a Abs. 3 SGB V)  │  │ Dritter      │
                    └────────┬─────────┘      └──────────────┘
                             │
                    ┌────────▼─────────┐
                    │ Veröffentlichung │
                    │(§ 35a Abs. 3 S. 2 SGB V)│
                    └────────┬─────────┘
                             │
                    ┌────────▼─────────┐
                    │Stellungnahmeverfahren│
                    │(§ 35a Abs. 2 S. 3 SGB V)│
                    └────────┬─────────┘
                             │
                    ┌────────▼─────────┐
                    │  G-BA Beschluss  │
                    │(§ 35a Abs. 3 S. 1 SGB V)│
                    └──┬─────┬──────┬──┘
                       │     │      │
```

Ablauf: Markteinführung → Herstellerdossier (§ 35a Abs. 1 S. 3 SGB V) → Frühe Nutzenbewertung (§ 35a Abs. 3 SGB V) [IQWiG oder Dritter] → Veröffentlichung (§ 35a Abs. 3 S. 2 SGB V) → Stellungnahmeverfahren (§ 35a Abs. 2 S. 3 SGB V) → G-BA Beschluss (§ 35a Abs. 3 S. 1 SGB V)

Drei Pfade aus dem G-BA Beschluss:

1. **Arzneimittel ohne Zusatznutzen** → Festbetrag (§ 35a Abs. 4 S. 1 SGB V)
2. **Arzneimittel mit Zusatznutzen** → Erstattungsbetrag nach § 130b Abs. 1 SGB V
3. **Nicht festbetragsfähige Arzneimittel ohne Zusatznutzen** → Erstattungsbetrag nach § 130b Abs. 3 S. 1 SGB V

Erstattungsbetrag → Schiedsstellenverfahren (§ 130b Abs. 4 S. 1 SGB V) → Kosten-Nutzen-Bewertung nach § 35b SGB V

# 6. Teil. Wettbewerbliche Selektivverträge für Arzneimittel und Medizinprodukte

Das traditionell kollektivvertraglich geprägte Versorgungssystem der GKV[1] unterliegt bereits seit Anfang der 1990er Jahre grundlegenden Veränderungen. Diese Veränderungen wurden insbesondere mit dem Gesundheitsstrukturgesetz[2] angestoßen, das eine wettbewerbliche Ausrichtung des Systems der gesetzlichen Krankenkassen initiierte[3]. Den wesentlichen Kern dieser Neuausrichtung des GKV-Systems stellte die Einführung eines freien Krankenkassenwahlrechts (§ 173 ff. SGB V) für die Mitglieder der GKV mit Wirkung zum 1.1.1996 dar. Infolge des Wahlrechts kam es zu einem gesetzgeberisch intendierten Wettbewerb zwischen den gesetzlichen Krankenkassen[4] um die Gewinnung neuer Mitglieder und einen Haltewettbewerb um den Bestand an Versicherten.

Der Wettbewerb in der GKV findet stets unter der Prämisse eines dem Ziel des sozialen Ausgleichs verpflichteten Versicherungssystems statt[5]. Primärer Wettbewerbsfaktor ist dabei der Preis der Vorsorge für die Versicherten, welcher zunächst durch die Beitragssätze der einzelnen Krankenkassen gesteuert wurde[6] und gegenwärtig durch die Erhebung von Zusatzbeiträgen gemäß § 242 SGB V gesteuert wird[7]. Der Wettbewerb um Mitglieder schafft Anreize für die gesetzlichen Krankenkassen, eine möglichst attraktive Kombination aus Versicherungsbeitrag und Versorgungsleistung anzubieten[8]. Besondere Bedeutung kommt in diesem Zusammenhang der möglichst wirtschaftlichen Beschaffung von Arzneimitteln und Medizinprodukten zu. Schließlich stellen die Kosten für Arzneimittel mit einem Anteil von knapp 20 Prozent und einer absoluten Kostenhöhe von rund 31 Mrd. Euro den drittgrößten Ausgabeposten der GKV im Jahr 2011 dar[9]. Durch eine wirtschaftliche Beschaffung können die Kosten der GKV dementsprechend gesenkt und entsprechende Wettbewerbsvorteile gegenüber anderen Krankenkassen erzielt werden.

Diesem Umstand wurde bereits durch zahlreiche Gesetzesänderungen und -erweiterungen[10] Rechnung getragen, die den gesetzlichen Krankenkassen entsprechende Spielräume für eigenes und individuelles unternehmerisches Verhalten bei dem Abschluss von Versorgungsverträgen mit den Leistungserbringern und der Verwirklichung einer eigenen Preispolitik bei der Arznei- und Hilfsmittelversorgung einräumen[11]. Vor diesem

---

[1] → § 12 Rn. 2 ff.
[2] Gesetz zur Sicherung und Strukturverbesserung der gesetzlichen Krankenversicherung (GSG) v. 21.12.1992, BGBl. I 2266.
[3] Zu der instrumentellen Funktion wettbewerblicher Instrumente im Gesundheitswesen *Becker/Schweitzer*, Gutachten B zum 69. Deutschen Juristentag, B 26 ff.
[4] *Schwintowski/Klaue* PharmR 2011 469; *Gaßner/Eggert* NZS 2011, 249 f.
[5] BSG Urt. v. 24.1.2003 – B 12 KR 19/01 R, BSGE 90, 231 Rn. 109.
[6] Gemäß § 241 SGB V beträgt der allgemeine Beitragssatz einheitlich für alle gesetzlichen Krankenkassen 15,5 % der beitragspflichtigen Einnahmen ihrer Mitglieder.
[7] *Becker/Kingreen* NZS 2010, 417 (418).
[8] Monopolkommission, Achtzehntes Hauptgutachten gemäß § 44 Abs. 1 Satz 1 GWB, 2010, 1122.
[9] Pressemitteilung „GKV-Finanzentwicklung 2011" des BMG v. 7.3.2012.
[10] So zB Beitragssicherungsgesetz (BSSichG) v. 23.12.2002, BGBl. I 4637; Gesetz zur Verbesserung der Wirtschaftlichkeit in der Arzneimittelversorgung (AVWG) v. 26.4.2006, BGBl. I 984; Gesetz zur Stärkung des Wettbewerbs in der gesetzlichen Krankenversicherung (GKV-WSG) v. 26.3.2007, BGBl. I 378; Gesetz zur Neuordnung des Arzneimittelmarktes in der gesetzlichen Krankenversicherung (AMNOG) v. 22.12.2010, BGBl. I 2262.
[11] *Schwintowski/Klaue* PharmR 2011, 469 (473).

Gabriel

Hintergrund bildet daher insbesondere die Möglichkeit der gesetzlichen Krankenkassen, mit einzelnen pharmazeutischen Unternehmern individuelle Versorgungsverträge – sog *Selektivverträge* oder *Direktverträge* – abzuschließen, den entscheidenden Ansatzpunkt, um den jahrzehntelang überproportional ansteigenden Kosten in der GKV[12] entgegenzuwirken. Mit selektiven Versorgungsverträgen können sich Krankenkassen im Ergebnis bezüglich Qualität, Wirtschaftlichkeit und Patientenorientierung voneinander abheben[13].

4   Bereits der Begriff des Selektivvertrags bringt dabei zum Ausdruck, dass die Auswahlentscheidung einer Krankenkasse zwischen mehreren Anbietern eines Arzneimittels oder Medizinprodukts bei einem solchen Vertrag im Vordergrund steht[14]. Den Krankenkassen steht es dabei frei, sowohl die zu erbringende Leistung einschließlich der konkreten Bedingungen der Leistungserbringung als auch die entsprechende Vergütung unmittelbar mit den Leistungserbringern vertraglich zu vereinbaren[15]. Bezweckt wird damit aus Perspektive der Krankenkassen die Begründung eines (Preis-)Wettbewerbs auf der Marktgegenseite, dh zwischen den pharmazeutischen Unternehmern bzw. den Herstellern von Medizinprodukten. Diese sollen veranlasst werden, möglichst wirtschaftliche Angebote zum Abschluss entsprechender selektiver Versorgungsverträge abzugeben, zwischen denen die Krankenkassen zum Wohle ihrer Versicherten wählen können. Da der Abgabepreis von Arzneimitteln aufgrund von § 78 AMG für alle Krankenkassen einheitlich bleiben muss, werden entsprechende Einsparungen einzelner Krankenkassen in der Praxis durch die Vereinbarung von kassenindividuellen Preisabschlägen erzielt, welche im gesetzlichen Terminus regelmäßig als „Rabatte" bezeichnet werden[16].

5   Aus Perspektive der pharmazeutischen Industrie stellt der Abschluss von selektiven Versorgungsverträgen über Arzneimittel und Medizinprodukte das maßgebliche und entscheidende Kriterium dar, um (noch) an den entsprechenden Absatzmärkten im Inland partizipieren zu können. Aufgrund des hohen Marktanteils der gesetzlichen Krankenkassen als Nachfrager von Arzneimitteln und Medizinprodukten und entsprechenden gesetzlichen und vertraglichen Umsetzungsmechanismen selektiver (exklusiver) Versorgungsverträge[17], kommt die Nichtberücksichtigung einzelner pharmazeutischer Unternehmer im Rahmen vergaberechtlicher Ausschreibungen zum Abschluss von selektiven Versorgungsverträgen faktisch einem Verkaufsverbot in Apotheken für die gesamte Laufzeit des Vertrags im Verhältnis zur jeweiligen Krankenkasse gleich[18].

6   Vor diesem Hintergrund stellen Rabattverträge über die Versorgung der gesetzlichen Krankenkassen mit Arzneimitteln gemäß § 130a Abs. 8 SGB V bislang den weitaus praxisrelevantesten Bereich selektiver Versorgungsverträge dar. Durch die mit dem Abschluss von Rabattverträgen verbundene Wettbewerbsgenerierung auf Seiten der pharmazeutischen Unternehmer sollen allein im Jahr 2011 Einsparungen bei den Arzneimittelausgaben der GKV in Höhe von 1,6 Mrd. Euro erzielt worden sein[19].

7   Entsprechende Rechtsgrundlagen für den Abschluss von Selektivverträgen gibt es inzwischen auch in anderen Leistungsbereichen der GKV[20]. So sieht etwa § 130c SGB V den Abschluss von direkten Versorgungsverträgen zwischen Krankenkassen und pharma-

---

[12] Monopolkommission, Achtzehntes Hauptgutachten gemäß § 44 Abs. 1 Satz 1 GWB, 2010, 435.
[13] *Rebscher/Sewekow/Ziesemer* in Ecker/Preuß/Roski (Hrsg.), Handbuch Direktverträge, 2008, 98.
[14] *Burgi* NZBau 2008, 480 (481).
[15] Dazu *Theuerkauf* NZS 2011, 921 (922 f.).
[16] So bspw. in § 130a Abs. 8 SGB V.
[17] Dazu ausführlich → § 14 Rn. 37 ff.
[18] Zitat LSG Baden-Württemberg Urt. v. 27.2.2008, L 5 KR 507/08 ER-B, L 5 KR 508/08 W-A mAnm *v. Czettritz* PharmR 2008, 253.
[19] Pressemitteilung „GKV-Finanzentwicklung 2011" des BMG v. 7.3.2012.
[20] Dazu im Einzelnen → § 13 Rn. 6.

zeutischen Unternehmern im Hinblick auf nicht-festbetragsfähige Arzneimittel[21] vor, um von bestehenden Erstattungspreisvereinbarungen iSv § 130b SGB V abzuweichen bzw. diese abzulösen oder zu ergänzen. Zudem können Krankenkassen nach § 132e Abs. 2 S. 1 SGB V iVm § 130a Abs. 8 SGB V Rabattverträge mit pharmazeutischen Unternehmern zur Versorgung mit Impfstoffen und gemäß § 127 Abs. 1 SGB V mit Leistungserbringern zur Versorgung mit Hilfsmitteln abschließen. Außerdem bietet § 129 Abs. 5 S. 3 SGB V den Krankenkassen die Möglichkeit, die Versorgung mit in Apotheken hergestellten parenteralen Zubereitungen aus Fertigarzneimitteln in der Onkologie zur unmittelbaren ärztlichen Anwendung bei Patienten durch Verträge mit Apotheken sicherzustellen und dabei Abschläge auf den Abgabepreis des pharmazeutischen Unternehmers und die Preise und Preisspannen der Apotheken zu vereinbaren. Darüber hinaus ergeben sich Ermächtigungsgrundlagen zur Sicherstellung einer flächendeckenden hausarztzentrierten Versorgung aus § 73b Abs. 4 SGB V und zur besonderen ambulanten ärztlichen Versorgung aus § 73c SGB V. Daneben können gemäß § 140b Abs. 1 SGB V Verträge über integrierte Versorgungsleistungen unmittelbar mit den entsprechenden Leistungserbringern geschlossen werden, zu denen auch pharmazeutische Unternehmer zählen. Schließlich besteht gemäß § 64 Abs. 1 SGB V die Möglichkeit für die Krankenkassen oder ihre Verbände, mit in der GKV zugelassenen Leistungserbringern Vereinbarungen über die Durchführung von Modellvorhaben iSv § 63 Abs. 1 oder 2 SGB V zu schließen.

Im Zusammenhang mit dem Abschluss wettbewerblicher Selektivverträge durch gesetzliche Krankenkassen ergeben sich insbesondere zwei rechtliche Themengebiete mit erheblicher praktischer Relevanz: Einerseits die inhaltliche Gestaltung solcher Verträge[22], andererseits die EU/GWB-vergaberechtliche Ausschreibungspflicht als rechtlich obligatorisches Mittel zum Abschluss entsprechender Verträge[23]. 8

§ 13 Individualvertragliche Steuerungsinstrumente[24]

Schrifttum: *Amelung/Eble/Hildebrandt*, Innovatives Versorgungsmanagement, 2011; *Dettling/Kieser/Ulshöfer*, Zytostatikaversorgung nach der AMG-Novelle, PharmR 2009, 421; *Ecker/Hußmann*, Verträge nach § 130c SGB V – eine frühe Nutzenbewertung, PharmR 2011, 389; *Ecker/Preuß/Roski* (Hrsg.), Handbuch Direktverträge, 2008; *Gabriel*, in: *Gabriel/Krohn/Neun*, Handbuch des Vergaberechts, Kapitel 13 – Auftragsvergaben im Bereich der gesetzlichen Krankenversicherungen: Krankenkassenausschreibungen (SGB V), 2014; *Wolf/Jäkel*, Änderungen bei Rabattverträgen durch das AMNOG, PharmR 2011, 1.

A. Einführung

Der Abschluss selektiver Arzneimittelversorgungsverträge ist ein wettbewerbliches Instrument für die einzelnen gesetzlichen Krankenkassen, um abseits bestehender Kollektivverträge sowohl die Arzneimittelkosten als auch die Qualität der Versorgung ihrer Versicherten individuell zu steuern. 1

Aus sozialrechtlicher Perspektive ist der Abschluss von Direktverträgen zwischen einzelnen gesetzlichen Krankenkassen und pharmazeutischen Unternehmern vor allem deshalb eine atypische Regelungsform, weil sich diese Verträge nicht an den typischen Ver- 2

---

[21] → § 11 Rn. 67 ff.
[22] → § 13.
[23] → § 14.
[24] Der Autor dankt Herrn Dipl.-Jur. *Maximilian Voll* für die Unterstützung bei der Vorbereitung des Manuskripts.

sorgungs- und Vertragsverhältnissen der GKV (Arzt-Patient-Apotheke-Zwischenhandel) orientieren, sondern unmittelbar auf die wirtschaftlichen Hauptakteure bei der Versorgung mit Arzneimitteln und Medizinprodukten abstellen[25].

3   Zu den sozialrechtlich begründeten Pflichtleistungen im System der GKV gehört gemäß § 31 Abs. 1 SGB V auch die Versorgung der Versicherten mit Arzneimitteln und Medizinprodukten. Die Leistungen erbringen die gesetzlichen Krankenkassen in der Regel nicht selbst, sondern sie bedienen sich dazu Dritter, sog Leistungserbringer. Hinzu treten regelmäßig weitere Beteiligte, wie der verordnende Arzt oder der Arzneimittel abgebende Apotheker. Im Zusammenhang mit der Hilfsmittelversorgung spricht man aufgrund dessen von einem sozialrechtlichen „Dreieck" der Leistungserbringung[26]. Der Versicherte hat einen Anspruch auf das Hilfsmittel gegenüber der Krankenkasse, der Leistungserbringer verpflichtet sich, das Hilfsmittel dem Versicherten zur Verfügung zu stellen, die Krankenkasse zahlt die Vergütung für das Hilfsmittel an den Leistungserbringer[27].

4   Bei der Versorgung mit Arzneimitteln tritt zu dieser Dreiecksbeziehung gemäß § 43 Abs. 1 AMG zusätzlich der Apotheker, weshalb insofern ein sozialrechtliches „Viereck" vorliegt[28]. Das jeweilige Arzneimittel wird von dem Apotheker, der zuvor von einem pharmazeutischen Unternehmer (zumeist vermittelt durch einen zusätzlichen Zwischen- bzw. Großhändler) beliefert wurde, an den Versicherten abgegeben. Daraus ergibt sich sodann eine Zahlungsverpflichtung des Apothekers gegenüber dem pharmazeutischen Unternehmer in Form der Kaufpreiszahlung. Dabei hat der Versicherte ggf. einen finanziellen Anteil im Wege der Zuzahlung nach § 31 Abs. 3 SGB V zu tragen. Den übrigen Apothekenverkaufspreis abzüglich der gesetzlichen Pflichtrabatte nach § 130a Abs. 1 ff. SGB V erbringt schließlich die Krankenkasse an den Apotheker (§ 31 Abs. 2 S. 2 SGB V).

5   Die Versicherten erhalten in der Praxis ärztlich verordnete Arzneimittel und Medizinprodukte weder unmittelbar von ihrer jeweiligen Krankenkasse noch erfolgt eine Arzneimittelbelieferung von dem pharmazeutischen Unternehmer unmittelbar an die Krankenkasse. Letzteres ist auch der Grund, weshalb die Krankenkasse nicht direkt ein Entgelt an den pharmazeutischen Unternehmer zahlt[29]. Nach den typischen sozialrechtlich determinierten, multilateralen Leistungsbeziehungen der GKV agieren Krankenkassen und pharmazeutische Unternehmer damit bei der Arzneimittelversorgung nicht unmittelbar miteinander. Gleichwohl sind es die Krankenkassen, die letztlich die Kosten für die abgegebenen Arzneimittel gegenüber den pharmazeutischen Unternehmern tragen. An diesem Umstand orientieren sich entsprechend die gesetzlichen Regelungen zum Abschluss von selektiven Versorgungsverträgen.

B. Die gesetzlich vorgesehenen Selektivvertragsarten im Einzelnen

6   Innerhalb des SGB V findet sich keine generalklauselartige Ermächtigungsgrundlage der gesetzlichen Krankenkassen zum Abschluss von selektiven Arzneimittelversorgungsverträgen mit pharmazeutischen Unternehmern oder Herstellerunternehmen von Medizinprodukten. Vielmehr bestehen nebeneinander mehrere unterschiedliche Rechtsgrundlagen, die in ihrem Regelungsgehalt sowie ihrer Praxisrelevanz durchaus variieren und jeweils an verschiedene Vertragsgegenstände anknüpfen.

---

[25] *Willenbruch/Bischoff* PharmR 2005, 477.
[26] Dazu *Kingreen* VergabeR 2007, 353 (355) sowie ausführlich *Lange* Sozialrecht und Vergaberecht, 2011, 31 ff.
[27] *Kaeding* PharmR 2007, 239 (244).
[28] *Stolz/Kraus* VergabeR 2008, 1 (2).
[29] *Schickert* PharmR 2009, 164 (166).

I. Arzneimittelrabattverträge nach § 130a Abs. 8 SGB V

Die gemäß § 130a Abs. 1 ff. SGB V vorgesehenen gesetzlichen Pflichtrabatte[30] auf den Abgabepreis des pharmazeutischen Unternehmers (ApU) werden durch § 130a Abs. 8 SGB V um die Möglichkeit des freiwilligen Abschlusses selektiver Arzneimittelrabattverträge zwischen gesetzlichen Krankenkassen oder ihrer Verbände und den pharmazeutischen Unternehmern ergänzt[31]. 7

Im Rahmen der Arzneimittelversorgung stellt die Vorschrift des § 130a Abs. 8 SGB V die praxisrelevanteste Vorschrift zum Erlass von Direktverträgen zwischen Krankenkassen und Leistungserbringern in der GKV dar. Das liegt insbesondere an ihrem weiten sachlichen Anwendungsbereich[32]. Verträge nach § 130a Abs. 8 SGB V können grundsätzlich gleichermaßen zur Versorgung mit chemisch-synthetisch hergestellte Generika, innovativen patentgeschützten Präparaten sowie biologisch/biotechnologisch hergestellten Arzneimitteln abgeschlossen werden. 8

1. Grundsätzliche Konzeption

Der Hersteller eines bestimmten Arzneimittels gewährt einer gesetzlichen Krankenkasse im Rahmen eines Arzneimittelrabattvertrags nach § 130a Abs. 8 SGB V einen zusätzlichen Rabatt auf den regulären Abgabepreis des vertragsgegenständlichen Pharmazeutikums (sog Abgabepreis des pharmazeutischen Unternehmers, kurz „ApU"). Bedingt durch die spezifischen sozialrechtlichen Leistungsbeziehungen bei der Arzneimittelversorgung in der GKV findet zwischen den Vertragspartnern eines selektiven Arzneimittelversorgungsvertrags kein unmittelbarer Sach- und Geldaustausch statt[33]. Der unternehmerseitig gegenüber der Krankenkasse vertraglich eingeräumte Rabatt auf den ApU besteht deshalb tatsächlich in einer selbstständigen Zahlungsverpflichtung des pharmazeutischen Unternehmers gegenüber der Krankenkasse im Wege der Rückvergütung[34]. 9

Auf Seiten der Krankenkasse besteht keine mit der Lieferverpflichtung des pharmazeutischen Unternehmers unmittelbar korrespondierende (Gegen-)Leistungspflicht. Hier kommt es in der Regel lediglich zu einer individualvertraglichen Verpflichtung der gesetzlichen Krankenkasse, während der Vertragslaufzeit keine weiteren Rabattverträge über die gleichen Wirkstoffe mit anderen pharmazeutischen Unternehmern abzuschließen (sog Exklusivitätsvereinbarung[35]). 10

2. Substitutionspflicht nach § 129 Abs. 1 S. 3 SGB V

Ein tatsächlicher Anreiz für pharmazeutische Unternehmer zum Abschluss von Arzneimittelrabattverträgen mit gesetzlichen Krankenkassen und damit in einen Rabattwettbewerb mit anderen pharmazeutischen Unternehmern einzutreten, wird primär durch die gesetzliche Substitutionspflicht des § 129 Abs. 1 S. 3 SGB V bewirkt[36]. Aufgrund der Substitutionspflicht hat der das Arzneimittel an den Versicherten abgebende Apotheker grundsätzlich die Ersetzung eines ärztlich verordneten Arzneimittels durch ein Arznei- 11

---

[30] → § 11 Rn. 55 ff. Vgl. auch zusammenfassend *Luthe* SGB 2011, 316.
[31] *Willenbruch/Bischoff* PharmR 2005, 477.
[32] *Jaeckel* in: Amelung/Eble/Hildebrandt, Innovatives Versorgungsmanagement, 60.
[33] → Rn. 5.
[34] *Stolz/Kraus* VergabeR 2008, 1 (3); *Dreher/Hoffmann* NZBau 2009, 273 (275); *Wolf/Jäkel* PharmR 2011, 1 (2).
[35] Zu den weiteren vertraglichen (Gegen-)Leistungen der Krankenkassen und ergänzenden gesetzlichen Steuerungsinstrumenten, die an die jeweiligen Selektivverträge anknüpfen → § 14 Rn. 33 ff.
[36] Zu den wirtschaftlichen Konsequenzen für rabattvertragsbeteiligte pharmazeutische Unternehmer → § 14 Rn. 41.

mittel vorzunehmen. Voraussetzung für die Ersetzung ist, dass das ausgegebene Produkt mit dem verordneten in Wirkstärke und Packungsgröße identisch ist, das es für ein gleiches Anwendungsgebiet zugelassen ist und die gleiche oder eine austauschbare Darreichungsform besitzt, sofern für das ausgegebene Produkt eine Vereinbarung nach § 130a Abs. 8 SGB V mit Wirkung für die Krankenkasse des jeweiligen Versicherten besteht. Die Substitutionspflicht zielt damit auf eine Lenkung und Steuerung des Arzneimittelabsatzes[37].

12 Eine solche Substitution ist allerdings lediglich dann möglich, wenn der verordnende Arzt ein Arzneimittel gemäß § 129 Abs. 1 S. 1 lit. a) SGB V nur unter seiner Wirkstoffbezeichnung verordnet oder die Ersetzung gemäß § 129 Abs. 1 lit. b) SGB V durch ein wirkstoffgleiches Arzneimittel nicht durch das Ankreuzen des aut-idem Feldes auf dem Rezept ausgeschlossen hat. Eine Substitution gegen den Willen des verordnenden Arztes ist mit Rücksicht auf die ärztliche Therapiefreiheit nicht möglich[38].

II. Erstattungsvereinbarungen nach § 130b SGB V und § 130c SGB V

13 Die bisher erzielten Einsparungen durch den Abschluss von Arzneimittelrabattverträgen iSv § 130a Abs. 8 SGB V bezogen sich zum weit überwiegenden Teil auf den Bereich der (chemisch-synthetisch hergestellten) generischen Präparate. Da jedoch tatsächlich mehr als die Hälfte der Arzneimittelausgaben der GKV auf den Bereich der patentgeschützten Originalpräparate entfällt, geht in jüngster Vergangenheit die Tendenz dahin, auch hinsichtlich innovativer, nicht-festbetragsfähiger Arzneimittel Einsparungen durch Herstellerrabatte zu erzielen.

14 Hierfür stehen den Krankenkassen grundsätzlich zwei Möglichkeiten zur Verfügung. Zum einen können sie Arzneimittelrabattverträge nach § 130a Abs. 8 SGB V abschließen. Zum anderen hat der Gesetzgeber im Hinblick auf nicht-festbetragsfähige Arzneimittel mit den §§ 130b und 130c SGB V im Rahmen des AMNOG[39] zusätzlich spezielle Vorschriften erlassen, die explizit für eine Reduzierung der Preise für innovative Arzneimittel mit neuen Wirkstoffen sorgen sollen[40]. Dabei handelt es sich nach der gesetzgeberischen Konzeption einerseits um den obligatorischen Abschluss von „Vereinbarungen zwischen dem Spitzenverband Bund der Krankenkassen und pharmazeutischen Unternehmern über Erstattungsbeträge für Arzneimittel" gemäß § 130b SGB V[41], andererseits um die fakultative Möglichkeit, zusätzlich zu den dadurch bereits gewährten Abschlägen individuelle „Verträge von einzelnen Krankenkassen mit pharmazeutischen Unternehmern" gemäß § 130c SGB V abzuschließen. Dabei können den Krankenkassen zusätzliche Rabatte eingeräumt werden[42]. Der sachliche Anwendungsbereich von Erstattungspreisvereinbarungen nach § 130b SGB V und Erstattungsvereinbarungen nach § 130c SGB V beschränkt sich auf erstattungsfähige Arzneimittel mit neuen Wirkstoffen iSd § 35a Abs. 1 SGB V.[43]

---

[37] Dazu ausführlich → § 14 Rn. 40 ff.
[38] *Axer* in Becker/Kingreen, SGB V, § 129 Rn. 10 sowie allgemein zur Aut-idem-Regelung *Uwer/Koch* PharmR 2008, 461.
[39] Zu den Änderungen durch das AMNOG in Bezug auf Erstattungsverträge *Wolf/Jäkel* PharmR 2011, 1; *Kingreen* NZS 2011, 441; *Luthe* PharmR 2011, 193; *Kaufmann* PharmR 2011, 223 sowie *Gabriel* VergabeR 2011, 372.
[40] BT-Drs. 17/2413, 31.
[41] Dazu *Anders* PharmR 2012, 81.
[42] Dazu sowie zu dem systematischen Verhältnis der verschiedenen Vereinbarungstypen ausführlich → § 14 Rn. 61 ff.
[43] *v. Dewitz* in BeckOK SGB V, § 130c Rn. 4.

III. Impfstoffversorgungsverträge nach § 132e Abs. 2 SGB V

Mit dem GKV-WSG[44] im Jahr 2007 wurde die Versorgung der Versicherten mit Schutzimpfungen gemäß Anlage 1 der Schutzimpfungs-Richtlinie des gemeinsamen Bundesausschusses durch § 20d Abs. 1 SGB V in den Kanon der Pflichtleistungen der GKV aufgenommen. 15

Vor diesem Hintergrund kam es in den Jahren 2009 und 2010 zur Ausschreibung von selektiven Impfstoffversorgungsverträgen durch gesetzliche Krankenkassen. Die Ausschreibungen haben bislang lediglich Schutzimpfstoffe gegen die saisonale Influenza als Vertragsgegenstand. Sie beschränken sich zudem auf Apotheken als Auftragnehmer. Von Beginn an bestand jedoch Uneinigkeit bei der Beurteilung der Ausschreibungsfähigkeit selektiver Impfstoffversorgungsverträge, da keine gesetzliche Rechtsgrundlage existierte, welche die Krankenkassen zum Abschluss derartiger Rabattvereinbarungen mit Apotheken ermächtigt hätte[45]. 16

Mit Wirkung zum 1.1.2011 wurde durch das AMNOG jedoch mit § 132e Abs. 2 SGB V eine Vorschrift eingeführt, die an ein prognostiziertes Wirtschaftlichkeitspotential von Rabattverträgen über Impfstoffe nach § 20d SGB V anknüpft und den Krankenkassen insofern die Möglichkeit eröffnet, Rabatte auf den einheitlichen Abgabepreis des pharmazeutischen Unternehmers nach § 130a Abs. 8 SGB V zu vereinbaren. Über eine solche Vereinbarung können die Krankenkassen die Versorgung ihrer Versicherten mit Impfstoffen sicherstellen[46]. Allerdings reicht diese gesetzliche Ermächtigung gemäß § 132e Abs. 2 S. 1 SGB V nur soweit, als die entsprechenden Impfstoffe nicht der Preisbindung durch die Arzneimittelpreisverordnung unterliegen, sodass diese lediglich auf Schutzimpfungen nach § 20d Abs. 1 und 2 SGB V anwendbar ist. Seit Inkrafttreten des AMNOG wurden so gut wie keine weiteren an Apotheken gerichteten Ausschreibungen mehr bekannt gemacht. Der Selektivvertragswettbewerb im Impfstoffbereich hat sich vielmehr nahezu vollständig auf die Ebene der pharmazeutischen Unternehmer verlagert. 17

Es bestehen indes Zweifel daran, ob sich wettbewerbliche Selektivversorgungsverträge auch im Bereich der Impfstoffversorgung als probates Mittel zur Kostensenkung erweisen werden[47]. Denn der (Gesamt-)Markt für Schutzimpfungen stellt einen vergleichsweise kleinen Teilbereich der Arzneimittelversorgung dar. Zudem zeichnet sich dieser Bereich durch eine geringe Wettbewerbsintensität aus, da hier für bestimmte Wirkstoffe von vornherein lediglich ein einzelner Anbieter zur Verfügung steht[48]. Gleichwohl kommt es aufgrund der Vorschrift des § 132e Abs. 2 SGB V gegenwärtig zu einer Intensivierung des Rabattwettbewerbs auf Grundlage der Ausschreibung selektiver Impfstoffversorgungsverträge. Bereits in der zweiten Jahreshälfte 2011 fanden die ersten Ausschreibungen selektiver Impfstoffversorgungsverträge zwischen Krankenkassen und pharmazeutischen Unternehmern bezogen auf saisonalen Influenzaimpfstoff statt. 18

IV. Zytostatikaversorgungsverträge nach § 129 Abs. 5 S. 3 SGB V

Die sog 15. AMG-Novelle[49] eröffnete den gesetzlichen Krankenkassen die Möglichkeit, Versorgungsverträge mit einzelnen Apotheken über parenterale Zubereitungen (Infusions- 19

---

[44] Gesetz zur Stärkung des Wettbewerbs in der gesetzlichen Krankenversicherung (GKV-WSG) v. 26.3.2007, BGBl. I 378.
[45] Dazu ausführlich → § 14 Rn. 81.
[46] Beschlussempfehlung des Ausschusses für Gesundheit, BT-Drs. 17/3698, 80.
[47] Zu den Schwierigkeiten eine eindeutige und erschöpfende Leistungsbeschreibung zu erstellen → § 14 Rn. 152.
[48] *Gabriel* PharmR 2013, 300.
[49] Gesetz zur Änderung arzneimittelrechtlicher und anderer Vorschriften, v. 17.7.2009, BGBl. I 2009, 1990.

lösungen) aus Fertigarzneimitteln in der Onkologie abzuschließen. Hierfür wurde der Wortlaut des § 129 Abs. 5 S. 3 SGB V auf diese Arzneimittel erweitert. Danach können Krankenkassen die Versorgung mit in Apotheken hergestellten parenteralen Zubereitungen aus Fertigarzneimitteln in der Onkologie zur unmittelbaren ärztlichen Anwendung bei Patienten durch Verträge mit Apotheken sicherstellen. Hierzu können ausdrücklich Abschläge auf den Abgabepreis des pharmazeutischen Unternehmers und die Preise und Preisspannen der Apotheken vereinbart werden.

1. Allgemeines

20 Zytostatika sind verschreibungspflichtige Arzneimittel zur Verhinderung bzw. Verzögerung von Zellwachstum und Zellteilung. Sie werden von onkologischen Fachärzten als anwendungsfertige Zubereitungen in der Darreichungsform parenteraler Lösungen Patienten mit Tumorerkrankungen intravenös injiziert (sog Chemotherapie[50]).

21 Im Unterschied zu Arzneimittelrabattverträgen nach § 130a Abs. 8 SGB V werden Versorgungsverträge nach § 129 Abs. 5 S. 3 SGB V nicht mit pharmazeutischen Unternehmern, sondern mit Apotheken abgeschlossen, die parenterale Zubereitungen aus Fertigarzneimitteln herstellen. Zytostatikaversorgungsverträge mit Apotheken sind dementsprechend überwiegend Werklieferungsverträge[51]. Schätzungen zufolge gibt es in Deutschland ca. 350 öffentliche Apotheken und ca. 230 Krankenhausapotheken, die parenterale Zubereitungen herstellen[52]. Der dabei erzielte Umsatz mit der GKV liegt im Milliarden-Euro-Bereich. Für das Jahr 2008 wurde ein Umsatz mit Zytostatikazubereitungen von ca. 1,6 Mrd. Euro ermittelt[53]. Trotz ihrer wirtschaftlichen Bedeutung stellen Zytostatikaversorgungsverträge im Sinne von § 129 Abs. 5 Satz 3 SGB V einen bislang noch wenig praxisrelevant gewordenen Bereich ausschreibungspflichtiger GKV-Selektivverträge dar. Die erste diesbezügliche Ausschreibung wurde Anfang 2010 veröffentlicht[54].

2. Vertragsabschlusskompetenz

22 Der Abschluss selektiver Zytostatikaversorgungsverträge zwischen gesetzlichen Krankenkassen und einzelnen Apotheken wirft ein sozialrechtliches Sonderproblem auf, welches das Verhältnis zu bestehenden Kollektivvereinbarungen[55] betrifft.

23 Gemäß § 129 Abs. 5c S. 1 SGB V iVm § 78 AMG, § 4 Abs. 3, § 5 Abs. 4, Abs. 5 AMPreisV haben der Spitzenverband Bund der Krankenkassen und der Deutsche Apothekerverband den „Vertrag über die Preisbildung für Stoffe und Zubereitungen aus Stoffen (§§ 4 und 5 der Arzneimittelpreisverordnung)" abgeschlossen. Anlage 3 dieser sog Hilfstaxe regelt detailliert die „Preisbildung für parenterale Lösungen". Teil 2 der Anlage 3 enthält Vorgaben zu der „Preisbildung für zytostatikahaltige parenterale Lösungen sowie parenterale Lösungen mit monoklonalen Antikörpern". Die Hilfstaxe bietet damit eine umfassende, krankenkassen- wie apothekenübergreifende Kollektivvereinbarung hinsichtlich der abrechnungsfähigen Preise für Zubereitungen aus Fertigarzneimitteln gemäß § 129 Abs. 5c S. 1 SGB V, § 5 Abs. 4, Abs. 5 AMPreisV.

24 Das wirft die Frage auf, ob einzelne gesetzliche Krankenkassen die notwendige Kompetenz zum Abschluss abweichender selektiver Zytostatikaversorgungsverträge nach § 129 Abs. 5 S. 3 SGB V im Wege der Ausschreibung besitzen. Schließlich sollen in

---

[50] *Dettling/Kieser/Ulshöfer* PharmR 2009, 421.
[51] VK Bund Beschl. v. 29.4.2010 – VK 2–20/10.
[52] *Neises/Clobes/Palsherm* PharmR 2009, 506 (507).
[53] *Neises/Clobes/Palsherm* PharmR 2009, 506 (507) mit Fn. 20.
[54] Ausschreibung der AOK Berlin-Brandenburg, veröffentlicht im ABl. EU v. 19.1.2010, EU-Bekanntmachung Nr. 2010/S 12–015326.
[55] → § 12 Rn. 3 ff.

§ 13 Individualvertragliche Steuerungsinstrumente   367

Selektivverträgen abweichende Preise oder sonstige Regelungsinhalte mit Apotheken vereinbart werden. Nach der Rechtsprechung kommt den Versorgungsverträgen nach § 129 Abs. 5 Satz 3 SGB V im Falle einer Normenkonkurrenz mit den Kollektivverträgen nach § 129 Abs. 2, Abs. 5 S. 1 SGB V bzw. der Hilfstaxe im Sinne des Grundsatzes *„lex specialis derogat legi generali"* jedoch ein Anwendungsvorrang vor den bestehenden Kollektivvereinbarungen zu[56]. Die auf Grundlage dieser Vorschrift abzuschließenden Selektivverträge haben dementsprechend Vorrang vor den bestehenden (kollektiven) Verträgen über Arzneimittelpreise[57].

V. Hilfsmittelversorgungsverträge nach § 127 SGB V

Den gesetzlichen Ausgangspunkt für den Wechsel von einem kollektivvertraglichen zu einem selektivvertraglichen GKV-Versorgungssystem stellen das GKV-WSG[58] vom 26.3.2007 und die dadurch konstituierten Vorschriften für den Abschluss von Direktverträgen zur Versorgung mit Hilfsmitteln dar. Seitdem hängt die Berechtigung zur Versorgung der Versicherten mit Hilfsmitteln nicht mehr von einer generellen Zulassung, sondern von dem Bestehen einer selektivvertraglichen Versorgungsberechtigung[59] ab.   25

Es stehen zwei alternative Vertragsarten zur Verfügung: sog Ausschreibungsverträge nach § 127 Abs. 1 SGB V sowie sog Beitrittsverträge nach § 127 Abs. 2, 2a SGB V.   26

Krankenkassen, ihre Landesverbände oder Arbeitsgemeinschaften können nach § 127 Abs. 1 SGB V Verträge mit Leistungserbringern oder zu diesem Zweck gebildeten Zusammenschlüssen der Leistungserbringer über die Lieferung einer bestimmten Menge von Hilfsmitteln, die Durchführung einer bestimmten Anzahl von Versorgungen oder die Versorgung für einen bestimmten Zeitraum schließen. Voraussetzung hierfür ist, dass die Verträge zur Gewährleistung einer wirtschaftlichen und in der Qualität gesicherten Versorgung zweckmäßig sind. Die Verträge sind ausweislich des Gesetzeswortlauts im Wege der Ausschreibung abzuschließen.   27

Alternativ besteht nach § 127 Abs. 2 SGB V die Möglichkeit, entsprechende Verträge ausschreibungslos, dh unmittelbar mit den Leistungserbringern zu vereinbaren. Beabsichtigt eine Kasse, einen solchen Vertrag ausschreibungslos abzuschließen, ist das nach § 127 Abs. 2 S. 3 SGB V in geeigneter Weise öffentlich bekannt zu machen. Über den Inhalt eines abgeschlossenen Vertrags sind andere Leistungserbringer auf Nachfrage unverzüglich zu informieren. Diese Informationspflicht ist Grundlage für das diese Verträge charakterisierende Beitrittsrecht nach § 127 Abs. 2a SGB V. Danach können Leistungserbringer diesen Verträgen zu den gleichen Bedingungen als Vertragspartner beitreten, soweit sie nicht auf Grund bestehender Verträge bereits zur Versorgung der Versicherten berechtigt sind.   28

Sollten für ein erforderliches Hilfsmittel keine Verträge der Krankenkasse nach Absatz 1 und 2 mit Leistungserbringern bestehen oder ist durch die Vertragspartner eine Versorgung der Versicherten in einer für sie zumutbaren Weise nicht möglich, besteht für die Krankenkasse nach § 127 Abs. 3 SGB V die Möglichkeit, mit einem Leistungserbringer eine Einzelfallvereinbarung zu treffen. Diese Vertragskategorie spielt in der Praxis jedoch eine lediglich untergeordnete Rolle.   29

Verträge nach § 127 SGB V stellen zudem diejenige Vertragskategorie dar, die aufgrund ihrer tatbestandlichen Voraussetzungen auch zur Versorgung mit Medizinprodukten[60] iSv   30

---

[56] VK Bund Beschl. v. 29.4.2010 – VK 2–20/10; LSG Nordrhein-Westfalen Beschl. v. 22.7.2010 – L 21 SF 152/10 Verg.
[57] VK Brandenburg Beschl. v. 27.8.2010 – VK 20/10.
[58] Gesetz zur Stärkung des Wettbewerbs in der gesetzlichen Krankenversicherung (GKV-WSG) v. 26.3.2007, BGBl. I 378.
[59] Dazu BSG Urt. v. 10.3.2010 – B 3 KR 26/08 R.
[60] Zu diesen vgl. → § 5 Rn. 4.

Gabriel

§ 3 Nr. 1 MPG dient. Nach § 3 Nr. 1 MPG sind nahezu alle Hilfsmittel iSv § 33 Abs. 1 SGB V zugleich als Medizinprodukte zu qualifizieren[61].

VI. Integrierte Versorgungsverträge nach §§ 140a ff. SGB V

31   Die gesetzlichen Krankenkassen sind schließlich gemäß der §§ 140a-140d SGB V dazu ermächtigt, selektive Verträge über die integrierte Versorgung mit den in § 140b Abs. 1 SGB V abschließend aufgeführten Leistungserbringern zu schließen. Ziel der integrierten Versorgung ist eine Verbesserung von Effizienz und Qualität der medizinischen Versorgung. Hierzu sollen durch den Abschluss entsprechender Verträge mit den Leistungserbringern typische Schnittstellenprobleme wie lange Wartezeiten, Doppeluntersuchungen, Behandlungsdiskontinuitäten und Fehlmedikationen vermieden werden[62].

32   Als potenzielle Vertragspartner eines integrierten Versorgungsvertrags kommen seit Inkrafttreten des AMNOG gemäß § 140b Abs. 1 S. 1 Nr. 8 SGB V auch pharmazeutische Unternehmer sowie gemäß § 140b Abs. 1 S. 1 Nr. 9 SGB V Medizinproduktehersteller[63] in Betracht. Auch das dient der Verbesserung der Qualität und Wirtschaftlichkeit der medizinischen Versorgung sowie einer zielgerichteten und effizienten Versorgung der Versicherten mit Arzneimitteln und Medizinprodukten[64].

C. Vertragsmodelle

33   Die Krankenkassen oder ihre Verbände können gemäß § 130a Abs. 8 SGB V mit pharmazeutischen Unternehmern Rabatte für die zu ihren Lasten abgegebenen Arzneimittel vereinbaren, um Kostensenkungspotentiale zu realisieren[65]. Nach § 130c Abs. 1 S. 5 SGB V und § 132e Abs. 2 S. 1, 2. HS SGB V gilt die Vorschrift des § 130a Abs. 8 SGB V entsprechend für Vereinbarungen zwischen Krankenkassen und pharmazeutischen Unternehmern zur Ablösung von Erstattungsvereinbarungen über innovative (patentgeschützte) Präparate iSv § 130c SGB V[66]. Gleiches gilt für Impfstoffversorgungsverträge zwischen Krankenkassen und einzelnen pharmazeutischen Unternehmern.

34   Sämtlichen selektiven Arzneimittelrabattverträgen ist gemein, dass sie einen Preisabschlag auf den Abgabepreis des pharmazeutischen Unternehmers (vgl. § 78 AMG) zum Gegenstand haben. Hieran knüpfen in der Praxis die unterschiedlichen individualvertraglichen Gestaltungskonzepte an. Zudem hat der Gesetzgeber mit dem AMNOG sowohl in § 130a Abs. 8 S. 2 SGB V als auch in § 130c Abs. 1 S. 2 SGB V die möglichen Ziele eines selektiven Arzneimittelrabattvertrags näher präzisiert. Diesen Regelungen benennen ausdrücklich eine mengenbezogene Staffelung des Preisnachlasses, ein jährliches Umsatzvolumen mit Ausgleich von Mehrerlösen oder eine Erstattung in Abhängigkeit von messbaren Therapieerfolgen exemplarisch als mögliche Vertragsinhalte eines Arzneimittelrabattvertrags[67].

35   Diese konkreten vertraglichen Gestaltungskonzepte lassen sich anhand der jeweils verfolgten Zwecksetzung in verschiedene Vertragskategorien systematisieren, ohne dass es hierbei indes einen gesetzlich determinierten *numerus clausus* möglicher Vertragstypen

---

[61] *Lücker* NZS 2007, 401.
[62] *Dreher/Hoffmann* NZBau 2009, 273 (279); *Goodarzi/Schmid* NZS 2008, 518, (519); *Gabriel* NZS 2007, 344 (345).
[63] Dazu *Heil/Schork* MPR 2011, 10 (11).
[64] BT-Drs. 17/3698, 57.
[65] → Rn. 4.
[66] Dazu ausführlich → § 14 Rn. 57 ff.
[67] *Wolf/Jäkel* PharmR 2011, 1 (3). Vgl. auch *Jaeckel* in Amelung/Eble/Hildebrandt, Innovatives Versorgungsmanagement, 2011, 60.

gäbe. Es kann typisierend zwischen inputbezogenen, prozessbezogenen und outcomebezogenen Vertragsmodellen unterschieden werden. Die individualvertragliche Gestaltung einer selektiven Versorgungsvereinbarung zwischen einer Krankenkasse und einem Leistungserbringer ist schließlich abhängig von dem jeweilgen konkreten Vertragsgegenstand, dh dem zu beschaffenden Arzneimittel oder Medizinprodukt. Die Gestaltungsfreiheit der kontrahierenden Parteien bezieht sich auf die zu erbringende Leistung des pharmazeutischen Unternehmers und die damit unmittelbar korrespondierende Vergütung.

Grundsätzlich sind die verschiedenen Vertragsmodelle auf sämtliche der genannten Arten von Arzneimittelrabattverträgen anwendbar. Die Zweckmäßigkeit des Einsatzes der unterschiedlichen Vertragsmodelle variiert jedoch in Abhängigkeit von dem jeweiligen konkreten Vertragsgegenstand erheblich[68]. Besonderheiten gelten in diesem Zusammenhang insbesondere für Verträge über eine integrierte Versorgung. Denn hier sehen bereits die gesetzlichen Rechtsgrundlagen keine Vereinbarungen von Preisabschlägen vor. Die entsprechenden vertraglichen Gestaltungsformen bei integrierten Versorgungsverträgen zeichnen sich durch eine besondere Vielfältigkeit aus[69], die weder einer Verallgemeinerung noch einer Anwendung der typischen Gestaltungsform von Rabattverträgen zugänglich ist. Aufgrund dessen dürften lediglich outcomebezogene Vertragsmodelle Relevanz für integrierte Versorgungsverträge besitzen. Darüber hinaus erscheint eine unbesehene Anwendung dieser Vertragstypen auch auf Zytostatikaversorgungsverträge nach § 129 Abs. 5 S. 3 SGB V nicht ohne weiteres möglich. 36

Der praktische Stellenwert solcher Vertragsmodelle ist im Vergleich zu der Aufmerksamkeit, die GKV-Selektivverträge in den letzten Jahren in der gesundheits-ökonomischen Literatur auf sich gezogen haben, eher gering. Das liegt insbesondere an der EU/GWB-vergaberechtlichen Ausschreibungspflicht sowie den grundlegenden vergaberechtlichen Prinzipien der Wettbewerblichkeit, Transparenz, Gleichbehandlung und Nichtdiskriminierung, welche die zur Vereinbarung innovativer Vertragskonzepte notwendige privatautonome Gestaltungsfreiheit der gesetzlichen Krankenkassen erheblich einschränken. 37

I. Inputbezogene Vertragsmodelle

Eine erste Typenkategorie selektiver Arzneimittelversorgungsverträge stellen die inputorientierten Verträge dar. Unter Input wird bei diesen Versorgungsverträgen vor allem das vertragsgegenständliche Produkt, dh das Arzneimittel oder Medizinprodukt selbst verstanden[70]. Dementsprechend haben inputorientierte Selektivverträge schwerpunktmäßig den Erwerb konkreter Arzneimittel und/oder Medizinprodukte sowie die zu erbringende Gegenleistung der Krankenkasse zum Gegenstand. Eine besondere Bedeutung hat dabei vor allem der in der überwiegenden Anzahl der rechtlichen Regelungen bereits qua Gesetz vorgesehene Rabatt des pharmazeutischen Unternehmers auf den Abgabepreis des Arzneimittels (ApU). 38

Daher eignet sich eine inputbezogene Vertragsgestaltung vor allem für den Abschluss von Arzneimittelrabattverträgen zur Versorgung mit generischen Pharmazeutika und Impfstoffen[71]. Denn Versorgungsverträge, die generische Wirkstoffe betreffen, zielen in erster Linie auf die Arzneimittelkosten[72]. Eine Ausnahme gilt jedoch für die Bereiche hochpreisiger, innovativer (oftmals patentgeschützter) Präparate und innovativer Versorgungskonzepte, wie der integrierten Versorgung. Hier können andere Vertragsgestaltun- 39

---

[68] Dazu jeweils im Folgenden → Rn. 38 ff.
[69] → § 14 Rn. 95 ff.
[70] *Ecker/Preuß* in Ecker/Preuß/Roski, Handbuch Direktverträge, 2008, 27.
[71] *Eble* in Amelung/Eble/Hildebrandt, Innovatives Versorgungsmanagement, 2011, 64.
[72] *Parow/Czerner/Erbe* in Amelung/Eble/Hildebrandt, Innovatives Versorgungsmanagement, 2011, 77.

gen angezeigt sein, die neben dem Preis insbesondere die Qualität der pharmazeutischen Versorgung bzw. des jeweiligen Therapieprozesses berücksichtigen[73].

1. Grundtypus des Rabattvertrags

40 Grundstein eines jeden selektiven Arzneimittelrabattvertrags ist nach der gesetzlichen Vorgabe des § 130a Abs. 8 SGB V die Gewährung eines zusätzlichen Rabatts auf den regulären ApU des vertragsgegenständlichen Pharmazeutikums durch den Hersteller zugunsten einer gesetzlichen Krankenkasse im Rahmen eines Rabattvertrags. Aufgrund der vergleichsweise einfachen rechtlichen Ausgestaltung eignet sich der Grundtypus der Rabattverträge insbesondere zur Versorgung mit chemisch-synthetischen Generika und saisonalen Schutzimpfstoffen sowie für Zytostatikaversorgungsverträge auf Apothekenebene.

41 Die neben der Gewährung eines Rabatts zulässigen Vertragsgegenstände richten sich nach der jeweiligen Rechtsgrundlage. Hinsichtlich des Umfangs eines Rabattvertrags bestehen grundsätzlich keine Beschränkungen. Demzufolge können Arzneimittelrabattverträge sowohl einzelne Wirkstoffe als auch indikationsbezogene Produktportfolien der pharmazeutischen Hersteller oder den gesamten Arzneimittelbedarf einer jeweiligen Krankenkasse zum Gegenstand haben.

42 Aufgrund der spezifischen sozialrechtlichen Leistungsbeziehungen bei der Arzneimittelversorgung in der GKV findet zwischen den Vertragspartnern eines selektiven Arzneimittelrabattvertrags kein unmittelbarer Sach- und Geldaustausch statt. Vielmehr besteht der unternehmerseitig gegenüber der Krankenkasse vertraglich eingeräumte Rabatt auf den ApU in der Praxis in einer selbstständigen Rückvergütungspflicht des pharmazeutischen Unternehmers gegenüber der Krankenkasse[74].

43 Bezüglich der Rabattgewährung haben sich in der Praxis im Wesentlichen zwei verschiedene vertragliche Gestaltungsmodelle beim Abschluss von selektiven Generikarabattverträgen herausgebildet. Sie knüpfen jeweils auf unterschiedliche Weise an das Merkmal „Preis" an. Im Rahmen des ersten Modells räumt der pharmazeutische Unternehmer der vertragsbeteiligten Krankenkasse einen festen rabattierten Abgabepreis (sog Rabatt-ApU) ein. Der Rabatt-ApU gilt für alle im Handel befindlichen Darreichungsformen, Packungsgrößen und Wirkstärken zu einem mittels Pharmazentralnummer (PZN) gekennzeichneten Wirkstoff und ist während der gesamten Vertragslaufzeit gültig. Bei dem zweiten Modell wird ein fester Rabattsatz während der Vertragslaufzeit bei variabel bleibendem Abgabepreis des pharmazeutischen Unternehmers nachgefragt.

2. Staffelrabattvertrag

44 Eine bereits im Wortlaut des § 130a Abs. 8 SGB V sowie in § 130c Abs. 1 S. 2 SGB V exemplarisch aufgeführte Variante des Rabattvertrags ist der Staffelrabattvertrag[75]. Gegenstand eines Staffelrabattvertrags ist die Vereinbarung einer Staffelung der Rabatthöhe in Abhängigkeit der tatsächlich zu Lasten der vertragsbeteiligten Krankenkasse abgegebenen Menge des vertragsgegenständlichen Arzneimittels.

45 Der Abschluss eines Staffelrabattvertrags eignet sich vor allem in Fällen, in denen deutliche Prognoserisiken hinsichtlich der tatsächlichen Umsetzung eines Arzneimittelrabattvertrags bestehen. Denn in der Praxis finden sich vielfältige Konstellationen, in denen aus tatsächlichen oder rechtlichen Gründen die Absatzmenge eines rabattvertrags-

---

[73] → Rn. 53 ff.
[74] *Stolz/Kraus* VergabeR 2008, 1 (3); *Dreher/Hoffmann* NZBau 2009, 273 (275); *Wolf/Jäkel* PharmR 2011, 1 (2).
[75] Zu den spezifischen vergaberechtlichen Folgeprobleme solcher Rabattstaffeln → § 14 Rn. 235.

gegenständlichen Arzneimittels nicht mit hinreichender Sicherheit prognostiziert werden kann[76]. Das liegt unter anderem daran, dass die vertragsbeteiligten Krankenkassen aufgrund der spezifischen sozialrechtlichen Versorgungsstrukturen lediglich in begrenztem Maße Einfluss auf die tatsächliche Umsetzung des Rabattvertrags haben, dh ob die letztlich ärztlich verordneten und vom Apotheker abgegebenen Präparate auch wirklich denjenigen des Rabattvertrags entsprechen. Zudem ist es der Arzneimittelnachfrage wesensimmanent, dass sich diese nach der allgemeinen Morbidität, dem Auftreten von Pandemien und weiteren externen Faktoren richtet[77]. Gerade bei Rabattverträgen, die auf die Vereinbarung eines Abschlags auf den ApU abzielen, stellt die Kenntnis über die Menge der im Rahmen eines solchen Vertrags abzugebenden, rabattierten Arzneimittel jedoch eine essentielle Komponente dar, um einen wirtschaftlichen Rabattsatz kalkulieren zu können[78]. Diesem Umstand kann durch die Vereinbarung von Rabattstaffeln Rechnung getragen werden.

3. Budget-/Capitation-Vertrag

Sog Budget- oder Capitation-Verträge stellen eine Möglichkeit der Strukturierung von Direktverträgen zwischen gesetzlichen Krankenkassen und pharmazeutischen Unternehmern dar. Mithilfe von Budget- oder Capitation-Verträgen kann die Versorgung der Versicherten mit Arzneimitteln und Medizinprodukten an gegenwärtige und bereits prognostizierbare zukünftige Herausforderungen angepasst werden. Das erfolgt, indem dergestalt Anreize gesetzt werden, dass die Gesundheit eines Patienten (und eben nicht dessen Krankheit) einen wirtschaftlichen Ertrag generiert[79]. 46

Innerhalb eines Budget-/Capitation-Vertrags wird die Höhe der kassenseitig aufzuwendenden Arzneimittelkosten prospektiv festgelegt[80]. Hierzu wird eine Budget-Obergrenze für die anfallenden Medikationskosten entweder pro behandelten Patienten oder für alle behandelten Patienten abhängig von einer konkreten medizinischen Indikation oder indikationsunabhängig im Rabattvertrag vereinbart[81]. Der pharmazeutische Unternehmer erhält von der Krankenkasse lediglich den vereinbarten Pauschalbetrag, unabhängig von der tatsächlichen Menge verordneter Arzneimittel. Liegen die tatsächlichen Arzneimittelkosten über der vorab vereinbarten Budget-Obergrenze, bilden die darüber liegende Kosten den Rabatt des pharmazeutischen Unternehmers. Der Rabatt verbleibt dann bei der kostentragenden Krankenkasse. 47

Der Vorteil von Budget- oder Capitation-Verträgen für die Krankenkassen ist insbesondere, dass sie die Arzneimittelkosten während der Vertragslaufzeit besser vorhersehen und damit budgetieren können. Das gilt vor allem für solche medizinischen Indikationsbereiche, in denen der Umfang der therapeutisch erforderlichen Pharmazeutika variiert. Aufgrund der damit verbundenen Planungssicherheit bieten sich Capitation-Verträge daher besonders für Konzepte zur integrierten Versorgung an[82]. 48

Für vertragsbeteiligte pharmazeutische Unternehmer wiederum schafft eine solche Vertragsgestaltung Anreize, möglichst effektive Präparate in den Vertrag einzustellen bzw. 49

---

[76] → § 14 Rn. 123.
[77] Entsprechende Probleme resultieren bei der Beteiligung mehrerer Vertragspartner auf Auftragnehmerseite. Zur vergabe- und sozialrechtlichen Beurteilung solcher Mehr-Partner-Rabattverträge vgl. *Gabriel* VergabeR 2012, 490 sowie → § 14 Rn. 240.
[78] VK Bund Beschl. v. 8.6.2011 – VK 2–58/11; VK Bund Beschl. v. 19.5.2009 – VK 2–15/09; VK Bund Beschl. v. 3.7.2009 – VK 1–107/09.
[79] *Amelung* in Amelung/Eble/Hildebrandt, Innovatives Versorgungsmanagement, 2011, 7.
[80] *Ecker/Preuß* in Ecker/Preuß/Roski (Hrsg.), Handbuch Direktverträge, 2008, 38; *Ecker/Hußmann* PharmR 2011, 389 (391).
[81] *Ecker/Preuß* in Ecker/Preuß/Roski (Hrsg.), Handbuch Direktverträge, 2008, 39 f.
[82] *Ecker/Preuß* in Ecker/Preuß/Roski (Hrsg.), Handbuch Direktverträge, 2008, 43.

4. Cost-Sharing-Vertrag

50 Eine ebenfalls im Wortlaut von § 130a Abs. 8 S. 2 SGB V und § 130c Abs. 1 S. 2 SGB V exemplarisch aufgeführte Variante des Rabattvertrags ist der sog Cost-Sharing-Vertrag. Hierbei wird ein jährliches Umsatzvolumen bei gleichzeitigem Ausgleich von Mehrerlösen vereinbart.

51 Kennzeichnend für den Cost-Sharing-Vertrag ist, dass für ein vertragsgegenständliches Arzneimittel ein Rabatt unter der aufschiebenden Bedingung des Erreichens einer vertraglich festgelegten Umsatzschwelle vereinbart wird. Innerhalb des so vorab vereinbarten Umsatzvolumens erfolgt keine Rabattierung. Sollte der tatsächliche jährliche Umsatz eines vertragsgegenständlichen Arzneimittels das vereinbarte Umsatzvolumen aber überschreiten, werden Rabattzahlungen des pharmazeutischen Herstellers an die Krankenkasse fällig. Die Rabatthöhe steigt, je weiter der Arzneimittelumsatz die vereinbarte Umsatzschwelle überschreitet[83].

52 Der Vorteil von Cost-Sharing Verträgen für pharmazeutische Unternehmer besteht darin, dass sie hierdurch für die vertragsbeteiligten Krankenkassen Anreize setzen, durch Einwirkung auf Ärzte und Apotheker eine effektive Umsetzung des Rabattvertrags zu veranlassen. Denn je effektiver der Vertrag in der Praxis umgesetzt wird, desto höher sind die kassenseitigen Kosteneinsparungen, die durch die Rabattierung des ApU generiert werden können.

II. Prozessbezogene Vertragsmodelle

53 Prozessbezogene Vertragsmodelle zielen vornehmlich auf eine Verbesserung des Behandlungsprozesses ab. Hierzu steht nicht allein ein Arzneimittel im Zentrum des Versorgungsvertrags, sondern es werden zumindest auch die dessen Einsatz flankierenden Behandlungsprozesse berücksichtigt[84]. Das Modell knüpft daran an, dass ein effektiver Medikamenteneinsatz nicht nur die Behandlungsqualität erhöht, sondern vor allem auch zu Kosteneinsparungen für die Krankenkassen führt.

54 Grundsätzlich sind pharmazeutische Unternehmer nur selten an prozessorientierten Versorgungsverträgen beteiligt, da sie kaum Einfluss auf den tatsächlichen Einsatz ihrer Produkte haben[85]. Die Entscheidung über den Einsatz obliegt ausschließlich den Leistungserbringern der GKV, dh den Ärzten und Apothekern.

55 Im Einzelfall kann eine Einbindung pharmazeutischer Unternehmer jedoch durch einen Arzneimittelversorgungsvertrag erfolgen. Hierbei verpflichtet sich das pharmazeutische Unternehmen dazu, bestimmte Prozessvorgaben für die Leistungserbringer zu erarbeiten. Denkbar sind bspw. Leitlinien über eine stufenschemagerechte Verschreibung, die optimale Co-Medikation, die complianceoptimale Darreichungsform oder die dem Schweregrad angepasste Wirkstoffdosis[86]. Darüber hinaus kann der Behandlungsprozess dadurch verbessert werden, dass neben dem Medikament an sich zusätzliche medizinische Produkte wie Applikationshilfen oder medizinische Servicedienstleistungen des pharmazeutischen Unternehmers zum Gegenstand eines Versorgungsvertrages gemacht werden. Als solche kommt bspw. der gezielte Einsatz von Casemanagern oder das gezielte Coaching von Patienten in Betracht[87].

---

[83] *Ecker/Preuß* in Ecker/Preuß/Roski (Hrsg.), Handbuch Direktverträge, 2008, 31.
[84] *Ecker/Hußmann* PharmR 2011, 389 (391).
[85] *Ecker/Preuß* in Ecker/Preuß/Roski (Hrsg.), Handbuch Direktverträge, 2008, 31, 47.
[86] *Ecker/Hußmann* PharmR 2011, 389 (392).
[87] *Ecker/Preuß* in Ecker/Preuß/Roski (Hrsg.), Handbuch Direktverträge, 2008, 48.

Vertraglich definierte Qualitätsindikatoren in Form konkreter Verhaltensvorgaben für 56
die Leistungserbringer bieten sich darüber hinaus für Verträge zur integrierten Versorgung
nach §§ 140a ff. SGB V oder Verträge zur hausärztlichen Versorgung nach § 73b SGB V
an. Dabei werden die Verhaltensvorgaben in Zusammenarbeit mit pharmazeutischen Unternehmern erarbeitet. Denkbar ist es bspw., ein Zusatzhonorar für die Leistungserbringer
zu vereinbar, dass an die Einhaltung vorgegebener Verfahren geknüpft ist[88]. Wird eine
solche vertragliche Gestaltung gewählt, handelt es sich um einen sog „pay-for-performance-Vertrag".

III. Outcomebezogene Vertragsmodelle

Outcomebezogene Verträge stellen die komplexeste Vertragsgestaltung dar. Bei diesem 57
Modell bemisst sich die Vergütung vertragsbeteiligter pharmazeutischer Unternehmern
abhängig von dem Medikationsergebnis. Outcomebezogene Vertragsgestaltungen sind
ausdrücklich in § 130a Abs. 8 S. 2 Var. 3 SGB V und § 130c Abs. 1 S. 2 Var. 3 SGB V
vorgesehen.

Sog Risk-Share-Verträge sind eine Variante des outcomebezogenen Vertragsmodells. 58
Mit ihnen soll das wirtschaftliche Risiko der Krankenkasse dafür, dass ein innovatives und
oftmals kostspieliges Präparat tatsächlich den vom Hersteller angeführten relativen zusätzlichen Nutzen aufweist, zwischen der Krankenkasse und dem pharmazeutischen Unternehmern aufgeteilt werden. Hierzu wird gerade der relative (Zusatz-)Nutzen eines Arzneimittels zum Gegenstand eines selektiven Arzneimittelversorgungsvertrags gemacht[89].
Das erfolgt, indem vertraglich ein Abschlag auf den ApU des von der Krankenkasse zu
erstattenden Arzneimittels vereinbart wird. Der Abschlag wird fällig, sofern das vertragsgegenständliche Präparat in der Praxis nicht den prognostizierten Nutzen aufweist[90]. Für
den entgegengesetzten Fall, dass sich durch den Nutzen des Arzneimittels zusätzliche
Folgekosten der Krankenkassen verringern, ist die Vereinbarung einer zusätzlichen Sonderzahlung an den pharmazeutischen Hersteller möglich[91].

Eine solche Vertragsgestaltung erscheint für Erstattungspreisvereinbarungen nach 59
§ 130c SGB V als besonders geeignet. Das dürfte vor allem bei solchen Präparaten gelten,
bei denen aufgrund fehlender Daten zum Zeitpunkt der Nutzenbewertung ein bestimmter
Patientennutzen nicht zweifelsfrei nachgewiesen werden kann[92].

Die praktische Umsetzung von Risk-Share-Verträgen kann sich allerdings insbesondere 60
aus datenschutzrechtlichen Gründen als problematisch erweisen. Soweit die Vergütung
eines pharmazeutischen Unternehmnrs von einem tatsächlich feststellbaren Nutzen eines
Arzneimittels abhängt, besteht herstellerseitig ein berechtigtes Interesse daran, die Nutzenergebnisse zu kontrollieren. Das Interesse steht indes grundsätzlich in Widerspruch zu
den Anforderungen zum Schutz der Patientendaten gemäß § 305 SGB V[93].

---

[88] *Ecker/Preuß* in Ecker/Preuß/Roski (Hrsg.), Handbuch Direktverträge, 2008, 45.
[89] *Ecker/Preuß* in Ecker/Preuß/Roski (Hrsg.), Handbuch Direktverträge, 2008, 49.
[90] *Pelzer/Klein* in Fuhrmann/Klein/Fleischfresser, Arzneimittelrecht, § 46 Rn. 142.
[91] *Ecker/Preuß* in Ecker/Preuß/Roski (Hrsg.), Handbuch Direktverträge, 2008, 49.
[92] *Ecker/Hußmann* PharmR 2011, 389 (392).
[93] *Ecker/Preuß* in Ecker/Preuß/Roski (Hrsg.), Handbuch Direktverträge, 2008, 52.

§ 14 Ausschreibung von Verträgen in der GKV

Schrifttum: *Anders/Knöbl,* Arzneimittelrabattverträge mit mehreren pharmazeutischen Unternehmen – Verläuft die Schnittstelle von Sozial- und Vergaberecht durch die Apotheke?, PharmR 2009, 607; *Boldt,* Rabattverträge – Sind Rahmenvereinbarungen zwischen Krankenkasse und mehreren pharmazeutischen Unternehmen unzulässig?, PharmR 2009, 377; *Boldt,* Müssen gesetzliche Krankenkassen das Vergaberecht beachten?, NJW 2005, 3757; *Burgi,* Hilfsmittelverträge und Arzneimittel-Rabattverträge als öffentliche Lieferaufträge, NZBau 2008, 480; *Csaki,* Vergaberechtsfreiheit von Zulassungsverfahren?, NZBau 2012, 350; *Csaki/Münnich,* Auswirkungen der Neuregelung des § 130a Abs. 8 Satz 8 SGB V auf bestehende Arzneimittelrabattverträge, PharmR 2013, 159; *Dettling/Kieser/Ulshöfer,* Zytostatikaversorgung nach der AMG-Novelle, PharmR 2009, 421; *Dierks,* Ähnlich aber nicht gleich – Rechtliche Aspekte biotechnologischer Nachfolgepräparate, NJOZ 2013, 1; *Dreher/Hoffmann,* Der Auftragsbegriff nach § 99 GWB und die Tätigkeit der gesetzlichen Krankenkassen, NZBau 2009, 273; *Ecker/Hußmann,* Verträge nach § 130c SGB V – eine frühe Nutzenbewertung, PharmR 2011, 389; *Gabriel,* in: *Gabriel/Krohn/Neun* (Hrsg.), Handbuch des Vergaberechts, Kapitel 13 – Auftragsvergaben im Bereich der gesetzlichen Krankenversicherungen: Krankenkassenausschreibungen (SGB V), 2014; *Gabriel,* in: Stief/Bromm (Hrsg.), Vertragshandbuch Pharma und Life Sciences, Kapitel VII – Formulare bei Ausschreibungen, 2014; *Gabriel/Wilkinson,* Die Versorgung mit (Grippe-)Impfstoffen durch Ausschreibung von Rabattvereinbarungen, A&R 2014; *Gabriel/Schulz,* Nochmals: Die (Un-)Wirksamkeit nicht ausgeschriebener Rabattvereinbarungen nach der 16. AMG-Novelle – Generische, innovativ-patentgeschützte bzw. biologische Arzneimittel, NZBau 2013, 273; *Gabriel,* Die vergaberechtliche Preisprüfung auf dritter Angebotswertungsstufe und die (Un-)Zulässigkeit von sog. Unterkostenangeboten, VergabeR 2013, 300; *Gabriel,* Krankenkassenausschreibungen nach dem Arzneimittelmarktneuordnungsgesetz (AMNOG), VergabeR 2011, 372; *Gabriel,* Vom Festbetrag zum Rabatt: Gilt die Ausschreibungspflicht von Rabattverträgen auch im innovativen Bereich patentgeschützter Arzneimittel?, NZS 2008, 455; *Gabriel/Weiner,* Arzneimittelrabattvertragsausschreibungen im generischen und patentgeschützten Bereich: Überblick über den aktuellen Streitstand, NZS 2009, 422; *Gabriel/Weiner,* Kollateralproblem Prozesskosten: Kostenphänomene, Klarstellungen und Korrekturbedarf bei Krankenkassenausschreibungen, NZS 2010, 423; *Kaeding,* Ausschreibungspflicht der gesetzlichen Krankenkasse oberhalb der Schwellenwerte, PharmR 2007, 239; *Kaltenborn,* Der kartellvergaberechtliche Auftragsbegriff im Vertragswettbewerb des SGB V, GesR 2011, 1; *Kamann/Gey,* Die Rabattvertragsstreitigkeiten der „zweiten Generation" – Aktuelle Fragen nach dem GKV-OrgWG, PharmR 2009, 114; *Kaufmann,* Zentrale sozialrechtliche Weichenstellungen durch das AMNOG, PharmR 2011, 223; *Lietz/Natz,* Vergabe- und kartellrechtliche Vorgaben für Rabattverträge über patentgeschützte Arzneimittel, A&R 2009, 3; *Luthe,* Erstattungsvereinbarungen mit pharmazeutischen Unternehmen, PharmR 2011, 193; *Meyer-Hofmann/Wenig,* Rabattverträge mit mehreren pharmazeutischen Unternehmen – Wettbewerbsprinzip und sozialrechtliche Notwendigkeit, PharmR 2010, 324; *Neises/Clobes/Palsherm,* Das Gesetz zur Änderung arzneimittelrechtlicher Vorschriften und seine Folgen für die Vergütung von Fertigarzneimitteln in parenteralen Zubereitungen, PharmR 2009, 506; *Otting,* Das Vergaberecht als Ordnungsrahmen in der Gesundheitswirtschaft zwischen GWB und SGB V, NZBau 2010, 734; *Röbke,* Besteht eine vergaberechtliche Ausschreibungspflicht für Rabattverträge nach § 130a VIII SGB V?, NVwZ 2008, 726; *Röbke,* Hilfsmittel- und Arzneimittelrabattverträge im Spannungsfeld zwischen GWB und dem Recht der GKV, NZBau 2010, 346; *Schickert,* Rabattverträge für patentgeschützte Arzneimittel im Sozial- und Vergaberecht, PharmR 2009, 164; *Schickert,* Schnelle Nutzenbewertung und Preisverhandlungen nach dem AMNOG – Gefahren für Originalhersteller durch den Parallelimport, PharmR 2013, 152; *Steiff/Sdunzig,* Der Eintritt der Unwirksamkeit direkt geschlossener Arzneimittelrabattverträge, NZBau 2013, 203; *Stolz/Kraus,* Sind Rabattverträge zwischen gesetzlichen Krankenkassen und pharmazeutischen Unternehmern öffentliche Aufträge nach § 99 GWB?, VergabeR 2008, 1; *Willenbruch/Bischoff,* Vergaberechtliche Anforderungen nach dem Gesetz gegen Wettbewerbsbeschränkungen GWB an den Abschluss von Rabattverträgen/Direktverträgen zwischen gesetzlichen Krankenkassen und Pharmaunternehmen gem. § 130a Abs. 8 SGB V, PharmR 2005, 477; *Wolf/Jäkel,* Änderungen bei Rabattverträgen durch das AMNOG, PharmR 2011, 1.

A. Die Anwendung des Vergaberechts auf Versorgungsverträge der GKV

Der Abschluss von Selektivverträgen zwischen gesetzlichen Krankenkassen und pharmazeutischen Unternehmern, Apotheken, Herstellerunternehmen von Medizinprodukten oder anderen Leistungserbringern zur Deckung des Versorgungsbedarfs der Krankenkassen an Arzneimitteln, Hilfsmitteln, Dienstleistungen, etc. ist im Regelfall mit der Auswahl eines entsprechenden Vertragspartners verbunden. Diesbezüglich stellt sich die Frage, nach welchen rechtlichen Vorgaben sich diese Auswahlentscheidung der Krankenkasse zwischen den potentiellen Selektivvertragspartnern zu richten hat.

Hierfür gibt das (EU/GWB-)Vergaberecht[94] einen tauglichen und europarechtlich verbindlichen Rechtsrahmen vor. Innerhalb dieses Rahmens werden die Auswahl unter den potenziellen Vertragspartnern und der entsprechende Abschluss von Direktverträgen rechtsförmig gestaltet und strukturiert[95]. Dabei ist unter dem Begriff des Vergaberechts grundsätzlich ganz allgemein die Gesamtheit der Normen zu verstehen, die ein Träger öffentlicher Verwaltung bei der Beschaffung von sachlichen Mitteln und Leistungen, die er zur Erfüllung von Verwaltungsaufgaben benötigt, zu beachten hat[96].

I. Systematik der vergaberechtlichen Vorschriften

Die konkrete Ausgestaltung des Ausschreibungsverfahrens im Bereich der GKV bemisst sich insbesondere nach dem Auftragswert der zu vergebenden Leistung. Denn entsprechend den europäischen Vorgaben ist das deutsche Vergaberecht zweigeteilt und unterscheidet zwischen Aufträgen, die unterhalb eines bestimmten Schwellenwerts liegen und solchen, die den Schwellenwert erreichen oder überschreiten[97].

Unterhalb der Schwellenwerte gelten lediglich nationale Bestimmungen. Sie werden in Deutschland auch als „Haushaltsvergaberecht" bezeichnet. Daneben greifen die Vorgaben des europäischen Primärrechts, insbesondere die europäischen Grundfreiheiten und die allgemeinen Grundsätze des Unionsrechts. Hierbei handelt es sich um die Warenverkehrsfreiheit (Art. 28 AEUV), die Niederlassungsfreiheit (Art. 49 AEUV), die Dienstleistungsfreiheit (Art. 56 AEUV) und die Grundsätze der Nichtdiskriminierung, der Gleichbehandlung, der Transparenz und der Verhältnismäßigkeit sowie der gegenseitigen Anerkennung[98].

Das koordinierte europäische Vergaberecht findet hingegen immer dann Anwendung, wenn der Auftragswert die Schwellenwerte der europäischen Richtlinien erreicht oder überschreitet[99]. Es setzt sich in erster Linie aus Regelungen zusammen, die sich aus europäischem Sekundärrecht, insbesondere der Vergaberechtskoordinierungsrichtlinie 2004/18/EG[100] (VKR) sowie der Sektorenrichtlinie 2004/17/EG[101] (SKR), ergeben.

---

[94] Dazu sogleich → Rn. 9 ff.
[95] Burgi NZBau 2008, 480 (481).
[96] BVerfG Beschl. v. 13.6.2006 – 1 BvR 1160/03, VergabeR 2006, 871 (872).
[97] Die EU-Schwellenwerte betragen für Liefer- und Dienstleistungsaufträge 207.000 EUR. Ausnahmen gelten für Liefer- und Dienstleistungsaufträge der obersten Bundesbehörden (134.000 EUR) und für Aufträge der Sektorenauftraggeber (414.000 EUR). Ob die Schwellenwerte erreicht werden, richtet sich nach dem gesamten Auftragswert (einschließlich etwaiger Verlängerungsoptionen) ohne Umsatzsteuer.
[98] Dazu ausführlich Noch Vergaberecht kompakt, 30 ff.
[99] Dazu ausführlich → Rn. 99 ff.
[100] Richtlinie 2004/18/EG des Europäischen Parlaments und des Rates v. 31.3.2004 über die Koordinierung der Verfahren zur Vergabe öffentlicher Bauaufträge, Lieferaufträge und Dienstleistungsaufträge, ABl. EG L 134, 114, v. 30.4.2004.
[101] Richtlinie 2004/17/EG des Europäischen Parlaments und des Rates v. 31.3.2004 zur Koordinierung der Zuschlagserteilung durch Auftraggeber im Bereich der Wasser-, Energie- und Verkehrsversorgung sowie der Postdienste, Abl. EG L 134, 1, v. 30.4.2004.

1. Nationales Haushaltsvergaberecht

6   Bei den nationalen vergaberechtlichen Regelungen in Deutschland handelt es sich traditionell um einen Teil des Haushaltsrechts. Es dient gemäß § 6 Abs. 1 HGrG dem Zweck einer möglichst wirtschaftlichen Verwendung öffentlicher Haushaltsmittel. Das Haushaltsvergaberecht bindet als staatliches Binnenrecht die Verwaltung lediglich intern, entfaltet also keine Außenwirkung. Als solches verleiht es Bietern und Bewerbern als potenziellen Auftragnehmern, keine subjektiven, justiziablen Rechte.

7   Bei der Deckung seines Beschaffungsbedarfs im Unterschwellenbereich hat der öffentliche Auftraggeber aufgrund der haushaltsrechtlichen Grundsätze der Wirtschaftlichkeit und Sparsamkeit grundsätzlich eine förmliche öffentliche Ausschreibung des jeweiligen Auftrags durchzuführen. Eine Pflicht zur öffentliche Ausschreibung eines Auftrags ergibt sich vor allem aus § 30 HGrG, § 55 BHO und den entsprechenden Landeshaushaltsordnungen und Gemeindehaushaltsverordnungen. Die dabei anwendbaren Verfahrensvorgaben folgen aus den ersten Abschnitten der Vergabe- und Vertragsordnungen VOB/A[102] und VOL/A[103].

8   Eine Ausschreibungspflicht der gesetzlichen Krankenkassen als öffentlichen Auftraggebern besteht gemäß § 22 Abs. 1 der Verordnung über das Haushaltswesen in der gesetzlichen Sozialversicherung vom 30.12.1977[104] (SVHV). Sie betrifft jedoch nur Beschaffungen, die nicht der Erbringung gesetzlicher oder satzungsmäßiger Versicherungsleistungen dienen, sondern allgemein im Zusammenhang mit der Verwaltung einer gesetzlichen Krankenversicherung als Sozialversicherungsträger stehen[105]. Aufgrund dessen haben lediglich die ab Erreichen der Schwellenwerte anwendbaren EU/GWB-vergaberechtlichen Vorschriften Relevanz für den Abschluss selektiver GKV-Versorgungsverträge.

2. EU/GWB-Vergaberecht

9   Die ab Erreichen oder Überschreiten der Schwellenwerte anwendbaren europäischen Vergaberichtlinien wurden vom deutschen Gesetzgeber im Vierten Teil des GWB, der VgV[106] sowie jeweils dem 2. Abschnitt der Vergabe- und Vertragsordnungen VOL/A und VOB/A sowie der VOF in nationales Recht umgesetzt.

10   a) **Funktionale Ausrichtung.** Die Anwendung strukturierter und formalisierter Vergabeverfahren auf Beschaffungsvorgänge der öffentlichen Hand dient der möglichst wirtschaftlichen Mittelbeschaffung des Staates sowie der Verwirklichung eines (Vergabe-)Binnenmarktes[107].

11   Intention der entsprechenden europäischen Vergaberichtlinien ist es, einen EU-weiten Wettbewerb bei der Vergabe öffentlicher Aufträge zu eröffnen. So soll erreicht werden, dass öffentliche Auftraggeber möglichst wie private Akteure am Markt auftreten[108]. Die europarechtlich vorgegebenen vergaberechtlichen Bestimmungen zeichnen sich daneben vor allem durch die Gewährung justiziabler subjektiver Rechte für die Bieter und Bewerber gemäß § 97 Abs. 7 GWB aus.

---

[102] Vergabe- und Vertragsordnung für Bauleistungen – Teil A, v. 31.7.2009, BAnz. 2010, 36.
[103] Vergabe- und Vertragsordnung für Leistungen – Teil A, v. 20.11.2009, BAnz. 2010, 755.
[104] BGBl. I, 3147, geändert durch die erste Verordnung zur Änderung der Verordnung über das Haushaltswesen in der Sozialversicherung (1. SVHV-ÄndV) v. 30.10.2000, BGBl. I, 1485.
[105] *Koenig/Busch* NZS 2003, 461 (466 f.); *Esch* MPR 2009, 149 (154); *Goodarzi/Schmid* NZS 2008, 518 (520); *Gabriel* NZS 2007, 344 (345).
[106] Verordnung über die Vergabe öffentlicher Aufträge – Vergabeverordnung idF v. 11.2.2003, BGBl. I, 169.
[107] Immenga/Mestmäcker/*Dreher*, GWB, Vorbemerkung Vor § 97 Rn. 33.
[108] *Noch*, Vergaberecht kompakt, 57; *Ehricke* in MüKoBeihVgR, § 97 Rn. 1.

b) Regelungssystematik des „Kaskadensystems". Die EU/GWB-vergaberechtlichen 12
Regelungen werden aufgrund ihrer Regelungssystematik oftmals verbildlicht als sog Kaskadensystem bezeichnet. Denn die vergaberechtlichen Vorschriften erstrecken sich über mehrere normhierarchische Ebenen, welche sich gleichzeitig in die Breite verzweigen.

Gesetzlicher Ausgangspunkt dieses Systems sind die §§ 97 ff. GWB. Sie beinhalten all- 13
gemein anwendbare vergaberechtliche Grundsätze und zudem in den §§ 102 ff. GWB ein spezielles vergaberechtliches Rechtsschutzverfahren[109]. Mit §§ 97 Abs. 6, 127 GWB wird die Bundesregierung ermächtigt, durch den Erlass entsprechender Rechtsverordnungen nähere Bestimmungen über die bei der Auftragsvergabe einzuhaltenden Verfahren, zu treffen. Auf dieser Ermächtigung beruht die VgV. Sie gibt in § 2 VgV die für die Anwendbarkeit des EU/GWB-Vergaberechts maßgeblichen Schwellenwerte vor. Zudem verweist die VgV, abhängig vom Gegenstand des zu vergebenen Auftrags, für die anzuwendenden Vergabeverfahren auf den jeweils 2. Abschnitt der Vergabe- und Vertragsordnungen VOL/A (bei Liefer- und Dienstleistungsaufträgen) und VOB/A (bei Aufträgen über Bauleistungen) sowie die VOF (bei Aufträgen über freiberufliche Leistungen). Die Vergabe- und Vertragsordnungen (auch „Verdingungsordnungen") stehen auf der untersten Stufe der vergaberechtlichen Normenkaskade und enthalten einen Großteil des Vergabeverfahrensrechts und Teile des materiellen Vergaberechts.

Im Bereich der Versorgung der gesetzlichen Krankenkassen mit Arzneimitteln und 14
Medizinprodukten kommt grundsätzlich lediglich der zweite Abschnitt der VOL/A zur Anwendung. Denn die in diesem Bereich abzuschließenden Verträge haben regelmäßig Liefer- bzw. Dienstleistungsaufträge iSv § 1 Abs. 1 S. 1 VOL/A zum Gegenstand. Dienstleistungsaufträge im Gesundheitsbereich werden von der VOL/A allerdings nach europarechtlichen Vorgaben[110] in Dienstleistungskategorie 25 VOL/A Teil B, Anhang I als sog nicht-prioritäre Dienstleistungen qualifiziert, die lediglich einem eingeschränkten vergaberechtlichen Ausschreibungsregime unterliegen. Für diese gelten lediglich bestimmte Vorgaben für die Festlegung technischer Spezifikationen sowie die Pflicht die Ergebnisse des Vergabeverfahrens ex-post Bekanntzumachen[111]. In diesem Zusammenhang ist der deutsche Gesetzgeber jedoch im Hinblick auf Verträge zur hausarztzentrierten bzw. zur besonderen ambulanten ärztlichen Versorgung über die Vorgaben des europäischen Richtlinienvergaberechts hinausgegangen, indem er mit §§ 73b Abs. 4 Satz 5, 73c Abs. 3 Satz 3 SGB V vergaberechtliche Sondervorschriften geschaffen hat[112], die für den Abschluss entsprechender Verträge eine öffentliche Ausschreibung vorsehen, obwohl diese sog nichtprioritäre Dienstleistungen betreffen.

II. Allgemeine Grundsätze

Aus den europäischen vergaberechtlichen Vorgaben ergeben sich zahlreiche materielle 15
Rechtsgrundsätze. Sie stellen bindende Anforderungen an die Vergabeverfahren sowie die Verhaltensweisen der Verfahrensbeteiligten[113]. Dabei handelt es sich um vergaberechtliche Mindestanforderungen, an die öffentliche Auftraggeber auch außerhalb des Anwendungsbereichs des Vergabesekundärrechts ohnehin gebunden wären[114].

---

[109] → Rn. 266 ff.
[110] Die VKR differenziert insofern zwischen Dienstleistungsaufträgen, die entweder Anhang I oder Anhang II unterfallen.
[111] Vgl. Art. 21 iVm Art. 23 und Art. 35 Abs. 4 VKR; Art. 32 iVm Art. 34 und Art. 43 SKR.
[112] OLG Düsseldorf Beschl. v. 7.12.2011 – VII-Verg 79/11; dazu *Greb/Stenzel* VergabeR 409 (415).
[113] Immenga/Mestmäcker/*Dreher*, GWB, § 97 Rn. 2.
[114] Dazu allgemein EuGH Urt. v. 13.10.2005 – C-458/03, Slg. 2005 I-8585, Rn. 50 – Parking Brixen, NZBau 2005, 644.

16 Die in den europäischen Grundfreiheiten fundierten Grundsätze der Wettbewerblichkeit, Transparenz und Nichtdiskriminierung stellen die prägenden Elemente des EU/GWB-vergaberechtlichen Regelungsregimes dar[115]. Sie haben in § 97 Abs. 1 und 2 GWB ihren Niederschlag gefunden. Danach müssen öffentliche Auftraggeber Waren, Bau- und Dienstleistungen grundsätzlich im Wettbewerb und im Wege transparenter Vergabeverfahren beschaffen. Zudem sind die Teilnehmer an einem Vergabeverfahren gleich zu behandeln. Der Regelungsort am Anfang des vierten Teils des GWB, dem Ausgangspunkt der vergaberechtlichen Rechtskaskade, verdeutlicht die große Bedeutung dieser Prinzipien für das deutsche Vergaberecht[116].

17 Die allgemeinen vergaberechtlichen Grundprinzipien wirken sich auf verschiedene Art und Weise sowohl auf das vergaberechtliche Regelungswerk als auch auf konkrete öffentliche Beschaffungsvorgänge aus. Die drei Grundsätze der Wettbewerblichkeit, Transparenz und Nichtdiskriminierung sind eng miteinander verwoben. Sie stehen nicht in einem Rangverhältnis zueinander, sondern bedingen sich gegenseitig[117] und begründen so eine vergaberechtliche Grundordnung. Durch den Ursprung im primären Europarecht gilt diese unabhängig davon, ob und welche spezifischen vergaberechtlichen Bestimmungen im Einzelfall auf einen Beschaffungsvorgang Anwendung finden. Zudem kommt diesen auch eine Funktion als Direktive bei der Auslegung der EU/GWB-vergaberechtlichen Bestimmungen zu[118]. Dabei ist allerdings sowohl die Rechtsprechung der Vergabekammern und der Vergabesenate der Oberlandesgerichte als auch des EuGH zur Konkretisierung dieser allgemeinen Grundsätze im Vergabeverfahren so umfangreich wie komplex. In Deutschland ergehen seit 1999 pro Jahr etwa 2000 Entscheidungen; in den letzten Jahren einige Hundert allein im Bereich der Vergabe selektiver GKV-Versorgungsverträge. Neben den verallgemeinerungsfähigen Einzelausformungen hängt es deshalb von dem jeweiligen Beschaffungsgegenstand ab, welche Anforderungen im Hinblick auf eine ausreichende Wettbewerblichkeit, Transparenz und Gleichbehandlung im Einzelfall erfüllt sein müssen.

1. Wettbewerbsgrundsatz

18 Der Wettbewerbsgrundsatz bildet das Kernprinzip der öffentlichen Auftragsvergabe[119]. Er soll dazu dienen, allen potenziellen Bietern einen Zugang zu den nationalen Beschaffungsmärkten zu gewährleisten[120]. Ferner hat er die Aufgabe, den Beschaffungsvorgang gegen Beschränkungen des Wettbewerbs zu schützen. Insofern besitzt der Wettbewerbsgrundsatz für Auftraggeber und Bieter gleichermaßen Geltung[121]. Für den Bereich selektiver GKV-Versorgungsverträge ergibt sich aus dem Wettbewerbsgrundsatz, insbesondere das Verbot, solche Vereinbarungen bilateral zwischen einer gesetzlichen Krankenkasse und einem Leistungserbringer zu vereinbaren. Eine solche Möglichkeit ergibt sich lediglich in eng definierten Ausnahmekonstellationen[122].

2. Transparenzgrundsatz

19 Nach dem Transparenzgrundsatz müssen Vergabeverfahren klar und nachvollziehbar (dh überprüfbar) ausgestaltet werden. Hierfür ist den Bietern ein möglichst hohes Maß an

---

[115] *Burgi* NZBau 2008, 29 (31).
[116] BT-Drs. 13/9340, 13 f.
[117] *Ehricke* in MüKoBeihVgR, § 97 Rn. 32.
[118] Vgl. *Burgi* NZBau 2008, 29 (32); Immenga/Mestmäcker/*Dreher*, GWB, § 97 Rn. 3.
[119] *Ehricke* in MüKoBeihVgR, § 97 Rn. 6; Immenga/Mestmäcker/*Dreher*, GWB, § 97 Rn. 19; *Bungenberg* in Loewenheim/Meessen/Riesenkampff, Kartellrecht, § 97 GWB Rn. 6.
[120] *Ehricke* in MüKoBeihVgR, § 97 Rn. 7.
[121] *Brauer* in Kularz/Kus/Portz, GWB-Vergaberecht, § 97 Rn. 4.
[122] Dazu eingehend → Rn. 106 ff.

Informationen zur Verfügung zu stellen. Das bedeutet, dass jedem potenziellen Bieter ein angemessener Grad an Öffentlichkeit zu gewährleisten ist[123], damit alle Betroffenen bei der Abfassung ihrer Teilnahmeanträge oder Angebote über die gleichen Chancen verfügen[124]. Dem Bieter muss bereits im Vorfeld der Beteiligung an einem Vergabewettbewerb eine Einschätzung seiner persönlichen Chancen auf den Zuschlag möglich sein (sog ex ante-Transparenz[125]). Zudem ist die Nachvollziehbarkeit der einzelnen Schritte im Vergabeverfahren eine unverzichtbare Voraussetzung für eine Überprüfbarkeit der unparteiischen Durchführung des Vergabeverfahrens im Rahmen eines Nachprüfungsverfahrens[126] (sog ex post-Transparenz[127]).

3. Grundsatz der Gleichbehandlung und Nichtdiskriminierung

Der Gleichbehandlungsgrundsatz gehört zu den elementaren Prinzipien des europäischen Unionsrechts sowie des deutschen Verfassungsrechts[128]. Gemäß § 97 Abs. 2 GWB ist er auch im Zusammenhang mit der Vergabe öffentlicher Aufträge ein verpflichtender Grundsatz. In vergaberechtlicher Hinsicht wirkt er sich dergestalt aus, dass von den verfahrensrechtlichen Vorschriften nicht zu Lasten einzelner Bieter abgewichen werden darf[129]. Das bedeutet, dass der öffentliche Auftraggeber nach Beginn eines förmlichen Vergabeverfahrens nicht mehr von den im Vorhinein festgelegten Anforderungen an die Bewerber/Bieter bzw. der nachgefragten Leistung abweichen darf.

Der Gleichbehandlungsgrundsatz gilt jedoch nicht uneingeschränkt. Nach § 97 Abs. 2 GWB ist eine Benachteiligung einzelner Bieter dann zulässig, wenn das aufgrund dieses Gesetzes (dh des GWB) ausdrücklich geboten oder gestattet ist. Der Verweis bezieht sich insbesondere auf § 97 Abs. 4 GWB. Danach sind Aufträge nur an fachkundige, leistungsfähige und zuverlässige sowie gesetzestreue Bieter zu vergeben. Weitergehende Anforderungen dürfen nur dann gestellt werden, wenn Bundes- oder Landesgesetze das vorsehen.

III. Anwendbarkeit des Vergaberechts gemäß § 69 Abs. 2 S. 4 SGB V

Das EU/GWB-Vergaberecht gilt grundsätzlich auch für selektive Versorgungsverträge der gesetzlichen Krankenkassen. Das war allerdings lange Zeit umstritten. Insbesondere wurde in diesem Zusammenhang vorgebracht, die Anwendung der vergaberechtlichen Vorschriften des GWB sei durch eine kartell- und wettbewerbsrechtliche Bereichsausnahme des § 69 Abs. 1 S. 1 SGB V für den Gesundheitssektor und damit für die gesetzlichen Krankenkassen als Träger der Sozialversicherung ausgeschlossen[130]. Denn nach § 69 Abs. 1 S. 1 SGB V werden die Rechtsbeziehungen der Krankenkassen und ihrer Verbände zu Ärzten, Zahnärzten, Psychotherapeuten, Apotheken sowie sonstigen Leistungserbringern und ihren Verbänden grundsätzlich abschließend durch das vierte Kapitel des SGB V sowie die §§ 63, 64 SGB V geregelt[131]. Für eine ergänzende Anwendung des EU/GWB-Vergaberechts sei deshalb kein Raum.

---

[123] EuGH Urt. v. 7.12.2000 – C-324/98, Slg. 2000 I-10745 Rn. 62 – Telaustria, NZBau 2001, 148; EuGH Urt. v. 12.12.2002 – C-470/99, Slg. 2002 I-11617 Rn. 91 f. – Universale-Bau AG, NZBau 2003, 162.
[124] EuGH Urt. v. 25.4.1996 – C-87/94, Slg. 1996 I-2043 – Kommission/Belgien, NVwZ 1997, 374.
[125] *Höfler* NZBau 2010, 73 (76).
[126] EuGH Urt. v. 7.12.2000 – C-324/98, Slg.2000 I-10745 Rn. 61 – Telaustria, NZBau 2001, 148.
[127] *Höfler* NZBau 2010, 73 (76).
[128] BT-Drs. 13/9340, 14.
[129] *Burgi* NZBau 2008, 29 (34).
[130] So uA BayObLG Beschl. v. 24.5.2004 – Verg 6/04; LSG Baden-Württemberg Beschl. v. 27.2.2008 – L 5 KR 508/08 W-A, L 5 KR 507/08 ER-B mAnm *v.Czettritz* PharmR 2008, 253; vgl. dazu auch ausführlich *Sodan/Adam* NZS 2006, 113; *Gabriel* in MüKoBeihVgR, Anlage zu § 98 Nr. 4 GWB Rn. 96 ff. mwN.
[131] Dazu ausführlich → Rn. 27 ff.

380   6. Teil. Wettbewerbliche Selektivverträge für Arzneimittel und Medizinprodukte

24   Allerdings enthalten die vermeintlich abschließenden Regelungen des Sozialrechts nur wenige, uneinheitliche Vorgaben über die Art und Weise, wie selektive GKV-Versorgungsverträge abzuschließen sind und eine wettbewerbliche Auswahl zwischen den potentiellen Vertragspartnern vorzunehmen ist (vgl. § 73b Abs. 4 S. 5 und § 73c Abs. 3 S. 3 SGB V, sowie § 127 Abs. 1 SGB V[132]). Die europarechtlich determinierten Vorgaben an eine wettbewerbliche, transparente und diskriminierungsfreie Auftragsvergabe vermögen diese Vorschriften dementsprechend von vornherein nicht zu erfüllen. Die vergaberechtlichen Vorgaben des Europarechts genießen dabei außerdem bereits aus Gründen der Normenhierarchie einen Anwendungsvorgang gegenüber den Bestimmungen des Sozialrechts[133].

25   Vor diesem Hintergrund ordnete der Gesetzgeber, lediglich um fortbestehende Zweifel an der Anwendbarkeit des Vergaberechts auszuräumen, zunächst die entsprechende Geltung der materiellen Vergaberechtsvorschriften der §§ 97–101 GWB einschließlich der Regelungen über das vergaberechtliche Nachprüfungsverfahren vor der Vergabekammer nach §§ 102–115 GWB[134] und nach der aktuellen Rechtslage gemäß § 69 Abs. 2 S. 4 SGB V die vollumfängliche Anwendbarkeit des 4. Teils des GWB an. Die Anwendung dieser Regelungsinhalte des GWB auf den Bereich der GKV betrifft sämtliche selektiven Vertragsformen und stellt damit gegenüber Kollektivverträgen ein wesentliches Unterscheidungskriterium dar[135].

26   Aufgrund der weitgehend europarechtlichen Determinierung des Vergaberechts und der ausdrücklichen gesetzgeberischen Intention, klarstellen zu wollen, dass das GWB-Vergaberecht auch auf GKV-Versorgungsverträge Anwendung findet[136], handelt es sich bei § 69 Abs. 2 S. 4 SGB V um eine Rechtsgrundverweisung mit lediglich deklaratorischem Charakter[137]. Bei der Vereinbarung von Einzelverträgen in der GKV ist danach in jedem Einzelfall zu prüfen, ob die tatbestandlichen Voraussetzungen der §§ 97 ff. GWB vorliegen, insbesondere ob es sich bei den jeweiligen Vergaben um öffentliche Aufträge iSd § 99 GWB handelt. Diese Frage wird je nach Vertragstyp unterschiedlich zu beantworten sein[138].

IV. Berücksichtigung sozialrechtlicher Besonderheiten

27   Wettbewerb ist im Bereich der gesetzlichen Krankenkassen kein Ziel an sich, sondern in die Erfüllung einer staatlichen Aufgabe eingebunden[139]. Einerseits unterscheiden sich selektive Versorgungsverträge im Bereich der GKV damit wesentlich von den sog fiskalischen Hilfsgeschäften, die die öffentliche Hand zur Erfüllung ihrer staatlichen Aufgaben durchführt, indem die genannten Versorgungsverträge selbst einen unmittelbaren Bestandteil der den Krankenkassen zugewiesenen Aufgaben und damit der Daseinsvorsorge darstellen[140]. Andererseits gilt es jedoch zu berücksichtigen, dass es sich auch bei dem Abschluss von Selektivverträgen im GKV-Bereich ausschließlich um ein Mittel zur Generierung pekuniärer Einsparungen handelt. Würden solche Individualverträge nicht geschlossen, würde das nicht zu einem Wegfall der Versorgung führen. Diese würde dann lediglich

---

[132] Vgl. die instruktive Übersicht bei *Boldt* NJW 2005, 3757 (3758).
[133] So auch OLG Düsseldorf Beschl. v. 23.5.2007 – VII-Verg 50/06 mAnm *Gabriel* VergabeR 2007, 630; *Becker/Kingreen*, SGB V, § 69 Rn. 45; *Klöck* NZS 2008, 178 (179).
[134] BT-Drs. 16/10609, 52; *Kamann/Gey* PharmR 2009, 114; *Willenbruch* PharmR 2009, 111.
[135] *Jaeckel* in Amelung/Eble/Hildebrandt, Innovatives Versorgungsmanagement, 2011, 60.
[136] BT-Drs. 16/10609, 52.
[137] *Burgi* NZBau 2008, 480 (482); *Gabriel* VergabeR 2007, 630 (634); *Gabriel* NZS 2007, 344 (345); *Kamann/Gey* PharmR 2009, 114.
[138] BT-Drs. 16/10609, 52.
[139] *Becker/Kingreen* NZS 2010, 417 (419).
[140] BT-Drs. 16/10609, 66 f.

im Rahmen von Kollektivverträgen geregelt, die es im deutschen GKV-System immer schon gegeben hat[141].

Vor Inkrafttreten des AMNOG bestimmte § 69 Abs. 2 S. 3 SGB V ausdrücklich, dass die Vorschriften des EU/GWB-Vergaberechts auf die Rechtsbeziehungen zwischen den Krankenkassen und den Leistungserbringern der GKV nur mit der Maßgabe anwendbar sind, dass der Versorgungsauftrag der gesetzlichen Krankenkassen besonders zu berücksichtigen ist. Dieser Versorgungsauftrag der Krankenkassen wiederum ist auf eine qualitativ ordnungsgemäße und wirtschaftliche Versorgung der Versicherten ausgerichtet[142]. Obwohl die Regelung des § 69 Abs. 2 S. 3 SGB V durch das AMNOG ersatzlos gestrichen wurde, hat sich an dieser Rechtslage nichts geändert. Vielmehr weißt die entsprechende Gesetzesbegründung ausdrücklich darauf hin, dass jede Krankenkasse bei der Erteilung eines Zuschlags zu prüfen hat, ob ihr Versorgungsauftrag auch durch den ausgewählten Anbieter sichergestellt werden kann[143]. Die zuständigen Stellen (Vergabekammern und Oberlandesgerichte) haben im Rahmen des Vergabenachprüfungsverfahrens weiterhin die besonderen Aufgaben der gesetzlichen Krankenkassen zu berücksichtigen. 28

In der Praxis wird diese Auslegungsdirektive oftmals zur Rechtfertigung von Entscheidungen genutzt, die von tradierten vergaberechtlichen Auffassungen abweichen. Diese oftmals schwer vorhersehbaren rechtlichen Beurteilungen stehen jedoch in einem gewissen Kontrast zu dem rechtlich möglichen Einflusspotential des Sozialrechts auf das Vergaberecht. Denn Regelungen zu der Art und Weise, wie der Versorgungsauftrag der gesetzlichen Krankenkassen im Rahmen der öffentlichen Auftragsvergabe konkret zu berücksichtigen ist, bestehen gerade nicht. Aufgrund des unionsrechtlichen Charakters des EU/GWB-Vergaberechts ist dessen Anpassung an die Besonderheiten des Gesundheitswesens auch bereits normhierarchisch lediglich innerhalb europarechtlich vorgegebener Grenzen möglich[144]. Das Vergaberecht genießt damit bereits einen grundsätzlichen Vorrang vor dem sozialrechtlichen Regelungsrahmen des SGB V[145]. Es ist daher allenfalls eine sozialrechtliche Konkretisierung solcher vergaberechtlicher Bereiche denkbar[146], in denen das Vergaberecht den öffentlichen Auftraggebern einen Ermessensspielraum zugesteht bzw. eine Heranziehung der sozialrechtlichen Bestimmungen zur Auslegung von Verträgen, die sich im Rahmen der Vorgaben des europäischen Vergaberechts halten[147]. Das kann beispielsweise bei der Ausgestaltung der Leistungsbeschreibung, der angemessenen Losaufteilung oder bei der Anzahl von Verhandlungs-/Rahmenvertragspartnern der Fall sein. Dabei darf diese Konkretisierung der Anwendbarkeit des Vergaberechts durch das Sozialrecht jedoch schon aufgrund des normhierarchischen Verhältnisses dieser Regelungsregime nicht zu einer Ausschaltung, Umgehung oder Aushöhlung der europarechtlich vorgegebenen vergaberechtlichen Grundsätze der Transparenz, Nichtdiskriminierung und Gleichbehandlung führen[148]. 29

B. Materielles Vergaberecht

Die Anwendung des EU/GWB-Vergaberechts auf den Abschluss einer selektiven Versorgungsvereinbarung zwischen einer gesetzlichen Krankenkasse und einem pharmazeuti- 30

---

[141] Dazu → § 12 Rn. 1 ff.
[142] *Hencke* in Peters, Handbuch der Krankenversicherung, 2009, § 69 SGB V Rn. 11b; → § 10 Rn. 16.
[143] BT-Drs. 17/2413, 27.
[144] OLG Düsseldorf Beschl. v. 22.10.2008 – I-27 U 2/08 mAnm *Weiner* VergabeR 2009, 189 (190).
[145] *Kamann/Gey* PharmR 2009, 114 (116).
[146] *Otting* NZBau 2010, 734 (737); *Kamann/Gey* PharmR 2009, 114 (116).
[147] *Anders/Knöbl* PharmR 2009, 607 (610).
[148] Vgl. *Kamann/Gey* PharmR 2009, 114 (116); *Willenbruch* PharmR 2009, 111 (113 f.).

schen Unternehmern setzt voraus, dass es sich bei dem avisierten Vertrag um einen öffentlichen Auftrag handelt (§ 99 GWB), die jeweilige gesetzliche Krankenkasse als öffentlicher Auftraggeber zu qualifizieren ist (§ 98 GWB), der geschätzte Auftragswert die maßgeblichen Schwellenwerte erreicht oder überschreitet (§ 100 Abs. 1 GWB) und kein Ausnahmetatbestand erfüllt ist (§ 100 Abs. 2 GWB).

I. Personeller Anwendungsbereich, § 98 GWB

31   Erste Voraussetzung für die Begründung einer förmlichen europaweiten Ausschreibungspflicht hinsichtlich des Abschlusses selektiver Versorgungsverträge ist die öffentliche Auftraggebereigenschaft[149] der gesetzlichen Krankenkasse iSv § 98 GWB. Diese lange umstrittene[150] Frage hat der EuGH durch die grundlegende Entscheidung im Rahmen eines Vorabentscheidungsverfahrens in der Rechtssache „*Oymanns*"[151] bejaht.

32   Die gesetzlichen Krankenkassen fallen daher unter den Auftraggeberbegriff des § 98 Nr. 2 GWB. Denn als Körperschaften des öffentlichen Rechts und damit als juristische Personen (vgl. § 4 Abs. 1 SGB V, § 29 Abs. 1 SGB IV) erfüllen sie mit der Herstellung und Erhaltung der Gesundheit der Versicherten eine im Allgemeininteresse liegende Aufgabe. Zwar werden die gesetzlichen Krankenkassen lediglich mittelbar über die gesetzlich geregelten Pflichtversicherungsbeiträge der Krankenkassenmitglieder gemäß §§ 3, 5, 220 ff. SGB V bzw. durch den Gesundheitsfonds vom Staat, namentlich dem Bund, finanziert[152]. Das ist jedoch für die Erfüllung des Kriteriums der überwiegenden staatlichen Finanzierung durch einen öffentlichen Auftraggeber iSv § 98 Nr. 1 GWB ausreichend[153]. Sie handeln zudem nichtgewerblich und stehen unter staatlicher Aufsicht[154].

II. Sachlicher Anwendungsbereich

1. Öffentlicher Auftrag

33   Öffentliche Aufträge iSv § 99 Abs. 1 GWB sind entgeltliche Verträge von öffentlichen Auftraggebern mit Unternehmen über die Beschaffung von Leistungen, wobei sich Lieferaufträge gemäß § 99 Abs. 2 GWB gerade durch die Beschaffung von Waren auszeichnen. Ein Vertrag ist daher lediglich dann als öffentlicher Auftrag – in Form eines Lieferauftrags – zu qualifizieren, wenn dieser jedenfalls auch die Beschaffung von Waren gegen Entgelt zum Gegenstand hat.

34   Entgeltlichkeit im Sinne von § 99 Abs. 1 GWB liegt vor, sobald ein öffentlicher Auftraggeber eine Gegenleistung im Sinne einer eigenen Zuwendung erbringt[155]. Mit dem Kriterium der Entgeltlichkeit erfolgt eine Abgrenzung zwischen einer wirtschaftlichen Ausrichtung der erfassten Aufträge und zB wohltätigen oder rein karitativen Zwecken[156].

---

[149] Dazu allgemein *Gabriel* in Stief/Bromm, Vertragshandbuch Pharma und Life Sciences, 2014, Kap. VII, 2.
[150] Nachweise bei *Gabriel* NZS 2007, 344 (346).
[151] EuGH Urt. v. 11.6.2009 – C-300/07, Slg. 2009 I-4779 – Oymanns mAnm *Kingreen* NJW 2009, 2417.
[152] LSG Nordrhein-Westfalen Beschl. v. 3.9.2009 – L 21 KR 51/09 SFB; VK Bund Beschl. v. 3.7.2009 – VK 1–107/09 mwN.
[153] EuGH Urt. v. 11.6.2009 – C-300/07, Slg. 2009 I-4779 Rn. 52 ff. – Oymanns mAnm *Kingreen* NJW 2009, 2417.
[154] GA Mazák SchlA – C-300/07, Slg. 2009 I-4779 Rn. 45 ff. – Oymanns; LSG Nordrhein-Westfalen Beschl. v. 28.4.2009 – L 21 KR 40/09 SFB; LSG Baden-Württemberg Beschl. v. 28.10.2008 – L 11 KR 4810/08 ER-B; VK Düsseldorf Beschl. v. 31.10.2007 – VK-31/2007-L; VK Bund Beschl. v. 12.11.2009, – VK 3–193/09; VK Bund Beschl. v. 19.11.2008 – VK 1–126/08; *Gabriel* NZS 2007, 344 (345).
[155] EuGH Urt. v. 25.3.2010 – C-451/08, Slg. 2010 I-2673 Rn. 48 – Helmut Müller GmbH.
[156] Immenga/Mestmäcker/*Dreher*, GWB, § 99 Rn. 20.

Dabei ist der Begriff der Entgeltlichkeit funktional und weit auszulegen. Eine synallagmatische Verknüpfung von Leistung und Gegenleistung ist grundsätzlich nicht erforderlich. Als ausreichend ist vielmehr jeder wirtschaftliche, dh geldwerte Vorteil anzusehen, den der öffentliche Auftraggeber dem Auftragnehmer als Gegenleistung für dessen Leistung einräumt[157].

Ob ein Beschaffungsvorgang einer gesetzlichen Krankenkasse zur Versorgung mit Arzneimitteln oder Hilfsmitteln als entgeltlicher öffentlicher Lieferauftrag zu qualifizieren ist, hängt von dem jeweiligen Vertragstyp sowie der konkreten individualvertraglichen Ausgestaltung im Einzelfall ab[158]. Dabei ist grundsätzlich zwischen zwei unterschiedlichen tatbestandlichen Elementen zu differenzieren: der Feststellung des Vorliegens eines Lieferauftrags einerseits und der Entgeltlichkeit dieses Auftrags andererseits. 35

Im Zusammenhang mit Arzneimittelrabattvereinbarungen vertrat die 3. Vergabekammer des Bundes kürzlich die Auffassung, diese seien aufgrund ihrer Kategorisierung als Rahmenvereinbarungen iSv § 4 EG VOL/A und der damit verbundenen ausdrücklichen Unterstellung unter die vergaberechtlichen Vorschriften nicht notwendigerweise selbst als entgeltliche öffentliche Aufträge zu qualifizieren[159]. Vielmehr erweitere der Vertragstypus der Rahmenvereinbarung den Anwendungsbereich des Vergaberechts ohne selbst öffentlicher Auftrag zu sein. Erforderlich sei lediglich, dass die Rahmenvereinbarung auf Einzelverträge gerichtet ist, die ihrerseits öffentliche Aufträge darstellen. In Konsequenz führt diese Auffassung dazu, dass noch in größerem Maße Vereinbarungen grundsätzlicher Art zwischen Krankenkassen und pharmazeutischen Unternehmern den Vergaberecht unterfallen. Voraussetzung dafür ist dann lediglich, dass es sich jedenfalls um eine Rahmenvereinbarung iSv § 4 EG VOL/A handelt. 36

a) Rabattverträge gemäß § 130a Abs. 8 SGB V betreffend Generika. Entsprechend der vorgenannten Definition, müsste es sich bei einem Arzneimittelrabattvertrag nach § 130a Abs. 8 SGB V zunächst um einen öffentlichen Auftrag handeln, der des Weiteren als entgeltlich zu qualifizieren sein müsste. 37

Arzneimittelrabattverträge nach § 130a Abs. 8 SGB V sind so konzipiert, dass die Krankenkasse als Auftraggeber einen Rabatt in Form einer unmittelbaren Geldleistung von dem pharmazeutischen Unternehmer erhält[160]. Wirtschaftlich betrachtet müssen die Krankenkassen dadurch nur einen geringeren Preis für die an die Versicherten abgegebenen vertragsgegenständlichen Arzneimittel zahlen. Sie erhalten so durch den Rabattvertrag einen geldwerten Vorteil[161]. Dieser ist allerdings an sich noch nicht hinreichend, um einen Rabattvertrag als (Arzneimittel-)Lieferauftrag zu qualifizieren[162]. Dafür müsste dieser außerdem die Beschaffung entsprechender Waren durch die gesetzliche Krankenkasse von dem vertragsbeteiligten pharmazeutischen Unternehmen zum Gegenstand haben. Die Lieferung der vertragsgegenständlichen Generika, durch den pharmazeutischen Unternehmer erfolgt tatsächlich jedoch nicht direkt und unmittelbar gegenüber der Krankenkasse. Das ist den typischen sozialrechtlich geprägten multilateralen Leistungsbeziehungen im System der GKV geschuldet[163] und steht der Einordnung des jeweiligen Vertrages als öffentlicher Lieferauftrag anerkanntermaßen nicht 38

---

[157] BGH Beschl. v. 1.2.2005 – X ZB 27/04; *Dreher/Hoffmann* NZBau 2009, 273 (276); *Kaltenborn* GesR 2011, 1 (3).
[158] Vgl. dazu auch den Überblick bei *Kaltenborn* GesR 2011, 1.
[159] VK Bund Beschl. v. 10.6.2011 – VK 3–59/11; VK Bund Beschl. v. 14.6.2011 – VK 3–62/11; VK Bund Beschl. v. 6.7.2011 – VK 3–80/11.
[160] → § 13 Rn. 9.
[161] *Kaeding* PharmR 2007, 239 (245 f.).
[162] Vgl. dazu und zum Folgenden auch *Gabriel* in Stief/Bromm, Vertragshandbuch Pharma und Life Sciences, 2014, Kap. VII, 2. Anm. 9.
[163] → § 13 Rn. 3 ff.

entgegen[164]. Die Krankenkasse erfüllt durch den Abschluss von Rabattverträgen mit pharmazeutischen Unternehmern ihre im Sachleistungsprinzip begründete Pflicht, die Versicherten so wirtschaftlich und kosteneffizient wie möglich mit Arzneimitteln und Medizinprodukten zu versorgen. Mit dem Abschluss von Rabattverträgen verfolgen die Krankenkassen damit einen eigenen Beschaffungszweck. Als Kostenträger bei der Arzneimittelversorgung ist es die Krankenkasse, die bei gebotener funktionaler Betrachtungsweise im Ergebnis für jedes Arzneimittel, dass an ihre Versicherten abgegeben wird, die Kosten gegenüber dem pharmazeutischen Unternehmer trägt, welche sich entsprechend um den vereinbarten Rabatt reduzieren. Mittelbar fragt die Krankenkasse damit bei dem pharmazeutischen Unternehmer Arzneimittel zu Gunsten ihrer Versicherten nach und trägt die anfallenden Kosten. Damit stellt ein Rabattvertrag jedenfalls einen öffentlichen (Arzneimittel-)Lieferauftrag dar.

39 Einer vergaberechtlichen Ausschreibungspflicht unterliegt ein solcher Lieferauftrag jedoch nur, wenn er zudem auch als entgeltlich zu qualifizieren ist. Mit dem Arzneimittelrabattvertrag müsste dazu eine geldwerte Gegenleistung der Krankenkasse zu Gunsten des pharmazeutischen Unternehmers verbunden sein. Grundsätzlich wird es dabei als ausreichend angesehen, dass der Abschluss des Rabattvertrags den Absatz des vertragsgegenständlichen Arzneimittels fördert[165] und der pharmazeutische Unternehmer dadurch einen geldwerten Wettbewerbsvorteil erlangt. Solche Wettbewerbsvorteile können sich aus expliziten vertraglichen Vereinbarungen innerhalb des Rabattvertrags oder gesetzlichen Regelungen ergeben, die an das Bestehen eines Rabattvertrags Rechtsfolgen knüpfen, die zu einem Vorteil für den vertragsbeteiligten pharmazeutischen Unternehmer führen:

40 **aa) Lenkungs- und Steuerungswirkung des Arzneimittelabsatzes.** Das wesentliche und zugleich wirkungsvollste Mittel, um den Absatz eines generischen Arzneimittels auf einen rabattvertragsbeteiligten pharmazeutischen Unternehmer zu lenken, stellt die Substitutionspflicht des Apothekers nach § 129 Abs. 1 S. 3 SGB V dar[166]. Danach ist der Apotheker verpflichtet, bei der Abgabe eines Generikums für das ein Rabattvertrag nach § 130a Abs. 8 SGB V besteht, das Präparat auszuwählen, das Gegenstand des Rabattvertrags ist. Auf diese Weise lenkt die Krankenkasse das Nachfrageverhalten der Apotheker bereits durch den Abschluss eines Rabattvertrags auf die vertragsgegenständlichen Medikamente[167].

41 Im Generikabereich hat die Substitutionspflicht zu einer durchschnittlichen Umsetzungsquote der jeweiligen Arzneimittelrabattverträge von über 70 % geführt[168]. Unterliegt ein pharmazeutischer Unternehmer in einer Rabattvertragsausschreibung einem Konkurrenten, bedingt die Substitutionspflicht nach § 129 Abs. 1 S. 3 SGB V aufgrund der Lenkungs- und Steuerungswirkung für dessen Arzneimittel *„faktisch ein Verkaufsverbot in den Apotheken für die Laufzeit des Rabattvertrags"*[169]. Ein Rabattvertrag über Generika

---

[164] *Moosecker,* Öffentliche Auftragsvergaben der gesetzlichen Krankenkassen, 102; *Kaeding* PharmR 2007, 239 (245); *Burgi* NZBau 2008, 480 (484 f.).
[165] *Dreher/Hoffmann* NZBau 2009, 273 (276); *Kamann/Gey* PharmR 2009, 114 (117); *Kamann/Gey* PharmR 2006, 291 (296); *Schickert* PharmR 2009, 164 (166); *Stolz/Kraus* VergabeR 2008, 1 (3); *Luthe* SGb 2011, 372 (375).
[166] → § 13 Rn. 11.
[167] OLG Düsseldorf Beschl. v. 19.12.2007 – VII-Verg 51/07 mAnm *Amelung/Dörn* VergabeR 2008, 73; OLG Düsseldorf Beschl. v. 23.5.2007 – VII-Verg 50/06 mAnm *Gabriel* VergabeR 2007, 630; VK Bund Beschl. v. 22.8.2008 – VK 2–73/08; VK Bund Beschl. v. 15.11.2007 – VK 2–102/07; VK Düsseldorf Beschl. v. 31.10.2007 – VK31/2007-L; *Gabriel* NZS 2007, 344 (348).
[168] Pressemitteilung der AOK Baden-Württemberg v. 30.3.2010. In der Rechtsprechung wird überdies im Rahmen der Streitwertberechnung regelmäßig von einer Umsetzungsquote in Höhe von 70 % ausgegangen, vgl. OLG Düsseldorf Beschl. v. 11.5.2011 – VII-Verg 4/11.
[169] Zitat LSG Baden-Württemberg Urt. v. 27.2.2008 – L 5 KR 507/08 ER-B, L 5 KR 508/08 W-A mAnm *v. Czettritz* PharmR 2008, 253.

führt damit durch die Substitutionspflicht *ipso iure* zu einem geldwerten Wettbewerbsvorteil für den pharmazeutischen Unternehmer und ist bereits deshalb als entgeltlicher öffentlicher Auftrag zu qualifizieren.

Neben die unmittelbar wirkende Substitutionspflicht für rabattierte Arzneimittel treten zudem weitere Anreizmechanismen, deren Wirkung von der tatsächlichen Umsetzung im Einzelfall abhängt. So können Krankenkassen bspw. gemäß § 31 Abs. 3 S. 5 SGB V Patienten ganz oder teilweise von der gesetzlichen Zuzahlung befreien. Daneben werden rabattierte Arzneimittel gemäß § 73 Abs. 8 SGB V in spezielle Praxissoftware einbezogen, welche die Kassenärzte über Kosten und Nutzen verordnungsfähiger Leistungen informieren. In der Praxis machen Ärzte zudem von der Möglichkeit, eine Ersetzung des verordneten Arzneimittels durch ein rabattiertes wirkstoffgleiches Arzneimittel durch Ankreuzen des sog aut-idem-Feldes zu verhindern, so gut wie keinen Gebrauch. Denn sie müssen befürchten, aufgrund einer unwirtschaftlichen Verordnungsweise nach § 106 Abs. 2 S. 1 Nr. 1 SGB V eine Auffälligkeitsprüfung auszulösen und ggf. in Höhe der daraus resultierenden Zusatzkosten von den Krankenkassen in Regress genommen zu werden[170]. Lediglich die Verordnung von Arzneimitteln, für die ein Rabattvertrag nach § 130a Abs. 8 SGB V besteht, ist gemäß § 106 Abs. 2 S. 8 SGB V nicht Gegenstand einer solchen Wirtschaftlichkeitsprüfung, wenn der Vertragsarzt dem Rabattvertrag beigetreten ist[171]. Andernfalls werden Rabattbeträge aber jedenfalls nach § 106 Abs. 5c S. 1 SGB V vom Regressbetrag nach einer Richtgrößenprüfung abgezogen.

bb) Vertraglich zugesicherte Exklusivität. Rabattverträge iSv § 130a Abs. 8 SGB V enthalten regelmäßig zusätzliche vertragliche Exklusivitätsvereinbarungen. Die Krankenkassen verpflichten sich darin, während der Vertragslaufzeit keine weiteren Rabattverträge über die gleichen Wirkstoffe mit anderen pharmazeutischen Unternehmern abzuschließen.

Außerdem ist die vertragliche Vereinbarung absatzlenkender Mechanismen zu Gunsten des rabattierten Arzneimittels denkbar, etwa die Verpflichtung der Krankenkasse, mittels Informationsschreiben oder Pressemitteilungen an Versicherte, Ärzte und Apotheker eine bevorzugte Abgabe der vertragsgegenständlichen Medikamente zu veranlassen oder aber die Verpflichtung, Umsetzungsvereinbarungen mit Ärzten und (Krankenhaus-)Apotheken zu vereinbaren[172].

Bei dieser vertraglich begründeten Exklusivität handelt es sich um einen Wettbewerbsfaktor, der grundsätzlich als hinreichend angesehen wird, um die Entgeltlichkeit eines öffentlichen Arzneimittellieferauftrags bejahen zu können[173]. Dadurch kommt ausschließlich der vertragsbeteiligte pharmazeutische Unternehmer in den Genuss der Wettbewerbsvorteile, die mit der gesetzlichen Substitutionspflicht des § 129 Abs. 1 S. 3 SGB V verbunden sind. Diese vertraglichen Exklusivitätsrechte stellen damit zwar ein hinreichendes, nicht aber ein notwendiges (konstitutives) Element einer vergaberechtlichen Ausschreibungspflicht dar. Entscheidend ist vielmehr, dass ein Rabattvertrag tatsächlich geeignet ist, einen Wettbewerbsvorteil im Hinblick auf Mitbewerber zu bewirken[174]. Es kommt daher auch hinsichtlich der vertraglichen Gewährung von Exklusivität auf die jeweiligen Umstände des Einzelfalls an, um einen Rabattvertrag als ausschreibungspflichtigen entgeltlichen öffentlichen Auftrag zu qualifizieren.

---

[170] *Bickenbach* MedR 2010, 302 (303).
[171] Dazu *Scholz* in Becker/Kingreen, SGB V, § 106 Rn. 6.
[172] *Gabriel* in MüKoBeihVgR, Anlage zu § 98 Nr. 4 GWB Rn. 144.
[173] LSG Nordrhein-Westfalen Beschl. v. 15.4.2009 – L 21 KR 37/09 SFB; LSG Nordrhein-Westfalen Beschl. v. 9.4.2009 – L 21 KR 29/09 SFB; LSG Baden-Württemberg Beschl. v. 23.1.2009 – L 11 WB 5971/08 mAnm *Gabriel* VergabeR 2009, 465; LSG Baden-Württemberg Beschl. v. 28.10.2008 – L 11 KR 4810/08 ER-B; zusammenfassend *Goodarzi/Jansen* NZS 2010, 427 (430).
[174] LSG Nordrhein-Westfalen Beschl. v. 10.9.2009 – L 21 KR 53/09 SFB mAnm *Gabriel* VergabeR 2010, 135.

46 **b) Rabattverträge betreffend patentgeschützte Originalpräparate.** Mit dem Abschluss selektiver Rabattverträge über patentgeschützte nicht festbetragsfähige Originalpräparate bezwecken die gesetzlichen Krankenkassen erheblicher Einsparungen für die GKV. Von den GKV-Gesamtausgaben in Höhe von rund 30 Mrd. Euro[175] entfielen mehr als die Hälfte auf patentgeschützte Originalpräparate. In diesem Zusammenhang ist in Bezug auf die öffentliche Auftragseigenschaft entsprechender Verträge über innovative patentgeschützte Arzneimittel anhand der jeweils in Betracht kommenden Rechtsgrundlage wie folgt zu differenzieren.

47 aa) Rabattverträge gemäß § 130a Abs. 8 SGB V. Rabattverträge nach § 130a Abs. 8 SGB V können, auch wenn sie ein patentgeschütztes Originalpräparat zum Gegenstand haben, grundsätzlich als öffentliche (Liefer-)Aufträge iSv § 99 Abs. 1 GWB qualifiziert werden[176]. Insofern ergeben sich in dieser Hinsicht keine Unterschiede zum Abschluss von Generika-Rabattverträgen[177].

48 Hinsichtlich der marktmäßigen Gegenleistung zu Gunsten des pharmazeutischen Unternehmers unterscheidet sich die rechtliche Ausgangslage bei Rabattverträgen über patentgeschützte Originalpräparate allerdings von der bei Generikarabattverträgen. Denn die Substitutionspflicht des Apothekers gemäß § 129 Abs. 1 S. 3 SGB V findet bei Rabattverträgen über patentgeschützte Originalpräparate keine Anwendung[178]. Im Fall chemisch-synthetisch hergestellter Originalpräparate mit Wirkstoffpatentschutz kann es bereits aus patentrechtlichen Gründen keine (zugelassenen) wirkstoffgleichen Arzneimittel im Sinne von § 129 Abs. 1 S. 1 SGB V geben[179]. Aus diesem Grund kommt der konkreten Verordnungsentscheidung des Arztes bei patentgeschützten Präparaten eine besondere Bedeutung zu, die sich auch auf die Umsetzung einer Arzneimittelrabattvereinbarung auswirkt. Die Verordnung eines patentgeschützten Wirkstoffs führt zwangsläufig dazu, dass – von Re- und Parallelimporteuren abgesehen – lediglich das Präparat des Patentinhabers an den Patienten/Versicherten abgegeben werden kann (sog Solist[180]). Diese Entscheidung liegt grundsätzlich im Rahmen der ärztlichen Therapiefreiheit und vollzieht sich anhand der medizinischen Indikation. Ein Wettbewerbsverhältnis mehrerer Präparate besteht hier lediglich, soweit für einen Indikationsbereich mehrere Arzneimittel zugelassen sind[181] oder sofern re-/parallelimportierte Produkte auf dem deutschen Markt vertrieben werden[182].

49 Gleichwohl ist die Qualifizierung eines Rabattvertrags nach § 130a Abs. 8 SGB V über patentgeschützte Arzneimittel als entgeltlicher öffentlicher Auftrag trotz der fehlenden Substitutionspflicht des Apothekers nicht ausgeschlossen, da diese keine notwendige Bedingung für eine vergaberechtliche Auftragseigenschaft darstellt[183]. Es bedarf dazu

---

[175] Quelle: Bundesministeriums für Gesundheit, März 2012; Vgl. zur Kostenentwicklung auch *Schwintowski/Klaue* PharmR 2011, 469 (470).
[176] OLG Düsseldorf Beschl. v. 20.10.2008 – VII-Verg 46/08; OLG Düsseldorf Beschl. v. 22.10.2008 – I-27 U 2/08, s. auch die Anm. zu beiden Beschlüssen v. *Weiner* VergabeR 2009, 189.
[177] → Rn. 37 ff.
[178] *Gabriel/Weiner* NZS 2009, 422 (423); *Kamann/Gey* PharmR 2009, 114 (118) sowie LSG Baden-Württemberg Beschl. v. 28.10.2008 – L 11 KR 4810/08 ER-B, welches aufgrund dessen sowie einer fehlenden individualvertraglichen Exklusivitätsvereinbarung eine Entgeltlichkeit ablehnte. Dazu kritisch *Weiner* VergabeR 2009, 189 (190 f.).
[179] VK Bund Beschl. v. 22.8.2008 – VK 2–73/08.
[180] Zu der damit zusammenhängenden Folgefrage, unter welchen Voraussetzungen diese wettbewerbliche Alleinstellung eines patentgeschützten Präparats bei Vorliegen eines ausschreibungspflichtigen öffentlichen Auftrags die Anwendung des Verhandlungsverfahrens ohne Bekanntmachung rechtfertigen kann → Rn. 188 ff.
[181] VK Bund Beschl. v. 15.8.2008 – VK 3–107/08; VK Bund Beschl. v. 22.8.2008 – VK 2–73/08.
[182] OLG Düsseldorf Beschl. v. 20.10.2008 – VII-Verg 46/08.
[183] VK Bund Beschl. v. 22.8.2008 – VK 2–73/08; OLG Düsseldorf Beschl. v. 20.10.2008 – VII-Verg 46/08; VK Bund Beschl. v. 29.11.2010 – VK 2–113/10; OLG Düsseldorf Beschl. v. 17.1.2011 und v. 8.6.2011 – VII-Verg 2/11; aA *Lietz/Natz* A&R 2009, 3 (6 f.).

vielmehr einer Prüfung, ob aufgrund der übrigen sozialrechtlich vorgegebenen Anreizmechanismen[184] ein Wettbewerbsvorteil für den pharmazeutischen Unternehmer begründet wird. Entsprechendes Gewicht hat insbesondere der individualvertraglichen Ausgestaltung der Rabattvereinbarung zuzukommen, soweit die entsprechenden Lenkungs- und Steuerungsmechanismen einer fakultativen Vereinbarung bedürfen[185]. Entscheidend für die Frage, welches Maß an Lenkungswirkung hierfür erforderlich ist, wird sein, ob und inwieweit eine Krankenkasse mit dem Rabattvertrag auf die Auswahlentscheidung, welches Arzneimittel im einzelnen Versorgungsfall abgegeben wird, Einfluss nimmt[186].

Bei Rabattverträgen über patentgeschützte Arzneimittel bildet aus Sicht des Originators die Befreiung der Apotheker von der Importquote nach § 129 Abs. 1 S. 1 Nr. 2 SGB V einen zusätzlichen Anreizmechanismus, dessen absatzlenkende Wirkung aber qualitativ nicht mit derjenigen der Substitutionspflicht nach § 129 Abs. 1 S. 3 SGB V vergleichbar ist. 50

Besondere Bedeutung kommt bei der Beurteilung der Entgeltlichkeit eines Rabattvertrags über patentgeschützte Arzneimittel angesichts der fehlenden Substitutionspflicht der vertraglichen Zusicherung von Exklusivität zu. Die Zusicherung von Exklusivität an sich wurde von der Rechtsprechung bereits als hinreichend erachtet, um trotz fehlender Substitutionspflicht eine für die Entgeltlichkeit im Sinne von § 99 Abs. 1 GWB ausreichende Lenkungs-/Steuerungswirkung der Rabattvereinbarung festzustellen[187]. Denn bereits die Zusicherung der Krankenkasse, für die Laufzeit des Rabattvertrags keine anderen Rabattverträge über (therapeutisch) vergleichbare Arzneimittel mit anderen pharmazeutischen Unternehmern abzuschließen, führt zu einem Wettbewerbsvorteil des Rabattvertragspartners[188]. 51

Das LSG Nordrhein-Westfalen geht sogar noch darüber hinaus und hält es für ausreichend, dass ein Rabattvertrag tatsächlich dazu geeignet ist, einen Wettbewerbsvorteil zu bewirken. Danach komme es nicht darauf an, ob Exklusivitätsrechte ausdrücklich vertraglich vereinbart wurden[189]. Diese Auffassung ist überzeugend, solange im Einzelfall nachweisbar ist, dass bereits zum Zeitpunkt des Vertragsschlusses – unabhängig vom Wortlaut des Vertrags – eine exklusive Stellung des Vertragspartners tatsächlich vereinbart bzw. beabsichtigt worden ist[190]. 52

bb) Erstattungspreisvereinbarungen nach § 130b SGB V. Bei neuen, innovativen (patentgeschützten) Arzneimittel, die nicht nach § 35a Abs. 3 SGB V einer bestehenden Festbetragsgruppe zugeordnet werden können, ist nach § 130b SGB V der Abschluss einer Erstattungspreisvereinbarung zwischen dem Spitzenverband Bund der Krankenkassen (stellvertretend für alle Krankenkassen) und dem jeweiligen pharmazeutischen Unternehmer[191] obligatorisch[192]. Der vereinbarungsgegenständliche Erstattungsbetrag wird gemäß § 130b Abs. 1 S. 2 SGB V seitens des pharmazeutischen Unternehmers als Rabatt auf den ApU gewährt. 53

---

[184] → Rn. 42.
[185] → Rn. 43 ff.
[186] Gesetzesbegründung zum GKV-OrgWG, BT-Drs. 16/10609, 52 f. sowie *Schickert* PharmR 2009, 164 (171).
[187] VK Bund Beschl. v. 22.5.2009, VK 1–77/09; VK Bund Beschl. v. 18.2.2009, VK 3–158/08.
[188] LSG Nordrhein-Westfalen Beschl. v. 10.9.2009 – L 21 KR 53/09 SFB, 135 mAnm *Gabriel* VergabeR 2010, 142; ebenso *Dreher/Hoffmann* NZBau 2009, 273 (275); *Stolz/Kraus* VergabeR 2008, 1 (3).
[189] LSG Nordrhein-Westfalen Beschl. v. 10.9.2009 – L 21 KR 53/09 STB mAnm *Gabriel* VergabeR 2010, 142.
[190] Ausführlich hierzu *Gabriel* VergabeR 2010, 142 (143 f.).
[191] Zu der Pflicht für Parallelimporteure, Erstattungspreisvereinbarungen nach § 130b SGB V abzuschließen, siehe *Schickert* PharmR 2013, 152.
[192] → § 11 Rn. 115; sowie *Anders* PharmR 2012, 81.

54 Hinsichtlich der Zielrichtung, Einsparungen bei der Arzneimittelversorgung der GKV durch die Vereinbarung von Rabatten zu generieren, besteht demnach eine Vergleichbarkeit zwischen Erstattungsvereinbarungen nach § 130b SGB V und „klassischen" Rabattverträgen nach § 130a Abs. 8 SGB V. Um eine solche Erstattungsvereinbarung als entgeltlichen öffentlichen Auftrag iSv § 99 Abs. 1 GWB qualifizieren zu können, muss dieser eine den Arzneimittelabsatz des rabattgewährenden pharmazeutischen Unternehmers lenkende Wirkung besitzen oder diesem anderweitige absatzfördernde Exklusivitätsrechte vermitteln[193]. Die Frage nach der vergaberechtlichen Ausschreibungspflicht wird, wenngleich unter Vermeidung jeglichen ausdrücklichen vergaberechtlichen Bezugs, bereits in der Gesetzesbegründung des AMNOG gestellt – und dort deutlich verneint: „*Mit der Vereinbarung eines Erstattungsbetrags für ein Arzneimittel ist keine Auswahlentscheidung für das einzelne Arzneimittel verbunden. Sie hat ebenso wenig eine verordnungslenkende Wirkung, wie die Festsetzung von Festbeträgen.*"[194] Damit bringt der Gesetzgeber zum Ausdruck, dass es sich bei den Erstattungsvereinbarungen konzeptionell eher um eine Maßnahme zur erstmaligen Preisfindung als um eine nachgelagerte Preisreduzierung handelt.

55 Gegen eine Ausschreibungspflicht spricht zudem, dass Erstattungsvereinbarungen nach § 130b SGB V für die Krankenkassen obligatorisch sind und der Vertragspartner in Gestalt des jeweiligen pharmazeutischen Unternehmers bereits im Vorhinein feststeht. Kommt eine solche Vereinbarung nicht zustande, wird der Erstattungsbetrag gemäß § 130b Abs. 4 SGB V durch eine Schiedsstelle festgesetzt. Demzufolge wurde seitens der Rechtsprechung im Zusammenhang mit der hausarztzentrierten Versorgung gemäß § 73b Abs. 4 S. 1 SGB V entschieden, dass eine geltende gesetzliche Pflicht zum Abschluss entsprechender Selektivverträge zur Unanwendbarkeit des Vergaberechts führen kann[195]. Denn soweit ein öffentlicher Auftraggeber aufgrund gesetzlicher Vorgaben einem Kontrahierungszwang mit der Folge unterliegt, dass ihm keine Entscheidungsfreiheit mehr im Hinblick auf die Auswahl des Vertragspartners zukommt, sei der Wettbewerb zwischen verschiedenen Bietern als Grundprinzip des Vergaberechts ausgeschaltet. Hierdurch habe der Sozialgesetzgeber einen Regelungswiderspruch auf nationaler Ebene herbeigeführt, der nur zu Lasten des (deutschen) GWB-Vergaberechts aufgelöst werden könne. Ob diese Rechtsprechung von den Vergabenachprüfungsinstanzen künftig auf den Abschluss von Vereinbarungen nach § 130b SGB V übertragen werden wird, bleibt abzuwarten.

56 Unter vergaberechtlicher Betrachtung sind jedoch durchaus auch Zweifel angebracht, ob Vereinbarungen nach § 130b SGB V von vornherein jegliche vergaberechtliche Relevanz abzusprechen ist. Verträge nach § 130b SGB V haben eine zumindest schwach ausgeprägte Lenkungs- und Steuerungswirkung. Denn die Substitutionspflicht nach § 129 Abs. 1 S. 3 SGB V findet, wie bei patentgeschützten Arzneimitteln allgemein, keine Anwendung[196]. Vor dem Hintergrund der einschlägigen Rechtsprechung der Nachprüfungsinstanzen, welche Rabattverträgen nach § 130a Abs. 8 SGB V über patentgeschützte Arzneimittel auch aufgrund der übrigen Anreizmechanismen des SGB V sowie individualvertraglicher Exklusivitätsabreden im Einzelfall eine hinreichende absatzsteigernde Wirkung attestieren und entsprechende Verträge mithin als öffentliche Aufträge ansehen, erscheint es jedenfalls nicht von vornherein ausgeschlossen, Erstattungsvereinbarungen nach § 130b SGB V als ausschreibungsrelevant zu qualifizieren[197]. Ob es in der Praxis allerdings tatsächlich einmal zu einer entsprechenden Konstellation kommt/kommen kann, erscheint doch eher unwahrscheinlich.

---

[193] → Rn. 39 ff.
[194] BT-Drs. 17/2413, 31.
[195] LSG Nordrhein-Westfalen Beschl. v. 3.11.2010 – L 21 SF 208/10 Verg; ebenso die Vorinstanz VK Bund Beschl. v. 2.7.2010 – VK 1–52/10.
[196] → Rn. 48.
[197] *Gabriel* VergabeR 2011, 372 (379).

cc) **Erstattungsvereinbarungen nach § 130c SGB V.** Bei Vereinbarungen nach § 130c 57
SGB V handelt es sich um typische selektive GKV-Versorgungsverträge, die ihrer Konzeption nach denjenigen nach § 130a Abs. 8 SGB V nahezu vollständig nachempfunden sind[198]. Sie sollen den Wettbewerb zwischen den Krankenkassen um eine möglichst wirtschaftliche Kostenerstattung stärken[199]. Eine solche Vereinbarung erfordert, ohne dass der Gesetzeswortlaut das ausdrücklich formuliert, die Vereinbarung eines weiteren Abschlags auf den Abgabepreis des pharmazeutischen Unternehmers[200].

Im Hinblick auf eine vergaberechtliche Ausschreibungspflicht solcher Vereinbarungen 58
führt die Gesetzesbegründung des AMNOG bejahend aus: „*Darüber hinaus gelten die Vorschriften über die Vereinbarung von Rabattverträgen nach § 130a Abs. 8 entsprechend. Zulässig ist somit ein Wettbewerb um bessere Patientenversorgung, höhere Qualität und geringere Kosten. [...] Soweit die Voraussetzungen des Vergaberechts vorliegen, ist auszuschreiben. Die mittelstandsschützenden Regelungen des Vergaberechts, insbesondere zur Bildung von Sach- und Teillosen, gelten bei der Ausschreibung in der Weise, dass Ausschreibungen von Verbänden eine angemessene Bildung von Regionallosen vorzusehen haben.*"[201].

Mit Erstattungsverträgen nach § 130c SGB V sind zahlreiche gesetzliche Lenkungs- 59
und Steuerungsmechanismen verbunden. Sie qualifizieren die Erstattungsverträge als ausschreibungsfähige und im Einzelfall ausschreibungspflichtige öffentliche Aufträge.

Die Krankenkassen haben ihre Versicherten sowie die an der vertragsärztlichen Versorgung teilnehmenden Ärzte umfassend über die vereinbarten Versorgungsinhalte gemäß 60
§ 130c Abs. 2 SGB V zu informieren. Sie oder ihre Verbände können weitergehend Regelungen einer bevorzugten Verordnung von vertragsgegenständlichen Arzneimitteln mit Ärzten und kassenärztlichen Vereinigungen gemäß § 130c Abs. 3 SGB V vereinbaren. Außerdem erfolgt gemäß § 130c Abs. 4 SGB V eine Anerkennung vertragsgegenständlicher Arzneimittelverordnungen als vom Wirtschaftlichkeitsvergleich ausgenommener Praxisbesonderheit iSv § 106 Abs. 5a SGB V sowie schließlich gemäß § 130c Abs. 5 SGB V eine Kennzeichnung dieser vertragsgegenständlichen Arzneimittel in der Verordnungssoftware der Ärzte iSv § 73 Abs. 8 S. 7 SGB V. Ein zusätzlicher Vorteil für vertragsschließende pharmazeutische Unternehmer ist die in § 130c SGB V explizit gesetzlich vorgesehene Möglichkeit, intelligente, dh flexible bzw. individuelle Rabattvereinbarungen zu schließen[202].

dd) **Exkurs: Verhältnis von Erstattungsvereinbarungen nach § 130c SGB V und** 61
Rabattverträgen nach § 130a Abs. 8 SGB V. Da die Vorschrift des § 130c SGB V weitgehend der Vorschrift des § 130a Abs. 8 SGB V nachempfunden wurde, stellt sich die Frage nach dem Verhältnis dieser beiden Vorschriften zueinander[203]. Grundsätzlich stellt sich § 130c SGB V als *lex specialis* gegenüber der allgemeinen Vorschrift des § 130a Abs. 8 SGB V dar[204]. Damit genießt § 130c SGB V nach dem Grundsatz *lex specialis derogat legi generali* einen Anwendungsvorrang vor § 130a Abs. 8 SGB V[205]. Das ergibt sich einerseits aus dem in sachlicher wie in zeitlicher Hinsicht spezielleren Anwendungsbereich sowie andererseits aus den besonderen, mit dem Abschluss einer solchen Vereinbarung verbundenen Anreizmechanismen[206].

---

[198] *Ecker/Hußmann* PharmR 2011, 389.
[199] Vgl. *Anders/Scriba* A&R 2011, 109 (112).
[200] *Ecker/Hußmann* PharmR 2011, 389 (390).
[201] BT-Drs. 17/2413, 32.
[202] → § 13 Rn. 33 ff.
[203] Dazu *Gabriel* VergabeR 2011, 372.
[204] *Wolf/Jäkel* PharmR 2011, 1 (3); *v. Dewitz* in BeckOK SGB V, § 130c Rn. 2; *Luthe* PharmR 2011, 193 (196); *Kaufmann* PharmR 2011, 223, (227); *Ecker/Hußmann* PharmR 2011, 389 (390).
[205] *Ecker/Hußmann* PharmR 2011, 389 (390).
[206] → Rn. 59 f.; sowie *Wolf/Jäkel* PharmR 2011, 1 (4).

62 Eine Vereinbarung nach § 130c Abs. 1 SGB V ist indes zeitlich betrachtet nur dann statthaft, wenn zwischen dem pharmazeutischen Unternehmer und dem Spitzenverband Bund der Krankenkassen eine Vereinbarung über den Erstattungsbetrag für ein erstattungsfähiges Arzneimittel mit neuen Wirkstoffen nach § 130b Abs. 1 SGB V geschlossen wurde oder ein Schiedsspruch nach § 130b Abs. 4 SGB V existiert[207].

63 Dass Erstattungsvereinbarungen nach § 130c Abs. 1 SGB V nicht vor dem Abschluss einer obligatorischen Erstattungspreisvereinbarung nach § 130b SGB V getroffen werden können, wirkt sich auch hinsichtlich des sachlichen Anwendungsbereichs der Vorschrift einschränkend aus. Erstattungspreisvereinbarungen nach § 130b SGB V können nur für Arzneimittel abgeschlossen werden, die nach dem Beschluss des Gemeinsamen Bundesausschuss zur frühen Nutzenbewertung gemäß § 35a Abs. 3 SGB V keiner Festbetragsgruppe zugeordnet werden konnten[208]. Lediglich für diese kann also in sachlicher Hinsicht eine Erstattungsvereinbarung nach § 130c Abs. 1 SGB V getroffen werden. Auf andere Arzneimittel finden weder § 130c SGB V noch § 130a Abs. 8 SGB V Anwendung[209]. Als Rechtsgrundlage kommt § 130a Abs. 8 SGB V in sachlicher Hinsicht lediglich für solche patentgeschützten Originalpräparate in Betracht, die nach Maßgabe der frühen Nutzenbewertung gemäß § 35a Abs. 4 SGB V in Ermangelung eines Zusatznutzens einer Festbetragsgruppe zugeordnet worden sind.

64 Geht man davon aus, dass Verträge nach § 130c SGB V ausschreibungspflichtig sind, bleibt offen, ob bereits eine Vereinbarung gemäß § 130b SGB V mit *einem* pharmazeutischen Unternehmer hinreichend ist oder ob es mehrerer Vereinbarungen mit *mehreren* oder gar *allen* Unternehmern bedarf, die Arzneimittel auch im Bestandsmarkt in Verkehr bringen, die für das gleiche Anwendungsgebiet zugelassen sind, wie das gerade erst nutzenbewertete und mit einem Vertrag nach § 130b SGB V (zu) versehene Arzneimittel[210]. Dementsprechend ist der Zeitpunkt, ab dem Ausschreibungen von selektiven Erstattungsverträgen bzw. Ausschreibungen im patentgeschützten Originalbereich zulässig sind, unklar[211]. Infolge dieses unklaren Zeitraums, bis zu dem eine Ausschreibungsreife für Verträge nach § 130c SGB V vorliegt (*scil.* Abschluss einer/aller Vereinbarung/en auf Bundesebene nach § 130b SGB V für Arzneimittel, die für das gleiche Anwendungsgebiet zugelassen sind) könnte ggf. der Schluss begründet sein, bis dahin nicht zur Durchführung weiterer Vergabeverfahren zum Abschluss von Rabatt-/Erstattungsvereinbarungen im Originalbereich (nach dem Muster der „TNF-Alpha-Blocker"-Ausschreibung[212]) berechtigt zu sein[213]. Das gilt jedenfalls, sofern mit der Vorschrift des § 130c SGB V eine *lex specialis* eingeführt wurde, die den Rückgriff auf § 130a Abs. 8 SGB V sperrt[214] und der Rückgriff auf diese Rechtsgrundlage damit versperrt ist.

65 **c) Rabattverträge gemäß § 130a Abs. 8 SGB V betreffend biologisch/biotechnologisch hergestellter Arzneimittel.** Der Abschluss von Rabattverträgen nach § 130a Abs. 8 SGB V kommt auch hinsichtlich biologisch/biotechnologisch hergestellter Arzneimittel in Betracht. Bei diesen sog *„Biologicals"* handelt es sich um komplexe, hochmolekulare Proteine, die im Gegensatz zu chemisch-synthetischen Arzneimitteln mit Hilfe von gentechnisch veränderten lebenden Zellen oder Mikroorganismen biotechnologisch hergestellt

---

[207] *v. Dewitz* in BeckOK SGB V, § 130c Rn. 2.
[208] → § 13 Rn. 14.
[209] *Ecker/Hußmann* PharmR 2011, 389 (390).
[210] Vgl. § 35a Abs. 1, 6 SGB V.
[211] *Gabriel* VergabeR 2011, 372.
[212] OLG Düsseldorf Beschl. v. 20.10.2008 – VII-Verg 46/08 und Beschl. v. 22.10.2008 – I-27 U 2/08, mAnm *Weiner* VergabeR 2009, 189; sowie VK Bund Beschl v. 22.8.2008 – VK 2-73/08.
[213] *Gabriel* VergabeR 2011, 372 (380).
[214] *Ecker/Hußmann* PharmR 2011, 389 (390); *Kaufmann* PharmR 2011, 223 (227); *Wolf/Jäkel* PharmR 2011, 1 (3).

werden. Sowohl der auf DNA-Technologie und Hybridomtechniken beruhende Produktionsprozess als auch die spätere Zulassung eines biopharmazeutischen Arzneimittels sind höchst aufwendig und führen deshalb regelmäßig zu sehr hohen Forschungs- und Entwicklungskosten. Hieraus resultieren für die Haupteinsatzgebiete biopharmazeutischer Arzneimittel – die Onkologie und die Behandlung von Autoimmunerkrankungen – gleichsam hohe Therapiekosten. Im Jahr 2011 umfasste der Markt für Biopharmazeutika in Deutschland ein Umsatzvolumen von ca. 3,8 Mrd. Euro[215]. Dementsprechend werden auch und insbesondere in diesem Bereich erhebliche Einsparpotentiale für die GKV durch Wettbewerbsgenerierung auf Herstellerebene angestrebt.

Erste Rabattverträge nach § 130a Abs. 8 SGB V über biopharmazeutischen Arzneimittel bezogen sich dabei auf sog. *„Bioidenticals"*. Das sind biologisch/biotechnologisch hergestellte Arzneimittel, bei denen sowohl Wirkstoff als auch Herstellungsprozess identisch sind bzw. aus ein und demselben Herstellungsprozess stammen, die aber gleichwohl von verschiedenen Herstellern auf dem Arzneimittelmarkt angeboten werden. Der Abschluss von Rabattverträgen über bioidentische Arzneimittel, wurde von den Vergabenachprüfungsinstanzen von vornherein nahezu einhellig als ausschreibungspflichtiger öffentlicher Auftrag qualifiziert[216]. Entsprechende Nachprüfungsverfahren im Zusammenhang mit der Ausschreibung solcher Verträge waren in der Folge schwerpunktmäßig auf die Rechtmäßigkeit der konkreten Beschaffungsbedarfsbestimmung und die Gestaltung der Vergabeunterlagen durch die ausschreibenden Krankenkassen gerichtet[217]. Zweifel an der Vergaberechtmäßigkeit der Ausschreibungsgestaltungen ergaben sich dabei insbesondere aus der (damals noch) fehlenden Substituierbarkeit bioidentischer Arzneimittel[218] nach § 129 Abs. 1 S. 3 SGB V[219]. Vor diesem Hintergrund wurde die Substitutionspflicht durch eine Änderung des Arzneimittelrahmenvertrags nach § 129 Abs. 2 SGB V[220] auch auf bestimmte biologische/biotechnologische Arzneimittel erstreckt. Als therapeutisch vergleichbar und damit als substituierbar gelten diese nunmehr gemäß § 4 Abs. 1 lit. a S. 2 des Rahmenvertrags nach § 129 Abs. 2 SGB V iVm § 129 Abs. 1 S. 3 SGB V, sofern sie unter Bezugnahme auf das Referenzarzneimittel zugelassen wurden, sich in Ausgangsstoffen und Herstellungsprozess nicht unterscheiden sowie in Anlage 1 zum Rahmenvertrag nach § 129 Abs. 2 SGB V namentlich aufgelistet sind[221]. Bei diesen in Anlage 1 zum Rahmenvertrag benannten Arzneimitteln, handelt es sich bislang ausschließlich um Bioidenticals.

Von Bioidenticals sind grundsätzlich sog. *„Biosimilars"* zu unterscheiden. Dabei handelt es sich um Nachahmerpräparate von biopharmazeutischen Arzneimitteln, die nach Paten-

---

[215] Herstellerabgabepreis nach Abzug von Herstellerpflichtrabatt. Quelle: Marktdaten Pro Generika 2011.
[216] VK Bund Beschl. v. 15.8.2008 – VK 3–107/08 (später aufgehoben durch LSG Baden-Württemberg Beschl. v. 28.10.2008 – L 11 KR 4810/08 ER-B); VK Bund Beschl. v. 22.5.2009 – VK 1–77/09; LSG Nordrhein-Westfalen Beschl. v. 10.9.2009 – L 21 KR 53/09 SFB mAnm *Gabriel* VergabeR 2010, 135; VK Bund Beschl. v. 21.9.2012 – VK 3–102/12. Anders nur: LSG Baden-Württemberg Beschl. v. 28.10.2008 – L 11 KR 4810/08 ER-B.
[217] Dazu VK Bund Beschl. v. 29.11.2010 – VK 2–113/10; OLG Düsseldorf Beschl. v. 17.1.2011 und 8.6.2011 – VII-Verg 2/11.
[218] LG Hamburg Urt. v. 5.8.2009 – 315 O 347/0: „§§ 129 Abs. 1 1 Nr. 1 lit. b), Abs. 2 SGB V knüpfen bei der Bestimmung des Begriffs des wirkstoffgleichen Arzneimittels an den Begriff des 'selben Wirkstoffs' in § 24b Abs. 2 S. 2 AMG an, dem biologische Arzneimittel mit unterschiedlichen biologischen Ausgangsstoffen und Herstellungsprozessen nicht unterfallen."
[219] Zu den Problemen der rechtssicheren Ausgestaltung von Rabattvertragsausschreibungen bzgl. Arzneimitteln, die nicht nach § 129 Abs. 1 S. 3 SGB V substituierbar sind, vgl. → Rn. 126.
[220] Rahmenvertrag über die Arzneimittelversorgung nach § 129 Abs. 2 SGB V idF v. 15. Juni 2012 zwischen dem Spitzenverband Bund der Krankenkassen und dem Deutschen Apothekerverband e. V.
[221] Vgl. VK Bund Beschl. v. 29.11.2010 – VK 2–113/10; OLG Düsseldorf Beschl. v. 17.1.2011 sowie v. 8.6.2011 – VII-Verg 2/11; VK Bund Beschl. v. 25.11.2011 – VK 135/11; OLG Düsseldorf Beschl. v. 30.1.2012 – VII-Verg 103/11.

ablauf des Originalpräparats auf den Markt gebracht werden können[222]. Biosimilars enthalten eine Wirksubstanz, die mit der des Originalpräparats in Bezug auf Sicherheit, Wirksamkeit und Qualität vergleichbar und üblicherweise auch für die gleichen Indikationen zugelassen ist. Durch den biologisch/biotechnologischen Herstellungsprozess, der bei jedem Hersteller zwangsläufig unterschiedlich ausgestaltet ist, können Biosimilars dem Originalprodukt aber immer nur ähnlich, nie aber vollständig identisch sein[223]. Soweit Biosimilars damit weder einen identischen Wirkstoff besitzen, noch einem identischen Herstellungsprozess entstammen, ist mit dem Abschluss eines Rabattvertrags nach § 130a Abs. 8 SGB V über ein biosimilares Arzneimittel jedenfalls keine Substitutionspflicht nach § 129 Abs. 1 S. 3 SGB V verbunden[224]. Zu einer gesetzlich zwingend vorgeschriebenen Substitution in der Apotheke kann es bei Biosimilars schließlich bereits deshalb nicht kommen, weil Ärzte einen Austausch mit anderen Arzneimitteln oftmals für nicht angezeigt halten und einen solchen im Rahmen ihrer Therapiefreiheit sodann nicht vornehmen (müssen). Gleiches gilt für Apotheker, die aufgrund pharmazeutischer Bedenken eine Substitution, unabhängig vom Vorliegen der Voraussetzungen gemäß § 129 Abs. 1 S. 3 SGB V, verweigern dürfen[225].

68 Die fehlende Substitutionspflicht nach § 129 Abs. 1 S. 3 SGB V für biosimilare Arzneimittel führt allerdings nicht dazu, dass Rabattverträge über Biosimilars keiner öffentlichen Ausschreibungspflicht unterlägen. Wie bereits die Rechtsprechung der Vergabenachprüfungsinstanzen zu Rabattverträgen über bioidentische und patentgeschützte Arzneimittel gezeigt hat, handelt es sich bei der Substitutionspflicht nach § 129 Abs. 1 S. 3 SGB V zwar regelmäßig um eine hinreichende, keinesfalls aber um eine notwendige Bedingung für eine vergaberechtliche Ausschreibungspflicht eines Rabattvertrags. Vielmehr ist im konkreten Einzelfall festzustellen, ob der beteiligte pharmazeutische Unternehmer durch den Rabattvertrag einen geldwerten Wettbewerbsvorteil erlangt. Legt man die bisherige Vergaberechtsprechung zu Arzneimittelrabattverträgen[226] zu Grunde, dürfte das tendenziell eher zu bejahen sein, soweit diese entsprechende Exklusivitätsvereinbarungen enthalten.

69 In der Praxis besitzt dementsprechend nicht primär die Frage vergaberechtliche Relevanz, ob ein Rabattvertrag auch ohne Geltung der Substitutionspflicht als entgeltlicher öffentlicher Auftrag zu qualifizieren ist. Im Vordergrund steht vielmehr die Vergaberechtmäßigkeit solcher Exklusivvertragsgestaltungen und deren vergaberechtskonforme Ausschreibung. Gesetzliche Krankenkassen werden hier insbesondere bei der Bildung von Preisvergleichsgruppen immer dann vor erhebliche praktische Probleme gestellt, wenn sie sich diesbezüglich – mangels Geltung der Substitutionspflicht – nicht an den gesetzlichen Substitutionskriterien orientieren können. Es obliegt dann den Krankenkassen selbst, im Zusammenhang mit der Ausschreibung von Arzneimittelrabattverträgen unterschiedliche Präparate in einen Ausschreibungswettbewerb miteinander zu stellen. In Abhängigkeit von den jeweiligen pharmakologischen Eigenschaften und den konkreten Marktverhältnissen eines Arzneimittels, ist dabei allerdings oftmals fraglich, ob vertragliche Exklusivitätsvereinbarungen in der Praxis tatsächlich umsetzungsfähig sind. Das wird nicht zuletzt durch die Vielzahl diesbezüglicher Vergabenachprüfungsverfahren belegt[227].

---

[222] Zu den arzneimittelrechtlichen Besonderheiten biopharmazeutischer Nachahmerpräparate ausführlich: *Dierks* NJOZ 2013, 1.
[223] Vgl. *Dierks* NJOZ 2013, 1; *Gabriel/Weiner* NZS 2009, 422 (425); vfa/vfa bio-Positionspapier „Biosimilars". Abrufbar unter http://www.vfa.de/de/wirtschaft-politik/positionen/pos-biosimilars.html.
[224] *Dierks* NJOZ 2013, 1, 6 f.
[225] Im Kommentar des Deutschen Apothekerverbands (DAV) zum Rahmenvertrag nach § 129 SGB V von 2008 (dort S. 7 ff.) werden typische Fallgruppen genannt, bei denen in jedem Einzelfall eine sorgfältige Prüfung auf einen Austausch hindernde pharmazeutische Bedenken zu erfolgen hat.
[226] → Rn. 43 ff.
[227] → Rn. 17.

Das wird insbesondere im Hinblick auf die angestrebte, künftige Ausschreibung von 70
Rabattverträgen über Biosimilars zu gelten haben. Denn im Unterschied zum chemisch-
synthetischen Arzneimittelbereich konnte sich für Biosimilars einerseits noch kein vergleichbarer Markt entwickeln. Andererseits ist grundsätzlich fraglich, ob es auf Grundlage
vertraglicher Exklusivitätsvereinbarungen tatsächlich zu einem Austausch der Präparate in
der Apotheke kommen wird. Ob Biosimlars vor diesem Hintergrund tauglicher Gegenstand eines im Wettbewerb zu vergebenden, exklusiven Rabattvertrags nach § 130a Abs. 8
SGB V sein können, erscheint dementsprechend zumindest fraglich.

d) Zytostatikaversorgungsverträge. Auch bei selektiven Zytostatikaversorgungsver- 71
trägen iSv § 129 Abs. 5 S. 3 SGB V gilt von vornherein keine Substitutionspflicht nach
§ 129 Abs. 1 S. 3 SGB V[228]. Einerseits handelt es sich bei parenteralen Zubereitungen aus
Fertigarzneimitteln in der Onkologie regelmäßig um biologisch/biotechnologische Arzneimittel, hinsichtlich welcher schon keine Wirkstoffidentität vorliegt[229]. Andererseits sind
Versorgungsvereinbarungen nach § 129 Abs. 5 S. 3 SGB V, die sich an Apotheken als
Auftragnehmer richten, keine Rabattverträge nach § 130a Abs. 8 SGB V, was jedoch für
eine Substitutionspflicht des Apothekers ausdrücklich erforderlich ist.

Einer vergaberechtlichen Ausschreibungspflicht unterfallen Zytostatikaversorgungsver- 72
träge dementsprechend nur dann, wenn sich für die vertragsbeteiligte Apotheke aus dem
Versorgungsvertrag selbst ein geldwerter Wettbewerbsvorteil in Form von (Liefer-)Exklusi-
vität ergibt. Andernfalls würde es sich mangels Gegenleistung für die vertragsbeteiligte
Apotheke nicht um einen entgeltlichen öffentlichen Auftrag handeln. Nach der Rechtsprechung ist ein solcher allerdings bereits dann anzunehmen, wenn vertraglich eine Exklusivität
zu Gunsten der Apotheke vereinbart und ein tatsächlicher Wettbewerbsvorteil für diese
bewirkt werden soll[230]. Soweit ersichtlich, enthielten in der Vergangenheit sämtliche Zyto-
statikaversorgungsvereinbarungen nach § 129 Abs. 5 S. 3 SGB V entsprechende Exklusivitätsabreden. Praktisch sind diese auch bereits deshalb notwendig, als für Apotheken sonst
kein Anreiz bestünde, sich an einem entsprechenden Versorgungsvertrag zu beteiligen.

Bei selektiven Zytostatikaversorgungsverträgen verpflichteten sich die Krankenkassen 73
bspw. gegenüber der vertragsbeteiligten Apotheke dazu, vertragsgegenständliche parenterale Zubereitungen, die von Dritten an Arztpraxen abgegeben werden, die in das entsprechend bezeichnete exklusive Belieferungsgebiet der Apotheke fallen, bei der Abrechnung nicht zu berücksichtigen und vollständig von der Erstattung auszunehmen. Außerdem muss sich die Apotheke regelmäßig verpflichten, keine vertragsgegenständlichen
Zubereitungen an Ärzte aus den übrigen, durch die Ausschreibung definierten Gebietslose
– dh denjenigen, die nicht Gegenstand des jeweiligen Vertrags sind – abzugeben. Darüber
hinaus enthalten selektive Zytostatikaversorgungsverträge oftmals eine Verpflichtung der
Krankenkassen, den Zuschlagsgewinnern durch Einwirkung auf die Ärzte alle Patienten
im Bereich des Gebietsloses zuzuführen, indem die im vertragsgegenständlichen Gebiet
ansässigen und parenterale Rezepturen verordnenden, ambulant behandelnden Ärzte darüber informiert werden, dass diese sämtliche Zubereitungen bei der am Vertrag beteiligten
Apotheke zu beziehen haben. Bei einer derartigen Vertragsgestaltung haben die zuständigen Nachprüfungsinstanzen die Zytostatikaversorgungsverträge bislang übereinstimmend
als entgeltliche öffentliche Aufträge iSv § 99 Abs. 1 und 2 GWB angesehen und eine
europaweite vergaberechtliche Ausschreibungspflicht bei Überschreitung der Schwellenwerte bejaht[231].

---

[228] *Dettling/Kieser/Ulshöfer* PharmR 2009, 421 (429).
[229] → Rn. 67.
[230] LSG Berlin-Brandenburg, Beschl. v. 17.9.2010 – L 1 SF 110/10 B Verg; LSG Berlin-Brandenburg, Beschl. v. 17.9.2010 – L 1 SF 98/10 B Verg; VK Bund Beschl. v. 29.4.2010 – VK 2–20/10.
[231] VK Bund Beschl. v. 29.4.2010 – VK 2–20/10; VK Brandenburg Beschl. v. 27.8.2010 – VK 20/10;
LSG Berlin-Brandenburg Beschl. v. 17.9.2010 – L 1 SF 98/10 B Verg; LSG Berlin-Brandenburg Beschl.

74 Vergaberechtlich problematisch ist vor diesem Hintergrund nicht, ob vertragliche Exklusivitätsvereinbarungen als entgeltliche öffentliche Aufträge ausschreibungspflichtig sind, sondern wie diese in rechtlich zulässiger Art und Weise ausgestaltet werden können. Nicht ohne Grund hat es der Gesetzgeber bislang vermieden, die Substitutionspflicht nach § 129 Abs. 1 S. 3 SGB V auf sämtliche selektivvertragsgegenständlichen Arzneimittel zu erstrecken. Soweit die (bewusst) fehlenden gesetzlichen Lenkungs- und Steuerungsmechanismen durch individualvertragliche Vereinbarungen ersetzt werden sollen, ergeben sich deshalb zwangsläufig sowohl sozialrechtliche als auch vergaberechtliche Folgeprobleme[232].

75 **e) Impfstoffversorgungsverträge.** Bei der Einordnung eines selektiven Impfstoffversorgungsvertrags als öffentlicher (Liefer-)Auftrag iSv § 99 Abs. 1, 2 GWB ist in mehrfacher Hinsicht zu differenzieren. Einerseits ist darauf abzustellen, ob gesetzliche Lenkungs- und Steuerungsmechanismen eingreifen, um den Impfstoffabsatz auf den jeweiligen Versorgungsvertragspartner zu lenken oder ob lediglich vertragliche Exklusivitätsvereinbarungen bestehen. Andererseits ist zu berücksichtigen, ob ein solcher Vertrag mit einer Apotheke oder einem pharmazeutischen Unternehmer auf Auftragnehmerseite abgeschlossen wird.

76 Ausschreibungsrelevante Besonderheiten ergeben sich für den Abschluss von Impfstoffversorgungsverträgen bereits grundsätzlich aus der spezifischen Versorgungsstruktur. Impfstoffe werden von Apotheken zwar auch unmittelbar an Patienten, jedoch zum weit überwiegenden Teil (96,8 % der abgegebenen Impfstoffdosen im Jahr 2008[233]) im Rahmen des Sprechstundenbedarfs an Arztpraxen abgegeben. Als Sprechstundenbedarf bezeichnet man ua solche Arzneimittel, die ein Arzt in seiner Praxis verfügbar hält, weil sie ihrer Art nach bei mehr als einem Patienten angewendet werden oder bei Notfällen zur Verfügung stehen müssen. Solche Mittel und Gegenstände verordnet der Arzt nicht – wie sonst üblich – dem einzelnen Patienten mit Hilfe einer Individualverordnung, er stellt vielmehr eine sogenannte Sprechstundenbedarfsverordnung für seine (gesamte) eigene Praxis aus[234], die von der abgebenden Apotheke gegenüber der jeweiligen Krankenkasse abgerechnet wird. Für die Versorgung der Versicherten im konkreten Einzelfall nutzt der Arzt dann Impfstoffe aus dem von ihm zuvor bezogenen Bestand. Eine patientenindividuelle Verordnung und Abgabe in den Apotheken kann dabei nicht erfolgen.

77 **aa) Gesetzliche Lenkungs- und Steuerungsmechanismen.** Ähnlich wie im Hinblick auf Rabattverträge, die patentgeschützte oder biosimilare Arzneimittel bzw. parenterale Zubereitungen aus Fertigarzneimitteln in der Onkologie zum Gegenstand haben, gilt auch bei Impfstoffversorgungsverträgen die Substitutionspflicht des Apothekers gemäß § 129 Abs. 1 S. 3 SGB V von vornherein nicht.

78 Impfstoffversorgungsverträge mit abgebenden Apotheken als Auftragnehmer fallen bereits aufgrund der vorgenannten spezifischen Distributionswege von Impfstoffen nicht unter eine Ersetzungspflicht[235]. Schließlich bezieht sich die Substitutionspflicht nach § 129 Abs. 1 S. 3 SGB V ausdrücklich auf Arzneimittel, die Gegenstand eines Rabattvertrags nach § 130a Abs. 8 SGB V zwischen einer gesetzlichen Krankenkasse und einem pharmazeutischen Unternehmer sind und betrifft die konkrete Auswahl eines Arzneimittels durch den Apotheker. Deshalb erfüllen Impfstoffversorgungsverträge, die mit einer Apotheke als Auftragnehmer geschlossen werden, bereits nicht die Tatbestandsvoraussetzungen für eine Substitution. Zudem obliegen die konkrete Impfstoffauswahl und die Wahl der abge-

---

v. 17.9.2010 – L 1 SF 110/10 B Verg; LSG Nordrhein-Westfalen Beschl. v. 22.7.2010 – L 21 SF 152/10 Verg.
[232] → Rn. 124 ff.
[233] IGES-Institut et. al., Gutachten zur Verbesserung der Wirtschaftlichkeit von Impfstoffen in Deutschland, 2010, 83.
[234] LSG Sachsen-Anhalt Beschl. v. 30.6.2010 – L 10 KR 38/10 B ER.
[235] SG Marburg Beschl. v. 11.10.2010 – S 6 KR 89/10 ER.

benden Apotheke bei einer Sprechstundenbedarfsverordnung ausschließlich dem jeweiligen Arzt[236].

Soweit Impfstoffversorgungsverträge nach § 132e Abs. 2 iVm § 130a Abs. 8 SGB V zwischen gesetzlichen Krankenkassen und pharmazeutischen Unternehmern abgeschlossen werden, findet die Substitutionspflicht des § 129 Abs. 1 S. 3 SGB V ebenfalls keine Anwendung. Nach dem ausdrücklichen Wortlaut der Vorschrift bezieht sich diese lediglich auf die Abgabe eines Arzneimittels an den Versicherten selbst. Auch bei einer Vereinbarung iSv § 132e Abs. 2 SGB V erfolgt der Bezug der Impfstoffe als Sprechstundenbedarf und damit von der Apotheke an den jeweiligen Arzt und nicht unmittelbar an den Versicherten.

bb) Vertraglich zugesicherte Exklusivität. Die Gewährleistung von (Liefer-)Exklusivität durch Lenkung und Steuerung der Versicherten hat sich auch bei Impfstoffversorgungsverträgen anhand vertraglicher Vereinbarungen zu beurteilen, wobei allerdings grundsätzlich zwischen Direktverträgen auf Ebene der Apotheken und solchen auf Ebene der pharmazeutischen Unternehmer iSv § 132e Abs. 2 iVm § 130a Abs. 8 SGB V differenziert werden muss.

aaa) Vereinbarungen zwischen Krankenkassen und Apotheken. Bei der Vereinbarung von selektiven Impfstoffversorgungsverträgen auf Apothekenebene bestand von Beginn an Uneinigkeit bei der Beurteilung der Ausschreibungsfähigkeit, da keine gesetzliche Rechtsgrundlage existierte, welche die Krankenkassen zum Abschluss derartiger Rabattvereinbarungen mit Apotheken ermächtigt hätte. Mit dem Abschluss exklusiver Selektivverträge im Bereich des SGB V sind weitreichende wettbewerbliche Wirkungen verbunden. Diese machen eine gesetzliche Rechtsgrundlage für den Abschluss entsprechender Verträge unbedingt notwendig. Daran ändert auch die, diesem Erfordernis immer wieder entgegengehaltene Entscheidung des BVerfG vom 13.9.2005[237] nichts. Die Entscheidung erging vor Einführung der die (marktverändernde) Exklusivität begründenden Substitutionspflicht des § 129 Abs. 1 S. 3 SGB V. Verfahrensgegenständlich war hier lediglich die Verfassungsmäßigkeit von § 130a SGB V in der Fassung des BSSichG von 2002. Rabattverträge, die nach gegenwärtiger Rechtslage – wie sie auch bei den selektiven Impfstoffversorgungsverträgen mit Apotheken galt – im Verhältnis zur beteiligten Krankenkasse ein *„faktisches Verkaufsverbot"* für alle nicht berücksichtigten Wettbewerber begründet[238], besitzen jedoch eine eindeutig berufsregelnde Tendenz. Auf diese ist die Entscheidung des BVerfG gerade nicht übertragbar. Obwohl die aktuelle Rechtslage damit noch immer ungeklärt ist, spricht jedoch einiges dafür, dass selektive Impfstoffversorgungsverträge zwischen Krankenkassen und Apotheken mangels Rechtsgrundlage damit schon nicht ausschreibungsfähig waren. Dafür spricht insbesondere auch, dass es der Gesetzgeber selbst für notwendig erachtet hat, auf der für Impfstoffversorgungsverträge auf Ebene der pharmazeutischen Unternehmer, mit § 132e Abs. 2 SGB V eine entsprechende Rechtsgrundlage zu schaffen.

Gleichwohl wurden entsprechende Ausschreibungen in der Praxis durchgeführt. Zur Sicherung der Absatzvolumina der Auftragnehmer erfolgte dabei einerseits die Zusicherung der vertragsbeteiligten Krankenkasse, mit keiner anderen Apotheke einen Vertrag über die Lieferung von Impfstoffen zu schließen sowie andererseits eine Regelung, wie Auftraggeber und Auftragnehmer gemeinsam auf die Ärzte zum Bezugsweg der Impfstoffe einwirken werden bzw. unterstützend tätig werden. Um diese Vereinbarungen umzusetzen, werden regelmäßig Informationsschreiben an die verordnenden Vertragsärzte versendet. Darin werden diese davon in Kenntnis gesetzt, dass eine Verpflichtung bestehe,

---
[236] SG Marburg Beschl. v. 11.10.2010 – S 6 KR 89/10 ER.
[237] BVerfG NVwZ 2006, 191.
[238] Zitat LSG Baden-Württemberg Urt. v. 27.2.2008 – L 5 KR 507/08 ER-B, L 5 KR 508/08 W-A mAnm *v. Czettritz* PharmR 2008, 253.

den Impfstoff für die entsprechende Saison ausschließlich bei der bezuschlagten Apotheke zu bestellen.

83 Diese vertraglichen Mittel zur Exklusivitätsgewährleistung stoßen allerdings auf Bedenken bzgl. deren tatsächlicher Wirksamkeit und Durchsetzbarkeit. Die selektivvertraglichen Vereinbarungen zwischen Krankenkasse und Apotheke gelten lediglich ergänzend zu den bestehenden Kollektivverträgen gemäß § 129 Abs. 5 S. 1 SGB V. Hierunter fallen etwa der Arzneiversorgungsvertrag der Ersatzkassen[239], welcher in Anlage 3 zu §§ 4 Abs. 5 Ziffer 7, 8 Abs. 4 ebenfalls Bestimmungen über die Lieferung von Impfstoffen im Sprechstundenbedarf sowie den entsprechend abrechenbaren Preisen zum Gegenstand hat oder entsprechende Verträge zwischen Landesapothekerverbänden und den Landesverbanden der Primärkassen. Dadurch besitzen die Krankenkassen nur eine mittelbare Möglichkeit, die Ärzte bei der Versorgung mit Impfstoffen durch Hinweis auf das Gebot der wirtschaftlichen Verordnungsweise, an die vertragliche Vereinbarung mit dem/den Ausschreibungsgewinnern zu binden und zu verpflichten[240]. Es blieb den Apotheken, die keinen Zuschlag zur Impfstoffversorgung erhalten hatten, im Ergebnis unbenommen, trotzdem Grippeimpfstoffe im Sprechstundenbedarf an die Ärzte zu liefern, womit für die entsprechende Krankenkasse aufgrund der bestehenden Kollektivvereinbarungen die Pflicht begründet wurde, die anfallenden Kosten zu erstatten.

84 In der Rechtsprechung der zuständigen Vergabenachprüfungsinstanzen wurden die hier gegenständlichen vertraglichen Exklusivitätsvereinbarungen trotz der bestehenden Unsicherheiten im Hinblick auf die tatsächliche Wirksamkeit und Durchsetzbarkeit als ausreichend angesehen, um den vertragsbeteiligten Apotheken eine für die Bejahung der entgeltlichen öffentlichen Auftragseigenschaft hinreichende Exklusivität zu attestieren[241]. Insbesondere sind dabei die vorgebrachten sozialrechtlichen Erwägungen mit dem Hinweis unberücksichtigt geblieben, diese seien als dem Vergabeverfahren vorgelagerte Rechtsfragen nicht Gegenstand des Vergabenachprüfungsverfahrens.

85 **bbb) Vereinbarungen zwischen Krankenkassen und pharmazeutischen Unternehmern nach § 132e Abs. 2 SGB V.** An der grundsätzlichen Ausschreibungsfähigkeit von selektiven Impfstoffversorgungsverträgen nach § 132e Abs. 2 iVm § 130a Abs. 8 SGB V besteht angesichts der Rechtsprechung zur Ausschreibungsfähigkeit auf Apothekenebene sowie der gesetzgeberischen Intention, einen Rabattwettbewerb auf Herstellerebene zu generieren, kein Zweifel[242]. In § 132e Abs. 2 S. 2 SGB V findet sich eine explizite gesetzliche Regelung, nach der die Versorgung der Versicherten, vorbehaltlich abweichender individualvertraglicher Vereinbarungen, ausschließlich mit dem vereinbarten Impfstoff erfolgt. Durch die Einführung dieser Vorschrift sollte insbesondere den Bedenken bezüglich der Durchsetzbarkeit selektiver Impfstoffversorgungsverträge begegnet werden. Aus der Regelung des § 132e Abs. 2 S. 2 SGB V folgt dementsprechend das gesetzliche Gebot für die ausschreibenden Krankenkassen, grundsätzlich eine (Liefer-)Exklusivität zu bewirken. Hiernach dürfen keine weiteren Impfstoffversorgungsverträge mit anderen pharmazeutischen Herstellern abgeschlossen werden.

---

[239] Arzneilieferungsvertrag zwischen dem Verband der Angestellten-Krankenkassen e. V. und dem Deutschen Apotheker Verband e. V. idF v. 21.8.2008.
[240] Vgl. SG Marburg Beschl. v. 11.10.2010 – S 6 KR 89/10 ER; LSG Sachsen-Anhalt, Beschl. v. 30.6.2010 – L 10 KR 38/10 B ER; OLG Düsseldorf Beschl. v. 17.1.2011 – VII-Verg 3/11.
[241] VK Bund Beschl. v. 2.12.2010 – VK 3–120/10; OLG Düsseldorf Beschl. v. 17.1.2011 sowie v. 11.5.2011 – VII-Verg 3/11. Vgl. zur Ausschreibungspflichtigkeit des Einkaufs von Schweinegrippeimpfstoff *Bungenberg/Weyd* DVBl. 2010, 363 (364 f.).
[242] Innerhalb der diesbezüglichen Nachprüfungsverfahren standen dementsprechend vornehmlich allgemeine vergaberechtliche Probleme in Streit, die Ausschreibungsfähigkeit wurde hingegen nicht in Frage gestellt. Vgl. VK Bund Beschl. v. 1.3.2012 – VK 2–5/12; OLG Düsseldorf Beschl. v. 27.6.2012 – VII-Verg 7/12; VK Bund Beschl. v. 21.6.2012 – VK 3–57/12.

Gabriel

Schwer verständlich ist jedoch die vor diesem Hintergrund ergangene Entscheidung der 86
1. Vergabekammer des Bundes vom 12.11.2012[243], die die Durchsetzbarkeit dieser vereinbarten Exklusivität deutlich einschränkt. Der Entscheidung der Vergabekammer lag eine europaweite Ausschreibung zum Abschluss von Rabattvereinbarungen gemäß § 132e Abs. 2 iVm § 130a Abs. 8 SGB V mit pharmazeutischen Unternehmern für im Sprechstundenbedarf verordnete saisonale Grippeimpfstoffe für die Impfsaison 2012/2013 zu Grunde. Anders als in Ausschreibungen jüngeren Datums enthielt der streitgegenständliche Selektivvertrag keine abweichende Vereinbarung iSd § 132e Abs. 2 Satz 2 SGB V; nach der Rabattvereinbarung sollte eine Lieferung während der Impfsaison erfolgen, ohne dass ein konkreter Liefertermin vereinbart wurde. Die Vergabekammer befand in einem *obiter dictum*, dass die Exklusivitätsregelung für den Fall, dass eine Versorgung mit dem vereinbarten Impfstoff zumindest über einen gewissen Zeitraum nicht erfolgen kann, dahingehend auszulegen sei, dass sie keine Sperrwirkung zu Lasten anderer Impfstoffe entfalten könne, sondern auch andere Impfstoffe bestellt, verwendet und erstattet werden dürften. Damit hat die Vergabekammer in einem Fall, in dem die exklusive Versorgungsberechtigung des Ausschreibungsgewinners ausnahmslos vereinbart worden war, gleichwohl eine bloß relative Exklusivität angenommen. Bei einer solchen Auslegung kann die Teilnahme an einer Ausschreibung für pharmazeutische Unternehmer ein erhebliches unternehmerisches Wagnis darstellen.

f) Hilfsmittelversorgungsverträge. Bei der Qualifizierung von Hilfsmittelversorgungs- 87
verträgen als öffentlichen Aufträgen gemäß § 99 Abs. 1 GWB muss zwischen grundsätzlich auszuschreibenden Verträgen nach § 127 Abs. 1 SGB V und Verträgen mit Beitrittsrecht gemäß § 127 Abs. 2, Abs. 2a SGB V unterschieden werden.

aa) Ausschreibungsverträge nach § 127 Abs. 1 SGB V. An der Qualifizierung von 88
Hilfsmittelversorgungsverträgen gemäß § 127 Abs. 1 SGB V als öffentliche Aufträge im Sinne von § 99 Abs. 1 GWB bestehen keine Bedenken. Soweit ausgeschriebene Hilfsmittelversorgungsverträge in der Vergangenheit im Rahmen von Nachprüfungsverfahren zur Überprüfung kamen, wurde die öffentliche Auftragseigenschaft ohne weiteres angenommen[244].

Eine vergaberechtliche Besonderheit besteht indes bei Hilfsmittelversorgungsverträgen 89
dann, wenn diese neben der Belieferung mit Hilfsmitteln zusätzliche Dienstleistungselemente wie bspw. Beratung, Herstellung, Anpassung, Einweisung oder Betreuung enthalten.

Solche Elemente können bei der Qualifizierung eines selektiven Hilfsmittelversorgungs- 90
vertrags als öffentlichem Auftrag von Bedeutung sein, wenn sie dazu führen, dass dieser als nachrangiger Dienstleistungsauftrag iSv Art. 21 iVm Anhang II Teil B VKR einzuordnen wäre. Das ist bei Dienstleistungsaufträgen im Gesundheitswesen anzunehmen, da diese in Kategorie 25 des Anhangs I, Teil B der VOL/A namentlich als solche aufgeführt werden. Bei den Dienstleistungsaufträgen bestehen lediglich verringerte Ausschreibungspflichten, die mit denjenigen, denen ein öffentlicher Auftrag iSv § 99 GWB unterliegt, in Art und Umfang nicht vergleichbar sind.

Die Abgrenzung, ob ein Hilfsmittelversorgungsvertrag einen Liefer- oder Dienstleis- 91
tungsauftrag darstellt, wird gemäß § 99 Abs. 7 Satz 1 GWB anhand einer wertmäßigen Festlegung vorgenommen. Danach gilt ein öffentlicher Auftrag, der sowohl den Einkauf von Waren als auch die Beschaffung von Dienstleistungen zum Gegenstand hat, als Dienstleistungsauftrag, wenn der Wert der Dienstleistungen den Wert der Waren übersteigt. Nach einer Entscheidung des EuGH werden die mit der Anfertigung eines Hilfsmittels zusammenhängenden Dienstleistungen wertmäßig dem Warenlieferanteil zugerech-

---

[243] VK Bund Beschl. v. 12.11.2012, VK 1–109/12.
[244] LSG Nordrhein-Westfalen Beschl. v. 30.1.2009 – L 21 KR 1/08 SFB; OLG Düsseldorf Beschl. v. 17.4.2008 – VII-Verg 15/08.

net[245]. Für die Qualifizierung eines Hilfsmittelversorgungsvertrags ist demnach auf das Verhältnis zwischen dem Wert des hergestellten Hilfsmittels (Warenlieferungsanteil) und dem Wert der Beratung/Betreuung (Dienstleistungsanteil) abzustellen[246]. Das führt in der Praxis häufig zu einer Qualifizierung von Hilfsmittelversorgungsverträgen als Lieferaufträgen.

92   bb) Beitrittsverträge nach § 127 Abs. 2, 2a SGB V. Bei Beitrittsverträgen nach § 127 Abs. 2, 2a SGB V handelt es sich nach der Rechtsprechung grundsätzlich nicht um entgeltliche öffentliche Aufträge[247]. Sie unterliegen danach keiner vergaberechtlichen Ausschreibungspflicht. Die Verneinung der Auftragseigenschaft beruht auf der Überlegung, dass öffentliche Aufträge entgeltliche Verträge zwischen öffentlichen Auftraggebern und Unternehmen seien, die notwendigerweise eine exklusive Auswahlentscheidung des Auftraggebers bezüglich des Leistungserbringers beinhalten müssten[248]. Das Vorliegen einer solchen Auswahlentscheidung sei bei Beitrittsverträgen indes regelmäßig zu verneinen. Denn der Abschluss eines Hilfsmittelversorgungsvertrags gemäß § 127 Abs. 2 SGB V begründet aufgrund des Beitrittsrechts nach § 127 Abs. 2a SGB V keine exklusive Leistungsbeziehung mit einer gesetzlichen Krankenkasse[249]. Der Vertragsschluss als solcher beinhaltet keine zwangsläufig absatzfördernde bzw. umsatzsteigernde Lenkungs- bzw. Steuerungswirkung, da er keinen Anspruch auf Exklusivität beinhaltet[250].

93   Die Prämisse der Rechtsprechung, der zu Folge es sich bei Hilfsmittelversorgungsverträgen mit Beitrittsrecht gemäß § 127 Abs. 2, Abs. 2a SGB V nicht um ausschreibungspflichtige öffentliche Aufträge handelt, ist vergaberechtlich allerdings nicht gänzlich unproblematisch[251]. Trotz eines bestehenden Beitrittsrechts sind grundsätzlich Fallkonstellationen denkbar, in denen der Vertragsschluss dem Erstvertragspartner ausnahmsweise dennoch einen geldwerten Wettbewerbsvorteil verschaffen kann[252]. Obwohl die Auffassung der Rechtsprechung insofern eindeutig ist, erscheint es deshalb sachgemäß, solchen Verträgen nicht von vornherein jegliche vergaberechtliche Relevanz abzusprechen und stattdessen eine einzelfallabhängige Prüfung des jeweiligen Versorgungsvertrags vorzunehmen.

94   Daneben handelt es sich bei Hilfsmittelversorgungsverträgen mit Beitrittsrecht gemäß § 127 Abs. 2, Abs. 2a SGB V nicht um Rahmenvereinbarungen im Sinne von § 4 EG VOL/A. Denn Rahmenvereinbarungen setzen gemäß § 4 EG Abs. 2 VOL/A, Art. 32 Abs. 2 Unterabsatz 2 VKR einen geschlossenen Teilnehmerkreis voraus. Sie sind nur zwischen den von Anbeginn an der Rahmenvereinbarung beteiligten Auftraggebern und Unternehmern zulässig. Ein nachträgliches Beitrittsrecht ist daher bei Rahmenvereinbarungen ausgeschlossen[253].

---

[245] EuGH Urt. v. 11.6.2009 – C-300/07, Slg. 2009 I-4779 – Oymanns mAnm *Kingreen* NJW 2009, 2417

[246] GA Mazák SchlA – C-300/07, Slg. 2009 I-4779 Rn. 57 – Oymanns.

[247] LSG Nordrhein-Westfalen Beschl. v. 14.4.2010 – L 21 KR 69/09 u. 67/09 SFB mAnm *Gabriel* VergabeR 2010, 1026.

[248] Zu der Frage, ob es sich bei der Auswahlentscheidung des öffentlichen Auftraggebers um ein konstitutives Element für eine vergaberechtliche Ausschreibungspflicht handelt → Rn. 248. Hierzu auch *Gabriel* VergabeR 2010, 142; *Schickert/Schulz* MPR 2009, 1 (7).

[249] LSG Nordrhein-Westfalen Beschl. v. 14.4.2010 – L 21 KR 69/09 u. 67/09 SFB, mAnm *Gabriel* VergabeR 2010, 1026; *Esch* MPR 2010, 156 (160).

[250] *Gabriel* VergabeR 2010, 142 (144); *Schickert/Schulz* MPR 2009, 1 (7) *Weiner* in Willenbruch/Wieddekind, Einleitung 16. Los Rn. 10 ff.

[251] Dazu ausführlich → Rn. 248 ff.

[252] Vereinzelt wird in diesem Sinne sogar vertreten, Hilfsmittelversorgungsverträge nach § 127 Abs. 2, Abs. 2a SGB V seien grundsätzlich ausschreibungspflichtige öffentliche Aufträge: VK Bund Beschl. v. 12.11.2009 – VK 3–193/09; ebenso *Kingreen* NJW 2009, 3552 (3558); ähnlich *Dreher/Hoffmann* NZBau 2009, 273 (279).

[253] So auch *Esch* MPR 2010, 156 (160).

g) Integrierte Versorgungsverträge. Verträge über die integrierte Versorgung lassen 95
sich ihrem Inhalt nach kaum typisieren. Aufgrund dessen kann die Entgeltlichkeit und
damit auch die öffentliche Auftragsqualität von integrierten Versorgungsverträgen bereits
nicht abstrakt-generell festgestellt werden. Es bedarf daher stets einer einzelfallabhängigen
Würdigung der konkreten vertraglichen Gestaltung. Das stellt auch die Gesetzesbegründung zum GKV-OrgWG heraus[254]. Danach handele es sich bei integrierten Versorgungsverträgen in der Regel nicht um öffentliche Aufträge. Denn die Entscheidung über den
Abruf der jeweiligen Leistung werde nicht von den Krankenkassen, sondern von den
Versicherten getroffen, die die angebotenen Versorgungsformen in Anspruch nehmen
können. Die Entscheidung im Einzelfall hinge jedoch von der konkreten Vertragsgestaltung ab und obliege den mit der Nachprüfung betrauten Vergabekammern und Landessozialgerichten[255].

Zwar obliegt die tatsächliche Inanspruchnahme von Leistungen im Rahmen eines inte- 96
grierten Versorgungsvertrags der autonomen Entscheidung der Versicherten. Jedoch ist
bereits mit der Vorauswahl der vertragsbeteiligten Leistungserbringer durch die Krankenkasse eine Vorhersehbarkeit der späteren Inanspruchnahme durch die Versicherten verbunden[256]. Die Lenkungs- und Steuerungswirkung zugunsten der vertragsbeteiligten pharmazeutischen Unternehmer kann beispielsweise vorliegen, wenn Krankenkassen Vergünstigungen an die Inanspruchnahme der Leistungserbringer für ihre Versicherten knüpfen[257].
Als derartige Vergünstigungen kommen sowohl Boni für gesundheitsbewusstes Verhalten
iSv § 65a SGB V als auch Zuzahlungsermäßigungen iSv § 53 Abs. 3 SGB V in Betracht.
Die Steuerungswirkung ist noch intensiver, wenn integrierte Versorgungsverträge exklusiv
mit einzelnen Leistungserbringern für bestimmte Indikationen und räumliche Bereiche
abgeschlossen werden.

Bei einer derartigen Ausgestaltung eines integrierten Versorgungsvertrags ist dieser als 97
entgeltlicher öffentlicher Auftrag iSv § 99 Abs. 1 GWB zu qualifizieren. Entgegen einer
früher vereinzelt vertretenen Ansicht[258], handelt es sich damit bei integrierten Versorgungsverträgen nicht um ausschreibungslos zu vergebende Dienstleistungskonzessionen
iSv Art. 1 Abs. 4 VKR und Art. 1 Abs. 2 lit. d) SKR[259].

Mit der Ausschreibungspflicht von Verträgen im Zusammenhang mit der integrierten 98
Versorgung beschäftigt sich auch eine aktuelle Entscheidung des OLG Düsseldorf. Entscheidungsgegenständlich war dabei eine Fallkonstellation, in der ein von einer Krankenkasse im Rahmen der Integrierten Versorgung beauftragtes Managementunternehmen mit
einem Hersteller von Medizinprodukten einen Kooperationsvertrag schloss[260]. Die Krankenkasse hatte mit der Managementgesellschaft ohne vorherige Ausschreibung einen
unbefristeten Vertrag zur integrierten Versorgung von an Diabetes leidenden Versicherten
nach § 140a SGB V geschlossen. Aufgrund dieses Vertrags schloss die Managementgesellschaft ebenfalls ohne Ausschreibung einen Kooperationsvertrag mit einem Hersteller von
Medizinprodukten über die Versorgung mit Blutzuckermessgeräten und Teststreifen.
Nach dem Vertrag hatte der Hersteller die an der Integrierten Versorgung teilnehmenden
Versicherten ohne gesondert festgeschriebenes Entgelt mit dem Erstversorgungsbedarf
bestimmter Medizinprodukte zu versorgen. In seiner Entscheidung stellte das OLG

---

[254] BT-Drs. 16/10609, 52.
[255] BT-Drs. 16/10609, 52.
[256] Hierzu *Gabriel* in MüKoBeihVgR, Anlage zu § 98 Nr. 4 GWB Rn. 162.
[257] *Dreher/Hoffmann* NZBau 2009, 273 (280); *Baumeister/Struß*, NZS 2010, 247 (249) und bereits *Koenig/Engelmann/Hentschel* MedR 2003, 562 (568): „Versichertensteuerung durch Anreizwirkung".
[258] So noch *Zuck* f&w 2002, 534 (536); *Hesselmann/Motz* MedR 2005, 498 (500); für eine einzelfallabhängige Beurteilung *Kaltenborn* GesR 2011, 1 (5).
[259] Dazu ausführlich *Gabriel* in MüKoBeihVgR, Anlage zu § 98 Nr. 4 GWB Rn. 163.
[260] OLG Düsseldorf Beschl. v. 1.8.2012 – VII-Verg 15/12.

Düsseldorf fest, dass der Abschluss eines solchen Kooperationsvertrags vergaberechtswidrig sei und entschied, dass die Krankenkasse die Lieferungen aus diesem Vertrag nicht zulassen oder vergüten dürfe. Die Kooperationsvereinbarung qualifizierte der Vergabesenat als Rahmenvereinbarung iwS gemäß § 4 EG VOL/A. Der Kooperationsvertrag allein rechne sich für den Hersteller der Produkte nicht, da er hiernach nur zur unentgeltlichen Lieferung von „Startersets" verpflichtet sei. Aufgrund der eingeführten Geschäftsverbindung zu Versicherten und Ärzten werde allerdings eine gute Ausgangslage für Folgelieferungen geschaffen. Die fehlende Exklusivität sei daher unerheblich. Schuldnerin des Vergütungsanspruchs sei dann die Krankenkasse, sodass die einzelnen Lieferaufträge entgeltliche öffentliche Aufträge darstellten. Die Rahmenvereinbarung betreffe damit eine entgeltliche Lieferung und unterliege daher dem Vergaberecht. Die Antragsgegnerin hätte die Folgeverträge entweder selbst ausschreiben oder die Managementgesellschaft zur Ausschreibung verpflichten müssen.

2. EU-Schwellenwerte

99   Die für die Anwendung des EU/GWB-Vergaberechts maßgeblichen, am jeweiligen Auftragswert orientierten Schwellenwerte ergeben sich für gesetzliche Krankenkassen als Auftraggeber aus § 100 Abs. 1 S. 1, 2 Nr. 1 GWB iVm § 2 VgV[261]. Danach gilt für Dienstleistungs- und Lieferaufträge gemäß § 2 Nr. 2 VgV ein Schwellenwert in Höhe von derzeit 207.000 EUR[262].

100   Der konkrete Wert eines bestimmten öffentlichen Auftrags bemisst sich anhand der nachgefragten Leistung. Er kann regelmäßig nicht bereits zu Beginn eines Vergabeverfahrens genau beziffert werden. Aufgrund dessen bestimmt § 3 VgV, dass zur Feststellung der Schwellenwerterreichung/-überschreitung ein geschätzter, an der Gesamtvergütung orientierter Auftragswert heranzuziehen ist. Dabei sind nach § 3 Abs. 1 S. 1 VgV ausdrücklich auch Prämien und sonstige Zahlungen an Bewerber oder Bieter zu berücksichtigen. In diesem Zusammenhang enthält § 3 VgV entsprechende Vorgaben, die durch den Auftraggeber zur Erstellung einer seriösen Prognose über den Auftragswert im Einzelnen zu beachten sind. Die Schätzung ist nach rein objektiven Kriterien durchzuführen und soll jenen Wert treffen, den ein umsichtiger und sachkundiger öffentlicher Auftraggeber nach sorgfältiger Prüfung des relevanten Marktsegments und auf dem Boden einer betriebswirtschaftlichen Finanzplanung veranschlagen würde[263].

101   Der öffentliche Auftraggeber verfügt bei der Ermittlung des Auftragswerts über eine weite Beurteilungsprärogative. Diese findet ihre Grenzen allerdings insbesondere in dem Verbot einer missbräuchlichen Umgehung einer EU/GWB-vergaberechtlichen Ausschreibungspflicht durch absichtlich niedrige Schätzung oder sachwidrige Aufteilung des Auftrags.

102   Bei selektiven Verträgen der GKV zur Versorgung mit Arzneimitteln und Medizinprodukten handelt es sich grundsätzlich um Rahmenvereinbarungen iSv § 4 EG VOL/A[264]. Dementsprechend ist bereits die Anzahl der späteren Einzelaufträge zu Beginn des Vergabeverfahrens ungewiss. Deshalb bedarf es einer Prognose des Gesamtauftragswerts. Der Gesamtauftragswert ist gemäß § 3 Abs. 6 VgV auf Grundlage des geschätzten Gesamtwerts aller Einzelaufträge zu berechnen, die während der Laufzeit der Rahmenvereinbarung geplant sind.

---

[261] Dazu auch *Gabriel* in *Stief/Bromm*, Vertragshandbuch Pharma und Life Sciences, 2014, Kap. VII, 1.
[262] Zuletzt geändert durch Art. 2 Nr. 1 lit. b) VO (EU) Nr. 1336/2013, v. 13.12.2013, ABl.EU v. 14.12.2013, L 335/17.
[263] OLG Düsseldorf Beschl. v. 8.5.2002 – Verg 5/02.
[264] → Rn. 237 ff.

Sofern ein (Liefer-)Auftrag in mehreren Losen vergeben wird, ist bei der Schätzung 103
gemäß § 3 Abs. 7 S. 1 VgV der Wert aller Lose zu addieren, soweit es sich iSv § 3 Abs. 7
S. 2 VgV um gleichartige Lieferungen handelt.

Ausgangspunkt für die Beurteilung, ob ein selektiver Versorgungsvertrag in der GKV 104
über Arzneimittel und Medizinprodukte den maßgeblichen Schwellenwert überschreitet
ist die prognostizierte Bruttoauftragssumme. Die Bruttoauftragssumme ist unter Zugrundelegung des Abgabepreises des pharmazeutischen Unternehmers (ApU) hinsichtlich aller
wirkstoff- oder indikationsbezogenen Fachlose, der Anzahl der zu versorgenden Versicherten und der Dauer der Rahmenvereinbarung sowie dem erfahrungsgemäß zu erwartenden Bedarf pro Versichertem zu bestimmen. Aufgrund der spezifischen Konzeption
entsprechender Versorgungsverträge, bei denen der Auftragnehmer einer Krankenkasse als
Gegenleistung für die Einräumung exklusiver Versorgungsrechte einen Rabatt auf den
ApU gewährt, sind auch die erwartete Rabatthöhe sowie die prognostizierte Umsetzungsquote[265] in Ansatz zu bringen. Schließlich gewinnt auch die Frage Relevanz, ob es sich um
einen Ein-Partner- oder einen Mehr-Partner-Rabattvertrag handelt, da zu berücksichtigen
ist, wie viele Rahmenvertragspartner beteiligt sind.

Soweit eine gesetzliche Krankenkasse ihren Bedarf an Arzneimitteln oder Medizinprodukten durch den Abschluss selektiver Versorgungsverträge sicherstellen will, wird der 105
Gesamtauftragswert einer solchen, sich über mehrere Jahre erstreckenden Vereinbarung
den entsprechenden Schwellenwert von 207.000 EUR regelmäßig überschreiten.

3. Ausnahmen

In den §§ 100 Abs. 2 bis 8, 100a bis 100c GWB sind abschließend[266] verschiedene 106
Bereichsausnahmetatbestände vom GWB-Vergaberecht geregelt. Diese Ausnahmetatbestände tragen dem Umstand Rechnung, dass bestimmte Aufträge aus übergeordneten
Gründen nicht dem EU/GWB-vergaberechtlichen Ausschreibungswettbewerb unterliegen
sollen.

Ein wettbewerbliches Vergabeverfahren, bei dem der Grundsatz der Transparenz eine 107
maßgebliche Bedeutung hat, erscheint bspw. in Bezug auf militärische und sonstige sicherheitsrelevante Beschaffungsvorgänge im Hinblick auf die notwendige Wahrung staatlicher
Sicherheitsinteressen regelmäßig ungeeignet. Das gilt auch für die Arzneimittelbeschaffung
für die Angehörigen des Militärs. Medikamente und Impfstoffe für die Bundeswehr
werden unter Inanspruchnahme entsprechender Ausnahmevorschriften grundsätzlich im
Verhandlungsverfahren ohne vorherige Bekanntmachung[267] beschafft. Darüber hinaus
greift die europäische Ausschreibungspflicht nicht in Fällen, in denen ein grenzüberschreitendes, dh vor allem binnenmarktrelevantes Potential fehlt.

Für den Bereich selektiver Versorgungsverträge in der GKV besitzen die übrigen Bereichsausnahmetatbestände regelmäßig eine zu vernachlässigende, untergeordnete Bedeu- 108
tung.

---

[265] In der Rechtsprechung wird im Rahmen der Streitwertberechnung bei Arzneimittelrabattverträgen nach § 130a Abs. 8 SGB V von einer Umsetzungsquote in Höhe von 70 % ausgegangen, vgl.
OLG Düsseldorf Beschl. v. 11.5.2011 – VII-Verg 4/11; LSG Baden-Württemberg Beschl. v. 17.2.2009 –
L-11 WB 381/09; LSG Nordrhein-Westfalen Beschl. v. 11.11.2010 – L 21 SF 52/10.
[266] BT-Drs. 13/9340, S. 15.
[267] Zum Verhandlungsverfahren → Rn. 182 ff.

C. Überblick und Besonderheiten der Ausschreibung von GKV-Versorgungsverträgen über Arzneimittel und Medizinprodukte

109 Das Vergaberecht stellt den objektiven und abstrakten Rechtsrahmen für die Vergabe öffentlicher Aufträge dar. Von wenigen Sondervergaberechtsregimen abgesehen, kommen die allgemeinen GWB-vergaberechtlichen Vorschriften auf jeglichen Beschaffungsgegenstand gleichermaßen zur Anwendung. Die entsprechenden Spezifika des jeweiligen Beschaffungsgegenstands wirken sich deshalb nicht nur auf die vergaberechtliche Ausschreibungsbedürftigkeit[268], sondern auch auf die tatsächliche Ausschreibung diesbezüglicher Verträge aus.

110 Diese betreffen insbesondere die vergaberechtliche Vergleichbarkeit von wirkstoffverschiedenen Arzneimitteln, Anforderungen an vergaberechtsgemäße Leistungsbeschreibungen, die Bildung von Losen, Eignungsanforderungen sowie die Wertung der angebotenen Rabatte und Arzneimittel. Ein Sonderproblem stellt die wettbewerbsrechtliche Relevanz kassenseitig zentrierter Ausschreibungen von selektiven Versorgungsverträgen, insbesondere hinsichtlich Impfstoffen und Zytostatika dar.

111 Diese ausschreibungsrelevanten Besonderheiten der jeweiligen GKV-Versorgungsverträge werden im Folgenden zusammenfassend dargestellt.

I. Grundlagen der Ausschreibung

112 Vor der öffentlichen Ausschreibung eines Auftrags ist durch den Auftraggeber die notwendige Ausschreibungsreife herzustellen. Dazu muss zweifelsfrei feststehen, welche Einrichtung die Ausschreibung als öffentlicher Auftraggeber vornimmt und welcher Beschaffungsbedarf im Einzelnen besteht.

1. Öffentlicher Auftraggeber

113 Vor Beginn der öffentlichen Ausschreibung muss die Person des öffentlichen Auftraggebers feststehen.

114 Insbesondere bei dem Abschluss von Rabattverträgen nach § 130a Abs. 8 SGB V über generische und patentgeschützte Arzneimittel erfolgt grundsätzlich eine autonome Ausschreibung durch eine bestimmte gesetzliche Krankenkasse. Allerdings gehen die Krankenkassen vielfach dazu über, gemeinsame Verträge abzuschließen. Das ist etwa bei Arzneimittelrabattverträgen nach § 130a Abs. 8 SGB V bei gemeinsamen Ausschreibungen der allgemeinen Ortskrankenkassen der Fall[269]. Darüber hinaus kam es in der Vergangenheit bei der Beschaffung von saisonalem Grippeimpfstoff sowohl auf Apotheken- als auch auf Herstellerebene zu einer Bedarfsbündelung durch gemeinsame Ausschreibungen mehrerer bzw. aller gesetzlichen Krankenkassen innerhalb eines bestimmten Bundeslands. Zu diesem Zweck wird meist eine Arbeitsgemeinschaft oder Einkaufsgemeinschaft zwischen den ausschreibenden gesetzlichen Krankenkassen gegründet, die als öffentlicher Auftraggeber nach außen in Erscheinung tritt[270].

115 Die kassenseitig zentrierte Ausschreibung von GKV-Selektivverträgen birgt indes die erhebliche Gefahr, als Nachfragekartell gegen § 1 GWB iVm § 69 Abs. 2 S. 1 SGB V zu verstoßen. Diese können zudem wegen des Missbrauchs einer marktbeherrschenden bzw. marktstarken Stellung entsprechend §§ 19, 20 GWB iVm § 69 Abs. 2 S. 1 SGB V zu

---

[268] → Rn. 33 ff.
[269] Vgl. BT-Drs. 17/1423, 26.
[270] S. dazu LG Hannover Urt. v. 15.6.2011 – 21 O 25/11; VK Bund Beschl. v. 1.3.2012 – VK 2-5/12; OLG Düsseldorf Beschl. v. 27.6.2012 – VII-Verg 7/12; VK Bund Beschl. v. 21.6.2012 – VK 3-57/12.

einem Anspruch auf Unterlassung des Zuschlags nach § 33 GWB iVm § 69 Abs. 2 S. 1 SGB V führen[271]. In der Vergangenheit sind diese kartellrechtlichen Implikationen von kassenseitig zentrierten Ausschreibungen insbesondere bei der Ausschreibung von Impfstoffversorgungsverträgen auf Apotheken- wie auf Herstellerebene praxisrelevant geworden[272]. Während sich die in Rede stehenden kartellrechtlichen Probleme grundsätzlich bei allen Formen selektiver GKV-Versorgungsverträge stellen können, besitzen diese für Impfstoffversorgungsverträge noch eine gesteigerte Relevanz. Das wird durch den Umstand bedingt, dass die gesetzlichen Krankenkassen hinsichtlich der Nachfrage von Grippeimpfstoffen als sachlich relevantem Markt einen Marktanteil von über 90 % innerhalb des jeweiligen Bundeslands als örtlich relevanten Markt aufweisen dürften. Des Weiteren zielen die Auftraggeber bei solchen Verträgen ausdrücklich darauf ab, innerhalb der jeweiligen Gebietslose nur von den Ausschreibungsgewinnern Grippeimpfstoffe zu beziehen[273]. Der Vertragsabschluss führt also zumindest zu einer zeitweiligen Monopolisierung des Markts zu Gunsten des obsiegenden pharmazeutischen Unternehmers (oder der Apotheke) bei gleichzeitiger Erzwingung exzeptioneller Sonderkonditionen iSv § 20 Abs. 3 GWB.

Die Frage, ob im Rahmen eines vergaberechtlichen Nachprüfungsverfahrens auch die Einhaltung kartellrechtlicher Vorschriften durch den öffentlichen Auftraggeber Prüfungsgegenstand sein kann, war lange Zeit umstritten. Originär kartellrechtliche Verfahren gegen diese Ausschreibungspraxis vor dem Bundeskartellamt wurden, soweit ersichtlich, bislang noch nicht initiiert. Eine in der Rechtsprechung weit verbreitete Ansicht verneinte die Überprüfbarkeit kartellrechtlicher Vorschriften[274]. Danach sei nach §§ 107 Abs. 2 S. 1, 97 Abs. 7 GWB im Nachprüfungsverfahren zu prüfen, ob der Auftraggeber die Bestimmungen über das Vergabeverfahren einhalte. Hierzu gehörten die kartellrechtlichen Vorschriften des GWB jedoch nicht, weil sich diese Normen auf Verstöße außerhalb eines Vergabeverfahrens bezögen[275]. Zudem stünden kartellrechtliche Prüfungen in einem „ein- **116**

---

[271] Zur kartellrechtlichen Relevanz solcher Nachfragekonzentrationen gesetzlicher Krankenkassen auch *Möschel* JZ 2007, 601.
[272] Zur gemeinsamen Ausschreibung von Impfstoffversorgungsverträgen auf Apothekenebene: VK Bund Beschl. v. 2.12.2010 – VK 3- 120/10; OLG Düsseldorf Beschl. v. 13.4.2011 – VII-Verg 3/11; LG Hannover Urt. v. 15.6.2011 – 21 O 25/11 sowie zur gemeinsamen Ausschreibung von Impfstoffversorgungsverträgen auf Ebene der pharmazeutischen Hersteller: VK Bund Beschl. v. 1.3.2012 – VK 2–5/12; OLG Düsseldorf Beschl. v. 27.6.2012 – VII-Verg 7/12; VK Bund Beschl. v. 21.6.2012 – VK 3–57/12.
[273] → Rn. 80 ff.
[274] So OLG Düsseldorf Beschl. v. 4.5.2009 – VII-Verg 68/08; OLG Düsseldorf Beschl. v. 6.12.2004 – VII-Verg 79/04; OLG Düsseldorf Beschl. v. 22.5.2002 sowie v. 10.4.2002 – VII-Verg 6/02; LSG Nordrhein-Westfalen Beschl. v. 22.7.2010 – L 21 KR 152/10 SFB; LSG Nordrhein-Westfalen Beschl. v. 8.10.2009 – L 21 KR 44/09 SFB; LSG Nordrhein-Westfalen Beschl. v. 15.4.2009 – L 21 KR 37/09 SFB; LSG Nordrhein-Westfalen Beschl. v. 9.4.2009 – L 21 KR 29/09 SFB; LSG Nordrhein-Westfalen Beschl. v. 26.3.2009 – L 21 KR 26/09 SFB mAnm *Ulshöfer* VergabeR 2009, 931 (932); LSG Nordrhein-Westfalen Beschl. v. 30.1.2009 – L 21 KR 1/08; LSG Baden-Württemberg Beschl. v. 23.1.2009 – L 11 WB 5971/08 mAnm *Gabriel* VergabeR 2009, 465; VK Bund Beschl. v. 1.3.2012 – VK 2–5/12; VK Bund Beschl. v. 1.2.2011 – VK 3–135/10; VK Bund Beschl. v. 27.3.2009 – VK 3–46/09; VK Bund Beschl. v. 22.3.2009 – 3–22/09; VK Bund Beschl. v. 16.3.2009 – VK 3–37/09; VK Bund Beschl. v. 23.1.2009 – VK 3–194/08; VK Baden-Württemberg Beschl. v. 27.11.2008 – 1 VK 52/08; VK Bund Beschl. v. 15.11.2007 – VK 2–102/07; VK Düsseldorf Beschl. v. 31.10.2007 – VK 31/2007-L.
[275] LSG Nordrhein-Westfalen Beschl. v. 22.7.2010 – L21 SF 152/10; VK Brandenburg Beschl. v. 27.8.2010 – VK 20/10; LSG Berlin-Brandenburg Beschl. v. 22.10.2010 – L 1 SF 214/10; LSG Nordrhein-Westfalen Beschl. v. 23.4.2009 – L 21 KR 36/09 SFB; ebenso OLG Düsseldorf Beschl. v. 4.5.2009 – VII-Verg 68/08; LSG Nordrhein-Westfalen Beschl. v. 28.4.2009 – L 21 KR 44/09 SFB; VK Bund Beschl. v. 1.2.2011 – VK 3–135/10; VK Bund Beschl. v. 29.4.2010 – VK 2–20/10; VK Nordbayern Beschl. v. 30.10.2009 – 21.VK3194-32/09. Einschränkend jedoch nunmehr VK Bund Beschl. v. 1.3.2012 – VK 2–5/12.

*deutigen Zielkonflikt"*²⁷⁶ mit dem Beschleunigungsgrundsatz des § 113 GWB. Denn umfangreiche kartellrechtliche Markterhebungen seien im Rahmen eines Nachprüfungsverfahrens nicht zu leisten²⁷⁷.

117 Kürzlich änderte das OLG Düsseldorf in einem Nachprüfungsverfahren bzgl. der Ausschreibung einer Rabattvereinbarung über die Lieferung von saisonalem Grippeimpfstoff iSv § 132e Abs. 2 iVm § 130a Abs. 8 SGB V seine Rechtsprechung und erkannte erstmals eine kartellrechtliche Prüfungskompetenz innerhalb eines vergaberechtlichen Nachprüfungsverfahrens an²⁷⁸. Danach spreche einiges dafür, kartellrechtliche Verstöße des Auftraggebers, die ohne zeitaufwendige Untersuchungen einwandfrei festzustellen sind, in einem Vergabenachprüfungsverfahren zu berücksichtigen.

2. Gegenstand der Ausschreibung

118 **a) Bestimmung des Beschaffungsbedarfs.** Als zweiten Schritt hat der öffentliche Auftraggeber seinen Beschaffungsbedarf zu definieren. Dabei steht ihm grundsätzlich ein weites Bestimmungsrecht iSe Einschätzungsprärogative zu, ob und welchen Gegenstand er wie beschaffen will²⁷⁹. Innerhalb dieser Einschätzungsprärogative unterliegen die Entscheidungen des Auftraggebers nicht der Überprüfung durch die Vergabenachprüfungsinstanzen. Gegenstand eines Nachprüfungsverfahrens ist dementsprechend nicht, ob die Art und Weise wie der öffentliche Auftraggeber seinen Beschaffungsbedarf definiert hat, tatsächlich zweckmäßig ist oder durch eine andere Ausschreibungsgestaltung effektiver hätte nachgefragt werden können. Allerdings sind der Beschaffungsbedarfsautonomie des Auftraggebers Grenzen gesetzt. So darf er nicht offen oder versteckt ein bestimmtes Produkt bevorzugen und andere Anbieter diskriminieren. Vielmehr müssen die Produktanforderungen objektiv auftrags- und sachbezogen sowie die Begründung nachvollziehbar sein.

119 Um möglichst vielen Bietern einen Zugang zum Ausschreibungswettbewerb zu ermöglichen, verpflichtet § 8 EG Abs. 7 VOL/A den Auftraggeber dazu, bei der Bestimmung seines Beschaffungsbedarfs sowie der Leistungsbeschreibung produktneutral vorzugehen.

120 In der vergaberechtlichen Rechtsprechung wird das Verhältnis zwischen dem Gebot der produktneutralen Ausschreibung und dem Bestimmungsrecht des Auftraggebers unterschiedlich definiert. Das OLG Düsseldorf²⁸⁰ und das OLG München²⁸¹ gehen davon aus, dass die Bestimmung des Auftraggebers über die Beschaffung der Ausschreibung und Vergabe vorgelagert und eine vorhergehende Marktforschung oder Marktkundung entbehrlich sei. Demgegenüber gehen das OLG Jena²⁸² und das OLG Celle²⁸³ davon aus, dass der Auftraggeber sich zunächst einen Marktüberblick verschaffen und dann begründen müsse, warum eine andere als die von ihm gewählte Lösung nicht in Betracht komme. Relevant wurde diese unterschiedliche Akzentuierung jüngst im Zusammenhang mit der Ausschreibung von Impfstoffversorgungsverträgen iSv § 132e Abs. 2 iVm § 130a Abs. 8 SGB V, wo es um Details der Alterszulassung eines Impfstoffs bzw. die konkreten Ap-

---

²⁷⁶ VK Bund Beschl. v. 23.1.2009 – VK 3–194/08; ebenso VK Bund Beschl. v. 27.3.2009 – VK 3–46/09; VK Bund Beschl. v. 29.1.2009 – VK 3–200/08; VK Bund Beschl. v. 12.12.2008 – VK 2–136/08.
²⁷⁷ VK Bund Beschl. v. 27.3.2009 – VK 3–46/09; VK Bund Beschl. v. 23.1.2009 sowie 20.3.2009 – VK 3–194/08; vgl. auch VK Bund Beschl. v. 1.2.2011 – VK 3–135/10.
²⁷⁸ OLG Düsseldorf Beschl. v. 27.6.2012 – VII-Verg 7/12.
²⁷⁹ VK Bund Beschl. v. 8.1.2004 – VK 1–117/03; OLG Düsseldorf Beschl. v. 27.6.2012 – VII-Verg 7/12.
²⁸⁰ OLG Düsseldorf Beschl. v. 27.6.2012 – VII-Verg 7/12.
²⁸¹ OLG München Beschl. v. 9.9.2010 – Verg 10/10 sowie Beschl. v. 28.6.2007 – Verg 7/07.
²⁸² OLG Jena Beschl. v. 26.6.2006 – Verg 2/06.
²⁸³ OLG Celle Beschl. v. 22.5.2008 – 13 Verg 1/08.

Gabriel

plikationshilfen (Fertigspritzen mit abnehmbarer oder feststehender Kanüle) ging[284]. Eine rechtssichere Klärung der Rechtslage steht noch aus und ist wohl lediglich im Falle einer Divergenzvorlage an den BGH zu erwarten.

b) Eindeutige und erschöpfende Leistungsbeschreibung. Die Leistungsbeschreibung stellt einen elementaren Bestandteil jeder vergaberechtlichen Ausschreibung dar. Der im Rahmen seiner Bestimmungsautonomie festgelegte Beschaffungsbedarf des öffentlichen Auftraggebers manifestiert sich in der Leistungsbeschreibung rechtsverbindlich nach außen. Sie legt den sachlichen Gehalt der Angebote und den Inhalt des abzuschließenden Vertrags fest[285]. 121

Für die Ausschreibung von Arzneimittellieferverträgen haben das Gebot der produktneutralen Ausschreibung[286] sowie die Pflicht zur eindeutigen und erschöpfenden Ausgestaltung der Leistungsbeschreibung besondere Relevanz[287]. Nach § 8 EG Abs. 1 VOL/A hat der öffentliche Auftraggeber die ausschreibungsgegenständliche Leistung so eindeutig und erschöpfend zu beschreiben, dass alle Bewerber diese in gleichem Sinne verstehen müssen und miteinander vergleichbare Angebote zu erwarten sind, um eine vergleichende Wertung eingereichter Angebote vornehmen zu können. 122

Ausschreibungspflichtige GKV-Selektivverträge zeichnen sich allgemein sowohl durch die besonderen Leistungen – Gewährung eines Rabatts durch den pharmazeutischen Unternehmer und absatzfördernder, exklusiver Bezug durch die Krankenkasse – als auch durch den Einfluss sozialrechtlicher Vorgaben aus[288]. Gleichzeitig werden entsprechende Verträge als Rahmenvereinbarung oftmals mit mehreren Vertragspartnern auf Auftragnehmerseite[289] für einen mehrjährigen Zeitraum geschlossen. Damit wird die Umsetzung eines selektiven GKV-Arzneimittelversorgungsvertrags, dh der tatsächliche exklusive Arzneimittelbezug von dem vertragsbeteiligten pharmazeutischen Unternehmer zu den festgelegten Rabattkonditionen, durch eine Vielzahl grundsätzlicher sowie einzelfallabhängiger Faktoren beeinflusst, die außerhalb der Sphäre der vertragsbeteiligten Parteien liegen. Auf Seiten des pharmazeutischen Unternehmers stellt jedoch gerade die prognostizierte Menge der während der Vertragslaufzeit abzugebenden Arzneimittel eine wesentliche Grundlage zur Kalkulation von Rabattsätzen dar[290]. Je größer die zu erwartende Absatzmenge ist, desto höher dürfte in der Regel der Rabatt ausfallen[291]. Diese Umstände müssen im Rahmen der Leistungsbeschreibung Berücksichtigung finden. 123

c) Ausschreibungsgestaltungen. Bei der Beschaffung von Arzneimitteln durch die gesetzlichen Krankenkassen ist mit der Festlegung des Beschaffungsbedarfs grundsätzlich auch die Entscheidung darüber verbunden, ob eine wirkstoffbezogene oder eine indikationsbezogene Ausschreibung erfolgen soll. Diese Entscheidung ist regelmäßig in Abhängigkeit von dem jeweiligen Vertragsgegenstand und der tatsächlichen Marktverhältnisse zu treffen. 124

Besondere Bedeutung besitzt dabei der Umstand, ob für das jeweilige Arzneimittel, das zum Gegenstand eines öffentlich zu vergebenen GKV-Selektivvertrags gemacht werden 125

---

[284] → Rn. 149.
[285] Vgl. *Prieß* in Kulartz/Marx/Portz/ders., VOL/A, § 8 EG Rn. 1.
[286] Dazu bereits → Rn. 119 ff.
[287] Eine ausführlich kommentierte Musterrüge, die eine nicht eindeutige und erschöpfende Leistungsbeschreibung im Zusammenhang mit der Vergabe eines Arzneimittelrabattvertrags nach § 130a Abs. 8 SGB V zum Gegenstand hat, findet sich in *Gabriel* in Stief/Bromm, Vertragshandbuch Pharma und Life Sciences.
[288] → Rn. 27 ff.
[289] → Rn. 237 ff.; sowie *Gabriel* VergabeR 2012, 490.
[290] Vgl. VK Bund Beschl. v. 28.7.2009 – VK 3-142/09; *Anders/Knöbl* PharmR 2009, 607 (608).
[291] Vgl. VK Bund Beschl. v. 28.7.2009 – VK 3-142/09.

406 6. Teil. Wettbewerbliche Selektivverträge für Arzneimittel und Medizinprodukte

soll, die Substitutionspflicht des § 129 Abs. 1 S. 3 SGB V gilt. Denn mit der Substitutionspflicht wird einerseits von Gesetzes wegen ein Wettbewerb zwischen wirkstoffidentischen Arzneimitteln begründet. An diesem gesetzlichen Wettbewerb kann sich eine Krankenkasse als Auftraggeber rechtssicher bei der Ausgestaltung der Leistungsbeschreibung orientieren, indem ausdrücklich bestimmte Wirkstoffe nachgefragt werden. Andererseits stellen die durch die Substitutionspflicht begründeten Lenkungs- und Steuerungswirkungen für den Arzneimittelabsatz des selektivvertragsbeteiligten pharmazeutischen Unternehmers eine effektive Umsetzung des auszuschreibenden GKV-Selektivvertrags sicher. Soweit die Substitutionspflicht des § 129 Abs. 1 S. 3 SGB V gilt, ist eine wirkstoffbezogene Ausschreibung dementsprechend im Regelfall der praktikabelste Weg, um einen GKV-Selektivvertrag rechtssicher auszuschreiben.

126 Für Arzneimittel, die nicht der Substitutionspflicht nach § 129 Abs. 1 S. 3 SGB V unterliegen, bestehen diese Möglichkeiten nicht. Es obliegt hier vielmehr den gesetzlichen Krankenkassen, bei der Ausgestaltung der Leistungsbeschreibung und der Festlegung von Wertungskriterien zu bestimmen, welche Arzneimittel in einen Ausschreibungswettbewerb miteinander gestellt werden sollen. Zudem muss die effektive Umsetzung eines solchen Selektivvertrags durch individualvertragliche Exklusivitätsvereinbarungen sichergestellt werden. Das führt in der Praxis regelmäßig zu besonderen Schwierigkeiten. Mit den vergaberechtlichen Grundsätzen der Wettbewerblichkeit und Nichtdiskriminierung sowie dem Gebot, die Leistungsbeschreibung eindeutig und erschöpfend auszugestalten ist es grundsätzlich unvereinbar, wenn verschiedene Arzneimittel in einen Ausschreibungswettbewerb miteinander gestellt werden, zwischen denen tatsächlich jedoch kein Wettbewerb besteht. Dementsprechend war und ist die vergaberechtskonforme Ausgestaltung der Leistungsbeschreibung regelmäßiger Gegenstand vergaberechtlicher Streitigkeiten. In Teilbereichen konnte sich deshalb bereits eine differenzierte Judikatur der Nachprüfungsinstanzen herausbilden. Die dort aufgestellten Anforderungen werden nachfolgend zusammenfassend unter Berücksichtigung der individuellen Spezifika der jeweiligen Vertragsgegenstände behandelt.

127 aa) **Generische Präparate.** Der Abschluss von Arzneimittelrabattverträgen nach § 130a Abs. 8 SGB V über generische Präparate erfolgt in der Praxis regelmäßig im Wege wirkstoffbezogener Ausschreibungen iSv § 24b Abs. 2 AMG. Dabei bestimmt die jeweilige Krankenkasse ihren Arzneimittelbedarf zumeist durch die Bildung von Vergleichsgruppen (auch: Preisvergleichsgruppen). Hierbei wird ein konkreter einzelner Wirkstoff benannt, jedoch kein konkretes Arzneimittel nachgefragt. Eine ausschreibende Krankenkasse stellt damit sämtliche sich auf dem Markt befindlichen und arzneimittelrechtlich zugelassenen generischen Medikamente, die diese Wirksubstanz beinhalten, in einen Ausschreibungswettbewerb.

128 Daneben erfolgt bei der Ausschreibung von Arzneimittelrabattverträgen über generische Präparate in der Praxis grundsätzlich eine wettbewerbliche Einteilung in wirkstoffbezogene Fachlose[292]. In Anlehnung an die Voraussetzungen für die Substitution eines rabattvertragsgegenständlichen Pharmazeutikums nach § 129 Abs. 1 S. 3 SGB V stellen die ausschreibenden gesetzlichen Krankenkassen generische Präparate lediglich innerhalb einer Vergleichsgruppe in einen Ausschreibungswettbewerb miteinander. Innerhalb einer Vergleichsgruppe werden also nur solche Präparate zusammengefasst, die iSv § 129 Abs. 1 S. 3 SGB V sowohl in Wirkstärke und Packungsgröße identisch als auch für ein gleiches Anwendungsgebiet zugelassen sind und die gleiche oder eine austauschbare Darreichungsform besitzen.

129 Die Rechtsprechung erkennt mittlerweile allgemein an, dass die Beschreibung des Beschaffungsbedarfs anhand der Bezugnahme auf Pharmazentralnummern (PZN) sowie

---

[292] → Rn. 197 ff.

der Vorgabe eines vor dem Zeitpunkt der EU-Bekanntmachung liegenden Stichtags, ab dem die angebotsgegenständlichen Arzneimittel in der Lauer-Taxe[293] gelistet sein müssen, erfolgen kann, ohne dass hierdurch gegen den Grundsatz der Produktneutralität verstoßen wird[294].

Um dem Gebot einer eindeutigen und erschöpfenden Leistungsbeschreibung vor dem Hintergrund von Mengenprognoserisiken zu Lasten der Bieter[295] hinreichend Rechnung zu tragen, wird der bezifferten Angabe der Verordnungs- und Abgabevolumina – bezogen auf die ausschreibungsgegenständlichen Wirkstoffe und einen in der jüngeren Vergangenheit liegenden Referenzzeitraum – von der Rechtsprechung besondere Bedeutung beigemessen[296]. Dabei sind die in der Leistungsbeschreibung anzugebenden arzneimittelbezogenen Verordnungsdaten, soweit diese Daten auf Seiten der Krankenkasse vorhanden bzw. mit angemessenem Aufwand beschaffbar sind, entsprechend der Substitutionskriterien gemäß § 129 Abs. 1 S. 3 SGB V nach Wirkstoffstärke, Darreichungsform und Packungsgröße untergliedert mitzuteilen. 130

Dass eine Krankenkasse statt der Mitteilung dieser branchenüblichen Angaben in der Leistungsbeschreibung lediglich die selbst berechnete tägliche Wirkstoffmenge bzw. das selbst berechnete tägliche Wirkstoffgewicht (sog Daily Defined Dosis) mitteilt, wurde demgegenüber als unzureichend und vergaberechtswidrig erachtet[297]. 131

Darüber hinaus haben ausschreibende Krankenkassen etwaige aktuelle Gesetzgebungsverfahren durch entsprechend flexible Vorgaben in der Leistungsbeschreibung zu berücksichtigen, um unkalkulierbare Risiken für die Bieter bei der Angebotserstellung zu vermeiden[298]. Dazu kann bspw. die Angebotsfrist bis zu einem Zeitpunkt nach dem „materiellen" Abschluss des Gesetzgebungsverfahrens verlängert bzw. bemessen werden, den Bietern die Gelegenheit eingeräumt werden, hinsichtlich des Preises Alternativangebote für den Fall einer entsprechenden Gesetzesänderung abzugeben oder ein vertragliches Sonderkündigungsrecht eingeräumt werden[299]. 132

bb) Patentgeschützte Originalpräparate. Rabattverträge nach § 130a Abs. 8 SGB V über patentgeschützte Originalpräparate unterliegen anderen Rahmenbedingungen als Rabattverträge über Generika. Für patentgeschützte Originalpräparate findet die Substitutionspflicht des Apothekers nach § 129 Abs. 1 S. 3 SGB V keine Anwendung[300]. Zwar entspricht es gefestigter Rechtsprechung, dass keine vergaberechtliche Pflicht besteht eine Rabattvertragsausschreibung auf Arzneimittel zu beschränken die untereinander nach § 129 Abs. 1 S. 3 SGB V substituierbar sind[301]. Bei der Bestimmung des Beschaffungs- 133

---

[293] Große Deutsche Spezialitätentaxe (sog Lauer-Taxe). Die Lauer-Taxe enthält die Daten aller bei der Informationsstelle für Arzneispezialitäten GmbH (IfA) gemeldeten Fertigarzneimittel und apothekenüblichen Waren, die in Deutschland für den Handel zugelassen sind.
[294] LSG Nordrhein-Westfalen Beschl. v. 8.10.2009 – L 21 KR 39/09 SFB; LSG Nordrhein-Westfalen Beschl. v. 9.4.2009 – L 21 KR 27/09 SFB; VK Bund Beschl. v. 20.3.2009 – VK 3–55/09; VK Bund Beschl. v. 18.3.2009 – VK 3–25/09. Zur vergaberechtlichen Bedeutung von PZN in Rabattvertragsausschreibungen eingehend *Kamann/Gey* PharmR 2009, 114 (119); *Willenbruch* PharmR 2009, 543 (544); *Goodarzi/Jansen* NZS 2010, 427 (434 f.).
[295] Dazu grundsätzlich bereits → Rn. 123.
[296] LSG Baden-Württemberg Beschl. v. 27.2.2008 – L 5 KR 507/08 ER-B, L 5 KR 508/08 W-A, mAnm *v.Czettritz* PharmR 2008, 253; VK Bund Beschl v. 15.11.2007 – VK 2–102/07.
[297] VK Bund v. 10.4.2008 – VK 2–37/08; *Kamann/Gey* PharmR 2009, 114.
[298] Vgl. zu den Auswirkungen des (damals) laufenden Gesetzgebungsverfahrens zum GKV-OrgWG auf eine Hilfsmittelausschreibung: VK Bund Beschl. v. 12.12.2008 – VK 2–136/08 und zur Änderung der Packungsgrößenverordnung VK Bund Beschl. v. 1.2.2011 – 126/10; VK Bund Beschl. v. 1.2.2011 – VK 3–135/10 sowie *Nitz* PharmR 2011, 208.
[299] Vgl. VK Bund Beschl. v. 12.12.2008 – VK 2–136/08.
[300] Dazu bereits → Rn. 48.
[301] OLG Düsseldorf Beschl. v. 11.5.2011 – VII Verg 3/11; OLG Düsseldorf Beschl. v. 17.1.2011 – VII Verg 2/11; VK Bund Beschl. v. 29.11.2010 – VK 2 – 113/10; LSG Baden-Württemberg Beschl. v.

bedarfs und dessen Wiedergabe in der Leistungsbeschreibung kann sich eine Krankenkasse dann allerdings nicht an den Substitutionskriterien des § 129 Abs. 1 S. 3 SGB V orientieren. Da es im Fall chemisch-synthetisch hergestellter Originalpräparate mit Wirkstoffpatentschutz zudem bereits aus patentrechtlichen Gründen keine (zugelassenen) wirkstoffgleichen (anderen) Arzneimittel geben kann[302], stellt sich die Frage, ob bzw. wie es hinsichtlich des Abschlusses eines Rabattvertrags nach § 130a Abs. 8 SGB V, der patentgeschützte Originalpräparate zum Gegenstand hat, auf Seiten der pharmazeutischen Unternehmer überhaupt einen (Ausschreibungs-)Wettbewerb geben kann. Denn ein Vertragswettbewerb setzt notwendigerweise voraus, dass mehrere potentielle Vertragspartner zu Verfügung stehen. Insofern kommt es auf die konkrete Ausschreibungsgestaltung im konkreten Einzelfall an.

134   aaa) **Indikationsbezogene Ausschreibung.** Um einen Ausschreibungswettbewerb im Bereich patentgeschützter Arzneimittel zu begründen, kann eine gesetzliche Krankenkasse ihren Beschaffungsbedarf indikationsbezogen definieren. Gegenstand des Ausschreibungswettbewerbs sind dann sämtliche Präparate, die zur Behandlung der jeweiligen medizinischen Indikation zugelassen sind. Ein effektiver Wettbewerb kann jedoch nur dann begründet werden, wenn die einbezogenen Arzneimittel auch tatsächlich miteinander vergleichbar sind. Denn bei einer fehlenden Vergleichbarkeit könnte ein Rabattvertrag nicht effektiv umgesetzt werden. Voraussetzung dafür ist schließlich, dass für die Behandlung der im Rabattvertrag bestimmten Indikation tatsächlich eine möglichst freie Auswahl zwischen den geeigneten Arzneimitteln besteht. Lediglich dann können vertragliche Exklusivitätsvereinbarungen dazu führen, dass die jeweilige medizinische Indikation vorrangig mit dem rabattvertragsgegenständlichen Arzneimittel behandelt wird.

135   Der vergaberechtliche Begriff der Vergleichbarkeit muss dabei unter Berücksichtigung der spezifischen Besonderheiten bei Arzneimittelbeschaffungen und der gesetzlichen Rahmenbedingungen des SGB V konkretisiert werden. Der Feststellung der Vergleichbarkeit unterschiedlicher patentgeschützter Arzneimitteln bedarf es insbesondere hinsichtlich solcher Fälle, in denen verschiedene Originalpräparate für unterschiedliche, sich (aber/nur) teilweise überschneidende Indikationsbereiche zugelassen sind. Die Frage, ob bzgl. solcher Arzneimittel eine vergaberechtliche Vergleichbarkeit iSv § 8 EG Abs. 1 VOL/A besteht, ist in der vergaberechtlichen Rechtsprechung noch nicht abschließend beantwortet.

136   Zur Beantwortung dieser Frage, kann nicht allein auf die Beurteilungsrichtlinien, die in Zusammenhang mit den Festbetragsgruppen gemäß § 35 SGB V entwickelt wurden, abgestellt werden[303]. Denn die Bildung von Festbetragsgruppen nach § 35 SGB V zielt ausschließlich auf die Preisbildung und soll durch die Begrenzung der Erstattungshöchstbeträge Preisspannen reduzieren[304]. Gegen das Abstellen auf diese Festbetragsgruppenbildungen allein zur Beurteilung der Vergleichbarkeit im vergaberechtlichen Sinne spricht insbesondere, dass das SGB V in diversen anderen Zusammenhängen eine Privilegierung patentgeschützter Medikamente vorsieht. So liegt zB den besonderen Regelungen zur eingeschränkten Festbetragsgruppentauglichkeit patentgeschützter Medikamente in § 35 Abs. 1 S. 3, Abs. 1a S. 2 SGB V der Gedanke zugrunde, dass der durch das Patent

---

17.2.2009 – L 11 WB 381/09; OLG Düsseldorf Beschl. v. 20.10.2008 – VII-Verg 46/08; VK Bund Beschl. v. 22.8.2008 – VK 2-73/08; VK Bund Beschl. v. 15.8.2008 – VK 3-107/08.

[302] VK Bund Beschl. v. 22.8.2008 – VK 2-73/08.

[303] Hierzu *Gabriel* NZS 2008, 455 (458). Anders LSG Baden-Württemberg Beschl. v. 17.2.2009 – L 11 WB 381/09: „Dabei dürfen die Ag. entsprechend der für die Bildung von Festbetragsgruppen geltenden Bestimmungen in §§ 35 I 2, 35a III 1 SGB V davon ausgehen, dass Arzneimittel mit denselben Wirkstoffen auch den gleichen therapeutischen Nutzen haben und etwas anderes nur gilt, wenn die Arzneimittel trotz vorhandener Wirkstoffidentität unterschiedliche Bioverfügbarkeiten aufweisen, sofern diese für die Therapie bedeutsam sind."

[304] *Hess* in Kasseler Kommentar Sozialversicherungsrecht, 2009, § 35 SGB V Rn. 2.

gewährte Investitionsschutz durch die Einstufung in eine einheitliche Erstattungsgruppe nicht untergraben werden soll.

Die Rechtsprechung hat eine Vergleichbarkeit und eine indikationsbezogene Ausschreibungsfähigkeit bislang nur in solchen (wenigen) Fällen bejaht, in denen es um Arzneimittel mit nicht nur teilweise, sondern nahezu identischen Indikationsbereichen ging. So etwa bei einer ca. 99prozentigen Schnittmenge der betroffenen Indikationen[305] oder einer bloßen Abweichung der Anzahl von Dosiereinheiten, die in den ausgeschriebenen Normpackungsgrößen enthalten sind[306]. Das spricht dafür, bei Arzneimitteln mit nur teilweise überschneidenden Indikationsbereichen eine Vergleichbarkeit im Sinne von § 8 EG Abs. 1 VOL/A tendenziell eher zu verneinen.

137

Dementsprechend ist es in der Rechtsprechung bereits seit Langem anerkannt, dass Krankenkassen Rabattvertragsausschreibungen nicht ausschließlich auf im Sinne von § 129 SGB V substituierbare Arzneimittel beschränken müssen. Vielmehr steht der Aspekt des (gleichen) therapeutischen Nutzens im Vordergrund[307]. Hieraus folgt, dass eine Zusammenfassung mehrerer Originalpräparate im Rahmen einer Ausschreibung keine Substitutionsmöglichkeit nach § 129 SGB V iVm § 4 Abs. 1 lit. a) des Rahmenvertrags nach § 129 Abs. 2 SGB V[308] voraussetzt, wenn bereits aus anderen Gründen ein Wettbewerbsverhältnis zwischen den Arzneimitteln besteht. Bei der Leistungsbeschreibung ist für die Feststellung eines solchen Wettbewerbsverhältnisses der Bezug zur ärztlichen Indikation bzw. zur Auffassung der Nachfrageentscheider, Ärzte und ggf. Apotheker, ausreichend[309]. Das ist bereits dann der Fall, wenn zwar potenziell ein indikationsbegründetes Wettbewerbsverhältnis besteht, es aber aufgrund der Kategorisierung des entsprechenden Wirkstoffs als „Critical-Dose-Wirkstoff" in tatsächlicher Hinsicht regelmäßig nicht zu einer echten Auswahl seitens des Nachfrageentscheiders und damit häufig auch nicht zu einer Substitution kommt[310]. Vor diesem Hintergrund setzt eine wettbewerbliche Auswahl im Ergebnis nicht etwa voraus, dass die Wirkstoffe in jeder Hinsicht vergleichbar sind, vielmehr kommt es vergaberechtlich allein darauf an, dass die Angebote im Hinblick auf den konkreten Auftrag, gemessen an den Vorgaben des Auftraggebers, einem Vergleich zugänglich sind[311]. Ein Wettbewerbsverhältnis zwischen zwei Produkten sei bereits darin zu erkennen, dass der verordnende Arzt nach medizinischer Erkenntnis in einer Vielzahl von Fällen bei erkrankten Patienten zwischen diesen beiden Präparaten auswählen kann[312].

138

Vor diesem Hintergrund bildet die Ausschreibungsgestaltung der Techniker Krankenkasse zum Abschluss von „Rabattkooperationen" nach § 130a Abs. 8 SGB V über TNF-alpha-Blocker ein vielbeachtetes Praxisbeispiel[313]. Dabei handelte es sich um eine indikationsbezogene Ausschreibung, die verschiedene Wirkstoffe zur Behandlung arthritischer

139

---

[305] VK Bund Beschl. v. 15.8.2008 – VK 3–107/08; VK Bund Beschl. v. 22.8.2008 – VK 2–73/08.
[306] VK Bund Beschl. v. 29.11.2010 – VK 2–113/10; OLG Düsseldorf Beschl. v. 17.1.2011 – VII-Verg 2/11.
[307] LSG Baden-Württemberg Beschl. v. 17.2.2009 – L 11 WB 381/09; OLG Düsseldorf Beschl. v. 20.10.2008 – VII-Verg 46/08; VK Bund Beschl. v. 22.8.2008 – VK 2–73/08; VK Bund Beschl. v. 15.8.2008 – VK 3–107/08.
[308] Rahmenvertrag über die Arzneimittelversorgung nach § 129 Abs. 2 SGB V idF v. 15. Juni 2012 zwischen dem Spitzenverband Bund der Krankenkassen und dem Deutschen Apothekerverband e. V.
[309] VK Bund Beschl. v. 29.11.2010 – VK 2–113/10; OLG Düsseldorf Beschl. v. 17.1.2011 – VII-Verg 2/11; OLG Düsseldorf Beschl. v. 8.6.2011 – VII-Verg 2/11.
[310] VK Bund Beschl. v. 25.11.2011 – VK 1–135/11; OLG Düsseldorf Beschl. v. 30.1.2012 – VII-Verg 103/11; OLG Düsseldorf Beschl. v. 10.4.2013 – VII-Verg 45/12.
[311] VK Bund Beschl. v. 22.8.2008 – VK 2–73/08.
[312] OLG Düsseldorf Beschl. v. 17.1.2011 – VII-Verg 2/11.
[313] Veröffentlicht im Supplement zum EU-Amtsblatt v. 18.4.2008 (ABl. EU/S 2008/S 76–102835). Hierzu OLG Düsseldorf Beschl. v. 20.10.2008 – VII-Verg 46/08 und Beschl. v. 22.10.2008 – I-27 U 2/08, mAnm *Weiner* VergabeR 2009, 189; VK Bund Beschl v. 22.8.2008 – VK 2–73/08.

Erkrankungen im Wege der Blockierung des Botenstoffs TNF-Alpha nachfragte. Zum Ausschreibungszeitpunkt waren auf dem Arzneimittelmarkt insgesamt drei verschiedene patentgeschützte Präparate verfügbar, die sich teilweise in den Merkmalen Anwendungsgebiet, Therapien, klinische Wirkungsweise, Applikationswege, Infektionsrisiken, Verträglichkeit und Wirtschaftlichkeit unterschieden. Um gleichwohl eine Vergleichbarkeit eingehender Angebote der verschiedenen Patentinhaber herzustellen, wählte die Krankenkasse eine spezifische Wertungssystematik. Im Hinblick auf die Rabatthöhe wurde von den Bietern lediglich ein Grundrabatt verlangt. Der wertungsmäßige Schwerpunkt wurde auf ein von den Bietern als Angebotsbestandteil zu erstellendes Konzept zur Rabattvertragssteuerung und Kooperationsstrategie gelegt. Damit wurde zum einen der Vergleichbarkeit der Angebote Rechnung getragen, da die unterschiedlichen Umsetzungskonzepte ohne weiteres einem wertenden Vergleich zugänglich sind. Zum anderen wurde damit der Versuch unternommen, durch möglichst innovative Umsetzungskonzepte innerhalb der Angebote, die fehlende Substitutionspflicht nach § 129 Abs. 1 S. 3 SGB V zu kompensieren.

140 **bbb) Wirkstoffbezogene Ausschreibung.** Grundsätzlich kann der Abschluss eines Rabattvertrags nach § 130a Abs. 8 SGB V auch im Wege einer wirkstoffbezogenen Ausschreibung erfolgen. Für den Patentinhaber kann der Abschluss eines solchen Vertrags vorteilhaft sein, da rabattbegünstigte Arzneimittel gemäß § 5 Abs. 1 S. 3 des Rahmenvertrags nach § 129 Abs. 2 SGB V gegenüber nicht rabattbegünstigten importierten Arzneimitteln vorrangig abzugeben sind. Ein Rabattvertrag nach § 130a Abs. 8 SGB V führt damit hinsichtlich des vertragsgegenständlichen Arzneimittels zur Aufhebung der Importquote nach § 129 Abs. 1 S. 1 Nr. 2 SGB V.

141 Vergaberechtlich problematisch erscheinen wirkstoffbezogene Ausschreibungen im patentgeschützten Bereich allerdings, da durch den bestehenden Wirkstoffpatentschutz grundsätzlich lediglich der Patentinhaber sowie Re- und Parallelimporteure[314] als Ausschreibungsteilnehmer in Betracht kommen (im Fall von Co-Marketing-Konstellationen käme der mit einem eigenen Vertriebsrecht zur Angebotsabgabe berechtigte Vertragspartner als potentieller Wettbewerber hinzu[315]). Die Wettbewerblichkeit einer wirkstoffbezogenen Rabattvertragsausschreibung ist durch diesen beschränkten Kreis potentieller Verfahrensteilnehmer damit von vornherein eingeschränkt.

142 Die Ausschreibung würde sich daher – insbesondere wenn vertraglich gesteigerte und/oder sanktionsbewehrte Anforderungen an die Liefer- und Leistungsfähigkeit aufgestellt werden[316] – faktisch ausschließlich an den Patentinhaber richten. Das OLG Düsseldorf betont in diesem Zusammenhang, dass eine solche Vorgehensweise vom öffentlichen Auftraggeber mit Bezug zum Auftragsgegenstand besonders zu begründen wäre und der einfache Verweis auf einen entsprechenden Wirkstoffpatentschutz nicht ausreiche, um eine Abweichung vom Grundsatz der wettbewerbsoffenen Vergabe zu rechtfertigen[317]. Ein

---

[314] **Reimporteure** kaufen Arzneimittel, die in Deutschland produziert und ins Ausland exportiert wurden, zu günstigeren Preisen im Ausland auf und vertreiben diese auf dem deutschen Arzneimittelmarkt. **Parallelimporteure** importieren Arzneimittel, die in einem anderen Mitgliedstaat der Europäischen Union (dezentral) zugelassen worden sind nach Deutschland und vertreiben diese hier nach einer Änderung der Kennzeichnung der Packungsbeilage. Ähnlich verfahren sog. **Parallelvertreiber,** die zentral zugelassene und damit innerhalb der Europäischen Union frei handelbare Arzneimittel nach Deutschland importieren.

[315] *Schickert* PharmR 2009, 164 (172).

[316] Einstweilen wird man davon ausgehen müssen, dass Re- und Parallelimporteure nicht über die in Rabattvertragsausschreibungen zum Zweck der Eignungsprüfung regelmäßig geforderte und vergaberechtlich gebotene Liefer-/Leistungsfähigkeit verfügen; der valide Nachweis gesicherter Herstellungs-, Produktions- bzw. Lieferkapazitäten wird ihnen regelmäßig (ggf. abhängig vom relevanten Mengenvolumen) nicht möglich sein.

[317] OLG Düsseldorf Beschl. v. 20.10.2008 – VII-Verg 46/08 sowie Beschl. v. 22.10.2008 – I-27 U 2/08 mAnm *Weiner* VergabeR 2009, 189. Dazu auch *Gabriel/Weiner* NZS 2009, 422 (423).

Wirkstoffpatent schützt damit gerade nicht vor Wettbewerb bei der Ausschreibung von Arzneimittelrabattverträgen. Vielmehr sei es erforderlich, eine indikationsbezogene Ausschreibung vorzunehmen, dh den Beschaffungsbedarf anhand eines medizinischen Indikationsbereichs festzulegen. So könne den tatsächlichen Wettbewerbsverhältnissen zwischen mehreren Wirkstoffen – sofern es denn im Einzelfall solche gibt – zur Behandlung eines im Wesentlichen identischen Indikationsbereichs Rechnung getragen werden[318].

Gleichwohl wurde im Januar 2013 der Versuch unternommen, einen Rabattvertrag nach § 130a Abs. 8 SGB V über patentgeschützte Präparate mittels einer wirkstoffbezogenen Ausschreibung zu vergeben[319]. Eine Allgemeine Ortskrankenkasse veröffentlichte eine Auftragsbekanntmachung zum Abschluss eines solchen Vertrags zu zwei patentgeschützten sog Blockbuster-Präparaten im offenen Verfahren, wobei pro Wirkstoff je ein Fachlos vorgesehen war. An der Ausschreibung hätten sich neben den beiden Patentinhabern (jeweils bezogen auf „sein" Los) nur Re- und Parallelimporteure beteiligen können. Allerdings enthielt die ausschreibungsgegenständliche Rabattvereinbarung neben vertragsstrafenbewehrten Lieferverpflichtungen und Gewährleistungsklauseln dezidierte Pflichten zum Nachweis der Lieferfähigkeit, einschließlich der Vorgabe obligatorischer Verpflichtungserklärungen der Nachunternehmer (zu denen im Fall von Re-/Parallelimporteuren, nach zutreffender Ansicht auch Apotheken und Großhändler als Bezugsquellen des Originalpräparats zählen), die die Leistungsfähigkeit von Re- und Parallelimporteuren regelmäßig übersteigen. Das offene Vergabeverfahren wurde schließlich aufgehoben, da weder von Seiten der Originatoren, noch von Re- oder Parallelimporteuren Angebote abgegeben wurden. 143

cc) Biologisch/biotechnologisch hergestellte Arzneimittel. Hinsichtlich der Ausschreibungsgestaltung bei biologisch/biotechnologisch hergestellten Arzneimitteln ist zwischen Bioidenticals und Biosimilars zu differenzieren[320]. Bioidenticals sind diesbezüglich grundsätzlich mit chemisch-synthetischen Generika vergleichbar, da für beide Gruppen von Arzneimitteln die Substitutionspflicht nach § 129 Abs. 1 S. 3 SGB V gilt. Bei der Bildung von Preisvergleichsgruppen im Rahmen von Rabattvertragsausschreibungen über Bioidenticals kann deshalb auf die entsprechenden Vergleichsgruppen in Anlage 1 zum Rahmenvertrag nach § 129 Abs. 2 SGB V rekurriert und eine wirkstoffbezogene Ausschreibung damit rechtssicher durchgeführt werden. 144

Anders verhält es sich hingegen mit Biosimilars. Für diese besteht von vornherein keine Substitutionspflicht nach § 129 Abs. 1 S. 3 SGB V. Bedingt durch den biologischen/biotechnologischen Herstellungsprozess besteht auch im Verhältnis zwischen dem Originalpräparat und dem biosimilaren Nachahmerpräparat keine Wirkstoffgleichheit. Im Hinblick auf die Ausschreibungsgestaltung stellen sich mithin vergleichbare Problemstellungen wie bei der Ausschreibung von Rabattverträgen im Bereich patentgeschützter Originalpräparate. 145

Zudem ergeben sich jedoch im Zusammenhang mit der der indikationsbezogenen Ausschreibung von Biosimilars einige relevante Besonderheiten, die mit den spezifischen Marktverhältnissen dieses Arzneimittelbereichs zusammenhängen. Bei der Ausschreibung biosimilarer Arzneimittel handelt es sich um einen nur eingeschränkt wettbewerblichen Bereich, da sich bei biosimilaren Arzneimitteln noch kein mit dem Generikasegment im chemisch-synthetischen Arzneimittelbereich vergleichbarer Markt etabliert hat. Denn auch wenn mehrere Biosimilars für einen spezifischen Indikationsbereich zum Gegenstand eines öffentlich ausgeschriebenen Rabattvertrags gemacht werden, besteht aufgrund der 146

---

[318] VK Bund Beschl. v. 19.11.2008 – VK 1–135/08; VK Bund Beschl. v. 29.11.2010 – VK 2–113/10; OLG Düsseldorf Beschl. v. 17.1.2011 – VII-Verg 2/11.
[319] Veröffentlicht im Supplement zum EU-Amtsblatt v. 23.1.2013 (ABl. EU/S S 16 22969-2013-DE).
[320] Zur Definition und Abgrenzung siehe bereits → Rn. 65 ff.

412 6. Teil. Wettbewerbliche Selektivverträge für Arzneimittel und Medizinprodukte

unterschiedlichen strukturellen Eigenschaften der jeweiligen Medikamente[321] die Gefahr, dass es in der Verschreibungs- und Abgabepraxis der Ärzte und Apotheker aus therapeutischen Gesichtspunkten nicht zur Umsetzung entsprechender Exklusivitätszusagen[322] bzw. der vertraglich in Aussicht gestellten Lenkungs- und Steuerungswirkung zu Gunsten des Ausschreibungsgewinners kommt[323]. Im Ergebnis bestehen wesentlich niedrigere Umsetzungsquoten exklusiver GKV-Versorgungsverträge über biosimilare Nachfolgeprodukte als bei chemisch-synthetischen Generika.

147 Soweit seitens der gesetzlichen Krankenkassen gleichwohl ein Rabattvertragswettbewerb bezüglich biosimilarer Arzneimittel begründet werden soll, stellt das einerseits eine gesundheitspolitisch sensible Entscheidung dar, wenn die vertraglich vereinbarten Exklusivitätszusagen tatsächlich nicht zu einer Lenkung- und Steuerung des Arzneimittelabsatzes auf den vertragsbeteiligten pharmazeutischen Unternehmer führen. Es besteht dann die Gefahr, dass dem im Vertragswettbewerb eingeräumten Rabatt keine adäquate Gegenleistung für den pharmazeutischen Unternehmer gegenübersteht. Der getroffenen Wertentscheidung der gesetzlichen Krankenkassen, hin zu einem Rabattwettbewerb zwischen biotechnologischen Arzneimitteln, könnte deshalb sogar eine innovations- und wettbewerbshemmende Wirkung zukommen, soweit der gerade im Entstehen befindliche Markt für Biosimilars durch einen intensiven Rabattwettbewerb wieder zum Erliegen käme.

148 Die gegenwärtig noch geringe Wettbewerbsintensität auf dem Markt für biosimilare Arzneimittel, dürfte sich jedoch andererseits auch bei der Ausschreibungsgestaltung auswirken. Die wenigen in diesem Bereich bislang geführten Vergabenachprüfungsverfahren zu bereits praktizierten Rabattvertragsausschreibungen, bezogen sich auf bioidentische Arzneimittel und wurden zu einer Zeit geführt, als die Substitutionspflicht des § 129 Abs. 1 S. 3 SGB V für diese noch nicht galt. Die Nachprüfungsverfahren hatten vor dem hier dargestellten Hintergrund nachvollziehbarerweise die Ausgestaltung der Leistungsbeschreibung und die entsprechende Wertungssystematik zum Gegenstand[324]. Beispielsweise wurde in einem besonders engen Wettbewerbsverhältnis, in dem lediglich zwei Bieter einen nachgefragten Wirkstoff hätten anbieten können – die eigentlich dem Substitutionskriterium der Packungsgröße konsequent entsprechende – Vorgabe, dass jeder Bieter jede Normpackungsgröße (N1, N2 und N3) anbieten müsse, vergaberechtlich beanstandet, weil der ausschreibenden Krankenkasse hätte bekannt sein müssen, dass eines der zwei in Frage kommenden, marktbekannten Unternehmen aus wohl erwogenen Gründen lediglich zwei dieser Normpackungsgrößen in Vertrieb hat und die Einführung einer weiteren Normpackungsgröße allein zum Zweck der Angebotslegung in der Verfahrensrelevanten Ausschreibung einen unverhältnismäßigen Aufwand bedeutet hätte[325]. Für Rabattvertragsausschreibungen über biosimilare Arzneimittel, bei denen von vornherein nur wenige pharmazeutische Unternehmer als Vertragspartner in Betracht kommen, dürfte vor diesem Hintergrund besonders zu berücksichtigen sein, bei der Gestaltung der Leistungsbeschreibung und dem Aufstellen der Wertungssystematik den jeweiligen Marktbedingungen Rechnung zu tragen und einzelne Anbieter nicht faktisch zu bevorzugen.

149 **dd) Impfstoffversorgungsverträge.** Im Zusammenhang mit dem Abschluss von Impfstoffversorgungsverträgen iSv § 132e Abs. 2 iVm § 130a Abs. 8 SGB V wurde im Rahmen diesbezüglicher Vergabenachprüfungsverfahren in jüngster Vergangenheit wiederholt eine lediglich indikationsbezogene Ausschreibung als diskriminierend und wettbewerbshem-

---

[321] → Rn. 67.
[322] → Rn. 69.
[323] Dazu VK Bund Beschl. v. 29.11.2010 – VK 2–113/10; OLG Düsseldorf Beschl. v. 17.1.2011 und 8.6.2011 – VII-Verg 2/11.
[324] VK Bund Beschl. v. 29.11.2010 – VK 2–113/10; OLG Düsseldorf Beschl. v. 17.1.2011 und 8.6.2011 – VII-Verg 2/11.
[325] VK Bund Beschl. v. 21.9.2012 – VK 3–102/12.

Gabriel

mend gerügt. Damit wurde auf eine Einschränkung der Beschaffungsbedarfsbestimmungsautonomie das öffentlichen Auftraggebers abgezielt. Gegenstand von Ausschreibungen waren in diesem Zusammenhang saisonaler Influenzaimpfstoff in Fertigspritzen mit oder ohne abnehmbarer Kanüle[326] sowie Influenzaimpfstoff zur Impfung von Versicherten ab dem sechsten Lebensmonat ohne Altersobergrenze[327]. In beiden Fällen wurde die Leistungsbeschreibung als vergaberechtsgemäße Beschaffungsbedarfsbestimmung anerkannt.

Wie alle sonstigen wirkstoffverschiedenen Arzneimittel zeichnen sich auch Impfstoffe dadurch aus, dass sie für unterschiedliche, spezifische Indikationsbereiche arzneimittelrechtlich zugelassen sind und von verschiedenen Herstellern, teilweise in differierenden Applikationssystemen, angeboten werden. 150

Sofern der öffentliche Auftraggeber seinen Beschaffungsbedarf ohne die Berücksichtigung der bestehenden konkreten Marktverhältnisse auf Anbieterseite weit bzw. unspezifisch und lediglich anhand einer medizinischen Indikation definiert, besteht grundsätzlich die Gefahr, auf einem ohnehin oligopolisch geprägten Markt lediglich einigen wenigen pharmazeutischen Unternehmern die Teilnahme an einer Ausschreibung zu ermöglichen. Das birgt die Gefahr, potenziell unrentable Ergebnisse mangels hinreichenden Wettbewerbs zu erzielen. 151

Bei Selektivverträgen zur Versorgung mit Schutzimpfungen bestehen hinsichtlich der Anforderungen des § 8 EG Abs. 1 VOL/A an eine eindeutige und erschöpfende Leistungsbeschreibung besondere Schwierigkeiten. Denn der Umfang der Leistungsinanspruchnahme wird maßgeblich durch die Nachfrage in der Bevölkerung, dem Auftreten von Pandemien und den verordnenden Ärzten bestimmt. Beispielsweise ist die Risikowahrnehmung in der Bevölkerung bei der saisonalen Influenza in jeder Impfsaison unterschiedlich stark ausgeprägt[328], weshalb das Nachfragevolumen der gesetzlichen Krankenkassen nach Influenzaimpfstoff nicht mit absoluter Sicherheit prognostizierbar ist. 152

Zudem erschwert bereits die Distributionsstruktur von Impfstoffen im Rahmen des Sprechstundenbedarfs eine selektivvertragskonforme Abgabe an die Versicherten. Diese Struktur setzt voraus, dass die Impfstoffe bereits bei der Abgabe in der Praxis des Arztes vorhanden sind, dh im Vorhinein der Impfung durch die Apotheke ausgeliefert wurden. Damit wird eine Berücksichtigung der individuellen Kassenzugehörigkeit bei der Abgabe der Impfung unmöglich. Die Krankenkassen können dem jeweiligen Selektivvertragspartner daher keine ausreichend sicheren Mengenzusagen machen. Insofern fehlt ihnen grundsätzlich sogar das entscheidende Element, um Rabatte auszuhandeln[329]. Soweit entsprechende rabattgewährende Exklusivverträge gleichwohl geschlossen und öffentlich ausgeschrieben werden, stellt sich die Frage nach der materiellen Vergaberechtskonformität. 153

Den Kalkulationsrisiken für potenzielle Bieter gilt es durch die Angabe von Erfahrungswerten und Absatzquoten der Vorjahre bereits im Rahmen der Leistungsbeschreibung zu begegnen. Insofern kann grundsätzlich auf die Rechtsprechung zu der Ausgestaltung vergaberechtskonformer Leistungsbeschreibungen bei der Ausschreibung von Rabattverträgen nach § 130a Abs. 8 SGB V über generische Präparate rekurriert werden. Im Übrigen ist bei der Ausschreibung von Impfstoffversorgungsverträgen danach zu differenzieren, ob sich diese an Apotheken oder aber an pharmazeutische Unternehmer als Auftragnehmer richten. 154

aaa) Impfstoffversorgungsverträge auf Apothekenebene. Auch bei dem Abschluss von Impfstoffversorgungsverträgen zwischen Krankenkassen und Apotheken ist eine Un- 155

---

[326] VK Bund Beschl. v. 1.3.2012 – VK 2–5/12; OLG Düsseldorf Beschl. v. 27.6.2012 – VII-Verg 7/12.
[327] VK Bund Beschl. v. 21.6.2012 – VK 3–57/12.
[328] Vgl. IGES-Institut, et. al., Gutachten zur Verbesserung der Wirtschaftlichkeit von Impfstoffen in Deutschland, 2010, 119.
[329] Ebenso IGES-Institut, et. al., Gutachten zur Verbesserung der Wirtschaftlichkeit von Impfstoffen in Deutschland, 2010, 120.

wirksamkeit bzw. Undurchsetzbarkeit lediglich vertraglich begründeter Lieferexklusivität zu besorgen. Dennoch wird das grundsätzliche Kalkulationsrisiko für die Angebotserstellung von der Rechtsprechung unter Verweis auf die Branchenkenntnisse der Bieter (Apotheken) als beherrschbar angesehen. Ein Verstoß gegen das Gebot der eindeutigen und erschöpfenden Leistungsbeschreibung nach § 8 EG Abs. 1 VOL/A wird verneint[330]. Die Frage, ob sich die Umsetzungsquoten des ausschreibungsgegenständlichen Versorgungsvertrags seitens der Apotheke aufgrund der Distributionsstruktur von Impfstoffen überhaupt mit hinreichender Genauigkeit für die Kalkulation eines Angebots prognostizieren lassen[331], da das maßgeblich von der Verschreibungspraxis der Ärzte abhängt, ist damit vor dem Hintergrund der vorhandenen Branchenkenntnisse weniger entscheidend.

156 Der regelmäßig kassenseitig zentrierte Abschluss von Impfstoffversorgungsverträgen mittels Einkaufsgemeinschaften kann als Nachfragekartell gegen § 1 GWB iVm § 69 Abs. 2 S. 1 SGB V verstoßen. Daneben kann er auch wegen des Missbrauchs einer marktbeherrschenden bzw. marktstarken Stellung entsprechend §§ 19, 20 GWB iVm § 69 Abs. 2 S. 1 SGB V zu einem Anspruch auf Unterlassung des Zuschlags nach § 33 GWB iVm § 69 Abs. 2 S. 1 SGB V führen[332]. Die dadurch hervorgerufenen Unsicherheiten für die vertragsbeteiligten Apotheken, ob ein Impfstoffversorgungsvertrag mit einer Einkaufsgemeinschaft von gesetzlichen Krankenkassen überhaupt wirksam ist, wurden in der vergaberechtlichen Rechtsprechung bislang jedoch mit der Begründung unberücksichtigt gelassen, derartige kartellrechtliche Untersuchungen seien innerhalb der kurzen gesetzlichen Fünf-Wochen-Frist des vergaberechtlichen Nachprüfungsverfahrens nicht leistbar. Kartellrechtliche Fragestellungen seien dementsprechend nicht Gegenstand eines Nachprüfungsverfahrens[333]. Nach der diesbezüglich jüngeren Rechtsprechung des OLG Düsseldorf[334] ist allerdings auch hier mit hoher Wahrscheinlichkeit eine Neubewertung veranlasst.

157 bbb) **Impfstoffversorgungsverträge auf Herstellerebene.** Impfstoffversorgungverträge nach § 132e Abs. 2 iVm § 130a Abs. 8 SGB V zwischen Krankenkassen und pharmazeutischen Unternehmern besitzen eine gesteigerte wettbewerbsrechtliche Relevanz. Denn Impfstoffversorgungsverträge können aufgrund des spezifischen Distributionswegs in Form der Sprechstundenbedarfsversorgung nicht krankenkassenindividuell umgesetzt werden[335]. Diesem Umstand wurde in der bisherigen Praxis durch eine kassenseitig zentrierte Ausschreibung aller gesetzlichen Krankenkassen innerhalb eines Bundeslands bzw. sogar mehrerer Bundesländer gleichzeitig Rechnung getragen. Die damit bedingte kartellrechtliche Relevanz der kassenseitigen Einkaufsgemeinschaften wird dadurch verstärkt, dass diese Ausschreibungen – mit Ausnahme von lediglich marginalen Unterschieden – weit überwiegend identisch ausgestaltet sind. Faktisch kommt es dementsprechend in kartellrechtlicher Hinsicht zu einer Ausweitung der wettbewerblichen Wirkungen (grundsätzliche Gefahr einer erheblichen Markverengung[336]) selektiver Impfstoffversorgungsverträge über den Markt eines einzelnen Bundeslands hinaus[337].

---

[330] Vgl. LSG Nordrhein-Westfalen Beschl. v. 12.2.2010 – L 21 SF 38/10 Verg.
[331] → Rn. 123.
[332] → Rn. 115.
[333] Vgl. VK Bund Beschl. v. 2.12.2010 – VK 3–120/10 sowie hinsichtlich der Ausschreibung eines Impfstoffversorgungsvertrages auf Herstellerebene VK Bund Beschl. v. 1.3.2012 – VK 2–5/12 und VK Bund Beschl. v. 21.6.2012 – VK 3–57/12.
[334] OLG Düsseldorf Beschl. v. 27.6.2012 – VII-Verg 7/12. Dazu → Rn. 117.
[335] → Rn. 76.
[336] OLG Düsseldorf Beschl. v. 17.1.2011 – VII-Verg 3/11 bzgl. einer Ausschreibung auf Apothekenebene. Unzulässige kartellrechtliche Wirkungen seien gegenwärtig aber *noch* nicht zu erwarten.
[337] Vgl. dazu VK Bund Beschl. v. 1.3.2012 – VK 2–5/12, welche mit dem Hinweis auf eine „vorbeugende Unterlassung" jedoch nicht weiter auf das kartellrechtliche Vorbringen der Antragstellerin eingeht. Ebenso VK Bund Beschl. v. 21.6.2012 – VK 3–57/12.

Das OLG Düsseldorf hat sich kürzlich mit dieser kartellrechtlichen Dimension exklusiver Impfstoffversorgungsverträge befasst. Zwar lehnte der Senat im entscheidungsgegenständlichen Einzelfall einen Verstoß der kassenseitigen Einkaufsgemeinschaft gegen kartellrechtliche Vorschriften ab. Er erkannte jedoch gleichzeitig erstmalig eine kartellrechtliche Prüfungskompetenz innerhalb eines vergaberechtlichen Nachprüfungsverfahrens an[338]. Vor diesem Hintergrund wird den kartellrechtlichen Auswirkungen kassenseitig zentrierter Ausschreibungen exklusiver Impfstoffversorgungsverträge auf die vergaberechtlichen Anforderungen an eine eindeutige und erschöpfende Leistungsbeschreibung künftig eine noch größere Bedeutung zukommen.

158

Aus den jüngsten Ausschreibungen selektiver (Grippe-)Impfstoffversorgungsverträge nach § 132e Abs. 2 iVm § 130a Abs. 8 SGB V ergeben sich zudem weitere ausschreibungsrelevante Sonderprobleme grundsätzlicher Art. Diese hängen unmittelbar mit den spezifischen Besonderheiten der Impfstoffproduktion zusammen und werden durch die konkrete vertragliche Ausgestaltung in der bisherigen Praxis bedingt. Diese Probleme knüpfen daran an, dass die entsprechenden Selektivverträge die Verpflichtung des Auftragnehmers enthalten, die benötigten Impfdosen ab einem bestimmten Zeitpunkt „bedarfsgerecht" zur Verfügung zu stellen. Daneben enthalten sie oftmals eine Vertragsstrafenregelung für Lieferverzögerungen. Das bedeutet, dass der Auftragnehmer ab einem bestimmten Zeitpunkt faktisch auch die staatliche Chargenprüfung und Freigabe durch das Paul-Ehrlich-Institut nach § 32 AMG zu gewährleisten hat.

159

Derartig strikte Vorgaben können vergaberechtlich problematisch sein und erscheinen vor dem Hintergrund des komplexen Herstellungsprozesses von Impfsoffen weitgehend unzumutbar für die vertragsbeteiligten pharmazeutischen Unternehmer. Anders als bei der Herstellung generischer Arzneimittel existieren eine Vielzahl von Faktoren, die sich unmittelbar auf die Menge des produzierbaren Impfstoffs und dessen Auslieferungszeitpunkt auswirken und von den pharmazeutischen Unternehmern in einem Vergabeverfahren gemäß § 132e Abs. 2 SGB V nicht beliebig gesteuert werden können.

160

So sind Produktionsgeschwindigkeit und -erfolg von den Herstellern nur beschränkt beeinflussbar, da Grippeimpfstoffe nicht chemisch-synthetisch, sondern auf biologischem Wege, in speziell dafür produzierten Hühnereiern, hergestellt werden. Da sich jeder Influenzavirusstamm im Wirtssystem Ei unterschiedlich gut vermehrt, kann die Ausbeute bei den einzelnen Grippestämmen sehr unterschiedlich sein und unterschiedlich lange dauern. Auch die sich an die Ernte der Virusflüssigkeit anschließenden verschiedenen, komplexen und hintereinander ablaufenden Separations-, Konzentrierungs-, Reinigungs- und Filtrationsschritte können von den Herstellern nicht beliebig verkürzt werden, ohne die Qualität des Impfstoffs zu sabotieren. In einem letzten Schritt hat dann die Freigabe jeder einzelnen Charge durch das Paul-Ehrlich-Institut (PEI) gemäß § 32 AMG zu erfolgen.

161

Eine weitere Besonderheit bei der Grippeimpfstoffproduktion ist die jährlich erforderliche Anpassung des Impfstoffs an die sich regelmäßig verändernden zirkulierenden Influenza-Viren. Aus diesem Grund können weder Ärzte noch Grippeimpfstoffhersteller auf Impfstoffe aus dem Vorjahr zurückgreifen. Vielmehr muss jedes Jahr neuer Grippeimpfstoff entwickelt, hergestellt und von den Behörden freigegeben werden.

162

Die Herstellung eines neuen Impfstoffs geschieht in enger Abstimmung mit der Weltgesundheitsorganisation (WHO), die permanent die Veränderung der Grippe-Viren überwacht und die Viren-Stämme identifiziert, die am wahrscheinlichsten die kommende Grippesaison bestimmen werden. Erst wenn die Hersteller im Frühjahr eines jeden Jahres die Information über die Stammzusammensetzung für die kommende Grippesaison erhalten, können sie mit der Produktion des Ausgangsimpfstoffs für die kommende Saison

163

---

[338] OLG Düsseldorf Beschl. v. 27.6.2012 – VII-Verg 7/12. Dazu bereits → Rn. 117.

Gabriel

beginnen. Daraus folgt auch, dass kein Hersteller zum Zeitpunkt der Angebotsabgabe bereits über den ausgeschriebenen Impfstoff verfügt, da die Mitteilung der WHO noch nicht vorliegt.

164 ee) **Zytostatika.** Versorgungsverträge über zytostatikahaltige parenterale Zubereitungen aus Fertigarzneimitteln zur Anwendung in der Onkologie (Zytostatikaversorgungsverträge) iSv § 129 Abs. 5 S. 3 SGB V zwischen gesetzlichen Krankenkassen und Apotheken zeichnen sich vor allem durch das Fehlen einer ausdrücklichen gesetzlichen Regelung aus, die der bezuschlagten Apotheke für die vertragliche Gewährung von Preisabschlägen gegenüber der ausschreibenden Krankenkasse eine marktmäßige Gegenleistung zusichert[339]. Dementsprechend enthalten Zytostatikaversorgungsverträge zwischen Krankenkassen und Apotheken detaillierte Klauseln, um eine Exklusivität individualvertraglich zu konstituieren[340].

165 Allerdings ist nicht von vornherein und für jeden Einzelfall sicher, ob solche vertraglichen Exklusivitätsklauseln tatsächlich durchsetzbar und überhaupt rechtlich wirksam sind. Daher ist es den Bietern (Apotheken) nicht sicher möglich, den tatsächlichen Umfang des selektivvertragsgegenständlichen Zytostatikaabsatzes mit hinreichender Wahrscheinlichkeit zu prognostizieren. Es besteht deshalb ein unmittelbarer Kausalzusammenhang zwischen der potenziellen (kartell- oder sozialrechtlich bedingten) Unwirksamkeit vertraglicher Exklusivitätsmechanismen und der Vergaberechtswidrigkeit einer nicht eindeutigen und erschöpfenden Leistungsbeschreibung nach § 8 EG Abs. 1 VOL/A[341].

166 Die bisherige vertragliche Gestaltung exklusiver Zytostatikaversorgungsverträge zwischen gesetzlichen Krankenkassen und Apotheken ist von der vergaberechtlichen Rechtsprechung gleichwohl nicht als Verstoß gegen das Gebot einer eindeutigen und erschöpfenden Leistungsbeschreibung qualifiziert worden. Die Verpflichtung der Krankenkasse gegenüber der Apotheke, vertragsgegenständliche parenterale Zubereitungen, die von Dritten an Arztpraxen abgegeben werden, die in das entsprechend bezeichnete, exklusive Belieferungsgebiet der Apotheke fallen, bei der Abrechnung nicht zu berücksichtigen und vollständig von der Erstattung auszunehmen, kann als vollständige Marktabschottung des jeweiligen Gebietsloses zu einer Wettbewerbsbeschränkung iSv § 1 GWB führen. Gleiches gilt für die korrespondierende Verpflichtung der Apotheken, keine vertragsgegenständlichen Zubereitungen an Ärzte aus nicht vertragsgegenständlichen Gebietslosen abzugeben. Diese wettbewerbsrechtliche Dimension der Gestaltung selektiver Zytostatikaversorgungsverträge ist indes, entsprechend einer in der Vergangenheit weit verbreiteten Ansicht in der vergaberechtlichen Rechtsprechung, unberücksichtigt geblieben[342].

167 Ein weiteres Risiko für die Angebotskalkulation von Bieter ist die Verpflichtung der Krankenkassen, der vertragsbeteiligten Apotheke durch Einwirkung auf die Ärzte alle Patienten im Bereich des Gebietsloses zuzuführen. Das geschieht, indem die Krankenkasse die im vertragsgegenständlichen Gebiet ansässigen und parenterale Rezepturen verordnenden Ärzte darüber informiert, dass diese sämtliche Zubereitungen bei der am Vertrag beteiligten Apotheke zu beziehen haben. In den diesbezüglichen Nachprüfungsverfahren standen sowohl ein Verstoß einer solchen Vereinbarung gegen das Verbot der Rezeptzuweisung nach § 11 Abs. 1 ApoG sowie ein Widerspruch mit dem sozialrechtlich normierten freien Apothekenwahlrecht der Versicherten gemäß § 31 Abs. 1 Satz 5 SGB V im Raum. Letztlich wurde die hier in Rede stehende Vertragsklausel allerdings als rechtmäßig

---

[339] → Rn. 71 f.
[340] → Rn. 73.
[341] Vgl. zu diesem durch § 8 EG Abs. 1 VOL/A begründeten vergaberechtlichen „Nexus" zu sozial-, arzneimittel- und apothekenrechtlichen Normen auch VK Bund Beschl. v. 29.4.2010 – VK 2–20/10.
[342] Dazu ausführlich → Rn. 116.

und die vergaberechtliche Leistungsbeschreibung als mit dem Gebot des § 8 EG Abs. 1 VOL/A vereinbar angesehen[343].

II. Die anzuwendende Vergabeverfahrensart

1. Überblick

Zur Umsetzung der europäischen Vergabekoordinierungsrichtlinien sind in § 101 GWB die im Bereich des EU/GWB-Vergaberechts zulässigen Verfahrensarten zur Vergabe öffentlicher Aufträge abschließend[344] benannt und definiert[345].

Dabei wird differenziert zwischen dem

- offenen Verfahren nach § 101 Abs. 2 GWB,
- dem nicht offenen Verfahren nach § 101 Abs. 3 GWB,
- dem wettbewerblichen Dialog nach § 101 Abs. 4 GWB,
- und dem Verhandlungsverfahren nach § 101 Abs. 5 GWB.

Das europäische Vergabesekundärrecht bestimmt in Art. 28 S. 2 VKR, dass öffentliche Aufträge „*im Wege des offenen oder des nicht offenen Verfahrens*" vergeben werden müssen und räumt diesen Vergabeverfahrensarten damit eine Vorrangstellung gegenüber dem Verhandlungsverfahren und dem wettbewerblichen Dialog ein. Darüber hinaus setzt das GWB-Vergaberecht in § 101 Abs. 7 S. 1 GWB sowie § 3 EG Abs. 1 S. 1 VOL/A die prinzipiell vorrangige Anwendung des offenen Verfahrens fest. Eine Ausnahme hiervon gilt, wenn aufgrund des GWB etwas anderes gestattet ist. Die Wahl einer anderen Verfahrensart als des offenen Verfahrens ist vom öffentlichen Auftraggeber jeweils gesondert zu begründen.

Spezielle Regelungen, unter welchen Voraussetzungen bei der Vergabe von Lieferaufträgen von der vorrangigen Anwendung des offenen Verfahrens abgewichen werden darf und welche Verfahrensart stattdessen statthaft ist, enthalten § 3 EG Abs. 2 bis 7 VOL/A. Im Zusammenhang mit dem Abschluss selektiver Versorgungsverträge der gesetzlichen Krankenkassen stellt die Anwendung kompetitiver offener Verfahren allerdings den absoluten Regelfall dar[346]. Eine Ausnahme kommt insofern lediglich hinsichtlich des Abschlusses von wirkstoffbezogenen Rabattvereinbarungen nach § 130a Abs. 8 SGB V über patentgeschützte Originalpräparate im Wege des Verhandlungsverfahrens nach § 3 EG Abs. 4 lit. c) VOL/A in Betracht[347].

Bei den Vorschriften über die Tatbestandsvoraussetzungen der einzelnen Vergabeverfahrensarten und dem Rangverhältnis zwischen diesen handelt es sich um bieterschützende Normen iSv § 97 Abs. 7 GWB, weshalb Bietern und Bewerbern ein Anspruch auf Wahl der richtigen Vergabeart zusteht, der im Rahmen eines vergaberechtlichen Nachprüfungsverfahrens geltend gemacht werden kann[348].

---

[343] LSG Nordrhein-Westfalen Beschl. v. 22.7.2010 – L 21 SF 152/10 Verg; LSG Berlin-Brandenburg Beschl. v. 17.9.2010 – L 1 SF 110/10 B Verg. Vgl. auch OLG Düsseldorf Beschl. v. 7.11.2011 – VII-Verg 90/11; VK Bund Beschl. v. 29.4.2010 – VK 2–20/10.
[344] BT-Drs. 13/9340, 15.
[345] Vgl. dazu auch *Gabriel* in Stief/Bromm, Vertragshandbuch Pharma und Life Sciences, 2014, Kap. VII, 2. Anm. 8.
[346] Die weiteren Ausführungen hinsichtlich der Vergabeverfahren beschränken sich deshalb im Wesentlichen auf das offene Verfahren und sollen lediglich der Vollständigkeit halber auch eine knappe Übersicht der anderen Vergabearten beinhalten.
[347] Zur grundsätzlichen Zulässigkeit einer solchen Ausschreibung sowie zu der ausnahmsweisen Anwendung des Verhandlungsverfahrens → Rn. 188 ff.
[348] Vgl. nur BGH Beschl. v. 10.11.2009 – X ZB 8/09, NZBau 2010, 124 sowie mAnm *Greb* VergabeR 2010, 210. Allgemein zum vergaberechtlichen Rechtsschutz → Rn. 266 ff.

2. Merkmale der einzelnen Vergabearten

173 Die Vorschrift des § 101 GWB enthält lediglich Definitionen der anwendbaren Vergabearten sowie der wesentlichen Verfahrensunterschiede[349]. Eine nähere Präzisierung, insbesondere hinsichtlich des konkreten Verfahrensablaufs, erfahren die einzelnen Vergabeverfahrensarten erst durch die Vergabeordnungen VOL/A, VOB/A und – für das im dortigen Zusammenhang ausschließlich anwendbare Verhandlungsverfahren – durch die VOF.

174 a) Offenes Verfahren. Das grundsätzlich vorrangig anwendbare offene Verfahren iSv § 101 Abs. 2 GWB ist stark formalisiert[350] und bietet das höchste Maß an Wettbewerblichkeit und Transparenz[351].

175 Zunächst erfolgt eine europaweite öffentliche Vergabebekanntmachung durch den Auftraggeber im Supplement zum Amtsblatt der Europäischen Union. Die Bekanntmachung enthält die wesentlichen Auftragsbedingungen und bezeichnet diejenige Stelle, an der die Vergabeunterlagen angefordert werden können. Entweder in der Vergabebekanntmachung und/oder innerhalb der Vergabeunterlagen wird zudem eine Frist gesetzt, bis zu welcher Angebote abgegeben werden können. Die Bekanntmachung einer beabsichtigten Auftragsvergabe wird gemäß § 15 EG Abs. 1 VOL/A nach dem Muster in Anhang II der Verordnung zur Einführung von Standardformularen für die Veröffentlichung von Vergabebekanntmachungen im Rahmen von Verfahren zur Vergabe öffentlicher Aufträge erstellt[352].

176 Zur Anforderung der Vergabeunterlagen sowie zur Abgabe eines Angebots sind grundsätzlich alle interessierten Unternehmer berechtigt. Eine Vorauswahl der Unternehmer, die Angebote abgeben dürfen, findet nicht statt[353]. Die Vergabeunterlagen bestehen in der Regel aus der Aufforderung zur Angebotsabgabe, der Leistungsbeschreibung und den Vertragsbestimmungen und umfassen gemäß § 9 EG Abs. 1 VOL/A alle Angaben, die erforderlich sind, um eine Entscheidung zur Angebotsabgabe zu ermöglichen. Sie müssen den Ausschreibungsgegenstand gemäß § 8 EG Abs. 1 VOL/A eindeutig und erschöpfend bezeichnen, sodass alle Bieter diese in gleicher Weise verstehen können und in die Lage versetzt werden, annahmefähige und miteinander vergleichbare Angebote abzugeben. In Bezug auf die Angebote der einzelnen Unternehmer gilt eine Geheimhaltungspflicht. Verhandlungen zwischen dem öffentlichen Auftraggeber und Bietern sind gemäß § 18 EG S. 2 VOL/A verboten.

177 Nach dem Ende der Angebotsfrist kommt es im Rahmen der Angebotsphase zu einer Prüfung sowohl der persönlichen Eignung des Bieters sowie der Zuschlagsfähigkeit des Angebots. Angebote, die erst nach Ablauf der Angebotsfrist abgegeben werden, sind zwingend auszuschließen und werden nicht berücksichtigt. Bei der Wertung der Angebote ist innerhalb der ersten Wertungsstufe nach § 97 Abs. 4 S. 1 GWB zunächst nach Maßgabe der im Vorhinein vom öffentlichen Auftraggeber aufgestellten Eignungskriterien festzustellen, ob der Bieter die notwendige Fachkunde, Leistungsfähigkeit, Zuverlässigkeit und Gesetzestreue aufweist.

178 Schließlich erfolgt anhand der zuvor bekanntgemachten Wertungskriterien eine vergleichende Bewertung der Angebote hinsichtlich ihrer Wirtschaftlichkeit, um eine Zuschlagsentscheidung zu treffen. Das Vergabeverfahren endet mit der Erteilung des Zu-

---

[349] *Kulartz* in ders./Kus/Portz, § 101 Rn. 2.
[350] *Knauff* in Müller-Wrede, GWB, § 101 Rn. 10.
[351] Immenga/Mestmäcker/*Dreher*, GWB, § 101 Rn. 17; *Antweiler* in Ziekow/Völlink, Vergaberecht, GWB, § 101 Rn. 10; *Bungenberg* in Loewenheim/Meessen/Riesenkampff, Kartellrecht, § 101 Rn. 14.
[352] Aktuelle Fassung: VO (EG) Nr. 1150/2009, v. 10.11.2009, ABl. EU v. 28.11.2009, L 313/3.
[353] *Knauff* in Müller-Wrede, GWB, § 101 Rn. 13.

schlags, wobei die unterlegenen Bieter gemäß § 101a GWB vorab über die Zuschlagserteilung informiert werden müssen.

b) Nicht offenes Verfahren. Im Gegensatz zum offenen Verfahren handelt es sich beim nicht offenen Verfahren nach § 101 Abs. 3 GWB um ein zweistufiges Vergabeverfahren. Auf einer ersten Stufe findet ein öffentlicher Teilnahmewettbewerb statt. Er wird durch öffentliche Bekanntmachung des Auftraggebers initiiert. 179

Auf einer zweiten Stufe erfolgt auf Grundlage der eingereichten Teilnahmeanträge eine Eignungsprüfung der Unternehmer. Innerhalb des nicht offenen Verfahrens ist es zulässig, bei der Eignungsprüfung auch eine „besondere Eignung" der Bewerber zu berücksichtigen, die über die grundsätzlichen Anforderungen hinausgeht[354]. Lediglich diejenigen Bewerber, welche die vorgegebenen Eignungskriterien erfüllen, werden dann zur Abgabe eines Angebots aufgefordert und erhalten die Vergabeunterlagen. 180

Der wesentliche Unterschied des nicht offenen gegenüber dem offenen Verfahren ist damit die Beschränkung der Anzahl der zur Angebotsabgabe berechtigten Unternehmer durch den vorgelagerten Teilnahmewettbewerb. Im Übrigen ähneln sich beide Verfahrensarten jedoch. Insbesondere gelten auch im nicht offenen Verfahren der Grundsatz der eindeutigen und erschöpfenden Leistungsbeschreibung, das Geheimhaltungsgebot und das Nachverhandlungsverbot[355]. 181

c) Verhandlungsverfahren. Charakteristisches wie namensgebendes Element des Verhandlungsverfahrens gegenüber den anderen Vergabeverfahrensarten ist der Umstand, dass die Angebote der Bieter während des Verfahrens verhandelbar sind. Aufgrund dessen ist das Verhandlungsverfahren vergleichsweise anfälliger für steuernde Einflussnahmeversuche im Interesse bestimmter als vorzugswürdig erachteter Bieter/Bewerber. Deshalb kommt es lediglich dann zur Anwendung, wenn einer der abschließenden Ausnahmetatbestände des § 3 EG Abs. 3 und Abs. 4 VOL/A einschlägig ist[356]. 182

Im Hinblick auf die Teilnehmerauswahl ist weiter zwischen dem Verhandlungsverfahren mit und ohne öffentlicher Bekanntmachung zu differenzieren. In der ersten Variante fordert der öffentliche Auftraggeber zu Beginn des Vergabeverfahrens mittels einer öffentlichen Bekanntmachung im Supplement zum Amtsblatt der Europäischen Union Unternehmer zur Abgabe eines Teilnahmeantrags auf. Bei der zweiten, nur in engen Ausnahmefällen nach § 3 EG Abs. 4 VOL/A zulässigen Variante erfolgt hingegen eine unmittelbare Kontaktaufnahme zwischen dem öffentlichen Auftraggeber und ausgewählten Unternehmern. 183

Das eigentliche Verhandlungsverfahren beginnt mit dem Einreichen von Angeboten durch die zuvor ausgewählten Teilnehmer und besteht grundsätzlich aus mehreren Verhandlungsrunden. Auch dieses Vergabeverfahren wird durch Zuschlag beendet, welcher auf das wirtschaftlichste Angebot zu erteilen ist. Während des gesamten Verfahrens gelten die vergaberechtlichen Grundsätze der Wettbewerblichkeit, der Gleichbehandlung und der Transparenz. 184

d) Wettbewerblicher Dialog. Der wettbewerbliche Dialog iSv § 101 Abs. 4 GWB und § 3 EG Abs. 7 VOL/A ist eine spezielle Vergabeverfahrensart für die Beschaffung besonders komplexer Leistungen, bei denen der öffentliche Auftraggeber objektiv nicht in der Lage ist, die technischen Mittel, mit denen seine Bedürfnisse und Ziele erfüllt werden können, und/oder die rechtlichen bzw. finanziellen Konditionen eines Vorhabens anzugeben[357]. Diesem Umstand kann mittels eines wettbewerblichen Dialogs Rechnung getragen 185

---

[354] BGH Urt. v. 15.4.2008 – X ZR 129/06, NZBau 2008, 505.
[355] *Antweiler* in Ziekow/Völlink, Vergaberecht, GWB, § 101 Rn. 17.
[356] *Antweiler* in Ziekow/Völlink, Vergaberecht, GWB, § 101 Rn. 27.
[357] Dazu *Knauff* VergabeR 2004, 287; *Pünder/Franzius* ZfBR 2006, 20; *Müller/Veil* VergabeR 2008, 298; *Schröder* NZBau 2007, 216.

werden. Denn hier kann schon bei der Konzeptionierung des zu vergebenden Auftrags auf die Kenntnisse und die Kreativität spezialisierter Unternehmer zurückgegriffen werden[358].

186 Ähnlich wie bei einem Verhandlungsverfahren erfolgt zunächst eine öffentliche Bekanntmachung mit der Aufforderung, Anträge zur Teilnahme an dem wettbewerblichen Dialog einzureichen. Der Auftraggeber hat seine Anforderungen entweder im Rahmen dieser Bekanntmachung oder innerhalb einer gesonderten Beschreibung näher zu erläutern. Diese Beschreibung kann allerdings weniger detailliert sein als die üblichen Vergabeunterlagen. Die grundlegenden Elemente der Bekanntmachung und der Beschreibung dürfen aber während des Vergabeverfahrens nicht geändert werden[359]. Beim wettbewerblichen Dialog darf die Vergabe des Auftrags ausschließlich nach dem Kriterium des wirtschaftlichsten Angebots erfolgen[360]. Die Zuschlagskriterien sind entweder in der Bekanntmachung, in der Beschreibung oder in der Aufforderung zur Teilnahme am Dialog anzugeben.

187 Innerhalb der Dialogphase tritt der öffentliche Auftraggeber in einen Dialog mit den ausgewählten Bewerbern ein. Der Dialog kann alle Aspekte des Auftrags, dh sowohl technische als auch wirtschaftliche und rechtliche Aspekte betreffen und zielt darauf ab, eine spezifische Lösung für die Deckung des Beschaffungsbedarfs des Auftraggebers zu finden und den späteren Auftrag zu konzeptionieren[361]. Wurde ein solches Konzept gefunden oder ist es auch nach der Dialogphase nicht zu erwarten, erklärt der Auftraggeber die Dialogphase für beendet und fordert die beteiligten Unternehmer zur Angebotsabgabe auf Grundlage der Ergebnisse des Dialogs auf. Nach der Wertung der Angebote anhand der Zuschlagskriterien, innerhalb derer begrenzte Möglichkeiten zur Nachverhandlung bestehen, erfolgt der Zuschlag auf das wirtschaftlichste Angebot.

3. Anwendung des Verhandlungsverfahrens bei Rabattverträgen über patentgeschützte Originalpräparate (Solisten)

188 Die Vergabe selektiver Versorgungsverträge über Arzneimittel und Medizinprodukte der gesetzlichen Krankenkassen erfolgt regelmäßig durch öffentliche Ausschreibung im Wege des vorrangig anwendbaren offenen Verfahrens[362]. Im Hinblick auf Rabattvereinbarungen zwischen gesetzlichen Krankenkassen und pharmazeutischen Unternehmern könnte allerdings für den Bereich der innovativen, patentgeschützten Originalpräparate eine Ausnahme zu Gunsten der Anwendung des Verhandlungsverfahrens ohne vorherige Bekanntmachung, dh eine Auftragsvergabe im Wege (freihändiger) Verhandlungen mit einem bestimmten pharmazeutischen Unternehmer ohne die Durchführung einer förmlichen Ausschreibung statthaft sein[363].

189 Die Frage nach den Voraussetzungen einer solchen Auftragsvergabe im Wege von Verhandlungen ohne öffentliche Bekanntmachung wird künftig insbesondere vor dem Hintergrund der insofern spezifischen, neuen Vertragskategorien nach § 130b SGB V und § 130c SGB V eine noch größere Bedeutung zukommen, als das in der Vergangenheit der Fall war[364].

---

[358] *Knauff* VergabeR 2004, 287 (288).
[359] „Erläuterungen – Wettbewerblicher Dialog – Klassische Richtlinie" der Europäischen Kommission, v. 5.10.2005, CC/2005/04_rev1, S. 4 Fn 9.
[360] „Erläuterungen – Wettbewerblicher Dialog – Klassische Richtlinie" der Europäischen Kommission, v. 5.10.2005, CC/2005/04_rev1, S. 6.
[361] *Müller/Veil* VergabeR 2008, 298 (301).
[362] → Rn. 174 ff.
[363] Dazu *Gabriel* in MüKoBeihVgR, Anlage zu § 98 Nr. 4 GWB Rn. 157.
[364] Hierzu ausführlich *Gabriel* VergabeR 2011, 372; *Wille* A&R 2008, 164.

Pharmazeutischen Unternehmern sind Rabattverhandlungen über innovative Arzneimittel nunmehr gemäß § 130b SGB V zwingend vorgeschrieben[365]. Fakultative Erstattungsverträge sind gemäß § 130c SGB V mit zusätzlichen gesetzlich vorgesehenen, absatzfördernden Lenkungs- und Steuerungsmechanismen verbunden[366]. Pharmazeutische Unternehmer haben gemäß § 35a SGB V zur Markteinführung ein Dossier über die Kosten und Nutzen eines innovativen Arzneimittels einzureichen, damit der Gemeinsame Bundesausschuss und/oder das Institut für Qualität und Wirtschaftlichkeit im Gesundheitswesen auf dieser Grundlage entscheiden können, ob es sich für bestimmte Patienten und Erkrankungen um ein „Arzneimittel mit Zusatznutzen" (sog Solist) handelt oder ob Wettbewerb mit ähnlichen, vergleichbaren Arzneimitteln besteht (kein Solist). Sofern es sich um einen Solisten handelt, wird der pharmazeutische Unternehmer nach § 130b SGB V verpflichtet, unter unveränderter Beibehaltung des Listenpreises mit dem Spitzenverband Bund der Krankenkassen innerhalb eines Jahres nach Zulassung in Direktverhandlungen einen Rabatt auf den Abgabepreis des pharmazeutischen Unternehmers mit Wirkung für alle Krankenkassen zu vereinbaren. Sollte keine Einigung erzielt werden, ist eine Schiedsstelle aufgerufen, innerhalb von drei Monaten den Rabatt festzusetzen. Das gilt nach § 35a Abs. 6 SGB V auch für bereits markteingeführte, patentgeschützte (nicht festbetragsfähige) Arzneimittel. Lediglich für Arzneimittel, für die bereits eine Erstattungsvereinbarung nach § 130b SGB V besteht, ist der Abschluss eines zusätzlichen, fakultativen Erstattungsvertrags nach § 130c SGB V zulässig[367].

190

Die Anerkennung eines Zusatznutzens welche gleichzeitig notwendige Bedingung für den Abschluss von Erstattungsverträgen nach § 130c SGB V ist, belegt für den jeweiligen Indikationsbereich gleichzeitig eine Alleinstellung des (patentgeschützten) Arzneimittels im Wettbewerb. Denn das Ergebnis der frühen Nutzenbewertung besteht gerade darin, dass für den entsprechenden Indikationsbereich kein anderes zugelassenes Arzneimittel gleicher Wirksamkeit auf dem Arzneimittelmarkt vorhanden ist. Sofern in Ansehung der konkreten Rabattvertragsgestaltung sowie der mit dieser einhergehenden Lenkungs- und Steuerungswirkung ein ausschreibungspflichtiger öffentlicher Auftrag besteht, kann diese wettbewerbliche Alleinstellung, die auf dem Ergebnis der frühen Nutzenbewertung beruht, die Auftragsvergabe im Wege des Verhandlungsverfahrens ohne Bekanntmachung jedenfalls grundsätzlich rechtfertigen.

191

In diesem Zusammenhang gestattet die Ausnahmevorschrift des § 3 EG Abs. 4 lit. c) VOL/A einen direkten Vertragsabschluss mit einem ausgewählten Vertragspartner (nur) dann, *„wenn der Auftrag wegen seiner technischen oder künstlerischen Besonderheiten oder aufgrund des Schutzes eines Ausschließlichkeitsrechts (zB Patent- oder Urheberrecht) nur von einem bestimmten Unternehmen durchgeführt werden kann"*[368].

192

Ob diese Voraussetzungen bei „Arzneimitteln mit Zusatznutzen" (Solisten) – automatisch oder nur in manchen Fällen – vorliegen, kann nicht pauschal beantwortet werden, sondern bedarf einer sorgfältigen Prüfung anhand der hierfür einschlägigen vergaberechtlichen Kriterien. Aus diesem Grund ist es zur künftigen rechtssicheren Gestaltung des Verfahrens der Direktverhandlungen ratsam, dass das bei Markteinführung vorzulegende Kosten-Nutzen-Dossier von vornherein – auch – im Hinblick auf diese vergaberechtlich gebotene Prüfung verfasst wird und die aus vergaberechtlicher Sicht maßgeblichen Erwägungen einbezogen werden. Dabei kann im Hinblick auf die vergaberechtlichen Kriterien das Folgende festgehalten werden:

193

---

[365] Dazu *Anders* PharmR 2012, 81; *Gabriel* VergabeR 2011, 372.
[366] → Rn. 60.
[367] → Rn. 62.
[368] Vgl. *Gabriel* NZS 2008, 455.

194 § 3 EG Abs. 4 lit. c) VOL/A ist nach Maßgabe der Vergaberechtsprechung als Ausnahmetatbestand eng auszulegen[369]. Die in Art. 31 Abs. 1 lit. b) VKR formulierten Voraussetzungen sind auch nach Auffassung der Europäischen Kommission „harte Tatbestandsmerkmale" und nicht nur bloße Regelbeispiele, die auch in (lediglich) vergleichbaren Konstellationen angenommen werden könnten[370]. Der Beweis dafür, dass ein solcher Ausnahmetatbestand vorliegt, ist vom öffentlichen Auftraggeber zu erbringen; er trägt die Darlegungs- und Beweislast dafür, dass einzig und allein ein bestimmter Anbieter den Auftrag ausführen und das betreffende Präparat liefern kann[371]. Das Vorliegen eines Ausschließlichkeitsrechts im Sinne von § 3 EG Abs. 4 lit. c) VOL/A, wozu neben behördlichen Genehmigungen insbesondere auch Patentrechte zählen, reicht hierfür allein (noch) nicht aus, sondern es muss nachweisbar sein, dass tatsächlich nur ein einziger Anbieter in der Lage ist, die Auftragsleistung zu erbringen[372]. Gerade in Bezug auf Arzneimittel wurde es vom EuGH als nicht ausreichend erachtet, dass ein (typischerweise: wirkstoffbezogener) Schutz durch Ausschließlichkeitsrechte besteht[373]. Vielmehr sei erforderlich, dass das betreffende Arzneimittel nur von einem pharmazeutischen Unternehmer hergestellt bzw. geliefert werden kann, sodass dieser eine Alleinstellung besitzt[374]. Davon kann nach der Rechtsprechung des OLG Düsseldorf ausgegangen werden, wenn ausschließlich dieser Anbieter ein Patent an dem betreffenden Arzneimittel (Wirkstoff) besitzt, dieses Arzneimittel nicht zu anderen Konditionen von Dritten, etwa Re- und Parallelimporteuren oder etwaigen Lizenznehmern, angeboten werden kann und es objektiv-sachliche, indikationsbezogene Gründe dafür gibt, dass nur dieses Arzneimittel beschafft werden soll[375].

195 Bei der Feststellung, ob ein bestehender Wirkstoffpatentschutz die Durchführung eines Verhandlungsverfahrens ohne Teilnahmewettbewerb rechtfertigen kann, ist danach grundsätzlich auch zu berücksichtigen, ob Re- oder Parallelimporteure das entsprechende Arzneimittel auf dem deutschen Arzneimittelmarkt vertreiben. Dabei ist allerdings grundsätzlich zu bezweifeln, dass Re- und Parallelimporteure tatsächlich über eine hinreichende Leistungsfähigkeit verfügen um eine ausreichende Versorgungssicherheit mit rabattvertragsgegenständlichen Arzneimitteln zu gewährleisten. Jedenfalls faktisch wird in einer solchen Konstellation tatsächlich lediglich der Originalhersteller (Patentinhaber) als einziger Vertragspartner in Betracht kommen. Die Frage, ob Re- und Parallelimporteure neben dem Originalhersteller eines patentgeschützten Originalpräparats als Rabattvertragspartner in Betracht kommen, sodass die Durchführung eines Verhandlungsverfahrens ohne Teilnahmewettbewerb nach § 3 EG Abs. 4 lit. c VOL/A in Ermangelung einer Alleinstellung (des Originalherstellers) unzulässig wäre, ist in der Rechtsprechung allerdings noch nicht abschließend beantwortet. Die 3. Vergabekammer des Bundes sowie das OLG Düsseldorf haben dazu in jüngst ergangenen Entscheidungen festgestellt, dass eine prognostizierte mangelnde Lieferfähigkeit von Re-/Parallelimporteuren nicht dazu geeig-

---

[369] *Gabriel* NZS 2008, 455 (457).
[370] EuGH Urt. v. 2.6.2005 – C-394/02, Slg. 2005 I-4713 – Kommission/Griechenland; VK Düsseldorf Beschl. v. 15.8.2003, VK 23/2003 L.
[371] EuGH Urt. v. 2.6.2005 – C-394/02, Slg. 2005 I-4713 – Kommission/Griechenland; OLG Düsseldorf Beschl. v. 28.5.2003 – VII-Verg 10/03; VK Bund Beschl. v. 20.5.2003 – VK 1-35/03; *Gabriel* in MüKoBeihVgR, Anlage zu § 98 Nr. 4 GWB Rn. 157.
[372] OLG Düsseldorf Beschl. v. 20.10.2008 – VII-Verg 46/08 mAnm *Weiner* VergabeR 2009, 189 (190 f.); dazu *Lietz/Natz* A&R 2009, 3 (7); *Gabriel* NZS 2008, 455 (458); *Wille* A&R 2008, 164; *Schickert* PharmR 2009, 164; *Gabriel* in MüKoBeihVgR, Anlage zu § 98 Nr. 4 GWB Rn. 157.
[373] EuGH Urt. v. 3.5.1994 – C-328/92, Slg. 1994 I-1569 Rn. 17 – Kommission/Spanien; *Gabriel* in MüKoBeihVgR, Anlage zu § 98 Nr. 4 GWB Rn. 157.
[374] EuGH Urt. v. 3.5.1994 – C-328/92, 1994 I-1569 Rn. 17 – Kommission/Spanien; *Gabriel* in MüKoBeihVgR, Anlage zu § 98 Nr. 4 GWB Rn. 157.
[375] OLG Düsseldorf Beschl. v. 20.10.2008 – VII-Verg 46/08; VK Bund Beschl. v. 6.7.2011 – VK 3-80/11; *Gabriel* NZS 2008, 455 (458); *Gabriel* in MüKoBeihVgR, Anlage zu § 98 Nr. 4 GWB Rn. 157.

net ist, den Rückgriff auf ein Verhandlungsverfahren ohne Bekanntmachung gemäß § 3 EG Abs. 4 lit. c VOL/A mit dem entsprechenden Originalhersteller zu rechtfertigen[376]. Bei der kontinuierlichen und umfassenden Lieferfähigkeit während der Vertragslaufzeit handele es sich gerade nicht um ein Element des Beschaffungsbedarfs, sondern vielmehr um ein klassisches Eignungskriterium. Die vertragsschließende Krankenkasse dürfe deshalb nicht ohne Aufruf zum Wettbewerb darüber befinden, ob die rabattvertragsgegenständlichen Lieferverpflichtungen lediglich durch den Originalhersteller sichergestellt werden können und unter Berufung auf dieses Alleinstellungsmerkmal auf ein Verhandlungsverfahren ohne Bekanntmachung zurückgreifen. Die Versorgungssicherheit und -kontinuität für die Patienten hätten durch die Bildung von Losen oder der Wahl mehrerer Vertragspartner berücksichtigt werden können. Im Rahmen eines zeitlich wie inhaltlich gleichgelagerten Nachprüfungsverfahrens gelangte allerdings die VK Baden-Württemberg zu dem entgegengesetzten Ergebnis und wies den Nachprüfungsantrag eines Re-/Parallelimporteurs gegen einen Rabattvertrag, der unter Berufung auf § 3 EG Abs. 4 lit. c VOL/A zwischen einer Krankenkasse und einem Originalhersteller im Wege eines Verhandlungsverfahrens ohne Teilnahmewettbewerb geschlossen wurde, als unbegründet zurück. Der Importeur hatte seine Lieferfähigkeit im Vergabenachprüfungsverfahren nicht glaubhaft machen können und sei deshalb von vornherein nicht als Rabattvertragspartnerin in Betracht gekommen, weshalb es mangels Schadens nicht in seinen Rechten iSv § 114 Abs. 1 Satz 1 GWB verletzt sei[377]. Zudem können die Voraussetzungen für ein Verhandlungsverfahren ohne Bekanntmachung gemäß § 3 EG Abs. 4 lit. c VOL/A im Einzelfall vorliegen, weil die rabattvertraglich vereinbarten und zulässigerweise in den Beschaffungsbedarf der vertragsschließenden Krankenkasse aufgenommenen Mehrwertleistungen wie zB sog. Schwestern-/Patientenbetreuungsprogramme nur vom Originalhersteller angeboten und durchgeführt werden könnten. Der Beschluss wurde jedoch in der Beschwerdeinstanz durch das OLG Karlsruhe aufgehoben, das sich entsprechend der Auffassung des OLG Düsseldorf anschloss[378]. Die Entscheidung der VK Baden Württemberg erscheint gleichwohl vor allem insofern zutreffend, als diese dem Umstand Rechnung trägt, dass Re- und Parallelimporteure einerseits im Rahmen eines regelmäßig auf mehrere Jahre angelegten Rabattvertrags niemals die Belieferung einer Krankenkasse mit bestimmten Mengen von patentgeschützten Arzneimitteln gewährleisten können und andererseits auch eine Alleinstellung kraft Lieferfähigkeit, zumal wenn diese durch ein Ausschließlichkeitsrecht bzw. eine faktische Alleinstellung ergänzt wird, die wettbewerbliche Ausschreibung eines Vertrags entbehrlich machen kann. Im Ergebnis wird jedoch erst die weitere Behandlung in der Rechtsprechung, insbesondere im Rahmen der anhängigen Beschwerdeverfahren gegen die vorstehenden Beschlüsse, zu einer endgültigen Klärung der Rechtslage führen können.

Vor dem Hintergrund der bislang zu der Vorgängervorschrift des § 3 EG Abs. 4 lit. c) VOL/A (§ 3a Nr. 2 lit. c) VOL/A aF) ergangenen strengen Rechtsprechung[379] sind Zweifel angezeigt, dass bereits jedweder Zusatznutzen zur Begründung einer vergaberechtlichen Alleinstellung im Sinne dieser Vorschrift ausreichen kann. Zur Beurteilung, ob ein Arzneimittel eine vergaberechtliche Alleinstellung besitzt, ergeben sich aus dem Vergaberecht selbst keine greifbaren Kriterien. Es bieten sich daher mehrere Argumentationswege an, bei denen die Frage der Vergleichbarkeit bzw. Alleinstellung anhand sozialversicherungsrechtlicher oder wettbewerbsrechtlicher Erwägungen beantwortet wird[380]. Inwieweit

---

[376] VK Bund Beschl. v. 24.7.2013 – VK 3–59/13; OLG Düsseldorf Beschl. v. 18.12.2013 – VII-Verg 24/13, VII-Verg 21/13 und VII-Verg 25/13.
[377] VK Baden Württemberg Beschl. v. 8.8.2013 – 1 VK 20/13, 1 VK 21/13 und 1 VK 22/13.
[378] OLG Karlsruhe Beschl. v. 20.12.2013 – 15 Verg 6/13.
[379] Statt vieler: OLG Düsseldorf Beschl. v. 20.10.2008 – VII-Verg 46/08.
[380] Hierzu *Gabriel* NZS 2008, 455 (458 ff.); *Wille* A&R 2008, 164 (165 ff.).

diese Argumente tragfähig sind, muss in Ansehung der medizinisch- bzw. therapeutisch-pharmakologischen Eigenschaften des jeweils in Rede stehenden Arzneimittels abschließend geprüft werden, wobei diese Prüfung in Ansehung der neu eingeführten frühen Nutzenbewertung nach § 35a SGB V bereits in dem zur Markteinführung einzureichenden Kosten-Nutzen-Dossier vorgenommen werden sollte.

III. Aufteilung in Lose

197 Gemäß § 97 Abs. 3 GWB sind im Rahmen eines EU/GWB-Vergabeverfahrens mittelständische Interessen vornehmlich zu berücksichtigen. Durch die Bildung einzelner Teil-/Fachlose, dh der Aufteilung der Leistungen in der Menge und getrennt nach Art und Fachgebiet, soll mittelständischen Unternehmen die Teilnahme am Vergabeverfahren ermöglicht werden. Denn so wird ihrer möglicherweise limitierten quantitativen Leistungsfähigkeit Rechnung getragen.

198 Entsprechend der Differenzierung zwischen wirkstoffbezogenen und indikationsbezogenen Ausschreibungen[381] weisen Fachlose im Rahmen von Selektivvertragsausschreibungen zur Arzneimittelbeschaffung der gesetzlichen Krankenkassen entweder einen Wirkstoff- oder einen Indikationsbezug auf.

199 Hinsichtlich der Anforderungen an die Bildung von Losen gemäß § 97 Abs. 3 GWB, § 2 EG Abs. 2 VOL/A wird es in der Vergaberechtsprechung der Nachprüfungsinstanzen als vergaberechtsgemäß erachtet, wenn überregional bzw. bundesweit tätige Krankenkassen in Ausschreibungen Gebietslose in der Größe mehrerer Bundesländer bilden und, im Fall der Ausschreibung von Arzneimittelrabattvereinbarungen, zusätzlich wirkstoffbezogene Fachlose (Bildung eines Fachloses pro Wirkstoff) vorgegeben werden[382]. Gleiches dürfte grundsätzlich für die Bildung von indikationsbezogenen Losen gelten.

IV. Bieter

1. Bietergemeinschaft

200 Soweit ein pharmazeutischer Unternehmer nicht die notwendige Leistungsfähigkeit besitzt, um sich mit einem eigenen Angebot an der Ausschreibung eines öffentlichen Auftrags zu beteiligen, kann dieses mit anderen pharmazeutischen Unternehmern eine Bietergemeinschaft eingehen und dadurch am Ausschreibungswettbewerb teilnehmen. Gemäß § 6 EG Abs. 2 VOL/A werden Bietergemeinschaften Einzelbietern gleichgestellt[383].

201 Die Gründung einer Bietergemeinschaft bewegt sich in einem wettbewerbsrechtlichen Spannungsverhältnis zwischen der wettbewerbsrechtlich gewollten Erweiterung des Bieterwettbewerbs[384] und der kartellrechtlich begründeten latenten Gefahr unzulässiger Wettbewerbsbeschränkungen[385]. Angebote von kartellrechtswidrigen Bietergemeinschaften sind gemäß § 19 EG Abs. 3 lit. f) VOL/A zwingend vom Vergabeverfahren auszuschließen.

202 Vor diesem Hintergrund entsprach es jahrzehntelang ständiger Rechtsprechung, eine Bietergemeinschaft auch zwischen solchen Unternehmen für wettbewerbsrechtlich zulässig anzusehen, wenn diese grundsätzlich objektiv auch zur Abgabe eines selbstständigen eigenen Angebots in der Lage gewesen wären. Eine solche Bietergemeinschaft verstoße danach

---

[381] → Rn. 124 ff.
[382] LSG Nordrhein-Westfalen Beschl. v. 8.10.2009 – L 21 KR 39/09 SFB; LSG Nordrhein-Westfalen Beschl. v. 9.4.2009 – L 21 KR 27/09 SFB; LSG Baden-Württemberg Beschl. v. 27.2.2008 – L 5 KR 507/08 ER-B, L 5 KR 508/08 W-A.
[383] Dazu ausführlich *Gabriel/Benecke/Geldsetzer*, Die Bietergemeinschaft, 3 ff.
[384] *Wiedemann* ZfBR, 2003, 240 (241); OLG Naumburg Beschl. v. 21.12.2000 – 1 Verg 10/00.
[385] *Maasch* ZHR, 150 (1986), 657; VK Nordbayern Beschl. v. 28.7.2003 – 320.VK-3194-16/03; *Langen* in Langen/Bunte, Kartellrecht, Band 1, § 1 Rn. 152.

lediglich dann gegen das Kartellverbot des § 1 GWB, wenn die Beteiligung an dieser für eines der beteiligten Unternehmen nicht eine im Rahmen wirtschaftlich zweckmäßigen und kaufmännisch vernünftigen Handelns liegende Unternehmensentscheidung darstellt[386]. Den Kriterien der „wirtschaftlichen Zweckmäßigkeit" und der „kaufmännischen Vernunft" sei dabei ein objektiviertes Verständnis zugrunde zu legen[387]. Die unternehmerische Entscheidung sei lediglich auf eine objektive Nachvollziehbarkeit zu überprüfen[388].

In Abkehr von der bisherigen Rechtsprechung stellte das OLG Düsseldorf kürzlich in zwei aufeinanderfolgenden Beschlüssen fest, dass die Verabredung einer Bietergemeinschaft in Bezug auf eine Auftragsvergabe im Allgemeinen die Verpflichtung einschließe, von eigenen Angeboten abzusehen, was grundsätzlich den Tatbestand einer Wettbewerbsbeschränkung iSd § 1 GWB erfülle[389]. Eine Bietergemeinschaft zwischen gleichartigen Unternehmen sei lediglich dann wettbewerbsunschädlich, sofern die beteiligten Unternehmen ein jedes für sich für eine Teilnahme an der Ausschreibung mit einem eigenständigen Angebot aufgrund ihrer betrieblichen oder geschäftlichen Verhältnisse nicht leistungsfähig seien und erst der Zusammenschluss zu einer Bietergemeinschaft sie in die Lage versetze, sich daran zu beteiligen. In subjektiver Hinsicht sei außerdem darauf abzustellen, ob die Zusammenarbeit eine im Rahmen wirtschaftlich zweckmäßigen und kaufmännisch vernünftigen Handelns liegende Unternehmensentscheidung darstelle. 203

Als Konsequenz dieser neuen Rechtsprechungstendenz werden objektiv leistungsfähige Unternehmen faktisch der Möglichkeit enthoben, sich als Mitglied einer Bietergemeinschaft an einem Vergabeverfahren zu beteiligen. Dieser Umstand besitzt eine erhebliche praktische Relevanz für die Beteiligung an Arzneimittelrabattvertragsausschreibungen. Im Ergebnis könnte eine Bietergemeinschaft als wettbewerbsrechtlich unzulässig angesehen werden, die einzig zu dem Zweck gegründet wird, die Wirtschaftlichkeit eines Angebots dadurch zu verbessern, eine höhere Anzahl wirkstoffbezogener Fachlose durch diese Kooperation bedienen zu können[390]. Unklar ist zudem, ob die Beteiligung eines pharmazeutischen Unternehmers an einer Bietergemeinschaft wegen objektiver Leistungsfähigkeit bereits dann als wettbewerbswidrig einzustufen wäre, wenn dieser – im Extremfall – nur ein einziges wirkstoffabhängiges Fachlos bedienen könnte oder sich ein Unternehmen zulässigerweise auch ohne aktive Angebotsbeteiligung an einzelnen Fachlosen als Mitglied an einer Bietergemeinschaft beteiligen könnte. 204

Diesbezüglich haben jedoch sowohl die 1. VK Bund als auch das OLG Düsseldorf jüngst klargestellt, dass diese strengere Rechtsprechung jedenfalls nicht auf Vergabeverfahren zum Abschluss von Arzneimittelrabattverträgen übertragen werden kann, bei denen die Zuschlagschancen eines Angebots nach der Ausschreibungskonzeption steigen, je mehr Fachlose abgedeckt werden und die Bildung der Bietergemeinschaft der Angebotserweiterung und damit der Erhöhung der Zuschlagschancen dient.[391] Laut OLG Düsseldorf soll sich die objektive Leistungsfähigkeit eines Bietergemeinschaftsmitglieds lediglich darauf beziehen, ob ein „aussichtsreiches" eigenes Angebot abgegeben werden kann und 205

---

[386] BGH Urt. v. 13.12.1983 – KRB, 3/83; OLG Naumburg Beschl. v. 21.12.2000 – 1 Verg 10/00; OLG Frankfurt a. M. Beschl. v. 27.6.2003 – 11 Verg 2/03; OLG Koblenz Beschl. v. 29.12.2004 – 1 Verg 6/04; OLG Düsseldorf Beschl. v. 3.6.2004 – W (Kart) 14/04 sowie zuletzt OLG Brandenburg Beschl. v. 16.2.2012 – Verg W 1/12 mAnm *Gabriel/Voll* VergabeR 2012, 866.
[387] *Koenig/Kühling/Müller* WuW 2005, 126 (131); *Schulte/Voll* ZfBR 2013, 223; so auch schon *Immenga* DB 1984, 385 (391).
[388] OLG Naumburg Beschl. v. 21.12.2000 – 1 Verg 10/00; OLG Frankfurt a. M. Beschl. v. 27.6.2003 – 11 Verg 2/03
[389] OLG Düsseldorf Beschl. v. 9.11.2011 – Verg 35/11; OLG Düsseldorf, B. v. 11.11.2011 – Verg 92/11. Vgl. dazu ausführlich *Gabriel* VergabeR 2012, 555 sowie *Schulte/Voll* ZfBR 2013, 223.
[390] Vgl. zu der diesbezüglichen Relevanz für die Angebotswertung → Rn. 228 ff.
[391] VK Bund Beschl. v. 16.1.2014 – VK 1-119/13; VK Bund Beschl. v. 16.1.2014 – VK 1-117/13; OLG Düsseldorf Beschl. v. 17.2.2014 – VII-Verg 2/14, mAnm *Gabriel/Voll* VPR 2014, 2644.

eine Bietergemeinschaft dementsprechend zulässig ist, wenn sie ihre Mitglieder in die Lage versetzt, sich an einer Ausschreibung „mit Erfolgsaussicht" zu beteiligen.

2. Nachunternehmer

206 Ein Bieter ist nicht dazu verpflichtet, einen Auftrag vollumfänglich eigenständig auszuführen. Ihm steht stattdessen die Möglichkeit offen, sich dazu eines Nachunternehmers[392] zu bedienen. Als Nachunternehmer wird bezeichnet, wer sich an der Erbringung der Leistung beteiligt, selbst aber lediglich in einem Vertragsverhältnis zum Auftragnehmer, nicht jedoch zum Auftraggeber steht. Bei Selektivvertragsausschreibungen im GKV-Bereich ist der Bieter idR gehalten, im Falle des Einsatzes von Nachunternehmern umfangreiche Nachweise (insbesondere zur persönlichen Eignung des jeweiligen Nachunternehmers) und Verpflichtungserklärungen des Nachunternehmers beizubringen. Im Gegensatz zu sonstigen an der Auftragsausführung mittelbar beteiligten Dritten (sog Lohnherstellern) sind Nachunternehmer zwingend selbst der Eignungsprüfung[393] des öffentlichen Auftraggebers unterworfen.

207 Die Nachweispflicht führt in der Praxis immer wieder zum Ausschluss vermeintlich unvollständiger Angebote. Ein solcher Angebotsausschluss droht allerdings nur dann, wenn es sich tatsächlich um einen Nachunternehmer und nicht lediglich um einen bloßen Zulieferer handelt.

208 Die Abgrenzung zwischen Nachunternehmer und Lohnhersteller erfolgt anhand der Frage, ob der öffentliche Auftraggeber ein legitimes Interesse am Nachweis der Eignung des Dritten besitzt[394]. Kommt dem Dritten lediglich eine Hilfsfunktion zu, ist ein Interesse des öffentlichen Auftraggebers an der Eignungsprüfung grundsätzlich zu verneinen[395]. Dritte mit bloßer Hilfsfunktion werden überwiegend als Zulieferer bezeichnet und insoweit vom Nachunternehmer abgegrenzt[396]. Gemessen an diesem Maßstab ist grundsätzlich jedenfalls derjenige als Nachunternehmer anzusehen, der im Pflichtenkreis des Auftragnehmers tätig wird. Was zum Pflichtenkreis des Auftragnehmers gehört, wird durch den Gegenstand des Auftrags und damit insbesondere durch die Leistungsbeschreibung definiert[397].

209 Für die Einordnung einer Leistung als Nachunternehmerleistung spricht insbesondere, dass der sie erbringende Dritte über eine besondere fachliche Qualifikation verfügen muss[398]. Gleiches gilt, wenn die vom Dritten erbrachte Teilleistung im Verhältnis zur gesamten Auftragsleistung eine gewisse Eigenständigkeit aufweist. Daneben können auch qualitative und quantitative Aspekte der Leistung des Dritten für ihre Qualifikation als Nachunternehmerleistung eine Rolle spielen[399]. Auch der Umstand, dass die Teilleistung im Hinblick auf ihre Kosten einen wesentlichen Teil des Gesamtangebotspreises ausmacht,

---

[392] Synonym gebrauchte Begriffe zur Bezeichnung eines Nachunternehmers sind „Subunternehmer" und „Nachauftragnehmer".
[393] → Rn. 216.
[394] VK Sachsen Beschl. v. 10.10.2008 – 1/SVK/051-08; OLG Naumburg Beschl. v. 26.1.2005 – 1 Verg 21/04; OLG Naumburg Beschl. v. 9.12.2004 – 1 Verg 21/04; VK Bund Beschl. v. 13.10.2004 – VK 3–194/04.
[395] OLG Naumburg Beschl. v. 4.9.2008 – 1 Verg 4/08; VK Sachsen-Anhalt Beschl. v. 23.7.2008 – VK 2 LVwA LSA-07/08; VK Sachsen-Anhalt Beschl. v. 6.6.2008 – 1 VK LVwA 07/08; VK Bund Beschl. v. 4.6.2007 – VK 2–42/07; OLG Dresden Beschl. v. 25.4.2006 – 20 U 0467/06; VK Lüneburg Beschl. v. 8.4.2005 – VgK-10/2005; OLG Naumburg Beschl. v. 26.1.2005 – 1 Verg 21/04.
[396] VK Sachsen Beschl. v. 10.10.2008 – 1/SVK/051-08; VK Rheinland-Pfalz Beschl. v. 29.5.2007 – VK 20/07; OLG Naumburg Beschl. v. 26.1.2005 – 1 Verg 21/04; OLG Naumburg Beschl. v. 9.12.2004 – 1 Verg 21/04; VK Bund Beschl. v. 13.10.2004 – VK 3–194/04.
[397] VK Bund Beschl. v. 26.5.2008 – VK 2-49/08; VK Bund Beschl. v. 13.10.2004 – VK 3-194/04.
[398] OLG Naumburg Beschl. v. 4.9.2008 – 1 Verg 4/08; VK Rheinland-Pfalz Beschl. v. 29.5.2007 – VK 20/07; OLG Naumburg Beschl. v. 26.1.2005 – 1 Verg 21/04.
[399] VK Lüneburg Beschl. v. 30.1.2009 – VgK-54/08.

spricht dafür, dass die Leistung als Nachunternehmerleistung einzustufen ist[400]. Im Hinblick auf die qualitativen Aspekte der Drittleistung kann ihre Bedeutung für die Funktionsfähigkeit der Gesamtleistung maßgeblich sein[401].

Hieraus folgt für die im pharmazeutischen Fertigungsprozess tätigen Dritten[402] im Rahmen der Ausschreibung von Versorgungsverträgen über Arzneimittel und Medizinprodukte:

- Lieferung der Grundstoffe: Ein Dritter, der dem Auftragnehmer des Rabattvertrags die zur Herstellung der nachgefragten Arzneimittel benötigten Grundstoffe liefert, erbringt eine Hilfstätigkeit. Denn Gegenstand eines Rabattvertrags ist regelmäßig die Lieferung hergestellter bzw. herzustellender Arzneimittel. Eine andere Einschätzung ist in Bezug auf Bulkwarehersteller denkbar.
- Herstellungsprozess als solcher: Ein Dritter, der den Auftragnehmer des Rabattvertrags bei der Herstellung der nachgefragten Arzneimittel im Herstellungsprozess (im Sinne von § 4 Abs. 14 AMG) unterstützt, ist zumeist unmittelbar an der Erbringung der Auftragsleistung beteiligt. Das legitime Interesse des Auftraggebers an dem Nachweis der Eignung dieses Dritten ist demnach zu bejahen. Es spricht daher viel dafür, den Dritten als Nachunternehmer zu qualifizieren.
- Verblisterung: Ein Dritter, welcher die Verblisterung (sog Primärverpackung) der nachgefragten Arzneimittel für den Auftragnehmer des Rabattvertrags vornimmt, erbringt einen Teil der ausgeschriebenen Leistung (vgl. § 4 Abs. 14 AMG). Denn diese Leistung steht mit dem Vertragsgegenstand, den zu liefernden Arzneimitteln, in unmittelbarem Zusammenhang. Es spricht daher viel dafür, den Dritten als Nachunternehmer zu qualifizieren.
- Sekundärverpackung: Ein Dritter, der für den Auftragnehmer des Rabattvertrags die Verpackungsschachteln/Packungsbeilagen (sog Sekundärverpackung) für die nachgefragten Arzneimittel herstellt, erfüllt lediglich eine Hilfsfunktion, für die keine besondere Qualifikation erforderlich ist und die nicht im fachlichem Bezug zur nachgefragten Leistung steht. Es spricht daher viel dafür, diesen Dritten nicht als Nachunternehmer zu qualifizieren.
- Arzneimittelrechtliche Freigabe: Ein Dritter, der für die vom Auftragnehmer des Rabattvertrags zu liefernden Arzneimittel die arzneimittelrechtliche Freigabe erteilt, erbringt einen Teil der ausgeschriebenen Leistung. Diese Leistung steht mit dem Vertragsgegenstand, den zu liefernden Arzneimitteln, in unmittelbarem Bezug. Denn die arzneimittelrechtliche Freigabe gehört gemäß § 4 Abs. 14 AMG zum Herstellungsprozess. Das legitime Interesse des Auftraggebers an dem Nachweis der Eignung dieses Dritten ist daher zu bejahen, sodass viel dafür spricht, den Dritten als Nachunternehmer zu qualifizieren.

3. Geheimwettbewerb und parallele Beteiligung konzernverbundener Unternehmen

Aufgrund der im Pharmasektor häufigen Konzernverflechtungen kommt es schließlich, insbesondere im Generikabereich, nicht selten zu einer parallelen Beteiligung konzernverbundener Unternehmen an derselben Rabattvertragsausschreibung. Dabei ist eine Verletzung des im Wettbewerbsprinzip begründeten Grundsatzes des Geheimwettbewerbs zu besorgen[403]. Die betroffenen konzernverbundenen Unternehmen bewegen sich zwar über-

---

[400] OLG Celle Beschl. v. 5.7.2007 – 13 Verg 8/07; OLG Naumburg Beschl. v. 26.1.2005 – 1 Verg 21/04; OLG Naumburg Beschl. v. 9.12.2004 – 1 Verg 21/04.
[401] OLG Naumburg Beschl. v. 26.1.2005 – 1 Verg 21/04; VK Lüneburg Beschl. v. 30.1.2009 – VgK-54/08.
[402] Zu den einzelnen Herstellungshandlungen s. *Krüger* in Fuhrmann/Klein/Fleischfresser, Arzneimittelrecht, § 13 Rn. 5 ff.
[403] Vgl. dazu *Boldt/Zerwell* VergabeR 2012, 9.

wiegend wirtschaftlich selbstständig am Markt und stehen zumindest im konzerninternen Wettbewerb miteinander. Allerdings besteht aufgrund typischerweise bestehender gesellschaftsrechtlicher, personeller und organisatorischer Verflechtungen die latente Gefahr wettbewerbsbeschränkender Absprachen. Dementsprechend wird grundsätzlich widerleglich vermutet, dass zwischen gleichzeitig am Vergabeverfahren beteiligten konzernangehörigen Unternehmen der Geheimwettbewerb nicht gewahrt wird[404]. Allein die Tatsache der Konzernverbundenheit genügt mithin bereits, um einen Angebotsausschluss seitens des Auftraggebers zu rechtfertigen, sofern die betroffenen Unternehmen nicht die Unabhängigkeit und Vertraulichkeit der Angebotserstellung gewährleisten und das auch durch im Vorfeld ergriffene spezifische strukturelle Präventionsmaßnahmen nachweisen können[405].

212   Dieser Umstand hat im Bereich der Arzneimittelrabattausschreibungen nach § 130a Abs. 8 SGB V bereits zu zahlreichen Nachprüfungsverfahren geführt. In deren Folge sind die Nachweisanforderungen konzernverbundener pharmazeutischer Unternehmen, um die in Rede stehende Vermutung der Verletzung des Geheimwettbewerbs zu widerlegen, konkretisiert worden[406]. Dazu geeignet sind bspw. konkrete Ausführungen zu den strukturellen Bedingungen der Angebotserstellung, dh zum etwaigen Einfluss der Konzernmutter auf das Ausschreibungsverhalten der einzelnen Unternehmen, zur potenziellen Unterwerfung unter eine Konzernstrategie, zur Abstimmung auf den Unternehmensebenen in Bezug auf Teilnahme an Ausschreibungen sowie die Darlegung organisatorischer und personeller Verflechtungen und zur räumlichen Trennung der Unternehmen[407].

V. Angebotsauswahl

213   Im Rahmen von Krankenkassenausschreibungen zum Abschluss eines Versorgungsvertrags kommen, je nach Vertragsgegenstand, pharmazeutische Unternehmer, Re- und Parallelimporteure oder Apotheken als Vertragspartner in Betracht. Wesentliches Merkmal eines solchen Vergabeverfahrens ist damit die Auswahl eines geeigneten Vertragspartners und eines vorzugswürdigen Angebots.

1. Prüfung und Wertung der Angebote

214   Die Prüfung und Wertung der eingereichten Angebote vollzieht sich iSv § 19 EG VOL/A innerhalb von vier aufeinanderfolgenden Wertungsstufen:

215   Zunächst erfolgt eine formale Überprüfung der eingereichten Angebote zur Ermittlung, ob diese wegen inhaltlicher oder formeller Mängel auszuschließen sind. Das wäre gemäß § 19 EG Abs. 1 VOL/A etwa bei unvollständigen oder rechnerisch bzw. fachlich unrichtigen Angeboten der Fall.

216   Die zweite Wertungsprüfung umfasst die persönliche Eignung der Bieter. Die Eignungsprüfung ist eine unternehmensbezogene Untersuchung. Sie dient beim offenen Verfahren dazu, die Unternehmen zu ermitteln, die zur Erbringung der konkret nachgefragten

---

[404] OLG Düsseldorf Beschl. v. 13.4.2011 – VII-Verg 4/11; OLG Düsseldorf Beschl. v. 11.5.2011 – VII-Verg 8/11; OLG Düseldorf Beschl. v. 12.5.2011 – VII-Verg 1/11; *Aschoff* Vergaberechtliche Kooperation und Konkurrenz im Konzern, 200 f.; *Jansen* WuW 2005, 502 (505 f.). Vgl. dazu ausführlich *Dicks* VergabeR 2013, 1.

[405] OLG Düsseldorf Beschl. v. 13.4.2011 – VII-Verg 4/11; OLG Düsseldorf Beschl. v. 11.5.2011 – VII-Verg 8/11; OLG Düseldorf Beschl. v. 12.5.2011 – VII-Verg 1/11.

[406] Vgl. dazu VK Bund Beschl. v. 17.12.2010 – VK 2–119/10; OLG Düsseldorf Beschl. v. 13.4.2011 – VII-Verg 4/11; VK Bund Beschl. v. 6.10.2010 – VK 2–89/10; OLG Düsseldorf Beschl. v. 11.5.2011 – VII-Verg 8/11; VK Bund Beschl. v. 27.8.2010 – VK 3–84/10; LSG Nordrhein-Westfalen – Beschl. v. 10.3.2010, L 21 SF 41/10; VK Bund Beschl. v. 15.6.2010 – VK 1–66/10; OLG Düsseldorf Beschl. v. 12.5.2011 – VII Verg 1/11; OLG Düsseldorf Beschl. v. 19.9.2011 – VII-Verg 63/11.

[407] Vgl. OLG Düsseldorf Beschl. v. 13.4.2011 – VII-Verg 4/11.

Leistungen nach Fachkunde, Leistungsfähigkeit, Zuverlässigkeit und Gesetzestreue generell in Betracht kommen und die unzureichend qualifizierten Bieter auszusondern[408].

Auf der dritten Stufe der Angebotswertung wird im Rahmen der sog Preisprüfung ermittelt, ob der Angebotspreis in einem offensichtlichen Missverhältnis zu der vom Auftraggeber nachgefragten Leistung steht. Gemäß § 19 EG Abs. 6 S. 2 VOL/A darf der Zuschlag nicht auf ein Angebot mit ungewöhnlich bzw. unangemessen niedrigem oder hohem Preis erteilt werden. In der Praxis werden im Rahmen der Preisprüfung vornehmlich besonders niedrige Angebote relevant, da ungewöhnlich oder gar unangemessen hohe Angebote innerhalb der Wirtschaftlichkeitsprüfung ohnehin nur eine geringe Chance auf den Erhalt des Zuschlags besitzen[409]. Sofern tatsächlich ein ungewöhnlich oder unangemessen niedriges Angebot vorliegt, ist dieses vom weiteren Vergabeverfahren auszuschließen. Dadurch soll eine hinreichende Leistungsfähigkeit des Auftragnehmers sichergestellt[410] und der Auftraggeber vor einer nicht ordnungsgemäßen Auftragsausführung bewahrt werden[411]. Eine solche kann ggf. daraus resultieren, dass ein Bieter während der Auftragserfüllung aufgrund nicht ausreichend veranschlagter Preise in finanzielle Schwierigkeiten gerät und seine vertraglichen Pflichten gegenüber dem Auftraggeber nicht mehr erbringen kann.

217

Während die Preisprüfung auf der dritten Stufe der Angebotsprüfung im allgemeinen Vergaberecht keine vorrangige Rolle spielt, kommt dieser bei der Ausschreibung von Arzneimittelrabattverträgen eine besondere Relevanz zu. Schließlich bewegen sich die angebotsgegenständlichen Rabatte hier häufig an der Grenze zu Unterkostenangeboten. Aufgrund der weitreichenden Rechtsfolge des Angebotsausschlusses kommt der Feststellung, ob ein Angebot ungewöhnlich bzw. unangemessen niedrig ist, dann eine besondere Bedeutung zu. Üblicherweise wird die Feststellung durch eine vergleichende Betrachtung der eingereichten Angebote unter Berücksichtigung der üblichen Marktpreise vorgenommen. Soweit ein Angebot dabei einen bestimmten – im Vorhinein vom Auftraggeber unter Berücksichtigung der spezifischen Marktverhältnisse festgelegten – prozentualen Abstand zu dem nächstplatzierten Angebot aufweist, besteht Anlass, dieses Angebot als ungewöhnlich bzw. unangemessen niedrig zu qualifizieren. Nach der Rechtsprechung löst in der Regel ein Preisabstand zwischen den Angeboten von/ab 20 %[412] die Überprüfungspflicht des Auftraggebers aus. Vor diesem Hintergrund hat die dritte Wertungsstufe besondere Relevanz für die Vergabe von selektiven Arzneimittelversorgungsverträgen, die regelmäßig sehr hohe Rabatte auf den ApU vorsehen. Daher weisen die verschiedenen Angebote in der Praxis oftmals erhebliche Preisunterschiede auf.

218

Bevor ein ungewöhnlich bzw. unangemessen niedrig erscheinendes Angebot vom Vergabeverfahren ausgeschlossen wird, hat der Auftraggeber nach der Rechtsprechung des EuGH die betroffenen Bieter zum Nachweis der Seriosität ihrer Angebote aufzufordern und sodann anhand der konkreten Einzelposten[413] dieser Angebote zu ermitteln, ob der Gesamtpreis (Endpreis) wirtschaftlich adäquat kalkuliert ist[414]. Ein Missverhältnis zwi-

219

---

[408] OLG Düsseldorf Beschl. v. 14.1.2009 – VII-Verg 59/08, NZBau 2009, 398.

[409] Zur Preisprüfung und (Un-)Zulässigkeit sog Unterkostenangebote auch im Bereich von Arzneimittelrabattvertragsausschreibungen siehe *Gabriel* VergabeR 2013, 300.

[410] VK Niedersachsen Beschl. v. 26.8.2011 – VgK-34/2011; *Horn* in Müller-Wrede, VOL/A, § 19 EG VOL/A Rn. 172.

[411] *Frister* in Kapellmann/Messerschmidt, VOB Teile A und B, § 16 VOB/A Rn. 98.

[412] OLG Düsseldorf Beschl. v. 25.4.2012 – VII-Verg 61/11; OLG Celle Beschl. v. 17.11.2011 – 13 Verg 6/11; VK Niedersachsen Beschl. v. 26.8.2011 – VgK-34/2011; OLG Frankfurt Beschl. v. 30.3.2004 – 11 Verg 4/04; OLG Düsseldorf Beschl. v. 23.3.2005 – VII-Verg 77/04; OLG Jena Beschl. v. 26.10.1999 – 6 Verg 3/99.

[413] Zuletzt EuGH Urt. v. 29.3.2012 – C-599/10, Rn. 28 – SAG ELV Slovensko a. s. NVwZ 2012, 745.

[414] Vgl. zur Aufforderung der Bieter mittels sog Aufklärungsschreiben *Gabriel* VergabeR 2013, 300.

schen angebotener Leistung und veranschlagtem Preis liegt jedenfalls dann nicht vor, wenn das Angebot über alle Leistungsteile hinweg für den Bieter kostendeckend ist[415]. Aber auch im Fall eines nicht kostendeckenden Angebots kann dieses im Einzelfall als angemessen qualifiziert werden. Dazu ist allerdings im Einzelfall der gesicherte Nachweis erforderlich, dass trotz der Unauskömmlichkeit des Angebots eine ordnungsgemäße Auftragsdurchführung aufgrund der Leistungsfähigkeit und -bereitschaft des Bieters zu erwarten ist[416] und das Unterkostenangebot nicht in der Absicht abgegeben wurde, einen Wettbewerber vom Markt verdrängen zu wollen[417].

220 Auf der vierten Wertungsstufe erfolgt die Wirtschaftlichkeitsprüfung im engeren Sinn. Diese bezieht sich nicht auf die Person der konkurrierenden Unternehmen, sondern ausschließlich auf deren Angebote[418]. In der Wirtschaftlichkeitsprüfung findet eine vergleichende Bewertung der eingereichten Angebote statt, um entweder das wirtschaftlichste Angebot, dh das mit dem besten Preis-Leistungs-Verhältnis, oder das mit dem niedrigsten Preis auszuwählen[419].

2. Auswahlkriterien

221 Für die Auswahl eines oder mehrerer Selektivvertragspartner kommt es entscheidend auf die personelle Eignung des potenziellen Auftragnehmers sowie auf die Wirtschaftlichkeit des abgegebenen Angebots an. Es obliegt mithin dem öffentlichen Auftraggeber, Kriterien hinsichtlich der persönlichen Eignung der Bieter und der Ermittlung des wirtschaftlichsten Angebots aufzustellen, anhand derer sich die spätere Prüfung und Wertung der Angebote vollziehen soll. Sowohl die Eignungskriterien als auch die Zuschlagskriterien sowie deren Gewichtung sind im Rahmen der Bekanntmachung und/oder der Leistungsbeschreibung den Bietern zugänglich zu machen.

222 a) Eignungskriterien. Aufträge werden gemäß § 97 Abs. 4 S. 1 GWB und § 19 EG Abs. 5 VOL/A ausschließlich an geeignete, dh vor allem fachkundige, leistungsfähige, gesetzestreue und zuverlässige Bieter vergeben[420]. Die Eignungskriterien beziehen sich im Wesentlichen auf die Person, ihr bisheriges Verhalten und den bisherigen Betrieb des Bieters[421]. Nur wenn ein Bieter die vorgegebenen Eignungskriterien vollumfänglich erfüllt, gelangt sein Angebot in die Wirtschaftlichkeitsprüfung am Maßstab der Zuschlagskriterien.

223 aa) Eignungskriterien bei Arzneimittelversorgungsverträgen. Die Vorschrift des § 7 EG VOL/A benennt beispielhaft verschiedene Nachweise, die der Auftraggeber von den Bietern zum Nachweis ihrer Eignung verlangen kann. Im Rahmen der Ausschreibung von GKV-Versorgungsverträgen über Arzneimittel kommt der Aufstellung von Eignungskriterien lediglich in quantitativer, nicht jedoch in qualitativer Hinsicht Relevanz zu. Spezieller qualitativer Eignungskriterien für die Auswahl eines pharmazeutischen Unternehmers als Versorgungsvertragspartner einer gesetzlichen Krankenkasse bedarf es grundsätzlich

---

[415] VK Nordbayern Beschl. v. 15.1.2004 – 320.VK-3194-46/03; *Bechtolsheim/Fichtner*, VergabeR 2005, 574 (581); zu den konkreten Mitteln zum Nachweis der Auskömmlichkeit vgl. *Gabriel* VergabeR 2013, 300.
[416] Vgl. KG Beschl. v. 15.3.2004 – 2 Verg 17/03; KG Beschl. v. 26.2.2004 – 2 Verg 16/03; BayObLG Beschl. v. 18.9.2003 – Verg 12/03; OLG Jena Urt. v. 27.2.2002 – 6 U 360/01; *Christiani/Ruhland* in Pünder/Schellenberg, Vergaberecht, § 16 VOB/A Rn. 100.
[417] Vgl. zur Nachweisführung bei unauskömmlichen Angeboten *Gabriel* VergabeR 2013, 300.
[418] OLG Düsseldorf Beschl. v. 14.1.2009 – VII-Verg 59/08, NZBau 2009, 398.
[419] Dazu iE → Rn. 227 ff.
[420] Dazu ausführlich *Gabriel* in Stief/Bromm, Vertragshandbuch Pharma und Life Sciences, 2014, Kap. VII, 3. Anm. 24.
[421] *Ziekow* in ders./Völlink, Vergaberecht, GWB, § 97 Rn. 80.

nicht, da die Qualität sämtlicher abgabefähiger Arzneimittel bereits durch die arzneimittelrechtliche Zulassung[422] und Aufsicht[423] umfassend sichergestellt wird. Aufgrund dessen werden im Rahmen diesbezüglicher Ausschreibungen regelmäßig lediglich folgende Eignungsnachweise verlangt:
- Zulassungsnachweise für sämtliche angebotsgegenständlichen Arzneimittel durch Vorlage eines Auszugs aus dem öffentlichen Teil (AJ 29) der AMIS-Datenbank des Deutschen Instituts für Medizinische Dokumentation und Information (DIMDI[424]),
- Aktueller Handelsregisterauszug,
- Eigenerklärung der Zuverlässigkeit, die bspw. die Versicherung des Bieters umfasst, dass kein Insolvenzverfahren über dessen Vermögen eröffnet wurde, er sich nicht in Liquidation befindet, keine schweren Verfehlungen begangen und seinen Pflichten zur Zahlung von Steuern, Abgaben und Sozialversicherungsbeiträgen nachgekommen ist,
- Eigenerklärung zu wettbewerbsbeschränkenden oder den Geheimwettbewerb verletzenden Abreden,
- Eigenerklärung zu den Produktionskapazitäten für die Herstellung der angebotenen Arzneimittel, um eine Lieferfähigkeit während der gesamten Vertragslaufzeit nachzuweisen.

Im Zusammenhang mit den Kriterien zum Eignungsnachweis hat die 2. Vergabekammer des Bundes eine Ausschreibungsgestaltung in einem jüngst ergangenen Beschluss für diskriminierend gegenüber Re- und Parallelimporteuren beurteilt[425]. Diesem lag ein vergleichsweise „strenges" Ausschreibungsdesign im Hinblick auf den Eignungsnachweis, insbesondere den Nachweis der Produktions- und Lieferkapazitäten sowie der Vorlage von Nachunternehmerverpflichtungserklärungen zu Grunde. Zum Nachweis der Produktions- bzw. Lieferfähigkeit sollten lediglich Verträge mit Auftragsherstellern zulässig sein, Lieferverträge mit pharmazeutischen Großhändlern hingegen von vornherein nicht akzeptiert werden. Namentlich diese konkrete Vorgabe, welche bereits in der Auftragsbekanntmachung enthalten war, wurde von der 2. Vergabekammer des Bundes als Diskriminierung von Re- und Parallelimporteuren erachtet, die nicht durch den Auftragsgegenstand gerechtfertigt sei und durch die der grundsätzlich zwischen den Originalpräparatherstellern und den Re- und Parallelimporteuren bestehende Wettbewerb verhindert werde. Die von der ausschreibenden Krankenkasse vorgesehenen hohen Anforderungen an den Nachweis der Lieferfähigkeit wurden in der hier in Rede stehenden Entscheidung jedoch gerade nicht per se beanstandet. Vielmehr seien diese in der entscheidungsgegenständlichen Sachverhaltskonstellation von besonderer Bedeutung, da Zweifel an der faktischen Beteiligungsmöglichkeit von Re- bzw. Parallelimporteuren bestünden.

bb) Eignungskriterien bei Hilfsmittelversorgungsverträgen. Besonderheiten ergeben sich bei der Eignungsprüfung im Zusammenhang mit Hilfsmittelversorgungsverträgen nach § 127 SGB V zur Versorgung mit Medizinprodukten. Sowohl bei Ausschreibungsverträgen nach § 127 Abs. 1 SGB V als auch bei Beitrittsverträgen nach § 127 Abs. 2, 2a SGB V wird die Eignungsprüfung durch ein vorgelagertes sog Präqualifizierungsverfahren iSv § 126 Abs. 1a SGB V ersetzt.

Unter einer Präqualifizierung wird eine von einer konkreten Auftragsvergabe unabhängige Prüfung und Bewertung eines Unternehmens verstanden, inwieweit dieses zur –

---
[422] → § 3 Rn. 49 ff.
[423] → § 4 Rn. 73 ff.
[424] Soweit die AMIS-Datenbank zum Zeitpunkt der Angebotsabgabe unvollständig, unrichtig oder nicht aktuell sein, kann im Einzelfall grundsätzlich auch ein anderweitiger Nachweis der relevanten Kriterien in Betracht kommen.
[425] VK Bund Beschl. v. 7.8.2013, VK 2–68/13.

vorab hinreichend bestimmten – Leistungserbringung geeignet ist[426]. Unter Eignung ist dabei im vergaberechtlichen Sinne die Fachkunde, Leistungsfähigkeit, Gesetzestreue und Zuverlässigkeit eines Unternehmens (§ 97 Abs. 4 S. 1 GWB) zu verstehen.

227   b) **Zuschlagskriterien. aa) Allgemeines.** Die von dem öffentlichen Auftraggeber festzulegenden Zuschlagskriterien sollen eine vergleichende Bewertung der eingereichten Angebote ermöglichen, um entweder das wirtschaftlichste Angebot oder dasjenige mit dem niedrigsten Preis zu ermitteln. Grundsätzlich kommt dem Auftraggeber bei der Festlegung von Wirtschaftlichkeitskriterien ein weiter Ermessensspielraum zu, der nur eingeschränkt der gerichtlichen Kontrolle unterliegt[427]. Sämtliche Zuschlagskriterien müssen jedoch stets einen Bezug zum Auftragsgegenstand aufweisen, ausdrücklich im Leistungsverzeichnis oder der Bekanntmachung des Auftrags genannt sein und dürfen dem Auftraggeber keine uneingeschränkte Entscheidungsfreiheit einräumen[428].

228   **bb) Praxisbeispiel: Wirtschaftlichkeitsprüfung bei Rabattvertragsausschreibungen über Generika.** Bei der Ausschreibung von Rabattverträgen nach § 130a Abs. 8 SGB V über generische Arzneimittel scheiden Qualitätskriterien als Zuschlagskriterien grundsätzlich aus, da es sich bei generischen Arzneimitteln um standardisierte Produkte handelt, die von vornherein keine berücksichtigungsbedürftigen Qualitätsunterschiede aufweisen. Das einzige Zuschlagskriterium ist deshalb regelmäßig die Wirtschaftlichkeit des angebotenen Rabatt-ApU.

229   Die vergleichende Wertung der Angebote erfolgt meist auf Grundlage von wirkstoffabhängigen und anhand der Substitutionskriterien gemäß § 129 Abs. 1 S. 3 SGB V gebildeten Preisvergleichsgruppen. Eine solche Preisvergleichsgruppe enthält diejenigen Arzneimittel eines jeweiligen Wirkstoffs, die in der Darreichungsform vergleichbar sowie im Wirkstoffgehalt und in der Normpackungsgröße identisch sind.

230   Die für den Zuschlagsfall zu erwartenden Einsparungen werden prognostiziert, indem für jeden in einer bestimmten Preisvergleichsgruppe angebotenen Rabatt-ApU die Differenz zwischen der in der Lauer-Taxe an einem bestimmten Stichtag gelisteten Durchschnitts-ApU je Gramm Wirkstoff und dem Rabatt-ApU gebildet wird. Diese wird mit der Menge an Wirkstoff multipliziert, die in der jeweiligen Preisvergleichsgruppe in einem vorausgegangenen Referenzzeitraum zu Lasten der ausschreibenden Krankenkasse abgegeben worden ist. Preisvergleichsgruppen, für die ein Bieter kein Angebot abgegeben hat, gehen mit dem Wert Null in die Wertung ein, da sich für die ausschreibende Krankenkasse dadurch im Fall des Zuschlags keine Einsparungen verwirklichen lassen. Dementsprechend werden bei der Wirtschaftlichkeitsbewertung sowohl die mit den Rabattangeboten erzielbaren Einsparungen pro wirkstoffbezogenem Fachlos als auch die Produktbreite des anbietenden pharmazeutischen Unternehmers berücksichtigt.

231   Die Zuschlagsentscheidung erfolgt, abhängig vom Rahmenvertragsmodell, entweder mit dem Bieter, der das wirtschaftlichste Angebot vorgelegt hat, oder aber mit mehreren Bietern, deren Angebote für die Krankenkasse am wirtschaftlichsten sind.

3. Angebotswertung bei Arzneimittelversorgungsverträgen in der vergaberechtlichen Rechtsprechung

232   Hinsichtlich der Anforderungen an die Wertung der angebotenen Rabatte und Arzneimittel wurde die Vorgabe einer Krankenkasse, für alle angebotenen PZN eines Fachloses einen einheitlichen Rabattsatz zu bilden (dh das Angebot eines einheitlichen Rabatts für

---

[426] *Werner* NZBau 2006, 12 sowie insbesondere zur Rechtsnatur der Bestätigung *Flasbarth* MedR 2011, 81. Zum Präqualifizierungsverfahren allgemein vgl. Verband der Ersatzkassen e. V. (vdek), Fragen und Antworten – Präqualifizierung im Hilfsmittelbereich, Stand: 12.5.2010.
[427] OLG Düsseldorf Beschl. v. 14.1.2009 – VII-Verg 59/08.
[428] EuGH Urt. v. 4.12.2003 – C-448/01, Slg. 2003 I-14527 Rn. 34 – *Wienstrom* NVwZ 2004, 201.

alle PZN zu einem Wirkstoff), als vergaberechtsgemäß befunden[429]. Ebenso wurde die Festlegung einer Untergrenze für den vom Bieter zu entrichtenden Rabatt in Gestalt einer Mindestgebotsvorgabe nicht beanstandet[430]. Dagegen wurde die Vorgabe, dass Bieter einen Grundrabatt gewähren müssen, der während der gesamten Dauer des Rabattvertrags eine preisliche Gleichsetzung mit dem günstigsten am Markt befindlichen wirkstoffgleichen Alternativprodukt sicherstellt, als ungewöhnliches Wagnis gemäß § 8 Nr. 1 Abs. 3 VOL/A aF bewertet. Hierdurch würde eine kaufmännisch vernünftige Kalkulation des Angebots unmöglich gemacht[431].

Auch die wertungstechnische Berücksichtigung von § 31 Abs. 2 Satz 3 SGB V, wonach bei Rabattverträgen über Festbetragsarzneimittel die Mehrkosten der Überschreitung des Festbetrags durch den Rabattvertrag ausgeglichen werden müssen, war bereits Gegenstand von Nachprüfungsverfahren. Die Nachprüfungsinstanzen haben eine Wertungssystematik, bei der die Vorgabe des § 31 Abs. 2 Satz 3 SGB V im Rahmen der Wirtschaftlichkeitsbewertung der Angebote berücksichtigt wird, bislang nicht beanstandet, obwohl hierdurch Anbieter von Arzneimitteln mit einem Apothekenverkaufspreis über dem Festbetrag benachteiligt werden[432].

233

Die Bildung einer einheitlichen (Preis-)Vergleichsgruppe für Arzneimittel mit der topischen (zur äußerlichen Anwendung bestimmten) Darreichungsform „flüssig" wurde vom LSG Nordrhein-Westfalen als vergaberechtswidrig erachtet, wenn darunter sowohl Lösungen als auch Emulsionen fallen. Dann seien diese Darreichungsformen nicht gemäß § 129 Abs. 1 SGB V substituierbar. Bei topischen Darreichungsformen sei daher darauf zu achten, dass die verfügbaren Verordnungszahlen zu den nachgefragten Darreichungsformen (Cremes, Gels, Salben, flüssig) die Austauschbarkeit berücksichtigen. Denn dies sei für die Kalkulationssicherheit der Bieter notwendig[433]. Eine insofern fehlerhafte Bildung von Preisvergleichsgruppen kann ansonsten Auswirkungen auf die Angebotswirkung entfalten, wenn Präparate miteinander verglichen werden, die tatsächlich nicht austauschbar und damit nicht vergleichbar sind.

234

Besondere Anforderungen an die Transparenz des Vergabeverfahrens begründet darüber hinaus die Einbeziehung von Staffelrabatten in die Angebotswertung. Das betrifft den Fall, dass pro Preisvergleichsgruppe mehrere Staffelpreiskategorien vorgegeben werden, die sich an der späteren Umsetzungsquote (dh der Absatzmenge) orientieren. Dadurch wird den Bietern die grundsätzlich legitime Möglichkeit eröffnet, die Wahrscheinlichkeit der verschiedenen Umsetzungs(quoten)szenarien in ihre Preiskalkulation einzubeziehen. Enthält eine solche Ausschreibung allerdings keine Regelung, wonach die Preise in den niedrigen Quoten nicht unter denen der höheren Quoten liegen dürfen, bietet sich ein wettbewerbswidriges Einfallstor für die Optimierung der Wirtschaftlichkeit eines Angebots. Dann nämlich könnten in eher unwahrscheinlichen Umsetzungsquotenbereichen extrem niedrige Rabatt-ApUs angeboten werden, um so die Chancen auf den Zuschlag (manipulativ) zu erhöhen[434]. Aufgrund der Möglichkeit solcher Angebotsgestaltungen, spielt die Auskömmlichkeitsprüfung gemäß § 19 EG Abs. 6 VOL/A[435] auf der dritten Wertungsstufe

235

---

[429] LSG Nordrhein-Westfalen Beschl. v. 3.9.2009 – L 21 KR 51/09 SFB.
[430] VK Bund Beschl. v. 29.9.2009 – VK 3–166/09.
[431] VK Bund Beschl. v. 22.8.2008 – VK 2–73/08; hierzu *Kamann/Gey* PharmR 2009, 114 (121).
[432] VK Bund Beschl. v. 27.3.2009 – VK 3–46/09; VK Bund Beschl. v. 26.11.2009 – VK 1–197/09; LSG Nordrhein-Westfalen Beschl. v. 8.10.2009 – L 21 KR 44/09 SFB; BVerfG Beschl. v. 1.11.2010 – 1 BvR 261/10.
[433] LSG Nordrhein-Westfalen Beschl. v. 28.1.2010 – L 21 KR 68/09 SFB. Die Vorinstanz hatte hierin keinen Vergabeverstoß gesehen: VK Bund Beschl. v. 10.11.2009 – VK 1–191/09 ebenso VK Bund Beschl. v. 30.10.2009 – VK 1–188/09.
[434] Vgl. dazu VK Bund Beschl. v. 10.2.2011 – VK 3–162/10.
[435] Vgl. dazu ausführlich *Gabriel* VergabeR 2013, 300.

eine entscheidende Rolle, um einen fairen Wettbewerb sicherzustellen und offensichtlich unauskömmliche Angebote auszuschließen. Dabei hat die ausschreibende Krankenkasse in den Vergabeunterlagen unmissverständlich anzugeben, ob im Rahmen der Auskömmlichkeitsprüfung die Einzelpreise in jeder Umsetzungsquote innerhalb der Preisvergleichsgruppe, jede Preisvergleichsgruppe mit allen Umsetzungsquoten oder das Gesamtergebnis für das jeweilige Fach-/Gebietslos den Wertungsmaßstab für die Auskömmlichkeitsprüfung darstellt[436]. Sachgerecht ist die Heranziehung der Einzelpreise in jeder Umsetzungskategorie[437]. In diesem Zusammenhang stellen die seitens der Bieter der Preiskalkulation zu Grunde gelegten Umsetzungsquoten einen essentiellen Bestandteil für die Preisprüfung dar. Denn nur anhand der Umsetzungsquoten kann die Auskömmlichkeit des Angebots nachgewiesen werden. Allerdings besteht für die ausschreibende Krankenkasse keine Pflicht, die Offenlegung dieser Umsetzungsquoten zu verlangen[438].

D. Aktuelle vergaberechtliche Sonderfragen

236   Bei der Anwendung des Vergaberechts auf selektive Versorgungsverträge in der GKV handelt es sich um eine vergleichsweise junge Materie. Während die grundsätzlichen Fragen hinsichtlich der Anwendbarkeit des Vergaberechts durch zahlreiche Vergabenachprüfungsverfahren mittlerweile beantwortet wurden, werden die nachfolgenden Themen gegenwärtig besonders kontrovers diskutiert

I. Rahmenvereinbarung nach § 4 EG VOL/A

1. Allgemeines

237   Soweit Arzneimittelrabattverträge iSv § 130a Abs. 8 SGB V über generische[439], patentgeschütze[440] oder biologisch/biotechnologische[441] Wirkstoffe, Zytostatikaversorgungsverträge nach § 129 Abs. 5 S. 3 SGB V[442], Impfstoffversorgungsverträge[443], Hilfsmittelversor-

---

[436] Vgl. VK Bund Beschl. v. 10.2.2011, VK 3–162/10; VK Bund Beschl. v. 1.2.2011, VK 3–126/10.

[437] Ein Abstellen auf die jeweilige Umsetzungsquote für sachgerecht hält VK Bund Beschl. v. 10.2.2011 – VK 3–162/10; VK Bund Beschl. v. 1.2.2011 – VK 3–126/10; zu einer entsprechend den Transparenzanforderungen abgeänderten Ausschreibung vgl. VK Bund Beschl. v. 7.4.2011 – VK 3–28/11.

[438] VK Bund Beschl. v. 26.4.2011 – VK 3–50/11; OLG Düsseldorf Beschl. v. 9.5.2011 – VII-Verg 45/11.

[439] LSG Nordrhein-Westfalen Beschl. v. 15.4.2009 – L 21 KR 37/09 SFB; LSG Nordrhein-Westfalen Beschl. v. 9.4.2009 – L 21 KR 29/09 SFB; LSG Baden-Württemberg Beschl. v. 23.1.2009 – L 11 WB 5971/08; LSG Baden-Württemberg Beschl. v. 28.10.2008 – L 11 KR 4810/08 ER-B; VK Bund Beschl. v. 27.3.2009 – VK 3–46/09; VK Bund Beschl. v. 20.3.2009 – VK 3–55/09; VK Bund Beschl. v. 18.3.2009 – VK 3–25/09; VK Bund Beschl. v. 24.2.2009 – VK 3–203/08; *Dreher/Hoffmann* NZBau 2009, 273 (276 f.); *Kamann/Gey* PharmR 2009, 114 (117); *Byok/Csaki* NZS 2008, 402 (404); *Röbke* NVwZ 2008, 726 (731); *Stolz/Kraus* VergabeR 2008, 1 (10); *Willenbruch* PharmaR 2008, 488 (489); *Marx/Hölzl* NZBau 2010, 31 (34).

[440] OLG Düsseldorf Beschl. v. 20.10.2008 – VII-Verg 46/08; OLG Düsseldorf Beschl. v. 22.10.2008 – I-27 U 2/08; LSG Baden-Württemberg Beschl. v. 28.10.2008 – L 11 KR 4810/08 ER-B; jeweils mAnm *Weiner* VergabeR 2009, 189; VK Bund Beschl. v. 29.11.2010 – VK 2–113/10; OLG Düsseldorf Beschl. v. 17.1.2011 – VII-Verg 2/11; OLG Düsseldorf Beschl. v. 8.6.2011 – VII-Verg 2/11.

[441] VK Bund Beschl. v. 29.11.2010 – VK 2–113/10; OLG Düsseldorf Beschl. v. 17.1.2011 sowie v. 8.6.2011 – VII-Verg 2/11; VK Bund Beschl. v. 25.11.2011 – VK 135/11; OLG Düsseldorf Beschl. v. 30.1.2012 – VII-Verg 103/11.

[442] VK Bund Beschl. v. 29.4.2010 – VK 2–20/10; VK Brandenburg Beschl. v. 27.8.2010 – VK 20/10; LSG Berlin-Brandenburg Beschl. v. 17.9.2010 – L 1 SF 98/10 B Verg; LSG Berlin-Brandenburg Beschl. v. 17.9.2010 – L 1 SF 110/10 B Verg; LSG Nordrhein-Westfalen Beschl. v. 22.7.2010 – L 21 SF 152/10 Verg.

[443] LSG Nordrhein-Westfalen Beschl. v. 12.2.2010 – L 21 SF 38/10 Verg; VK Bund Beschl. v. 15.1.2010 – VK 1–227/09; VK Bund Beschl. v. 20.1.2010 – VK 1–233/09.

gungsverträge[444] oder integrierte Versorgungsverträge als öffentliche Lieferaufträge gemäß § 99 Abs. 1, 2 GWB ausgestaltet sind, handelt es sich bei diesen regelmäßig um Rahmenvereinbarungen nach § 4 EG VOL/A. Eine solche Rahmenvereinbarung zeichnet sich dadurch aus, dass sie noch nicht den eigentlichen Austauschvertrag beinhaltet, sondern lediglich abstrakte Bedingungen für die in einem bestimmten Zeitraum vorzunehmenden Einzelabrufe innerhalb des jeweiligen Vertragsverhältnisses vorgibt, insbesondere über den in Aussicht genommenen Preis[445]. Rahmenvereinbarungen sind eine besondere Form eines öffentlichen Auftrags und dienen vor allem der vereinfachten Beschaffung wiederkehrender gleichartiger Leistungen, indem diese als Einzelaufträge nach den bereits zuvor in der Rahmenvereinbarung festgelegten Konditionen ohne die erneute Durchführung eines Vergabeverfahrens abgerufen werden können.

Nach § 4 EG Abs. 7 VOL/A darf die Laufzeit einer Rahmenvereinbarung ein Höchstmaß von vier Jahren nicht überschreiten. Eine längere Laufzeit kann in Sonderfällen durch auftrags- und sachbezogene Gründe gerechtfertigt werden, etwa wenn ein Auftrag Investitionen mit einem Amortisationszeitraum von mehr als vier Jahren erfordert[446]. § 130a Abs. 8 Satz 6 SGB verhält sich demgegenüber mit der Regel-Laufzeitvorgabe für Rabattverträge von zwei Jahren als bereichsspezifische lex specialis. 238

2. Rahmenvereinbarungen im Versorgungssystem der GKV

Der Abschluss selektiver GKV-Versorgungsverträge über Arzneimittel und Medizinprodukte in Form einer Rahmenvereinbarung iSv § 4 EG VOL/A und die damit einhergehenden Unsicherheiten im Hinblick auf die im Auftragsverhältnis abzurufenden Mengen korrespondieren mit der typischen Situation der Arzneimittelversorgung im GKV-System des Sachleistungsprinzips. Art und Menge der an die Versicherten abzugebenden Arzneimittel und Medizinprodukte können hier bereits aufgrund der spezifischen Leistungsstrukturen[447] nicht von vornherein durch die Krankenkassen festgelegt werden, sondern unterliegen dem Einfluss zusätzlicher Akteure wie dem verordnenden Arzt, dem abgebenden Apotheker oder dem Versicherten selbst. Sie werden zudem maßgeblich durch externe Faktoren wie der allgemeinen Morbidität oder dem Auftreten von Pandemien beeinflusst. Speziell bei GKV-Versorgungsverträgen, die saisonale Influenzaimpfstoffe zum Gegenstand haben, wird der jeweilige saisonale Bedarf maßgeblich durch die veränderliche Risikowahrnehmung in der Bevölkerung beeinflusst[448]. 239

3. Ein-Partner-Modell und Mehr-Partner-Rabattverträge

Nach § 4 EG Abs. 1 S. 1 VOL/A besteht die Möglichkeit, Rahmenvereinbarungen mit einem oder mehreren Rahmenvertragspartnern auf Auftragnehmerseite abzuschließen. Soweit allerdings gesetzliche Krankenkassen Arzneimittelrabattverträge nach § 130a Abs. 8 SGB V in der Form einer Rahmenvereinbarung mit mehreren pharmazeutischen Unternehmern pro wirkstoffbezogenem Fachlos als Auftragnehmer schließen (sog Mehr-Partner-Modell), stellt sich die Frage nach der vergaberechtlichen Zulässigkeit einer solchen Vertragsgestaltung. Die Frage wurde von den zuständigen Nachprüfungsinstanzen in der Vergangenheit uneinheitlich beantwortet[449]. 240

---

[444] LSG Hessen Beschl. v. 15.12.2009 – L 1 KR 337/09 ER Verg.
[445] Vgl. Art. 1 Abs. 5 VKR und Art. 1 Abs. 4 SKR.
[446] Vgl. „Erläuterungen – Rahmenvereinbarungen – Klassische Richtlinie" der Europäischen Kommission, v. 19.2.2009, S. 5 f.
[447] → § 13 Rn. 3 ff.
[448] Vgl. IGES-Institut, et. al., Gutachten zur Verbesserung der Wirtschaftlichkeit von Impfstoffen in Deutschland, 2010, 119.
[449] Dazu *Gabriel* VergabeR 2012, 490.

241 Aufgrund der für Rabattverträge nach § 130a Abs. 8 SGB V geltenden Substitutionspflicht des Apothekers gemäß § 129 Abs. 1 SGB V stehen Rahmen-Rabattvereinbarungen mit mehreren pharmazeutischen Unternehmern grundsätzlich in einem Spannungsverhältnis zwischen vergaberechtlichen und sozialrechtlichen Vorgaben[450]. Einerseits bestimmen § 8 EG Abs. 1 VOL/A sowie § 4 EG Abs. 5 lit. a) VOL/A, dass die Leistungsbeschreibung der Rahmenvereinbarung in Bezug auf die spezifischen Einzelaufträge so eindeutig und erschöpfend ausgestaltet werden muss, dass miteinander vergleichbare Angebote zu erwarten sind. Daher hat der öffentliche Auftraggeber bereits in der Rahmenvereinbarung zu regeln, nach welchem Auswahlmechanismus der zeitlich nachgelagerte Abruf der Einzelaufträge an den jeweiligen Rahmenvertragspartner erfolgen soll. Andererseits obliegt die konkrete Entscheidung über die Auswahl eines von mehreren rabattierten Arzneimitteln gemäß § 4 Abs. 2 S. 5 des Rahmenvertrags nach § 129 Abs. 2 SGB V ausschließlich dem abgebenden Apotheker, der insofern ein freies Wahlrecht hat.

242 Vor diesem Hintergrund erachteten die 1. und 2. Vergabekammer des Bundes entsprechende Rahmenrabattvereinbarungen mit mehreren Auftragnehmern wegen Verstoßes gegen § 4 EG Abs. 5 lit. a) VOL/A und § 8 EG Abs. 1 VOL/A wiederholt für vergaberechtlich unzulässig. Das gelte jedenfalls, sofern keine über einen Verweis auf die Auswahlfreiheit des Apothekers hinausgehenden Konkretisierungen des Verfahrens zur Auswahl des Vertragspartners für jeden Einzelabruf in der Rahmenvereinbarung vorgesehen seien[451]. Die Auswahlfreiheit des Apothekers bei mehreren rabattierten Arzneimitteln lasse aufgrund der Vielzahl individueller und einzelfallabhängiger Auswahlkriterien nicht erkennen, wonach sich dessen Entscheidung im Einzelfall richte und wie sich infolgedessen die Verteilung der Einzelaufträge auf die Rahmenvertragspartner über die Vertragslaufzeit entwickeln werde. Das Vorgehen des Apothekers bleibe für einen im Kalkulationsprozess befindlichen Bieter völlig intransparent, weshalb den potenziellen Rahmenvertragspartnern ein wesentlicher Faktor als Grundlage für die Angebotskalkulation fehle.

243 Demgegenüber wurde eine solche Vertragsgestaltung erst vom LSG Nordrhein-Westfalen[452] und sodann vom OLG Düsseldorf[453] für vergaberechtlich zulässig erachtet. Die Auswahlfreiheit des Apothekers führe insbesondere nicht zu einer Intransparenz des Auswahlvorgangs, da dessen Entscheidung durch die Grundsätze des § 70 SGB V und § 1 Abs. 1 ApoG sowie § 1 BApO bereits sozial- und berufsrechtlich determiniert sei. Daher erfolge die Entscheidung des Apothekers anhand objektiver und sachlicher Kriterien. Aufgrund hinreichender Transparenz und Diskriminierungsfreiheit der Auswahlentscheidung bedürfe es diesbezüglich keiner zusätzlichen kompensatorischen Regelungen in der konkreten Rahmenvereinbarung.

4. Rangfolge der Rahmenvertragspartner bei Mehr-Partner-Rabattverträgen

244 Die Rechtmäßigkeit der Vorgabe einer bestimmten Rangfolge unter den Rahmenvertragspartnern durch den öffentlichen Auftraggeber steht in engem sachlichen Zusammenhang mit der vergaberechtlichen Zulässigkeit von Mehr-Partner-Rabattvereinbarungen iSv § 130a Abs. 8 SGB V iVm § 4 EG VOL/A, die keine über die lediglich sozial- und berufsrechtlich determinierte Wahlfreiheit des Apothekers hinausgehenden Konkretisierungen der Einzelauftragsvergabe beinhalten.

---

[450] *Ulshöfer* VergabeR 2010, 132; *Anders/Knöbl* PharmR 2009, 607; *Boldt* PharmR 2009, 377 (381).
[451] VK Bund Beschl. v. 8.6.2011 – VK 2–58/11; VK Bund Beschl. v. 19.5.2009 – VK 2–15/09; VK Bund Beschl. v. 3.7.2009 – VK 1–107/09.
[452] LSG Nordrhein-Westfalen Beschl. v. 3.9.2009 – L 21 KR 51/09-SFB mAnm *Ulshöfer* VergabeR 2010, 126.
[453] OLG Düsseldorf Beschl. v. 24.11.2011 – VII-Verg 62/11 mAnm *Gabriel* VergabeR 2012, 482.

Ein solcher Auswahlmechanismus unter mehreren Rabattvertragspartnern könnte so 245 aussehen[454], dass den Apotheken durch die ausschreibende Krankenkasse eine „Bedienungsreihenfolge" vorgegeben wird. Danach müsste bei der Abgabe rabattierter Arzneimittel zunächst der im Rahmen der Ausschreibung erstplatzierte Bieter, dh derjenige, der den höchsten Rabatt angeboten hat, berücksichtigt werden. Nur wenn dessen Arzneimittel nicht verfügbar ist, dürfte auf den zweit-, dritt- usw. platzierten Rabattvertragspartner ausgewichen werden.

Die Vorgabe einer Bedienungsreihenfolge durch den öffentlichen Auftraggeber würde 246 dem in § 4 Abs. 2 S. 5 des Rahmenvertrags nach § 129 Abs. 2 SGB V vorgesehenen freien Wahlrecht des Apothekers zwischen mehreren rabattierten Arzneimitteln jedoch entgegenstehen. Eine solche von dem Arzneimittelrahmenvertrag der jeweiligen Spitzenverbände abweichende Vorgabe einzelner Krankenkassen in individuellen Rabattverträgen ist rechtlich nicht möglich. Denn einzelne Krankenkassen sind schon nicht Vertragspartei des Rahmenvertrags und dürfen demzufolge nicht im Wege der Ausschreibung von Selektivverträgen hiervon abweichende Vorgaben gegenüber Apothekern aufstellen[455]. Mit dieser gesetzlich normierten exklusiven Vertragsschlusskompetenz der Spitzenverbände/Spitzenorganisation soll die Implementierung eines Abrechnungsmechanismus ermöglicht werden, der den Erfordernissen der Massenverwaltung Rechnung trägt.

II. Open-House-Verträge

Gegenwärtig umstritten ist die vergaberechtliche Zulässigkeit von sog Open-House- 247 Verträgen[456], dh ausschreibungsloser nicht-exklusiver Arzneimittelrabattverträgen[457]. Bei diesem Vertragsmodell schließt eine Krankenkasse einen Arzneimittelrabattvertrag mit einer größtmöglichen Anzahl von pharmazeutischen Unternehmen. Ziel dieses nicht-selektiven/exklusiven Kontrahierens ist es, die Substitution der vertragsgegenständlichen Präparate nach § 129 Abs. 1 S. 3 SGB V zu vermeiden und den Versicherten damit eine größtmögliche Arzneimittelproduktbreite zu erhalten.

1. Auswahlentscheidung als konstitutives Merkmal eines öffentlichen Auftrags

Ausgangspunkt der vergaberechtlichen Bewertung dieser Vertragskonzeption muss 248 dabei die Rechtsprechung des LSG-Nordrhein-Westfalen zur Ausschreibungspflichtigkeit von ebenfalls nicht-exklusiven Hilfsmittelversorgungsverträgen mit Beitrittsrecht iSv § 127 Abs. 2, 2a SGB V sein[458]. Danach soll ein Vertrag zur Versorgung gesetzlicher Krankenkassen mit Hilfsmitteln dann nicht als ausschreibungspflichtiger entgeltlicher öffentlicher Auftrag einzuordnen sein, wenn durch den Vertragsschluss für den vertragsschließenden pharmazeutischen Unternehmer keine Sonderstellung im Wettbewerb bewirkt wird[459]. Als grundlegende Voraussetzung für die Wirksamkeit absatzlenkender und -steuernder gesetzlicher Mechanismen zu Gunsten des pharmazeutischen Unterneh-

---

[454] Veröffentlicht im Supplement zum EU-Amtsblatt v. 28.7.2009 (ABl. EU/S 2009/S 142–207880).
[455] So LSG Rheinland-Pfalz Beschl. v. 25.7.2005 – L 5 ER 57/05 KR; VK Bund Beschl. v. 28.7.2009 – VK 3–142/09.
[456] Ein ausführlich kommentiertes Muster eines Antrags auf Einleitung eines Nachprüfungsverfahrens am spezifischen Beispiel eines Open-House-Vertrags findet sich bei *Gabriel* in Stief/Bromm, Vertragshandbuch Pharma und Life Sciences, 2014, Kap. VII, 4.
[457] Zum Modell vgl. *Meyer-Hofmann/Hahn* A&R 2010, 59 (61); *Noch,* Vergaberecht kompakt, 100 f.; *Csaki* NZBau 2012, 350 sowie *Gabriel* in *Stief/Bromm,* Vertragshandbuch Pharma und Life Sciences, 2014, Kap. VII, 4. Anm. 32.
[458] Vgl. dazu ausführlich *Gabriel* in MüKoBeihVgR, Anlage zu § 98 Nr. 4 GWB Rn. 126.
[459] LSG Nordrhein-Westfalen Beschl. v. 14.4.2010 – L 21 KR 69/09 SFB mAnm *Gabriel* VergabeR 2010, 1026.

438   6. Teil. Wettbewerbliche Selektivverträge für Arzneimittel und Medizinprodukte

mers[460] wird dabei eine Auswahlentscheidung durch die gesetzliche Krankenkasse angesehen. Ein gesetzlich geregelter Anspruch auf Beitritt zu einem Versorgungsvertrag iSv § 127 Abs. 2a SGB V auf gleichberechtigten Marktzugang und Teilhabe an der Versorgung der Versicherten schließe jedoch eine solche Auswahlentscheidung ebenso wie eine vergaberechtliche Ausschreibungspflicht aus.

249   Das Erfordernis einer Auswahlentscheidung als konstitutives Merkmal eines ausschreibungspflichtigen öffentlichen Auftrags ist kritisch zu hinterfragen. Im Wortlaut der maßgeblichen Vorschrift des § 99 Abs. 1 GWB findet sich hierfür jedenfalls kein Anhaltspunkt. Hinreichende Bedingung ist vielmehr bereits ein entgeltlicher Vertrag zwischen einem öffentlichen Auftraggeber und zumindest einem pharmazeutischen Unternehmer über die Erbringung von Bau-, Liefer- oder Dienstleistungen. Die Anzahl potenzieller Vertragspartner wird innerhalb der Prüfung der Anwendbarkeit des Vergaberechts nicht berücksichtigt[461]. Eine vom öffentlichen Auftraggeber zu treffende Auswahlentscheidung ist keine notwendige Voraussetzung, sondern allenfalls natürliche Folge der Ausschreibung eines öffentlichen Auftrags; erfolgt keine Auswahlentscheidung, stellt das nicht den öffentlichen Auftrag in Frage, sondern ggf. lediglich die Rechtmäßigkeit der Vergabe[462]. Eine Prognose, wie viel Wettbewerb letztlich um den Auftrag bestehen wird, ist nicht Teil des Prüfungsprogramms zum Vorliegen der Tatbestandsvoraussetzungen von § 99 GWB. Das Fehlen einer echten Auswahlentscheidung wird an anderer Stelle des EU/GWB-Vergaberechts, in § 3 EG Abs. 4 lit. c) VOL/A, berücksichtigt. Das führt nicht zur Unanwendbarkeit des EU/GWB-Vergaberechts, sondern zur ausnahmsweisen Anwendung des Verhandlungsverfahrens ohne Bekanntmachung[463].

250   Grundsätzliche Zustimmung verdient hingegen die Einschätzung, dass ein Versorgungsvertrag dann keinen ausschreibungsbedürftigen öffentlichen Auftrag darstellt, wenn mit diesem keine marktmäßige Gegenleistung für den pharmazeutischen Unternehmer verbunden ist. Diese Einordnung ist allerdings in jedem Einzelfall gesondert und unabhängig von einer Auswahlentscheidung des öffentlichen Auftraggebers, der gesetzlichen Krankenkasse, vorzunehmen.

2. Vergaberechtliche Beurteilung von Open-House-Verträgen

251   Vor diesem Hintergrund ist insbesondere fraglich, ob durch ein individualvertraglich vereinbartes Beitrittsrecht für jeden interessierten pharmazeutischen Unternehmer eine bestehende Ausschreibungspflicht vergaberechtskonform auch für solche GKV-Versorgungsverträge abbedungen werden kann, für die nicht schon von Gesetzes wegen ein Zulassungsrecht besteht. In einer viel diskutierten Entscheidung befasste sich das OLG Düsseldorf[464] mit einer Konstellation, in der eine gesetzliche Krankenkasse einen Arzneimittelrabattvertrag nach § 130a Abs. 8 SGB V in Form einer Rahmenvereinbarung mit dem erklärten Ziel öffentlich (wenngleich weitgehend formlos) ausschrieb, um mit möglichst vielen am Markt tätigen pharmazeutischen Unternehmern jeweils über deren gesamtes Produktportfolio zu kontrahieren, und ihren Versicherten damit eine größtmögliche Arzneimittelproduktbreite zur Verfügung stellen zu können. Eine Substitution der betroffenen Arzneimittel nach § 129 Abs. 1 Satz 3 SGB V sollte ausdrücklich vermieden und eine Exklusivität bei der Versorgung der Versicherten durch den in Rede stehenden Vertrag weder hergestellt noch bezweckt werden. Die Ausschreibung erfolgte offensichtlich

---

[460] → Rn. 40 ff.
[461] Vgl. auch *Otting* NZBau 2010, 734 (737); *Greb/Stenzel* VergabeR 2012, 409, (414 f.).
[462] VK Bund Beschl. v. 12.11.2009 – VK 3–193/09.
[463] → Rn. 188 ff. Wie hier *Csaki/Freundt* NZS 2011, 766 (768).
[464] OLG Düsseldorf Beschl. v. 11.1.2012 – VII-Verg 58/11, dazu *Csaki* NZBau 2012, 350.

unter der Prämisse, aufgrund der vorgenannten offenen Vertragsgestaltung nicht dem EU/ GWB-Vergaberecht zu unterliegen.

Die Zulässigkeit eines solchen Open-House-Modells ist allerdings, auch unter Zugrundelegung der Rechtsprechung zu Hilfsmittelversorgungsverträgen mit Beitrittsrecht, fraglich. Danach kann eine vergaberechtsfreie Beschaffung ggf. ausnahmsweise dadurch gerechtfertigt werden, dass ein Beitrittsrecht in § 127 Abs. 2a SGB V ausdrücklich gesetzlich vorgesehen ist. Für Unternehmen ergibt sich deshalb qua Gesetz ein durchsetzbares Recht zum Vertragsbeitritt, wodurch die Begründung von Exklusivitätsrechten vertragsbeteiligter Unternehmen im Einzelfall weitestgehend verhindert werden kann. Eine entsprechende gesetzliche Vorschrift findet sich für andere GKV-Versorgungsverträge allerdings nicht. Aufgrund dessen sah die 3. VK Bund die hier in Rede stehende vertragliche Gestaltung wegen der missbräuchlichen Verwendung einer Rahmenvereinbarung als vergaberechtswidrig an[465]. Darüber hinaus erscheint eine solche Vertragsgestaltung auch nicht gesetzgeberisch intendiert. Der Abschluss von Arzneimittelrabattverträgen ohne einen vorangegangenen Ausschreibungswettbewerb pharmazeutischer Bieterunternehmen, würde dem Sinn und Zweck des § 130a Abs. 8 SGB V vielmehr gerade zuwiderlaufen, eine möglichst wirtschaftliche Beschaffung von Arzneimittel durch die gesetzlichen Krankenkassen sicherzustellen[466]. 252

Demgegenüber führt der Vergabesenat des OLG Düsseldorf in seiner Entscheidung aus, es sei nicht von vornherein ausgeschlossen, dass bloße „Zulassungen" nicht dem Vergaberecht unterfallen. Soweit ein Vertragsschluss mit jedem geeigneten pharmazeutischen Unternehmer ohne Probleme, jederzeit rechtlich und tatsächlich möglich ist, entfalle ein Wettbewerbsvorteil für vertragsbeteiligte pharmazeutische Unternehmer und es finde kein Wettbewerb statt, sodass letztlich die öffentliche Auftragseigenschaft entfiele. Allerdings hatte das Gericht anlässlich des entscheidungsgegenständlichen Sachverhalts auch nicht abschließend über diese Rechtsfrage zu befinden. Der Senat hat allerdings in Aussicht gestellt, dass die Frage der Anwendbarkeit des Vergaberechts auf Open-House-Verträge aufgrund der vorgreiflichen europarechtlich determinierten Auslegung des Begriffs des öffentlichen Auftrags, nur durch Vorlage an den EuGH nach Art. 267 AEUV einer endgültigen Lösung zugeführt werden kann. Gegenwärtig hat sich der Düsseldorfer Vergabesenat erneut im Rahmen eines sofortigen Beschwerdeverfahrens mit der in Rede stehenden Problematik auseinanderzusetzen, nachdem die 1. VK Bund[467] einen ausschreibungslos geschlossenen Open-House-Vertrag in erster Instanz für vergaberechtswidrig erklärt hat.[468] 253

Der ausschreibungslose Abschluss eines Arzneimittelversorgungsvertrags erscheint damit zumindest bis zu einer entgegenstehenden rechtlichen Bewertung durch das OLG Düsseldorf bzw. das EuGH grundsätzlich vergaberechtskonform möglich, sofern mit einem solchen tatsächlich keine Auswahlentscheidung des öffentlichen Auftraggebers und dem damit einhergehenden Problem der Diskriminierung unter den Bietern verbunden ist, dem das Vergaberecht entgegentreten will. Dazu bedarf es grundsätzlich einer tatsächlichen sowie rechtlich durchsetzbaren, jederzeitigen Beitrittsmöglichkeit für geeignete Unternehmer, welche innerhalb eines transparenten und nachvollziehbaren Zulassungs- bzw. Beitrittsverfahrens ausgeübt werden können muss und nichtdiskriminierende Beitrittsbedingungen voraussetzt. Notwendig dürfte insofern die europaweite Bekanntmachung des (Open-House-) Rabattvertrages durch Veröffentlichung im Amtsblatt der Europäischen Union sein. Insbesondere darf es nicht zu einer Bevorzugung einzelner Unternehmer durch die Gewährung von Wettbewerbsvorteilen kommen, indem etwa bestimmte pharmazeutische Unternehmer Einfluss auf die Gestaltung der Vertragsbedingungen eingeräumt wird. Vielmehr müssen 254

---

[465] VK Bund Beschl. v. 6.7.2011 – VK 3–80/11.
[466] → § 13 Rn. 4.
[467] VK Bund Beschl. v. 20.2.2014 – VK 1–4/14.
[468] Das Beschwerdeverfahren vor dem OLG Düsseldorf wird unter dem Aktenzeichen VII-Verg 13/14 geführt.

sämtliche Vertragsbedingungen diskriminierungsfrei für alle auf dem entsprechenden Markt tätigen pharmazeutischen Unternehmer vorgegeben werden. Einen Diskriminierungen ermöglichenden Wettbewerbsvorteil von einzelnen pharmazeutischen Unternehmern kann es bereits darstellen, wenn nur eines von ihnen auf den Inhalt des Vertrags Einfluss nehmen kann und Dritten nur die Wahl zwischen dem Vertragsbeitritt zu dem von einem anderen bereits zu dessen Bedingungen ausgehandelten Vertrag oder dem Verzicht auf die Teilhabe bleibt[469]. Ebenfalls kann es einen Vorteil darstellen, wenn einige Unternehmen eine frühere Vertragsschluss-/Beitrittsmöglichkeit als anderen gegeben wird[470]. In der Praxis werden Open-House-Verträge vor diesem Hintergrund regelmäßig europaweit bekannt gemacht.

III. Arzneimittelsortimentsverträge

255   Als öffentlicher Auftraggeber darf eine gesetzliche Krankenkasse ihren in der Leistungsbeschreibung angegebenen Beschaffungsbedarf nicht absichtlich auf einen zuvor ausgewählten Bieter zuschneiden. Eine solchermaßen gelenkte Vergabe stellte den Extremfall einer diskriminierenden Leistungsbeschreibung dar[471].

256   Ein damit eng verbundenes ausschreibungsrelevantes Sonderproblem, das spezifisch mit dem Abschluss von Arzneimittelrabattverträgen im Generikabereich zusammenhängt, sind sog Arzneimittelsortimentsverträge, die auch als Portfolio-Rabattverträge bezeichnet werden. Dabei richtet eine Krankenkasse ihren Beschaffungsbedarf an dem konkreten Produktsortiment eines bestimmten pharmazeutischen Unternehmers aus, um unter Berufung auf dieses vermeintliche Alleinstellungsmerkmal des pharmazeutischen Herstellers auf eine öffentliche Ausschreibung zu verzichten und einen Rabattvertrag im Rahmen bilateraler Verhandlungen mit diesem abzuschließen (sog De-facto-Vergabe[472]).

1. Vergaberechtliche Ausgangslage

257   Arzneimittelsortimentsverträge im Generikabereich verstoßen sowohl in formeller als auch in materieller Hinsicht gegen das Vergaberecht. In formeller Hinsicht verstoßen solche Rabattverträge gegen das Vergaberecht, da sie ohne ein ordnungsgemäßes Vergabeverfahren nach §§ 97 ff. GWB zustande gekommen sind, ohne dass das gesetzlich gestattet wäre[473]. In materieller Hinsicht verstoßen sie gegen das Vergaberecht, da ihr Inhalt, dh die Bezugnahme auf das gesamte generische Portfolio eines bestimmten pharmazeutischen Unternehmers als Leistungsbeschreibung, nicht mit dem vergaberechtlichen Wirtschaftlichkeitsgrundsatz zu vereinbaren ist. Aufgrund der lediglich bilateralen Verhandlungen zwischen der Krankenkasse und dem pharmazeutischen Unternehmer bietet der Abschluss von Portfolio-Rabattverträgen keine Gewähr dafür, dass tatsächlich das für den öffentlichen Auftraggeber wirtschaftlichste Angebot den Zuschlag erhält[474]. Es fehlt nämlich an einer wettbewerblichen Auswahlentscheidung. Gleichzeitig gewährt diese Situation den pharmazeutischen Unternehmern, die einen entsprechenden Portfolio-Rabattvertrag abschließen, einen andere Wettbewerber benachteiligenden Wettbewerbsvorteil[475].

---

[469] Vgl. OLG Düsseldorf Beschl. v. 11.1.2012 – VII-Verg 58/11; OLG Düsseldorf Beschl. v. 11.1.2012 – VII-Verg 67/11.
[470] Vgl. zum sog „First-Mover-Effekt": *Schickert/Schulz* MPR 2009, 1 (7) und *Schickert* PharmR 2009, 164 (171).
[471] *Schellenberg* in Pünder/ders., Vergaberecht, § 8 EG VOL/A Rn. 7.
[472] Dazu allgemein BGH Beschl. v. 1.2.2005 – X ZB 27/04; OLG München Beschl. v. 7.6.2005 – Verg 04/05; OLG Karlsruhe Beschl. v. 6.2.2007 – 17 Verg 7/06.
[473] VK Bund Beschl. v. 18.2.2009 – VK 3–158/08.
[474] *Gabriel* in MüKoBeihVgR, Anlage zu § 98 Nr. 4 GWB Rn. 148 sowie OLG Düsseldorf Beschl. v. 11.1.2012 – VII-Verg 58/11.
[475] VK Bund Beschl. v. 18.2.2009 – VK 3–158/08; zur Wirksamkeit eines gleichwohl mittels einer de-facto-Vergabe geschlossenen Gesamtportfoliovertrags vgl. VK Bund Beschl. v. 10.7.2009 – VK 1–113/09.

§ 14 Ausschreibung von Verträgen in der GKV 441

Trotz der formellen und materiellen Vergaberechtswidrigkeit von Portfolio-Rabattverträgen bestand für Wettbewerber lange Zeit keine effektive Möglichkeit, vergaberechtlich gegen in der Vergangenheit geschlossene und aktuell noch fortgeltende Portfolio-Rabattverträge vorzugehen[476]. Hierdurch kann es zu einer Benachteiligung derjenigen pharmazeutischen Unternehmer, die keinen solchen Rabattvertrag mit der betreffenden Krankenkasse geschlossen haben und durch die De-facto-Vergabe vor vollendete Tatsachen gestellt wurden, indem sie insoweit vom Wettbewerb ausgeschlossen wurden und infolge dessen Umsatzeinbußen erlitten. 258

Bis zum 24.4.2009 ergab sich die Nichtigkeit von im Wege von De-facto-Vergaben abgeschlossenen Verträgen allenfalls analog § 13 Satz 6 VgV aF. Danach war der öffentliche Auftraggeber verpflichtet, die im formell ordnungsgemäßen (dh nach Maßgabe des GWB eingeleiteten und durchgeführten) Vergabeverfahren unterlegenen Bieter über den Namen des obsiegenden Bieters und über den Grund der vorgesehenen Nichtberücksichtigung ihrer Angebote vor Vertragsabschluss zu informieren (§ 13 Sätze 1–4 VgV aF). Für den Fall der Verletzung der in § 13 Sätze 1–4 VgV aF normierten Informationspflicht ordnete § 13 Satz 6 VgV aF die Nichtigkeitsfolge für auf diese Weise abgeschlossene Verträge an, die demzufolge keinen Bestandsschutz genossen[477]. Zur Gewährleistung effektiven Rechtsschutzes wurde § 13 Satz 6 VgV aF zudem analog auf die Fälle der De-facto-Vergabe angewandt, in denen der öffentliche Auftraggeber ohne Durchführung eines geordneten Vergabeverfahrens einen Rabattvertrag abgeschlossen hatte[478]. Die für eine analoge Anwendung des § 13 Satz 6 VgV aF erforderliche vergleichbare Interessenlage erforderte jedoch, dass mehrere pharmazeutische Unternehmer an der De-facto-Vergabe beteiligt waren, da es ansonsten an einer vergleichbaren Interessenlage fehlte[479]. Eine solche vergleichbare Interessenlage bestand indes in Bezug auf Portfolio-Rabattverträge nicht. Portfolio-Rabattverträge wurden zumeist in einem ausschließlich bilateralen Verfahren der Direktvergabe zwischen Krankenkasse und einem pharmazeutischen Unternehmer geschlossen mit der Folge, dass hierauf § 13 Satz 6 VgV aF analog nicht angewendet werden konnte. 259

Durch das Vergaberechtsmodernisierungsgesetz von April 2009[480] wurde die Vorschrift des § 101b Abs. 1 Nr. 2 GWB eingeführt. § 101b GWB ordnet anstelle der Nichtigkeit des Portfolio-Rabattvertrags eine aufgrund Antrags eintretende *ex tunc*-Unwirksamkeit an. Die Unwirksamkeitsfolge gilt nicht nur für Verträge, die ohne die Information nach § 101a GWB abgeschlossen werden (§ 101b Abs. 1 Nr. 1 GWB), sondern auch für Verträge, die ohne formelles Vergabeverfahren gänzlich ohne Beteiligung anderer pharmazeutischer Unternehmer abgeschlossen werden. Portfolio-Rabattverträge erfüllen als De-facto-Vergaben zwar grundsätzlich den Unwirksamkeitstatbestand des § 101b Abs. 1 Nr. 2 GWB. Dennoch scheidet ein Antrag auf Feststellung der Unwirksamkeit durch einen pharmazeutischen Unternehmer, welcher erforderlich ist, damit die Unwirksamkeit durch eine Vergabekammer festgestellt werden darf, im Fall von Portfolio-Rabattverträgen regelmäßig aus. Denn die hierfür nach § 101b Abs. 2 GWB geltende Antragsfrist/Ausschlussfrist von 30 Kalendertagen ab positiver Kenntnis bzw. ohne diese Kenntnis bis zu sechs Monate nach Vertragsschluss ist bereits verstrichen und war je nach Auslegung der zeitlichen Übergangsregelung in § 131 Abs. 8 GWB vielfach sogar zum Zeitpunkt des Inkrafttretens dieser neuen Unwirksamkeitsvorschrift bereits verstrichen. Darüber hinaus ist fraglich, ob die von § 131 Abs. 8 GWB angeordnete ausschließliche Geltung dieser 260

---

[476] Siehe BT-Drs. 17/10156, 128.
[477] *Gabriel* PharmR 2008, 577 (579).
[478] VK Bund, Beschl. v. 18.2.2009 – VK 3–158/08; *Gabriel* PharmR 2008, 577 (579).
[479] BGH, Beschl. v. 1.2.2005 – X ZB 27/04; OLG Düsseldorf, Beschl. v. 18.6.2008 – VII-Verg 23/08; OLG Düsseldorf, Beschl. v. 6.2.2008 – VII Verg 37/07; OLG Karlsruhe, Beschl. v. 6.2.2007 – 17 Verg 7/06; VK Bund, Beschl. v. 18.2.2009 – VK 3–158/08.
[480] Gesetz zur Modernisierung des Vergaberechts v. 20.4.2009, BGBl. I 790.

6. Teil. Wettbewerbliche Selektivverträge für Arzneimittel und Medizinprodukte

Vorschrift für Vergabeverfahren, die nach dem 24.4.2009 begonnen haben, überhaupt auf de-facto-Vergaben anwendbar ist. Denn diese zeichnen sich gerade dadurch aus, ohne die Durchführung eines Vergabeverfahrens abgeschlossen worden zu sein. Das wird teilweise unter Verweis auf eine materielle Auslegung des Begriffs des „Vergabeverfahrens" bejaht, wonach auf Alt-Portfolio-Rabattverträge, die jedenfalls vor dem 24.4.2009 abgeschlossen wurden, lediglich die alte Rechtslage gelten würde[481]. Teilweise wird das aber auch unter Bezugnahme des Wortlauts sowie des Telos der Vorschrift verneint, weshalb unabhängig vom Zeitpunkt des Vertragsschlusses die neue Rechtslage anzuwenden sei[482].

2. Rechtsänderung durch die 16. AMG-Novelle

261   Vor dem dargestellten Hintergrund war zur Schaffung von mehr Effizienz im Arzneimittelrabattvertragssystem eine Regelung zum Umgang mit vergaberechtswidrigen Portfolio-Rabattverträgen geboten[483]. Dem trug der Gesetzgeber mit der Einführung von § 130a Abs. 8 Satz 8 SGB V im Rahmen der 16. AMG-Novelle[484] zum 30.4.2013 Rechnung. Danach werden Verträge nach Satz 1, die nicht nach Maßgabe der Vorschriften des Vierten Teils des Gesetzes gegen Wettbewerbsbeschränkungen abgeschlossen wurden, mit Ablauf des 30.4.2013 unwirksam. Damit zielt der Gesetzgeber ausweislich der Gesetzesbegründung[485] und den für das Gesetzgebungsverfahren relevanten Materialien[486], darauf ab, noch immer fortgeltende vergaberechtswidrige Arzneimittelsortimentsverträge im Generikabereich zu beenden und die beschriebene offenkundige Regelungslücke beim (Vergabe-) Rechtsschutz gegenüber Portfolio-Rabattverträgen zu schließen.

262   **a) Sachlicher Anwendungsbereich.** Die Neuregelung sieht abweichend von der im Vergaberecht seit dem Vergaberechtsmodernisierungsgesetz geltenden Unwirksamkeitsfeststellung gemäß § 101b Abs. 2 GWB nach Anrufung einer Nachprüfungsinstanz in einem gerichtsähnlichen Verfahren nunmehr den Eintritt der Unwirksamkeit *ipso iure* (dh automatisch und ohne vorherige Bewertung und Entscheidung durch einen gerichtlichen oder gerichtsähnlichen Spruchkörper) vor. Aufgrund dieser drastischen Rechtsfolge können hierunter bereits aus rechtsstaatlichen Gründen[487] nur eindeutige und unstreitige Fälle einer De-facto-Vergabe fallen, bei denen außerdem unter keinen denkbaren Gesichtspunkten ein „schutzwürdiges Interesse am Fortbestand der jeweiligen Verträge"[488] besteht. Eine eindeutige vergaberechtliche Rechtslage, wonach Rabattverträge im Regelfall eine Ausschreibungspflicht begründen, sodass unter keinen denkbaren Gesichtspunkten ein schützenswertes vertragliches Bestandsinteresse entstehen konnte, gibt es derzeit wohl nur im Bereich der Rabattverträge über Generika. Hingegen sind die Anwendungsvoraussetzungen der Neuregelung bei Rabattvereinbarungen über einzelne Wirkstoffe/Arzneimittel (sog. „Einzelmolekülverträge") im patentgeschützten und biotechnologischen Bereich

---

[481] Vgl. VK Bund Beschl. v. 18.2.2009 – VK 3–158/08; Beschl. v. 10.7.2009 – VK 1–113/09; Beschl. v. 11.9.2009 – VK 3–157/09; BT-Drs. 16/10117, 26 sowie *Ziekow* in ders./Völlink, Vergaberecht, GWB, § 131 Rn. 3.

[482] Vgl. VK Südbayern Beschl. v. 29.4.2010 – Z3–3–3194-1-03-01/10; VK Niedersachsen Beschl. v. 17.8.2009 – VgK-36/09.

[483] Dazu ausführlich *Gabriel/Schulz* NZBau 2013, 273.

[484] Zweites Gesetz zur Änderung arzneimittelrechtlicher und anderer Vorschriften v. 19.10.2012, BGBl. I 2192 (2226).

[485] BT-Drs. 17/10156, 95 f.

[486] *CDU/CSU-Fraktion im Deutschen Bundestag*, Arbeitsgruppe Gesundheit, Positionspapier für weitere notwendige Regelungen im Rahmen des Zweiten Gesetzes zur Änderung arzneimittelrechtlicher und anderer Vorschriften (AMG-Novelle); *Deutscher Bundestag*, Stenografischer Bericht, 175. Sitzung vom 26.4.2012, Plenarprotokoll 17/175, S. 20841.

[487] Siehe zur verfassungsrechtlichen Beurteilung der Neuregelung: *Steiff/Sdunzig* NZBau 2013, 203.

[488] BT-Drs. 17/10156, 95 f.

§ 14 Ausschreibung von Verträgen in der GKV

nicht gegeben[489]. Schließlich ist die Frage nach dem Bestehen und den konkreten Modalitäten einer vergaberechtlichen Ausschreibungspflicht hier nicht pauschal, sondern ausschließlich im Hinblick auf die Gegebenheiten des jeweiligen Einzelfalls zu beantworten[490]. Lediglich für Generikarabattverträge waren in den vergangenen Jahren alle Grundsatzfragen – insbesondere die generelle Ausschreibungspflicht – Gegenstand zahlreicher Gerichtsverfahren und Abhandlungen im juristischen Schrifttum, sodass (allein) hier eine hinreichende Rechtssicherheit besteht, um die Neuregelung praktikabel zu machen.

Vergleichbares mag sich allenfalls noch für die im Gesetzgebungsverfahren neben den Portfolioverträgen thematisierten[491] faktisch patentverlängernden Rabattverträge vertreten lassen, deren Vergaberechtswidrigkeit durch die Rechtsprechung eindeutig festgestellt wurde. Bei diesen wird ein Rabattvertrag gezielt kurz vor Patentablauf nochmals abgeschlossen oder verlängert. Mit Ablauf des Patentschutzes wäre es auch für andere pharmazeutische Unternehmer technisch möglich und rechtlich zulässig, generische Nachahmerpräparate auf den Markt zu bringen und sich an entsprechenden Rabattvertragsausschreibungen zu beteiligen. Schließt jedoch der bisherige Patentinhaber vor Ablauf der Patentlaufzeit einen Rabattvertrag, der in seiner zeitlichen Dauer über den Patentschutz hinausgeht, wird ein Rabattvertragswettbewerb durch die damit verbunden Exklusivitätsrechte – insbesondere die Substitution nach § 129 Abs. 1 S. 3 SGB V – faktisch verhindert. 263

Durch die damit verbundenen Wettbewerbsnachteile und Markteintrittsbarrieren für Generikahersteller verstößt eine solche Ausschreibungs- bzw. Vertragsgestaltung nach der Rechtsprechung eindeutig sowohl gegen das allgemeine Wettbewerbsprinzip und das vergaberechtliche Diskriminierungsverbot als auch gegen das sozialrechtliche Gebot des § 130a Abs. 8 S. 7 SGB V, die Vielfalt der Anbieter beim Abschluss von Rabattverträgen zu fördern[492]. Nach einem obiter dictum der 3. Vergabekammer des Bundes sei dieses wettbewerbsbeschränkende Potential solcher Rabattverträge bei der Bemessung ihrer Laufzeit zwingend zu berücksichtigen[493]. Notwendig dürfte dementsprechend eine flexible vertragliche Gestaltung sein, welche die Rabattvertragslaufzeit grundsätzlich auf den Ablauf des Patentschutzes beschränkt bzw. andere „intelligente" Anpassungsklauseln vorsieht, um auf die jeweiligen Marktgegebenheiten reagieren zu können und Wettbewerbsbeschränkungen zu verhindern. Dabei macht es auch keinen Unterschied, ob ein solcher faktisch patentverlängernder Rabattvertrag im Rahmen eines ausnahmsweise zulässigen Verhandlungsverfahrens ohne Bekanntmachung nach § 3 EG Abs. 4 lit. c) VOL/A oder mittels einer öffentlichen Ausschreibung in einem offenen Verfahren geschlossen wird[494]. Denn neben potenziellen Re- und Parallelimporteuren wäre der Patentinhaber zum Ausschreibungszeitpunkt vor Ablauf des Patentschutzes regelmäßig der einzige angebotsfähige Bieter und würde dementsprechend den Zuschlag erhalten. 264

b) Rechtsschutzmöglichkeiten. Aus der Neuregelung ergibt sich zwar eine rechtliche Unwirksamkeit entsprechender De-Facto-Verträge. Es fehlt jedoch weiterhin ein effektives Instrumentarium, den faktischen Vollzug solcher vergaberechtswidrigen Vereinbarungen zu unterbinden. Das wirft die dringende Frage nach den Handlungsoptionen der Wettbewerber auf, um der Regelung des § 130a Abs. 8 Satz 8 SGB V zur tatsächlichen Durchsetzbarkeit zu verhelfen. Das gilt umso mehr, als an dem Vollzug von Arzneimittelrabattverträgen naturgemäß maßgeblich Dritte, wie der verordnende Arzt, der abgebende Apotheker oder schließlich der Versicherte selbst, beteiligt sind. Sie erlangen jedoch von 265

---

[489] Eingehend hierzu *Gabriel/Schulz* NZBau 2013, 273 (277 ff.).
[490] Dazu → Rn. 35.
[491] BR-Drs. 91/1/12, 77.
[492] Vgl. VK Bund Beschl. v. 6.7.2011 – VK 3-80/11.
[493] Vgl. VK Bund Beschl. v. 6.7.2011 – VK 3-80/11.
[494] Vgl. VK Bund Beschl. v. 6.7.2011 – VK 3-80/11.

der Unwirksamkeit eines Rabattvertrags nicht ohne Weiteres Kenntnis. Demzufolge genügt hier die bloße Feststellung der Unwirksamkeit grundsätzlich nicht, um die Rechte der Marktteilnehmer hinreichend zu schützen und deren Rechtsschutzinteressen vollumfänglich Rechnung zu tragen[495]. Neben einer – vergleichsweise langwierigen – Unterlassungsklage vor den Sozialgerichten, erscheint dabei die Geltendmachung lauterkeitsrechtlicher Unterlassungsansprüche nach §§ 3, 4 Abs. 11 UWG, gegen den jeweiligen, vertragsbeteiligten Wettbewerber als statthaftes und probates Rechtsschutzmittel[496]. Dafür spricht insbesondere, dass diese gemäß § 12 Abs. 2 UWG im Wege des vorläufigen Rechtsschutzes mittels einstweiliger Verfügung gesichert, die durch Rechtsbruch erlangten Wettbewerbsvorteile des Rabattvertrags unterbunden und die wettbewerblichen Interessen nicht berücksichtigter Marktteilnehmer damit gewahrt werden können.

E. Grundzüge des vergaberechtlichen Rechtsschutzes

266   Der vergaberechtliche Rechtsschutz ist durch europäisches Sekundärrecht geprägt. Maßgeblich sind in diesem Bereich die Rechtsmittelrichtlinien 89/665/EWG[497] und 92/13/EWG[498]. Sie wurden vom deutschen Gesetzgeber in den §§ 102 ff. GWB umgesetzt.

I. Primärrechtsschutz

267   Der vergaberechtliche Rechtsschutz dient nur der Durchsetzung von Primäransprüchen, vgl. § 114 Abs. 1 GWB[499]. Der Rechtsschutz soll die Rechte der Unternehmen auf Durchführung eines rechtmäßigen Vergabeverfahrens sicherstellen und trägt damit ihrem Interesse am Erhalt des Auftrags Rechnung. Ein Vergabeverstoß soll noch während des laufenden Verfahrens revidiert werden.

268   Durch die Anwendung des EU/GWB-Vergaberechts auf selektive Versorgungsverträge der GKV haben potenzielle Auftragnehmer und Bieter die Möglichkeit, die Einhaltung der vergaberechtlichen Vorschriften und Grundsätze im Wege eines zwei Instanzen umfassenden Primärrechtsschutzverfahrens nach §§ 102 ff. GWB gerichtlich einzufordern[500]. Stellt ein Unternehmen einen Verstoß gegen vergaberechtliche Bestimmungen fest, hat es diesen zunächst unverzüglich beim Auftraggeber zu rügen, dh den Verstoß anzuzeigen und Abhilfe zu fordern. Kommt der Auftraggeber dem Abhilfeverlangen nicht nach, kann in erster Instanz ein Nachprüfungsantrag (§§ 102 ff. GWB) bei der zuständigen Vergabekammer gestellt werden. Gegen die Entscheidung der Vergabekammer kann in zweiter Instanz mit dem Rechtsmittel der sofortigen Beschwerde (§§ 116 ff. GWB) zum Vergabesenat des zuständigen Oberlandesgerichts (OLG) vorgegangen werden.

1. Nachprüfungsverfahren und sofortige Beschwerde

269   Das erstinstanzliche Nachprüfungsverfahren iSv § 102 GWB ist bei jeder Vergabe eines öffentlichen Auftrags statthaft. Grundsätzlich unterliegen sämtliche Entscheidungen der

---

[495] *Steiff/Sdunzig* NZBau 2013, 203 (207) sprechen sich in diesem Sinne dafür aus, rechtswidrig fortgesetzte Verträge im Wege der Feststellungsklage durch Mitbewerber, dem Rechtsschutz durch die Zivilgerichte zu unterstellen.
[496] So auch *Csaki/Münnich* PharmR 2013, 159 (160).
[497] Richtlinie 89/665/EWG des Rates v. 21.12.1989, ABl. EG, L 395, 33 v. 30.12.1989.
[498] Richtlinie 92/13/EWG des Rates v. 25.2.1992, ABl. EG, L 76, 14, v. 23.3.1992.
[499] Dazu auch *Gabriel* in Stief/Bromm, Vertragshandbuch Pharma und Life Sciences, 2014, Kap. VII, 2. Anm. 1.
[500] Ausführlich kommentierte Muster für Rüge und Nachprüfungsantrag im Zusammenhang mit GKV-Selektivverträgen finden sich bei *Gabriel* in *Stief/Bromm*, Vertragshandbuch Pharma und Life Sciences, 2014, Kap. VII, 2. ff.

öffentlichen Hand der Nachprüfung durch die Vergabekammern, bei denen die Einhaltung von Vergabevorschriften erforderlich ist[501].

Zuständig für die Entscheidung über den Nachprüfungsantrag (die erste Instanz des Vergabenachprüfungsverfahrens) sind die Vergabekammern des Bundes und der Länder. Auf Bundesebene gibt es drei beim Bundeskartellamt angesiedelte Vergabekammern. In den Bundesländern variiert die Anzahl der Vergabekammern. Bei den Vergabekammern handelt es sich nicht um Gerichte, sondern um Verwaltungsbehörden, die nicht durch Urteil oder gerichtlichen Beschluss, sondern mittels Verwaltungsakt entscheiden. Die jeweilige örtliche Zuständigkeit bestimmt sich danach, ob der Auftraggeber dem Bund oder einem bestimmten Land zuzurechnen ist (§ 106a GWB). Gemäß § 14 Abs. 1 VgV geben die Auftraggeber in der Bekanntmachung und den Vergabeunterlagen die Anschrift der Vergabekammer an, der die Nachprüfung obliegt. 270

Gemäß § 107 Abs. 3 Nr. 1–3 GWB besteht für Unternehmen, die sich aufgrund eines Vergaberechtsverstoßes in ihren Rechten verletzt sehen, die Obliegenheit, zunächst in Form einer unverzüglichen Rüge Abhilfe vom öffentlichen Auftraggeber zu fordern[502]. Die Einleitung eines Nachprüfungsverfahrens durch schriftlichen Antrag nach § 107 Abs. 1 GWB ist nur zulässig, soweit der öffentliche Auftraggeber der Rüge nicht abgeholfen hat. Gemäß § 107 Abs. 3 Satz 1 Nr. 4 GWB ist der Nachprüfungsantrag unzulässig, soweit mehr als 15 Kalendertage nach Eingang der Mitteilung des Auftraggebers, einer Rüge nicht abhelfen zu wollen, vergangen. Die Anwendung dieser Regelung setzt voraus, dass den Bieter eine entsprechende Rügeobliegenheit trifft. Gemäß § 107 Abs. 3 Satz 2 GWB gilt das nicht bei einem Antrag auf Feststellung der Unwirksamkeit des Vertrags im Falle einer De-facto-Vergabe. 271

Zum Kreis der nach § 107 Abs. 2 GWB antragsbefugten Unternehmen gehören lediglich diejenigen Unternehmen, die ein unmittelbares Interesse an dem Auftrag haben. Hierunter fällt insbesondere jeder potenzielle Auftragnehmer, der im Verfahren fristgemäß einen Teilnahmeantrag oder ein Angebot eingereicht hat. Ein mittelbares Interesse, etwa von Nachunternehmern, Beratern oder Vorlieferanten, genügt nicht. Die Abgabe eines Angebots oder eines Teilnahmeantrags ist jedoch keine zwingende Voraussetzung für das Vorliegen einer Antragsbefugnis. Führte gerade das beanstandete Verhalten des Auftraggebers dazu, dass eine Angebots- bzw. Teilnahmeantragsabgabe seitens des antragstellenden Unternehmens unterblieben ist und wird das in der Antragsbegründung substantiiert dargelegt, so liegt regelmäßig auch ohne Angebot bzw. Teilnahmeantrag die Antragsbefugnis vor. 272

Der Antragsteller muss zudem einen bereits entstandenen oder drohenden Schaden durch die Verletzung seiner Rechte aus § 97 Abs. 7 GWB geltend machen. Um die Verletzung eigener Rechte durch einen Vergaberechtsverstoß geltend zu machen, genügt es grundsätzlich, wenn eine solche nach der Darstellung des antragstellenden Unternehmens als möglich erscheint[503]. 273

Der Nachprüfungsantrag löst gemäß § 115 Abs. 1 GWB einen Suspensiveffekt aus. Damit ist der öffentliche Auftraggeber grundsätzlich bis zum Abschluss der ersten Instanz sowie dem Ablauf der zweiwöchigen Beschwerdefrist daran gehindert, einen Zuschlag zu erteilen. Gerade dieser Umstand zeigt die besondere Wirksamkeit des vergaberechtlichen Nachprüfungsverfahrens. Dabei können sich insbesondere bei dem Abschluss von mehrjährigen Arzneimittelversorgungsverträgen der gesetzlichen Krankenkassen mit einer oftmals hohen Anzahl von Fach- und Gebietslosen sowie mehreren Rahmenvertragspartnern aus dem Suspensiveffekt bedeutende wirtschaftliche Konsequenzen ergeben. 274

---

[501] BGH Beschl. v. 1.2.2005 – X ZB 27/04, NZBau 2005, 290.
[502] Dazu ausführlich *Gabriel* in Stief/Bromm, Vertragshandbuch Pharma und Life Sciences, 2014, Kap. VII, 2. Anm. 2.
[503] Vgl. BGH Beschl. v. 10.11.2009 – X ZB 8/09, NZBau 2010, 124.

275 Hält die Vergabekammer einen Nachprüfungsantrag für zulässig und begründet, stellt sie gemäß § 114 Abs. 1 S. 1 GWB fest, dass der Antragsteller in seinen Rechten aus § 97 Abs. 7 GWB durch einen Vergaberechtsverstoß des Auftraggebers verletzt wurde. Zusätzlich trifft sie geeignete Maßnahmen, um diese Rechtsverletzung zu beseitigen und eine Schädigung der betroffenen Interessen zu verhindern. Dabei kann die Vergabekammer den Auftraggeber etwa dazu verpflichten, das gesamte Vergabeverfahren oder einzelne Durchführungsakte unter Beachtung der Rechtsauffassung des Gerichts zu wiederholen[504] oder sogar eine Aufhebung der Ausschreibung bzw. des gesamten Vergabeverfahrens anordnen[505].

276 Gegen die erstinstanzliche Entscheidung der Vergabekammer ist die Erhebung der sofortigen Beschwerde gemäß § 116 Abs. 1 S. 1 GWB innerhalb einer Beschwerdefrist von zwei Wochen nach § 117 Abs. 1 GWB zum Vergabesenat des für den Sitz der Vergabekammer zuständigen Oberlandesgerichts zulässig[506]. Mit dem GKV-OrgWG[507] wurde die Zuständigkeit für die sofortige Beschwerde im Bereich des SGB V vorübergehend auf die Landessozialgerichte übertragen. Diese Zuweisung ist allerdings mit dem AMNOG wieder entfallen.

277 Für das Verfahren vor dem Oberlandesgericht besteht Anwaltszwang. Beschwerdeberechtigt sind gemäß § 116 Abs. 1 S. 2 GWB alle am Nachprüfungsverfahren vor der Vergabekammer Beteiligten. Ungeschriebene, aber anerkannte Voraussetzung ist außerdem die formelle oder materielle Beschwer, dh der Umstand, dass die Entscheidung der Vergabekammer für den Beteiligten nachteilig ist.

2. Kosten

278 Für das Verfahren vor der Vergabekammer werden gemäß § 128 Abs. 1 GWB Gebühren und Auslagen zur Deckung des Verwaltungsaufwands erhoben. Gemäß § 128 Abs. 3 GWB hat ein Beteiligter die Verfahrenskosten insoweit zu tragen, wie er im Verfahren unterliegt.

279 Außerdem hat ein unterlegener Beteiligter gemäß § 128 Abs. 4 GWB die zur zweckentsprechenden Rechtsverfolgung oder Rechtsverteidigung notwendigen Aufwendungen des Antragsgegners zu tragen. Hierbei spielen regelmäßig die Rechtsanwaltsgebühren die bedeutsamste Rolle. Sie richten sich sowohl im Nachprüfungs- als auch im Beschwerdeverfahren nach dem Streitwert. Dieser beträgt gemäß § 50 Abs. 2 GKG lediglich 5 % der Bruttoauftragssumme, weshalb ein vergaberechtliches Nachprüfungsverfahren insgesamt als äußerst kosteneffizient gilt.

280 Nachprüfungsverfahren, welche die Ausschreibung von Arzneimittelrabattverträgen nach § 130a Abs. 8 SGB V zum Gegenstand haben, können indes ein hohes Kostenrisiko für die Beteiligten bergen[508]. Das liegt zum einen an der potenziell hohen Anzahl an Beigeladenen aufgrund der regelmäßig überdurchschnittlich hohen Losanzahl bei wirkstoffbezogenen Generika-Rabattverträgen. Zum anderen ist das Kostenrisiko dadurch bedingt, dass der Antragsteller die notwendigen Aufwendungen der Beigeladenen gemäß § 128 Abs. 4 S. 3 GWB auch dann zu erstatten hat, wenn der Nachprüfungsantrag zurückgenommen wird[509]. Nachdem vor diesem Hintergrund im Schrifttum, aufgrund der

---

[504] Vgl. VK Thüringen Beschl. v. 1.8.2008 – 250–4003.20–1952/2008-015-GRZ.
[505] Vgl. OLG Frankfurt a. M. Beschl. v. 29.5.2007 – 11 Verg 12/06; *Fett* NZBau 2005, 141 (142).
[506] Dazu ausführlich *Gabriel* in *Stief/Bromm*, Vertragshandbuch Pharma und Life Sciences, 2014, Kap. VII, 2. Anm. 1.
[507] Gesetz zur Weiterentwicklung der Organisationsstrukturen in der GKV v. 15.12.2008.
[508] Eingehend dazu *Gabriel/Weiner* NZS 2010, 423 (426). Allgemein zur Gebührenberechnung im Nachprüfungsverfahren LSG Nordrhein-Westfalen Beschl. v. 27.5.2010 – L 21 KR 65/09 SFB. Die Gerichtskosten bestimmen sich auch in Vergabeverfahren im sozialrechtlichen Bereich nach § 3 Abs. 2 GKG, vgl. BVerfG Beschl. v. 20.4.2010 – 1 BvR 1670/09; dazu auch OLG Brandenburg Beschl. v. 16.5.2011 – Verg W 2/11.
[509] Hierzu *Gabriel* NJW 2009, 2016.

kostenbedingten abschreckenden Wirkung europarechtlich begründete Bedenken an der tatsächlichen Effektivität des Vergaberechtsschutzregimes, speziell in der hiesigen Konstellation, geäußert wurden[510], hat die Rechtsprechung diesen Bedenken dadurch Rechnung getragen, dass sie es seitdem zur Minimierung des Kostenrisikos für sachgemäß hält, dem Antragsteller des Nachprüfungsantrags entsprechend § 128 Abs. 4 S. 2 GWB lediglich dann die zur zweckentsprechenden Rechtsverteidigung notwendigen Auslagen der Beigeladenen aus Billigkeitsgründen aufzuerlegen, sofern sich dieser mit seinem Nachprüfungsantrag in einen Interessengegensatz zu den Beigeladenen gestellt hat[511]. In der Praxis wird ein solcher Interessengegensatz idR angenommen, wenn der Antragsteller mit seinem Nachprüfungsantrag den Ausschluss eines konkurrierenden Bieters bezweckt, der dann im Nachprüfungsverfahren beigeladen wird.

Um die Kosten eines Nachprüfungsverfahrens im Rahmen zu halten, kann die Beiladung auch auf ein Los beschränkt werden. Ein solcher Beigeladener kann diese Beschränkung in kostenrechtlicher Hinsicht nicht dadurch umgehen, dass er auch zu den übrigen Losen Stellung nimmt[512]. 281

II. Sekundärrechtsschutz

Neben dem spezifischen vergaberechtlichen Primärrechtsschutz besteht für betroffene Unternehmen die Möglichkeit, zivilrechtliche Schadensersatzansprüche im Rahmen des Sekundärrechtsschutzes geltend zu machen. 282

Als solche stehen Ansprüche nach § 126 GWB gegen den Auftraggeber auf Ersatz des Vertrauensschadens aufgrund schuldhafter Verletzung bieterschützender Rechte sowie gemäß § 125 GWB gegen einen Beschwerdeführer aufgrund rechtsmissbräuchlichen Gebrauchs der vergaberechtlichen Primärrechtsbehelfe zur Verfügung. Beide Ansprüche weisen allerdings hohe Nachweisanforderungen hinsichtlich des Verschuldens auf. Deshalb ist die Geltendmachung von Regressansprüchen regelmäßig nicht erfolgversprechend. Gleiches gilt für allgemeine zivilrechtliche Schadensersatzansprüche. 283

Soweit ein Vergabeverfahren bereits durch ein Nachprüfungsverfahren oder eine sofortige Beschwerde auf seine Rechtmäßigkeit hin überprüft wurde, sind die für den Sekundärrechtsschutz zuständigen ordentlichen Gerichte gemäß § 124 Abs. 1 GWB bei der Entscheidung über den Schadensersatzanspruch an die Feststellungen der Nachprüfungsinstanzen gebunden. 284

---

[510] *Gabriel/Weiner* NZS 2010, 423.
[511] VK Bund Beschl. v. 4.8.2011 – VK 3–44/11; VK Bund Beschl. v. 4.8.2011 – VK 3–38/11.
[512] OLG Düsseldorf Beschl. v. 2.5.2011 – VII-Verg 18/11.

Sachregister

Fette Zahlen bezeichnen die Paragrafen, magere die Randnummern

Änderungen der Arzneimittelzulassung (nationales Zulassungsverfahren) 3 94 ff.
- Bezeichnungsänderung **3** 99
- Neuzulassungserfordernis, Änderungen mit, § 29 Abs. 3 AMG **3** 102
- „Tell and Do"-Änderungen **3** 95 ff.
- zustimmungsbedürftige Änderungen **3** 100 f.

Änderungen der Arzneimittelzulassung (Verfahren der Gegenseitigen Anerkennung und dezentrales Verfahren) 3 181 ff.
- geringfügige Änderungen des Typs IA **3** 182
- geringfügige Änderungen des Typs IB **3** 182
- größere Änderungen des Typs II **3** 182

Änderungen der Arzneimittelzulassung (zentrales europäisches Zulassungsverfahren) 3 151 ff.
- geringfügige Änderung des Typs IA **3** 154
- geringfügige Änderung des Typs IB **3** 155
- größere Änderungen des Typs II **3** 156
- Klassifizierung der Änderungen **3** 153 ff.
- Überwachungsinstrumente **3** 159 ff.
- Überwachungsmaßnahmen **3** 159 ff.
- Zulassungserweiterung **3** 157

AMG s. *Arzneimittelgesetz (AMG)*

AMVV s. *Arzneimittelverschreibungsverordnung (AMVV)*

Anwendungsbeobachtung 3 30 ff.
- Abgrenzung **3** 30
- Anzeigepflicht **3** 32
- Ausgestaltung, sonstige Vorgaben für die **3** 33
- Begriff **3** 30
- „Generelle Anforderungen" **3** 33
- Nichtintervention, Prinzip der **3** 31

Apothekenpflicht 4 21 ff.
- Ausnahmen **4** 23 ff.

Apothekenrabatt (§ 130 SGB V) 11 56

Arzneimittel, Abgrenzung zu anderen Produktkategorien 2 19 ff.
- Biozid **2** 25 f.
- kosmetische Mittel **2** 22
- Lebensmittel **2** 20 f.
- Medizinprodukte und Zubehör für Medizinprodukte **2** 27 ff.
- menschliche Organe **2** 30 f.
- Tabakerzeugnisse **2** 23 f.

Arzneimittel, allgemeine Anforderungen 2 38 ff.
- Täuschungsverbote **3** 45 ff.
- Verkehrsverbote **2** 39 ff.

Arzneimittel, Inverkehrbringen 4 1 ff.

- Abgabe **4** 29 ff.
- Abgabeformen, sonstige **4** 29 ff., 35 ff.
- Apothekenpflicht **4** 21 ff.
- Arzneimittelschäden, Haftung für **4** 52 ff.
- Auskunftsanspruch § 84a AMG **4** 65 ff.
- Bereitstellung von Arzneimitteln **4** 42 ff.
- Direktbelieferung **4** 29
- Einzelhandel **4** 35
- Fachinformation § 11a AMG **4** 16 ff.
- Großhandel **4** 38 ff.
- Großhandelsbeauftragter **4** 40
- Informationsbeauftragter **4** 45 ff.
- Inhalt und Umfang der Pflichtangaben **4** 5 ff.
- Kennzeichnung **4** 3 ff.
- Muster **4** 32
- Musterabgabe **4** 32 f.
- Packungsbeilage § 11 AMG **4** 10 ff.
- Pharmaberater **4** 48 ff.
- Reisegewerbe **4** 36
- Selbstbedienungsverbot **4** 37
- Sondervertriebswege **4** 34
- sonstige Vorgaben des § 10 AMG **4** 9
- Umverpackung **4** 3 f.
- Verschreibungspflicht **4** 26 ff.
- Vertriebswege **4** 29 ff.
- Zulässigkeit weiterer Angaben **4** 3 ff.

Arzneimittel, Prüfung, Herstellung und Zulassung 3 1 ff.
- Prüfung von Arzneimitteln am Menschen **3** 1 ff.

Arzneimittel für neuartige Therapien s. *neuartige Therapien, Arzneimittel für*

Arzneimittel für seltene Leiden s. *seltene Leiden, Arzneimittel für*

Arzneimittelbegriff 2 9 ff.
- Abgrenzung zu anderen Produktkategorien **2** 19 ff.
- Diagnostika **2** 15
- Funktionsarzneimittel **2** 13 ff.
- Geltungsarzneimittel **2** 17 ff.
- krankhafte Beschwerden **2** 12
- Krankheit **2** 12
- Präsentationsarzneimittel **2** 12
- Stoffe **2** 10
- Wirkung **2** 16
- Zubereitungen aus Stoffen **2** 11
- Zweckbestimmung, objektive **2** 16
- Zweifelsfallregelungen des § 2 Abs. 3a AMG **2** 32

Arzneimittelfälschungen 1 7

Arzneimittelgesetz (AMG) 1 5 ff., 2 1 ff.
– Anwendungsbereich 2 33 ff.
Arzneimittelgesetz (AMG), Anwendungsbereich 2 33 ff.
– Ausnahmen vom Anwendungsbereich 2 34
– Eröffnung des Anwendungsbereichs 2 33
– Sondervorschriften für neuartige Therapien 2 35 ff.
Arzneimittelpreisverordnung 2 5; 7 17
Arzneimittelrabattverträge nach § 130a Abs. 8 SGB V 13 7 ff.
– grundsätzliche Konzeption 13 9 f.
– Substitutionspflicht nach § 129 Abs. 1 S. 3 SGB V 13 11 f.
Arzneimittelrecht 1 3
– Europäisierung 1 10 ff.
– Globalisierung 1 20 f.
Arzneimittelrecht, Grundlagen 2 1 ff.
– Arzneimittelbegriff 2 9 ff.
– Funktion 2 6
– Rechtsgrundlagen 2 1 ff.
– Zweck 2 6
Arzneimittelschäden, Haftung für 4 52 ff.
– Auskunftsanspruch § 84a AMG 4 65 ff.
– Deckungsvorsorge 4 72
– Gefährdungshaftung 4 53 ff.
– Gerichtszuständigkeit 4 70
– Haftender 4 54
– Haftung, weitergehende 4 71
– Haftungsgrund 4 57 f.
– Haftungsobjekt 4 55
– Haftungsumfang 4 63 f.
– Kausalitätsvermutung 4 59 ff.
– Personenschaden 4 56
Arzneimittelsortimentsverträge 14 255 ff.
– Rechtsänderung durch die 16. AMG-Novelle 14 261 ff.
– Rechtsschutzmöglichkeiten 14 265
– sachlicher Anwendungsbereich 14 262 ff.
– vergaberechtliche Ausgangslage 14 257 ff.
Arzneimittelüberwachung 4 73 ff.
– Anzeigepflichten 4 105 ff.
– behördliche Überwachung 4 96 ff.
– Bundesministerium für Gesundheit 4 97
– Bundesoberbehörden 4 97
– datenbankgestütztes Informationssystem 4 109 f.
– Duldungspflichten 4 104
– Durchführung der Überwachung 4 99 ff.
– Landesüberwachungsbehörden 4 97
– Maßnahmen der zuständigen Aufsichtsbehörde 4 111 ff.
– Mitwirkungspflichten 4 104
– Pharmakovigilanz 4 74 ff.
– Probenahme 4 103
– Überwachungsbehörden, zuständige 4 96 ff.
Arzneimittelverordnung, Rechtsbeziehungen in der 12 1 ff.
– Arzneimittelabgabe 12 2

– Arzneimittelverkauf 12 1
– Arzneimittelverordnung 12 1
Arzneimittelverschreibungsverordnung (AMVV) 4 27
Auskunftsanspruch § 84a AMG 4 65 ff.
– Anspruchsausschluss 4 68
– Anspruchsinhalt 4 67
– Anspruchsvoraussetzungen 4 66
– Auskunftsverpflichtete 4 69
– Gerichtszuständigkeit 4 70
Ausschreibung von Verträgen in der GKV 14 1 ff.
– allgemeine Grundsätze 14 15 ff.
– Angebotsauswahl 14 213 ff.
– Angebotswertung bei Arzneimittelversorgungsverträgen in der vergaberechtlichen Rechtsprechung 14 232 ff.
– Anwendbarkeit des Vergaberechts gemäß § 69 Abs. 2 S. 4 SGB V 14 22 ff.
– Anwendung des Vergaberechts auf Versorgungsverträge der GKV 14 1 ff.
– Anwendung des Verhandlungsverfahrens bei Rabattverträgen über patentgeschützte Originalpräparate (Solisten) 14 188 ff.
– Ausschreibungsgestaltungen 14 124 ff.
– Auswahlkriterien 14 221 ff.
– Berücksichtigung sozialrechtlicher Besonderheiten 14 27 ff.
– Beschaffungsbedarf, Bestimmung 14 118 ff.
– Besonderheiten der Ausschreibung von GKV-Versorgungsverträgen über Arzneimittel und Medizinprodukte 14 109 ff.
– Bieter 14 200 ff.
– Bietergemeinschaft 14 200 ff.
– biologisch/biotechnologisch hergestellte Arzneimittel 14 144 ff.
– Eignungskriterien 14 222 ff.
– Eignungskriterien bei Arzneimittelversorgungsverträgen 14 223 f.
– Eignungskriterien bei Hilfsmittelversorgungsverträgen 14 225 f.
– EU/GWB-Vergaberecht 14 9 ff.
– funktionale Ausrichtung 14 10 f.
– Gegenstand der Ausschreibung 14 118 ff.
– Geheimwettbewerb und parallele Beteiligung konzernverbundener Unternehmen 14 211 f.
– generische Präparate 14 127 ff.
– Grundlagen der Ausschreibung 14 112 ff.
– Grundsatz der Gleichbehandlung und Nichtdiskriminierung 14 20 f.
– Impfstoffversorgungsverträge 14 149 ff.
– Impfstoffversorgungsverträge auf Apothekenebene 14 155 f.
– Impfstoffversorgungsverträge auf Herstellerebene 14 157 ff.
– indikationsbezogene Ausschreibung 14 134 ff.
– „Kaskadensystem", Regelungssystematik 14 12 ff.

– Leistungsbeschreibung, eindeutige und erschöpfende 14 121 ff.
– Lose, Aufteilung in 14 197 ff.
– materielles Vergaberecht 14 30 ff.
– Merkmale der einzelnen Vergabearten 14 173 ff.
– Nachunternehmer 14 206 ff.
– nationales Haushaltsvergaberecht 14 6 ff.
– nicht offenes Verfahren 14 179 ff.
– öffentlicher Auftraggeber 14 113 ff.
– offenes Verfahren 14 174 ff.
– patentgeschützte Originalpräparate 14 133 ff.
– Prüfung der Angebote 14 214 ff.
– Systematik der vergaberechtlichen Vorschriften 14 3 ff.
– Transparenzgrundsatz 14 19
– Vergabeverfahrensart, anzuwendende 14 168 ff.
– Verhandlungsverfahren 14 182 ff.
– Wertung der Angebote 14 214 ff.
– wettbewerblicher Dialog 14 185 ff.
– Wettbewerbsgrundsatz 14 18
– wirkstoffbezogene Ausschreibung 14 140 ff.
– Wirtschaftlichkeitsprüfung bei Rabattvertragsausschreibungen über Generika 14 228 ff.
– Zuschlagskriterien 14 227 ff.
– Zytostatika 14 164 ff.

Aut-Idem-Substitution nach § 129 Abs. 1 S. 1 Nr. 1 SGB V 12 8 ff.
– Abgabe preisgünstiger Arzneimittel 12 9 ff.
– Ausschluss der Substitution, kein 12 10
– Darreichungsform, gleiche oder austauschbare 12 14
– Identität der Wirkstärke und Packungsgröße 12 12
– rechtlicher Hintergrund 12 9
– Systematik 12 8
– Voraussetzungen der Substitution 12 10 ff.
– vorrangige Abgabe rabattbegünstigter Arzneimittel 12 15 ff.
– Wahlrecht der Versicherten 12 20
– Wirkstoffgleichheit 12 11
– Zulassung für ein gleiches Anwendungsgebiet 12 13

AWB *s. Anwendungsbeobachtung*

benannte Stellen, Medizinprodukte 5 80 ff.
Bewerbung von Arzneimitteln und Medizinprodukten 7 1 ff.
– Aktualität, hohe 7 27
– Arzneimittelpreisverordnung 7 17
– Entstehungsgeschichte des HWG 7 1 ff.
– Gemeinschaftskodex für Humanmedizin 7 8 f.
– Gemeinschaftsrecht 7 8 ff.
– Gemeinschaftsrecht, Vorrang 7 11
– gesetzestechnische Einordnung des HWG 7 13 ff., 19
– Grundwertungen des Heilmittelwerbe- und des allgemeinen Wettbewerbsrechts 7 20 ff.
– Harmonisierungsstandard der im Heilmittelwerberecht einschlägigen Richtlinien 7 12
– Heilmittelwerbegesetz (HWG) 8 1 ff.
– heilmittelwerberechtliches Strengeprinzip 7 25
– Kodizes 7 18
– Medikamentenfehlgebrauch, Vorbeugung 7 26
– nationales Recht, maßgebliches, neben dem HWG zu berücksichtigendes 7 13 ff.
– Richtlinien, weitere einschlägige 7 10
– UWG 7 16
– Verfassungsrecht 7 13 ff.

BfArM 3 27
biologische Arzneimittel 3 275
Biosimilar-Antrag 3 64
biotechnologisch bearbeitete Gewebeprodukte 3 277
Budget-Vertrag 13 46 ff.

Capitation-Vertrag 13 46 ff.
Committee for Advanced Therapies (CAT) 3 280 f.
Compassionate Use 3 7
Contergan-Fall 1 6
Cost-Sharing-Vertrag 13 50 ff.
CROs (Contract Research Organisations) 3 25

Deckungsvorsorge 4 72
dezentrales Zulassungsverfahren 3 174 ff.
– Concerned Member States (CMS) 3 175
– Erlöschen der Zulassung 3 195 f.
– erste Beurteilungsstufe 3 178
– nationale Phase 3 180
– Rechtsschutz 3 197
– Referenzmitgliedstaat (RMS) 3 175
– Referral-Verfahren 3 185 ff.
– Rücknahme der Zulassung 3 185 ff.
– Ruhen der Zulassung 3 185 ff.
– Verlängerung der Zulassung 3 195 f.
– Widerruf der Zulassung 3 185 ff.
– Zulassungsantrag in den betroffenen Mitgliedsstaaten 3 175
– Zulassungsverfahren 3 176 f.
– zweite Beurteilungsstufe 3 179
Diagnostika 2 15

EMEA *s. Europäische Agentur für die Beurteilung von Arzneimitteln (EMEA)*
Entwicklung des Pharmarechts 1 5 ff.
ergänzendes Schutzzertifikat 4 141 ff.
– Erteilungskriterien 4 143
– Erteilungsverfahren 4 144
– rechtliche Grundlage 4 141 f.
– Supplementary Protection Certificate (SPC) 4 142
– Wirkung 4 145 ff.
Erstattungsbeträge (§§ 130b I, III SGB V) 11 73 ff.
– Anforderungen an die Arzneiverordnung 11 122

- Beschluss des G-BA über die Nutzenbewertung 11 117
- frühe Nutzenbewertung nach § 35a SGB V 11 74 ff.
- Herstellerangaben zur Höhe des europäischen Referenzpreises 11 118
- Kosten-Nutzen-Bewertung nach § 35b SGB V nach Schiedsspruch 11 131 ff.
- Kriterien für die Bestimmung des Erstattungsbetrages für Arzneimittel mit Zusatznutzen 11 117 ff.
- Kriterien für die Bestimmung des Erstattungsbetrages für nicht festbetragsfähige Arzneimittel ohne Zusatznutzen 11 120
- Kündigung 11 123 f.
- Kündigung, außerordentliche 11 124
- Kündigung, ordentliche 11 123
- Praxisbesonderheit, Abrede zur Anerkennung als 11 122
- Rahmenvereinbarung 11 119
- Schiedsspruch, Festsetzung des Erstattungsanspruchs durch (§ 130b Abs. 4 S. 3 SGB V) 11 125 ff.
- Vereinbarung als Rabatt auf den Herstellerabgabepreis 11 121
- Vereinbarungen über Erstattungsbeträge nach § 130b Abs. 1 oder Abs. 3 SGB V 11 115 ff.
- Vereinbarungsinhalte 11 121 ff.

Erstattungsvereinbarungen nach § 130b SGB V und § 130c SGB V 13 13 f.
EudraVigilance-Datenbank 4 76
Europäische Agentur für die Beurteilung von Arzneimitteln (EMEA) 1 2

Fachinformation § 11a AMG 4 16 ff.
Fixkombination 3 62
frühe Nutzenbewertung nach § 35a SGB V 11 74 ff.
- Anhörung 11 105
- Antrag des pharmazeutischen Unternehmens 11 83
- Anwendungsbereich 11 76 ff.
- Arzneimittel des Bestandsmarkts 11 82
- Arzneimittel mit Zusatznutzen 11 108
- befristete Nutzenbewertungen 11 83
- Befristung 11 110
- Beschluss über die Nutzenbewertung 11 106
- Bewertungskriterien 11 104
- Bewertungsverfahren 11 101 ff.
- Entscheidung über die Durchführung der Nutzenbewertung 11 103
- erneute Nutzenbewertung auf Antrag des Pharmaunternehmens oder durch Beschluss des G-BA 11 112 f.
- Freistellung des Pharmaherstellers vom Verfahren der frühen Nutzenbewertung 11 84
- Fristen für die Dossiervorlage 11 99
- G-BA, Anspruch auf Beratung durch den 11 97 f.
- Grundlagen 11 74 f.
- Herstellerdossier als Grundlage der frühen Nutzenbewertung 11 85 ff.
- Kosten-Nutzen-Bewertung nach § 35b SGB im Anschluss an eine frühe Nutzenbewertung 11 114
- Nachweispflicht des Herstellers 11 97 f.
- neu zugelassene Arzneimittel mit neuen Wirkstoffen 11 77
- neu zugelassene Arzneimittel mit neuen Wirkstoffkombinationen 11 78
- neue wissenschaftliche Erkenntnisse 11 83
- nichtfestbetragsfähige Arzneimittel ohne Zusatznutzen 11 109
- Prüfung des Herstellerdossiers 11 102
- Rechtsfolgen bei unvollständiger oder nicht fristgerechter Vorlage 11 100
- Rechtsschutz 11 111
- Veröffentlichung 11 105
- Veröffentlichung des Beschlusses 11 110
- vorzulegende Angaben, Unterlagen und Studien 11 88 ff.
- Zulassung neuer Anwendungsgebiete 11 79 ff.
- Zusatznutzen, Anforderungen an den Nachweis 11 91 ff.
- Zusatznutzen gegenüber einer zweckmäßigen Vergleichstherapie, Nachweis eines 11 85 ff.

Funktionsarzneimittel 2 13 ff.
- immunologische Wirkung 2 14
- metabolische Wirkung 2 14
- pharmakologische Wirkung 2 14

GCP (Good Clinical Practice)-Verordnung 2 5
Gebrauchsmuster 4 148 ff.
- Eintragungsverfahren 4 151 f.
- Löschungsverfahren 4 152
- rechtliche Grundlage 4 148
- Schutzdauer 4 153 f.
- Schutzvoraussetzungen 4 149 f.
- Verletzungsverfahren 4 152
- Wirkung 4 153 f.

Geltungsarzneimittel 2 17 ff.
„Genehmigung für die pädiatrische Verwendung" (PUMA) 3 254 ff.
- Begriff 3 255 f.
- Genehmigung der PUMA 3 257 f.
- spezifisches Anreizsystem für PUMA 3 259
- Übereinstimmung mit dem pädiatrischen Prüfkonzept 3 260 f.

Generikumsantrag 3 58 ff.
Gentherapeutika 3 277
Geschmacksmuster 4 155 ff.
- Eintragungsverfahren 4 159
- rechtliche Grundlage 4 156
- Schutzvoraussetzungen 4 157 f.
- Wirkung 4 160 f.

gewerbliche Schutzrechte 4 122 f.
Großhandel mit Arzneimitteln 4 38 ff.
Großhandelsbeauftragter 4 40

Sachregister

Heilmittelwerbegesetz (HWG) 1 3; 8 1 ff.
- Abgegrenztheit 8 45 ff.
- Adressatenkreis des HWG 8 18 ff.
- ausländische Unternehmen, Werbung 8 21
- Begriff der Werbung 8 3 ff.
- einbezogene Produktgruppen 8 1 f.
- Erinnerungswerbung 8 49
- Fachkreise, Definition 8 11 ff.
- Form der Pflichtangaben 8 45 ff.
- gute Lesbarkeit 8 45 ff.
- heilmittelrechtliche Informationspflichten 8 22 ff.
- homöopathische Arzneimittel, Werbung für 8 54
- irreführende Werbung, § 3 HWG 8 98 ff.
- Pflichtangaben 8 22 ff., 34 ff.
- Pflichtangaben in der Öffentlichkeitswerbung 8 44
- Pflichtangabenkatalog gemäß § 4 Abs. 1 bis 3 HWG 8 29 ff.
- Publikumswerbung, §§ 10, 11 und 12 HWG 8 80 ff.
- sachlicher Anwendungsbereich (§ 1 HWG) 8 1 ff.
- Verbot der Werbung für den Bezug von Arzneimitteln im Wege des Teleshopping und der Einzeleinfuhr 8 59 ff.
- Verbot der Werbung mit der Verordnungsfähigkeit eines Arzneimittels, § 4a Abs. 2 HWG 8 53
- Verbot von Werbegaben, § 7 HWG 8 62 ff.
- Werbung für nicht zugelassene Arzneimittel, § 3a HWG 8 134 ff.
- Werbung in Packungsbeilagen, § 4a Abs. 1 HWG 8 50 ff.
- Werbung mit Gutachten und wissenschaftlichen Veröffentlichungen, § 6 HWG 8 55

Heilversuch 3 7

Herstellerrabatte (§ 130a SGB V) 11 57 ff.
- allgemeiner Herstellerrabatt (§ 130a Abs. 1) 11 58
- erhöhter Herstellerabschlag (§ 130a Abs. 1a SGB V) 11 59
- Generikaabschlag (§ 130a Abs. 3b SGB V) 11 61
- Impfstoffabschlag (§ 130a Abs. 2 SGB V) 11 62
- Preismoratorium (§ 130a Abs. 3a SGB V) 11 60

Herstellung von Arzneimitteln 3 34 ff.
- Herstellungserlaubnis 3 37 ff.
- Qualitätsanforderungen 3 47 f.

Herstellungserlaubnis 3 37 ff.
- Entscheidung über die Herstellungserlaubnis 3 43 ff.
- Erforderlichkeit 3 37 ff.
- Versagungsgründe 3 42

Hilfsmittelversorgungsverträge nach § 127 SGB V 13 25 ff.
- Ausschreibungsverträge nach § 127 Abs. 1 SGB V 14 88 ff.
- Beitrittsverträge nach § 127 Abs. 2, 2a SGB V 14 92 ff.
- Vergaberecht, materielles 14 87 ff.

homöopathische Arzneimittel, Registrierung 3 201 ff.
- Änderungen der Registrierung 3 210 f.
- Antragsunterlagen 3 203
- Gültigkeit der Registrierung 3 210 f.
- Kennzeichnung homöopathischer Arzneimittel 3 206 ff.
- Packungsbeilage 3 209
- registrierungspflichtige homöopathische Arzneimittel 3 202
- materielle Anforderungen 3 204 f.

Hybrid-Zulassungsantrag 3 61

Impfstoffversorgungsverträge nach § 132e Abs. 2 SGB V 13 15 ff.
- Ausschreibung von Verträgen in der GKV 14 149 ff.
- Impfstoffversorgungsverträge auf Apothekenebene 14 155 f.
- Impfstoffversorgungsverträge auf Herstellerebene 14 157 ff.
- Vereinbarungen zwischen Krankenkassen und Apotheken 14 81 ff.
- Vereinbarungen zwischen Krankenkassen und pharmazeutischen Unternehmern nach § 132e Abs. 2 SGB V 14 85 f.
- Vergaberecht, materielles 14 75 ff.
- vertraglich zugesicherte Exklusivität 14 80 ff.

individualvertragliche Steuerungsinstrumente 13 1 ff.
- Arzneimittelrabattverträge nach § 130a Abs. 8 SGB V 13 7 ff.
- Budget-Vertrag 13 46 ff.
- Capitation-Vertrag 13 46 ff.
- Cost-Sharing-Vertrag 13 50 ff.
- Erstattungsvereinbarungen nach § 130b SGB V und § 130c SGB V 13 13 f.
- gesetzlich vorgesehene Selektivvertragsarten im Einzelnen 13 6 ff.
- Hilfsmittelversorgungsverträge nach § 127 SGB V 13 25 ff.
- Impfstoffversorgungsverträge nach § 132e Abs. 2 SGB V 13 15 ff.
- inputbezogene Vertragsmodelle 13 38 ff.
- integrierte Versorgungsverträge nach §§ 140a ff. SGB V 13 31 f.
- outcomebezogene Vertragsmodelle 13 57 ff.
- prozessbezogene Vertragsmodelle 13 53 ff.
- Rabattvertrag, Grundtypus 13 40 ff.
- Staffelrabattvertrag 13 44 f.
- Vertragsmodelle 13 33 ff.
- Zytostatikaversorgungsverträge nach § 129 Abs. 5 S. 3 SGB V 13 19 ff.

Informationsbeauftragter 4 45 ff.

Informationspflichten s. Kennzeichnungs- und Informationspflichten
informed consent 3 25
„Informed-Consent-Antrag" 3 57
integrierte Versorgungsverträge nach §§ 140a ff. SGB V 13 31 f.
– Vergaberecht, materielles 14 95 ff.
Inverkehrbringen von Arzneimitteln s. Arzneimittel, Inverkehrbringen

Kennzeichnungs- und Informationspflichten 3 46 ff.
Kinderarzneimittel 3 237 ff.
– Anreize 3 262 ff., 270 ff.
– Art. 7-PIP 3 242 f.
– Art. 8-PIP 3 244
– Ausnahmen 3 245 ff.
– Bonusse 3 270 ff.
– freigestellte Arzneimittel 3 248 f.
– „Genehmigung für die pädiatrische Verwendung" (PUMA) 3 254 ff.
– Kennzeichnungsanforderungen 3 264
– Möglichkeit des zentralen Zulassungsverfahrens 3 262 f.
– Pädiatrieausschuss 3 239 f.
– pädiatrisches Prüfkonzept, Änderung 3 252
– pädiatrisches Prüfkonzept, Billigung 3 250 f.
– pädiatrisches Prüfkonzept, Zurückstellung 3 252 f.
– pädiatrische Verpflichtungen, weitere 3 262 ff.
– rechtliche Grundlage 3 237 f.
– spezifische Anforderungen im Anschluss an die Genehmigung 3 265 ff.
– Studien, Durchführung gemäß einem pädiatrischem Prüfkonzept 3 241 ff.
– Übereinstimmung mit dem pädiatrischen Prüfkonzept 3 260 f.
– Veröffentlichung der Studienergebnisse 3 268 f.
klinische Prüfung 3 7 ff.
– Anwendungsbeobachtung 3 30 ff.
– Behördengenehmigungen 3 25
– BfArM 3 27
– Bias 3 10
– Bundesoberbehörde, zuständige 3 26 f.
– Compassionate Use 3 7
– CROs (Contract Research Organisations) 3 25
– Detailplanung 3 25
– Doppelblindstudie 3 10
– Durchführung 3 25 ff., 28 ff.
– Ethik-Kommission 3 26 f.
– EudraCT-Nummer 3 27
– Europäische Arzneimittelagentur (EMA) 3 27
– Genehmigung 3 26 ff.
– Heilversuch 3 7
– informed consent 3 25
– Investigator Initiated Trials (IITs) 3 14
– Kontrollgruppen 3 10
– kontrollierte Studie 3 10
– Kriterien der Anwendungsbeobachtung 3 12

– Kriterien der klinischen Prüfung 3 9 ff.
– multizentrische Prüfungen 3 15
– nichtinterventionelle Prüfung 3 7
– Off-Label-Use 3 7
– Patientenrekrutierung 3 25 ff.
– Paul-Ehrlich-Institut (PEI) 3 27
– Phasen klinischer Prüfungen 3 16 ff.
– Placebo 3 10
– Planung 3 25 ff.
– Probandenrekrutierung 3 25 ff.
– Prüfer 3 10
– Prüfpräparat 3 13
– Randomisierung 3 10
– Sponsor 3 14
– Studienprogramm 3 25
– Study Reports 3 25
– verblindete Studie 3 10
– Verumgruppe 3 10
– Zielparameter der Studie 3 10
klinische Prüfung, Phasen 3 16 ff.
– Phase 0 3 17
– Phase I 3 18
– Phase II 3 19 f.
– Phase IIa 3 19
– Phase III 3 21 f.
– Post Authorisation Efficacy Study (PAES) 3 23
– Post Authorisation Safety Study (PASS) 3 23
– Proof Of Concept (PoC) 3 19
– Therapiekonzept 3 19
– Zulassungserteilung, klinische Prüfungen 3 23 f.
– Zulassungserteilung, klinische Prüfungen vor 3 16 ff.
Know-how 4 124
kollektivvertragliche Steuerungselemente 12 1 ff.
– Arzneimittelverordnung, Rechtsbeziehungen in der 12 1 ff.
– Rahmenverträge über die Arzneimittelversorgung nach § 129 Abs. 2 und 5 SGB V 12 3 ff.
kombinierte Arzneimittel für neuartige Therapien 3 277
Konformitätserklärung, Medizinprodukte 5 87 ff.
– Medizinprodukte der Klasse I 5 89 f.
– Medizinprodukte der Klasse IIa 5 91 f.
– Medizinprodukte der Klasse IIb 5 93
– Medizinprodukte der Klasse III 5 94 ff.
Kosten-Nutzen-Bewertung nach § 35b SGB V nach Schiedsspruch 11 131 ff.
– Auftragserteilung durch den G-BA an das IQWiG 11 132
– Beschluss des G-BA über die Kosten-Nutzen-Bewertung als Grundlage für Vereinbarungen über Erstattungsbeträge nach § 130b SGB V 11 138
– Bewertungsgrundlagen 11 133 ff.
– Bewertungskriterien 11 133 ff.
– Bewertungsmethodik 11 133 ff.

– Grundlagen 11 131
– Rechtsschutz 11 139
Krankenkasse, gesetzliche 10 1 ff.
– Anspruchskonkretisierung durch untergesetzliche Normen 10 5 ff.
– Arzneimittelgesetz 10 10
– Dreiecksbeziehung 10 13
– Erstattung von Arzneimitteln und Medizinprodukten durch die GKV 11 1 ff.
– gesetzliche Grundlagen 10 4 ff.
– Grundprinzipien des Leistungsrechts im System der GKV 10 13 ff.
– Hilfsmittelverzeichnis 10 9
– Institut für Qualität und Wirtschaftlichkeit im Gesundheitswesen (IQWiG) 10 7
– Kodifikation der GKV im SGB V 10 4 ff.
– Kostenerstattungsprinzip 10 15
– Leistungsanspruch auf Versorgung mit apothekenpflichtigen Arzneimitteln 11 1 ff.
– Leistungserbringung in der GKV 10 13
– Medizinprodukte, Erstattung 11 26 ff.
– Medizinproduktegesetz 10 10
– Normsetzungsverträge 10 8
– Rechtskonkretisierungskonzept 10 4
– Richtlinien des Gemeinsamen Bundesausschusses (G-BA) 10 5
– Richtlinienkompetenz des G-BA 10 6
– Sachleistungsprinzip 10 14
– System 10 2
– Viereckverhältnis 10 13
– Wirtschaftlichkeitsgebot 10 16
Krankenversicherung 10 1 ff.
– Erstattung 11 1 ff.
– leistungsrechtliche Grundprinzipien 10 13 ff.
– Preisfestsetzung 11 1 ff.
– private, Grundlagen 10 1 ff.
– SGB V, Grundlagen 10 1 ff.
– Sozialstaatsprinzip 10 1
– System 10 2 ff.
Krankenversicherung, private 10 1 ff.
– Arzneimittel 11 48
– AVB 10 12
– Einschränkung der Leistungspflicht 11 50 f.
– Entstehen von Aufwendungen 11 43
– Erstattung von Arzneimitteln und Medizinprodukten durch die PKV 11 41 ff.
– Heilbehandlung, Durchführung einer 11 45
– Kalkulationsverordnung (KalV) 10 12
– Kostenerstattung als zentrales leistungsrechtliches Prinzip der PKV 10 17
– Krankheit 11 44
– Leistungsausschlüsse, § 5 Abs. 1 MB/KK 11 50
– Leistungspflicht, Voraussetzungen 11 42 ff.
– medizinische Notwendigkeit 11 46
– Medizinprodukte 11 49
– Rechtsbeziehungen in der privatärztlichen Versorgung 10 11
– Rechtsgrundlagen 10 11 ff.

– System 10 3
– Umfang der Leistungspflicht 11 47 ff.
– Verbot der Übermaßvergütung, § 192 Abs. 2 VVG 11 51
– VVG 10 12

Literaturzulassungsantrag 3 63

Marken 4 162 ff.
– Antrag auf Internationale Registrierung 4 182 f.
– Erteilungskriterien 4 163
– Erteilungsverfahren 4 164 ff.
– Gemeinschaftsmarke 4 172 ff.
– nationale Marke 4 164 ff.
– rechtliche Grundlagen 4 162
MEDDEV 5 57 ff., 117
Medizinprodukt-Klassen 5 73 ff.
– Klassifizierung 5 74 ff.
– Module 5 79
Medizinprodukte 1 3, 8; 5 1 ff.
– Abgrenzung von anderen Produktklassen 5 14 ff.
– Arzneimittel, Abgrenzung 5 17 ff.
– Arten 5 5 ff.
– benannte Stellen 5 80 ff.
– Biozide, Abgrenzung 5 40 f.
– Definition 5 4
– Dokumentation 5 118
– Einschalten einer Benannten Stelle 5 107 f.
– Entwicklung 5 1 ff., 104 ff.
– EU-Richtlinien 5 44 ff.
– EU-Verordnungen 5 43
– europäische Medizinprodukterichtlinien 5 48 ff.
– europäisches Recht 5 42 ff.
– Inverkehrbringen 6 1 ff.
– klinische Bewertung 5 113 ff.
– klinische Prüfung 5 113 ff.
– klinische Studien 5 110 ff.
– Konformitätserklärung 5 87 ff.
– Kosmetika, Abgrenzung 5 31 ff.
– Lebensmittel, Abgrenzung 5 37 ff.
– Leitlinien 5 56 ff.
– MEDDEV 5 57 ff., 117
– Medizinprodukt-Klassen 5 73 ff.
– Medizinproduktegesetz 5 60 ff.
– Nahrungsergänzungsmittel, Abgrenzung 5 38 ff.
– nationales Recht 5 60 ff.
– Produktbeobachtung 5 109
– Überwachung 6 1 ff., 44 ff.
– Vermarktung 5 104 ff.
– Verordnungen 5 64 ff.
– Verordnung über klinische Prüfungen von Medizinprodukten (MPKPV) 5 116
– Zertifizierung 5 1 ff., 119 ff.
Medizinprodukte, Erstattung, GKV 11 26 ff.
– ärztliche Behandlung, Erstattung von Medizinprodukten im Rahmen der 11 39

- arzneimittelähnliche Medizinprodukte 11 38
- Einordnung von Medizinprodukten in die Leistungskategorien des SGB V 11 26
- Hilfsmittel, Erstattung als 11 27 ff.
- Hilfsmittelverzeichnis nach § 139 SGB V 11 34 ff.
- Sprechstundenbedarf, Erstattung von Medizinprodukten als 11 40

Medizinprodukte, Inverkehrbringen 6 1 ff.
- Anzeigepflichten 6 7 f.
- Bewerbung 6 35 ff.
- Dokumentationspflichten 6 15 ff.
- CE-Kennzeichnung 6 31 ff.
- europäische Rechtsvorschriften 6 1 ff.
- Hersteller 6 9 ff.
- Kennzeichnungspflichten 6 25 ff.
- Medizinprodukteberater 6 19 ff.
- Medizinproduktebetreiberverordnung (MPBetreibV) 6 17 f.
- nationale Rechtsvorschriften 6 1 ff.
- Sicherheitsbeauftragter für Medizinprodukte 6 23 f.
- Verantwortlichkeiten 6 9 ff.
- Vertreiber 6 12 ff.
- Voraussetzungen 6 5 ff.

Medizinprodukte, Überwachung 6 1 ff. 44 ff.
- Befugnisse 6 49 ff.
- Rechtsschutz 6 57 ff.
- Rechtsweg 6 58 ff.
- Verwaltungsvorschrift zur Durchführung des Medizinproduktegesetzes (MPGVwV) 6 51 ff.
- zuständige Behörden, europäisch 6 48
- zuständige Behörden, national 6 46 f.

Medizinprodukte, Zertifizierung 5 1 ff., 119 ff.
- CE-Kennzeichnung 5 119
- Rechtsqualität des CE-Zeichens 5 122 ff.
- Zuständigkeiten 5 120 f.

Medizinproduktebetreiberverordnung (MPBetreibV) 6 17 f.

Medizinproduktegesetz (MPG) 5 10 ff., 60 ff.
- aktuelle Entwicklungen 5 12 f.
- Entstehungsgeschichte 5 10 ff.
- Regelungsanlass 5 10 f.

Medizinproduktrecht 5 1 ff.
- Gegenstand 5 1 ff.

MPBetreibV s. *Medizinproduktebetreiberverordnung (MPBetreibV)*

MPGVwV s. *Verwaltungsvorschrift zur Durchführung des Medizinproduktegesetzes (MPGVwV)*

MPKPV s. *Verordnung über klinische Prüfungen von Medizinprodukten (MPKPV)*

Nachzulassung
- Antrag auf 3 71

neuartige Therapien, Arzneimittel für 3 275 ff.
- Anforderungen nach erfolgter Genehmigung 3 291
- Anreize 3 292

- Ausnahmen vom Anwendungsbereich 3 279
- Anwendungsbereich 3 276 ff.
- Begriff 3 277
- biologische Arzneimittel 3 275
- biotechnologisch bearbeitete Gewebeprodukte 3 277
- Committee for Advanced Therapies (CAT) 3 280 f.
- EMA 3 280 f.
- Genehmigung für das Inverkehrbringen 3 282 ff.
- Genehmigung für das Inverkehrbringen, Anforderungen für die 3 283 ff.
- Genehmigungsverfahren 3 288 f.
- Gentherapeutika 3 277
- Kennzeichnung, Anforderungen an die 3 290
- kombinierte Arzneimittel für neuartige Therapien 3 277
- nicht gleichwertige Verwertung 3 277
- non-homologous use 3 277
- somatische Zelltherapeutika 3 277
- Zweifelsregelungen 3 278

öffentliches Wirtschaftsrecht 1 4
Off-Label-Use 3 7
Open-House-Verträge 14 247 ff.
- Auswahlentscheidung als konstitutives Merkmal eines öffentlichen Auftrags 14 248 ff.
- vergaberechtliche Beurteilung von Open-House-Verträgen 14 251 ff.

Orphan Exklusivität 4 124, 206 ff.
- Abweichungen 4 211 ff.
- Schutzwirkung 4 206 ff.

Packungsbeilage § 11 AMG 4 10 ff.
pädiatrische Exklusivität 4 124
pädiatrische Verlängerung 4 215 ff.
- Anforderungen 4 216
- pädiatrische Belohnung 4 217 ff.
- PUMA, Unterlagenschutz für 4 225
- SPC-Verlängerung um 6 Monate für non-orphan Arzneimittel 4 217 ff.
- Verlängerung der Orphan Exklusivität um 2 Jahre 4 224

Parallelimportzulassung 3 65 ff.
Patent 4 125 ff.
- Erteilungskriterien 4 126 f.
- Erteilungsverfahren 4 128 f.
- europäische Patentanmeldung 4 133
- nationale Patentanmeldung 4 128 ff.
- Patentanmeldung nach dem Zusammenarbeitsvertrag (PCT) 4 135
- rechtliche Grundlagen 4 125
- Schutzdauer 4 136 ff.
- Wirkung 4 136 ff.

Paul-Ehrlich-Institut (PEI) 3 27
Pharmaberater 4 48 ff.
Pharmakovigilanz 1 7, **4** 74 ff.
- Dokumentationspflichten 4 84 ff.

Sachregister

- EudraVigilance-Datenbank 4 76
- Meldepflichten 4 84 ff.
- Pharmakovigilanz-Pflichten des Zulassungsinhabers 4 82 ff.
- Pharmakovigilanz-System der zuständigen Behörden 4 76
- Stufenplan 4 77 ff.
- Stufenplanbeauftragter 4 79 ff.
- Unbedenklichkeitsberichte, regelmäßig aktualisierte 4 87
- Unbedenklichkeitsprüfungen, nichtinterventionelle 4 89 ff.

Pharmarecht
- Entwicklung 1 5 ff.
- Grundlagen 1 1 ff.
- Strukturen 1 1 ff.

Post Authorisation Efficacy Study (PAES) 3 23
Post Authorisation Safety Study (PASS) 3 23
Preisbildung 11 52 ff. *s. a. Preisregulierung*
- Apothekenrabatt (§ 130 SGB V) 11 56
- Arzneimittelpreisbildung nach dem Arzneimittelgesetz (AMG) 11 52 f.
- Erstattungsbeträge (§§ 130b I, III SGB V) 11 73 ff.
- Festbeträge für Arzneimittel (§§ 31 Abs. 2, 35 SGB V) 11 65 ff.
- Festbeträge für Hilfsmittel (§ 36 SGB V) 11 72
- Festbetragsfestsetzung 11 70 ff.
- Festbetragsgruppenbildung 11 67 ff.
- Festsetzungsverfahren 11 66 ff.
- frühe Nutzenbewertung nach § 35a SGB V 11 74 ff.
- gesetzliche Preisabschläge 11 55 ff.
- Herstellerrabatte (§ 130a SGB V) 11 57 ff.
- Herstellerrabatte zugunsten der PKV nach dem AMRabG 11 64
- Kosten-Nutzen-Bewertung nach § 35b SGB V nach Schiedsspruch 11 131 ff.
- Kriterien für die Bestimmung des Erstattungsbetrages für Arzneimittel mit Zusatznutzen 11 117 ff.
- Rechtsschutz 11 71
- Vereinbarungen über Erstattungsbeträge nach § 130b Abs. 1 oder Abs. 3 SGB V 11 115 ff.
- Verhältnis der gesetzlichen Rabatte 11 63
- Zweck der Festbetragsfestsetzung 11 65

Preisregulierung 11 52 ff. *s. a. Preisbildung*
- Regulierung der Arzneimittelpreise nach dem SGB V 11 54

Proof Of Concept (PoC) 3 19
Prüfung von Arzneimitteln am Menschen 3 1 ff.
- Abgrenzungen 3 7 ff.
- Arzneimittelprüfrichtlinien 3 5
- Begrifflichkeiten 3 7 ff.
- Good-Clinical-Practice-Verordnung (GCP-V) 3 5
- Guidelines on Good Clinical Practice 3 6
- klinische Prüfung 3 7 ff.
- klinische Studien 3 3

- personalized medicines 3 2
- prä-klinische Prüfungen 3 3
- rechtlicher Rahmen für die Durchführung klinischer Prüfungen 3 5 f.
- Richtlinie 2001/20/EG 3 6
- Richtlinie 2003/94/EG 3 6
- Richtlinie 2005/28/EG 3 6
- Wirkstoffsuche 3 2
- Zulassung, Antrag 3 4

PUMA s. „Genehmigung für die pädiatrische Verwendung" (PUMA)

Rabattvertrag, Grundtypus 13 40 ff.
Rahmenvereinbarung nach § 4 EG VOL/A 14 237 ff.
- Ein-Partner-Modell 14 240 ff.
- Mehr-Partner-Rabattverträge 14 240 ff.
- Rahmenvereinbarungen im Versorgungssystem der GKV 14 239
- Rangfolge der Rahmenvertragspartner bei Mehr-Partner-Rabattverträgen 14 244 ff.

Rahmenverträge über die Arzneimittelversorgung nach § 129 Abs. 2 und 5 SGB V 12 3 ff.
- Apothekenabgabepreis, Angabe 12 23
- Arzneimittellieferverträge nach § 129 Abs. 5 SGB V 12 6
- Aut-Idem-Substitution nach § 129 Abs. 1 S. 1 Nr. 1 SGB V 12 8 ff.
- Bundesrahmenvertrag nach § 129 Abs. 2 SGB V 12 3 ff.
- Importarzneimittel, Abgabe preisgünstiger 12 21 ff.
- Inhalte 12 4
- Rechtsnatur 12 3
- Rechtswirkungen 12 3
- Sanktionen 12 4
- Vertragsfestsetzung durch die Schiedsstelle 12 5
- wirtschaftliche Arzneimittelversorgung 12 7
- wirtschaftliche Einzelmengen, Abgabe 12 22

RDP s. Regulatory Data Protection (RDP)
Referral-Verfahren 3 185 ff.
- Ablauf 3 194
- Arten 3 188 ff.
- Artikel 13-Referral 3 192
- Artikel 20-Verfahren 3 190
- Artikel 29-Verfahren 3 191
- Artikel 29(4)-Referral 3 192
- Artikel 30-Referral 3 192
- Artikel 31-Verfahren 3 190
- Artikel 107i-Verfahren 3 189
- DCP-Arzneimittel 3 192
- Harmonisierung von nationalen Verfahren 3 192
- MRP-Arzneimittel 3 192
- pädiatrische Arzneimittel 3 191
- Type-II-Variation 3 192
- Veröffentlichung von Informationen über Referral-Verfahren 3 193

Registrierung von Arzneimitteln 3 201 ff.
- homöopathische Arzneimittel 3 201 ff.
- traditionelle pflanzliche Arzneimittel 3 212 ff.
Regulatory Data Protection (RDP) 4 124
Richtlinie 2001/83/EG 2 2
Richtlinie 2002/98/EG 2 3
Richtlinie 2003/63/EG 2 3
Richtlinie 2003/94/EG 2 3
Richtlinie 2004/24/EG 2 3
Richtlinie 2004/27/EG 2 3
Richtlinie 2008/29/EG 2 3
Richtlinie 2009/53/EG 2 3
Richtlinie 2009/120/EG 2 3
Richtlinie 2011/62/EU 2 3
Richtlinie 2012/26/EU 2 3

Schiedsspruch, Festsetzung des Erstattungsanspruchs durch (§ 130b Abs. 4 S. 3 SGB V) 11 125 ff.
- Anforderungen an das Schiedsverfahren 11 127 f.
- Festsetzung durch Schiedsspruch 11 127 f.
- Kündigung des Schiedsspruchs und Rechtsfolgen 11 130
- Rechtsnatur des Schiedsverfahrens 11 125
- Rechtsschutz 11 129
- Schiedsstelle, Bildung und Zusammensetzung 11 126
- Verfahrensgrundsätze 11 125
- Zweck des Schiedsverfahrens 11 125
Schutz von Arzneimitteln 4 120 ff.
- ergänzendes Schutzzertifikat 4 141 ff.
- Erschöpfung von Schutzrechten 4 184 f.
- Gebrauchsmuster 4 148 ff.
- gewerbliche Schutzrechte 4 122 f.
- Know-how 4 124
- Marken 4 162 ff.
- Orphan Exklusivität 4 124, 206 ff.
- pädiatrische Exklusivität 4 124
- pädiatrische Verlängerung 4 215 ff.
- Parallelimport 4 184 f.
- Patent 4 125 ff.
- Regulatory Data Protection (RDP) 4 124
- sonstige Schutzrechte 4 124
- Unterlagenschutz 4 124, 186 ff.
- Urheberrecht 4 124
- wettbewerbsrechtlicher Leistungsschutz, ergänzender 4 124
seltene Leiden, Arzneimittel für 3 224 ff.
- Ausweisung als Arzneimittel für seltene Leiden 3 226 ff.
- Gemeinschaftsregister für Arzneimittel für seltene Leiden 3 232
- Kriterien für die Ausweisung als Arzneimittel für seltene Leiden 3 226 f.
- Marktexklusivitätsrecht 3 236
- Prüfungsverfahren der EU-Kommission 3 321
- rechtliche Grundlage 3 224 f.

- Streichung aus dem Register für Arzneimittel für seltene Leiden, Verfahren 3 235
- Übertragung der Ausweisung als Arzneimittel für seltene Leiden 3 234
- Verfahren zur Ausweisung als Arzneimittel für seltene Leiden 3 228 ff.
- Zulassung, eigenständige 3 233
somatische Zelltherapeutika 3 277
- nicht gleichwertige Verwertung 3 277
- non-homologous use 3 277
Sozialgesetzbuch V 1 3
SPC s. ergänzendes Schutzzertifikat
Staffelrabattvertrag 13 44 f.
Stufenplanbeauftragter 4 79 ff.
Supplementary Protection Certificate (SPC) s. ergänzendes Schutzzertifikat

Täuschungsverbote 3 45 ff.
Therapiehinweise 11 17 ff., 22 ff.
Tierarzneimittel 4 118 f.
- Sondervorschriften 4 119
traditionelle pflanzliche Arzneimittel, Registrierung 3 212 ff.
- Entscheidung über die Registrierung 3 217
- Gültigkeit der Registrierung 3 220 ff.
- Kennzeichnung der traditionellen pflanzlichen Arzneimittel 3 218 f.
- Packungsbeilage 3 219
- Registrierungsunterlagen 3 215 f.
- Rücknahme der Registrierung 3 223
- Ruhen der Registrierung 3 223
- Umverpackung 3 218
- Verfahrensvorschriften 3 220 ff.
- Widerruf der Registrierung 3 223

Unbedenklichkeitsberichte 4 87
Unbedenklichkeitsprüfungen, nichtinterventionelle 4 89 ff.
- Anzeigepflicht 4 91
- Anzeigepflichten, weitere 4 94
- Begriff der Unbedenklichkeitsprüfung 4 90
- Tierarzneimittel 4 95
- Unzulässigkeit der Unbedenklichkeitsprüfung 4 93
- Zulassungsverfahren 4 92
Unterlagenschutz 4 124, 186 ff.
- Datenexklusivität 4 186
- globale Marktzulassung 4 198 ff.
- Marktexklusivität 4 196 f.
- neue Indikation anerkannter Substanzen, ein Jahr Datenexklusivität 4 201 ff.
- OTC-Switch, ein Jahr Datenexklusivität 4 204
- Rechtsschutzfragen 4 205
- Referenzarzneimittel, bestehender Unterlagenschutz 4 187 ff.
- relativer Schutzzeitraum bei einem Europäischen Referenzarzneimittel 4 197
- Unterlagenschutz nach altem Recht 4 195 f.

– Unterlagenschutz nach geltendem Recht („8+2 +1 Formel") 4 189 ff.
– Verlängerung der Marktexklusivität bei Zulassung einer neuen Indikation 4 191 ff.

Urheberrecht 4 124

UWG im Heilmittelwerberecht 9 1 ff.
– Herabsetzung, § 6 Abs. 2 Nr. 5 UWG 9 11
– Sanktionierung der Vorschriften des HWG über § 4 Nr. 11 UWG 9 2 ff.
– unmittelbare Anwendung des UWG 9 6 ff.
– Vergleich von Waren oder Dienstleistungen für den gleichen Bedarf oder dieselbe Zweckbestimmung, § 6 Abs. 2 Nr. 1 UWG 9 10
– Verunglimpfung, § 6 Abs. 2 Nr. 5 UWG 9 11

Verfahren der Gegenseitigen Anerkennung 3 168 ff.
– Anerkennungsantrag in den betroffenen Mitgliedsstaaten 3 170
– Anerkennungsverfahren 3 171 f.
– Erlöschen der Zulassung 3 195 f.
– Erstellung der Zulassungsdokumentation 3 169
– nationale Phase 3 173
– Rechtsschutz 3 197
– Referral-Verfahren 3 185 ff.
– Rücknahme der Zulassung 3 185 ff.
– Ruhen der Zulassung 3 185 ff.
– Verlängerung der Zulassung 3 195 f.
– Widerruf der Zulassung 3 185 ff.

Vergaberecht 1 4

Vergaberecht, materielles 14 30 ff.
– Ausnahmen 14 106 ff.
– Ausschreibungsverträge nach § 127 Abs. 1 SGB V 14 88 ff.
– Beitrittsverträge nach § 127 Abs. 2, 2a SGB V 14 92 ff.
– Erstattungspreisvereinbarungen nach § 130b SGB V 14 53 ff.
– Erstattungspreisvereinbarungen nach § 130c SGB V 14 57 ff.
– EU-Schwellenwerte 14 99 ff.
– Hilfsmittelversorgungsverträge 14 87 ff.
– Impfstoffversorgungsvereinbarungen 14 75 ff.
– integrierte Versorgungsverträge 14 95 ff.
– Lenkungs- und Steuerungswirkung des Arzneimittelabsatzes 14 40 ff.
– öffentlicher Auftrag 14 33 ff.
– personeller Anwendungsbereich 14 31 f.
– Rabattverträge betreffend patentgeschützte Originalpräparate 14 46
– Rabattverträge gemäß § 130a Abs. 8 SGB V 14 47 ff.
– Rabattverträge gemäß § 130a Abs. 8 SGB V betreffend biologisch/biotechnologisch hergestellte Arzneimittel 14 65 ff.
– Rabattverträge gemäß § 130a Abs. 8 SGB V betreffend Generika 14 37 ff.
– sachlicher Anwendungsbereich 14 33 ff.

– Verhältnis von Erstattungsvereinbarungen nach § 130c SGB V und Rabattverträgen nach § 130a Abs. 8 SGB V 14 61 ff.
– vertraglich zugesicherte Exklusivität 14 43 ff., 80
– Vereinbarungen zwischen Krankenkassen und Apotheken 14 81 ff.
– Vereinbarungen zwischen Krankenkassen und pharmazeutischen Unternehmern nach § 132e Abs. 2 SGB V 14 85 f.
– Zytostatikaversorgungsverträge 14 71 ff.

vergaberechtliche Sonderfragen, aktuelle 14 236 ff.
– Arzneimittelsortimentsverträge 14 255 ff.
– Open-House-Verträge 14 247 ff.
– Rahmenvereinbarung nach § 4 EG VOL/A 14 237 ff.

vergaberechtlicher Rechtsschutz, Grundzüge 14 266 ff.
– Kosten 14 278 ff.
– Nachprüfungsverfahren 14 269 ff.
– Primärrechtsschutz 14 267 ff.
– Sekundärrechtsschutz 14 282 ff.
– sofortige Beschwerde 14 269 ff.

Verkehrsverbote 2 39 ff.
– absolute Verkehrsverbote der §§ 5 und 6a AMG 2 39 ff.
– relative Verkehrsverbote der §§ 6 und 7 AMG 43 f.

Verordnung (EG) Nr. 141/2001 2 4
Verordnung (EG) Nr. 726/2004 2 4
Verordnung (EG) Nr. 1394/2007 2 4
Verordnung (EG) Nr. 1901/2006 2 4
Verordnung über klinische Prüfungen von Medizinprodukten (MPKPV) 5 116
Verordnungsausschlüsse 11 18
Verordnungseinschränkungen 11 18
Verschreibungspflicht 4 26 ff.
– Anordnung 4 28
– Anwendung bei Tieren 4 27
– Aufhebung 4 28
– Arzneimittelverschreibungsverordnung (AMVV) 4 27
– automatische Verschreibungspflicht auf Basis der AMVV 4 27

Versorgung mit apothekenpflichtigen Arzneimitteln, Leistungsanspruch auf 11 1 ff.
– Anspruchsvoraussetzungen 11 2 ff.
– Apothekenpflichtigkeit 11 4
– Arzneimittel iSd SGB V 11 3
– arzneimittelrechtliche Zulassung 11 5 ff.
– Bagatell-Arzneimittel, Ausschluss 11 13
– Compassionate Use, Erstattung bei 11 6 ff.
– Richtlinien des G-BA nach § 92 Abs. 1 S. 2 Nr. 6 SGB V, Einschränkung oder Ausschluss der Verordnung von Arzneimitteln durch 11 17 ff.
– Erlaubnisvorbehalt für Arzneimitteltherapie 11 9

– gesetzliche Leistungsausschlüsse nach § 34 SGB V 11 10 ff.
– Krankheit im krankenversicherungsrechtlichen Sinne 11 2
– Lifestyle-Präparate, Ausschluss 11 15
– Nachweis der Unzweckmäßigkeit oder Unwirtschaftlichkeit durch den G-BA 11 19
– nicht verschreibungspflichtige Arzneimittel, Ausschluss 11 11 ff.
– Off-Label Use, Erstattung bei 11 6 ff.
– Rechtsschutz 11 25
– Therapiehinweise 11 17 ff., 22 ff.
– unwirtschaftliche Arzneimittel, Ausschluss 11 16
– Verhältnismäßigkeitsprinzip 11 24
– Vorrang von Festbetrags- oder Erstattungsbetragsregelungen 11 21
– Zulassungsbehörde, kein Widerspruch zu den Beurteilungen der 11 20

Verwaltungsvorschrift zur Durchführung des Medizinproduktegesetzes (MPGVwV) 6 51 ff.

Vollantrag 3 54 ff.

„Well-established-use-Antrag" 3 63

wettbewerbliche Selektivverträge für Arzneimittel und Medizinprodukte, vor 13 1 ff.

wettbewerbsrechtlicher Leistungsschutz, ergänzender 4 124

Zulassung von Arzneimitteln 3 49 ff.
– Antragsarten 3 53 ff.
– Biosimilar-Antrag 3 64
– Fixkombination 3 62
– Generikumsantrag 3 58 ff.
– Hybrid-Zulassungsantrag 3 61
– „Informed-Consent-Antrag" 3 57
– Literaturzulassungsantrag 3 63
– mehrfache Zulassungsanträge 3 198 ff.
– Nachzulassung, Antrag auf 3 71
– Parallelimportzulassung 3 65 ff.
– Vollantrag 3 54 ff.
– „Well-established-use-Antrag" 3 63
– widerstreitende Zulassungsanträge 3 198 ff.
– Zulassungsbehörden 3 52
– Zulassungsverfahren 3 50 f.

zulassungspflichtige Arzneimittel 3 72 ff.
– Grundsatz der Zulassungspflicht 3 72
– Ausnahmen von der Zulassungspflicht 3 73 ff.

Zulassungsverfahren, nationales 3 77 ff.
– Änderungen der Arzneimittelzulassung 3 94 ff.
– Antragsteller 3 78
– Anwendungsbereich 3 77
– Entscheidung über den Zulassungsantrag 3 86 ff.
– Erlöschen der Zulassung 3 109 ff.
– Mängelbescheid 3 82
– Rechtsschutz 3 112 f.

– Rücknahme der Zulassung 3 103 ff.
– Ruhen der Zulassung 3 103 ff.
– Sonderregelungen 3 85
– Untätigkeitsklage 3 112
– Validierung 3 79
– Verfahrensablauf 3 78 ff.
– Verlängerung der Zulassung 3 109 ff.
– Versagungsgründe 3 78 ff., 80 f.
– Versagungsgründe des § 25 Abs. 2 AMG 3 80
– Versagungsgründe des § 25 Abs. 3 AMG 3 81
– Vorprüfung 3 83
– Widerruf der Zulassung 3 103 ff.

Zulassungsverfahren, zentrales europäisches 3 114 ff.
– Änderung der Arzneimittelzulassung 3 151 ff.
– Anwendungsbereich 3 118 ff.
– Ausschuss für Humanarzneimittel (Committee for Human Medicinal Products – CHMP) 3 116, 131 ff.
– beschleunigtes Beurteilungsverfahren 3 150
– besondere Zulassungsarten 3 148 ff.
– Co-Rapporteur, Ernennung 3 128
– Conditional Approval 3 148
– Entscheidung der Europäischen Kommission 3 142 ff.
– Entscheidungsentwurf der Europäischen Kommission 3 138 ff.
– Entstehungsgeschichte 3 114 ff.
– Erlöschen der Zulassung 3 165 f.
– Europäische Arzneimittel-Agentur („European Medicines Agency" – EMA) 3 116
– „Mandatory Scope" 3 119 ff.
– Notifizierung der EMA 3 128
– „Optional Scope" 3 124 ff.
– Rapporteur, Ernennung 3 128
– Rechtsschutz 3 167
– Rücknahme der Zulassung 3 162 ff.
– Ruhen der Zulassung 3 162 ff.
– Stellungnahme des CHMP 3 133 ff.
– Submission 3 130
– Übersicht: Verfahrensablauf beim zentralen Zulassungsverfahren 3 147
– Validierung 3 130
– Verfahrensablauf 3 128 ff.
– Verlängerung der Zulassung 3 165 ff.
– Versagungsgründe 3 128 ff.
– Vorbehalt, Genehmigung unter 3 149
– Widerruf der Zulassung 3 162 ff.
– wissenschaftliche Bewertung des CHMP 3 131 f.
– Zulassungsantrag, Einreichung 3 129 ff.

Zytostatikaversorgungsverträge nach § 129 Abs. 5 S. 3 SGB V 13 19 ff.
– Ausschreibung von Verträgen in der GKV 14 164 ff.
– Vergaberecht, materielles 14 71 ff.
– Vertragsabschlusskompetenz 13 22 ff.